Bernd F. Schulte

Armageddon des Kommunismus

Strategie Wirtschaft und die DDR, 1970-1990

Dr. Schulte

Abteilung Geschichte und Zeitgeschehen, Hamburg

Hamburger Studien zu Geschichte und Zeitgeschehen

Band 3

Copyright © 2006 Dr. Schulte
Abteilung Geschichte und Zeitgeschehen, Hamburg

Herstellung: Books on Demand GmbH

Printed in Germany

ISBN 3-8334-4590-4

Fritz Fischer zum 5. März 2006

Inhalt

Einleitung

Mächte auf tönernen Füßen*

Das Gefühl herrschte vor, eher in einer Vorkriegs- als einer Nachkriegszeit zu leben.[1] Wenn Kriege zuende sind, und der Pulverdampf sich verzieht, dann zeichnet sich – wie 1945 und 1918/19 - nach dem Abschluss von Friedensverträgen (z.B. Versailles) recht bald die neue Rangfolge unter den Mächten ab. Doch die Zustände des internationalen Systems bleiben zumeist brüchig, üben doch nun die verschiedenen Innenpolitiken, industrielle Wachstumsraten, technologische Schübe, etwa in der Waffentechnik, und diplomatisch-politische Verbindungen derart Einfluss auf die weitere Entwicklung des Staatensystems aus, sodass – wie nach 1815 - innerhalb eines Jahrzehnts darüber entschieden ist, welche der siegreichen Mächte des zu Ende gegangenen Konfliktes noch an der Spitze stehen wird.

Absteigende Mächte neigen dazu, neue Bündnisse einzugehen und ihre militärische Macht zu verstärken - wie das für die UdSSR der Afghanistan-Ära zutraf. Die Außenpolitik solcher Staaten wird brachialer und sie werden sich zunehmend in militärische Auseinandersetzungen verstrickt finden. Dafür mag das deutsche Kaiserreich von 1871 oder auch das Britische Empire ab 1914 herhalten. Indem diesen Mächten bewusst wird, dass sie Boden gegenüber konkurrierenden Staaten (Russland/Frankreich und Deutschland) verlieren, werden sie mit militärischen Mitteln antworten und vernachlässigen so ihr industrielles Wachstum und mögliche diplomatisch-politische Alternativen. Zunehmende Misserfolge in den daraufhin eintretenden latenten Konflikten (z.B. die Marokkokrisen 1905/11, Liman Sanders Krise 1913, Suezkrise 1956) werden die Folge sein. Dieser so genannte „Selbstverstärkungs-Prozess" wird, über die zunehmende Militarisierung der jeweiligen Sicherheitspolitik (Deutsches Reich: Heeresvermehrungen 1911/12/13, britische Flottenrüstung 1905ff. „Dreadnoughtsprung"), die Wahrscheinlichkeit von Kriegen verstärken. Eine Bewegung, die sich zu Beginn der 1980iger Jahre ablesen lässt; dies am Beispiel der Sowjetunion, und, in direkter Korrelation mit dem Gefühl jener Jahre, sich in einer Vorkriegszeit zu befinden.

Die Ursachen und die verbindenden Elemente, die zwischen internationalen Kriegen der Vergangenheit eine Rolle spielen, wurden zum Gegenstand von wissenschaftlichen Forschungsansätzen jener Jahre. Untersuchungsobjekte bildeten Schlüsselattribute des internationalen Systems der Geschichte, im Moment des Aufflammens von Konflikten, die Eigenschaften von Nationen, deren Kriegsbereitschaft - sowie Gemeinsamkeiten wie Unterschiede zwischen Staatengruppen. Man vergleiche das revolutionäre Frankreich von 1792 mit den koalierten feudalen Mächten Österreich und Preußen. Gleichzeitig erwogen wurde, ob es im Europa der 1980iger Jahre erneut zu einem Konflikt kommen könne. Angeheizt durch die Sternenkriegsideen der Reagan-Administration, griff die Sorge vor einem lokalisierten, konventionellen Krieg in jenen Jahren um sich. Das historische Datenmaterial schien geeignet, die ungeordneten Wirkungen zu erhellen; und dies systematisch in Anbetracht der nationalen Eigenschaften der beteiligten Völker und Staaten. Beziehungen, wie zwischenstaatliche Interaktionen wurden analysiert, die bislang den Mitgliedern des Rates der Großmächte vorbehalten geblieben waren. Betont wurde die präsente Sorge vor dem ersten tatsächlichen Weltkrieg der Geschichte, die dazu veranlasse, auch jene Mechanismen zu untersuchen, die zu den großen Kriegen des 20.Jahrhunderts geführt hatten (Julikrise 1914/August-September 1939). Modelle, wie zum Beispiel das „Autismus"-Konstrukt des Politologen Dieter Senghaas (1972), die Peace-Keeping-Entwürfe des Grafen Baudissin (1972/74 an der Universität Hamburg) u.ä. ließen den Verfasser über die Möglichkeit eines sowjetischen Ausbruchs aus der Umklammerung durch USA und NATO nachdenken. Vor dem Hintergrund des Toynbeeschen Monumentalgebäudes zu „Aufstieg und Zerfall der Kulturen", gewann 1983 das allgemeine Gefühl klarere Gestalt, es bestehe unmittelbare Kriegsgefahr. Amerikanische politologische Institute sollten, so Wolf Graf von Baudissin 1983 gegenüber dem Verfasser, bereits den lokalisierten konventionellen Krieg in Europa „spielen".[2]

Doch schien der Gedanke, den Zyklus von Krieg zu Krieg zu untersuchen und nach gegebenenfalls vorhandenen festen Intervallen des Wiederauftretens von militärischen Konflikten größeren Ausmaßes zu fahnden, in gewisser Hinsicht sinnvoll. Wie Henry Kissinger in seinem Buch über die, vom Wiener Kongress vermeintlich vollendet restituierte Welt schrieb („a world restored", 1964), schien mit einer Blockade militärischer Auseinandersetzungen zwischen den Großstaaten ein wesentlicher Schritt auf dem Weg zum Ausschluss von Gewalt aus dem internationalen System getan. Als Vergleich allerdings ineffektiv, dienten allerdings die „Haager Konferenzen von 1898 und 1908, der Völkerbund und auch die UNO. Verhinderung von Krieg zwischen Großmächten könne zur Neuverteilung materieller Fähigkeiten wie politischen Einflusses führen, lautete die Erwartung der Wissenschaft. Sieger stehen zumeist nach einem beendetem Krieg den Besiegten stärker gegenüber, als während der Vorkriegsphase. Zu erkennen 1866 und 1871 im „Fall Preußen" nach den Siegen über Österreich und Frankreich. Was Bismarck jeweils zur Kriegsauslösung veranlasste, war die Überzeugung, dass nach dem durchgekämpften Konflikt die Machtverteilung eindeutiger ausfalle als zuvor. In dem Fall, dass diese sich nicht so eindeutig gestaltet hätte, würde es einige Jahre in Anspruch genommen haben, bis die Siegermacht Preußen ihre überlegene Position gefestigt haben würde. Ein Deutsches Reich hätte wohl noch auf sich warten lassen. Doch findet sich bestätigt, dass selbst siegreiche Nachkriegskonstellationen im Mächtespektrum selten überdauern. So erreichte etwa das Deutsche Reich von 1871 lediglich eine „halbhegemoniale Position". Es verschoben sich, bevor der nächste Konflikt zwischen den Großmächten sich abzeichnete, die Paritäten zwischen den europäischen Mächten entsprechend deren industriellen, militärischen und diplomatisch-politischen Gewichtungen untereinander. Das bedingte zugleich eine signifikante Verschiebung der Befähigung – etwa des Deutschen Reiches - Einfluss im internationalen System auszuüben. Was an der Diskussion des Präventivkrieges in der deutschen Politik zwischen 1871 und 1914 abgelesen werden kann. Zu verdeutlichen schienen diese Zusammenhänge, für Gegenwart und Zukunft, am Modell eines thermodynamischen Prozesses dessen Verlauf Klarheit in die differierenden Machtverhältnisse bringen könne, die sich im Gefolge eines großen Krieges herausbilden. Hier ging es im Kern um die Situation der Staatenwelt nach 1945, die sich - weg von einer hierarchisch klaren Gliederung – hin zu stärker oszillierenden Verhältnissen entwickelte. Diese Tendenzen zu messen, deren Folgewirkungen zu untersuchen und Einfluss nehmende Faktoren zu benennen, bildete eine fruchtbare Überlegung der Forschung zu Beginn der 80iger Jahre.

Verbreiteter als eine grundlegende Klärung der Machtverhältnisse, erschienen nach großen Kriegen Bandbreiten hinsichtlich des Grades von Vorherrschaft durch die jeweilige Siegermacht. Vergleiche mit Napoleon und Hitler, nach den Siegen von Jena und Auerstedt (1806) wie über Frankreich (1940) drängen sich auf. Machtstaatliche Einwirkungs-, Konfigurations- und Einflussmöglichkeiten dauern an. Nicht beteiligte Großmächte werden ihre Stellung verbessern (vergleiche England und Russland 1806-1812), da diese nicht dem Abnutzungsprozess des Krieges ausgesetzt waren. Von hier werden Versuche ausgehen, die geeignet sind, die Nachkriegs-Hierarchie zu zersetzen. Auch der Revanchismus, der in harten Friedensschlüssen Gemaßregelten mag bewirken, den neu herausgebildeten „status quo" aufzulösen (Frankreich 1871ff. und Deutschland 1919ff.) So fließen unterschiedliche Rollen und Funktionen wie Ressentiments der beteiligten Völker und Staaten ebenso in diesen Prozess einer sich neu herausbildenden Nachkriegs-Rangordnung ein, wie die demographischen, geographischen, militärischen und technologischen Elemente. Es kann davon ausgegangen werden, eine klare Hierarchie unter den Großmächten, wie diese zumeist aus Kriegen zwischen Großstaaten hervorgeht, habe für einen längeren Zeitraum Bestand. Die gültige Führungsmacht wird jedoch recht bald erkennen, dass deren Dominanz bedroht ist. Diese Veränderungen gehen aus vom ökonomischen, industriellen und technologischen Bereich und beeinflussen deren Bedeutung und Ansehen. Ein Gradmesser dabei mag der „index of concentration" sein; und dies in vielfältigen Sektoren. Hier tritt das Erkenntnisleitende Interesse, kurz die Grundfrage zu Beginn der 80iger Jahre, bezogen auf die USA und die UdSSR, erneut in das Zentrum der Überlegungen.

Wenn sich das Abgleiten der Leitmacht ankündigt, sich die Fähigkeiten der rivalisierenden Großmächte – obwohl noch mit der Führungsmacht in Handel oder Diplomatie verbunden – gegeneinander abgleichen, werden erste Differenzen auftreten. Hier mag das Verhältnis der USA zu den europäischen Verbündeten als Modell herangezogen werden. Zunächst kommt es zu Provokationen an den Grenzen der dominierten Einflusszone. Selbst innerhalb des Einflußbereichs dieser Vormacht werden Staaten und Regierungen sich Bedrohungen ihrer staatlichen Ordnung durch Kräfte des Umsturzes ausgesetzt finden, die durch auswärtige Mächte unterstützt sein mögen. Doch erscheint dieser weiterführende Gedanke als eher auf die Situation des von der UdSSR dominierten Machtbereiches gezielt. Nachgerade als Hoffnung der US-Wissenschaftler jener Jahre erscheint die Erwartung, nach- und untergeordnete Staaten würden entweder größere Selbständigkeit von der Hegemonialmacht erreichen oder sich stärker an diese anlehnen. Gleichwohl betraf diese Aussicht die USA in entsprechendem Maße.[3]

Nachlassende Kontrolle über Satrapenmächte werde sich zunehmend schwächer und fahriger gestalten. Das westliche Glacis der Sowjetunion spiegelte diese Vorstellungen in den Ereignissen in Ostberlin, Budapest und Prag zwischen 1953 und 1968. Als eine der Ursachen dieser Entwicklung der Verhältnisse sei das Versagen von Führungseliten zu sehen. Von Bethmann Hollweg/Moltke, über Hitler/Ribbentrop bis Stalin/Molotow und Andropow/Gromyko erstreckt sich die materielle Grundlage dieser Erwartung. Zumeist, und das zeigt die historische Analyse der vergangenen 150 Jahre, finden die staatstragenden Kräfte keine angemessene Antwort. Abzulesen seien derartige Tendenzen an:

- neuen Bündniskontakten,
- der Verstärkung der militärischen Ressourcen, die sich mittelfristig eher in

Selbstbestätigung äußert,
- dem, im Verhältnis zu den übrigen Staaten, überzogen verstärkten Militärsektor,
- geringerem Erfolg als bei Mächten, die hier geringere Mittel einsetzen.

Diese Auswirkungen führen dazu, in Kombination mit der Versuchung solcher militärisch überreagierenden Mächte, sich vermehrt in Streitigkeiten verwickeln zu lassen, zur Eskalation des Machteinsatzes, was wiederum ähnlich strukturierte Reaktionen provoziert. Diese Führungsmächte reagieren – im Angesicht ihres Abgleitens – kurz- oder mittelfristig weniger flexibel und anpassungsfähig. Zunehmende Militarisierung von Staatsführung und Gesellschaft, vermehrt kämpferisch bestimmte Auseinandersetzungen, wachsende Misserfolge und eskalierendes Krisenmanagement führen zu wachsender Kriegsbereitschaft. Dass das Deutsche Reich von 1914 diesen Weg nahm, haben vierzig Jahre Forschung inzwischen erwiesen.

Das Mittel der Militarisierung macht – auch heutige Gesellschaften, das sei hier eingestreut - zunehmend Diskussionsgefährdeter, Verlustbedrohter – und Kriegsgefährdeter, mit letztendlich eintretenden permanenten Enttäuschungen. Doppelbödige Entscheidungsprozesse mögen Fehlrechnungen der Sicherheitseliten in dominanten Staaten begünstigen; und dies in Verbindung mit einer insgesamt militarisierten auswärtigen Machtauseinandersetzung. Je vermeintlich überzeugender diese voraussagen können, welche Mächte sich auf welcher Seite aufstellen werden, und welche Machtmittel insgesamt und wo vereinigt sein werden, umso überzeugter können diese Eliten den Ausgang eines solchen Krieges vorhersagen. Hier sei auf die Operationspläne Preußens und des Deutschen Reiches seit 1864 hingewiesen, welche in brillianter militärstrategischer und politischer Analyse die Möglichkeiten und Grenzen militärischer Führungseliten in den jeweils wechselnden machtpolitischen Lagen demonstrieren.

Doch warum soll gekämpft werden? Die schwächere Seite will nicht, die stärkere muss nicht kämpfen. Kompromiss, „Schachmatt" oder Kapitulation. Die Veränderung und Kontinuität in einem solchen Systemquerschnitt unter den Gesichtspunkten wie Rangdisparitäten und Befähigung zur Konzentration gesehen, fokussieren auf den nationalen Querschnitt, unter Einschluss des phasenweisen Zusammenspiels der Großmächte.

Das Ablaufmodell einer solchen Krise, um eine oder mehrere dominante Groß- oder Hauptmächte, ließ sich in den Phasen fassen:

1. Bewusstwerden nachlassender industrieller Fähigkeiten,
2. Erfahrung des Nachlassens der Kräfte in Bezug auf die eigene Einflusssphäre,
3. Verstärken von Bündnisverpflichtungen,
4. Verstärkung der militärischen Rüstung,
5. Zunehmende Verwicklung in militärische Auseinandersetzungen,
6. Zunehmende Kampfbereitschaft, gleichzeitig unterdurchschnittliche Erfolgsrate,
7. Fortsetzung dieser Entwicklung mit Zielrichtung auf den allgemeinen Krieg.

Solche sich mehr und mehr autistisch verhaltende Führungsmächte, abgeleitet aus der modernen Geschichte, die sich im Abschwung ihrer Entwicklung befanden, bildeten das Modell amerikanischer Forscher für die Erklärung der Welt nördlich des Äquators zu Beginn der 1980iger Jahre. Dahinter stand die Überlegung, wie weit kann eine in Bedrängnis gebrachte Supermacht weiterhin durch Rüstung unter Druck gesetzt werden, ohne dass diese zum Mittel des Krieges greift? Diese Antwort sollte die Wissenschaft geben.

Dazu diente die Analyse von Militärausgaben und quantitativer Stärke der Armeen. Weiter bildeten Eisen- und Stahlproduktion sowie industrieller Energieverbrauch die Variablen einer Analyse der kriegsbereiten Welt zwischen 1816 und 1970/80. Ein Wechsel der handelnden Akteure im Club der Großmächte mochte in den Fällen Deutschland/Japan Kopfzerbrechen verursachen. Industrielle, militärische, demographische, politische und diplomatische Kriterien hatten einzufließen. So erstand ein Spektrum jener „jungen Mächte", die geeignet schienen die Seniorstaaten zu verdrängen. Nach jedem Krieg, so die Anschauung, sollte die Zahl der von den leitenden Mächten unterhaltenen Militärstützpunkte, Ausbildungsmissionen, Truppen- und Materialverteilung, diplomatisch-wirtschaftlich-kulturellen Programme und Entsendungen sowie, Handel, Hilfe und Investitionen im Ausland, ein Bild vom Grad der großmächtigen Potenz im Aufstieg, auf dem Gipfel oder im Abstieg der Entwicklung zeigen. Diese Gradmesser von Beziehungen der leitenden zu den verbliebenen Großmächten waren zu ergänzen um solche, die das Verhalten der Großmacht „in being" im Verlauf der Entwicklung charakterisierten.

Anzahl, Grad und Intensität von Auseinandersetzungen um den Erhalt dieser hegemonialen Einflusszonen, die Maßzahl für den Grad und die Gefährlichkeit von Aufständen, und/oder auswärtigen Interventionen gegen Machthaber und Mächte innerhalb des Einzugsbereiches der jeweiligen Vormacht, werden sicherlich unter dem Blickwinkel kriegerischer Auseinandersetzungen zu sehen sein. Es war festzustellen, dass ein Nachlassen der Befähigung einer Haupt- und Vormacht, maßgebenden Einfluss auszuüben dann gegeben sei, wenn

a) diese, sei es als Verursacher oder Antwortender, in eine zunehmende Zahl militärischer Auseinandersetzungen verwickelt werde (anzunehmen ist, dass ein bloßer „clash" nicht dazu führen sollte, bis an den Rand des Krieges zu gehen, was natürlich der Fall wäre, wenn eine ausgesprochene Gefahr, Mobilmachung, Aufmarsch oder Gewaltanwendung kurz vor Kampfhandlungen einträten (UdSSR: 1953, 1956, 1967/Ussuri, 1968/Afghanistan),
b) solche militarisierten Streitigkeiten öfter innerhalb oder an den Rändern von Einflusszonen dieser Nachkriegsbildungen auftreten, als außerhalb derselben,
c) und die Ergebnisse derartiger Vorkommnisse sich von Mal zu Mal ernüchternder gestalten (USA: 1952/Korea, 1956/Suez, 1958/Berlin, 1962/Kuba (Schweinebucht), 1978/Persien, 1963-1975/Vietnam).

Untersucht werden müssten derartige militarisierte Streitigkeiten hinsichtlich der Phasenabläufe solcher Krisen, des Einsatzes von Gewalt bis kurz vor Ausbruch eines Krieges, der Entwicklung militärischer Kräfte, der Mobilmachung der Reserven oder der ausdrücklichen Ankündigung Gewalt einzusetzen. Charakteristisch ist, dass solche Ereignisse immer wieder repetiert - während des Verlaufes andauernder Rivalitäten – auftreten; was jedoch nicht ausschließt, dass dies nicht auch isoliert geschehen kann. Die Auseinandersetzungen – abseits des Krieges - mögen in Stagnation, Kompromiss oder seltener, Kapitulation enden. Am Ausgang der Krise wird sich feststellen lassen, welche der opponierenden Seiten ihre Linie hat beibehalten können. Eine Schlüsselvariable bilden Bündnisvereinbarungen als Element bei der Einschätzung von Einflusssphären. Gleichzeitig ist diese geeignet, abnehmende Kraft und Einfluss zu beurteilen.

Abgelöst von historischen Fakten ist eine solche Analyse nicht möglich. Interessant erscheinen gleichwohl Fragen wie:

- wie regelmäßig beginnt sich eine Nachkriegshierarchie aufzulösen?
- Wie schnell? Wie weitgehend?
- Erkennen nationale Sicherheits-Eliten die sich verändernden Macht- und Einflusskonfigurationen; und wie frühzeitig?
- Erkennen sie diese exakt und in welchem Ausmaß über- oder unterschätzen sie diese?
- Antworten sie wie hypnotisiert durch die Verstärkung ihrer Bündnis- und Mili-

tärverpflichtungen oder konzentrieren sie sich auf die Verstärkung der Armee oder Beides?

Mittlerweile sind die zeitgeschichtlichen Entwicklungen über die Grundlage dieser Analysen des Jahres 1983/84 hinaus weit fortgeschritten. Die Auflösung des Sowjetreiches, der Kuwait- und Irakkrieg haben gezeigt, wie brisant sich die Lage inzwischen gestaltet; auch bezogen auf die Politik der USA. Es ließ sich damals vermuten, dass, im Fall vermehrter Rüstung, das innenpolitische Prestige und der „Schlag" bei den Hardlinern - wie ein dementsprechendes Absinken der Gemäßigten - die Folge wäre; was andererseits zu einer zunehmenden Militarisierung der Außenpolitik führen werde. Hypothetisch und empirisch gefragt, bleibt zu klären, ob zunehmende Bündnisverpflichtungen und verstärkte militärische Mobilmachung zu vermehrten, ob als Verursacher oder Ziel, militärischen Auseinandersetzungen führen. Die entscheidende Frage zu Beginn der 80iger Jahre lautete:

Falls die Neigung absinkender Mächte zu militarisierter und weniger einfallsreicher Außenpolitik geringere Erfolgsraten in Auseinandersetzungen hervorbringt, wird der Selbstbestätigungs-Prozess verstärkt und schließlich: lassen derartige Erfahrungen solche Mächte kriegsbereiter werden, als die historische Erfahrung uns vermuten ließe? Diese Annahme war bis dato keineswegs bestätigt. Es ging letztlich darum, die Bedeutung der Militarisierung von Gesellschaften im Zusammenhang mit deren machtpolitischem Absinken zu untersuchen. Gleichzeitig stand die Frage nach dem Prozess im Raum, durch welchen die Nationen fortfahren das Wüten des Krieges denjenigen aufzuladen die von ihnen Frieden erwarten.

Ursache und Anlass für diese Überlegungen war die Beobachtung, dass zwischen 1960 und 1980 sowohl die UdSSR, als auch die USA sich mit einem äußerst zwiespältigen Absinken ihrer Befähigung konfrontiert sahen, internationale Ereignisse zu beeinflussen und zu kontrollieren. Eine betonte Zunahme der Militarisierung ihrer Außenpolitiken und die stetige Zunahme der Militäraufwendungen waren festzustellen. Ob die Sorge vor den Auswirkungen dieser Entwicklung auf die Menschheit im Vordergrund stand oder eher das Abklopfen der Machtbasis der UdSSR auf mögliche kriegerische Lösungen in Zentraleuropa, bildete das Erkenntnisleitende Interesse derartiger Studien in den Jahren 1983/84 - auf diese Frage wird am Ende dieser Studie klarer geantwortet werden können. Dass es um eine mögliche Konfrontation zwischen den beiden Machtsystemen ging und dass der Gedanke an den Vergleichsfall „August 1914" und „die kriegerische Frivolität alternder Reiche" in jenen Jahren leitend waren, überraschte den Beobachter aus Deutschland weder damals noch heute.[4]

---

* Vgl. Archiv Schulte. Decline, Dispute, and War: The Major Powers, 1816-1980. J.David Singer (University of Michigan): A research proposal submitted to the National Science Foundation, January 1984, pp. 1-12. Das Papier wurde dem Verfasser durch Graf Baudissin 1984 zugesandt.

[1] Vgl. Bernd F. Schulte: Europäische Krise und Erster Weltkrieg. Beiträge zur Militärgeschichte des Kaiserreiches, 1871-1914, Frankfurt-New York 1983, S. 43 (zit.als: Schulte, Krise).

[2] Der Verfasser erhielt im Frühsommer 1983 den Anruf der Redakteurin einer im Aufbau befindlichen amerikanischen Zeitschrift für Europa, die den „Sternenkrieg" Reagans propagieren sollte. Im Verlauf des Gespräches wurde die Neutralisierung des beiderseitigen strategischen Interkontinental Potentials der Supermächte deutlich. Damals sollten die SS-20 Mittelstreckenraketen der UdSSR durch die Pershing II der NATO nivelliert werden. Es hätte sich in der Konsequenz Raum für einen lokalisierten konventionellen Krieg in Europa ergeben. Das bildete die Schlussfolgerung, die den Autor das Angebot seiner Gesprächspartnerin ablehnen ließ, an dieser Zeitschrift mitzuarbeiten. Er telefonierte daraufhin mit Graf Baudissin, damals Leiter des Instituts für Friedenforschung am Falkenstein in Hamburg. Der Friedensforscher kannte derartige Pläne und verwies darauf, dass amerikanische politologische Institute bereits diesen Fall „spielten".

[3] Vgl. Bernd F. Schulte, Bismarck war kein Deutscher, in: Rückbesinnen und Neubestimmen. Beiträge zur Deutschen Frage 1850-1989. Hamburger Studien zu Geschichte und Zeitgeschehen, Bd. 1, Hamburg 2000, S. 31 (zit.als: Schulte, Rückbesinnen).

[4] Dass Paul M. Kennedy mit seinem epochalen Werk „The Rise and the Fall of the Great Powers, New York 1987" eben zu diesem Themenkomplex berühmt wurde, mag nicht überraschen. Zunächst vehement abgelehnt in dessen Passagen zu einem möglichen Abstieg der USA, wurde Kennedy darauf in sämtliche Ausschüsse des amerikanischen Kongress eingeladen, um seine Thesen zu vertreten. In deutscher Ausgabe erschienen als: „Aufstieg und Fall der Grossen Mächte. Ökonomischer Wandel und Militärischer Konflikt von 1500 bis 2000", Frankfurt 1989 (Juni 1994)". Vgl. Schulte, Rückbesinnen, S.19-33.

Das Schicksal der DDR – Zwei Seiten einer Medaille

Was der „Bericht über Erscheinungsformen der Verhinderung des technisch-wissenschaftlichen Fortschritts auf den Gebieten der Industrie des Bezirkes Karl-Marx-Stadt" am Jahresende 1963 in der Summe feststellte, sollte Ende der 80iger Jahre unverändert zutreffen.[1]

Die Ausschussproduktion von 2200 Gelenkwellen im Wert von „720.775,-Mark" wurde untersucht und festgestellt, dass, obwohl die Betriebsleitung des IFA-Getriebewerkes in Brandenburg von dem einsamen Entschluss eines Abteilungsleiters Kenntnis erhalten hatte, nicht eingeschritten wurde. Es handelt sich um einen Vorgang aus dem Herbst 1986.[2] Nichterfüllte Planzahlen brachten die Untersuchung der Ursachen ins Rollen und es stellte sich heraus, die unzureichende Abstimmung mit den Zulieferern und die mangelhafte innertriebliche Organisation der rollenden Produktion verhinderten, dass Investitionsobjekte richtig geplant wurden. Produktionsengpässe sollten durch ein weiteres Montageband für L 60-Getriebe überwunden werden. Gleichwohl blieb der Engpass bei den Arbeitskräften bestehen, sodass „Facharbeiter[n] des Wachregiments des MfS" eingesetzt werden mussten. Es hatte sich inzwischen „die Arbeitskräftesituation im GWB in den letzten Jahren verschlechter[e]". Besser zahlende Betriebe hatten die Arbeiter abgeworben.[3] Dass sich jedoch im Wesentlichen nichts änderte, musste festgestellt werden.[4]

Die Vorgabe des Ministeriums für 1988/89 lautete: „Walzstahlbilanzen" kürzen. 800.000 t sollten gekürzt werden, da „durch den NSW-Export zur Zeit die entstehenden Kosten valutaseitig nicht gedeckt" würden. Es wurde festgelegt:

> „1. Reduzierung Halbzeugproduktion im Blockwalzwerk um 110.000 t
> 2. Reduzierung Rohstahlproduktion durch Außerbetriebnahme SM-Ofen II um 110.000 t
> 3. Reduzierung Stahlproduktion auf der 630er Straße um 7000 t
> 4. Reduzierung Walzstahlproduktion auf der 450er Straße um 55.000t und der 300er Straße um 74.200 t."

Die „Kennziffern" hinsichtlich „IWP-Reduzierung", „Nettoproduktion Reduzierung", „Reduzierung der Valutaerlöse" sollten durch eine „Einsparung von NSW-Importen" begrenzt gemildert werden. Es sei die Schichtarbeit einzuschränken, was – trotz Geheimhaltung dieser Festlegungen – zu den Beschäftigten durchsickerte. Ein „Verdienstausfall" sollte per Anordnung des Betriebsdirektors verhindert werden. Doch bereits am 7.März 1988 traten „erste[r] Gerüchte und Spekulationen, die der tatsächlichen Lage sehr nahe kamen" auf. Die Beschäftigten reagierten mit der „Argumentation ‚Hauptsache mein Geld stimmt'".[5]

Hinsichtlich von fünf Investitionsvorhaben ergaben sich sämtlich scharfe Vorwürfe gegen die Betriebsleitung, die kaum Vorbereitungen getroffen habe, verspätet reagiere, keine „stabsmäßige Führung des Investgeschehens" an den Tag lege und selbst „die politisch-ideologische Vorbereitung der Arbeitskollektive"(„Kontakte mit NSW-Arbeitskräften") schleifen lasse. Frei werdende Arbeitskräfte, die im Rahmen der Produktionskürzungen zur Verfügung stünden, würden nicht verplant.[6] Als „Prügelknabe wurde die Gewerkschaftsarbeit" benannt. Die Folge mangelhaften Engagements der Verantwortlichen führe

> „zu Autoritätsverlusten bei der staatlichen Leitung des SWWF und bei der zentralen Betriebsleitung, die die Situation durchaus erkannt haben. Es wird dort über die ZBGL von ‚toten Seelen' gesprochen".

Rundum sei die Arbeit der politischen Vertreter durch Passivität gekennzeichnet in Fragen der „Einflussnahme auf die massenpolitische Arbeit", bei „sozialen Problemen", in „ökonomischen und sozialen Fragen" sowie „zur gerechten, effektiven und politisch richtigen Sicherstellung von Ferienplätzen für die Belegschaft". „Persönliche[n] Bedürfnisbefriedigung" als Charakteristikum der Kaderarbeit wurde vom MfS festgestellt. Eine Absetzung der beiden Funktionäre sei den IM schon wiederholt angetragen worden.[7]

In weiteren Betrieben verschlechterte sich die Kosten- und zwangsläufig die Investitionslage. Zum Teil musste Verwaltungspersonal übernommen werden. Produktionssenkungen führten zu einer weiteren „Destabilisierung der Planerfüllung bis August 1988". „Rückgang der Arbeitsleistung durch überhöhte Maschinenausfälle", Produktionsausfall, der selbst durch „Heimarbeit" nicht aufzufangen war und „fehlerhafte Produktion" charakterisierten über den engeren Bereich einzelner Betriebe hinaus die Gesamtsituation der DDR-Betriebe gegen Ende der 80iger Jahre.[8] Anträge auf Übersiedlung seien rückläufig wurde behauptet. In den konkreten Bereich Henningsdorf – Oranienburg – Hohen Neuendorf – Stadt Velten – Glienicke – Birkenwerder – Bergfelde – Schildow wurde der „absolute Schwerpunkt" der Ausreisewilligen und Antragsteller auf Übersiedlung in die Bundesrepublik mit 58,8%" in Hennigsdorf und Oranienburg (mit 79 und 64 Anträgen) eingeräumt. In keinem der Fälle aus den Jahren 1986, 1987 und 1988 sei es gelungen, die Antragsteller zur Zurücknahme ihrer Eingaben zu bestimmen. Eine Kategorie der Ausreisewilligen

> „versucht in den Erstaussprachen in der Regel die staatlichen Organe für die ‚Trennung von den Verwandten' [in der BRD] verantwortlich zu machen. In der Folge gehen sie davon ab, bekräftigen ihren Übersiedlungsversuch nur noch schriftlich durch kurze inhaltslose Schreiben und versuchen Diskussionen und Aussprachen aus dem Wege zu gehen (‚Für uns arbeitet die Zeit')".

Belehrungen durch Mitarbeiter des MfS, Vorbeugungsgespräche und Ermittlungen gegen 58 Personen, sollten in diesem Bereich die tatkräftige Reaktion der Staatsmacht unter Beweis stellen.[9] Dass diese Entwicklungen nicht ohne Ursache waren, belegte die Diskussion im gesamten Kreisgebiet über die „Versorgungslage". Es würden „verstärkt Vergleiche der Warenangebote zwischen der DDR und der BRD/Berlin (West) angestellt", hieß es Mitte des Monat Juli in den Ausarbeitungen der Bezirksstelle des MfS Oranienburg. Darüber hinaus werde

> „die Realität der Produktionspläne der unterschiedlichsten Wirtschaftszweige angezweifelt bzw. es werden kritische Meinungen zu ‚umfangreichen Warenliefer-

ungen in die BRD und in das übrige NSA zu Billigpreisen' geäußert. Als Grundlage für diese Argumentationen werden eigene Erfahrungen und Erkenntnisse im Rahmen von durchgeführten Reisen in DFA bzw. Erkenntnisse aus Messebesuchen/-informationen bzw. aus GENEX- und anderen westlichen Angebotskatalogen verwandt. Bei solchen Meinungsäußerungen werden in der Regel konkret die betreffenden Produkte benannt. So unter anderem Badarmaturen, Heckenscheren mit Eigenantrieb, die Bandsäge des VEB LEW Hennigsdorf sowie die dazugehörigen Sägebänder".

Erkannt war durch die Regierungsvertreter und Betriebsleiter vor Ort., „dass sich die Gesamtsituation der Versorgungslage immer stärker in negativer Hinsicht auf die Arbeitsmoral und Arbeitszeitausnutzung der Beschäftigten auswirkt. (‚Was nutzt mir der Mehrverdienst, ich bekomme doch dafür nicht das notwendige zu kaufen' oder ‚Nach der regulären Arbeitszeit ist...ausverkauft.')". Im einzelnen werde herbe Kritik an der Versorgung mit „Fleisch, Fleisch- und Wurstwaren...Backwaren..., Bekleidung, Freizeit- und Sportartikeln ...Eisenwaren und Werkzeugen...Kosmetik und Haushaltchemie" geübt, so wurde festgehalten. „Fehlende Informationsbeziehungen der Handelsorgane untereinander" sollten eine Hauptursache dafür bilden. Nicht nur für Brötchen, auch für die FDJ-Kleidung trat der Vorwurf mangelnder Qualität auf. Versorgungslücken bei Haushalts- und Eisenwaren wurden im Bereich der staatlich zentralisierten Verteilung kritisiert. „Bei Kommissions- und Privathändlern" sei derartiges nicht zu verzeichnen. Als Ursache wurde daraufhin festgestellt, das "mangelhafte Angebot im Sortiment Eisen- und Haushaltswaren" ginge „ursächlich darauf" zurück,

> „daß die Warenbereitstellung im 1.Halbjahr 1988 gegenüber dem des Jahres
> 1987 um ca. 50% rückläufig"

sei. Nachdem die Waschmittel „Spee intensiv" und „Spee-optimal" eingestellt worden seien, gelinge es nicht, das neue „Universal-Spee" in genügender Menge bereitzustellen. Auch der Sektor „Kosmetik und Haushaltchemie" sei damit Ziel von Kritik geworden. Als „typische Planwirtschaft" würden diese Zustände bezeichnet. Weiter würden kritisiert:

> „- Preiserhöhung bei Kaffee im Delikat (kurzzeitig)
> - sich abzeichnende Probleme in der Versorgung mit Toilettenpapier
> - fehlende Sortimente im Sortiment Schreibwaren
> - das zu geringe Angebot bei billigem Haushaltsgeschirr insbesondere Tassen
> - über Verstöße gegen entsprechende Anordnungen bei der Rücknahme von
> Flaschenleergut in VKE in Hohen Neuendorf, Bergfelde, Sommerfeld und

Friedrichsthal (Ankauf von Flaschenleergut nur bei Ankauf von Vollgut, da keine Kästen für Leergut)!"

Es wurde selbst „über die ‚Organisierung von künstlichen Engpässen in der Versorgung' durch die zuständigen Fachorgane der Räte der Städte und Gemeinden" gesprochen. Eine spontane Überprüfung in Henningsdorf ergab, dass Bäckereien, „Fleischwaren"-Geschäfte, „Fischwaren"-Verkaufsstellen und „Verkaufsstellen" für „Handwerkerbedarf" geschlossen wegen Ferien, Renovierung/Rekonstruktion etc. waren. „Ab Mitte Juni" verweigere zudem

> „die Annahmestelle des DLK in der Parkstr. die Annahme von Schuhreparaturen mit dem Hinweis auf die Urlaubszeit. Öffnungen erfolgten nur zur Ausgabe bereits vorher angenommener Reparaturaufträge".[10]

Dass dennoch Ordnung, Disziplin und Leistungsfähigkeit von Betrieben aufrecht erhalten werden konnten, belegte der Bericht über die Zustände im VEB Chemisch- Pharmazeutisches Werk Oranienburg.[11]

---

1 Birthler-Behörde, Außenstelle Chemnitz. Informationen an den 1.Sekretär der SED-Bezirksleitung, CAKG – 31a PI 311/63, Gen[osse].Roscher –persönlich- NACH AUSWERTUNG BITTE ZURÜCK, Rü.: Bericht über Erscheinungsformen der Verhinderung des technisch-wissenschaftlichen Fortschritts auf den Gebieten der Industrie des Bezirkes Karl-Marx-Stadt, 12.12.1983, Bl. 59-83.

2 Ebd., Archiv der Außenstelle Potsdam. AKG 672, Probleme und Vorkommnisse bei der Durchsetzung des Ministerratsbeschlusses zur Gewährleistung der technologischen Disziplin im VEB IFA-Getriebewerke Brandenburg, 14.3.1987, Bl. 85.

3 Ebd., AKG 597. BV Potsdam, KD Brandenburg, Probleme bei der Planerfüllung im VEB Ifa-Getriebewerk Brandenburg – Bereitstellung von 10000 Getrieben für die L 60-Produktion im Jahre 1988, 22.6.1988, Bl. 121-124. Bl. 124: „Die Kollegen sind der Meinung, dass die Sonderschichten an den Wochenenden überflüssig sind, ‚da in Ludwigsfelde ein paar Tausend ‚60/L 60 stehen', die die DDR auf dem internationalen Markt nicht losgeworden ist".

4 Ebd., Untersuchungsergebnisse und Nachkontrollen zur Durchsetzung des Ministerratsbeschlusses zur Gewährleistung der technischen Disziplin im VEB IFA-Getriebewerk Brandenburg, 19.8.1988, Bl. 150ff.

5 Ebd., Kreisdienststelle Oranienburg, Reaktion der Beschäftigten des VEB SWWF Henningsdorf im Zusammenhang mit der Reduzierung der Rohstahl-, Halbzeug- und Walzstahlproduktion, 10.3.1988, Bl. 557ff. Ebd., BVfS Potsdam, AKG 586. Kreisdienststelle Pritzwalk, Situation und Lageentwicklung im VEB Zahnradwerk Pritzwalk, 27.4.1988, Bl. 119. Ähnliche Äußerungen tätigten die Beschäftigten im Zusammenhang mit Diskussionen um die „Anwendung der Produktivlöhne". So seien diese „als ‚Inflationsausgleich' zu betrachten, da viele Waren teurer geworden" seien. Ferner: „Die Produktivlöhne bringen mehr Geld für uns, aber ansonsten hat sich nichts geändert". Oder: „Wenn ich die Kennziffern nicht erfülle, dann bekomme ich ja trotzdem immer noch so viel wie sonst, also brauche ich mich auch nicht mehr als sonst anzustrengen".

6 Ebd., KD Oranienburg, Stand der Realisierung ausgewählter Investitionsobjekte mit NSW-Anlagenimporten im VEB SWWF Henningsdorf, 4.4.1988, Bl.571-574.

7 Ebd., Kreisdienststelle Oranienburg, Wirksamkeit der Arbeit der Zentralen Betriebsgewerkschaftsleitung des VEB Stahl- und Walzwerkes „Wilhelm Florin" in Hennigsdorf, 21.1.1988, Bl. 593-596.

8 Ebd., Kreisdienstelle Oranienburg, Probleme der Planerfüllung im VEB Plastmat Oranienburg, 9.7.1988, Bl. 617-620.
9 Ebd., Kreisdienststelle Oranienburg, Entwicklungstendenzen bei Versuchen auf Übersiedlung, 13.7.1988, B. 621-625.
10 Ebd., Kreisdienststelle Oranienburg, Meinungsspektrum der Bevölkerung des Kreisgebietes im Zusammenhang mit der Versorgungslage, 19.7.1988, Bl. 627-631.
11 Vgl. ebd., Kreisdienststelle Oranienburg, Die Um- und Durchsetzung der Grundsätze für die Gewährleistung einer hohen technologischen Disziplin, Ordnung und Sicherheit im VEB Chemisch-Pharmazeutisches Werk Oranienburg auf der Grundlage des Beschlusses des Politbüros des ZK der SED und des Ministerrates vom 30.4.1987 bzw. 9.5.1984, 26.7.1988, Bl. 633-636.

Ereignis – Frage – Antwort

Bei den Vorarbeiten zu dem Film des Verfassers, „Audimobil. Fortschritt im Wandel der Zeit" (1986), der anlässlich der Feiern der deutschen Automobilindustrie zu „100 Jahre Automobil" produziert wurde, kam dieser mit ostdeutschen Stellen in Kontakt. Dass kein Erfolg eintrat in dem Bestreben, die Akten der früheren Auto Union für Audi in Ingolstadt zu sichern[1], war unter anderem in der Rivalität zwischen Wolfsburg und Ingolstadt begründet, die bis heute den Erfolg des Gesamtkonzerns behindert. Die Aufmerksamkeit, welche diese Erfolgsindustrie heute auf sich zieht, ist in deren momentanen Misserfolgen begründet, und das infolge verpasster Gelegenheiten zur technischen Innovation. Anteil daran haben sicherlich Führungsstrukturen und Methoden, die der Verfasser ausgiebig im Verlauf der 80iger Jahre studieren konnte.

Jedenfalls benötigte der Verfasser mindestens 250 Seiten, um die damaligen Vorgänge, vorwiegend hinsichtlich der Politik seiner Auftraggeber bei Audi/Volkswagen, zu durchschauen. Diesem war keinesfalls anzulasten, dass der Audi-Pressechef seinen Vorstandsvorsitzenden, Dr.Wolfgang Habbel, 1984 vor dem Gesamtvorstand Dr.Carl Hahn (Volkswagen) in München zum „Manager des Jahres" hatte küren lassen. Es ist kennzeichnend für die Verhältnisse, die in jenen Jahren in den Vorstandsetagen der deutschen Automobilindustrie herrschten, dass dies genügte, um beide Audi-Vertreter in die Verbannung zu schicken. Doch schwere, schweinslederne Mäntel, gefettete Haare im Stile argentinischer Granden und ein Bedeutung heischendes Auftreten, kombiniert mit napoleonischer Statur, kurz die allenthalben grassierende Furcht in den Ingolstädter Büros, ließen die Arbeit dort dem Tanz auf einem Vulkan gleichen. Doch auch die wenig verlässlichen Zusagen Wolfsburger Partner verursachten permanent Unsicherheit, die sich im Nachhinein als allzu zutreffend erwies. Die Geschichte hatte es als wissenschaftliche Disziplin in Wolfsburg und Ingolstadt nicht leicht. Ein Appell an die "historische Ader" des Führungspersonals fand sich in ständiger Gefahr, zu einem eklatanten Fehlschlag zu werden. „Horchianer" in Ingolstadt (und teilweise Wolfsburg), und die Vertreter des Volksautos in der Konzernzentrale, lagen in permanenter Fehde.

Ein Auftrag, nach Osten zu gehen und den Kopf in die Schlinge der DDR-Stellen zu stecken, hätte aller möglichen Unterstützung aus dem Westen bedurft. Erst die Unterlagen des Ministeriums für Staatssicherheit enthüllten in den Jahren nach 1996, dass dies in Wolfsburg und Ingolstadt nicht so verstanden wurde. Doch besass diese Erkenntnis der Autor noch nicht zu Beginn der Arbeit. Der Hamburger Wissenschaftler beantragte daraufhin bei der damaligen Gauck-Behörde ein Forschungsprojekt, welches die Beziehungen zwischen der westdeutschen Automobilindustrie und dem MfS zum Gegenstand hatte. Dieses Unternehmen lief von 1996 bis Ende des Jahres 2003 und wurde von Herrn Dr.Hermann Berlin mit archivarischer Akkuratesse zum Erfolg geführt. Herrn Berlin ist es zu danken, dass die verzweigten wirtschaftlichen Verhältnisse innerhalb der DDR-Industrie deutlich wurden, der herausragende Wert der MfS-Akten als Quelle für die Erforschung der DDR-Geschichte sich erwies und so die hier vorgelegte Innenansicht des Weges der DDR in die Selbstauflösung möglich wurde. Dabei erwies sich in diesem Fall (anders als später) die völlig unwissenschaftliche Einrichtung und Arbeitsweise der Gauck-Behörde als Glücksfall. Einerseits brauchte es Jahre, um die trockenen Informationen in Händen zu halten, die die Aktenmassen des MfS freigaben. Andererseits war Herr Berlin zuvor selbst in der Industrie der DDR tätig gewesen und wusste wo er ansetzen musste, um an die Verhältnisse innerhalb der DDR-Automobilindustrie heranzukommen. Dabei hatte er stets sorgfältig zu beachten, dass das hier vorgestellte Thema nicht den politischen Verdacht seiner Vorgesetzten erweckte. Diese waren nämlich zu seiner, wie auch zu späterer Zeit, stets darauf bedacht, dem Projekt nicht förderliche Fragen zu stellen, zu hemmen und zu verzögern; kurz, alle Eigenheiten der Bürokratie auszuleben. So begünstigt die unselige Praxis der Birthler Behörde, Namen aller Qualität zu schwärzen, und die Tatsache, dass der Forscher selbst ausschliesslich Fotokopien sieht, ernsthafte Forschung keinesfalls. Ganz zu schweigen von der Dauer eines solchen Projektes. Und dazu kann der SPIEGEL (et altera) jederzeit alles sehen, was er wünscht... Stellt der Forscher dann diese Praxis (auch des Nichtfindens von Unterlagen) dar, kommen Briefe als Antwort, die ausschliesslich das geschilderte Vorgehen stützen.*

Schließlich wurden in den Akten der Bezirkverwaltung des MfS/Dresden Berichte eines I[nformellen] M[itarbeiters] entdeckt, der für diese Untersuchung zentral werden sollte. Die Sprache dieser Berichte, und die sich im „background" verbergende Mechanik der Verhältnisse zwischen Ost und West, die Teil des unmenschlichen Systems war, überzeugten den Verfasser davon, dieses Buch schreiben zu müssen. So wurden weitere Quellen erschlossen, die es erlaubten, der Frage nach dem Moment nachzugehen, ab welchem die DDR-Ökonomie zum Untergang verurteilt war. Eine Frage, die der Verfasser im Jahre 1990, im Rahmen seiner Berichterstattertätigkeit für verschiedene Fernsehanstalten, seinen Gesprächspartnern aus allen Schichten, Positionen, Stellungen und Organisationen der damaligen DDR gestellt hat, worauf er jedoch damals keine klare Antwort erfuhr. Ein besonderer Glücksfall war, neben den ertragreichen Stasi-Akten, das Auftauchen der Benutzerakte des Verfassers aus dem Staatsarchiv Potsdam (zuvor: D[eutsches]Z[entral]A[rchiv] I), die den gesamten Schriftwechsel der DDR-Seite umfasste. Dieser Quellenbestand erlaubte es, die Akten und persönlichen Unterlagen des Autors zu überprüfen, zu ergänzen und deren Inhalt zu verifizieren. Dass bei Verhandlungen mit DDR-Stellen stets auch das Ministerium für Staatssicherheit mit am Tisch saß, wurde von den Beteiligten damals vorausgesetzt. Dass westdeutsche Forscher, als mögliche Lieferanten für Informationen benutzt werden sollten, diese Zielsetzung des Geheimdienstes der DDR ist im Verlauf der Ereignisse greifbar. So bildeten die Akten, welche im MfS aus derartigen Kontakten erwuchsen, eine prävalierende Quelle für die Darstellung der Vorgänge um die Erschließung der Unterlagen der Auto Union für die Audi AG. Dieser Versuch bildete ein konstitutives Element der Übereinkunft zwischen der Ingoldstädter Firma und dem Verfasser, einen Traditionsfilm für die Audi AG zum Jubiläum „100 Jahre Automobil" im Jahre 1986 zu erarbeiten und zu produzieren. Ein derartiges Projekt könne sinnvoller Weise nicht entstehen, wenn ein Zugang zu den Akten und Materialien aus dem Restarchiv der Auto Union im Staatsarchiv Dresden verwehrt bliebe; so die Überzeugung des Autors.

Damit handelt ein gewichtiger Teil dieser Darstellung vom Ringen um den Zugang zu den Akten der Auto Union im Hauptstaatsarchiv Dresden. Dass es hierbei möglich wird, die Vorbereitungen, Methoden und Verfahrensweisen des Ministeriums für Staatssicherheit bei dessen Bemühungen, den Verfasser nachrichtendienstlich anzuwerben, zu durchleuchten, bildet eine nicht unerhebliche Facette dieser Untersuchung. Methodik, Zielstellung, Taktik wie inneramtliche Abstimmung – kurz die Arbeitsweise, Möglichkeiten und Grenzen des MfS - werden hier durchsichtig. Nicht zuletzt die angespannte internationale Lage dieser Jahre, Hochrüstung, Kriegsgefahr und deutsch-deutsches Miteinander wurden damals, zwischen den MfS-Vertretern und dem Verfasser, in einer Weise thematisiert, die durchaus in enger Beziehung zu Konferenzen auf den höheren politischen Ebenen damaliger Kontakte zu sehen ist. Alles war damals offen; sowohl auf dem militär-strategischen, wie dem persönlich-existentiellen, industriellen oder außenpolitisch-innerdeutschen Parkett.

Das Agieren der westdeutschen Wirtschaftsführer in dieser Situation, deren Ziele auf ökonomischem wie politischem Feld, inklusive möglicher Rückwirkungen, bis auf die unteren Ebenen der Beziehungen zur DDR, werden hier analysiert. Die Schnitte, die analytisch durch das überlieferte Material gelegt werden, gewinnen zusätzlich an Hand der Akten der Chemieindustrie der DDR und des Archivbestandes der Ministerien der DDR im Bundesarchiv Berlin an Erkenntniswert. Hier sind im Bereich KoKo die Aufzeichnungen zu den Gesprächen zwischen Alexander Schalck-Golodkowski und Franz Josef Strauß enthalten. Diese und weitere Unterlagen vermitteln einen Einblick in die Spannungssituation im damaligen Europa, welche durch den Rüstungswettlauf der Reagan-Administration mit der UdSSR verursacht war. Die Motivation des Ostens, 1982 vom Konfrontations- auf einen „Umarmungskurs" überzugehen, wäre zu klären. Jedenfalls berührte der Verfasser, in Anlehnung an seine Forschungen zum Ersten Weltkrieg, damals diese seine Sorge gegenüber MfS-Gesprächspartnern. Es sei zu verhindern, dass die sich zwischen der NATO/USA und China subjektiv als „eingekreist" verstehende UdSSR, ähnlich wie das Kaiserreich 1914, Zuflucht in den präventiven Ausbruch nach vorn nehme.[2]

Jedenfalls verlangt die Zusammenschau des Niederganges der DDR (und der UdSSR) nach einer umfassenden Erklärung auch der westlichen Absichten, Aktionen und eingegangenen Risiken. Kam es zu einem Zusammenspiel von Ökonomie und Politik? Die Rolle der industriellen Führer wird hier am Beispiel der Automobilhersteller Volkswagen und Audi, deren Selbstverständnis und Handeln, näher beleuchtet. Allerdings liefen jene Vorgänge damals ab vor dem Hintergrund einer in der Konzernzentrale finanziell noch wohlausgestatteten „Camera".

Ein besonderer Dank gilt Herrn Niemann von der Außenstelle der Birthler-Behörde in Görslow bei Schwerin. Ohne dessen Insistieren, nach weiteren Akten in der Dresdener Außenstelle und IM-Akten zu fahnden, wäre es nicht gelungen, die Schlüsseldokumente zu der Kooperation zwischen Volkswagen und Dresden aufzufinden. Auch die Bereitschaft der Damen und Herren des Bundesarchivs Berlin ist zu erwähnen, die weitgehend wenig erschlossenen Akten des DDR-Staates bereitzustellen. In Archiv der Technischen Universität

Dresden sei Frau Buchwald gedankt, die verstreute Materialien aus dem Bestand der Hochschule für Verkehr „Friedrich List" aufsuchte und vorlegte. Das Hauptstaatsarchiv Dresden sei gleichfalls nicht übergangen, das sich in Leitung und Benutzerdienst gegen eine Zusammenarbeit sperrte.[3]

---

* Archiv Schulte. Bundesbeauftragte (Referatsleiter Grieser) an B.Schulte, 16.12.2005: "Abschließend freue ich mich, Ihnen mitteilen zu können, dass die Bearbeitung Ihres Antrages umfangreich und korrekt durchgeführt wurde". Komplett "vergessen" wurde z.B. die Anfrage nach der Stasi Akte F.J.Strauß.

[1] La Grande Encyclopaedie Larousse (Librairie Larousse) 1972, p. 1285: „Volkswagen-Auto Union, société allemande de construction automobiles, fondée à Wolfsburg en 1938 pour la construction en grande série d'un modèle de voiture populaire imaginé par Ferdinand Porsche en 1933: traction arrière, 5 places, 100 Km/h. Mobilisée par l'effort de guerre allemand au cours de la Seconde Guerre mondiale, elle opère la conversion de son potentiel industriel en faveur de la construction d'engines militaires terrestres et aériales, et notamment d'éléments de fusées à longue portée des Type V1 et V2. En 1945, le montage de voitures de tourisme reprend,…effectif de 6000 personnes. La production s'élève à 1785 véhicules; elle passe à 10000 en 1946.
[…] La société, principal actionnaire d'Auto Union depuis 1930, possède d'un part six usines en Allemagne, à Wolfsburg, à Hannover, à Kassel, à Braunschweig, à Emden et à Ingolstadt, d'autre part quatre usines de production et de montage à l'étranger, Melbourne (Australia), Sao Paulo do Campo (Brésil), Uisenhage (Afrique du Sud) et Puebla (Mexique). Elle contrôle six filiales étrangères et détient de nombreuses participations dans des sciétés de construction mécaniques d'automobiles".

[2] Schulte, Krise, S. 43: „Eine Parallelität zum Deutschen Reich vor 1914, die neben der kontinentalen Machtstellung der Sowjetunion auch in der forcierten Flottenrüstung dieses Staates seit 1970 bestätigt erscheint. Wenn diese Macht präventiv handeln würde, dann würde die Bundesrepublik Deutschland das Frankreich von 1914 sein, das der erste Schlag träfe, die USA würden die Seemacht Großbritannien des Jahres 1914 in ihren spezifischen Wahlmöglichkeiten darstellen, während das menschenreiche, aber unterentwickelte China die Rolle des russischen Kolosses Anfang des 20. Jahrhunderts spielte. Das würde soweit reichen, dass selbst die Besorgnis in Deutschland angesichts des unheimlichen russischen Wachstums, jener der heutigen Russen im Hinblick auf Rotchina entspräche".

[3] Dass es dort selbst heute noch Verfahrensweisen wie 1984 gibt, wird in Extra-Blatt (www.forumfilm.de) näher demonstriert.

I. Teil: Zur DDR-Wirtschaft

1. Kapitel: Ökonomische Indienstnahme der DDR

Mitte der 60iger Jahre hatten die osteuropäischen Länder eine Krise durchlaufen und deren Wirtschaftswachstum nahm wieder zu. Die DDR und die Tschechoslowakei verfügten über das größte Pro-Kopf Bruttosozialprodukt innerhalb des COMECON, der osteuropäischen Wirtschaftsvereinigung. Doch die Renationalisierung, auch der Wirtschaftspolitiken der Satellitenstaaten Moskaus, führte zu harten Auseinandersetzungen über die Regulierung der Lieferungen von und an die UdSSR, wie dem zu zahlenden Preis innerhalb des COMECON. Im Grunde begann bereits zu diesem Zeitpunkt der Aufweichungsprozess des Ostblocks, der mit der Öffnung, insbesondere Polens und Ungarns für westliche Technologie, einsetzte. Der Polyzentrismus griff künftig in Osteuropa Raum.

Die Chrustschow-Ära wurde in Ostberlin ähnlich misstrauisch beobachtet, wie zwanzig Jahre später die Perestroika Gorbatschows. Doch blieb die Wirtschaft der DDR unter Ewald, Jarowinsky und Mittag nicht ohne Erfolge. Eine flexiblere Wirtschaftspolitik griff nach 1962 Raum und im Folgenden entwickelte sich der deutsche Oststaat zu dem COMECON-Staat mit dem höchsten Lebensstandard und der zweiten Industriemacht. Stabilität sollte der Mauerbau bringen. Schließlich waren im August 1958 noch 30.000 Menschen in den Westen geflüchtet.

Planerische und tatsächliche Disproportionen

Dem Vorsitzenden des Politbüros der DDR, Walter Ulbricht, sowie weiteren Mitgliedern der damaligen Führungsspitze des Staates, wurde im Juli 1961 eine Einzelinformation des Ministeriums für Staatssicherheit, zu "Auffassungen von Wissenschaftlern zu Fragen der Planung der DDR-Volkswirtschaft", unterbreitet. Stimmen während der damaligen ökonomischen Krise, die zu jenem Zeitpunkt ebenfalls in bestimmten Branchen der bundesrepublikanischen Industrie zu registrieren war, nahm eine größere Anzahl von Professoren in der DDR zum Anlass, um sowohl das taktische Verhalten der Staatsführung, wie auch die Tatsache zu kritisieren, dass

> "jener 'zählebige Kreis in der Staatlichen Plankommission', der schon damals die oberste Parteiführung aus Unwissenheit falsch informiert habe"

immer noch bestünde. Dass es um einen tiefgreifenden Wandel der politisch-ökonomischen Führung der DDR ging, zeigte ein Gespräch, das Professor Thiessen - einer der Professoren, die Kritik übten, für das Ministerium für Staatssicherheit offenbar geführt hatte. Der Bericht des MfS hielt fest, es gebe

"eine Reihe Wissenschaftler, die es aufgrund verschiedener gegenwärtiger ökonomischer Schwierigkeiten für erforderlich halten, bei der Planung der Volks-wirtschaft - und abgeleitet daraus vor allem auch bei der Wissenschaft - die bis-herige Form der staatlichen Führung besonders durch die S[taatliche]P[lan]-K[ommission] auszuschalten. Dabei sei vor allem an die Methode der schritt-weisen Loslösung von der staatlichen Anleitung gedacht".

Offenbar handelte es sich dabei um Vorstellungen, die sich an westdeut-schen Institutionen, wie z. B. der Max-Planck-Gesellschaft, orientierten. Wie weit diese Überlegungen bereits reichten, zeigten die Ausführungen eines wei-teren Wissenschaftlers, der - laut Aussage des Ministeriums für Staatssicher-heit – entwickelte:

"Die gegenwärtige Lage auf wissenschaftlich-technischem Gebiet zeige, daß die Planwirtschaft, das heißt die strenge staatlichen Planung, sich nicht bewähre. [...] *Die Initiative einzelner und auch ihre Aktionsfähigkeit in unserer Wirt-schaft würde durch die Planwirtschaft gehemmt.* Daraus sei abzuleiten, daß die Verantwortung für die Leiter größer und ihnen auch gestattet sein müßte, ein be-stimmtes Risiko zu tragen.
Wie er 'scherzhaft' erwähnte, wäre es sinnvoll, die staatlichen Betriebe an Einzel-personen oder Kollektive zu verpachten. Nach Ansicht des Gesprächspartners hatte diese Bemerkung jedoch einen ernsten Hintergrund, was sich an konkreten Überlegungen Dr...[geschw., B.S.] bezüglich der Besteuerung solcher Personen oder Kollektive zeigte. Ähnlich lauteten seine Vorschläge für die Landwirtschaft, wobei er davon ausging, daß die Sowjetunion, die eine ausgesprochen sozialisti-sche Landwirtschaft hat, nicht im Stande sei, die Volksrepublik China in ausrei-chendem Maße zu unterstützen. Und stellte die Frage, *wieso die kapitalistische Landwirtschaft Kanadas mit etwa der gleichen Bevölkerungszahl wie die DDR in der Lage sei zu exportieren, während die sozialistische Landwirtschaft der So-wjetunion diese Möglichkeit nicht in dem Maße besitzt"* (Hervorh.v.m., B.S.).

Es wurde die Wirtschaftspolitik Ludwig Erhards (Kartellgesetzgebung, Be-weglichkeit der westdeutschen Wirtschaft) gelobt und die laufenden "Materi-alschwierigkeiten" der DDR-Wirtschaft, "die ständigen Planverschiebungen und das Nichtzustandekommen von Projekten" angeführt, und schließlich das

Ergebnis von "Gesprächen mit westdeutschen Konzernvertretern" dahin umrissen, dass in der DDR bei Wissenschaftlern der Eindruck entstanden sei: "Wenn wir bei der nächsten Achema 1964 noch die Fersen der anderen sehen, können wir von Glück reden".

Es kam zu einer grundlegenden Kritik der volkswirtschaftlichen Führung. "Die Mehrzahl der verantwortlichen Leiter und Mitarbeiter" führe "nur noch Planungsarbeiten durch", erfülle "aber nicht ihre Aufgaben als Leiter der Industriezweige", hielt das MfS fest. Die Plankommission stand in der Kritik. Es hieß: "Man könne die S[taatliche]P[lan]K[ommission] als eine Beschlußmaschine bezeichnen; denn es" würden "in einem derartigen Umfang Beschlüsse gefaßt, daß niemand mehr in der Lage" sei, "diese konkret unter Kontrolle zu halten". Es würde "praktisch nur formal zugestimmt" und "wichtige Beschlußvorlagen" so lange "mehrmals zurückgegeben und überarbeitet, bis sie den Vorstellungen der Leitung" entsprächen. Letztlich "blieben so nur Lösungen auf dem Papier".[1]

Ein insgesamt positives Ergebnis des Investitionsgeschehens innerhalb der DDR-Wirtschaft der vergangenen neun Jahre wurde 1968 gezogen. Sowohl von den Grundlagen, wie auch den Methoden ökonomischer Tätigkeit her, hätten die „Werktätigen um die sparsamste Verwendung von Material, Leistungen usw." gerungen. Im Jahre 1968 habe die „Volkswirtschaft der DDR" mit „26,5 Mrd.M[ark]" soviel investiert, wie in den „Jahre[n] 1958 und 1959 zusammen". Damit seien „die Preiseinflüsse durch die III.Etappe der Industriereform...eliminiert" worden. Demnach habe „sich die Investitionskraft der DDR in 9 Jahren, und zwar bei konstanter Zahl der Berufstätigen, etwa verdoppelt". Allerdings, so wurde deutlich, sei 1968 „das geplante Investitionsvolumen" erstmals erreicht worden. „21,9 Mrd.M" seien „in den produzierenden Bereichen" investiert. So wären die Grundvoraussetzungen für „das stabile Produktionswachstum geschaffen worden". Darunter traten die Anteile der Industrie mit „12 940 Mio M" besonders hervor. „Nichtproduzierende Bereiche" fielen dagegen ab. Erkannt wurde:

> „Die große und wachsende Bedeutung der Investitionen zeigt sich darin, dass auf der Basis der durch Investitionen in den Jahren 1967/68 im Bereich der Industrie in Betrieb genommenen Grundmittel etwa 90% des Nationaleinkommenzuwachses der Industrie erarbeitet wurde".

Übererfüllung des Plans lautete das Motto.

> „28 Großbetriebe und Kombinate erzielten über den Plan hinaus einen Warenproduktionszuwachs von 101 Mio M, darunter der VEB Stahl- und Walzwerk Bran-

denburg 25 Mio M, der VEB Sachsenring Zwickau 10 Mio M und der BEB Loko-
motivbau – Elektrotechnische Werke ‚Hans Beimler' Henningsdorf 8 Mio M".

„Untererfüllungen" des Planes seien dagegen im Bereich „chemische Industrie" aufgetreten. Dadurch seien für 1968 „rd. 220 Mio M Zuwachs an Warenproduktion und 46 Mio M Reineinkommenszuwachs ausgefallen". Die Verluste
konzentrierten sich auf zwölf Betriebe von den Metall- und Halbzeugwerken
über den VEB Leuna-Werke „Walter Ulbricht" bis zum VVB Schiffbau und VEB
Wema Saalfeld. Die Investitionen seien auf solche Zweige der Produktion konzentriert worden, die für die Durchsetzung der wissenschaftlich-technischen
Revolution von entscheidender Bedeutung seien, wie:

„VVB Datenverarbeitungs- und Büromaschinen	23,0%
VEB Carl Zeiss	17,3%
VVB Armaturen und Hydraulik	14,7%
VVB Technisches Glas	12,3%
VVB Plastverarbeitung	12,1%
VVB Kraftwerke	10,6%
VVB Chemiefaser und Fotochemie	9,6%
VVB Wälzlager und Normteile	9,5%"

Trotz teilweise ermutigender Entwicklungen, wie zum Beispiel der Modernisierung des Maschinenbestands, sei dennoch, so wurde nicht verschwiegen,

„in der Vergangenheit ein erheblicher Nachholebedarf an Investitionen entstanden".

Neue, 1968 in Betrieb genommene Kapazitäten im „Bandstahl-, Prozess-
rechner-, Datenfernübertragungs-, Rechenmaschinen- und LKW- und Trakto-
renbereich hätten „weitere wesentliche Voraussetzungen für eine effektive
Struktur der Volkswirtschaft der DDR geschaffen". Hervorgehoben wurden zusätzlich:

„61 860 Neubauwohnungen, 16 830 Plätze in Kindergärten und -krippen, 2 700
Klassen- und Fachunterrichtsräume[n], 3 300 Internatsplätze[n] für Hoch- und
Fachschulkader und 11 500 Gaststättenplätze[n] für die kulturell-sozialen Le-
bensbedingungen der Werktätigen".

„Bedeutende Untererfüllungen" des Planes seien - „vor allem in der Industrie"
- zu konstatieren. „Besonders negativ" erscheine „die geringe Planerfüllung in
den *zentralgeleiteten* Betrieben der chemischen Industrie mit 90%" (Hervorh.
v.m., B.S.), der Elektrotechnik und Elektronik mit 95,3%" und der „Baumateria-

lienindustrie mit 96,1%". Übererfüllt wurde der Investitionsplan im Bereich der „Land- und Nahrungsgüterwirtschaft". Doch führte dieser „bisher höchste Investitionszuwachs...noch nicht im gleichen Maße zu einer Erhöhung des Nettoprodukts". „Erstmalig" wurde jedoch „eine volkswirtschaftlich bedeutende Freisetzung von Arbeitskräften in Höhe von 36 000 Beschäftigten" möglich. Die „Jahreszielstellung" sei „im wesentlichen erfüllt worden". Von „32 Vorhaben der Industrie" seien „20 Vorhaben realisiert bzw. überboten". „Bei 9 weiteren Vorhaben sind bei relativ geringen Rückständen die Endfertigungstermine nicht gefährdet". Es tritt hervor, dass bei so wichtigen Projekten wie dem „VEB Erdölverarbeitungswerk Schwedt 2. Ausbaustufe PER-Anlage" und dem „VEB Leuna-Werke ‚Walter Ulbricht' Leuna II...beträchtliche Rückstände gegenüber den im Zyklogramm vorgesehenen Leistungen" aufgetreten waren.[2]

Der Beschluss des Präsidiums des Ministerrates vom 29.September 1969, zur „Konzeption für die erweiterte Zusammenarbeit mit der UdSSR auf dem Gebiet der Grundlagenforschung", vollzog auf den Gebieten einer automatisierten „technischen Produktionsvorbereitung", der „Mathematik", „Tieftemperaturphysik" sowie den „theoretischen Grundlagen chemischer Reaktionen, der „Festkörperphysik" und „physikalische[r]n Probleme der Werkstoff-Forschung", erste Schritte für eine weitere Abstimmung zwischen dem Minister für Wissenschaft und Technik, Frey, und dem Stellvertreter des Vorsitzenden des Ministerrates der UdSSR, Kirillin.[3]

Zu Beginn des Jahres 1970 ging es um „die vollständige Anwendung des ökonomischen Systems des Sozialismus" in der DDR. In Vorbereitung der Arbeiten am „Perspektivplanentwurf" 1971/75 - und des „Jahresvolkswirtschaftsplanes für 1971" - sollten im Auftrag des Ministerrates „in allen Staats- und Wirtschaftsorganen Schulungen über die Gestaltung des ökonomischen Systems des Sozialismus im Zeitraum 1971 bis 1975" durchgeführt werden. Es hätten

> „im Mittelpunkt dieser Schulung...die Grundfragen bei der Gestaltung des entwickelten gesellschaftlichen Systems des Sozialismus und seines Kernstückes, des ökonomischen Systems des Sozialismus"

zu stehen. Als „Schwerpunkte" dieser Bemühungen wurden herausgehoben „die Erhöhung des Niveaus der sozialistischen Wirtschaftsführung", der „prognostisch begründeten Planung", der „Gestaltung der vom Gesamtprozeß umfassten sozialistischen Wissenschaftsorganisationen", der „Durchführung der Systemautomatisierung, der Weiterentwicklung der Planung und Bilanzierung" wie der „Entwicklung einer sozialistischen Kommunalpolitik". Es blieb offen, ab wann die DDR schließlich tatsächlich kommunistisch-sozialistisch regiert werden sollte.[4]

Diskussion um langfristige Planung

Zwischen dem 17. und dem 27. März 1972 ergriffen sämtliche relevanten Ministerien die Gelegenheit, um zu dem „Beschluß zur Entwicklung der *langfristigen* Planung" in der DDR-Volkswirtschaft Stellung zu beziehen. Der Minister „für Verarbeitungsmaschinen- und Fahrzeugbau" nutzte das Mittel eines Memorandums, um klarzustellen, die Staatliche Plankommission habe die Verantwortung für getroffene strukturpolitisch relevante Entscheidungen zu übernehmen. Auf zehn Seiten entwickelte der Minister unter anderem seine Vorstellungen zum Wesen „langfristiger Planung". Diese sei darauf gerichtet,

> „die kontinuierliche und stabile Entwicklung unserer Volkswirtschaft als entscheidende Voraussetzung für die immer bessere Befriedigung der Bedürfnisse der Bevölkerung zu schaffen".

Die „Hauptrichtung der langfristigen Entwicklung der Produktivkräfte", daneben die *„langfristige[n]* internationalen Konsultationen und Abstimmungen zwischen den RGW-Ländern", die „Vorlaufaufgaben in Bildungswesen und Wissenschaft" sowie „die Ermittlung des verbleibenden Entscheidungsspielraumes für die folgenden Planperioden", und deren Überprüfung „im jeweiligen Fünfjahrplanzeitraum," bildeten in dessen Sicht die wesentlichen Funktionen einer „langfristigen Planung". Als Forderung wurde formuliert, „im Sinne einer noch größeren Konzentration, Kontinuität und Ausgeglichenheit unserer [der] volkswirtschaftlichen Aufwärtsentwicklung" sei „durch die *langfristige* Planung die Sicherheit und Wirksamkeit der zentralen staatlichen Planung" zu erhöhen. Dabei wären in der „langfristige[n] Planung... Prognoseerkenntnisse in Entscheidung" umzusetzen. Dieser Blick sollte fünfzehn Jahre Planung erfassen, jedoch vermeiden, zu sehr in die Details zu gehen. Die so gewonnenen Ergebnisse seien unmittelbar im folgenden Fünfjahrplan wirksam zu machen.

So wurde die „langfristige Planung" als „ein wichtiges Element der zentralen staatlichen Planung" betrachtet. Die

> „grundlegenden Aufgaben für die Sicherung der *langfristigen* Entwicklung der Produktivkräfte, insbesondere zur Beherrschung der entscheidenden Prozesse des wissenschaftlich-technischen Fortschritts, zur Vervollkommnung der volks-

wirtschaftlichen Struktur und zur Erhöhung der Effektivität des Reproduktions-
prozesses"

seien „klar" zu benennen „und im Rahmen volkswirtschaftlicher Gesamteinein-
schätzung grob" zu bilanzieren (Hervorh.v.m., B.S.). Da die Umsetzung der
Richtlinie zur „langfristigen Planung" als Führungs- und Leitungsinstrument der
DDR-Volkswirtschaft „von der angeführten und zu unterstützenden Grund-
orientierung teilweise grundsätzlich abweiche", seien jedoch „prinzipielle Einwendungen geltend" zu machen. So folgerte der Minister für „Verarbeitungs-,
Maschinen- und Fahrzeugbau". Dass in die Ergebnisse dieser Vorausplanung
die parallel entstandene „Ausarbeitung des Fünfjahrplanes 1976-80", quasi automatisch einfließen sollte, erschien dem Minister mit Recht als widersinnig.
Gewarnt wurde ausdrücklich davor, den „Detailliertheitsgrad der Fünfjahrpla-
nung" auch nur annähernd auf die längerfristige Planung zu übertragen, da so
es „in absehbarer Zeit zu keinen brauchbaren und entscheidungsreifen Ergebnissen" kommen werde. Das Muster eines „Planansatzes" wurde konkret benannt, um zu verdeutlichen, wie weit der Aufwand getrieben werden dürfe. Für
den weiteren Vorausblick sei der „Kennzifferspiegel [noch] weiter einzuschränken". Ausgesprochen wurde, „die langfristige Planung" sei ein „Entwurf[es] für
den Zeitraum von 15 Jahren". Dass ein vorausdisponierender Entwurf (Plan)
„verbindlich", bis in die Einzelheiten, geraten könne, dem widersprach der Minister eindeutig. Die „zentralen staatlichen Organe" hätten sich dieser Aufgabenstellung verantwortlich zu unterziehen. Dabei verwies der Minister für Verar-
beitungs- Maschinen- und Fahrzeugbau ausdrücklich auf die „Verantwortung"
der Staatlichen Plankommission bei der Vorgabe von Leitvektoren künftiger
ökonomischer Entwicklung („Entwicklungsrichtungen und Proportionen"). Gewarnt wurde ausdrücklich davor,

> „ohne Orientierung aus volkswirtschaftlichen Grundüberlegungen heraus eine
> sehr umfangreiche, aufwendige und verantwortungsvolle Arbeitsphase zu be-
> ginnen, als deren Ergebnis lediglich festgestellt werden"

könne, „dass diese erarbeiteten Vorstellungen in das volkswirtschaftliche Ge-
samtkonzept nicht eingeordnet werden" dürfen. Der Minister resümierte:

> „In der langfristigen Planung muß grundsätzlich und ohne Einschränkungen
> das Prinzip gelten, auf der Grundlage volkswirtschaftlicher Gesamtuntersu-
> chungen durch die SPK schrittweise eine Untersetzung und Konkretisierung der
> Entwicklungsziele und Entwicklungsmöglichkeiten vorzunehmen, die dann in
> einem iterativen Prozeß mit mehreren Arbeitsphasen jeweils wieder mit der

volkswirtschaftlichen Gesamtkonzeption verglichen und wechselseitig präzisiert werden müssen".

Rund heraus wurden Mängel bei der Planfeststellung eingeräumt. „In Verbindung mit der Ausarbeitung des Fünfjahrplanes 1971-75" sei unübersehbar, „wie wichtig eine rechtzeitige Orientierung – und sei es eine Groborientierung – für eine rationelle und wirksame Leitungs- und Planungstätigkeit" sei. Es wäre demnach nicht Doppelarbeit, sondern vielmehr sich ergänzende Detail- und Generalarbeit notwendig. Den zeitlichen Orientierungspunkt bilde die Jahresmitte 1973. Zu diesem Zeitpunkt sei „eine erste volkswirtschaftliche Orientierung für den Zeitraum nach 1975" vorzulegen. Diese Zeitplanung, so der Minister für Verarbeitungsmaschinen und Fahrzeugbau, könne nicht akzeptiert werden, denn „in Verbindung mit den Festlegungen zum Komplexprogramm zur Vertiefung der sozialistischen ökonomischen Integration im Rahmen des RGW" seien

> „bereits Verpflichtungen eingegangen worden, die ... zu Abstimmungen und Vereinbarungen mit der UdSSR and anderen sozialistischen Ländern bereits im Laufe des Jahres 1972 und Anfang 1973 *zwingen*" (Hervorh.v.m., B.S.).

„Volkswirtschaftliche Gesamtkonzeption" und derartige „Absprachen" würden „hinterher zwangsläufig in Widerspruch" geraten. „Verletzungen solcher Vereinbarungen im nationalen und internationalen Maßstab" seien unvermeidbar. Es müsse deshalb gefordert werden, die „zu erwartende volkswirtschaftliche Orientierung bereits Mitte 1972" zu realisieren. „Doppelerfassungen" etc. bildeten die Folge des vorliegenden Ansatzes „im Bereich des MVF." Es seien

> „etwa 90-95% des Produktprofils durch die Programmplanung erfasst. Damit sind faktisch für das gesamte Produktionsprofil dreifach umfangreiche Berechnungen, Untersuchungen und Abstimmungen durchzuführen:
> Erstens mit den vorbereitenden Programmen
> Zweitens mit den ‚Entwicklungsrichtungen und Proportionen...'.
> Und drittens mit den volkswirtschaftlichen Programmen zur Untersetzung der langfristigen Planung".

Es ginge, so der Minister, „hier nicht nur um eine ungerechtfertigte Parallelarbeit", sondern auch darum, die anderen Programme zu überdenken. Zu vermeiden sei überdies grundsätzlich, „die außerordentlich arbeitsaufwendige Erfassung der Verflechtungsbeziehungen". „Unterschiedliche Gliederung" reiche nicht hin und „Doppelzählungen" lägen nahe. Stattdessen gehe es darum, die Untersuchung auf „ausgewählte[n] Schwerpunkte von volkswirtschaftlicher Bedeutung zu konzentrieren" und dies „im Interesse einer höheren Sicherheit" zu unternehmen. Die

> „Problematik der Verflechtungsbeziehungen wird hier aber als konkret ausgewiesene Unterposition bei der Erfassung und Berechnung der Verflechtungsbeziehungen zu anderen Zweigen und Bereichen im Rahmen der Entwicklungsrichtung und Proportionen..."

erfasst. „Volkswirtschaftliche Programme", die – „auf der Ebene des Ministerrates" - „langfristig wirksame zentrale Entscheidungen" erforderten, seien vordringlich auszuarbeiten. Ausschließlich konzis in deren Bedeutung zuzuordnende Programme wären zu bearbeiten, was allerdings nur schwer zu beurteilen sei. Dass eine territoriale Komponente in der Urteilsfindung seitens der Staatlichen Plankommission verabsäumt sei, wurde scharf betont. „Ein klarer Verzicht auf Entscheidungen zur territorialen Entwicklung" sei ausgesprochen, jedoch auf Grund von „Standortverteilung der Produktivkräfte", „Produktionsstruktur" etc. unabdingbar. Der Minister erklärte gegen Widerstand:

> „Diese Vorstellungen werden auf der Grundlage der territorial bedingten Einschätzungen der Bezirke, nicht aber unter Beachtung gesamtvolkswirtschaftlicher Notwendigkeiten und aus der Sicht der Gesamtverantwortung durch die SPK, erarbeitet und sind eine der Grundlagen für die Abstimmungen der langfristigen Anforderungen an die territorialen Anforderungen an die territorialen Ressourcen und die anderen Produktionsbedingungen zwischen den zentralen staatlichen Organen und den Bezirken".

Es wurde pointiert Stellung gegen die *„Zurückhaltung der Staatlichen Plankommission"* bezogen. Der Minister führte aus:

> „Die im Vorlageentwurf zu diesem Problem zum Ausdruck kommende Zurückhaltung der Staatlichen Plankommission kann nicht akzeptiert werden, weil es wie bei den volkswirtschaftlichen Programmen *nicht möglich* ist, *volkswirtschaftliche Grundproportionen und deren Auswirkungen auf die Territorien aus der Summe vieler Einzelüberlegungen herzuleiten*"[5] (Hervorh.v.m., B.S.).

Der Minister für Verkehrswesen stimmte im Grundsatz zu und verstand offensichtlich die „langfristige Planung" als Vorstufe des „Fünfjahrplan 1976-80". „Gerade für das Verkehrswesen" sei „die volkswirtschaftliche Einordnung der Entwicklung der Transportkapazitäten, insbesondere der Verkehrswegenetze und der dazu erforderlichen Ressourcen, insbesondere der Baukapazitäten, von entscheidender Bedeutung für die Qualität der Pläne". Im Einzelnen bedürfe es jedoch der „Orientierungskennziffern" um „realisierbare[r] und adressierbare[r] Ziele" festlegen zu können. Zu dem „Programm zur Entwicklung der materiell-technischen Territorialstruktur des Verkehrswesens (Netze des Straßen-, Schienen- und Wasserverkehrs) und zur Entwicklung komplexer Lösungen für den Nah- und Berufsverkehr" seien die „'Komplexen Lösungen für den Nah- und Berufsverkehr' auf eine begrenzte Anzahl Städte" zu beschränken, so die Anregung des Ministers für Verkehrswesen gegenüber dem Staatssekretär der Staatlichen Plankommission, Staatssekretär Klopfer. Diese „7 Schwerpunktstädte" seien mit der „Hauptstadt der DDR Berlin, Leipzig, Dresden, Karl-Marx-Stadt, Halle, Magdeburg" und Rostock näher bestimmt. „Neben der Koordinierung mit MfB und der SPK wäre weiterhin die Mitwirkung der einzubeziehenden Städte erforderlich". Ein „Programm zur Entwicklung und Anwendung rationeller Transporttechnologien, in Übereinstimmung mit der Entwicklung des innerbetrieblichen Transports (Güterverkehr) sowie der Lager- und Umschlagseinrichtungen" wurde als überflüssig zurückgewiesen. Ein „einheitliches Gütertransportsystem" werde gerade, unter Mitwirkung weiterer staatlicher Stellen, im Ministerium für Verkehr erarbeitet. Als weitere zu begrüßende Programme erschienen für das Ministerium relevant die Vorhaben:

> „Nr.1 (Wohnungsbau), Nr.6 (Gesundheitswesen), Nr.10 (Straßenfahrzeuge), Nr.14 (Hauptwerksstoffe) und Nr.18 (Energiewirtschaft)".

Mit dem Vorschlag zur Methodik, Arbeitsgruppen einzuführen, schloss sich das Ministerium für Verkehr im Prinzip der „Vorlage ‚Beschluß zur Entwicklung der langfristigen Planung' an.[6]

Auch der Minister für Glas- und Keramikindustrie stimmte „vom Grundsatz her dem vorliegenden Beschlussentwurf zu". Es sei jedoch

> „die Notwendigkeit gegeben, den volkswirtschaftlichen Reproduktionsprozeß über einen längeren Zeitraum als fünf Jahre, unter Einbeziehung der weiteren ökonomischen Integration mit den sozialistischen Ländern des RGW, zu untersuchen und in den wichtigsten Hauptrichtungen und Grundpositionen zu planen".

„Langfristige Planung" könne nicht „generell auf einen Zeitraum bis 1990 orientiert" werden. „Dieser Zeithorizont" könne keinesfalls „für alle Bereiche der Volkswirtschaft Gültigkeit haben". Bettin wollte dieses Vorgehen auf solche Sektoren beschränkt wissen, „für die aus der Sicht der Gesamtentwicklung über einen Zeitraum von 15 und mehr Jahren" geurteilt werden könne. Er sah in diesem Zusammenhang vor allem „Bereiche und Zweige", die „im hohem Maße durch den wissenschaftlich-technischen Fortschritt beeinflusst" würden.

Diese Tendenz zum Detail widersprach der Intention der Staatlichen Plankommission. Der Minister für Glas- und Keramikindustrie glaubte dementsprechend, „die langfristige Planung bis 1990" auf „nur orientierenden Charakter und nur" für den „Fünfjahrplanzeitraum 1976-80 verbindlichen Charakter" eingrenzen zu können. Da „nicht alle Bereiche der Entwicklung der Volkswirtschaft" derart tiefgreifend erfasst würden, sei auf ein derartiges Vorgehen zu verzichten. Dem widersprach Klopfer, der die „erforderliche Detailliertheit in den Plänen der Min[isterien]" erwartete und keine „Bedenken hinsichtlich der Planung der proportionalen Entwicklung" erkannte. Grundlegende methodische Fragen berührte Bettin zusätzlich, indem er anführte,

> „- Der Zeithorizont der Programme ist differenziert festzulegen, wie soll dann der langfristige Plan bis 1990 komplex erarbeitet werden, wenn bestimmte Programme nur z B. bis 1980 oder 1985 vorliegen?
> - Wann werden die Varianten der Entwicklung von Bereichen und Zweigen entschieden?
> - Wie werden Veränderungen der Wirtschaftsorganisation in der langfristigen Planung berücksichtigt?
> - Welche Preise werden der langfristigen Planung zugrunde gelegt?
> - Wie wird *das bereits bestehende Problem der Volkswirtschaftsplanung* nach Bedürfniskomplexen und deren Teilrealisierung nach Verantwortungsbereichen gelöst?
> - Inhalt und Formen der Zusammenarbeit zur Sicherung der *Standortverteilung* der Produktivkräfte zwischen den Ministerien und den Räten der Bezirke in vorgegebenen Zeitetappen"[7] (Hervorh.v.m., B.S.).

Der Minister für Post- und Fernmeldewesen beantragte, die Beschlussvorlage zu ergänzen um „ein ‚Programm zur Entwicklung der materiell-technischen Territorialstruktur des Fernmeldewesens(...) und für komplexe Lösungen zur Befriedigung der wachsenden Informationsbedürfnisse der Bevölkerung, der Volkswirtschaft und der Landesverteidigung'". Die künftige Entwicklung dieses gesellschaftlichen Ausschnittes beanspruche „eine entsprechende volkswirtschaftliche Einordnung", wie dies für „Verkehrswesen" und „Energie" in gleicher Weise zutreffe. Franke unterstrich, der bedeutende „zu erwartende Einsatz hocheffektiver nachrichtentechnischer Systeme mit einem materiellen und finanziellen Aufwand" erfordere, dass darüber „langfristig entschieden werden" müsse. Acht Ministerien, von „Elektrotechnik und Elektronik" bis „Wissenschaft und Technik" sowie die „Räte der Bezirke" und die „Hochschule für Verkehrswesen" hätten daran mitzuarbeiten.[8]

Der Minister für Außenwirtschaft, Sölle, bezeichnete den „Entwurf der Vorlage" als „ein gutes Ausgangsmaterial für die weitere Arbeit auf diesem Gebiet". „Inhaltlich" sei jedoch die „langfristige Planung" zu präzisieren. Auch Sölle betonte, es sei nicht die „Aufgabe" vom VIII.Parteitag der SED gestellt, „alle Zweige" der Volkswirtschaft einzubeziehen. Es sei „deutlicher" zu machen,

> „dass es um die Planung von relativ wenigen Hauptkennziffern bzw. von ausgewählten Schwerpunkten, wie z.B. die Energiewirtschaft"

gehe. „Tendenzen in Richtung eines perfektionistischen ‚komplexen' langfristigen Planes sollten von Anfang an vermieden werden". Warum ein solcher Langfrist-Plan aufzustellen sei, blieb offen. Dementsprechend komplex gestaltete sich in der Sicht Sölles das „Verhältnis zwischen dem langfristigen Plan bis 1990 und der Ausarbeitung des Fünfjahrplanes 1976-1980". Deshalb, so der Außenwirtschaftsminister, die „konzipierte Aufteilung des langfristigen Planes in drei Fünfjahrplanabschnitte". Der Minister betonte ex officio, „qualifizierte[n]... Plankonsultationen mit der UdSSR und den anderen RGW-Ländern". In gewissem Ausmaß eine Aufweichung des Auftrages der übergreifenden Vorausplanung bis 1990 vermutete Sölle in der Tatsache, dass „der erste Teilabschnitt des langfristigen komplexen Planes praktisch identisch...mit dem Fünfjahrplan 1976-1980" sei. Mit Recht wies der Minister auf nicht kongruente Terminstellungen hin, was zusätzlich in die Richtung nicht zuende gedachter Vorstellungen deutete. Wertvoll erscheint überdies der Hinweis Sölles, „auch das Ministerium für Außenwirtschaft" zähle „zu den Zweigen und Bereichen, 'deren Anteil am Reproduktionsprozeß für die Bestimmung der volkswirtschaftlichen Grundproportionen von Bedeutung'" sei. „Die Notwendigkeit einer stärkeren langfristigen Planung" dieses Bereiches ergebe „sich in erster Linie aus den Erfordernissen der sozialistischen ökonomischen Integration mit der UdSSR und den anderen RGW-Ländern".[9]

Der Minister für Chemische Industrie, Wyschkowsky, fand seine Vorbereitung „der langfristigen Planung in der chemischen Industrie" bestätigt. „Ernste Bedenken" lägen jedoch zum „vorgesehenen zeitlichen Ablauf" vor, wonach „der Ansatz für den nächsten 5-Jahrplan 1976-80 bis Mitte 1974 fertigzustellen" sei. Doch die „Vorbereitungen für Investitionsvorhaben" 1976/80 erforderten den sofortigen Beginn der Arbeit, so der Minister. Um die „Neuauflage der bisherigen Prognosen" zu vermeiden, schlug Wyschkowsky - darin einig mit der Mehrzahl der Ministerkollegen - vor, von „der breiten Anlage der ausgewählten Programme" für die weitausgreifende Zukunftsperspektive der DDR-Volkswirtschaft abzugehen.[10] Die Minister Siebold (Ministerium für Kohle und Energie), Rieber

(Handel und Versorgung) und Heinze (Ministerium für Kultur) ließen es bei kurzen Reaktionen bewenden, wobei der „Elektroenergiebedarf", der „hohe Verflechtungsgrad" der „bezirksgeleiteten Lebensmittelindustrie" und „die wachsenden kulturellen Bedürfnisse der Bevölkerung" eine besondere Rolle spielten, was überwiegend die Zustimmung zum Entwurf der Staatlichen Plankommission bedingte.[11] Honecker, so Heinze in seinem Schreiben an Klopfer, habe „kürzlich nachdrücklich" darauf hingewiesen,

> „daß die materielle und die kulturelle Seite des Lebensniveaus *gemeinsam* das Wohl des Volkes im Sozialismus ausmachen und *das eine ohne das andere nicht denkbar* wäre" (Hervorh.v.m., B.S.).

Es erstaunt, dass sich der Minister für Gesundheitswesen, Mecklinger, dazu berufen fühlte, ein „Programm[s] der Entwicklung der Arbeitsbedingungen und der Sozialpolitik" zu fordern, das Klopfer für „nicht machbar" erachtete. Angesichts der geplanten produktiven Aufgaben eines solchen Vorausüberblicks überrascht es, dass über die „Entwicklung des Erholungswesens incl. Touristik und Sport" nachgedacht werden sollte. Eben das, was die zuvor zu Gehör gekommenen Minister befürchtet hatten, begann einzutreten. Mit dem Zerfasern in immer weitere Programme wurde die Chance eines die Tendenzen offenlegenden Überblicks vergeben.[12]

Frontal ablehnend äußerte sich der Minister für Schwermaschinen und Anlagenbau, Zimmermann, und legte damit den grundverfehlten Ansatz dieser Planung offen. Der Minister schrieb:

> „Insgesamt sollen *16 volkswirtschaftliche Programme* unter Leitung von Beauftragten des Ministeriums ausgearbeitet werden. Das Ministerium ist davon bei *10 Programmen* zur Mitarbeit verpflichtet. Im III. Quartal 1972 soll die Aufgabenstellung erfolgen und die Fertigstellung des 1.Entwurfes ist im I.Quartal 1973 konzipiert" (Hervorh.v.m., B.S.).

Im wesentlichen bot der Minister eine zusammenfassende Auseinandersetzung und abschließende Beurteilung des bisher Gesagten. Zimmermann fuhr fort:

> „Das 1.Problem liegt in der Beherrschung dieses Leitungs- und Planungsprozesses selbst. Dazu gibt es in der Vorlage keine Aussage. Nach überschlägigen Berechnungen wird das Leistungsvermögen des SMAB, gemessen an der Warenproduktion mit ca. 70 bis 80% bei diesen 10 Programmen erfasst. *Da die Außenhandelsaufgaben nicht Gegenstand der volkswirtschaftlichen Programme*

sind, tritt ein echtes Problem in der *Beherrschung der Proportion Export zu Inlandsbedarf* auf. Da die Aufgabenstellung zur Ausarbeitung der Programme insgesamt durch die SPK übergeben wird, also nicht nach den zur Mitarbeit beteiligten Organen, entsteht ein 2.Problem hinsichtlich einer *Effektivität der vorgesehenen Gemeinschaftsarbeit der zentralen Organe*. Die Anlage 3 sieht vor, dass überdurchschnittlich 9-16 Organe an einem Programm beteiligt sind".

Es sei aus diesen Gründen, so der Minister, „eine zentrale ‚Koordinierungsgruppe' unter Leitung der SPK bzw. des Ministeriums zu bilden", welche „den einzelnen zentralen Organen ihre Aufgaben aus ‚den Hauptrichtungen und Grundproportionen der volkswirtschaftlichen Entwicklung' zu übergeben und durchzusetzen hätte. Bis auf die Ebene der Betriebe wollte Zimmermann das Prinzip durchgesetzt sehen, was Klopfer jedoch nicht nachvollzog. Es ginge auch hier um die „Berücksichtigung der zweiglichen („Planung nach Zweigen und Bereichen mit der Planung nach Territorien") und volkswirtschaftlichen Verflechtungen". Das „Wie" der Durchführung der Arbeiten, sowohl in den einzelnen Etappen, wie der zu erwartende Arbeitsumfang, seien unklar.[13]

Auch das Ministerium für Wissenschaft und Technik, Staatssekretär Dr.Leupold, lehnte den Entwurf als nicht vorlagefähig ab. Es ginge gerade darum, so wurde in Umkehrung der bisherigen Kritik der Ämter ausgeführt,

„die inhaltliche und zeitliche Verflechtung der vorgesehenen Bestandteile der langfristigen Planung untereinander und mit der Erarbeitung des Fünfjahrplanes 1976-1980 klarer sichtbar zu machen".

Auch mangele es an einer „inhaltliche[n] und zeitliche[n] Abstimmung mit dem Ablauf der langfristigen Planung in der UdSSR" - wenn es eine solche gab - wurde gerügt. Doch zugleich unterstrich Leupold – wie andernorts bereits angeklungen, die Abhängigkeit der DDR von UdSSR und RGW. Gefordert wurde zur Klärung der Fragen eine „Problemberatung mit Vertretern der zentralen Staatsorgane".[14]

Einerseits war erkannt, es bedürfe der konzeptionellen Klarheit des weiteren Vorgehens in wirtschaftlicher und politischer Hinsicht. Andererseits wurden die Bremsen insofern angezogen, als es notwendig um einen gewissen kulturellen und sozialen Standard ging, welcher dem Volk einzuräumen sei. Ob sich beide Zielsetzungen zusammenführen ließen, wird die Zukunft zeigen.

Innovation des Maschinenparks

Anfang des Jahres 1975 berichtete das MfS dem Generalsekretär Erich Honecker über die "Entwicklung des Werkzeugmaschinenbestandes" der DDR. Danach seien ca. 30 Prozent davon in den letzten vier Jahren erneuert worden. Das bedeute eine wesentliche Entwicklung der Qualität des Maschinenbestandes. Der "Automatisierungsgrad" habe sich von 29 auf 39 Prozent verbessert. Dennoch sei die "planmäßige Reproduktion" des Maschinenparks nicht gewährleistet gewesen, da die bereitgestellten Werkzeugmaschinen sich auf relativ wenige "Neubau- und Erweiterungsvorhaben" konzentriert hätten. Insgesamt seien erschöpfte Maschinen zu langsam ausgesondert worden. Das bedeute, dass rund 24 Prozent der Werkzeugmaschinen wertmäßig überaltert seien. Dies treffe vor allem auf die Holzbearbeitungsgerätschaften zu. Dies werde damit begründet, dass viele "bestehende Betriebe ihren Bedarf an Aktualisierungsmitteln" nicht decken könnten. Weiter bedinge dieser Zustand einen wachsenden Instandhaltungsaufwand und Bedarf an Arbeitskräften.

Demgegenüber würden neu eingesetzte Maschinen täglich durchschnittlich nur 12,4 Stunden genutzt. Dagegen betrage die technisch mögliche Einsatzzeit einer Maschine in etwa zwanzig Stunden. Nach Stand der Dinge, könnten so durch moderne Maschinen, unter voller Ausnutzung 15.000 bis 20.000 überalterte Aggregate ausgesondert werden. Die Ausnutzungsgrade differierten allerdings von Betrieb zu Betrieb. So zum Beispiel zwischen dem Werkzeugmaschinenkombinat "7.Oktober" mit 57 Prozent, bis zum "Werkzeugmaschinenkombinat Bad Düben mit 49 Prozent. Diese Situation werde bedingt durch die Arbeitskräftedisposition. Das MfS hatte eruiert:

> "Als Ursachen für die niedrige Planung der Ausnutzung werden angegeben: die nicht rechtzeitige Sicherung von Arbeitskräften in der notwendigen hohen Qualifikation sowie Kapazitätsdisproportionen zu vorgelagerten und nachfolgenden Produktionsabschnitten".

Weiterhin, und offensichtlich, wurden die Maschinen nicht hinreichend gewartet. Technische Störungen und Havarien bedingten einen Arbeitszeitausfall in Höhe von 30 Prozent. Als Begründung dafür hatte das MfS herausgefunden:

> "Die Instandsetzung der Maschinen wird oft durch ungenügende Ersatzteilbereitstellung und langes Warten auf das Reparaturpersonal der Herstellerbetriebe verzögert. Die Ersatzteilhaltung wird kompliziert durch lange Beschaffungszeiten bei NSW-Importen (nicht bilanzierte Mittel), geringe Störreserven und fehlende Möglichkeiten der Eigenfertigung".

"Hochproduktive Werkzeugmaschinen", so das MfS, bedingten Bedienungs-personal das über "spezielle Kenntnisse" verfüge. Die Schlussfolgerung gab sich mehr als simpel. Es seien der "Rationalisierungsbedarf der bestehenden Betriebe besser" zu decken, und in diesem Zusammenhang, eine beschleunig-te "Ausrottung alter Maschinen" zu betreiben.[15]

---

[1] Der Bundesbeauftragte (zit.als: BStU), Zentralauftrag. ZAIG 439, Einzelinformation über Auf-fassungen von Wissenschaftlern zu Fragen der Planung der Volkswirtschaft in der DDR, Vorschlag: 1. Gen. Ulbricht. 2. Bundesarchiv Außenstelle Coswig (zit.als: BA-Coswig), Chemische Industrie C-20, I/4-2641. Ministerium für Verkehrswesen an Staatssekretär Klopfer, 7.3.1972, Bl. 50ff., Min., 3. Res., 4. Abl., 4.7.1961, Bl. 1- 5.
[2] BA-Coswig, Chemische Industrie C-20, I/4-1956. Analyse des Investitionsgeschehens im Jahre 1968, o.D., Bl. 109-116.
[3] BA-Coswig C 20. Chemische Industrie der DDR. I/4-2068, Präs.ds.Min.Rates, VVS, B-2-274/69, Beschluß vom 29.9.1969, Bl. 27-31.
[4] BA-Coswig, Chemische Industrie C-20, I/4-2187. O2-114/3/70, Beschluß über die Durchführung von Schulungen zur Gestaltung des ökonomischen Systems des Sozialismus in der Deutschen Demo-kratischen Republik im Zeitraum 1971 bis 1975, Bl. 1f.
[5] BA-Coswig, Chemische Industrie C-20, I/-2641. Ministerium für Verarbeitungsmaschinen- und Fahr-zeugbau, Stellungnahme zum Entwurf der Vorlage für den Ministerrat „Beschluß zur Entwicklung der langfristigen Planung", 17.3.1972, Bl. 82-91. Anm. Bl. 91: „1. Der Punkt 3.4 des Entwurfs enthält alle diese Fragen[.] 2[.] Entscheidungen trifft der M[inister]R[at], nicht die SPK".
[6] Ebd. Ministerium für Verkehrswesen an Staatssekretär Klopfer, 7.3.1972, Bl. 50ff.
[7] Ebd. Ministerium für Glas- und Keramikindustrie, Dr.Bettin an Staatssekretär Klopfer, 17.3.1972, Bl. 47ff.
[8] Ebd. Minister für Post- und Fernmeldewesen, Franke an Staatssekretär Klopfer, 20.3.1972, Bl. 66ff.
[9] Ebd. Ministerium für Außenwirtschaft, Sölle an Staatssekr.Klopfer, 21.3.1972, Bl. 63ff.
[10] Ebd. Ministerium für Chemische Industrie, Wyschowsky an Staatssekretär Klopfer, Nur für den Dienstgebrauch, 20.3.1972, Bl. 61f.
[11] Ebd. Ministerium für Kohle und Energie, Siebold an Staatssekretär Klopfer, 21.3.1972, Bl. 54; Ministerium für Handel und Versorgung an Staatssekretär Klopfer, 17.3.1972, Bl. 55; Ministerium für Kultur, Dieter Heinze an Staatssekretär Klopfer, 22.3.1972, Bl. 55.
[12] Ebd. Ministerium für Gesundheitswesen, Prof.Dr.med.habil. Mecklinger an Staatssekretär Klopfer, 23.3.1972, Bl. 72f.
[13] Ebd. Ministerium für Schwermaschinen- und Anlagenbau, Zimmermann an Staatssekretär Klopfer, 23.3.1972, Bl. 76f.
[14] BA-Coswig, Chemische Industrie, I/4-2641. Ministerium für Wissenschaft und Technik, Dr.Leupold an Staatssekretär Klopfer, 27.3.1972, Bl. 80.
[15] MfS-ZAIG, 19769. An Genossen Erich Honecker, Zur Entwicklung des Werkzeugmaschinen-bestandes und seiner Ausnutzung, 10.3.1975, Wo/gl, Bl. 44-47.

2. Kapitel: Industriepolitische Öffnung nach Westen

Die 70iger und 80iger Jahre waren in der DDR, der CSSR und der Sowjetunion durch politische und wirtschaftliche Stagnation gekennzeichnet. Die Wachstumsraten sanken in den 70iger Jahren in sich zusammen. Die Energiekrise bezeichnete die Zäsur der DDR-Ökonomie. Doch noch nahm das Produktionsvolumen zu. Gefälschte Zahlen zum Pro-Kopf-Einkommen der DDR-Bürger (12000 Dollar) gaukelten die Fata Morgana eines erfolgreichen Sozialismus vor. Von hier sind die perspektivischen Verzerrungen des westlichen Bildes von der DDR zu verstehen. Wirtschaftliche und militärische Stärke, die z.B. auch die Konflikt- und Friedensforscher annahmen, beruhte auf gefälschten Zahlenwerken, übten jedoch wesentlichen Einfluss auf die Lagebeurteilung des Westens aus.

Tatsächlich litt die DDR unter einem gewaltigen Handelsbilanzdefizit und schob einen wachsenden Schuldenberg vor sich her. Die Industrie- und Beschäftigungsstruktur waren veraltet, der Maschinenpark erschöpft und es fehlten an allen Ecken und Enden die Mittel, um durch Modernisierungsinvestitionen aus der Misere zu fahren. Arbeit war gesellschaftspolitisch zu teuer, die Bürokratie behinderte angemessenes Reagieren auf Problemlagen und es mangelte regelmäßig an Rohstoffen. Die Mengen der produzierten Güter mochten genügen, deren Qualitätsstandard war auf dem Weltmarkt jedoch nicht konkurrenzfähig. Zudem nahm die Produktivität im Verlauf der 80iger Jahre ab. Der Standard der ostdeutschen Industrie wurde bei 50 Prozent des westdeutschen Niveaus angenommen. Der Staat verfiel nicht nur äußerlich. Das konnte jeder erkennen, der 1983 durch die DDR fuhr.

PKW-Projekt: Trabant Nachfolger

Dass über eine verstärkte Zusammenarbeit mit Industriefirmen - wie z. B. der Hoechst AG, der Uhde GmbH oder der Fried[rich].Krupp GmbH - die Schwächemomente der DDR-Wirtschaft ausgeglichen worden sollten, belegen Akten des MfS aus den Jahren 1975/76. Dieses Vorgehen fügte sich bündig in das Konzept Erich Honeckers ein, welches die "Koordinierung der Wirtschafts- und Handelspolitik der UdSSR und der DDR gegenüber der BRD und Westberlin" zum Ziel hatte. Dafür sollte ein Büro eingerichtet werden, das den Ideen und Übereinkünften zwischen L.I.Breschnew und E.Honecker entspräche.[1]

Da der Entscheidungsprozess über ein neues PKW-Modell in der DDR in diesen Jahren äußerst schleppend verlief, kam es auf industriellen und politischen Führungsebenen zu Diskussionen. Dazu bieten die Akten des MfS eine Unterlage aus dem Beginn der siebziger Jahre. Dort wurde auf die Äußerung des "Ministers für Verarbeitungsmaschinen- und Fahrzeugbau", Dr.Georgi, hingewiesen, der gesagt haben sollte, "die PKW-Produktion in der DDR" werde "etwa ab 1975 eingestellt" werden. Das MfS verwies darauf, dass in dieser Diskussionen geäußert worden sei, "seit Jahren" hätten die

> "VVB Automobilbau in Zusammenarbeit mit den genannten Betrieben eine Vielzahl von Varianten über die PKW-Prognose in der DDR erarbeitet und dem Ministerium für Verarbeitungsmaschinen- und Fahrzeugbau vorgelegt, ohne daß jemals eine dieser Varianten bestätigt worden sei".

Offensichtlich stand Ende der 60iger Jahre zur Entscheidung, ob zwischen zwei Modellvarianten ein Entschluss herbeigeführt werden könne, und, falls dies nicht bis 1975 gelinge, es zur "Reduzierung der Arbeitskräftezahl um etwa ein Drittel" für die PKW-Produktion kommen werde. Offensichtlich ging es im Ministerium darum, "die Weiterentwicklung und Vorbereitung der Serienproduktion eines neuen Fahrzeuges 'Trabant 603' einzustellen und die frei werdenden Kräfte der Forschung und Entwicklung im VEB Sachsenring-Werk Zwickau und... VEB AWE im wesentlichen nur für die Serienbetreuung" einzusetzen. Kennzeichnend sei, dass die vom VEB Sachsenring-Zwickau vorgeschlagene Variante, "ab 1972 einen 'Trabant 603' herzustellen", seitens der "zentralen staatlichen Dienststellen noch keine Beachtung gefunden" habe. Der Vorschlag dieses automobilproduzierenden Betriebes erscheint durchdacht, da sowohl terminlich-zeitlich, als auch konstruktiv sowie hinsichtlich der Finanzierbarkeit ein kompaktes Paket auf den Tisch gelegt wurde. Es

> "ergebe sich die Aufnahme der Produktion ab 1972 mit etwa 6 000 Stck. Eine jährliche Steigerung bis auf 105 000 Stck./Jahr könnte dann in kurzer Frist erreicht werden und die Produktion des PKW 'Trabant 601' ablösen".[2]

In diesem Zusammenhang war von besonderem Interesse das Bestreben im Zentralkomitee der SED, 1979 den Beschluss für die "Produktion einschließlich der Produktionsaufnahme eines neuen PKW in den Jahren 1984/85" zu fassen. Dieser PKW sollte "den internationalen wissenschaftlich-technischen Anforderungen entsprechen und bis in die 90er Jahre konkurrenzfähig" bleiben. Auf "der Grundlage von Lizenzen und Anlagenimporten nach dem Kompensationsprinzip" beruhe der Weg, zur Produktion eines solchen Pkws zu gelangen. Festgelegt wurde, "daß die DDR nur einen PKW-Typ produziert. Der Karosseriebau, die Farbgebung und die Endmontage erfolgen am Standort Zwickau-Mosel".[3]

Im Oktober 1984 sah sich das MfS genötigt, Stellung zu den sich abzeichnenden Beschlüssen der politischen Führung zu nehmen. Es wurde von Preisen in Höhe von 19 000 M für den Trabant und 22 000 M für den Wartburg ausgegangen. Das MfS warnte ausdrücklich vor "Reaktionen der Bevölkerung" auf diese hohen Ansätze. In den Materialien, welche dem MfS vorlagen, würde "zur Begründung der Entscheidung u.a. von der Notwendigkeit „der Einsparung von 1,9 Mio t Erdölsubstanz im Zeitraum von 1988-1996 als wesentlicher[m] volkswirtschaftlicher[m] Effekt" ausgegangen. Damit werde "ein wichtiger Schritt zur Lösung der Probleme der V[ergaser]K[raftstoff]-Bilanz und der künftigen NSW-Ex- und Importe" getan. Weiter sei "feststellen, daß bisher volkswirtschaftlich ungenügend geprüft" sei, "ob der Einbau der VW-Motore in die PKW Trabant und Wartburg und den Kleintransporter B[arkas] 1000 der effektivste Weg" sei, "diese Fragen zu lösen". Das MfS unterstrich:

> "VK-Einsparungen können z. B. auch durch den Einsatz von Methanol, Synthesegas oder Erdgas erreicht werden. Die Produktion dieser Einsatzstoffe und der Aufwand für die technische Nutzung in Fahrzeugen aller Art im Straßen- und Schienentransport ist ins Verhältnis zu setzen zu den Investitionsaufwendungen in der chemischen Industrie zur künftigen VK- und DK-Produktion".

Von Experten werde "unter diesem Aspekt eingeschätzt, auch bei Beachtung der sich vollziehenden internationalen Entwicklungen" habe "die DDR perspektivisch beim Einbau von Motoren in Fahrzeuge solche Lösungen" finden müssen, "die variabel den wahlweisen Einsatz von VK D[iesel]K[raftstoff], Gas und Methanol gestatten". Dazu sei "ein Tankstellennetz zu schaffen". Überdies betonte das MfS:

> "In Bezug auf die Handelspolitik gegenüber der VW-AG liegen interne Informationen vor, nach denen sich ein zuständiger Sektorenleiter des ZK der SED dahingehend geäußert hat, *daß eine langfristige Konzeption bestehe, von der VW-AG die komplette Lizenz für den in der Entwicklung befindlichen PKW 'Student' zu übernehmen*" (Hervorh.v.m., B.S.).

Auch "mit Reaktionen aus der UdSSR und der CSSR sei zu rechnen", wenn "nicht eine entsprechende Abstimmung" erfolge.

Kritik an dem eingeschlagenen Weg fand sich bereits im Januar 1985. Das MfS offerierte die Ideen eines „Genossen" Ehrensperger. Dieser geißelte zunächst die Rückständigkeit der PKW Trabant und Wartburg, sodann die mangelnde "Standardisierung und rationelle Fertigung" eines künftigen Typs, forderte einen günstigeren Kraftstoffverbrauch und Materialeinsatz und unterstrich, dass selbst an den bestehenden Karosserien gewaltige Veränderungen vorgenommen werden müssten. Es ginge, so Ehrensperger, darum, einen Grundtyp in zwei Varianten zu bauen. Grundprinzip dabei sei die "Modernisierung" und "Vereinheitlichung" der Karosserien. Als leitende Idee entwickelte er:

> "- Aufbau einer Karosseriefertigung bei Nutzung der vorhandenen DDR-Substanz unter Beteiligung ihrer RGW-Länder, die Diesel-PKW zu beziehen wünschen. Der Investitionsaufwand beträgt etwa 2 Mrd. M.
> - Kauf einer Karosserieentwicklung einschließlich technologischer Dokumente in Italien. Die DDR hat für eine schnelle und wirklich gute Lösung auf diesem Gebiet keine ausreichenden Voraussetzungen. (Alle RGW-Länder lassen ihre Karossen in Italien entwickeln z. B. V[olks]R[epublik]P[olen], UdSSR, CSSR.) Der Valutaaufwand dafür beträgt ca. 75 Mio VM. Er könnte mit der Lieferung von Großformwerkzeugen refinanziert werden".

Der leitende Gedanke war:

> "Der Vorteil einer solchen Vorgehensweise besteht darin, daß die DDR - ein Stammland des Automobilbaus - die notwendige Weiterentwicklung des PKW-Baus auf eigener Grundlage unter Einbeziehung der Bruderländer vollzieht".[4]

Da im Zuge der Neuauflage der PKW Trabant und Wartburg, vermehrt Importe aus dem Westen als Ersatz für DDR-Produktion eingesetzt werden mussten, fixierte der "Stellvertreter des Ministers für die Koordinierung der Warenbereiche", Pritzel, am 2.Dezember 1985 welche Verträge abzuschließen seien oder abgeschlossen werden müssten. Es zeigte sich, dass die Mängel der DDR-Wirtschaft in Millionen-Verrechnungsmark aufzuwiegen waren. Dies wurde folgendermaßen bestätigt:

> "Bereits in vorhergegangenen Berichten wurde darauf hingewiesen, daß sich die Anzahl der Importobjekte zur Realisierung der Motorenkonzeption ständig erhöht und hat derzeitig 61 Positionen erreicht. Die Festlegung[en] zur Aufnahme von Importaktivitäten werden vordergründig im Führungsstab getroffen, wenn sich herausstellt, daß eine Realisierung durch DDR-Kapazitäten oder durch Importe aus dem Sozialistischen Wirtschaftsgebiet nicht erfolgen kann".

Hinsichtlich der Finanzierung sowie der zuvor einzuholenden Angebote aus dem Nicht Sozialistischen Westen [NSW] wurde größere Sorgfalt angemahnt und ausdrücklich auf den "aktuell vorgesehenen Import...von Transferstraßen für [die] Zylinderkopf/Saugrohr"-Produktion" hingewiesen. Bei dieser Gelegenheit wurde, "auf der Basis der im Beschluß des Politbüros des ZK der SED vom 9.10.1985 zur Realisierung der Motorenkonzeption für die PKW Wartburg und Trabant enthaltenen Valutaaufwendungen für Lieferungen und Leistungen der VW AG sowie aus Ausrüstungsimporten der Zulieferindustrie" offengelegt. Es ging in diesem Zusammenhang um 599,2 Millionen Verrechnungsmark in deren Wert die Volkswagen AG an die DDR u. a. "Urformwerkzeuge", "Ventilfertigung", "Gießereiausrüstungen" etc. lieferte. Umstritten blieb weiterhin die Vorbereitung von "Ausrüstungsimporten" für eine unter Umständen in der DDR zu bearbeitende "Dieseleinspritzpumpe".[5]

---

[1] Birthler Behörde (zit.als: BStU). MfS-HA XVIII, Nr. 8377. G.Mittag, Vorlage für das Politbüro des ZK der SED, Bl. 274-642; Zwischeneinschätzung über den Stand der Realisierung der Rahmenvereinbarung mit den Firmen Hoechst AG und Uhde GmbH, 14.11.1975, Bl. 277-285; G.Mittag, Vorlage für das Politbüro des Zentralkomitees der SED, Bericht über den Stand der Realisierung der Rahmenvereinbarung mit der Fa.Fried.Krupp GmbH, 21.11.1975, Bl. 286-299 und dto. April 1976, Bl. 451-462; Vorlage für das Politbüro des Zentralkomitees. Betreff: Koordinierung der Wirtschafts- und Handelpolitik der UdSSR gegenüber der BRD und Westberlin, Erich Honecker, N.A.Tichonow/G.Mittag, 1.11.1971, Bl. 318-329.
[2] Ebd., MfS-HM 7750/91, I.II Bd. 2. o.D., Ministerium für Staatssicherheit, Bl. 2f.
[3] BStU, MfS-HA XVIII, Nr. 8377. Vorlage ("Vertraulich/Persönlich") für das Sekretariat des Zentralkomitees der SED, 21./22.6.1979, Bl. 622-642.
[4] Ebd., MfS-HA XVIII, Nr. 3372. Gedanken des Genossen Ehrensperger zum Programm für die Modernisierung der PKW-Produktion der DDR, 2.1.1985, Bl. 3-6.
[5] Ebd., MfS-HA XVIII, Nr. 3372. Stellv. ds. Ministers f. d. Koordinierung der Warenbereiche, Information zur Motorenkonzeption für die Personenkraftwagen Wartburg und Trabant, 2.12.1985, Bl. 7ff.

Ein neuer PKW

Die bereits begonnenen Gespräche zwischen DDR und CSSR "zu den Parametern des Motors", die am 18.Juni 1975 in einem Regierungsabkommen fixiert wurden, sollte der Minister Kleiber einem Ziel zuführen. Der Außenhandelsminister Beil hatte Angebote "zur Lizenznahme und den Anlageimporten" einzuholen. Festgestellt wurde des Weiteren:

> "Resultierend aus Rückständen der Vorbereitung Realisierung der Investitionen und fehlenden wissenschaftlich-technischen und kapazitätsseitigen Voraussetzungen zur Produktion automobilspezifischer hochproduktiver Ausrüstungen kann die notwendige bau- und ausrüstungsseitige Konzentration bis 1984/85 *nicht ohne Importe aus dem NSW* gewährleistet werden" (Hervorh.v.m., B.S.).

Dem zugrunde lagen die Beschlüsse des Politbüros vom 20.September 1977 und des Sekretariats des ZK vom 16.Mai 1979. Damit war die "Variante 1: PKW-Produktion der DDR auf der Grundlage der Eigenentwicklung eines PKW bei Kooperation von Baugruppen mit der CSSR" vom Tisch. Das geplante Fahrzeug sollte eine Geschwindigkeit von 140 Kilometern erreichen und in 19 Sekunden auf 100 Km/h beschleunigen. Der Kraftstoffverbrauch habe unter 7 Litern auf 100 Km zu liegen. Gegenüber Trabant und Wartburg wurde geplant, eine Kraftstoffeinsparung von bis zu 3 Litern auf 100 Kilometer zu erreichen. Diesen Plänen lag folgende Überlegung zugrunde:

> "In der DDR und im internationalen Maßstab werden als Energieträger auch im Zeitraum um 1990 überwiegend Benzin und Dieselöl Verwendung finden. Die Bilanzsituation bei Kraftstoffen ist bedingt durch den Spaltungsprozess des Erdöls gekennzeichnet durch einen höheren Anfall von Dieselkraftstoff gegenüber Vergaserkraftstoff. Eine Erhöhung des Aufkommens an Vergaserkraftstoffen durch weitere Hydrospaltung des Dieselkraftstoff führt zu einem Energieverlust von 25%, der vermieden werden kann, wenn im verstärkten Umfang auch bei PKW Dieselmotoren als Antriebsaggregate eingesetzt werden".

Bei einem Gestehungspreis in Höhe von 10 bis 11.000 Mark sollte der "Industrieabgabepreis" zwischen 15 und 17.000 Mark liegen. Bei zwei der Varianten wurde mit einer Exportleistung in Höhe von 80.000 Stück pro Jahr geplant, während im Fall der Variante 1 ein Export nur mit Hilfe eines "wesentlichen Preisnachlass[ß]es" möglich schien. Die Produktion wurde am Standort Zwickau-Mosel vorgesehen, um parallele Investitionen und "artgleiche technologische Prozesse" zu vermeiden. Neue Hallen seien nicht aufzuführen, doch erforderten die minderwertige Bausubstanz und die beengten Flächen der überalterten vorhandenen Produktionsstätten, deren Leistung durch den Bau "zusätzlicher Produktionskapazitäten" zu ergänzen. Auch die Zulieferindustrie hatte sich den "qualitativ und quantitativ" höheren Anforderungen zu stellen. Nach Abwägen der drei PKW-Varianten gegeneinander und unter Einbeziehen des notwendigen "Investitionseinsatzes" wurde schließlich die Variante 2 mit Gestehungskosten in Höhe von 31.000,- Mark als die günstigste ermittelt.

In diesem Falle konnte auf den Technologiestandard des Nicht Sozialistischen Westens zurückgegriffen werden. Mit der Übernahme von Lizenzen schien die Konkurrenzfähigkeit des Produktes gesichert, und hinsichtlich Motor wie Komponenten, Kraftstoffverbrauch, Fahrleistungen, internationalen Bauvorschriften und Materialökonomie war die Voraussetzung gegeben, auch international Verkäufe zu tätigen. Insgesamt wurde mit diesem Projekt eine jährliche Verbesserung der Versorgung mit PKW in der DDR um 30 bis 40.000 Stück erwartet.[1]

Im Rahmen von "Delegationsberatungen" des Leiters der Hauptabteilung XVIII des MfS, mit der "XI. Verwaltung des KfNS des FMdI der CSSR", kam es Ende Juni 1983 zu Äußerungen des Generaldirektors von Skoda zu dem "bestehenden Regierungsabkommen zur Kooperation und Zusammenarbeit bei der Entwicklung und dem Bau von K[raft]W[agen]". Geäußert wurden in diesem Zusammenhang "Erfahrungen und Meinungen" und die "Besorgnis über den gegenwärtigen Stand der Realisierung des Regierungsabkommens durch den DDR-Automobilbau". Gleichzeitig war unüberhörbar "die weitere Kooperationsbereitschaft der CSSR".[2]

"Service- und Instandhaltungsleistungen für PKW" standen in der DDR 1987 zusätzlich in der Diskussion. Eine Analyse des Ministeriums für Allgemein Maschinen- Landmaschinen- und Fahrzeugbau wies Anfang dieses Jahres aus, für die "Verbesserung der Versorgung der Bevölkerung mit Service- und Instandhaltungsleistungen an PKW" , seien "erhebliche Anstrengungen unternommen" und das Ersatzteilaufkommen 1986 gegenüber 1984 auf 122 Prozent gesteigert worden. Die Instandhaltungsleistungen lägen bei 124 Prozent. Eine "grundlegende Wende", so das MfS, sei nicht erreicht, da die "Wartezeiten" der Bevölkerung auf bestellte PKW dennoch zunähmen. Die Verbesserungen würden deshalb allgemein nicht anerkannt. Es sei in dieser "Problematik" unverkennbar eine "politische Brisanz" eingeschlossen. 1986 wären von rund 18.000 Eingaben 55,7 Prozent um diese Versorgungslage zentriert. In der Zukunft werde eine weitere Verschärfung eintreten, denn eine Sättigung des DDR-Marktes mit PKW sei erst nach 1995 zu erreichen. Zusätzlich nehme das Durchschnittsalter des Fahrzeugbestandes in der DDR zu, statt ab. Die Laufzeit der PKW in der DDR werde von 7,8 Jahren 1975 auf 13,9 Jahre 1995 zunehmen. Dem gegenüber seien die Fahrzeuge "konzeptionell und konstruktiv auf einen Nutzungszeitraum von 8 Jahren ausgelegt".

Gradmesser Ersatzteilversorgung

Ähnlich unausgeglichen gestaltete sich das Bild hinsichtlich Ersatzteil- und "Instandhaltungsleistungen". Eine verbesserte Lage, in Bezug auf die Bereitstellung von Ersatzteilen stehe, so das MfS, für den Zeitraum 1986-1990, nicht in Aussicht.[3] Diese Ergebnisse der Zentralen Verkehrsinspektion im MALF wurden deshalb konterkariert, weil es sich dabei "nicht um eine Inspektion im Sinne der Verfügung 229/82 des Vorsitzenden des Ministerrates" gehandelt habe.[4] Hinsichtlich der Lieferfristen von DDR-PKW, so die "Kreisstelle des MfS in Zwickau, ergaben sich Mitte April 1987 Lieferfristen für PKW Trabant, Wartburg, Skoda, Lada und Dacia von 13 bis 15,5 Jahren. Die jährlich aufgegebenen Bestellungen hätten seit 1974 zugenommen und erreichten 1981 durchschnittlich eine Größenordnung von ca. 53.000. Der Bedarf der DDR wurde mit jährlich 400.000 PKW errechnet, um den bestehenden Bedarf zu decken. Diese Zahl entsprach den bis zum 31.12.1985 vorliegenden Bestellungen. Die Kalamität der Versorgungslage wurde mit Pressionen der UdSSR deutlich, die 1987 auf der Leipziger Frühjahrsmesse für den qualitativ abgefallenen "Lada" 2108 1.500 Rubel mehr forderte, als für das bisherige Modell. Es handele sich um "Aufwandpreise" statt "RGW-Preise". Die Verhandlungen seien daraufhin abgebrochen worden, erklärte das MfS.[5]

Wie ausweglos sich diese Situation gestaltete, unterstrich Oberstleutnant Oettmeier von der BV für Staatssicherheit Karl-Marx-Stadt im Mai 1987 gegenüber dem MfS, Generaloberst Hackenberg.[6] Erhoben wurde seitens der Hauptabteilung XIX des MfS im Mai 1987, die Untersuchungen hätten sichtbar gemacht, "daß eine grundlegende Wende in der Versorgung der Bevölkerung und bei Deckung des Bedarfs an notwendigen Instandhaltungskapazitäten nicht erreicht werden konnte". Das MfS kam, unter Bewertung sämtlicher Komponenten zu dem Ergebnis, es sei

> "davon auszugehen, daß eine prinzipielle Lösung der bestehenden Versorgungsprobleme aus gesamtwirtschaftlichen Erwägungen heraus weder bis 1990 noch im Zeitraum bis 1995 möglich ist und die vorgeschlagenen Maßnahmen nur schrittweise über einen längeren Zeitraum unter Berücksichtigung einer mit den gesellschaftlichen Erfordernissen in Übereinstimmung stehenden Bedürfnisentwicklung der Bevölkerung realisierbar sind".[7]

Ende Juni 1987 lagen die "unkontinuierliche Versorgung mit Zulieferteilen der Zulieferindustrie", die ungesicherte "Kontinuität des Ersatzteilabsatzes gegenüber den Regionallagern", "Lagerflächendefizite im Ersatzteillager des VEB AWZ" sowie "Wartezeiten in Vertragswerkstätten...trotz Neuzulassung von" Kleinbetrieben offen. Sechzehn Betriebe wurden festgestellt, die hinsichtlich bestimmter Artikel mit bedeutenden Rückständen belastet waren. Es wurde deutlich:

> "Seitens verantwortlicher Mitarbeiter wird eingeschätzt[,] daß die dargestellte Situation speziell beim PKW ‚Trabant' objektiv dadurch bedingt ist, daß der steigende Bedarf keinen Abbau von Altfahrzeugen zuläßt".

Es erfolgten offensichtlich "keine Verschrottungen", sondern es wurden selbst bei "Totalschäden auf der Grundlage der Fahrzeugpapiere Neuaufbauten" durchgeführt. Lange Wartezeiten bei Reparaturen und ein hoher Ersatzteilbedarf seien die Folge, so führte das MfS aus. Beabsichtigte Einsparungen, wie z. B. "die Senkung des Walzstahlverbrauchs durch dünnere Bleche, der Einsatz von Austauschmaterialien für solche Teile, für die keine vollwertigen Ausgangsprodukte zur Verfügung gestellt" wurden, hätten dazu geführt, dass sich diese "Einsparungseffekte...in das Gegenteil umkehrten" und darüber hinaus "zusätzliche volkswirtschaftliche Belastungen verursachten". Durch den VEB Sachsenring werde eingeschätzt, so Oberst Nagel von der KD Zwickau, "daß bei allen Anstrengungen zum Abbau der Rückstände in der Ersatzteilbereitstellung nur eine Verminderung der Probleme, aber nicht deren Beseitigung eintreten" werde.[8]

Es ergaben sich Konflikte zwischen der Staatlichen Plankommission und den ausführenden Stellen zum Politbürobeschluss vom 27.September 1984, der die "Service- und Instandhaltung von PKW" betraf. Das MfS stellte Ende Mai 1988 dazu fest:

> "Es ist als nicht verständlich eingeschätzt, daß der Beschluß sich über fachlich fundierte Meinungen von Experten, Ministern und Vorsitzenden der Räte der Bezirke hinwegsetzt, nach deren Ansicht mit den in der Vorlage der SPK ausgewiesenen real möglichen Maßnahmen eine kurzfristige Änderung der Situation nicht erreicht werden kann".[9]

Bis August 1989 hatte sich die Lage bei der Versorgung mit Ersatzteilen für PKW, Motorräder und B[arkas] 1000 weiter verschärft. "Die Versorgung mit Ersatzteilen" sei gegenüber dem Vorjahr weiter "rückläufig". Es würden, so das MfS, durchschnittlich knapp 50 Prozent der angeforderten Ersatzteile geliefert. Interessanterweise stockte nicht nur die Versorgung mit Ersatzteilen für DDR-PKW, sondern auch für Skodafahrzeuge der Typen 105 und 120. Es fehlten: "Motore, Öl- und Luftfilter, Spurstangen, Bremszylinder, Kupplungen und Zylinderkopfdichtungen". Zusätzlich stockte die Versorgung der Barkas 1000 mit Ersatzteilen. Das bedinge Störungen in Gesundheitswesen, Handel und Versorgung sowie der Versorgungswirtschaft, warnte das MfS. Von den Vorsitzenden der Räte der Bezirke wurde daraufhin auf die sich daraus ergebenden ideologischen Auswirkungen aufmerksam gemacht. Zunehmend sei "aggressives Verhalten von Kunden" aufgetreten. Sämtliche Möglichkeiten zur Steigerung der Ersatzteilproduktion seien zu nutzen, schloss das MfS. Gefordert wurden die Erhöhung des Versorgungsniveaus, die Berücksichtigung dieser Probleme in der laufenden Diskussion, die Durchsetzung höherer Qualität der Erzeugnisse und die unbedingte Einhaltung abgeschlossener Verträge.[10]

Anfang April 1988 hatte sich, in Bezug auf die Ersatzteilproduktion, die Lage nicht verbessert. Die "Fehlmenge" war von 22,9 Mio Mark 1987 auf 44,3 Mio Mark am 29.2.1988 angestiegen, weiter war die Bevorratung mit Ersatzteilen nicht gelungen und das "Lagerflächendefizit" im VEB Sachsenring bestand fort. Auch war der "Ersatzteil-Umschlag" weiterhin „kompliziert". Den Ministerratsbeschluss einzuhalten, schien nicht mehr möglich. Andererseits wurde die "Eigenproduktion an Ersatzteilen" des Betriebes "wertmäßig übererfüllt". Das Defizit in der allgemeinen Ersatzteilproduktion schien jedoch bestätigt und es wurde festgestellt, diese Situation habe sich 1988 wesentlich verschlechtert. Insbesondere sei es nicht mehr möglich, die Kapazitäten zu erweitern. Eine Verbesserung der Ersatzteillage schien nur durch "Entnahmen aus der Serienproduktion" erreichbar.[11] Beim VEB Sachsenring wurde erkannt, es bestehe keine Möglichkeit, die Ersatzteilversorgung für den Trabant zu gewährleisten. Anfang April 1988 war zu konzedieren, es sei nicht möglich, die Reparaturplanung des VEB Sachsenring einzuhalten; was zu einer prekären Ersatzteilsituation - und wiederum Einbußen für die Beschäftigten - führen würde.[12] Breites Unverständnis wurde im Juni 1989 im Bezirk Rostock offenbar, angesichts Qualitätsmängeln und mangelhafter Ersatzteilversorgung für den Trabant.[13] Weitere Spannung gab es in der Region Zwickau. Die Stimmung in der Bevölkerung verfinsterte sich zunehmend. Erneut wurde zum Mittel der "Vorrangversorgung", z. B. der Stadt Jena, gegriffen, um einer Verschärfung der inneren Lage die Spitze abzubrechen. Es handelte sich augenscheinlich um Augenwischerei, wenn der Staatssekretär im MALF, Schulz, festlegte, für künftige "Aussagen über die Ersatzteilversorgung nicht mehr das Verhältnis Bedarf [-] Aufkommen, sondern die jeweilige Erfüllung der Plangrößen zu nehmen". Das Schweigen der Medien, die Resignation der Führungskader, die keine Möglichkeiten einer Einflussnahme sahen, und die zunehmend aggressiver werdenden Kunden, erhielten keine Antwort aus der Riege der Verantwortlichen. Weiterhin traten Defizite in der Produktion auf. Die Logistik war im Grunde an fehlenden Arbeitskräften und Materialproblemen zerbrochen. So geriet die Ersatzteilversorgung für den PKW Trabant geradezu zum Symbol für den Zustände in der DDR-Wirtschaft. Es ergab sich im Rahmen einer Einzelüberprüfung:

> "Durch die Inspektion wurde eindeutig bestätigt, daß die mangelhafte Ersatzteilbereitstellung neben fehlenden Arbeitskräften hemmende Einflußfaktoren

hinsichtlich der Planerfüllung und der Leistungssteigerung in diesem Kfz-Handwerksbetrieb sind".[14]

Inzwischen war bis zum Monat Juli 1989 das Ersatzteildefizit auf 129 Millionen Mark angewachsen. Gegenüber dem Vorjahr wurde mit einem Rückgang dieser Produktion um 31,1 Millionen Mark gerechnet. Damit war nur mit 98,3 Prozent voraussichtlicher Planerfüllung für 1989 zu rechnen. Es werde, so schätzte das MfS weiter ein, das Defizit an Ersatzteilen für die Bereitstellung weiter anwachsen. Dieses werde sich bis auf 230 Million Mark aufsummieren. Im Jahre 1984 sei der Entschluss, zum verstärkten Ausbau der Werkstattkapazitäten überzugehen, gefasst und diese Entscheidung durch die verstärkte Zuteilung von Ersatzteilen untermauert worden. Eine Arbeitsgruppe wurde dazu eingesetzt, doch deren Ergebnis lag bislang nicht vor. Ein weiterer Bericht sei im September 1989 zu erwarten. Es wurde darauf abgehoben, eine Einschränkung ganzer Baugruppen für den Einzelhandel zu veranlassen. Dadurch sollte das Horten bestimmter Bauteile in Privathand verhindert werden. Doch Spezialisten des VEB Sachsenring behaupteten bereits, dieser Vorschlag werde die Probleme keineswegs lösen. Die Verantwortung für diese Entwicklung wurde dem Ministerium für Verkehr "zugeschoben". Im Vertrieb Rosenhof/Karl-Marx-Stadt sei es zwischen einer Verkäuferin und einem Käufer zu einem Vorfall gekommen. Die Frau habe durch den Kunden eine Ohrfeige erhalten. Ein Vorfall, stellvertretend für die Gesamtlage.[15]

Oberstleutnant Lindauer von der "KD Karl-Marx-Stadt/Land" berichtete Ende Januar 1986, über ein Gespräch mit dem Betriebsdirektor Wille, vom VEB Bremshydraulik Limbach-Oberfrohna, über Qualitätsprobleme in dessen Betrieb, die durch die Zulieferbetriebe VEB Metallguss Leipzig und VEB Eisenwerk Erla verursacht würden. Wille habe ausgeführt, es sei nach dem Politbürobeschluß 'Antriebsaggregate für PKW'....im Sept./Okt. 1985 die Produktionsverlagerung von Gußrohlingen für Radbremszylinder und Hauptbremszylinder für die PKW-Typen 'Trabant' und 'Wartburg' vom VEB Metallguß Leipzig zum VEB Eisenwerk Erla" erfolgt. Es wurde ergänzt:

> "Seit dieser Zeit treten erhebliche Qualitätsmängel an den Gußteilen auf. Die Fehler an diesen Teilen gehen teilweise gegen bis 6/10 mm vor die Lauffläche. Dies ist aus *Gründen der Sicherheit* nicht vertretbar.
> Die Ausschußquoten der Betriebe werden wie folgt belegt:
>
> | | |
> |---|---|
> | VEB Metallguß Leipzig | 1 - 4% |
> | *VEB Eisenwerk Erla* | 10 - 62% |

Bei einer Beratung am 22.1.1986, an der auch der Betriebsdirektor des VEB Eisenwerk Erla, Gen[osse]. Reinhold teilnahm, brachte dieser zum Ausdruck, daß *derzeit weder die technischen noch die technologischen Voraussetzungen gegeben sind, um eine qualitätsgerechte Produktion zu sichern*. Um die Qualität zu erhöhen, ist ein Investaufwand von 3 Mill.M. erforderlich, welcher aber erst für 1989/90 eingeplant ist. Erschwerend kommt weiterhin dazu, daß der VEB Bremshydraulik für 1986 eine Gußmenge von 2 700 t benötigt, um seinen Planaufgaben gerecht zu werden. Vom VEB Eisenwerk Erla können aber nur 1 900 t geliefert werden. Diese Fehlmenge entspricht 656 000 Radbremszylindern und 115 000 Hauptbremszylindern der PKW- Typen 'Trabant' und 'Wartburg'.

Gen[osse]. Wille schätzte weiterhin ein, daß in der jetzigen Situation der Ausfall einer Schlüsselmaschine zur Produktion der Rad- und Hauptbremszylinder zu unübersehbaren Folgen führt. *Dabei kann eintreten, daß kein PKW 'Trabant' bzw. 'Wartburg' die Montagebänder verlassen kann, da die Rad- bzw. Hauptbremszylinder fehlen.*

Vom Sachverhalt hat der Gen[osse]. Wille die SED-Bezirksleitung, SED-Kreisleitung und das IFA-Kombinat/Nutzfahrzeuge informiert. Des weiteren will er in Zusammenarbeit mit dem Generaldirektor den Minister für Landmaschinen- und allg[emeinen]. Fahrzeugbau vom Sachverhalt in Kenntnis setzen"[16] (Hervorh.v.m., B.S.).

Ein Vorfall "im Zusammenhang mit Einkreishauptbremszylindern im VEB Bremshydraulik Limbach-Oberfrohna" bei B 1000 Barkas erforderte schließlich eine Überprüfung des im Grunde gleichgearteten Problems. Es wurde festgestellt, daß

"zu kalte Formen
zu kurze Heizzeiten der Formen
Mängel im Werkstoff im End- bzw. Anfangsstück"

zu Beschädigungen geführt hätten. Es wurde festgelegt, dass "alle B 1000 des Produktionszeitraumes März bis Juni 1989 (ca. 935 Stück) mit neuen Einkreishauptbremszylindern ausgerüstet werden" müßten.

"*Dies betrifft ausschließlich Inlandfahrzeuge, da der Export mit Zweikreishauptbremszylindern erfolgt.*
Nach neuesten inoffiziellen Informationen *sind am B 1000 des Produktionszeitraumes Juni 1988 ähnliche Erscheinungen aufgetreten. Die Ursache dafür ist noch nicht bekannt. Sollte sich dies bestätigen, so müßte eine Umrüstung aller B

1000/Inland ab Produktion Juni 1988 erfolgen. Dies würde nach vorsichtigen Schätzungen ca. *6000 B 1000* betreffen.

Die genannten Einkreishauptbremszylinder werden in folgenden Fahrzeugen eingesetzt:

B 1000 Inland

Landmaschinen verschiedener Typen (darunter Export SW/NSW)

Wartburg bis Baujahr 1975 (Ersatzteil)

(dazu erfolgte 1989 zum Automobilwerk Eisenach noch keine Lieferung)

Vom VEB Kombinat Fortschritt (Landmaschinen) liegen bisher noch keine Reklamationen vor. Der Betrieb wurde vom Sachverhalt informiert. *Bei den Landmaschinen wird der Einkreishauptbremszylinder nur beim Fahren auf der Straße benutzt; bei Feldarbeiten wird die sogenannte "Lenkbremse" mit anderer Betätigungsart benutzt*" (Hervorh.v.m., B.S.).

Wie üblich ergab sich, der "Sachverhalt" sei durch den Leiter der Abteilung XVIII des MfS dem "Vorsitzenden des Ministerrates" vorgelegt worden und es werde "eine Regierungskommission zur Untersuchung" eingesetzt. In der "Bezirksleitung der SED" sei "dieser Sachverhalt ebenfalls bekannt".[17]

---

[1] BStU, MfS-HA XVIII, Nr. 8377. Vorlage ("Vertraulich/Persönlich") für das Sekretariat des Zentralkomitees der SED, 21./22.6.1979, Bl. 622-642.

[2] Ebd., MfS-HA XVIII, Nr. 3372. Hauptabteilung XVIII (Leiter), [Dem] Genossen Minister. 22.6.1983, Bl. 25.

[3] Ebd., MfS-ZAIG, Nr.15902. Hauptabteilung XVIII/2, Nr. 15902. Information zu Entwicklungstendenzen bei der Versorgung der Bevölkerung mit Service- und Instandhaltungsleistungen für PKW, Nr.94/87, 14.5.1987, Bl. 65ff.

[4] Ebd., Inspektion MALF, Aktennotiz, Koller, Bl. 63.

[5] Ebd., Kreisdienststelle Zwickau, Information über eine Bestellerhebung zu PKW-Neuerwerbungen des VEB IFA-Kombinat Karl-Marx-Stadt, Sitz Zwickau, sowie die Entwicklung der Bestellzeiten von PKW im Bezirk Karl-Marx-Stadt, 14.4.1987, Bl. 60ff.

[6] Ebd., BV für Staatssicherheit Karl-Marx-Stadt AKG, OSL Oettmeier, 20.5.1987, Bl. 59.

[7] Ebd., Hauptabteilung XIX, Auswertungs- und Kontrollgruppe, Information über Probleme bei der Versorgung der Bevölkerung mit Service- und Instandhaltungsleistungen an PKW und Krafträdern, 22.5.1987, Bl. 55-58.

[8] Ebd., VEB Gelenkwelle Mosel. Bezirksverwaltung für Staatssicherheit Karl-Marx-Stadt, KD Zwickau an Bezirksverwaltung für Staatssicherheit AKG Karl-Marx-Stadt, Sachverhaltsinformation über den Stand der Umsetzung des Beschlusses des Präsidiums des Ministerrates vom 27. April 1984 zur Verbesserung der Service- und Instandhaltungsleistungen im VEB Sachsenring, Automobilwerke Zwickau, 22.6.1987, Bl. 171ff.

[9] Ebd., MfS-ZAIG, Nr. 15902. Hauptabteilung XVIII, Information zur Situation nach dem Beschluß des Ministerrates vom 3.3.1988 "Zur weiteren Verbesserung der Versorgung der Bevölkerung mit Service- und Instandhaltungsleistungen für Personenkraftwagen", 30.5.1988, Bl. 52ff.: "Gen. Großer/AGZ (AG 6 z. Ktn.) Handelt sich bei diesem Material um Zusammenfassung von Erkenntnissen des MdI. MdI hat Generalsekr. informiert K.".

[10] Ebd., Sekretariat des Ministerrates, Sitzungsmaterial für den 3. August 1989 zum Tagesordnungs-punkt 4, Zusammenfassung von Problemen aus Informationen der Vorsitzenden der Räte der Bezirke an den Vorsitzenden des Ministerrates zur Versorgung mit Ersatzteilen für PKW und B 1000, 2.8.1989, Bl. 24ff.

[11] Ebd., Erhöhung der Ersatzteilproduktion PKW-Kombinate. Bezirksverw. f. Stasi K-M-St, KD Zwickau, Oberst Nagel an Bezirksverw. f. Stasi, Abt. XVIII, K-M-St, über AKG, Sachverhaltsinformation über Stand der Umsetzung des Beschlusses des Präsidiums des Ministerrates der DDR vom 27.9.1984 zur Verbesserung der Service- und Instandhaltungsleistungen, 4.4.1988, Bl. 169.

[12] Ebd., PKW Kombinate, Erhöhung der Ersatzteilproduktion. KD Zwickau, Information zur Situation bei der Bereitstellung wichtiger Verschleißteile und Baugruppen für Reparaturen an PKW 'Trabant', 4.4.1988, Bl. 168.

[13] Ebd., PKW-Kombinate. Erhöhung der Ersatzteilproduktion. Bezirksverw. Rostock, AKG. Information über Reaktionen auf die Bereitstellung von Ersatzteilen, 12.6.1989, Bl. 166.

[14] Ebd., Erhöhung der Ersatzteilproduktion, PKW-Kombinat. Bezirksverw. f. Stasi K-M-St, KD Zwickau, OSL Springer, Kunden 10.4.1989, Bl. 162-165.

[15] Ebd., Erhöhung der Ersatzteilproduktion. PKW Kombinat. Bezirksverw. f. Stasi, KD Zwickau, OSL Springer an Bezirksverw. f. Stasi, Abt. XVIII, K-M-St, Sachverhaltsinformation über Probleme der Bereitstellung von Ersatzteilen im Kombinat PKW, 28.8.1989, Bl. 159ff.

[16] Ebd., VEB Bremshydraulik Limbach/Oberfrohna. KD Karl-Marx-Stadt/Land an KD Schwarzenberg über AKG, 28.1.1986, Bl. 200f.

[17] Ebd., VEB Bremshydraulik Limbach/Oberfrohna. OSL Lindauer, KD Karl-Marx-Stadt an 1. Stellv. ds. Leiters der Bezirksverw. Oberst Schaufuß. Operativ bedeutsame Information im Zusammenhang mit Einkreishauptbremszylinder im VEB Bremshydraulik Limbach-Oberfrohna, 2.8.1989, Bl.198f.

3. Kapitel: Geschäftsanbahnung im Westen

Im Juni 1977 informierte das Ministerium für Staatssicherheit den obersten Führungszirkel, bestehend unter anderem aus Stoph, Schürer, Mittag und Schalck, über Studien, die in der Bundesrepublik Deutschland im Rahmen des Kampfes gegen die Folgen der Energiekrise der frühen siebziger Jahre in Auftrag gegeben worden waren. Es ging im Besonderen um die Einsatzmöglichkeiten der "konventionellen und nuklearen Kohlevergasung und Verflüssigung", "d. h. um die Herstellung flüssiger Kraftstoffe aus Kohle"; unter anderem mit Hilfe der "nuklearen Kohlevergasung". Diese Verfahren standen in der Tradition der BRABAG-Werke zur Kohlesynthetisierung der 30iger/40iger Jahre, vor und im Zweiten Weltkrieg.[1]

Der "Beschluß des Politbüros über die Fahrzeugproduktion in der DDR" vom 6.November 1979 schrieb fest, der neue LKW "L 60" solle ab dem Jahresbeginn 1983, in einer Stückzahl von 35.000 eingeführt, "die Produktion von PKW Wartburg und Trabant" sei „weiterzuführen und, was damit entschieden war, "in den nächsten Jahren kein Fahrzeugprojekt für PKW in Angriff genommen und realisiert" werden. Die Grundlage dieser Entscheidung bildeten "die entsprechenden Kapazitäten, die in der DDR bei weitem nicht vorhanden" seien. Weiterhin wäre "das Refinanzierungssystem nicht eindeutig geregelt", was dazu zwang, den Realisierungsvertrag mit der CSSR von 1975 zu kündigen.[1a]

Ihrerseits suchte die Staatsführung der DDR, z.B. über den Staatsbesuch Erich Honeckers in Japan, im Mai 1981, neben weiteren Industriebereichen, einen "Importvertrag mit der Firma Sumitomo über die Lieferung von 10 000 PKW zu nutzen". Es ging darum,

> "im Rahmen der abgeschlossenen Gegengeschäftsvereinbarung über 60 Mio VM, vorrangig sowie mit WMW-Pressen und Schleifmaschinen sowie mit Erzeugnissen der Fahrzeugelektrik in die Automobilproduktion des Konzerns Toyo Coco sowie weitere Konzernbetriebe der Sumitomo-Gruppe einzudringen und ihren langfristigen Absatz zu sichern".

Diese Erwartungen hatten durchaus Aussicht auf Erfolg, wenn es gelang, der japanischen Politik die Türen in Moskau zu öffnen. Allerdings erscheint zweifelhaft, ob die DDR unter ökonomischem Aspekt, der von japanischer Seite geäußerten positiven Einschätzung entsprach. Diese Beobachtungen des IM "Rudolf" wurden ergänzt durch dessen Besorgnis, "die japanischen Wirtschaftskreise würden nicht interessiert sein, die DDR als Lieferant in irgendeiner Form mitzunehmen". Allerdings wurden während des Wirtschaftsgipfels in sehr viel "geringe[re]m Umfang Verträge abgeschlossen", was zu einer Enttäuschung der japanischen Seite führte.[2]

Das MfS erholte Informationen zur französischen Politik und Industrie über verschiedene Informelle Mitarbeiter, die im Juli 1981 darüber berichteten, dass das Gelenkwerk in Zwickau, das Fahrzeuggelenkwellen an Citroen liefern sollte, diese nicht wie geplant werde absetzen können. Diese Angaben wurden eingebettet in eine tiefgreifende Interpretation der Absichten der neuen Regierung Mitterrand in Frankreich. Zu diesen Angaben war das MfS über Mitteilungen von Vertretern französischer Konzerne gelangt.[3]

Gegen Ende des Jahres 1985 setzten sich in der Führungsspitze des MfS Überlegungen durch, Ausgangspunkte für die Aufklärung der Absichten, der Rolle sowie Möglichkeiten einer Zusammenarbeit mit westdeutschen Konzernen zu formulieren. Grundlage dieser Erhebungen bildeten die "Anordnung über die Arbeit mit kapitalistischen Konzernen" vom 8.Mai 1981, die Ausarbeitung zu "Verantwortlichkeiten der zentralen Staatsorgane", des M[inisteriums für]A[ußen]H[andel], sowohl "innerhalb des MAH" und "des A[ußen]H[andels]B[etriebe], Kombinate + Exp[ort].-Betriebe". Es handelte sich in erster Linie um den "Anteil der Schwerpunktkonzerne am NSW-[Im- und] Exp[ort]. d[er]. DDR". Materialaufstellungen zu diesen Schwerpunktkonzernen nach Ländern, eine "Zahlenübersicht ü[ber]. Ex.-u[nd]. Importe (NSW)" in Bezug auf die "DDR gesamt + Anteil d[ieser] Konzerne evt[uel]l. auch Industriezweige" sollten das Bild klären helfen. Weiter wurde eine "Übersicht über A[ussen]H[andels]B[etriebe], die in Konzernbeziehungen einbezogen" waren, erstellt und sollten "daraus Schwerpunkte" hinsichtlich der Außenhandelsfirmen "TI, IAI und Intrac" abgeleitet werden.

Die "Analyse des operativen Schwerpunktbereiches Handel mit Konzernen kapitalistischer Industrieländer" würde sich hinsichtlich "Umfang der Beziehungen allgemein in der Gegenwart und" mit den zukünftigen "Beziehungen zu den Konzernen der BRD, Frankreichs, Österreichs und der USA" auseinandersetzen. "Schwerpunktaufgaben" wie "Objekte des operativen Verantwortungsbereiches" bildeten die Aufgabe. Einbezogen wurde der "Stand der Aufklärungs- und Abwehrarbeit der feindlichen Aktivitäten der Konzerne gegenüber der DDR" sowie eine "Analyse der Erkenntnisse" daraus. Im besonderen sei Wert zu legen auf "Erkenntnisse über Aktivitäten der Konzernvertreter auf kommerziellem Gebiet sowie gegenüber Personen der DDR":

"Ifo-Interessen; Zusammenwirken mit imp[erialistischen]. G[eheim]D[iensten]; Abwerbung; Korruption; Veranlassung zu feindlich-negativen Handlungen".

Einzubeziehen seien, so dieser "Entwurf" der Sonderkommission "Konzerne", zu erwartende Angriffe. Dabei sollten die "Erkenntnisse, bzw. zu realisierende Schwerpunktaufgaben", die "Grundlage" bilden. Unter Berücksichtigung der "Zielstellung zur operativen Sicherung" seien "Objekte, Bereiche, [und] Personen des Außenhandels der DDR bzw. der Prozesse der kommerziellen Beziehungen vor Angriffen gegnerischer Kräfte" offensiv zu sichern, genauso wie der "Informationsbedarf und Informationsfluß durch den Einsatz inoffizieller und offizieller Kräfte". Die "Querschnittsfunktion" habe die MfS Hauptabteilung XVIII zu übernehmen, um den "Informationsfluß...innerhalb der Diensteinheit" sicherzustellen.[4] Überlegungen im Rahmen der "Neubildung der Kombinate" führten zu dem Vorschlag, "Lenkung und Leitung der Konzernarbeit" dem Ministerium für Außenhandel zu unterstellen.[5]

Die "Konzeption zur Entwicklung der Geschäftsbeziehungen zu ausgewählten Industriekonzernen der BRD" bezog sich zunächst auf den "Stand dieser Geschäftsbeziehungen" zwischen 1975 und 1980. Sodann wurde die "Weiterentwicklung der Konzernarbeit in den Jahren 1981-1985" untersucht, um schließlich zu "Grundsätzliche[n] Festlegungen" zu gelangen und den Exportumfang mit den in Aussicht genommenen Industriekonzernen der BRD für die Jahre 1975 bis 1985 zu spezifizieren.

Es ging offensichtlich darum, über die Anbahnung und Ausspähung westdeutscher Konzerne, Geschäftsbeziehungen mit diesen anzubahnen und mögliche Exporterträge der DDR im Geschäft mit diesen zu erwirtschaften. Beziffert wurde das erwartete Exportvolumen mit fünfzehn Industriekonzernen der BRD für den Zeitraum 1975/1980 auf 400 Mio V[errechnungs]M[ark]. Es sei, so das MfS, "trotz umfassender und aufwendiger Anstrengungen noch nicht gelungen, den Anteil von Mvl-Erzeugnissen an die Konzerne wesentlich zu steigern". Die DDR-Exporte bestünden im wesentlichen "aus Rohstoffen und Halbfabrikaten". Demgegenüber setze sich der Import der DDR "hauptsächlich aus Anlagen und Ausrüstungen sowie... metallurgischen und chemischen Erzeugnisse[n]" zusammen. "Die Relation zwischen Export und Import" betrage "1:2,5 bis 1:3,0 zuungunsten des DDR-Exportes im Jahresdurchschnitt seit 1975".

Mit der AEG-Telefunken AG, der BASF AG, der Robert Bosch GmbH, der Daimler-Benz AG, der Höchst AG, der Fried. Krupp GmbH, der Thyssen AG, Volkswagenwerk AG und Otto Wolf AG unterhielt die DDR "unterschiedlich gewachsene Beziehungen". Für die insgesamt nicht ausgenutzten Vorteile aus diesen Kontakten seien, so das MfS, die "teilweise unzureichende Marktarbeit" auf Seiten der DDR einerseits und die "ungenügende[n] Kaufbereitschaft der Konzerne" andererseits verantwortlich. Von westlicher Seite, vor allem der AEG/Telefunken AG, Höchst AG, Fried. Krupp GmbH, Mannesmann/DEM-AG/AG und Thyssen AG sei "die Zusammenarbeit in Drittländern", vor allem während der Jahre 1977 bis 1979, "massiv vorgeschlagen" worden, habe jedoch zu keinen "nennenswerte[n] Objekte[n]" geführt. Ergebnis der "Konzernarbeit" in den Jahren 1981 bis 1985 sei gewesen, die Konzerne AEG/Telefunken AG, Höchst AG, Fried. Krupp GmbH, Hoesch AG, Salzgitter AG und Otto Wolff AG für "ein echtes Interesse an der Entwicklung der Geschäftsbeziehungen zur DDR" zu gewinnen. Sowohl die Umsatzsatzentwicklung, als auch das "Engagement der Vorstandsvorsitzenden an der Entwicklung der Beziehungen zwischen der DDR und der BRD", seien dafür kennzeichnend. Von "ähnliche[r] Bedeutung" wäre "die Entwicklung der Beziehungen zu den Konzernen BASF AG, Daimler Benz AG, Klöckner AG, Mannesmann AG und Thyssen AG. Aus dem Kreis der "Schwerpunktkonzerne" seien "für den Zeitraum von 1981-1985", wegen "geringes[n] Volumens" und da "kaum entwicklungsfähig", die Robert Bosch GmbH, die GHH/MAN, infolge "Desinteresses der Leitung" und "dezentrales[n] Management[s], die Siemens AG infolge "Desinteresses der Leitung" und "fehlende[r] Konstruktivität" sowie die "Volkswagenwerk AG" - aufgrund von "Geschäftsbeziehungen nur außerplanmäßig entwicklungsfähig" - zu streichen.

Für den Zeitraum 1981/85 wurde zusätzlich der Konzern Deutsche Babcock AG/Oberhausen dem Kreis der anvisierten Konzerne hinzugefügt. Damit würden die AEG/Telefunken AG/Frankfurt/M., die BASF AG/Ludwigshafen, die Daimler-Benz AG/Stuttgart, die Höchst AG/Frankfurt, die Hoesch AG/ Dortmund, die Fried. Krupp GmbH/Essen, die Klöckner AG/Duisburg, die Mannesmann AG/Düsseldorf, die Salzgitter AG/Salzgitter-Hütte, die Thyssen AG/Duisburg-Hamborn und die Otto Wolff AG/Köln als Zielobjekte, beziehungsweise Zielkonzerne, in Erwägung gezogen. Eine grundlegende Steigerung der Exporte an diese wurde für die Jahre 1981 bis 1985 ins Auge gefasst. Dieser Zeitraum sollte jährlich höhere Zahlen bringen, als der gesamte Zeitraum 1975-1980 erbracht hat. Prinzipiell sei

> "die Arbeit gegenüber den Konzernen...Bestandteil der Marktarbeit der Kombinate und Außenhandelsbetriebe".

Neben Kontroll- und Weiterbildungsarbeit innerhalb der DDR, die breit aus-gestaltet werden sollten, war geplant, "noch mehr als bisher als Leitungsinstru-ment und Bestandteil der Arbeitspläne der Konzernverantwortlichen für die Verstärkung der Aktivitäten zur Sicherung des DDR-Exportes zu nutzen (Arbeit mit aktuellen Objektlisten)". "Die Zusammenarbeit in Drittländern" sei mit der AEG/Telefunken AG, der Fried. Krupp GmbH, der Mannesmann AG, der Salz-gitter AG und der Thyssen AG zu aktivieren. Gegenüber den gestrichenen Konzernen Bosch, GHH/MAN, Siemens AG und "Volkswagenwerk AG" wür-den die Aktivitäten der DDR, so das MfS, koordiniert. Zu diesem Zweck sei über die "HPA Düsseldorf" zu wirken.[6]

Daimler-Benz AG

Mit *Daimler-Benz* wurden zum Beispiel, zwischen 1975 und 1980, jährlich durchschnittlich 8 bis 9 Mio VM umgesetzt. Mit der VW AG kam die DDR auf durchschnittlich 13 Mio VM, wobei zu bemerken ist, dass das Jahr 1975 ohne Angabe blieb. Darauf, zwischen 1976 und 1979, blieben die Umsätze unter 10 Mio VM, um ab 1979, auf 20,0 und 40,0 Mio VM zu springen.[7] Im Zeit-raum 1981 bis 1985 wurde für diese Unternehmen jährlich mit Umsätzen zwi-schen 15 und 25 Mio VM (Daimler-Benz AG) gerechnet.[8] Mit AEG Tele-funken wurde zwischen 1981 und 1985 eine Steigerung um nahezu 100 Pro-zent der DDR-Exporte anvisiert. Dazu sollten "Kompensations- und "Koope-rationsobjekte", "Drittländergeschäfte" und Importe "zur Deckung des Eigen-bedarfs der AEG/Telefunken" ins Gespräch gebracht werden. Kooperationen auf den Gebieten "Schreibmaschinen", "Getriebemotoren", "66 KV-Schalter", und "Zugfunksysteme" wurden geplant. Verhandlungen über diese "Koopera-tionsbeziehungen" sollten 1980/81 geführt werden. Diese würden "eine Ex-portsteigerung zur Folge haben müssen". Als "Drittländerobjekte" seien die "Landtelefone" in Mexiko, die "U-Bahn" in Bagdad, und das "Hüttenwerk Misaruta" in Algerien ins Auge zu fassen. Diese Objekte wären in Verhand-lung, so führte das MfS aus. Dabei würden

> "in entsprechenden Verhandlungen ...die möglichen DDR-Anteile exakt auszu-weisen und entsprechende Garantien zu fordern"

sein. Eine Vereinbarung zwischen A[ußen]H[andels]B[ank] und AEG/Telefunk-en sollte, zwecks Durchführung der DDR-Exporte "(exportwirksame Beistel-lungen)",

"zu den DDR-Anlagen-Importobjekten
- Konverterstahlwerk EKD
- Gießerei Leipzig
- Heizkraftwerk Neubrandenburg und Jena"

Entscheidungen bringen.

BASF AG

Mit der *BASF AG* sollten die Exporte zwischen 1981 und 1985 von 15 Mio VM auf 25 Mio VM anwachsen. Die Evolution der Geschäftsbeziehungen zur BASF werde ausschließlich über die A[ussen]H[andels]B[etriebe] "Chemie", "Bergbau-Handel", "Limex", "Deutrans/ Deutfracht" und "Intermed" stattfinden. "Eine Vereinbarung" mit der BASF bestünde bereits "für den Zeitraum 1978 bis 1982". Diese habe jedoch "die Geschäftsbeziehungen nicht nennenswert aktiviert". Festgestellt wurde:

> "Die BASF ist bereit, Verfahren und Lizenzen für bestimmte Produkte an die DDR zu vergeben. Möglichkeiten zur Kompensation sind eingeschränkt, da die BASF AG den Anlagenexport durch die Tochtergesellschaft Elastogen, Lemförde, nicht forciert".

Exporte an die *Daimler-Benz AG* sollten ebenfalls um 10 Mio VM ansteigen. Diese würden "über drei Hauptrichtungen" realisiert werden:

> "- Zulieferungen Investitionen in der BRD
> - Zulieferungen Investitionen in Drittländern
> - Handelsgeschäfte über die Konzernen eigene Industrie Handels-GmbH, Frankfurt/Main".

Der „Anteil der Werkzeugmaschinen am Gesamtexport an DB" sei „jährlich zu erhöhen". Die bereits „bestehende Vereinbarung zwischen D[aimler]B[enz] und den AHB der DDR" habe „bis 1982 Gültigkeit". Allerdings wurde eine Verlängerung nur für den Fall erwogen, dass „der MvI-Anteil erhöht werden" könne. Weiter seien „Verhandlungen über die Abnahme von LKW-Anhängern für die Landwirtschaft der BRD" zu führen. Es handele sich um ein Gesamtvolumen von 5 bis 10 Mio VM. „Analog zu VW in Mexiko und Brasilien" werde die „Aufnahme von Verhandlungen über eine mögliche Beteiligung der DDR bei Investitionsvorhaben" von Daimler-Benz in Betracht gezogen.

Deutsche Babcock AG

Die Umsätze mit der *Deutsche Babcock AG* seien um 30 Mio VM zu steigern. Der Konzern werde "aufgrund der gewachsenen Beziehungen zur DDR neu als Schwerpunktkonzernen aufgenommen", so das MfS. Die Beziehungen würden im besonderen

> "zur Sicherung der Exporte der DDR...über
> - Zulieferungen für Objekte in die BRD, ...
> - Zulieferungen für den Eigenbedarf des Konzerns und
> - Drittlandobjekte

auszubauen" sein. Diese Überlegungen basierten auf der Tatsache, dass die Babcock AG bereits ein Angebot unterbreitet hatte, "aus der DDR Kraftwerksobjekte in Drittländern für ca. 200 Mio VM in den nächsten Jahren zuzukaufen". Eine Vertiefung der Beziehung sei über die auszuhandelnde "Objektliste über Drittlandobjekte" und den "mögliche[n] DDR-Anteil" zu erreichen. Das von Hoesch-Tecna angebotene "Kompensationsobjekt CO_2-Schweißdrahtproduktion Wiesenberg (Wert: ca. 50,0 Mio VM)" - auch in "Konkurrenz u.a." durch die "O[tto].Wolff AG" - werde in den weiteren Verhandlungen zu sichern sein. Im übrigen wären sämtliche Möglichkeiten, "um die Internationalität des Konzerns (Hoesch-Hogoovens, Holland) für die DDR", hinsichtlich etwa des unterschiedliches[n] Preisgefüge[s]" und "Steuerfragen etc." zu betreiben.

Friedrich Krupp GmbH

Im Fall der Fried[rich]. Krupp GmbH/Essen wurde für 1981/85 mit einer Exportsteigerung der DDR um 20 Mio VM gerechnet. "Zulieferungen an den Konzern in die BRD (Investitionen), aber insbesondere über die gemeinsame Bearbeitung von Drittlandobjekten" seien abzuschließen. In Drittländern konzentriere sich zur Zeit die Zusammenarbeit mit Krupp "auf 6 Objekte:

> „- Stahlwerk Misurata/Libyen
> - Stahlwerke Basra, Irak
> - Stahlwerke Jijel, Algerien
> - Kabelwerk BOR/SFRJ
> - Drahtseilwerk Alipasin Mopst, SFRJ
> - Stahlwerk Türkei".

Diese Objekte waren offenbar noch nicht unterschriftsreif. "Exportwirksame Zulieferungen" seien mit "Krupp kurzfristig auszuhandeln". So wären

"- Stahlwerk EKO
- Fahrzeugguß Leipzig
- Dampferzeugeranlage Jena und Neubrandenburg"

sowie, im Zusammenhang mit der Direktreduktion von Eisenerz zu Eisen-schwamm, möglich. "Zur Absicherung der Produktlieferungen aus den Anla-genimportobjekten" wären "Sanktionen bei Abnahmeproblemen durch Krupp auszuschließen". Die Zusammenarbeit mit der Essener Firma sei auf dem grie-chischen Markt auszudehnen. Es werde eine "gemeinsame Organisationsform mit Krupp zu prüfen" sein.

Klöckner AG

Die Umsätze mit der *Klöckner AG/Duisburg* seien, zwischen 1981 und 1985, mit einer Erhöhung um 15 Mio VM eingeplant. Diese Exportzielstellung würde in den Hauptrichtungen

„- Zulieferungen zu Investitionen des Konzerns
- Export wirksamer Beistellungen zu DDR-Anlagenimportobjekten
- Produktenexport über das Klöckner-Handelsnetz"

zu verwirklichen sein. Weiter werde die Klöcknerindustrieanlagen GmbH in den kommenden Jahren als Anlagenlieferant für die DDR berücksichtigt. Es lägen folgende, angebotene Objekte vor:

„- MIBE-Anlage, Leuna
- Ferrosilizium-Anlage, Spremberg
- $MgCl_2$-Anlage, Sondershausen
- Faserplattenanlage, Schönheide
- Zellstoffwerk, Wittenberg
- Anlage zur Herstellung von Graphitelektroden (EKLW)".

Die Untersuchung hielt fest:

"Die Exporte des A[ußen]H[andels]B[etriebes] in WMW-Export über die Toch-tergesellschaft des Klöckner-Konzerns, Gebr[üder]. Hofmann, Düsseldorf, werden entsprechend der Absatzkonzeption des A[ußen]H[andels]B[etriebes] WMW realisiert und als Gegengeschäft angerechnet".

Ferner sei "die Zusammenarbeit in Drittländern in den letzten 5 Jahren nicht vorangekommen. Gemeinsam mit Klöckner" seien "zwei Objekte" dort "auszu-wählen", an denen eine "erfolgreiche gemeinsame Zusammenarbeit" zu organi-

66

sieren wäre. Weiter seien die "Warengruppen, die in zunehmendem Maße über das leistungsfähige Verkaufsnetz des Klöckner-Konzerns verkauft werden" könnten, und deren "geeignete[m] Operationsforum", zu prüfen. Die Klöckner-Gruppe könne "bei internationalen Finanzierungsgeschäften, bzw. speziellen Geschäftskonstruktionen mit mittleren Spezialfirmen im Anlagenbau, beim Anlageimport der DDR mitbenutzt werden".

Mannesmann AG

Zur "*Mannesmann-AG, Düsseldorf*" wurden für die Jahre 1981 bis 1985 22 Mio VM an zusätzlichen Exporten der DDR vorausberechnet. Inzwischen habe sich der Konzern von "metalllurg[ischen]. Erzeugnisse[n]" ab- und verstärkt Röhren zugewandt. Das MfS schätzte, der "Umsatz mit der Mannesmann-Demag AG" sei entwicklungsfähig. Diese wäre ein "leistungsfähiger Anlagenlieferant". Der DDR würden "z.Z." folgende Objekte angeboten:

"- Nebenanlagen für das Stahlwerk EKO
- Anlage zur Herstellung von kaltgewalzten Präzisionsstahlrohren (z.Z.zurück-
   gestellt)
- Anlage zur Produktion von Magnesium-Chlorid-Edelsole".

Es sei zugesagt worden, die Bezahlung über die "Kompensation mit Produkten aus den Anlagen" zu bestreiten. Die MM AG sei "in den nächsten Jahren bei einem Anlageobjekt der Metallurgie der DDR zu berücksichtigen". Der MM-Konzern kontrolliere "ca. 90% der Röhrenproduktion der KIL Westeuropas". Im Rahmen der "geplanten Röhrenexporte der DDR" sei "diese Marktposition des Konzerns zu beachten". Eine geeignete Absatzstrategie", hinsichtlich der "Refinanzierung" des "Investitionsvorhaben[s] Riesa", wäre zu entwickeln. Momentan würden über die "Mannesmann Demag-AG" "Autodrehkrane (weltweit) aus der DDR vertrieben". Eine Erweiterung "dieser Vertriebsform" sei zu prüfen, so das MfS. Die Lizenzverhandlungen über:

"- Herstellung von Futterhefe aus Melasse, Sulfidablauge, Parafin, Dieselöl,
   Methanol
- Herstellung von kalziniertem Soda
- Formaldehydleime und Formalin
- Natriumtripolyphosphat"

seien fortzusetzen. Realistisch wurden die Chancen für "eine Zusammenarbeit in Drittländern" eingeschätzt, wo "bis auf zwei Objekte in Nigeria", diese "nicht vorangekommen" sei. Dennoch sollten "mit dem neuen Vorstandsmitglied der

Mannesmann-Demag AG, Dr.Paul Roth, mit dem Ziel weitere konkrete Objekte zu ermitteln", Verhandlungen aufgenommen werden.

Das Geschäft mit der DDR werde für den Zeitraum 1981/85 um 18 Mio VM höhere Ergebnisse bringen. Die Absatzwege

„- Zulieferungen an den Konzern für eigene Investitionen
- Zulieferungen Drittlandobjekte
- Exportwirksame Einstellungen bei Anlagenimportobjekten der DDR

würden diese Umsätze realisieren. Das MfS führte aus, die Salzgitter AG sei "als Lieferant von kleineren bzw. mittleren Anlagen" eingeführt. Diese werde "im Zeitraum von 1981-1985 ...in den engen Anbieterkreis einzubeziehen" sein. "Auf dem Gebiet der Kohleveredelung" sei diese "ein interessanter Partner und Verfahrensgeber". Im zweiten Halbjahr 1980 würden "erste Verhandlungen über eine mögliche Zusammenarbeit auf diesem Gebiet" zwischen DDR und Salzgitter AG eingeleitet. Weiterführend zu behandeln seien "exportwirksame Beistellungen und Produktenlieferungen" für die "Anlagenimportobjekte der DDR mit Salzgitter" zur "Herstellung von Magnesiumoxyd", "Polyäthylen, Leuna", und "Ammoniaktankern". Die Salzgitter AG plane "eine neue Feinstahl- und Drahtwalzstraße im Werte von 70,0 bis 80,0 Mio VM, die auch vom A[ußen]H[andels]B[etrieb] Inwest-Export angeboten" werde. Die Zusammenarbeit mit dem Konzern in Drittländern konzentriere sich "z.Z. auf das Stahlwerk Misurata" in Libyen. Der Außenhandelsbetrieb ME habe Salzgitter "Krane im Wert von 24,0 Mio VM hierfür angeboten". Dieses Objekt würde weiter zu verfolgen sein.

Die Exporte an die Otto Wolff AG/Köln seien um 15 Mio VM für den Zeitraum 1981/85 zu steigern. Diese wären "insbesondere für den Eigenbedarf, das Handelsgeschäft und die Kompensationsware" vorgesehen. "Zwischen dem A[ußen]H[andels]B[etrieb] Metallurgiehandel und der Otto Wolff AG" bestünde "eine Vereinbarung, die für den Zeitraum von 1981 bis 1985 verlängert" werde. Objekte, wie eines mit Wolff, würden zurzeit nicht existieren. Es sei aber zu prüfen, welche Objekte in internationalem Maßstab für ein gemeinsames Auftreten geeignet seien. In den letzten Jahren habe die Otto-Wolff-Gruppe eine Anlage in die DDR geliefert. "Z.Z." seien die K-Objekte

"- Rekonstruktion Schweißdrahtproduktion, Wiesenburg,
- Rekonstruktion Drahtbeize, Rothenburg in Verhandlung".

Zusätzlich wurde bereits jetzt festgelegt, dass "die O[tto].Wolff-Gruppe bei einem Anlagenobjekt in den nächsten Jahren (Monaten) vorzusehen" sei. Erklärtes Ziel der Bemühungen des MfS war,

> "Otto Wolff von Amerongen...in seinen zahlreichen Funktionen...dafür zu gewinnen, verstärkt für den Abbau von Handelshemmnissen zwischen der DDR und der BRD einzutreten".

Hinsichtlich der *Deutsche Babcock AG* wurde unterstrichen, "bei Industrieanlagen-Importobjekten", diese "verstärkt einzubeziehen". Darüber hinaus sei zu prüfen, "inwieweit eine Vergabe eines Anlagenobjektes an die Babcock AG anlässlich der L[eipziger]H[erbst]M[esse] 1980 bereits möglich" sei. Eine "bestehende Vereinbarung zwischen dem A[ußen]H[andels]B[etrieb] Technocommerz (Leit-A[ussen]H[andels]B[etrieb]) und der Babcock" sei es bereits zu "Vorteile[n] für die DDR im Jahre 1979/80" gekommen. Die Exporte seien von 10 Mio VM auf etwa 40 Mio VM angestiegen.

Hoechst AG

Die Exporte an die *Hoechst AG, Frankfurt/Main* sollten von 63 Mio VM 1981 auf 95 Mio VM ansteigen. Über

> "- Produktenexport
> - Kompensation aus allen Importobjekten
> - internationales Handelsgeschäft und
> - Zulieferungen für den Investitionsbedarf des Konzerns"

solle diese "Zielstellung" realisiert werden. Der "Abschluß des Kompensationsobjektes Buna II (Anlage zur Herstellung von Acrylaten, Acrylsäureester, Polyacrylate" sei "bei gleichzeitiger Absicherung der Refinanzierung durch Produktenlieferungen in die BRD) zu fördern. Die

> "Weiterverhandlung der Objekte
> - Natrium- und Kaliumchlorat
> - Ascorbinsäure
> - Niederdruckpolyäthylen
> - Rekonstruktion der Karbidöfen Buna"

sowie die "Absicherung des Produktenexportes aus diesen Anlagen bzw. aus dem Bereich der chemischen Industrie der DDR" seien zu fördern. Die "Zusammenarbeit auf dem Gebiet der Abwassertechnik und des Bauwesens" wäre in Kooperation mit dem "M[inisterium für]A[ußenhandel], Bereich BRD-

/W[est]B[erlin]" und "mit dem M[inisterium für] Chemie und M[inisterium für] B[auwesen]" voranzutreiben. Das "internationale Handelsnetz des Konzerns" sei "für Erzeugnisse aus dem Bereich der chemischen Industrie" der DDR zu nutzen. Auch eine "mögliche[n] Zusammenarbeit im Bereich Pharma" wurde angedacht, da "Hoechst...der umsatzstärkste Pharmaproduzent in KIL" sei.

Hoesch AG

Mit der *Hoesch AG*, Dortmund sollten die Exporte der DDR, zwischen 1981 und 1985, um 20 Mio VM zunehmen. "Der Anteil an MvI-Erzeugnissen" sei, von 10 "auf ca. 25 bis 30 Prozent zu steigern". Hoesch baue "in Dortmund in den nächsten Jahren ein neues Stahlwerk im Werte von ca. 550 Mio VM. Das Interesse der DDR sei, "Zulieferungen durchzuführen, u.a. Technocommerz, Maschinen-Export, Invest-Export und andere MvI-A[ußen]H[andels]B[etriebe]. Die Konzernleitung von Hoesch solle veranlasst werden, "Mv-Erzeugnisse im Wert von 30 bis 50 Mio VM aus der DDR" einzuführen. Anvisiert wurde die Zusammenarbeit mit der Tochtergesellschaft Hoesch-Tecna, welche "die Konzernleitung als Anlagenbaufirma" profiliere. "Zulieferungen für Anlageobjekte...in der BRD und in Drittländern" seien möglich. Dies betreffe "insbesondere

- Entstaubungsanlagen
- Nahrungs- und Genussmittelmaschinen
- metall. Ausrüstungen".

Wie die ausgewählten Konzerne wurden die Hoesch AG, Thyssen AG, Metallgesellschaft/Lurgi, VEBA, Bayer", und Volkswagen behandelt.[9]

Methodik, Ziele und Erkenntnisse

Die Anordnung über die Arbeit mit kapitalistischen Konzernen" vom 8.Mai 1981 regelte die Zusammenarbeit in dieser Richtung. Festgelegt wurde in dieser Anweisung:

"Die erforderlichen Aktivitäten gegenüber den Konzernen sind zur Bewahrung der gesamtstaatlichen Interessen der DDR nach einheitlichen Gesichtspunkten durch das Ministerium für Außenhandel zu leiten und zu koordinieren, mit dem Ziel, optimale Exportergebnisse gegenüber den Konzernen zu erreichen, die ökonomischen und wissenschaftlich-technischen Potenzen der Konzerne zum Vorteil der DDR zu nutzen und die handelspolitischen Forderungen der DDR durchzusetzen".

Die Rolle von "Konzernverantwortlichen" (für die BRD-Konzerne) wurde festgelegt, deren "Aufgaben, Rechte und Pflichten" fixiert sowie deren Zuordnung zu "dem zuständigen Industrieminister bzw. Leiter anderer zentraler Staatsorgane" bestimmt.[10]

Lediglich für vier der oben aufgeführten Konzerne/Firmen wurde herausgearbeitet, auf welche die operative Arbeit des MfS zu konzentrieren sei. Hinzu trat die Firma Berlin-Consult/W[est]B[erlin]. Es ging demnach um die Badischen Anilin- und Soda-Fabriken (BASF), auf die sieben I[nformelle]M[itarbeiter] angesetzt werden sollten, die Metallgesellschaft-Lurgi AG, der sich sechs IMS widmen würden, die Salzgitter AG, auf die zehn IMB, IMS und ein GMS verwandt und die VEBA, auf die acht IMS und ein KP verplant wurden sowie die Berlin-Consult (BC), für die fünf IMS, ein IMB und ein IM-V freigemacht werden sollten. Die operative Arbeit an diesen Konzernen/Firmen sei hauptsächlich auf Bereiche und Personen zu konzentrieren, die im Außenhandel der DDR direkt wirksam würden. Weiter ging es um eine Ausarbeitung für die Vorhaben im Jahre 1986. Diese galt der

> "- Erarbeitung einer Konzeption für die operative Arbeit an den ausgewählten Konzernen/Firmen als Grundlage für die operative Arbeit;
> - Erarbeitung eines konkreten Informationsbedarfes;
> - Abstimmung mit den Leitern der operativen Referate und Beratung sowie Übergabe des Informationsbedarfes an die IM-führenden Mitarbeiter zur Instruierung geeigneter IM".

"Berührungspunkte" sollten das Ministerium für Außenhandel und die Außenhandelsbetriebe Transinter, Chemie, Industrieanlagen-Import sowie Internationales Handelszentrum-Firmenrepräsentanz und DLB Intercontrol GmbH bilden. Schließlich und endlich bis 1986 ein gewaltiger Aufwand an Verwaltung und ein - im Sinne der DDR - bescheidenes Arbeitsergebnis des MfS.[11]

Das MfS zielte auf "die Struktureinheiten der betreffenden Unternehmen" ab, "die für den Handel mit der DDR zuständig" seien. Die Operation habe zum Ziel,

> "alle operativen Kräfte und Möglichkeiten so zu nutzen, daß aussagekräftige Informationen sowohl zur Strategie der Konzerne/Firmen, als auch zu Mitarbeitern dieser Unternehmen verarbeitet werden"

könnten. Zunächst sei zu klären, welche "Struktureinheiten der Konzerne" für den Handel des jeweiligen Unternehmens mit der DDR zuständig" seien. Sodann wäre die Eingliederung dieser Struktureinheiten in das Unternehmen aufzuklären "(Unterstellungsverhältnis, selbständige Bereiche des Konzerns/der Firma), welchen Aufgabenbereich sie umfassen und über welche Kompetenzen...sie verfügen. Die "Wer-ist-Wer?"-Aufklärung" habe sich auf den "Mitarbeiterbestand dieser Struktureinheiten" zu konzentrieren und "Aussagen zu Personen, zu operativ-interessanten Merkmalen und zu operativ-relevanten Verhaltensweisen" zu erarbeiten. Gemäß "Dienstanweisung 1/80" des Ministers Mielke seien "operativ-bedeutsame Informationen" aufzubereiten und einzuspeichern. Vor allem zu den Mitarbeitern der Konzerne, die Kontakte "in die DDR und in andere sozialistische Staaten" unterhielten. Die "handelspolitische[n] Interessen der Konzerne/Firmen gegenüber der DDR" würden zu erarbeiten sein. Diese Ergebnisse wären "als Grundlage für die Instruierung und den schwerpunktmäßigen Einsatz geeigneter inoffizieller Kräfte" dienlich. Gleichzeitig würden "die operativen Referate bei der Suche, Auswahl [und] Gewinnung neuer IM" unterstützt. Weitere Diensteinheiten, wie die „Hauptabteilungen II und III sowie die HV A" würden das Unternehmen mit "Speichermöglichkeiten", gemäß der "Speichernutzungsordnung 9/83" bei anderen staatlichen Organen und Institutionen, bei "der Arbeitsgruppe ADR beim Ministerrat der DDR" unterstützen. Die "Abteilung 26" des MfS, wie die "Abteilungen E und M und die Hauptabteilung VI", würden einbezogen. Weiter seien die "aktuellen Konzernkonzeptionen des Ministeriums für Außenhandel" ausgewertet. Ein "Auskunftsbericht" würde bis zum 28.Februar 1986 erarbeitet. Ein "Zwischenbericht" sei bis zum 19.12.1986 zu erstellen.[12]

Metallgesellschaft AG

Rang und wirtschaftliche Bedeutung der Metallgesellschaft AG (MG), innerhalb der Bundesrepublik, wurden in dem folgenden "Auskunftsbericht" eingehend gewürdigt. Als Hauptbetätigungsfelder wurden aufgeführt:

> "- Rohstoffe
> - Verarbeitung
> - Anlagenbau
> - Chemie
> - Transport".

Die Palette reiche vom "Handel allgemeiner Art über Chemieprodukte bis zu KFZ-Teilen und Elektrogeräten sowie dem eigenen Transport der Waren". Der "Schwerpunkt der Konzernaktivitäten" liege "dabei nach wie vor" auf der "Metallwirtschaft". Die Breite der Geschäftsfelder dieses Konzerns wurde deutlich, wenn das MfS ausführte:

> "Die Gruppe beteiligt sich darüber hinaus auch an der Suche, Erforschung und am Abbau von mineralischen und metallerzhaltigen Lagerstätten im In- und Ausland, verarbeitet Metalle eigener und Fremdproduktion (die Hüttenproduktion umfaßt allein 1/3 der BRD-Gesamtproduktion bei Nichteisenmetallen), beschäftigt sich mit der Entwicklung und Erprobung von Anlagen zur nutzbringenden Anwendung der Solartechnik und betreibt die bedeutendste Pyritgrube in Westeuropa. MG spielt, auch im internationalen Maßstab, eine bedeutende Rolle im Bereich Industrieanlagenbau".

"Seit der L[eipziger]H[erbst]M[esse] 1983" bemühe "sich die MG intensiv darum, bei den Rundgängen der Partei- und Regierungsdelegation der DDR berücksichtigt zu werden. Daraus folgend wurde zur Leipziger Frühjahrsmesse 1984 eine Präsentation in Betracht gezogen". Im Mai 1985 sei "auf Beschluß des Vorstandes der MG, im Internationalen Handelszentrum Berlin (IHZ) ein Repräsentanzbüro eröffnet" worden. Damit sei die MG "der erste Großkonzern der BRD", "der...im IHZ präsent" sei. Wenngleich "auch eine Tochtergesellschaft aus der Schweiz, die Fa. MG Chemiehandel, als Namensgeber fungierte". Erklärtes Ziel der MG sei:

> "die bestehenden Geschäftsbeziehungen der Metallgesellschaft AG/Geschäftsbereich Chemierohstoffe mit den Außenhandelsorganen der DDR weiter auszubauen...".

Zunächst konzentrierte sich das Geschäft mit der DDR auf den Chemiesektor. 1983/84 habe dieser eine Höhe von 164,476 Mio DM erreicht. Davon seien "8% DDR Export" gewesen. Weiter sei jedoch "interessant", dass "gleichzeitig mit steigendem Umsatz der Anteil des DDR-Export[s]" sinke. Von 1981/82 in Höhe von 32,626 Mio D[eutsche]M[ark] auf 1983/84 12,736 Mio DM. Der Grad der Intensität der Beziehungen zwischen MG und der DDR wird dadurch illustriert, dass an dem im Juli 1985 in London stattfindenden Seminar der Metallgesellschaft Ltd. zum Thema "Hatch-Operationen an der Londoner Metallbörse unter Berücksichtigung der Währungsdeckung", als einzige Firma aus dem SW die Intrac HG/DDR eingeladen wurde. Die MG Services Inc., "als hundertprozentige Tochtergesellschaft der Metallgesellschaft AG gegründet", habe ihren Sitz in den USA. MG Services Inc. besitze

> "die Aufgabe, Kompensationsgeschäfte für Kunden so zu strukturieren, daß das Verhältnis Risiko/Gegenleistung optimiert, der Zahlungsmechanismus gesichert

und möglicherweise den Kunden die Wahl des geeignetsten Finanzierungspaketes erleichtert wird".

Das MfS führte aus:

> "Die MG-Gruppe unterhält kommerzielle Kontakte zu den AHB Chemie, Kali-Bergbau, Industrie Anlagen-Import und Transinter HG, zum Ministerium für Chemische Industrie, zum Petrolchemischen Kombinat Schwedt und dem Chemiekombinat Bitterfeld, sowie zu den Leuna-Werken "Walter Ulbricht" und zu den Buna-Werken".

Weiter verfüge, so das MfS, die MG "bei der D[eutschen]A[uslands]BA[nk]" über "ein DM-Konto mit der Nr. 9608-3913-0014. Das dazugehörende Codewort lautet 'Chemie Mitte'".[13]

Der Leiter des Londoner Büros der Metallgesellschaft Ltd., Johann Horst Murmann (späterer Arbeitgeberpräsident), sei "aktives CDU-Mitglied und offener Gegner der SPD". Doch stehe dieser - "trotz seiner konservativen Einstellung (Grundeinstellung) den Beziehungen zwischen beiden deutschen Staaten (auf ökonomischer Grundlage) aufgeschlossen gegenüber". Murmann hatte offenbar Kontakte zu einem IM der Abteilung XVIII, die ihm bewusst waren. Das MfS hielt fest:

> "Anfang 1985 wurde M., nach eigenen Aussagen, durch den SCHIMMEL-BUSCH, HEINZ (Vorstandsmitglied der MG-Gruppe), von London nach Frankfurt/Main beordert, um ‚Informationen über strategische Nichteisenmetalle zu vermitteln'. Nach seiner Ankunft im Hotel sei er von dem betreffenden Interessenten, einem 'Herrn aus Pullach', angesprochen worden. Dieser befragte ihn nach Einzelheiten zu strategischen Nichteisenmetallen im Handel mit Partnern der MG aus sozialistischen Ländern und gab zu erkennen, daß derartige Informationen von nachrichtendienstlichem Interesse seien. M. will dieses Ansinnen (Informationsweiterleitung) grundsätzlich abgelehnt haben. Bei einem persönlichen Gespräch am Folgetag zwischen dem M. und dem bereits genannten SCH. erklärte dieser gegenüber M., er werde die Sache auf sich beruhen lassen und ihm (dem M.) in dieser Frage Deckung geben. *Diese Information gab der M. im April 1985 an einen IM unserer Diensteinheit, der seit 1976 keine kommerziellen Kontakte mehr zur MG-Gruppe unterhält. Inwieweit es sich bei dieser Information um einen Test gegenüber dem IM handelt,* kann nicht eingeschätzt werden".

Der Vorstand Heinz Schimmelbusch wurde als "dynamischer Manager und Finanzfachmann" beurteilt. Der Vorstand habe "die Einmietung des Konzerns in das Internationale Handelszentrum Berlin forciert". In dem oben erwähnten Zusammenhang Murmann könne davon ausgegangen werden, dass Schimmelbusch "Kontakte zum BND" unterhalte. Dass es durchaus üblich war, Bestechungsversuche im Rahmen von Geschäftskontakten einzusetzen, bestätigt das MfS, z.B. für einen Fall im Februar 1985, als "zwei Mitarbeiter der Intrac HG mit der Übergabe von jeweils zwei Silber[Gold-?]münzen (aus dem Deutschen Kaiserreich) zu korrumpieren" versucht worden sei. Der Leiter des "Bereiches Chemie" bei MG N. trete "sehr flexibel und kooperativ in kommerziellen und ha[n]delspolitischen Fragen" auf, habe sich jedoch "strikt an eingegangene Verpflichtungen und Abmachungen" gehalten. Er sei "CDU-Anhänger". Dessen Parteimitgliedschaft sei nicht bestätigt. Der Kontaktmann N. negiere

"offen die Wirkungen des Friedenskampfes und akzeptiert die Stationierung der Mittelstreckenraketen. Aus einer Äußerung gegenüber einem IM unserer Diensteinheit ('Überleben wird niemand!') ist zu entnehmen, daß er zwar die Realitäten erkennt, jedoch dem gegenüber gleichgültig ist. Der politische Dialog zwischen den beiden deutschen Staaten bzw. zwischen den USA und der UdSSR wird von N. begrüßt ('Solange gesprochen wird, wird nicht geschossen!')".

Die Lurgi-Gesellschaften (Lurgi) bildeten den Unternehmensbereich Anlagenbau, innerhalb der Metallgesellschaft AG. Diese gliedere sich in die:

" - Chemie- und Hüttentechnik GmbH
- Kohle- und Mineralöltechnik GmbH
- Umwelt- und Kinotechnik GmbH
- Lurgi Corp[oration]./USA
- Lurgie Verwaltung".

Sechzehn "Auslandsorganisationen in Westeuropa, Nord- und Südamerika, Südafrika, Japan und Indien sowie 6 Repräsentanzen in Venezuela, Kuwait, China, Saudi-Arabien, der UdSSR und auf den Philippinen (für die ASEAN-Staaten)" zählten zur Lurgi. Die Aufklärung des MfS habe ergeben, die Firma versuche "seit längerer Zeit...Direktkontakte zu Industriebetrieben der DDR aufzubauen". Ein IM der Hauptabteilung XVIII erklärte, es sei

"das Interesse seiner Firma, über die bisher praktizierten Beziehungen hinaus DDR-Importe als Unterlieferant von Verfahren und know-how, Direktbeziehungen zum Chemieanlagenbau der DDR herzustellen."

Es sei bekannt, so das MfS, dass zwischen der Firma und dem "Petrolche-mischen Kombinat Schwedt" sowie den Leuna-Werken "Walter Ulbricht" Be-ziehungen bestanden. Im August 1981 äußerte Lurgi, in einem Gespräch, "Un-zufriedenheit im Zusammenhang mit der Bearbeitung eines zwischen Lurgie und dem A[ußen]H[andels]B[etriebe]Limex abgeschlossenen Vertrages über die Lieferung von Stahlkonstruktionen und Montageleistungen im Wert von ca. 9 Mio VM. Das MfS führte aus:

> "Lurgie beklagte sich, weil seit Beginn des Vertragsrealisierung Terminverzö-gerungen und andere Unregelmäßigkeiten im Bauablauf auftraten. Durch den Bezirkswirtschaftsrat Leipzig gemachte Zusagen zur Veränderung dieser Situa-tion wurden nicht eingehalten".

Ähnliche Probleme gab es "bei dem Projekt Müllkraftwerk Schwandorf (Part-ner: VEB Stahlbau Lüttewitz)". Durch diese und andere Vorkommnisse be-dingt, gebe "es bei Lurgi ernsthafte Überlegungen, vorgesehene Nachfolge-objekte nicht an die DDR zu vergeben und teilweise aus laufenden Verträgen auszusteigen". Ende 1985 habe Lurgi versucht, im Zusammenhang mit dem "PKW-Projekt", in Verhandlungen zum "Dreistofflager Osterwieck" einen Ver-trag der gegenüber "Schwarza", der mit dem "A[ußen]H[andels]B[etrieb] In-dustrie Anlagen-Import" verhandelt war, günstiger zu gestalten. Es sei seitens des BRD-Partners erklärt worden:

> "Die einzige Möglichkeit zur Realisierung der GGV bestehe darin, im Rahmen des generellen Abkommens zwischen Metallgesellschaft und der DDR einen Ausgleich in beiden Richtungen zu finden".

Es lägen, so das MfS, "Hinweise vor, wonach Lurgi ein starkes Interesse an einem gemeinsamen Auftritt mit der DDR auf Drittmärkten" habe. Das resultie-re "aus den günstigeren Absatzmöglichkeiten (die Auftragslage bei Lurgi ist rückläufig)". Die Firma suche a) einen möglichst hohen Marktanteil " im so-zialistischen Lager" zu sichern und b) durch "die Zusammenarbeit mit dem Chemieanlagenbau der DDR" - sowie "das Eindringen in Aufträge der DDR aus den Entwicklungsländern" - das Konzernergebnis zu stützen. Das MfS hielt abschließend fest:

> "Lurgi unterhält kommerzielle Beziehungen zu den A[ußen]H[andels]B[etrie-ben] Invest-Export, Technocommerz, Industrieanlagen-Import, Limex, Chemie-anlagen Export-Import, Transinter, zu den Bruder-Werken, zum VEB Behälter- und Gerätewerk Markkleeberg, zu verschiedenen Ministerien, weiteren VE Kombinaten sowie zur Intrac AG".[14]

Salzgitter AG

Der bundeseigene *Salzgitter Konzern* traf auf die besondere Aufmerksamkeit des MfS. Die Grundstrukturen der *Salzgitter AG* seien dadurch charakterisiert, daß "die BRD-Regierung Alleinaktionär der Salzgitter-Gruppe" sei. Daraus folge "faktisch eine staatliche Beförderung der Entwicklung des Konzerns". Dieser habe "seit Ende der 50er Jahre versucht, kommerzielle Verbindungen zur DDR aufzubauen", so führte das MfS aus. Dessen Kerngeschäft bildeten "Stahlerzeugnisse, Handel, Schiffbau und Energietechnik", sowie "Industrieplanung, Industriebau, weiterverarbeitende Industrie, Waggonbau, Elektronik und Dienstleistungen für die Gewinnung und Förderung von Erdöl, Erdgas und Wasser". Es folgten Ausführungen zu Mitarbeiterzahl, Jahresumsatz und Funktion-Leistungsprofil. Die Salzgitter-Gruppe untergliedere sich in drei Geschäftsbereiche:

> "- Stahlerzeugung, Handel und Verkehr, Industrieplanung;
> - Schiffs- und Fahrzeugbau, Energie, Gießerreihen und
> - Maschinen- und Stahlbau, Baustoffe, Klima/Heizung/Belüftung".

"53 Tochtergesellschaften (mit 100% Beteiligung) und lediglich 35 weitere Gesellschaften, an denen Salzgitter mit mehr als 50% beteiligt" sei, vervollständigten das Bild. "Produktions- und Leistungsprofil" ließen, so das MfS, den Konzern als "breit gefächert und weltweit orientiert" erscheinen. "46.000 Mitarbeiter" und ein "Jahresumsatz von mehr als 11 Mrd. DM machten "die Salzgitter-Gruppe", im Urteil des MfS, zum "größten Industrieunternehmen der BRD". Seinerzeit seien jedoch "die Geschäftsbeziehungen der DDR-Außenhandelsunternehmen zu Salzgitter hinter den Möglichkeiten" zurückgeblieben. Gründe dafür bildeten "die Konzentration der DDR-Stahlimporte auf Konzerne im Ruhrgebiet und die Nichtausnutzung der Liefermöglichkeiten von Salzgitter". Die Angebote des Konzerns seien grundsätzlich "als Konkurrenzangebote" genutzt worden. Das habe zu einer "Verärgerung bei Salzgitter" geführt. Seit Mitte der siebziger Jahre wären verstärkte Bemühungen des niedersächsischen Konzerns "um den Ausbau des Handels mit den sozialistischen Staaten" zu beobachten gewesen. Interessant erscheint die folgende Passage zum zunehmenden Gewicht des Exportes der BRD Richtung Osten:

> "Innerhalb des Konzerns hat der Export, insbesondere in die sozialistischen Staaten, heute einen hohen Stellenwert. Ca. 5.000 Salzgitter-Mitarbeiter sind im Bereich des Exportes nach dem SW beschäftigt. Dies wird, vor allem in den letzten Jahren, zunehmend behindert durch die Embargopolitik der USA. Aus diesem

Grund begann Salzgitter Anfang der 80er Jahre, aufbauend auf dem Schiffs-elektronik-Zweig der Howaldtwerke Deutsche Werft AG (Tochtergesellschaft der Salzgitter AG), die Produzent der Elektronik für U-Boote auf der Basis von BRD-know-how ist, einen eigenen Elektronikzweig zu entwickeln. Dabei ist die enge Zusammenarbeit mit der schwedischen Firma ERICSON von besonderer Bedeutung, da Schweden als Nichtmitglied der NATO nicht unbedingt an die Embargobestimmungen gebunden ist. Ziel dieser Maßnahmen seitens Salzgitter ist die Unterlaufung der US-Embargo Politik" (1991 äußerte der Pressechef von Thyssen gegenüber dem Verfasser, man „unterlaufe jedes Embargo").

"Nach Aussage des früheren Vorstandsvorsitzenden BIRNBAUM" sei Salzgitter bereit, bei Anlagenkäufen seitens der DDR für 100% + Zinsen Käufe aus der DDR zu realisieren". In einer "Arbeitsgruppe Salzgitter AG - DDR-AHB", die seit 1976 bestehe, werde der "Stand und weitere Entwicklung der Beziehungen besprochen". Interessante Einzelheiten aus den Beziehungen der Jahre zwischen 1970 und 1986 sind aufschlussreich für die Verfahrensweisen, auch und gerade auf Seiten der westdeutschen Konzerne. Das MfS illustrierte für 1970, Salzgitter habe versucht,

"im Zusammenhang mit dem Projekt Elektro-Stahlwerk Riesa, die Fa.Preussag AG/BRD von einer Angebotsabgabe abzuhalten. Dazu nutzte der ehemalige Vorstandsvorsitzende der Salzgitter AG, BIRNBAUM, seine gleichzeitige Funktion als Aufsichtsratsmitglied der Preussag AG. Durch Absprachen mit AEG (Zulieferer) bzw. durch Angebote zur Zusammenarbeit bei diesem Projekt wurden auch die Firmen Rheinstahl und DEMAG (beide BRD) dahingehend beeinflußt, daß sie kein eigenständiges bzw. unabhängiges Angebot an die DDR unterbreiteten. Das Vertragsvolumen betrug ca. 80 Mio VM".

Im Zusammenhag mit dem "Bau des Stahlwerkes Hennigsdorf" habe, so sei bekannt geworden, 1974 die Salzgitter AG mit der schwedischen Firma SIAB "Absprachen getroffen", die besagten, dass "bezüglich dieses Projektes" die beiden Firmen sich gegenseitig "informieren und eine enge Zusammenarbeit praktizieren" würden. Gleichzeitig, so das MfS, habe der niedersächsische Konzern es abgelehnt, "EDV bzw. Datentechnik aus der DDR" im Konzern einzusetzen. Offensichtlich, so das MfS, sei beabsichtigt gewesen, eine "mögliche Aufklärung des Konzerns bzw. von Teilen des Konzerns" durch das MfS zu verhindern. Offensichtlich sei im Jahre 1975, bedingt durch den "Zuschlag für das Stahlwerk Brandenburg und die Lieferung des dritten Elektrostahlofens an die Konkurrenzfirma Krupp", bei Salzgitter "die Einstellung aller Aktivitäten in Richtung DDR" erwogen worden. Offensichtlich habe der Konzern versucht, "durch Druck auf die DDR... mehr Berücksichtigung bei der Vergabe von Groß-projekten zu finden". Das MfS führte weiter aus, die Salzgitter AG habe "1976 mit Schwierigkeiten beim Kauf von DDR-Werkzeugmaschinen" gedroht, "wenn keine Beteiligung des Konzerns an Kooperationsgeschäften der DDR (AHB WMW) mit dem Krupp-Konzern in Griechenland erfolge". Wie hoch die Spannung zwischen der Salzgitter AG und der DDR war, zeigte die Tatsache, dass der damalige

> "Vorstandsvorsitzenden Pieper erklärte im Zusammenhang mit dem Projekt Intensivierung und Rohstoffumstellung der Olefinerzeugung im P[etrol]C[hemischen]K[ombinat] Schwedt Firmen (IRO), er werde bei der Vergabe des Projektes im Oktober 1985 an die Konkurrenz auf lange Sicht nicht mehr in die DDR einreisen".

"In der Vergangenheit", so das MfS, habe "der Vorstand der Salzgitter AG" mehrfach Interesse an der "Entwicklung langfristiger stabiler Wirtschaftsbeziehungen zur DDR" geäußert. Andererseits habe der Konzern gleichzeitig deutlich gemacht, dessen Interpretation solcher "Beziehungen" sei einseitig auf die Hausinteressen der Salzgitter AG ausgerichtet. Ferner seien 1978 von Seiten "der Salzgitter-Tochter Peiner Maschinen- und Schrauben-Fabrik gegenüber der Howaldtwerke-Deutsche Werft AG...DDR-Krane" – hinsichtlich deren "Qualität und Motorenleistung" - diskriminiert worden. Staatssekretär Schalck habe bereits vor Jahren verfügt, "einen prozentualen Anteil des Wertvolumens bei Anlagenverträgen für die Lieferung von Elektronik und elektronischen Anlagen durch die entsprechenden NSW-Konzerne/-Firmen für die Weiterbildung der Elektro- und Elektronikindustrie der DDR zu vereinbaren". Auch in diesem Zusammenhang sei es zu einem Zusammenstoß mit der Salzgitter AG gekommen.

1980 habe "ein Salzgitter-Vertreter" versucht, über den Außenhandelsbetrieb die "IAI Informationen zu einem Bauprojekt in Rostock (vermutlich DMW) zu erhalten". Begründet wurden diese Bemühungen damit, Salzgitter sei "an einer Einbeziehung bei der Errichtung von Thermen zur Ammoniaklagerung interessiert". Der Salzgitter-Sprecher habe erkennen lassen, dass es das Ziel der Salzgitter AG sei, "das gesamte Teilprojekt (Projektierung, Aufbau, Lieferung der Teile) zu übernehmen, um den DDR-Betrieb als Konkurrenzfirma auszuschalten und das know-how nicht preisgeben zu müssen". 1984 sei Salzgitter "gezielt gegen das GRW" Teltow vorgegangen, um die "Anlage zum Umschlag von Harnstoff und Kali im Seehafen Rostock" durch "SMAG-Technik (Salzgitter Maschinen und Anlagen AG) zu realisieren. Informationen des Konzerns "über bestehende Probleme bei der Lieferung bestimmter Teile durch den DDR-Betrieb, die er unberechtigt (vermutlich über das Chemieanlagen-kombinat Leipzig Grimma) erlangt hatte", bildeten den Ausgangspunkt dieser Aktion. Deutlich, so das MfS, habe die Salzgitter AG mehrfach betont,

> "man wolle alles tun, um das '[O]stgeschäft voranzutreiben und werde auch vor Problemen, die die Embargobestimmungen tangieren, nicht zurückweichen. Salzgitter lehne jegliche Boykott- und Embargopolitik ab, da dadurch die kommerziellen Beziehungen stark belastet werden".

Tendenzen, des Vorstandsvorsitzenden Pieper im Jahre 1985 die Re-privatisierung des Salzgitter Konzerns zu betreiben, wurden registriert. Insgesamt waren so die Beziehungen zwischen der Salzgitter AG und der DDR nicht frei von Irritationen. Das zeigte sich ferner "im Zusammenhang mit der Vergabe des Projektes IRO...an die Konkurrenzfirmen LINDE AG/ BRD und VÖST ALPINE/Österreich im Oktober 1985". Das MfS führte aus, "der Vorstand der Salzgitter AG" sehe

> "in dieser Vergabe eine politische Entscheidung... Die Linde AG werde vom bayerischen Ministerpräsidenten Strauß unterstützt, der ständiger Gesprächspartner von Staatssekretär Dr.Schalck sei. Die Salzgitter AG unterhalte dagegen 'lediglich' zu Gen[ossen]. Dr.Beil Kontakte. Innerhalb des Konzerns wurde nach dieser Entscheidung vermutet, daß Gen[osse]. Beil seinen Einfluß eingebüßt habe und 'weg vom Fenster' sei".

Allerdings wurde festgestellt, seitens der Salzgitter AG bestünden dennoch "vielfältige kommerzielle Beziehungen zu verschiedenen A[ußen]Ha[ndels]B[e-trieben] der DDR (z. B. Industrieanlagen-Import) zur Intrac H[andels]G[esell-schaft] sowie zu einer Vielzahl von Industriebetrieben und Kombinaten in der DDR".

Fritz Schilling gehörte dem Vorstand der Salzgitter AG als stellvertretender Vorstandsvorsitzender an. Er galt dem MfS "als eiserner Verfechter gewisser Konzeptionen der Wirtschaftsvereinigung zur Dezentralisierung bzw. Kartellisierung bestimmter Interessen der Eisen- und Stahlindustrie in der BRD". Er sei "Anhänger der Theorie von der Notwendigkeit und Unabdingbarkeit der ökonomischen Verflechtung beider gesellschaftlichen Systeme". Schilling sei "sehr engagiert im DDR-Geschäft". Im Fall der "Nichtvergabe von Großprojekten" nahm Sch. "diese Entscheidungen zunächst persönlich". Er habe "in der Vergangenheit" mit "'Rückzug' vom DDR-Geschäft reagiert", was er "später wieder rückgängig gemacht" habe.

Hans Birnbaum wurde seit 1968 als Vorstandsvorsitzender der Salzgitter AG geführt. Von Haus aus Jurist, war er zwischen 1939 und 1945 im Reichswirtschaftsministerium beschäftigt gewesen. Von 1947 bis 1949, so das MfS, "Angehöriger der britischen Militärregierung" und schließlich "der Finanzministerien Niedersachsens und des Bundes". "Von 1957 bis 1961 Ministeraldirigent im Bundesministerium für wirtschaftlichen Besitz des Bundes". "Seit 1961...Mitglied des Vorstandes der Salzgitter AG". Birnbaum war "gleichzeitig Aufsichtsratsvorsitzender, - Mitglied und stellvertretender Vorsitzender in verschiedenen Firmen und Gesellschaften, wie z.B. der Volkswagen AG, der Preussag AG, des Gerling-Konzerns und der Dresdener[e] Bank AG".

Karl Haehser begann seine Karriere ab 1946 in der SPD. Unter anderem "Geschäftsführer der SPD eines Regierungsbezirkes, Landtagsabgeordneter und seit 1965 Abgeordneter des Bundestages (zunächst im Bereich Verkehrsfragen, später im Bereich Staatshaushalt- und Haushaltspolitik), so das MfS, wurde Haehser 1972 "stellvertretender Vorsitzender des Haushaltsausschusses des Bundestages". "Am 1.4.1974 sei er durch den damaligen Bundeskanzler SCHMIDT zum Staatssekretär im Bundesfinanzministerium berufen worden. Haehser war hier "zuständig für die industrielle Beteiligung des Bundes".[16]

Zur *VEBA AG*, die im Jahre 1929 als "'Vereinigte Elektrizitäts- und Bergwerks-Aktiengesellschaft' vom preußischen Staat gegründet" wurde, erwähnt das MfS die "Teilprivatisierung" 1965, die "Kapitalbeteiligung" der Bundesrepublik in Höhe von 44 Prozent und die Mehrheitsbeteiligung von "von etwa 650.000 Aktionären". Schwerpunkte des Konzerns lägen auf der Stromerzeugung sowie im Sektor Mineralöl. Weitere bedeutende Betätigungsbereiche seien "die Chemie sowie Handel und Verkehr". Mit etwa 80.000 Beschäftigten, und 50 Mrd. DM Umsatz, zähle "die VEBA zu den bedeutendsten Unternehmen der BRD und zu den größten europäischen Börsengesellschaften". Mit 17,3 Prozent sei der "Sektor Elektrizitätswirtschaft" 1984 "am Gesamtumsatz des Konzerns beteiligt" gewesen. Versorgt würden Gesellschaften wie "Preußen Elektra", "Nordwestdeutsche Kraftwerks AG und Kraftwerke Ruhr AG" sowie "12 Mio Einwohner und eine große Zahl industrieller Abnehmer". "Das Stromverteilungsnetz des Konzerns" sei "rund 100.000 km lang". "Für die Stromerzeugung" würden "sowohl Stein- als auch Braunkohle, Erdgas, Öl, Kernenergie, und Wasserkraft eingesetzt". Dieser Geschäftsbereich stehe unter Führung der "Preußische Elektrizität AG (Preußenelektra)". "Der Sektor Mineralöl" sei "mit 25,8% Umsatzanteil...zweitstärkster Bereich" des Konzerns. VEBA-Öl wäre "von der Rohölsuche und -produktion über die Verarbeitung bis zur Versorgung der Endverbraucher" zuständig. Die Untergesellschaft sei "insgesamt an 21 Gesellschaften beteiligt, darunter an 16 Gesellschaften über die Aktienmajorität". Der Sektor Chemie betrage 12,2 Prozent am Gesamtumsatz der Veba AG. Dieser Bereich werde getragen von der Chemische Werke Hüls AG, "die ein bedeutender Produzent von organischen Chemie - und Spezialprodukten" sei. Als "umsatzstärkster Sektor" wurde "der Bereich Handel und Verkehr mit 43,1% am Gesamtumsatz" angegeben. Diesem Bereich stehe die Stinnes AG vor. Nur 15 Prozent des Gesamtumsatzes würden "im Verkehrssektor erzielt". Dazu gehörten "ca. 300 Gesellschaften und Niederlassungen in aller Welt". Ein wachsendes Unternehmensfeld umfasste Unternehmen wie die VEBA-Gas AG mit wiederum "4 größeren Tochtergesellschaften" (Ruhrkohle AG und weitere 10 Gesellschaften).

VEBA AG

Die VEBA-Gruppe umfasse "ca. 400 konsolidierte Firmen", so das MfS. Von den 3,2 Milliarden DM Umsatz der VEBA AG mit der DDR im Jahre 1980 entfallen 2,3 Milliarden DM auf den DDR-Export. 1982 habe ein VEBA-Vertreter gegenüber einem IM der Diensteinheit XVIII erklärt:

> "man habe tendenziell Angriffe amerikanischer Konzerne gegen die VEBA erkannt. Es gebe Ambitionen, die VEBA-Öl AG den amerikanischen Giganten zuzuordnen und Versuche, die Firma ARAL (Tochtergesellschaft der VEBA-Öl AG) auf dem BRD-Markt preislich totzumachen, um sie schließlich einem amerikanischen Konzern anschließen zu können. Die VEBA-Öl wurde ursprünglich gegründet, um einerseits das ARAL-Tankstellen System vollständig zu versorgen und andererseits strategische Erdöl- und Kraftstoffreserven für die BRD zu erhalten. Da eine materielle bzw. finanzielle Unterstützung der VEBA-Öl durch die Bundesregierung nicht in ausreichendem Maße möglich war, wurde eine Konzeption zum Verkauf der Gesellschaft entwickelt, jedoch als strategische Entscheidung von der Bundesregierung abhängig gemacht. Kaufinteressen lagen bereits vor von der Firma Mobil OIL/USA. Zu dieser Entscheidung kam es jedoch nicht".

Zu Beginn der 80er Jahre vertrat der VEBA Konzern die Vorstellung, "das Abkommen zwischen der BRD und der DDR" sei "die stabilste Währung der Welt, da keinen Belastungen und Kurschwankungen unterworfen. Das Ziel der Bemühungen der VEBA AG", so das MfS, "sei eindeutig der Ausbau des Handels mit der DDR". "Preisprüfungsverfahren" lehnte der Konzern strikt ab. Kritisch bemerkt wurde auf Seiten des MfS, dass sich die VEBA AG, auf der

Leipziger Herbstmesse 1983, einerseits gegenüber "der Partei- und Regierungsdelegation der DDR" breit produziert habe, andererseits jedoch nicht bereit gewesen sei, über die darauf vor westlichen Journalisten stattfindende Pressekonferenz, der DDR ein Protokoll zu geben. Der DDR wurde gleichzeitig deutlich gemacht, dass diese

> "in den nächsten Jahren nicht der entscheidende Partner für die Chemiekonzerne der BRD werden könne, da sie zu schwerfällig in ihren Entscheidungen sei".

Dennoch werde sich VEBA "um den Ausbau der Beziehungen bemühen". Bemühungen der VEBA AG 1985 auf dem Düngemittelsektor und dem Bereich "Agrar-Alkohol" wurden beobachtet. "Nach Aussagen des Vorstandsmitgliedes der Stinnes AG vom BRUCK beabsichtigte die VEBA AG auch in der Zukunft weiter ein exponierter Faktor in der BRD auf dem Chemiesektor im DDR-Handel zu bleiben". Benutzt würden dazu alle "Möglichkeiten, die sich aus persönlichen Verbindungen von Vorstandsmitgliedern [der VEBA] zu Politikern der BRD" ergäben. Das gegenwärtige Absatzvolumen solle gesichert werden. Das MfS referierte:

> "Für die DDR gäbe es außerdem keine Alternative zur derzeitigen Wirtschaftspolitik. Die VEBA werde diese Situation nutzen für den Erhalt ihrer sicheren Bezugsquellen für Rohstoffe und Chemieprodukte zu Niedrigpreisen aus der DDR. Ausgangspunkt dafür sei, daß die DDR die von ihrer Regierung vorgegebene Konzeption zur höheren Veredelung von Rohstoffen kaum oder zumindest nicht in der notwendigen Zeit werde realisieren können".

Enge "kommerzielle Beziehungen", so das MfS, unterhielten die Gesellschaften des VEBA-Konzerns zum Außenhandelsbetrieb Chemie, zur Intrac Handelsgesellschaft, zur Vertretergesellschaft BERAC sowie zu einer Vielzahl von Kombinaten und Industriebetrieben auf dem Sektor Chemie der DDR".

Das 1808 gegründete "Handels- und Dienstleistungsunternehmen" Stinnes AG kam 1965 zur VEBA-Gruppe. Mit etwa "300 Unternehmen im In- und Ausland" war die Stinnes AG damals tätig, so Informationen des MfS. Die Stinnes AG entwickelte sich mehr und mehr zu "einem reinen Handels- und Verkehrsunternehmen" und damit zu dem größten Unternehmen der VEBA-Gruppe. Die Firma Frank & Schulte realisierte als Teil der Stinnes AG bereits einen Umsatz in Höhe von 1,2 Mrd. DM. Das genuine Interesse des Unternehmens am DDR-Handel unterstrich das "Vorstandsmitglied der Stinnes AG vom BRUCK gegenüber einem IM" dahin, "daß mit Auslaufen wichtiger Abkommen 1985 unbedingt eine Erneuerung angestrebt werden müsse. Das sei wichtig, da dadurch entscheidende Faktoren im innerdeutschen Handel berührt würden".

Stinnes habe, so ein Ergebnis der Hauptabteilung XVIII des MfS, "mit anderen aktiv im Handel mit der Intrac Handelsgesellschaft stehenden BRD-Firmen ein Kartell gegründet, in dem u.a. festgelegt wurde, daß keine weiteren Firmen in den Handel bei Heizöl mit der DDR einbezogen werden. Schlussfolgernd daraus" könne "angenommen werden, daß seit Bestehen dieses Kartells auch nach BRD-Gesetzen unerlaubte Preis- und Marktabsprachen durch die betreffenden Firmen erfolgt" seien.

Chemische Werke Hüls AG

Die *Chemischen Werke Hüls AG* gehörten bis 1978 zu gleichen Teilen zu Bayer-Leverkusen und VEBA. Mit der Übernahme durch VEBA sei "eine vollkommene Neuordnung der Struktur der CWH" erfolgt. Die Chemischen Werke Hüls hätten "die einheitliche Leitung des VEBA-Konzerns" übernommen. Die besonderen Verhältnisse zwischen den Chemischen Werken Hüls und der DDR umschrieb das MfS. Es wurde ausgeführt:

> "Während der Rohstoff- und Energiekrise Anfang der 70er Jahre stellten die CWH ihre Lieferungen, im Gegensatz zu anderen Firmen aus dem NSW, an die DDR ein. Inoffiziell wurden diese Maßnahmen damit begründet, *daß die DDR mit der diplomatischen Anerkennung Ausland geworden sei und somit nicht mehr in den 'Versorgungsplan Inland' eingestuft werden könne*" (Hervorh.v.m., B.S.).

1977 gingen die Umsätze mit der DDR zurück. Das MfS betonte, "Grund dafür" sei "die fehlende Bereitschaft bei CWH, ihre Bezüge aus der DDR zu erhöhen und sich langfristig zu binden". Doch sei "in den Folgejahren" immer mehr "Interesse[n] am Ausbau der Beziehungen zur DDR, vor allem auch auf der Basis von Direktkontakten zu Industriebetrieben, sowie zu Kooperationsbeziehungen mit der DDR (auch auf dritten Märkten) bekundet" worden. "In der Umstrukturierung der Wirtschaft der DDR (Kombinatbildung, Übertragung von Außenhandelsfunktionen an die Kombinate)" hätten die CWH "gewachsene Möglichkeiten" gesehen, "die Direktkontakte auszubauen". Das sei mit Hilfe der Firma BERAG (seit April 1982) eingetreten. Im Umfeld der Leipziger Herbstmesse 1984 wäre es wiederholt darum gegangen, Preiserhöhungen der "GRAF-Hüls-Chemie GmbH" abzuwehren.[15]

An anderer Stelle wurde erkennbar, dass ein Vertreter der Stinnes AG versuche, „Hinweise zur Finanzsituation des Außenhandelsbetriebes Chemie (1984)" zu erhalten. Das sei gegenüber einem IM der Hauptabteilung XVIII „mit der Begründung" geschehen, „die hohe Zahl an Sondergeschäften habe in der Finanzwelt starke Diskussionen ausgelöst". Es sei dem Stinnesmitarbeiter darum gegangen, „Hintergrundinformationen" zu erlangen, ob diese Geschäftsoperationen allein auf die Initiative des Generaldirektors oder auf Weisung von höherer Stelle zurückzuführen seien". Der Vorstand der Stinnes AG, Hermann vom Bruck, sei „Generalbevollmächtigter des VEBA-Konzerns für den Handel mit den S[ozialistischen]L[ändern]". Dieser wurde „als flexibel und aufgeschlossen gegenüber dem DDR-Partner eingeschätzt und" stelle „eine Schlüsselfigur für die Geschäfte mit der Intrac H[andels]G[esellschaft] dar". Dessen „Standpunkt" beinhalte,

> „Geschäfte zwischen der DDR und der BRD müssen gegenseitigen Nutzen bringen".

Der Leiter des Berliner Büros der Firma Brenntag AG N. habe immer wieder Informationsbedarf zu „ökonomischen Probleme[n] (Versorgung, des neuerbauten Düngemittelwerkes Rostock), aber auch auf Personen (SEIDEL-Bereich KOKO, SCHNEIDER-BERAF) etc." geäußert. N. sei „Mitglied des Vorstandes der Brenntag AG (seit 1979)". Dessen „Informationsinteressen" erstreckten sich

> „in erster Linie auf ökonomische Probleme (Absichten der chemischen Industrie der DDR, Möglichkeiten der Leistungssteigerung, Entwicklung der Exporte der DDR nach der BRD u.a. westeuropäische Staaten, Umsatzfragen der verschiedenen Chemie-Kombinate sowie personelle Fragen)".

Darüber hinaus ginge es N. offensichtlich um „Informationen zu Reaktionen der Bevölkerung der DDR auf bestimmte Maßnahmen der BRD (Entlassung des Bundeswehrgenerals KIESLING) sowie zu politischen Fragen". Dieses lasse sich „einerseits durch seine Stellung als Vorstandsmitglied offiziell begründen". Doch interessiere sich N. aber auch für „gesamtvolkswirtschaftliche Zusammenhänge", die von „nachrichtendienstlichem Interesse" seien. „Ebenso" sei „er an Einschätzungen zu Personen oder zu operativ bedeutsamen Sachverhalten im Zusammenhang mit bestimmten Personen interessiert". Das MfS führte weiter aus, N. habe „vermutet, dass die im kapitalistischen Ausland tätigen DDR-Bürger auch noch andere als ihre offiziellen Aufgaben zu lösen" hätten. Weiter habe N. im Mai 1985 „in New York Verhandlungen mit dem Handelsrat der DDR in den USA [geschw.]" geführt,

> „der extra zu diesen Verhandlungen von Washington nach New York anreiste. Der N. wurde während seines Aufenthaltes in New York von einem imperialistischen Geheimdienst kontaktiert. Interessant in diesem Zusammenhang ist auch, dass sich ebenfalls zu diesem Zeitpunkt der ehemalige leitende Mitarbeiter der Chemoplast/WB, [geschw.], in den USA aufhielt. [geschw.] hatte wenige Wochen vorher einen DDR-Bürger, den er wie den N. aus seiner früheren Tätigkeit kannte, dem BND zugeführt. Der N. hatte vor allem in der jüngeren Vergangenheit auch starke Informationsinteressen an dem [geschw.] erkennen lassen. Inwieweit er selbst eine Rolle bei der Kontaktierung des N. durch den imperialistischen Geheimdienst spielte, ist nicht bekannt".

Ein weiterer Vorstand der Stinnes und der Brenntag AG interessiere sich, so das MfS, für den Bereich KoKo „und auf solche Personen wie den Generaldirektor der PCK Schwedt". Dieser habe sich, „nach Aussagen des [geschw.] gegenüber einem IM unserer D[ienst]E[inheit]" dahin geäußert, „die Valutasituation der DDR" werde sich

> „weiter negativ entwickeln. Neue Investitionsaufwendungen (im Rahmen Umweltschutz z.B.) seien absehbar. *Daraus folgend seien kaum neue Sozialmaßnahmen* durchsetzbar und die Erhöhung des Lebensniveaus in den nächsten Jahren unwahrscheinlich" (Hervorh.v.m., B.S.).

Weiter wäre der Leiter der Stinnes Interoil, und „Generalmanager der Grünewald-Bunker GmbH, die mit der Stinnes Interoil fusioniert habe, „zu dem Kreis der NSW-Kontrahenten" gehörig, „die im Zusammenhang mit der OV ‚Kesin'" zur MfS Hauptabteilung XVIII „eine wesentliche Rolle spielten". Dieser sei

> „aufgrund seiner Tätigkeit...weitgehend in der Lage, Inhalt und Umfang von Operationen der Intrac HG mit Mineralölprodukten in ihrer Durchführung zu erkennen und zu bewerten".

Im Falle dieses „Generalmanager[s]" bestehe „der Verdacht der Verbindung zu einem imperialistischen Geheimdienst", so das MfS, „da er sowohl objektiv als auch subjektiv die entsprechenden Voraussetzungen für eine nachrichtendienstliche Tätigkeit" aufweise. „Aus der EB-Arbeit" sei „bekannt, dass die imperialistischen Geheimdienste die Geschäftsoperationen der Intrac HG als bedeutsamen Faktor zur Sicherung der Zahlungsbilanz der DDR erkannt" hätten.

Der leitende Manager nehme „in den Geschäften mit der Intrac seitens der Stinnes Interoil eine Schlüsselposition ein". Dieser besitze

> „objektiv und subjektiv die Voraussetzungen für eine Informationsbeschaffung. In diesem Zusammenhang konnte durch die Arbeit mit IMB herausgearbeitet werden, dass seitens der imperialistischen Geheimdienste in immer stärkerem Maße kommerziell Einreisende zur Informationsbeschaffung genutzt werden".

Dieser Leitende Angestellte habe „konspirative Kontakte zu der im OV ‚Kesin' bearbeiteten Person" unterhalten „und schöpfe diesen nachweislich ab. Die Verhaltensweisen des [geschw.] bei seinen Aufenthalten in der DDR bzw. bei der Betreuung von DDR-Reisekadern während ihrer Aufenthalte im NSW (sprich BRD)" entsprächen „der Instruktion und Auftragstellung imperialistischer Geheimdienste".[17]

Sowohl die zunehmend antiamerikanische Tendenz in den westdeutschen Industriezentralen, wie deren einerseits abflauende Tendenz einer Abgrenzung gegenüber dem Ostblock nach 1974, und andererseits zugunsten wirtschaftlicher Ambitionen im Osthandel, sind hier an Personen wie Unternehmen nach zu verfolgen.

---

1 BStU KDEIS, Außenstelle Erfurt 2260. MfS, Wirtschaftspolitische Informationsübersicht, Nr. 3/77 vom 29.8.1977, Bl. 539.

1a Birthler-Behörde, MfS, HM 7750/91, I, II, Bd.2. Beschluß des Politbüros über die Fahrzeugproduktion in der DDR, 20.11.1979, Bl. 205f. Otto, Mielke, S. 421f.: "[Sitzung des Politbüros am 29.April 1980] „Zum ersten Mal war er [Mielke] so direkt mit gegensätzlichen Standpunkten in der Gretchenfrage der weiteren Entwicklung konfrontiert; denn es musste entschieden werden, ob angesichts der ernsten langfristigen wirtschaftlichen Problemlage der bisherige Kurs der Einheit von Wirtschafts- und Sozialpolitik fortgesetzt werden soll und kann und wie?" Honecker unterbrach Stophs Kritik an Schürers Vortrag. Hager „stimmte für den bisherigen Weg". Honecker glaubte das Problem lösen zu können, „indem man mehr Konsumgüter herstellt". „Sindermann erinnerte u.a. an die bittere Realität, dass die DDR im Export für 1,- Mark nur 0,30 Pfennig Erlös erzielt und die Chemie noch für 400 Millionen Valuta-Mark aus dem nichtsozialistischen Ausland importieren" müsse. Mittag konterte gegen Schürer schroff, „dass die Staatliche Plankommission gegenwärtig nicht so viel Kraft besitzt, um alles alleine zu machen". Kurz, Honecker würgte eine Diskussion ab, verschob das leidige Thema in eine Kommission und drohte sein Eingreifen bei Nichtgelingen an.

2 Ebd., MfS-HM 7750/91, I,II Bd. 2, 9269. HA XVIII/7, "Rudolf", Bericht, 4.6.1981, Bl. 241-244.

3 Ebd., MfS-HA XVIII, 11809. HA XVIII/7/3, "Hinz": Bericht. Frankreich AIR-Industrie, Herr [geschw.], Treff: 16.7.1981, IMS: "Hinz", IMS: "Hase", 20.7.1981, Bl. 1-4.

4 Ebd., MfS-HA XVIII, Nr. 8279. Konzernkonzeption (handschr.), 19.11.1985, Bl. 44ff.

5 Ebd., Vorschlag zur Veränderung der Leitungslinien in der Arbeit gegenüber den Konzernen der Industrie in KIL und BRD/W[est]B[erlin]", Bl. 47f.

6 Ebd., MfS-HA XVIII, Nr. 8279. Konzeption zur Entwicklung der Geschäftsbeziehungen zu ausgewählten Industriekonzernen der BRD im Zeitraum von 1981-1985, VVS B 22- 544/80, Bl. 50-56. C.H. Hahn: Meine Jahre mit Volkswagen, München 2005 (zit. als: Hahn, Volkswagen), S. 229: „Trotz

aller Ablehnung des DDR-Regimes betrachteten wir es bei Volksagen als Realitätspolitik, mit Ostberlin Kontakte zu pflegen, zu hören, was sich tat, wie sich die Dinge entwickelten, wie die Zukunft einzuschätzen war. So kam es Ende der 70er Jahre unter meinem Vorgänger Schmücker zu einem damals als spektakulär betrachteten Tauschgeschäft, bei dem wir für die Lieferung von 10 000 Golf im Gegenzug Autoteile und Werkzeugmaschinen aus der DDR erhielten....Schon vor meiner Zeit als Vorstandsvorsitzender hatte Volkswagen Kompensationsgeschäfte mit ‚Erfurter Karosseriepressen' abgewickelt und bezog Karosseriewerkzeuge aus dem Erzgebirge".

[7] Ebd., Export an die ausgewählten Industriekonzerne der BRD, VVS B 22 - 544/80, Bl. 57.

[8] Ebd., Export an die ausgewählten Industriekonzerne der BRD, VVS B 22 - 544/80, Bl. 58.

[9] Ebd., MfS-HA XVIII, Nr. 8279. Maßnahmen zur Durchsetzung der Zielstellungen zur Zusammenarbeit mit den 12 ausgewählten Industriekonzernen der BRD im Zeitraum von 1981 -1985, VVS B 22 - 544/80, Bl. 59-85.

[10] Ebd., MfS-HA XVIII, Nr. 8279. Anordnung über die Arbeit mit kapitalistischen Konzernen, Berlin, den 8.5.1981, Bl. 38-43. Hahn, Volkswagen, S. 230: „Kurz nach meinem Dienstantritt 1982 erhielt ich von meinem Freund Leisler Kiep einen Anruf. Es gäbe eine Chance für uns in der DDR. Er möchte mich bei Gerhard Beil, dem damaligen Staatssekretär und späteren DDR-Außenhandelsminister, einführen. Ich sagte sofort zu, und wir fuhren Anfang Juni 1982 zusammen nach Ostberlin".

[11] Ebd., MfS-HA XVIII, Nr. 8279. Hauptabteilung XVIII/7, Vorschlag für die konzentrierte operative Arbeit an ausgewählten Konzernen/Firmen, 24.1.1986, Bl. 1ff.

[12] Ebd., MfS-HA XVIII, Nr. 8279. Hauptabteilung XVIII/7, Konzeption für die operative Arbeit an ausgewählten Konzernen/Firmen, 24.1.1986, Bl. 4ff.

[13] Ebd., MfS-HA XVIII, Nr. 8279. Auskunftsbericht zu den Konzernen/Firmen des OK "Gruppe", 1. Metallgesellschaft AG (MG), Bl. 7ff.

[14] Ebd., MfS-HA XVIII, Nr. 8279. Auskunftsbericht zu den Konzernen/Firmen des OK "Gruppe" [handschr.: "Konzernarbeit"]. 2. Lurgi-Gesellschaften (Lurgi), Bl. 10f.

[15] Ebd., Anlage 1-3, Vorliegende Hinweise zu Personen der Metallgesellschaft AG, Lurgi, Salzgitter Konzern, Bl. 22-27.

[16] Ebd., MfS-HA XVIII, Nr. 8279. HA XVIII/7, Vorschlag für die konzentrierte operative Arbeit an ausgewählten Konzernen/Firmen, 24.1.1986, Bl. 1-21.

[17] Ebd., Anlage 3, Vorliegende Hinweise zu Personen der VEBA-Gruppe, Bl. 32-35.

4. Kapitel: Kalamitäten

US-Embargopolitik und DDR-Import

Dass diese Informationen nicht nur auf legalem Wege gewonnen wurden, ist allseits bekannt. Das MfS entwickelte in der zweiten Hälfte der achtziger Jahre Strategien, um die Embargopolitik der USA zu unterlaufen. Im besonderen der "Industriebereich Elektrotechnik/Elektronik sowie spezifische[n] Erkenntnisse[n] aus der IMB-Arbeit" unterlagen im Osthandel westlicher Länder beschränkenden Richtlinien. Es war dem Staatssicherheitsdienst der DDR klar, dass die Reagan-Regierung "in wichtigen Teilbereichen der Hoch- und Schlüsseltechnologien" zur "Erlangung militärstrategischer Überlegenheit gegenüber dem sozialistischen Lager" auch die Verbündeten benutzte. Dazu bedienten sich die USA, so das MfS, im besonderen der Embargopolitik. Weiterhin werde - durch wirtschaftlichen Druck stimuliert - im besonderen auf solche Länder eingewirkt, die der Dritten Welt angehörten, sich Reagans Embargopolitik anzuschließen. Das MfS gestand ein:

> "Der Reagan-Administration ist es also - eingepaßt *in ihren auf Konfrontation ausgerichteten aggressiven politischen Kurs gegenüber den sozialistischen Ländern* - weitaus besser als ihren Vorgängern gelungen, die auf ein totales Handelsembargo für die sozialistischen Länder ausgerichteten Maßnahmen erfolgreich umzusetzen" (Hervorh.v.m., B.S.).

Im besonderen wurde bei der Neufassung des westdeutschen "Außenwirtschaftsgesetzes" vom Juli 1985 diesem Bereich detailliertes Interesse gewidmet. Dieses konzentrierte sich auf ein zentrales Exportverbot moderner Technik/Technologien in sozialistische Länder. Zollorgane und Geheimdienste wie FBI/CIA usw. betreuten die Durchführung. Über COCOM wurde die Umsetzung geregelt. Spätestens, so das MfS, könne "seit der COCOM-Tagung April 1983... davon ausgegangen werden, daß faktisch alle COCOM-Mitgliedsländer zumindest regierungsoffiziell *die von der Reagan-Administration* eingebrachten Forderungen" erfüllten (Hervorh., v.m., B.S.). Durch komplexe Maßnahmen würden die "Drehscheiben des illegalen Technologietransfers" - wie Österreich, Schweiz, Schweden – durch die Vereinigten Staaten trocken gelegt.

Dennoch, so sah das MfS, bestünden in der Bundesrepublik oppositionelle Meinungen, die von der Notwendigkeit der Embargomaßnahmen nicht überzeugt seien. So existierten, aus der Sicht des MfS, "einflußreiche, politische und wirtschaftlich starke Kräfte, die nicht oder nur zögernd bzw. unter Vorbehalt bereit" seien,

> "Beschränkungen ihrer traditionellen und stabilen Handelsbeziehungen in dem von den USA geforderten Umfang zu akzeptieren. Dabei wirkten solche lagebestimmenden Faktoren mit wie: die rasante technische Entwicklung in den Schlüsseltechnologien, die Existenz von Programmen in der DDR/RGW zur 'Elektronisierung' der Volkswirtschaft und Aufholung technischer Rückstände, der verschärfte Konkurrenzkampf USA/Japan/Westeuropa und Profitinteressen".

Im Falle der Bundesrepublik nahm die DDR an, diese werde, im Rahmen ihrer "politischen und wirtschaftlichen Zielstellungen", bezogen auf ihre Deutschlandpolitik, auch "stillschweigend" Embargoverstöße kapitalistischer Wirtschaftsunternehmen dulden.[1] Welche Bedeutung den Embargobereich auszeichnete, bestätigt die Beteiligung Schalcks. "300 der Vorhaben" unter dessen Leitung unterlagen "strengstem Embargo" von Seiten des Westens. Das MfS schloss: "Zur Sicherung der Importe werden 50 bis 60 Hauptlinien realisiert", so beträgt das Gesamtvolumen ca. 1 Milliarde VM. 400 Mio. VM des Gesamtaufwandes stehen unter direkter Kontrolle des Mitglieds des Politbüros des ZK der SED, Gen.Dr.Mittag".[2]

Bei der weitgehenden Modernisierung der operativen Kampfmittel des MfS folgte dieses dem Urteil:

> "Entsprechend des in der Beratung mit den Beauftragten aus Abteilungen XVIII der BV zur Sicherung strategischer NSW-Importe herausgearbeiteten Grundsätzen zur Gewährleistung von Einheitlichkeit in der Führung und Leitung operativer Prozesse (Protokoll von 10.9.1986) konnten die in diesem Rahmen handelnden operativen Kräfte gegen Angriffe imperialistischer Geheimdienste geschützt werden".[3]

Die besondere Aufmerksamkeit des MfS war auf die abgestimmten "Aktivitäten zur Aufklärung von Lieferlinien" gerichtet. Durch das Zeugnis eines AIM war klargeworden, dass "das Vorgehen des BND und der CIA zur Abklärung von Lieferlinien sowie" über "die Einbindung des Verfassungsschutzes sowie der Bundeskriminalämter der BRD" in dieses Vorgehen, bestätigt seien.[4]

Einen „cornerstone" der Ost-West-Beziehungen während dieser Spätphase der Beziehungen bildeten die Versuche der DDR, über verwunschene Pfade sich in den Besitz von westlichem „know how" zu setzen. Das reichte über den elektronischen Bereich hinaus in sämtliche Industriesektoren und Branchen. So bildete die Wirtschaftsspionage eines der wesentlichen innovativen Ele-

mente der VEB-Betriebe im deutschen Osten. Nicht vorhandene Forschungs-
und Entwicklungskompetenzen konnten im Westen angezapft und kostenfrei
den DDR-Betrieben zur Verfügung gestellt werden. Wieweit dieses Verfahren
zum Erfolg führte, bleibt zu erläutern.

---

1 Birthler-Behörde, MfS HA-XVIII, 3201. HA XVIII/8, Zu aktuellen Erscheinungen und Tendenzen der
gegnerischen Embargopolitik im Bereich Mikroelektronik, 11.5.1987, Bl. 631-36.
2 Ebd., MfS HA-XVIII, 3201. HA XVIII/8, Information zum Arbeitsstand im Sicherungsschwerpunkt
"Präzision", 25.5.1987, Bl. 28.
3 Ebd., MfS HA-XVIII, 3201. HA XVIII/8, Vorlage zur Berichterstattung. Thema: Stand der
Realisierung der operativen Planaufgaben und Schlußfolgerungen für die weitere Qualifizierung der operativen Grundprozesse, 1.6.1987, Bl. 7.
4 Ebd.

Kritik der DDR-Wirtschaftspolitik

Im Jahre 1972 erhielten Öllieferungen der UdSSR in die DDR außenpoli-
tische Bedeutung. Die „antiimperialistische Politik der Regierung der Republik
Irak" sollte dadurch unterstützt werden, dass die DDR

> "im zweiten Halbjahr 1972 390.000 t Erdöl aus der Republik Irak als sowje-
> tischen Reexport anstelle der bisher vorgesehenen 390.000 t Lieferung sowje-
> tischen Erdöls aus dem Schwarzmeerraum"

übernähme. „Weitere 150.000 t irakisches Erdöl" könnten, „anstelle bisher
vorgesehener sowjetischer Lieferungen über die Erdölleitung ‚Freundschaft',
über den Hafen Rostock durchgeführt werden". Weiter sei die DDR bereit,

> „im Jahre 1973 die aus dem Schwarzmeerraum bisher vorgesehenen 900.000 t
> Erdöl als Reexport der UdSSR aus dem arabischen Raum, insbesondere aus
> dem Irak im Mittelmeerraum zu übernehmen".

Entsprechend der „Umschlagmöglichkeiten im Rostocker Hafen" sei es darüber hinaus möglich, im Jahre 1973 sowjetische Reexporte von arabischem
Erdöl bis zu einer Höhe von 1,5 Mio t aufzunehmen, anstelle der bisher vorgesehenen Lieferungen über die Erdölleitung". Die DDR-Führung verfolgte das
Ziel, eine „Reduzierung der Lieferung über die Erdölleitung ‚Freundschaft'" weitestgehend zu vermeiden und die UdSSR dazu zu bestimmen,

> „den Erdölimport der DDR über Verrechnung im Clearing DDR/UdSSR um ca.
> 500.000 t zu erhöhen".

Weiter sollte, so die DDR-Seite, „im Reexport"-Geschäft mit der UdSSR erreicht werden, dass diese „einen Anteil algerisches Erdöl an die DDR" liefere, „um durch Mischung von irakischem und algerischem Erdöl die Qualitätsprobleme in der DDR besser lösen zu können". „Sofort" solle die UdSSR „eine Probelieferung von irakischem Erdöl aus dem Kirkukgebiet zum Studium der Verarbeitungsbedingungen an die DDR" liefern. Weiter sei vorzuschlagen, die UdSSR werde „die bereits 1972 festgelegten Lieferungen von 500.000 t irakischem Erdöl aus dem Gebiet Rumailia-Nord über den Persischen Golf ab 1973 durch Lieferungen aus dem Gebiet Kirkuk über einen Mittelmeerhafen" ersetzen. Gleichzeitig sei die Bitte in Moskau auszusprechen, „durch ihre Tankerflotte Unterstützung für den Abtransport zu gewähren".[1]

Anfang Mai 1986 wurden Akten zur "Zahlungsbilanz mit dem NSW" vorgelegt. "Zur Struktur der NSW-Importe" war hier mitgeteilt, der Anteil der Importe am Staatshaushalt habe 1980 11,7 Milliarden Verrechnungsmark[VM] betragen. Im Jahr 1986 wurden 13,2 Milliarden erwartet. Des MfS hielt fest, "auf dem VIII.Parteitag" sei die "Hauptaufgabe", die "*entsprechend der Gesellschaftspolitik* formuliert" worden sei, beschlossen worden, obwohl "keine Analysen der bis dahin erfolgten volkswirtschaftlichen Entwicklung zugrunde gelegt" wurden (Hervorh.v.m., B.S.). Einen wesentlichen Vorwurf bildeten die volkswirtschaftlichen Disproportionen,

> "wie z. B. der Einsatz von Investitionen einzig und *allein mit dem Ziel, auf schnellstem Weg höchste Wachstumsraten der Arbeitsproduktivität um jeden Preis zu erzielen*" (Hervorh. v.m., B.S.).

Das MfS kritisierte rückhaltlos das Fehlen einer "für die Realisierung der beschlossenen Hauptaufgabe" unabdingbaren "langfristige[n], materiell untersetzte[n] Strategie". Auch hier habe "der schnelle Erfolg" das übergeordnete Ziel dargestellt. Auch der IX.Parteitag wäre "nicht realisierbare[n] Zielstellungen" gefolgt. "Wunschträume" seien "als Realität" ausgegeben worden. Das habe unter anderem "zur Realisierung sozialpolitischer Maßnahmen" geführt, "die *nicht durch eigene volkswirtschaftliche Leistungen erwirtschaftet*" worden seien (Hervorh.v.m., B.S.).

Das MfS stieß zu einer grundlegenden Kritik der politisch-ökonomischen Führung des Staates vor. Es wurde ausgeführt:

> "*Der Grundgedanke des schnellen und nach Möglichkeit täglichen Erfolgs* führte in der Investitionspolitik zu subjektivistischen Industriezweigorientierten Entscheidungen, die den objektiven Bilanz- und Verflechtungsbeziehun-

gen nicht Rechnung trugen, nicht ausreichend ausgewogen und gründlich mit allen Konsequenzen durchdacht waren, denen keine perspektivischen Effektivitätsberechnungen zugrunde lagen und die in der Konsequenz zu weiteren Disproportionen im gesamtvolkswirtschaftlichen Reproduktionsprozeß führten" (Hervorh.v.m., B.S.).

Bedenken "verantwortungsbewußter, sachkundiger" Spezialisten seien nicht gehört und stattdessen sei "autoritär" zu "Vorhaben" entschieden worden "wie Chemiefaserprogramm, Robotertechnik, CAD-CAM, Mikroelektronik, PKW-Programm, Gießereien, Wohnungsbauprogramm u.v.a.". Das MfS schwang sich zu weitausgreifender Kritik an der ökonomischen Staatsführung auf, das heißt an Günther Mittag. Es wurde nachgerade kaustisch angemerkt:

> "*Grundfragen der Effektivität, der Proportionalität der Volkswirtschaft miß-achtend, wurde die eigene Leistungsfähigkeit überschätzend eine Autarkie un-serer Wirtschaft angestrebt* und die internationale Arbeitsteilung, insbesondere die Zusammenarbeit mit der UdSSR und anderen Ländern des RGW in gröblichster Weise unterschätzt.
>
> Der praktizierte *Voluntarismus* war Ursache dafür, daß der *Volkswirt-schaftsplan Jahr für Jahr zunehmend weniger durchgängig bilanziert* war, durch operative Entscheidungen zusätzliche Belastungen organisiert wurden und die volkswirtschaftlichen Disproportionen eskalierten.
>
> Mit der Einführung eines faktisch 2. *Außenhandels*, den sich G.Mittag direkt unterstellte, der keiner Kontrolle unterlag und der neben den volkswirtschaftlichen Bilanzen des Ministerrats erfolgte sowie mit der Übertragung der Verfügungsgewalt über Mittel an eine Person, wurde die Planmäßigkeit der Arbeit immer mehr durch Operativität und Hektik ersetzt, aber auch in staatliche Bilanzen eingegriffen. So erfolgten Fondskürzungen ohne Prüfung und Berücksichtigung der objektiven Möglichkeiten der Volkswirtschaft und der sich aus den jeweiligen Kürzungen ergebenden volkswirtschaftlichen Belastungen in ihrer Komplexität und ihrem tatsächlichen Umfang.
>
> Grundlage der Arbeit in den Jahren 1980 waren im wesentlichen nicht mehr der Plan, sondern fällige NSW-Verbindlichkeiten und das Ausfüllen von Lücken aus den daraus entstehenden Entscheidungs- und Handwerkszwängen.
>
> Mit zuletzt ständig neu getroffenen Einzelentscheidungen wurden ökonomische Kennziffern und die diesen zugrundegelegten Ausgangsgrößen verändert.
>
> Die zur Verfügung stehende Akkumulationskraft reichte im Ergebnis des überproportionalen Wachstums der gesellschaftlichen Konsumtion nicht aus, die materiell-technische Basis der Volkswirtschaft umfassend und rasch genug ent-

sprechend den objektiven Erfordernissen zu modernisieren, was zu einem außerordentlichen hohen *Verschleiß der produktiven Grundfonds* führte.

Im Ergebnis der groben Verletzung der ökonomischen Gesetze wurde die Struktur[-] und Verschuldungspolitik nicht mehr beherrscht"[2] (Hervorh.v.m., B.S.).

Anfang Dezember 1987 gelang es dem MfS, eine interessante Stimme aus der Führungsetage des Burda-Verlages zu erschließen. Offensichtlich wurde durch einen dort eingeschleusten IM berichtet, Herr von Brauchitsch – der frühere Flick-Manager - sei "bestrebt mit größeren Anstrengungen eine bedeutende Position in der Wirtschaft der BRD zu finden und baldmöglichst einzunehmen". Es sei ihm "jedoch klar, daß nach dem Börsenkrach seine Bestrebungen erschwert" seien," da die Auswirkungen des Dollarverfalls die Wirtschaft der BRD erheblich" träfen. Das MfS hielt die Aussage des Managers fest:

"Vertreter namhafter Konzerne der BRD - wie der Automobilkonzern Daimler-Benz - zeigen große Angst vor weiteren Auswirkungen der Dollar Krise. Die Befürchtung besteht darin, daß durch die schwindende Kaufkraft die Konzerne in ihrer Leistungsfähigkeit ökonomisch stark gemindert werden, teilweise sogar Bankrott anmelden müssen".

Ferner habe der Wirtschaftsmann ausgeführt,

"die BRD sei ein Territorium der Unternehmer. Die weitere Stärkung der Herrschaft der Banken nehme zu. Die Polarisierung der Kräfte in der BRD werde nach dem Börsenkrach noch deutlicher als bisher".

Von Brauchitsch erwarte, "die Zahl der Arbeitslosen in der BRD" werde "im Herbst 1988 auf 3,5 bis 3,7 Millionen angestiegen sein". Auch vertrete der Manager die in den westdeutschen Industriekonzernen verbreitete These, die DDR solle sich "keine[n] Illusionen" hingeben, "die Dollar Krise werde vor dem sozialistischen Ländern halt machen". Dem MfS zufolge signalisierte der Spitzenmanager die Ambition,

"die DDR solle ihren Markt für Waren - in erster Linie Fahrzeuge - der BRD öffnen, um gleichzeitig in der DDR bestehende Versorgungsengpässe abzubauen".

Unter Hinweis auf den bereits 1983/84 gewährten ersten Kredit, vertrat von Brauchitsch die Haltung, dazu solle "die DDR einen weiteren Kredit aufnehmen. Nach Meinung des Herrn von Brauchitsch" seien "andere sozialistische Länder weit stärker als die DDR verschuldet". Im übrigen ginge es "der BRD nicht um eine Politik der 'Abschreckung' gegenüber der DDR, sondern langfristig um die Durchsetzung der *Politik [des] 'den Sozialismus unter Bedrohung halten[s]'*"[3] (Hervorh.v.m., B.S.).

In diese Richtung zielten Mitteilungen der Hauptabteilung II des MfS um die Mitte des Monats März, die "Streng geheim" kolportierten, aus "zuverlässiger informeller" Quelle seien "Aktivitäten führender Wirtschaftsvertreter der Daimler-Benz-AG zur Erkundung geeigneter Wege, um mit der DDR in aktivere Wirtschaftsbeziehungen zu treten", im Gange. "Im Vorfeld solcher Verhandlungen" beabsichtige "der Konzern über verschiedene Vertreter, so u.a. über den Bürger Reuter[4] ...die Interessenlage entsprechender DDR-Außenhandelsunternehmen zu ergründen". Angeblich beabsichtige

"Daimler-Benz auf dem Automarkt der DDR zu gelangen. Um eigene Interessen durchzusetzen, will der Konzern der DDR einen Kredit in Höhe von 1-2 Mrd. DM anbieten".[5]

Das Scheitern der Wirtschaftskonzeption Honecker/Mittag, typisiert durch die Verstaatlichung mittelständischer Betriebe, die seit 1971 zum Verlust von Milliarden Mark Auslandsexport der DDR-Wirtschaft geführt hatte, war offenkundig. Auch das Scheitern des Ulbrichtschen Ansatzes einer autarken DDR-Volkswirtschaft, wie dieser mit und nach dem Mauerbau 1961 auf den Schild gehoben worden war, wurde Spezialisten in der DDR im Verlauf der 80iger Jahre bewusst. Zu einem Zeitpunkt, als nur noch der Weg über die ökonomische Abhängigkeit von der BRD Rettung versprach.

---

[1] BA-Coswig, Chemische Industrie C-20, I/4-2675. VVS B 2 – 176/72, Beschluß des Ministerrates zu: Konzeption zum Vorschlag der UdSSR über die Erdöllieferungen 1972/73 an die DDR und zur Unterstützung der antiimperialistischen Politik der Regierung der Republik Irak, Bl. 184f.; DDR, Büro des Ministerrates, Kleinert, Vertrauliche Verschlusssache B 2 – 178/72, Beschluß des Ministerrates 02-24/13/72 vom 21.6.1972, Bl. 184.

[2] Birthler-Behörde, MfS-HA XVIII, Nr. 3331. Anlage zu Fakten zur Zahlungsbilanz mit dem NSW, 6.5.1986, Bl. 2-5.

[3] Ebd., ZAIG, MfS 6372. HA XX, Information 778/87, Äußerungen des BRD-Industriellen Manfred von Brauchitsch, 4. Dezember 1987, Bl. 2f.

[4] Sohn des früheren Berliner Bürgermeisters und Vorstand der Daimler Benz AG.

[5] Ebd., MfS-BKK, 1056. HA II, Streng geheim, Information, 11.3.1987, Bl. 2.

5. Kapitel: Konzentration auf die Volkswagen AG

Unternehmenspolitisches Konzept

Vor dem Hintergrund der Energieproblematik Mitte der 70iger Jahre fanden Programme zu "Energieforschung und Energietechnologie" der westdeutschen Regierung (1977 bis 1980) das besondere Interesse der SED-Führung. Es ginge dabei in Westdeutschland um die Fortschreibung des 4.Atomprogramms, so das MfS, das 1976 ausgelaufen war und welches das "Rahmenprogramm Energieforschung" 1974 bis 1977 begleitet hatte. Erstmals seien "nukleare und nicht nukleare Energieforschung im Zusammenhang dargestellt" worden und werde nun "die Aufstellung spezieller Atomprogramme beendet".[1]

Der Außenbeauftragte des Politbüros, Staatssekretär im Ministerium für Außenhandel, Dr.Schalck, habe dem Generaldirektor des AHB Transportmaschinen und dem Betriebsdirektor Importhandel mitgeteilt, beide hätten, in enger Zusammenarbeit mit dem AHB Transinter, Verhandlungen über die Einfuhr von PKW zu führen. Es sollten "1000 Stück PKW 'Volvo', neuestes Modell, importiert werden". Dies habe "kurzfristig zu geschehen d.h. noch im September 1977". Diese Fahrzeuge sollten „an hervorragende Persönlichkeiten der DDR gegen Mark" verteilt werden. Die Information des Ministeriums für Staatssicherheit bestätigte einige Zeit darauf, Schalck habe sich zusätzlich in weiteren Richtungen um Fahrzeuge für die DDR-Führungselite bemüht. Es wurde berichtet:

> "Des weiteren fanden erste Meinungsaustausche o.g. Vertreter beim Staatssekretär für Außenhandel, Genossen Dr. S c h a l c k statt, die *das Spitzengespräch mit dem VW-Konzern* vorbereiten halfen. Das erste Spitzengespräch unter der Leitung des Genossen Dr. S c h a l c k findet am Donnerstag dieser Woche statt. Gegenstand der Verhandlungen wird der Import von 10.000 PKW VW 'Golf' sein" (Hervorh.v.m., B.S.).

Wie weit die Verhandlungen mit dem Volkswagen-Konzern bereits gediehen waren, konnte das MfS nicht erkunden. Allerdings sollte dieses Geschäft, das bis "spätestens Dezember 1977" gegen "Mark der DDR" abgewickelt werden sollte, getragen werden von der

> "Tatsache, daß *vom VW-Konzern äußerst günstige kommerzielle Bedingungen* eingeräumt werden sollen und Möglichkeit[en] der *Steigerung unserer Exporte* gegeben sein"

würden[2] (Hervorh.v.m., B.S.). Die Automobilindustrie in der Bundesrepublik entwickelte sich im Verlauf des Jahres 1977 positiv. Die Produktion nahm um 236.000 Einheiten, oder 6.1 Prozent, zu. Außer der PKW-Produktion gingen allerdings die übrigen Bereiche zurück. Zum Volkswagenwerk notierte das MfS:

> "Der führende Konzern auf dem Gebiet der PKW-Produktion war auch 1977 die Volkswagenwerk AG, Wolfsburg, obwohl der Marktanteil des Konzerns in der BRD im Jahre 1977 auf 29,8% (Vorjahr: 31,1%) zurückging".

Auf diese Weise führte die Staatssicherheit den Volkswagen-Konzern ein in die Diskussion der DDR-Führungszirkel zu möglichen günstigen Vertragspartnern. Es erscheint in diesem Zusammenhang bedeutsam, dass registriert wurde, "die größte Produktionssteigerung bei PKW" habe „die Audi NSU Autounion AG, Neckarsulm" erzielt.[3] Im folgenden Jahre erhöhte sich die PKW-Produktion in der Bundesrepublik lediglich um 2%. Wiederum lag hier der Zuwachs. Im Prinzip hatte sich das Bild des Vorjahres erneut generiert. Während sich VW um 10% verbesserte, gewann die Adam Opel AG lediglich 3,3 Prozent und stagnierte das Ergebnis der Ford Werke AG. Daimler-Benz verschlechterte sich um 2%, während BMW mit 9,5% den zweithöchsten Zuwachs aufwies. Dagegen fiel die Audi NSU Auto Union GmbH mit einem Verlust von 14,1% zurück. Soweit die Erkenntnisse des MfS aus dem August 1979.[4]

Auswertungen von Gesprächen, die während der Leipziger Herbst-Messe des Jahres 1980 geführt wurden, ergaben, so ermittelte das MfS, seitens des Babcock-Konzerns bestünde "großes Interesse für den Absatz von Kraftwerksanlagen in der DDR". Weiter hoffe der "Ford-Automobilkonzern" auf "große Möglichkeiten für Geschäftsabschlüsse". Die Firma habe geäußert, die DDR verstehe "es noch nicht, sich Marktanteile zu erobern, zu dominieren und Märkte auszuschöpfen". Das MfS berichtete der DDR-Führungsspitze weiter:

> "Vertreter des VW-Konzerns brachten zum Ausdruck, daß sie aufgrund ihres hohen Bedarfs an Werkzeugtechnik in der Lage wären, *fast das ganze in Frage kommende Exportvolumen an DDR-Werkzeugmaschinen aufzunehmen*. Eine derartige Vereinbarung, die zu einer lukrativen Monopolstellung auf dem Markt führen könnte, sei allerdings nur möglich, wenn sich die DDR bereit erkläre, Autos von VW zu kaufen"[5] (Hervorh.v.m., B.S.).

Hiermit klang ein strategisches Ziel des Volkswagen Konzerns hinsichtlich des Ostgeschäfts mit der DDR an, das sich in folgender Zeit entwickeln sollte.

Zug um Zug rückte Wolfsburg in das Zentrum der Ostberliner Überlegungen. Auf Vermittlung von Leisler Kiep kam der VW-Vorstand Hahn mit dem Staatssekretär im DDR-Außenhandelsministerium, Beil, in Kontakt. Anfang Juni 1982 fuhren Kiep und Hahn nach Ostberlin und dort entwickelte der VW-Vorstandsvorsitzende den mit Kiep erarbeiteten Vorschlag, dass Volkswagen

> „der DDR die Lizenz für [den] unseren kleinsten Motor, den ‚111' (einen Vierzylindermotor mit 1100 bis 1300 Kubikzentimetern) verkaufen könnte, nebst Fertigungseinrichtung und Know-how Übertragung".

Hahn erinnerte daran, Volkswagen verfüge im „Werk Hannover [über] eine überzählige Transferstraße für Kurbelgehäuse dieses Motors". Weiter sollten geplante Umstrukturierungen die Motorenproduktion im Werk Salzgitter konzentrieren. Die DDR mochte auf diesem Wege die „Kraftstoffimporte aus der Sowjetunion" reduzieren. Weiter würde, so Hahn, der „40-PS-VW-Motor...eine spürbare Verbesserung der Motorisierung und generell eine Entlastung der Umwelt bewirken".[6]

Hinsichtlich der Entwicklung der Daimler-Benz AG stellte das MfS fest, die weitere Expansion des Konzerns stütze sich weitgehend auf Auslandaktivitäten. Im Jahre 1978 habe deren Auslandproduktion bei LKW erstmals einen Anteil von 28 Prozent erreicht. Im besonderen solle die Expansion des Stuttgarter Konzerns im westlichen Ausland über vorhandene Beteiligungsgesellschaften erfolgen: S.A.Heuliez, Carosseria Automobile, Cerizoy/Frankreich (Rationalisierung des Unimog, vorrangig für die französische Armee, sowie Kooperationsüberlegungen auf dem Stadtbussektor); Überlegungen zum Aufbau eines weiteren Werkes von Daimler-Benz in Frankreich; United Car & Diesel Distributers, Südafrika (Verhandlungen mit dem Fiat-Konzern in Italien über Montage des PKW Ritmo in Südafrika). Neben Mexiko, Brasilien und Argentinien fiel bereits 1980 die Expansion in China ins Auge. Es wurden Verhandlungen über einen Joint-Venture-Vertrag zu dem Projekt eines Werkes für Lastkraftwagen geführt. Das MfS schrieb, es handele es sich um "4 Teilwerke mit jeweils 50.000 Einheiten pro Jahr". Dies solle das größte LKW-Werk der Volksrepublik China werden. Ferner bestünden seitens Daimler-Benz Bestrebungen zur Erweiterung der Kooperation mit Indien, Indonesien und Venezuela, sowie zu Projekt- und Liefergesprächen mit der VR Polen, der Sowjetunion und der DDR.[7]

Wie begrenzt sich jedoch die Möglichkeiten einer Kooperation mit Ostblockstaaten gestalteten, führte der Verlauf einer Angebotsleistung durch die ungarische Firma Hafe vor Augen. Diese benötigte über ein Jahr, um ein "nicht komplettes Angebot zu erarbeiten". Die Abt. XVIII des MfS Karl-Marx-Stadt schrieb:

"Vergleichbare NSW-Partner benötigten dazu ca. 2 Monate".

Daraufhin seien hinsichtlich der "'Farbgebungsanlagen Zwickau, Eisenach, Barkas'", Anträge an das MALF ergangen, "die Untersuchungen auf NSW-Märkte zu erweitern". Bis Juni des Jahres 1985 erfolgten keinerlei Reaktionen des Ministeriums. Es zeichneten sich allerdings bereits "Terminverschiebungen und Realisierungsprobleme ab (Verschlechterung der Ökonomie)". Im einzelnen wurde ausgeführt:

	Stand Jan. 85	Stand 7.5.85
„Farbgebung AWZ	[statt] 12/87	88
Farbgebung AWZ	[statt] 12/87	offen (aber nicht vor 90)
Farbgebung Barkas	[statt] 12/87	88
Karohbau AWE	[statt] 12/87	offen (aber nicht vor 90)
Endmontage AWZ	[statt] 12/87	88".

Entscheidend war in diesem Zusammenhang die Einsicht, es könne "aus dem Zeitfaktor resultierend unter Umständen billiger sein, im NSW zu kaufen, als im SW mit langen Verlußtzeiten".[8]

Mit dem westdeutschen Vergaserhersteller Pierburg (Herrn Goebel) wurden 1985 eingehende Vertragsverhandlungen hinsichtlich einer Lizenzfertigung von Gemischaufbereitern für den 1,3 Liter VW-Motor geführt. Pierburg stellte sich als der gegebene Partner dar, da das Unternehmen "jahrelang mit dem 1,3 l Motor von VW' arbeitete "und in der kurzfristigen Anpassung an den bei uns [der DDR] gefertigten Motor seine Stärke gegenüber" dem italienischen Konkurrenten Weber betonen konnte.[9]

Ende Juli 1986 beschäftigte sich Robotron mit einer möglichen Geschäftsverbindung zur VW AG. Es ging um die "Durchführung von Softwareleistungen für die VW AG/BRD". Es sei im Rahmen einer "Geschäftsanbahnung" "im Juli" zu "Verhandlungen mit VW" gekommen. VW strebe "mit dem Projekt FEB ES (Materialfluß- und -kontrollen), das ca. 50 Einzelprojekte" umfasse, "seit 1979" laufe "und 1989 abgeschlossen sein" werde, "einen außerordentlich hohen Integrationsgrad von EDV und Logistik in betriebliche[n] Prozesse[n] an", schrieb RAH-VNB in einer Mitteilung für RAH-L, LC, VN etc. Ein Vertragsabschluss wurde für "10/86", mit Wirkung im Jahre 1987, in Aussicht genommen.[10]

Anfang Februar 1986 kam ein Bericht auf diese Verhandlungen zurück, die zwischen den AHB IAI und Transinter geführt wurden und hier zusammengefasst auftraten.[11]

Während des "Internationalen Automobilsalons" in Frankfurt, im Herbst 1987, waren Vertreter verschiedener PKW- und anderer Kombinate präsent. Gespräche mit verschiedenen westdeutschen und ausländischen Firmen kamen zustande. So zum Beispiel mit "Ford-Köln", Renault, Citroen und VW". Während sich in dem Gespräch mit Ford zeigte, dass der saarländische Ministerpräsident Lafontaine, die Firma "gebremst" habe, sei dennoch das "jetzige Geschäft angebahnt" worden und liege es nun an der Firma, "die Geschäftsbeziehungen zu pflegen und auszubauen". Der Eindruck, Ford beabsichtige nicht, dessen Verkäufe in der DDR zu aktivieren, blieb gleichwohl beherrschend, "da die DDR gute Beziehungen zu VW" besitze. Fiat beharrte dennoch auf dem Kontakt mit den DDR-Vertretern und "äußerte weiterhin Interesse an der Zusammenarbeit...bei der Entwicklung des Automobilbaues". Renault seinerseits bot eine attraktive Lösung des DDR-PKW-Problems. Renault-Fahrzeuge könnten überholt - und als "Gebrauchtwagen technisch und optisch" günstig "mit Garantie" - verkauft werden. "Für einen überholten Renault 7" würde die DDR "7000 V[errechnungs]M[ark]" einstellen können. Der "Neupreis" werde "20 T[ausend]V[errechnungs]M[ark]." betragen. "Renault würde für die Typen R 5 und R 7 diese Werksüberholung durchführen". Die DDR-Vertreter argumentierten im Innenverhältnis, dies sei „ein Angebot, über das es sich nachzudenken" lohne.

Doch es begann sich das Interesse in Ostberlin um das Gespräch mit Volkswagen zu zentrieren. Die Akten des MfS enthalten den Hinweis:

> "In dem geführten Gespräch betonte der Münzner nochmals, *daß VW an mehreren Veranstaltungen mit dem Generalsekretär während des BRD-Besuches teilgenommen hat und er auf Vermittlung des Genossen Mittag Gelegenheit hatte, mit dem Generalsekretär ein kurzes Gespräch zu führen. Mit dem Inhalt von allgemeiner Art zum Motorenprojekt.* Anschließend hat M[ünzner]. dann mit dem Gen[ossen]. Mittag und Gen[ossen]. Beil das Gespräch fortgesetzt. Dazu stellte er fest, daß zu Beginn des Motoren Projekts jeder von 'wir' sprach, aber seine Seite damit meinte; jetzt ist das 'wir' als gemeinsamer Ausdruck bei der Projektrealisierung zu verstehen" (Hervorh.v.m., B.S.).

Als weiterer Gegenstand führte Volkswagen ein weniger brisantes Thema ein, nämlich ein Transporterprojekt, ein Joint-Venture, mit Toyota. Münzner erklärte,

„daß VW mit den Japanern (Toyota) ein gemeinsames Unternehmen zur Fertigung eines Transporters in der BRD gebildet hat. VW will damit in japanische Technologien eindringen, um sie bei sich einzusetzen. Er zeigte dem DDR-Verhandlungskollektiv eine Übersetzung aus einer amerikanischen Fachzeitung zur Hochtechnologie. Falls die DDR-Seite Interesse daran hat, wäre der VW-Vorstand bereit, davon Kopien anzufertigen. Da Genosse [geschwärzt] Interesse zeigte, hat Münzner Kopien der Übersetzung übergeben".

Der gesamte Kontakt mit Volkswagen unterlag der Federführung des MfS. Hauptmann Roszinski bearbeitete die Antwortschreiben, zum Beispiel zum Motoren-Projekt mit VW und zur weiteren Kooperation in der geplanten gemeinsamen Werbung. Dass sich Vertreter von Volkswagen und DDR, in enger Abstimmung, vor Verhandlungen die Bälle zuspielten, wurde vom MfS gleichwohl festgestellt.[12]

Es begegneten sich – wenngleich auf Ebenen von unterschiedlicher Intensität und Zielrichtung – Bestrebungen der DDR und westdeutscher Konzerne in der Absicht, den jeweiligen Export in West- oder Ostgeschäften zu verstärken. Bestand doch seit den Ölpreiskrisen der 74iger und 79iger Jahre das dringende Bedürfnis, Produktion, Umsätze und Erlöse beiderseits zu substituieren. So bewirkte, über ideologische Grenzen und Machtblöcke hinweg, die ökonomische Zwangslage ein gegenseitiges aufeinander Zugehen. Dies betraf insbesondere die Unternehmensstrategie des Volkswagen-Konzerns.

---

1 Birthler-Behörde. MfS (Streng geheim), Wirtschaftspolitische Informationsübersicht, Nr. 2/77, 3.6.1977, Bl. 555.

2 Ebd., MfS-HA XVIII, Nr. 8836. Hauptabteilung XVIII/7, Information, 27.9.1977, Bl. 1f. Vgl. Hahn, Volkswagen, S. 229f.

3 Ebd., MfS-HA XVIII, Nr. 9269. Ministerium für Staatssicherheit, Wirtschaftspolitische Informationsübersicht, Nr. 6/78, 20.6.1978, Bl. 350. Diese Informationen gingen an die Vertreter der DDR-Führung.

4 Ebd., MfS-HA XVIII, Nr. 9296. Ministerium für Staatssicherheit, Wirtschaftspolitische Informationsübersicht, Nr. 7/79, 10.8.1979, Bl. 129.

5 Ebd., MfS-HA XVIII, Nr. 9296. Ministerium für Staatssicherheit, Wirtschaftspolitische Informationsübersicht, Nr. 8/80, 26.8.1980, Bl. 316.

6 Hahn, Volkswagen, S. 230f.

7 Vgl., ebd. MfS-HA XVIII, Nr. 9296. Ministerium für Staatssicherheit, Wirtschaftspolitische Informationsübersicht, Nr. 11/80, 28.11.1980, Bl. 371.

8 Ebd., VEB Sachsenring Automobilwerke Zwickau. Abteilung XVIII, Karl-Marx-Stadt, Bericht, 22.6.1985, Bl. 116.

9 Ebd., MfS HA XVIII, Nr. 11600. Reisebericht von Gerhard Bluhm zu Verhandlungen mit der Firma Pierburg, 21.-23.11.1985, Bl. 1-3. Das Ministerium für Staatssicherheit legte unmittelbar einen

Erfassungsbogen ZPDB/DUG/SLK an. Die "Arbeitsweise" im Fall "Pierburg & Co GmbH" war charakterisiert durch den Einsatz von "IM". Die Akte lief vom 14.3.1986 bis zum 22.4.1988, Bl. 5.
10 Ebd., MfS-HA XVIII, Nr. 9442. Mitteilung. Konzept zur Geschäftsanbahnung: Durchführung von Softwaredienstleistungen für die VW AG/BRD, 31.7.1986, Bl. 4f.
11 Ebd., HA XVIII/7, Information (449) entsprechend IA 1.1., 1.2.1986 (gestempelt 14.3.1986), Bl.6.
12 Ebd., MfS HA XVIII/14 (Nr.00028). HA XVIII/2, Treffbericht, Hptm. Roszinski: Besuch des Internationalen Automobilsalons Frankfurt/M., 30.9.1987, Bl. 392ff.

Ein „Volkswagen-Plan"

Im Februar 1984 wurde deutlich, dass die finanziellen Möglichkeiten der DDR begrenzt waren. Die Hauptabteilung XVIII des MfS stellte fest:

„Im Zusammenhang mit der *vom VW-Konzern veröffentlichten Darstellung über den beabsichtigten Import einer Motorenfertigungslinie* tauchen Fragen nach einer *Verlagerung der ökonomischen Schwerpunkte in der Investitionspolitik der DDR* auf, die mit einer Verschärfung der Konkurrenzsituation für die bundesdeutschen Chemiekonzerne in Verbindung gebracht wird" (Hervorh.v.m., B.S.).

Näher ausgeführt bedeutete dies:

„Die Entscheidung bezüglich der Durchführung der Exporte bzw. des Abschlusses von Verträgen während der Messe erfolgt in Abhängigkeit mit der *Einschätzung des Zahlungsverkehrs, dem Stand überfälliger Forderungen, der Erfüllung vereinbarter Zahlungsbedingungen sowie in Abhängigkeit von handelspolitischen sowie inneren Erfordernissen bzw. Konsequenzen der DDR"* (Hervorh.v.m., B.S.).

Im Einzelnen enthalten waren aufschlussreiche Anweisungen:

„*Auf keinen Fall darf bekannt werden, dass es sich dabei um Limite handelt.* Das Problem wird dabei darin bestehen, bis zum Verkäufer klarzumachen, was von seiner Verhandlungsfähigkeit im Handel mit diesen Ländern abhängt. Die Begründung für Verzögerungen der Auslieferung oder des Vertragsabschlusses beinhaltet u.a. solche Argumente wie nicht oder nicht vollständig geleistete Anzahlungen, fehlende Akkreditiveröffnung usw" (Hervorh.v.m., B.S.).

Dass es in diesem Zusammenhang letztlich um Folgewirkungen des Zwanges zur Bestätigung der Illusion vom erfüllbaren Plan ging, demonstrierte die Argumentation der Zentrale, die sich in Äußerungen Dr.Schwierz' spiegelten. Dieser habe behauptet, „dass in den Ministerien und A[ussen]H[andels]B[etrieben] eine optimistische Atmosphäre, den NSW-Export 1984 betreffend", herrsche. Es werde „in der Mehrzahl der AHB[e] eingeschätzt, dass" dieser „1984 mit Abschluß der [Leipziger] Messe voll vertraglich gebunden werden" könne, „dass es sich als richtig erwiesen" habe,

> „die STAL im Verlaufe des Jahres mehrfach zu reduzieren, damit die Realität der Erfüllbarkeit des Planes zu erhöhen und damit die Bereitschaft zur Erfüllung der Aufgaben ebenfalls zu erhöhen" .[1]

Der Stand der Vertragsverhandlungen zwischen Volkswagen und der DDR wurde Mitte des Monats März von Günter Mittag positiv kommentiert. Der DDR-Wirtschaftsexperte habe, entsprechend einer Information der Hauptabteilung XVIII/7, ausgeführt:

> „Im Rahmen dieser Beratung sei man nicht berechtigt, im einzelnen zu verhandeln, aber man sei gezwungen, über die Grundfragen zu sprechen. *Der Standpunkt der DDR sei, diese Vereinbarung zu unterstützen und die Zielstellung der DDR sei, diese Vereinbarung im Mai mit VW abzuschließen.* Dazu müssten Zwischentermine mit der BRD-Seite abgestimmt werden. Das betrifft vor allem die Details der Übergabe der technischen Unterlagen und der einzelnen Abschnitte des kommerziellen Angebots. Also die Arbeit positiv für beide Seiten beenden" (Hervorh.v.m., B.S.).

Ganz der bisherigen Linie entsprechend, bot der stellvertretende Vorstandsvorsitzende Horst Münzner[2a] Mittag die Hand. Dieser habe geantwortet:

> „Das war eine gründliche und klare Darlegung der DDR durch Günter Mittag. Münzner möchte sich dafür ausdrücklich bedanken, betonte auch, dass Beratungen zwischen der DDR und der BRD nichts besonderes sein sollten, wie sie manchmal in der Presse der BRD hochgespielt würden. *Die Bundesregierung und er speziell wollen das nicht, wollen keine spektakulären Verhandlungen führen, wollen Sachlichkeit und Vertraulichkeit in den Beziehungen wahren.*
> Da gibt es als 1. ein Thema, wo es nicht so gelaufen ist, wie es eigentlich vereinbart wurde. Damit komme er auch zu den einzelnen Fragen.
> 1. Volkswagen
> Münzner bedankte sich ausdrücklich für die politische Entscheidung der Führung der DDR zur Fortsetzung der Verhandlungen mit VW. Er schlug vor, in der Presse nicht den Monat Mai zu nennen, sondern in den gemeinsamen und einzelnen Presse-Erklärungen zu sagen, es wird normal zuende verhandelt"[2] (Hervorh.v.m., B.S.).

In die Realitäten der DDR hinsichtlich von Industrieeinrichtungen - wie z.B. dem VEB Automobilwerke Zwickau - führt eine Information des MfS aus dem Jahre 1984 ein. Es wurden dort „Mängel und Hemmnisse bei der Leistungsentwicklung und umfassenden Intensivierung der Produktion" an den „1. Sekretär der Bezirksleitung der SED" „Lorenz" berichtet. Diese bestanden in

> "- erebliche[n]Rückstände[n]bei Zulieferungen der Kombinate des Ministeriums für Allgemeine Maschinen-, und Landmaschinen- und Fahrzeugbau sowie andere[r] Ministerien".

Weiter fielen

> „- fehlende Bilanzen für die Lieferung von Werkzeugmaschinen,
> - Rückstände in der Erzeugnisentwicklung,
> - fehlende Arbeitskräfte und
> - ausstehende zentrale Entscheidungen zu Investitionsvorhaben"

auf.

"Die Werktätigen" würden, nach Informationen der Bezirksverwaltung für Staatssicherheit Karl-Marx-Stadt,

> "auch weiterhin mit großem Engagement und Verantwortungsbewußtsein an der Überwindung dieser Störungen und für die Erfüllung der prinzipiellen Aufgabenstellung des Politbürobeschlusses vom 14.6.1983 über 'Aufgaben und Maßnahmen zur kurzfristigen Erhöhung der Produktion der PKW 'Trabant' und 'Wartburg' bis 1985 und danach"

arbeiten. Auf Seiten der sich zunehmend unruhiger zeigenden Belegschaft traten zunehmend „Unzufriedenheiten hinsichtlich der termingerechten Realisierung des Politbürobeschlusses" auf. Es seien „zwar die Grundsatzentscheidung (Kapazitätsstufe 1985) zur Produktion von 135 000 PKW ‚Trabant' und die 1.Grundsatzentscheidung zum Neubau der Großgießerei im Werk 1 bestätigt" worden

> „aber
> - für die Aufgabenstellung zur Produktion von 142 000 PKW ‚Trabant' im Jahr 1986"

sei

> „die Entscheidung seitens des Ministeriums für Allgemeinen Maschinen-, Landmaschinen und Fahrzeugbau noch"

nicht ergangen und weiter sei

> „- die Aufgabenstellung für die Objekte Lackiererei und Endmontage am Standort Mosel erst überarbeitet worden".

Auch sei

> „- nach wie vor die Bilanzierung von drei Pressen für den zugeordneten VEB Transportausrüstungen Cainsdorf ungeklärt".

Es fiel weiter auf, dass „im Monat Juli 1984 im VEB Sachsenring Automobilwerke Zwickau noch 290 Arbeitskräfte weniger vorhanden" waren, „als die staatliche Auflage" vorsehe. Ferner, so das MfS, träte Diskontinuität in der Material- und Teilebereitstellung seitens der Zulieferindustrie" auf. Darüber hinaus sei „dem hohen Verschleißgrad von Maschinen und Anlagen und daraus resultierender hoher Störanfälligkeit sowie der nicht ausreichenden Bereitstellung von Werkzeugen und Kleinmechanismen" entsprechend, es „häufig [zu] Störungen in der Produktion" gekommen.[3]

Je mehr sich die Vertragsverhandlungen zwischen VW und der DDR abzeichneten, suchten weitere westliche Firmen sich Parallelaufträge, im Schlepptau dieser großen deutsch-deutschen Unternehmung, zu sichern. So wurden z.B. "zuverlässig...Angaben zur Beteiligung der BRD Firma Leco-Instrumente GmbH" Kirchheim bekannt. Danach sollte dieses Unternehmen "an der Ausrüstung des bei Leipzig entstehenden Werkes für die Produktion von VW-Motoren" beteiligt werden. Seit längerer Zeit bereits verhandele diese Firma, so das MfS, mit der DDR über die "Lieferung eines Schnellanalysators für die Bestimmung von Kohlenstoff und Schwefel in organischen Materialien". Dieses Gerät solle "im Werk für die VW-Motorenproduktion" zum Einsatz kommen. Eine bedeutende Rolle spielten in diesem Zusammenhang "Außenhandelsbetrieb[e] (AHB) der DDR", unter anderem die Gesellschaft "Industrieanlagen-Import (IAI), 1086 Berlin". "Mehrere Verhandlungsrunden" hätten so, wie das MfS mitteilte, bereits in der "Hauptstadt der DDR stattgefunden". Technische Absprachen sollten im Verlauf des Jahres 1985 folgen.[4]

"Für den Bau des VW-Motorenwerkes" suchte zum Beispiel die "Vereinigte Aluminium-Werke AG (VAG)", Bonn, Kontakt zur DDR. Die "Erweiterung des Handels mit der DDR" bildete die allgemeine Überschrift über diesen Bemühungen. Auch der zukünftige "Bau von VW-Motoren in der DDR", der - wie erwartet wurde - zu "erhebliche[n] Probleme[n] bei Beschaffung von Guß- und Vormaterial" führen werde, regten Vermittler, wie ein Herr Langer von der VAW-Vertretung Berlin, an, Verbindungen anzubieten. Das von der DDR benötigte Material, so das Angebot, könne auch aus Jugoslawien beschafft werden. Der Abnehmer/Vermittler solcher Produkte könne, so die Information des MfS,

Westberlin sein. "Ferro-Silizium aus Jugoslawien" sei bereits früher über die "Ferrerolegierungsgesellschaft/ 4000 Düsseldorf" abgewickelt worden.[5]

Vergleichbar sollte sich, einem "Vorschlag" gemäss, die Evolution in der Produktion von "Trabant-Plastekarosserieteilen" gestalten. So würden, einer "Änderung der Technologie" entsprechend, künftig aus einer Menge von "2 364 t[onnen] Baumwollkämmlinge[n]...14 Mio m² Baumwollgewebe" herzustellen sein. Näher wurde erklärt:

> "Daraus sind solche gefragten Artikel wie Oberhemden und Blusen aus Baumwollnessel, Frottierware und weitere hochwertige Baumwollfertigerzeugnisse produzierbar, die sowohl (für den NSW/SW-Export) als auch für die Deckung des Bevölkerungsbedarfs in der DDR eingesetzt werden könnten; oder es ließen sich bei gleichbleibenden Warenfonds an Baumwollerzeugnissen Importeinsparungen in Höhe von 9,5 Mio VM pro Jahr beim Import von hochwertiger Baumwolle realisieren.
> [...]
> Die Baumsorte 6 muß durch die DDR zur Sicherung der Importe hochwertiger Baumwolle in einer Größenordnung von ca. 5000 t[onnen] pro Jahr mitimportiert werden. Bisher wurden davon 50% für die Produktion untergeordneter Erzeugnisse eingesetzt, wofür zukünftig problemlos zerkleinerte Alttextilien genutzt werden könnten, und 50% werden zu Sonderpreisen in Entwicklungsländer exportiert".

"Weitere Versuche zielten", so das MfS, "jetzt darauf ab, die Ablösung der Baumwollkämmlinge auch in der Deckschicht" der "Plastekarosserieteile für den PKW "Trabant...technisch zu ermöglichen".[6]

Maßgeblich für die Fertigung des "Trabant" mit Kunststoffkarosserie war die Tatsache, dass "der Importmittelaufwand...für Stahlblech etwa doppelt so hoch [war] wie für Duroplast".[7]

---

[1] Birthler-Behörde. MfS HA XVIII, Nr. 7428, Teil 1 von 2. HA XVIII/7, Zusammenfassung operativer Erkenntnisse in Vorbereitung der Leipziger Frühjahrsmesse 1984, Berlin, 27.2.1984, Bl. 23, 212. Bei Hahn, Volkswagen, S. 231ff. finden diese Vorgänge äußerst summarisch statt.

[2] Ebd., MfS HA XVIII, Nr. 7428, Teil 1 und 2. HA XVIII/7, Information über eine Beratung des Genossen Günter Mittag mit Münzner, 12.3.1984, Bl. 459f., 463.

[2a] Münzner wollte sich im Verlauf des Jahres 2004 äußern, hielt unter dem Druck des Volkswagen-Archivars Dr. Grieger dieses Versprechen nicht. Am 5.1.2006 zog sich M. endgültig mit dem Hinweis zurück, er wisse von diesen Vorgängen nichts, und mit MfS beschäftige er sich nicht.

[3] Ebd., Ergänzung der Information Nr. 371/84 vom 22.5.1984 gemäß Arbeitsplan des Sekretariats der SED-Bezirksleitung an Genossen Lorenz, AKG, ZAIG, HA XVIII, Abt. XVIII, Bl. 55f. Ebd., C-AKG-

147, PI-Nr. 510b/84, Außenstelle Chemnitz. Informationen an den 1. Sekretär der Bezirksleitung der SED, Information über den Stand der Leistungsentwicklung und umfassenden Intensivierung der Produktion im VEB Sachsenring Automobilwerke Zwickau.

4 Ebd., MfS BKK, Nr. 771. Geplante Zulieferung einer BRD-Firma für das Werk zur Herstellung von VW-Motoren in der DDR (Aktion 'Treffpunkt 85-F'), Streng vertraulich (Mg, 18,50), Information A/07164/28/02/85, Bl. 3f.

5 Ebd. Interessen eines Westberliner Firmenvertreters an der Erweiterung des Handels mit der DDR, Streng vertraulich (Mg, 18), Information G/15288/16/05/85, Bl. 1f. Paraphe [handschr.]: "- 1 Kopie zur Akte 'Volkswagen'".

6 Ebd., Außenstelle: Chemnitz, Bd. 2, Auswertungs- und Kontrollgruppe Ausgangsmaterialien für Parteiinformationen zur Kraftfahrzeugindustrie, 1985-1989. Abteilung XVIII "Entwicklungswerkstätte Kartell" der BV Karl-Marx-Stadt, 1984-1986, 7.12.1985, Bl. 47ff.

7 Ebd., Außenstelle: Chemnitz, Bd. 2, Auswertungs- und Kontrollgruppe Ausgangsmaterialien für Parteiinformationen zur Kraftfahrzeugindustrie, 1985-1989. Abteilung XVIII "Entwicklungswerkstätte Kartell" der BV Karl-Marx-Stadt, 1984-1986, Duroplast und Stahlblech für Karrosserieteile[n], 20.11.1985, Bl. 69.

Durchführung des „Volkswagen-Planes"

Münzner traf sich am 21.August mit Vertretern des DDR Außenhandelsministeriums, um diesen erneut zu vermitteln, Volkswagen sei an einer „künftig[e] vertiefte[n] Zusammenarbeit auf dem Sektor der Produktion von Pkw bzw. Nkw" interessiert. Der VW-Vorstand, so das MfS, habe betont:

> „Bereits im Vorfeld des Besuches von Herrn Dr.Mittag in Bonn im April dieses Jahres hatte er eine solche Idee an den [geschw.] unterbreitet, der diese Probleme offensichtlich bei dem Gespräch mit Herrn Dr.Mittag nicht angesprochen hatte".

Wie stets verwies der VW-Vertreter darauf hin,

> „der Grund für die Unterbreitung dieses Vorschlages für eine Vertiefung der künftigen Zusammenarbeit zum jetzigen Zeitpunkt bestünde darin, dass VW Modellentscheidungen in absehbarer Zeit zu treffen hätte, die sich für die Produktion Anfang der 90iger Jahre auswirken würden. In diesem Zusammenhang müssten auch Entscheidungen über Kooperationen mit anderen Partnern getroffen werden und VW wäre zu der Überlegung gekommen, dass eine solche Kooperation mit der DDR-Automobilindustrie in Frage käme".

Als „Denkanstoß" werde dieser Vorstoß von Volkswagen derart eingeordnet, kündige sich doch hiermit – die „Produktion eines Pkw/Nkw in der DDR und [die] Refinanzierung durch Produktabnahme – eine tatsächliche Kooperation in der Produktion und im Absatz" an, mit welcher „Investitionsentscheidungen und langfristige[n] strategische[n] Überlegungen, auch seitens der DDR, verbunden wäre[n]". „Eine Entscheidung" war demnach nicht ad hoc zu erwarten.[1]

Beigefügt wurden „Vorschläge für eine weitere Zusammenarbeit zwischen der DDR-Automobilindustrie und VW":

> „Für eine weitergehende Zusammenarbeit bei der Rekonstruktion der DDR-Automobilindustrie kommt aus VW-Sicht folgendes in Betracht:
>
> a) Überlassung der Konstruktion eines Kleinwagens und/oder Nutzfahrzeuges zur Fertigung in der DDR
>
> b) Bei Wirksamwerden des DDR-Kostenvorteils teilweise Rücklieferung dieses Fahrzeuges in die europäische VW-Vertriebsorganisation
>
> c) Beratung und Übernahme von Dienstleistungen beim Aufbau einer modernen Fahrzeugfertigung
>
> d) Beratung beim Aufbau einer Distributions- und Kundendienstorganisation
>
> e) Überlassung der Konstruktion einer Wärmepumpe mit VW-Dieselmotor
>
> f) Für alle möglichen Varianten voller Saldenausgleich".[2]

Mit der Firma Industrieanlagen-Import wurden parallel die terminlichen Verschiebungen hinsichtlich einer „Inbetriebnahme des Objektes Antriebsaggregat um 7 Monate" abgestimmt. Die Volkswagen-Vertreter hätten „diese Entscheidung begrüßt", so eine MfS-Sofortinformation. Die „bisher vorgesehene Zeitachse" habe sowieso geändert werden müssen, so lautete die Antwort aus Wolfsburg. Doch entstünden

> „für VW...durch den Beginn der verspäteten Rücklieferung der Rumpfmotore Schwierigkeiten. Diese werden aber nicht als unlösbar eingeschätzt, obwohl die Aufnahme eines 3-Schichtbetriebes zur Klärung dieses Problems ausgeschlossen"

werde. Es sei angedeutet worden, „dass die 1988 entstehende Rücklieferungslücke durch eine Vorabproduktion im Werk Salzgitter abgesichert werden könne". Bewusst klammerten die VW-Vertreter „Probleme[n] der laufenden Vertragsverhandlungen zum Objekt Antriebsaggregat" aus.[3]

Eine Lösung der Export-Kalamität zeichnete sich jedoch nicht ab. Selbst der Verkauf von Fahrzeugen in „die üblichen traditionellen Abnehmerländer Irak, Iran und neuerdings auch Ägypten" würde – so die Einschätzung des IM „Herbert", aus der Umgebung des Außenhandelsministers Kleiber - nicht genügen, um „die sehr angespannte Situation im MALF für den NSW-Export des kommenden Jahres" zu bereinigen. Doch ohne „grundsätzliche Veränderungen in der Struktur" der produzierten Güter („neuer NKW-Zylinder-Motor, neue Gestaltung des Motorrades) werde eine „Tendenzwende in der Plansicherung im NSW-Export" „vor 1986/87" zu erreichen sein.[4] Unzweifelhaft kam es zu Spannungssituationen mit der UdSSR, was zu der Reise Schalck-Golodkowskis, sowie Gesprächen mit Komarow und Osipow in Moskau, führte. Allerdings konnte die Lieferverpflichtung der DDR an industriellen Gütern nicht zugunsten von DDR-Getreide revidiert werden. Ein Konflikt, der inneramtlich und einsam durch Günter Mittag zugunsten des übermächtigen Bündnispartners UdSSR entschieden wurde.[5]

Im November 1986 nahm das MfS (Generaldirektor Herbert Roloff) Bezug auf den Vertrag mit Volkswagen zum Projekt "Alpha", in welchem die Vereinbarung getroffen worden sei, auf der Fertigungsstraße Karl-Marx-Stadt bis zu 300.000 Motoren zu produzieren. Von diesen seien 100.000 Rumpfmotoren für die Rückführung an VW vorgesehen. Anteilig wären maximal 150.000 Motoren als Viertakt- und 150.000 als Diesel-Motoren zu produzieren. Hinzu träten die entsprechenden Aggregate, wie Einspritzpumpen etc. Wenn allerdings keine Pumpen der Firma Bosch importiert werden könnten, würde eine Produktionslinie für diesen Einsatz erforderlich werden. Ob die Sowjetunion in der Lage sei, derartige Aggregate zu liefern, blieb ungewiss. Eine grundsätzliche Umstellung des Vertrages auf diese Motorenform schien möglich, würde jedoch weitere Auswirkungen zeitigen. Dagegen wäre es möglich, die Produktionslinie in Karl-Marx-Stadt auf ausschließlich 100.000 dieser Motoren umzustellen. Das würde bedeutende Zulieferungen aus DDR-Produktion erfordern, ergänzte das MfS. Diese Anpassungen würden "1018,6 Millionen V[errechnungs]M[ark]" binden. Die Produktion sei nicht vor 1991/92 umzusetzen. Ein direkter Export von VW und Bosch in die DDR wurde "gegenwärtig ausgeschlossen". Weitere Kostenfaktoren, wie Investitionen in Gebäude[n], Lager- und Transportkapazitäten", flossen in diese Grobeinschätzung nicht ein.[6]

Das MfS erhielt 1987 Kenntnis darüber, dass Experten mitteilten, "die Termin - und qualitätsgerechte Aufnahme der Serienfertigung der 4-Takt-Otto- motore der Alpha-Baureihe sei nicht gesichert". Bauleistungen, Bereitstellung von Werkzeugmaschinen und zeitgerechte Bilanzierung sei mangelhaft ausgefallen. Außerdem sprenge die Konzentration der "Investitionsmittel" auf den "Automobilbau" die "proportionale Entwicklung" der Budgets innerhalb des Bereiches des Ministeriums für Maschinen-, Landmaschinen- und Fahrzeugbau (MLF). In Zukunft werde es "zu volkswirtschaftlichen Disproportionen zwischen der Entwicklung der Zulieferindustrie, der Ersatzteil- und Finalproduktion" kommen. Das MfS fasste zusammen:

> "Nach weiter vorliegenden Erkenntnissen kann in die im Juli 1986 gestellte Aufgabe, insgesamt 175 Mio VM NSW-Importe einzusparen, nicht realisiert werden".

"Einsparungen in Höhe 124 Mio VM würden verbraucht durch die "Produktionsvorbereitung" für Vergaser und "Quereinbau des Motors". Auch sei nicht vor Juni 1987 mit dem "Abschluß des Anlagen-Importvertrages mit der Firma Weber/Italien" zu rechnen. Nicht vorgesehene "Übergangsimporte" und dafür notwendige "Valutamittel" für Vergaser würden damit notwendig werden. Der Wechsel der Konzeption vom Längs- zum Quereinbau des Motors im PKW "Wartburg" bedinge Investitionen in Höhe von ca. 250 Mio Mark. Bisherige Aufwendungen in Höhe von 6,8 Mio Mark für "Umformungswerkzeuge aus Spanien" seien "als verlorener Aufwand" zu bezeichnen. Das MfS stellte fest:

> "Für die Realisierung des Quereinbaus werden an 184 Bauteilen technische Veränderungen, davon 112 Neuteile, erforderlich, die in der Zulieferindustrie der DDR entsprechende Stückzahlenerhöhungen durch Vereinheitlichung von Bauteilen mit notwendigen Kapazitätserweiterungen bewirken".

Eingestanden wurde, dass die Überprüfung von durch die DDR gelieferten "Bauteilen des Rumpfmotors" durch VW, neben dem Bruch der vereinbarten Termine, auch eine nicht mustergültige Fertigung ergeben habe. Um diese Mängel auszugleichen, sei es notwendig, Importe aus den NSW zu tätigen, "wodurch die Effektivität des Rumpfmotorenexportes eingeschränkt und die Refinanzierung des Ausrüstungsimportes von der VW-AG gefährdet werden" könne. Beschlossen sei, den Serienanlauf um 6 Monate zu verschieben. Für diesen Fall beabsichtige die Volkswagen AG, so das MfS, "zusätzliche Kosten in Höhe von ca. 30 Mio VM zu berechnen". Dass das MfS vorschlug, "die Vorlage des Ministeriums für Allgemeinen Maschinen-, Landmaschinen- und Fahrzeugbau vom Januar 1987 nochmals konzeptionell" zu überarbeiten, zeigt die übergreifende Bedeutung und Rolle dieses Ministeriums im Spektrum der DDR Führungsspitze.[7]

Anderthalb Jahre später wurde deutlich, dass gewichtige Probleme bei der Fertigung der "Rumpf"-Motoren für Volkswagen auftraten. Das MfS hielt fest:

> *"Gegenwärtig kann kein Fachmann in der DDR und kein Versuch die Methodik erbringen, die zur Einhaltung der von VW geforderten Toleranzen nach der Umformung führt.*
> Es liegen keine Erfahrungen auf diesem Gebiet vor und es ist auch nicht möglich, die Zertrümmerung der kristallinen Form im Zusammenhang Material - Wärme - Druck u.ä. zu berechnen" (Hervorh.v.m., B.S.).

Die DDR befand sich in der Zwickmühle. Das MfS erkannte, "aus der vereinbarten Rückführung der Rumpfmotoren an VW" ergebe "sich die Anerkennung der VW-Normen als Forderungsprogramm gegenüber der DDR". Beide Lösungswege, die sich über Import aus dem NSW oder durch die Produktion eines „Know How"-Inhabers, mit Produktionsmitteln und Material der DDR und in der DDR, ergaben, würden den ostdeutschen Staat zwischen 1,2 und 6 Millionen Valutamark kosten. So stand das "Alpha-Motoren-Konzept", bereits vor dessen Start, am Absturz.[8]

Die Berechnung einer reinrassigen Dieselvariante, in der Größenordnung von 400.000 Stück, ergab "Gesamtaufwendungen" von "maximal 1230,6 Mio V[errechnungs]M[ark]".[9] Vorbereitende Verhandlungen und Kontrakte wurden geschlossen mit den Firmen Götze[10], der Firma Dürr/Stuttgart-Zuffenhausen zu Erweiterungsvorhaben im Bereich Lackiererei[11] und Volkswagen zu "neu konstruierten Karosserien" der "Größenklasse Trabant".[12] Die Kontakte zwischen Wolfsburg und den DDR-Verantwortlichen für den Nachfolger des Trabant liefen in Hinterzimmern während des Turiner Automobilsalons ab. "Auf Vorschlag des Vorstandes der Volkswagen AG" würden

> "derzeitig in der Phase der Neukonstruktion befindliche Prototypen besichtigt, die gegebenenfalls auf der Basis der an VW übergebenen Spezifikation in eine äußerlich eigenständige, den DDR-Bedingungen angepaßte Karosserie abgewandelt werden können",

schrieb Generaldirektor Roloff in einer Direktive für den Anlass der Besichtigung.[13] Die Besichtigung der Prototypen sollte in Turin und Wolfsburg, zwischen dem 2. und 4.April abgewickelt werden. Teilnehmen würden: der "Generaldirektor VE AHB IAI" Roloff, "Generaldirektor AHB Transinter" Schindler, "Generaldirektor Kombinat PKW" Voigt und "Werkleiter Sachsenring Zwickau", Dr.Hipp. Von Turin nach Wolfsburg werde mit einer "Firmenmaschine VW" geflogen.[14]

Die intensiven Bestrebungen Wolfsburgs zielten auf einen Geschäftsabschluss mit der DDR ab. Hierin wurde mit einiger Sicherheit ein Anfang für weitere intensivierte Geschäftsbeziehungen gesehen. Das Interesse der DDR entsprach diesem ausgesprochenen und wiederholten Antrag von Seiten des Volkswagenkonzerns durchaus. Ein vermehrter Export musste das essentielle Bestreben der DDR bilden. Doch zeigte die Realität, wie unterentwickelt die wirtschaftlich-technische Leistungsfähigkeit dieser Volkswirtschaft war. Diese Vorgänge und Planungen sucht der frühere Vorstand Hahn heute als „verzweifelter[n], wenn auch völlig unrealistischer[n] Schritt eines untergehenden Systems" zu relativieren und so jeglichen machtpolitischen Hintergrundes zu entkleiden. Jedenfalls brach Volkswagen nicht erst „nach dem Fall der Mauer", wie es Hahn darstellen will, „blitzartig nach Sachsen" auf.[15]

---

[1] Birthler-Behörde, MfS HA XVIII, Nr. 7328. Information über ein Gespräch mit Herrn [Horst Münzner], Vorstandsmitglied der Volkswagenwerk AG am 21.8.1984, Bl. 272f.

[2] Ebd., Anlage: Vorschläge für eine weitere Zusammenarbeit zwischen der DDR-Automobilindustrie und VW, 20.8.1984, Bl. 274.

[3] Ebd., MfS HA XVIII, Nr. 7428, Teil 1 von 2. Industrieanlagen-Import, [geschw.]: Sofortinformation über ein Gespräch mit Herrn [geschw.] und [geschw.] von der VW-AG, 21.8.1984, Bl. 275.

[4] Ebd., MfS HA XVIII, Nr. 7428, Teil 1 und 2. HA XVIII/z, IM „Herbert", Bericht zur Lage zu Beginn der L[eipziger]H[erbst]M[esse] 1984 im Verantwortungsbereich des MALB, 4.9.1984, Bl. 224f. Vgl. hierzu Teil II.

[5] Vgl. ebd., Bl. 231[ganze Blöcke durch Birthler-Behörde geschwärzt].

[6] Ebd., MfS-HA XVIII, Nr. 8252. HA XVIII/7, Herbert Roloff: Ausgangslage für das Projekt "Alpha", 10.11.1986, Bl. 7f.

[7] Ebd., Zentralarchiv. Z 3571. MfS, Streng geheim! 43/87, Information über einige Probleme im Zusammenhang mit weiteren Aufgaben und Maßnahmen zur Erhöhung der Produktion von PKW und der Realisierung der Motorenkonzeption, Bl. 1-5. (Verteiler: "1.Mittag 2. Kroiw 3. Tautenn 4. Blessing nicht zugestellt 5. Mittig 6. HA XVIII, Ltr. 7. Giersch 8. Abt.").

[8] Ebd., MfS-HA XVIII, Nr. 8836. HA XVIII, Information zum Importobjekt Ventilfertigung im VEB Nordhausen PKW-Programm-VW Alpha-Motor, 8.1.1988, Bl. 3f.

[9] Ebd., MfS HA XVIII, Nr. 8252. HA XVIII/7, Bericht, Kurzfassung Dieselvariante, 11.11.1986, Bl. 10.

[10] Zu: Ventildichtringen, Radialwellendichtung, Zylinderhaubendichtung, Dichtbuchse und Zylinderkopfdichtung.

[11] Ebd., MfS-HA XVIII, Nr. 8252. HA XVIII, Information über Vertragsverhandlungen des VEB Sachsenring Automobilwerke Zwickau mit der BRD-Firma DÜRR, Stuttgart-Zuffenhausen, 19.1.1988, Bl. 15f.

[12] Ebd., MfS-HA XVIII, Nr. 8252. AHB Industrie-Anlagen-Import, Generaldirektor Roloff, Direktive zur Besichtigung von Prototypen neu konstruierter Karosserien der Volkswagen AG der Größenklasse Trabant, 21.3.1987, Bl. 17.

[13] Ebd., MfS-HA XVIII, Nr. 8252. AHB Industrie-Anlagen-Import, Generaldirektor Roloff, Direktive zur Besichtigung von Prototypen neu konstruierter Karosserien der Volkswagen AG der Größenklasse Trabant, 21.3.1987, Bl. 17. Hahn, Volkswagen, S. 232 handelt diese Vorgänge mit dem Hinweis auf einen Auftrag Beils „Mitte der 80er Jahre" ab, eine „Nachfolgekarosserie für den Trabi" zu entwickeln. „Bei Nacht und Nebel 1988" sei diese „in Wolfsburg vor[ge]stellt[en] und anschließend nach Ostberlin" geliefert worden. Dort sei diese „spurlos, offensichtlich nach einer Präsentation vor Honecker" verschwunden.

[14] Ebd., Hahn, Volkswagen, S. 193 (Bildseite 4, Bild 54) zeigt Dieter Voigt am 22.12.1989 bei der Gründung der „Volkswagen IFA-Pkw GmbH". Voigt, so Hahn, habe im Konzern in der Folge anspruchsvolle Verwendung gefunden.

[15] Hahn, Volkswagen, S. 232f., 234.

Kritik der Basis: Wir da unten - Ihr da oben

Gravierende Äußerungen zur Stimmung unter den Beschäftigten beim VEB Sachsenring berichtete Anfang Januar 1985 das MfS. Es wurde festgestellt:

"unter leitungskadern des fb 13 herrscht gegenwaertig eine schlechte stimmung, weil trotz eines immensenen aufwandes (sonderschichten an 50 wochenenden des Jahres 1984 und damit leistung von ca. 42 000 ueberstunden durch die produktionsgrundarbeiter des fb 13) der jahresplan fuer 1984 mit 17 mio m industrieller warenproduktion und 1,5 mio valutamark nicht erfuellt wurde.

durch diese untererfuellung ist die Zahlung der jahresendpraemie gefährdet.

in einer versammlung am 10.01.85 brachten produktionsarbeiter des fertigungabschnittes 1335 ihr unverstaendnis darueber zum ausdruck, dasz sowohl in der 'freien Presse' vom 21.12.84 als auch durch das studio karl-marx-stadt von radio ddr 2 ueber erfuellte plaene im veb sachsenring automobilwerke zwickau berichtet worden waere, und nun sei zu hoeren, dasz der plan nicht erfuellt wurde.

die Arbeiter aeußerten die vermutung, dasz nun wohl die jahresendpraemie wegfallen solle, obwohl sie im Jahre 1984 gearbeitet haetten 'wie noch nie und das sozusagen bis 5 minuten vor jahresende'. der betriebsleitung im veb sachsenring ist diese situation bekannt und von seiten des betriebsdirektors wurde an das pkw-kombinat ein schreiben gerichtet, in dem ueber den sachverhalt informiert und der vorschlag unterbreitet wird, die j[ahres]e[nd]p[raemie] in voller hoehe zu zahlen".[1]

Oberst Nagel, von der zuständigen MfS-Dienststelle, berichtete Ende Januar, aufgrund einer inoffiziell (d.h. nachrichtendienstlich) erarbeiteten Information, über die sich gravierend verschärfende Lage im VEB Sachsenring Automobilwerke Zwickau. Hinsichtlich "des Plananlaufes1985" sei der Informant, "aufgrund seiner Funktion in der Lage, diese Gesamtproblematik exakt einzuschätzen". Es waren nämlich "Stimmungen und Meinungen der Beschäftigten dieses Betriebes" bekannt geworden, die von Bedeutung schienen.

Es bestünden dort Probleme hinsichtlich:

"- der mangelhaften Beherrschung der Technologie und der Produktion der Duroplaste,
- der unkontinuierlichen Bereitstellung von Zuliefermaterial,
- der technischen Ausfälle von Maschinen und Anlagen,
- der ungenügenden Bereitstellung von Transportbehältern,
- der fehlenden Arbeitskräfte (per 14.1.1985 im Direktionsbereich Produktion fehlten 270 AK),
- der hohen Rückläuferquote im Lackierprozeß (zur Zeit täglich 100-120 Karosserien)".

Es sei, so der IM, "im FB 13 (Gelenkwellen)" nur möglich den "konzipierten Plan für 1985" zu erfüllen, "wenn an fast allen Wochenenden gearbeitet würde". "Immer größeres Unverständnis bei den Werktätigen" bilde die Folge. "In den Arbeitskollektiven" werde "die Stimmung als gespannt, im FB 3 sogar als aggressiv bezeichnet". Der IM fasste übergreifend zusammen:

> "Die Kollegen und ein Teil der Genossen leiten von den Unzulänglichkeiten im Betrieb, im Kombinat und in den Zulieferbetrieben ab, daß es *in der gesamten Volkswirtschaft* nicht so ist, wie in unseren Massenmedien veröffentlicht wird" (Hervorh.v.m., B.S.).

Äußerungen wie: "Im 'Neuen Deutschland' stimmt nur der Wetterbericht" oder zu "Veröffentlichungen statistischer Art, die "als 'Märchenstunde' bezeichnet" würden, illustrierten eine "Stimmung" die um sich greife "und nicht mehr als Einzelfall betrachtet werden" könne. Die Arbeitnehmer befürchteten, nach dem Übergang zur 3-Schichtarbeit ab 2.1.1985, daß sie künftig zur Aufholung ständig bestehender Planrückstände fast ständig an den Wochenenden" würden "arbeiten müssen". Diskussionen um den neuen Trabant 601 drückten in erster Linie die Besorgnis der Arbeiterschaft aus, das neue Fahrzeug könnte am Bedarf vorbeientwickelt werden. Der IM demonstrierte diese Zusammenhänge eindrucksvoll, indem er darauf hinwies, "von Werktätigen der Abteilung Versuch" werde "darauf hingewiesen, daß für das Fahrzeug aus dem Modellpaket 1988 (4-Takt-Motor) z.B. ein neues Armaturenbrett mit einem Kombinationsinstrument vorgesehen" sei, "wobei das Letztere allein ca. 500 Mark IAP kosten" solle. Es werde "die Frage erhoben, wie teuer das sogenannte 'Arbeiterauto' noch werden" solle „(inoffiziell werden 20 TM genannt)". "Vor allem unter den jungen Werktätigen" gebe es "derartige Preisdiskussionen". Diese verträten "die Auffassung, daß sie bei einer solchen Preisentwicklung erst im Alter zu einem PKW kommen werden". Und das entspreche "nicht dem Inhalt und der Begründung des Politbürobeschlusses über die Erhöhung der PKW-Stückzahl vom 14.6.1983". Diese, und weitere Erscheinungen beim An- und Abtransport von Ersatzteilen durch die Reichsbahn, führten dazu, dass gesagt werde, "die angesprochenen Zustände" führten "zu einer Verärgerung und zur Auffassung, daß die Prozesse nicht mehr beherrscht werden bzw. zu beherrschen" seien.[2]

Die verschärfte Situation innerhalb des VEB Sachsenring zeigte sich Mitte Februar in der Tatsache, "dasz kaum noch diskussionen zu aktuell-politischen fragen, jedoch auch nicht mehr dominierend (wie z.b. im dezember) zu versorgungsfragen gefuehrt" würden. Das Kapazitätsdefizit, ergänzt um einen latenten Arbeitskräftemangel, sei nicht durch das „IFA-Kombinat PKW" auszugleichen.[3]

Auch die Kraftstoffbehälterzulieferung durch den VEB Metall- und Plätverarbeitung (MPV) Beierfeld, der zum Betrieb des VEB Kombinat Haushalt- und Küchengeräte Schwarzenberg zählte, verursachte Anfang 1985 unverkennbar andauernde Probleme in der Bereitstellung für die PKW-Fertigung in Zwickau. Ein Rechtsstreit zwischen Zwickau und Beierfeld dauerte an.

> „die geplanten stueckzahlen an pkw
> - 1986 - 142 000 stueck
> - 1987 - 150 000 stueck
> - 1988 - 175 000 stueck".

Die Zulieferungen konnten somit nicht gesichert werden. „auswirkungen auf die versorgung der bevoelkerung" wurden befürchtet.[4]

Am 26.Februar 1985 fand eine Beratung zur "politisch-operativen Sicherung des Schwerpunktbereiches PKW/IFA-Kombinat" statt. Oberst Nagel erhielt den Auftrag, dazu einige Ausführungen zum Thema

> "Politisch-operative Sicherung der konsequenten und störungsfreien Durchsetzung der Beschlüsse des Politbüros des ZK der SED vom 14.Juni 1983 zur Erhöhung der Stückzahlproduktion des PKW 'Trabant' vom 9. Oktober 1984 zum Einbau des Antriebsaggregates 'Alpha' im VEB Sachsenring Automobilwerke Zwickau für den Zeitraum 1984 bis 1988"

zu machen. Stellung genommen wurde "Zur Problematik Stückzahlerhöhung" und "Zur...Sicherung des Einsatzes des Antriebsaggregates 'Alpha' in dem PKW Trabant'". Aus dem Politbürobeschluss vom 14.Juni 1983 ergab sich als Ausgangslage eine Produktionserhöhung des PKW Trabant von 122,5 T Stück 1983 auf 175,0 T Stück 1988. Unter "nur geringfügiger Anhebung der Arbeitskräftezahl" stellte "die Verlagerung von Produktionskapazität in andere Betriebe sowie der verstärkte Einsatz von Industrierobotern und Automatisierungstechnik" das "Hauptmittel" zur Realisierung dar. Es ergab sich folgerichtig, dass "die Stückzahlsteigerung... höhere Anforderungen an den Zulieferbetrieb und die Organisation der Kooperationsbeziehungen bei ca. 650 Zulieferbetrieben" stellte, als geleistet werden konnten. Zusätzlicher Transportaufwand schlug sich "negativ auf die Ökonomie des VEB Sachsenring nieder". Antworten hinsichtlich dieser Entwicklung bildeten die "Einführung des 3-Schichtsystems im Bereich Endmontage (1000 Arbeitskräfte) und der

"Einsatz der selbstentwickelten Industrieroboter TR 10". Positiv hervorgehoben wurde die "straffe zentrale Leitung" des Projektes durch einen Führungsstab unter Leitung des Betriebsdirektors" Hipp.

Probleme, wie z. B. arg beschnittene Mittel in Höhe von 3,6 Millionen Mark, die einem ursprünglich bestätigten Soll von 110 Millionen gegenüberstanden, jedoch seitens der Staatlichen Plankommission bislang nicht überwiesen wurden, der daraufhin verzögerte Baubeginn für eine "Lackier- und Montagehalle", und damit die Begrenzung der "Stückzahlsteigerung" auf 142 000 PKW, kamen weitestgehend offen zur Sprache. Klar ausgedrückt wurde, welche Probleme bestanden. Ausgeführt wurde im Einzelnen:

> "Aus technischen und technologischen Gründen heraus ist die Extensivmaßnahme Neubau Lackier- und Montagehalle aber Grundvoraussetzung zur Erreichung der Zielstellung 1987/88, da die Kapazität der gegenwärtigen Anlagen ausgeschöpft ist".

Wie misslich sich diese Situation in der Produktion bereits darstellte, wurde klar, wenn Nagel über veraltete "und teilweise verschlissen[e]...und nur für 80 T PKW' konzipierte "Montagebänder" berichtete. Nur mit Hilfe "konzentrierter Maßnahmen der planmäßigen vorbeugenden Instandhaltung und von Teilrekonstruktionsmaßnahmen" sei deren Funktionieren aufrecht zu erhalten. Einige Unruhe wird der Hinweis des MfS erzeugt haben, "diese Situation" sei "dem IFA-Kombinat PKW, dem...(Ministerium für Allgemeinen Landmaschinen, und Fahrzeugbau) und Abteilung Maschinenbau des ZK der SED bekannt". Die Leitung des VEB Sachsenring arbeite zusätzlich "bereits mit Investmitteln, die die Staatliche Plankommission des Kombinat PKW im Zeitraum 1986-1990 zur Verfügung stellen wolle". Es handele sich um 650 Millionen VM, für die allerdings keine schriftliche Bestätigung" vorliege. Über sieben IM nahm das MfS auf die Produktionsabläufe Einfluss.

Um 40.000 Stück, 1050 cm³, Vergaser- und 135 000 Stück, 1300 cm³ Dieselmotoren in Trabant und Wartburg einzubauen, wurden erhebliche Anstrengungen unternommen. Es erforderten Fahrwerk und Bremssystem gewichtige Änderungen (Schraubenfedern). Weitere Verstärkungen mussten, auf Grund der größeren Masse des Motors in die Karosserie hineinkonstruiert werden. Über den höheren Material- und Arbeitseinsatz lagen "zum gegenwärtigen Zeitpunkt" jedoch "noch keine endgültigen Erkenntnisse" vor. Eingeengt sahen sich die Ingenieure des VEB Sachsenring durch die Vorgabe, "die Maximalmaße des Trabant nicht" überschreiten zu dürfen. Auch sei der Einbau eines "Ottomotors" in das erste "Funktionsmuster" kompliziert verlaufen. Nur durch importierte "Nebenaggregate" wäre der Einbau der Maschine möglich geworden. Auch bei der Erprobung der Dieselvariante seien bedeutende Probleme aufgetreten. Zusätzlich habe sich herausgestellt, dass der neue Trabant gegenüber dem "Import VW-Golf" einen geringeren "Gebrauchswert" erreichen werde. Die Kritik der Beschäftigten des VEB Sachsenring fand in diesem Bericht des Oberst Nagel nur ungenügenden Widerhall. In konzentrierter Zusammenarbeit mit den Betriebsdirektor des VEB Sachsenring, und durch den verstärkten Einsatz von IM im Führungsbereich, versuchte das MfS diese Entwicklung unter Kontrolle zu halten.[5]

Im Anschluss an diese Dienstberatung wurde durch den Leiter der Kreisdienststelle Zwickau des MfS „Mitte des Monats April" ebenso berichtet wie darüber, dass die "GE-Bestätigung für das zur Sicherung der Stückzahlerhöhung zu bauende Preßwerk nicht" vorliege. Dem "Baubetrieb" drohe der "Arbeitskräfte-Abzug". Weiterhin sei die "Baukennziffer 1985 von 24,9 Mio Mark auf 21,6 Mio Mark gekürzt" worden. Der "Komplex...Mosel (Endmontage)" werde "bislang nicht eingeordnet".[6] Während im "Fachbereich 2" des VEB Sachsenring Ende April einige Unzufriedenheit festzustellen war, stellte sich die Situation im "Fachbereich 9 (endmontage)" als verhältnismäßig ruhig dar. Allerdings wurde im Karosseriebau eine deutliche Sprache geführt. Im einzelnen war zu hören:

"- die sollen die bude zumachen und aufhoeren mit der Klempnerarbeit

- da werden millionen fuer den neuen motor ausgegeben, was soll das. es wird aus dem trabant kein neues auto, es bleibt die alte 'schabrake'.

- was wir hier machen, ein Auto in 50 Betrieben zu produzieren, kann sich doch kein Land der Welt leisten

- warum liefern uns die Tschechen nicht den Skoda, bei denen wird er doch auf Teilzahlung verkauft".[7]

Über die bisherigen Erkenntnisse hinaus stellte die Kreisdienststelle Zwickau Ende des Monats April fest, ein "IM in Schlüsselposition" habe eine Differenz zwischen den "mit dem Ministerium für Allgemeinen Landmaschinen- und Fahrzeugbau abgestimmten Planvorgaben für den Fünfjahresplanzeitraum 1986 bis 1990" zu den "wesentlichen Kennziffern vom Inhalt des Politbürobeschlusses" festgestellt. Das bedeute "konkret", dass die "1986 zu erreichende[n] Stückzahl von 142000 PKW in den Jahren 1986 bis 1988 beibehalten" werde "und damit zum Politbürobeschluß (PBB) ein PKW-Defizit von 41000 'Trabant' zu verzeichnen sein" werde. Dieser Widerspruch wurde von der

Kreisdienststelle des MfS dahin aufgelöst, dass von der Staatlichen Plan-kommission die entsprechende "Investition" erst "ab 1989 zu erwarten" sein würde und damit die Steigerungsrate auf 175000 PKW/Jahr im "Fünfjahrplan-vorschlag" begründet sei. Die vieldiskutierte "Grenze von 142000 PKW/Jahr" sei "technologisch mit der Gesamtkapazität der Lackiererei im Stammwerk be-gründet".

Überraschend trat nun die Feststellung auf, die "realisierte[n] Verlagerung von Produktionskapazität aus dem VEB Sachsenring in andere Betriebe/Be-triebsteile" sei - allerdings "aus operativer Sicht [-] problemlos" verlaufen. Be-hauptet wurde, die Meinungsäußerungen der Belegschaft zum Einbau von 4-Takt-Motoren in die veraltete Karosserie" seien „nicht in Leitungsberatungen thematisiert worden". Der PKW Trabant als "Fahrzeug für den Arbeiter" verliere "seinen Charakter", würde der Preis über 20.000 M steigen. Das sei die Mei-nung der Beschäftigten, so betonte das MfS. Als zentrale Quelle wurde ein Schreiben des Betriebsdirektors des VEB Sachsenring an den Kombinatdirek-tor aus dem November 1984 zitiert. Darin wurde ausgeführt:

> "Nach den derzeitigen Erkenntnissen erhöhen sich mit dem Einbau der Antriebs-saggregate in den 'Trabant' die Kosten und Preise erheblich schneller als die Ge-brauchswerte. Im Jahr 1988 steht ein im Antrieb sehr modernes, im äußeren Er-scheinungsbild jedoch ein sehr altes Erzeugnis zum Verkauf. Während sich die Gebrauchswerte des 'Trabant' bis 1988 nun um ca. 35% entwickeln, erhöhen sich die Preise auf über das Doppelte. Dabei erreicht die Limousine Son-derwunsch bereits den EVP des Import-PKW 'VW Golf L', der in der DDR über 19000 Mark verkauft wurde und einen wesentlich höheren Gebrauchswert hatte".

Über diese Entwicklungen wurde, so das MfS Kreisdienststelle Zwickau, "der 1.Sekretär der SED-Kreisleitung" informiert.[8] Es ist, angesichts dieser Ent-wicklungen erstaunlich, dass Ende Mai unter dem Beschäftigten von fünf Fach-bereichen des VEB Sachsenring

> "kaum diskussionen oder meinungsaeußerungen [zu] aktuell politischen proble-men zu verzeichnen"

gewesen sein sollen. Im Mittelpunkt des Interesses stünden stattdessen "be-triebliche probleme". Mit dem "neubau" einer Lackiererei und einer "pkw-end-montage" sei nicht zu rechnen, "weil keine investitionen" in absehbarer Frist zu erwarten seien. Weiter wurde ausgeführt:

"weil die stueckzahlsteigerung auf 175 000 pkw nicht erfolge. ueberdies fehle Baukapazitaet, eine stueckzahlsteigerung auf 175 000 pkw erfo[l]ge erst nach einsatz des 4-takt-motors".

Weiter umstritten seien "lackiererei" und "pkw-endmontage" sowie "unter konstrukteuren der abt. tv kam es zu diskussionen ueber den preis des pkw 'trabant' von ca. 17 000 mark" und den "zweck der umfangreichen produktionsverlagerungen". Auch sei der Bau einer "pressenhalle" umstritten, da dieser "so wenig fortschritte zeige". Weiter gebe es böses Blut "unter konstrukteuren der abt. tkef", die Verärgerung zeigten angesichts der Einführung eines sogenannten gesteigerten leistungsabhängigen Gehalts ab 1.April 1985. Dieses sei "in das konstante leistungsabhaengige gehalt, das monatlich gezahlt" würde, "und das gestandene leistungsabhaengige gehalt" unterschieden, das "erst nach abschlusz des staatsplanthemas und bei einhaltung der terminstellung gezahlt" werde. Weiter wurden die Erfahrungen mit Radial- und Diagonalreifen in Verbindung mit der neuen Schraubenfederachse diskutiert. Die Laufleistungen der Radialbereifung, in Verbindung mit dieser Achse, lägen bei 20 bis 30.000 Kilometern. Während Diagonalreifen bereits "bei 5-6000 Km" verschlissen seien. "Es werde geld 'verpulvert', weil im moment keine andere loesung vorhanden sei".[9]

Dass sich die Lage inzwischen verschärft hatte, machten Äußerungen deutlich, die der Abteilung XVIII im August 1985 gemeldet wurden. Im Einzelnen wurde durch IM berichtet:

"Unter den Beschäftigten der Entwicklungsabteilung im VEB Sachsenring wird der Politbürobeschluß 'Antriebsaggregat' in Frage gestellt. Die Beschäftigten in dieser Abteilung bringen in Diskussionen zum Ausdruck, daß von Seiten der Leitung nicht mit der erforderlichen Konsequenz an dieser Aufgabenstellung gearbeitet wird. Der Entwicklungsleiter Gründel, Werner habe beim Kombinat Überstunden beantragt, obwohl die Kollegen in der normalen Arbeitszeit oftmals nicht ausgelastet sind. Die konstruktiven Lösungen für den Einbau des VW-Motors wurden geschaffen, jedoch weitere Aufgaben nicht angewiesen. So brachten die Konstrukteure Sachse, Koepke, Weber u.a. zum Ausdruck, daß die gegenwärtige Situation auch bei vorangegangenen Politbürobeschlüssen, welche nicht realisiert wurden, zu verzeichnen war. Ferner wird in diesem Zusammenhang angeführt, daß die Variante des Motorenbaus für den 'Trabant' nicht realisiert wurde, aber erstens die geplante Stückzahl der in Lizenz in der DDR gefertigten VW-Motoren nicht kommt bzw. für die Refinanzierung benötigt wird und zweitens der Einbau eine Preiserhöhung des 'Trabant' nach sich zieht. Diese erwartete Preisentwicklung könnte Unzufriedenheit unter der Bevölkerung hervorrufen. Sie begründeten die zu erwartende Abwartehaltung im VEB Sachsenring und die Anzweiflung der Realisierung des Politbürobeschlusses".[10]

Die Realitäten des DDR-Aktivsystems wurden plastisch, wenn berichtet wurde, dass im Zuge von Diskussionen um Arbeitsprobleme im VEB Sachsenring die, im Zuge einer

"fdj-initiative 'pkw-bau' in das werk gekommenen jugendlichen fast durchweg nicht an der versammlung teilnahmen, weil, so war die meinung der arbeiter, sie ihr ziel erreicht haben, eine neubauwohnung zu erhalten. alles andere wuerde sie nun nicht mehr interessieren".[11]

Am 4.Juli wurde bekannt, dass am Vortage

"von 70 arbeitern der fruehschicht 10 teilnahmen. die meinung der mehrzahl der arbeiter vor der diskussion war, dasz die planzahlen doch sowieso feststuenden und man ihnen auf ihre sonstigen fragen keine befriedigende antwort geben koenne. was ja in den vorangehenden jahren auch immer so gewesen sei".[12]

Anzeichen zunehmender Nervosität in der Belegschaft machten sich mehr und mehr bemerkbar. Der "fdgb. bezirksvorstand" sollte, so eine Meldung vom 3.Juli, "eine arbeitsgruppe gebildet" haben, "die bestimmte probleme am 15.Juli überprüfen" werde.

"diese ankuendigung loeste in der bgl des betriebes eine reihe von masznahmen aus, zu denen u.a. das erneute beschaffen und studieren von berichten und informationen aus der produktion gehoert, die die aussagen des o.g. cfs bestaetigten, aber noch vor 2-3 wochen als 'ueberspitzungen' abgetan und deren verfasser deshalb geruegt wurden".[13]

Kritik eines IM zu den "wirtschaftsleitenden Organen in der Ebene der Ministerien" unterstrich, dass diese "keinen umfassenden Überblick über Produktionskapazitäten in den ihnen zugeordneten Kombinaten" besäßen. Es sei "für den Berichtenden...deprimierend" gewesen, "zu erleben, mit welcher Arroganz Vertreter des MALF-Trenntwein, Körfel, Rost - ihre Unkenntnis über die Sachlage durch der Sache nicht dienende[n] und von Beginn an sinnlose[n] Anweisungen überspielten".[14]

Immer wieder tauchten, exakt zu diesem Zeitpunkt, Bedenken in der Arbeitnehmerschaft hinsichtlich der Bereitstellung von Südfrüchten auf, die als "katastrophal" bezeichnet wurde. Auch die mangelnde finanzielle "Stimulation" werde gerügt, so berichtete das MfS.[15] Dieser Kritik der Belegschaft öffnete sich die Leitungsebene nur begrenzt. Doch wurde ausdrücklich, seitens des MfS, von einer verständnisvollen Haltung der Leitenden gesprochen. Interessanterweise "ohne dasz bisher entscheidende veraenderungen vorgenommen werden konnten"- so berichtete die KD Zwickau des MfS erneut.[16] Parallel dazu wurden Bedenken erhoben, die "qualitaetssituation" verschlechtere sich nämlich zunehmend. Zusammenfassend kam zum Ausdruck, "dasz eine echte verbesserung nur durch finanziellen anreiz fuer qualitaetsarbeit und durch materielle voraussetzungen moeglich sei".[17] Zu einem ersten Aufflammen von Widerstand kam es Ende Juli, als im Bereich Karosseriebau "durch den fb-leiter 4 disziplinarverfahren durchgefuehrt" werden mussten,

> "weil sich einige werktaetige weigerten, an dieser fuer die aufrechterhaltung der produktion im gesamtbetrieb unbedingt notwendigen sonderschicht teilzunehmen bzw. trotzdem nicht erschienen. bei den dazu gefuehrten auseinandersetzungen kam es teilweise zu spontanen und negativen aeuszerungen von an sich als zuverlaessige werktaetige bekannten arbeitern".

Weiter wurden die Probleme der Kantinenversorgung gerügt und es kam zu Äußerungen von Arbeitern, welche die staatlichen Leiter kritisierten, diese hätten keine Zeit mehr "für die persönlichen Probleme der Arbeiter" und forderten nur noch höhere Leistungen.[18]

"leistungssteigerungen" seien "nur auf kosten der werktaetigen moeglich", hieß es in weiteren Berichten der IM aus dem VEB Sachsenring. "wir fuehlen uns nach 2 tagen wie menschliche roboter", so wurde geäussert. "die sanitaeren bedingungen sind unter aller wuerde" bestätigte das MfS, KD Zwickau. "berliner arbeiter wuerden sich dies alles nicht gefallen lassen", lautete der Originalton aus dem sächsischen Betrieb. Unverstellt äußerten sich auch Jugendliche, die im Rahmen einer "'fdj-initiative' in das Unternehmen kamen. Diese hätten "enttaeuschte meinungsaeuszerungen" abgegeben.

> "sie sehen die arbeit an bestimmten plaetzen als 'geisttoetend' und bringen dies mit solchen problemen wie schlechte arbeitsmoral, pfuschmoral und 'krankmachen' in verbindung".

Weiter seien "zweifel" aufgekommen "ueber

> - die realisierbarkeit des 'motorenbeschlusses', weil man den zulieferbetrieben die lieferung der geforderten teile und aggregate nicht zutraut
> - den tatsaechlichen einsatz des 'neuen antriebsaggregates' in ddr-pkw, weil man glaubt, auf grund steigender investforderungen nur noch ein motorenwerk fuer 'vw' bauen zu koennen".[19]

Krisenhafte Zustände entwickelten sich zunehmend auch im Gelenkwellenwerk Mosel, wo von 983 hundertsechzig Maschinen ausfielen. Zunehmende Reparaturzeiten drückten auf das Planergebnis, das um 10 Millionen Mark unterschritten wurde. "es zeichnet sich somit ab, dasz das gelenkwellenwerk den nsw-exportplan fuer das jahr 1985 nicht erfuellen wird", urteilten die Berichterstatter aus Mosel Ende des Monats September. Die hohen Leistungsanforderungen an die Belegschaft seien durch Überforderungen seitens der Leitung bedingt, die größere Mengen fordere, als "mit den nsw-partnern vertraglich gebunden" seien. Dennoch werde erkennbar, so die IM an die KD Zwickau,

> "dasz der groszteil der beschaeftigten des gelenkwellenwerkes trotz der diskontinuitaet der produktion und der fortwaehrenden maschinenausfaelle auch weiterhin gewillt ist mitzuarbeiten, um die produktion zu sichern. die beschaeftigten fordern jedoch von den verantwortlichen eine klare antwort auf die frage, wann sich diese bereits ueber jahre andauernden zustaende wirksam veraendern"

würden.

Trotz der Versuche der Werksleitung, die Notwendigkeit von Sonderschichten den Beschäftigten nahe zu bringen, erwarteten IM, dass "die zur teilnahme an diesen zusatzschichten" bereite Zahl an Arbeitern "staendig abnimmt". Diese Kritik wurde auch im VEB Nickelhütte St. Egidien unüberhörbar. Von der K[reis]D[ienststelle] des MfS Hohenstein-Ernstthal gesammelt, lässt sich das Stimmungsbild nachvollziehen. So wurden "negative Meinungsäußerungen aus der Bevölkerung" kolportiert. Im Einzelnen lauteten diese:

> "- in unserer Politik werden grobe Fehler gemacht, *man schafft unterschiedliche soziale Schichten durch die völlig ungerechte Verteilung des Nationaleinkommens;*
> - die Begünstigung bestimmter Bevölkerungsgruppen durch finanzielle Stützungen und Zuwendungen ist ungerecht;
> - die Bevorteilung Berlins hat Ausmaße angenommen, daß man unsere führenden Staatsmänner mal wieder an die Klassiker erinnern sollte, die davon schreiben, daß im Sozialismus die Widersprüche zwischen Stadt und Land abgebaut werden, bei uns in der DDR sei gerade das Gegenteil der Fall"[20] (Hervorh.v.m., B.S.).

Infolge mangelhafter Vorbereitung und Abläufe innerhalb des Produktionsprozesses sahen sich bereits Anfang September 1986 die "Staatlichen Leiter" gezwungen, "mit Arbeitsanweisungen zu arbeiten". In den Fachbereichen Karosseriebau und Lackiererei traten laufend Beschwerden von Beschäftigten auf, die dem Kreisgericht Zwickau-Stadt und dem FDGB-Kreisvorstand vorgetragen wurden. Aussprachen kamen zustande, deren Ergebnisse allerdings dem MfS noch nicht bekannt geworden waren. Von Mitarbeitern sei geäußert worden, "dasz durch die Verlagerung der Getriebeproduktion zum VEB Landmaschinenbau Dargun eine kritische Situation eingetreten" sei, "weil infolge eines Produktionsrueckstandes von 7 Tagen, der durch den <u>VEB Landmaschinenbau Dargun</u> verursacht wurde", eine große Anzahl Fahrzeuge nicht habe fertiggestellt werden können. Kritische Meinungen traten darüber hinaus dazu auf, dass Studenten aus der Volksrepublik Polen zwischen dem 14.Juli und 2.August sowie dem 3. und 23.August 1986 im VEB Sachsenring eingesetzt werden sollten. Die Beschäftigten glaubten, "die Arbeitsleistung dieser Studenten" läge "unter dem erforderlichen Niveau". Auch lasse deren Arbeitsmoral zu wünschen übrig. Trotz Aussprachen und vieler guter Hinweise sei keine Verbesserung eingetreten".[21]

Bis in den September 1987 ließ sich der Betriebsdirektor des VEB Sachsenring Zeit, um nach Güstrow zu fahren und die Ursachen der Lieferprobleme vor Ort aufzuklären. Festgestellt wurden "fehlende versierte Arbeitskräfte für die Bedienung, Wartung und Instandhaltung der Maschinen" als Ursache der Fehlentwicklung. Auch die "mangelhaft gelöste organisatorische Absicherung der Produktion" wurde angeführt. So käme es zu der "unkontinuierliche[n] und nicht qualitätsgerechte[n] Belieferung des VEB Sachsenring". Auch der "Fach-IM" des MfS bestätige das negative Bild. Dieser führte aus:

> "daß im VEB Landmaschinenbau Dargun in absehbarer Zeit keine Gewähr besteht, eine kontinuierliche Produktion zu garantieren, obwohl durch den VEB Sachsenring Arbeitskräfte abgestellt wurden, die die Beschäftigten des VEB Landmaschinenbau an den ihnen übergegebenen Maschinen zur Produktion von Ausgleichsgetrieben anlernen".

Trotz dieser Entwicklungen sollten dem Betrieb in Dargun weitere Aufgaben, wie "die Produktion der neuen Differentiale und von Zahnrädern für das neue Antriebsaggregat für die VEB Sachsenring und Automobilwerke Eisenach übertragen werden".[22]

Anlässlich einer Beratung der Inspektion des "Ministeriums für Allgemeinen, Landmaschinen- und Fahrzeugbau" wurde am 21./22.Januar 1988 in Berlin informell bekannt, "daß der VEB Sachsenring Automobilwerke Zwickau damit" rechne, "daß 1988 vom Betrieb nicht beeinflussbare Störungen in der Produktion von 2-Takt-Motoren im VEB Barkas-Werke eintreten" würden, "durch die auch die Serienfertigung gefährdet werden" könne. "Bereits jetzt" solle "die Bereitstellung von Kurbelgehäusen für den Ersatzteilsektor (Trabant 601 bzw. Wartburg) praktisch nicht mehr aufrecht zu erhalten sein. Zulieferungen durch den VEB Metallgusswerke Leipzig (MEGU) hätten 1987 "die geplante Produktion" von "Motorenkurbelgehäusen...nicht erreicht" und sei diese darüber hinaus "im Januar 1988 ebenfalls" nur "unter extremen Schwierigkeiten angelaufen". "Die Ausschussquote" liege "außerordentlich hoch, zeitweise bei 100% für den Kurbelgehäuseguß der VW-Motoren". Das MfS stellte fest:

> "Wie weiter bekannt wurde, hat MEGU Leipzig 1987 von den laut Plan 1987 an den VEB Barkas zu liefernden 4000 Kurbelgehäusen, für dort zu fertigende VW-Motoren (Einbau in Trabant 1.1), noch kein[en] einzigen geliefert".[23]

"Probleme bei der Planerfüllung" kennzeichneten die Lage Mitte des Monats April 1988 beim VEB Sachsenring Zwickau. Es wurden per April 214 PKW weniger als geplant ausgeliefert. Durch "die Verantwortlichen" werde "eingeschaetzt", so das MfS, "dasz die sinkende Tendenz in der PKW-Produktion weiter anhalten" werde. Ein "Defizit[s] an Arbeitskräften" im Karosserierohbau habe diese Rückstände verursacht. An keinem Tag werde im Fachbereich 2 (Karosserierohbau) der Plan erfüllt. Infolge von Qualitätsproblemen müssten 90 PKW nachgearbeitet werden. Diese aufgetretenen Probleme führten, so das MfS, "unter den Werktätigen zu negativen Stimmungen und zu Resignation und es komme zunehmend zu kritischen Bemerkungen an die Betriebsleitung des VEB Sachsenring". Es werde die Auffassung vertreten, „daß zwar viel kritisiert aber kein Problem grundlegend geklaert" würde. Es "sei weder die fachliche noch die politische Fuehrung das Gesamtprozesses gewaehrleistet".

In Gesprächen bei VEB Sachsenring werde geäußert, der Sozialismus schneide schlechter ab, als der Kapitalismus.

> "Dies betreffe die Arbeitsbedingungen in Betrieb. Man müsse immer mehr arbeiten und demgegenueber sei in Betrieb und im Territorium eine schlechte Versorgungslage zu verzeichnen. Die Preise für Konsumgüter seien zu hoch. Die Lage im Dienstleistungssektor verschlechtere sich staendig. Von solchen Fragen wie Sauberkeit und Ordnung oder dem[n] Zustand der Straßen ganz zu schweigen".

Im VEB Zementwerk Bernburg werde geäußert, so hielt das MfS fest, "ein kapitalistischer Betrieb mit einer solch unkontinuierlichen Produktionsweise" würde "schon längst pleite" sein.

"Es sei nicht zu verstehen, dasz alles, auch Zement, exportiert wuerde, dasz man aber im Gegenzug nicht einmal Bananen importieren koenne. Unter den gegebenen Umstaenden sei dies kein Arbeiten, sondern eine 'Gammelei' und es sei nicht verwunderlich, wenn in unserer Wirtschaft nichts mehr funktioniere".[24]

Es ging in der Diskussion um ganz handfeste Argumente, die aus dem täglichen Arbeitsablauf und dem gesellschaftlichen Umfeld entnommen waren. "Planrueckstaende" in "Karosseriebau", "Beplankung", "Lackierung", "Montage" und "Fertigmacherei" sowie das "Fehlen von Arbeitskraeften" reichten sich die Hand mit Urteilen der Beschäftigten wie:

"Dasz sie kein Verstaendnis mehr aufbringen koennten fuer die Probleme, die im Betrieb und im oeffentlichen Leben (Versorgung) nach fast 40 Jahren Bestehen der DDR vorhanden sind.
Weitere Argumente waren bzw. sind:
- Die Probleme der Produktion wuerden sich immer mehr verschaerfen.
- Es passe immer weniger zusammen.
- Man habe keine Lust, Unvermoegen der Leitung auf die eigenen Knochen abwaelzen zu lassen.
- Nach der eigentlichen Berufstaetigkeit beginne ja noch eine 'Zweite Schicht', d.h. man muesse viel Kraft und Zeit aufwenden, um die Versorgungsprobleme der Familie von der Nahrung bis zur Konfektion klaeren zu koennen.
- Die Lebensqualitaet habe sich in den letzten Jahren verschlechtert".

Die Diskussionen gingen weiter "ueber die Notwendigkeit und die Vergütung von Sonderschichten". Es wurde berichtet:

"- Es komme im Laufe der Woche immer wieder zu Leertakten am Band, weil Teile fehlen und man sehe nicht ein, dasz diese Ausfaelle dann in zusaetzlicher Arbeit aufgeholt werden muessen
- Es ist zu wenig materieller Anreiz fuer Sonderschichten, da sie nur als Ueberstunden bezahlt wuerden. Andere Betriebe zahlten extra Praemien und gaeben freie Verpflegung aus
- Es gaebe seit vielen Jahren große Unzulaenglichkeiten im Betrieb, um die sich keiner kuemmere (undichte Daecher, verschmutzte Toiletten, Einsatz von Dieselgetriebenen Staplern in den Hallen). Aber auch Qualitaetsprobleme beim Material, wo man dann noch als Arbeiter fuer entstandenen Ausschusz geradestehen muesse".[25]

"Im Monat Mai" habe "sich die Plansituation im VEB Sachsenring weiter zugespitzt". Das gab die "wöchentliche Lageeinschätzung der KD [Zwickau, handschr.]" des MfS wieder. Neben anderen Ausfällen im VEB Sachsenring ergaben sich gravierende Probleme bei Zulieferfirmen. Das MfS berichtete:

"Bedingt durch den Ausfall von 2 Guszstraßen im VEB Metallguß (MEGU) Leipzig ist der Motorenhersteller, VEB Barkaswerke KMST gegenwärtig nicht in der Lage, dem VEB Sachsenring Zwickau die fuer die Serie erforderliche 582 Motoren pro Tag zu liefern. Die Lage ist z.Zt. so, dasz zu Schichtbeginn am heutigen Tag (24.05.) nur 70 Motoren vorhanden waren. Angesagte Lieferungen werden 400 Motoren pro Tag betragen".

Weiter wurde berichtet,

"erfahrene, langjaehrige inoffizielle Mitarbeiter schaetzen ein, dasz sich die Lage und Stimmung unter der Arbeiterklasse der Betroffenen Fertigungsbereiche, aber auch im Gesamtbetrieb, zunehmend verschlechtert hat, dasz Gleichgueltigkeit, Gereiztheit, zunehmen, der Glaube an eine baldige Loesung der Probleme des Betriebes schwindet und die Bereitschaft zu soz[ialen]. Hilfeleistungen und Sonderschichten an Wochenenden abnimmt. Die Hauptursache ist, so wird inoffiziell uebereinstimmend eingeschaetzt, das absolute Fehlen von Arbeitskraeften, verbunden mit extrem hoher Arbeitsintensität in einigen Bereichen. Die wiederum zu Ausfaellen und Kuendigungen führt".[26]

Anfang Juni 1988 war die "Bereitschaft zur Teilnahme an Sonderschichten" weiterhin "gering" und es herrschte die Auffassung vor,

"daß trotz der Sonderschichten die Planrueckstaende nicht aufgeholt werden koennten. Nach Meinung der Arbeiter kuemmere sich die Betriebsleitung nicht mit dem erforderliche Nachdruck um die Probleme bzw. ignoriere diese voellig. Mitglieder der SED in diesem Bereich bringen zum Ausdruck, dasz die ideologische Arbeit immer komplizierter werde weil sie aus der bestehenden komplizierten Situation auch keinen Ausweg wueszten und allgemeine Erklaerungen wolle keiner hoeren. Ueberdies besteht die Meinung, dasz mit einer weiteren Zuspitzung der Situation zu rechnen sei, wenn mit dem Einbau des neuen Antriebsaggregates begonnen werde".

Auch in der Abteilung TKV war die "Miszstimmung" beträchtlich

"darueber, dasz Kollegen ueber einen laengeren Zeitraum zu Nacharbeiten in der PKW-Produktion eingesetzt werden. Gegenwaertig auftretende Material- bzw. Qualitaetsprobleme, wie z. B. das Brechen von Zahnraedern im Getriebe, habe es seit 25 Jahren nicht gegeben. Nach Meinung dieser Werktaetigen nehmen die Schludereien in den Zulieferbetrieben in erheblichem Umfang zu. Dafür mueszten dann die Beschaeftigten des VEB Sachsenring den 'Buckel' hinhalten. Mit solchen Problemen sollte sich unsere Presse endlich einmal befassen. Es koenne doch nicht sein, dasz einerseits die Technik immer weiter voranschreite, aber der VEB Sachsenring von der Zulieferindustrie immer mehr 'Schrott' geliefert bekomme".[27]

Das MfS berichtete weiter in detaillierter Form über die "Stimmung im VEB Sachsenring Automobilwerke Zwickau". Die "Stimmung unter den Werktätigen des Betriebes" sei "auf die komplizierte Situation in den Fertigungsbereichen 2 (Gerippebau) und 3 (Beplankung, Farbgebung)" zurückzuführen, wurde festgestellt. "Die angespannte Situation, hervorgerufen durch Defizit von Arbeitskräften, technische Ausfälle u.A." erfordere "immer wieder Sonderschichten zur Aufholung, Einsatz sogenannter 'Soz[ialer]. Hilfen' und andere Sonderhilfsmassnahmen". "Die staendigen Aufforderungen zu Sonderschichten und Ueberstunden würden widerwilliger und unlustiger" durch die Arbeiterschaft aufgenommen. Die "Werktätigen" äußerten:

" - Wir wollen Freizeit mit Familie haben
- der Mensch braucht auch Erholung
- 5-Tage-Arbeit Woche gilt auch noch für den VEB Sachsenring
- sollen doch die arbeiten, die uns das eingebrockt haben".[28]

Durch Indiskretionen eines Mitarbeiters im "Bereich wissenschaftliche Bibliothek" wurde bereits Mitte August 1988 in Chemnitz bekannt, dass unter anderem das "Erscheinungsbild" des neuen "Trabant 1100" "nicht entscheidend verändert" werden würde.[29] Gleichzeitig war zu hören, die Kritik an den "technischen Unzulänglichkeiten" nähme zu. Diese wären "grosz, aber dazu kaemen nun noch die oekonomisch nicht mehr zu vertretenden Aufwendungen". Es wurde im Kreis der Beschäftigten des Automobilwerkes Sachsenring unverkennbar stringentere Kritik geäußert. Das MfS berichtete:

"So wird die Meinung vertreten, es gehe nichts mehr vorwärts, weder im Betrieb noch bei allen anderen Problemen.
In der Presse schreibe man über alle moeglichen Erfolge, aber keiner sage, warum es z. B. solche simplen Artikel, wie Senf und Zwiebeln nicht gegeben habe.
Diese Miszstimmung, so wird weiter informiert, koenne man auch in den Warteschlangen vor Baeckereien, Fleischereien, an Obst-und Gemüsestaenden, vor Getraenkestützpunkten und vor Kaufhallen-Kassen taeglich und stuendlich spueren.
Es werde gegenwaertig mehr und offener geschimpft als frueher und viele Aeuszerungen waeren nicht DDR-freundlich"[30] (Hervorh.v.m., B.S.).

Ein Bericht der Abteilung XVIII des MfS hielt Anfang September fest, "im VEB Elite-Diamant Karl-Marx-Stadt werde die Meinung vertreten, ...der neue 4-Takt-Otto-Motor" rechtfertige „nicht eine Preissteigerung von 10 TM". „Im VEB Gerätewerk Karl-Marx-Stadt werde die Meinung vertreten, dass mit dem 'Wartburg'-Preis *eine neue Barriere zwischen Partei und Bevölkerung* aufgebaut" werde (Hervorh.v.m., B.S.). „Vom gleichen Personenkreis" werde „in die Diskussion eingeführt, daß vor 10 Jahren der Original VW-Golf mit dem gleichen Motor in der DDR für 19.500,00 Mark verkauft worden" sei „und nun der Wartburg, *dessen technische Konzeption älter als der damalige VW-Golf*" sei, "ein Drittel mehr kostet; *das sei Inflation*" (Hervorh.v.m., B.S.). In einem „Linienbus Karl-Marx-Stadt/Hainichen" sei „zur Preisgestaltung die Meinung vertreten worden, daß damit die Lohnsteigerungen der letzten Jahre" abgeschrieben werden könnten „und auch" in der DDR, „wie im Westen, das Realeinkommen" sinke.[31]

Im Dezember 1988 beschrieb der Leiter der "Bezirksverwaltung für Staatssicherheit Karl-Marx-Stadt", Oberst Nagel, den desolaten Zustand der Lackiererei beim „VEB Sachsenring Automobilwerke". Es wurde der Abteilung XVIII bei der "Bezirksverwaltung für Staatssicherheit" mitgeteilt,

> "daß die gesamte Anlagentechnik der Lackiererei, die in ihren wesentlichen Teilen dem Stand der 60er Jahre entspricht, in einem total verschlissenen Zustand ist, der eine qualitativ gute Arbeit nicht mehr zuläßt. Das wird an der Ist-Zustands-Beschreibung aller wesentlichen Anlagenteile und an der Grafik des Standes der 'Rückweisungen' von gespritzten Teilen (ca. 30% in den Jahren 1985-87 im Jahresdurchschnitt) bewiesen. Darüber hinaus enthält dieses Gutachten Hinweise auf *die Nichteinhaltbarkeit der im Landeskulturgesetz bzw. im Wassergesetz festgelegten Grenzwerte und damit die erhöhte Umweltbelastung durch eine Reihe von Abgasen und mit Schwermetallen belasteter Abwässer*, die z.T. unbehandelt in die öffentliche Kanalisation abfließen" (Hervorh.v.m., B.S.).

Es kam zu zeitlichen Verzögerungen bei der Mittelbereitstellung und es kündigte sich an, dass allein der „12 Wochen" beanspruchende Entscheidungsprozess bei der S[taatlichen]P[lan]K[ommission] zum Einsturz der „Terminkette entsprechend der Parteibeschlüsse ‚Stückzahlerhöhung' und ‚Einbau 4-Takt-Motor'" führen würde.[32]

Als ein Musterbeispiel für den missgeleiteten Produktions- und Zulieferprozess innerhalb der DDR-Wirtschaft mag der Fall der Tachometerproduktion für den Trabant mit Vierzylindermotor gelten. Schließlich hart in der Stückzahl reduziert, sollte aus der vorbereiteten Produktion heraus exportiert werden. Doch weder die Ware, noch die Käufer dafür waren auszumachen.[33] Anfang September 1989 sank die Stimmung im "VEB Sachsenring Automobilwerke Zwickau" weiter ab. Die IM des MfS berichteten, die momentane Atmosphäre sei gekennzeichnet durch Äußerungen wie:

"- Nichterfüllung der Plankennziffer PKW im Monat August 1989.
Dies ist eine erstmalige Erscheinung

- Abnehmende Bereitschaft der Werktaetigen der Kollektive des Fertigungsbereiches 9 (FB 9, PKW- Montage) zu Sonderleistungen

- Zurückgegangene Beteiligung an der Diskussion zur Planvorbereitung 1990 - 79 Prozent gegenueber 82 Prozent der Vorjahre (vereinzelte Verweigerungen Teilnahme im FB 2)

- Besorgnis ueber die allgemeine oekonomische Situation

- Unverstaendnis ueber die ungenuegende Information zu Fragen der sogenannten 'Fluechtlingswelle' von DDR-Buergern über die UVR und *die nicht abreizende Antragstellung von DDR-Buergern auf Uebersiedlung in die BRD*" (Hervorh.v.m., B.S.).

Die IM des MfS hielten fest und betonten, "diese Problemkreise" würden ineinander greifen und "eine Atmosphäre der Gleichgültigkeit, aber auch bereits der Aggressivität" schaffen. Inzwischen sei es unmöglich geworden, "600 fehlende PKW", die infolge unzureichender Zulieferungen nicht hatten gebaut werden können, durch "Sonderleistungen" nachzufertigen. Die Mehrheit der Arbeiter habe nämlich "die Teilnahme an einer notwendigen Sonderschicht am 26.8.89" abgelehnt. In weiteren Fachbereichen des Betriebes sei das ähnlich gewesen. "Leitende Mitarbeiter des Betriebes" schlössen inzwischen "nicht aus, dasz es nur noch eine Frage der Zeit" sei, "wann die FB-Leiter letztgenannter Bereiche an den Haltungen der Werktaetigen zu Sonderleistungen scheitern" würden. Selbst in diesen Leitungsebenen sei inzwischen die Meinung verbreitet,

"Die Spitze weiß auch nicht mehr, was in den Kollektiven los ist".

Ergänzt und übertroffen wurden diese Äußerungen durch die Mitteilung:

"Eigentlich befasse sich die S[taatliche]P[lan]K[ommission] mit Grundsatzaufgaben. Aber, so meinte ein Genosse sarkastisch 'die Verwaltung des Mangels erfordere eben einen immer höheren Aufwand' und 'jetzt wissen wir auch, warum wir immer effektivere EDV-Bausteine brauchen, denn bei der Bevölkerung werden diese technischen Errungenschaften sowieso nicht sichtbar'".

Der Kommentar eines IM zur Funktionärskonferenz, am 25.August 1989, beleuchtete krass die tatsächliche Lage. Dessen Bericht hielt fest, die "Aufzählung von Problemen und Mängeln, den Appellen und Forderungen einerseits und dem Nichteingehen auf eine ganze Anzahl von stehenden Fragen andererseits", habe "nicht nur nicht motivierend gewirkt, sondern den Eindruck hinterlassen, als habe man 'das Handtuch geworfen'". Auf "die echten Probleme des Gelenkwellenwerkes Mosel (FB 13)" sei überhaupt nicht eingegangen worden. Der dafür vorgesehene "300 Millionen RGW-Kredit" solle

> "perspektivisch den Produktionsengpasz Schmiede abbauen. Seit 2 Jahren gehe der KEV 2 zwischen Betrieb und Kombinat hin und her. Er gelangte offensichtlich noch gar nicht an die S[taatliche]P[lan]K[ommission] bzw. gleichgelagerte staatliche Organe".

Die ganze Brisanz des Problems wurde umrissen, indem das MfS ausführte, „jede nicht mehr realisierbare Reparatur einer Schmiedepresse im OWW Mosel" wirke sich als Ausfall auf die Gelenkwellenproduktion" aus. „Damit aber auch auf das Hauptexportprodukt des Kombinates PKW" („Vom Sachverhalt dieser Lageeinschätzung" seien "bis zum 8.9.89 die 1.Sekretäre der SED-Kreisleitung Zwickau/Stadt und Zwickau/Land informiert" worden).[34]

Im Rückblick auf das Jahr 1988 verfasste das MfS eine Zusammenschau "der politisch-operativen Lage im Fahrzeugbau der DDR". Danach habe

> "die entscheidende Aufgabenstellung im Bereich Automobilbau des MLAF für das Jahr 1988...im Abschluß wesentlicher Realisierungsabschnitte des von der Partei- und Staatsführung konzipierten PKW-Programm bestanden".

Dabei sei es um "den Produktionsanlauf des Viertakt-Ottomotors" und "die Aufnahme der Serienfertigung des PKW Wartburg 1.3" gegangen. Die "grundlegenden Beschlüsse der Partei- und Staatsführung zum PKW-Programm der DDR" seien "in den Jahren 1983/84 gefaßt" worden. Das Präsidium des Ministerrates habe am 23.5.1983" die "kurzfristige[n] Erhöhung der Produktion der PKW Trabant und Wartburg bis 1985 und danach" beschlossen. Der Beschluss des Präsidiums des Ministerrates vom 21.November 1984 habe Maßnahmen "zur Vorbereitung der Motorenproduktion für die PKW Wartburg und Trabant" festgelegt. Vorgesehen gewesen sei die

> "- Produktionsaufnahme des 4-Takt-Ottomotors ab IV/1987 für den Einbau in die PKW Wartburg, Trabant und B 1000
> - Produktion und Einbau des Dieselmotors für den Trabant im Jahre 1989

- Produktion des Rumpfmotors zur Lieferung an die VW AG ab I/1989
- Erreichung einer dem Weltstand entsprechenden Kraftstoffökonomie durch den Einsatz des Dieselmotors im PKW, verbunden mit verringerter Schadstoffemission und erhöhter Lebensdauer".

Es wurde die "nicht ausreichende[n] Leistungskraft der Volkswirtschaft der DDR" eingestanden, woraus sich "Präzisierungen der Beschlüsse notwendig" ergeben hätten. Es entwickelte sich das Urteil, "wesentliche Zielstellungen der Beschlüsse von 1983/84" wären „nicht" erreichbar gewesen. Referiert wurde, dass andererseits "am 31.8.1988 die offizielle Übergabe der Motorenfabrik durch Vertreter des VW-Vorstandes an die DDR erfolgt" sei. Ergänzt wurde:

> "Die für 1989 geplante Rücklieferung von Rumpfmotoren zur Refinanzierung der Anlage wird nicht in geplanter Stückzahl von 30 000 Stück erfolgen, gegenwärtig geht man von einer Stückzahl von 8000 Stück ab November 1989 aus. Die Auswirkungen auf die Erfüllung der vertraglich gebundenen Gesamtstückzahl von 430.000 Stück bis 1993 können davon nicht abgeleitet werden".

Das MfS leugnete nicht, dass "den Produktionsprozeß negativ beeinflussende Faktoren" bestünden, "die [sich] gegenwärtig durch technologisch bedingte Verzögerungen" bei "der Bereitstellung wichtiger Teile und Baugruppen in" der "vertraglich vereinbarte[r]n Qualität" äußerten. Weiter musste eingeräumt werden, Überprüfungen hätten ergeben,

> "daß Fehleinschätzungen zum Investitions- und Valutaaufwand und Aufwandserhöhungen bei den Vorhaben zum PKW-Beschluß die Realisierung erheblich belastet, *daß das in der DDR-Zulieferindustrie vorhandene Erzeugnis-, Technologie- und Ausrüstungsniveau nicht den erforderlichen Qualitätsansprüchen genügt*, führt die Realisierung des PKW-Programms notwendige Leistungen das Bauwesen und wichtige Ausrüstungen nicht konsequent in die Pläne und Bilanzen eingeordnet wurden" (Hervorh.v.m., B.S.).

Dementsprechend sei, mit Beschluss des Ministerrates vom 10.Juli 1986 die "Produktion des PKW-Dieselmotors...eingestellt und beschlossen" worden, die 4-Takt-Ottomotore in der Variante mit 1300 cm³ in den PKW Wartburg ab 10/1988 und mit 1050 cm³ in den PKW Trabant ab 8/1989 einzubauen". Die geplanten Stückzahlen wurden nach unten korrigiert. Die Serienproduktion des PKW Wartburg 1.3 war ab dem 12.Oktober 1988 nur unter beträchtlichen Einschränkungen möglich, die sich im besonderen in ökonomisch und volkswirtschaftlich negativen Effekten auswirkten.

Bestehende hemmende Faktoren bildeten, so das MfS, die:

"- Produktion von Baugruppen und Teilen durch Ausweichtechnologien und provisorische Lösungen, sodass der Abschluß von Investitionsprojekten zur Produktionsaufnahme nicht gewährleistet werden konnte.

- Die Produktionsaufnahme des Wartburg 1.3 erfolgte über die Fertigung von Funktionsmustern im Prinzip ohne eine Nullserie, so dass festgestellte Fertigungsmängel in die Serienfertigung übernommen wurden und parallel zur Produktion abgestellt werden müssen.

- Qualitative, technologische und konstruktive Mängel. Zuliefererzeugnisse verursachen Zeitverzüge in der Montage und erfordern ein hohes Maß an Nacharbeit.

- Hoher Transportaufwand durch dezentrale Fertigung der einzelnen Baugruppen und Komponenten in 185 Betrieben".

Unklarheit bestehe hinsichtlich "der weitere[n] Gestaltung der Produktion des PKW 'Trabant'". Der Serienanlauf des Trabant 1.1 "im August 1989" werde "nicht eingehalten werden" können, so führte das MfS in dessen Jahresbericht aus. Das Ministerium plane nicht mehr mit diesem Termin und die Staatliche Plankommission habe dies offenbar akzeptiert. Die Disposition reichte bis zur Verschiebung des Serieneinlaufs des Trabant, der im äußersten Fall mit veränderter Karosserie auftreten könne. Doch erwies sich, entsprechend einer Studie der Automobilwerke Zwickau, die Fortführung der Duroplast-Karosserie werde eine Investition - für die "verschlissenen Produktionsanlagen [-] von 1,3 Mrd M" erfordern. Die ganze Dramatik, mit der sich die DDR in die Ausgabenfalle für den DDR-PKW manövriert hatte, wurde deutlich, wenn das MfS schrieb:

"Die den Ausgabenbeschlüssen zum PKW-Programm zugrundeliegenden Aufwandsberechnungen wurden (trotz erfolgter Programmreduzierungen z.B. Dieselvariante) in Größenordnungen überzogen.

Der Beschluß vom 23.6.1983 (Stückzahlerhöhung) wies notwendige Aufwendungen in Höhe von rund 1,1 Milliarden DM aus. Die erforderlichen Aufwendungen für die Motorenkonzeption wurden 1983 auf rund 1,1 Mrd. M errechnet.

Dem Ministerratsbeschluß vom 10.7.1986 liegen bereits Aufwandsberechnungen von rund 7,7 Mrd. M für die Produktion der 4-Takt-Ottomotoren und deren Einbau in die PKW Wartburg und Trabant zugrunde.

Die Ergebnisse der durch eine Arbeitsgruppe des ZK der SED vorgenommenen Überprüfungen weisen einen Aufwand von rd. 7 Mrd. M aus, der bis zum Jahre 1988 erbrachten wurde".

Wie bereits erwähnt, hatten die "Beschlüsse des Politbüros seit 1984, zur Verbesserung der Versorgung der Bevölkerung mit Service- und Reparaturleistungen" für PKW keine Besserung herbeigeführt. "Die Differenzen zum Bedarf" hätten sich "nicht verringert", soweit das MfS. Der Bedarf an PKW sei inzwischen gewachsen. Der jährlichen Zuwachs liege "um 400000 Bestellungen". Bei 150000 Auslieferungen öffne sich jedoch die Schere zum Bedarf immer weiter. Auch sei das "Durchschnittsalter" weiter drastisch erhöht. "50% des DDR-PKW-Bestandes" sei "älter als 10 Jahre". Daher der wachsende Bedarf an Ersatzteilen, der "um ca. 10-15% jährlich" zunehme. Die "Steigerungsrate" bei den "Ersatzteilen" liege "bei 4-6 Prozent jährlich". Schließlich sah sich das MfS genötigt, festzustellen:

> "Der Beschluß des Ministerrates vom 3.3.1988 brachte zum Abbau der angespannten Versorgungslage nur punktuelle Verbesserungen und wird aufgrund fehlender Investitionsmittel und der nicht gesicherten Verjüngung des PKW-Bestandes auch in den neunziger Jahren keine prinzipielle Wende bei der Lösung der Probleme herbeiführen".

Auch "PKW-Importe...aus dem SW" könnten die Lage nicht wesentlich verbessern.[35]

Mitte Juni hatte Hauptmann Delling von der Bezirksverwaltung für Staatssicherheit Karl-Marx-Stadt den "4 Takt-Diesel-Motor", auf Grund dessen geringen Verbrauchs von 4,4 Litern Dieselkraftstoff auf 100 Kilometer, als die gegebene Option für die DDR-Volkswirtschaft bezeichnet. Doch bereits auf dem Anschreiben dazu vermerkte der Leiter der Dienststelle, Oberst Nagel, zu dieser "Operativen Information" in zwei Paraphen, dass sich der "Gen[osse]. Hermann" am 24.Juni und "der Gen[osse]. Mittag" um die Lage in Zwickau kümmern würden. Da Mittag, so Nagels Randbemerkung vom 2.Juli, persönlich nach Zwickau kommen wolle, sollten "keine weiteren Maßnahmen" ergriffen werden.[36]

Mitte Oktober 1986 referierte Oberst Nagel von der Bezirksverwaltung für Staatssicherheit Karl-Marx-Stadt eindrucksvoll die aktuelle Lage bei den Zulieferern des VEB Sachsenring Automobilwerke Zwickau. Der Offizier des MfS legte treffend den Finger auf einen Grundmissstand der DDR-Industrie sowie die nach Qualität und Umfang unzureichenden Zulieferungen in der Produktionskette:

> "Zur Durchsetzung der Maßnahmen zur Realisierung des Politbürobeschlusses 'PKW-Produktion' wurden zu Beginn des Jahres 1986 Auslagerungen der Seri-

enproduktion 'Trabant-Ausgleichgetriebe' zum VEB Landmaschinenbau Güstrow, BT Maschinenbau Dargun, vorgenommen.

Bis zum gegenwärtigen Zeitpunkt ist es im Betrieb Dargun nicht gelungen, trotz großer Unterstützung seitens des VEB Sachsenring Automobilwerke Zwickau, die zur täglichen Planerfüllung am VEB Sachsenring erforderlichen Stückzahlen des Ausgleichgehäuses zu fertigen. Der Bedarf von Sachsenring zur Planerfüllung beträgt 603 Stück. Die Zulieferungen im September 1986 durchschnittlich 560 Stück, obwohl man sich dort erst am 5.September 1986 zu 650 Stück verpflichtete.

Für den VEB Sachsenring bedeutet das, daß ein Rückstand von 4571 Gehäusen per 3.Oktober 1986 vorhanden ist, der momentan noch ausgeglichen werden kann. Diese Reserve beträgt noch ca. 1500 Ausgleichgehäuse. Wenn diese aufgearbeitet sind und Dargun weiterhin seine Verpflichtungen nicht erfüllt, würde das bedeuten, daß Sachsenring nur noch täglich soviel PKW produzieren kann, wie Dargun Ausgleichsgehäuse liefert.

Durch IM in Schlüsselposition wird aufgrund persönlicher Studien eingeschätzt, daß das gegenwärtige Betriebskollektiv in Dargun nicht in der Lage ist, den Anforderungen an die hohe Kontinuität und Stabilität der Großserienproduktion zu genügen und eine 100%ige Liefertreue zu garantieren. Als Ursache für die Probleme in Dargun werden genannt

- Unzulänglichkeiten in der Leitung, fehlende Kontrolle und Leitung in allen 3 Schichten
- unzureichende fachliche Qualifikation des Leitungspersonals
- mangelhafte Schichtübergabe
- unqualifizierte Einrichter und Bedienung der Maschinen
- dadurch erhöhte Maschinenausfälle durch Fehlbedienung und zu große Stillstandszeiten bei Werkzeugwechsel
- unzureichende Auslastung der Arbeitszeit
- schlechte Pflege und Wartung der Maschinen
- fehlende Einrichter, Schichtleiter und Instandsetzungspersonal für die zweite und dritte Schicht[.]

Alle diese Probleme wurden durch Mitarbeiter des VEB Sachsenring, die zeitweise zur Unterstützung nach Dargun abgestellt waren, den dortigen Leitungskräften aufgezeigt und durch persönlichen Einsatz bewiesen, daß auch über mehrere Tage (15. bis 18.September 1986) hinweg das Tagesziel erreichbar und steigerungsfähig ist.

Aus den o.g. Gründen wird von Mitarbeitern des VEB Sachsenring, die abschließende Verlagerung Vorderantrieb - Wellenrad - Tripode und Ausgleichgetriebe nach Dargun sehr skeptisch betrachtet. Es wird eingeschätzt, daß bis zum Beginn dieser Maßnahme - Januar 1987 - in Dargun die Rückstände nicht abgebaut sein werden und damit kein Produktionsverlauf für die Verlagerung der Montage geschaffen werden kann".[37]

Ende März 1987 berichtete Oberst Nagel aus Zwickau, die Termine für den Serienanlauf:

> "1988 155 Stück Pkw mit neuem Antriebsaggregat
> ab 5/89 Nullserienanlauf
> ab 8/89 Serienanlauf und Produktion von 18,3 T Stück Trabant
> 1990 175 T Stück Trabant".

Der VEB Sachsenring sollte systematisch ausgebaut werden. "Farbgebung", "Endmontage", "Pressenhalle", "Importe einer Transfer-Straße zur Getriebebearbeitung" und der "Import eines Fahrleistungsprüfstandes" seien, entsprechend dem Politbürobeschluss vom 1.Juli 1986, im Standort Mosel zu modernisieren oder neu aufzubauen. Noch glaubte die Werksleitung, die vorgegebenen Termine einhalten zu können. Doch lagen die Gründe für deren Komplizierung nicht ausschließlich in Zwickau. Noch war nicht über den Import einer "Karosserieschweiß-" und Lackieranlage entschieden. Ferner bildeten Getriebefertigung, "Arbeitskräftefrage" und "Probleme des Rationalisierungsmittelbaus" ständige Diskussionspunkte. Obwohl im März bekannt geworden sei, so die IM des VEB Sachsenring, dass die Valutamittel für die "unerläßlichen Importe von Anlagen" bereitgestellt würden, wurde einhellig die Frage gestellt, warum denn das alles solange gedauert habe. Ferner sei inoffiziell bekannt geworden,

> "daß zur Leipziger Frühjahrsmesse 1987 Verhandlungen zwischen der Volkswagen-AG und dem Kombinat Pkw stattfanden, in deren Ergebnis folgende Terminverschiebungen eintreten werden:
>
> Serienanlauf Motor   1300 von 12/87 auf 7/88
> Serienanlauf Motor   1300 von 3/88 auf 10/88
> Serienanlauf Motor   1050 von 7/88 auf 4/89
> Serienanlauf Trabant 1050 von 10/88 auf 8/89
>
> So werden sich auch weiterhin Verzögerungen in den Lieferungen von VW, Funktionsproben usw. sowie im Beginn der Rücklieferungen von Motoren ergeben. *Von VW werden Forderungen in Höhe von 23,2 Mio VM erhoben*"[38] (Hervorh.v.m., B.S.).

Der Leiter der Bezirksverwaltung für Staatssicherheit Karl-Marx-Stadt gab Mitte Juni 1987 eine realistische Einschätzung der Bemühungen, die gesteigerte Produktion von PKW sicherzustellen. Demnach schien die termingerechte Realisierung der Politbürobeschlüsse nicht mehr zu erwarten. Entscheidende Faktoren bildeten in diesem Zusammenhang eine unzureichende Technik, die unklare Situation für den Import von Schweißanlagen sowie unzureichende Zulieferungen durch den VEB Werkzeugmaschinen Saalfeld und das unfertige Vorhaben Werk Mosel ("Endmontage und Lackierung") sowie eine zunehmend gespanntere Atmosphäre unter der Arbeiterschaft, welche die "ins Auge gefaßte Jahreskapazität des...Objektes Mosel von 50000 PKW/Jahr" als "unökonomisch" bezeichnete. Auch das völlige Fehlen von Grundsatzentscheidungen, Mitteln und Möglichkeiten moderner Importe traf auf Kritik. Vielfach werde geäußert, so berichtete Oberst Nagel, Mitarbeiter wollten, angesichts "der Vielzahl ungelöster Probleme, nicht realisierbare Aufgaben des Arbeitsgebietes bzw. gegebenenfalls auch den Betrieb wechseln".[39]

Ende August 1988 vermittelte das MfS eine Information zu "Einschätzungen des VEB-Vertrieb Karl-Marx-Stadt". "5,8 Millionen registrierte[n] PKW-Bestellungen" und ein "jährlicher Bedarf von 547.000 PKW" konnten, "entsprechend den volkswirtschaftlichen Möglichkeiten" weiterhin nicht gedeckt werden. "Mit dem Fortbestand dieser Disproportionen und einem weiteren Ansteigen der Wartezeiten" sei "zu rechnen, die gegenwärtig je nach PKW-Typ und Bezirk bereits 12 bis 16 Jahre" betrugen. Zugleich erhöhte sich, infolge der nur 200000 jährlich zugeführten Fahrzeuge, „das durchschnittliche Alter "bei über 55% aller zugelassenen PKW auf 15,4 Jahre". Auch der Bedarf an "Instandhaltungsleistungen und KFZ-Ersatzteilen" war nicht zu decken. Betont wurde zusätzlich, es sei zu berücksichtigen, dass

> "sich unter den gegenwärtig etwa 3,6 Millionen PKW in der DDR ca. 1,6 Millionen Fahrzeuge befinden, bei denen die Ersatzteilversorgung durch die Hersteller bereits eingestellt ist, da seit Produktionsende mehr als 10 Jahre vergangen sind".

"Gleichzeitig", so betonte das MfS, würde

> "die unbefriedigende Qualität der Neufahrzeuge aus der DDR-Produktion sowie der aus sozialistischen Staaten importierten eine Erhöhung von Arbeitsaufwand und Materialeinsatz für Nachbesserungen, Garantieleistungen und Bearbeitung von Reklamationen"

mit sich bringen. Diese Situation, "verbunden mit einer hohen Kaufkraft eines Teils der Bevölkerung", trügen dazu bei, "daß zur schnelleren Bedürfnisbefriedigung die Bereitschaft vorhanden" sei, "erhebliche Überpreise für gebrauchte PKW zu zahlen".[40] Dass sich selbst in der damaligen DDR, aus diesen Rahmenbedingungen, kriminelle Zustände entwickeln konnten, bestätigte das MfS. Es wurde zusammengefasst:

> "Zunehmend ist festzustellen, daß Spekulanten sich zum Erwerb und Weiterverkauf von PKW zusammenschließen und versuchen, durch Drohung oder mit Gewalt Ankäufe zum Zeitwert und Verkauf mit erheblichen Überpreisen zu realisieren.
>
> Eine Zurückdrängung dieser Erscheinungen, insbesondere auf Automärkten, gelang bisher nicht. Ursächlich dafür ist im hohen Maße der unbedingte Kaufwille von Bürgern, der alle anderen Erwägungen zurücktreten läßt. Die Einleitung differenzierter Maßnahmen der örtlichen Räte, z.B. Nichteinrichtung von Automärkten in den Bezirken von Neubrandenburg, Potsdam, Frankfurt (Oder), Gera und Suhl oder die Schließung der Automärkte in Dresden und Leipzig wie zur Verschärfung der Situation in anderen Städten, insbesondere in Berlin, Hauptstadt der DDR".[41]

Die allgemeine Verschärfung der Atmosphäre in den Betrieben, das ausgesprochene Misstrauen der Beschäftigten gegenüber Betriebsleitungen und staatlicher Führung, führten keineswegs zu adäquaten Reaktionen der Zentrale. So taumelte der Produktionsablauf in allgemeine Arbeitsunlust und verschärfte sich die Lage zusehends. Doch auch im Bereich der politisch-ökonomischen Führung, und auf dem Sektor des so wichtigen Exports, kam es infolgedessen nicht zu einem „turn around" ins Positive. Zwischen den unerfüllbaren Anforderungen des Inlandsautomarktes und der Verpflichtung, aus diesem Grund verstärkt exportieren zu müssen, wurden sämtliche Änderungsversuche der letzten Jahre zerrieben. Die Verwaltung des Mangels erforderte eine immer weiter expandierende Personal- und Kostenlinie, was nur noch weiter in negative Ergebnisse führte.

---

[1] Birthler-Behörde, MfS HA XVIII. VEB Sachsenring Automobilwerke Zwickau. MfS Dienststelle Zwickau, Lage vom 15.1.1985, Bl. 155f.
[2] Ebd., VEB Sachsenring Automobilwerke Zwickau. Bezirksverwaltung f. Staatssicherheit, KD Stelle Zwickau, Oberst Nagel an Bezirksverwaltung für Staatssicherheit AKG, Information über die Lage im VEB Sachsenring Automobilwerke Zwickau, 24.1.1985, Bl. 151; Anlage: Information über Stimmung und Meinungen, 21.1.1985, Bl. 152ff.

3   Ebd., VEB Sachsenring Automobilwerke Zwickau. Zur Lage im veb sachsenring zwickau, 12.2.1985, Bl. 144-148. Das Problem der Qualitätsmängel wurde dem Verfasser 1990 im Kopierwerk des NVA-Filmstudios Biesdorf eindrucksvoll demonstriert. Es war nahezu unmöglich, 35mm-Filmnegative ohne „scratch" zu erhalten.

4   Ebd., VEB Sachsenring Automobilwerke Zwickau. „ueber ako, bv karl-marx-stadt, kd schwarzenberg. sachverhaltsinformation, sicherung der zur durchsetzung des politbuerobeschlusses vom 14.06.1983 (steigerung der stueckzahlproduktion des pkw trabant) notwendigen kooperationsbeziehungen", 28.3.1985, Bl. 137ff.

5   Ebd., VEB Sachsenring Automobilwerke Zwickau. Bezirksverwaltung für Staatssicherheit Karl-Marx-Stadt, KD Zwickau, Oberst Nagel, 26.2.1985, Bl. 130-136.

6   Ebd., VEB Sachsenring Automobilwerke Zwickau. Bezirksverwaltung f. Staatssicherheit Karl-Marx-Stadt, KD Zwickau an Bezirksverwaltung für Staatssicherheit AKG, 11.4.1985, Bl. 128f. VEB Sachsenring Automobilwerke Zwickau. Zur Lage im VEB Sachsenring Zwickau. Auszug KD Zwickau, 25.4.1985, Bl. 127.

7   Ebd., VEB Sachsenring Automobilwerke Zwickau. MfS KD Zwickau, 24.4.1985, Bl. 122-126.

8   Ebd., VEB Sachsenring Automobilwerke Zwickau. BV Karl-Marx-Stadt, KD Zwickau, Oberst Nagel an BV Karl-Marx-Stadt, AKG, 7.5.1985, Bl. 121; Zur Lage im VEB Sachsenring, 28.5.1985, Bl. 118f.

9   Ebd., VEB Sachsenring Automobilwerke Zwickau. XVIII, Stand vom 11.6.1985, Bl. 117; vgl. ebd., Auszug aus der wöchentl. Lageeinschätzung der KD Zwickau v. 7.9.1985, Bl. 99: "...es sei jedoch zu verzeichnen, dasz bei etwa 90 prozent der beschaeftigten dieser abteilungen keine ueberzeugung vorhanden ist, dasz dieses vorhaben in die serienproduktion ueberfuehrt wird. diese pessimistische einstellung resultiere aus den erfahrungen der letzten 20 jahre, wo zu verzeichnen gewesen sei, dasz vorhaben, die auf hoher ebene beschlossen wurden, staendig wieder abgebrochen worden waeren, dies betreffe u.a. die pkw-entwicklung 'p. 603' im Jahre 1966, p 760/p 610 1978 usw.".

10   Ebd., VEB Sachsenring Automobilwerke Zwickau. Auszug aus der wöchentl. Lageeinschätzung der KD Zwickau, o.D., Bl. 115.

11   Ebd., Auszug aus der wöchentl. Lageeinschätzung der KD Zwickau v. 9.7.1985, Bl. 114.

12   Ebd., VEB Sachsenring Automobilwerke Zwickau. Auszug aus der wöchentl. Lageeinschätzung der KD Zwickau, o.D., Bl. 113.

13   Ebd., VEB Sachsenring Automobilwerke Zwickau. Bericht IM, 11.7.1985, Bl. 111.

14   Ebd., VEB Sachsenring Automobilwerke Zwickau. Auszug aus der wöchentl. Lageeinschätzung der KD Zwickau v. 16.7.1985, Bl. 112.

15   Ebd., VEB Sachsenring Automobilwerke Zwickau. Auszug aus der wöchentl. Lageeinschätzung der KD Zwickau v. 23.7.1985, Bl. 106.

16   Ebd., VEB Sachsenring Automobilwerke Zwickau. Auszug aus der wöchentl. Lageeinschätzung der KD Zwickau v. 8.8.1985,Bl. 105.

17   Ebd., VEB Sachsenring Automobilwerke Zwickau. Auszug aus der wöchentl. Lageeinschätzung der KD Zwickau o.D., Bl. 102.

18   Ebd., VEB Sachsenring Automobilwerke Zwickau. Auszug aus der wöchentl. Lageeinschätzung des KD Zwickau o.D., Bl. 103.

19   Ebd., VEB Sachsenring Automobilwerke Zwickau. Auszug aus der wöchentlichen Lageeinschätzung der KD Zwickau vom 30.9.1986, Bl. 100.

20   Ebd., VEB Nickelhütte St. Egidien. Auszug aus der wöchentl. Lageeinschätzung der KD Hohenstein-E., 7.12.1985, Bl. 225.

21   Ebd., VEB Sachsenring Automobilwerke Zwickau. Auszug aus der wöchentlichen Lageeinschätzung der KD Zwickau vom 2.9.1986, Bl. 52.

22   Ebd., VEB Landmaschinenbau Dargun. Bezirksverwaltung für Staatssicherheit KMSt. KD Zwickau, Oberst Nagel an Bezirksverwaltung für Staatssicherheit AKG Karl-Marx-Stadt, Information zum Problem der Bereitstellung von Ausgleichsgetrieben durch den VEB Landmaschinen Dargun für den VEB Sachsenring Automobilwerke Zwickau, 30.9.1987, Bl. 221ff.; parallel wurden Vorhaben im Bereich der „Erzeu-

gung von Kraftstoffen aus Braunkohle" wegen fehlender Investmittel verschoben, BA-Coswig. Chemie-industrie der DDR C 20. I/4-6068, Min. f. Wissenschaft und Technik, Hinweise zur Fertigstellung der Vorlage ‚Information über den Stand der Arbeiten zur Erzeugung von Kraftstoffen aus Braunkohle und zur Entwicklung der Synthesegas- und Methanolchemie, 2.6.1987, Bl. 61f.; vgl. ebd. Ministerrat der DDR, Dr. Götz, an den Stellvertr. ds. Min. für Chemische Industrie, Dr. Köhler, 6.7.1987, Bl. 63f.

23 Ebd., VEB Sachsenring Automobilwerke Zwickau. Bezirksverwaltung für Staatssicherheit Karl-Marx-Stadt, Leiter der Kreisdienststelle, Oberst Nagel, an Bezirksverwaltung für Staatssicherheit Abteilung XVIII, Karl-Marx-Stadt, 4.2.1988, Bl. 29f.

24 Ebd., VEB Sachsenring Automobilbau Zwickau. Auszug aus der wöchentl[ichen]. Lageeinschätzung der KD Zwickau v[om] 18.4.1988, Bl. 27f. Das war nicht nur im Fahrzeugbau die verbreitete Tendenz. Auch im Bereich Chemie musste der Plan 1988 nach unten korrigiert werden. Vgl. BA-Coswig, C-2, I/4-6379, VVS B2-B152-93/88, Information über die Plandurchführung 1988 in den Kombinaten der chemischen Industrie, Bl. 185-196.

25 Birthler-Behörde, MfS HA XVIII. VEB Sachsenring Automobilwerke Zwickau, Auszug aus der wö-chentlichen Lageeinschätzung der KD vom 3.5.1988, Bl. 22f.

26 Ebd., Auszug aus der wöchentlichen Lageeinschätzung der KD [Zschopau, gestr.] Zwickau vom 4.5.1988, Bl. 19ff.

27 Ebd., MfS-HA XVIII. Zur Lage im VEB Sachsenring. Auszug aus der wöchentlichen Lageein-schätzung der KD Zwickau vom 7.6.1988, Bl. 17f.

28 Ebd., MfS-HA XVIII. VEB Sachsenring Automobilwerke Zwickau, 8.7.1988, Bl. 15.

29 Ebd. Abteilung 26/1, Hptm. Weyhe, Information, 19.8.1988, Bl. 11ff; Abschrift, Auszüge aus der Argumentation zur Verkaufsvorbereitung der weiterentwickelten PKW 'Trabant' und 'Wartburg'.

30 Ebd. [handschr.] Auszug aus wöchentl[icher] Lageeinschätzung der KD Zwickau v[om], 23.8.[19]88, Bl. 10.

31 Ebd., Abteilung XVIII, Major Walther: Information zur Stimmung und Meinung der Bevölkerung über die am 27.8.1988 erfolgte Veröffentlichung zum PKW "Wartburg" mit Viertakt-Otto-Motor, 1.9.1988, Bl. 8f.

32 Ebd., Bezirksverwaltung für Staatssicherheit Karl-Marx-Stadt, DSt Zwickau an Bezirksverwaltung Staatssicherheit, Abt. XVIII Karl-Marx-Stadt, 9.12.1988, Bl. 6f.

33 Bezirkverwaltung für Staatssicherheit Karl-Marx-Stadt, KD Schwarzenberg. Oberstleutnant Stötzer an Bezirksverwaltung für Staatssicherheit AKG Karl-Marx-Stadt, Investitionsvorhaben 'Rationalisierung der Kfz.-Meßtechnik-Bieg-Geschäft' im VEB Meßgerätewerk Beierfeld, 25.4.1989, Bl. 217-220.

34 Ebd., VEB Sachsenring Zwickau. Auszug aus der wöchentlichen Lageeinschätzung der KD Zwickau vom 5.9.1989, Bl. 2-5.

35 Ebd., MfS-ZAIG, Nr.15902. Hauptabteilung XVIII/2, Einschätzung der politisch-operativen Lage im Automobil- und Fahrzeugbau der DDR. Aufgabenstellung im Arbeitsplan des Leiters der HA XVIII für 1988 - Anlage P 31, 5.12.1986, Bl. 40-44.

36 Ebd., VEB Sachsenring Automobilwerke Zwickau. Bezirksverw. f. Staatssicherheit Zwickau an Be-zirksverwaltung für Staatssicherheit Karl-Marx-Stadt, Operative Information, 18.6.1986, Bl. 53-56.

37 Ebd., VEB Sachsenring Automobilwerke Zwickau. Bezirksverwaltung für Staatssicherheit Karl-Marx-Stadt, Oberst Nagel, an Bezirksverwaltung für Staatssicherheit Karl-Marx-Stadt, 13.10.1986, Bl. 50ff.

38 Ebd., VEB Sachsenring Automobilwerk Zwickau. Bezirksverwaltung für Staatssicherheit Karl-Marx-Stadt, Oberst Nagel an Bezirksverwaltung für Staatssicherheit, Abt. XVIII, 25.3.1987, Bl. 46-49. Diesem Aspekt ist besondere Aufmerksamkeit zu widmen, da der Leitung des Volkswagen-Konzerns die begrenzte qualitative Lieferbefähigung der DDR-Ökonomie offenliegen musste.

39 Ebd., VEB Sachsenring Automobilwerke Zwickau. Bezirksverwaltung für Staatssicherheit Karl-Marx-Stadt, Leiter Oberst Nagel, an Bezirksverwaltung für Staatssicherheit Abt. XVIII, Information zum gegen-wärtigen Grund der Realisierung und Durchsetzung des Politibürobeschlusses vom 1.Juli 1986 zur Erhöhung der Produktion von Pkw und Realisierung des Motorenprogramms im VEB Sachsenring, Auto-mobilwerke Zwickau, mit Stand vom 1.Juni 1987, 19.6.1987, Bl. 51-45; vgl. dazu die unverblümte

Aufforderung der Staatlichen Plankommission, Dr.Götz, an den Minister für Chemische Industrie, „alle erforderlichen Maßnahmen [Erzeugung von Kraftstoffen aus Braunkohle]", BA-Coswig, C-20, I /4-5745, Staatl. Plankommission, Dr.Götz, an Minister für Chemische Industrie, Dr.Köhler, 30.12.1985, Bl. 53; auch hinsichtlich des notwendigen Überganges von der Kohlenstoff- zur Erdölchemie saß die DDR-Ökonomie inzwischen zwischen sämtlichen Stühlen. BA-Coswig. Chemische Industrie, I/4-6285, VVS B2-720/88, Information über den Stand der Arbeiten auf dem Gebiet der Erzeugung von Kraftstoffen aus Braunkohle und der Synthesegas- und Methanolchemie, S. 4-18: „Dieser Aufwand ist jedoch im Rahmen der der chemischen Industrie zur Verfügung stehenden Investfonds bis 1995 nicht einordnbar. Damit steht in der DDR bis zum Jahre 2000 kein eigenes Hydrierverfahren zur Kraftstofferzeugung aus einheimischer Braunkohle, das im Großversuchsmaßstab erprobt ist, für die Überführung in die Großtechnik zur Verfügung". Auch hier war damit der Zug für die DDR-Ökonomie abgefahren.
[40] Ebd., MfS-HA XVIII, Nr. 3372. Information, 23.8.1988, Bl. 31.
[41] Ebd., MfS-HA XVIII, Nr. 3372. Information, 23.8.1988, Bl. 31. Vgl. Anl. 1: Übersicht der von Spekulanten geforderten Spitzenpreise auf Automärkten für relativ neue bzw. sehr gut erhaltene Fahrzeuge, Bl. 33.

Produktionsanlauf: Illusion und Realität

Eine dramatische Zuspitzung der Liefersituation ergab sich aus Meldungen der Kreisdienststelle Zwickau des MfS, die den vergeblichen Kampf des VEB Sachsenring und des Gelenkwellenwerks Mosel um hinreichende Zulieferungen schilderte. Es fiel das Stichwort „Plankorrektur" und es wurde erkennbar, dass der „maximale Einsatz des Leitungspersonals", „Sonderschichten, Zielprämien usw." erfolglos blieben. „Ausfallzeiten" bei Werkzeugen und daraus folgende „Kapazitätsverluste" ließen den Gedanken aufkommen, eine „Verlagerung" der Gelenkwellenproduktion „in andere Betriebe vorzunehmen". Aber das scheiterte „auch wieder an fehlenden NSW-Werkzeugen". Das übergeordnete Kombinat reagierte nicht, sodass Zulieferteile („Trennscheiben" und „Wendeplatten") fehlten. Das MfS hielt fest:

> „Eine abgestimmte Führungs- und Leitungstätigkeit war unter den komplizierten Bedingungen 1984 nicht möglich und wird 1985 noch schwerer zu erreichen sein, da es *nur ein ,Taumeln' von einem Havariefall zum anderen* ist" (Hervorh.v.m., B.S.).

Dieser Zustand dauere „bereits 3 Jahre" an und es wurde ungeschminkt geäußert, „kaum noch ein Ingenieur" sei

> „gewillt, außergewöhnliche Leistungen zu bringen oder ein Risiko einzugehen. Man bringt offen zum Ausdruck, dass einem die Gesundheit mehr wert ist als das Gelenkwellenwerk und man sich nicht mehr auf Verschleiß fahren lässt".

Es verschärfte sich der Ton, zum Beispiel in den Diskussionen mit der Belegschaft über „Sonderschichten an den Weihnachtsfeiertagen". „Die durch die

Arbeiter verwendeten Argumente" würden „immer schärfer und deren Stimmung immer gereizter", fasste das MfS zusammen. Es würde „sinngemäß geäußert:

,Man kann einfach nicht begreifen, wie lange das denn noch gehen soll und ob erst etwas passieren muß, bis die oben aufmerksam werden'".

„Die Arbeiter hätten vom Betriebsleiter gefordert, solche Voraussetzungen zu schaffen, dass 1985 Kontinuität in die Produktion" einziehe „und eine solche hohe Anzahl an Sonderschichten nicht mehr notwendig" werde. "Materielle Stimulie" solle „zur Anwendung" kommen.

„- der normale Lohn
- 20 Mark Zusatzprämie
- Feiertagsbeutel im Wert von 15 Mark
- ohne Genehmigung des Betriebsdirektors *1 kg Orangen*"[1] (Hervorh.v.m., B.S.).

Dass sich die Lage nicht entspannte, bestätigte der Bericht der KD Zwickau ein Vierteljahr darauf erneut.[2]

Die „Produktionsverlagerungen" von Zwickau in die Tiefe der Republik hatten sich zu einem Bumerang entwickelt, bestätigte der Bericht des Oberstleutnant Herrmann (Abteilung XVIII). Die Ministerien für „Allgemeinen Maschinenbau, Landmaschinen- und Fahrzeugbau", „für Chemische Industrie", „für Elektrotechnik/Elektronik, für Schwermaschinen- und Anlagenbau" sowie für „Werkzeug- und Verarbeitungsmaschinen" konnten die geforderten höheren Stückzahlen an Zulieferteilen für die PKW-Produktion nicht garantieren. Das MfS gelangte zu der Schlussfolgerung:

„Da eine Vielzahl der dargestellten Probleme durch das VEB IFA-Kombinat PKW nicht gelöst werden können, wird es von Leitungskadern als notwendig erachtet, dass seitens des Ministeriums für Allgemeinen Maschinenbau, Landmaschinen- und Fahrzeugbau *zwingenderer Einfluß* auf die Ersatzteile zuliefernden Ministerien und Kombinate ausgeübt werden sollte"[3] (Hervorh.v.m., B.S.).

Eine zusammenfassende Stellungnahme der Kreisdienststelle Zwickau des MfS hielt fest:

"Negative Auswirkungen auf das *Stimmungsbild der Produktionsgrundarbeiter* in den entsprechenden FA konnte insbesondere beim Abschluß eines operativen Materials durch Befragungen der Abt. IX nachgewiesen werden, als sich der diskontinuierliche Produktionsprozeß, die hohe Ausfallquote an Maschinen und Anlagen des G[elenk]W[ellen]W[erk] Mosel und insbesondere der extrem hohe Ausschußanteil bei der Fertigung von Zastava-Zapfensternen und die *Un-informiertheit der Produktionsgrundarbeiter* über die durch die Leitung einge-leiteten *Maßnahmen zur Senkung der Ausschußquote* und Stabilisierung des Produktionsprozesses als begünstigende Bedingungen für Äußerungen von Produktionsgrundarbeitern erwiesen, die in objektiver Hinsicht die Strafrechts-norm des § 220 des StGB verletzten. Von der Einleitung strafprozessualer Maßnahmen wurde abgesehen und durch die KD Zwickau eine Auswertung der beschriebenen Umstände gegenüber der staatlichen Leitung des VEB Sachsenring Zwickau vorgenommen"[4] (Hervorh.v.m., B.S.).

Diese Produktionsprobleme rührten offenbar von fehlerhaften Informationen seitens der jugoslawischen Firma Zastava her.[5]

Der VEB Sachsenring betonte Anfang des Jahres 1984 die Notwendigkeit einer "Endmontage Mosel als Voraussetzung für den Beginn des Einbaus der neuen Antriebsaggregate in den PKW 'Trabant'". Bis zum Juli 1985 wurden die entsprechenden Mittel dafür nicht bereitgestellt. Zwischenzeitlich, so hieß es am 8.Oktober, sei der Bezirksverwaltung für Staatssicherheit Karl-Marx-Stadt, Kreisdienststelle Zwickau, bekannt geworden,

> "daß die Staatliche Plankommission (SPK) bereits im Juli 1985 eine verbindli-che Vorhabeneinordnung für das Planjahr 1986 durchgeführt hat und dabei das Vorhaben Endmontage Mosel nicht berücksichtigt wurde. Diese Entscheidung der SPK verteilte das verfügbare Bauvolumen 1986 restlos, ohne eine Reserve zu bilden".

Daraus folgten weitere Friktionen. So war, nach dem Urteil des Oberst Nagel, KD Zwickau, erst im Oktober 1990 mit der Inbetriebnahme des Bauab-schnitts Mosel zu rechnen. Das heiße "mehr als zwei Jahre später, als es der Politbürobeschluß" gefordert habe. Entsprechend habe der Betriebsdirektor des VEB Sachsenring dem IFA-Kombinat, Genossen Voigt, gemeldet.[6] Kurz darauf wurde festgestellt, dass die Bereitstellung von Werkzeugen nicht in dem gebotenen Umfang stattgefunden habe. Hinsichtlich der "Bereitstellung der Werkzeuge bis 1/86 zur Versuchsdurchführung der VW AG, erfolgte keine Freigabe und somit nicht der notwendige Bezug dieser Werkzeuge im Rahmen des Importes". Festgestellt wurde weiter:

> "Von grundlegender Bedeutung sowohl für die Realisierung der Motorenkon-zeption bei DDR-PKW als auch für die *Rücklieferung von Rumpfmotoren an die VW AG Wolfsburg*, sind die termin- und qualitätsgerechte Bereitstellung der

notwendigen Zulieferteile durch die zuständigen Ministerien, Kombinate und Betriebe" (Hervorh.v.m., B.S.).

Dass die notwendigen Ergebnisse nicht bestätigt wurden, ergab die Feststellung:

"Im Zusammenhang mit der am 10.10.1985 durchgeführten Projektkontrolle zum Vorhaben mit der VW AG Wolfsburg wurde bekannt, daß die bisher von der VW AG übergebenen 2 Muster-Motoren bei der Überprüfung auf den Meß- und Prüfständen im VEB Barkas-Werke K[arl]M[arx]Stadt, nicht die im Vertrag enthaltenen Kraftstoffverbrauchswerte erreichten. Darüber hinaus wurde die Lieferung eines Dieselmotors durch die VW AG Wolfsburg an den VEB Barkas K[arl]M[arx]Stadt aus entwicklungstechnischen Gründen bei der VW AG vom 30.9.1985 auf den 30.11.1985 verschoben".[7]

Anfang 1986 legte der VEB Sachsenring Zwickau, Direktor Dr.Hipp, ein Papier zur

"voraussichtliche[n] Entwicklung der Trabant-Produktion nach Monaten in Varianten der Verfügbarkeit der Schwerpunkt-Erweiterungsvorhaben 'Endmontage und 'Lackiererei'"

vor. In zwei "Beschlußvariante[n]" bzw. einer Variante zum "Fünfjahrplan 1986-1990" fixierte er erneut die zahlenmäßigen und organisatorischen Phasen, welche die Trabant-Produktion durchlaufen solle.[8] Zwischenzeitlich werde sich die Lage entspannt haben. Dass MfS/KD Zwickau berichtete, es seien "keine Anzeichen für negative oder ablehnende Auffassungen zum Problem 'Neues Antriebsaggregat'" im VEB Sachsenring zu verzeichnen. Auch habe sich die Frage des "Neubau[es] eines Montagewerkes fuer 50000 PKW am Standort Mosel" geklärt. Am 21.Januar 1986 sei bekannt geworden, dass dies ein "Ergebnis eines Spitzengespraeches, das zwischen [den] Gen[ossen]. Schreiber und Schuerer" stattfand, gebildet habe. Letzterer habe zugesagt, "noch 1986 9 Mio Mark Bauleistungen" bereitzustellen. "Daraufhin" sei "durch [den] Gen[ossen]. Kleiber die Grundsatzentscheidung (GE) 1 fuer das Montagewerk bestaetigt" worden.[9]

Ende des Monats März 1986 bestätigte Oberst Nagel/Kreisdienststelle Zwickau die tatsächlich aufgetretenen Probleme beim Einbau des "4-Takt-Motors" in den Trabant. Dieser schrieb:

"Durch den nachfolgenden Politbürobeschluß vom 9.10.1984 zum Einbau neuer Antriebsaggregate in den PKW 'Trabant' entstand jedoch für den VEB 'Sachsenring' eine Situation, in der sehr deutlich wurde, *daß die vorhandene Kapazität des betriebseigenen Rationalisierungsmittelbaus nicht ausreichend* ist, um die enormen und entscheidenden Beiträge zu den Erweiterungsvorhaben - PKW-Endmontage und - Lackierung - zu leisten, ohne die jedoch eine Realisierung des Beschlusses vom 14.6.1983 (Stückzahlsteigerung) nicht erfolgen kann" (Hervorh.v.m., B.S.).

Die erste Variante des Sachsenring-Vorschlages ging davon aus, dass der Baubeginn für das Werk Mosel im Jahre 1985 liegen würde. Diese Erwartung war nicht eingetreten. Aus den in einer zweiten Vorschlagsvariante angege-benen Fakten ergab sich, es seien Ausweichlösungen vorzuschlagen, die zur "Verlangsamung des einzigen Montagefließbandes" führten. Damit verbunden gewesen sei der "Rückgang der Stückzahlproduktion auf 112 000 PKW im Jahre 1988 und einen Endausstoß von 130 000 PKW im Jahre 1990". Hinzu käme, dass der VEB Sachsenring im Fall der zweiten Variante "6 verschiedene PKW-Typen zu produzieren" haben würde; damit verbunden gewesen wäre weiter eine "kritische[n] und instabile[n] Produktionsphase". Aus diesem Grun-de sei es dem Betrieb nicht möglich gewesen, "die Beschlüsse des Politbüros vom 14.6.1983 und 9.10.1984 in der vorgesehenen Größenordnung ab 1988 zu verwirklichen".

Doch brachen bei den Zulieferbetrieben die Voraussetzungen für eine er-folgreiche Produktionsaufnahme "des PKW-Programms der DDR VW-Motor" weg.[10] Die Fertigung von "VW-Motoren in der DDR" geriet, durch das verzö-gerte Zustandekommen eines Lizenzvertrages, in zeitlichen Verzug. Rechner aus den USA, die in den Maschinen der "Firma Goetze, BRD" eingebaut seien, unterlägen "den Embargobestimmungen" der Vereinigten Staaten. Es könne "eingeschätzt werden, daß bei Nichtzustimmung der USA Verzögerungen im Ablauf des Aufbaus dieser Anlage eintreten" würden. Es wurde bereits von "volkswirtschaftlicher[m] Schaden" gesprochen.[11] Das Beispiel des VEB Venti-latorenbau Oelsnitz förderte eine weitere Facette dieses Vorganges zutage. Nämlich die Tatsache, dass der Ventilatorenbau, durch höhere Entscheidung, nach Polen vergeben worden war und nun, zum einen verteuert, und zum zweiten, da in ungenügender Stückzahl, eine weitere Zulieferung aus dieser Richtung unrealistisch erschein. Diese Situation bestand Ende März 1988, als "die bisher gelieferten 30.000 Motoren" aus Polen, "die eigentlich für die Er-satzteilproduktion gedacht waren", sich als bereits verkauft herausstellten. Zum weiteren hatten sich die "PKW-Produzenten", das heißt die Abnehmer, nicht einigen können, mit welcher Geschwindigkeit der schließlich wieder in der

DDR projektierte Motor laufen sollte. Dieses Desaster im Desaster wurde durch Hauptmann Ebert von der Kreisdienststelle Stollberg im Ganzen zutreffend unterstrichen.[12]

Weiter beleuchtet das "Vorhaben 'neuer Trabanttank'" im VEB Eisenwerk Wittigsthal gravierende Mängel, die in Vorbereitung von Ausbaumaßnahmen dieser Produktion auftraten. Wiederum erkannte die Leitung eingebundener und betroffener Führungsebenen und Unternehmen diese Entwicklung verzögert. Kritik, wie jene des Direktors des VEB Sachsenring Zwickau, mochte diese auch noch so gravierend und deutlich ausfallen wie sie wolle, kam zu spät und selbst die Entscheidung, diese Produktion nun nach Johanngeorgenstadt zu verlagern, bewirkte nichts anderes als weitere "Kostenerhöhung" - wie dies das MfS zutreffend erkannte.[13] Mitte Januar 1989 war der Termin für die Aufnahme der Produktion im Juli des Jahres bereits gegenstandslos. Bedeutende Rückstände charakterisierten weite Abschnitte der Bauausführung. So lag der Feststellungstermin inzwischen bei Juni 1990. Weiterhin waren bedeutende Bauabschnitte noch nicht genehmigt.[14] Ab Mitte Mai 1989 wurde erkennbar, die erforderliche Stückzahl von 33200 Trabanttanks werde im Verlauf des Jahres 1990 schwer erfüllbar sein und die 1989 benötigten 1200 Stück könnten "nur in einer umfangreichen Kooperationskette gefertigt" werden. Infolge eines Konstruktionsfehlers, der Tank setzte beim Einparken auf dem Bordstein auf, wurde eine nochmalige Änderung notwendig, was zu riesigen Problemen mit dem Zeitpunkt des Produktionsanlaufes führen würde. Weiter war, infolge fehlender struktureller Voraussetzungen, die Produktion nicht sichergestellt. Insgesamt habe sich der Bereich Technik "bisher zu wenig mit dem Problem befaßt". Die Arbeit des Aufbaustabs habe die Betriebsleitung nicht genügend unterstützt. Auch von den "Bereiche[n] Kader und Produktion" seien "noch keine eindeutigen Vorstellungen zur Sicherung des All-Bedarfs und zur Qualifikation der Werktätigkeiten" entwickelt. Insgesamt gelangte der unterzeichnende IM zu dem Schluss, nach wie vor bestehe "eine akute Gefährdung des gesamten Vorhabens". Allerdings wurde im Betrieb nicht verhehlt, aus Äußerungen sei zu entnehmen, "die Einführung des PKW Trab[ant]. mit 4 T[akt]-Motor" sei „ein Politikum und in diesem Falle anläßlich des XII. Parteitages" zu realisieren.[15]

Anlässlich eines inoffiziellen Arbeitsbesuches Schürers am 26.Februar 1986 beim VEB Sachsenring führte dieser Gespräche mit Vertretern der Bezirksleitung Zwickau. Der Betriebsdirektor des VEB Sachsenring, Dr.Hipp, habe sich geradezu "'hilfesuchend' an den Genossen Gerhard Schürer" gewandt. Er erklärte, "der VEB Sachsenring" habe, „bis zum gegenwärtigen Zeit-punkt[,] alle Verpflichtungen im Zusammenhang mit den Beschlüssen des Po-litbüros erfüllt", "jedoch sich objektiv außerstande" gesehen, "die Beschlüsse in der vorgesehenen Größenordnung zu verwirklichen". Darauf habe der Leiter der Staatlichen Plankommision erklärt,

> "daß er bereits im Ergebnis der geführten Untersuchungen zur PKW-Produktion dem Mitglied des Politbüros und Sekretär des ZK der SED, Gen[ossen]. Dr. Günter MITTAG, einen *Entscheidungsvorschlag zur weiteren Entwicklung der PKW-Produktion* unterbreitet habe, welcher seine endgültige Bestätigung in der Diskussion zum neuen Fünfjahrplan März/April 1986 finden"

werde „und welchen er persönlich vertreten wolle. Mit diesem Entscheidungs-vorschlag sei vorgesehen, mit dem Probebetrieb und eingebautem Viertakt-Otto-Motor 4/88 und mit der Serienproduktion 8/89 zu beginnen". Ob die Zu-kunftseinschätzungen des Betriebsdirektors Dr.Hipp, und selbst des Interviews Honeckers am 31.Januar 1986 in der westdeutschen Wochenzeitung DIE ZEIT, Wirklichkeit werden würden, war jedoch keinesfalls sicher. So sollte die "Ge-samtproduktion an PKW Trabant zwischen 1988 und 1991 von 143000 auf 175000 ansteigen. Davon würden 1989 18300 und 1991 175000 "4-Takt-Moto-ren" produziert werden. Die Version "2-Takt-Motoren" sollten zurückgehen von 1988 - 143000 auf 15000 - 1990.

Beschlossen wurde dementsprechend, "der Einbau des Viertakt-Diesel-Mo-tors in den PKW 'Trabant*'" werde erst "nach 1990 (1993/94) erfolgen,

> da der BRD-Partner VW gegenwärtig noch *nicht* über einen *einsatzfähigen Dieselmotor* für dieses Fahrzeug"

verfüge (Hervorh.v.m., B.S.). "Der Einsatz dieses Motors" solle "nach Vorstellun-gen der Leitungskader des VEB Sachsenring in einer neuen, aus dem NSW im-portierten Karosse, erfolgen, da dieses kostengünstiger sei. Schürer stellte fest:

> "zur Sicherung einer Produktion von 175 000 PKW im Jahr 1991 ist kurzfristig die Vorbereitung und Realisierung der Bauvorhaben am Standort Mosel durch-zusetzen, dazu sind verbindliche Angebote einzuholen und diese abzuarbeiten".

Das Modell mit "Viertakt-Otto-Motor" werde 19655 Mark kosten. Der "Vier-takt-Diesel-Motor" werde dementsprechend teurer.[16] Diese Mitteilungen bewirk-ten bei Oberstleutnant Herrmann, Abteilung XVIII des MfS, einige Verwirrung.[17]

Entsprechend den "Beschlüsse[n] des Politbüros des ZK der SED" vom 6.No-vember 1978, "zur Entwicklung der NKW- und PKW-Produktion der DDR", dem

Beschluss vom 14.6.1983 sowie vom 17.1.1984 wurde "die Produktionsaufnahme" des PKW 1300 im Juli und September 1988 vorgesehen. Der Serienanlauf war für den Oktober 1988, mit zunächst 14600 Fahrzeugen bis zum Ende des Jahres, eingeplant. Diese Festlegungen wurden von Sachkundigen als ausgesprochen "risikobehaftet" bezeichnet "und die festgelegte Stückzahl als nicht realisierbar eingeschätzt". Ursachen für die "terminlichen und inhaltlichen Diskrepanzen bei der Erfüllung der Beschlüsse" bildeten:

"- Nach gegenwärtigem Stand ist bei ca. 20 Vorhaben die Bereitstellung von Bauteilen zu Zulieferungen in der erforderlichen Qualität und Stückzahl zum Termin nicht gesichert.

Die bei der Realisierung der Beschlußtermine entstanden Zeitverzüge werden auf *verzögerte und fehlerhafte Übergabe des zentralen Planes der Vorbereitung 87/88 durch das MALF* an alle Industriebereiche zurückgeführt.

 - Der Arbeitsstand für Überbrückungsimporte aus dem SW (10 Positionen) und NSW (11 Positionen) zur Sicherung der Serieneinführungstermine stellt sich als ungenügend dar und wird auf *mangelnde Vorklärung der Importbaugruppen seitens des Bilanzorgans und des Außenhandels* zurückgeführt.

Für wichtige Positionen der Zulieferung aus dem Inland wurden die *technologischen Voraussetzungen* zur Serienproduktion noch nicht geschaffen" (Hervorh.v.m., B.S.).

Es musste eingeräumt werden, "nach vorliegender Expertise" der "ersten Funktionsmuster des PKW 'Wartburg 1300'", bei dessen "Test im Dezember 1987", entspreche dieser "nicht dem international gebräuchlichen Standard". Dies wurde im besonderen

"bezogen auf
- äußeres Erscheinungsbild und den Ausstattungsgrad
- Kraftstoffverbrauch (10,9 Liter V[ergaser]K[raftstoff] Extra auf 100 Km)
- CO-Anteil Leerlauf".

Als Gründe wurden „unausgereifte konstruktive Lösungen", zum Beispiel bezogen auf die „Schaltbarkeit des Getriebes", die „Geräuschdämmung" sowie die „Servicefreundlichkeit" angeführt. Von „Experten" werde „angezweifelt", dass „die zur Verfügung stehende Zeit (Termin Mai 1988)" zur „Beseitigung der vorhandenen Mängel/Unzulänglichkeiten" ausreichen werde.[18]

Anfang des Monats Februar berichteten „zuverlässige Fach-IM", die „termin- und ordnungsgemäße Durchführung" der 0-Serie des Einheitsgetriebes sei „nicht gewährleistet". „Rückstände" beliefen sich gegenüber dem „Anlaufplan" auf etwa sechs Monate. Nicht sämtliche „erforderlichen Maschinen sowie Werkzeuge, Prüfmittel, Transportmittel und Materialien" seien „rechtzeitig angeliefert" worden. „Von 35 erforderlichen Maschinen" seien „erst 15 im Werk". "Äußerst kritisch" wurde "die Lage bei Werkzeugen aus eigener Produktion" beurteilt. So sei die "Neue Pressenhalle" baulich noch nicht fertiggestellt und Installationen nicht eingebaut und ergäben sich Verschiebungen für die Inbetriebnahme der "1.Pressenstraße" und "Nachfolgeprobleme". Verträge mit den Lieferanten für Schweißanlagen waren noch nicht in trockenen Tüchern. "Erprobungen der neuen Preßwerkzeuge" müssten "nur an Wochenenden im Altwerk erfolgen". Alles das mache, so Oberst Nagel von der MfS KD Zwickau, "Sonderaktionen zur Vorverlegung der Liefertermine...erforderlich".[19]

Der Leiter der „Abteilung Inspektion" im Ministerium für Allgemeinen Maschinen-, Landmaschinen- und Fahrzeugbau vermittelte Ende des Monats April die Schritte mit denen bereits der Verkauf der neuen PKW-Modelle vorbereitet wurde. Dieser führte aus:

> "Auf der Grundlage eines Arbeitsauftrages des Generaldirektors des Kombinates Personenkraftwagen vom 12.11.1987 an den Kaufmännischen Direktor wurde die Hauptabteilung Kundendienst/Ersatzteilwirtschaft, gemeinsam mit dem Bereich Binnenhandel beauftragt, eine 'Argumentation zur Verkaufsvorbereitung der weiterentwickelten PKW Trabant 1.1 und Wartburg 1300' als Ergänzung zu einer Preisantragstellung (für Ministerrat der DDR) zu erarbeiten".

Am 17.November folgte die Abstimmung zwischen den Fachbereichen Binnenhandel und Kundendienst/Koordinierung. Die "erarbeitete Dokumentation wurde am 18.November 1987 durch den kaufmännischen Direktor des Generaldirektors als Entwurf übergeben". Zwei Tage darauf kam es "in der Preisabteilung" zur "abschließende[n] Beratung zum Inhalt der inzwischen durch den Bereich Technik ergänzten Argumentation". Zusammengefasst wurden schließlich "Preisarbeit", "Kundendienst", "Kundendienst-Koordinierung", "Kundendienst-Planung", "Binnenhandel" und Technik. Damit lagen am 18.November die Materialien für den Verkauf der neuen PKW-Modelle vor.[20]

Generaloberst Mittig erhielt Anfang des Monats Juni eine "Information zum PKW-Programm" vom MfS-Abteilungsleiter Wirtschaft, Generalmajor Kleine (Leiter Hauptabteilung XVIII). Ein Rückblick griff auf die Anfänge des Projektes im Jahre 1971, den "Vertragsabschluß zwischen VVB Automobilbau der DDR und den Autowerken der CSSR" zurück. Die "Grundlinie", ein "Trabant-Nachfolge-Fahrzeug" zu entwickeln, lief darauf hinaus, die CSSR entwickele einen

Motor dafür. "Beschlüsse" des Politbüro[s] vom 25.September 1974 und des "Präsidium[s] des Ministerrates vom 3.10.1974" billigten diese Planung. Mit dem "Regierungsabkommen DDR-CSSR vom 18.6.1975" erreichte diese eine weitere Stufe der Konkretisierung. Es wurde "die gegenseitige Lieferung von Hauptbaugruppen (Wechsel- und Achsgetriebe, Lenkungen und Gelenkwellen aus der DDR/ 4-Takt-Motoren und Scheibenbremssättel aus der CSSR)" vereinbart. Eine Folge von weiteren Abkommen regelte zwischen 1975 und 1977 die "konzipierte[n] Leistungsentwicklung des PKW-Baus der DDR". Es wurden festgelegt:

> "Produktionsaufnahme Trabant-Nachfolger 1984/Erhöhung NSW-Exportfähigkeit Wartburg durch Einbau 4-Takt-Motor als Zwischenlösung".

Ferner sollte die "NSW-Exportfähigkeit" des neuen Modells "zum Hauptkriterium für Entscheidungen zum weiteren Vorgehen erhoben" werden. Daraus ergab sich "1978/79" die Feststellung „weitergehender technischer Forderungen an die CSSR-Seite zur Motorenkonzeption (Auslegung als Otto- und Dieselmotor, Frontantrieb) in ultimativer Form durch Androhung der Aufkündigung des Regierungsabkommens [mit der CSSR] bei Nichtübereinstimmung". Denn

> "zum gleichen Zeitpunkt gab es Vorstellungen in der Abteilung Maschinenbau/Metallurgie des ZK der SED, das PKW-Programm der DDR *durch Kompensationsvorhaben mit NSW-Automobilkonzernen zu realisieren und dadurch den Investitionsfonds der Volkswirtschaft zu entlasten* (1978: Kontaktgespräche Dr.Beil mit General Motors, Citroen, FIAT, Toyota)" (Hervorh.v.m., B.S.).

Im Jahre 1979 erklärte sich die CSSR-Regierung bereit, die technischen Anforderungen der DDR zu erfüllen. Daraufhin, so das MfS, sei "in einer Beratung am 17.10.1979 beim Genossen Dr.Mittag zum Automobil-Programm der DDR (PKW und LKW)", festgesetzt worden, dass "dem NKW-Programm, aufgrund der zur Verfügung stehenden Fonds der Vorrang eingeräumt und bezüglich der *Realisierung des PKW-Programms auf Kompensationsvorhaben mit NSW Konzernen* orientiert" werden solle (Hervorh.v.m., B.S.). Mit Beschluss vom 15. November 1979 kam es zur Neugestaltung des Regierungsabkommens mit der CSSR. 1983 schloss die CSSR die Entwicklung des projektierten Motors ab. Doch im Rahmen einer "Arbeitsberatung HA XVIII/MfS - XI. Verwaltung des KfNS des FMdI der CSSR Juni 1983 in Prag *äußerte die CSSR-Seite ernsthafte Besorgnisse über die destruktive Haltung der DDR* bei der Realisierung dieses Regierungsabkommens und *erbat [eine] entsprechende Einflußnahme des MfS*" (Hervorh.v.m., B.S.). Im Jahre 1983 wurden "auf der *Grundlage eines Angebotes des VW-Konzerns*, der DDR eine auszusondernde Motorenlinie mit dem technischen Stand von *1972* zu verkaufen, Verhandlungen zur Klärung der Modalitäten aufgenommen" (Hervorh.v.m., B.S.).

"Auf der Grundlage des Politbürobeschlusses vom 9.10.1984" kam es "zum Abschluß eines *Kompensationsvertrages mit dem VW-Konzern*" (Hervorh. v.m., B.S.). Mit dem Politbürobeschluss vom 2.Juli 1984 war weiter "festgelegt, das Regierungsabkommen mit der CSSR offiziell in eine langfristige wirtschaftliche und wissenschaftlich-technische Zusammenarbeit auf dem Gebiet des Automobilbaus umzuwandeln". Dies wurde notwendig, da die CSSR eine Auflösung des Regierungsabkommens vom 18.Juni 1975 ablehnte.[21]

Im Mai 1988 kam es, im Rahmen der "Verteidigung" des "Funktionsmusters des neuen PKW Wartburg 1,3" zu der Festlegung, der "neue PKW Wartburg 1,3" werde „in verschiedenen Ausführungen erstmals auf der Leipziger Herbstmesse 1988 der Öffentlichkeit vorgestellt". Die Zweitaktversionen wären weiterhin anzubieten. Doch war der, in Abstimmung mit den zuständigen Abteilungen des ZK der SED erarbeitete Preisvorschlag für den PKW Wartburg 1,3 und den PKW Trabant 1,05, der dem Mitglied des Politbüros und Sekretär des ZK der SED, Genossen Günter Mittag, Mitte Mai 1988 vorgelegt wurde", bislang "noch nicht als Vorlage im Politbüro eingebracht" worden. Wie im Falle der im Juli 1988 von der UdSSR gelieferten "einige[n] hundert" Lada Samara, die "in der DDR eingelagert" werden mussten, fiel keinerlei Entscheidung. Seitens des MfS wurde darauf hingewiesen, dies könne "unter der Bevölkerung", "aufgrund der prekären Versorgungssituation mit PKW, zu Diskussionen" führen. Selbst der Werkstattbereich sei auf die Einführung des Wartburg 1,3 in keinerlei Form vorbereitet.[22]

Im August eröffnete die CSSR mit dem "Skoda 781/Favorit" 1.3 eine "Produktionslinie" auf der bis Ende des Jahres "38.000 neue Fahrzeuge" produziert werden sollten. Just dieser "Favorit" verfügte über "1,3 Liter Hubraum, eine Leistung von 46 Kilowatt, Fünfgangschaltung und Vorderradantrieb". Für die stilistische Seite zeichnete die italienische Firma "Stile Bertone Spa" verantwortlich. Ab dem Jahre 1990 würden 180 000 Fahrzeuge gefertigt. Das Fahrzeug, so eine ADN-Meldung, sei "in enger Zusammenarbeit mit führenden internationalen Firmen wie 'Stilo' (Italien), 'Kautex-Werke', 'Porsche', 'Boge' und 'Pierburg' (BRD) sowie 'Ricardo' (Großbritannien) entwickelt" worden. Näher ausgeführt wurde, und dies nicht ohne Pikanterie:

"Die 'Skoda'-Karosserien werden *in automatischen Fließstraßen gebaut*, die den größten Fertigungskomplex des gesamten tschechoslowakischen Maschinenbaus darstellt. Sie besteht aus *104 numerisch gesteuerten Industrierobotern, 94 technologischen Steuersystemen für Kontaktschweißarbeiten und 35 programmierten Automaten*. 70 Prozent aller Schweißarbeiten erfolgen *automatisch*"[23] (Hervorh.v.m., B.S.).

Angeschlossen war eine "Übersicht zu in der DDR erhältlichen Personenkraftwagen". Diese enthielt:

"1. PKW, die über den VEB IFA-Vertrieb erhältlich sind bzw. waren

		Preis
Trabant	11.500,--	bis 13.000,-- M
Trabant Uni	13.000,--	bis 15.000,-- M
Wartburg	21.000,--	bis 24.500,-- M
Wartburg	21.500,--	bis 25.000,-- M
Lada 2101		ca. 21.000,-- M
Lada 2104		24.650,-- M
Lada 2105		23.650,-- M
Lada 2107		28.475,-- M
Lada 2108 Samara		32.875,-- M
Dacia		25.600,-- M
Citroen 'Pallas'		38.600,-- M (bis 1982 ausgeliefert)
Peugeot 305		ca. 43.000,-- M (bis 1986 ausgeliefert)
Mazda 323		ca. 24.500,-- M (bis 1981 ausgeliefert)
Golf Diesel		ca. 25.000,-- M
Golf L		ca. 19.000,-- M (bis 1978 ausgeliefert)

2. PKW nur über Genex-Geschenkdienst erhältlich
Golf C
Golf C II
zwischen 19.300,- DM und 21.640,- DM".[24]

Im Rückblick auf das Jahr 1988 verfasste das MfS eine Zusammenschau "der politisch-operativen Lage im Fahrzeugbau der DDR". Danach habe

"die entscheidende Aufgabenstellung im Bereich Automobilbau des MLAF für das Jahr 1988...im Abschluß wesentlicher Realisierungsabschnitte des von der Partei- und Staatsführung konzipierten PKW-Programmes bestanden".

Es ging dabei um "den Produktionsanlauf des Viertakt-Ottomotors" und "die Aufnahme der Serienfertigung des PKW Wartburg 1.3". Die "grundlegenden Beschlüsse der Partei- und Staatsführung zum PKW-Programm der DDR" seien "in dem Jahre 1983/84 gefaßt" worden. Das Präsidium des Ministerrates habe am 23.Mai 1983" die "kurzfristige[n] Erhöhung der Produktion der PKW Trabant und Wartburg bis 1985 und danach" beschlossen. Der Beschluss des Präsidiums des Ministerrates vom 21.November 1984 habe Maßnahmen "zur Vorbereitung der Motorenproduktion für die PKW Wartburg und Trabant" festgelegt. Vorgesehen war:

"- Produktionsaufnahme des 4-Takt-Ottomotors ab IV/1987 für den Einbau in die PKW Wartburg, Trabant und B 1000
- Produktion und Einbau des Dieselmotors für den Trabant im Jahre 1989
- Produktion des Rumpfmotors zur Lieferung an die VW AG ab I/1989
- Erreichung einer dem Weltstand entsprechenden Kraftstoffökonomie durch den Einsatz des Dieselmotors im PKW, verbunden mit verringerter Schadstoffemission und erhöhter Lebensdauer".

Es wurde die "nicht ausreichende[n] Leistungskraft der Volkswirtschaft der DDR" eingestanden, woraus sich "Präzisierungen der Beschlüsse notwendig" ergeben hätten. "Wesentliche Zielstellungen der Beschlüsse von 1983/84 wären nicht erreicht". Andererseits sei "am 31.8.1988 die offizielle Übergabe der Motorenfabrik durch Vertreter des VW-Vorstandes an die DDR erfolgt". Ergänzt musste werden:

"Die für 1989 geplante und Rücklieferung von Rumpfmotoren zur Refinanzierung der Anlage wird nicht in geplanter Zahl *von 30 000 Stück* erfolgen, gegenwärtig geht man von einer *Stückzahl von 8000* Stück ab November 1989 aus. Die Auswirkungen auf die Erfüllung der vertraglich gebundenen Gesamtstückzahl von 430.000 Stück bis 1993 können davon nicht abgeleitet werden" (Hervorh.v.m., B.S.).

Das MfS leugnete nicht, dass "den Produktionsprozeß negativ beeinflussende Faktoren" wirksam seien, "die gegenwärtig durch technologisch bedingte Verzögerungen" bei "der Bereitstellung wichtiger Teile und Baugruppen in" der "vertraglich vereinbarte[r]n Qualität" bestünden. Weiter sei einzuräumen, Überprüfungen hätten ergeben,

"daß Fehleinschätzungen zum Investitions- und Valutaaufwand und Aufwandserhöhungen bei den Vorhaben zum PKW-Beschluß die Realisierung erheblich belastet, daß das in der DDR-Zulieferindustrie vorhandene Erzeugnis-, Technologie- und Ausrüstungsniveau nicht den erforderlichen Qualitätsansprüchen genügt, für die Realisierung des PKW-Programms notwendige Leistungen des Bauwesens und wichtige Ausrüstungen nicht konsequent in die Pläne und Bilanzen eingeordnet wurden".

Dementsprechend wurde, mit Beschluss des Ministerrates vom 10.Juli 1986 die "Produktion des PKW-Dieselmotors...eingestellt und beschlossen, die 4-Takt-Ottomotore in der Variante mit 1300 cm³ in den PKW Wartburg ab 10/1988 und mit 1050 cm³ in den PKW Trabant ab 8/1989 einzubauen". Die geplanten Stückzahlen wurden nach unten korrigiert. Die Serienproduktion des PKW Wartburg 1.3 ab dem 12.Oktober 1988 wäre nur unter beträchtlichen Einschränkungen möglich gewesen, die sich im besonderen in ökonomisch und volkswirtschaftlich negativen Effekten auswirkten.

Mitte des Monats April 1989 wurde abgeglichen, ob die Beschlüsse des Politbüros des ZK der SED von Anfang Dezember 1987, welche die "Vorserienproduktion" des Trabant 1.1 für 1989 vorgesehen hatten, im Zeitplan lägen. Weiter, ob der "Beginn der Serienproduktion ab August 1989 mit dem Ziel der Produktion von 8300 Stück Trabant 1.1" weiterhin anvisiert werden könne. Investitionen in Höhe von 1,65 Mrd. Mark würden im Zeitraum bis 1990 notwendig werden, wenn die "technologischen Voraussetzungen für den Einbau des 4-Takt-Otto-Motors" im „Trabant 1.1, für die beschlossene Erhöhung der Produktion auf 175 000 PKW pro Jahr ab 1991", gewährleistet werden solle. Doch sei der geplante Serienanlauf im August 1989 nicht einzuhalten. Der eingereichte Planentwurf habe diesen nicht mehr aufgeführt, was von der Staatlichen Plankommission akzeptiert worden sei. Der Leiter der Plankommission, Schürer, habe bei einer "Begehung der *verschlissenen Produktionsanlagen der Automobilwerke Zwickau*" die Präzisierung der ausstehenden Entscheidungen in eine Vorlage für das Politbüro umgesetzt (Hervorh.v.m., B.S.).

Diese Vorlage sei am 31.Januar 1989 beraten worden. Daraus habe sich der Beschluss ergeben, die Serienproduktion, und die parallele Herstellung des neuen und alten Trabant, zu verschieben. Erst die Bewilligung „umfangreiche[r] Investitionen zur Erneuerung der verschlissenen Anlagen für die Duroplastkarosse" werde Stückzahlen („Kammzahl") von 175000 Fahrzeugen ab 1993 ermöglichen. „Bis zum II. Quartal 1989" sei „eine Konzeption über die Erneuerung der Karosserie des Trabant...im Jahre 1995/96" zu erarbeiten. Sich „auf die Variante[-] ‚Trabant mit verändertem Erscheinungsbild'" - festzulegen, darauf werde „auf Grund ökonomischer Erwägungen verzichtet". Dieser „Beschluß vom 31.1.1989" legte einen „kostendeckende[n] Verbraucherpreis" von 23.086 M fest. Als Endpreis wurden 20.000 Mark ins Auge gefasst. Damit wurden auf dem DDR-Markt Fahrzeuge zu Preisen zwischen 11.000 und 33.000 Mark angeboten. Doch umgehend regte sich die Kritik der Spezialisten. Ein zu knappes Raumangebot im Trabant 1.1 hinten, die kürzere Lebensdauer der Radialreifen bei schraubengefederter Hinterachse und ein zu geringer Produktionsausstoß an Radialreifen (statt: 725 000 nur 50 000 Stück) führten zu neuen Entschlüssen des ZK der SED am 31.Januar 1989.

Es wurde zu diesem Zeitpunkt, "auf der Sitzung des Politbüros ..., auch das Problem der Karosseriegestaltung" des PKW Trabant beraten. Daraufhin erhielt "der Minister für Außenhandel", Dr.Beil, den Auftrag, "Vertragsvorbereitungen zu einer Lizenznahme und zu Ausrüstungslieferungen für eine *Ganzstahlka-rosserie* zu treffen" (Hervorh.v.m., B.S.). Das MfS schloss an:

> "Am 3. April 1989 besichtigten die Genossen Voigt (Generaldirektor Kombinat PKW), Roloff (Generaldirektor AHB IAI) und Schindler (Generaldirektor AHB Transinter) *gemeinsam mit dem Stellv[ertretenden]. Vorstandsvorsitzenden der VW AG, Münzner*, bei einer italienischen Designer-Firma in Turin Nachfolge-muster der Typen IBIZA/SEAT und Polo.
> Auf der anschließenden Beratung *am 4.4.1989 in Wolfsburg wurde vereinbart, daß die VW AG die Arbeit an der Grobstudie* auf der Grundlage der DDR-For-derungen forciert mit dem Ziel, am 8.Mai 1989 in einer internen Vorführung in der DDR ein Modell vorzustellen.
> *VW erklärte die Bereitschaft, als Generallieferant aufzutreten* bei einer Auf-nahme der Serienfertigung *in der DDR* im Jahre 1993 [durch VW?].
> [Zu] Aufwandsschätzungen, Kosten und Preisen konnten seitens VW noch kei-ne Aussagen getroffen werden.
> Weitere, insbesondere technische, Konsultationen sollen Mitte April 1989 erfolgen.
> Der Gesamtkomplex der Finanzierung der Ganzstahlkarosse (von Fachexperten mit 4 bis 5 Mrd.M veranschlagt) ist gegenwärtig vollkommen unklar. Nach Auffassung der S[taatlichen]P[lan]K[ommission] ist der Investitionsaufwand durch das MALF im Rahmen der Bilanzen 1991-95 (Investsumme MALF ge-samt nach Vorgabe SPK 15,6 Mrd. M) zu tragen.
> *Fachexperten des MALF erklären dies für völlig unmöglich* (Forderungen MALF an Investbilanz 1991- 95 rd. 20 Mrd.M ohne Karosse; Forderungen der Kombinate sogar insgesamt 26 Mrd. M)"[25] (Hervorh.v.m., B.S.).

Im Monat Mai 1989 waren die Vorbereitungen für das neue PKW-Projekt bis zu Vorschlägen der Volkswagen AG für eine neue PKW-Karosserie gediehen. Anfang Mai fand die Besichtigung des ausgewählten Modells statt. Es began-nen jedoch erst zu diesem Zeitpunkt die tatsächlichen Arbeiten der "Zulieferkombinate" an der Karosserie, den Baugruppen sowie an der Berechnung des "Stufenprogramm[s] zur Refinanzierung der Valutaaufwendungen". Parallel wurde eine "Anfragespezifikation ... mit Zielstellung" Peugeot übergeben, die zu einem "Angebot mit techn[ischem]. und zeitlichem Grobkonzept bis zum 30.06. 1989" führen sollte. Mitte Juli fanden Beratungen mit Citroen statt, die Anfang Oktober in die Vorstellung eines Fahrzeuges dieser Firma münden würden. Darüber hinaus wurden Anfragen "Ende Juni Anfang Juli" an "Futyma/Spanien, Voest/Österreich und Kuka/BRD" gerichtet. Mitte August befanden sich sämtliche angesprochenen Firmen in der Prüfung.[26] Abgezielt wurde auf den *„langfristig stabilen Export von Polyurethanerzeugnissen in das nichtsozialistische Wirtschaftsgebiet"*. Trotz *„technisch verschlissen[er]"* Maschinen wurde auf die Unterstützung „namhafter Engineeringfirmen wie Technimont/Italien und Salzgitter Industriebau/BRD" gesetzt. Es zeigte sich jedoch, dass mit sowjetischer Unterstützung („Beratungen der Vorsitzenden Planungsorgane DDR/UdSSR am 2.2.1989 in Moskau") nur zu rechnen sei, wenn „für die Rohstofflieferungen der UdSSR an die DDR die *Erhöhung der Lieferungen von Polyurethansystemen und -komponenten durch die DDR"* zu erwarten sei (Hervorh.v.m., B.S.).

In der Zeit vom 21. bis 23.März führte eine Reisegruppe von Vertretern des Kombinates PKW (Beltrame/Direktor W+T Dr.Kämpfe), der SGD IAI (Zeitsch), des VEB Sachsenring Zwickau (Dr.Hipp/Direktor Technik Friedrich) Gespräche in Wolfsburg über die "Auslegung einer Studie der VW-AG zur Errichtung einer Fertigung von Rohbaukarosserien der Größenklasse Trabant". Der Reisebericht führte dazu näher aus:

> "Es wurden 4 Design-Muster der Klasse A 03 mit der Unterbezeichnung M 2, M 3, 31 und I.D. von bisherigen und künftig vorgesehenen VW-Typen im Sinne einer Design-Familie [vorgestellt]. Weiterentwicklung Polo und Golf äußerlich eigenständigste Karosserie stellte die Klasse A 03. I.D. dar".

Im einzelnen habe Volkswagen, "ausgehend von den übergebenen DDR-Baugruppen" wie folgt Stellung bezogen:

> "- das 4-Gang-Getriebe paßt, wenn die Befestigung konstruktiv am Getriebe geändert wird (5-Gang-Getriebe war noch nicht übergeben).
> - Das Gehäuse der Heizung müßte unter Verwendung der Unterbaugruppe verändert werden.
> - Alle VW-Typen sind konstruktiv aus Montagegründen mit obenliegender Lenkung ausgestattet. Die Verwendung einer DDR-untenliegenden Lenkung würde eine völlige Neukonstruktion verlangen.

- Der vorgesehene Kühler ist zu breit".

Festlegungen zur "Arbeitsrichtung" sowie hinsichtlich der "Karosseriebau-technologie", Zahl der Arbeitskräfte, baulichen Voraussetzungen und Grad der "Mechanisierung" wurden referiert und eine "2.Variante mit einer geringeren Mechanisierung" vorgeschlagen. Der "Leistungsumfang VW" schien hinsicht-lich "Styling, Konstruktion einschließlich Konstruktionsverantwortung, Fertigung von 5 Prototypen" fixiert. "Ab Vorserie" beginne die "DDR-Leistung. Enge stän-dige Zusammenarbeit" sei "vorausgesetzt". Es ginge um: "Lieferung, Montage, Inbetriebnahme einer Fertigungseinrichtung von Rohbaukarosserien bei max. Einbeziehung von DDR-Möglichkeiten". Zeitsch merkte abschließend an:

> "Die nächste Zusammenkunft im gleichen Arbeitskreis wurde für den 17.04.1989 ab 17.00 Uhr in Berlin vereinbart, wo auch über die weiteren zeitli-chen Arbeitsetappen auf der Grundlage eines VW-Vorschlages beraten werden sollen. Ein erster Austausch deutete an, daß aus der Rückrechnung zu den Kon-struktionszeiten VW, Bestell- und Lieferfristen sowie Montage und Inbetrieb-nahme Probleme zu erwarten sind".[27]

Anfang April berichteten die Direktoren Roloff und Voigt über Gespräche mit dem "Stellvertretenden Vorsitzenden der VW AG Herrn Münzner", die in Turin und Wolfsburg stattfanden. Diese dienten "vor allem der weiteren Vorbereitung der Grobstudie/Aufwandsschätzungen auf der Grundlage jener der VW AG übergebenen Aufgabenstellung". Design-Muster wurden von VW übergeben. Diese seien "als Nachfolgetypen für den IBIZA/SEAT und den Polo vor-gesehen". Die VW AG habe "eine forcierte Arbeit an der Grobstudie" bestätigt, "um die Dokumentation vereinbarungsgemäß am 30.4.89" übergeben zu können. Roloff/Voigt führten aus:

> "Ein entsprechender Modell-Vorschlag wird die Grundanforderungen der Auf-gabenstellung der DDR erfüllen, dabei von weiterentwickelten, erprobten Grundelementen ausgehen, weitestgehend DDR-Baugruppen einbeziehen und ein für die DDR spezifisches Design/Erscheinungsbild darbieten".

Es werde, so die beiden Generaldirektoren, angestrebt, "zu einer solchen Vereinheitlichung von Einbauteilen zu kommen, die auch zum Aufbau von Re-finanzierungsvorschlägen genutzt werden" könnten. Die VW AG habe vorge-schlagen, "der Aufgabenstellung" das "am besten entsprechende Modell am 8. Mai [19]89 in einer internen Veranstaltung in der DDR vor einem ausgewählten Personenkreis vorzustellen". Naturgemäß konnte über "Aufwandsschätzun-gen, Kosten und Preise" von Volkswagen noch nicht berichtet werden. Für mögliche "Refinanzierungskäufe" ginge, so Roloff/Voigt, VW "von Baugruppen, kompletten Teilen bei Fahrzeugelektrik, weiteren Pressenstraßen, Glasteilen, möglicherweise auch kompletten PKW u.a. aus". Weiter wurde "eine mögliche Umsetzung der auszuwählenden Konstruktion [in] eine gemeinsame Forschungs- und Entwicklungsarbeit" erwogen, welche "die DDR-Seite befähigen" werde, "selbständig die Entwicklungen weiter zu betreiben". "Technische Konsultationen" sollten "ab dem 17.April [19]89 in der DDR fortgeführt" werden. Ein entsprechender "Grad der Vertraulichkeit" sei organisiert worden.[28]

Der Direktor für Import, Detlev Kruppa, befand sich zwischen dem 31.Mai und 2.Juni 1989 zur "Abstimmung [der] 'Technischen Produktbeschreibung', Komplex Ganzstahl-Karosserie" im VW-Werk Wolfsburg. Während zweier Einladungen durch die VW-Vertreter Klaus, Böckelmann und Steinwascher sowie einer "Abschlußberatung mit anschließendem Essen" am 2.Juni seien "die Zielstellungen voll erfüllt" worden. Das berichtete Kruppa. Es könne "eingeschätzt werden, daß die Vertreter der VW AG dem Anliegen der DDR-Delegation breite Aufmerksamkeit und großes Interesse" geschenkt hätten.[29]

Die Beratungen zum "Objekt Karosserie" traten zwischen dem 1. und 2.Juni in ein entscheidendes Stadium. Der verhandelnde DDR-Vertreter Zeitsch berichtete laut MfS-Akten:

> "Die Konzernleitung hatte offensichtlich während einer Beratung des Leitungspersonals aller VW-Firmen die Information erhalten, wer die derzeitige Konkurrenz des angefragten Objektes ist. Deshalb war die Beratung seitens VW von *etwas mehr Vorsicht* geprägt.
> Es wurde der Abschluß einer Geheimhaltungsvereinbarung für das übermittelte und weiter zu übergebendes Produkt- und Technologiewissen verlangt. Das wurde zugesagt. Prinzipieller Inhalt wie Motorenprojekt.
> Abgestimmt und bestätigt wurde der weitere Ablaufplan für mögliche Rationalisierungsvorhaben sowie die Abgabe von 2 Informationsangeboten bis [zum] 15.06.1989 und 3 weiteren bis 30.6.1989 [...].
> Im Zusammenhang mit der Klärung der Produktpositionen wurden die Termine der Beratung der Restpositionen in Zwickau vereinbart und die Arbeitsetappen unter Beachtung der Klärung der Möglichkeiten der DDR-PKW-Zulieferer Kombinat PEV, FER und Flako".

Es wurde mit dem VW-Prokuristen Köhler, dem "Projektleiter RGW", der "Abt. Koordinierung" und der "Abt. Produktplanung" verhandelt. Weiter habe es "ein kurzes Informationsgespräch mit den Stellvertretenden Vorstandsvorsitzenden, Herrn Münzner", gegeben, "der den zeitlichen Entscheidungsdruck betonte".[30] Dieser, und andere Punkte, wurden genau ergänzt durch eine Anlage zu Sofortberichten. Darin war erneut betont:

> "Im Zusammenhang mit der anstehenden Vorabentscheidung der DDR wurde mehrfach auf unterschiedlichen Gesprächsebenen betont, daß VW in einen Entscheidungsnotstand gebracht wird.
>
> Für die neue Poloproduktion müssen Investitionen und Aufträge entschieden werden. Diese fallen anders aus, wenn VW davon ausgehen kann, daß sie aus der DDR einen gewissen Anteil der möglichen, im Gespräch befindlichen Gleichteile beziehen kann.
>
> Bei einer weiteren längeren Verzögerung der DDR-Entscheidung muß VW noch vor den Betriebsferien Ende Juli entscheiden und dann würde diese Produktkooperation für diese Gleichteile entfallen, da die Investitionen dann für den Gesamtumfang begonnen werden, was danach nicht mehr verändert werden kann".

Detaillierte Beratungen zu "Rationalisierungsvorhaben" für den neuen PKW-Typ sollten zwischen dem 15. und 30.Juni 1989 in den Volkswagen-Betrieben in Hannover, Kassel, Braunschweig und Wolfsburg stattfinden.[31]

Zwischen dem 22. und 23.Juni wurden abschließende Gespräche zu dem erwähnten Komplex in Wolfsburg durchgeführt. Leiter der DDR-Delegation war wiederum Detlef Kruppa.[32] Am 11. und 12.Juli fanden diese Gespräche in der gleichen Besetzung ihre Fortsetzung. Es sei die Zielstellung "hinsichtlich Untersetzung[,] Angaben[,] Arbeitskräften, Flächenangaben, Fertigungseinheiten erfüllt" worden. Die Vorstellungen hinsichtlich einer "Untersetzung des Richtpreisangebotes" wurde jedoch nicht erfüllt. "Die VW AG stimmte andererseits einer weiteren Untersetzung des Richtpreises zu einem späteren Zeitpunkt prinzipiell zu". Kruppa hielt fest:

> "Insgesamt ist einzuschätzen, daß die Vertreter der VW AG auch bei der Untersetzung des technologischen Umfangs dem Anliegen der DDR-Seite breite Aufmerksamkeit und großes Interesse schenken.
>
> Am 12.7.89 wurde zum Abschluß der Gespräche eine gegenseitige Bewertung der erreichten Ergebnisse vorgenommen, gemeinsam die weiteren Arbeitsschritte vereinbart".

Bei Einladungen der DDR-Delegationen durch Volkswagen-Vertreter zum Abendessen, am 11.Juli im "Zum Chinesen" im Rathaus Wolfsburg und der Gaststätte "Alter Wolf" am 12.Juli, wurden die guten Beziehungen betont.[33]

Trotz gewichtiger Hemmnisse bemühten sich Volkswagen und die DDR gleichzeitig intensiv darum, das Motoren- und PKW–Projekt zu einem erfolgreichen Abschluss zu führen. Ob es den Vertretern der VW AG dabei verborgen geblieben sein kann, dass die DDR qualitativ nicht in der Lage war, adäquate Produkte zu liefern, mag bezweifelt werden. In welchem Licht dann der Handelsvertrag zwischen VW und DDR vom Oktober 1984 zu sehen ist, bleibe zunächst dahingestellt. Jedenfalls gab es eher von Westen als von Osten agressiv-offensive Ziele, als von Ost nach West. Das eher defensive Ziel einer wie auch immer erweiterten Exportpalette der DDR-Volkswirtschaft mag nicht in das Bild der westlichen Propaganda vom räuberischen Kommunismus passen. Es bleibt gleichwohl der Eindruck aus der Vielzahl schier unüberwindlicher materieller Defekte der DDR-Produktion, dass diese kein zur Expansion, welcher Art auch immer, geeignetes Mittel war. Ob das in gleicher Weise für die Bundesrepublik zutraf, diese Frage hat die Geschichte entschieden.

---

[1] Birthler-Behörde, MfS HA XVIII. VEB Gelenkwelle Mosel. KD Zwickau, Information über bekannt gewordene Probleme im VEB Sachsenring Automobilwerke Zwickau, Fertigungsbereich 13 (FB 13) – Gelenkwellenwerk Mosel, 7.1.1985, Bl. 184ff.

[2] Ebd., VEB Gelenkwelle Mosel. „zur lage im veb sachsenring zwickau, fertigungsbereich 13 (gelenkwellenwerk mosel), 3.4.1985, Bl. 183.

[3] Ebd., VEB Gelenkwelle Mosel. Abteilung XVIII, AKG, Information zum Stand der Ersatzteilversorgung für PKW durch das VEB IFA-Kombinat Personenkraftwagen Karl-Marx-Stadt, 18.4.1985, Bl. 174-177.

[4] Ebd., VEB Gelenkwelle Mosel. KD Zwickau, Information zur gegenwärtigen Situation im Gelenkwellenwerk Mosel (FB 13 des VEB Sachsenring Automobilwerke Zwickau), 20.7.1985, Bl. 181f.

[5] Ebd., MfS, Abt. XVIII. Oberstleutnant Herrmann, Information zur gegenwärtigen Situation im Gelenkwellenwerk Mosel - Ihr Schreiben 4892/85 vom 23.7.1985, Bl. 179f.

[6] Ebd., MfS, Abt. XVIII, VEB Sachsenring Automobilwerke Zwickau. Bezirksverwaltung für Staatssicherheit, KD Zwickau, Sachverhaltsinformation zu hemmenden Faktoren beim Einbau neuer Antriebsaggregate in den PKW 'Trabant', 8.10.1985, Bl. 92f.

[7] Ebd., VEB Sachsenring Automobilwerke Zwickau. Oktober Monatsbericht XVIII v. 8.11.1985, Bl. 86ff.

[8] Ebd., Zu einigen Problemen im VEB Automobilwerke Sachsenring Zwickau (um Weiterleitung an die Abteilung Roem.18 wird ersucht).

[9] Ebd., VEB Sachsenring Automobilwerke Zwickau. Leiter BV Karl-Marx-Stadt, Oberst Nagel, KD Zwickau an BV Karl-Marx-Stadt AKG, 21.1.1986, Information zur Lage im VEB Sachsenring Automobilwerke Zwickau, Bl. 78; VEB Sachsenring Automobilwerke Zwickau, Die voraussichtliche Entwicklung der TRABANT-Produktion nach Monaten in Varianten der Verfügbarkeit der Schwerpunkt-Erweiterungsvorhaben 'Endmontage' und 'Lackierung' mit einer Gegenüberstellung...und zum Fünfjahrplanansatz 1986-1990, Bl. 79-82.

[10] Ebd., VEB Kupferring- u. Dichtungswerk Annaberg. Bezirksverwaltung für Staatssicherheit Karl-Marx-Stadt, KD Annaberg, Oberstlt. Ubl an Bezirksverwaltung für Staatssicherheit Karl-Marx-Stadt, Abt.XVIII, Information zum VEB Kupferring Annaberg, Betrieb des VEB Maschinenbaukombinates Karl-Marx-Stadt, 22.5.1985, Bl. 228f.

11 Ebd., VEB Kupferring- u. Dichtungswerk Annaberg. Information über das Vorhaben 'Fertigung von Zy-linderkopfdichtungen für VW-Motor' im VEB Kupferring- und Dichtungswerk Annaberg, 16.1.1986, Bl. 227.
12 Ebd., VEB Ventialtorenbau Oelsnitz/E. KD Stollberg, Hptm.Ebert, Information, 23.3.1988, Bl. 214f.
13 Ebd., VEB Eisenwerke Wittigsthal (Trabanttank). Information zum Arbeitsstand - Vorhaben 'neuer Trabanttank' [1985], Bl. 210f.; Maßnahmen PKW- Beschluß 'Trabant', 16.8.1985, Bl. 212; KD Schwarzenberg an BV Karl-Marx-Stadt / AKG, 20.8.1985.
14 Ebd., VEB Eisenwerke Wittigsthal. Information zum Stand der Realisierung des Vorhabens 'neuer Trabanttank', 20.1.1989, Bl. 208; vgl. ebd., Information zum Vorhaben 'neuer Trabanttank', 9.2.1989, Bl. 206.
15 Ebd., VEB Eisenwerk Wittigsthal. Information zum Vorhaben 'Tank' Trabant neu, 10.5.1989, Bl. 203; vgl. ebd. Bezirksverw. f. Stasi K-M-St, KD Zwickau, Oberst Nagel an Bez.Verw.f.Stasi, Abt. XVIII K-M-St (über AKG), Sachverhaltsinformation über Stand der Umsetzung des Beschlusses des Prä-sidiums des Ministerrates der DDR von 27.9.1984 zur Verbesserung der Service- und Instandhaltungs-leistungen, 4.4.1988, Bl. 169.
16 Ebd., VEB Sachsenring Automobilwerke Zwickau. Bezirksverwaltung für Staatssicherheit Karl-Marx-Stadt, KD Zwickau, Oberst Nagel an Bezirksverwaltung für Staatssicherheit Generalmajor Gehlert, In-formation über die Lage und Situation bei der Durchsetzung der Beschlüsse des Politbüros des ZK der SED vom 14.6.1983 und 9.10.1984 im VEB 'Sachsenring' Zwickau, 26.3.1986, Bl. 65-69.
17 Ebd., VEB Sachsenring Automobilwerke Zwickau. AKG, Major Walter, Aktennotiz, 9.4.1986, Bl. 57.
18 Ebd., MfS-HA XVIII, Nr. 3372. Hauptabt. XVIII, Information zum Stand des Vorhabens PKW Wart-burg 1300, Nr. 125/88, 29.3.1988.
19 Ebd., VEB Sachsenring Zwickau, Bezirksverwaltung für Staatssicherheit Karl-Marx-Stadt, Oberst Nagel, an Bezirksverwaltung für Staatssicherheit Abt. XVIII, Sachverhaltsinformation über eine Reihe bekannt gewordener hemmender Probleme in Durchsetzung des Politbürobeschlusses zum PKW-Bau im VEB Sachsenring, Automobilwerke Zwickau, 1.2.1988, Bl. 31ff.
20 Ebd., MfS-HA XVIII, Nr. 3372. Ministerium für Allgemeine Maschinen-, Landmaschinen- und Fahr-zeugbau, Leiter Abt. Inspektion, Information zum Ergebnis durchgeführter Untersuchungen im PKW-k[K]ombinat zur mißbräuchlichen [N]nutzung der Argumentation zur Verkaufsvorbereitung der weiter-entwickelten Pkw Trabant 1.1. und Wartburg 1300, 26.4.1988, Bl. 16-19.
21 Ebd., Information zum PKW-Programm, Nr. 188/88, 9.6.1988, Bl. 21ff.: "- Original an Gen[ossen]. Minister - 1x Kopie Gen[eral]Oberst Mittig, 9. VI.[19]88".
22 Ebd., Hauptabteilung XVIII, Information über einige Probleme im Zusammenhang mit der Produk-tionseinführung des PKW Wartburg 1,3, Nr. 217/88, 5.7.1988, Bl. 26f.
23 Ebd., ADN-Information, Nur zur Information, Interne Dienstmeldung, Serienproduktion des neuen PKW 'Skoda Favorit' aufgenommen, 2.8.1988, Bl. 28.
24 Ebd., Übersicht zu in der DDR erhältlichen Personenkraftwagen, 24.8.1988, Bl. 29.
25 Ebd., Hauptabteilung XVIII, Information zum Stand der Vorbereitung der Produktion des PKW Trabant 1.1, Nr. 122/89, 12.4.1989, Bl. 36-40; nahezu parallel war es zu dem durch G.Schürer, E.Höfner, G.Beil, G.Wyschofsky und A.Schalck unterschriebenen Beschluss gekommen, die „erste Etappe des Vor-habens Polycarbonate/Modernisierung Polyurethanrohstoffe im VEB Synthesewerk Schwarzheide zur Steigerung der Polyurethanproduktion" zu realisieren. In diesem Zusammenhang kam es zu aussagekräf-tigen Äußerungen zu Exportzielen der DDR in den NSW, dem Erhaltungszustand der bisherigen Produk-tionsstätten und zur Lieferbereitschaft der Salzgitter AG. Schließlich wurde festgestellt, dass die UdSSR nur dann bereit sei, Rohstoffe für Schwarzheide zu liefern, wenn „die DDR die Erhöhung der Lieferungen von Polyurethansystemen und –komponenten" zusage, BA-Coswig, Chemieindustrie der DDR, C-20, I/4-6402. VVS B2-B152-6/89, 20.1.1989, Bl. 93, 97-106. Es wurde deutlich, wie schwer die DDR-Öko-nomie zu heben haben werde, handelte es sich doch ökonomisch um ein Land von lediglich der Größen-ordnung Nordrhein-Westfalens. Gleichwohl bot eine Abhängigkeit der DDR von der BRD, über die Ge-schäftsbeziehung mit VW bewirkt, weitreichende politisch-strategische Chancen.

[26] Ebd., MfS-HA XVIII, Nr.8252. H.Roloff an Minister für Außenhandel Dr.Beil, 5.5.1989, Bl. 19 und Anlage: Stand Vorbereitung PKW-Karosserie, 18.8.1989, Bl. 20; BA-Coswig C-20, I 4/-6402, VVS B 2 – B 152 – 6/89 V 69/89 Durchführung der ersten Etappe des Vorhabens Polycarbonate/ Modernisierung Polyurethanrohstoffe im VEB Synthesewerk Schwarzheide zur Steigerung der Polyurethanproduktion, 20.1.1989 (G.Schürer, E.Höfner, G.Beil, G.Wyschofsky, A.Schalck).

[27] Ebd., MfS-HA XVIII, Nr. 3372. Handelsbereich I, Information über eine Dienstreise zur VW-AG in der Zeit vom 21.-23.03.1989, Bl. 43f.

[28] Ebd., H.Roloff/ D.Voigt: Information über Gespräche mit dem Stellvertretenden Vorsitzenden der VW AG, Herrn Münzner, am 3. und 4. April 1989 in Turin und Wolfsburg, streng vertraulich-persönlich, Berlin, 5.4.1989, Bl. 41f.

[29] Ebd., MfS-HA XVIII, Nr. 8252. Reisebericht "Kruppa, Delev", Abstimmung zur "Technischen Produktbeschreibung", Komplex Ganzstahlkarosserie GR.1/IFA-PKW, VW-Werk, Wolfsburg, Bl. 23f.

[30] Ebd., Reisebericht Zeitsch, Abschlußberatung der Verhandlungen zum Objekt Karosserie, 6.6.1989, Bl. 25f.

[31] Ebd., Ablaufplan für mögliche Rationalisierungsvorhaben, 2.6.1989, Bl. 29.

[32] Ebd., IAI, Abstimmung im VW-Werk Wolfsburg, Untersetzung der technologischen Prozesse des Karosseriebaues[,] Komplex Ganzstahlkarosserie GR1/IFA-PKW, Bl. 35.

[33] Ebd., Kruppa, Detlev: Abstimmung und Untersetzung der technol. Prozesse des Karosseriebaues-Komplex Ganzstahlkarosserie GR PKW, 14.7.1989, Bl. 37f.

6. Kapitel: Parallelverhandlungen

Die Gespräche mit Citroen ergaben, die Firma sei "nicht bereit, eine Garantie" für die umgebaute AX-Karosserie zu gewähren. Diese solle auf den "Anlagen" und "Werkzeuglieferungen aus der auslaufenden Produktion des AX" erfolgen. Die französische Firma war bereit, "bis Anfang Oktober" 1989 das revidierte "Grobangebot" zu übergeben. Die DDR-Seite äußerte "die dringende Forderung", bis "Ende August" dieses Angebot vorzulegen.[1]

Ende Juli berichtete die Hauptabteilung XVIII, Oberstleutnant Hecht, über den "Stand der PKW-Produktion in der DDR" und den "Rumpfmotorenexport an die Volkswagen AG". "Die Produktion des Wartburg 1.3" sei "planmäßig und ohne größere Probleme" angelaufen. Bei vorgegebenen "59 010 Stück" sei das Halbjahresziel mit 29 928 erfolgreich erreicht. Anstatt „12 700 Stück Wartburg 1.3-Tourist" seien für 1989 nur 4 646 produziert worden. Daraufhin wurde entschieden, den „SW-Export von 31 300 Stück auf 20 000" herunterzufahren. Zugleich wurde die "Einstellung des NSW-Exports" beschlossen. Der PKW Trabant 601 würde „in Produktion und Auslieferung" erfolgreich anlaufen. Das „Halbjahresziel" sei um 700 Stück überboten. 34 130 Stück wären für den NSW-Export vorgesehen. "Im III. Quartal 1989" erfolge

> "die Fertigung einer Vorserie des PKW 'Trabant 1.1' mit Vier-Takt-Otto-Motor im Umfang von 1000 Stück".

Probleme an "Lenkung und Achsen" seien analysiert, die "Ursachen erkannt" und diese würden abgestellt. Die Grundausführung des "Trabant 1.1" sollte 21 685 M kosten. Der Serienanlauf erfolge "per 1.5.1990...planmäßig". Doch die nicht qualitätsgerechte Bereitstellung von Zulieferteilen sowie „ein Arbeitskräftedefizit von z.Z. 286 Produktionsgrundarbeitern" wirkten sich weiterhin „hemmend auf den Serienanlauf aus".

Die "Ganzstahlkarosserie" des "PKW 'Trabant'", die "durch das Politbüro des ZK der SED... am 30.1.1989 beschlossen" worden sei, sollte bis Mitte 1989, hinsichtlich der Karosseriegestaltung, durch den Außenhandelsminister Beil umgesetzt werden. Vorbereitungen der "Lizenznahme und Ausrüstungslieferungen für eine Ganzstahlkarosserie" seien zu treffen. Das MfS erläuterte:

> "Im Ergebnis von Gesprächen mit dem Vorstand der Volkswagen AG erfolgte am 8.5.1989 durch VW die 4. interne Vorführung eines Karosseriemodells in der Hauptstadt der DDR".

Doch könnten, so die Staatliche Plankommission (SPK) die "erforderlichen Investitionen im Umfang von 5,7 Mrd M und 500 Mio VM" nicht "in den Fünfjahrplan 1991/95 eingeordnet werden". Aus diesem Grunde schlug die Planungszentrale vor, die Investitionen "zeitlich" zu verschieben. Daraus ergab sich, dass die bisherige Karosserie noch nach 1990 weiter produziert werden sollte. Der hohe Verschleißgrad der hierfür eingesetzten Produktionsanlagen würde im Zeitraum 1991/95 die komplette Überholung der Maschinenstrasse Karosseriefertigung erfordern. In der Folge würden im VEB Sachsenring Automobilwerk Zwickau diese Erneuerung und die dafür unumgänglichen Importe aus dem Westen weitere Kosten erzeugen. Die "ungenügende Beherrschung von Leitungsprozessen" habe sowohl bei der Vorbereitung der Motorenlinie, als auch in der laufenden Produktion, Probleme verursacht, die den Fertigungsanlauf weiter tiefgehend beeinflussten. Das MfS hielt fest:

> "- die an den Produktionsanlagen tätigen *Arbeitskräfte verfügen nur über mangelhafte Sachkenntnisse*; es fehle aber Zurückverweisung.
>
> - die zur vollen Auslastung der Anlagen erforderliche zweite Schicht kann wegen *fehlender Arbeitskräfte* nicht besetzt werden. Zum gegenwärtigen Zeitpunkt fehlen zur Gewährleistung des Planes 100 Produktionsgrund- und rund 100 Produktionshilfsarbeiter.
>
> - mangelnde Qualität von Zulieferteilen aus der DDR macht es erforderlich, täglich etwa 75 Arbeitskräfte zur Kontrolle der Zulieferer einzusetzen. Durch die Barkas-Werke wurden wegen nicht qualitätsgerechter Bereitstellung von Zulieferteilen Schadensersatzforderungen gegenüber der Zulieferindustrie
>
> 1988 in Höhe von   8,7 Mio M
> 1989 (per 31.5.) in Höhe von   5,4 Mio M
> erhoben" (Hervorh.v.m., B.S.).

"Analoge Probleme" träten "auch bei der Bearbeitung von Motorenteilen für die VW AG" auf. So z.B. bei der "Bearbeitung von Kurbelwellen- und Zylinderkurbelgehäuserohlingen aus der BRD". Das führe "dazu, daß wegen mangelnder Qualität der Bearbeitung mehrfach Reklamationen erfolgt" seien.

Das MfS stellte heraus:

> "Im Ergebnisse der *um sechs Monate verspäteten Übergabe der Motorenlinie durch die VW AG* wird seitens der VW AG versucht, eine Veränderung in der vertraglich vereinbarten Liefergrafik zu erreichen. In der Hauptsache geht es darum, die 1989 abzunehmenden *Rumpfmotore von 30 000 Stück auf eine wesentlich geringere Stückzahl zu reduzieren. Nach zähen Verhandlungen* konnte zur

L[eipziger]F[rühjahrs]M[esse] 1989 ein Lieferumfang von 10 000 Stück Rumpfmotore 1989 vertraglich vereinbart werden (VW hatte eine Begrenzung auf 3000
Stück angestrebt) mit Lieferbeginn September 1989. Die Vereinbarung umfaßt
ferner für 1990 die Abnahme von 100 000 Rumpfmotore plus der *20000 aus
1989 überhängenden Motoren*. Als Preis wurden für 1989 540 DM/Motor, für
1990 557 DM/Motor vereinbart" (Hervorh.v.m., B.S.).

Bedingung war, "daß sowohl die Motorenteile als auch der gesamte Rumpf-
motor die erforderlichen Abnahmeprüfungen bei VW" bestünden. "Nicht bestätigte Einzelteile" seien "durch die DDR zu importieren", wurde festgehalten.
"Bei der aktuellen Projektkontrolle in Wolfsburg/BRD" sei "am 6./7.[19]89" festgestellt worden, "daß seitens des Kombinates PKW *erhebliche Verzüge bei
der Lieferung von Einzelteilen* aufgetreten sind" (Hervorh.v.m., B.S.). Es handle sich um "Maßabweichungen, Qualitäts- und Materialprobleme". Die "Nicht-
lieferfähigkeit der DDR-Industrie" erfordere Importe von Einzelteilen" und ver-
ursache "Kosten von 50 DM je Motor". Der "Prokurist der VW AG, Köhler,"
habe "zum Abschluß der Projektberatung" erklärt,

> "daß sich alle weiteren Prüftermine verschieben und für 1989 nur noch die Abnahme
> von maximal 3500 Rumpfmotoren in Frage käme. *Die DDR wäre ohnehin erst
> [im] Oktober zur Aufnahme der Lieferungen in der Lage*"[2] (Hervorh.v.m., B.S.).

Der Beschluss des Ministerrates der DDR vom 3.August zur "Verbesserung
der Bedarfsdeckung" bei "PKW-Ersatzteilen" und "zur Vervollkommnung der
Leitung, Planung und Bilanzierung" legte den Schwerpunkt der Verfügung auf
die Hoffnung, positive Erfahrungen aus benachbarten Bereichen auf den PKW-
Sektor zu übertragen sowie im Bereich von Planung und Bilanzierung im Haus-
haltsplan 1990ff. einzugrenzen. Die Verfügung war von geringerer Bedeutung,
da klar war, dass diese auf erwiesenen Fehlschlägen der Vorjahre aufbaute.
Mit dem Ministerratsbeschluss wurde die Verantwortung den nachgeordneten
Führungsebenen innerhalb der DDR-Industrie zugeschoben und zugrundegelegt, gute Erfahrungen aus anderen Produktionsbereichen würden auf dem
Fahrzeugsektor Erfolg haben. Als Auskunftsmittel sollte u.a. dienen, die „Aufnahme der Produktion weiterer Baugruppen und Einzelteile von PKW bei An-
erkennung als 'abgesetzte Produktion' von Fertigerzeugnissen für die Bevölke-
rung" zu fassen. Eine Lösung des Problems war mit diesem Beschluss des
Ministerrates nicht zu erwarten.[3] Am 17.August erfolgte die "Bestätigung des
Verbraucherpreises für den PKW Trabant 1.1 mit 4-Takt-Otto-Motor durch den
Ministerrat.[4] Anfang September setzte der Ministerrat auch die "Verbrau-

cherpreise für den "PKW Moskwitsch 21412" auf "38.475,- M/PKW" fest. "Für abweichende Ausstattungen" seien "Mehr- und Minderpreise" zu verkünden.[5]

Ein abschließender Bericht der Hauptabeilung XIX des MfS stellte Ende des Monats September fest, die Auswertung der bisherigen Erfahrungen aus dem Ersatzteilbereich habe eine Lösung der Probleme bislang nicht erbracht. Unter Wiederholung der in den früheren Jahren wiederholt aufgezeigten hemmenden Momente, die dahin geführt hatten, dass es zu gravierenden Disproportionen zwischen Bedarf und Möglichkeiten gekommen war, wurde festgestellt:

> "In diesem Zusammenhang weist Gen[osse].Arndt daraufhin, daß aufgrund der wachsenden Probleme bei der materiell-technischen Sicherstellung der Instandhaltung von Nutzkraftfahrzeugen in den Kraftfahrzeugeninstandsetzungsbetrieben sich zunehmend und zum Teil nicht mehr kompensierbare Auswirkungen bei der Absicherung der erforderlichen Beförderungs- und Transportaufgaben, insbesondere im Hinblick auf den Herbst- und Winterverkehr in allen Bereichen der Volkswirtschaft ergeben".[6]

Inzwischen hatte sich gezeigt, dass per August 1989 klar war, auch weitere Zulieferungen von Maschinen würden sich verspäten. Verursacht durch z.B. die mangelhafte Abstimmung der Aufbaudaten neuer Maschinen mit dem Produktionsstand. So gelangte das MfS zu dem Schluss, dass die erneute Verschiebung des Produktionsbeginns für "PKW-Kolbenbolzen Meißen" von September 1989 auf April 1992 nicht erlaube, für die aufgetreten Probleme eine neue Lösungsvariante zu finden. So geriet das gesamte PKW-Projekt ins Rutschen. Das MfS schrieb, dass

> "aufgrund der derzeitigen Situation NSW-Importe von Kolbenbolzen für den Viertaktmotor (für Inlandsproduktion von PKW, Ersatzteilbedarf der DDR und Rexport VW) bis mindestens Juni 1992 notwendig"

seien, "sich die Investitionskosten inlandsseitig um 25-35 Mio Mark erhöhen" würden,

> "Mehrkosten für Konservierung, Entkonservierung, Reparaturen etc in Höhe von ca 200.000 VM entstehen werden, ohne daß die Fa.C.Itole eine Garantie für die Funktionsfähigkeit der Kaltfließpressen ab Juni 1992"

übernähme. Ferner, dass "eine Verlängerung ihrer Kreditlaufzeit und eine Erhöhung der Kosten für die spätere Kreditinanspruchnahme" erfolge.[7]

Auch das überarbeitete Grobangebot der Firma Citroen befreite die DDR-Seite nicht aus deren Zwangslage. So bewertete der VEB Sachsenring das französische Angebot kritisch hinsichtlich dessen beschränkter Ausrichtung, wurde die "komplexe Regieführung Citroen[s]" negativ gesehen, und, trotz kostengünstigerer Leistung, die allgemeine Tauglichkeit und der qualitative Standard des AX als noch nicht genügend für ein positives Votum verstanden. Es sollten vielmehr von Citroen

> "die Erweiterung des Leistungsumfanges
> - in der Erzeugnisentwicklung
> - in der Planung, Projektierung und Beschaffung des Karosserierohbaues
> - in der Regieführung zum Konstruktions- und Technologie-Prozeß"

angeregt werden.[8]

Während eines Besuches der Leipziger Messe, am 3.September 1989, fand ein Gespräch zwischen dem Vorstand der VW AG und einer Kommission statt, die sich aus Direktoren verschiedener VEB zusammensetzte. Hauptgesprächspartner der DDR-Seite war der Stellvertretende Vorsitzende der VW AG Münzner. Es ging um die "notwendigen Vorbereitungen zur Weiterführung des Projektes Ganzstahlkarosserie" und um die "Sicherung des Beginns der Rumpfmotorenlieferungen im Oktober 1989". VW betonte, dass in Erwartung "einer positiven Gesamtentscheidung" die "Arbeiten konsequent weitergeführt" würden. Weiter seien die Rationalisierungsarbeiten an Komponenten zu vollenden, um "einen hohen Ausgleich der Valutaaufwendungen im Zeitraum bis 1998 zu organisieren". VW unterstrich,

> "daß konzerninterne Entscheidungen dahingehend in Vorbereitung sind, daß bei Weiterführung des Projektes Ganzstahlkarosserie langfristige Vertragsabschlüsse über Zulieferungen aus Bereichen der Volkswirtschaft organisiert und vorbereitet werden, mit dem Ziel, die Refinanzierung des Gesamtprojektes Ganzstahlkarosserie unter volkswirtschaftlichen Aspekten wirkungsvoll zu unterstützen".

Umfassendere Lösungsansätze seien bis zum 15.10.1989 vorzuschlagen. Die Rumpfmotorenlieferungen wurden, mit Lieferbeginn Oktober 1989, in einer Gesamtstückzahl von 10.000 bis Jahresende" nochmals "als gemeinsame Verhandlungsbasis bestätigt". Zugleich unterstrich Volkswagen, dass noch gewichtige Schwierigkeiten im Bereich der Baugruppenqualität bestünden. Es liege ein beiderseitiges Risiko vor, so der Volkswagen-Vorstand, "wenn nach Lieferbeginn der Rumpfmotorenlieferungen eine ungenügende Qualitätssicherung der Bauteile auftrete".[9]

Das Angebot der Firma umfasste neben dem "Zielkatalog", über das ange-kündigte "Stylingmodell" und die notwendigen Windkanalmessungen, auch den "Karosserierohbau" des künftigen DDR-PKW. Das gesamte Projekt stand unter dem Gebot der "Erfüllung eines hohen Qualitätsstandards". In den Baustufen 1 und 2 sollten insgesamt 9 Fahrzeuge und 14 Karosserien entstehen. Betont wurde von Wolfsburg:

> "Die für den Bau beider Baustufen notwendigen DDR-Komponenten müssen rechtzeitig beigestellt werden. Die Fahrzeuge werden nach VW-Spezifikationen - abgestimmt mit den Forderungen der DDR - erprobt, und die Karosserien werden für die Hydropuls-, Korrosions-Sicherheitstests verwendet".

Zwei "Null-Serienfahrzeuge" sollten nach Fallersleben gehen, um mit diesen eine "volle Erprobung" durchzuführen. Es kam Volkswagen darauf an, in stän-diger Kooperation "Dauerfestigkeits- und Qualitätsanspruch sowie "die wirt-schaftliche Machbarkeit" zu überprüfen und "in die Entwicklung des Fahr-zeuges" einfließen zu lassen. Die "Fertigungstechnologie", von der Vor-, über die "Detailplanung" bis zu "Personal", "Beschaffung", "Transport, Montage und Probebetrieb", "Inbetriebnahme und Anlaufunterstützung" wurden detailliert zum Vortrag gebracht. Für diesen Ablauf wurden, bis zu "Montage/Probebe-trieb/Leistungsnachweis" 53 Monate veranschlagt. Der skizzierte "Leistungs-umfang" hinsichtlich "Styling, Konstruktion, Prototypen und Versuche für [die] Rohkarosse des DDR-Fahrzeugs (X03) auf Basis der A03-Bodengruppe" sollte sich auf "195 Mio DM/VE" belaufen. Die "Fertigungstechnologie", für die drei miteinander verglichenen Lösungen, werde zwischen 278 und 606 Mio DM be-tragen.

Als besonderes Plus des VW-Vorschlages galt in Ostberliner Sicht das An-gebot, "Gegenlieferungen" in Form "von DDR-Erzeugnissen" zu akzeptieren. Es ging um "KFZ-Teile und -Baugruppen, Betriebsmittel, Investitionsgüter und vieles andere mehr", die für "einen der bilateralen Handelsströme", so das Volkswagen-Angebot, zu sorgen haben würden. Es wurde vorgeschlagen:

> "Hierbei ist es unser erklärtes Ziel, bei gegebener Wettbewerbsfähigkeit - das bisherige VW-Einkaufsvolumen kontinuierlich auszubauen (z. B. bei Fahrzeug-elektrik, Glas, Motoren- und Normteilen, Vormaterialien, Betriebsmitteln und Investitionsgütern)
> - im Rahmen des Projektes den Einkauf gleicher Baugruppen aus der DDR (bei teilweise möglicher Übernahme von Produktionseinrichtungen) zu untersuchen

(z.B. bei Lenkungen, Kühlern, Gleichlaufgelenken, Achsen und Federbeinen) sowie

- im begrenzten Umfang eventuell auch Fahrzeuge aus der DDR zu beziehen und *die DDR-Betriebe beim Aufbau dieser Fertigungen auf Wunsch auch über das Projekt hinaus nach besten Kräften zu beraten*"[10] (Hervorh.v.m., B.S.).

Aus all diesen für die DDR-Seite äußerst nachteiligen Entwicklungen ergab sich die immer tiefere Verstrickung des Staates in die Schuldenfalle, die sich mit diesem VW-Geschäft verband. Eine Entwicklung, die in enger Beziehung zu dem Milliardenkredit der Politik für die DDR zu sehen ist.

———

[1] Birthler-Behörde, MfS HA-XVIII, Nr. 8252. Roloff (VE Außenhandelsbetrieb Industrieanlagen Import) an Minister (Ministerium für Außenhandel) Dr.Beil, 19.7.1989, Bl. 39.
[2] Ebd., MfS-ZAIG, Nr. 15902. Hauptabteilung XVIII, Information zum Stand der PKW-Produktion in der DDR und des Rumpfmotorenexports an die Volkswagen AG, 28.7.1989, Nr. 282/89, Bl. 27-30.
[3] Ebd., Ministerrat, VVS B2 - 782/89, Beschluß über Maßnahmen zur Verbesserung der Bedarfsdeckung bei PKW-Ersatzteilen sowie zur Vervollkommnung der Leitung, Planung und Bilanzierung, 3.8.1989, Bl. 7-17.
[4] Ebd., Ministerrat der Deutschen Demokratischen Republik, Vertrauliche Verschlußsache B2-723/89, 126/7/89, 17.8.1989, Bl. 18f.: Limousine (4-Takt-Otto-Motor): 19.886,- M/PKW.
[5] Ebd., Ministerrat der Deutschen Demokratischen Republik, Dienstsache 587/89, Beschluß des Ministerrates 127/14/89, Endredaktion: 13.9.1989", Bl. 21.
[6] Ebd., Hauptabteilung XIX, Nr. 585/89(3), Information über die Ersatzteilversorgung für die Bevölkerung bei ausgewählten PKW-Typen und Stand der Realisierung der Kraftfahrzeuginstandsetzungsleistungen für die Bevölkerung im Jahr 1988/1. Halbjahr 1989, 26.9.1989, Bl. 2ff.
[7] Ebd., MfS HA-XVIII, Nr. 8252. HA XVIII, Information: Zu Problemen bei der Realisierung des Importvorhabens "PKW-Kolbenbolzen Meißen", 31.8.1989, Bl. 40f.
[8] Ebd., VEB Sachsenring Automobilwerk Zwickau, Bewertung des am 3.9.1989 in Leipzig übergebenen Angebotes der Firma CITROEN zur Mitwirkung an einer neuen Karosserie für die Zwickauer PKW-Produktion, 4.9.1989, Bl. 42-46.
[9] Ebd., VE AHB Industrieanlagen-Import, VEB IFA-Kombinat PKW, Roloff/Voigt, Information über das Gespräch mit dem Vorstand der VW-AG am 3.9.89 anläßlich des Besuches zur Leipziger Herbstmesse, 5.9.1989, Bl. 50-52.
[10] Ebd., Volkswagen: RM-Lieferung EAIII DDR an SZ, Datenliste und Stückzahlen beziehen sich auf Eintrefftermine bei VW, "übergeben zur Messe, 3.9.84", Werklogistik Salzgitter, 1.9.1989, Bl. 53-63.

7. Kapitel: Der „Volkswagen-Plan"

Mitte des Monats September wurde der hier ansatzweise vorgestellte, eminent politische Vorschlag durch den Vorstandsvorsitzenden, Hahn und dessen Stellvertreter Münzner, dem Außenhandels-Minister der DDR, Beil, eingehend erläutert. Es ging beiden darum, die "inhaltsreichen Messegespräche" von Leipzig, nochmals schriftlich um das bereits erwähnte Angebot zu erweitern. Im Zentrum stand eine "weitreichende[n] Kooperation zwischen der DDR Automobilindustrie und VW". Hier wurden nochmals die Eckdaten dieser Beziehung unterstrichen. Das Schreiben führte näher aus:

> "VW ist gemäß Angebot vom 29.4.1989 weiterhin daran interessiert, für die DDR-Automobilindustrie ein stylistisch eigenständiges Fahrzeug bzw. eine Ganzstahlkarosse auf Basis einer neuen VW-Bodengruppe zu entwickeln und *den DDR-Betrieben die notwendigen Entwicklungen und Planungen sowie auf Wunsch die erforderlichen Maschinen und Ausrüstungen zu liefern*" (Hervorh. v.m., B.S.).

Die DDR vermochte die verlangten Mustermotoren nicht rechtzeitig fertigzustellen, geriet in Rückstand und verhandelte bis zur letzten Sekunde mit Citroen über einen Vorschlag der Franzosen. Doch Volkswagen hielt unbeirrt Kontakt, stieß nach und bot im Endeffekt das attraktivste, wenngleich politisch gefährlichste Angebot, der DDR dennoch bei der Produktion ihres neuen PKW unter die Arme zu greifen; und dies selbst über dieses Projekt hinaus. Eine derartige Veränderung in dem äußerst sensiblen Bereich der Ökonomie, zwischen vom System her gegensätzlichen Partnern, bewies die strategische Zielsetzung der Hahn/Münzler, die DDR auf wirtschaftlichem Weg zu übernehmen.

Die Volkswagen-Vorstände waren bereit, der DDR auf breiter Front entgegen zu kommen. Hahn/Münzner führten weiter aus:

> "Den sich hieraus ergebenden VW-Liefer- und Leistungsumfang wird VW durch DDR-Beistellungen zu reduzieren versuchen und über einen Zeitraum von 10 Jahren durch fortgesetzte, unter Wettbewerbsbedingungen erfolgende VW-Einkäufe (wie FER, Flachglas, Maschinen) devisenmäßig ausgleichen".

Im einzelnen erklärten Hahn und Münzner den ökonomisch-technischen Hintergrund ihres Vorschlages:

> "Die gemeinsame Bodengruppe bietet neben generellen Entwicklungseinsparungen den Vorteil, den DDR-Viertaktmotor und das Quergetriebe weiterverwenden zu können und bei den ohnehin neu zu entwickelnden Baugruppen wie

Kühler, Lenkung, Achse etc. die ab 1993 im VW-Konzern in Serie gehenden Konstruktionen zu übernehmen".

Hintergrund dieser Idee war die Grundkonzeption eines Autos für West- und Ostdeutschland gleichzeitig. Es blitzte damit industriepolitisch erstmals eine deutsche Koalition durch. Hahn und Münzer führten weiter aus:

"Diese Gleichteile-Konzeption macht es aber insbesondere möglich, notwendige Investitionen für die Fertigung dieser Baugruppen durch Rücklieferungen an VW zu erwirtschaften, soweit sich dies in den weiteren Feasibility-Untersuchungen bestätigt und die DDR-Industrie bereit ist, ihre ohnehin erforderlichen Investitionen auf den Serieneinsatz des entsprechenden VW-Konzernmodells in 1993 auszurichten.
Diese Vorgehensweise bedeutet eine wesentliche devisenmäßige Entlastung des DDR-Fahrzeugprojektes, da wichtige Einzelinvestitionen durch selbständige wirtschaftliche Vorhaben mit VW realisiert werden können".

Allerdings drängten Hahn und Münzner, im letzten Teil des Schriftstückes, auf eine alsbaldige Entscheidung der DDR-Führung. Wiederum, wie bereits mehrfach zuvor, wurde darauf hingewiesen, dass ohne eine Entscheidung - spätestens im "Oktober/November 1989" - das gesamte Gebäude der deutsch-deutschen Kooperation in sich zusammenfallen werde. Es wurde ausgeführt:

"Ein höheres Rücklieferungsvolumen von DDR-Baugruppen läßt sich aber nur bei einer kurzfristigen Auftragsvergabe für das Stylingmodell II (konstruktive Basis für Gleichteilekonzept) und einem baldigen Abschluß der Feasibility-Untersuchungen für die Bauteile (spätestens Oktober/November 1989) verwirklichen, wobei VW für den Kauf des Stylingsmodells zusätzliche DDR-Motorenlieferung (in 1990) einräumen könnte. Darüber hinaus ist auch eine derartige Grundsatzentscheidung der DDR für das Fahrzeugprojekt wünschenswert".

Wie weit das Interesse der Volkswagen-Führung am Gelingen dieses deutsch-deutschen "Joint-Venture" reichte, zeigt die Bereitschaft, die Hahn und Münzner im Folgenden näher erklärten:

"Selbstverständlich ist VW auch weiterhin bereit, die DDR-Automobilindustrie bei der Finanzierung des Gesamtvorhabens Ganzstahlfahrzeug zu unterstützen" (Hervorh.v.m., B.S.).

Dass sich DDR und Volkswagen in "gutnachbarschaftlicher Kooperation" befanden, wurde mit dem Wunsch erkennbar, den Hahn/Münzner ausdrückten, dieses auch künftig "zwischen VW und der DDR-Automobilindustrie zum gegenseitigen Vorteil" so zu halten.[1]

Ihrerseits machten sich MfS und sowjetischer Geheimdienst Gedanken über die Zusammenarbeit mit dem Volkswagen-Konzern. Die Hauptabteilung XVIII/9 stimmte Mitte Mai bereits mit Oberstleutnant Reuter von der Hauptabteilung XVIII/2 ab, welche Themen zwischen dem 26. und 29.Juni mit der VI. Verwaltung des KfS zu erörtern sein würden. Hauptmann Müders hielt in einem "Aktenvermerk" fest, "es werde erwogen, in der HA XVIII/2 vorliegende Erkenntnisse zum VW-Konzern den sowjetischen Genossen zu vermitteln". Doch informierte Oberstleutnant Reuter seine Gesprächspartner darüber,

> "daß im Rahmen der operativen Sicherung der Geschäftsbeziehungen zum VW-Konzern, *keinerlei* Hinweise erarbeitet wurden, die auf geheimdienstliche Aktivitäten oder wirtschaftliche Störtätigkeit hindeuten. *Der BRD-Partner habe sich im Gegenteil als sehr seriös und zuverlässig erwiesen*" (Hervorh.v.m., B.S.).

Weiter wurde bestätigt, wie der zuständige Referatsleiter der Hauptabteilung XVIII/2 erklärte, diese verfüge über "keine Möglichkeiten, Informationen zu Geschäftsbeziehungen des VW-Konzerns mit der UdSSR" zu erarbeiten. Dementsprechend gelangte Oberstleutnant Reuter zu dem Schluss, dass "*keine Voraussetzungen*" gegeben seien, "*Geschäftskontakte zum VW-Konzern zum Gegenstand einer Beratung mit der VI. Verwaltung des KfS* zu machen"[2] (Hervorh.v.m., B.S.). Damit eine Offenlegung der Verhandlungen mit Volkswagen nicht opportun sei.

Bereits unter dem Eindruck der Flucht von DDR-Bürgern über Ungarn und die CSSR in den Westen, fand die Reise des Generaldirektors Kruppa zu weiteren Gesprächen mit den VW-Abteilungsleitern Logistik, RGW-Projekte, Planung und technische Koordination sowie F/E Wolfsburg statt. Benannt wurden die "technologischen Umfänge", und die "*Refinanzierung*" und "Konkretisierung von Absichten" und Durchführung[3] (Hervorh.v.m., B.S.).

Das Barometer der deutsch-deutschen Stimmung sank in den Gesprächen des Generaldirektors Zeitsch mit dem stellvertretenden Vorstandsvorsitzenden von Volkswagen, Münzner. Dieser wies seine Mitarbeiter wegen deren Zugeständnissen bei einigen Terminplanungen zurecht. Zeitsch deutete an, dies sei in der bevorstehenden Beendigung des Beschäftigungsverhältnisses Münzners und der Tatsache begründet, dass Gespräche künftig mit dem Vorstandsvorsitzenden Hahn zu führen seien. Demnach also „Chefsache" waren. Weiter war in den Gesprächen deutlich geworden, dass sich Volkswagen nicht in der

Lage sah, die weiteren Terminverschiebungen, welche die DDR-Seite wünschte, zu akzeptieren. Wolfsburg geriet mit dem Gleichteilekonzept für die neue Baureihe Golf/Polo und dem DDR-PKW in arge Terminprobleme. Es war damit am 18.Oktober 1989, auch infolge der ablaufenden Ereignisse in der DDR, nicht vorhersehbar, ob es zum Abschluss des Joint-Ventures kommen werde.[4]

Die unverkennbare Problematik in der Beziehung zwischen Volkswagen und der DDR, bezogen auf das PKW- und Motorenprojekt, bestätigte das MfS, Hauptabteilung XVIII, schließlich am 17.Oktober 1989. Ein Gespräch zwischen dem "Beauftragten des Vorstandes des VW-Konzerns", V.Köhler, im Ministerium für Außenhandel der DDR bestätigte, dass nach dem momentanen Stand der Vorbereitungen des Motoren-Programms, gewichtige Qualitätsprobleme evident geworden waren. Wie "aus einer Probesendung von 10 wahllos aus dem Barkaswerk herausgenommenen Motoren eine Überprüfung" ergeben hätte, seien bei jedem der geöffneten Motoren Fehler festzustellen" gewesen. Köhler habe "dies nicht sehr drastisch" dargestellt, jedoch deutlich gemacht, "daß auf Grundlage dieses Tatbestandes eine Rücklieferung an VW nicht möglich sei". "Schmutz und Dreck" sei in den Motoren "enthalten gewesen" und in "einem Motor" habe "eine Dichtung gefehlt". So seien die DDR Betriebe, die an der Lieferung beteiligt seien, bei VW in eine mindere Qualitätsstufe abgerutscht. Für Wolfsburg, so Köhler, sei dies "unannehmbar, so daß er sehr große Zweifel" hege, "daß dieser Vertrag in der in Aussicht genommenen Zeit erfüllt werden könne". Ursprünglich sollten Ende Oktober die ersten Rücklieferungen an VW einsetzen. "Diese Motoren", so Köhler, würden "auf Lager gelegt, weil aus der laufenden Produktion von VW die Versorgung bis Ende Februar 1990 gesichert" sei. Weitere äußerliche Qualitätsmängel veranlassten Köhler darauf hinzuweisen, dass "solche Beanstandungen von VW praktisch geltend" gemacht werden würden. Er bestand darauf, dass diese Mängel "schleunigst beseitigt" würden". Auch war Volkswagen bereit, "die Zahl der sogenannten technischen Beauftragten über die Lizenzproduktionsüberwachung zu erhöhen". Unverändert blieb Köhler jedoch dabei, die jetzigen Vergleichszahlen machten deutlich,

> "daß bei VW nur aus 1000 ausgelieferten Wagen, höchstens 1 Motor herausgenommen werden muß, bzw. erhebliche Reparaturen durchgeführt werden müssen. Anhand von Statistiken des Barkaswerkes bzw. aus Kenntnissen des VEB Automobilwerk Eisenach wisse er, daß *nahezu jeder 10. Wagen mit Motorschaden in Werken der DDR* zur Reparatur"

anstehe (Hervorh.v.m., B.S.).

Aus der Sicht des MfS habe der Prokurist nicht den Eindruck hinterlassen, er wolle

> "die Liefermöglichkeiten der DDR verhindern..., obwohl er mehrfach darstellte, daß er sich in dieser Situation an den Vorstand der VW-AG gewandt habe, um sicherzustellen, daß hier insgesamt praktisch der Vorstand sich dieses Problems annimmt, sichergestellt wird, daß diese Qualitätsmängel seitens der DDR abgestellt werden".

Der Einkaufsvorstand von Volkswagen habe, so das MfS, mitgeteilt, es bestehe die Absicht, "Mitte Dezember noch einmal nach Berlin zu kommen, um mit dem Minister für Außenhandel und dem G[eneral]D[irektor] des NKW-Kombinates Voigt [die] Situation zu beraten". Allerdings, so das MfS, habe Köhler das "nicht als Druckmittel" benutzt, jedoch betont, VW werde dafür Sorge tragen,

> "im Falle eines Scheiterns aus qualitätsgerechten Angeboten der DDR eine Reservetaktstraße bei VW in Betrieb zu nehmen".

Es sei damit gesichert, dass "notfalls in einem 3 Schichtenbetrieb auch VW selbst die Motoren herstellen" könne. Das habe Köhler allerdings "nicht als Druckmittel" benutzt und sei davon ausgegangen und habe "versucht", der DDR-Seite nahe zu legen, "daß VW mit den höchsten Qualitäten auch aus der DDR beliefert werden möchte". Allerdings traten Reibungen zwischen den Beschäftigen in der DDR und dem VW-Personal auf, die, wie Köhler daraufhin konkretisierte, VW-"Beobachter als *lästige Gesellen* bezeichnet" hätten "bzw. politisch unter sogenannten Qualitätsdruck gestellt" würden (Hervorh.v.m., B.S.). „Das heißt, man versuchte den VW-Leuten praktisch nachzusagen", sie hätten „zu hohe Qualitätsanforderungen an die DDR gestellt um letztlich den Bezug der zugesagten Rumpfmotoren in Höhe von jährlich ca. 200000 Stück unmöglich zu machen".

Köhler habe sich "eindeutig gegen eine solche Haltung" verwahrt und habe versucht, der DDR-Seite

> "nahezulegen, daß die von VW angestrebte Qualitätskontrolle letztlich der DDR im wesentlichen helfen wird, weil sie der Hauptnutznießer dieser Motoren ist und bei hoher Qualität gesichert werden kann, daß die ohnehin zu langen Wartezeiten in Reparaturwerkstätten der DDR verringert werden können".

Köhler habe dies "etwas überheblich dargestellt". Doch sei zu entnehmen gewesen, daß er "insgesamt Wert darauf legte, den Vertrag sauber zu erfüllen". Unvermindert sei Volkswagen, nach Ansicht des MfS, darin interessiert, wie auch Münzner bestätigt habe,

> "daß VW im Gespräch bleibt hinsichtlich der vollständigen Modernisierung des PKW Trabant mit einer von VW maßgeschneiderten Karosse für die Jahre 1993/95, die nach derzeitigen vorläufigen Berechnungen, das brachte Köhler zum Ausdruck, zwischen 3 - 5 Mrd. M liegen müßte".

Somit beabsichtigte Volkswagen bereits zu diesem Zeitpunkt eine Zusage seitens der DDR zu erhalten, Wolfsburg bleibe "der alleinige Lieferant, damit sie in Ruhe das Projekt mit der DDR vorbereiten können". Seitens der DDR sei geantwortet worden, "daß dies einzig und allein der Minister für Außenhandel der DDR entscheiden muß in Zusammenarbeit mit der Industrie", und dass

> "sicherlich bis zum Zeitpunkt des Gespräches mit Herrn Münzner aus vielerlei Überlegungen noch keine endgültige Zusage gemacht werden"

könne. Der Volkswagen-Osthandelsbeauftragte habe sich bezogen "auf das Gespräch von Hannover, welches streckenweise unter vier Augen zwischen Münzner und dem Mitglied des P[olit]B[üros] und Stellv[ertretenden]. Vorsitzenden der Staatsrates der DDR, Genossen Mittag, geführt" worden sei. Zu diesem Zeitpunkt gab es noch keine Entscheidung über einen Termin zwischen Beil und Münzner in Berlin. Die Aufzeichnung wurde von dem IM "Rolf Anders" gefertigt.[5]

Für den 30.November 1988 hatte der Leiter der Hauptabteilung XVIII eine durch Oberst Wunderlich abzuhaltende Konferenz zur „Erarbeitung einer zusammenfassenden Information über Strategie, Kräfte, Mittel und Methoden des VW-Konzerns und seiner Nachauftragnehmer aus dem NSW gegenüber der Fahrzeugindustrie der DDR" anberaumt.[6]

Dass der Weg eines verstärkten ökonomischen Engagements in der DDR steinig sein würde, demonstrierten den verantwortlichen Vertretern des Volkswagen-Vorstandes signifikant die gravierenden Qualitätsmängel der DDR-Lieferungen an Wolfsburg. Der Prokurist Köhler zog dementsprechend die „Daumenschrauben" an und führte eine neue, schärfere Sprache, was unmittelbar zu beleidigten Reaktionen auf DDR-Seite führte. Damit war deutlich, wie schwer es werden würde, mit der DDR zum Erfolg zu kommen. Allerdings, und das erscheint allein signifikant, Volkswagen blieb, trotz aller Probleme am Ball.

¹ Birthler-Behörde, MfS-HA XVIII, Nr. 8252. Volkswagen AG, Der Vorstand, C.H.Hahn/H. Münzner an G.Beil, 18.9.1989, Bl. 64f.

² Ebd., MfS-HA XVIII, Nr. 2593. HA XVIII/9, ein Aktenvermerk zu einer Absprache mit der HA XVIII/2 - OSL Reuter, 12.5.1989, Bl. 2: "Gen. Generalmajor Kleine mit der Bitte um Kenntnisnahme und Entscheidung zur Übergabe eines Exemplares an Gen[eral].Oberst Kulakow, XVIII/9, 18.7.1989". "Paraphe: "Gen.GM Kleine ist einverstanden. 17.7.89, Kopie an Gen. Kulakow, Re", Bl. 3. Dementsprechend ergaben sich im Verlauf der Tagung mit dem sowjetischen Geheimdienst im Juni zuförderst "keine Erkenntnisse/Ansatzpunkte für eine unmittelbare Zusammenarbeit zwischen beiden Diensteinheiten" (MfS-HA XVIII, Nr. 2593. Hauptabteilung XVIII/9, Abschlußbericht zur Arbeitstagung mit der VI. Verwaltung des KfS der UdSSR vom 26. bis 29.Juni 1989 in Berlin, 17.7.1989, Bl. 4-8).

³ Ebd., MfS-HA XVIII, Nr. 8252. Kruppa, Detlev: Objekt Ganzstahlkarosserie Gr. I, IFA-K PKW, Reisedauer 19.-20.9.1989, Bl. 66ff. Kruppa zeichnet unter "4. Kontakte" auf: "Außer dem Auftaktgespräch zu Fragen des Refinanzierungsmodells tauschten die Gesprächspartner ihre Standpunkte zum Thema Ausreise von DDR-Bürgern über Ungarn, Praktiken der BRD-Medien etc. aus. Die DDR-Delegation brachte dabei klar und eindeutig zum Ausdruck, daß die DDR sich weder bevormunden läßt noch der 'Obhut' der BRD bedarf und sehr wohl weiß, was und wer ihr schadet bzw. nützt. Aus den Äußerungen der VW-Vertreter war erkennbar, daß man nicht gerade begeistert die ehemaligen DDR-Bürger aufnimmt. Das Problem Arbeitslose in der BRD würde dadurch weiter verschlechtert, der süddeutsche Raum sei jedoch stärkster Anlaufpunkt für Arbeitsuchende, auch ehemalige DDR-Bürger würden mit Vorrang dorthin vermittelt". Vgl. ebd., Zeitsch, Rudolf: Beratung zur Refinanzierung der Rationalisierungsobjekte des Kombinates PKW mit der VW-AG, 19.-20.9.1989, 21.9.1989, Bl. 71 noch deutlicher zur Ausreisefrage.

⁴ Ebd., MfS-HA XVIII, Nr. 8252. Zeitsch: Information über ein Gespräch mit Herrn Münzner, Stellvertretender Vorstandsvorsitzender der VW-AG am 18.10.1989, Bl. 73.

⁵ Ebd., MfS-HA XVIII, Nr. 7968. HA XVIII/7, Tonbandabschrift, Gespräch mit Herrn V.Köhler, Beauftragter des Vorstandes des VW-Konzerns am 29.9.1989 im Hause des Ministeriums für Außenhandel, 17.10.1989 (Treff: 12.10.1989/IMB: "Rolf Anders") Bl. 1-3. Volkswagen legte unverkennbar die Hand auf die DDR.

⁶ Ebd., MfS HA XVIII, Nr. 7364. HA XVIII, GVS MfS 0010 – 729/88, Jahresplan des Leiters der Hauptabteilung XVIII für 1989, Bl. 1 und 1.2.2. Bereich Allgemeiner Maschinen-, Landmaschinen- und Fahrzeugbau, , GVS MfS 0010 – 729/88, Bl. 11, "ASTA, 4.10.89, Kaufhold, Stephan (Lehrer, BS MAH, 4.8.57) 18.10. Eing[ang] Post").

8. Kapitel: Braunkohlehydrierung

Kriegswirtschaft 1934-1945

Es wurde im Jahre 1978 deutlich, dass sich diese Entwicklung zwischen Bundesrepublik und DDR auf automobiltechnischem Gebiet in einem günstigen allgemein-politischen Klima darstellte. Das wurde mit dem Abkommen zwischen der Bundesrepublik und der UdSSR erkennbar, das während des Breschnjew-Besuches in Bonn paraphiert worden war, und welches den zwischenstaatlichen Austausch einleiten sollte. Es ging um eine langfristige positive Haltung der Regierungen und Länder zur Entfaltung beiderseitiger Beziehungen. Im besonderen ginge es, so das MfS, darum, die langfristigen Projekte der Volkswirtschaften zu entwickeln; und dies auf den Gebieten Energie und Rohstoffe. Dies bestätige der Zeitraum von über fünfundzwanzig Jahren, der den beiderseitigen Programmen zugrundegelegt werde.[1] Im Zuge der allgemeinen Verknappung von Erdöl einigten sich Bundesregierung und Vereinigte Staaten "auf dem Gebiet der Kohleverflüssigung" und Forschung. Es wurde eine erste Vereinbarung unterzeichnet, die "auf dem Gebiet der Kohleverflüssigung [-] bereits in der Planungsphase aufeinander" abzustimmen sei. Zwischen dem US-Energieministerium, und dem Bundesministerium für Forschung und Technologie, kam es zu einer Erklärung, "innerhalb von 6 Monaten zu detaillierten Verträgen" zu kommen. Erstens sollte der

> "Bau einer Experimentalraffinerie in den USA zur Raffination von Flüssigprodukten aus Kohle mit einer Kapazität von 30t/Tag auf der Grundlage von in den USA in der BRD entwickelten Verfahren zur Kohlehydrierung".

eingerichtet werden. Zweitens wurde die

> "Weiterentwicklung eines Verfahrens zur Schwachgaserzeugung mit dem Saarberg-Otto-Vergaser in der BRD"

geplant. Es handele sich, so das MfS, "nach BRD-Einschätzungen" um "eines der aussichtsreichsten Konzepte für neue Kraftwerkstechnologien".[2]

Die Geschichte der Kohleverflüssigung hatte in Deutschland im Zuge der Aufrüstung der Wehrmacht 1934 begonnen. Zur Treibstoffversorgung der Streitkräfte im Angesicht des modernen Kriegsbildes vom Bewegungskrieg mit mechanisierten Kampfverbänden, wurden im Rahmen der BRABAG (Zusammenschluss der Braunkohleindustrie) Hydrierwerke für Kohle in West- und Mitteldeutschland (Eindringtiefe feindliche Bomberverbände) aufgebaut. Doch der schleppende Verifizierungsgrad der Anlagen bedingte bereits Ende Sep-

tember 1939 (Beauftragter für den Vierjahresplan, 28.9.1939) Versorgungsengpässe mit Treibstoff. General Thomas vertrat im Dezember die These von
der „unzureichenden materiellen Kriegsvorbereitung" des Deutschen Reiches
(12.12.1939). Ähnlich wie nach 1961 in der DDR, sollte „Deutschland durch
[die] Förderung von eigenen Brennstoffen immer mehr von Lieferungen des
Auslandes unanhängig" gemacht werden. Geplant war, „Devisen zu sparen
und die Wehrfähigkeit sicherzustellen" (Wirtschafts-Inspektion III, 14.8.1935).
Der Russlandkrieg förderte, bereits in dessen erster Phase, die Erkenntnis –
verschärft durch die erschöpften und bombardierten rumänischen Erdölquellen
– die Erkenntnis, dass genügend Flugbenzin und Dieselkraftstoff durch die Hydrierwerke nicht bereitgestellt werden könnten (OKW Keitel, 1.7.1941). In der
letzten Kriegsphase legten die alliierten Bomberverbände zunehmend die ge-
schützter gelegenen mitteldeutschen Anlagen lahm. Es gelang nicht, Rück-
schläge infolge von Schäden zu egalisieren. Am 10.Oktober 1944 wurde gemeldet:

> „Die Versorgung mit Treibstoff hat sich infolge anhaltender Luftangriffe auf die
> Hydrierwerke weiter verschlechtert".[3]

Die Braunkohleverflüssigung nach dem „Fischer-Tropsch-Verfahren" blieb
auch 1945ff. in Ostdeutschland aktuell. Die Rote Armee übernahm zunächst
das Szepter und überführte gegen Zahlungen erst 1952 die Anlagen zurück in
deutsche Hände. Zum Beispiel in Schwarzheide bei Lauchhammer. Doch Roh-
stoffmangel und ein verschlissener Maschinen- und Anlagenpark, charakterisierten die Produktion auch weiterhin. Dadurch mitbedingt, sollte sich der
Zwang zur Autarkie, nach dem 13.August 1961, nur noch verstärken.

DDR-Chemie gleich Kohle-Chemie

Ende der 50iger Jahre büßte die Chemieindustrie der DDR entscheidenden
Boden gegenüber der westlichen Konkurrenz ein. Waren doch die verbliebenen Anlagen, etwa in Schwarzheide, vordringlich auf die Produktion von Benzin ausgelegt. Doch erhielten Nebenprodukte – wie Paraffine – gesteigerte Bedeutung. Die überlegene Erdölchemie wurde in der DDR geringer geachtet.
„Untragbar unwirtschaftlich" gestaltete sich zudem die Herstellung und für die
erschöpften Fischer-Tropsch-Anlagen blieb nur übrig, eine „Ersatzproduktion"
aufzubauen. Die Ideen reichten von Herbiciden, über Epoxydharz bis zur Erzeugung von Stadtgas. Parallel wurde nach Produkten Ausschau gehalten, die
geeignet wären über den Export Devisen zu erwirtschaften. Bis 1970 wurden,
so zum Beispiel für das Investitionsvorhaben Schwarzheide, 289 Millionen

Mark eingeplant. Bis 1969 sei darauf die „Hauptleistung" des Werkes zu erreichen.

Bereits im Jahre 1961 wurde das Hauptproblem der DDR-Wirtschaft in der
kommenden Epoche benannt: es sei unmöglich, ohne die Zulieferung des
Westens auszukommen. Aber war es in Preußen (selbst einschließlich Ober-
schlesien) jemals anders gewesen? Ulbrichts Forderung vor dem Politbüro der
SED, die DDR-Wirtschaft von der westdeutschen unanhängig zu machen,
wirkte sich nachträglich aus. Die Kultur der kleinen, aufwendigen Eigenproduktion (mittelständische Werkstätten etc.) war in dieser Selbstabschließung vom
kapitalistischen Markt mitbegründet gewesen. So wurde vom Werkleiter Weiß
in Schwarzheide im Januar 1962 festgestellt, es sei

> „oftmals die Frage der Kosten nicht so in den Vordergrund gerückt, wie es für
> die Wirtschaftlichkeit des Werkes notwendig"

gewesen wäre.[4] Die wiederkehrende Kritik an mangelnder Qualifikation des
Leitungspersonals sowie die ungenügende Arbeitsdisziplin bestimmten so bereits 1961 die inneramtliche Diskussion. Es fällt auf, dass die UdSSR sich lange bitten ließ, bis der DDR – zum Beispiel mit Kieselgur – ausgeholfen wurde.
Ein Rohstoff, der ansonsten ausschließlich in der Bundesrepublik erreichbar
war.[5]

Vor diesem Hintergrund führten die Diskussionen um die Zukunft des Stand-
ortes Schwarzheide ins Patt. Der Plan, die Eigenentwicklung einer „Mit-
teldrucksynthese" als Ausweg für die Zukunft des Fischer-Tropsch-Verfahrens
zu nutzen, erschien 1962 wenig erfolgversprechend.[6] Es hieß, die künftige
„Rohstoffbasis der organischen Chemie" werde das Erdöl bilden. In Schwarzheide suchte der dortige Werkleiter Dr.Vinke die Angleichung der Synthese
an diese Maxime. Doch Ende 1962 war unübersehbar, dass Schwarzheide
nicht mehr produktiv arbeitete. Unverzichtbare Rohstoffe wie Kieselgur fehlten.
Eine infolgedessen unsichere Zukunft lähmte das Engagement der Belegschaft. Zudem hatten die Technischen Hochschulen der DDR das Fischer-
Tropsch-Verfahren nicht weiterentwickelt.[7] Gleichzeitig ließ die erwartete Be-
darfssteigerung bis 1970 erwarten,

> „dass die Erzeugung der Kraftstoffe und Schmierstoffe in der Perspektive nur
> auf der Basis von Erdöl durchgeführt werden"

könne.[8] Der verspätete Versuch, von der Kohle- auf die Erdölchemie umzu-
steigen, machte nur umso deutlicher, dass sich die DDR – „verglichen mit

anderen fortgeschrittenen Ländern eher [nur] ein Minimalprogramm" werde leisten können. Für einen Moment blitzte damit die Gefahr auf, die Staatsführung könne die Chemie zurückstellen, um in anderen Bereichen vorzuprellen. Doch erschien eine derartige Reaktion wenig zukunftweisend, da die Chemie für die Gesamtökonomie zunehmend entscheidender werden würde. Damit bereitete sich zu Beginn der 60iger Jahre jene Fehlentscheidung vor, welche die DDR bis zu ihrem Ende nicht mehr korrigieren sollte. Das Fischer-Tropsch-Verfahren wurde, mit dem erwarteten Zusammenbruch der Produktionsanlagen, aufgegeben. Diese Entwicklung zeichnete sich bereits im Juli 1963 ab.[9] Verschärft wurde die Situation durch den zunehmenden Mangel an Arbeitskräften. Eine neue Produktion würde, zum Beispiel am Standort Schwarzheide, 4.000 Mitarbeiter erfordert haben. Doch standen nur 2.500 zur Verfügung.

Ohne die Erträge eines erfolgreichen Exporthandels war die Zukunft nicht zu meistern. Für die Chemieindustrie bedeutete das,

> „die Veränderung der Exportstruktur zugunsten hochveredelter Produkte wie Pharmazeutika, Pflanzenschutzmittel, Filme, Labor- und Feinchemikalien u.a. ist weiter durchzusetzen".[10]

Ein Rückstand bei Forschung und Entwicklung wurde eingestanden. „4000 Hoch- und Fachschulkader" seien dazu bestimmt, die Lücke „gegenüber der Weltspitze" zu verringern. Angesichts zunehmenden Personalmangels wurde angeregt, Frauen „für die Übernahme von leitenden Positionen" vorzubereiten.[11] Wie wenig aussichtsreich sich dieser Weg gestalten werde, bestätigte eine Stellungnahme zur Erdölverarbeitung aus dem Jahre 1964. Hier hieß es:

> „Insbesondere ist die Schaffung einer ausreichenden T/E-Kapazität und die Rekonstruktion der chemischen Industrie mangels Investmitteln in den vergangenen 15 Jahren stark vernachlässigt worden. Da mit den zur Verfügung stehenden Kräften ein Aufholen des Versäumten bis 1970 nicht möglich ist und uns darüber hinaus die notwendige Rohstoffgrundlage fehlt, sind wir gezwungen in vielen Fällen überholte oder sehr aufwendige Technologien zu betreiben[12] (Hervorh.v.m., B.S.).

Im September 1965 wurde konstatiert, dass „mit dem Auslaufen der Fischer-Tropsch-Synthese erst im Jahre 1971 gerechnet werden" müsse.[13] Am Standort Schwarzheide sollte nunmehr eine „organisch-chemische Struktur" nachfolgen. Weiter wurde der Aufbau einer pharmazeutischen Fabrik ins Auge gefasst.

Die Mittel für ein „Sofortprogramm Herbicidfabrik Schwarzheide" wurden im November 1965 gebilligt. Ein Polyurethan Programm findet sich 1968 in den Protokollen des Ministerrats als beschlossen. Dieser Komplex wurde zwischen 1968 und 1973 fertiggestellt.

Spätestens seit August 1969 bemühte sich die DDR zunehmend um Erdöl aus der UdSSR. 1971 wurde die Benzinproduktion in Schwarzheide eingestellt. 1974 trat die dramatische Erdölverteuerung ein. Als Antwort, und unter Ausnutzung der sowjetischen Erdöllieferungen, sollten, laut Ministerratsbeschluss vom 9.März 1974, über die zu errichtende Raffinerie Schwedt „Primärprodukte nach Westberlin und den [in] grenznahen Raum der BRD" geliefert werden. Gleichzeitig wurde der bekannte Gedanke, die „Abhängigkeit von Importen chemischer Erzeugnisse aus Ländern des nicht sozialistischen Westen" (NSW) zu verringern, neu belebt.

1970 hatte der Minister für Chemische Industrie zur strikten Pflicht gemacht,

> „durch Konzentration der Kräfte den wissenschaftlichen Vorlauf und die gründliche Vorbereitung der Investitionsvorhaben zu sichern sowie durch eine strenge Kontrolle über die volkswirtschaftliche effektivste Verwendung der Investitionsmittel und die Verwirklichung der Prinzipien höchster Sparsamkeit die materiellen Zielstellungen der chemischen Industrie mit rund 4 Mrd. M im Jahre 1971 zu lösen".[14]

Statt Hydrierkraftstoff aus Braunkohle wurde der Polyurethan-Betrieb in Schwarzheide, mit Beschluss des Ministerrates vom 17.Februar 1971, vorangetrieben.[15]

Im Jahre 1973, als es noch an der Zeit gewesen wäre, mit Hydrierkraftstoffen den Markt zu bereichern, stellte sich bereits heraus, „eine Reihe überleitungsreifer Forschungsergebnisse" sei „nur unzureichend für die Leistungssteigerung der chemischen Industrie" zu nutzen. Forschung, und deren Umsetzung in industrielle Prozesse, nahmen in der DDR, so die Erkenntnis, zu viel Zeit in Anspruch. Es hatten so, „einerseits Lizenzen und know how mit den Anlagen auf Gebieten importiert werden" müssen, „auf denen vorher Forschungsarbeiten im fortgeschrittenen Versuchsanlagenstadium abgebrochen" wurden „(Polyesterfaser- und Polyurethan-Rohstoffe)". Während der Jahre 1971/72 sei damit begonnen worden, „für den jetzt überschaubaren Zeitraum die Übereinstimmung zwischen Forschung und Entwicklung, Investition und Produktion herzustellen". Dass dies nicht gelang, konnte hier bereits gezeigt werden. Erkannt wurde diese Zwangslage auf dem Sektor der Chemieindustrie der DDR gleichwohl. Es hieß 1973:

> „Trotz guter Ergebnisse seit 1971/72 entspricht die wissenschaftlich-technische Arbeit nur teilweise den Erfordernissenn der Rationalisierung chemischer Verfahren und Technologien. Dazu kommt, dass ein erheblicher Teil des Forschungs- und Entwicklungspotentials in den Jahren 1968 bis 1970 für Aufgaben eingesetzt war, die sich aus der <u>unrealen Investitionskonzeption des Jahres 1968</u> ergaben und erst wieder auf Rationalisierungsprobleme gelenkt werden musste" (Hervorh.v.m., B.S.).

„Unzureichend" sei „die wissenschaftliche Durchdringung der Produktionsprozesse zur Sicherung ihrer Stabilität und der Qualität der Erzeugnisse". „Dadurch" komme „es unter anderem zu Qualitätseinbrüchen mit hohen Verlusten". „Allein durch die um 30% niedrigere Laufleistung schwerer LKW-Decken entstand ein zusätzlicher jährlicher Bedarf von ca. 45.000 Reifen". In der „Qualitätsentwicklung" war über längere Jahre „Stagnation" zu verzeichnen gewesen. Kritisiert wurde offen, „Möglichkeiten zur Effektivitätssteigerung in der Volkswirtschaft beim Einsatz chemischer Erzeugnisse" seien nicht genutzt worden. „Unzureichende Erfahrung", „mangelnde Orientierung auf künftige optimale Einsatzbedingungen im gesamten Forschungsprozeß", die „zu spät begonnene Einsatzvorbereitung neuer Roh- und Werkstoffe" sowie „die ungenügende wissenschaftlich-technische Zusammenarbeit zwischen Herstellern und Anwendern" wurden nachgerade gegeißelt. Immer wieder ging es darum, die „Effektivitätsverluste" einzugrenzen und damit Exporte aus dem Nicht Sozialistischen Westen zu vermindern. Auch „Rückstände in der Vorbereitung" von „Vorhaben", die der Plan vorsah, seien zu verringern.

Festgehalten wurde, „es fehlten längerfristige, von den realen Möglichkeiten ausgehende bestätigte Investitionskonzeptionen". Es gebe „keine langfristige Bilanzierung der Vorbereitungs- und Realisierungskapazitäten" und „bei bestimmten Projektierungskapazitäten...bestünden Engpässe". Das Verhältnis von „ ca. 50% der gesamten Investitionsmittel für extensive Produktionserweiterungen" zu „35%...für notwendige Rekonstruktionsmaßnahmen" zu „15%... für Ersatz" habe hinsichtlich der Auswechslung erschöpfter Maschinen nicht genügt. Es wurde angemerkt:

> „In dem 1969 konzipierten Investitionsprogramm wurde *die in der Vergangenheit vernachlässigte Aussonderung überalterter und verschlissener Anlagen*

nicht genügend berücksichtigt, so dass dieses Problem trotz der nachfolgenden Korrekturen nach wie vor fortbesteht" (Hervorh.v.m., B.S.).

Die bitteren Konsequenzen dieser Entwicklung waren:

„Die Realisierung des Vorhabens Rekonstruktion Synthesegas Leuna (1 Mrd. Mark) erstreckt sich u.a. aus solchen Gründen über nahezu 12 Jahre. Die Wirksamkeit dieses Vorhabens, das neben der Ablösung veralteter Technologien und verschlissener Anlagen vor allem zur Einsparung von etwa 1.500 Arbeitsplätzen führen soll, wird daher nach der gegenwärtigen Konzeption stufenweise erst nach 1975 eintreten. Ähnliche Probleme bestehen in den Chemiekombinaten Bitterfeld, Buna und Böhlen".

Der Wahrheit eine Bahn brach die Aussage, „teilweise" würden „veraltete Anlagen bis über technische Leistungsgrenzen ausgefahren. Dabei" werde „sogar mit technischen Ausnahmegenehmigungen produziert (z.B. alte Sauerstoffanlagen Leuna, Industriekraftwerk Schwarzheide" [noch 1992 ein Schauplatz wie zu Zeiten von Adolf von Menzels „Walzstahlwerk" von 1871]. „Gegenwärtig", so wurde offenbar, läge „der Verschleißgrad der Ausrüstungen in solchen Kombinaten wie Bitterfeld, Buna, Leuna und Böhlen mit mehr als 50% überdurchschnittlich hoch". „Daher" seien „in diesen Kombinaten die Reparaturaufwendungen seit Jahren größer als das Abschreibungsvolumen, wodurch in hohem Maße Arbeitskräfte in der Instandhaltung gebunden" würden. Arbeitskräftemangel in der chemischen Industrie bilde die Folge. Der hohe „Verschleißgrad" bei Maschinen und Ausrüstungen wurde über zehn Jahre weitergeschleppt. „Auch bis 1980" werde sich „keine wesentliche Verbesserung der Grundfondsstruktur" ergeben. Verteuerungen würden diese Aufholarbeit erschweren, bestünden doch über deren „Ursachen...weder im Ministerium für Chemische Industrie noch in anderen zentralen staatlichen Organen aussagefähige Unterlagen". Die Mittel für „Investitionsaufwendungen" seien aller Voraussicht nach wesentlich zu erhöhen. Insbesondere Importe würden um mehr als 100 Prozent über dem „DDR-Preisniveau" liegen.

Die „Chemisierung der Volkswirtschaft" stelle eine der Hauptrichtungen des wissenschaftlich-technischen Fortschritts dar. Von der „Nutzung der Ergebnisse aus Wissenschaft und Technik" hänge „entscheidend die Effektivität und Produktivität der chemischen Industrie und in einem erheblichen Maße die Entwicklung und Leistungsfähigkeit der Volkswirtschaft ab".[16] Die insgesamt positive Entwicklung der Chemieindustrie der DDR zwischen 1963 und 1973 reiche „jedoch gegenwärtig und auch bis 1975 nicht aus, um den rasch wachsenden

Inlands- und Exportbedarf an chemischen Erzeugnissen zu decken". Dies bildete 1973 das Ergebnis einer gutachtlichen Feststellung zu „Effektivität und Produktivität der chemischen Industrie". Trotz zutreffender Wahl der „Schwerpunkte" beim Einsatz der „Investitionsmittel", lägen unübersehbare Mängel „in der Leitungstätigkeit der chemischen Industrie" vor, was „insbesondere in den letzten Jahren zu Effektivitätsverlusten" geführt habe. Zum Beispiel habe die „Nichteinhaltung der Termine" bei „Investitionsvorhaben" diese Wirkung erzeugt. Es wurde betont:

> „So sind bei den Vorhaben Polyurethane Schwarzheide, Polyesterfaserstoffe Guben und Premnitz, Reinst-Terephthalsäure Schwedt und Magnetbandfabrik Dessau Verschiebungen der Inbetriebnahmetermine bis zu 2 Jahren entstanden".

Der „Ausfall an Warenproduktion, in der Größenordnung zwischen 640 und 680 Millionen Mark, sei dadurch 1972/73 verursacht worden". Es wurde angeschlossen, „Verzögerungen in der Realisierung führten auch dazu, dass seit 1970 die unvollendeten Investitionen das gesamte Investitionsvolumen für 1 Jahr überstiegen".

Die „unreale Einschätzung des Aufwandes und der Effektivität in der Vorbereitung" bilde „eine der wesentlichsten Ursachen für diese Effektivitätsverluste" und diese bestünden darin, „dass bei Planung der Investitionen nicht von den real vorhandenen materiell-technischen Realisierungsmöglichkeiten ausgegangen wurde". Von 15,2 Milliarden Mark „Investitionen" seien deshalb zwischen 1966 und 1970 nur 12,6 Milliarden Mark „realisiert" worden. Dramatisch gestaltete sich nicht nur die daraus gezogene Folgerung, sondern auch deren Fernwirkungen. Es wurde gerügt:

> „Im Jahre 1969 wurde für den Zeitraum 1971-1975 ein Investitionsprogramm von 32 Mrd. Mark vorgesehen, das in Auswertung der Beschlüsse der 14.Tagung des ZK korrigiert und reduziert werden musste. Mit der Korrektur des Investitionsplanes auf 19,3 Mrd. Mark ergaben sich *einschneidende Veränderungen für die weitere Durchführung bereits begonnener Investitionen*" (Hervorh.v.m., B.S.).

Erschwerend, wenngleich charakteristisch für die Folgejahre in weiteren Sparten der DDR-Wirtschaft, erscheint die Tatsache, dass „diese Situation" sich zusätzlich dadurch verschärfte, „dass die Herausarbeitung einer realen, den volkswirtschaftlichen Möglichkeiten entsprechenden *Konzeption nahezu zwei Jahre* dauerte" (Hervorh.v.m., B.S.). Welche Beschleunigung die Verhältnisse erfuhren, belegt die Aussage,

„In dieser Zeit wurde gleichzeitig mit der Realisierung weiterer Vorhaben begonnen. Inzwischen ist eine weitere Reduzierung der Investitionsmittel auf 18 Mrd. Mark erfolgt. Das führte dazu, dass
- bereits in Realisierung befindliche Vorhaben stillgelegt werden mussten, z.B.
    Olefine Schwedt einschl. Äthylenoxid
    Synthetisches Eiweiß Espenhain
    Schmierölkomplex Zeitz
    Stickstoffdüngemittel Buna".[17]

Der Vergleich der „Kennziffern" zu „ausgewählten Bereiche[n] der Industrie... (1972 gegenüber 1963)" ergab ein Nachlassen der „Nettoproduktion" in den Bereichen der „Leichtindustrie (o[hne]. Textilind[ustrie].)", der „Energie- und Brennstoffind[ustrie].", der „Metallurgie", der „Textilindustrie", der „Lebensmittelindustrie" und der „Kaliindustrie". Während zwischen 1965 und 1972 der „Exportzuwachs...rund 1,7 Mrd. Mark" ausmachte, wuchs der Import um „3,2 Mrd. Mark". Der Weg in die Krise war vorgezeichnet. Mit Skepsis lesen sich dementsprechend die Angaben zur Steigerung der „Nettoproduktivität" zwischen 1963 und 1972[18], die sämtlich zwischen 133 („Metallurgie") und 184 („Textilindustrie") liegen sollten. Der Vergleich der Produktion chemischer Erzeugnisse der Ostblockländer zwischen 1960 und 1970 zeigte die DDR mit einer prozentualen Steigerungsrate von 201 am Ende der Skala (UdSSR bei 327). Auch im Vergleich „des Anteils" der DDR an „der Produktion chemischer Erzeugnisse" (Chemische Industrie plus Gummi- und Asbestindustrie, ohne Erdölverarbeitung und Plastverarbeitung) der Mitgliedländer an der Gesamtproduktion chemischer Erzeugnisse im RGW offenbart ein Absinken der DDR von 19,6 1960 (2.Platz) auf 12,2 Prozent 1970; jeweils hinter der UdSSR mit 54,6 und 55,3 Prozent. Verglichen mit den USA (1965 – 22%) wurde die DDR im Jahre 1970 bei 14% angegeben. Die „Warenproduktion der Chemischen Industrie der DDR habe sich von 1961/65 über 1966/70 auf 1971/75 um jeweils 7,9%, 7,8% und 8,1% gesteigert. Die DDR-Industrie insgesamt sei in diesen drei Zeiträumen um 6,0%, 6,4% und 7,0% gewachsen[19].

Aus der „Wirksamkeit der Regierungsabkommen mit der UdSSR" ergibt sich, dass zwischen 1968 und 1971 acht Projekte geplant und durchgeführt wurden. Zur „Oxo-Synthese"(1970) kam es 1973/74 zu „Erstanlagen in DDR und UdSSR". Diese befand sich im Jahre 1973 im „Projektierungsstadium". Aus der „Polymir 50"-Planung (1969) wurde 1972 eine „50 kt/a" Anlage in der UdSSR gebaut. Diese war 1973 „in fortgeschrittenem Realisierungsstadium". Die Projektierung „Polyesterfaserstoffe" (1968) war 1973, in der UdSSR, mit einer Prototypanlage (PE-Faser) und einer Anlage „PE-Seide" in der DDR realisiert („in Realisierung in UdSSR"). Die Anlage in der DDR werde „weitgehend bei Einordnung der Kapazitätserweiterung im Zeitraum 1976-80" genutzt werden. „Prod[uktions].Anlagen" seien in der „UdSSR nach 1975 vorgesehen („mit Ausrüstungslieferungen aus DDR"). In ähnlich begrenzter Form flossen die Initiativen aus dem Regierungsabkommen mit der UdSSR in die Chemieindustrie der DDR ein. Die Nutzung blieb hier wie dort begrenzt.

---

[1] Birthler-Behörde, MfS-HA-XVIII, Nr. 9269. Ministerium für Staatssicherheit, wirtschaftspolitische Informationsübersicht, Nr. 7/78, 17.7.1978, Bl. 325.

[2] Ebd., Ministerium für Staatssicherheit, Wirtschaftspolitische Informationsübersicht, 10.2.1978, Bl. 425.

[3] BA-MA Freiburg, Wwi OY Wkdo. III, 10.10.1944.

[4] BA-Coswig. VWR, Bd. 8843, Jahresanalyse 1961.

[5] BA-Coswig. Dr. Herbig an VWR, 9.6.1962.

[6] BA-Coswig, E 4, Bd. 44153. Dr.Matschke an SPK, 22.8.1962. Ebd., E 4. VWR, 21666. Kurzbericht, 30.11.1962.

[7] BA-Coswig, E 4, VWR 46604. Bollerey, 9.1.1963.

[8] BA-Coswig, E 4, VWR Bd. 27096. Borchmann, 22.7.1963.

[9] BA-Coswig, E 4, VWR Bd. 46604 (1964). Die Entwicklung der Chemischen Industrie.

[10] Ebd., Die Entwicklung der Chemischen Industrie.

[11] Ebd., Erdölverarbeitung und Petrolchemie.

[12] BA-Coswig, Beratung Arbeitsgruppe „Perspektive Schwarzheide", 9.9.1965.

[13] BA-Coswig, Chemische Industrie C-20, I/4-2185. Politbüro des ZK der SED, VVS B-2- B 5/2 – 488/70, Bl. 107.

[14] BA-Coswig, Chemische Industrie C-20, I/4-2415. DDR, Büro des Ministerrates, Vertrauliche Ministersache, Nr. 182/71, Beschluß des Ministerrates 02 – 150 / 1 / 71, Beschluß zur Absicherung der für 1971 erforderlichen Baukapazität für das Investitionsvorhaben Polyurethane Schwarzheide, 17.2.1971, Bl. 8f.

[15] BA-Coswig, Chemische Industrie C-20, I/4-2973. VVS B 2 – 391/73, Bl. 142-154.

[16] Ebd., Bl. 128-141; Ebd., Bl. 155: „Nicht ausreichende Einstellung des Maschinen- und Anlagenbaues", „mangelnde Qualität von Forschungsergebnissen" und ein zu geringer „Anteil der Forschungsinvestitionen", unzulängliche „Struktur und Einsatz der Forschungs- und Entwicklungskräfte" ein „ständig sinkende[r] Anteil an sonstigen Beschäftigten", „2.000 Chemiker" zu „950 Hochschulkader[n]". Dies bilde „eine Ursache dafür, dass das technologische Niveau und das Tempo der Projektierung, die Überleitungsreife von Forschungs- und Entwicklungsergebnissen nicht den Erfordernissen" entsprächen. Die „Wirksamkeit der wissenschaftlich-technischen Arbeit für die Steigerung der Effektivität und Produktivität der chemischen Industrie" sei weiter zu erhöhen. Dazu wäre deren „materiell-technische Basis zu verbessern". „Mit der langfristigen Entwicklung der chemischen Industrie bestehende Disproportionen in der Struktur und im Einsatz des Potentials" seien „auszugleichen". Gefördert werden sollten „der Aufbau eines leistungsfähigen Potentials für die verfahrenstechnisch-technologische und die Applikationsforschung sowie in Bereichen der verarbeitenden Chemie". Weiter seien „auf der Grundlage eigener hoher Leistungen die sozialistische Zusammenarbeit mit der UdSSR und den anderen Mitgliedsländern des RGW wesentlich zu vertiefen".

[17] BA-Coswig, Chemische Industrie, I/4-3202. VVS B – 2- 391/73, Tabelle 1 bis 8, Bl. 157-165.

[18] „- % [1963 = 100]".

[19] „Jährliches durchschnittliches Wachstumstempo in %".

Im Zeichen der Energiekrise

> „Zur vollen Sicherung des Bedarfs der Bevölkerung, Einhaltung der Staatsplanbilanz ‚Motorenbenzin' 1974 sowie zur Gewährleistung der planmäßigen und zusätzlichen Exporte an Vergaserkraftstoff *sind in den Bereichen der Ministerien, der zentralen und örtlichen Staatsorgane, der VVB und gleichgestellten Organe, Kombinate, volkseigenen Betriebe und Einrichtungen kurzfristig wirksame Maßnahmen zur Senkung des Verbrauchs von Vergaserkraftstoff erforderlich"* (Hervor.v.m., B.S.).

Diese Äußerung bedeutete das Eingeständnis der Energiekrise in der DDR. Es wurde „vorgeschlagen", „15% Vergaserkraftstoff gegenüber dem Vorjahr einzusparen. Von 1 690 kt „Motorenbenzin" sollten „35-40 kt erreicht werden". „Hohe Materialökonomie", „optimale Auslastung der Fahrzeuge", „stärkere Nutzung der öffentlichen Verkehrsmittel", „entscheidende Einschränkung der Nutzung von Dienstfahrzeugen für Privatfahrten" und die „Einschränkung des Einsatzes von Taxen" sollten als Mittel zur Rationalisierung des Verbrauchs genügen. „Fonds für den Verbrauch von Vergaserkraftstoff" und „Limits" für „Taxileistungen" wie der eingeschränkte Einsatz von „Privatfahrzeugen" für „betriebliche[n] Aufgaben" wurden erwogen. Diese Maßnahmen bezeichneten jedoch ausschließlich jene Korrekturen von Zuständen, die trotz anderer Regulierung eingetreten waren. Obwohl erhöhter „Verwaltungsaufwand" entstanden war, würden so, der „volkswirtschaftlichen Notwendigkeit" gehorchend, „Einsparungen erreicht, die „angesichts des erzielbaren Effekts" zu vertreten seien. In den vergangenen Jahren wäre der „Umsatz des VEB Minol an Vergaserkraftstoff... durchschnittlich um ca. 7,5%" angestiegen. „Für das Jahr 1974 sei eine Erhöhung um 7,3% festgelegt". Doch gehe

> „aus der Entwicklung der ersten 4 Monate des Jahres 1974...hervor, dass der Verbrauch gegenüber dem Vorjahr wesentlich schneller anstieg".

„Der geplante Umsatz des VEB Minol" werde für 1974 um ca. 20-30 kt überschritten". Dieser „erhöhte Inlandsverbrauch" sei „nicht ohne negative Beeinflussung der Außenhandelsbilanz der DDR" zu verkraften. Eine „Deckung zu Lasten der Bestände" sei, da diese von 112 auf 84 kt geschmolzen wären, nicht möglich.[1]

„In Vorbereitung und Durchführung des Investitionskomplexes Böhlen durch das Ministerium für Chemische Industrie, die VVB Chemieanlagen und den Kombinatsbetrieb Böhlen des VEB Petrolchemisches Kombinat Schwedt", schrieb das Präsidium des Ministerrates diesen Stellen Ende des Jahres ins

Stammbuch, diese hätten „eine unzureichende Arbeit geleistet". Der Minister für Chemische Industrie erhielt die Weisung, er habe

> „die Vorbereitung und Durchführung dieses Investitionsvorhabens zu analysieren und für die Qualifizierung der Leitung und Planung der Investitionen in der chemischern Industrie die erforderlichen Schlussfolgerungen zu ziehen".[2]

1977 zwang „der steigende Import von Erdöl aus dem NSW" die DDR-Führung, „bei stark angestiegenen Preisen besonders auf diesem Gebiet Einsparungen" zu fordern. Diese konzentrierten sich auf „konsequente[n] Maßnahmen zur Senkung des Verbrauches an Treibstoffen und Heizöl". „Bedarfswünsche" seien bei Ausarbeitung des neuen „Planes...nicht voll befriedigt" worden, denn es ging darum, „die Anforderungen an den rationellen Einsatz von flüssigen Energieträgern zu erhöhen". Das ehrgeizige Ziel war,

> „die Bevölkerung voll und in steigendem Masse qualitätsgerecht mit Motorenbenzin zu versorgen und darüber hinaus alle notwendigen Dienst- und Versorgungsleistungen abzusichern".

Von hierher erklärt sich der nachgerade anti-produktive Weg über die *Einsparung von Treibstoffen in den Verwaltungen* der Organe und Betriebe und auf den noch sparsameren Umgang mit flüssigen Energieträgern in der Produktion" (Hervorh.v.m., B.S.). Der recht maßvolle „Beschluß des Präsidiums des Ministerrates vom 30.6.1977 über Maßnahmen zur Einsparung von Treibstoffen und Heizöl" stellte „die Aufgabe",

> „gegenüber dem Plan 1977
>   33 kt Motorenbenzin
>   21 kt Dieselkraftstoff
> 336 kt Heizöl
> in der Volkswirtschaft einzusparen, um zusätzliche Exporte zur Entlastung der NSW-Zahlungsbilanz durchzuführen bzw. Erdölimporte zu reduzieren".

Zunächst wurde daraufhin eine „große Initiative zum sparsamen und rationellen Einsatz von Treibstoffen und Heizöl" registriert. „Verzögerungen bei der Durchsetzung des Beschlusses" erlaubten schließlich eine auf „ca. 36 Mill. VM" begrenzte Ersparnis. Bei „Kraftstoffen" trat demgegenüber jedoch ein kontraproduktiver „Mehrverbrauch" ein. „Per 30.9. stieg der Verbrauch an ‚Motorenbenzin' um „77 kt" an. Bei „Dieselkraftstoff" handelte es sich um ein Plus von „55 kt". Jedenfalls beim Heizöl zeichnete sich ein Gleichstand im Verbrauch ab, allerdings bei schwindenden Vorräten der Verbraucher. Hier konnten „ca. 300 kt" erübrigt werden. Ernte, Transporte und LKW-Einsatz hatten einen besonderen „Mehrverbrauch an Treibstoffen und Heizöl" in der Landwirtschaft zur Folge gehabt. Erst recht für den Bereich „des Verkehrswesens" ergab sich ein höherer „Bedarf". Doch per 30.September lag der Verbrauch dieses Sektors „um ca. 50 kt unter den angemeldeten Bedarfsforderungen". Dennoch wurde mit „ca. 60 kt" „Mehrbedarf" gerechnet. Der Schutz der Ansprüche der Bevölkerung führte auch hier zu einem „Mehrbedarf". „Überschreitungen der Limits" in anderen Bereichen" in Höhe von „60 – 65 kt für das Jahr 1977" verschärften die Lage. Damit erscheint der „Inlandsbedarf" als der entscheidende, die Dinge über Gebühr zuspitzender Faktor. Mit noch höheren Ziffern für die Verbräuche an Motorenbenzin, Dieselkraftstoff und Heizöl, als bislang erwartet, musste zusätzlich infolge der, zum Beispiel mit Heizöl zu bedienenden „Versorgungsaufgaben („Wärmeversorgung der Bevölkerung") gerechnet werden. Die Bevorratung der Chemieindustrie („lieferseitige Bestände, vorgezogene Erdölproduktion aus I./77), des VEB Minol und die „Zurückstellung geplanter Exporte" sollten dazu befähigen, Versorgungslücken zu verringern. Schließlich konnte, so wurde erwartet,

> „bereits im Oktober...die Versorgung mit Kraftstoffen nicht mehr voll gesichert werden, so daß Entscheidungen zur Erhöhung des Aufkommens gegenüber dem Jahresplan getroffen werden müssen",

so wurde vertraulich mitgeteilt. Es entwickelte sich bereits zu diesem Zeitpunkt ein Muster, das eine „Versorgung mit Kraftstoffen und Heizöl im IV. Quartal 1977...nur durch zusätzliche NSW-Aufwendungen" gewährleistete. Intrac sollte flexible Lösungen finden, „die Aufwendungen zu minimieren und die Valutabelastung auf die Jahre 1977 und 1978 zu verteilen". Höhere Produktion an Benzin und Heizöl, geringerer Verbrauch, stärkerer Export in den Westen und eingeschränkter Import sollten helfen, die „dann noch vorhandenen Fehlmengen an Motorenbenzin und Dieselkraftstoff" zu beherrschen. Der Mehrbedarf an Motorenbenzin belief sich auf 88 kt, jener an Dieselkraftstoff auf 130 kt und an Heizöl auf 24 kt. „Zusätzliche Lohnverarbeitung, reduzierte Exporte und zusätzliche Importe sollten bei Motorenbenzin und Heizöl zum Ausgleich der Fehlmengen führen; beim Dieselkraftstoff werde eine „Reduzierung geplanter Exporte" wirken.

Die „NSW-Zahlungsbilanz 1977" war mit „45,5 Mio VM" zusätzlich belastet. 1978 blieb zudem „eine Belastung durch die notwendige Rückgabe an die Intrac von

Motorenbenzin	31 kt
Heizöl	107 kt
	32,6 Mio VM"

aufzufangen. Dafür sei der Dieselkraftstoff- und Heizölexport[es]" zu reduzieren. Wie hart die DDR-Volkswirtschaft durch die Energiekrise getroffen war,
zeigte die Feststellung des Präsidiums des Ministerrates:

> „Aus den Entscheidungen zum Jahr 1977 und der komplizierten Bestandssitua-
> tion bei Erdöl ergeben sich Konsequenzen für die Ausarbeitung des Volkswirt-
> schaftsplanes 1978. Darüber hinaus ist durch *die von der UdSSR für das I.*
> *Quartal angebotene Liefermenge an Erdöl die notwendige Verarbeitung nicht*
> *abgesichert*, und es ist ein Vorziehen von NSW-Importen in das I. Quartal er-
> forderlich.[3]

---

[1] BA-Coswig, Chemische Industrie C-20, I/4-3101. Begründung, o.D.[1.1.1974], Bl. 15-18.
[2] Ebd., Chemische Industrie C-20, I/4-3202. Präsidium des Ministerrates, Vertrauliche Ministersache,
Beschluß zur Fertigstellung des Investitionsvorhabens Olefinkomplex Böhlen, 14.11.1974, Bl. 3ff.
[3] Ebd., Chemische Industrie C-20, I/4-3922. Vertrauliche Verschlußsache, VVS B 2 – B 5 – 1812/77,
Information über Probleme der Versorgung mit Kraftstoffen und Heizöl unter Berücksichtigung des Beschlusses des Präsidiums des Ministerrates vom 30.6.1977, Bl. 103-108.

Sparen, Sparen, Sparen

Die Erdölversorgung war in der DDR, wie im Westen, zum Problem geworden. Der „NSW-Export" an Erdöl sei, so das Präsidium des Ministerrates,
für 1978 um „122,1 Mill. VM" zu senken, gleichzeitig der „NSW-Import" um 67,6
Mill. VM" zu erhöhen und parallel der „SW-Import" um „3,8 Mill. M (VGW)" zu
drücken. „Darüber hinaus" seien „10 Mill. VM durch Exporterhöhung bzw. Im-
portreduzierungen im NSW zur Entlastung der NSW-Zahlungsbilanz planwirksam zu machen". Durch den „Erdölimport" aus dem Westen verursachte
„Preiserhöhungen...in Höhe von 49 Mill.VM" seien „in den Gesamtplan des Ministeriums für Chemische Industrie einzubeziehen". Für 1978 sollten im ersten
Quartal „1000 kt Erdöl aus dem NSW" eingeführt werden. Für weitere „600
kt..., die über die bereits beschlossene Vorausverschiffung von 400kt" hinausgingen, seien „die Valutamittel in Höhe von 137 Mill.VM bereitzustellen". Wert
wurde offensichtlich auf die pünktliche Anlieferung gelegt, zeitgerecht „für die
Verarbeitung". Dass die Zeit drängte, ist aus der Maßgabe ersichtlich, „mit der
UdSSR" sei „über das Vorziehen der Verladung von 200 kt Erdöl aus dem Vertrag über den ‚Spezialisierten Beförderer' des Jahres 1978 auf November/De-

zember 1977 zu verhandeln". Selbst „die in den Bilanzen enthaltene Reserve" wäre bis zum 30.September 1978 zu Gunsten des Exportes bzw. der Inlandsversorgung aufzulösen". Die Energiekrise hatte die DDR unmittelbar erfasst.[1]

Schließlich konnte „mit der UdSSR nur der Bezug von 21,2% der Jahresmenge = 3750kt Erdöl für das I.Quartal 1978 vereinbart werden". Es standen jedoch ausschließlich „nur 4310kt ...zur Verarbeitung im I.Quartal 1978 zur Verfügung". Diese enthielten zusätzlich 550kt...aus dem NSW (= 25% der bisherigen Jahresmenge von 2200 kt)" und „10kt DDR-Erdöl". Damit wurde unumgänglich, den „NSW-Import für das I.Quartal 1978 von 550kt auf 1000kt zu Lasten des II. bis IV.Quartals 1978 zu erhöhen". Wie angespannt die Lage war, zeigte die Berechnung, dass sich „bei Durchführung dieser Maßnahme...per 31.3.1978 ein Bestand von ca. 325kt Erdöl" ergeben werde. Das seien „(abzüglich der Totbestände und der Bestände an speziellen schweren Sorten) ca. 1,5 Bevorratungstage". Die Eilbedürftigkeit des Antransports wurde unterstrichen (Absprachen mit der UdSSR und Beschaffung von „Tankertonnage") und ergänzend betont, dass zusätzliche Valutamittel für die über 440kt hinausgehende Menge bereitzustellen seien.[2]

Die „Arbeitsgruppe für Organisation und Inspektion beim Ministerrat" des Zentralkomitees der SED erarbeitete einen „Vorschlag für die weitere Arbeit" an der „verstärkten stoffwirtschaftlichen Nutzung einheimischer Braunkohlen". Die Akademie der Wissenschaften hatte dazu „Empfehlungen" ausgearbeitet. Hager übernahm das Material und gab dieses an den Vorsitzenden des Ministerrates Willi Stoph weiter. Eine Prüfung erbrachte nur begrenzte „Möglichkeiten für den Import von flüssigen und gasförmigen Primärenergieträgern" und in der Folge immer höhere Preise „auf den internationalen Märkten" sowie „10fach[e]" höhere Kohlevorräte im Weltmaßstab", gegenüber den „Erdöl-/Erdgasvorräte[n]". Festgestellt wurde:

> „Für den Zeitraum nach 1990 muß davon ausgegangen werden, dass Kohlen zur Gewinnung von Flüssigprodukten und Gas stärker herangezogen werden müssen".

Die DDR habe zu berücksichtigen, „langfristig größere Mengen Rohbraunkohle, die für die Elektroenergieerzeugung genutzt werde, durch Kernenergie" freizusetzen. Weiter seien „technologische Neu- und Weiterentwicklungen von Kohleveredlungsprozessen" erforderlich.

Der Vorsitzende der Staatlichen Plankommission, Schürer, sei initiativ geworden, indem dieser am 23.September 1977 den Präsidenten der Akademie der Wissenschaften gebeten habe, „eine neue Einschätzung des Standes der Arbeiten zur stoffwirtschaftlichen Nutzung einheimischer Braunkohlen in der DDR vorzunehmen". Diese Ergebnisse gingen an „die Mitglieder des Politbüros des ZK der SED [die] Genossen Dr.Günter Mittag und Genossen K.Hager sowie an Genossen Schürer". Weiter einbezogen wurden die Minister H.Weiz, G.Wyschofsky und K.Siebold, da diese „für die verstärkte stoffwirtschaftliche Nutzung der einheimischen Braunkohlen sachlich zuständig und verantwortlich" waren.[3]

Zur Nutzung „eigener Rohstoffe" wurde an einem „Vergasungsverfahren" von Braunkohle zu Benzin gearbeitet. In Verbindung mit der UdSSR würden binnen zehn Jahren „großtechnische Versuchsanlagen" arbeiten. Aufgrund eines Politbürobeschlusses vom 2.November 1976 " waren jedoch erst im Juni 1979 Versuche mit einer Pilotanlage ins Laufen gekommen. Wie überall, so hatten auch hier 60 Arbeitskräfte gefehlt, um termingemäß abschließen zu können. In „Schwarze Pumpe" sollte 1979 eine Großversuchsanlage entstehen, die jedoch um bereits zwei ein halb Jahre verzögert war. Erneut konnten die Zulieferbetriebe VEB Schwermaschinenbaukombinat „Ernst Thälmann" Magdeburg („für die Kohlenstaubförder- und –Siloanlagen") und VEB Kombinat Pumpen und Verdichter („als Hauptauftragnehmer für Verdichteranlagen") nicht termingerecht liefern. Mangelhafte Koordinierung trat hinzu und schon verschob sich der Entscheidungszeitpunkt von 1983 auf 1985. Da es sich um ein Projekt von „strategischer[n] Bedeutung" handele, sei

> "auf vertraglicher Basis zwischen dem VEB Gaskombinat Schwarze Pumpe und dem Institut für Stickstoffindustrie (GIAP Moskau) der UdSSR"

die gemeinsame Arbeit verabredet. Die sowjetische Seite wäre „an der Verfahrensentwicklung bis zur Produktionsreife interessiert", wurde vom Ministerium für Allgemeinen Maschinen-, Landmaschinen und Fahrzeugbau gegenüber dem Ministerium für Kohle und Energie, Berthold, betont. „Gemeinsames Ziel der Zusammenarbeit in den Jahren bis 1985" seien „wissenschaftlich-technische Arbeiten für die bessere stoffwirtschaftliche Nutzung der einheimischen Braunkohle zur Entlastung der Erdöl- und Energiebilanzen u.a. durch Erarbeitung eines Verfahrens und der Entwicklung von Ausrüstungen für die Kohle Vergasung zur Gewinnung von Synthese- und Stadtgas". Im Jahre 1979 entsprach die DDR vorgeblich, hinsichtlich der „Verfahren der Staubdruckvergasung von Braunkohlen, insbesondere von Salzbraunkohlen, „dem Niveau internationaler Spitzenleistungen". „Die Analyse der internationalen Entwicklung zeigt, dass in den letzten Jahren verstärkt an der Entwicklung von Kohlevergasungsverfahren gearbeitet wird". Das treffe „besonders auf die USA, die BRD und Großbritannien zu". Die Firmengruppe „Krupp-Koppers-Shell" weise „auf dem Gebiet der Staubdruckvergasung bisher den fortgeschrittensten Stand der kapitalistischen Staaten auf".[4]

So ergab sich selbst im Rahmen der Chemieindustrie, neben dem eklatanten Mangel an Arbeitskräften ein bedeutendes Manko an industriestrategischer Planung. Nicht ausschließlich der latente Mangel an Rohstoffen, auch die zentralisiert unzureichend funktionierende Verwaltung verursachte die immer wieder auftretenden Zeitverluste im Entscheidungsprozeß. Und dieser hatte, im Gefolge der Energiekrise, unbedingt zügigst zu erfolgen. Kamen Entscheidungen verspätet, gegenläufig oder unzureichend zustande, dann drohte der Zusammenbruch.

---

1 BA-Coswig, Chemische Industrie C-20, I/4-3930. Präsidium des Ministerrates, VVS B 2 – B 152 – 295/77, Beschluß über die Konzeption zur Erdölverarbeitung und zur Sicherung der Versorgung der Volkswirtschaft mit flüssigen Energieträgern im Jahre 1978, 3.11.1977, Bl. 31-33. Ebd., VVS B 2 – B 152 –295/77, 8. Probleme der Erdölbereitstellung im I. Quartal 1978, Bl. 45: „Zur Erfüllung der Versorgungsaufgaben und zur Einhaltung der Lieferverpflichtungen bei Erdölfolgeprodukten, insbesondere bei Heizöl, ist unter Berücksichtigung der für das Jahr 1978 vorgesehenen Auslastung der Erdölverarbeitungsanlagen im I. Quartal 1978 die planmäßige Verarbeitung von 4860 kt Erdöl erforderlich."
2 Ebd., VVS B 2 – B 152 –295/77, 8. Probleme der Erdölbereitstellung im I. Quartal 1978, Bl. 45f.
3 Ebd., Chemische Industrie C-20, I/4-3952. Arbeitsgruppe f. Organisation u. Inspektion b. Ministerrat, Vorschlag für die weitere Arbeit mit den von der Akademie der Wissenschaften ausgearbeiteten „Empfehlungen zur verstärkten stoffwirtschaftlichen Nutzung einheimischer Braunkohlen", Berlin, o.D., Bl. 142-144; ebd., Bl. 145: „Kurzerhand. Von: H.Weiz an: Gen.Dr.K.Kleinert, mit folgender Bemerkung: ,Anbei der neu formulierte Beschlussvorschlag zur Braunkohleverwertung, abgestimmt mit Gen.Wyschosky u. Prof.Klare'. 2.12.1977, gez. Weiz".
4 Ebd., Chemieindustrie der DDR C-20, I/4-4414. Ministerium für Allg.Maschinen-, Landmaschinen- und Fahrzeugbau an Ministerium für Kohle und Energie, VVS B 2 B 150 – 120/79, Bericht über den Stand der Realisierung des Staatsauftrages „Entwicklung eines neuen Braunkohlenvergasungsverfahrens", S. 5-12.

Kritik der Planwirtschaft

Die Ursachenforschung, für die „Rückstände[, die] bei der Erfüllung des Investplanes" 1979 aufgetreten waren, förderte den Vorwurf zutage, „mit dem Volkswirtschaftsplan 1979" seien die „festgelegten materiellen Bau- und Ausrüstungsfonds...nicht ausreichend auf die Investitionsobjekte der Industrie konzentriert" worden, die in diesem Jahr „einen hohen Leistungszuwachs" hatten „bringen sollen". Festgestellt wurde:

„Die vom Ministerrat beschlossene Zielstellung sieht für das 1.Halbjahr der Industrie Investitionen in Höhe von 10,2 Mrd.M = 43,4% des Jahresplanes vor. Die betrieblichen Ablaufpläne beinhalten eine anteilige Erfüllung von ca. 41%, das sind 540 Mio M weniger als die beschlossene Zielstellung. Realisiert wird nach Einschätzung der Betriebe die Zielstellung für das 1.Halbjahr mit 39,1% des Jahresplanes. Erhebliche Abweichungen der betrieblichen Pläne gegenüber dem beschlossenen Plan für das 1. Halbjahr bestehen vor allem in folgenden Bereichen:

Allgemeiner Maschinen-, Landmaschinen- und Fahrzeugbau	120 Mio M
Bezirksgeleitete Industrie und Lebensmittelindustrie	150 Mio M
Kohle und Energie	65 Mio M
Leichtindustrie	55 Mio M
Elektronik	40 Mio M
Glas- und Keramikindustrie	37 Mio M ".

Beklagt wurde wiederholt die mangelnde Konzentration „auf die für den Zuwachs am Endprodukt entscheidenden Vorhaben". Vor allem „Bauaufgaben" seien nur unzureichend realisiert worden. Mängel bei „Bauämtern, Baukombinaten und auf den Baustellen" seien ebenso maßgebend für diese Fehlentwicklungen wie „unzureichende... Kooperationsverflechtungen" und die „ungenügende Mobilisierung der vorhandenen Reserven". Offenbar wurden zu umfangreiche Mittel in kapazitätsmäßig schwache Sparten (Baukapazitäten) hineingepumpt. Hier sei eine „Umprofilierung von Baukapazitäten" erforderlich. Weiter, mangele es an „Plandisziplin der Bau- und Montagekombinate, sowie der örtlich geleiteten Baubetriebe". So seien das

„Funkwerk Erfurt	7,2 Mio M Bau
Automobilwerk Ludwigsfelde	7,4 Mio M Bau
Kaliumschlaganlage Wismar	16,6 Mio M Bau"

nicht entsprechend „eingeordnet und vertraglich gesichert". Immer wieder tritt hier, wie auch im Zusammenhang mit dem VEB Sachsenring später, die nur mangelhafte Transportleistung, hier der Baustellen, auf. Zurückgehende Importe im Bereich Maschinenbau drückten zusätzlich die vorgesehenen Planziffern. So geriet die DDR zunehmend, über den latenten Zwang zum Export, in eine weitere Schieflage zum Plan. Es wurde hinsichtlich des Exportes von Maschinen ausgeführt:

„Eine Ursache der unzureichenden strukturgerechten Bedarfsdeckung ist darin zu sehen, dass von den in der DDR produzierten Werkzeugmaschinen planmäßig ein Anteil von 1% für den Investitionsverbrauch im Inland zur Verfügung steht. Nach den vorliegenden Bedarfsberechnungen der Ministerien ist zur strukturgerechten Bedarfsdeckung ein Anteil von 27-30% erforderlich, der aufgrund der notwendigen Exportaufgaben nicht gesichert werden kann".

Eine Überprüfung der Forderungen des Ministers für Allgemeinen Maschinen-, Landmaschinen- und Fahrzeugbau durch die Staatliche Plankommission ergab, „die Bereitstellung von Werkzeugmaschinen in Höhe von 32,7 Mio M" sei „unbedingt erforderlich..., da von ihnen unmittelbar eine Warenproduktion in Höhe von 50 Mio M im Jahre 1979 abhängig" sei.

„Für Werkzeugmaschinen in Höhe von 41,3 Mio M müssen 1979 durch höhere Auslastung (Verlagerung von Kooperation, 4-Schichtsystem, Überstunden) weitere Lösungen geschaffen werden, wobei zu berücksichtigen ist, dass gleichartige Werkzeugmaschinen die in den Betrieben vorhanden sind, zum Teil nur mit 11 Stunden pro Tag ausgelastet sind. Ein Teil der 1979 nicht bereitgestellten Werkzeugmaschinen für die 1979 Übergangslösungen gefunden wurden, muß 1980 strukturkonkret bereitgestellt werden. Bei der Vorbereitung des Volkswirtschaftsplanes 1980 ist dies zu gewährleisten".

Im Hintergrund bestanden weitere Probleme. Die „Entscheidungen zur Durchführung des Exportes" forderten Veränderungen, die angesichts der „fehlende[n] Lieferbereitschaft sozialistischer Länder sowie... [der] Reduzierung des Ausrüstungsimportes aus dem nichtsozialistischen Wirtschaftsgebiet zu dem gegenwärtig ungenügenden Stand der Vertragsabschlüsse bei Ausrüstungen" geführt hätten. Überprüfungen förderten kriminelles Verhalten der „Leitungsorgane" zutage. Eine „höhere Qualität in der Leitung und Planung der Investitionen" und höhere „Staatsdisziplin" wurden nun gefordert. Investitionen seien künftig unbedingt so zu planen und die notwendigen Mittel zuzuführen, um die entscheidend wichtigen „Ausrüstungen" für die Planvorhaben bereitstellen zu können. Es ginge um „eine Übereinstimmung zwischen staatlicher Planauflage, materieller Bilanzierung und voller vertraglicher Sicherung".

Am 24.Mai hatte das ZK der SED beschlossen, „Investitionen einer einheitlichen Leitung und Planung" zu unterstellen. Einerseits seien Bauvorhaben beschleunigt durchzuführen, andererseits aber auch stillzulegen und „Planrückstände in der Bauproduktion und den Ausrüstungsbetrieben" gleichzeitig aufzuholen. Eine interministerielle Abstimmung habe im Juni stattzufinden. Dieser Bericht gewinnt im Fortschritt der Darlegung, durch die verschiedenen Plangruppen, zunehmend das Gesicht eines Krisenberichtes und präsentiert versuchtes Krisenmanagement. Hinsichtlich der „Warenproduktion" waren ebenfalls Planrückstände zu berichten und als "Hauptursachen der Produktionsrückstände" wurde durch die entsprechenden Ministerien, per Stichdatum 31.Mai 1979 das umfassende Spektrum der beliebigen Gründe und Erklärungen dafür geltend gemacht. So sei im Ergebnis der „Volkswirtschaftsplan 1979" weiter durchzuführen. Die Beiträge jedes Kombinates wurden erhöht, auf dass der normale Plan erfüllt werde. Die Vorsitzenden der Räte der Bezirke wurden zur Aufsicht über die verschiedenen Industriezweige herangezogen und der Vorsitzende des Ministerrates machte es den Ministern zur Verpflichtung, während der Sommermonate „Juni, Juli, August" aus den Kombinaten „höchste Leistungen" herauszupressen. Es gelte, koste was es wolle, das Planjahr 1979 zu retten. Mitte Juni des Jahres seien dazu erste Ergebnisse vorzulegen.

Als ein Zentralproblem der DDR-Wirtschaft stellte sich die extreme Schwäche bei der Bewältigung von „Transportaufgaben" heraus. „Transportrückstände", bedingt durch Witterungseinflüsse, aber vor allem auch mangelhafte Umsetzungsbedingungen bei An- und Abtransport, stellten die Logistik zwischen den Produktionsstätten vor unlösbare Aufgaben. Selbst die „Planaufgaben" für den „Seehafenumschlag" wurden verfehlt. Insbesondere zu geringe Laderaumkapazitäten für „Ex- und Importe...(Erze)" verursachten schmerzliche Rückstände. Die Vorgabe des Ministerrates vom 3.Mai wurde nicht erreicht. Witterungsbedingungen, ungenügend genutzte Waggonreserven, ein zu hoher „Schadwagenbestand" bei der Reichsbahn, und von Polen „für den Binnenverkehr" zurückgehaltene „OPW-Wagen", verschärften die Transportproblematik in der DDR-Wirtschaft zusätzlich. Weiter banden die Steinkohletransporte aus Polen „2.400 bis 6.400 Güterwagen". Spezialwaggons wurden in einer Größenordnung von bis zu 4.000 nicht von der Wirtschaft genutzt. In diesem Umstand, der – bezogen auf den Gesamtbestand an Güterwaggons der Reichsbahn – von 150.000 etwa 20.000 (13%) – berührte das Hauptproblem der Verkehrswirtschaft der DDR. Schließlich war das Straßennetz wenig geeignet, diese beim Schienenverkehr bestehenden Engpässe aufzufangen. Es ging tatsächlich auch beim „Kraftverkehr" darum, 1979 „vorhandene Rückstände von 5,6 Mio t...bis Ende September aufzuholen".

So suchte der Ministerrat, neben funktionalen Verbesserungen bei der Reichsbahn, dennoch den Weg der „Verlagerung von Transporten zum Kraftverkehr" zu beschreiten. Die Krise war auf diesem Felde mit Händen zu greifen und so muten die Maßnahmen, die ergriffen werden sollten, nichts weniger als hektisch an. Es ging unter anderem darum, die „Ursachen des erhöhten Schadwagenbestandes" bis zum Monat Juni zu ermitteln. Auch der „Export[es] nach dem sozialistischen Wirtschaftsgebiet" lag im Argen. Dies wirkte sich umso kritischer aus, als davon die Zufuhr an Gütern und Rohstoffen für Bevölkerung und Industrie der DDR abhingen. Die Unterdeckung der bestehenden Verträge mit dem RGW-Gebiet belief sich auf nahezu 600 Mio VGW.

---

[1] BA-Coswig C-20, Chemieindustrie der DDR, I/4-4346. VVS B 2- B 5- 1041/79, Ursachen für die Rückstände bei der Erfüllung des Investitionsplanes, Bl. 87-114; Ebd., C-20 I/4-4346, Willi Stoph, Vorlage für das Politbüro des ZK der SED, VVS B2-B5 – 1041/79, 8.6.1979, Bl. 187-127: „Beschlussentwurf: Die Information über die Ursachen der Rückstände in der Planerfüllung. Insbesondere bei Investitionen, wird zur Kenntnis genommen. Den Schlußfolgerungen wird zugestimmt".

Wende zurück zur Braunkohleverflüssigung

Als Antwort auf die Energiekrise beschloss der Ministerrat am 27.September die "Entwicklung eines neuen Braunkohlevergasungsverfahrens", nachdem bereits im Jahre 1977 die „Sicherung der Versorgung der Volkswirtschaft mit flüssigen Energieträgern" Gegenstand von Erörterungen gewesen war. Künftig kehrten Beschlüsse zur Einsparung, zum Beispiel von Heizöl, ständig wieder, denn die DDR-Führung hatte sich, mit der Aufgabe des Fischer-Tropsch-Verfahrens, in eine schwierige Lage manövriert. Der Ölpreisverfall auf dem Weltmarkt wurde zu spät genutzt, und, als die Hydrierwerke dringend benötigt wurden - zum Beispiel das Werk Schwarzheide - die Anlagen verschrottet.

Die Rückbesinnung auf die Ausgangsbasis der Braunkohleverflüssigung in den „Jahren von 1927 bis 1943...im früheren Deutschland" erbrachte, dass die Kraftstofferzeugung eine „Gesamtkapazität von 4,9 Mio t (Motorenbenzin und Dieselkraftstoff)" umfasst habe.

> „Auf dem Gebiet der DDR befanden sich 1945 davon Kapazitäten zur Herstellung von 1,7 Mio t Kraftstoffen aus Braunkohle. 1981 wurden in der DDR nur noch 166 kt Motorenbenzin (7,3% der Gesamterzeugung von 2286 kt) und 229 kt Dieselkraftstoff (5% der Gesamterzeugung von 4586 kt) aus Braunkohle produziert. Von den ursprünglich vorhandenen Anlagen wurden nach dem Krieg die Lützkendorfer Fischer-Tropsch-Synthese sowie die Magdeburger Anlage nicht wieder in Betrieb genommen. Damit fiel die Kapazität von 270 kt aus.
> Mit der Begründung, dass die Erdölverarbeitung wesentlich ökonomischer als die Erzeugung von Kraftstoffen aus Braunkohle ist und die Anlagen einen ho-

hen Verschleißgrad aufweisen, wurden von der chemischen Industrie folgende Kapazitäten und der größte Teil der Ausrüstungen verschrottet".

Leuna, Böhlen, Schwarzheide, Deutzen, Profen und Magdeburg waren die Standorte gewesen. 1982 wurden „nur noch die in den Braunkohleschwelereien Espenhain, Böhlen und Deuben gewonnenen Flüssigprodukte für die Hydrierung zu Kraftstoffen in Zeitz eingesetzt". Aus 912 kt „Flüssigprodukten (Teere und Leichtöle)" wurden 1982 „395 kt Kraftstoffe" etc. erzeugt. Trotz weiterer Produktion in „Schwelereien" werde, „auf dem Gebiet der Kraftstoffe" eine „Veränderung der Situation" jedoch nicht erreicht. Eine

> „Wiederaufnahme der Fischer-Tropsch-Synthese wird von Fachleuten bisher nicht in Betracht gezogen, weil die Anlagen restlos beseitigt wurden und die Technologie modernisiert werden musste. Dazu wird von Experten eingeschätzt, dass dieses Verfahren aus energetischer Sicht um ca. 20–30% ungünstiger als andere ist. In der Südafrikanischen Union wird jedoch aus strategischen Gründen eine Großanlage seit Jahren mit Erfolg betrieben".

International, so die Beobachtungen des Ministeriums, seien „Forschungsrichtungen zur Kohleverflüssigung...z.B. aus der UdSSR, der VR Polen, den USA und der BRD bekannt". „In der UdSSR" solle „z.B. die im Kansk-Atschinsker-Becken vorrätige Steinkohle für die Kohleverflüssigung genutzt werden". In der BRD seien „Arbeiten zur direkten Hydrierung der Kohle intensiviert worden. Eine Großversuchsanlage" sei „mit staatlicher Unterstützung gebaut" worden. Die DDR beabsichtige das „katalytische Hochdruckverfahren (Bergius-Pier)" im Zeitraum 1986-1990 zum Einsatz zu bringen. Als weitere Lösungsmöglichkeiten erschienen:

> „1. Der von der chemischen Industrie vorgeschlagene Weg, ab 1985 eine von den zwei noch vorhandenen Hochdruckkammern in Böhlen zur Erzeugung von ca. 13 kt Benzin und ca. 20 kt Dieselkraftstoff neben 28 Mio m³ Spaltgas durch direkte katalytische Hydrierung einzusetzen, sollte unter dem Aspekt geprüft werden, die zweite der vorhandenen Hochdruckkammern ebenfalls für die Herstellung von Kraftstoffen auf Braunkohlebasis zu nutzen. Damit würden die spezifischen Investitionsaufwendungen verringert und die Versorgungswirksamkeit verdoppelt werden können. Bisher war die zweite Hochdruckkammer für die Verarbeitung der BHT-Koks-Teere vorgesehen, für die zwischenzeitlich im Petrochemischen Kombinat günstigere Lösungen (im Betriebsteil Rositz) gefunden wurden".

Im Raum Leipzig waren „geeignete Kohlequalitäten für diese Hydrierung" vorhanden. Weiter wurde erwogen, falls es zu einer „weiteren Einschränkung der Erdölverarbeitung" kommen sollte, „die in Betrieb befindlichen Hochdruck-kammern auf Braunkohlenbasis zu Lasten der Erdölverarbeitung" umzurüsten. Betont wurde ferner:

> „3. Die Anstrengungen zur Nutzung von aus Braunkohle über Synthesegas her-gestelltem Methanol als Kraftstoff bzw. die Umwandlung von Methanol zu den bisher üblichen Kraftstoffen müssen verstärkt werden. Das Verfahren zur Staub-druckvergasung von Salzkohle zu Synthesegas befindet sich in der Entwicklung und wird voraussichtlich 1984 zur Verfügung stehen. Da die Möglichkeit be-steht, von der UdSSR die Lizenz zur Herstellung von Methanol aus Synthesegas zu bekommen, könnten Methanolkapazitäten in der DDR zur Nutzung von Salzkohle für die Substitution von Erdölprodukten realisiert werden. Die dafür erforderlichen Vorbereitungsarbeiten sowie die Forschungsarbeiten zur Ablö-sung der Kraftstoffe auf Erdölbasis durch Methanol sind deshalb zu intensi-vieren".

Neuere wissenschaftliche Erkenntnisse eröffneten zudem die Möglichkeit, das Fischer-Tropsch-Verfahren mit einem verbesserten „energetischen Wir-kungsgrad[es]" für die „Hydrierung von Synthesegas zur Herstellung von Kraft-stoffen" erneut einzubeziehen[1]. Daraufhin wurde Ende Juni eine „Beratung zu Fragen der Kohlevergasung und –Verflüssigung durchgeführt". Gerhard Schü-rer, der Vorsitzende der Staatlichen Plankommission, verhandelte mit den re-präsentativen Vertretern aus Ministerien, Forschung, Kombinaten und Be-trieben den „Stand der wissenschaftlich-technischen Arbeit", den „Stand und die weitere Entwicklung des Aufbaues der Versuchsanlagen" sowie die „not-wendigen Maßnahmen" zur Bereitstellung der benötigten Braunkohle, der not-wendigen Maschinen und zur „Weiterentwicklung der Zusammenarbeit mit der UdSSR". Die Tagung mündete in der „Festlegung" Schürers, „bis Ende Juli" den „Entwurf einer Vorlage...mit entsprechenden Maßnahmen und Terminen" fertig zu stellen.[2]

Daraufhin kam es am 10.August zu dem Beschluss des Politbüros, die „Ent-wicklung von Verfahren zur Herstellung von Treibstoffen aus Braunkohle" be-schleunigt zu betreiben. Ein „Regierungsbeauftragter" wurde eingesetzt, ein umfassender Beschluss formuliert und der Vorgang der Staatlichen Plankom-mission überwiesen. Diese sollte einen „Vorschlag" ausarbeiten. Vier verant-wortliche Ministerien wurden bestimmt und als Termin der „September 1982" gesetzt.[3] Dieser Beschluß lag als Vertrauliche Verschlusssache am 23.August dem Präsidium des Ministerrats vor. Erneut wurde das Konvolut bestätigt, Verantwortliche benannt und der Termin „IV. Quartal 1983" gesetzt. Es wurde darin nicht mehr und nicht weniger als die Kalamität der DDR-Ökonomie bestätigt. Wie am Automobil- und anderen Bereichen bereits erläutert, ging es, nunmehr unter Zeitdruck darum, die zum großen Teil bereits demontierte Kohleverflüssigungstechnik neu zu beleben. Dies sollte dem Export von Benzin in den NSW dienen, traf jedoch auf beträchtliche technische, organisatorische und personelle wie wissenschaftliche Hindernisse. Auch destillierte sich die UdSSR erneut eher als Nehmer, denn als Lieferant heraus, sei es auch nur für Rohstoffe. Erst 1983 sollte es so zu einem Vorschlag für eine Großtestanlage kommen. Die DDR-Forschung befand sich allerdings auf konkurrenzfähiger Höhe. Ein Überblick über die „Entwicklung in den Ländern des kapitalistischen Westens" war gegeben und es bestätigte sich, dass der erwogene Weg erfolgversprechend in die gewünschte Richtung führen könne.[4] Der geforderte Entwurf für die Projektstudie „Herstellung von Kraftstoffen aus Braunkohle" wurde 1983 bearbeitet.[5]

Im Dezember 1985 legte der stellvertretende Leiter der Staatlichen Plankommission, Dr.Götz, schließlich den Offenbarungseid dahingehend ab, dass letztlich jegliche Termine davongelaufen waren und an eine Realisierung der ursprünglich geplanten Neuproduktion von Hydriertreibstoff in absehbarer Zeit nicht zu denken sei.[6] Mit Hilfe von „Kompensationsvorhaben" – wie in Schwarzheide – sollte die Synthesegaserzeugung für die Polyurethanproduktion im Gegenzug erweitert werden.[7] Der Erfolg dieses Schrittes zur Modernisierung am Standort Schwarzheide durch eine zweite Synthesegasproduktion wurde vom Ministerrat am 8.März 1983 bestätigt.[8] Der Forschungsrat der DDR, unter Leitung von Prof.Dr.-Ing.Alfred Neumann, schätzte Ende 1983 das „Verfahren zur Staubdruckvergasung von Salzkohle" wissenschaftlich als „ein leistungsfähiges Verfahren" ein,

> „welches gestattet, aus staubförmigen festen Brennstoffen (einschließlich salzhaltiger Braunkohle) mit Hilfe von Sauerstoff unter hohem Druck ein Synthesegas zu erzeugen, welches zukünftig in weiteren Prozessstufen der chemischen Industrie zu Methanol, Kraftstoffen und chemischen Grundstoffen verarbeitet werden"

könne. Das Interesse der DDR, „Braunkohle, insbesondere Salzkohle, effektiv zu nutzen" werde erfüllt. Doch seien, vor allem die inhärenten Korrosionsprobleme dieses Arbeitsverfahrens „international" noch „nicht gelöst". Erforderlich seien, so das Gutachten des Forschungsrates, der „Bau einer aufwendigen Großversuchsanlage (GVA)" und ein intensiver „Versuchsbetrieb" nicht zu umgehen. Ferner stelle „das GSP-Verfahren" der DDR, „gegenüber dem internationalen Niveau einen Fortschritt dar". Dieses sei

> „direkt vergleichbar mit den beiden Verfahrensentwicklungen
> - Shell-Vergasungsprozeß und
> - Texaco-Vergasungsprozeß (BRD-Ruhrkohle/Ruhrchemie),
> die insbesondere für den Steinkohleneinsatz vorgesehen sind. Als Vorteile für das GSP-Verfahren sind zu nennen:
> - Bevorzugter Einsatz von Braunkohle insbesondere salzhaltiger Braunkohle,
> - Erprobtes Einspeisesystem für Kohlenstaub
> - Anwendung eines Kühlschirmes anstelle einer Feuerfest-Ausmauerung des Reaktors,
> - Vermeidung einer Gasrückführung zur Primärabkühlung des Rohgases".

Die DDR sei „mit dem GSP-Verfahren" international in der Vorhand, „da eine GVA bereits errichtet" sei und „für die Verfahren von Shell und Texaco... derartige Anlagen erst im Zeitraum 1983 bis 1986 geplant" wären. Der Vorteil, speziell salzhaltige Braunkohle verarbeiten zu können, wurde breit belegt. In den vergangenen drei Jahren sei eine GVS errichtet worden, jedoch hätten Schwankungen in der Intensität der Bauleitung „ab 1982 die notwendige Kontinuität der Tätigkeit nicht gewährleistet". „Erforderliche Entscheidungen" seien „dadurch verzögert" worden. Eine „Havarie" habe das Projekt ebenso beeinträchtigt wie „kleintechnische Versuchsanlagen im Brennstoffinstitut", „Erweiterungen des Leistungsumfanges" und die „Kompliziertheit der Anlage". Weiter seien hinzugetreten die

> „Notwendigkeit, kurzfristig zusätzlich bedeutende volkswirtschaftliche Aufgaben wie die Vorbereitung und den *Bau von Gasleitungen in der UdSSR*, die Maßnahmen zur Heizölsubstitution und der Sicherung der Exportstrategie zu lösen" (Hervorh.v.m., B.S.).

Die Gründe für die höheren Kosten der GVA wurden detailliert aufgeführt und dem Minister für Kohle und Energie die Verantwortung zugeschoben, da dieser den Ministerrat „zu den festgelegten Terminen nicht informiert" habe. Hinsichtlich des „Ablauf[es] des Probebetriebes und der Versuchsdurchführung" der GVA wurden von Seiten der Gutachter eine „optimistische Zielstellung" unterstellt und damit Ende 1988 als zeitlicher Endpunkt des Versuchs benannt. Selbst „dieser Zeitablauf" sei „optimistisch", so wurde betont, und werde jedoch „als realisierbar eingeschätzt". Letztlich demonstrierte die ganz auf Absicherung bedachte weitere Darstellung der Risiken des Großversuchs, dass keine Sicherheit für ein Gelingen gegeben sei. Die „Schlußfolgerungen" formulierten lediglich Anforderungen zur weiteren Durchführung des Versuches, ohne ein mögliches Ergebnis auch nur im Ansatz zu berühren.[9]

Im Jahre 1984 bestand halbjährliche Berichtspflicht, gemäss dem „Beschluß des Ministerrates zur Erzeugung von Kraftstoffen aus Braunkohle vom 26.1.1984". Der Versuchsbetrieb zur „Staubdruckvergasung" im VEB Gaskombinat „Schwarze Pumpe" war am 29.3.1984 „mit Erdgas" aufgenommen worden. Am 1.Juli folgte die Produktion mit Kohlestaub. Bis Juli 1985 sollte „die Eignung des Verfahrens zur Vergasung von Salzkohle nachgewiesen werden". Die „Katalytische Hochdruckhydrierung" begann im „I. Halbjahr 1984" in Böhlen. Es ging dabei um die „Vorbereitung der Entscheidung für den Bau einer Großversuchanlage im Juli 1985". „Möglichkeiten der Verarbeitung von schweren Erdölrückständen zu Kraftstoffen" seien hier zu untersuchen. Weitere Untersuchungen zur Verwertung salzhaltiger Braunkohle sollten in Magdeburg erarbeitet werden. Die „Umwandlung von Methanol oder Synthesegas zu Vergaserkraftstoff" konnte im Januar auf „eine technisch-ökonomische Begründung für eine Anlage mit einer Kapazität von 50 kt/a Methanol" zurückgreifen, welche die UdSSR im Rahmen „des Regierungsabkommens Kohleverwertung" zwischen DDR und UdSSR bereitstellte. Doch genügten „die technisch-ökonomischen Kennziffern dieser Anlage...nicht den internationalen Bestwerten". In Leuna begann der Testbetrieb einer „4 1-Pilotanlage" zur Überprüfung des Katalysatorverhaltens. Daraus sollten die Grundlagen hergeleitet werden für „die Entscheidung zur Entwicklung einer Anlage mit einer Kapazität von 100 kt/a Vergaserkraftstoff". Im „1.Halbjahr 1985" sollte „eine Entscheidung mit der UdSSR" über die „zu errichtende Versuchsanlage" herbeigeführt werden. „Methanol als Kraftstoff" erwies sich als grundsätzlich machbar, jedoch unter Investition weiterer Mittel für „Lösungsvermittlereinsatz". „Methanol in Dieselmotoren" erfordere die „Umrüstung der Motoren vom Diesel- auf das Otto-Prinzip (Fremdzündung mit Einspritzanlage). Das „Zündstrahlverfahren sollte angewandt und „Mischkraftstoff im Dieselmotor" eingesetzt werden. Diese Vorbereitungen liefen auf Grundsatzentscheidungen im März 1985 hinaus. Es sollte sich ein „Gesamtprogramm zur langfristigen Entwicklung der Methanol- und Synthesegaschemie" entwickeln. Gleichwohl die DDR-Wirtschaft, in deren einseitiger Basierung auf die Kohle-, den Anschluss an die Erdölchemie verpasst hatte, schien dies nun – im Schatten der Erdölpreiskrise – überfällig und zu korrigieren. "Die im Jahre 1984 und 1985 zu realisierenden Aufgaben" sollten „in die Pläne eingeordnet" werden.[10]

1 BA-Coswig, Chemieindustrie der DDR, I/4-4414. Arbeitsgruppe für Organisation und Inspektion beim Ministerrat (Kontrollabteilung), Bericht über Stand, Probleme und Möglichkeiten der Herstellung von Kraftstoffen aus Braunkohle, 30.4.1982, Bl. 98-102. Bl. 105: „Kurzerhand. Gen[ossen]. W.-Stoph. 1) Es wäre sicher richtig, wenn die Gen[ossen] Wyskofsky u[nd]. Krenz in dieser Sache eine Regierungsvorlage einreichen. (Nach Abstimmung mit S[taatlicher]P[lan]K[ommission]) 2) Danach könnte Gen[osse]. Honecker informiert werden. H.Kleiber (3.5.[19]82)".
2 Ebd., Chemieindustrie der DDR, C-20, I/4-5013. G.Schürer an W.Stoph, 1.7.1982, Bl. 94; G.Schürer, Information, 1.7.1982, Bl. 95f. nebst Anlage: Teilnehmer der Beratung zu Problemen der Kohleverflüssigung am 30.6.1982 beim Vorsitzenden der Staatlichen Plankommission, Genossen Schürer, Bl. 97.
3 Ebd., [An] Genossen Stoph, 16.8.1982, Bl. 92f.: „einverstanden, W. Stoph".
4 Ebd., Sitzungsmaterial, VVS B 2 – 724/82, W.Stoph: Beschluß über die Information zur beschleunigten Entwicklung von Verfahren zur Herstellung von Treibstoffen aus Braunkohle. 18.8.1982, Bl. 65-92.
5 Ebd., Chemieindustrie der DDR, C-20, I/4-5116, VVS B 2 – 98/83, Information über die Durchführung des Beschlusses des Präsidiums des Ministerrates vom 23.8.1982 zur Herstellung von Kraftstoffen aus Braunkohle, Bl. 4-14; vgl. ebd., I/4-5189. Beschluß zur Information über die Durchführung des Beschlusses des Präsidiums des Ministerrates vom 23.08.1982 zur Herstellung von Kraftstoffen aus Braunkohle, Bl. 49, Information über die Durchführung des Beschlusses des Präsidiums des Ministerrates vom 23.08.1982 zur Herstellung von Kraftstoffen aus Braunkohle, Bl. 50-53.
6 Ebd., Chemieindustrie der DDR, C-2, I/4-5745. Dr.Götz (SPK) an Dr.Köhler (Stellv. Minister für Chemische Industrie und Regierungsbeauftragter „Kraftstoffe aus Braunkohle", 30.12.1985, Bl. 52f; VVS B 2- B 152-278/85, Vorschlag für die Finanzierung der Forschungs- und Entwicklungsarbeiten, des Aufbaus und des Betreibens der Großversuchsanlage zur katalytischen Hochdruckhydrierung, Bl. 113-119.
7 Ebd., Chemieindustrie der DDR, C-20, I/4-5141. Staatliche Plankommission, VVS B2- B 5 – 293/83, Volkswirtschaftliche Stellungnahme zum Abschlußbericht über die Realisierung des Kompensationsvorhabens „II. Gaserzeugungskapazität Schwarzheide", 14.2.1983, Bl. 72f.
8 Ebd., Präsidium des Ministerrates, VVS B 2 – B 152 – 22/83, Beschluß zum Abschlußbericht über die Realisierung des Kompensationsvorhabens „II. Gaserzeugungskapazität Schwarzheide", 8.3.1983, Bl. 57-62. Vgl. Otto, Mielke, S. 423.
9 Ebd., C-20 I/4-5291, Chemieindustrie der DDR. Forschungsrat der DDR. (Expertengruppe) VVS B2 – B 150-245/83, Einschätzung des Verfahrens zur Staubdruckvergasung von Salzkohle, 20.10.1983, Bl. 31-44.
10 Ebd., C-20, I/4-5438. VVS B 2- 152-188/84, Chemieindustrie der DDR, Information über den Stand der Arbeiten zur Erzeugung von Kraftstoffen aus Braunkohle und zur Entwicklung der Synthesegas- und Methanolchemie, Bl. 108-119. Otto, Mielke, S. 423 führt aus: Übergreifend muß festgestellt werden, dass bereits am 16.12.1980 Krolikowski den „Plansatz 1981 bis 1985" als „die schlimmste Ungereimtheit" bezeichnet hatte, „die bisher im Politbüro bestätigt" worden sei. „Dieser Plansatz, der so offen ist, wie eine Feldscheune, ist schlimmstes Abenteurertum". Wilfriede Otto sagt: „Schon das entscheidende Ausgangsjahr 1981, das Grundlagen für 1982/83 legen sollte, war nicht bilanzierbar und signalisierte Defizite". Ebd., S. 424. Die Sitzung des Ministerrates am 1.Juli 1981 fand keine Lösung hinsichtlich der Forderung Honeckers, den „Import aus dem NSW-Gebiet um eine weitere Milliarde zu erhöhen". Ebd., S. 424f. Es kam bereits am 21.10.1981 zu der Äußerung des Sekretärs des Zentralkomitees der KPdSU, Konstantin Russakow, der angesichts der Probleme, die eine Reduzierung der sowjetischen Erdölexporte in die angeschlossenen Staaten brachte, „von einer Havarie in der Sowjetunion, von einem Unglück von einem Ausmaß, wie er [es] seit der Existenz der Sowjetunion noch nicht gegeben hat", sprach. Ja, wenn „ihr nicht bereit seid, die Folgen dieses Unglücks mit uns gemein-

sam zu tragen, dann besteht die Gefahr, dass die Sowjetunion ihre gegenwärtige Stellung in der Welt nicht halten kann und das hat dann Folgen für die ganze sozialistische Gemeinschaft". Vgl. ebd., Anm. 294 mit dramatischen Zuständen innerhalb der UdSSR, hinsichtlich Landwirtschaft, Industrie und Lebensstandard. Ebd., S. 425. Honecker sprach daraufhin davon, „die Stabilität der DDR" sei „nicht mehr gewährleistet", Betriebe müssten stillgelegt werden und das „Vertrauen unserer Menschen in die Partei- und Staatsführung" sei erschüttert. Der Lebensstandard werde sinken. Vgl. ebd., S. 426. Honecker schien offiziell Abgrenzung nach Westen zu betreiben, um „intern gegenüber der BRD für sein öffentliches Verhalten Entschuldigungen" abzugeben. Hier begann das Ende der DDR und der UdSSR. Bewusst waren sich die sozialistischen Führungseliten sehr wohl des unaufhaltbaren Ruins ihrer Volkswirtschaften.

Erdölpreisverfall und DDR-Ökonomie

Noch konnte – zum Beispiel für den Sektor „der Brennstoff- und Energieversorgung" – ein positives Resümee des Winters 1983/84 gezogen werden. Das um einige Prozentpunkte übererfüllte „Leistungsniveau" für die Energieträger von Braunkohle bis Elektro entsprach der Verbrauchssenkung bei Heizöl (45,8%) und Steinkohlenkoks (4,2%). Doch zeichneten sich bereits hier „unzureichende Disziplin in der Arbeit mit den Kontingenten" und „Überschreitungen" in diesem Bereich „in einer Vielzahl von Kombinaten" als ernsthaftes Hindernis einer erfolgreichen Sicherung der Energieversorgung ab. Aus diesem Grunde war für den Winter 1984/85 unverzichtbar, dass erneut die „294 Mt Rohbraunkohle" des Jahres 1984 gefördert würden. Das hing von der „materiell-technischen und personellen" Ausstattung im Braunkohletagebau ab sowie dem Ausbau der „Bestände" beim Verbraucher und der Nivellierung der „bestehenden [Leistungs-]Niveauunterschiede in den Braunkohlekombinaten". Festgestellt wurde als unverzichtbar:

> „Die Durchsetzung einer straffen Kontingentsdisziplin...in allen Bereichen der Volkswirtschaft...Die Schlüssigkeit der präzisierten Energieträgerbilanzen 1984 kann nur erreicht werden, wenn in allen Kombinaten, Betrieben und Einrichtungen die vollständige Erfüllung der Produktions- und Veredelungsaufgaben bei Einhaltung der erteilten Energieträgerverbrauchskontingente und Realisierung der Anwendungsgebote für den Brennstoffeinsatz *konsequent durchgesetzt* werden" (Hervorh.v.m., B.S.).

„Weitere Erhöhung der Arbeits- und Produktionssicherheit" lautete die Devise für 1985. Über die „gezielte[n] politische[n] Orientierung der Werktätigen im sozialistischen Wettbewerb auf die *Erfüllung und Überbietung* der Ziele" herrschte Zufriedenheit.[1]

Weitausgreifend wurde im „Volkswirtschaftlichen Gesamtprogramm" für 1986 geplant, durch die „langfristige[n] Entwicklung der Synthesegas- und Methanolchemie bis zum Jahre 2000" zu „einer strategischen Rohstoffreserve" zu gelangen. Die „Synthesegas- und Methanolchemie ermögliche unter

> „Nutzung des aus der UdSSR importierten Erdgases sowie der einheimischen Braunkohle, die organische Rohstoffbasis der chemischen Industrie der DDR bis zum Jahre 2000 um 8 bis 10% (bezogen auf Kohlenstoff) zu erweitern und damit die langfristige Bedarfsentwicklung zu sichern".

„In den wichtigsten Industrieländern" so hielt der Ministerrat des ZK der SED fest, werde „der Einsatz von Stein- und Braunkohle zur Synthesegaserzeugung nach neuen Technologien wissenschaftlich-technisch vorbereitet. Mit einer großtechnischen Realisierung sei international aus ökonomischen Gründen nicht vor 1995 zu rechnen, da bei der gegenwärtig verfügbaren Rohstoffbasis und der industriellen Infrastruktur die Nutzung von Erdgas und Erdöl günstiger" sei. 1986 würden in der DDR „ca. 38,6% der in der chemischen Industrie benötigten Kohlenstoffsubstanz für den stoffwirtschaftlichen Einsatz über Synthesegas bereitgestellt". Beschlüsse der zentralen Leitungsorgane zwischen dem 18.Januar und 5.Juli 1984 hätten eine Orientierung „auf der Basis umfangreicher wissenschaftlich-technischer Untersuchungen" für „ein volkswirtschaftliches Gesamtprogramm zur langfristigen Entwicklung der Synthesegas- und Methanolchemie auszuarbeiten". Bedeutende Steigerungsraten der Synthesegaserzeigung und der Methanolproduktion hätten bis 1986 (gegenüber 1982) dafür „eine breite Ausgangsbasis geschaffen". „Eine weitere Erhöhung" wurde „auf der Basis der Braunkohle (unter Nutzung des im VEB Gaskombinat ‚Schwarze Pumpe' entwickelten Staubdruckgasverfahrens)" erkannt. Zusätzlich sei eine „Umwandlung des aus der UdSSR importierten Erdgases möglich". Die Synthesegaserzeugung werde „auf Kohlebasis...seit ca.10 Jahren stabilisiert". Dazu sei die Ammoniakerzeugung, in verschiedenen Anlagen zu steigern. Das Votum lautete zugunsten der „Dampfreformierung" an Stelle der „Staubdruckvergasung". Zudem seien zusätzliche Braunkohlefelder dafür zu erschließen. Synthesegas aus Erdgas werde zudem nur 425 Mark kosten, gegenüber 570 Mark bei der Kohleausnutzung.

Es blieb bei der traditionellen Methanolchemie. Äußerst erwünschte „Sondergeschäfte[n] mit hoher außenwirtschaftlicher Effektivität" seien so vorzubereiten. Über zum Beispiel die „Silikonchemie" im VEB Chemiekombinat Bitterfeld", die „Erzeugung von ca. 150 kt/a Essigsäure und Essigsäureanhydrid aus Methanol und Kohlenmonoxid" sowie Ergebnisse zur Methanolveredlung und über Formaldehyd. Weiter ging es um die Vorbereitung einer

„Großversuchsanlage zur Wandlung von Methanol zu ca. 100 kt/a Vergaser-kraftstoff entsprechend der Strategie für die Versorgung der Volkswirtschaft mit Kraftstoffen bis zum Jahre 2000".

Nach 1995 sollten die Anlagen zur Gewinnung von Synthesegas derart wirt-schaftlich gestaltet sein, dass an „den Anlagenexport in das sozialistische und nichtsozialistische Wirtschaftsgebiet" gedacht wurde. Synthesegas aus Braun-kohle würde zu diesem Zeitpunkt für „die Erhöhung der Methanolerzeugung um 750 kt/a" eingesetzt werden. Weitere Forschungen auf diesen Gebieten seien nach 1995 einzuführen. Olefine und Aromaten aus Methanol, Methanol als Kraftstoff für Diesel- und Ottomotoren, Kraftstoffkomponenten durch Direkt-synthese, höhere Alkohole und Aldehyde aus Synthesegas und Methanol so-wie "Veredelungslinien" über die Biotechnologie", in Zusammenarbeit mit der UdSSR, bildeten die Planziele.[2]

Der „bedeutende Preisverfall erdölabhängiger Produkte" besiegelte quasi, dass der Versuch der DDR Staatsführung fehlschlug, vom „Nicht-Sozialistischen Westen" unangreifbar zu werden. Der Verlust von „4-5 Mrd.M gegenüber dem Volkswirtschaftsplan 1986" bedinge zugleich „Valutaverluste bis 1990" in Höhe von weiteren 6 Mrd.M, so führte ein zentrales Memorandum für die Beschluss-fassung des ZK der SED im Jahre 1986 aus. Daraus ergab sich die Forderung,

> „jetzt die notwendige Wende einzuleiten und gegenüber dem bisher beschlos-senen Fünfjahrplankonzept den Export in das NSW weiter zu erhöhen und den Import weiter zu senken".

Benötigt werde ein Plus von 12 Mrd.VM durch Export. Das erfordere „rd. 30 Mrd.M Endprodukt in absatzfähiger Struktur" und entspräche „einer industri-ellen Warenproduktion von ca. 90 Mrd.M". Dazu seien der laufende Plan 1986 und der „Fünfjahrplan 1986-1990" zu korrigieren. Die „jährlichen Zuwachs-raten" im „Fünfjahrplan 1986-1990" wären mit einem Federstrich zu steigern:

> „Nationaleinkommen   von 4,7 auf 5,0 Prozent
> Senkung der Selbstkosten   von 2,2 auf 2,5 Prozent
> Senkung der Materialkosten von 2,4 auf 2,7 Prozent".

Absatzfähige Produkte hieß nun die Devise. Ferner wurde der Verbund von „wissenschaftlich-technischen Leistungen", „Investitionsplan" und „Absatzstra-tegie für den NSW-Export" erkannt. Die erhöhte „Effektivität der Investitionen" solle weitere „6 – 7 Mrd.M" im Etat bringen. „Investitions-Objekte" seien im Hin-blick auf den Export in den Westen zu fördern, denn die negative „Zahlungsbilanz" drückte. Zugestandenermaßen sei die „handelspolitische Aufgabe" kompliziert. Weiter werde der „wirtschaftliche[n] und gesellschaftliche[n] Verbrauch[s]", das heißt auch „die innere Verwendung von Nationaleinkommen um mindestens 5 – 6 Mrd.Mark gegenüber den bisherigen Berechnungen zum Fünfjahrplan zu reduzieren [sein] und [sei diese] in höchstmöglichem Maße NSW-wirksam zu machen". Eine „höhere Wirksamkeit" und der „rationellere Einsatz" sämtlicher Fonds wären anzustreben, um „bisher im Fünfjahrplan vorgesehene Mittel" freizusetzen. Darüber hinaus seien die Vereinbarungen mit der UdSSR, und den anderen sozialistischen Ländern, auf freizusetzende Mittel hin „qualitativ" zu durchforsten. „Gegenüber der UdSSR" würden „vor allen Dingen die durch die Erdölpreisveränderungen zuviel bilanzierten Fonds in Höhe von ca. 5-6 Mrd.M VGW volkswirtschaftlich wirksam zu machen" sein. Hauptziel blieb damit die „NSW-Importablösung". Der „erforderliche Exportüberschuss[es] der DDR" werde sich letztlich aus dem Verbund von „Wissenschaft und Technik sowie dem Investitionsplan" ergeben. Im September 1986 sei der „Entwurf des Fünfjahrplanes",gemäß diesen Direktiven von der Staatlichen Plankommission dem ZK der SED vorzulegen.

Auf sieben Seiten fasste das Memorandum darüber hinaus die „erforderliche[n] Sofortmaßnahmen für 1986" zusammen. Der Verfall des Erdölpreises zwang zum sofortigen Gegensteuern. Sämtliche Industriesparten hatten zum NSW-Export beizusteuern. 497 Millionen Verrechnungsmark bezeichneten die Größenordnung in welcher dies zu geschehen habe. Umschichtung von Mitteln aus der „Verpflichtungsbewegung zur Überbietung des Planes", Fondsrückgaben an den Staat mittels Schecks der Staatsbank", alles sollte „für den Export" eingesetzt werden. Den Ministerien wurden einzusparende 350 Millionen Verrechnungsmark zusätzlich als „Aufgaben" gestellt. Dass der NSW-Import (d.h. aus dem Westen) entsprechend zu senken sei, wurde unübersehbar, wenn die Forderung in den Raum gestellt wurde, „den jetzt gültigen NSW-Importplan in Höhe von 13,2 Mrd.VM um 700 Mio VM zu reduzieren". Einsparungen dürften ausdrücklich nicht, und das unterstreicht die Bedrängnis in der sich die DDR-Planer befanden, innerhalb der Ressorts umverteilt werden. „Sämtliche Einsparungen von geplanten NSW-Mitteln" seien „für die Zahlungsbilanz zu verwenden". „Produktionsumstellungen für den NSW-Export", das Durchkämmen der „Bestände" sowie „Ordnung und Disziplin" in der Förderung der „Exportrentabilität" hätten letztlich die „Erhöhung der volkswirtschaftlichen Effektivität", wie die „Senkung der Kosten" zu fördern.[3] So waren die letzten Jahre der DDR durchzogen von ständig wiederkehrenden Informationen zur „beschleunigten Entwicklung von Verfahren zur Herstellung von Treibstoffen aus Braunkohle (23.8.1982). Mit einiger Eile wurde gearbeitet und geprüft. So fanden am 19.Juli 1984 Diskussionen im Ministerrat, zum Beispiel zum „Stand der Arbeiten zur Erzeugung von Kraftstoffen aus Braunkohle und zur Entwicklung der Synthesegas- und Methanolchemie" statt. Den Grad der Krise beleuchtete der Ministerratsbeschluss vom 29.Mai 1986 zu „Vorschlägen für Maßnahmen zur ökonomischen Stärkung der DDR unter Berücksichtigung der veränderten Preise für Erdölprodukte". Noch am 22.September 1989 bildeten „Vorschläge zur weiteren Strategie für die Arbeiten zur Erzeugung von Kraftstoffen aus Braunkohle" dort den Gegenstand der Verhandlungen.

Das Thema „Kraftstoffe aus Braunkohle", das wir hier als Korrelativ zu den Abläufen im Automobilbereich untersucht haben, erreichte 1987 den Stand einer „präzisierten verfahrenstechnische[n] Grunddokumentation". Diese enthielt „Versuchsanlagen" in Grimma und Böhlen („kleintechnische Versuche"), die „Erprobung der Vakuum-Flash-Destillation" und die Verarbeitung von „Kohlen" aus dem „Bitterfelder Revier mit einem Umsatz von 92%". Ferner teilte eine Information für den Ministerrat mit:

> „Die Grundlagenforschung konzentrierte sich auf die Erarbeitung von Analysemethoden für die Charakterisierung von Hydrierprodukten, die Methode zur Bewertung der Hydrierbarkeit von Braunkohlen, die thermische Vorbehandlung der Kohle-Öl-Maische sowie die Ermittlung von Stoffdaten unter Prozessbedingungen".

Der Plantermin „Dezember 1986" sei für die Versuchsanlagen zur Kohleaufbereitung und Kohleverflüssigung „im Karbochemischen Technikum Böhlen des VEB Petrolchemischen Kombinat Schwedt eingehalten und in die „Funktionserprobung genommen" worden. „Ab II.Quartal 1987 wurden diese Anlagen in das Versuchsprogramm zur Kohleverflüssigung einbezogen". Es seien inzwischen „346 Wissenschaftler und technische Mitarbeiter eingesetzt".

Allerdings wurde klar, dass im Dezember erst „die technischen Voraussetzungen für die Erarbeitung der Aufgabenstellung der großtechnischen Versuchsanlage geschaffen" würden. Daraufhin, so das Ergebnis, sei „mit den Beschlüssen des Politbüros des ZK der SED vom 21.4.1987 und des Ministerrates vom 30.4.1987 zur ‚Stärkung der volkswirtschaftlichen Kraft der DDR und der Gewährleistung der Zahlungsbilanz'" festgelegt worden, „dass die Realisierung der Großversuchsanlage zur katalytischen Hochdruckhydrierung im Fünfjahrplan 1986 bis 1990 *nicht* begonnen" werde (Hervorh.v.m., B.S.). Jedoch seien „die Forschungsarbeiten zur Entwicklung des Verfahrens...mit den vorhandenen Versuchanlagen zur weiteren Optimierung der Technologie mit dem Ziel der Minimierung des Aufwandes und der Erhöhung der Effektivität *fortzusetzen*" (Hervorh.v.m., B.S.). Es hatte demnach das Bewusstsein von der angespannten Finanzlage der DDR zum de facto Einfrieren des jahrelangen Bemühens um Kraftstoff aus Braunkohle geführt. Das „Forschungsprogramm zur katalytischen Hochdruckhydrierung von Braunkohle" werde „bis September 1987 *neu* erarbeitet" (Hervorh.v.m., B.S.). Die Vorbereitungsarbeiten für die... Großversuchsanlage" würden eingestellt. „Bestellungen zur Großversuchs-anlage" seien „umgehend zu annulieren". Die „Arbeitsgruppe Staatlicher Leiter ‚Großversuchsanlage'" werde aufgelöst. Gleichzeitig wurde erklärt:

> „Aus der Analyse der internationalen Entwicklung und der Einschätzung der Bedin-
> gungen in der DDR ergibt sich, dass die Strategie zur langfristigen Bereitstellung
> von Kraftstoffen aus einheimischer Braunkohle weiterhin verfolgt werden muß".

Doch war eine „spürbare Verringerung der Investitionskosten" notwendig. Erst im „Fünfjahrplan 1991-1995" sollten „Alternativvorschläge zur Errichtung einer Großversuchsanlage zur katalytischen Hochdruckhydrierung von Braun-kohle" folgen. Nach der Bestätigung „der Konzeption der Staatlichen Plankom-mission für den Plansatz 1991-1995" sei über die „Einordnung der Großver-suchsanlage...zu entscheiden".[4]

Das II.DDR-Fernsehprogramm in Farbe als Gradmesser für den techni-schen Fortschritt mag insgesamt wenig aufregend wirken, bildete jedoch 1967 durchaus einen Schritt von beträchtlicher Außenwirkung. Es ging im Dezember dieses Jahres um eine „frühe" Einführung dieses technischen Beitrags zum Kampf mit dem westlichen Imperialismus, wie das damals hieß. Im Februar 1970 wurde vom Ministerrat unterstrichen, es sei durch die Minister für Elektro-technik und Elektronik dafür zu sorgen, dass „allseitig und zielstrebig die Qua-lität und die Funktionstüchtigkeit der Farbfernsehempfänger" erhöht werde. „Im März" des folgenden Jahres sei „Rechenschaft zu geben" darüber, dass die „am 6.12.1967 beschlossenen Fertigstellungs- und Übergabetermine der Objekte...in Berlin-Adlershof und des Fernsehvorproduktionsstudios Karl-Marx-Stadt" eingehalten wären. Weiter sei „schon im Jahre 1970" die „„materiell-technische Basis für die Progammproduktion" beschleunigt herzustellen. Pro-duktionsrückstände, hinsichtlich „Konverter" und „Tuner" seien „bis spätestens 31.3.1970 aufzuholen". „ORWO-Filmmaterial NC 1, NC 3 und UK 173" wäre vermehrt herzustellen und „damit eine Reduzierung der gegenwärtig noch er-forderlichen Importe aus dem NSW ab 1971" sicherzustellen. Die Umsteue-rung auf Farbfernsehproduktionen wurde gefordert und eine bessere Auslastung der „Farbfernsehproduktionskapazitäten (Farbfernseh-Übertragungen, Produktions- und Vorproduktionsstudios)" angestrebt. Die Verfügung dazu lautete, in unnachahmlich absolutistischer Manier:

> „Der Oberbürgermeister von Groß-Berlin hat kurzfristig für das Jahr 1970 dem Deutschen Fernsehfunk 35 Wohnungseinheiten und der Studiotechnik Fernsehen 35 Wohnungseinheiten für die Unterbringung hochqualifizierter Fachkader aus der DDR zuzuweisen und auf die Bereitstellung von Einzelunterkünften, Kinderkrippen- und Kindergärtenplätzen durch die Räte der Stadtbezirke einzuwirken".

Dieses Umsteuern griff zusätzlich im Sektor Arbeit Raum. Dazu habe „der Vorsitzende des Rates des Bezirkes Potsdam" dafür zu sorgen, dass „die getroffene Entscheidung über die Kürzung der Arbeitskräftebilanz der DEFA-Studios von 91 Arbeitskräften für das Jahr 1970 rückgängig" gemacht werde. „Auftragsproduktionen für das II. Fernsehprogramm" seien derart zu sichern. Dr.Abusch und dessen „Operativstab" werde damit beauftragt, die Durchführung dieser Planung sicherzustellen.[5]

Dass die DDR nicht ausschließlich auf dem Sektor der Automobilproduktion, die - qua Ideologie - nicht unbedingt eine Spitzenposition im Volkswirtschaftsplan des ostdeutschen Staatswesens innehatte, sondern durchaus auch im Bereich der Chemischen Industrie vergleichbare Fehlschlüsse tätigte, Versäumnisse beging und damit ins Hintertreffen geriet, ist hiermit nachgewiesen. Das bisherige Ergebnis dieser Untersuchung ist damit auf breiterer Basis bestätigt. Was also konnte eine hochproduktive, kapitalistisch organisierte Volkswirtschaft dazu bewegen, diese marode DDR-Wirtschaft an sich zu ziehen?

---

[1] BA-Coswig, Chemische Industrie C-20, I/3-2060. VVS B 2 – 738/84, Bericht über die Sicherung der Brennstoff- und Energieversorgung im Winter 1983/84 und Schlussfolgerungen zur Vorbereitung auf den Winter 1984/85, Bl. 137-141.

[2] Ebd., Chemieindustrie C-20, I/4-5879. VVS B2 – B 152-121/86, Volkswirtschaftliches Gesamtprogramm zur langfristigen Entwicklung der Synthesegas- und Methanolchemie bis zum Jahre 2000, Bl. 104-111.

[3] Ebd., Chemieindustrie C-20, I/3-2310. GVS B 2 – 423/86, Vorschläge für Maßnahmen zur ökonomischen Stärkung der DDR unter Berücksichtigung der veränderten Preise für Erdölprodukte 1986 und für den Fünfjahrplan 1986 – 1990, Bl. 33-43.

[4] Ebd., Chemische Industrie C-20, I/4-6068. VVS B –B 152-76/87, Information über den Stand der Arbeiten auf dem Gebiet der Erzeugung von Kraftstoffen aus Braunkohle und der Synthesegas- und Methanolchemie, Bl. 31-35.

[5] Ebd., Chemische Industrie C-20, I/4-32143. PMR, Beschluß zum Bericht über den Stand der Einführung des II. Fernsehprogrammes (Farbfernsehen) zur weiteren Durchführung des Beschlusses des PMR vom 6.12.1967 vom 18.2.1970, Bl. 187ff.

II. Teil: Volkswagen, Audi und die DDR

1. Kapitel: Archivreise Riezler Tagebücher

Im Oktober 1973 nahm ein westdeutscher Historiker Kontakt zum Zentralen Staatsarchiv der damaligen Deutschen Demokratischen Republik auf, um für seine Dissertation über das "Meinungsbild der deutschen Militärkreise vor dem Ersten Weltkrieg" den Zugang zu den dort zentral verwahrten Akten des früheren Reicharchivs zu erhalten.[1] Erst Anfang 1974 kam Nachricht aus Potsdam.

„In einigen Beständen der staatlichen Archive aus der deutschen Demokratischen Republik, die in unserem Archiv aufbewahrt werden, u.a. Reichstag, Reichskanzlei, Reichsamt des Inneren können sich in den Gruppen zum Militärwesen Materialien zu Ihrem Thema befinden",

antwortete die Staatliche Archivverwaltung.

„Reste der Bestände Generalstab und Kriegsministerium befinden sich ebenso wie der Nachlaß von Lyncker nicht in unserem Archiv. Die Nachlässe einiger Militärs liegen vor, befinden sich jedoch in einem nicht nutzbaren Zustand. An eine Bearbeitung ist vorläufig nicht gedacht",

lautete die Antwort.[2]

Auch ein Vorstoß beim Staatsarchiv Dresden, dessen "Bestände der sächsischen Armeeverwaltung (Kriegsministerium), Generalkommandos, (Generalstab) und Nachlässe hoher Offiziere, wie etwa des sächsischen Bevollmächtigten v.Leukart« enthalten mochten, führten nicht weiter.[3] Inzwischen jedoch erfolgte von dort eine positivere Antwort. Das Staatsarchiv formuliert:

"Zu dem von Ihnen genannten Thema ist einiges Material in den hier verwahrten Beständen Sächsisches Kriegsministerium und Sächsischer Militärbevollmächtigter Berlin vorhanden« (Hervorh.v.m., B.S.).

Der gleichfalls enthaltene Hinweis auf das Militärarchiv der DDR in Potsdam bildete den Beginn des ertragreicheren Kaufes von Aktenkopien zur Armee des Kaiserreiches (bis 1914), die in Potsdam seit etwa 1972 aus Dresden und der UdSSR zusammengeflossen waren.[4]

Am 20.Juli schrieb der Hamburger Wissenschaftler an das Militärarchiv der DDR:

„Auf Anraten des Staatsarchivs Dresden wende ich mich mit der Bitte um Auskunft über Archivalien zur alten deutschen Armee im Zeitraum 1893 bis 1914 an Sie. Neben den Beständen des DZA I und II in Potsdam und Merseburg, die leider nur untergeordnet Material zu den Komplexen der Ausbildung, Bewaffnung und Taktik enthalten, ergab eine weitere Anfrage in Dresden, dass dort in den Beständen des Sächsischen Kriegsministeriums und des Sächsischen Militärbevollmächtigten Material vorhanden sei (Schreiben vom 20.5.1975).
Nach der Benutzung der bayerischen, württembergischen, badischen Archive sowie der Bundesarchive in Koblenz und Freiburg nebst dem Archiv des Auswärtigen Amtes ist die Arbeit in ihr letztes Stadium getreten. Das neu erschlossene interessante Material würde durch eine Einsicht in Ihre Bestände mit Sicherheit an Urteilsschärfe gewinnen. Das umso mehr, als ich aus der Arbeit von Herrn R a h n e (Diss. Leipzig 1970) entnehme, dass Sie im Besitze einschlägiger Bestände sächsischer Provenienz (KM, Gkdo XII, XIX, Stellv. Gkdos) und der Reste des Preußischen Heeresarchivs sind".[6]

Mitte Februar 1977, nach Fertigstellung der Dissertation schrieb der Wissenschaftler, unter Bezug auf seinen Antrag vom 14.Februar 1977, an das Militärarchiv der DDR:

„Mittlerweile ist meine Arbeit abgeschlossen und wird Anfang dieses Jahres bei Droste (Düsseldorf) erscheinen. Im Zuge des Promotionsverfahrens und der letzten Vorbereitungen zum Druck, verfestigte sich meine Absicht, den Themenbereich zur deutschen Armee weiter zu bearbeiten.
Ihr Schreiben vom 23.9.1978 enthielt das Angebot, Material zu einer begrenzten Themenstellung bereitzustellen. Zwei Aspekte zur deutschen Armee vor 1914 scheinen mir vor allem beachtenswert. Einmal der Gesichtspunkt der inneren Verwendung der Armee im Bürgerkrieg, der mir durch die Lektüre der Werke zur neueren Geschichte aus der DDR-Forschung wertvolle Anregung zu meiner Dissertation geliefert hat, und zweitens, die bis heute ungeklärte und schiefe Darstellung (zuletzt Ritter) der deutschen militärischen (operativen) Planung zum Ersten Weltkrieg.
Zum ersten Aspekt konnte ich aus der Zeitschrift für Militärgeschichte die Publikation des Erlasses (KME) des Preußischen Kriegsministers von Heeringen vom 8.2.1912 noch in meiner Arbeit verwerten. Ich sehe in der inneren Verwendung der damaligen deutschen Armee, z.B. im Ruhr[bergarbeiter]streik 1912 (vgl. auch K.Sauls Dissertation) und den darin enthaltenen taktischen Implikationen, einen Grund für den retardierten Entwicklungsstand deutscher Taktik. Weiteres relevantes Material zu dieser Frage zu erschließen ist äußerst schwer, da

– wie wir leider zur Kenntnis nehmen müssen – das Zentralarchiv für die militärische Aktenüberlieferung zerbombt wurde. Umfangreiche Nachforschungen meinerseits in den letzten Jahren, u.a. eine Anfrage an die Zentrale sowjetische Archivverwaltung, haben nun meine Hoffnung auf doch noch erhaltene Restbestände erhärtet. Die in Freiburg enthaltenen Akten des Preußischen Kriegsministeriums, die durch Zufall bei einem Marburger Professor den April 1945 überlebten, bestätigen meinen Ansatz ebenfalls. Auch die in München ungeschmälert überlieferten Bestände der bayerischen Armee gestatten tiefe Einblicke. Im Zuge der Arbeit an meiner Dissertation verwertete ich die überwiegende Zahl der in bundesrepublikanischen Archiven (außer den Landesarchiven) enthaltenen Akten zur ,alten' Armee. Erhalten gebliebenes Material zu diesem Aspekt – wie dem der Taktik, Ausbildung und Bewaffnung – aus sächsischen und preußischen Beständen würde fühlbare Lücken schließen helfen.

Weiter plane ich eine Dokumentation zur Marneschlacht 1914, die neben dem Nachlaß des bayerischen Militärbevollmächtigten v.Wenninger, dem des Generals Tappen amtliches Aktenmaterial militärischer Provenienz aus dem bayerischen Kriegsarchiv verwerten soll. Als Korrektiv, denn die Schilderungen aus dem Gr.Hauptquartier zwischen August-November 1914 enthalten viel Atmosphärisches und sind naturgegeben subjektiv gefärbt, suche ich z.B. die Berichte und (-oder) den Nachlaß des sächsischen Militärbevollmächtigten, dessen Berichte aus der Vorkriegszeit ich schon in meiner Dissertation auswerten konnte. Auch der Nachlaß des Generals v.Hausen wäre zu bestimmten Fragen, die Entschlussfassung während des geplanten Blitzfeldzuges betreffend, hochinteressant. Nachlässe, wie die von Kuhl, Kluck, Bülow und etwa Knobelsdorffs, Lauensteins u.a. scheinen verloren zu sein".[7]

Der Direktor des Militärarchivs der DDR, Studanski, antwortete Anfang des Monats April 1977:

„In Beantwortung Ihres Schreibens vom 14.2.1977 teile ich Ihnen mit, dass folgende Materialien für Sie herausgesucht wurden:
1. Problem Innere Unruhen (Gen.Kdo. XIX.A.K.)
2. Problem der Mobilmachung
3. Problem operative Planung (Berichte über fremde Armeen)
4. Winterarbeiten (wissenschaftliche und taktische Ausbildung)".[8]

Anfang Februar 1979 teilte der Direktor des Militärarchivs der DDR, Kuhnt, mit:

„Ihr Schreiben vom 15. Dezember 1977 habe ich erhalten. Nach gewissenhafter Durchsicht unseres Archivgutes muß ich Ihnen leider mitteilen, dass zu Ihrem

Forschungsvorhaben „Das Deutsche Reich und der Balkan 1912/13. Die Rolle des Balkanraumes in der deutschen militär-politischen und strategischen Lagebeurteilung" keine Archivdokumente ermittelt werden konnten".[9]

Im Zusammenhang mit seinen Arbeiten an der Darstellung der Riezler Tagebuchaffäre hatte der Hamburger Wissenschaftler – und inzwischen Fernsehjournalist – in diesem Jahr einen Archivbesuch in Potsdam vorbereitet. In Verbindung hiermit erstellte die Zentrale Archivverwaltung der DDR eine erste Expertise über den Gast, die ergab, dass keine Einwände von Seiten des Ministeriums für Aufklärung und des Militärarchiv Potsdam gegen dessen Besuch bestanden.[10] Die Benutzungserlaubnis, die dem Zentralen Staatsarchiv danach eingereicht wurde, bezog sich auf die bereits bekannten Aktengruppen zum Militärwesen, die in den Beständen Reichstag, Reichskanzlei und Reichsamt des Inneren enthalten seien, und bezog sich damit im wesentlichen auf die Auskunft dieser DDR-Stelle aus dem Jahre 1973.[11] Es handelte sich nun um ein Forschungsprojekt, welches das Thema aus dem Jahre 1973: "Meinungsbild der deutschen Militärkreise vor dem ersten Weltkrieg« wieder aufnahm. Unterstützt würden die Forschungen des Hamburger Historikers durch die Alexander von Humboldt Stiftung, was jedenfalls das Staatsarchiv Potsdam annahm. Der Leiter des Zentralen Parteiarchivs im Institut für Marxismus-Leninismus stimmte der Benutzung zu.[12] Anfang des Monats Juni erfolgte die Genehmigung durch die Staatliche Archivverwaltung Potsdam.[13] Am 6.Juli schrieb der Direktor des Militärarchivs der Nationalen Volksarmee, Kuhnt, erneut:

> „Auf Ihren im Dezember 1982 gestellten Antrag erteile ich Ihnen die Erlaubnis, Akten des Militärarchivs der DDR zur Erarbeitung Ihrer Habil.-Arbeit über die ‚Rüstungspolitik vor 1914' zu benutzen. Zu Ihrem Forschungsthema können vor allem Akten des sächsischen Kriegsministeriums zu den Militäretats ausgewertet werden".[14]

Eine weitere Erlaubnis für das Zentrale Staatsarchiv Merseburg lief ergänzend ein.[15] Diese Archivreise führte der westdeutsche Wissenschaftler im September 1983 durch, als dessen Kontakte mit Rudolf Urban bei Audi (im Rahmen seiner Fernsehserie „Autos die Geschichte machten/NDR 1983-84") bereits die Idee einer Zusammenarbeit zur Audi-Geschichte zutage gefördert hatten.

---

[1] BA-Berlin, DO 1 22.0, B.Schulte an DZA I Potsdam, 11.10.1973. Eine weitere Anfrage richtete sich auf bestimmte Materialien und Nachlässe aus dem Umkreis Kaiser Wilhelms II. (BA DO 1, 22.0,

Schulte an DZA 1 Potsdam, 1.11.1973). Es handelte sich um Recherchen zu dem Buch des Verfassers: Die deutsche Armee, 1900-1914. Zwischen Beharren und Verändern, Düsseldorf 1977.

[2] Ebd., 1, 22.0. DZA 1 an B.Schulte, 8. 2.1974.

[3] Ebd., DO 1, 22.0. B.Schulte an Staatsarchiv Dresden, 14. 4.1975.

[4] Ebd., DO 1, 22. 0, Staatsarchiv Dresden an B.Schulte, 20.5.1975.

[5] Archiv Schulte. B.Schulte an Militärarchiv der DDR, 20.7.1975.

[6] Ebd., 20.7.1975.

[7] Ebd., B.Schulte an Direktor des Militärarchivs der DDR, 7.2.1977.

[8] Ebd., Nationale Volksarmee, Militärarchiv der DDR an B.Schulte, 4.4.1977. Es entsprang daraus der Leitaufsatz in dem Buch des Verfassers: Europäische Krise und Erster Weltkrieg. Beiträge zur Militärgeschichte des Kaiserreiches, 1871-1914, Frankfurt-New York 1983: Die Armee des Kaiserreiches im Spannungsfeld zwischen struktureller Begrenzung und Kriegsrealität 1871-1914, S.45-124.

[9] Ebd., Militärarchiv der DDR an B.Schulte, 7.2.1979. Publiziert 1980 unter dem Titel: „Vor dem Kriegsausbruch 1914. Deutschland, die Türkei und der Balkan". Düsseldorf (Droste) 1980.

[10] BA-Berlin, DO 1, 22. 0. Wiederholungsantrag, Vorg.-Nr. 83/623.

[11] Vgl. ebd., DO 1, 22. 0, B.Schulte an DZA I, 1. 2.1983.

[12] Vgl. ebd., DO 1, 22. 0. Institut für Marxismus-Leninismus an Staatliche Archivverwaltung Potsdam, 4.3.1983.

[13] Vgl. ebd., DO 1, 22.0. Staatliche Archivverwaltung Potsdam an B.Schulte, 3.6.1983. Original in: Archiv Schulte. Ministerrat der DDR, Ministerium des Innern an B.Schulte, 3.6.1983. Darauf handschriftlich: „11.-16.6.; 13.Juli – [gestr.: 15. Juli] 22. Juli"; unten Bemerkung des DZA I, Potsdam [handschr.: „Archivbenutzung vom 19.-23.9.[19]83, „Zentrales Staatsarchiv, DDR- Potsdam, Berliner Straße 98-101, Eingang Tizianstraße [Stempel]".

[14] Archiv Schulte. Militärarchiv der Deutschen Demokratischen Republik an B.Schulte, 6.6.1983.

[15] Vgl. BA-Berlin, DO 1, Nr. 22.0. Zentrales Staatsarchiv an B.Schulte, 20.6.1983. Die Forschungen des Verfassers zum Problemkreis der Riezler Tagebücher führten 1985 zu der Veröffentlichung: Die Verfälschung der Riezler Tagebücher. Ein Beitrag zur Wissenschaftsgeschichte der 50iger und 60iger Jahre, Frankfurt-New York 1985. Vgl. dazu kürzlich: Bernd F.Schulte, Weltmacht durch die Hintertür. Deutsche Nationalgeschichte in der Diskussion. Hamburger Studien zu Geschichte und Zeitgeschehen, Bd. 2, Hamburg 2003 (darin: „Historians in the Shade" zum Handeln deutscher Historiker in den Jahren 1933 bis 1945 und zu den Hintergründen des letzten Teils der „Fischer-Kontroverse").

2. Kapitel: Hochschulalltag

Ausnutzen und Wegwerfen

An der Hochschule der Bundeswehr führten bereits zwei Jahre nach deren Gründung wissenschaftliche Mitarbeiter heftige Gefechte um die Verlängerung ihrer Zeitarbeitsstellen. Das erklärte Bestreben der Hochschule und des Fachbereichs Pädagogik war es in jenen Jahren des Aufbaues, junge Wissenschaftler aller Disziplinen in der Regel wie festangestellte und vollausgebildete Wissenschaftler einzusetzen. Das hätte automatisch zur Übernahme dieser Mitarbeiter in unbefristete Arbeitsverhältnisse führen müssen, wenn sich Weiterqualifikation und Fairness der Institution begegnet wären. Statt dessen nutzten die Professoren, im besonderen der Wahlpflichtfächer, und das Verteidigungsministerium, nach zwei oder drei Jahren die Gelegenheit der an sich lediglich formalen Vertragsverlängerung von drei auf fünf Jahre Dauer, um wissenschaftliche Angestellte auszusondern, die Praxis der inzwischen veränderten Bedarfslage anzupassen und so die Bundeswehrhochschule Hamburg, Zug um Zug, in die Nähe der früheren Ordinarienuniversität zurückzuführen. Die Mitarbeiter setzten sich jedoch zur Wehr und bestanden darauf, nachdem sie weitgehend durch den nonchalanten Einsatz in der Lehre nicht zum Abschluss von Diplom- oder Dissertationsvorhaben gekommen waren, in ihren Arbeitsverhältnissen unbefristet bestätigt zu werden. Darauf antwortete unter anderem der Vizepräsident der Hochschule, Wäßerling, im Oktober 1976,

> „Aufgrund des am 27.01.1976 in Kraft getretenen HRG (BGBL I 76, 185) ist die Erteilung von Lehraufträgen (bezahlte bzw. unbezahlte) an die wiss.Mitarbeiter der HSBw Hamburg nicht ausgeschlossen; die HSBw Hamburg konnte die Vergabe von Lehraufträgen an diesen Personenkreis nicht verweigern und hat dies dem Grunde nach auch nicht getan".[1]

Als unser Hamburger Historiker – nach zwei Jahren seines 3 plus 2 Jahre-Vertrages an der Hamburger Hochschule - in die Zone von Vorverhandlungen über den zu verlängernden Vertrag geriet, war keineswegs erkennbar, dass der ihm vorgesetzte Professor Ekhardt Opitz den Vertrag nicht erfüllen werde. Dementsprechend wurde guten Gewissens der formelle Antrag gestellt, den der Fachbereich Pädagogik annahm. Doch stellte Opitz ein Gegenvotum, sein Mitarbeiter hätte inzwischen nicht genügend publiziert. Tatsächlich hatten vor allem die Historiker-Mitarbeiter der Hochschule jahrelang breit in der Lehre gedient und Opitz zusätzlich keineswegs Rücksicht auf eine Weiterqualifikation genommen. Stattdessen wurde sein Mitarbeiter zu Vorträgen bei Abiturientagungen der Bundeswehr eingesetzt. Opitz Begründung „nach Gutsherrn Art" hatte gelautet: „Das muss man mal gemacht haben". Vorträge zur Geschichte der Reichs- und Wehrmacht oder Aufsätze wie zu dem artfremden Thema „Bundeswehr und Sport" („weil irgendein Oberstleutnant dazu keine Lust gehabt hat"), kosteten Zeit, brachten keinerlei wissenschaftliche Weiterentwicklung und wurden nur noch durch die nervtötende Zuarbeit für eine Einleitung des bewussten Herrn Opitz zur Edition des Bundessprachenamtes zu Admiral Gorschkows Memoiren (des Schöpfers der sowjetischen Schicksalsflotte, welche die USA zum Gegenangriff auf die UdSSR reizen sollte) garniert. Der Hamburger Wissenschaftler musste monatelang Zitate an Hand von Marx und Engels Werken überprüfen. Eine der mühseligsten und wertlosesten Arbeiten an der Hochschule der Bundeswehr Hamburg, oder gar in der Bundeswehr allgemein (einschließlich der Grundausbildung als Rekrut). Nur übertroffen von einem der Wahnsinnseinfälle Opitz', das Register zu diesem Buch mit Hilfe des Hochschulcomputers (der ausschließlich für Maschinenbau und Naturwissenschaft eingerichtet war) fertigen zu lassen. „Das probieren wir mal", lautete die äußerst „nassforsche" Erklärung des früheren Hauptmanns der Grenadiere; und schon waren vierzehn Tage nutzlos verplempert. Mit einem DIN A4-Block und einem Bleistift wäre diese Arbeit in einem Drittel der Zeit zu bewältigen gewesen. So war der Historiker mit Herrn Leßmann, dem damaligen Leiter des Medienzentrums der Hochschule, vierzehn Tage lang damit beschäftigt, ein Programm für Textverarbeitung zu konzipieren und zusätzlich die Arbeit der Texteingabe gegen den dauernd, wegen Überlastung zusammenbrechenden Computer, durchzuführen.[2]

Die sogenannte „eigene Forschung", die unser Hamburger Wissenschaftler, trotz dieser massierten Behinderungen, konzentriert fortsetzte, zielte in diesen Jahren zunächst auf die Transscription und Publikation des „Tagebuchs Wenninger" (Bayerischer Militärbevollmächtigter 1909-1914) ab, das erstmals, neben den 1972 publizierten Aufzeichnungen des Kanzlersekretärs Kurt Riezler, Einblick in die Meinungsbildung der Militärs vor und nach 1914 bieten sollte. Opitz' Kommentar lautete: „Der Wenninger ist das Letzte was Sie zum Ersten Weltkrieg schreiben!" Als weiteren Forschungsbeitrag zur diplomatisch-politischen und strategischen Entwicklung vor 1914 schrieb der Historiker eine, damals „Dokumentation" genannte Arbeit, die sich an seine Nachlassforschungen zu dem Feldmarschall und Militärschriftsteller Colmar v.d.Goltz anschloss. In diesem Zusammenhag stellte Opitz, bei Gelegenheit seiner Replik im Fachbereichsrat, bei der Schriftleitung der Vierteljahreshefte für Zeitgeschichte in München „Nachforschungen" in dem Sinne an, ob dort ein solches Vorhaben bekannt sei. Eine Studie zur Geschichte des Ersten Weltkrieges, die unser Wissenschaftler gleichfalls als im Entstehen begriffen beschrieben hatte, sollte im Gegenzug durch den Opitz-Verbündeten Klaus-Jürgen Müller überprüft werden (im FB zuständig für Neuere Geschichte mit Schwerpunkt auf deutsch-französischer Geschichte). Das Ziel dieser konzertierten Aktion der Fachkollegen war es unverkennbar, das unerwartet positive Votum des Fachbereichsrates zu konterkarieren.

Das gelang, nachdem der protestantische Theologe Walter den Fachbereichsvorsitz aufgab und der katholische Theologe (und Jesuit) Prof. Dr. Dr. Ernst Nagel den Vorsitz übernahm. Der Fachbereich Pädagogik wurde zu jener Zeit – trotz der Überzahl der Pädagogen - infolge deren Uneinigkeit - beherrscht durch die Vertreter der Nebenfächer Theologie und Geschichte, (so Optitz „streng vertraulich" zum Verfasser). Der Opitz-Verbündete Nagel konnte so das Verfahren derart drehen, dass es im zweiten Anlauf dem Fachbereich – auf Grund des „Gut"- oder besser „Schlechtachtens" des Professor Müller – gelang, den ersten Beschluss zur Vertragsverlängerung um zwei Jahre zu widerrufen.

Interessant erscheint in diesem Zusammenhang, dass sich Müllers Haltung gegenüber dem Hamburger Wissenschaftler und Mitarbeiter im Frühsommer 1978 schlagartig verändert hatte. An einem warmen Sommerabend gegen 20.00 Uhr kam der Wissenschaftliche Mitarbeiter von einer von ihm geleiteten Seminarübung zurück. Müller und Bernd Wegner, ein Doktorand, hatten gerade ihr Gespräch beendet und überlegten, wie sie in die Hamburger Innenstadt kämen. Unser Historiker bot an, sie bis zum Dammtorbahnhof im Wagen mitzunehmen. Als beide dessen silbernen Mercedes 350 SL sahen, gab sich Müller spürbar einen Ruck und setzte sich auf den Beifahrersitz. Wegner wurde hinten irgendwie plaziert. Müller verbreitete sich genießerisch im offenen SL und spielte gute Laune. Ab diesem Moment war das Verhältnis verändert (Es wurde in Hamburg kolportiert, wenn M. bei der CDU eingeladen sei, würde er sich als der Sohn eines reichen Geestharter Getreidekaufmanns deklarieren – jedoch bei der SPD eingeladen, würde er sich als Sohn einer Hamburger Kriegerwitwe vorstellen. Zechlin, Müllers Doktorvater, so Fritz Fischer, habe dessen Dissertation zum Waffenstillstand von Compiègne 1940 stets als eine jener Arbeiten bezeichnet, die man besser schamhaft verschwiege). Im Mai 1978 starb der Vater unseres Hamburger Wissenschaftlers, und als dies Müller mitgeteilt wurde, äußerte dieser sein Beileid und ergänzte, wenn unser Historiker etwas brauche, solle er sich an ihn wenden. Im Juni passierte der Antrag auf Höhergruppierung in BAT Ib (der Historiker-Mitarbeiter Hansen und Schulte) die Fachbereichs-Gremien. Aufgenommen war nun in die Stellenbeschreibung:

> „die eigenständige Durchführung von Lehrveranstaltungen im Rahmen des erforderlichen Lehrangebotes des FB Päd und anderer FB für das E[rziehungs- und]G[esellschaftswissenschaftliche]A[nteile] mit besonderen methodischen und didaktischen Voraussetzungen"

und die

> „Durchführung von Lehrveranstaltungen für das Nebenfach Neuere Geschichte im Rahmen des Grund- und Schwerpunktstudiums. Eigenverantwortlichkeit und Selbständigkeit in dem durch Absprache mit dem übergeordneten Professor festgelegten Rahmen".

Die „eigene Forschungstätigkeit" war gesondert ausgeworfen und betont.[3]

Am 15. Januar hatte der damalige Sprecher des Fachbereiches Pädagogik an der Hochschule der Bundeswehr Hamburg, Professor Christian Walter, das „Gutachten" des Fachbereichs an Opitz gesandt. Dieser antworte mit seiner Gegendarstellung am 18. März. Am 22. dieses Monats fand die Fachbereichssitzung statt, in welcher der Wissenschaftliche Mitarbeiter Opitz' Darstellungen widerlegte. Vierzehn Tage später legte er Materialien zu einer Studie zum Ersten Weltkrieg vor. Daraufhin erstellte Müller sein von Opitz mit ihm abgesprochenes „Schlecht-Achten".[4]

Am 1. April bestätigte Bernd-Jürgen Wendt, Nachfolger Fritz Fischers auf dessen Hamburger Lehrstuhl für Mittlere und Neuere Geschichte unter besonderer Berücksichtigung der Zeitgeschichte diesem:

> „In Anknüpfung an unser eben geführtes Telephongespräch bestätige ich Ihnen gern, daß Herr Dr. Bernd-Felix S c h u l t e sich bei gegebener Qualifikation selbstverständlich jederzeit am Fachbereich 08 Geschichtswissenschaft habilitieren kann. Auch werde ich dann gegebenenfalls gern die Aufgabe übernehmen, als Hauptgutachter zu fungieren und das Habilitationsverfahren in jeder Weise fördern. Angesichts der Tatsache, dass mit den neuen Hamburgischen Hochschulgesetz die Assistentenstellen in den einzelnen Seminaren/Instituten drastisch reduziert werden und bei stagnierenden resp[ektive]. rückläufigen Studentenzahlen auch auf absehbare Zeit mit einer Erweiterung der Planstellen am Historischen Seminar nicht zu rechnen ist, sehe ich mich jedoch

leider nicht in der Lage, Herrn Dr. Schulte Hoffnungen auf eine Zeit- oder Dauerstelle, sei es vor, sei es nach der vollzogenen Habilitation zu machen. Man wird also leider künftig entgegen früheren Möglichkeiten streng trennen müssen zwischen einer – jederzeit möglichen – wissenschaftlichen Qualifikation (Habilitation) und der Einweisung in eine Zeit- oder Dauerstelle (etwa Diätendozentur), die nicht mehr erfolgen wird".[5]

„Pilatus wäscht seine Hände in Unschuld"

Vor diesem Hintergrund führte unser Wissenschaftler ein Gespräch mit dessen Mentor, Professor Dr.Fritz Fischer. Er hielt am 21.Mai 1979 in seinem Tagebuch fest:

> „Heute Abend 11 Uhr Anruf Professor Fischer. Berichtet von Gespräch 11/2 Std. mit Herrn Müller. Befragt diesen wegen Behandlung durch Opitz im Fachbereich und während der letzten Monate. Müller führt aus, ich hätte mir weder in der Universität noch in der Hochschule Freunde gemacht. Er sei deshalb auf ein dienstlich distanziertes Verhältnis zurückgegangen. Weder die Mitarbeiterkollegen (Hansen etc.) noch die Sekretärinnen würden positiv über mich berichten (sprechen). Im FB hätte ich mich wohl so benommen, dass dieser brüskiert worden sei. Acht Professoren seien gegen mich.
>
> Er werde aber sich sehr eingehend um die erwähnte Beurteilung - gemeint sind meine Stoffsammlungen zum 1.Weltkrieg – kümmern. Er werde verantwortungsbewusst handeln. – Professor Fischer hatte Müller eindringlich vor Augen gestellt, dass dies mein persönlicher und fachlicher Ruin sein könnte. Herr Fischer beklagte sich über das Verhalten des katholischen Theologen und Sprechers Nagel. Müller hielt dem entgegen, Nagel sei als ein in Personalsachen überaus sorgfältiger Mann angesehen. Ebenso beantwortete M. die Frage nach der Persönlichkeit Opitz', den M. dahin vorstellte, dass dieser fachlich sehr angesehen sei und in jeder freien Stunde und jedem Urlaub (ich weiß es besser) in Kopenhagen an einem Buch über die Verfassungsgeschichte Schleswig Holsteins säße. Obwohl er über Verwendungen als Soldat und bei Schmidt im BMVg nach Hamburg an die HSBw gekommen sei, sei er mittlerweile auch als Forscher überaus angesehen. Er decke sowohl den Bereich der Frühen Neuzeit, wo sein wahres Interesse liege, als auch der Zeitgeschichte, dieser aus aktuell politischen Rücksichten, ab. Herr Opitz sei überaus.... Allerdings seien sie durchaus auf das EGA-Konzept bezogen, nicht einer Meinung. Die hätten etwa 2 Stunden zu Mittag gegessen und gesprochen. Mein Name sei jedoch nicht erwähnt worden. Mit mir zusammen hätte er am nächsten Montag ein Repetitorium zur Armee vor 1914, das er mit mir veranstalte.

Herr Fischer war angesichts vor allem der Kommentare seiner Frau von dem Gesagten nicht unbeträchtlich beeindruckt.... Wieder mal eine Sammlung von gern aufgenommenen subjektiven Eindrücken oder aber bewusste Information durch den Schluder Hansen? Mir scheint Letzteres wahrscheinlich. ...Aber es gibt eben Leute mit denen es keinen Konsenz gibt, ändere man sich wie man wolle. Deshalb gilt es durchhalten und Zähne zeigen, notfalls vor Gericht, denn ohne weiteres können die Herren sich nicht alles erlauben. Irgendwo ist Schluß. Bis dahin noch einmal den Ausgleich versucht. Die Verlängerung in der Tasche wird man weitersehen. Herr Fischer hat mir zugesichert – trotz augenscheinlich schlechter Eindrücke durch Müller und seine eigene Frau.- 1. bei der Balkandokumentation und auch der ,Kirche' 1949/55 zu helfen, damit ich dann an die Weltkriegsarbeit gehen kann, um diese u.U. als Habil bewertet zu erhalten, und wenn nicht, dann eine weitere Arbeit anzugehen und wenn 1982 und die HSBw überstanden sind, noch 2 Jahre ein Habil-Stipendium zu erhalten. Insgesamt steht Fischer weiter zu mir und will auch am Wochenende mit dem Präsidenten Sanmann sprechen. P.S.: Müller ist augenscheinlich im Besitz der Fachbereichsprotokolle! D.h.: Mein Vertrag soll in der Verlängerung (Beschluß) zurückgenommen sein (?)Jedenfalls wird nicht viel passieren, wenn Müllers Gutachten klar geht.. Mit Opitz 2 1/2 Jahre stellen. Wie, das wissen die Götter".[6]

In der Fachbereichssitzung, am 21.Juni, hob dieser die Verlängerung des umstrittenen Vertrages auf.[7] Am 25.Juni musste der Wissenschaftliche Mitarbeiter den Sprecher des Fachbereiches daran erinnern, ihm den erneuten Beschluss des FB-Rates vom 22.März zuzuleiten.[8]

Als Antwort auf die Mitteilungen Müllers, Fischer gegenüber, führte er nach einer „Üb[ung]. mit Opitz in der Hochschule bis 16.00 [Uhr] - Vorb[ereitung]. f[ür]. EGA" ein Gespräch mit den Sekretärinnen „Frau Lemmel u[nd]. Worm", die „sich Müllers Behauptung","nicht erklären" konnten.[9] Parallel hatte seine Bemühung um Graf Baudissins Verbindungen ein erstes Ergebnis. Er hielt am 26.Mai in seinem Tagebuch fest:

„Anruf von Graf Baudissin (09.00). Hat mit v.Schubert vorgestern gesprochen. U.U. an HSBw in München die Chance, eine andere Stelle zu bekommen. Soll v.Schubert Bewerbung zusenden".

Auch mit seiner früheren Mentorin, Frau Laetitia Boehm, an der Universität München, plante der Historiker zu sprechen.[10]

Aus Bad Wörishofen, wo Fischer wieder einmal im Sommer seine Lebererkrankung auskurierte, schrieb dieser an den Kanzler der Hochschule:

„Zunächst möchte ich Ihnen nochmals dafür danken, dass Sie sich meine große Sorge um Bernd Schulte am Telefon haben vortragen lassen und dass Sie Ihre Hilfe, soweit es an Ihnen liegt, in Aussicht stellten".

Fischer berichtete daraufhin seinem Schüler, er habe mit dem Präsidenten, Professor Sanmann, „sprechen können". Dieser habe sein „Anliegen freundlich" aufgenommen und zugesagt, „sich über die Sache unterrichten zu lassen". Die Ankündigung Fischers, in Absprache mit Herrn von Borck gutachtlich Stellung zu nehmen, hatte Sanmann offenbar in Schwierigkeiten gebracht. Jedenfalls berichtete Fischer:

„Ich erwähnte mein Gespräch mit Ihnen und Ihren Vorschlag, dass ich mich in einer Art gutachtlicher Stellungnahme, zumal zu dem, wie sich zeigt, zum Negativen entscheidenden Votum von Herrn Müller über die zwei noch nicht abgeschlossenen Arbeitsvorhaben von Schulte, schriftlich äußern wollte. Herr Sanmann hatte hierin in seiner Stellung als Präsident wohl etwas Bedenken und bat mich, dies vorerst nicht zu tun. Er will mich in der Sache in den nächsten Tagen telefonisch hier anrufen".

Fischer sandte dem Kanzler der Hochschule gleichwohl die „4 Seiten" zu, um diesem „eher...eine Hilfe bei der Beurteilung von Seiten der Verwaltung" an Hand zu geben. Der Verbündete unseres Historikers erklärte, er „überlasse es ganz" Herrn von Borck, ob dieser „sich daraus nur über die Meinung eines außerhalb Stehenden unterrichten oder ob" dieser „die 4 Seiten ev. an Herrn Sanmann weiterreichen" wolle.

„Keinesfalls an die Herrn Opitz und Müller. Ich will nicht mein Leben mit Ehrenhändeln und Prozessen beschließen und unter Kollegen ist ja alles möglich",

schrieb Fischer, den „diese Erfahrung gewiß nicht" gesünder gemacht hatte. Zu Opitz' Charakteristik ergänzte er:

„Herr Opitz erscheint mir, besonders nach seinem Votum, als recht schulmeisterlich-pedantisch was immer seine Verdienste und Leistungen sein mögen. Herr Müller wiederum ist ungeheuer ichbezogen, selbstüberzeugt, und verlangt von allen Jüngeren, dass sie sich seinen politologisch-soziologischen Jargon, seine sehr hochgestochene abstrakte Sprechweise aneignen – was Herr Schulte, ich sage Gott-sei-Dank, nicht tut (selbst die meisten Univ.Kollegen haben Herrn Müller bei einem Vortrag über französischen Faschismus in ihrem Kreis kaum verstanden). Beide wiederum scheinen in Herrn Schulte einen Industrieellensohn zu sehen (der Vater hatte eine kleine Heizölkesselfabrik, während sie selbst [mit] ihre[r] kleinbürgerliche[n] Herkunft als eine Art Verdienst [sich] darstellen, bes. Herr Müller tut das oft. Es scheinen mir da also Imponderabilien mit im Spiel zu sein. Ich lasse es offen".[11]

Fritz Fischer fügte sein Gutachten an den Kanzler der Hochschule bei.[12] Darin führte er aus:

„Ich habe erfahren, dass der Fachbereichsrat des Fachbereichs Pädagogik der Hochschule der Bundeswehr, nachdem er zunächst (am 22.März d.J.) eine Verlängerungsempfehlung für Herrn B. F. Schulte als Wissenschaftlicher Mitarbeiter ausgesprochen hatte, diesen Beschluß zurückgenommen hat und Herrn Schulte einen abschlägigen Bescheid im Hinblick auf die Verlängerung gegeben hat.

Ich finde diesen Beschluß aufs Äußerste bedauerlich, weil dadurch einem jungen Wissenschaftler, der eine dreijährige Mitarbeiterstelle antrat in der begründeten Erwartung, dass sie um zwei Jahre verlängert werden würde, und der darauf seine Arbeiten und Pläne abstellte, eine Arbeits- und Entwicklungsmöglichkeit abgeschnitten wird, und weil darüber hinaus ihn dies, was immer er beruflich tun würde, als eine Abwertung belastet.

Abgesehen von der verwaltungsrechtlich-juristischen und der moralischen Seite dieser Entscheidung finde ich die in dem Gutachten von Herrn [Prof.Dr.Klaus-Jürgen] Müller angewandte Beurteilungsgrundlage über die wissenschaftliche Arbeit von Herrn Schulte.

1) unfair, insofern sie die sehr gute, von der Kritik (z.B. von dem ersten Spezialisten in den USA zur deutschen Geschichte und besonders Armeegeschichte, Gordon A. Craig) als bedeutende Forschungsleistung anerkannte Dissertation von Schulte in das Urteil nicht miteinbezieht, und ebenso wenig eine eben in den Militärgeschichtlichen Mitteilungen, hrsg. vom Forschungsamt der Bundeswehr in Freiburg i.Br. veröffentlichte Dokumentation von Schulte, nämlich die mit einer ausgezeichneten wissenschaftlichen Einleitung versehenen Edition der Tagebücher und Briefe des Generals Wenninger, des Bayerischen Militärbevollmächtigten im Großen Hauptquartier in Koblenz und Luxemburg August/Oktober 1914. Kein unvoreingenommener Leser wird sich der Bedeutung dieser Dokumente und der Sorgfalt ihrer Würdigung und Auswertung als einer bisher nicht bekannten bzw. nicht ausgeschöpften Quelle entziehen können. Diese Edition würde m.E. schon allein ausreichen, zu beweisen, dass Herr Schulte intensiv weitergearbeitet hat. Die von Müller angewandte Beurteilungsgrundlage betrachte ich

2) als ungerecht und in seiner Argumentation nicht stichhaltig gegenüber zwei weiteren in der Entstehung begriffenen Arbeiten von Herrn Schulte, die [dies]er beide bei dem etwa 10-minütigen mündlichen Vortrag vor dem Fachbereichsrat über seinen Werdegang und seine Arbeitsvorhaben als ‚vor dem Abschluß stehend' bezeichnet hat (der Berichterstatter machte daraus ‚vor der Veröffentlichung stehend', was sinngemäß allenfalls sich auf die zuerst zu nennende Arbeit [gestr. sich] beziehen könnte), und zwar

a) gegenüber einer neuen [gestr. Dissertation] Dokumentation als weitere Frucht archivalischer Studien, gruppiert um eine von Schulte aufgefundene Denkschrift des Generalfeldmarschalls (1911) v.d.Goltz-Pascha vom November 1912. Quellen, durch die die bisher in ihrer vollen Bedeutung nicht erkannte Frage erhellt wird, wie sehr der schnelle Zusammenbruch der von deutschen Offizieren ausgebildeten türkischen Armee im Ersten Balkankrieg, Oktober 1912, damit der Abfall eines als Bundesgenossen betrachteten Staates und der Machtgewinn Serbiens, aus der Sicht Berlins das Gleichgewicht auf dem Balkan und damit in Europa verschoben hat und wie sehr dies die deutsche Heeresvermehrungspolitik bestimmt hat. Wenn auch Schulte hier noch am Text der Einleitung feilt, und an der Auswahl der Dokumente (bei begrenztem Raum) arbeitet, so ist sicher, dass er diese Edition Mitte Juli bei den Herausgebern der Vierteljahresschrift für Zeitgeschichte (dem Direktor des Institutes für Zeitgeschichte in München Prof.Broszat und Dr.Graml vom gleichen Institut) abliefern wird, damit sie wie vorgesehen noch in diesem Jahr dort erscheint – es war, um das Mindeste zu sagen, geschmacklos, dass Herr Opitz vor einigen Tagen bei diesen Herren in München anrief, um festzustellen, ob Schulte nicht gelogen habe, als er mitteilte, dass diese ihm vor einem Jahr die Aufnahme dieser Dokumentation in die Zeitschrift fest zugesagt haben. Diese Arbeit vertieft unser Wissen um das Gewicht der militärischen Faktoren in der Politik der Vorweltkriegzeit sowohl in den großräumigen Entwicklungen wie in Nuancen der Personen und Umstände.

b) gegenüber einer Materialsammlung (in die Schulte mit vollem Recht auch einige Seminararbeiten, die unter seiner Leitung entstanden sind, aufgenommen hat, die er auf Verlangen des Fachbereichssprechers kurzfristig zusammenstellen und abliefern musste und die nicht den Anspruch erhebt, eine bereits abgeschlossene Arbeitsgrundlage zu sein (‚vor dem Abschluß stehend'!) oder gar das Buch selbst, was zu verlangen absurd wäre, und die auch nur um einen Teil des (in etwa 10 Archiven in den vorlesungsfreien Monaten in den letzten drei Jahren) durchgearbeiteten Materials darstellt, was daraus deutlich wird, dass eben keine archivalischen Materialien vorgelegt wurden, die vor der Publikation preiszugeben man keinem Autor zumuten kann. Es handelt sich um die ersten vier Monate des Ersten Weltkrieges, wie die miteingereichte Inhaltsübersicht und Vorüberlegung erkennen lässt, aber keineswegs, wie Herr Müller abschätzig (in einem Gespräch) zu urteilen für gut hielt, um eine Neuerzählung der Kriegshandlungen oder auch nur eine neue Darstellung des Schlieffenplanes, seiner richtigen oder falschen Anwendung usw., sondern um das tiefer liegende strukturelle Problem (das zugleich zeitloser Natur ist und auch für die Gegenwart von höchster Aktualität), ob und inwieweit die Friedensausbildung der deutschen Armee, ihre Taktik und Ausrüstung, z.B. der Feldartillerie und ihr Zusammenwirken mit der Infanterie, aber auch Nachrichtenmittel- und Transportsysteme (Flugzeug, Auto, drahtlose Telegraphie und – Telefonie) dem Stand der zeitgenössischen Technik und damit gegebenen Möglichkeiten entsprachen und wenn nicht, warum, ebenso wie die Einschätzung der Waffenwirkung etwa der Maschinengewehre und ihre Verwendung. Es geht dabei nicht um die Frage der Kriegsschuld oder der Kriegsziele, oder um die Frage, ob der Krieg nach der gegebenen weltpolitischen Situation hätte gewonnen werden können, sondern generell um das Verhältnis der bewaffneten Macht zu den ökonomischen-technischen wie den gesellschaftlich-sozialen Entwicklungen einer Epoche. Das ist eine neuartige und bisher nicht beantwortete Fragestellung.

Wer hat das Recht, eine solche in den Unterlagen (durch die Arbeit in Archiven) weit vorbereitete und in der Fragestellung und den Überlegungen produktiv angelegte, vielversprechende Untersuchung durch Abschneiden der physischen Existenz eines jungen Gelehrten (denn darauf läuft jener Beschluß hinaus) unmöglich zu machen? Es entzieht sich meiner Kenntnis, ob an der Hochschule der Bundeswehr ein Wissenschaftlicher Mitarbeiter nach den Maßstäben beurteilt werden darf oder [werden] muß, die an den Universitäten für H-2 und H-3 Professoren gelten. Mir erscheint das unmöglich. - Dabei ist Herr Schulte keineswegs nur interessiert für Militärgeschichte (er will nur diese durch seine vielfältigen Lehrverpflichtungen wie seine Zuhilfearbeit, lange verzögerten Arbeiten abschließen) oder nur für die Jahrzehnte vor und nach der Jahrhundertwende, sondern ebenso für Ältere Neuzeit, auch ideen-, kultur- und sozialgeschichtlich, und für die jüngste Zeitgeschichte, z.B. die Geschichte der Bundesrepublik, wie seine Mitarbeit in dem von Herrn Opitz abgehaltenen Seminar über die APO zeigt (wo er Material sammelte für die Haltung bestimmter kirchlicher Gruppen zur Wiederbewaffnung – Karl Barth, Niemöller, Heinemann – und dabei tiefer drang als der ganz politologische Ansatz der Seminarübung).

Ich weiß, auch nach zwei Jahren sind die Aussichten bei der jetzigen Stellenlage an Universitäten und Hochschulen nicht rosig. Aber soll man einem als Wissenschaftler ausgewiesenen Mann die Möglichkeit, sich in 2 1/2 Jahren (wenn nicht noch weitere Zeit über diesem entsetzlichen nervenzermürbenden Kampf um die Stellung verloren geht) weiter zu qualifizieren, versagen? Ist diese Laufbahn doch in jedem Fall gegenüber etwa den warm und trocken sitzenden Lehrern und Oberlehrern ein Risiko und eine nervliche Belastung (Ich bejahe dabei das Institut einer wie immer gearteten zeitlich begrenzten Assistentenstellung). Aber darf man sie noch vermehren durch ungerechtfertigte Anforderungen und ungerechte Beurteilung, die zu einer Diskriminierung für das weitere Leben führen, wie immer es aussehen mag.

Zu der ausführlichen schriftlichen Äußerung von Herrn Opitz über Herrn Schultes Mitarbeit im engeren Sinne an Herrn Opitz wissenschaftlichen Arbeiten und seiner Lehrtätigkeit wie Herrn Schultes Gegenäußerung will ich nicht des Längeren Stellung nehmen. Sie sprechen für sich selbst. Es scheint mir, dass Herr Opitz das Zeitraubende dieser Mitarbeit, etwa an dem Gorschkow-Band ,Seemacht Sowjetunion' mit den Zitatennachweisen und dem Register (zumal mit dem Computer, was sich als technisch unmöglich erwies) nicht zureichend würdigt, und dass er zum anderen wenig Liberalität und Anerkennung zeigt gegenüber der geistigen Selbständigkeit eines Jüngeren und seiner Arbeit. Immerhin ist Herr Opitz, wie er am 18.März in seinem Votum aussprach, gegebenenfalls bereit, Herrn Schulte weiter als Mitarbeiter zu beschäftigen, so wie auch dieser zu weiterer Mitarbeit bereit ist.

An den Herrn Präsidenten wie den Herrn Kanzler der Hochschule der Bundeswehr möchte ich die dringende Bitte richten, dass sie sich dieses Personalfalles annehmen und dem von mir geschätzten Herrn Schulte für den ich eine Fürsorgepflicht empfinde, die Möglichkeit geben, die hochschulgesetzlich möglichen weiteren zwei Jahre in seiner bisherigen Stellung arbeiten zu können".[13]

Von Borck antworte drei Tage darauf:

„Für Ihre liebenswürdigen Zeilen und die Stellungnahme in der Personalangelegenheit Dr.Schulte darf ich mich hiermit bedanken. Ich muß Sie nicht versichern, dass ich alles in meinen Kräften stehende tun werde, um der Angelegenheit zu einem befriedigenden Abschluß verhelfen zu können.

Ich habe mit Herrn Professor Dr.Sanmann Rücksprache genommen und ihm heute eine Photokopie Ihrer Stellungnahme übergeben. Dabei habe ich ihm in einem Anschreiben ausdrücklich Ihre Bitte weitergeleitet, das Papier ausschließlich zu seiner eigenen Information zu benutzen, um sich für ein nachfolgendes Gespräch mit dem Fachbereichssprecher und den Herren Professores Dr.Opitz und Dr.Müller von neutraler Stelle mit ins Bild setzen zu lassen. Herr Professor Sanmann hat mir dieses

Gespräch mit den genannten Herren zugesagt. Er hat mir ebenfalls zugesagt, sich vor einer endgültigen Entscheidung nochmals eingehend mit mir und dem Dezernenten für Personalangelegenheiten zu besprechen.

Daß Sie jedoch, sehr verehrter Herr Professor, während Ihres Kuraufenthaltes sich mit derartigen Kümmernissen belasten müssen, tut mir leid. Im Interesse Ihres Schutzbefohlenen ist diese Belastung sicherlich von unschätzbarem Wert".[14]

Die Methoden der Fachbereichsleitung in der Ära Nagel waren durch Methoden charakterisiert, die in einer Tagebuchaufzeichnung unseres Hamburger Historikers vom 29.Juni festgehalten wurden:

„Am 27.6. nachmittags gegen 18.00 Uhr Gespräch mit Nagel, den ich [erneut] um die schriftliche Bestätigung des FB-Beschlusses bat. Er hat meinen Brief vom 25.6., der dazu auffordert.

Nagel erwähnte, dass das von Schlössinger [Mitarbeiter des FB-Sprechers] abhänge; mit diesem hatte ich schon gesprochen. Weiter sagte er, es würde darauf ankommen, wenn ich mich ‚gut benähme', dass man sich die Angelegenheit noch einmal ‚überlegen' würde. Herr Nagel kam gerade aus der Professoren-Besprechung, wo augenscheinlich die detaillierte Begründung durch die Verwaltung bekannt geworden war.

Morgens – nein mittags – sprach ich mit Opitz, der über den Hergang der Abstimmung sich äußerte und wieder – wie schon zuvor – die mangelnde Unterstützung durch die Mitarbeiter –Vertreter [v.Gyldenfeldt/Oberhem] berührte. Er war an meinen weiteren Schritten sehr interessiert. Ich sagte, er könne von einer Klage ausgehen.

Ich sprach ebenfalls v.Gyldenfeldt [Mitarbeiter Pädagogik] und auch Oberhem [Mitarbeiter Kath.Theologie]. G. wie O. sagten deutlich, dass die Professoren sich verabredet hatten und ein Erfolg in der Diskussion unmöglich gewesen sei. Oberhem erwähnte darüber hinaus, es seien meine ‚Vermögensverhältnisse' mit als eine Begründung für die Nichtverlängerung genannt worden. Als Begründung für die Verlängerung des [,]Vertrages Hansen[,] seien gegenüber der Verwaltung [der Hochschule] dessen Habil-Absichten angegeben worden (Mir hatte Opitz gesagt, dann sei ich „ein arbeitsloser Habilitierter". Das Gespräch kam zustande, weil Opitz meine Bewerbung bei Wolfgang Mommsen am Deutschen Historischen Institut in London „mitbekommen" hatte).

Ich plane nun einen Brief an Nagel mit der Bestätigung seines Hinweises auf ein Umbesinnen des FB-Rates und der Bitte, um Darlegung meiner Dienstpflichten. Des weiteren habe ich heute erfahren, dass Herr v.Borck nach dem Gespräch mit dem Präsidenten seine volle Unterstützung in dieser Sache zugesagt hat und der Präsident augenscheinlich sich berichten lassen wird. So wie formuliert wurde, besteht so eine recht ‚dicke Chance' in der Angelegenheit.

Gestern habe ich mit Frau Boehm, Herrn Baudissin und Hilger [FB Wirtschafts- und Sozialwissenschaften, Uni Hamburg] gesprochen. Frau Boehm sah durchaus noch Chancen und riet von einem Prozeß ab, Herr v.Baudissin desgleichen und Professor Hilger sah die Problematik einzugreifen. Er will sich die Sache überlegen. Frau Boehm spricht mit Herrn Gerhard A.Ritter und v.Baudissin hat mit v.Schubert gesprochen, der durchaus Möglichkeiten in näherer Zukunft sieht.

Herr Fischer hat Gutachten und Empfehlungsschreiben an v.Borck geschickt und steht voll hinter mir".[15]

Viel Aufwand jedenfalls, das zeigten Art und Inhalt der Reaktionen der Mitarbeitervertreter, hatten weder Gisela Miller, noch Oberhem, noch von Gyldenfeldt für nötig gefunden. Das Informationsgespräch, das Sanmann Fischer zugesagt hatte, fand am 29.Juni mit Nagel, Opitz und Müller statt. Der Wissenschaftliche Mitarbeiter schrieb inzwischen, angeleitet durch einen Rechtsberater der Gewerkschaft GEW, einen Brief an von Borck, der, angelehnt an des Kanzlers Idee, eine „Hochschulassistentur auf 5 Jahre" forderte. Opitz sprach inzwischen bei Herrn von Borck vor und soll dort geweint haben, angesichts der Unfairness, die unser Historiker an den Tag legen würde, indem sich dieser zur Wehr setzte.[15a] Anfang August folgte die Unterredung beim Präsidenten mit den Kontrahenten Nagel, Borck, Jhering, Schulte, Schultz-Gerstein. Eine „Gesprächsnotiz" unseres Historikers hielt fest:

> „Nach einer einleitenden Bemerkung von Herrn Prof.Sanmann [in dem Stil: ‚Nah junger Mann!'] hatte Herr Schulte Gelegenheit zu den bisherigen Vorgängen seine Vertragsverlängerung betreffend Stellung zu nehmen. Weitere Fragen berührten die Genesis des ersten Verlängerungsbeschlusses des Fachbereichs am 22.3.1979 und die Vorstellungen Dr.Schultes bei einer Verlängerung seines Vertrages. Herr Schulte erläutete, dass er anstrebe, weiterhin wissenschaftlich tätig zu sein, um die ihm vorschwebenden Projekte zu Ende zu führen oder in Angriff nehmen zu können. Ausdrücklich bestätigte Herr Schulte, dass er an einer Weiterqualifikation im Sinne einer Habilitation interessiert ist. Herr Prof. Nagel wurde zur Entscheidung des Fachbereiches vom 21.6.1979 befragt".[16]

Mitte August teilte von Jhering/Personalreferent der Hochschule, „Unter Zurückstellung verbleibender Zweifel" die „Verlängerung" des umkämpften „Arbeitsvertrages als Wissenschaftlicher Mitarbeiter im Fachbereich Pädagogik" mit. Der Wissenschaftler sei künftig „dem Sprecher des Fachbereiches Pädagogik zugeordnet, der Art und Umfang" der ihm „jeweils obliegenden wissenschaftlichen Dienstleistungen festlegen" werde.[17] In einem „Dankschreiben" an Sanmann nahm der Historiker ausdrücklich Bezug auf die „Verlängerung des Vertrages" und intendierte damit ein „Festschreiben Sanmanns auf den alten Vertrag". Herr von Borck äußerte dazu, es sei lediglich eine „Verlängerung um 2 Jahre" und „nicht mehr zu erreichen" gewesen. Damit wurden „erste Zweifel" von Borcks erkennbar. Jhering hielt alles in der Schwebe und händigte den Vertrag noch nicht aus.[18]

Nagel handelte postwendend am 28.August, indem er die „Modalitäten" für die „weitere Tätigkeit im Fachbereich Pädagogik als Wissenschaftlicher Mitarbeiter mit Zeitvertrag" festlegte. Es handelte sich um den Versuch, via Sprecher, Aufträge kleiner und kleinster Art der Fachhistoriker Opitz und Müller zu erteilen. „30% der Dienstzeit für eigene Forschung" wurden durch Nagel (in Stellvertretung für: Opitz/Müller) eingeräumt. Hinsichtlich der „Dienstzeiten" sollte eine Präsenzpflicht durchgesetzt werden. Die Einzelheiten dieser Machinationen des Bündnis Katholische Theologie/Geschichte im Fachbereich Pädagogik werden hier - wie auch im zweiten Schreiben -[19] da auch hier die Handschrift Opitz' durchschien („vollständige Bibliographie", „Regestenform", „chronologische und systematische Ordnung", „Liste der zu berücksichtigenden Presseorgane") übergangen. Es handelte sich um ein „selbständiges Vorbereitungsprojekt für eine Geschichte unserer Hochschule", das "bis spätestens 31.12.[19]81 die Darstellung und Gründung und des Aufbaus der Hochschule der Bundeswehr Hamburg im Spiegel der Presse" darstellen sollte. Dieses Schreiben erhielt unser Wissenschaftler nach Rückkehr aus dem Urlaub zur Kenntnis. Daraus entwickelte sich unverzüglich ein erster Konflikt. Am 30.August suchte ihm der Präsident „Dienstpflichtverletzungen" zu unterstellen. Ein Gespräch mit Nagel, das Ende September stattfand, ergab keine wesentliche Annäherung. Lehre und „Zeitunglesen" sowie ungünstige Paritäten in der Umrechnung des Verhältnisses eigene Forschung zu Dienstleistung ließen erkennen, dass die Hochschule keinen Frieden wollte.[20]

Im ersten Takt wurde der Hamburger Historiker in ein neues Dienstzimmer im Kasernement verfrachtet.[21] Die Lage eskalierte nun derart, dass er sich von Mitgliedern des Wach- und Schließdienstes sowie den Sekretärinnen, seine Anwesenheit in der Hochschule Tag für Tag schriftlich bestätigen ließ.[22] Gespräche mit dem Sprecher Nagel am 17. und 27.September hatten zu diesen Weiterungen Anlass gegeben. Der Rechtsanwalt Frank Woltereck (bekannt durch dessen Prozesse gegen die Hamburger Universität) führten nach dem 28.August zu Erkundigungen beim Personalrat Wolter (1.Oktober). Ein Gespräch mit dem früheren Mitarbeiter, der bereits Prozesserfahrung mit der Hochschule hatte, Bubenzer, führte nicht weiter.[23] Woltereck protestierte mit Schreiben vom 1.Oktober bei Präsident Sanmann für seinen Mandanten. Die Arbeitszeiten zwischen dem 5. und 18.Oktober 1979 liess sich unser Historiker erneut durch Mitarbeiter des Wachdienstes der Hochschule bestätigen, da die früheren Kp.-Chefs und Bw-Angestellten Opitz und Müller, mit Hilfe Nagels, nun „Bundeswehrmethoden" anschlugen.[24]

Die Lage kulminierte am 12.Oktober in einem sich zuspitzenden Personalgespräch mit dem Sprecher Nagel, dem Personalchef v.Jhering sowie in Anwesenheit des Mitarbeitervertreters v.Gyldenfeldt. V.Jhering, der äußerst kleinwüchsig war, suchte offensichtlich Komplexe durch eine spezifisch militante Art der Verhandlungsführung abzureagieren. Nagel wollte den Brief Wolterecks „nicht gekannt haben". Es folgte die „Androhung der fristlosen Kündigung" von Seiten der Hochschule.[25] In Erinnerung geblieben sind dem Wissenschaftlichen Mitarbeiter, der völlig allein dastand, die Hilflosigkeit Gyldenfeldts und die ausgesprochene Aggressivität des Personalreferenten. Er hielt in seinem Tagebuch fest:

„Gespräch mit Nagel, Jhering unter Anwesenheit v.Gyldenfeldts. Brief Woltereks an Sanmann wurde an Nagel übergeben. Nagel forderte Auskunft über meine Bereitschaft, ob ich

1. Dienststunden angeben wolle,

2. Bericht abliefern würde.

Ersteres sagte ich zu, letzteres ließ ich noch offen. Verwahrte mich gegen die Unterstellung, ich wäre am Montag, Dienstag und Mittwoch nicht in der HSBw gewesen.

Nagel: ‚Wenn ich den Eindruck habe, dass Sie nicht in der HS sind (ich habe mehrmals an Ihrer Tür geklopft und Sie waren nicht in Ihrem Zimmer – ich bin an den Tagen in der Hochschule gewesen), dann können Sie nicht behaupten, ich sagte die Unwahrheit'.

Jhering führte aus, ich hätte meine Dienstpflichten dadurch verletzt, dass ich nicht das von Nagel geforderte Projekt angegangen hätte. Ich hatte seit 28.8.79 [von] diesen Brief Nagels gekannt [hört]. Die Briefe Nagels seien maßgebend, ohne Rücksicht auf den Brief Wolterecks. Dieser habe keine aufschiebende Wirkung.

Demgegenüber bleibt bestehen, dass ich mit Nagel am 17.9.79 zu diesem Zeitpunkt – als ich aus dem Urlaub zurückkehrte – hatte ich Kenntnis von den Briefen Sanmanns und Nagels erhalten – mit Nagel sprach und offen blieb, wie auch nach einem Gespräch mit Nagel (in Gegenwart von Wolter – Personalrat), wie meine Stellungnahme zu den Briefen ausfiele. Von einer solchen Stellungnahme aber hatte ich in dem Glauben, die mir belassenen Dienstgeschäfte seien fortzuführen (da man mir die Lehre verweigert, eben von meiner Dok[umentation]. zur d[eutschen]. Balkanpolitik) abgesehen. Meine Stellungnahme zu Nagels und Sanmanns Briefen bildete der Brief Woltercks vom 1.10.1979. Hierauf antworteten weder Sanmann – noch Jhering. Vielmehr erfuhr ich durch Hansen, dass Nagel bei ihm mehrmals gefragt habe (11.10.1979) [Dienstags, /Mittwochs, 9. und 10.10.79], ob er mich gesehen' hätte. Für Montag hatte das Hansen bestätigt (!).

Noch am Donnerstag Abend (19.15 Uhr) rief ich Nagel an und fragte, ob er etwas von mir wolle, denn er habe nach mir gefragt. Daraufhin behauptete Nagel, ich sei am Montag, Dienstag und Mittwoch nicht in der Hochschule gewesen. Ich bestritt dies unter Hinweis auf mein beglaubigtes Berichtsbuch. Ferner behauptete Nagel, er wisse von dem Brief Woltercks an Sanmann nichts und es seien nur seine Briefe für ihn maßgebend. Diese habe ich zu erfüllen und dies ab sofort(!). Ich bestritt dies und Nagel forderte mich auf, am Freitag um 10.30 Uhr in der HS zu sein, um eine Aktennotiz anzufertigen.

Ich ging nun am Freitag unter der Voraussetzung in das Gespräch, dass - wie mir Woltereck mitgeteilt hatte – ich im Falle eines Kündigungsschutzprozesses – am Ende des Jahres nicht auf der Straße stehen würde.

Glücklicherweise habe ich im Gespräch mit Nagel, Jhering und Gyldenfeldt sofort die Dienstzeit für Dienstag bis Donnerstag zugestanden über die Nagel mich aushebeln wollte. Dennoch ließ Jhering keinen Zweifel, dass, da der Vertrag noch nicht ausgehändigt, er noch nicht wirksam sei und dies auch erst geschähe, wenn ich Nagels Briefe akzeptierte. Weiter der Vertrag kein verlängerter Vertrag, sondern ein neuer Vertrag sei. Weiter ich nach HRG ausführen müsse, was immer von mir verlangt würde. Täte ich das nicht, drohte Jhering damit...Er bezeichnete diesen Moment als die letzte Ankündigung vor einer Kündigung! Unter diesem massiven Druck (das Gespräch endete mit der Anordnung Nagels, dass ich mein Dienstzimmer in der kommenden Woche zu räumen hätte) stehend rief ich Woltereck an, der mir riet, ich solle einen Brief an Nagel schreiben, dieser solle mir ein adäquateres Projekt zuweisen; im übrigen wäre ich bereit, dafür sofort ohne Vertrag ganzzeitig zu arbeiten für einen Zeitraum von 3 Wochen. W. erwartete keine Klärung mehr im Vorfeld eines Prozesses, vielmehr die Kündigung. Das hieße aber am Ende des Jahres keine Arbeitsstelle und Arbeitslosenunterstützung, da eine Einstweilige Verfügung keine Aussicht habe. Das war für mich eine völlig neue Lage. Ich habe mich [daraufhin] entschlossen, dies in keinem Fall zu riskieren und habe Nagel am 12.10.1979 sofort die Dienststunden schriftlich zugesandt (ich hatte ihm gesagt, ich würde diese ihm ‚bestätigen', darauf er: ‚Nein, nicht ‚bestätigen', sondern ‚mitteilen"). So liegt der Hase bei dem Herrn Nagel.

Die von Jhering schon beschriebene Zerrüttung des gegenseitigen Vertrauens ist überdeutlich gewesen und der böse Wille des Herrn Nagel unübersehbar.

Weiter werde ich formaliter einen Bericht, das beinhaltet der Brief Nagels, am Montag absenden und Nagel auf den Tisch bringen (noch am Montag). Dieser wird die Zeit vom Juni bis Oktober enthalten. Nachweis über meine Tätigkeit. Damit gehe ich den Gang normaler Anbindung an den Sprecher und gehe nicht auf die Briefe expressis verbis ein. Weiter werde ich Jhering ansprechen und die Lage als geklärt bezeichnen. Weiter werde ich Borck sprechen, und versuchen die Lage endgültig zum Abschluß zu bringen. Notfalls wird sofort ein Termin für die Vertragsunterschrift festgelegt und danach der durch Hansen und Oberhem ausgesprochene Protest formuliert.

Gegenüber v.Bor[c]k werde ich mein Vorgehen damit erklären, dass die Maximalforderungen Nagels, die mir einseitig schriftlich formuliert seien, nicht erträglich gewesen seien; ein Kompromiß, den ich in den Gesprächen am 17.9. und mit Wolter/Nagel am 21.9.1979 gesucht hatte, nicht möglich war und infolgedessen ich den Fall an Dr.Woltereck abgegeben habe, mit dem Ziel, eine Aussprache und einen gangbaren Weg zu finden. Jetzt aber Nagel mit unfairen Mitteln à la Opitz (in Absprache mit Opitz) mich wieder aus der Verlängerung herauszudrücken versuche. Es bleibe, so wie die Dinge lägen, nur ein Prozeß zur endgültigen Klärung. Wann der geführt wird, bestimme jedoch ich".[26]

Daraufhin schrieb der Wissenschaftliche Mitarbeiter, am 15.Oktober, an den Sprecher des Fachbereiches Pädagogik:

„anbei übersende ich Ihnen den ersten Bericht über meine Tätigkeit seit meiner Zuordnung zum Sprecher des Fachbereichs Pädagogik".

Im Einzelnen entwickelte er seine Tätigkeiten seit seiner Abkoppelung von Opitz. Weitergelaufen waren Studentenberatung, die Vorbereitung der „Prüfungsthemen für die schriftliche und mündliche Prüfungen des Jahrganges 1976 für den Zeitraum 1862-1914/18 im Fach Neuere Geschichte". Im „Rahmen meiner eigenen Forschung habe ich die Dokumentation zur deutschen Balkanpolitik weiter bearbeitet", schrieb unser Historiker. Den geplanten zeitlichen Fortgang dieser Arbeiten erläutete er Herrn Nagel genauso, wie er diesem den Ablauf der Rangelei um die Verlängerung seines Vertrages und die Vorstöße der Gruppe Opitz/Müller bestätigte. In seinem Tagebuch findet sich in einem Briefekonzept vom 15.Oktober folgender Passus:

> „Seit dem 17.9. ist mir schriftlich bekannt gegeben worden, dass ich das im Vorlesungsverzeichnis ausgeworfene Proseminar nicht abhalten soll. Am 17.9.1979 erhielt ich zwei Schreiben von Ihnen Herr Nagel, die mir eröffneten, dass ich keine Lehre mehr ausüben solle, die forschungsunterstützende Tätigkeit erstrecke sich nunmehr auf ein Projekt zur Geschichte der HSBw Hamburg. Forschungsfreiraum für eigene Forschungen wurde mir zugestanden.
> In Gesprächen mit Ihnen am 17.9. und 27.9.1979 wurden diese Rahmenbedingungen erörtert und es wurde am 27.9.1979 entschieden, dass, wenn keine Antwort meinerseits erfolgte, ich die neuen Konditionen akzeptierte. Diese Antwort erfolgte am 1.10.1979 durch den Brief des RA Dr. Woltereck. Bis zum 11.10.1979 erfolgte keine Antwort. Zu diesem Zeitpunkt wurden mir von Ihnen Dienstpflichtverletzungen vorgeworfen, wie z.B. meine vorgebliche Nichtanwesenheit in der Hochschule am 8., 9. und 10.10.1979. In der Zeit vom 28.9.1979 bis zum 12.10.1979 waren mir in Anbetracht der nicht definitiv geklärten Situation (ich habe bis heute keinen Vertrag über meine neue Tätigkeit)...".

Bereitwillig erstattete der Hamburger Historiker Bericht über die ersten Schritte in Vorbereitung des neuen Bundeswehr-Hochschul-Projekts, die weitere Planung seiner Dokumentation zur „Deutschen Balkanpolitik 1912/13", zu „Studentenberatung und Anfragen". Darunter die Anfrage des Staatsministers im Auswärtigen Amt, Klaus von Dohnanyi vom 17.9.1979 „zum Rüstungsstand 1870, 1914, 1939". Darin enthalten war eine Aufstellung zu den Tagen an denen er in der Hochschule gearbeitet hatte und die genaue Angabe der Zeit, von wann bis wann.[27]

Von Borck, von ihm am 26.November befragt, stellte sich zu der Feststellung, der „Vertrag schreibt die Befristung fest" dahin, „die Form sei bloße Form. Was er täte liege bei ihm. Es handele sich um keine festgezurrte Praxis".[28]

Damit waren seine Aufgaben, die in seltsamem Kontrast zur Realität gestanden hatten, Makulatur. Diese hatte v.Jhering unserem Wissenschaftlichen Mitarbeiter bei einem Besuch in der Personalabteilung vorlegen lassen und hatte dieser sich in Stichpunkten herausgeschrieben (eine Fotokopie war nicht möglich gewesen). Diese Notiz lautet:

„a) Durchführung von Lehraufträgen im Rahmen der Gesellschaftlichen Elemente des Fachbereiches Pädagogik und des Fachbereiches im Grund- und Schwerpunktstudium auf den Gebieten der Neueren und Neuesten Geschichte.

c) Forschungstätigkeit in den vorn bezeichneten Gebieten, insbesondere im Bereich von Forschungsprojekten des Fachgebietes Neuere Geschichte.

d) Koordinierungsaufgaben von Forschungsprojekten und Leitung von Teilen".[29]

Mit dem 26.November wurde eine neue Stellenbeschreibung gegen unseren Historiker durchgesetzt. Rechtsanwalt Woltereck hatte jedoch einige wesentliche Modifikationen erwirkt. So zum Beispiel die „Mitarbeit in der Lehre gem. §53 HRG" und die „Eigene Forschungstätigkeit (incl. zeitlicher Ermöglichung von Archivreisen)".[30]

Nach einer gewissen Ruhelage im Jahre 1980, kam es vor Ablauf dieser ersten „Verlängerung" des Beschäftigungsverhältnisses über ein sogenanntes Hochschulprojekt zur Geschichte der Bundeswehrhochschule Hamburg, zu Streit um die für dieses Projekt durchzuführenden Archivreisen, zum Beispiel zur Benutzung des Bundesarchivs-Militärarchivs Freiburg, um dort die Akten der Hochschule einzusehen. Wie bereits während der ersten Phasen des Konfliktes geschehen, hatte der Kanzler, von Borck Erlecke, auch hier Engagement gezeigt. Doch stieß jegliche Chance zu wissenschaftlicher Weiterentwicklung auf den Widerstand der Gruppe Opitz/Müller/Nagel. Dieser Schlagabtausch begann im ersten Quartal 1981 und läutete die letzte Phase der Auseinandersetzungen mit der Hochschule der Bundeswehr ein. In einem Telefonat mit von Borck tauchte diese Front urplötzlich aus der Vergangenheit auf. Unser Historiker notierte am 21.März:

> „H.v.B. sieht wenig Aussicht für einen Prozeß, da innerhalb der HS niemand für mich. Der Prozeß würde durch die Instanzen gehen.
> Zur Frage der Archivreise [,Archivreise: 22.-28.3.81'] sagte H.v.B., dass sich Nagel bei Sanmann rückversichert hat und behauptet hat, er (v.Borck) habe bereits die ‚Dienstreise' genehmigt. H.v.B. habe geantwortet, er könne diese nur genehmigen, wenn Herr Nagel gegenzeichne. Zu der Frage, ob ich laut meinem Vertrag zugebilligte (Stellenbeschreibung) Archivreisen machen dürfe, riet H.v.B. einen Termin bei Herrn Sanmann mit ...(Betriebsrat) und Wolter zu vereinbaren und die Sache unter Vorlage meines Vertrages zu klären".[31]

Auch Fritz Fischer, den der Wissenschaftliche Mitarbeiter noch am selben Tag sprach, erörterte den Fall eingehend mit ihm und gelangte zu dem Schluss, der dahin ging, „zur HSBw-Problematik zu Fall A. (Klage wegen

Nichtbefristetem Vertrag) „gut- [zu] sagt[en]', um eine Möglichkeit offen zu halten. B[orck]." so Fischer, habe,

> „davor [ge]warnt, die Archivreisenproblematik zu hoch zu spielen, um nicht noch mehr böses Blut zu schaffen. C[arola] sieht, dass ich die A[lexander]v[on] H[umboldt].-Stiftung im Rücken habe und deshalb mir rät, aus diesem Jahr möglichst viel zu machen, ohne mich neuerlich mit der HSBw so auseinander zu setzen, dass ich gesundheitlich Schaden nähme".[32]

Weitere Gespräche mit Frau Boehm förderten auch hier große Zurückhaltung gegenüber einer Prozesslösung zutage. Die Münchener Mittelalterhistorikerin fand die Arbeit an „einem Aufsatz über die Strukturprobleme der Kaiserreichs-Armee" interessant. Zu diesem Zeitpunkt „unterstrich" der Hamburger Forscher „die besonderen Thesenmomente der Bürgerkriegsarmee zw[ischen]. 1899 u[und].1914". Als er „Frau Boehm erzählte...auch von den neuen Behinderungen an der H[och]S[chule]"; es ging um die Weigerung Nagels, für die Archivarbeit an den BMVg-Akten in Freiburg den ‚dienstlichen Bezug' zu bestätigen und darum, die Mittel für eine solche Reise bereitzustellen. Frau Boehm „fragte mich nach den Gründen" für dieses Verhalten, worauf der Historiker „Herrn Müller u[nd]. Opitz als ... persönliche Gegner darstellte und Herrn Nagel als die ‚Marionette' von Opitz". Jedenfalls gab es vordergründig keinen Grund, dem Bw-Hochschulmitarbeiter die gründliche Arbeit an dem Projekt zur Geschichte der Bundeswehrhochschule zu verweigern, es sei denn, dessen Weiterqualifikation, wie bereits die Lehre im Fach Neuere Geschichte, und damit wiederum dessen Weiterqualifikation, sollten verhindert werden.

Frau Boehm entwickelte weiter:

> „Die beste Lösung, um weiter produktiv sein zu können, würde doch die AvH-Stiftung sein; [gestr.: die ich] ob ich d[ieses Stipendium] bereits zugesagt erhalten hätte. Ich konnte ihr bestätigen, dass mir das Stipendium bereits verliehen worden sei.
> Überdies berichtete Frau Boehm über Californien und über die Universität von Berkeley bei San Franzisko (wo G.D.Feldman sei). Doch habe sie in St.Barbara etc. nur Mittelalter-Historiker kennen gelernt. Insgesamt hofft sie, dass sie uns vor unserer Reise in die USA (10.4.81) noch einmal sprechen könne. Auch fragte sie, wann ich wieder einmal nach München käme".[33]

Kurz darauf setzte der Historiker sich mit seinem Anwalt ins Benehmen, ließ sich „den Text seines Briefes an Nagel geben" und beabsichtigte daraufhin, sich zu „entscheiden, ob und wie ich an [den Hochschulpräsidenten] Sanmann herantrete[n]" würde. Der Betriebsrat „Wolter...rief mich an und erläutert[e], daß [das] BMVg keine Prozesse mehr verlieren wolle und so bereits die Mitarbeiterin des Präsidenten in ein unbefristetes Anstellungsverhältnis übernommen habe. Er habe mit Woltereck am 30.3.1981, 10 Uhr, einen Termin angesprochen. Er solle ebenfalls kommen. In Sachen der Archivreise würde er sofort tätig werden".[34] Dass sich die Lage wiederum verschärfte, zeigt die Tatsache, dass sich der Historiker erneut seine Anwesenheit an der Hochschule durch die Sekretärinnen Lemmel und Junge bestätigen liess.[35]

Die inzwischen wieder angeheizte Frage, ob er an der Hochschule verbleiben dürfe, führte zu einem Gespräch mit dem neuen Sprecher des Fachbereiches, Professor Dieterich, der ihm Mitte des Monats Mai mitteilte,

„dass er ‚nachgebohrt' habe wegen der durch Opitz/Nagel aufgebrachten Frage, meine Stelle sei eine Präsidentenstelle und keine FB-Stelle. Dieterich hat mit dem Präsidenten gesprochen und der habe ihm bestätigt, dass keine Änderung vorläufig zu erwarten sei (wohl vor dem background des Prozesses [den ich nun zu führen beabsichtigte]). Damit ist der Versuch Opitz' gescheitert, die Dinge schon nach meiner Verlängerung (Ende 1979) so darzustellen, als ob es sich um eine Stelle des Verteidigungsministeriums handele und - schon damals – nicht um eine Fachbereichsstelle. Nun, im Zuge größeren Bedarfs an Mitarbeitern im EGA-Bereich, wird händeringend nach Stellen gesucht, die man besetzen kann. Dieterich sagte mir, der Luxus meiner Stelle sei ihm unerklärlich. Ich pflichtete ihm bei und betonte, dass ich jederzeit Lehre übernehmen würde. Der nicht abzudeckende Bedarf (so Hansen zu mir am letzten Donnerstag) beläuft sich für Geschichte im EGA-Bereich genau auf mein Lehrdeputat. Das ist die Sackgasse in die sich Opitz/Müller/Nagel selbst hineinmanövriert haben".[36]

Dass das Spiel der Gegenseite ein nicht nur fahrlässiges gewesen war, zeigt sich in der anschließenden Notiz des Historikers, die - im Rückblick auf 1979 - den willkürlichen Wechsel der Argumentationslinien auf Seiten Opitz/ Nagels belegt. Er hielt am selben Tag ergänzend fest:

„Im Jahre 1979 (...hat sich Herr Prof.Dr.Dr.Nagel) [der] FB-Sprecher mir gegenüber dahin geäußert, wenn ich noch zusätzlich zu dem bereits vorgelegten und publizierten Aufsätzen und Büchern auch noch die angeforderten Manuskripte druckfertig hätte, dann würde man (im FB) überzeugt sein (‚das wäre schon was') und mich verlängern. Also alleiniges Kriterium meiner Verlängerung bildeten die wissenschaftlichen Publikationen".[37]

Wohl im Zusammenhang mit dem durch den Sprecher Nagel verweigerten „dienstlichen Bezuge[s]" der umstrittenen Dienstreise zum Bundesarchiv-Militärarchiv Freiburg, teilte der dortige Leiter, Archivdirektor Dr.Manfred Kehrig, am 8.Juli mit, „'in Bonn' habe man ‚kalte Füße bekommen' und im Übrigen ‚sei neuerdings' die Marschroute des BMVg und des Innenministeriums strikt restriktiv'" in der Genehmigung von Benutzungen der Militärakten des Bundesverteidigungsministeriums.[38] Dass der Wissenschaftliche Mitarbeiter nicht gewillt sei, in Kauf zu nehmen, dass die Hochschule ihm jegliche adäquate Form der Weiterqualifikation durch das geschilderte Vorgehen einer Verweigerung wissenschaftlicher Arbeit – selbst zu deren Nutzen - verschloss, veranlasste ihn, dagegen mit dem Antrag einer Einstweiligen Verfügung vorzugehen.[39]

Im Dezember lief sein Prozess mit der Hochschule um eine unbefristete Anstellung auf die Entscheidung zu. Es war Klage erhoben worden, weil eine Zusammenarbeit mit Nagel nicht möglich war und eine wissenschaftliche Weiterqualifikation offensichtlich behindert wurde. Im Kontakt mit dem Nachfolger Nagels als Sprecher, Dieterich, kam Ende des Monats Oktober zur Sprache, dieser

> „habe in Bonn die C 4 – Professur Wirschafts- und Sozialgeschichte geklärt. Ein Prof.Weber /Bochum soll berufen sein. Diesem könnte ich doch als Mitarbeiter beigegeben werden, wenn ich meinen Prozeß am 8.12.1981 gewänne.
> Ich drang darauf, dies in Aussicht zu nehmen, aber bereits vor Dezember meine Abkoppelung von Herrn Nagel zu betreiben. Entsprechende Briefe liegen Dieterich vor".[40]

Diese Entwicklung zeitigte unkalkulierbare Folgewirkungen für die weitere berufliche Entwicklung des Historikers in Hamburg – und darüber hinaus. In einem Ende des Monats mit Fritz Fischer geführten Telefongespräch wurden diese Eventualitäten deutlich. Er notierte:

> „Wir sprachen über die Möglichkeit, aus der Benutzung der Hamburger Akten zur Hochschulgründung, eine Publikation bis Ende des Jahres zu machen, und weiter über seine Erkenntnisse in der Beschäftigung mit dem Riezler-Tagebuch und der Fälschung desselben. Deutlich wurde, dass die Historiker-Zunft breit auf einer anti-reformistischen Linie aufbauend, versucht, die deutsche jüngere Geschichte zu verfälschen. Der Zentralpunkt ist wohl das Kaiserreich und der Ausbruch des Ersten Weltkrieges.
> Ob ich in diesem Spektrum eine Stelle (existentiell) finden kann, da ja doch die Zunft Lehrstühle für Vertreter der Fischerlinie sperren wird, war uns beiden un-

klar. Ich erfuhr, dass Wendt Assistent bei Zechlin (!) war. Doch will er meine Habil[itation]. befördern. Allerdings ist die Frage, ob Wendt und Wohlfeil dazu auch mit dem Thema der ‚Marneschlacht' einverstanden sind? Herr Fischer will Wohlfeil noch einmal ansprechen.

Ich bin überzeugt, dass Fischer mir hilft wo er kann. ...Jedenfalls hat er mir ans Herz gelegt, eine Studie (irgendwann...'wenn ich einmal existentiell gesichert wäre, sodaß ich nicht darüber nachdenken müsste, wo ich im nächsten Jahr bliebe') über die Sprache Gerhard Ritters zu schreiben".[41]

Was beide sich nicht vorstellen konnten, nämlich, dass Wohlfeil wie Wendt, infolge des in Hamburg bestehenden Systems „der verbundenen Gefäße" unter Historikern, von dieser ihrer Zusage zurückträten und nun, unter dem Einfluss von Müller/HSBw behaupten würden, das Thema unseres Wissenschaftlers zum „Kriegsrat vom 8.12.1912" läge zu dicht bei der Dissertation, das konnten sich, Fischer und unser Historiker, zu diesem Zeitpunkt noch nicht vorstellen. Sie waren zu blauäugig, wie sich herausstellen sollte. Mitte November sollte Dieterich erkennbar werden lassen, wie hartnäckig die Gruppe Opitz-Nagel-Müller weiterwühlte. Unser Wissenschaftler notierte:

„ Mit Prof. Dieterich dem Sprecher des FB Pädagogik gesprochen, der mir auf meine Frage, ob sich etwas ergeben habe,

a) in der Frage der 60%igen Erstattung meiner Archivreise

b) der Archivreise Mitte November

c) der Frage einer Festschriftvorbereitung für 1983.

Herr Dieterich erklärte, er habe mit Herrn Nagel gesprochen, der gegen b) nichts hätte.

Von einem Festschriftbeitrag wisse Herr Nagel nichts. Im übrigen sei er, Dieterich, der Meinung, dass wohl keiner mit Herrn v.Jhering besser stünde. Was heißt, dass die Professoren mit dem ‚bissigen Hund' Jhering im Konflikt stehen, was Hansen immer wieder behauptet hat.

Auch teilte ich Herrn Dieterich mit, dass ich für die Benutzung der Hamburger Akten im Sinne des Projektes, eine Bescheinigung der Hochschule benötige, dass ich ein solches Projekt im Sinne eines Festschriftbeitrages benötigte. Herr Dieterich sah keine Chance dafür, da man wohl verhindern wolle, dass im Vorfeld des Prozesses ich meine ‚Fischzüge' erweiterte.

Wir kamen überein, dass ich die Dienstanweisung Nagels dem Hochschulamt vorlegen solle. Ich nannte das eine Lösung auf dem Wege des ‚kleinen Dienstweges'. Im übrigen wartet man auf den Ausgang des Prozesses. Dann will man wohl auch meine Abkoppelung von... Nagel betreiben, von der (mein Wunsch) Herr Dieterich diesem Mitteilung gemacht hat".[42]

Ende Februar, in einem Telefonat des jungen Wissenschaftlers mit seinem Lehrer Fritz Fischer, kam die HSBw nicht mehr zur Sprache, denn infolge der Prozessentwicklung war er inzwischen herausgeworfen und arbeitslos. Nur über eine weitergeführte juristische Auseinandersetzung bot sich die Chance, wiedereingestellt zu werden. Fischer und er planten damals eine Offensive zum Stichjahr 1914/1984. Der Hamburger Historiker äußerte sehr temperamentvoll, „alles was in mir noch an Leben ist [will] ich gegen Erdmann mobilisieren". Fischer war überzeugt: „Der Mann ist ein nationales Unglück". Zu einer Untersuchung „über die Kriegsschuldfrage in Weimar" betonte Fischer, es werde dort immer wieder behauptet, ihm folge „die Forschung" nicht. Auch werde seine Lehre als „Behauptung" beschrieben, „dass Deutschland wie auf einer Einbahnstraße auf den Krieg hingearbeitet habe". „Man baut einen Pappkameraden" auf, ohne Rücksicht auf die Richtigkeit wird behauptet, die „Forschung folgt ihm nicht", aber „dabei hat die Forschung gelogen", so Fischer mit Schwung in Gestik und Ausdruck. „Im Grunde" sei die „zentrale Frage" und Behauptung, „Deutschland habe nichts mit dem Ersten Weltkrieg zu tun!" Er betrachte es als seine „Aufgabe, diese Verlogenheit zu zerstören!" Man denke nur an „Herrn Sasse" im Auswärtigen Amt (Kriegsschuldreferat nach 1918). Im diesem Zusammenhang kam der Gedanke zur Sprache, „das ganze Ausland" sehe „nichts anderes als die Verantwortung der deutschen Historiker für den II. Weltkrieg". Fischer bedauerte offen:

„Meine Schüler haben Angst, die großen Fragen zu bearbeiten".

Doch die Polykratielehre der Wehler und Mommsen, es habe sich 1914 um eine „Flucht nach vorn in Weltmachtaspirationen" gehandelt, schien Fischer völlig unglaubwürdig, ja, „es wäre doch idiotisch so zu glauben, sie wären [1914] aus Angst vor der inneren Zerklüftetheit vorgebrochen". „Auch die jüngeren", das heißt seine Schüler, seien „der Meinung, dass es eine Flucht nach vorn gewesen sei". Unser Historiker hielt abschließend in seinem Tagebuch fest:

„Fischer will absolut Erdmann bekämpfen, da das Geschichtsbild für die Bundesrepublik ,verhängnisvoll' sei. Er will ,alles Leben, was noch in ihm steckt' mobilisieren, um Erdmann und die Sprachregelung des Auswärtigem Amtes (Sasse, der das Buch für Wegerer geschrieben hat, 1939!) zu bekämpfen. Er sieht darin meine Aufgabe in seiner Nachfolge. Er bedauert zutiefst, dass seine Schüler (Witt, Stegmann etc.) sich nicht mit den ,großen nationalen Fragen' beschäftigen, sondern ‚aus Angst' in andere Gebiete, wie die Sozialgeschichte, abwandern. Ich habe doch den Eindruck einer sehr starken Beanspruchung Fischers und habe ihm geraten, möglichst erst wieder auf die Beine zu kommen und nicht die Substanz zu verlieren, die er für den Aufsatz und das Buch für 1984 dringend benötigt".[43]

Dass der Rückhalt unseres Wissenschaftlers, auch im Umfeld Fischers (Berg-Kreis, Dr.Will, Graf Baudissin), nicht sehr stark war, erkannte dieser in den Wochen seiner größten äußeren Schwäche.[44]

Der Schwerpunkt seiner Weiterarbeit verlagerte sich völlig auf die Vorweltkriegssituation und die Geschichtsschreibung dazu. Anfang März kam es zu einem Treffen mit Fischer. Der junge Wissenschaftler hielt dazu fest:

„Seit 16.00 Uhr bei Fischer, der mir seine Riezler-Ausarbeitung in dem Teil über die Widerlegung von Erdmanns Einleitung zum Riezler-Tagebuch vorlas. Einige stilistische Korrekturen gemacht. Bis 22.00 Uhr über die Frage gesprochen, was das heißt, wenn Erdmann, Mommsen etc. (Hillgruber) behaupten (fußend auf Eintragung Riezlers vom 7.7.1914), B[ethmann]H[ollweg] habe nur einen diplomatischen Erfolg erstrebt, hart am Kriege vorbei.
Was konnte B[ethmann]H[ollweg] erwarten, wenn er diesen Kurs steuerte? Ich meinte, B[ethmann]H[ollweg] wusste, dass die Russen seit 1909/12 nicht mehr zurückgehen könnten. (Äuß[erung]. ü[ber].Sazonow Kokowzow, BH.), sonst würde innenpolitisch der Staat explodiert sein. Was war aber das deutsche ‚Interesse' wenn Österreich seine Position auf dem Balkan verstärkte? (Vernichtung Serbiens im lokalisierten Konflikt).
Es konnte also nur das Ziel sein, fußend auf dem Mord, Österreich mitzureißen und für deutsche Interessen, nämlich den Ausbruch aus der politischen Einengung, im Sinne einer Verstärkung zunächst der deutschen kontinentalen Stellung, einzusetzen (d.h. zunächst militärisch gegen Rußland) – als Rückendeckung.
Eigene Aussichten – zunächst Wochenblatt-Arbeit – parallel (mit Vorsicht – 1983 publiz[iert].), Hopmann-Müller-Wandel-Ritter-Dokumentation fördern. Plan einer Reihe bei Lang mit Röhl, Gasser, Fischer, Frau Thimme ventiliert. Fischer will u.U. bei Lang Riezler publizieren".[45]

Inzwischen hatte unser Historiker sein Humboldt-Stipendium bei John Röhl in Brighton angetreten. Leider garniert mit der Ankündigung Wendt's, seines „Vertrauens"-Dozenten, das Thema des „Kriegsrates" vom 8.12.1912 läge zu dicht an seiner Dissertation und eigne sich deshalb nicht für eine Habilitation an der Hamburger Universität. Aber, hier nur kurz gestreift, der tiefere Grund bestand in den Einflüsterungen des Wendt-Freundes Müller, einen so unmöglichen Schulte, der gerade, Gott-sei-Dank, aus der HSBw gedrückt sei, könne man doch nicht an der Universität Hamburg, quasi als Belohnung, habilitieren (Die Familien Wendt-Müller trafen sich öfter in der Heide/Gasthof zur Eiche/ Steak-Haus in Ollsen). Als Bruch der schriftlichen Zusage und, um alles wasserdicht zu machen, verriet Wendt die Tatsache, dass der Hamburger Historiker – mit dieser Neuigkeit im Kopf – in Deutschland herumfuhr, um ein neues Thema zu finden, dies der Alexander-von-Humboldt-Stiftung, dem „Sprungtuch" unseres Historikers, die daraufhin dessen Forschungsstipendium widerrief, da dieses kein Habilitations-Stipendium sei. Vor diesem Hintergrund hielt der Hamburger Wissenschaftler in seinem Tagebuch fest:

> „Von Montag bis Donnerstag Abend unterwegs in München (Fr[au]. Prof. Boehm) und Karlsruhe (Prof. Bußmann). Frau Boehm machte mich mit Herrn Hadder, Prof. in Syrien, bekannt, der über die Orientkrise von Paris aus arbeitet.
> Frau Boehm hat mit Prof[essor] Ritter und Bußmann und Dr.Kämmerer telefoniert. Herrn Ritter kann ich in nächster Zukunft, Herrn Bußmann habe ich am Donnerstag in Karlsruhe gesehen. Herrn Kämmerer am Mittwoch Nachmittag und Abend sehr ausgedehnt. Die Kontakte in München wie in Karlsruhe waren äußerst freundschaftliche. Herr Bußmann hat sich bereit erklärt, das ‚Hopman'-Projekt in der Historischen Kommission durchzusetzen. Frau Boehm gibt mir einen Aufsatz über die Bundeswehrhochschule Hamburg, der in einem von ihr herausgegebenen Lexikon erscheint.
> Auch Herr Müller, der Assistent von Frau Boehm in München, will mir weitere Bücher zur Rezension schicken.
> Insgesamt stellte sich heraus, dass die süddeutschen Kreise (hochkonservativ) durchaus offener mir gegenüber sind, als die hier in Hamburg und Umgebung tätigen sog. ‚Fischer-Schüler'. Herr Bußmann war geradezu freundschaftlich und sagte, ‚wären Sie doch früher gekommen'. Trotzdem, ich werde mich jetzt zunehmend von Hamburg abkoppeln und in der rechten süddeutschen Gruppe Stütze suchen.
> Frau Boehm riet mir, in größerer Ruhe zu arbeiten und vor allen Dingen auch Freunde unter Gleichaltrigen zu suchen, d.h., den Konkurrenzgedanken, der hier in Hamburg beherrschend ist, zu überwinden".[46]

Doch umgriff die Arbeitslosigkeit das Jahr 1982. Währenddem produzierte der Hamburger Wissenschaftler die Untersuchung zur Fälschung der Riezler Tagebücher. Die Enttäuschung mit Herrn Fischer und eine grundlegende Umorientierung, weg von den Historikern und hin zu Presse, Film und Fernsehen bildeten weitere Zäsuren. Und es bleibt zum Abschluß noch eine Bemerkung:

> „Wie mir Herr Fischer am 21.11.1983 berichtete, war er am Vortag mit seiner Frau bei Herrn Müller eingeladen.
>
> Gegen 12 Uhr abends, beim Verabschieden, kam ‚in der Halle' über Herrn Müllers Frage, wie es dem Herrn Schulte ‚in England ginge', die Sprache auf meine Person.
>
> Im Laufe des Gespräches, in dem Herr Fischer antwortete, ich sei zu Beginn des Jahres dort gewesen, hätte dann aber infolge des Themas doch in Deutschland weitergearbeitet, fragte Herr Müller, ob er, Herr Fischer [mich immer noch] für so ‚überdurchschnittlich begabt' halte. Herr Fischer antwortete, dass ich einige Bücher inzwischen geschrieben hätte und dass er mich weiter stützen würde. Das Gespräch endete so, dass Herr Müller sagte: ‚er würde sich aus der Sache heraushalten'. Dieser Ausspruch stand im Zusammenhang mit der Hochschul-Thematik und den dauernden Prozessverlusten der Hochschule. Müller sagte, die ahnungslosen Richter würden der Hochschule festangestellte Mitarbeiter bescheren. Er sei ja mit Herrn Hansen gesegnet, den er nicht wolle, aber mit dem er leben könne.
>
> Das ist schon ein starkes Stück, wenn man bedenkt, wie sehr Hansen dem Mann...ist und was er ihm alles an Arbeit abgenommen hat und was er dafür bekam – kleingedruckt den Nachweis, dass er an dem Symposium-Band [zum Militarismus] die Hauptarbeit geleistet hat!!!

Wie sagte Opitz damals, er hätte sich dafür eingesetzt, dass Hansen im Impressum genannt würde...".[47]

---

[1] Archiv Schulte. Dr.-Ing.Wäßerling an Prof.Dr.Opitz, 25.10.1976; ebd., E.Opitz an B.Schulte, 2.9.1976 (Vorstellung am 14.9.1976, 15.00 Uhr: Es wurde nach im „Telegrammstil" vorgetragenen „Ergebnissen der Dissertation" zur Deutschen Armee gefragt, „warum [ich] die B[undeswehr] verlassen" hätte.

[2] Ebd., HSBw Hamburg, FB Päd.(Prof.Dr.phil.Opitz) an HSBw Verwaltung, 21.12.1976: Eingruppierung zum 1.1977 in „VergGrp" II.a, „Fallgruppe 1". „Angestellte mit abgeschlossener wissenschaftlicher Hochschulbildung und entsprechender Tätigkeit..."; Arbeitsvertrag 3.1.1977; HSBw (Verwaltung), Grüneberg an B.Schulte, 3.1.1977: „Im Rahmen des bestehenden Arbeitsverhältnisses übertrage ich Ihnen gemäß §22 BAT mit Wirkung vom 1.1.1977 die Dienstgeschäfte eines Wissenschaftl. Mitarbeiters nach Vergütungsgruppe IIa (TE 37 ZE 07-55 des OSP vom 18.08.1975) bei der Hochschule der Bundeswehr Hamburg *auf Dauer*" (Hervorh.v.m., B.S.). Opitz war als Hauptmann im Verteidigungsministerium zur Zeit des Ministers Schmidt. Als Assistent wurde er bei Gründung der Hochschule der Bundeswehr eingeplant. Zurückhaltung der Wissenschaftler gegenüber der Bundeswehrgründung führte schließlich zu einer C 2-Professur für O.

3 Ebd., B.Schulte an Dezernat I B 1, Herrn Schneider über Sprecher des FB Pädagogik, 6.6.1978; diese Charakteristika wurden mit Unterschrift des FB-Sprechers Prof.Dr.Walther am 6.6.1978 bestätigt und vollzogen; vgl. HSBw, Verwaltung an Dr.B.F.Schulte, 25.8.1978.

4 Ebd., Orangenes Tagebuch, 13.8.1982, Prozeß II. Instanz, Zusammenstellung, S. 70; vgl. ebd., Gegendarstellung zur gutachtlichen Stellungnahme von Prof.Opitz (18.3.1979, 1.7.1979), S. 1-10.

5 Archiv Schulte. B.-J.Wendt an F.Fischer, 1.4.1979; es gab parallel ein, in Wortlaut und Tenor annähernd gleiches, Schreiben von Prof.Dr. R.Wohlfeil/Hist.Seminar Universität Hamburg, Abteilung Frühe Neuzeit. Es kündigte sich bereits die Absetzbewegung des Universitätslehrers (Zweitgutachter bei Sch.'s Dissertation, 1976) von Sch. an, die 1981 in W.'s Mitteilung gipfelte, Sch.'s Lehrauftrag am Historischen Seminar sei durch das „Bündnis zwischen linken Studenten und konservativen Professoren" nicht bestätigt worden.

6 Ebd., Orangenes Heft, Tagebuch 21.5.1979 -..., 21.5.1979, S. 1-6.

7 Ebd., Orangenes Tagebuch, 13.8.1982, S. 70.

8 Ebd., Orangenes Tagebuch, B.Schulte an Prof.Dr.Dr.E.Nagel, 25.6.1979.

9 Ebd., Orangenes Tagebuch, 22.5.1979, S. 6.

10 Ebd., Orangenes Tagebuch, 26.5.1979, S. 6.

11 Ebd., F.Fischer an K.v.Borck-Erlecke, 26.6.1979.

12 Ebd., Orangenes Tagebuch, 13.8.1982, S. 70.

13 Ebd., F.Fischer an K.v.Borck-Erlecke, 26.6.1979.

14 Ebd., K.v.Borck-Erlecke an F.Fischer, 29.6.1979: „(Randbemerkung von der Hand Fischers: „Mit Dank bestätigt am 1.VII. und der Bitte um Empfehlung an Prof.Sanmann"). Im Nachlaß Fritz Fischer im Bundesarchiv Koblenz findet sich zu diesen Vorgängen nichts.

15 Ebd., Orangenes Tagebuch, 29.6.1979, S. 7ff.

15a Ebd., Orangenes Tagebuch Schulte. Aufzeichnung für Prozeß II. Instanz, 13.8.1982, S. 70.

16 Ebd., Gesprächsnotiz, 8.8.1979. Herrn Opitz unterwürfig-hinterhältiger, da nach schräg unten gerichteter Blick, bei rosig-rötlichem Gesicht, ist dem Verfasser noch gut erinnerlich. Ähnlich aufallend hatte sich O. bereits während einer „Archivreise" im roten 280SL des Verfassers nach Freiburg im Sommer 1977 verhalten (BA-MK Freiburg, NL Beermann). Es ging damals über ein Weingut nahe Mainz um den Kaiserstuhl.

17 Ebd., HSBw Hamburg, v.Jhering (Zentraler Verwaltungsbereich) an B.Schulte, 17.8.1979.

18 Ebd., Notizen für Prozeß, II. Instanz, 13.8.1982, S. 71.

19 Ebd., FB Päd, Der Sprecher, 28.8.1979.

20 Ebd., B.Schulte an RA Dr.F.Woltereck, 27.9.1979.

21 Ebd., B.Schulte an Prof.Dr.Nagel, 12.10.1979.

22 Ebd., Orangenes Tagebuch, Eintr. 1.10., 2.10., 3.10., 5.10., 17.10.1979, S. 14f., sowie Einschreiben am 11.7., Einschreiben mit Rückschein, 12.7., Einschr. 13.7.1979 an Prof.E.Opitz (weil diese zunächst nicht angekommen sein sollten) und Prof.E.Nagel, 13.7.1979, S. 12-17.

23 Ebd., Orangenes Tagebuch, 4.10.1979, S. 20.

24 Ebd., Orangenes Tagebuch, 6.-18.10.1979, S. 20f.

25 Ebd., 12.10.1979, S. 72.

26 Ebd., Orangenes Tagebuch, 13.10.1979, S. 23-30.

27 Ebd., Orangenes Tagebuch, 15.10.1979, S. 30-41.

28 Ebd., Aufzeichnung für Prozeß, II. Instanz, 13.8.1982, S. 71.

29 Ebd., Orangenes Tagebuch, Notiz, o.D.

30 Ebd., HSBw an B.Schulte, 26.11.1979. Im Gegenzug wurde der Brief von RA Woltereck zurückgenommen. Vorbereitetes Schreiben von Seiten der Hochschule: „Durch den Vertragsabschluß am...11.1979 ist das an die Hochschule gerichtete Schreiben der Rechtsanwälte Dr.Woltereck und Thiel vom 1.10.1979 gegenstandslos geworden; eine Beantwortung erübrigt sich demgemäß". Mit diesem Schreiben liegen die voraufgegangenen Vorgänge in abgestimmtem Licht.

31 Ebd., Orangenes Tagebuch, 21.3.1981, S. 43.

32 Ebd., Orangenes Tagebuch, 21.3.1981, morgens 11.30, S. 44.

33 Ebd., Orangenes Tagebuch, 22.3.1981, S. 44f.

34 Ebd., Orangenes Tagebuch, 23.3.,1981, S. 46. Jedenfalls zeigt ein Schriftsatz des RA Woltereck die ganze Breite des Missbrauchs menschlicher Arbeitskraft, der, in ausbeuterischer Form, durch den Bw-Professor Opitz 1977-1979 durchgehalten wurde. Nach knapp zwei Jahren war dieser bereits zu einem Urteil befähigt gewesen (davon ein „Forschungsfreijahr", das Opitz genoss).

35 Ebd., Orangenes Tagebuch, Sichtvermerke am 5., 7. und 13.5.1981, S. 47f.; Notizzettel, 12., 5. sowie 10. und 20.6.1981, S. 49-51.

36 Ebd., Orangenes Tagebuch, 13.5.1981, S. 48f.

37 Ebd., Orangenes Tagebuch, 13.5.1981, S. 52. Für den 14.5.1981 findet sich ein erneuter Anwesenheitsvermerk, Frau Kuhrt, S. 52.

38 Ebd., Orangenes Tagebuch, 20.7.1981, S. 54; B.Schulte an BMVg Fü S I 6, 19.5.1981; dto. 26.5.1981. Der Verfasser jedenfalls berichtete über die Arbeitsfortschritte gewissenhaft.

39 RA Dr.F.Woltereck an Arbeitsgericht Hamburg, 23.6.1981: „Bitte ich ebenso höflich wie dringend, den Termin vom 23.7.81 v o r z u v e r l e g e n. Es handelt sich hier um eine einstweilige Verfügungs-sache, die ihrer Natur nach eine beschleunigte Bearbeitung benötigt. Hinzu kommt hier zwingend, dass der Antrag gerichtet ist auf eine Archivreise für die Zeit vom 6.-22.7.81 – eine Verhandlung erst am 23.7.81 ergäbe daher keinen Sinn. Es wird höflich gebeten, beschleunigt zu terminieren".

40 Ebd., Orangenes Tagebuch. 22.10.1981, S. 53. Offensichtlich hatte die Historiker-Kamarilla erwirkt, dass deren Verbündeter Nagel, selbst über dessen Sprecherzeit hinaus, für den Verfasser zu-ständig blieb, um zu sichern, dass für diesen keine Verbesserung der „Haftbedingungen" einträte. Wie Opitz bei Beginn Sch.'s Anstellung 1977 mitteilte, besäßen die Historiker im Fachbereich Pädagogik (im Zusammenwirken mit den Vertretern für Katholische und Protestantische Theologie) die Macht. Dieses „Gefühl der Macht" reize ihn an der Hochschultätigkeit, so Opitz einmal im Originalton. Infolge der Vorgänge um die Beschäftigung des Verfassers erlitt Opitz einen derartigen Persönlichkeitsverlust, sodass er erst zu Ende seiner Beschäftigung zum Vizepräsidenten der dann „Universität" genannten „Hochschule" berufen wurde.

41 Ebd., Orangenes Tagebuch. 30.10.1981 (Freitag): „Mit Herrn Fischer telephoniert (bis 19.15 Uhr)", S. 53f.

42 Ebd., Orangenes Tagebuch, 12.11.1981, S. 56f. Eben diese „Nebenluft" Müllers bestätigt der – im Nachlass seines Lehrers Egmont Zechlin enthaltener – Brief des deutsch-englischen Historikers H.W.Koch/Oxford. Dieser berichtete Zechlin Müllers Äußerung, endlich sei man den Schulte losge-worden.

43 Ebd., Orangenes Tagebuch, 21.2.1982, S. 58ff.

44 Ebd,. Orangenes Tagebuch, 28.2,1982, S. 63ff. mit einer beißenden Kritik der Blankeneser Gesell-schaft, des B[erg].-Kreises und der Einflüsse des Oberst G.Will im Dreieck mit Opitz und Baudissin.

45 Ebd., Orangenes Tagebuch. 4.3.1982, S. 66f.

46 Ebd., Orangenes Tagebuch, 15.3.1982, S. 68f. Dazu, und zu anderem, mehr in einem in Kürze er-scheinenden Band zu den deutschen Historikern in den 70er und 80er Jahren.

47 Ebd., Orangenes Tagebuch, 29.11.1982, S. 76f.

3. Kapitel: Staatsicherheit und Politik

Es wird ernst

Es war dem Hamburger Historiker klar geworden, dass ein Verbleiben an der dortigen Bundeswehrhochschule, wie ein erfolgreicher Weg unter den deutschen Historikern, kaum Aussicht auf Erfolg haben würden. Aus diesem Grunde wechselte er zum NDR-Fernsehen, entwickelte für diesen Sender eine Serie zur Automobilgeschichte und erhielt, aus der Zusammenarbeit mit Konzernen dieser Industrie, für Audi den Auftrag, zum Jubiläum „100 Jahre Automobil" im Jahre 1986, den repräsentativen Traditionsfilm zu produzieren. Der Historiker intensivierte, mit der Absicht, für Audi die Akten der früheren Auto Union in Dresden zu sichern, und für das Filmprojekt zu nutzen, seine Kontakte zu DDR-Historikern und Archiven.

Ende des Monats September 1983 führte das Ministerium für Staatssicherheit der DDR, die HV A IV/6, einen ersten „Suchauftrag" zur Person des Historikers durch.[1] Bereits am 28.September war der Hamburger Historiker für das Referat 4 der HVA/IV/6 erfasst. Es wurden die vorläufigen Ergebnisse des MfS-Mitarbeiters im Staatsarchiv Potsdam ausgewertet. Dabei ging es offenkundig darum, einen "Angehörigen der Hochschule der Bundeswehr Hamburg" "unter Druck" kennen zu lernen. Zum "Sachverhalt" stellte der bearbeitende Hauptmann Andreas Roth am 28.September fest:

> «Die Zielperson hielt sich vom 19.9.-23.9.[19]83 am Zentralen Staatsarchiv in Potsdam auf, um Material zu seiner Habilitationsarbeit «Das Meinungsbild der Militärs vor 1914« zu sichten.
> Der Partner im Archiv war der GMS ["Franz"/i.e. Sepp Glaser]. Für 1984 ist eine erneute Einreise nach Potsdam vorgesehen, jedoch nicht terminlich festgelegt. Seitens des GMS wurde der Zielperson alle Unterstützung zugesagt und die Einreiseabsicht durch den Hinweis auf weitere interessante Quellen im Archiv bestärkt.
> Bis zum 30.9.83 hält sich die Zielperson zu weiteren Studien an der Dienststelle Merseburg des Zentralen Staatsarchives auf. Unterkunft wird im Interhotel Halle genommen.
> Die Zielperson sichtete ebenfalls Material in Militärarchiv Potsdam, dort bestand Kontakt zu dem Leiter der Auswertung, [geschwärzt... ...].".[2]

Festgestellt wurden Details seines, hier bereits erläuterten Hintergrundes an der Hochschule der Bundeswehr, der Vertragessituation dort, sowie seiner wissenschaftlichen Arbeit und Herkunft. Es kristalisierten sich

„Meinungsverschiedenheiten zwischen der Zielperson und den Professoren Opitz und Müller zu Kriegsschuld und Kriegschuldigen"

heraus.

Weiter erarbeitet wurde negative Kritik innerhalb der bundesrepublikanischen Wissenschaft, welche seine "jüngste[n] Veröffentlichungen" hervorgerufen haben sollten. Interessant, dass die ihn angeblich fördernde "Alexander von Humboldt-Stiftung« der Staatssicherheit nicht bekannt war. Unverkennbar wurde in Ostberlin nach Ansatzpunkten gesucht, um den Hamburger Historiker in irgendeiner Form an das Ministerium für Staatssicherheit der DDR zu binden. Als weitere bearbeitende und überwachende Instanzen in dieser Sache waren das Referat "R", mit den "Gen[ossen].Oberstleutnant Vierjahn" und Busak zuständig.

Parallele Überprüfungen, welche die "Hauptverwaltung A" im November durchführte, gelangten, anhand eines Adressbuches aus dem Jahre 1966, zu der Erkenntnis, unser Historiker wohne in einem "2-Familienhaus" in Hamburg. Aus dem Telefonbuch ergab sich: "nicht angeführt, TB unter 83/84«. Ebenfalls sei "keine weibliche Person mit Familiennamen Schulte, w[ohn]h[aft]. Abteistr.18, angeführt«.[3] Die Überprüfung des Agenten im Staatsarchiv Potsdam, "GMS ‚Franz'", habe am 2.November zum Ziel gehabt, zu suggerieren, "ob sich aus dem Aufenthalt der Z[iel]P[erson] Bearbeitungsmöglichkeiten" ergäben. Auch sollte geklärt werden, ob der Kontaktmann dort über "weitere Kenntnisse" verfüge, welche die "Voraussetzungen zur Erarbeitung eines Personendossiers" erfüllten. Offensichtlich verfügte das MfS an der Hochschule der Bundeswehr Hamburg bereits über einen Kontaktmann. Als weitere Möglichkeiten der Bearbeitung wurde von Hauptmann Roth bei der Hauptverwaltung A/IV/6 erwogen, über den konspirativen Kontakt im Staatsarchiv Potsdam, ausgehend von Sepp Glaser, eine briefliche Verbindung zu unserem Wissenschaftler herzustellen. Doch befürchtete der Bearbeiter, so eine "Dekonspiration des institutionellen Stützpunktes" im Staatsarchiv Potsdam zu riskieren. Deshalb wurde ein "fachliches Arrangement...über den Bereichsleiter Kapitalismus im Erschließungsarchiv des Z[entralen]St[aats]A[rchivs]" befürwortet. Dieser beschäftige

«sich [mit] Rechtskonvention[en] zur Zeit der Weimarer Republik und mit den Materialien zu Reichskanzler Bethmann-Hollweg, an denen die Z[iel]P[erson] Interesse zeigte und die der GMS nicht zugängig machte, jedoch auf das Vorhandensein verwies«.

Dessen besonderes Interesse an "eigenen Recherchen in Hohen-Finow, dem ehemaligen Wohnsitz von Bethmann Hollweg« und an "Gesprächen mit älteren Einwohnern«, um «Kenntnisse zum Verbleib des Familienarchivs/ Nachlaß des Reichskanzlers zu erlangen«, wurde in einem Gespräch zwischen "GMS 'Franz'" und Hauptmann Roth, am 2.November 1983, zwischen 14.30 und 16.30, in der Wohnung des "GMS 'Franz'" festgestellt. Die Erwägungen im MfS gingen so weit, klären zu lassen,

> „ob es im Rentnerbereich o.g. Ortes Historiker/Geschichtslehrer etc. gibt, die sich mit genannter Problematik beschäftigen[,] oder dazu veranlaßt werden können".

Unmittelbar wurde daran gedacht, "aus der Reisemöglichkeit als Rentner" eine „Bearbeitungsmöglichkeit", gegebenen Falles im Sinne des MfS, zu erreichen. Methodisch bildete aus der Sicht Roths den nächsten Schritt, zunächst ein „Personendossier" zur Person des Hamburger Wissenschaftlers herzustellen. Dazu sollte Material „bei der Zentralstelle für Information und Dokumentation beim Zentralinstitut für Geschichte an der Akademie der Wissenschaften" erhoben werden. Diese Tätigkeit könne der „GMS 'Franz'", alias Archivar Sepp Glaser, jedoch nicht übernehmen, so Hauptmann Roth, „da dieser seinem Leiter das Interesse und die damit für das Z[entrale]St[aats]A[rchiv] verbundenen finanziellen Aufwendungen nicht begründen« könne. Es wurde daher beabsichtigt:

> „a) aus den Publikationen [des Verfassers] Hinweis auf [dessen] politischen Standort zu erlangen,
> b) falls die Promotion der ZP 'Die Meinungsbildung der deutschen Militärkreise vor dem I. Weltkrieg' (Mitte der 70er Jahre) vorliegt, aus der Anlage Kenntnisse zur Person und dem Entwicklungsweg der ZP zu gewinnen".[4]

Offensichtlich war in der "Dienststelle Merseburg" des Zentralen Staatsarchivs ein vertrauenswürdiger Mitarbeiter des MfS tätig, der einen Bericht "zu [s]meiner Interessenlage und zum Auftreten« der Person des Wissenschaftlers an das Ministerium des Inneren/Staatliche Archivverwaltung zu leisten hatte. Dieser Bericht sei zwischen dem 26. und dem 30.September 1983 zu fertigen, konnte jedoch nicht wie gefordert entstehen, da der Historiker in Merseburg nicht erschien.

Als dieser auf der Fahrt von Potsdam nach Merseburg, an einem herrlichen Septembertag, an Wittenberg vorbeifuhr, grüßten aus der Entfernung die Fahnen und Farben des 750jährigen Jubiläums der Lutherstadt. Vor Halle passierte er Ortschaften, deren Rinnsteine durch roten Staub kaum mehr erkennbar waren. Kommunistisch-sozialistische Parolen grüßten verblichen von rotback-steinfarbenen Fabrikmauern. Rote Fahnen wehten fast verträumt-verloren im leichten Wind. Als er in Halle einfuhr, drängte sich ihm der Eindruck auf, er füh-re 1955 durch Kassel. Gewaltige Lücken in der Bebauung zeugten von harten Bombennächten. Die Saale schäumte, als wenn jemand Waschpulver hinein-gekippt hätte. Vor dem Interhotel hielten gerade mehrere Busse, als er dort ankam. Das Hotel lag am Rande der Innenstadt, deren Rückansicht sich un-verhüllt-hässlich dem Auge bot. Als sich herausstellte, das Hotel besäße eine Garage irgendwo in der Nachbarschaft, entschloss er sich – auch im Angesicht der vielgestaltigen Gerüche, welche sich aus der Richtung von fremdländisch aussehenden Businsassen in der Lobby zu verbreiten begannen, seinen Auf-enthalt in der DDR unverzüglich zu beenden.

Vorausgegangen war ein längerer zermürbender Aufenthalt in Potsdam, der über den täglichen Fußmarsch von der Langen Brücke bis zum Staatsarchiv, nahe der Sowjetischen Kommandantur, einen Einblick in die reale Lage der Menschen dort vermittelt hatte. Der Sandkuchen von grauer Farbe, der ihm mittags den Hunger hatte stillen sollen, die kleine Gaststätte, die mit Champi-gnoncremesuppe für 0,26 Pfennig lockte und das aufseherähnliche Benehmen der Damen des Archivs im Lesesaal, vermittelten, wie die vorsintflutlichen sani-tären Einrichtungen, den Eindruck von Verfall, dessen Odem hier aus jeder Mauerfuge wehte. Ein langer Fußmarsch führte ihn Abends auf die Terrasse des Schlosses „Sanscouci". Gegen 18.00 Uhr, bei nachlassendem Licht, im Rücken die Front des Schlosses, die Glocken der Nikolaikirche wurden wach, wähnte er sich für einen Moment wie im heimatlichen Sauerland. Das Ziel des mittäglichen Ganges vom Archiv zum „Heiligen See" – über ein kleines Wasser hinweg - bildete das Schlosshotel „Cecilienhof", das so in wenigen Minuten zu erreichen war. Es zeigten sich Einzelhäuser aus dem Ende der 30iger Jahre, Wohnidylle wie in den 50igern in der Bundesrepublik und das alles verschönt mit ein paar Leibniz-Keksen, denn in der Kantine des Archivs waren Besucher aus dem „nichtkommunistischen Ausland" unerwünscht. Ein einziges Mal aß er im „Cecilienhof" (sehr gut). Doch das kostete zuviel Zeit. Eine Hochzeit, die damals im rechten Flügel des Schlosses stattfand, erlaubte dem Brautpaar auf die beeindruckende Terrasse zum See hinauszutreten. Doch der Blick auf das Wasser wurde durch eine überdimensional hohe weiße Mauer verwehrt – eben die Mauer. Was angesichts dieser Szene blieb, war Wehmut.-

Der Vergleich der Berichte zu verschiedenen seiner Auftritte, sollte eine "ope-rative Bewertung" durch das MfS ermöglichen. Während seines Archivaufenthaltes im Zentralen Staatsarchiv Potsdam, zwischen dem 19. und dem 23.September, hatte unser Hamburger Historiker auch Unterlagen des Militärarchivs der Nationalen Volksarmee eingesehen und „Kontakt zum Leiter der Auswertung, Oberleutnant Ernst", Sohn des Oberbefehlshabers Militärbezirk Leipzig 1968 gehabt, der einen Bericht über die Berührung mit ihm an die "Politische Hauptverwaltung des Ministeriums für Nationale Verteidigung" erstattete.[5]

Die Vorbereitungen des MfS erbrachten eine erste Notiz zu seiner erwarteten "Interessenlage... bei Archivbesuchen" in Merseburg und Potsdam. Seine Arbeit in Potsdam konzentrierte sich aus der Sicht des MfS-Offiziers Roth, auf "Bethmann-Hollweg«, der "von 1908 bis 1917 Reichskanzler" gewesen sei.

> "Da der den äußersten Konservativen noch nicht aggressiv genug war und sich gegen den uneingeschränkten U-Boot-Krieg aussprach, mußte er den Dienst quittieren",

schrieb der Sachbearbeiter. Roth formulierte weiter:

> "Die ZP machte sich sachkundig, was für Material für seine [Habili-]*Rehabilitationsarbeit* vorhanden ist" (Hervorh.v.m., B.S.).

Die Wortwahl lässt auf eine geringere wissenschaftliche Vorbildung des Hauptmann Roth schließen. Als "Interessenlage" fasste und wiederholte der Offizier exakter:

> "Das Interesse betrifft den Einfluß der militärischen auf die politische Führung vor dem I. Weltkrieg und somit Bethmann Hollweg als entscheidenden Mann von 1908 an".[6]

Anfang Dezember fasste Roth den "operativen Sachverhalt" zusammen. Ausgehend von der Archivreise des Hamburger Wissenschaftlers im September 1983, während welcher im Zentralen Staatsarchiv Potsdam Sepp Glaser einen ersten Kontakt zu dem Hamburger Historiker aufgenommen hatte, bezeichnete Hauptmann Roth es als leitendes Interesse, "zu prüfen, welche Voraussetzungsmöglichkeiten der op[erativen]. Bearbeitung für den Fall der Wiedereinreise« bestünden. Eine weitere Informelle Mitarbeiterin des MfS war zusätzlich „im Einreisezeitraum" auf diesen angesetzt gewesen. Es wurde erwartet, diese könne erneut ins Spiel gebracht werden.

Zum „beruflichen Hintergrund" hatte der Kontaktmann des MfS im Staatsarchiv, Glaser, festgestellt, der Wissenschaftler habe bei Professor Fritz Fischer studiert, "der als progressiver Historiker der Bundesrepublik bekannt« sei. Ferner ergab sich die Information:

„Als Fischer-Schüler trat die ZP publizistisch gegen konservative BRD-Historiker auf. Nach eigenen Aussagen... sei er wegen seiner Fischer-Konzeption bei den Professoren Müller (CDU) und Opitz (rechte SPD) an der Hochschule der Bundeswehr 'Voll ins Messer gelaufen'".

Es wurde auf Seiten des Ministeriums für Staatssicherheit angenommen, dass der "Zeitvertrag" nicht verlängert werde, "da seit dem Regierungswechsel dort [in der BRD] eine Zusammensetzung des Lehrkörpers zu Gunsten der CDU/CSU sichtbar wäre". Als Motiv für die Archivreise nach Potsdam fasste Hauptmann Roth zusammen:

„Die Differenzen der Zielperson an der Arbeitsstelle betreffen die Frage von Kriegsschuld und Kriegsschuldigen im 1.Weltkrieg. Der Aufenthalt am Z[entralen]St[aatsarchiv] Potsdam galt dem Interesse der Z[iel]P[erson] an Nachlassmaterial zu Bethmann-Hollweg, Reichskanzler vom 1908-1917. Die Z[iel]P[erson] will klären, ob es sich bei den in der Bundesrepublik veröffentlichten Riezler-Tagebüchern (Legationsrat Riezler war Mitarbeiter des o.g. Reichskanzlers) nicht wie bei den Hitler-Tagebüchern um Fälschungen handelt".

Aus diesen Beobachtungen leitete der Sachbearbeiter Hinweise auf den »politischen Standort« ab, der "in Richtung linker Flügel der SPD« vermutet wurde. Die wiederholten Gespräche zwischen dem Archivar Glaser, der Kontaktperson des MfS im Zentralen Staatsarchiv Potsdam und dem Hamburger Historiker, hätten darauf hingedeutet, dass dieser ein Gegner des "Reagenschen Konfrontations- und Hochrüstungskurs[es]" sei. Er hätte sich "zu Möglichkeiten, den Stationierungsbeschluss [für Mittelstreckenraketen gegen die SS 20 des Warschauer Paktes] zu verhindern", skeptisch geäußert, da „jede BRD-Regierung aufgrund der Abhängigkeit von den USA außenpolitisch nur beschränkt handlungsfähig sei". Er habe sich ferner dahin geäußert, in „grundsätzlichen politischen Fragen bestehe kein Unterschied zwischen der rechten SPD-Führung und der CDU/CSU sowie der FDP". Es gelte die „Fortführung der Entspannungspolitik zwischen den beiden deutschen Staaten" durchzusetzen.

Die östliche Seite war der Auffassung, der westdeutsche Wissenschaftler verfolge ein "materielles Interesse". Die Kontaktperson des Ministeriums für Staatssicherheit, "IMS Barbara", bestätige die weiteren Einschätzungen, was durch eine Eskapade, welche unser Historiker "in Begleitung der IMS, in Hohenfinow, dem ehemaligen Wohnsitz von Bethmann-Hollweg, auf eigene Faust nach dem Nachlass des Reichskanzlers« durchgeführt hatte. Dabei sei bekannt geworden,

"daß der Nachlaß von Nachkommen o.g. Person im Frühjahr 1945 nach Westdeutschland mitgenommen worden sei. Eine befragte ältere Bewohnerin, Personalien z.Zt. nicht bekannt, will später einer Freundin weitere handschriftliche
Unterlagen für eine Frau [geschwärzt...] in [geschwärzt...] mitgegeben haben".

Die Kühnheit dieser Aktion bestand aus der Sicht des Ministeriums für
Staatssicherheit in der Tatsache, dass "für genanntes Vorgehen...die Z[iel]-
P[erson] nicht berechtigt«, gewesen sei, denn «ein dafür notwendiger Antrag
an das Ministerium des Inneren/Staatl[iche]. Archivverwaltung" habe nicht vorgelegen.[7]

Den Anlass für die „Unternehmung Hohenfinow" bildete das Bestreben unseres Historikers, vor Ort Erkundigungen zum Reichskanzler Theobald von
Bethmann Hollweg, zu dem Verbleib des Nachlasses, der Schlossbibliothek
sowie dem Schicksal von Schloss und Gut einzuziehen. Diese Fahrt führte von
Potsdam nach Eberswalde und damit aus dem Bezirk Potsdam heraus. So war
eine Übertretung der bestehenden Aufenthaltsbestimmungen erfüllt. Um der
Sache die Spitze zu nehmen, begleitete ihn die IMS „Barbara", um dem MfS
auf diesem Wege indirekt Ziel und Zweck der Fahrt bekannt zu geben.

Bewegend war es, die Lindenallee des Gutes, die Kurt Riezler so beeindruckt hatte, die Reste des Schlossparkes und die Gräber der Familie Bethmann Hollweg zu sehen. Die kleinen, geduckten Landarbeiterhäuser, rechts
und links der Allee zwischen Gutsbezirk und Kirche schienen Ansatzpunkte für
die weitere Recherche zu bieten. So fragte er zunächst nach dem Haus des
Pastors Kirsch, der – anders als das MfS erfuhr – zu Hause war, einige Erklärungen abgab und die zweibändigen Memoiren des Reichskanzlers vorwies.
Mehr war nicht zu erfahren. Einige ältere Frauen, die den beiden „Detektiven"
in Sachen Bethmann Hollweg auf dem Wege zum Friedhof begegneten, er-
zählten, dass sie erst nach 1945, aus dem Osten vertrieben, in Hohenfinow
angesiedelt worden seien. Aus Erzählungen anderer Anwohner wussten sie,
dass die HKL der Wehrmacht an der Höhenrandstufe zwischen Dorf und
Oderbruch verlaufen war. Dadurch habe der Ort zum Kampfgebiet gehört und
sei von der Zivilbevölkerung geräumt worden. Tagsüber wären die Frauen des
Dorfes jedoch zurückgekommen, um das Vieh zu tränken und die Kühe zu
melken. Durch Artilleriebeschuss seien einige der Häuser, die am ostwärtigen
Ortsausgang standen, kurz vor dem Eindringen der Russen, in Flammen auf-
gegangen. Auch das Schloss der Bethmann Hollwegs sei im Dachbereich
beschädigt worden. Das habe den Beginn des Verfalls der Gebäude in den folgenden Jahren begünstigt. Die Familie habe, bevor diese Hohenfinow in Rich-

tung Altenhof bei Eckernförde verließ, den Anwohnern den Rest der Einrichtung überlassen. So habe sich eine regelrechte Wanderbewegung zwischen Gut und Ort entwickelt, in deren Verlauf mancher Teppich und mancher Leuchter seinen Verbleib verändert habe. Nach dem kurzen Besuch des Familiengrabes der Familie Bethmann Hollweg, das sich vollständig durch Efeu überwuchert darstellte, fuhren die beiden „Investigatoren" über den Berliner Ring nach Potsdam zurück. Die IMS, keinesfalls unansehnlich, zog manchen Blick des Fahrers auf sich. Sie erzählte, ihr Freund wolle mit ihr ein Restaurant eröffnen und das werde, im Anschluss an die Tätigkeit im Interhotel Potsdam, ihre Zukunft sein. Bereitschaft zu Weiterem schien dennoch erkennbar, doch verzichtete der Betrachter, da ein ungebrochener Bericht an das MfS wichtiger schien. Kaum von der Autobahn aus der Richtung Pasewalk herunter, sperrte eine ad hoc eingerichtete Kontrollstelle der Volkspolizei die Schnellstrasse. Damit war der Kreis geschlossen und es war anzunehmen, dass die „Gesprächspartner" unseres Wissenschaftlers von der Ernsthaftigkeit seines Interesses am Nachlass Bethmann Hollweg überzeugt würden.

Kurios, aber letztlich zu begreifen, war das Zögern der Damen am Counter des Interhotels in Potsdam, als der Hamburger Forscher den Wunsch äußerte, die Sauna des Hotels benutzen zu dürfen. Es wurde zunächst in guter bürokratischer Routine vorgetäuscht, diese Absicht sei nicht verstanden worden, dann gab es die üblichen Behauptungen, das Etablissement sei in der Rekonstruktion, aber schließlich, in einem unbeobachteten Moment, wurde die Erlaubnis erteilt, da gerade „Wissenschaftler etc.-Sauna" sei. In die „Handwerker-Sauna" wurde der Besucher aus dem Westen aus erklärlichen Gründen, wie sich noch zeigen wird, nicht zugelassen. Oben auf dem Hoteldach, es herrschte dort eine strahlend blonde Masseurin, die auch nach 1990 noch am Platze war, vor einem wirklich beeindruckenden Havel-Panorama. Es fand sich dort oben die modern und sauber hergerichtete Badestelle der Potsdamer Prominenz aus NVA, Diplomatie und Parteisektionen. Mit Mann und Maus, d.h. Mann und Frau – nebst Söhnen und Töchtern, wurden offensichtlich dort Nachmittage und Abende verbracht. Die Gespräche waren für die Ohren unseres Wissenschaftlers durchaus ungewohnt-normal. Es ging nämlich nicht um politische und sonstige bedeutsame Hergänge und Fragen, sondern um den ganz alltäglichen Ablauf des familiären Lebens. Offenbar kannten sich die Paare untereinander schon länger. Es handelte sich demnach um eine Einrichtung mit Tradition.

Auch die Gespräche untereinander kreisten um Themen des Alltags. So war eine Tochter, da sie Interesse an Sprachen hatte, für ein Auslandsstipendium vorgesehen. Dem westdeutschen Zuhörer stand sofort Paris vor Augen. Die Freude des Vaters, der das seinen Bekannten mitteilte, war unverkennbar. Kuren und Sommerurlaub an der Ostsee wurden desgleichen berichtet, erörtert und kommentiert. Einer der Herren, der durch seine graue Schweigsamkeit auffiel, war in einer Einrichtung der NVA tätig. Durch die persönliche Atmosphäre unter den Anwesenden ermutigt, beteiligte sich unser Hamburger Besucher an dem Gespräch, was zunächst nicht weiter auffiel. Als er jedoch einfließen ließ, dass er an der Hochschule der Bundeswehr in Hamburg arbeitete, trat zunächst Stille ein, und dann verließ das Mitglied der NVA unauffällig die Saunakabine. Schließlich leerte sich diese Zug um Zug, als ob jemand am Vorabend Knoblauch gegessen hätte. Auf dem Balkon der Sauna, mit Blick auf den Brauhausberg und die Parteizentrale der SED, traf unser Forscher beim Luftschnappen wieder den Herrn von der NVA. Dieser zog sich jedoch unauffällig zurück und verschwand schließlich ganz. Als der Hamburger Wissenschaftler, nach Sauna und Massage gestärkt, sich abends auf den Weg zum „Havelland-Grill" machen wollte, wanderte sein Blick, bevor er den Lift betrat, zufällig nach oben zur Decke. Über der Lifttür war ein Schild angebracht: „Nicht rückwärts betreten".

Für das weitere Vorgehen entwickelte Hauptmann Roth in Ostberlin inzwischen zwei Varianten. Zum einen könne die IMS, die dem Hamburger Wissenschaftler mitgeteilt hatte, sie habe einen Verlobten, diesen „als Historikerspezialisten für Bethmann Hollweg-Fragen" einführen. Das könne jedoch, so die Einschätzung Roths, ausschließlich dazu dienen, den Kontakt fortzuführen; nicht jedoch zu den gewünschten "Werbeaktivitäten" führen. Hauptmann Roth konkretisierte:

„Bearbeitungsziel wäre die persönliche Beziehung aufzubauen, die Z[iel]P[erson] weiter aufzuklären und uns später zuzuführen".

Andererseits hatte, gegen Ende der Eskapade Hohenfinow auf dem Berliner Ring, die Volkspolizei kontrolliert. Diesen Umstand beabsichtigte Roth zu benutzen. Es sollte im Gespräch erwähnt werden, die Volkspolizei habe die Informelle Mitarbeiterin befragt. Diesen Umstand hätten Oberstleutnant Busack und Hauptmann Roth zu nutzen, die sich als Mitarbeiter des Ministeriums des Inneren („Römer" und „Dr.Bergmann"/Staatliche Archivverwaltung) dem westdeutschen „Zielobjekt" vorstellen sollten. Deren Vorstellung sei durch die Behauptung zu untermauern:

"Seitens der DDR besteht gleichfalls Interesse am Verbleib des Nachlasses von Bethmann-Hollweg, zumal schriftliche Unterlagen im Nachhinein in die BRD verbracht wurden".

Folglich sollte das zu entwickelnde Angebot lauten:

"Tätigkeit der Zielperson in unserem Auftrag und zum persönlichen finanziellen Vorteil abgeleitet, d.h. Recherchen zum Nachlaß".

Als Brücke zu den letztendlich ins Auge gefassten weiteren Schritten sollte «darauf verwiesen« werden, "daß die Z[iel]P[erson] aufgrund der Tätigkeit an der Hochschule der Bundeswehr nur eine inoffizielle Verbindung« zu staatlichen Stellen der DDR eingehen könne. Die IMS "Barbara" werde, so Roth (alias „Römer"), bei dieser Variante "offensiv genutzt" werden, indem diese weitere Informationen aus dem Verlauf der Gespräche liefern, und zu weiteren Kontakten, falls möglich und notwendig, bereitstünde.[8] Noch vor Ende des Jahres war das "Personendossier" der Hauptabteilung A/IV/6 fertiggestellt. Kernaussagen darin bildeten, die «berufliche Stellung« des Hamburger Historikers sei erschüttert "und der Zeitvertrag" solle 1985 nicht verlängert werden". Als zentral wurde beurteilt,

„die Z[iel]P[erson] sei publizistisch gegen die konservativen BRD-Historiker (unter anderem die Professoren Opitz und Müller) aufgetreten, was zu persönlichen Schwierigkeiten an der HS/BW bis zur zeitweiligen Arbeitslosigkeit"

geführt habe. Bis in die Einzelheiten erschienen bereits erwähnte Gesichtspunkte erneut und es wurde geschlossen, "das Interesse am Nachlaßmaterial sei real« und werde "durch den Aufenthalt am Z[entralen]S[taats]A[rchiv] Potsdam, den Recherchen der ZP auf eigene Faust in Hohenfinow und vorliegenden Artikel...bestätigt".[9]

Der das Dossier anlegende Hauptmann Roth/"Römer" urteilte, «die Einlassungen der Z[iel]P[erson] zur beruflichen Situation" hätten den Zweck verfolgt, "sich interessant zu machen und dem Geltungsbedürfnis der Zielperson« entsprochen. „Ein verdecktes Angebot seitens der Z[iel]P[erson] wird daraus nicht abgeleitet", schloss der Führungsoffizier. Zusammenfassend wurde festgestellt:

"- Offensichtlich versucht die Z[iel]P[erson] zur Absicherung der beruflichen Existenz freiberuflich journalistisch tätig zu werden.
'Es wurde ebenfalls Verbindung zum BRD-Fernsehen aufgenommen, im III. Programm soll 1984 eine Dokumentation der Z[iel]P[erson] zur 'Technikgeschi-

chte' (Automobile) gesendet werden'[10] (vgl. Sendereihe ‚Autos die Geschichte machten'/NDR III (FS) und III. Progr. ARD 1983-85).

- Die Z[iel]P[erson] besitzt gute fachliche Kenntnisse auf dem Gebiet der neueren deutschen Geschichte, insbesondere der Außenpolitik und der Militärgeschichte.

- Über die beruflichen Verbindungen in der Eigenschaft als Dozent an der HS/BW äußerte sich die Zielperson, ebenso wenig über den Dienst in der Bundeswehr".

Im Großen Ganzen wurden die Angaben der Vorentwürfe und Erwägungen ins Dossier übernommen sowie vor allem auf dem politischen Gespräch zwischen dem Hamburger Wissenschaftler und dem Kontaktmann des M[inisterium]f[ür]S[taatssicherheit] im Staatsarchiv Potsdam, „GMS" Sepp Glaser gefußt. Originär, und erstmals so geäußert, erschien darüber hinaus eine Passage zur möglichen, verstärkten Zusammenarbeit zwischen DDR und Bundesrepublik. Dieser Absatz fasste für Ende 1983 die Urteile des westdeutschen Historikers zutreffend zusammen. Hauptmann Roth schrieb:

"Die Z[iel]P[erson] sprach sich für eine Fortführung der Entspannungspolitik zwischen den beiden deutschen Staaten aus. Die Möglichkeiten, insbesondere auf dem Gebiet der wirtschaftlichen Zusammenarbeit, seien bei weitem noch nicht ausgeschöpft. Dabei betrachtet die Z[iel]P[erson] die BRD als eine Art 'Entwicklungshelfer für die DDR'. Kredite der finanzkräftigen BRD zum Ausbau der Infrastruktur und wichtiger Industriezweige in der DDR, die sich auf ein gutes Arbeitskräftepotential stützen könne, das durch stärkere Inanspruchnahme des technischen 'know how' der BRD-Industrie noch effektiver würde".

Immer noch nicht waren Erkenntnisse über die Arbeiten des Hamburger Wissenschaftlers von der „Zentralstelle für Information und Dokumentation beim Zentralinstitut für Geschichte an der Akademie der Wissenschaften der DDR" eingeholt. Es ging in dieser Hinsicht darum,

„Hinweise auf den politischen Standort der Z[iel]P[erson] und gegebenenfalls aus der Anlage der Dissertation Kenntnisse zum Entwicklungsweg [des Verfassers]"

zu gewinnen. Hinsichtlich dessen persönlicher Struktur gelangte das Dossier zu einigen Ergebnissen, welche äußere und innere Eigenschaften unseres Historikers näher beleuchteten. So sei dieser «temperamentvoll und impulsiv, aber clever, ehrgeizig und strebsam...". Der Kontakt zu IMS 'Barbara'" habe zugleich "bestätigt, daß die Z[iel]P[erson] kontaktfreudig, unkompliziert und risikofreudig" sei und es verstehe, "Personen für sich zu gewinnen und zu Handlungen zu veranlassen«. Ferner verfüge er über "journalistische Fähigkeiten und" sei "vom Intellekt sowie physisch in der Lage, einen hohen Arbeitsaufwand zu bewältigen und sich in interessierende Fachbereiche einzuarbeiten«. Stereotypen, die sich auch in wissenschaftlichen Gutachten der Zeit zu dessen Person finden.

Für die Aktualität dieses Personendossiers mag kennzeichnend sein, dass in der Berliner Zentrale bislang noch unbekannt war, dass der westdeutsche Gesprächspartner das Staatsarchiv Merseburg nicht besucht hatte. Allerdings schlugen sich weitere Details zu der Unternehmung am Wohnort Bethmann Hollwegs nieder, welche offensichtlich durch die IMS "Barbara" berichtet waren. Es sei «bei gemeinsamen Recherchen in Hohenfinow die Verbindung zur Ehefrau des Ortspfarrers [Kirsch] und namentlich nicht bekannten älteren Einwohnern aufgenommen« worden. Zur Akkuratesse der Nachforschungen des Ministeriums für Staatssicherheit erscheint charakteristisch, dass die Angaben über die Institution, die das Habilitationsstipendium des Hamburger Wissenschaftlers bereitstelle, nicht die Alexander-von-Humboldt Stiftung, sondern die Deutsche Forschungsgemeinschaft (DFG) war. Es bestanden zwischen diesem und der A[lexander]v[on]H[umboldt]-Stiftung seit 1982 keine Beziehungen mehr. Ferner blieb ein Ortungsversuch an dessen Wohnort erfolglos.

> "Im Telefonbuch 1983/84 ist die Z[iel]P[erson] nicht angeführt, ebenfalls keine weibliche Person mit dem Familiennamen der Z[iel]P[erson] unter gleicher Anschrift«,

führte Hauptmann Roth/Römer erneut aus.

Aus der Tatsache, dass der Hamburger Historiker, durch seine Forschungen zu den Riezler Tagebüchern in das öffentliche Interesse vorgedrungen sei, folgerte der Offizier, sei dieser „sicherlich durch den M[ilitärischen]A[bschirm]-D[ienst der Bundeswehr] sicherheitsmäßig überprüft" worden, und diese Aktivitäten hätten gewiss Einfluss darauf gehabt, dass dessen Zeitvertrag an der Hochschule der Bundeswehr Hamburg nicht verlängert werde. Zusätzlich sei "die Einreise an das Z[entrale] St[aats]A[rchiv] Potsdam für die Z[iel]P[erson] an der Arbeitsstelle meldepflichtig«. Als Ansatzpunkt für eine mögliche „Anbahnung" wurde in diesem Fall erachtet:

> "Die Zielperson trägt den wissenschaftlichen Meinungsstreit öffentlich aus und offenbart dabei den linksorientierten politischen Standort, unabhängig von beruflichen und persönlichen Konsequenzen".[11]

---

1 Birthler-Behörde. MfS AP 6172/89c, Bd. 1, ZA-Berlin.

2 Ebd., MfS AP 6172/89c, Bd.1, ZA- Berlin, HVA A/IV/6, Kontakt des GMS "Franz"[i.e. Sepp Glaser] - institutioneller Stützpunkt im Zentralen Staatsarchiv Potsdam zu einem Angehörigen der Hochschule der Bundeswehr Hamburg, 28.9.1983. Die Angabe hinsichtlich der Benutzung im Militärarchiv traf nicht zu. Olt.Ernst (Sohn des Militärbezirkskommandeurs Generalmajor Ernst, 1968) brachte die Akten aus dem Militärarchiv ins Staatsarchiv. Generalmajor Ernst informierte den Verfasser 1990 im Rahmen der Dreharbeiten zu seinem Film zur Besetzung der CSSR 1968.

2 Ebd., MfS AP 6172/98c, Bd 1, ZA-Berlin.

3 Vgl. ebd., MfS AP 6172/89c, Bd.1, ZA-Berlin, Aktenvermerk zur Addreß- und Telefonbuchüberprüfung der Z[iel]P[erson]..., 3.11.1983.

4 Ebd., MfS AP 6172/89c, Bd. 1, ZA-Berlin, HV A/IV/6, Berlin, 5.11.1983. Hauptmann Roth, Bericht zum planmäßigen Treff mit GMS "Franz"/alias Sepp Glaser.

5 Ebd., MfS AP 6172/89c, Bd. 1, ZA-Berlin, Anlage 2: Interessenlage der ZP bei Archivbesuchen, 5.11.1983.

6 Ebd., MfS AP 6172/89c, Bd. 1, ZA-Berlin, HVA/IV/6, Hptm. Roth, Sachstandsbericht ZP..., 9.12.1983.

7 Ebd.

8 Ebd.

9 Vgl. Artikel „Lübecker Nachrichten, Juli 1983 und Rezension zu „Europäische Krise" in der ZEIT. Vgl. www.forumfilm.com, Artikel zur „Verfälschung der Riezler Tagebücher" etc.

10 Vgl. Senderreihe „Autos die Geschichte machten" in: NDR III (FS) und III. Progr. ARD (1983-85).

11 Birthler-Behörde, MfS AP 6172/89c, Bd. 1, ZA-Berlin. HVA/IV/6, Hptm. Roth, Personendossier. ZP ..., zum gegenwärtigen Stand der operativen Bearbeitung, 28.12.1983.

Große Politik: Es geht um Geld

Vorgeschobene SS-20-Raketen in Westrußland und der DDR führten Mitte des Monats Dezember 1979 zum NATO-Doppelbeschluss. Bis 1983 sollten gegen die sowjetischen Mittelstreckenraketen Pershing-Systeme aufgebaut werden. Die DDR hatte zu zahlen. Am 19.März 1980 tagte der Nationale Verteidigungsrat. Die neue Lage wurde in Führungsbefehle zur allgemeinen Verteidigungsbereitschaft umgesetzt. Ende Juni 1983 verfügte Honecker die notwendigen Maßnahmen für den Verteidigungsfall. Es ging bis in den Juli 1986 um „Grundsätze der Koordinierung und Abstimmung der wirtschaftlichen Mobilmachung mit der Mobilmachung in allen anderen gesellschaftlichen Bereichen, insbesondere mit der militärischen Mobilmachung". Das reichte soweit, dass zum Beispiel in Karl-Marx-Stadt, per 15.April 1985 bei Kriegsausbruch 8984 Menschen („feindlich.operative Personen") „in spezifisch-operativen Vorbeugungsmaßnahmen erfasst" waren.[1] Diese Ausgangslage überschattete sämtliche deutsch-deutschen Kontakte der folgenden Jahre.

Mitte des Monats Januar des Jahres 1983 bestätigte Erich Honecker Gespräche der DDR-Staatsführung mit einem „Gewährsmann der Berliner Bank,

Sitz Luxemburg", wobei es um „die ernsthafte Absicht" ging, „in Kürze in Verhandlungen der Außenhandelsbank der DDR...über die Gewährung eines Finanzkredites in Höhe von 500 Mio DM einzutreten". Der Kredit sollte unter Federführung der Berliner Bank von einem „Konsortium ausländischer Töchter westdeutscher Banken gebildet" werden. Eine „Laufzeit von 5 Jahren" reiche „zu den international üb[er]lichen Bedingungen" aus. Den Schlüsselpunkt dieser Vereinbarungen bildete ein „Schuldenbeitritt", ausgesprochen „durch die Regierung der BRD...gegenüber dem Bankenkonsortium...wegen aller aus dem Kreditvertrag entstehenden Forderungen". Dieser werde „nur wirksam..., wenn die Kreditrückzahlung durch die Außenhandelsbank der DDR zu dem fälligen Termin nicht" erfolge. Dazu erklärte der

> „Minister der Finanzen der DDR...den Verzicht auf die aus den Vereinbarungen über die Transitpauschale vom November 1978 vereinbarte jährliche Pauschale bis zu einer Höhe wie die Regierung der BRD aus dem erklärten Schuldenbeitritt".

Es ging der DDR damit darum, „eine völlige Trennung zwischen dem Abschluß des Kreditvertrages" und „der möglicherweise anzunehmenden Verzichterklärung der Regierung der DDR aus Forderungen gegenüber der Regierung der BRD" festzuschreiben. Unmittelbar im Anschluss sei mit „der notwendigen Grundsatzentscheidung „auf der BRD-Seite" zu rechnen. Schalck Golodkowski sollte die entsprechenden Verhandlungen „weiterführen".[2]

Vor diesem Hintergrund wurden Ende März mit dem Zuständigen für Wirtschaftsfragen, Dr.Günther Mittag, Gespräche im Rahmen der Hannover-Messe und in Bonn mit dem Grafen Lambsdorff (damals Bundesaußenminister) und dem Bundeskanzler für den 18.April vereinbart.[3] Das Ministerium der Finanzen der DDR äußerte sich am 4.Juni entsprechend gegenüber Gerhard Stoltenberg, dem Bundesminister der Finanzen.[4]

Anfang Juni 1983, der kleine verschwiegene Ort Spöck am bayerischen Chiemsee lag verlassen. Gegen Abend rollte eine große BMW Limousine in den Hof des Sommerhauses. Zwei schwergewichtige Männer stiegen aus und betraten schweigend das Gebäude. Diesen Ort hatte der Rechte von beiden, der zuversichtlicher blickte, ausgesucht, um mit dem bereits in der Halle Wartenden im grau-bläulichen Anzug – vertraulich sprechen zu können. Sie hatten über das Thema eines Krankenhausaufenthaltes das Gespräch zu den zu erwartenden Themen, das sie zwischen München und Spoeck geführt hatten, ausklingen lassen. Zwei kurze Händedrücke und schon wandte sich der größere einem Kaminzimmer im hinteren Teil des Hauses zu, öffnete die Tür, begrüßte kurz den

Hausherrn, der sich darauf zurückzog und bot den beiden nachfolgenden Herren Platz an, und stellte seinen Begleiter als Herrn Jenninger vor, den Chef des Bundeskanzleramtes. Dieser, so bemerkte er kurz, habe zu „seiner Zeit als Finanzminister der BRD als sein persönlicher Referent gearbeitet". Er begründete die Anwesenheit des Vertrauten des Bundeskanzlers mit der Tatsache, dass er

> „die schnelle Reaktion zur Verbesserung der Atmosphäre im grenzüberschreitenden Verkehr zwischen der DDR und der BRD, die vom Generalsekretär und Vorsitzenden des Staatsrates veranlasst"

worden sei, „zur Kenntnis genommen und darüber Kohl ... informiert" habe. Jenninger führte aus, „es ginge jetzt darum, diese vertrauensbildenden Maßnahmen nicht durch neue Probleme zu belasten". Franz Josef Strauß – quasi in der Position des Hausherrn – ergriff das Wort und „fasste in wenigen Sätzen den bisherigen Stand der Gespräche, der vermittelten Standpunkte und der getroffenen Vereinbarungen zusammen:

> ‚Ich habe sehr aufmerksam und konzentriert die Übermittlung des Generalsekretärs und Vorsitzenden des Staatsrates, Herrn Honecker, am 25.05.1983 zur Kenntnis genommen'".

Der bayerische Ministerpräsident bezog sich auf „die ökonomische Situation der DDR", die „nicht nur von der BRD teilweise falsch eingeschätzt" werde. Die DDR sei, so seine Meinung, „bei aller Entwicklung im RGW – für weltweiten Handel, und auch für die Entwicklung des Handels mit der BRD zum gegenseitigen Vorteil und Nutzen". Die beiderseits „unterschiedlichen Standpunkte[n]", so Strauß mit dem Oberkörper vorschwingend und deutlich werdend, vernachlässige er dabei keineswegs. Der Gegenüber von Jenninger und Strauß, die Leitfigur des DDR-Westhandels, Oberst Dr. Schalck-Golodkowski, nahm seine Sonnenbrille jetzt ab und betonte zustimmend und mit einer weitausholenden Bewegung der rechten Hand seine Worte unterstützend:

> „Die DDR ist für eine Entwicklung des Handels mit der BRD auf der Basis des Grundlagenvertrages ohne Einflußnahme auf innere Angelegenheiten der anderen Seite".

Offensichtlich ging es ihm darum, die künftige, „kontinuierliche Entwicklung der wirtschaftlichen Beziehungen zu fördern" und dazu hemmende Bestimmungen etc. „anzupassen" und so „die Struktur des Handels zu verbessern". Schalck ging sofort auf den kritischen Hinweis ein, den Strauß zur ‚ökonomischen Situation der DDR' eingeflochten hatte, und stellte unverbindlich fest,

„Wenn der Handel eingeschränkt würde, wird die DDR die Aufgaben mit Hilfe des RGW lösen, und dann ‚werden die Schotten dichtgemacht'.

Gleichzeitig lenkte Schalck jedoch ein, indem er hinzusetzte, „der Generalsekretär und Vorsitzende des Staatsrates", habe Strauß so verstanden, dass auch er eine solche Entwicklung nicht" wolle. Doch habe die „Deutsche Demokratische Republik...gegenüber Schmidt am Werbellinsee keine Zusagen zum Mindestumtausch gemacht. Er[s] gibt keine Vereinbarung zur Senkung des Mindestumtausches", führte der DDR-Partner aus. Damit lag das „Fell des Bären" auf dem Tisch um das gerungen werden sollte; und schliesslich wußte Schalck, dass es für die DDR keine Alternative zu diesen Gesprächen gab.

Strauß lenkte jedoch ab und griff sofort erneut an, indem er ausführte, er habe „aus der Bereitschaft des Generalsekretärs und Vorsitzenden des Staatsrates weiter entnommen, dass [dieser] sich ernsthafte Gedanken" mache,

> „vertrauensbildende Maßnahmen durchzuführen und zu einer international üblichen Grenzsicherung überzugehen".

Damit war klar, wer am Tisch das Heft in der Hand hatte. Selbst Jenninger war nur Beisitzer. So „vermied" der bayerische Ministerpräsident, in dessen Gegenwart „Details zu dieser Übermittlung". Über weitere Einzelfragen hinweggehend, betonte Strauß gleichzeitig den hohen Grad an Abstimmung zwischen München und Bonn. Er habe, so führte er aus,

> „zu diesem Komplex zwei persönliche Gespräche mit Bundeskanzler Kohl und drei persönliche Gespräche, das letzte heute im Wagen, mit Staatsminister Jenninger geführt".

Auch den Bundesfinanzminister Stoltenberg habe er „in den letzten Tagen... in diese Problematik eingewiesen und uneingeschränkt zur Kenntnis nehmen können, dass Stoltenberg zur Abwicklung des Kredites in Verbindung mit dem zu übermittelnden Brief des Ministers der Finanzen der DDR an ihn kein[en] Einspruch erheben" werde. „Volle Übereinstimmung" – eine feste Wand – demonstrierte Strauß so seinem DDR-Gesprächspartner. Jenninger, wohl eher um etwas zu sagen, flocht die Frage ein, „ob es nicht notwendig wäre, die Alliierten zu informieren". Strauß winkte ab: „...nicht notwendig, hat, mit denen nichts zu tun...'".

Dass der kritische Moment in dieser Verhandlung erreicht war, zeigte das sich verfinsternde Gesicht Schalcks, als Strauß die Bitte des Bundeskanzlers übermittelte - zwar formal ohne Junktim mit der Kreditvergabe, so doch „von

sehr großer atmosphärische Bedeutung...für die künftige Zusammenarbeit" –
„dass eine Reduzierung der Mindestumtauschsätze für Rentner nach wie vor
im größten Interesse der BRD" liege. Der bayerische Ministerpräsident, der
den spannungsreichen Moment der Verhandlung erkannte, schob behend
nach,

> „dass damit die Ausreichung eines Kredites in Höhe von 1 Mrd. DM ohne jegli-
> che schriftliche Vereinbarung über die Durchführung von Gegenleistungen der
> DDR erfolgen"

werde. Es werde Wort gegen Wort abgewickelt. Ein, zwischen weltanschaulich
derart oppositionellen Partnern, erstaunlicher Vorgang. Strauß meinte, „er
wandte sich an..." Schalck persönlich, „er stehe zu seinem Wort und" sei „fest
davon überzeugt, dass der Generalsekretär des ZK der SED auch zu seinem
Wort stehen" werde, und das[ß] niemand...in eine unangenehme Lage gebracht" werde.

Nun wurde Jenninger gebeten, „seinen Standpunkt als offizieller Vertreter
der Bundesregierung mitzuteilen und die notwendigen Entscheidungen zu
treffen". Der Präsident der Deutschen Außenhandelsbank der DDR und, „nach
dem jetzigen Stand" – der Präsident der Bayerischen Landesbank „als Kon-
sortialführer" sollten „noch in dieser Woche" in Verhandlungen eintreten. In
Vorbereitung dieser Verhandlung am Chiemsee habe Kohl gebeten, so wurde
geäußert,

> „in das Bankenkonsortium weder die Deutsche Bank, die Dresdener Bank noch
> die Commerzbank aufzunehmen"

und habe „von seiner Seite aus Strauß die Bayerische Landesbank und Bayerische Vereinsbank empfohlen". Schalck, der diese Unterredung wiedergibt,
fügt hier an, „nach anfänglichem Zögern" sei der Bayerische Ministerpräsident
„diesem Gedanken gefolgt". Dabei habe „bei ihm der Gedanke eine wichtige
Rolle" gespielt, „dass nicht zu offensichtlich das Land Bayern in den Mittelpunkt
der Öffentlichkeit gerückt" werde. Das hätte jedoch bedeutet, dass Strauß
Kohls Vorschlag hätte zurückweisen müssen. Jenninger (und damit der Bundeskanzler) zeigte sich uneingeschränkt bereit, „mitzutragen" und verwies auf
die Bedeutung dieser „doch bisher einmalige[n] Transaktion, die sicherlich bei
Inkrafttreten in der gesamten Weltöffentlichkeit Beachtung finden" werde. Der
Staatsminister bezeichnete seinerseits als „das Hauptproblem", das auch der
Bundeskanzler das Problem so sehe, „wie vor allen Dingen der Öffentlichkeit in

der BRD und bei den Bündnispartnern sowie insbesondere der Presse" erklärt werden könne,

> „warum in dieser Zeit ein solch ungewöhnlich hoher Kredit ohne sichtbare[n] Gegenleistungen ausgereicht"

werde. In diesem Augenblick griff Strauß energisch ein, machte sich die Sache ganz zu eigen und erklärte, „umso mehr müsste man sich beeilen, eigentlich" müsse „der Vertrag schon abgeschlossen sein und wiederholte seine Ausführung, Herr Honecker, und sein Beauftragter, Herr Schalck, hätten" sich sicher auf der DDR-Seite ernsthafte Gedanken" gemacht, „wie die gegebenen Zusagen eingehalten werden" würden. In diesem Zusammenhang ergänzte Strauß, den hohen Grad der Abstimmung dieser Aktion mit dem Bundeskanzler bestätigend,

> „daß er in Übereinstimmung mit dem Bundeskanzler und in Abstimmung mit Stoltenberg ins Wort geht, weil er glaubt, daß die *Abkapselung der DDR im RGW* der Entwicklung des Friedens in Europa, besonders der allseitigen Entwicklung der Beziehungen zwischen beiden deutschen Staaten, nicht dienlich sein" (Hervorh.v.m., B.S.)

werde. Die formelle Frage an Jenninger, „ob er bereit" sei, „offiziell den Brief des Ministers der Finanzen der DDR an den Bundesfinanzminister entgegenzunehmen" quittierte dieser zustimmend, allerdings erst nach einigem Zögern, denn der Bayerische Ministerpräsident fragte ihn: „Klärst Du jetzt alleine die notwendigen Fragen, oder soll ich Kohl morgen anrufen?" Schalk berichtete, allgemeine Einigkeit habe darin bestanden, „dass dies nicht notwendig" sei. Erneut führte der Staatsminister, dadurch das Ganze gefährdend ein, „bei der Amtübernahme" sei er

> „durch Wischnewski informiert worden..., dass während der Gespräche am Werbellinsee und später in Weimar das sogenannte ‚Züricher Modell' besprochen worden sei und dabei von Seiten der DDR gewisse Zusagen über die Veränderung des Mindestumtausches als soziale Komponente gemacht"

worden seien. Schalck wies diesen erneuten Vorstoß umfassend zurück und verwies darauf, Jenninger solle sich ausschließlich auf das stützen, was er „vom Generalsekretär und Vorsitzenden des Staatsrates oder autorisierter[n] Bevollmächtigter[n]" übermittelt erhalte.

Schalck gelangte zu dem Resümee,

> „dass vor allen Dingen im Bundeskanzleramt und Außenministerium starke Kräfte vorhanden sind, die ohne die ausdrückliche Weisung von Kohl, die aus-

schließlich in den jetzt verhandelten Fragen durch das persönliche Engagement von Strauß getragen wird, der positive Abschluß dieses Komplexes nicht denkbar wäre".

Es sei ferner, und das gilt nicht nur für diese Szene, erkennbar,

„dass es wenig Sinn hat und erfolgversprechend ist, politisch bedeutsame Verhandlungsgegenstände auf mittleren Führungsebenen, unabhängig als geheime oder publizierte Verhandlungen zu führen".

Es handelte sich um eine Aktion höchster Ebene und Provenienz, die in direktem Zusammenhang stand mit den weltpolitischen Entscheidungen dieser Jahre.

Die Frage der neu zu vereinbarenden Gebühren für die Postverbindung zwischen West und Ost stellte Schalck bei Strauß und Jenninger zur Diskussion. Wobei der bayerische Ministerpräsident durchaus positiv reagierte, Jenninger dagegen „gleich zu Beginn die Sache etwas herunterzuspielen" versuchte, worauf dem DDR-Verhandlungspartner „bei dieser gezeigten Naivität nur übrig" blieb „laut zu lachen" und zu bitten, die Westdeutschen sollten

„doch nicht mit taktischen Fragen glauben..., entstehende komplizierte inhaltliche Fragen...lösen"

zu können. Schalck wandte sich an Jenninger und stellte fest:

„Der Bundesregierung ist sehr genau bekannt, dass die DDR in ihren Verhandlungen über die von der Deutschen Post der DDR durchgeführten Leistungen nach Ablauf des Vereinbarungszeitraumes, der immerhin 5 Jahre betrug, eine leistungsgerechte Bezahlung von der Bundespost fordert.
Es ist in der ganzen Welt nicht üblich, daß eine Postverwaltung Leistungen erbringt und die andere Seite, in diesem Fall die BRD, aufgrund von politischen Rechtsstandpunkten, in dem sie den Postverkehr zwischen beiden deutschen Staaten als innerdeutschen Verkehr behandelt, eine leistungsgerechte Bezahlung verhindert.
,Herr Staatsminister nehmen Sie zur Kenntnis, dass Sie es eigentlich nur Herrn Strauß zu verdanken haben, dass wir bisher keine politischen Schritte zu der destruktiven Haltung de[r]s Bundespost unternommen haben und was sicherlich noch unbequemer für Sie wäre, nur noch Leistungen durchzuführen im Rahmen der Summen, die die Bundesregierung bereit ist an die DDR zu überweisen".

Ein Ausbruch des DDR-Unterhändlers, der vor dem Hintergrund der tatsächlichen Lage und Position der DDR einigen Wagemut verriet.

Der DDR-Staatssekretär baute zügig eine feste Position gegenüber dem Versuch der BRD-Vertreter auf, im Gegengeschäft die Postgebühren zu annullieren. Das rieche „schon von weitem nach politischer Erpressung", verkündete Schalck noch weiter ausreizend, die „niemande[n]m Nutzen" bringe. Auch verwahre er sich dagegen, „Verhandlungen unter einem Junktim zu führen", das „was die Post" betreffe, „erst verbindliche Zusagen – dann neue Verbesserungen in den Post- und Nachrichtenverbindungen zwischen beiden deutschen Staaten und danach Verhandlungen über die Höhe der zu zahlenden Gebühren an die DDR" bedeute. Diesen bisherigen „Verhandlungsstil" wies der DDR-Vertreter „energisch" zurück. „Nur bei realistischer Betrachtungsweise" werde Jenninger „die Bereitschaft der DDR vorfinden, die Verhandlungen zur Sache fortzuführen". Fußend auf „den Normen des Weltpostvereins" sei „mit Herrn Ministerpräsident Strauß in einer sachlichen und aus" DDR-Sicht „konstruktiven Atmospähre...die Bereitschaft erklärt, auf der Grundlage einer Pauschale von 300 Mio DM pro Jahr eine neue Pauschale mit einer längerfristigen Laufzeit abzuschließen". Darauf antwortete der Staatsminister:

> „daß es nach seiner Kenntnis nicht zu sehr jetzt um ein Junktim Bezahlung von Leistungen und verbindlichen Zusagen über Verbesserungen im Post und Fernmeldeverkehr geht, sondern mehr darum, der Öffentlichkeit Auskunft geben zu können über die außerordentlich hohen Verlustquoten in der DDR".

Schalck führte aus, es sei „eine Zahl von jährlich 20.000 Paketen" benannt worden und hielt dem entgegen, „daß in der DDR keine Pakete verschwinden" würden. Maßgebend seien „Prinzipien über Inhalt und Verpackung" und falls Sendungen „diesen Anforderungen nicht" entsprächen, diese „zurückgeführt oder beschlagnahmt" würden. Das sei „durchaus denkbar". Erläutert wurde ferner, diese "festgelegte Ordnung" gelte auch für den DDR-Bürger, der in das sozialistische Ausland versende.

Hier schaltete sich Strauß ein und befragte Jenninger „sehr sachkundig", ob es zutreffe, dass – wenn die internationalen Maßstäbe angelegt würden – Schalck mit seiner Argumentation im Recht sei. Jenninger konnte nicht leugnen, dass es dann um Zahlungen in Höhe von „250 – 300 Mio an die DDR" ginge. Schalck fragte nach den Gebühren, die an die Schweiz und Österreich gingen und der Staatsminister konnte nur schwach bedeuten, das sei „bisher überhaupt nicht diskutierbar". Strauß bemühte sich um einen Kompromiss und schließlich gestand Jenninger zu, es sei innerdeutsch von einem „Anspruch von 170 Mio DM" auszugehen. Einschließlich der Gebührenerhöhungen in der BRD, so Strauß' Vorschlag, bestätigte der Staatssekretär schließlich:

> „Ja, das stimmt, wir würden Herr Schalck, in etwa auf dem richtigen Niveau liegen und wir würden zu einer Pauschale zwischen 250 – 300 Mio kommen".

Der bayerische Ministerpräsident drückte erneut auf's Tempo und Jenninger bestätigte nun eine Verhandlung – allerdings garniert mit einer „erklärbare[n] und öffentlichkeitswirksamen Information" zu „dem „dubiosen Verschwinden von Paketen".[5]

Schalck berichtete in seiner Einlassung zu dieser Konferenz von Spöck für Honecker, er habe den Swing, "die Entwicklung des Handelsumfanges" zwischen der DDR und der BRD "in den ersten 4 Monaten des Jahres 1983", gegenüber Strauß und Jenninger gleichfalls zur Sprache gebracht. Dabei habe er aufgrund von Presseveröffentlichungen zu der "Äußerung" des "Ministerpräsident Strauß" reagiert, "daß der 'zinslose Überziehungskredit im innerdeutschen Handel (Swing) in die notwendige Überprüfung der Bonner Deutschlandpolitik einbezogen werden'" solle. Haltung und Verständnis der DDR seien, "daß es darum geht, weitergehende Voraussetzungen zu schaffen, die im Interesse des Ausbaus der Handelsbeziehungen" lägen. Seit 1974, so Schalck, sei "die Zug um Zug"-Rückführung der "maximale[n] Swinghöhe" von zunächst "25% der im voraufgegangenen Kalenderjahr eingegangenen Gutschriften" über 850 und 770 auf 600 Mio VE zu beobachten. Schalck bestätigte, ganz der Lage der DDR-Volkswirtschaft entsprechend, das Interesse an einer Steigerung des Handelsvolumens mit der BRD. Er äußerte:

> "Die DDR hat nie ein Hehl aus ihrer Auffassung gemacht, daß der Swing eine wesentliche Rahmenbedingung für die Handelsentwicklung darstellt, für beide Seiten nützlich und vorteilhaft ist und insbesondere auch unter Berücksichtigung der bedeutenden Umsatzsteigerung von 5,6 Mrd. VE im Jahre 1973 auf 14,1 Mrd. VE im Jahre 1982 gesehen werden muß".

Das Interesse der DDR war es, die Handelsbeziehungen mit dem Westen zu verbessern und dazu die "Swinghöhe" den Umsatzsteigerungen der ersten Monate de Jahres 1983 anzupassen. Dazu sollte dieser auf einem höheren Niveau als dem gegenwärtigen festgesetzt werden. An "die Möglichkeiten zur stärkeren Einbeziehung von Klein- und mittelständischen Betrieben" wurde gedacht. Nach den Veröffentlichungen des "Statistischen Bundesamtes der BRD" seien "die Bezüge der DDR aus der BRD und Berlin (West) zum Vergleichszeitraum des Vorjahres um 33% gestiegen... . Diese starke „Entwicklung" der Käufe der DDR in der BRD" betreffe "vor allem Grundstoffe und Verbrauchsgüter, so z.B. metallurgische Erzeugnisse, aber auch Investitionsgüter". Dies zeige "das Bestreben der DDR, ihrerseits alles zu tun, um den Handel weiter auszubauen".

Es ging, wie gesagt, der DDR darum, den Handelsaustausch mit der Bundesrepublik, vor dem Hintergrund der eigenen Finanzkrise, zu steigern. Es seien, so Schalck, mit der "Fortführung der positiven Handelsentwicklung... auch entsprechende Möglichkeiten zur Steigerung der Exporte der DDR" zu finden. Angesichts eines Abflauens der Importe Berlin (West's) forderte Schalck, da "diese Entwicklung unbefriedigend" sei, es werde "erwartet, daß auch seitens der BRD konsequentere Maßnahmen zur Unterstützung und Förderung des Bezugs von Waren aus der DDR getroffen und bestehende Hemmnisse abgebaut" würden. Zu diesen "Handelshemmnissen" zählten nach seiner Überzeugung:

> "die Aufrechterhaltung von Mengen- und Wertbegrenzungen für eine große Anzahl von Lieferpositionen der DDR, die verstärkte Anwendung sogenannter Freiprüfungsverfahren mit dem Ziel, die DDR vom Markt fernzuhalten sowie die Festlegung der Einzelgenehmigungspflicht bei einer Reihe von Lieferpositionen, die bisher unbegrenzt geliefert werden konnten".

Strauß habe darauf geantwortet, was "die Presseveröffentlichungen" betreffe, sei "natürlich im stärkeren Maße mit Störmanövern zu rechnen", da "es für viele Politiker, vor allem aber auch für die Presse unverständlich" erscheine, "*warum ausgerechnet Strauß* sich jetzt für eine sachliche Verhandlungsführung zwischen den beiden deutschen Staaten" einsetze. (Hervorh.v.m., B.S.). Jenninger und Strauß hätten beide geäußert, es sei "jetzt erst einmal wichtig, den 1.Komplex und das sensible Thema Post abzuschließen, um dann schrittweise beiderseitig interessierende Fragen zügig konstruktiv weiter zu verhandeln". Dazu seien "technische Kontaktmöglichkeiten" vereinbart worden.[6]

Kurz nach 19.15 Uhr verließ Jenninger Strauß und Schalck. Verabsäumte jedoch nicht, sich bei dem bayerischen Ministerpräsidenten "für die Möglichkeit zu diesem Treffen und" zu diesem "Gespräch" zu bedanken "und sagte...zu, daß [er] alles in den nächsten Tagen" unternehmen werde, "um die vereinbarten und diskutierten Probleme einer endgültigen positiven Lösung zuzuführen". Unter vier Augen besprachen der DDR-Verhandlungspartner und Franz-Josef Strauß dessen Besuche in Dresden, wie auch den Ablauf der Besuchsreise in der Volksrepublik Polen. Ihm sei "angeboten, ein privates Gespräch mit dem 1.Sekretär der P[olnischen]V[ereinigten]A[rbeiter]P[artei], Genossen Armeegeneral Jaruzelski, zu führen". Strauß informierte, "ein solches Treffen gern wahrnehmen" zu wollen, habe "aber die Bitte geäußert, daß ihm auch eine Audienz bei Kardinal Glemb gewährt" werde. Er rechne "fest damit, obwohl noch keine endgültige Antwort" vorliege, "daß diese Frage positiv entschieden" werde. "Die polnische Regierung" habe "die Bitte geäußert, daß Strauß nicht mit Führern illegaler Gruppen" zusammentreffe, so Schalck. Der bayerische Ministerpräsident habe wörtlich erklärt:

> "Ich war noch nie für Geheimbündelei, was ich zu sagen habe, sage ich laut und brauche dazu nicht illegale Plattformen".

Ferner könne „die polnische Regierung davon ausgehen, daß er selbstverständlich diese Bitte voll" respektiere. Es sei "zu spüren" gewesen, dass Strauß

> "ein Treffen mit dem Generalsekretär und Vorsitzenden des Staatsrates der DDR, Genossen Erich Honecker, im Rahmen des privaten Besuchs an jedem Ort der DDR gerne wahrnehmen würde.
> Sicherlich, um Absagen eines direkten Wunsches für die Gesprächsführung zu vermeiden, wurde von ihm nicht direkt der Wunsch zum Ausdruck gebracht, ein solches Gespräch durchzuführen.
> Er will auch vermeiden, daß er sich jetzt aufdrängt und blieb bei der Feststellung, er würde für ein Treffen im Rahmen eines privaten Besuches gern zur Verfügung stehen und in der Annahme, daß der Generalssekretär sicher sich in seinem wohlverdienten Urlaub befindet, würde er auch seine Familie für diese Zeit allein in Dresden zurücklassen".

Ausdrücklich erwähnte Strauß, "daß ja in dieser Zeit auch der Besuch von Kohl in der Sowjetunion und in diesem Zusammenhang Gespräche mit dem Generalsekretär des ZK der KPdSU, Genossen Andropow, stattfinden" würden. Auf die großen Fragen der strategischen Rüstung eingehend habe, so Schalck, Strauß ergänzt, es sei "jetzt schon zu sagen..., daß Kohl zur Nachrüstung keine andere Position Moskau mitteilen könne, wie sie jetzt bekannt" sei. Das unverhältnismäßig hohe Interesse im Westen an Gesprächen mit Moskau hatte Strauß seinem Gesprächspartner gleichfalls suggeriert, denn dieser notierte:

> "Aufmerksam wurden in den letzten Tagen Signale aus Moskau nicht nur in der BRD sondern auch in den USA registriert, daß es vielleicht doch noch zu Gesprächen auf höchster Ebene kommen könnte.

Da die Kriegsgefahr im nahen Osten wächst, auch in anderen Krisenherden der Welt, es nicht zum Besten aussieht, sollte alles unternommen werden, *daß Europa davon frei bleibt*" (Hervorh.v.m., B.S.).

Strauß habe lächelnd hinzugesetzt: "Herr Schalck, dann brauchen S[s]ie sich keine Sorgen mehr machen über die Rückzahlung der Kredite". Schalk ergänzte:

„Obwohl das mit Lächeln von ihm bemerkt wurde, war ein ernsthaftes Nachdenken bei Strauß zu spüren".

Schliesslich ging es um das Gelingen der Strategie, den Westen zum Sanieren des Ostblocks zu veranlassen.

Strauß intendierte, Honecker "mitzuteilen, daß diese Art der Kontakte sicherlich sehr hilfreich" wäre und auch bleibe "und das[ß] er seine Bereitschaft" anzeige, "sich in allen Fragen diesen Weg offen zu halten" und "es begrüßen" würde, "wenn von Zeit zu Zeit diese Verbindung für beide Seiten offen" bleibe und benutzt werden könne. Zum Abschied, als die beiden Herren vor das Haus traten, bemerkte der bayerische Ministerpräsident beiläufig, er sei "in Bonn vor wenigen Tagen durch Blühm informiert" worden, dass nach den jetzigen internen Einschätzungen die FDP in Hessen nur mit 2,5% der Stimmen rechnen" könne.[7]

Seitens der DDR wurden vorbereitende Maßnahmen ergriffen, um den Präsidenten der Außenhandelsbank, Polze, in den Stand zu versetzen, den Finanzkredit mit der BRD in der vorgesehenen Höhe und Laufzeit zu international üblichen Konditionen abzuschließen". Weiter wurde der zuständige Staatssekretär im Ministerium für Post- und Fernmeldewesen", Calv, ermächtigt, eine Einladung zu Gesprächen in Ost-Berlin für den 10.Juni 1983 auszusprechen. Schalck erbot sich, erneut die Betreuung Strauß' während dessen Aufenthaltes in der DDR übernehmen.[8]

Es deutete sich bereits in diesem Stadium der Kontakte Strauß-Schalck an, dass hinter den vordergründigen Fragen der deutsch-deutschen Beziehungen, weitere international begründete Probleme standen, die nicht zuletzt ihre Ursache in der Entwicklung der militärischen und strategischen Lage in Mitteleuropa hatten. Es ging insbesondere um das Schicksal des Kommunismus in Europa.

---

1 Otto, Mielke, S. 432ff. Hahn, Volkswagen, S. 229: „Würde dieses System zuerst einen Infarkt erleiden, oder würde es einen Befreiungsschlag durch Krieg versuchen?" Diese Frage stellten sich demnach nicht nur amerikanische Politik und deutsche Intellektuelle, sondern auch die Spitzen der westdeutschen Industrie. Diese Aussicht stand offenbar hinter den Friedensschalmeien der östlichen Staatsführer dieser Jahre.

2   BA-Berlin, DL 2, 1040. Vom Generalsekretär bestät[igte]. Arbeitsgrundlage am 18.1.1983, Bl. 225. Vermerk. Vereinbarungsgemäß meldete sich am 18.1.1983 der Gewährsmann der Berliner Bank, Sitz Luxemburg.

3   Ebd., DL 2, 1400. Vermerk über eine telefonische Mitteilung, 31.3.1983.

4   Ebd,. DL 2, 1040. Min.d.Fin.der DDR an Bundesminister der Finanzen der BRD, 4.6.1983, Bl. 101.

4a Joseph März, geb. 26.7.1925 in Rosenheim. Strauß-Intimus. Fleischhändler. Vgl D. Hanitsch, Die Stasi-Akte des F.J.Strauß, München ²1992.

5   Ebd., Niederschrift über das geführte Gespräch zwischen dem Vorsitzenden der CSU, F.J.Strauß, dem Staatsminister im Bundeskanzleramt, Jenninger, und Genossen Schalck am 05.06.1983 in Spöck/Chiemsee, 6.6.1983, Bl. 121-137. Offenbar standen diese Verhandlungen unter beträchtlichem Zeitdruck. Wodurch dieser verursacht war, bleibt vorerst offen. Jedenfalls bestand die Möglichkeit, dass dem Kredit der Versuch zugrunde lag, die DDR aus dem RGW herausbrechen, was Strauß zwar frontal verneinte, sich jedoch an anderer Stelle bestätigt und auf Kiesingers Politik 1968 gegenüber der CSSR basierte. Der Verfasser hielt im Sommer 1968, im Verlauf seines Fähnrich-Lehrganges an der Artillerie-Schule Idar-Oberstein, einen Vortrag, der auf einer Prokifolie mit darauf eingetragenen, durch die deutsche Funkaufklärung erfassten, sowjetischen Verbänden bis zur Regimentsebene herunter, basierte.

6   Ebd., Niederschrift über das geführte Gespräch zwischen dem Vorsitzenden der CSU, F.J.Strauß, dem Staatsminister im Bundeskanzleramt, Jenninger, und Genossen Schalck am 05.06.1983 in Spöck/Chiemsee, 6.6.1983, Bl.139-141.

7   Ebd., Niederschrift. 6.6.1983, Bl. 142-146.

8   Ebd., Vorschläge für das Weitere Vorgehen, Bl. 146f.

Der Milliarden-Kredit

Es ging um einen Kredit in Höhe von einer Milliarde DM. In der Zeit zwischen dem 16. und 31.Juni 1983 sollte dieser, "gemäß [einem] besondern Auftragsschreiben des Kreditnehmers ausgezahlt" werden. Dieses "Auftragsschreiben" hatte "spätestens 14 Tage vor dem Auszahlungstermin beim Kreditgeber" einzugehen. "Jeder Ziehungsbetrag" hatte "eine Laufzeit von rd: 5 [handschr.] Jahren". "Jeder Ziehungsbetrag ist in...gleichen aufeinanderfolgenden Halbjahresraten zu tilgen", lautete der Vorentwurf des Kreditvertrages zwischen der Deutschen Außenhandelsbank AG Berlin und dem "Kreditgeber", der noch nicht in den Vertragsentwurf eingetragen war. "Die Auszahlung" erfolgte "in DM - frei konvertierbare[r] und transferierbare[r] gesetzliche[r] Währung der Bundesrepublik Deutschland". Auch "die Rückzahlung des Kredits" sollte in DM erfolgen. "In gegenseitiger Abstimmung" konnte "eine andere konvertierbare und transferierbare Währung für die Rückzahlung des Kredits und die Zahlung der Kreditzinsen vereinbart werden".

Eingeräumt wurde ausdrücklich im § 7 des Vertrages die "Vorzeitige Rückzahlung" der "ausstehende[n] Beträge". Es wurde berücksichtigt, "jede vorzeitige Rückzahlung auf die Rückzahlungsraten in der umgekehrten Reihenfolge ihrer Fälligkeit" zu verrechnen. "Vorzeitig ausgezahlte Beträge" könnten "nicht erneut in Anspruch genommen werden", so der Vertragsentwurf in den Händen der DDR. Zentrale Bedeutung hatte die Regelung des "§ 8 Kündigung". Hier hieß es:

> "Der Kreditgeber ist berechtigt, die Auszahlung des Kreditbetrages zu verweigern oder den Kredit zu kündigen oder die sofortige Rückzahlung der Ziehungsbeträge zusammen mit aufgelaufenen Zinsen und gegebenenfalls anderen ausstehenden Beträgen zu fordern, wenn der Kreditnehmer innerhalb von 14 Arbeitstagen nach Fälligkeit einer Rückzahlungsrate oder eines Zinsbetrages nicht zahlt".

Weiter wurde festgehalten, "der Kreditgeber sei nicht berechtigt, seine sich aus dem Vertrag ergebenden Rechte ohne Zustimmung des Kreditnehmers auf Dritte zu übertragen". Weiter wurden "alle Rechtsverhältnisse aus diesem Kreditvertrag" der Rechtsprechung "im Land des Kreditgebers" unterworfen. Das fand zusätzlich seinen Ausdruck darin, dass "alle Rechtsverhältnisse aus diesem Kreditvertrag im Land des Kreditgegners" verankert wurden. Interessanterweise legte das Dokument für Schiedsgerichtsverfahren ein "Schiedsgericht mit dem Sitz in Wien" zugrunde.[1] Knapp eine Woche nach den Gesprächen in Spöck berichtete Schalck an den Sekretär des ZK der SED, Günter Mittag:

> "Herr Jenninger hat den Vorstandsvorsitzenden und Präsidenten der Bay[e]rischen Landesbank in der bekannten Angelegenheit angerufen.
> Er hat ihm mitgeteilt, daß die Bundesregierung die Bay[e]rische Landesbank bittet, die Konsortialführung für die erste Tranche des vereinbarten Kredites in Höhe von 500 Mio DM zu übernehmen. Da dieser Kredit auf Grund des Militärgesetzes 53 über Luxemburg abgewickelt wird, muß die Bay[e]rische Landesbank einige refinanzierungs-technische Aktionen treffen, mit denen der Bankpräsident am 10.06.1983 beginnen wird".

Diese Information erreichte den DDR-Bevollmächtigten über das „Büro Strauß" und wurde ergänzt, eine Viertelstunde darauf, durch eine gleichlautende Mitteilung Jenningers. „Zu den Postverhandlungen" habe dieser mitgeteilt, „daß er im Auftrage des Bundeskanzlers den Postminister beauftragt" habe, „zum frühesten Termin die von der DDR ausgesprochene Einladung zur Fortsetzung der Gespräche zum Post- und Fernmeldeverkehr wahrzunehmen". Jenninger habe erklärt, „daß ausschließlich Termingründe dafür maßgeblich" seien, dass „bis zur Stunde kein früherer Termin als der 27.06. genannt werden" könne.[2] Dass sich die Dinge zügig weiterentwickelten, wurde mit dem 14.Juni erkennbar. Werner Polze, berichtete Schalck, habe "gegen 14

Uhr Herrn Dr.Huber, Vorstandsvorsitzender der Bayerischen Landesbank München" angerufen und ihm mitgeteilt, dieser habe "von der Bundesregierung, Herrn Bundeskanzler Dr. Helmut Kohl, den Auftrag erhalten..., einen Kredit über 1 Milliarde DM für" die DDR "zu organisieren. Für die erste Tranche von 500 Mio DM werde" die Bayerische Landesbank "die Konsortialführung übernehmen".[3]

Um die Mitte des Monats Juni wurde Schalck, von seinen westlichen Gesprächspartnern, in dichter Aufeinanderfolge der Mitteilungen, weiterhin auf dem Laufenden gehalten. Dieser leitete an Günter Mittag am 18.Juni weiter, Jenninger habe ihn angerufen und im Verlauf des Telefonates mitgeteilt, "daß was den Kredit" betreffe, "die Dinge positiv vorangegangen" seien "und... die Bundesregierung bzw. der Bundesfinanzminister" jetzt "die schriftliche Ausfallgarantie gegenüber den Banken erklären" müssten. Deshalb habe ihn der Bundeskanzler "beauftragt", mit Schalck "persönlich zum kürzesten Termin informell zusammenzutreffen, um die an Strauß übermittelte Erklärung, die ja nur mündlich" erfolgt sei "und nur indirekt dem Bundeskanzler und Jenninger vermittelt" worden sei, "direkt über Staatsminister Jenninger dem Bundeskanzler zu übermitteln". Schalck "habe Jenninger bereits bei" dem

> "letzten gemeinsamen Gespräch mit Strauß mitgeteilt, daß zwischen dem im Gespräch befindlichen Finanzkredit und den von Seiten der DDR beabsichtigten Maßnahmen kein Junktim hergestellt werden"

dürfe "und das[s] weitere Forderungen über das Mitgeteilte hinaus unannehmbar" seien. Kohl aber habe dem Staatsminister nach Konsultationen mit Strauß vermittelt:

> "Sinn des Anrufes von Staatsminister Jenninger war nicht die an mich gerichtete und mir vorgelesene Botschaft nochmals direkt zu erfahren und bei dem vorgeschlagenen Gespräch *neue oder weitere Forderungen* - als mit Strauß gesprochen - zu stellen.
> Sinn dieses Vorschlages besteht ausschließlich darin, die Sprachregelung zu besprechen, die bei Bekanntwerden des Vertrages von beiden Seiten angewendet werden soll.
> Strauß hat Jenninger eine Sprachregelung etwa folgender Art vorgeschlagen:
> Dieser von der Bundesregierung genehmigte Kredit steht im Zeichen langfristiger Entwicklung der wirtschaftlichen Zusammenarbeit und der damit verbundene Bemühungen, ein geregeltes nachbarschaftliches Verhältnis zu erleichtern.

Staatsminister Jenninger hat Strauß zugesichert, daß er keine weiteren Absichten verfolgt. Auch habe er keinen strengen Auftrag des Bundeskanzlers in diesem Zusammenhang.

Staatsminister Jenninger hat darauf hingewiesen, daß mit der Einschaltung weiterer Banken in diesem Konsortium und mit der Verständigung der Bundesbank eine Pressemitteilung darüber irgendwann einmal nicht ausgeschlossen sei"

Aus diesen Gründen schlug Schalck vor, "ausschließlich...in dieser Frage den angebotenen Gesprächstermin...mit Staatsminister Jenninger wahrzunehmen".[4] Kurz darauf wies der DDR-Verhandlungsführer diesem gegenüber das Ansinnen zurück. Festgehalten wurde, Schalck besitze

"keine Gesprächsvollmacht, ...um in einem *informellen Treffen* mit mir Dinge bezüglich der Absprache der Sprachregelung, zu besprechen, weil das nicht den getroffenen Absprachen"

entspreche. Es sei bereits "am 18.Juni 23.00 Uhr" Strauß "der gleiche Text mitgeteilt" worden, "wie er 2 Stunden später Staatsminister Jenninger" zugegangen sei. Es sei "darüber hinaus...Strauß dringend gebeten" worden, "darauf Einfluß zu nehmen, *keine Zusammenhänge herzustellen zu Fragen, die mit ihm in den bisherigen Gesprächen besprochen worden*" seien (Hervorh.v.m., B.S.). "Jegliche Veröffentlichungen würden die Absprachen" zwischen der DDR und Strauß "undurchführbar machen". Es müsse "so bleiben wie das zwischen" Schalck und dem bayerischen Ministerpräsidenten vereinbart gewesen sei. Daraufhin habe Strauß darauf aufmerksam gemacht, "daß im Interesse einer sachlichen Berichterstattung, zumindest aus der Regierungsebene, eine Sprachregelung gefunden" werde, "die auch für die westdeutsche und internationale Öffentlichkeit verständlich" sei. Daraufhin schlug Schalck Günter Mittag folgende Lösung "im Zusammenhang mit dem Abschluß von Kreditvereinbarungen" vor:

"Im Rahmen der Bemühungen der Regierung der BRD und der DDR, die langfristige wirtschaftliche Zusammenarbeit und die beiderseitigen Beziehungen zu fördern, wurden zwischen Banken der BRD und der Außenhandelsbank der DDR Kreditvereinbarungen abgeschlossen".[5]

Das Thema war schliesslich: Wie kann die DDR mehr von den Beziehungen zur Bundesrepublik profitieren?

Am folgenden Tag meldete sich Strauß bei Schalck und drückte sein Bedauern über diese Entwicklung aus. Der Bayerische Ministerpräsident habe

Jenninger empfohlen, Bundeskanzler Kohl das mitzuteilen. Trotz allem, so hielt Schalck dies unterstreichend fest,

> "habe [Strauß] Jenninger ... empfohlen, die Abwicklung auf rein kommerzieller Basis sicherzustellen".

Daraufhin habe der Staatsminister am 21.Juni angerufen, nachdem dieser mit Kohl Rücksprache genommen hatte. Es wurde mitgeteilt:

> "Bundeskanzler Kohl ist einverstanden, daß ohne jede Sprachregelung Aktion auf rein kommerzieller, das heißt banktechnischer, Ebene abgewickelt wird einschließlich der Zustimmung des Bundesfinanzministers, die auf der Grundlage des übermittelten Briefes des Ministers der Finanzen der DDR an ihn, auf deren Grundlage die Ausfallgarantie des Bundesfinanzministers gegenüber den Banken der BRD erklärt wird, erfolgt".

Es werde, so Strauß auf "jede Sprachregelung" verzichtet. Allerdings sei "der Hinweis angebracht, daß die Absicherung des Kredites in der vorgeschlagenen Weise kein *Staatsgeheimnis* bleiben" könne, "weil [die] Presse nach [dem] Bekanntwerden sich damit beschäftigen" werde. Schalck schätzte das als unerheblich ein. Der DDR Unterhändler erfuhr zusätzlich, "Bundeskanzler Kohl habe gegenüber Jenninger betont, daß seine Äußerungen gegenüber einem Bischof in Hannover [Kirchentag] sich nicht auf die in Rede stehende Transaktionen bezogen" hätten. Geplant war für die Reise des bayerische Ministerpräsidenten - über Polen nach Dresden - ein persönliches Treffen mit Honecker am 24.Juli 1983, nach dem Grenzübertritt von Polen in die DDR, bei Pomellen.[6]

Vor diesem Gespräch erreichten den DDR-Unterhändler Mitteilungen aus dem Außenministerium der DDR, hinsichtlich der Freigabe dieses Gesprächskontaktes für die in- und ausländische Presse. Die Vertreter der Print- und elektronischen Medien sollten, gemäß Vorgaben, in einem gesondert zur Verfügung gestellten Bus nach Hubertusstock gebracht, und nach abgeschlossener Tätigkeit, direkt nach Berlin zurückgefahren werden.[7] Über die Gespräche, die Strauß in Warschau geführt hatte, berichtete der Staatssekretär für Auswärtige Angelegenheiten, Kohl, an Honecker:

> "Strauß zeigte viel Verständnis für die Entwicklung der aktuellen politischen und wirtschaftlichen Lage in Polen. Er äußerte sich kritisch zur 'Walesa-Bewegung'. Diese Bewegung sei politisch unrealistisch und einer der Gründe für die Verschlechterung der ökonomischen Lage in Polen. Die Massenmedien im Westen

würden ein unrealistisches Bild der Lage in Polen geben und eine negative Wirkung ausüben. Darüber habe sich Strauß auch öffentlich geäußert. Strauß schätzte die jüngsten Beschlüsse der Regierung und des Sejm sehr positiv ein. Er bewertete die sogenannte Päckchenhilfe für Polen als nicht notwendig".

"Zur Kritik an den revanchistischen Tendenzen in der BRD" habe er keine Stellung bezogen. "Die Gefahr eines Krieges in Europa" habe der Besucher ausgeschlossen und die Meinung vertreten, "daß die 'Nachrüstung' bereits beschlossen sei. Eine "Null-Option sei eine Illusion". Strauß habe "die Gespräche in Genf" als "sehr kritisch" beurteilt. "Es seien zwei parallele Monologe. Auf diesem Weg könne keine Verständigung erreicht werden". Der bayerische Ministerpräsident sei

> "der Meinung, daß man die Gespräche in Genf weiterführen sollte. Aus den Gesprächen von Kohl in Moskau habe man [in Bonn] die Überzeugung gewonnen, daß die Sowjetunion an der Weiterführung von Gesprächen mit der BRD interessiert sei".

Der CSU-Politiker habe die Meinung vertreten,

> "daß in einem Zeitraum von drei bis fünf Jahren eine Lösung der Fragen der Rüstungsbegrenzung gefunden werden könne, wenn man sie Gespräche in Wien, SALT und START komplex"

behandele. "Zur Friedensbewegung" habe der Bayerische Ministerpräsident geäußert, diese

> "habe keine Möglichkeit, irgend etwas zu verändern. Aus den Gesprächen von Kohl in Moskau zeige sich, daß die Stationierung von neuen USA-Raketen die *Möglichkeit eines begrenzten politischen Konfliktes in Europa* in sich berge. Er vertrete aber die Meinung, daß dies *nicht zu einem umfassenden Einbruch in der Politik in der Welt und in Europa* führen würde" (Hervorh.v.m., B.S.).

Damit sind die sich im Raume begegnenden Strategien dargelegt. Die Warnung des Ostens, wenn derart fortgefahren werde, den Warschauer Pakt zu überrüsten, berge dies die Gefahr eines Krieges in Europa, lag offen auf dem Tisch von Hubertusstock.

Über die Aufnahme dieser Äußerungen von polnischer Seite teilte Krolikowski mit, der "Genosse Wirowski habe erklärt, daß die polnischen Genossen die Gespräche mit Strauß positiv einschätzten. Obwohl viele politische Akzente... nicht akzeptabel seien, habe Strauß ein beträchtliches Maß an Realismus gezeigt".[8] Am 24.Juli erreichte Honecker der Bericht der DDR-Botschaft in

Warschau. Danach hatte zwischen dem 18. und 23.Juli, "auf einladung seines in der "brd-botschaft tätigen Schwagers" Strauß einen privaten Besuch in der Volksrepublik Polen durchgeführt. Er habe sich in Breslau, Schweidnitz, Tschenstochau, Krakau. Olsztyn, Gdansk und Stettin aufgehalten. In Warschau hätten ein Gespräch mit Olszowski "und ein empfang in der brd-botschaft" stattgefunden. Daran seien Olszowski, Rakowski, der Außenhandelsminister Nestorowiz, der stellvertretende Finanzminister Bejm, der stellvertretende Außenminister Kuza sowie Bischof Jerzy Dabrowski beteiligt gewesen. Die "einladungsliste [sei] sowohl von staatlicher, als auch von kirchlicher seite reduziert" worden. Auf das Angebot von "polnischer seite", eines Gespräches mit Olszowski, "[dem] vizemarschall sejm, [dem] stellv[ertretenden]. vorsitzenden [der] plankommission dlugos und [dem] vorsitzenden [der] auszenpolitischen Kommission wojna" sei Strauß nicht eingegangen. Stattdessen habe dieser nur ein Gespräch mit "jaruzelski und olszowski" gewünscht. Die Unterredung mit Jaruzelski habe "aufgrund terminlicher Schwierigkeiten (sejm-sitzung) nicht stattgefunden". Die Gespräche mit Olszowski hätten insgesamt drei Stunden in Anspruch genommen.

Während einer "begegnung mit vertretern der brd-presse in Warschau" habe sich Strauß "kritisch ueber deren berichterstattung zur Lage in [der] vrp" geäußert. Die "reale lage in [der] vrp, wie er sie angetroffen haette, sei anders als in [der] berichterstattung der brd-medien". Strauß habe ein "interview fuer [den] polnischen Rundfunk mit aehnlichen aussagen" gegeben. Der Bayerische Ministerpräsident habe "dabei stark [die] person [des] genossen jaruzelski" gewürdigt. Die Ausführungen des polnischen Ministerpräsidenten gab der DDR-Botschafter folgendermassen wieder:

"[der] genosse olszowski legte [die] entwicklung [der] vrp in [den] letzten 3 jahren dar, aeußerte sich kritisch zu sanktionen der usa und anderer natostaaten, darunter [der] brd, die groszen schaden für [die] vrp brachten. nur [die] reorientierung [der] polnischer[n] wirtschaftspolitik auf [die] sozialistischen laender konnte negative folgen abschwaechen. [die] sozialistischen Laender halfen bei [der] ueberwindung der krise. diese reorientierung [sei] keine konjunkturelle erscheinung, sondern dauerhaft. [der] westen muesse damit rechnen, wenn auch [die] tueren für normale beziehungen nicht verschlossen [seien]. letzte beschlüsse des sejm schaffen guenstige voraussetzungen fuer [die] normalisierung der beziehungen. [diese] werden in [der] vrp nicht zur neuen phase [der] anarchie führen. die fuehrung [der] vrp geht davon aus, dasz [der] westen [die] linie gegenüber polen nicht schnell

aendern wird. [sie] rechnet jedoch mit [einer] Reaktion auf [die] entscheidungen des sejm. [ich] glaube, dasz [die] brd als erstes kapitalistisches land
schluszfolgerungen zieht und [die] beziehungen normalisiert. [die] einberu-
fung [einer] gemischten kommission fuer wirtschaftliche zusammenarbeit
wuerde zeichen setzen.

[der] genosse olszowski betonte stark, dasz sogenannte humanistische paeck-
chenhilfe wirtschaftliche zusammenarbeit nicht ersetzen kann [koenne]. [er]
setzte sich kritisch mit revisionistischen tendenzen in [der] brd (zimmermann, windelen) auseinander. [die] regierung [der] brd wird [die] anerkennung [der] gueltigkeit [der] vertraege mit [den] sozialistischen laendern er-
neuern muessen.

zu internationalen problemen unterstrich olszowski, dazs [die] absicht der
nato-staaten, raketen in westeuropa zu stationieren, frieden und zusammenarbeit bedroht[e]. er erlaeuterte aktivitaeten [der] warschauer vertragsstaaten
und [den] willen der sozialistischer[n] laender, insbesondere im bereich der
abruestung, zu vereinbarungen zu kommen. Er erlaeuterte ausfuehrlich den
inhalt der prager deklaration der warschauer vertragsstaaten".

Strauß habe demgegenüber ausgeführt, er danke

"fuer [die] moeglichkeit zu treffen mit [einer] anzahl regierungsmitgliedern
[der] vrp und [fuer] gespraech mit [dem] genossen olszwowski. [strausz]
stellte fest, dasz [das] polen-bild [in den] brd-massenmedien verzerrt dargestellt wird und nicht mit realitaeten uebereinstimmt. in polen herrsche weder
terror noch hunger. jetzige beschluesse [des] sejm schritt in richtiger richtung. sind vom guten willen bestimmt und duerfen nicht negativ oder als
scheinloesung eingeschaetzt werden. 'walesa-bewegung' haette zur verringerung [der] produktion und [zur] verschlechterung [der] versorgung gefuehrt.
ihm sei nicht klar, wie sich so etwas haette entwickeln koennen. Jetzt notwendig, evolution zu[r] stabilisierung.
nach seiner information stand polen 1981 am rande [der] intervention. andere sozialistische Länder haetten dazu gedraengt.
regierung der brd sei *kein fuersprecher für konfrontation, sei gewillt, solche
beziehungen zu entwickeln, die polen moeglichkeit geben, [eine] volle stabilisierung zu erreichen. polnische seite solle westen entgegenkommen, weil
dort vorstellungen, von denen man sich schwer trennen koenne.*
*fuehrende kreise in [der] brd seien nicht an [einer] verschlechterung, son-
dern an [der] stabilisierung [der] wirtschaftlichen lage in polen inter-*

essiert. [strausz] wird sich fuer wirtschaftshilfe einsetzen, um [die] folgen [der] Fehlplanung [der] 70-er jahre zu beseitigen.

polen muesse [ein] land sein, in dem [die] wirtschaft funktioniert und das wieder zahlungsfaehig wird. er teilte die meinung, dasz [die] paeckchen-aktion nicht [der] gegenwaertigen situation entspricht, das geld haette fuer echte wirtschaftshilfe genutzt werden koennen. auf kritische bemerkungen [des] genossen olszowski[s] zu revisionistischen tendenzen [ist strausz] nicht eingegangen.

zu internationalen Problemen stellte strausz fest, *dasz gegenwaertig keine kriegsgefahr in europa* [bestehe]. die nachrüstung [der] nato sei eine festgelegte sache, die null-loesung waere [eine] irreale idee. bis ende des jahres [sei] in genf keine vereinbarung zu erwarten, da dort 2 aneinander vorbeigehende monologe [abliefen].

[ein] nichterreichen [der] vereinbarung in genf duerfe nicht [die] einstellung [der] gespraeche bedeuten. auch [die] su haette waehrend [des] kohlbesuch[es] in moskau interesse an [der] fortsetzung [der] gespraeche zu komplexen loesungen geaeuszert. bei [einem] komplexen herangehen sei in Genf innerhalb von 3 bis 5 jahren eine loesungsmoeglichkeit vorhanden. bei kohl-gespraeche[n] in moskau haetten 2 momente aufmerksamkeit verdient:

1. *angst [der] bevoelkerung [der] su vor Krieg. [die] su waere opfer [ihrer] eigener[n] propaganda geworden.* [die su] glaubt[e] zu stark an antikriegsgegner in westlichen laendern. in der brd gebe es etwa 5000 'berufskriegsgegner' und etwa 500 000 mitlaeufer. die demonstrationen werden keinen einflusz auf [die] weiterentwicklung haben.

2. *die su uebte starken druck auf kohl aus, dasz [die] brd auf [die] stationierung verzichten soll*, weil das [eine] bedrohung fuer Europa braechte. der druck wuerde aber nicht zum abbruch der gespräche fuehren. auch [die] su, *vor allem unter beruecksichtigung oekonomischer interessen*, [sei] an der weiterfuehrung [des] dialog[es] interessiert.

strausz schluszfolgerte, *dasz [die] su [den] limitierten politischen Konflikt einkalkuliert.*

strausz erklärte [seine] bereitschaft, sich fuer die entwicklung der beziehungen zu polen zu engagieren. [er] warb um [die] zustimmung, kohl und genscher ausfuehrlich zu informieren. [er] wuerde einfluß auf [die] weitere einstellung der brd gegenüber polen haben. moechte polen gern erneut einen besuch abstatten" (Hervorh.v.m., B.S.).

Dass die Oststaaten unter Druck standen, war unverkennbar. Dass der Westen auf kurze Sicht, u.U. auch gegenüber Polen ein Herausbrechen aus dem Warschauer Pakt plante, klang hier an.

Der Staatssekretär im Ministerium für Auswärtige Angelegenheiten, Neubauer, resümierte weiter, der "Genosse Olschowski" habe "anschlieszend gegen [die] interventionsthese und quellen internationaler spannungen sowie [ein] sogenanntes fehlendes gleichgewicht" "polemisiert[e]", wie das von "strausz angeführt wurde". "polnische genossen schaetzten ein, dasz Strausz besser als erwartet auftrat. Dieser stellt[e] sich zwar als konsequent konservativer Politiker dar, [war] aber offen gegenüber [den] realitäten. [er] wollte sich betont realistisch zeigen". Neben diesen Urteilen des DDR-Diplomaten wurde resümiert, das "gespraech" sei "zwar polemisch, aber ebenso wie [das] treffen in der botschaft [der brd] in guter atmosphäre" verlaufen. Es sei "richtig" gewesen, "auf [diesen] besuch einzugehen. [die] polnische Seite sei auch bereit, die gespraeche fortzufuehren".[9]

So unterrichtet trat Erich Honecker in die damals als epochal empfundene Unterredung ein. Diese fand zwischen Franz Josef Strauß und dem Staatsratsvorsitzenden am 24.Juli 1983 in Hubertusstock statt. Das Jagdschloss des früheren Kaisers Wilhelm II., das in seiner ursprünglichen Struktur in die DDR Zeit überkommen war, bot den äußeren Rahmen des Gespräches, und knüpfte damit an bedeutungsvolle Konferenzen an, die zwischen der Reichsleitung und den Ministerien, vor dem Ersten Weltkrieg, am selben Ort stattgefunden hatten. Erich Honecker begrüßte den Bayerischen Ministerpräsidenten auf dem Boden der Deutschen Demokratischen Republik und zeigte sich befriedigt "über das Zustandekommen des Treffens". Der Staatsratsvorsitzende äußerte, "allein die Tatsache seines Stattfindens unterstreiche erneut die Wichtigkeit des Sinns für die Realitäten, der die Dinge in der Welt wesentlich beeinflusse". Honecker kam Strauß entgegen, indem er diesen "als Vorsitzender[n] der CSU, der zweitstärksten Koalitionspartei der Bundesrepublik Deutschland, und bayerischer[n] Ministerpräsident[en]" ansprach, "eine der führenden Persönlichkeiten nicht nur Bayerns", der "über eine gute Kenntnis der Bundesrepublik" verfüge. Dieser sei zugleich gewohnt, sich mit weltpolitischen Zusammenhängen zu befassen. Honecker betonte, "bei allen Meinungsverschiedenheiten, die es in vielen grundsätzlichen Fragen gebe, werde dies für das Gespräch günstig sein". Es ginge "ihm vor allem um Fragen der Sicherheitspolitik und der weiteren Entwicklung der bilateralen Beziehungen".

Strauß antwortete, er

> "habe sich Gleiches vorgestellt. Er bedankte sich für den Empfang in der DDR und die großartige Gestaltung des Programms seiner Besuchsreise. Worauf es ankomme sei, 'weder uns selber noch den Partner zu täuschen'. Ihm liege an einer Reihe praktischer Probleme der beiderseitigen Beziehungen, für die er teils unmittelbare Verantwortung trage - immerhin gebe es zwischen Bayern und der DDR eine gemeinsame Grenze von über 400 Kilometern -, teils mittelbare. Nach seiner Rückkehr habe er vor, Bundeskanzler Kohl über das Gespräch mit E.Honecker zu unterrichten, werde dies aber nicht mißbrauchen".

Honecker antwortete: "Das liegt in ihrem Ermessen". Strauß verwies auf den tragischen "Tod eines Transitreisenden aus der BRD am Grenzkontrollpunkt Drewitz" und bedauerte, diesen "als 'Mord' bezeichnet zu haben". Diese "seine Ausdrucksweise" sei "'nicht juristisch' gemeint gewesen". Der Bayerische Ministerpräsident bedankte sich ausdrücklich "für die jetzige Handhabung der Grenzkontrollen durch die Organe der DDR". Er wolle "auch im Auftrage von H. Kohl zum Ausdruck bringen, wie wohltuend die Änderung empfunden werde". Seine

> „Bitte an die DDR sei, dies fortzusetzen. ...Strauß betonte, er gehöre nicht zu denen die, Öl ins Feuer gießen und psychologischen Sprengstoff sammeln wollten. Mit seinem Bekenntnis zum 'freien Journalismus' verband er heftige Kritik an einem solchen Journalismus, der alles zu verteufeln versuche".

Er führte aus:

> „Wir leben in zwei Gesellschaftssystemen und zwei Machtkonstellationen. ...Unser gemeinsames Interesse ist es, nicht Opfer eines Krieges zu werden, der alle weiteren Überlegungen überflüssig machen würde".

Es sei so, wie Honecker ausgeführt habe,

> „daß ein Atomkrieg nicht nur Europa, sondern die Welt verwüsten würde, und daß von beiden deutschen Staaten nichts übrigbleiben würde, auch nicht von den USA. *Wir wollen die DDR weder bekriegen noch aus der Welt schaffen*, fuhr F.J.Strauß fort. Alles andere werde in einem revolutionären Prozeß entschieden, indem sich die Welt befinde" (Hervorh.v.m., B.S.).

Das hieß, die DDR aus dem Ostblock herauszulösen mit allen Konsequenzen, jedoch ohne Krieg.

Es sei der Wunsch der Bundesregierung, mit den Ländern, zu denen die Bundesrepublik eine gemeinsame Grenze habe, unter Vermeidung überflüssiger Schwierigkeiten - er nenne hier nur das Stichwort Berlin - in absehbarer Zeit zu einem Umweltabkommen zu gelangen".

Strauß erörterte im Folgenden eine Anzahl Detailprobleme zwischen der DDR und der Bundesrepublik. Darunter auch die Atomenergie und Umweltfragen, kam auf Frage eines Kulturabkommens oder "kulturelle[r] Zusammenarbeit" zu sprechen und erwähnte den "bekannte[n] Dissens" in "Fragen der Staatsangehörigkeit". Der Ministerpräsident brachte zur Wirkung, er sei für eine "Erleichterung von Reisemöglichkeiten für 'DDR-Bewohner'" und "in dringenden Familienangelegenheiten" daran interessiert. Erweitert werden sollten seiner Meinung nach "die Kontaktmöglichkeiten an Grenzübergängen". Im Übrigen sah Strauß

> "einen Stimmungswandel in der Bundesrepublik von gewaltigem Ausmaß... für den Fall voraus, daß die DDR den 'Schießbefehl' und die automatischen Grenzsicherungsanlagen abschaffe".

Der Ministerpräsident votierte "für die Weiterentwicklung der Beziehungen zwischen der DDR und der BRD auf der Grundlage des Vertragssystems". Er sei "seinerzeit... ein Gegner dieser Verträge [der "Ostverträge" von 1972] gewesen, weil "diese "schlampig ausgehandelt worden seien, aber 'pacta sunt servanda' - Verträge sind einzuhalten. Schließlich sei er es gewesen, der veranlaßt habe, daß die Entscheidung fiel".

Im übrigen glaube er

> "nicht, daß das sozialistische Wirtschaftssystem auf die Dauer funktionieren könne; sie sei kein 'ideologisches Experimentierfeld'. Was er wolle, sei bessere Nachbarschaft. In diesem Jahrhundert trete die Ideologie in den Hintergrund, und praktisch-pragmatische Fragen träten in den Vordergrund. Die Welt befinde sich in einem Umgestaltungsprozeß. Die Rüstungspolitik beider Pakte und Blöcke, beider Hauptmächte *dürfte nicht zu einer Vereisung führen, die durch eine Explosion abgelöst werden könnte.* Je mehr sich hier die Fronten verhärteten, desto mehr müsse man sich die Hand reichen zur Kooperation.
> Bei der Reise H.Kohls nach Moskau sei eingetreten, was die Realisten erwartet hätten. Und man habe gefragt, ob Kohl Moskaus Standpunkte ändern werde, aber das könne nicht einmal Reagan, schon gar nicht der Bundeskanzler der BRD. Deutlich geworden sei, daß die Sowjetunion keinen Bruch mit der Bundesrepublik wolle. F.J.Strauß sagte, er sei schon immer ein Gegner der Null-Lösung ge-

wesen. Für die Nachrüstung sei er. In Genf sei keine Einigung zu erwarten, sondern eine zwischenzeitliche Vereinbarung unter Einbeziehung der strategischen und der Mittelstreckenraketenwaffen in ein gemeinsames Abkommen. Auf eine entsprechende Frage A.Gromykos habe er der Sowjetunion empfohlen, ihre Mittelstreckenraketen 'auf den niedrigsten Pegelstand' zu verringern. F.Mitterrand sei einer der 'schärfsten Betreiber' der Nachrüstung des Westens.

Für H.Kohl sei vor seiner Moskaureise durch den Druck der Sowjetunion eine schwierige Situation bei einem Nachgeben entstanden. *Er [Kohl] sei ein Kanzler der guten Nachbarschaft, kein Kanzler der Konfrontation.* Einerseits könne er nicht nachgeben, andererseits sei er Kanzler eines Feindstaates und einer feindlichen Konstellation" (Hervorh.v.m., B.S.).

Hierauf ging Strauß auf "seine[n] Gespräche in der V[olks]Re[publik] Polen" ein. "Dieses Land müsse seinen Weg gehen", führte er aus. "Im Mittelpunkt seiner Unterredungen habe der Ausgleich zwischen Kirche und Staat gestanden. Durch die Versendung von Paketen werde die nationale Würde der Polen verletzt. Er sei für eine Normalisierung der Lage im Lande".

Honecker dankte dem Ministerpräsidenten und ergänzte:

"Die Beziehungen zwischen der DDR und der BRD seien von außerordentlicher Bedeutung für die Friedenssicherung und damit für das Wohl der Bürger beider deutscher Staaten. Trotz aller Probleme seien diese Beziehungen als gut zu bezeichnen, man könne sie aber verbessern. F.J.Strauß selbst habe auf das Vertragssystem hingewiesen und erklärt: pacta sunt servanda. Das sei entscheidend, wie er auch H.Kohl am Telefon gesagt habe. Im Zusammenhang mit dem Regierungswechsel in Bonn seien bestimmte Schwierigkeiten eingetreten - vielleicht hätte es sie auch ohne ihn gegeben. Ohne Überheblichkeit, als Fakt könne man feststellen, daß eine Besserung der Beziehungen zwischen beiden deutschen Staaten die Entwicklung in Europa und in der Welt positiv beeinflusse.

Wir halten den Dialog zwischen Politikern aus Ost und West für ein wichtiges Element der internationalen Beziehungen, erst recht in einer Zeit wie der heutigen, unterstrich E.Honecker. Die Weltlage sei besorgniserregend. Die Verschärfung der Spannungen und die Stabilisierung der zwischenstaatlichen Beziehungen dauerten an. *Die Gefahr eines Kernwaffenkrieges mit seinen katastrophalen Folgen wachse. Daher geht es um nicht mehr und nicht weniger als um die Frage, ob die Menschheit in ein atomares Inferno abgleite.*

Nach wie vor sei es das Wichtigste, eine neue Runde des atomaren Wettrüstens zu verhindern; denn sie würde die Weltlage weiter komplizieren, die Gefahr eines Weltkrieges erhöhen und die Beziehungen zwischen beiden deutschen

Staaten ernsthaft belasten. Alles zu tun, um die Völker vor dem Abgleiten in einen Atomkrieg zu bewahren und den Frieden zu sichern, sei die Gretchenfrage für jeden verantwortungsbewußten Staatsmann, in welchem Lager er auch immer stehe. In einem Atomkrieg werde es keine Sieger geben. Er wäre der Selbstmord der Menschheit, der Untergang der Zivilisation.

Gerade wir in Europa, sagte E.Honecker, haben allen Grund, diese Tatsache mit allem Ernst zu sehen. *Ohne Zweifel würden die Völker unseres Kontinents einen nuklearen Schlagabtausch nicht überleben. Unter den ersten, die einem Nuklearkrieg zum Opfer fielen, wären die Bürger der BRD und die Bürger der DDR* sowie die Bürger der Nachbarländer.

Man möge unterschiedlicher Auffassung sein, welche Gesellschaftsordnung die bessere ist, wahr sei, daß Europa nur im Frieden eine Zukunft hat. Wenn die DDR über die europäischen Belange spreche, dann *nicht mit der Absicht, die BRD aus ihrem Bündnissystem herauszulösen*, wie manche behaupten. Ebenso solle sich niemand der Hoffnung hingeben, *er könne die Verankerung der DDR in ihrem Bündnis lockern*. Es gehe darum, mit Verantwortungsbewußtsein und Entschiedenheit einen Weg zu beschreiten, der trotz aller Schwierigkeiten eine Perspektive friedlichen Lebens und ersprießlicher Zusammenarbeit eröffnet.

Nehme man die Tatsachen, wie sie sind, so komme man nicht umhin festzustellen, daß die rapide Verschärfung der internationalen Lage vor allem durch das Bestreben führender Kreise der USA verursacht wird, militärische Überlegenheit über die Sowjetunion und die anderen sozialistischen Länder zu erlangen. Dem diene die Politik der Konfrontation und Hochrüstung, zu der die gegenwärtige US-Administration übergegangen ist. Dazu gehöre auch die Aufforderung zu einem 'Kreuzzug' gegen die Sowjetunion, von der Präsident Reagan bekanntlich behaupte, sie sei das Zentrum alles Bösen in der Welt. Das sei eine Philosophie des Krieges, anders könne man es nicht bezeichnen.

Unsere Vorschläge liegen auf dem Tisch, sagte E.Honecker. Auf dem Moskauer Treffen der führenden Repräsentanten sozialistischer Länder seien sie in einer Erklärung zusammengefaßt worden. Alle Regierungen hätten sie erhalten. Von der NATO gebe es jedoch keine Antwort. Die meisten ihrer Staaten erklärten, diese Vorschläge würden geprüft. Die USA bewegten sich nicht - weder auf dem Feld der strategischen Waffen noch der Mittelstreckenwaffen noch der operativ-taktischen Waffen atomarer Art.

Angesichts der weiteren Zuspitzung der internationalen Lage sei auf dem Moskauer Treffen mit allem Nachdruck betont worden, daß keine Zeit verloren werden darf, um praktische Schritte zu unternehmen, die dazu angetan sind, das Schlimmste zu verhüten und zur Festigung des Friedens beizutragen. Dem entspreche zum Beispiel der von Moskau aus unterbreitete Vorschlag an die USA und die NATO für eine Vereinbarung, die eine Stationierung neuer nuklearer Mittelstreckenraketen in Europa ausschließt und zur Reduzierung der vorhandenen führt. Wir sind für das Einfrieren der nuklearen Rüstungen, unterstrich E.Honecker, und sind dafür, daß sich die Kernwaffenmächte nach dem Beispiel der Sowjetunion verpflichten, nicht als erste nukleare Massenvernichtungsmittel einzusetzen. Vorgeschlagen werde weiter ein Übereinkommen mit der NATO, ab 1.Januar 1984 die Militärausgaben nicht zu erhöhen und in der Folgezeit beiderseitig zu kürzen. Erneut sei erklärt worden, daß der in der Prager Deklaration des Warschauer Paktes enthaltene Vorschlag auf dem Tisch bleibe, zwischen dem Warschauer Vertrag und der NATO ein Abkommen über den gegenseitigen Verzicht auf die Anwendung militärischer Gewalt und die Aufrechterhaltung friedlicher Beziehungen zu treffen.

Nun heiße es im Westen, das sei nichts Neues. Solange konstruktive Vorschläge ohne konstruktive Antwort blieben, liege es doch auf der Hand, daß man sie wiederhole, wobei man sich übrigens nicht darauf beschränkt, sondern weitere Vorschläge hinzugefügt habe. Alle Angebote berücksichtigten die wohlverstandenen Sicherheitsinteressen beider Seiten. Wenn von der NATO seit langem zu hören sei, sie wolle diese Angebote prüfen, dann dränge sich der Eindruck auf, daß damit einer Antwort, die vorwärts führt, ausgewichen werden solle.

Mehr als einmal hätten die Sowjetunion, die DDR und die anderen sozialistischen Länder ihre Bereitschaft, ihren festen Willen unter Beweis gestellt, selbst die radikalsten Maßnahmen zur Abrüstung zu ergreifen, betonte E.Honecker. Selbstverständlich könne das nur nach dem Prinzip der Gleichheit und der gleichen Sicherheit geschehen. Ebenso unmißverständlich hätten die sozialistischen Staaten erklärt, daß eine einseitige Veränderung des militärstrategischen Gleichgewichts unter keinen Umständen zugelassen werde. Also sind wir dafür, Frieden zu schaffen mit immer weniger Waffen, sagte E.Honecker.

Nach wie vor bliebe ein atomwaffenfreies Europa unser Ziel. Deshalb habe die DDR bekanntlich den schwedischen Vorschlag für eine atomwaffenfreie Zone in Mitteleuropa unterstützt und sich bereit erklärt, dafür ihr gesamtes Territorium zur Verfügung zu stellen. Leider sei die Antwort aus Bonn negativ gewesen.

E.Honecker verwies darauf, daß die Bundesrepublik in Europa ohne Zweifel ein beachtliches politisches Gewicht besitze. Werde es voll in die Waagschale des Friedens und der Sicherheit geworfen, werde eine realistische Position zu den anstehenden Fragen bezogen, so könne dies von großer Bedeutung für unseren Kontinent sei. In diesem Lichte sagte E.Honecker, sehen wir auch den kürzlichen Besuch von Bundeskanzler Kohl in der UdSSR.

Besonders bedrohlich sei die von der NATO geplante Stationierung neuer nuklearer Mittelstreckenwaffen der USA in Westeuropa, stellte E.Honecker fest. Dafür liefen die Vorbereitungen auf vollen Touren. Damit sollten die Völker der betreffenden Länder zur Geisel einer abenteuerlichen Vorherrschaftspolitik gemacht werden. Alles spreche dafür, daß die USA die Stationierung ihrer neuen Erstschlagwaffen um jeden Preis betreiben und die erste Pershing-II bereits ab Januar 1984 einsatzbereit haben wollen. Mit einer Fülle von Argumenten, die keine seien, werde versucht, dies zu rechtfertigen. Zu rechtfertigen sei es durch nichts, schon gar nicht durch eine angebliche Bedrohung aus dem Osten. Auch wäre es *ein verhängnisvoller Irrtum zu glauben, man könne die Sowjetunion durch den Beginn der Stationierung zu unzumutbaren Zugeständnissen bewegen.*

Wenn ich mich recht erinnere, sagt E.Honecker, haben Sie, Herr Strauss, schon sehr früh zu erkennen gegeben, was Sie von dem sogenannten Doppelbeschluß der NATO aus dem Jahr 1979 halten. Den USA kommt es ausschließlich darauf an, die Bedingungen für die Stationierung zu schaffen. Das ist offenbar auch der Grund, weshalb sie in Genf, wie mir Juri Andropow bei meinem Besuch in der UdSSR sagte, nicht ernsthaft verhandeln, um zu einer beiderseits akzeptablen Vereinbarung nach dem Prinzip der Gleichheit und der gleichen Sicherheit zu gelangen. Daher tragen sie die Verantwortung für alle Folgen, die entstehen, wenn es zur Stationierung der neuen USA-Raketen in Westeuropa kommt.

Die Frage, wohin dies alles führen soll, bewege mittlerweile im wahrsten Sinne des Wortes Millionen Menschen, fuhr E.Honecker fort. Darunter befänden sich Persönlichkeiten und Gruppen verschiedenster politischer und weltanschaulicher Richtungen. In den USA selbst erhöben nicht wenige ihre Stimme, die vom Geschäft sehr viel verstehen. Er meine die große Zahl von ehemaligen Vizepräsidenten, Ministern, Senatoren, Kongreßabgeordneten und anderen, ganz zu schweigen von namhaften Wissenschaftlern. Gut bekannt sei die Haltung der katholischen Bischöfe sowie der Repräsentanten anderer Kirchen. Ihnen allen gehe es, aus welchen Motiven auch immer, darum, dem Wettrüsten jetzt ein Ende zu setzen, die Atomwaffen einzufrieren und mit Entschlossenheit Schritte zur Abrüstung herbeizuführen. Das sei sehr bedeutsam. Zu behaupten, da sei nur die Hand Moskaus im Spiel, werde der Sache einfach nicht gerecht. Es sei ein echtes Aufbegehren gegen die tödlichste Gefahr, die der Menschheit jemals gedroht hat. E.Honecker betonte, daß die Verwandlung des Territoriums der *BRD in eine Startrampe nuklearer Erstschlagwaffen der USA* eine neue Lage schaffen würde. J.Andropow habe gegenüber H.Kohl klar festgestellt, daß dies *die Wiederbelebung der Gefahr der Entfesselung eines Krieges von deutschem Boden aus* gegen die Sowjetunion sei. Er E.Honecker, möchte F.J.Strauss mit aller Deutlichkeit sagen, daß die Stationierung neuer USA-Raketen mittlerer Reichweite unweigerlich Gegenmaßnahmen zum Schutz der UdSSR und ihrer Verbündeten nach sich ziehen werde. Beim Besuch H.Kohls habe J.Andropow eindeutig erklärt, *daß die Sowjetunion im Falle einer Nachrüstung der NATO gezwungen sein werde, auf das Moratorium der weiteren Stationierung von Kernwaffen mittlerer Reichweite zu verzichten und eine bestimmte Anzahl von Langstrecken-Marschflugkörpern zu dislozieren. Auch würde es dann notwendig, effektive Arten operativ-taktischer Raketen größerer Reichweite im Westen des Warschauer Vertrages zu stationieren.*

Was dies für die BRD bedeuten würde, wisse F.J.Strauss selbst. Alle Gegenmaßnahmen würde[n] auch das Territorium der USA berücksichtigen.

Angesichts dieser Entwicklung entstehe die Frage, was die Führung der BRD veranlaßt, den Plan einer Stationierung von Pershing-II und Cruise Missiles auf dem Boden der BRD derart beharrlich zu unterstützen. Durch die Nachrüstung gewinne die Sicherheit der BRD gar nichts, im Gegenteil.

E.Honecker sagte: im Namen der DDR, ihrer Bürger, im Namen unserer Kinder und Kindeskinder möchte ich an Sie, an die Führung der BRD nachdrücklich appellieren, ihre Haltung in dieser Frage nochmals zu überdenken und in Richtung einer gegenseitig annehmbaren Lösung zu wirken. Solange man mit der Stationierung nicht begonnen hat, ist ein Abkommen möglich. Wir hoffen auf Ergebnisse in Genf; noch ist Zeit. *Wenn die Stationierung beginnt, dann werden sofort Gegenmaßnahmen ergriffen - sowohl auf sowjetischem Territorium als auch im westlichen Raum des Warschauer Vertrages.* Wir möchten nicht, daß es so weit kommt. Mit der Rüstung muß in Ost wie in West aufgehört werden. Das werde er auch in seiner morgigen Rede zur Eröffnung des Turn- und Sportfestes in Leipzig zum Ausdruck bringen.

Lieber verhandeln, als es zu einer neuen Spirale des Wettrüstens kommen zu lassen, unterstrich E.Honecker. Möglichkeiten für positive Verhandlungsergebnisse seien vorhanden, das zeige auch Madrid. Diese Ergebnisse seien nicht nur durch die Initiativen der sozialistischen Länder, sondern auch durch den Beitrag der westlichen Staaten, darunter die BRD, zustande gekommen.

Es sei schon so, und das spüre heute wohl jeder, *daß gegenwärtig in der Weltpolitik und gerade auch für Europa Weichen gestellt werden.* Selbstverständlich berühre das in erheblichem Maße *die Beziehungen zwischen der DDR und der BRD.* Wie sie sich gestalten, sei von nicht geringer Tragweite für die europäische Gesamtsituation. Zugleich ließen sie sich nicht trennen von der internationalen Großwetterlage.

Die Haltung der DDR zu den Beziehungen mit der BRD beruhe auf den festen Grundsätzen der friedlichen Koexistenz. Deshalb, so stellte E.Honecker fest, war sie für uns niemals eine konjunkturelle Frage. Wir gehen davon aus, daß beide deutsche Staaten eine besondere Verantwortung für den Frieden tragen. Diese Verantwortung ergebe sich schon aus der Zugehörigkeit zu unterschiedlichen Paktsystemen, den mächtigsten Militärkoalitionen unserer Zeit, und nicht zuletzt aus den Lehren der deutschen Geschichte. Sorgfalt, Besonnenheit und Augenmaß seien unentbehrlich.

Seit Abschluß des Grundlagenvertrages sei in den Beziehungen vieles Positive erreicht worden, eigentlich mehr, als man sich früher hätte denken können. Das habe sich auf die europäische Situation günstig ausgewirkt, sei von großem Nutzen für beide Staaten und die Menschen. Für weitere Fortschritte bestünden durchaus Voraussetzungen. Die Basis dafür seien der Grundlagenvertrag und dementsprechend die volle Beachtung des Prinzips der Gleichberechtigung, der Souveränität und der Nichteinmischung.

Strauss habe wiederholt erklärt, Verträge müßten eingehalten werden. So müsse es sein, wenn in den zwischenstaatlichen Beziehungen die Dinge funktionieren sollen...Damit haben wir es nun zu tun, mag einem das gefallen oder nicht, stellte E.Honecker fest.

Man brauche wohl nicht viele Worte darüber zu machen, was es bedeuten würde, müßten sich demnächst die Deutschen in beiden Staaten durch Raketenzäune betrachten. Für die DDR bleibe es bei der verpflichteten Aufgabe, alles zu tun, damit von deutschem Boden nie wieder ein Krieg ausgeht. Auch die Bundesregierung habe sich dafür ausgesprochen. Solle das gelten, dann bedürfe es einer Politik, welche die BRD nicht zur Startrampe amerikanischer Erstschlagwaffen macht und sie der Selbstvernichtung aussetzt.

Die Friedenssicherung sei die alles übergreifende Frage. Daher sollten die DDR und die BRD parallel und, wo das möglich ist, auch gemeinsam für konkrete Maßnahmen zu Rüstungsbegrenzung und Abrüstung eintreten. Hier gebe es ein weites Feld. E.Honecker verwies u.a. auf die Wiener Verhandlungen, wo die sozialistischen Staaten kürzlich einen Vertragsentwurf vorgelegt haben, der aus der Sackgasse herausführen kann.

Unter Bedingungen des Friedens, in einer entsprechenden Atmosphäre könne man über vieles reden, was den Ausbau der Beziehungen zwischen beiden deutschen Staaten angeht. Es gebe eine Reihe von Fragen grundsätzlicher Bedeutung, die bekannt seien, so die Staatsbürgerschaft der DDR, die Elbgrenze, Salzgitter, die Umwandlung der Ständigen Vertretungen in Botschaften. Vor kurzem habe F.J.Strauss, das sei mit Interesse vermerkt worden, von den Bürgern der Bundesrepublik gesprochen. Im Karlsruher Urteil heiße es: Büro der DDR. Jeder Staat habe seine Bürger. Die Respektierung der Staatsbürgerschaft der DDR sei unerläßlich. Was die sogenannte Erfassungsstelle in Salzgitter angehe, so sei sie ein Überbleibsel des kalten Krieges und ihre Auflösung überfällig.

Als ein wichtiges Thema bezeichnete E.Honecker die Regelung der Elbgrenze. Schon vor Jahren habe man kurz vor einer Übereinkunft gestanden, die der wirklichen Lage Rechnung trug. Eine Regelung des Grenzverlaufes Mitte Strom oder Mitte Fahrwasser liege im beiderseitigen Interesse. Niemand würde etwas aufgeben, sondern es würde nur die jetzige Praxis fixiert, aber ein möglicher Konfliktherd wäre aus der Welt. Überdies könnten weitere, weitgehend fertig ausgearbeitete Abkommen unterschrieben werden, an denen die BRD besonders interessiert ist.

E.Honecker dankte F.J.Strauß für sein persönliches Engagement beim 'Einfädeln' der jüngsten Kreditvereinbarung zwischen Banken der DDR und der BRD. Diese Vereinbarung, dieses Bankgeschäft sei für beide Seiten von Nutzen und werde sich gewiß positiv auf die weitere Entwicklung der wirtschaftlichen Beziehungen auswirken. In der Tat solle man hier nichts zerreden oder zerschreiben. Je weniger Lärm gemacht werde, desto besser ließen sich die Fragen klären. Das habe sich schon in der Vergangenheit gezeigt.

Es sei notwendig und möglich, in absehbarer Zeit eine neue Postpauschale zu vereinbaren. Dabei sei die DDR bereit, von einem mittleren Tarif von 300 Millionen DM auszugehen. Das entspreche der gegebenen Situation.

Ein Abkommen über Wissenschaft und Technik könne abgeschlossen werden, sobald für den entsprechenden Vertrag zwischen der BRD und der UdSSR eine Berlin-Klausel gefunden sei. Hier müsse dem Vierseitigen Abkommen über Berlin (West) Rechnung getragen werden.

Mit den Verhandlungen über den Abschluß eines Kulturabkommens könne sofort begonnen werden. Denkbar war sei auch ein Wirtschaftsabkommen mit Bildung eines Wirtschaftsausschusses DDR/BRD, wobei E.Honecker auf die analoge Vereinbarung BRD/UdSSR mit einer Laufzeit von 20 Jahren verwies. Die DDR sei für ein solches Abkommen.

Seit 1970 sei der Handel zwischen der DDR und der BRD von 4,1 auf 14,5 Milliarden Mark gestiegen. An seinem Ausbau zum gegenseitigen Nutzen sei die DDR interessiert. Allerdings erfordere das, die Exportmöglichkeiten der DDR zu verbessern und bestimmte Restriktionen auf Seiten der BRD zu beseitigen.

Die DDR sei auch bereit, über die Elektrifizierung einer Transiteisenbahnstrecke zu sprechen.

Bereitschaft bestehe bei der DDR, Verhandlungen zu führen über den Gewässerschutz, die Reinhaltung der Luft, die Abwehr des Waldsterbens - hier sei sie übrigens der europäischen Konvention beigetreten. Hinsichtlich der Böden stünden die Dinge kurz vor einer Vereinbarung, und diese könne getroffen werden. Weitgehend ausgehandelt seien die Regelungen zu Fragen des Kaliabbaus im Grenzgebiet. Jetzt liege es an der BRD, eine Entscheidung zu treffen. E.Honecker bezeichnete auch eine Übereinkunft über Fragen der Sicherheit kerntechnischer Anlagen mit gegenseitiger Information als möglich, wobei er die Vereinbarung erwähnte, die auf diesem Gebiet bereits zwischen der CSSR und Österreich besteht.

Die DDR sei dafür, daß der Bundestag offizielle Beziehungen zur Volkskammer aufnimmt. Schon jetzt besuchten viele Delegationen von Abgeordneten des Bundestages die DDR; in der Interparlamentarischen Union gebe es eine Zusammenarbeit. Die Aufnahme offizieller Beziehungen zwischen beiden Parlamenten werde vom Standpunkt der Normalität durch die DDR befürwortet. Ihre Präsidenten sollten die notwendigen Vereinbarungen treffen.

E.Honecker erklärte sein Einverständnis, mit der praktischen Zusammenarbeit hinsichtlich des Austauschs von Forschungsergebnissen über die Ursachen des Waldsterbens, von dem die DDR allerdings nicht im selben Maße betroffen sei wie die BRD, zu beginnen und eine Vereinbarung vorzubereiten. Auf einer Einladung aus München hin werde die DDR Minister Reichelt zu Gesprächen entsenden.

Was den Mindestumtausch betreffe, so sei dies immer wieder eine Frage der in der BRD betriebenen Spekulation mit der Mark der DDR. Sie werde stark unter ihrem Wert gewechselt. F.J.Strauß: "Auf dem gespaltenen Markt, stimmt." Schätzungsweise 200 Millionen Mark der DDR befänden sich in der BRD. Aber die Mark der DDR sei eine Binnenwährung, deren Aus- und Einfuhr verboten ist. Ein Umtauschverhältnis von 1:4 sei untragbar. Ansonsten würden Umtauschsätze auch von anderen Ländern erhoben, z. B. von der VR Polen für Reisende aus der DDR in Höhe von 30 Mark.

Zu den Grenzensicherungsmaßnahmen der DDR stellte E.Honecker mit aller Klarheit fest, daß es gar keinen Zweck habe zu träumen. Ein Vergleich ergebe keinen Unterschied in den Bestimmungen über den Schlußwaffengebrauch, wie sie auch für die Polizei in der BRD bestehen. Daß dort häufig schneller als erlaubt zur Pistole gegriffen werde, habe erst unlängst die vor einem Gericht verhandelte Erschießung eines Schuljungen durch einen Polizisten in Bayern gezeigt, was F.J.Strauß bestätigte.

Dringende Familienangelegenheiten als Reisegrund für Bürger der DDR würden großzügig behandelt, erklärte E.Honecker. Das gelte für Kindtaufe, Krankheits- und Todesfälle, auch für Verlobte.

Entwickelt habe sich der Jugendtourismus zwischen der DDR und der BRD. Allerdings betrage die Aufenthaltsgebühr in der DDR 20 Mark, in der BRD hingegen 80 DM. F.J.Strauß: "Das ist ja kontraproduktiv". Bei seiner Begegnung in Moskau habe er schon Bundespräsident Carstens darauf aufmerksam gemacht, sagte E.Honecker, doch bis jetzt habe sich nichts geändert. Auf die Frage von F.J.Strauß, ob eine Reise von Angehörigen der Jungen Union in die DDR möglich sei, die über die Nachrüstung und damit verbundene Fragen diskutieren wollten, antwortete E.Honecker, ein solcher Wunsch solle an den Zentralrat der FDJ gerichtet werden.

E.Honecker betonte, er bleibe bei seiner Meinung, daß man diejenigen Fragen in den Vordergrund rücken sollte, die unter Berücksichtigung der beiderseitigen Interessen einer Lösung zugeführt werden können. Seitens der DDR gebe es dazu volle Bereitschaft. Der freimütige Meinungsaustausch, das gegenseitige Kennenlernen von Politikern könnten nur von Vorteil sein.

F.J.Strauß dankte für die ausführliche Darlegung der Motive und Argumente durch E.Honecker. Nach seiner Meinung *werde es zu keinem Atomkrieg kommen*; denn *unter atomaren Bedingungen sei der Krieg kein Mittel mehr*, politische Ziele zu verfolgen. Für die BRD wolle er sagen, nachdem Deutsche den ersten Weltkrieg mitverschuldet und den zweiten verschuldet hätten, werde klar, daß auch nur der Gedanke an einen neuen Krieg ins Verderben führen müsse.

Die DDR, so betonte E.Honecker, betrachtete die Friedenssicherung als das Wichtigste und folge den Prinzipien der friedlichen Koexistenz, zu denen auch die Nichteinmischung gehöre. Gerade auch in der Sowjetunion, die mit am 20 Millionen Menschen so gewaltige Opfer gebracht hat, wolle niemand einen Krieg. Woran es zu arbeiten gelte, sei die weitere Ausfüllung des Grundlagenvertrages als Basis für die Gestaltung friedlicher Beziehungen zwischen der DDR und der BRD[10] (Hervorh.v.m., B.S.).

Bereits zwei Tage nach diesem, beeindruckend für den Ausgleich der Interessen werbenden Gespräch zwischen Honecker und Strauß hielt Schalck sein Resümee zu dem Besuch der Familie Strauß (einschließlich Ehefrau und Sohn Max Josef) schriftlich fest. Zum Abschluss seines Besuches habe der bayerische Ministerpräsident "nochmals eine abschließende Einschätzung seiner Eindrücke aus dem mit Honecker geführten Gespräch" gegeben. Dabei ging er auch auf "die Grundlage seiner Ausführungen in der beabsichtigten Pressekonferenz am 27.7.1983" ein. Bestimmte Papiere, die Strauß zur Verfügung standen, schätze dieser, so Schalck, als nicht mehr der Geheimhaltung unterliegend ein. Diese würden einen Teil seiner Ausführungen auf der Pressekonferenz halten. Weiter habe Strauß aus den Gesprächen entnommen, "daß die Bereitschaft ihrer DDR besteht, Verhandlungen zum Kulturabkommen kurzfristig aufzunehmen, da zu diesem Komplex die Einbeziehung Westberlins keine besondere Rolle spielt. Er nahm gleichfalls zur Kenntnis, daß die Bereitschaft besteht, das Abkommen über Wissenschaft und Technik zum Abschluß zu bringen, wenn Einigung über die Berlin Klausel, vor allem zwischen der BRD und der UdSSR, erreicht wird".

Ausklammern werde Strauß "Fragen des Mindestumtausches und zum Abbau der Selbstschußautomaten". "Auf Befragen würde er mitteilen, daß darüber gesprochen" worden sei, dies jedoch "nicht Gegenstand öffentlicher Erläuterungen heute sein" könne. Strauß habe zu Honeckers Vorstellungen zur "Sicherung des Friedens" zum Ausdruck gebracht,

"daß er aus seiner Sicht keine Kriegsgefahr sieht, zumal diese Fragen zwischen den beiden deutschen Staaten nicht entschieden werden. Strauß geht davon aus, daß die Kriegsgefahren mit der NACHRÜSTUNG und der Stationierung von Mittelstreckenraketen in der BRD nicht erhöht werden".

Weiter habe Strauß die Ausführungen Honeckers "zur Kenntnis" genommen,

"daß, wenn keine Einigung in Genf erfolgt, sich die Kriegsgefahr erhöhen könne".

Demgegenüber habe Strauß erneut seine Auffassung zum Ausdruck gebracht,

"daß die Nachrüstung in der BRD und in Westeuropa im Jahre 1983 anlaufen wird. Er rechnet damit, daß die UdSSR einen scharfen Druck gegen die Nachrüstung ausüben wird, aber keinen Bruch in den Beziehungen zwischen den Staaten des Warschauer Paktes und den Staaten der NATO herbeiführen wird. Er schätzt ein, daß die UdSSR eine mittelfristige Lösung in den nächsten 3-5 Jahren verfolgt, nachdem in den Verhandlungen zu allen Waffensystemen, einschließlich der konventionellen und Interkontinentalraketen, ein mittelfristiges Engagement gesetzt wird".

Strauß vertrat für die Bundesregierung die Haltung, "diesen Bemühungen der UdSSR zum Abschluß spezieller Abkommen" mit den USA "jegliche Unterstützung" zu leisten. Überdies sei, "nach seiner persönlichen Auffassung ...*auch ein Krieg mit konventionellen Waffen in Europa völlig ausgeschlossen*". Auch werde, wie Strauß "bereits gegenüber... Olszowski in Warschau dargelegt" habe, "das Thema der Stationierung von neuem Mittelstreckenraketen in Westeuropa überschätzt". Strauß habe überdies ausgeführt, "bereits zum Zeitpunkt der Stationierung von SS 20 und damit der Erhöhung der Kampfkraft der Sowjetunion wäre eine 'lautelose' Stationierung gleichwertiger Waffensysteme in der BRD u.a. NATO-Staaten ohne diese zugespitzte öffentliche Polemik völlig 'undramatisch' abgelaufen" (Hervorh.v.m., B.S.).

Strauß verlasse "die DDR mit dem Eindruck, daß die Bürger der DDR interessiert" seien, so Schalck, "zur BRD gute Verbindungen unterhalten zu wollen. Dabei" habe "er festgestellt, daß sie eine Anerkennung ihrer Leistungen erwarten, auch wenn sie unter komplizierten Bedingungen erfolgen. Er" habe "den festen Eindruck gewonnen, daß die Bürger der DDR nicht als 'ärmere Verwandte' angesehen werden wollen". Als Moderator zwischen Ost und West bewies sich der bayerische Ministerpräsident, indem er "Wert" darauf legte, "festzustellen, daß die ihm übermittelten Briefe und Mitteilungen von einzelnen Bürgern" der DDR "seinem Kollegen, Minister Windelen, zugestellt werden", um, wie in den vergangenen Jahren "auf dem bewährten Wege das Machbare und Nichtmachbare" zu klären. Ausdrücklich habe Strauß angekündigt, Honecker für "die Möglichkeit des Aufenthaltes in der DDR und vor allen Dingen für die Zusammenkunft am Werbelinsee" zu danken. Ausdrücklich wurde vereinbart, dass in der Pressekonferenz Strauß Honecker als europäischer Staatsmann von hohen Graden bezeichnen werde. Auch sei der Staatsratsvorsitzende sich bewusst, dass auch von dessen "Seite aus die feste Absicht besteht, alles zu unternehmen, um die anstehenden komplizierten Fragen im Interesse der Menschen und des Friedens positiv zu klären".[11]

Die "Konzeption für das weitere Vorgehen gegenüber der BRD", die in "Auswertung" des Gespräches zwischen Honecker und Strauß auf Schloss Hubertusstock "mit ...Kurt Hager und ...Hermann Axen beraten wurde", sandte der Außenminister, Oskar Fischer, an Honecker. Es wurde in dessen Begleitschreiben betont, es ginge vordringlich darum, "in den anstehenden Sachfragen nach Möglichkeit kurzfristig zu sichtbaren Fortschritten zu kommen". In den behandelten Fragen ging es nämlich zuförderst der DDR darum, vor dem Hintergrund eines drohenden Atomkrieges in Europa, finanzielle Mittel zu erschließen, die gestatteten, den DDR-Haushalt zu alimentieren.[12]

Zur Beruhigung wurde den "1.Sekretären der Bezirksleitung" und den Leitern der Abteilungen im Zentralkomitee der SED sowie den Ministern, die "Mitglieder und Kandidaten des Zentralkomitees der SED" waren, eine Mitteilung zum Hintergrund der Kreditvereinbarungen mit der Bundesrepublik zuteil. Dort kam zum Ausdruck, "in den letzten zwei Jahren" sei "insbesondere durch die USA-Administration versucht" worden, "mit dem von ihr programmierten Wirtschafts- und Handelskrieg gegen die UdSSR und insbesondere auch gegen die DDR durch neue Boykottmaßnahmen auf die Deutsche Demokratische Republik einzuwirken".

Dafür hätten die USA "ihr gesamtes Instrumentarium des Banken- und Kreditwesens" eingesetzt, "das zu 85% sich in den Händen der USA" befinde. Demgegenüber habe die DDR konsequent die Linie der weiteren Festigung der Beziehungen zwischen der DDR und der UdSSR sowie den anderen Mitgliedländern des RGW' verfolgt, "so daß 70% auf den Handel mit sozialistischen Ländern und 30% auf den Handel mit dem nichtsozialistischen Wirtschaftsgebiet" entfielen. Die heikle Frage von Krediten aus dem Westen wurde dahin aufgelöst, es werde aktuell - wie bereits zuvor üblich -

"zwischen der Außenhandelsbank der DDR und einem Bankenkonsortium der BRD mit Sitz in Luxemburg die Aufnahme eines Kredites vereinbart".

Dieser Kredit werde "zu zwei Tranchen in Höhe von je 500 Millionen DM... über den internationalen Finanzmarkt in Luxemburg ausgereicht". Motiviert war diese Mitteilung durch die von "verschiedenen Kreisen der BRD und der USA" in der Presse "lanciert[en]" Veröffentlichungen, "die nichts mit dem Kreditabkommen zu tun" hätten.[13] "Fragen des Grenzregimes und des grenzüberschreitenden Verkehrs", wie deren Regelung durch die damit betrauten Organe der DDR, wurden inneramtlich einer positiven Würdigung unterzogen.

Dass sich überdies diese Entwicklung nicht nur auf die DDR und Polen beschränkte, sondern auch die CSSR einbezog, offenbarte die Tatsache, dass diese sich, "seit über zwei Jahren vergeblich an eine Reihe von kapitalistischen Banken gewandt hatte, um für sie einen Konsortialkredit auf dem Euromarkt, zu organisieren". "Diese Bemühungen schienen nun Erfolg zu haben". Die Deutsche Bank Luxemburg habe "sich bereit erklärt, für die Außenhandelsbank der CSSR einen Konsortialkredit in Höhe von 50 Mio US$ zu organisieren. Die Laufzeit solle "4 Jahre betragen, der Aufschlag auf den 6-Monats-Depositensatz 1 1/8%". Nachdem nun "eine Reihe internationaler Banken aus verschiedenen Ländern eine Beteiligung an dem Kredit zugesagt" habe, "dürfte es in Kürze zur Unterzeichnung des entsprechenden Kreditvertrages kommen", so berichtete der Direktor der Staatsbank der DDR, Polze, an Günther Mittag.[17] Inzwischen waren "mit den beiden BRD Bankenkonsortien Kreditverträge abgeschlossen" und die Mittel "in vier gleichen Tranchen" von der Außenhandelsbank der DDR "abverfügt" worden. "Die aus dem Kredit zeitweilig freien Mittel wurden... bei einer Vielzahl von kapitalistischen Banken, mit denen" die DDR "über gute Geschäftsbeziehungen" verfügte, "kurzfristig angelegt". Bevorzugt würden dabei "Landesbanken der BRD, die den Hauptanteil der Konsortialkreditgewährung" trügen. Der Präsident der Außenhandelsbank der DDR, Polze, teilte Günther Mittag und dem DDR-Unterhändler, und KoKo-Chef, Schalck mit, diese "Maßnahme – und die über einen Zeitraum von drei Wochen verteilte Verfügung über das Geld" – würde "gezielt Diskussionen unter BRD-Banken" entgegenwirken, "daß die DDR zur Aufrechterhaltung ihrer Zahlungsfähigkeit dringend 1 Milliarde DM benötigt hätte". Was allerdings tatsächlich der Fall war.[18]

---

1   BA-DL 2/1040. Kreditverlag, Bl. 150.
2   Ebd., A.Schalck an G.Mittag, 9.6.1983, Bl. 112f.
3   Ebd., W.Polze an Dr.Schalck, 14.6.1983, Bl. 107.
4   Ebd., A.Schalck an G.Mittag, 18.6.1983, Bl. 90. Die tatsächlichen Motive fanden keine Erwähnung.
5   Ebd., A.Schalck an G.Mittag, 20.6.1983, Bl. 87f. Ein weiterer Hinweis auf die „hinter den Kulissen" berührten tatsächlichen Absichten und Pläne.
6   Ebd., Anruf von Strauß am 21.6.1983 - 14,20 Uhr, 21.6.1983, Bl. 84ff. Kein „Staatsgeheimnis", denn die Wirkung in der DDR-Gesellschaft war erwünscht.
7   Ebd., W.Meyer an A.Schalck-Golodkowski, 22.7.1983, Bl. 38f.
8   Ebd., H.Krolikowski an E.Honecker, 23.7.1983, Bl. 44f. Otto, Mielke, S. 431. Am 11.Juli 1981 hatte Mielke in Moskau von Andropow „über verschiedene Probleme, insbesondere die Sorge über die Entwicklung der amerikanischen Waffensysteme und die 220 Milliarden Dollar, die Ronald Reagan für Militärausgaben zur Verfügung standen in einem „Vier-Augen-Gespräch" erfahren. „Das führte Andropow zu dem Schluß, die ‚USA bereiten den Krieg vor, aber sie sind nicht bereit den Krieg zu beginnen...Sie wollen die militärische Überlegenheit, um uns ‚Schach' bieten und uns für ‚matt' erklären zu können'". Aus der Erkenntnis der Sowjetischen Führungsspitze, der Rüstungswettlauf mit dem Westen sei verloren, hatte sich die erpresserische Drohung eines Präventivschlages gegen Westeuropa ergeben (à la CSSR 1968), mit welcher sich die Verhandlungspartner Kohl und Strauß - via Andropow und Honecker - nun im Jahre 1983 konfrontiert sahen. Offiziell hörte sich das für die westliche Friedensbewegung äußerst sympathisch an, denn es ging hörbar um Abrüstung und Rationalität in den Beziehungen zwischen den Machtblöcken.
9   Ebd., Telegramm, av warschau, blitz -n-, vvs b 7/3-t 52/83, Neubauer an E.Honecker, 23.7.1983, Bl. 46-50. Damit lag auf dem Tisch, was Hintergrund der Kontakte zwischen Ost und West in diesen Jahren war.
10 Ebd., DL 2/1040. Niederschrift über das Gespräch des Generalsekretärs des Zentralkommittes der SED und Vorsitzenden des Staatsrates der DDR, Erich Honecker, mit dem Vorsitzenden der CSU und bayerischen Ministerpräsidenten Franz Josef Strauß am 24.Juli 1983 in Hubertusstock, Bl. 5-19; die den Ausführungen E.Honeckers zugrunde gelegten Vorstellungen der DDR wurden fixiert in einer Ausarbeitung zu: Ebd., "Äußerungen und Gedanken des Vorsitzenden der Christlich-Sozialen Union und Bayerischen Ministerpräsidenten, Herrn Franz Josef Strauß" (inkl. bereits zitierten Textes, weitere Version) des Gespräches Honecker-Strauß, Bl. 20-37.
11 Ebd., Schalck, 26.7.1983, Bl. 57-60. Insbesondere die Ausführungen Honeckers machen den Eindruck einseitigen Werbens um die Unterstützung der Bundesrepublik.
12 Ebd., O.Fischer an E.Honecker, o.D. B 7/45 - 14/83, Bl. 69; vgl. ebd., Anl. 2 zur Auswertung der "Äußerungen und Gedanken des...Herrn Franz Josef Strauß". Dies, die Auffrischung der DDR-Devisen-

bestände, bildete wohl das zugrunde liegende Motiv dieser diplomatisch-politisch-militärischen Offensive, u.a. der DDR.

[13] Ebd., An die 1.Sekretäre der Bezirksleitungen der SED[,] Leiter der Abteilungen im Zentralkommittee der SED[,] Minister, die Mitglieder und Kandidaten des Zentralkomitees der SED sind, o.D.

[14] Ebd., Fragen des Grenzregimes und des grenzüberschreitenden Verkehrs, o.D., S. 1-4.

[15] Ebd., Schalck, 26.7.1983, Bl. 57-60.

[16] Ebd., O.Fischer an E.Honecker, o.D. B 7/45 - 14/83, Bl. 69; vgl. ebd., Anl. 2 zur Auswertung der "Äußerungen und Gedanken des...Herrn Franz Josef Strauß".

[17] Ebd., Polze an G.Mittag, 1.8.1983, Bl. 51.

[18] Ebd., Polze an G.Mittag, 3.8.1983, Bl. 151. Aufschlussreich ist, dass neben der DDR auch der CSSR eine vergleichbare Behandlung zuteil wurde, ein Herausbrechen der CSSR, ähnlich wie 1968 versucht, anlief.

4. Kapitel: Der AUDI–Traditionsfilm

Ein Historiker mit kaufmännischen Fähigkeiten

So lautete der wenig zartfühlende, aber für sich sprechende Kommentar Grosse Leeges, des Chefs der Audi-Öffentlichkeitsarbeit, zu dem Projekt eines Traditionsfilmes für Audi. Anfang November 1983 trug ein Gespräch mit Rudolf Urban, dem Leiter „Motorpresse" der „Audi NSU Auto Union GmbH" in Ingolstadt Früchte, das bereits im Frühjahr des Jahres vorbereitet wurde. Inzwischen vom Historiker zum Fernseh-Journalisten mutiert, führte der Hamburger das entscheidende Gespräch in dem provisorischen Flachbau der damaligen Presseabteilung, vor den Toren des „Audi NSU Auto Union"-Werkes. In dem kleinen Sekretariat vor Urbans Büro ging es stehender weise und in lockerem, beiläufigem Gespräch, um Oldtimer für die Fernsehserie des Journalisten beim NDR-Fernsehen in Hamburg, der Serie "Autos die Geschichte machten". Audi, so war die Vorstellung damals, sollte ein „Front Cabrio" des Jahrganges 1934, für Fahrversuche à la Rainer Günzler (ZDF „Autotest", 1964) stellen. Es war die „Stehende Eins", das Original Marken-Emblem der Firma in den 30iger Jahren gegenwärtig, das Ausdruck des herausgehobenen Standards der Zwickauer Firma gewesen war. Doch Urban überraschte seinen Gesprächspartner mit der Anregung, einen DKW „F1" aus der Kleinwagen-Ära um 1931 vorzustellen. Die Idee überzeugte, über den Frontenantrieb eine Verbindung zu den Audi Typen der fünfziger und hunderter Serie am Beginn der 80iger Jahre zu schlagen. Nach diesem gewinnenden Gespräch, die Türklinke zum Hinausgehen schon in der Hand, ließ unser Journalist die Bemerkung fallen: "Herr Urban, wenn Sie einen Mercedes-Stern vor Ihre Audikühler kleben würden, könnten sie 5.000 DM mehr verlangen."

Und schon begann eine neue Diskussion, die um die These kreiste, eine intakte und aufbereitete Unternehmensgeschichte könne den Verkauf der Marke Audi im VW-Konzern stärken. Dabei spielten die Bremsseile eine gewichtige Rolle, die der Mutterkonzern Volkswagen dem kleineren Audipartner anlege und so dessen Bewegungsspielraum eingrenze. Es war nämlich in Ingolstadt in Kontinuität das Thema aktuell, wieder einen „Horch" zu bauen. Als der Hamburger Fernseh-Journalist an diesem Tag Ingolstadt verließ, beherrschte ihn keineswegs der Eindruck, einen großen Erfolg errungen zu haben. Dominierten doch die nächsten Wochen Fragen um einen Drehtermin mit verschiedenen Fahrzeugen deutscher Hersteller, vor allem mit Volkswagen und dem dort verantwortlichen Firmenhistoriker Dr. Bernd Wiersch. Denn dieser sollte den DKW „F 1" aus den Wolfsburger Fahrzeugbeständen vorbereiten und bereitstellen.[1]

Ein weiteres Gespräch mit Urban deutete dann überraschend die Möglichkeit an, für 1986, und das Jubiläum "100 Jahre Automobil", einen „Traditions"-Film für das Ingolstädter Unternehmen zu produzieren.[2] Die Botschaft war demnach angekommen. Anfang Dezember ergab ein weiterer Kontakt, in Ingolstadt würden Überlegungen angestellt, den Innovationsgedanken des Firmenmottos "Vorsprung durch Technik", z. B. über Versuchswagen und Entwürfe zu Zukunfts- und Forschungsautos, verstärkt herauszustellen. Dazu sollten Gespräche stattfinden, wie eine Zusammenarbeit mit dem Hamburger Film- und Fernsehproduzenten, denn in diese Richtung entwickelte sich der Fernseh-Journalist gerade, zu gestalten wäre und welches Material umgesetzt werden könne. Weiter sollte dieser verschiedene Videokassetten bereitstellen, um seine bisherige Arbeit und Recherche zu erläutern, und ein Gespräch im Jahresbeginn 1984 vorzubereiten.[3] Aufbauend auf diesen Hinweisen, konnten mit Herrn von Schenk/VW erste Gedanken zur Audi Produktvorstellung ausgetauscht und Informationen über gegebenenfalls vorhandene Filme zu bei Volkswagen archivierten Versuchs- und Experimentier-Fahrzeugen gewonnen werden. In diesem Zusammenhang fiel beiläufig im Gespräch mit dem Pressevertreter der Firma Bosch, Herrn Noelte, die Bemerkung, es habe etwa 1972 ein Elektroauto von VW gegeben.[4] Es kristallisierte sich, im Kontakt mit Wolfsburg, heraus, dass neben (und verwandt mit) der Audi-Produktphilosophie ein weiterer Schwerpunkt auf die neuen Fertigungsroboter, und deren damals vieldiskutierte Technologie (Halle 54 in Wolfsburg), als Träger technischer Innovation bei Audi, gelegt werden solle.[5] Die Klammer für einen möglichen Film sah von Schenk damals durchaus auch, wenngleich etwas zögerlich, mit der Marke Audi gegeben.[6]

---

[1] Archiv Schulte. Tagebuch Schulte 1983. Aufz. 17.5.1983.
[2] Ebd., Aufz. 18.11.1983.
[3] Vgl. ebd., Aufz. 3.12.1983.
[4] Ebd., Aufz. 12./13.12.1983.
[5] Ebd., Aufz. 21.12.1983. Felix Wankel sollte dem Autor 1985 über ein Erlebnis mit dem Toyota-Chef berichten. Dieser habe ihm ein Photo gezeigt, das eine leere Halle mit Maschinen gezeigt habe. Er, Wankel, habe daraufhin den Japaner gefragt, wann diese Fabrikation zu arbeiten beginne. Darauf habe der Chef von Toyota geantwortet, diese arbeite bereits voll. Daraufhin sei Wankel zu den Managern von Mercedes, VW und BMW gegangen und habe dieses Bild vorgewiesen. Diese hätten daraufhin abwehrend von lediglich Halbautomaten gesprochen, welche die Japaner einsetzen würden. Was folgte war - völlig zu Recht - zu Beginn der 80iger Jahre die aufgeregte Pressekampagne in

Deutschland über Versäumnisse des deutschen Automobilmanagements hinsichtlich der Automatisierung von Produktionsprozessen.

6 Ebd., Aufz. 28.12.1983.

Vorarbeiten und Konvergenzen

Ende Januar griff die Routine des MfS erneut und die Hauptverwaltung A ergänzte die Unterlagen zu unserem Historiker-Jornalisten.[1] Inzwischen hatte sich in der Normannenstrasse die Vorstellung dahin verfestigt, dessen Ausführungen, gegenüber dem Mitarbeiter des Zentralen Staatsarchivs Potsdam, Sepp Glaser, im September 1983 hätten bestätigt, dass

> „sich die Zielperson an der Hochschule [der Bundeswehr Hamburg] als Dozent
> für die Auffassung von [Fritz Fischer, geschw.] eingesetzt hat, daß Deutschland
> 1914 einen Weltkrieg gewollt, vorbereitet und herbeigeführt hat".

Er wolle "die nach seiner Ansicht bewußte Fälschung der 'Riezler-Tagebücher' nachweisen, die im Interesse einer konservativen Geschichtsschreibung in der BRD veröffentlicht wurden«. Inzwischen war sich Hauptmann Roth über die vermeintliche Motivation seiner Zielperson klarer geworden. Es wurde zutreffend entwickelt, diese versuche

> „wegen der fehlenden Perspektive an der Hochschule der Bundeswehr...in einer
> freiberuflichen journalistischen Tätigkeit eine Existenzgrundlage zu finden".

Im Einzelnen deutete der Offizier, in weiterer Auswertung der treffenden Aussagen des "GMS 'Franz'" [Sepp Glaser] an, "finanzielle Interessen« würden,

> „durch die journalistische Tätigkeit der Z[iel]P[erson] für die 'Lübecker Nach-
> richten' und einer Arbeit zur Technikgeschichte Automobile für das 3.BRD-
> Fernsehen bestätigt, was nach der Bewertung durch den GMS 'Franz' unter dem
> Niveau der Zielperson liegt".

Bis zu diesem Zeitpunkt basierten die Informationen des MfS lediglich auf den kompetenten Einschätzungen des Verbindungsmannes im Staatsarchiv Potsdam, Sepp Glaser. Dieser habe ausgeführt, dass sich unser Historiker-Journalist "interessant darstellte, da durch die Z[iel]P[erson] begründetes Interesse an unseren [Archiv]Beständen besteht«. Wieweit die Entwicklung mit „Audi NSU Auto Union" inzwischen in die Überlegungen in Ostberlin eingegangen war, kündigte sich in der Ausarbeitung des MfS insofern an, als ausgeführt wurde, "für das Frühjahr 1984" habe "die Zielperson einen erneuten Aufenthalt am Z[entralen] St[aats]A[rchiv] angekündigt« und "durch telefonischen Anruf bei GMS 'Franz' am ZStA im Januar bestätigt". In dieser "Auskunft" aus dem Januar 1984 fixierte Hauptmann Roth erstmals, es handele

„sich um eine Z[iel]P[erson], die für die op[erative]. Zusammenarbeit geworben werden"

solle. Erneut wurde behauptet, deren öffentlich gewordene Arbeiten zu den Riezler Tagebüchern hätten unmittelbaren Einfluss auf dessen zeitlich begrenzte Beschäftigung an der Bundeswehr-Hochschule Hamburg. Ergänzt wurden diese Ausführungen durch den Hinweis,

"Zu dem bereits genannten Professor [Müller, geschw.] (Fachbereich Pädagogik der Hochschule der Bundeswehr) liegt der Hinweis vor, daß er Mitglied des Arbeitskreises "Militärische Sicherheit« ist. Es wird angenommen, daß Personen dieses Arbeitskreises Verbindung zum M[ilitärischen]A[wehr]D[ienst der Bundeswehr] unterhalten«.

Obwohl, wie Hauptmann Roth feststellte, „die berufliche Position" des Verfassers „an der Hochschule der Bundeswehr nicht gesichert" sei, erschienen dennoch "die Rückverbindungen der Z[iel]P[erson] von op[erativem]. Interesse". Inzwischen hatte sich das Meinungsbild des MfS weiterentwickelt. Es wurde detailliert erörtert:

"die gegenwärtig unsichere Perspektive der Z[iel]P[erson] und die Konfliktsituation mit konservativen Kräften in der BRD sollte Anlaß sein, durch uns das Angebot einer Zusammenarbeit zum gegenseitigen Vorteil einzubringen, dabei ist die aktuelle politisch-operative Lage unser Argument (z.B. Affäre Kießling im Vergleich Fritsch/Blomberg 1937).

Offensichtlich sollte im Einzelnen die Konzeption "B" der ersten Überlegungen verfolgt werden, die, im Rahmen der „berufliche[n] Perspektive in freiberuflich[er] journalistischer Tätigkeit" die Möglichkeit eines „lukratives[n] Angebot[es] durch" das MfS möglich mache. „Die Nutzung bzw. Kenntnis unserer [der DDR] Archivbestände heute und später" sei „für die Zielperson von Bedeutung".

Weiterhin sollte "in der ersten Phase des Kontaktgespräches unser Interesse [des MfS] am Verbleib des Nachlasses von Bethmann-Hollweg in der BRD unterstellt werden«. Erst im zweiten Schritt würde, "bei positiver Reaktion und der Bestätigung der Ansatzpunkte« dem Hamburger Historiker das Interesse an "Informationen aus dem Bereich der Hochschule der Bundeswehr, mit einem entsprechenden finanzielle Angebot" verbunden, dargelegt. Offensichtlich verließ sich Hauptmann Roth, darauf - falls diese Vorgänge durch die Zielperson zur Kenntnis staatlicher Stellen der Bundesrepublik gebracht würden - diese für den Wissenschaftler zu nachteiligen Konsequenzen führen würden.[2]

Anfang Februar 1984 wurden "Erste konzeptionelle Vorstellungen zum Werbeversuch der Z[iel]P[erson]" niedergelegt. Geplant war, diese im Interhotel Potsdam - gelegentlich deren nächsten Besuches - auf die "Problematik Bethmann-Hollweg" anzusprechen. Das Gespräch sollte zunächst "in einem Appartement des Interhotels durchgeführt" werden. Hauptmann Roth fixierte:

> "Wir unterstellen, daß für das Engagement der ZP zum Nachweis der Fälschung der 'Riezler-Tagebücher' und daraus resultierende berufliche und persönliche Angriffe seitens konservativer Kräfte in der BRD ... (z. B. vorliegende Veröffentlichungen der ZP in der Westpresse). Dabei wird auf aktuelle Bezüge verwiesen, z. B. die Affäre Kießling im Vergleich mit Fritsch/Blomberg 1937. Wir stellen uns als die eigentlichen Partner dar, die an einer realen Geschichtsschreibung sowie an der realen Einschätzung der aktuellen internationalen Lage interessiert sind".

Zunächst sollte, "in einer ersten Phase des Kontaktgespräches", das Interesse der Zielperson "am Verbleib des Nachlasses von Bethmann-Hollweg in der BRD unterstellt" werden. In diesem Zusammenhang werde "darauf verwiesen, daß nach 1945 Material aus der DDR (Hohenfinow) in die BRD gebracht" worden sei.[3] Diese Einschätzung war durchaus realistisch, wie ein Telefonat des Historiker-Journalisten mit Christoph von Bethmann Hollweg, am 8. Januar, ergab. Der Enkel des Reichskanzlers, berichtete im Verlauf seines Anrufes über den "Auslagerungs-Treck" von Ober-Barnim nach Altenhof bei Eckernförde. Es habe sich "um einige Panje-Wagen" gehandelt, die - unter Saatgut versteckt - Silber nach Eckernförde gebracht" hätten. Die Akten und die Bibliothek des Reichskanzlers seien "nach der Dänischen Botschaft in Berlin gebracht worden und dort in die Hände (z[um].T[eil].) der Russen gefallen". Diese Umstände sollten die Basis bilden für das "Angebot" des MfS, "die ZP in unserem Auftrag [des MfS] dazu in der BRD recherchieren« zu lassen. "Eine solche Zusammenarbeit" sei nur "auf inoffizieller Grundlage möglich", sollte die Parole diesem gegenüber lauten. In dem Fall, dieser ginge auf den Vorschlag ein, war geplant,

> „die op[erativen]. Ansatzpunkte an Hand der Selbstdarstellung der ZP und den Aussagen uns [dem MfS] gegenüber zur Tätigkeit an der Hochschule Bundeswehr real zu werten".

Für den Fall, dass "positive[n] Voraussetzungen" gegeben seien, werde das "Interesse" des MfS "an Informationen aus dem Bereich der Hochschule der Bundeswehr offenbart und ein entsprechendes finanzielles Angebot unterbreitet" werden.[4]

Mitte des Monats Februar kulminierte die Entwicklung in einer umfangreichen Ausarbeitung aus der Feder Roths zu dem geplanten weiteren Ablauf der Annäherung. Konzeption, Gesprächsplan, detaillierter gedachter Verlauf eines ersten Kontaktgespräches - und selbst Vorüberlegungen für eine zweite Unterredung - sowie Vorschläge und Anweisungen organisatorischer Natur, füllten neun Seiten Papier. Es ging zunächst darum, "die nachrichtendienstliche Eignung der ZP zu prüfen". Die Mitarbeiter des MfS im Interhotel Potsdam sollten dafür "die günstigsten Bedingungen", sei es "an der Rezeption, bzw. eine Vermittlung über" diese, mitteilen. Zwei Gespräche würden mit unserem Wissenschaftler vor Ort geführt werden. Diese seien "auf Tonband" aufzunehmen. Zunächst sollte Hauptmann Roth, als "Römer", um "eine Unterredung zur Problematik 'Riezler-Tagebücher' ersuchen. Als weiterer Gesprächsteilnehmer wurde Oberstleutnant Albrecht, anstelle von Oberstleutnant Busack, eingeplant, was der Gruppenleiter, Oberstleutnant Fleischhauer, am 16.Februar 1984 festlegte.[5]

Roth/Römer ging Ende Februar 1984 von der Vorstellung aus, die Zielperson könne durch den Hinweis auf die Nachlässe Anker (Ordonanzoffizier Kronprinz Wilhelms) und Hammann (Pressechef des Auswärtigen Amtes), sowie

> "das für die ZP entscheidende Material
> - zu U-Bootkrieg und Schriftwechsel Professor Meyer mit W[issenschaftlichem]L[egations]R[at] Riezler,
> - Denkschrift über die Stellungnahme Bethmann-Hollwegs zum U-Bootkrieg,"

derart interessiert werden, dass dieser mindestens drei Tage im Zentralen Staatsarchiv Potsdam verweile. Die Akten zum U-Bootkrieg und der Stellungnahme Bethmann Hollwegs sollten, "als 'gesperrt'", zunächst nicht freizugeben sein. Gespräche mit dem betreuenden Archivar Sepp Glaser, würden Informationen erbringen zu den "neueste[n] Aktivitäten und daraus entstandene[n] Konflikten mit konservativen Historikern der BRD, beim Fälschungsnachweis 'Riezler-Tagebücher'", der "Interessenlage an Archivbenutzung zum Projekt Technikgeschichte Automobile" sowie zur "Planung für den Aufenthalt in der DDR", und für "welche Zeit " sich "die ZP im Archiv" aufhalte; "bzw. welche anderen Aufgaben...die ZP realisieren" wolle. Es könne davon ausgegangen werden", so schrieb Roth/Römer, "daß sich die ZP mindestens für 3 Tage am Z[entralen]-St[aats]A[rchiv]" aufhalte, "da allein die Auswertung des Bestandes Anker (15 Akteneinheiten) diesen Zeitaufwand" erfordere. Ein letzter Kontakt des «op[erativen].M[it]A[rbeiters] mit dem GMS", sollte sicherstellen, dass "aktuelle Erkenntnisse für den Werbeversuch" berücksichtigt werden könnten. Die Akten zu Bethmann Hollweg demnach als Köder in dem angestrebten übergeordneten Zusammenhang der Anbahnung eines möglichen Agenten eingesetzt wurden; gleichzeitig war bereits bekannt, dass es andererseits zusätzlich um ein technikgeschichtliches Projekt ginge.

Zum Ablauf der Kontaktaufnahme durch Roth/Römer bzw. Albrecht/Dr. Bergmann, wurde festgelegt, dass "der op[erative]. M[it]A[rbeiter]", d.h. Roth/Römer, als 'Mitarbeiter eines Regierungsorgans' der DDR" auftreten sollte. Diese "Ansprache, am zweiten Aufenthaltstag, abends" geplant, fand jedoch im Verlauf des ersten „Treffs" statt. Das "Kontaktgespräch" würde im „Quartier" des MfS, "einem Appartement des Hotels«, durchgeführt werden. Was ebenfalls nicht eintrat. Der geplante Ablauf liest sich folgendermaßen:

> "Eröffnet wird das Gespräch durch Gen[ossen]. O[ber]S[tleu]L[eutnant] Busack [gestr. B.S.], der unter dem Namen des D[ienst]T[uenden] 'Wartburg' auftritt [die Aufzeichnung wurde vor Stattfinden verfertigt, B.S.].
> Auf die von der Zielperson zu erwartende nähere Erklärung zu unserer Person, unseren Kenntnissen und unserem Anliegen, wird wie folgt reagiert:- beruflicher Hintergrund ist 'Mitarbeiter eines Regierungsorgans der DDR',
> - Kenntnisse vom Projekt 'Riezler-Tagebücher' haben wir durch die Veröffentlichungen der Z[iel]P[erson] in der Westpresse,
> - wir erklären uns nicht näher, verlangen aber eine Darstellung der Absichten der Z[iel]P[erson], da wir negative Erfahrungen im Bereich des Enthüllungsjournalismus in der BRD haben,
> - uns liegen Beispiele vor, daß Vertreter der BRD unter falschen Vorgaben Einrichtungen der DDR zur Preisgabe von Wissen veranlaßt haben«.

Es war geplant, durch das Eingehen der Vertreter des MfS auf "die Absicht des Fälschungsnachweises durch die Z[iel]P[erson]", zunächst ein positives Gesprächsklima zu schaffen. Gegenstand der Kontaktaufnahme sollte das Angebot bilden,

> "kooperative Beziehungen zum Nachweis der Fälschung der 'Riezler-Tagebücher'"

anzubieten. Ein "persönliches Kennen lernen" habe dem "Gedankensaustausch" voranzugehen. Die von dem Hamburger Wissenschaftler im Gegenzug zu erwartende "Selbstdarstellung... zum Projekt 'Riezler-Tagebücher'" sei mit den bisherigen "Kenntnissen" zu vergleichen. Als Aufgabenteilung zwischen Hauptmann Roth/Römer und Oberstleutnant Busack/Albrecht-Dr.Bergmann wurde ins Auge gefasst, der Erstere werde sich „mit den fachlichen Belangen auseinandersetzt[en]" und der Vorgesetzte sich "auf das notwendige Vertrauensverhältnis für die weitere Verbindung hin" orientieren. Festgestellt werden sollte unmissverständlich, die Mitarbeiter des MfS seien "keine Historiker", diese wären jedoch "unter anderem für die Sicherung der Archivbestände der DDR verantwortlich" und entschieden „über die Zugriffsmöglichkeiten von Personen aus dem N[icht]S[ozialistischen] W[esten]".

Nach diesen Präliminarien sei zu klären:

"- welche Aktivitäten entwickelte die Z[iel]P[erson] in der BRD, welche Konsequenzen entstanden daraus,
- recherchiert die ZP aus eigenem Ermessen in der DDR oder besteht ein beruflicher Hintergrund bzw. Auftrag,
- geht die ZP auf unser Angebot ein, welche Forderungen werden damit verbunden,
- wir haben zu fragen, an welchen Archivbeständen die ZP interessiert ist und müssen erreichen, daß die ZP das Interesse am 'gesperrten' Material 'U-Bootkrieg/ Handschriften Riezlers' anspricht,
- wir müssen erfragen, wer der Beziehungspartner der ZP im ZStA ist".

Sollte sich der Historiker, parallel zu diesen ersten Erkenntnissen zur "Sicherheitslage des Verfassers", den "Vorstellungen" des MfS öffnen, so sei bereits während dieser ersten Entwicklung das Gesprächs dieses in die «Zielrichtung" zu erweitern, es sei das "Grundanliegen" der DDR

"mit all den Kräften zu kooperieren, die sich aus aktuellem Anlaß um die Entlarvung der potentiellen Kriegsvorbereitung"

bemühten. So sollte eine die Vorstellungen des Hamburger Gesprächspartners erhellende Reaktion provoziert werden, die geeignet wäre, "den politischen Standort der ZP anhand der zu erwartenden Problemdiskussion zur Politik der Großmächte UdSSR/USA zu bestimmen". Käme es zu einer Annäherung, müsse erklärt werden, warum "eine solche Zusammenarbeit im Interesse der ZP nur auf inoffizieller Grundlage möglich" sei. "Falls notwendig, können wir auf historische und aktuelle Bezüge verweisen", führte Hauptmann Roth/Römer in seinem "Gesprächsplan" aus. Hinzuweisen wäre auf

> "die Affären
> - Bethmann Hollweg (Riezler) 1917,
> - Blomberg/Fritsch[e] 1937,
> - Kießling aus aktuellem Anlaß".

Konkret sollte, durch Hauptmann Roth/Römer und Oberstleutnant Busack [Albrecht/Dr.Bergmann], auf die mögliche Frage des Historikers, welche "Eigenleistungen" durch ihn zu erbringen seien, ausgeführt werden: "alle bisherigen und künftigen Veröffentlichungen zur Problematik 'Riezler-Tagebücher', die wesentlichen bisher veröffentlichten Beiträge der Z[iel]P[erson]" sowie "unsere weitere Verbindung zur Z[iel]P[erson] zum Zweck der Zusammenarbeit" seien vorzulegen, beziehungsweise zu verfolgen. Als Köder habe das Angebot zu wirken,

> "das 'gesperrte Material U-Bootkrieg/Handschriften Riezlers' zur Einsichtnahme auf dem üblichen Dienstweg einsehbar im ZStA, zu organisieren".

Ferner sei darauf unmissverständlich zu dringen, sämtliche Kontakte mit "dritten Personen" zu dieser "Verbindung" seien untersagt. Ein weiteres Gespräch werde auf den folgenden Abend festlegt. Würde der Hamburger Wissenschaftler, im Verlauf des Gespräches, zu erkennen geben, er wäre geneigt, "die berufliche Tätigkeit an der Hochschule der Bundeswehr in die Gesprächsführung einzubeziehen", sei "im Interesse der Sicherheitspolitik der DDR", das "Interesse" der Gesprächspartner Roth/Römer und Busack/Albrecht [Dr. Bergmann], "auch an solch einer Einrichtung", zu erkunden. Bereits in diesem frühen Stadium des Gedankenaustausches sollten "die Möglichkeiten und Informationsmöglichkeiten der Z[iel]P[erson] erfragt" werden, ohne jedoch, von Seiten der DDR-Gesprächspartner, „eine bestätigende Äußerung" zuzulassen. Um sicher zu gehen, sei - vor einem weiteren Zusammentreffen - wiederum der "GMS 'Franz'", alias Sepp Glaser (ZStA Potsdam), zu befragen, um zu überprüfen, ob sich der Historiker diesem gegenüber zu dem Kontakt mit den Vertretern des MfS geäußert habe.

In dem weiteren Gespräch sei, bereits zu Anfang, sofort auf die "Einsichtnahme in das 'gesperrte' Material, einschließlich der Möglichkeit des Kopierauftrages durch die ZP", hinzuweisen. Um sich in den Besitz einer schriftlichen Äußerung gegenüber dem MfS, bzw. dessen fingierten Mitarbeitern, zu setzen, sei von dem westdeutschen Partner direkt ein bereits vorbereiteter und "mitgeführter" Antrag, unterschriftsreif, vorzulegen, der vorgeblich, ausschließlich inneramtlich, "als Nachweis gegen Missbrauch der genutzten [Archiv-]Bestände" Verwendung finden sollte. Dass es sich hierbei um eine reine Fiktion handelte, wird daraus ersichtlich, dass die Vertreter des MfS, "mittels des Antrages", sich den "Zweck der Nutzung und die beabsichtigte Verwendung des Materials durch die Z[iel]P[erson]schriftlich bestätigen" lassen wollten, obwohl dies ausschließlich gegenüber dem Zentralen Staatsarchiv einen Sinn gehabt haben würde. Es blitzte damit, bereits zu diesem frühen Zeitpunkt, das tatsächliche Interesse der Vertreter des MfS an Material zur HSBW Hamburg durch, und darüber hinaus, an "Regiematerial in Richtung Personal- und Vorlesungsverzeichnis der HS/BW". Selbst aber,

> "wenn ein solches Angebot durch die Z[iel]P[erson] nicht kommt bzw. nicht erreicht werden kann, erscheint die Legende 'Riezler-Tagebücher' für eine erste Phase der Zusammenarbeit tragfähig",

lautete das Urteil des operativen Mitarbeiters. Bereits jetzt verband der bearbeitende Offizier das "Projekt Technikgeschichte Automobile" mit der in Frage stehenden Zusammenarbeit. Nur wenn es zu einer solchen Kooperation kommen würde, werde "das Staatliche Filmarchiv der DDR und das Archiv in Leipzig" durch den Hamburger Historiker-Journalisten genutzt werden können, lautete das Junktim. Umfangreiche Überlegungen dazu, wie der Kontaktmann des Ministeriums für Staatssicherheit im Staatsarchiv Potsdam, Sepp Glaser, sich zu verhalten habe, falls der Westdeutsche diesen um Erklärung im weiteren Verlauf anginge, zeigen, wie eingehend sich die vorbereitenden und bearbeitenden Stellen des MfS um diesen Fall bemühten.

Eine Beschleunigung des Verfahrens sollte dadurch erreicht werden, dass noch am Folgetag abends ein weiteres Gespräch durchzuführen sei. Zu diesem Zeitpunkt war beabsichtigt, "auf eine erneute Einreise des Verfassers an das ZStA" hinzuwirken. "Die Reisemöglichkeiten der Z[iel]P[erson] nach W[est]B[erlin]" seien zu prüfen, vermerkte Roth/Römer. Um die weiteren Schritte besser abstimmen zu können, sei, unter Ausschluß von "Personen des ZStA und der St[aatlichen]A[rchiv] V[erwaltung], Oberstleutnant Busack [Albrecht]" seine eigene Telefonnummer, D[ienst]T[elefon] ‚Wartburg'" anzubieten. "Gleichzeitig" wäre "die Anschrift und private telefonische Erreichbarkeit der Z[iel]P[erson]" zu erfragen. Geradezu überperfekt wirken die weiteren Instruktionen zur Person der „Zielperson", die sicherstellen sollten, dass ein weiterer Treff zweifelsfrei vereinbart werden könne. Bereits zu diesem Zeitpunkt wurde daran gedacht, finanzielle Mittel - "M/DBB" - je "nach Notwendigkeit "und entsprechend "des

Ergebnisses der Kontaktaufnahme" einzusetzen. Diese Mittel sollten als "Reisegeld bzw. zur Abdeckung von Aktivitäten der Z[iel]P[erson] erklärt werden". Parallel wurde die "IMS 'Barbara'" eingeplant, die, "im Einreisezeitraum durch die Abteilung VII/BV Potsdam...instruiert", auszuschließen hätte, dass ihrerseits über den Kontakt zu dem Hamburger Historiker an Dritte berichtet würde.[6]

---

1 MfS AP 6172/89c, Bd. 1, ZA-Berlin, Bl. 24ff.
2 Ebd., Hptm. Roth: Auskunft zum Stand 31.1.1984, 31.1.1984, Bl. 27-30.
3 Archiv Schulte. Tagebuch 1984, Aufz., 8.1.1984.
4 MfS AP 6172/89c, Bd. 1, ZA-Berlin, HV A/IV/6. Erste konzeptionelle Vorstellungen zum Werbeversuch der ZP, 1.2.1984, Bl. 45.
5 MfS AP 6172/89c, Bd. 1, ZA-Berlin, HV A/IV/6. Konzeption zum Werbeversuch der Zielperson, Dozent an der HS/BW Hamburg, 16.2.1984, Bl. 46.
6 Außenstelle Schwerin. MfS AP 6172/89c, Bd.1, ZA-Berlin.

Ein Traditionsfilm für Audi

Am 31.Januar 1984 kam die Meldung von Audi, der Pressechef, Detmar Grosse Leege, wolle einen "Audi-Dokumentarfilm (Geschichte von Audi) am 9.Februar, nachmittags" mit unserem Historiker-Journalisten in Ingolstadt erörtern. Das Büro des Audi-Pressechefs befand sich in einem etwas weiter zurückliegenden Atrium Bereich des Presse-Provisoriums. Die Besprechungsecke, mit langem Tisch und einfachen Stühlen, rechts der Spahnholz-Eingangstür, sah auf den Parkplatz am Rande des Geländes. Das schwebende Gefühl unter den Füssen lag nicht an der eigenen Hochstimmung, sondern dem schwankenden und nachgebenden Ninolium Fussboden. Vor dem Fenster Grosse Leeges hatte der Hamburger Besucher seinen Mercedes 380 SL geparkt, der dem Audi-Mann unverkennbar „in die Nase stach", denn dieser eröffnete das Gespräch mit der Bemerkung, der Wissenschaftler habe wohl bei Audi zu gut verdient, um solch ein Auto zu fahren. Der Angesprochene winkte ab und bemerkte, Modelle dieser Reihe führe er bereits seit 1970. Die unverkennbare Unterwürfigkeit, die der Pressemann Urban, der gleichfalls teilnahm, angesichts seines "Chefs" an den Tag legte, registrierte der Hamburger Besucher mit Überraschung. Eine Beobachtung, die sich bei weiteren Gelegenheiten wiederholt aufdrängen sollte.

Das Ergebnis des Gespräches, das anderthalb Stunden in Anspruch nahm und um die Mittagszeit stattfand, überraschte von Seiten Grosse Leeges mit einem fortschrittlich-couragiertem Zugriff auf deutsche Geschichte. Es solle eine Dokumentation der Audi Geschichte "von A bis Z" und "ohne [einengende historisch-politische] Bewertung", unternommen werden. Entscheidend für den Zuschlag und Auftrag an den Hamburger Besucher war die Tatsache, dass dieser im Verlauf der Unterredung auf bestehende gute Kontakte wissenschaftlicher Art in der DDR hinweisen konnte. Damit war die Zielsetzung des Projektes unmissverständlich ausgesprochen, unter Einbeziehung der dort vorhandenen Möglichkeiten, an die Tradition der Auto Union Vorgänger-Firmen anzuknüpfen. Dem Hamburger Historiker oblag es nun, trotz eigener Bedenken, den Schritt über die Demarkationslinie nach Osten zu tun. Und dies im erklärten Auftrag Grosse Leeges. Dazu wurde er aufgefordert, ein "Konzept und ein Exposé" vorzulegen, das "zum nächstmöglichen Zeitpunkt" Ingolstadt erreichen solle. Darin seien: "A) die Recherche" und "B) die Konzeption für die Film-Dokumentation" zusammenzufassen. Die Länge des Filmes habe "40-60 Minuten" zu betragen. Es wurde an die Verbreitung über Videokassetten im "Sport"-Bereich gedacht. Weiter benötige Audi eine "Dokumentation zur Geschichte des Unternehmens, [zu] dessen Innovation wie technischen Highlights". Als "Zielgruppen" für diese filmische Darstellung wurden "Sportclubs und Händler" genannt.[1] Der Audi-Pressechef ging am 17.Februar in Urlaub, wodurch sich die weitere Entwicklung des Projektes um insgesamt einen Monat verschob. Doch so unverhofft wie die Idee im Hause Audi Gestalt annahm, so konkret gestaltete sich offenbar die Umsetzung.

Mitte des Monats Februar lief in Hamburg die Mitteilung ein: "Wir realisieren eben eine Woche später«. Der Hamburger Journalist solle bereits die "Reise in die DDR beantragen". Daraufhin telefonierte dieser mit Sepp Glaser im Zentralen Staatsarchiv Potsdam.[2] Einige Tage darauf bestätigte die Abteilung „Motorpresse" bei Audi die Vereinbarung vom 15.Februar, eine förmliche Kalkulation "A) für Recherchen" und "B) für [das] Projekt" vorzulegen.[3] Dass während der Unterredung in Ingolstadt Mitte des Monats Februar noch nicht sämtliche Details auf den Tisch gelegt hatten, förderten weitere Diskussionen mit Rudolf Urban zutage, die Mitte des Monats eine gewisse Beschleunigung erfuhren. So ging es nun darum "1) eine möglichst akkurate Kalkulation" vorzulegen, die in das Budget 1985 der „Audi NSU Auto Union GmbH" eingeführt und mit den Gesamtkosten "ein sehr konkretes Endergebnis" bilden solle. "2) wurde bereits eine "à Kontozahlung für Reisen, und Auslagen" erwähnt. Ein "Kostenvoranschlag für [das] laufende[s] Jahr" 1984 war ebenfalls einzubringen. Zusätzlich wurde eine "Aufstellung über Archivreisen [und] [Archiv-]Kosten" als Entscheidungshilfe für den Vorstand benötigt. Als Fragen traten auf: "A) ob der Film [eine reine] Dokumentation [mit] Anteilen [von] [Real]dreh" darstellen, "oder" ob es sich B) "nur [um einen] Archivfilm [oder] histor[ischen]. Werbefilm" handeln sole. Diese konzeptionellen Fragen gingen in den darauffolgenden Tagen zwischen Ingolstadt und Hamburg hin und her und die Audi-Motorpresse war sich ihrer Sache zu diesem Zeitpunkt durchaus nicht so sicher, wie das zuvor aus dem Munde Grosse Leeges geklungen hatte.[4] So näherte sich die momentane Führungsfigur in der Audi Presse-Abteilung, Urban, in kleinen Schritten zunehmend den am 9.Februar vom Chef geäußerten Vorstellungen.

Nun ging es "um eine Dokumentation mit historischem Hintergrund", die jedoch keinesfalls finanziell aus dem Ruder laufen dürfe. Um das zu verhindern, benötigte der Pressemann Erfahrungswerte, um die finanziellen Größenordnungen, im besonderen hinsichtlich des historischen Filmmaterials, einschätzen zu können. Die Möglichkeit, Passagen der Audi-Geschichte, die in Dokumentarfilm-Aufnahmen nicht nachweisbar wären, durch Nachdreh zu substituieren, bedürfe, ganz im Sinne des zuvor entwickelten Gedankenganges, der "Genehmigungen bei[m] Vorstand". Er benötige einen "grobe[r]n Raster", um über einen "Multiplikator" die Anteile des Archivfilmmaterials für einen 60 Minuten-Film zu errechnen. Damit war bereits am 23.März klar geworden, dass mit der Produktion der "Firmendokumentation Audi" begonnen werden konnte. Es handelte sich demnach um einen 60 Minuten-Film, für den "Erfahrungswerte für

    1) die Anteile historischen...und
    2) die Anteile des Nach-[Neu-]Drehmaterials"

mitgeteilt werden sollten.

Weiter war erwünscht, "Modelle für die Weiterverwertung" des Filmes zu entwickeln. Das heißt, "Alternativen", die geeignet wären, einen "groben Raster für die Vorlage beim Vorstand" zu ermitteln. Es sei eine Kalkulation vorzulegen. Eine "À-Kontozahlung" würde bereits zu diesem frühen Zeitpunkt erfolgen.[5]

Mit Urban war damit am 15. und 23.März vereinbart, einen Dokumentarfilm mit historischem Hintergrund zu produzieren. Dieser Film sollte 60 Minuten umfassen. Größenordnungen und Erfahrungswerte, hinsichtlich des historischen Materials, das bis zu 80 Prozent des Filmes ausmachen sollte, wurden gefordert. Die Lage war: Grosse Leege befand sich seit dem 17.Februar im Urlaub. Urban vertrat diesen hinsichtlich des Audi Filmprojektes. So wurden, wie sich gezeigt hat, zwangsläufig verschiedene Elemente des Projektes doppelt diskutiert.[6] Der Chef Motorpresse war allerdings nur allmählich zu der Überzeugung gelangt, die "Firmendokumentation", bei gleichgebliebener Länge, durch "Erfahrungswerte für 1) [die] Anteile hist[orischen]. Materials, 2)

[die] Anteile der Nachdrehmaterialien" näher zu bestimmen. Ferner seien "Modelle für die Weiterverwertung" des Filmes zu erarbeiten.[7] All dies hatte zusätzlich einen Monat an Zeit verschlungen.

Parallel waren, per 22.März, mit Detmar Grosse Leege, der inzwischen wieder vor Ort war, die Vorüberlegungen zu dem Projekt weitgehend abgeschlossen. Als Ergebnis wurde nun auch dort festgeschrieben, für das "Budget 1985" die "Gesamtkosten" zu beziffern.[8] Diese Aufgaben seien, zwischen Hamburg und Ingolstadt, bis zum 21.Mai zu lösen, hieß es nun. An diesem Tage beabsichtigte der Pressechef das Volumen des Filmprojektes zu besprechen, denn es war festzulegen, aus welchen Töpfen die Mittel fliessen sollten.[9] Kurz darauf teilte Grosse Leege mit, der "Film" sei "geplant" und werde für "1985 vom Vorstand genehmigt[en]" werden.[10]

Inzwischen war auch in Wolfsburg, bekannt geworden, in Ingolstadt bereite sich Großes vor. Der VW-Chefarchivar Wiersch teilte mit, der Vorstandsvorsitzende von Audi, Dr.Wolfgang Habbel, und dessen „rechte Hand", Höland, hätten Archivmaterial von Wolfsburg angefordert.[11] Am folgenden Tag wurde Urban gegenüber Wiersch tätig, um dessen Kontakte zur DDR für das Projekt nutzbar zu machen. Wiederum einen Tag darauf sprach Höland mit Dr.Kirchberg/Dresden (dem Kontaktmann Wierschs) über den Filmplan und erfuhr, dass der DDR-Automobilhistoriker zum "Gespräch bereit" sei.[12] Inzwischen hielt der Pressechef in Ingolstadt die Fäden wieder in der Hand und verkündete am 12.Juni, dass Vertrag gemacht werden solle.[13] Das zeigte sich auch daran, dass Urban von diesen Auskünften nichts wusste und in der Sache nicht weiter gekommen war. Allerdings waren die Verhältnisse nicht mehr ganz übersichtlich. Das offenbarte sich zehn Tage später daran, dass Grosse Leege angeblich immer noch auf eine "Unterlage", bzw. die "Kalkulation" aus Hamburg warte. Deshalb halte er die "Kalkulationssumme" zurück, lautete die Nachricht. Derartigen Aussagen war allerdings, aller Erfahrung nach – und wie im Unternehmen bekannt war – kein großes Gewicht beizumessen. Es stellte sich dem Hamburger Filmemacher die Frage: "Hat er meine Unterlage tatsächlich nicht?"[14] Die Dinge akzelerierten sich jedenfalls.

Offensichtlich ging es dem Audi-Pressechef darum, im Angesicht von Vorgängen innerhalb der Führungsspitze, das Gespräch fortzuführen. Es sollte, wie aus Ingolstadt bereits verlautet hatte, auf drei Jahre budgetiert und ein Vertrag geschlossen werden.[15] Näheres wurde, anlässlich eines Gespräches mit dem Chef der Öffentlichkeitsarbeit, am 28.Juni in Ingolstadt, erörtert. Nicht zuletzt spielte für das Interesse Grosse Leeges an dem Hamburger Filmproduzenten dessen Bemerkung eine bedeutende Rolle, er verfüge über gute Beziehungen in der DDR. Der Audi-Pressechef befand sich zwischen dem 1. und 23.Juli in den USA. Inzwischen - so vermittelte der diesen vertretende Leiter der Motorpresse, Urban - sollte ein Konzept zum Film erarbeitet werden. Zunächst ging es dabei um ein "Statement über Absicht, Konzeption [und] Einsatzweise des Filmes, für den Vorstand". Weiter ging es erneut um eine "À-Konto-Zahlung für [die] Recherche und Dienstleistung" zum Projekt. Schließlich sollte ein "Vertrag mit Audi[,] nach Genehmigung durch den Vorstand", geschlossen werden.

Der Hamburger Automobilhistoriker plante, für das Filmprojekt, und darüber hinaus, eine GmbH zu gründen, was nach Grosse Leeges Aussage kein Problem war. Das "Statement", sollte "bis zum 11.Juli 1984 fertig" sein, eine "À-Kontozahlung" würde parallel laufen und der VW-Archivar, Wiersch, werde "nach Ingolstadt" kommen, um mit die "die DDR-Aktion" zu klären, erklärte Urban. Darauf sei das "Projekt durch [den] Vorstand zu genehmigen". Anschließend würden die "Juristen...[den] Vertrag" mit der in Gründung befindlichen "Abteifilm GmbH" verhandeln. Für die Jahre 1985/86 wurde, so Urban, ein Budget in Höhe von DM 300.000,- veranschlagt.[16]

Kurz darauf – bei der Erörterung von Recherchen - kam es, zusätzlich zu Überlegungen zur Länge des Filmes, und zum Gesamtbudget der Produktion. In deren Verlauf wurde von Ingolstadt bedeutet, der Film sei in das vorgegebene Budget hineinzukomponieren. Bei einem 60 Minuten langen Film, so die Antwort aus Hamburg damals, sei - bei einem Preis von DM 1.000,- pro Minute (35 mm-Qualität) - von einem Gesamtbudget in Höhe von DM 600.000,- auszugehen. Ein Argument von bedeutendem Gewicht bildete in diesem Zusammenhang eine unbekannte Größe, nämlich der finanzielle Aufwand für das Archivfilmmaterial. Dennoch, so ergab sich, wollte Ingolstadt nicht über den finanziellen Rahmen von DM 400.000,- hinausgehen. Eine Annäherung ergab sich dadurch, dass – auf Vorschlag des Hamburger Partners - die Filmlänge auf 45 Minuten heruntergesetzt wurde, bei unverändert zugrundegelegter Filmqualität/35 mm, und der damit verbundenen festen Zusage, "sicher [zu] sein, dass wir über [den] gestatteten Budgetrahmen nicht hinausgehen" würden.[17]

In der zweiten Hälfte des Juli ergab sich eine Fülle von Tätigkeiten um die Gründung der Forum Film Gesellschaft, der Firma unseres Wissenschafts-Journalisten. Weiter geklärt werden musste, welche Gestehungskosten der Film verursachen würde und von besonderer Bedeutung war die Frage, wie die Rechte des Archivfilmanteils zu erwerben, und kalkulatorisch zu berücksichtigen seien. In diesem Zusammenhang nahm der Hamburger Filmproduzent erste Kontakte zum Filmarchiv Potsdam/Babelsberg, sowie verschiedenen Eignern von Audi-, Horch-, DKW- und Wanderer-Fahrzeugen auf, und suchte unter anderem das Gespräch mit dem Leiter des Militärarchivs der DDR, Kuhnt, mit der Bitte, Kontakte zu staatlichen und privaten Besitzern von Oldtimern und Film-, Bild- und Aktenmaterial in der DDR zu vermitteln.[18]

Er schrieb am 20.Juli an den Direktor des Militärarchivs der Nationalen Volksarmee:

> „Die Fotokopien aus dem Bestand Sächsischer Militärbevollmächtigter helfen mir weiter. Auch die Anschrift des ‚Allgemeinen Deutschen Motorsport-Verbandes' werde ich benutzen.
> Ihr Hinweis auf die Hochschule für Verkehr und Politik [richtig: „Hochschule für Verkehr ‚Friedrich List'"] in Dresden hat inzwischen zu einem Angebot geführt. Da ich auf die Unterstützung der Firmen AUDI und VW jetzt zurückgreifen kann, stände einer einheitlichen Weiterführung der leider etwas stockenden Gespräche zwischen Dresden und Hamburg nichts im Wege. Eine Archivreise nach Potsdam und Merseburg wurde gerade genehmigt. So stände der Realisierung meines Vorschlages, sich in Dresden einmal unter Hinzuziehung von Herrn Dr.Kirchberg zu treffen, nichts mehr im Wege. Über die dezidierten Schritte des Projektes würde ich dann auch nähere Auskunft geben können. An einer Zusammenarbeit wäre mir auch persönlich hinsichtlich des technikgeschichtlichen Aspekts sehr gelegen".

Inzwischen berichtete der Leiter der Motor-Presse bei Audi, der sich gerade im Krankenhaus befand, Wiersch/Wolfsburg habe "jede Unterstützung" zur "Auto Union Geschichte" zugesagt. Es ging ausdrücklich darum, eine „schonungslose" Darstellung der Firmengeschichte, von Horch bis Audi, zu bieten.[19] In diese Tage fiel zudem ein erster Kontakt zu Felix Wankel in Lindau, den der Hamburger Wissenschaftler, wie parallel bereits Vertreter von ADAC, Aral, Shell, Porsche, Mercedes, Messerschmidt Bölkow-Blohm, der Redaktion "Auto Motor und Sport" und Dornier, ins Gespräch gezogen hatte. Weiter waren erste Kontakte zum Bundesarchiv-Filmarchiv in Koblenz und zum Eigner der Bestände der Deutschen Wochenschau geschlossen.[20]

Unter dem 22.September findet sich die Telefonnummer des Leitenden Direktors der Dresdener Hochschule für Verkehr "Friedrich List" und eine Notiz: "Termin 3.-5.10.[19]84". Nach diesem Hinweis folgen detaillierte Ausführungen zum Ablauf eines Besuches des Hamburger Filmproduzenten in Dresden zu einem "Termin für die Wissenschaftler" dort.

> "3.10. ab 13.30,
> 4.10. [0]8 - 11.30
> 5.10. ganztägig - Dr. Kirchberg, Rehbein"

im "Z[immer] 263, Zentralgebäude, D[i]r[ektor]. Forschung«.[21]

---

[1] Archiv Schulte. Tagebuch 1984. Aufz., 9.2.1984.
[2] Ebd., Tagebuch 1984. Aufz., 15.2.1984.
[3] Ebd., Tagebuch 1984. Aufz., 21.3.1984.
[4] Ebd., Tagebuch 1984. Aufz., 22.2.1984.
[5] Ebd., Tagebuch 1984. Aufz., 24.3.1984.
[6] Ebd., Tagebuch 1984. Aufz., 15.3., 23.3.1984.
[7] Ebd., Tagebuch 1984. Aufz., 24.3.1984.
[8] Ebd., Tagebuch 1984. Aufz., 22.3.1984.
[9] Ebd., Tagebuch 1984. Aufz., 1.6.1984.
[10] Ebd., Tagebuch 1984. Aufz., 6.6.1984.
[11] Ebd., Tagebuch 1984. Aufz., 6.6.1984.
[12] Ebd., Tagebuch 1984. Aufz., 8.6.1984.
[13] Ebd., Tagebuch 1984. Aufz., 12.6.1984.
[14] Ebd., Tagebuch 1984. Aufz., 22.6.1984.Was sich gleichzeitig vollzogen hatte und vollzog, wird an anderer Stelle erörtert.
[15] Ebd., Tagebuch 1984. Aufz., 12.6.1984. Offensichtlich lief ein Machtkampf mit Wolfsburg ab.
[16] Ebd., Tagebuch 1984. Aufz., 11.7.1984.
[17] Ebd., Tagebuch 1984. Aufz., 16.7.1984.
[18] Vgl. ebd., Tagebuch 1984. Aufzgn., 17.7.-11.8.1984.
[19] Ebd., Tagebuch 1984. Aufz., 20.8.1984.
[20] Vgl. ebd. Tagebuch 1984. Aufzgn., 12.7.-6.9.1984.
[21] Ebd., Tagebuch 1984. Aufz., 22.9.1984.

Konfrontation der Konzeptionen

September 1984: gerade hatte sich der Hamburger Historiker auf sein Bett im unwirtlichen Interhotel Potsdam gesetzt, als das Telefon rechts neben ihm schrillte. Eine unpersönliche weibliche Stimme vom „front desk" teilte mit, „zwei Herren" würden dort auf ihn warten. Es durchzuckte ihn ein ungutes Gefühl und mit weichen Knien setzte er sich in Bewegung, um die ungebetenen Gäste zu begrüßen. Als sich die Aufzugtür mit dem Schild: „Nicht rückwärts betreten" öffnete und er den langen Tresen der Rezeption rechts vor sich hatte, kam vom gegenüberliegenden Ende, aus der Ecke hinter dem „desk", ein jüngerer Mann hervor, dunkelhaarig, nicht unsympathisch, der sich ihm als Herr ‚Römer' vorstellte, und ihn mit einem weiteren Herrn gern zum Abendessen im Repräsentier-Restaurant des Hotels einlud, dem „Havelland-Grill". Gespannt auf das, was die Herren von ihm wollten, hegte er den langsam aufkeimenden Verdacht, es handele sich hier wohl um Vertreter des Ministeriums für Staatssicherheit. Er folgte Römer über das sich breit öffnende Foyer hinweg (links Drehtür und Eingang) rechts durch die zweiflügelige Glasporte des mit Bambus-, oder ähnlichen Holzstäben, verzierten Einganges zum noblen Grill.

Links an der Wand etwa sechs bis sieben Vierertische, zwei und zwei in Nischen, die durch Holzbarrieren - mit schmiedeeisernen Gittern verziert - gebildet waren. Aus der Mittleren erhob sich ein untersetzter, boxerähnlich breitgesichtig erscheinender Mann in bläulich-grauem Anzug. Dieser stellte sich als Dr.Bergmann vor, und zähle zum wissenschaftlichen Stab des Staatsrates. Das Gespräch entwickelte sich, über allgemeine Vorstellungsfloskeln hinweg, recht zügig auf das politische Thema der Unterredung zu. Gleichzeitig vergaßen die Herren nicht, alles zu bestellen, was in der DDR zu dieser Zeit als gut und nahrhaft galt. So etwa Schinkenröllchen mit gekochtem und geräuchertem Schinken, gefüllt mit Spargel in Majonaise. Russische Eier mit einem „Stubs" Seehasenrogen-Kaviar, Tomaten mit Käse oder Majonaise garniert etc. etc. – wie auf Heinrich Lübkes Feriendomizil 1958/59 dem Hotel „Knoche"/Rimberg im Sauerland. Dazu „Radeberger Pils" und schon breitete sich eine äußerlich entspanntere Stimmung über die politische Charakteristik des Gespräches, die anscheinend aber dennoch stattfinden musste.

Im Verlauf des nun konzentrierteren Gespräches, denn es ging offensichtlich um den Hamburger Wissenschaftler, Journalisten und Filmproduzenten als Person, was diesem sehr bald klar wurde - dessen bisherige Tätigkeit, Geschichte und Publikationen – warf dieser mutig geworden die Frage auf, warum die DDR-Wissenschaft und Publizistik gegenüber der BRD sich, etwa in der Riezler Tagebuch-Affäre, so „zahm" verhielten. Eine befriedigende Antwort wurde ihm jedoch darauf nicht zuteil, obwohl er genügend Entgegenkommen bewiesen hatte, indem er sowohl auf seine wissenschaftliche Herkunft von Fritz Fischer, seine Thesen zur Kriegswilligkeit des Reichskanzlers Bethmann Hollweg und die Interdependenz der Ämter im Kaiserreich, in Vorbereitung auf den kommenden Krieg, hingewiesen hatte. Alleinige Aufklärung wurde ihm mit der nichts weniger als unbefriedigenden Mitteilung, die Herren seien „von einer Stelle beim Staatsrat"; was hieß, einer politischen Stelle, die – und das war der entscheidende Hinweis – die „Ampeln (für eine Archivbenutzung) auf Rot oder Grün stellen" könnten. Demnach waren die Gesprächspartner allem Anschein nach unverändert dahin informiert, er sei vorwiegend an Archivstudien zum

Weltkrieg-Thema interessiert. Das gab dem Hamburger Besucher Sicherheit, da daraus hervorzugehen schien, dass seine weitergehende Ambition in der DDR noch nicht bekannt geworden sei. So gelangte dieser erste Treff, der mit beiden Partnern stattfand (anders als dies in den Berichten des MfS erscheint) zu einem für den Hamburger Historiker insgesamt zufriedenstellenden Ergebnis. Am folgenden Tage sollte ein weiteres Gespräch, am gleichen Platz folgen, das auf die Einzelheiten einer Archivbenutzung in der DDR in Kooperation mit dem „Staatsrat" näher eingehen würde.

Mitte des Monats Januar 1984 hatte das Zentrale Staatsarchiv Potsdam der Staatlichen Archivverwaltung der DDR über den ersten Archivbesuch des Hamburger Wissenschaftlers im September 1983 Bericht erstattet. Die als damals vorgelegt aufgeführten Bestände, welche der berichtende Abteilungsleiter Auswertung, Dr.Grahn, anführte, hatte der Hamburger Wissenschaftler in diesem Umfang und in dieser Vollständigkeit nicht gesehen. So scheinen die Nachlässe Popert, von Rath, R.Schmidt, Senden-Bibran damals nicht vorgelegt worden zu sein. Besondere Aufmerksamkeit geschenkt wurde der Thematik seiner Arbeit ("Teilprobleme der Geschichte der Außen- und Militärpolitik des deutschen Kaiserreiches"), den zuvor benutzten Archiven sowie seiner Absicht, die "Studien" im Zentralen Staatsarchiv Potsdam, "im Verlauf des Jahres 1984 fortsetzen zu wollen". Angesichts der vorgelegten Materialien, und der Ergebnisse, die er vor Ort hatte erzielen können, äußerte der Wissenschaftler seine Zufriedenheit darüber, dass er seine "Quellengrundlage auf wesentlichen Teilgebieten" habe ergänzen können. Das bildete allerdings lediglich ein Placebo, das er seinen Gesprächspartnern vom MfS verabreichte.

Bezug genommen wurde insbesondere auf verschiedene Publikationen des Besuchers aus dem Westen in den „Lübecker Nachrichten", die der Historiker zwischen Mitte April und Mitte Juli 1983 herausgebracht hatte. Außerdem wurde von den Vertretern des Ministerrats auf die Tatsache hingewiesen, er wäre "mit den DDR-Forschungsergebnissen gut vertraut", wobei "vor allem die Arbeiten von D[ieter].Fricke, W[illibald].Gutsche und F[ritz].Klein" von ihm betont wurden. Zu seiner Tätigkeit "an der Hochschule der Bundeswehr in Hamburg", wo er "Dozent für Geschichte" war, machte er keine näheren Angaben. Es wurde darauf hingewiesen, er hätte, während seines Aufenthaltes,

> "auch Unterlagen des Militärarchivs der DDR (ca. 20 A[kten]E[inheiten] v[or].a[llem]. Sächs[isches].Kriegsministerium)"

eingesehen, wobei er durch den "Gen[ossen]. Ernst (Militärarchiv der DDR) betreut" worden sei. Sein Auftreten wurde als "sehr selbstbewußt und temperamentvoll, jedoch korrekt" bezeichnet. Die mit dem betreuenden Archivar, Sepp Glaser, geführten Gespräche fasste dessen Abteilungsleiter, Dr.Grahn, folgendermaßen zusammen:

"In mit ihm geführten Gesprächen war er sehr darum bemüht, sich als 'Fischer-Schüler' herauszustellen (Prof. Fischer war angeblich der Betreuer seiner Dissertation). Als solcher sei er stets gegen die führenden konservativen 'Geschichtspäpste' in der BRD (vor allem Schieder, Conze[?] und Erdmann) aufgetreten (zuletzt im Zusammenhang mit dem 'Riezler-Tagebuch[']) und habe dadurch auch wiederholt Auseinandersetzungen mit den an der Bundeswehrhochschule tätigen Professoren Müller und Opitz gehabt, bei denen er angeblich 'voll ins Messer gelaufen' sei. Nähere Ausführungen darüber machte der Benutzer jedoch nicht.

Über seine Stellung an der Hochschule der Bundeswehr machte er nur sehr unklare Andeutungen. Angeblich habe er dort nur einen 'Zeitvertrag' bis 1985, danach wolle er sich als 'freiberuflicher Autor' v.a. journalistisch betätigen. Gegenwärtig arbeite er bereits für das 3.Programm des BRD-Fernsehens an einer Sendereihe zur Technikgeschichte (Automobilbau)".

Hinweise auf die politisch wenig unterschiedlichen SPD- und CDU/CSU- wie FDP-Spitzenpolitiker hatten gleichfalls Resonanz gefunden. In diesem Zusammenhang fielen auch einige Bemerkungen zur internationalen Politik. Der Hamburger Wissenschafts-Journalist habe ausgeführt,

"der Kurs der Reagan-Administration, insbes[ondere]. auch die US Mittelstreckenraketenstationierung in der BRD lehnte er ab, sie sei aber unabwendbar, da die BRD 'nur beschränkt souverän' sei und sich in grundsätzlichen Fragen der 'Außen- und Sicherheitspolitik' nach den USA richten müsse."

Von "sehr widersprüchliche[n] und verworre[nen] Ansichten", welche der Wissenschaftler geäußert hätte, schrieb Dr.Grahn im Folgenden. Dieser Eindruck basiere auf der Bemerkung des Hamburger Historikers, dieser habe beispielsweise eingeräumt,

"daß der USA-Hochrüstungskurs von den amerikanischen Rüstungskonzernen ausgehe".

Gleichzeitig habe er "die 'Afghanistankrise' als Ausgangspunkt für den Konfrontationskurs der NATO" bezeichnet. Das Verworrene bestand anscheinend darin, dass der Journalist im Weiteren sich

"für eine Weiterentwicklung der Beziehungen BRD-DDR"

ausgesprochen hatte,

"wobei jedoch v[or].a[allem]. auf wirtschaftlichem Gebiet die Möglichkeiten bei weitem nicht ausgeschöpft seien. Dabei sah er die BRD als eine Art 'Entwicklungshelfer' für die DDR an, deren gutes Arbeitskräftepotential durch entsprechende Kredite und Lizenzvergaben der BRD für einen effektiven Ausbau der Infrastruktur und wichtiger DDR-Industriezweige nutzbar gemacht werden könne."

Abschließend wurde Bezug genommen auf sein "große[s] Interesse an dem Verbleib des als verschollen geltenden Nachlasses des ehem[aligen]. Reichskanzlers v.Bethmann-Hollweg". Entsprechende Pläne für eine weitere Reise nach Hohenfinow, um dort Nachforschungen anzustellen, wurden gleichfalls erwähnt.[1]

Mit der Bitte, die Archivbenutzung, im Verlauf des Jahres 1984 fortsetzen zu dürfen, wurde von dem Hamburger Wissenschafts-Journalisten eine weitere Etappe in der Vorbereitung des Audi-Projektes eröffnet.[2] Dass es nun zunächst um dieses Projekt ging, wurde mit der Eröffnung gegenüber der "Verkehrshochschule 'Friedrich List'" in Dresden deutlich, er arbeite an einem "Forschungsprojekt[es] zur Firmengeschichte der Unternehmen Wanderer, Horch, DKW und Audi". Da der Hamburger Filmproduzent durch die Darstellungen von Peter Kirchberg "über die Auto Union Silberpfeile der 30iger Jahre" auf die Hochschule aufmerksam geworden sei, bäte er um Unterstützung und Hinweise auf Material aus deren Beständen.

"Vor allem würden mich die Aktenbestände der Auto Union in Chemnitz interessieren. Aber auch die [Akten-]Bestände der anderen Firmen soweit sie erhalten"

seien. Weiter bat er um Hinweise auf "erhalten gebliebene Automobile der o.g. Firmen", deren "Produktionsstätten in Zschopau, Zwickau und Chemnitz sowie vielleicht noch lebende Mitarbeiter" dieser Unternehmen.[3] Dieses Schreiben lief innerämtlich, bei der Verkehrshochschule, vom "Direktor für inter[ernationale]. Beziehungen" und am 10.April Peter Kirchberg, zur "Informationen u[nd]." mit der Bitte "um telef[onische]. R[ücksprache]." zu. Weiter wurde festgelegt, der Direktor für Forschung, Dr.Herkner, übernähme "pers[önlich]." die "Bearbeitung wie in analogen Fällen".[4] Am 25.April wurde der Vorgang in der Hochschule erörtert und festgelegt, Herkner solle ein "entspr[echendes]. F/F-Angebot der Hochschule" erarbeiten.[5]

Interessant ist, dass die parallel geführten Verhandlungen mit Ingolstadt zu dem Traditionsfilm ins Stocken gerieten. Um über einen Monat verzögert erfolgte die Antwort der Verkehrshochschule. Abgestimmt mit deren Rektor (Sichtvermerk: 9.5.1984), fiel diese äußerst positiv aus. Herkner schrieb zur Überraschung des Hamburger Forschers, die Verkehrshochschule sei "grundsätzlich bereit und in der Lage", ihn bei seinem "Forschungsprojekt 'Geschichte der Autounion' zu unterstützen". Ausdrücklich brachte der Forschungs-Direktor ins Spiel:

> "Nach unserer Meinung könnte Sie Dr.Kirchberg, der anerkannter Experte in der DDR auf diesem Gebiet ist und Zugang zu allen einschlägigen Archiven hat, bei der Realisierung Ihres Vorhabens, dessen Zielstellung sicher über das angeführte Buch hinausgeht ("Geschichte der Autos aus Zwickau"), aktiv unterstützen."

Angesichts des Umfanges der zu erwartenden Arbeiten, und auch in Anbetracht "des auszuwertenden Materials", schlug Herkner "eine Zusammenarbeit auf kommerzieller Basis" vor und erwartete aus Hamburg eine "präzisierte[n] Ziel- und Themenvorstellung", welche die Grundlage eines "detaillierten Angebotes", seitens der Hochschule bilden würde.[6] Damit schien unserem Historiker ein wichtiger Schritt auf dem Wege zur auftragsgemäßen Erschließung der Auto Union Akten im Sächsischen Staatsarchiv Dresden für Audi in Ingolstadt erreicht.

Inzwischen liefen aus Potsdam, die im September 1983, bestellten Fotokopien zu dem vorgeschobenen, und an sich nicht mehr aktuellen, Forschungsthema "Meinungsbild deutscher Militärkreise vor 1914" ein, welche der betreuende Archivar, Sepp Glaser, am 20.März auf den Weg gebracht hatte.[7] Umgehend antwortete der Hamburger Wissenschaftler dem Direktor für Forschung der Verkehrshochschule in Dresden und machte erste Ausführungen zu dem geplanten Vorhaben zur Geschichte der Auto Union. Die gewünschten näheren Erklärungen gab er am 14.Mai:

> "Es handelt sich um ein Projekt, das sich auf die gesamte Geschichte der Marken Wanderer, Horch und DKW bezieht und hier sowohl vom Akten- wie auch vom Bildmaterial her bislang unbekanntes Material in den Vordergrund stellen soll.

Insbesondere die sozial- und technikgeschichtlichen Bezüge werden schon vom Ansatz her in den Vordergrund gestellt und so wäre auch angestrebt, die damaligen Produktionsstätten in Zschopau, Zwickau und Chemnitz mit einzubeziehen und evtl. noch lebende Mitarbeiter des Unternehmens zu befragen."

Es ging ihm vor allem darum, die "Rennära der Autounion" im Rahmen des geplanten Audi-Film-Projektes vorzustellen. Aus diesem Grunde fragte er nach möglicherweise noch vorhandenem Filmmaterial. Bereits zu diesem frühen Zeitpunkt erwähnte der Hamburger Forscher die Namen Eberan von Eberhorst und Porsche, hob auf die Erprobung und Arbeitsweise der Auto Union Rennabteilung ab und erkundigte sich nach dem Verbleib des Nachlasses des Dänen Jörgen Skafte Rasmussen (des DKW-Gründers). Insbesondere aber erwähnte der Hamburger Historiker seine Freude, angesichts der

"Bereitschaft, einen Kontakt mit der Dr.sc.Peter Kirchberg herstellen zu wollen, denn gerade eine derartige Verbindung mit Herrn Kirchberg wäre wohl die conditio sine qua non für dieses Projekt".

Mit diesem Hinweis glaubte der Historiker, die DDR-Stelle für sein Projekt zu gewinnen.

Ausdrücklich stimmte er der "kommerziellen[r] Basis", welche die Verkehrshochschule gefordert hatte, zu und kündigte eine "Recherchenphase bis Oktober 1984" an.[8] Allerdings mochte der Begriff „conditio sine qua non", für die Mitarbeit Kirchbergs eingesetzt, „schlafende Hunde" geweckt haben.

Anschließend bemühte er sich um die Zustimmung des Staatsarchivs Dresden zu dem geplanten Projekt. Er schrieb, Bezug nehmend auf seine Anfrage zur "Militärgeschichte des Kaiserreiches" aus dem Jahres 1974, er würde sich freuen, "im Zuge seiner Arbeit an der technikgeschichtlichen Frage der Entwicklung und Aktivitäten der Auto Union", mit dem Staatsarchiv Dresden zusammenarbeiten zu können. In diesem Zusammenhang konnte der Hamburger Wissenschaftler auf die Unterstützung des Leiters des Militärarchivs der Nationalen Volksarmee, Kuhnt, hinweisen, der ihm bereits den Weg zu Peter Kirchberg gewiesen habe. Auch, so führte er an, läge "eine Zusage der Hochschule für Verkehr und Politik, ihm bei seinen Forschungen Unterstützung zu gewähren, bereits von Herrn Dr.Herkner vor". Zusätzlich verwies er auf das Buch von Peter Kirchberg über die "Grand Prix Rennwagen der Auto Union", aus welchem er die Information gewonnen habe, "daß es Bestände im Dresdener Staatsarchiv zur Auto Union, zu Wanderer, Horch und auch DKW" gebe.

Am 24.Mai ging sein Schreiben an den Direktor des Staatsarchivs, Dr.Groß und den zuständigen Sachbearbeiter dort ein.[9]

Weiter schrieb er parallel an das Staatsarchiv Zwickau und kündigte seine Bemühungen um "eine sozial- und technikgeschichtlich fundierte Analyse der Automobilgeschichte seit ihren Anfängen und ein[en] Blick 'aus der geschichtlichen Erkenntnis' auf heutige Probleme der Industriegesellschaft" an. Unter Hinweis auf die Publikationen des Hamburger Wissenschaftlers zur deutschen Armee, dem Kriegsausbruch 1914 und der europäischen Krise vor den Ersten Weltkrieg sowie der 1983 ausgebrochenen erneuten Diskussion um die Julikrise des Jahres 1914, warb er um die Unterstützung seines Forschungsvorhabens.[10] Am 12.Juni leitete der "Rat des Bezirkes Karl-Marx-Stadt" seine Anfrage zu den Aktenbeständen in Zwickau an das Ministerium des Inneren der DDR weiter.[11] Dieses Schreiben schlummerte darauf vom 20.Juni bis zu 19. September in Zwickau. Das auffällige Schweigen der Verkehrhochschule Dresden fiel dem Hamburger Forscher jedoch nicht auf.

Vom 15.Mai datierte das Schreiben von Dr.Wiersch/Volkswagen, das die alleinige Anwärterschaft der Volkswagen AG in Sachen Auto Union Vermächtnis in Dresden reklamierte. Dieses Schreiben, das im umfassenden Wissen um Auftrag und Bestrebungen des Hamburger Wissenschaftlers für den Audi-Traditionsfilm entstand, war mit hoher Wahrscheinlichkeit mit Kenntnis des Volkswagen-Vorstands gefertigt, denn so wurden die Absichten der Audi-Division auf zwei Ebenen konterkariert. Inzwischen äußerte sich die Staatliche Archivverwaltung Potsdam in Form einer erneuten Benutzungserlaubnis, die wiederum ausschließlich auf das Zentrale Staatsarchiv Potsdam und die "Dienststelle Merseburg" begrenzt blieb in Hamburg. Es wurden lediglich die "Forschungen zum Thema 'Meinungsbild der deutschen Militärkreise vor dem 1.Weltkrieg'" genehmigt.[12] Eine positive Wirkung der Kontakte des Hamburger Historikers in Potsdam zu den Herren Römer und Dr.Bergmann vom „Staatsrat" war demnach nicht zu erkennen.

In Dresden hatte sich inzwischen, allem Anschein nach, der Meinungsbildungsprozess positiv gestaltet. In Gesprächen mit Kirchberg hatte der Direktor Forschung den Umfang der wissenschaftlich-technische[n] Leistungen" des Audi-Projektes ermittelt. Angeboten wurde dem Hamburger Wissenschaftler die gesamte "Fahrzeugentwicklung der Auto Union Chemnitz, zwischen 1932 und 1939 (Produktionsprogramme, Typenentwicklung, Statistik, Bilddokumente)". Der "Lieferumfang" sollte umfassen:

"Textstudie, Typen-Zeit-Tabellen, Produktionsstatistik, fotografische Abbildungen (Reproduktionen). Diese Ermittlungen sind auf die Kraftwagen beschränkt. Sollte zusätzlich der Einschluß der Motorräder gewünscht werden, so lassen Sie uns dies wissen. Wir machen Sie auch darauf aufmerksam, daß das Ihnen bereits genannte Buch von Herrn Dr. Kirchberg über 'Automobile aus Zwickau' Angaben zur technischen Entwicklung von Horch, Audi und zu den DKW-Frontwagen enthält. Die entsprechenden darin enthaltenen Angaben könnten Ihnen bereits vor Veröffentlichung 1985 zur Verfügung gestellt werden".

Als Liefertermin wurde von Herkner der Oktober 1984 genannt. Zusätzlich brachte der Forschungsdirektor eine zweite Studie in Vorschlag: "Auto Union und Wehrmacht 1933-1945". Darin sollten in zwei Abschnitten "die Entwicklung der Wehrmachtfahrzeuge" und "der Generalbevollmächtigte für das Kraftfahrtwesen", jeweils im Zusammenhang mit der Auto Union, erarbeitet werden. Für diese Studie war der "Liefertermin: Mai 1985" vorgesehen. In einem dritten Schritt sollten "Zusammenstellungen noch vorhandenen Dokumentarfilmmaterials zur Rennsportentwicklung der Auto Union AG" folgen. Zu diesem, für das Audi-Film-Projekt vor allem interessanten Teil, war ausdrücklich ein Gespräch mit Peter Kirchberg eingeschlossen. Erwähnt wurden die Schreiben des Hamburger Wissenschaftlers an das Staatsarchiv Dresden und das Stadtarchiv Zwickau sowie die geplante bzw. genehmigte Archivreise Potsdam-Merseburg. Dieser bat um die Mitteilung finanzieller Vorstellungen auf Seiten der Verkehrshochschule. Der günstige "Liefertermin: November 1984" stand definitiv im Raum. Das hohe Interesse der Dresdener Kontaktstelle ließ sich im Schlusssatz des Herkner-Briefes ablesen. Es wurde bedauert, dass der "gewünschte Abschlußtermin Oktober 1984 nicht für alle diese vorgeschlagenen Leistungen" realisiert werden könne. Der Direktor für Internationale Beziehungen der Verkehrshochschule, Dipl.-Ing.Riedel, segnete dieses Angebot am 12.Juni ab. Angesichts dieser Reaktion war der Hamburger Forscher außerordentlich erfreut und hoffte, das Audi-Projekt würde, hinsichtlich der historischen Teile des Filmes, auf sichere Füße gestellt werden können. Dass dieser Schluss fehlgehen sollte, war mit dem Wiersch-Brief vom 15.Mai vorbereitet.[13]

Das Schreiben der Verkehrshochschule beantwortete der Hamburger Wissenschaftler - wie er annahm - umfassend und positiv-fördernd. In diesem Zusammenhang berührte er, angesichts der knappen Zeit sei es zu begrüßen, ihn in die Recherchen- und Aktenarbeit einzubeziehen. Dies auch, und vor allem, um mit Kirchberg zusammenzuarbeiten. Dieser Vorschlag verfolgte das Ziel, so die Kriterien der DDR-Bearbeiter aufhellen zu können und ein Auge auf den Grad der Vollständigkeit der erhobenen Akten zu halten. Weiter fanden seine Schreiben an die Staats- und Stadtarchive Dresden und Zwickau Erwähnung. Auch schlug er vor, in Dresden möglichst bald ein direktes Gespräch zu führen, um noch anstehende Fragen direkt zu klären.[14] In diesem Moment schaltete sich unaufgefordert das Staatsarchiv Dresden, Dr.Hartstock, in den Entscheidungsprozess ein. Mit Schreiben vom 20.Juni wurde daraufhin der Staatlichen Archivverwaltung Potsdam die anscheinend offizielle Position des Staatsarchivs Dresden entwickelt. Zunächst verwies der dort Beschäftigte auf den Umfang von 250 laufenden Metern des Auto Union Bestandes, der "nicht OVG-gerecht verzeichnet" sei.

> "Um historische Fragestellungen daran abzuarbeiten, müßten u.a. Aufsichtsratsprotokolle, Bilanzen, Absatzverhältnisse, Rüstungsaufträge mit entsprechenden Verhandlungen mit der faschistischen Armeeführung, Forschungs-, Entwicklungs- und Produktionsunterlagen, politische und soziale Betreffe, Autorennen und Personalakten durchgesehen werden".

Weiter sei "die Quellenlage...dadurch kompliziert, daß die fusionierten Firmen wie Wanderer, Horch oder DKW jeweils zu den einzelnen Fragestellungen nacheinander abgearbeitet werden müßten". Die Gliederung des Bestandes, nach "Entwicklungs- und Produktionsakten", "einzelnen Baugruppen" und "separaten Einzelteilen" wie "Betriebsteilen und Zulieferbetrieben" komplizierten vorgeblich zusätzlich das Unterfangen. Der zeitliche Umfang des Materials sei mit den Eckdaten 1904 und 1950 erfasst. "Wobei die Masse der Überlieferung aus der Zeit 1930-1945" stamme, und "oft über die Zäsuren 1933 und 1945" hinausreiche. Mit dem Hinweis, "gewisse darin dokumentierte Entwicklungen und Produktionen" seien "über 1945 hinausgegangen" und spielten

> "selbst im gegenwärtigen Automobilbau der DDR noch eine Rolle. (z. B. Zweitakt-Motor mit seinem Umweltproblemen)",

suchte der Referent des Staatsarchivs - es fällt auf, dass nicht der Leiter oder stellvertretende Leiter des Archivs antwortete – offenkundig nach politisch motivierten Gründen für eine Ablehnung des Ersuchens unseres Hamburger Forschers, fußend auf staatspolitischen Rücksichten. Ein, aus heutiger Sicht, abstruser Weg. Eben diesen Ansatz brachte Hartstock zum Abschluss erneut ein, indem er darauf verwies:

> "Eine direkte Nutzung wäre nötig: doch scheint mir diese durch einen Dozenten der Bundeswehr Hochschule Hamburg bei der Bedeutung des Industriezweiges,

des zeitlichen Umfanges und des Inhalts des Bestandes Auto-Union in politischer, ökonomischer, vermögensrechtlicher, kriegswirtschaftlicher, wissenschaftlich-technischer und personeller Hinsicht bedenklich".

Aus diesen Gründen sprach sich das Staatsarchiv Dresden gegen eine Benutzung für das Audi-Projekt des Wissenschaftler-Journalisten aus.[15] Damit war eine erste Reaktion im Sinne des Wiersch-Briefes aus Wolfsburg vom 15.Mai eingetreten. Durch wen diese ventiliert wurde, bleibt zu ergründen. Peter Kirchberg stand jedenfalls mit dem Dresdener Hauptstaatsarchiv in engen Arbeitsbeziehungen.[16]

Inzwischen liefen die Vorbereitungen in Dresden auf den Besuch des Hamburger Gesprächspartners weiter. Der Rektor der Hochschule beantragte bei den Sicherheitsbehörden für die Monate Juli bis September eine Genehmigung für den zweitägigen Aufenthalt. Als Betreuer sollten eingesetzt werden: "Dr.Kirchberg Sektion 2" und "Dr.Herkner Direktor für Forschung". Eine "politische und fachliche Einschätzung" der Person des westdeutschen Besuchers sei "vorerst nicht möglich", im übrigen sei dieser "interessiert an [der] Mitwirkung der HfV bei der Erarbeitung der 'Geschichte der Auto-Union' auf kommerzieller Basis. [Der] Besuch soll[e] der Aufgabenpräzisierung dienen". Gegengezeichnet wurde dieser Antrag vom Rektor der Hochschule Prof.Dr.habil.Gräbner, von Prof.Dr.habil. K.Richter/Sektionsdirektor, von Dr.-Ing.Herkner/Direktor für Forschung und Dipl.-Ing.Riedel/Direktor für Internationale Beziehungen.[17]

Die Entwicklungen liefen allen Anschein nach erfolgversprechend weiter, bis auch der Hochschule für Verkehr bekannt wurde, das Staatsarchiv Dresden werde sich gegen eine Benutzung der Auto Union-Bestände erklären. Das teilte Herkner dem Exportbüro beim Ministerium für Hoch- und Fachschulwesen mit. Offensichtlich hatte bereits der Exportbeauftragte der Hochschule mit Dr.Strickmann in Berlin über den Antrag des Hamburger Forschers gesprochen und war der "Voranschlag über entstehende Aufwände" durch den "Themenverantwortlichen, Hochschuldozent Dr.sc.Kirchberg, Sektion Verkehrs- und Betriebswirtschaft, Wissenschaftsbereich Wirtschafts- und Verkehrsgeschichte" zugeleitet worden. Dieser nahm offenbar Einfluss auf den Fortgang der Ereignisse. Das kündigte sich mit dem Schreiben des Staatsarchiv Dresden und jenem des Forschungsdirektors der Verkehrs Hochschule an. Kirchberg, der infolge seiner engen Beziehungen zu Wiersch bei Volkswagen mit einiger Sicherheit von dessen Schreiben nach Dresden erfahren hatte, war offenbar flankierend tätig geworden. Herkner, der ebenfalls mit Kirchberg befreundet war, schrieb nach Berlin:

"Von ihm [i.e. Kirchberg], der Zugang zu allen einschlägigen Archiven hat, erhielten wir auch den Hinweis, daß Herr Dr.Schulte höchstwahrscheinlich keine Recherchengenehmigung für das Staatsarchiv Dresden und das Stadtarchiv Zwickau erhalten wird. Diesen Fakt und den Zeitfaktor (vgl. Brief vom 20.6.) sollten wir bei der Vertragsgestaltung zu unseren Gunsten beachten. Unter dem Briefdatum vom 3.7.1984 ist durch die Hochschule die Einreise für Dr. Schulte bzw. die Erweiterung der bereits erteilten Erlaubnis für Potsdam und Merseburg auf Dresden beantragt worden. Mit dem Hinweis auf die gebotene Eile in der Bearbeitung zur Unterstützung der Planerfüllung 1984 verbinde ich die Bitte, die Vertragsverhandlungen mit dem Partner aus der BRD an den Besuch an der Hochschule zu knüpfen und sie hier durch Beauftragte des Außenhandelsbetriebes zu führen".

Damit liegt offen, dass die Informationen über den Antrag des westdeutschen Verhandlungspartners an das Staatsarchiv Dresden, „im Dreieck" gelaufen waren. Wobei die Meinungsbildung, sowohl innerhalb des Staatsarchivs Dresden wie der Verkehrshochschule, durch Kirchberg gegen den westdeutschen Aspiranten beeinflusst wurde. Welche Motive und Vorgänge den Dresdener Automobilhistoriker zu diesem Vorgehen veranlasst haben mögen, bleibt zu untersuchen.[18]

Diese Vorgänge bewirkten zunächst, dass aus Dresden eine Antwort auf die Mitteilungen aus Hamburg auf sich warten ließ. Aus diesem Grunde rief der Wissenschaftler am 7.August in der Verkehrs Hochschule an und suchte das Gespräch mit Herkner. Da dieser nicht zu erreichen war, äußerte der Hamburger Historiker gegenüber dem Gesprächspartner Hillig, er sei verwundert, dass "seit [dem] 6.6.84 [sic!] nichts mehr bezüglich [der] 'Forschung zur Geschichte der Auto Union'" zu hören sei. Der DDR-Gesprächspartner notierte für seinen Vorgesetzten:

"Im Auftrag der gesamten AUTO UNION ist er so kurzfristig [wie] möglich daran interessiert, Einsicht in die angebotenen Materialien zu nehmen, wobei er besonderen Wert auf die Zusammenstellung des vorhandenen Dokumentarfilmmaterials legt".

Es wurde ein weiteres Telefonat für den nächsten Tag vereinbart. Am folgenden Vormittag kam die Mitteilung, "daß die Angelegenheit nicht vor Ende der nächsten Woche geklärt werden" könne. Da der Hamburger Wissenschaftler jedoch "in der nächsten Zeit nicht in Hamburg" sein würde, und sein "Anliegen im Interesse der AUTO UNION keinen Zeitverzug" erlaube, würde dieser sich "am Freitag, dem 17.8.1984 erneut" mit Dresden "in Verbindung setzen".[19] Da wiederum, aus welchen Gründen auch immer, keine Antwort erfolgte, ergriff unser Historiker die Initiative erneut und teilte Herkner Anfang September mit, er würde "eine Reise nach Potsdam-Dresden" durchführen und sich, "ab dem 20.September abends in Potsdam befinden". Um die Dinge weiter zu beschleunigen, verwies er darauf, „die Weiterreise nach Dresden" sei" für den 26.September" vorgesehen und fügte hinzu:

"Dort werde ich im Interhotel 'Newa' bis zum 28.September wohnen und dann zurückfahren. Geplant ist noch ein Besuch beim VEB Sachsenring in Zwickau. Ob das sich ermöglichen läßt, ist noch nicht sicher".

Am 13.August 1984 antwortete Jürgen Schiebert, Leiter der Abteilung Öffentlichkeitsarbeit des VEB Sachsenring Automobilwerke Zwickau:

„Vom ADMV der DDR wurde mir Ihr Schreiben vom 23.Juli 1984 übergeben. Auf dem Gelände unseres Betriebes befanden sich die Firmen Horch und Audi, welche ab 1931/32 unter ihrem bisherigen Firmennamen zur Auto Union gehörten. In unserem Archiv befinden sich zahlreiche Negative von Fahrzeugen, die von 1904 bis 1944 in Zwickau produziert wurden. Wenn Sie Ihre Wünsche konkretisieren, könnte ich Ihnen die Positive in der gewünschten Größe (13x18 oder 18x24 cm) zuschicken.
Autos selbst aus dieser Zeit stehen nur drei verschiedene in unserem Betrieb:
2 Horch-Feuerwehren aus dem Jahr   1936
1 Pullmann-Limousine   „   „   „   1938
1 Audi   „   „   „   1938".[20]

Wie im Grunde ahnungslos der Hamburger Forscher in diese Verhandlung ging, vermittelt der Umstand, dass es damals einiger Anstrengung bedurfte, das geplante Treffen in Dresden herbeizuführen. Zu diesem Zeitpunkt war dem Hamburger Antragsteller völlig unbekannt, dass von Seiten eines der angestrebten Mitarbeiter an dem künftigen Projekt, Widerstände aufgetürmt werden könnten. Dies zeigte die abschließende Bemerkung des westdeutschen Unterhändlers. Dieser schloss:

"Ich wäre Ihnen also sehr dankbar, wenn wir uns entweder am 26.September nachmittags oder aber am 27./28.September sprechen könnten. Wenn Herr Dr. Kirchberg zu einem Gespräch bereit wäre, würde ich natürlich sehr dankbar sein".[21]

Am 4.September traf sich Kirchberg, alias „IMS Stuck", mit dem für ihn zuständigen operativen Mitarbeiter des MfS in Dresden. Der von unserem Historiker ins Auge gefasste Partner war demnach Stasi-Agent. Zwischen 8 und 9.30 Uhr wurde ein geplanter „Treff" durchgeführt, mit dem Ziel, der

> „Erarbeitung einer HO zu Dr.Schulte Hamburg sowie [der] Darstellung möglicher Vorhaben in Vorbereitung 100 Jahre Automobil".

In der „Treffauswertung" wurde festgehalten:

> „Der IMS legte den gefragten Bericht vor und es wurde darüber gesprochen. Er wurde beauftragt, die Einschätzung zu Schulte, wenn dieser die HfV besucht hat zu konkretisieren und seine Pläne u[nd]. Absichten zu erfahren. Der IM war damit einverstanden".

Der Auftrag lautete: „Personeneinschätzung Dr.Schulte".[22]

Ein Schreiben der Verkehrshochschule vom 10. des Monats lief erst am 22.September in Hamburg ein. Darin enthalten war die Terminvereinbarung für den 3. bis 5.Oktober 1984 in Dresden. Am 26.September teilte der Hamburger Wissenschaftler der Verkehrshochschule telefonisch mit, er hielte sich gerade im Zentralen Staatsarchiv in Potsdam auf, hätte den "Brief vom 10.9.84 erhalten" und sei "mit dem vorgeschlagenen Termin...einverstanden". Vereinbart wurde, dass er "am 3.10.84, 13.30 Uhr, im Direktorat Forschung" der Hochschule erscheinen würde.[23]

---

1 Bundesarchiv, Do 1, 22.0, Dr.Grabert, an Staatliche Archivverwaltung, 12.01.1984. Grabert befleißigte sich auch an anderer Stelle überzogener Darstellung.

2 BA, Do 1, 22.0. B.Schulte an Ministerrat der DDR, 7.3.1984.

3 Archiv der TU-Dresden, HfV-2.2.2./184, Export immaterieller Leistungen 1984-87. B.Schulte an HfV, 2.4.1984.

4 Die Bundesbeauftragte, Außenstelle Dresden. 3562/89, Bd.-I, XII 301/80, „Manfred". Seit 1954 an der HfV "Friedrich List". Dir.f.Forschung seit 1980, Bl. 549; Ebd., „Geheimnisträger", Bl. 549.

5 Archiv der TU-Dresden, HfV-2.2.2./194, Export immaterieller Leistungen 1984-87. B.Schulte an HfV, 2.4.1984 (Paraphen/Notizen, Sichtvermerke).

6 Ebd., HfV 2.2.2/184, Export immaterieller Leistungen 1984-87. Dr.-Ing.Herkner an B.Schulte, 8.5.1984. Es fällt auf, wie eingehend sich Dresden erkundigte. Bis dato fruchteten die Bemühungen Ingolstadts.

7 BA-Berlin, Do 1, 22.0. Zentrales Staatsarchiv Potsdam an B.Schulte, 27.4.1984.

8 Archiv der TU-Dresden, HfV-2.2.2./184. B.Schulte an Dr.-Ing.Herkner, 14.5.1984.

9 BA-Berlin, Do 1, 22.0. B. Schulte an Staatsarchiv Dresden, 19.5.1984, vgl. ebenfalls in: Archiv TH-Dresden. HfV 2.2.2./184.

10 Ebd., Do 1, 22.0. B.Schulte an Stadtarchiv Zwickau, 25.5.1984.

11 Ebd., Do 1, 22.0. Rat des Bezirkes Karl-Marx-Stadt.

12 Ebd., Do 1, 22.0. Staatliche Archivverwaltung Potsdam an B.Schulte, 31.5.1984.

13 Archiv der TU-Dresden, HfV 2.2.2./184. Dr.-Ing.Herkner an B.Schulte, 8.6.1984; Die Bundesbeauftragte, Außenstelle Dresden. 3562/89, XII 301/80 Herkner ist: „Manfred", XXXXX ANS, BA Dresden, HA XIX/2. Neumann: Abschlußbericht zu IM-Vorgang, 29.11.1989, Bl. 20: "Die ihm übertragenen Aufgaben löste er bisher mit Einsatzbereitschaft u[nd]. war auch stets zur personen- u[nd].sachbezogenen Berichterstattung bereit". Ergänzung: „Ablehnung der konspirativen Arbeit".

14 Ebd., HfV, 2.2.2./184. B.Schulte an Dr.-Ing.Herkner, 20.6.1984.

15 BA-Berlin, Do 1, 22.0. Staatsarchiv Dresden an Staatliche Archivverwaltung Potsdam, 25.6.1984; auch: Archiv TU-Dresden. HfV 2.2.2./184. Ende 2005 behauptet Hartstock, er habe als Zeichnungsberechtigter nur eine Unterschrift geleistet. Von der Sache habe er nichts verstanden. Es habe sich um ein Schreiben des Direktors gehandelt.

16 Vgl.1984=2004. Deckt Staatsarchiv Dresden Stasi IM? www.forumfilm.de, Extra-Blatt, 11/2004.

17 Archiv TU-Dresden. HfV 2.2.2./184. Einreisekonzeption, 28.6.1984.

18 Ebd., HfV 2.2.2/184. Dr.-Ing.Herkner an Exportbüro für Hoch- und Fachschulwesen, 5.7.1984.

19 Ebd., HfV 2.2.2./194. 93300, Hillig, Aktenvermerk über Telefonate mit Herrn Dr.Bernd F.Schulte, Hamburg, 8.8.1984. Am 6.6.1984 wurde Wiersch die Ernsthaftigkeit der Pläne in Ingolstadt bewußt.

20 Archiv Schulte. J.Schiebert (VEB Sachsenring Automobilwerke Zwickau DDR) an B.Schulte, 13.8.1984. Hier sei auf die im Teil I dieser Studie entwickelten engsten Verhandlungen zwischen Wolfsburg und der DDR verwiesen.

21 Archiv TU-Dresden. HfV 2.2.2./184. B.Schulte an Dr.-Ing.Herkner, 1.9.1984. Dieses Schreiben erreichte am 5.9. Herkner und wurde an den "Direktor Internationale Beziehungen" weitergereicht.

22 Birthler-Behörde, BStU Außenstelle Schwerin, 017751/S2S. Treffbericht, 4.9.1984, Bl. 14f. Kirchbergs Berichte füllen zwei Aktenordner über dessen persönliches Umfeld, seine Arbeitsstelle, Stimmungseinschätzungen. U.a. enthalten: Unternehmensbericht der VW AG für seine Vorgesetzten, als er sich zu Besuch bei Wiersch in Wolfsburg befand.

23 Archiv TU-Dresden. HfV 2.2.2./184. 93300, Hillig, Aktenvermerk über ein Telefonat mit Herrn Dr.Schulte, 26.9.1984; Die Bundesbeauftragte, Außenstelle Dresden, 3562/89, XII 301/80 „Manfred" (i.e. Herkner). BV Dresden OD TU/H/3, Oltn.Bartsch: Bericht über die Werbung des IM-VL Reg.-Nr. XII 301/80, 16.3.1980, Bl. 90: „Es wurde aber Einvernehmen darüber erzielt, dass eben im Rahmen seiner Funktionsmerkmale eine breite Palette von Möglichkeiten bestehen, Probleme der Forschung und zu beteiligten Personen sachkundig einzuschätzen, zu informieren und im Interesse des MfS aktiven Einfluß zu nehmen"; Verpflichtungserklärung, 13.3.1980, Bl. 96.

Entscheidung in Potsdam, Dresden und Berlin

Am 24.September 1984 reiste unser Historiker-Journalist zu dem angemeldeten Archivbesuch in die DDR ein und logierte im Interhotel Potsdam an der "Langen Brücke". Er befand sich, im Rahmen des Audi-Filmprojektes, am 26.September vormittags, bereits zu einer ersten Kontaktaufnahme im Film-Archiv der DDR in Potsdam Babelsberg. Als er in der Archivverwaltung von einem Büro in das des Leiters wechselte, durchquerte er das Treppenhaus. Es sprang die gegenüberliegende Tür zu den Filmsichtungsplätzen (Schneidertischen) auf. Ein untersetzter, dunkelhaariger, rundlicher Mann schoss heraus und auf ihn zu, entschloss sich jedoch im letzten Moment, ihn nicht umzurennen, sondern sich kurz als Dr.Kirchberg vorzustellen. Unser Historiker wies auf das Treffen am kommenden 3.Oktober in Dresden hin und schon verschwand der rundliche Mann. Die Tür fiel hinter ihm mit einem Knall ins Schloss.

Unter den 1.Oktober fertigte eben dieser Dr.Kirchberg eine Meldung an den Direktor Internationale Beziehungen der Verkehrshochschule, welche den hier geschilderten Vorgang thematisierte. Es wurde geschrieben:

"Am Dienstag, dem 25.9.84,12.30 Uhr wurde ich von Dr.Herkner, Direktor Forschung, davon telefonisch verständigt, daß sich Herr Dr.Schulte derzeit in Potsdam aufhalte und eine Kontaktaufnahme zu verhindern sei. Ich habe daher im gleichen Telefongespräch mitgeteilt, daß ich am nächsten Tag meine Archivarbeiten im Filmarchiv beenden werde.

Am Mittwoch, dem 26.9.84 befand ich mich gegen 11 Uhr zu organisatorischen Arbeiten im Sekretariat des Archivs, als die Tür zum Nebenraum geöffnet wurde und mir durch eine Mitarbeiterin des Archivs Herr Dr.Schulte aus Hamburg vorgestellt wurde. Man habe im Nebenzimmer meinen Namen nennen hören. Der Vorstellung mit Namensnennung folgte meinerseits die Feststellung, daß ich eben meine Arbeiten beendet hätte und sehr dringend und eilig zu anderen Aufgaben weg müßte. Wir beendeten unseren Kontakt mit den Worten: Wir werden demnächst in Dresden mehr Zeit haben. Die Dauer des Kontaktes betrug etwa drei Minuten. Ich habe daraufhin sofort meine Arbeit im Archiv abgebrochen und das Gebäude verlassen. Herrn Dr.Schulte habe ich nicht wiedergesehen".[1]

Doch wodurch waren diese nachgerade hektischen Reaktionen in Dresden und Potsdam verursacht? Unser Historiker stutzte zwar für einen Moment, verfiel jedoch nicht darauf, dies Verhalten könne ein negatives Licht auf die Aussichten des Gespräches in Dresden werfen. Doch zeigt die Order Herkners „eine Kontakktaufnahme" sei „zu verhindern", dass negative Vorentscheidungen bereits gafallen waren.

Am 2.Oktober traf sich Kirchberg (alias IMS „Stuck") erneut mit seinem Führungsoffizier von der Operativen Diensteinheit des MfS Dresden. Zwischen 8 und 9 Uhr, im Restaurant „Waldmax", tauschte er sich mit Herrn Pekulat zum „akt[uellen]. Stand Forschungsvorhaben Auto-Union" aus. Das nächste Treffen sollte am 9.Oktober (14 Uhr) am selben „Treffort Waldmax" stattfinden. Es wurde in der „Treffauswertung" festgehalten:

„IM berichtete über die Anmeldung des Schulte an der HfV und über seinen Kontakt im Filmarchiv in Potsdam mit Schulte. Ihm wurde gesagt, dass alles zu Schulte über das Direktorat Forschung [i.e. Dr. Herkner, alias IM „Manfred"] laufen soll und damit auch ordentlich ... ... ist. Keine eigenen Handlungen vorerst. Damit war der IM einverstanden. Er übergab einen Durchschlag seiner Kontaktmeldung [an Dr. Herkner, s.o.]".

Als „neuer Auftrag" wurde festgehalten, das „Problem Schulte weiter beachten. Zum Zusammentreffen" sei „eine exakte u[nd] aussagekräftige Einschätzung mit Personenbeschreibung" abzuliefern.[2]

Parallel fertigte Hauptmann Roth/Römer in Ostberlin einen ersten Erfahrungsbericht zu den mit dem, inzwischen für bestimmte Herren zum Problem gewordenen, westdeutschen Gesprächspartner geführten Gesprächen. Ergänzt werden musste handschriftlich zur Person: "Dozent für Geschichte". Den "Sachverhalt" beschrieb der Offizier des MfS folgendermaßen:

> "Einreise vom 23.9.-28.9.1984 an das ZStA Potsdam (Betreuung durch den GMS 'Franz'), Quartier Interhotel Potsdam.
> Kontaktaufnahme im Hotel durch operativen MA am 23.9.1984. Im Ergebnis des Vorgespräches, geführt als MA von Dr.Bergmann (OSL Albrecht), und das Zweitgespräch zu dritt für den 24.9.1984 an gleicher Stelle organisiert beide festgehalten, eine Erwartungshaltung auf ein Angebot der Zusammenarbeit zum gegenseitigen Vorteil erreicht.
> Realisierung des Zweitgespräches. Es wurde unter Beziehungspartner 'Büro des Ministerrates' die weitere inoffizielle Verbindung vereinbart, wobei- wir die angestrebten Möglichkeiten in der Nutzung der DDR-Archivbestände ermöglichen,
> - uns Informationen entsprechend real vorhandener Möglichkeiten liefert,
> - wir in der Phase der beruflichen Konsolidierung des (Projekt Auto-Union) über mögliche künftige Projekte zum gegenseitigen Vorteil gemeinsam beraten und Festlegungen treffen".

Es handelte sich hier um die Festschreibung des - bereits im Verlauf des ersten Gespräches mit Römer und Bergmann - Verhandelten; und dies unter grober Überzeichnung der bereits von den MfS-Mitarbeitern erreichten Ergebnisse. "Ein weiterer Treff", am 26.September, sollte "zur Kontaktfestigung und der Vereinbarung des Treffs bei der nächsten Einreise" dienen. Im Einzelnen leitete Hauptmann Roth/Römer aus dem Hergang des Gespräches Ansatzpunkte für "operative Möglichkeiten" ab. Roth ergänzte handschriftlich: "Inzwischen zur Informationsbeschaffung bereit!" Das lediglich bis zum April 1985 andauernde Beschäftigungsverhältnis an der Hochschule der Bundeswehr Hamburg schreckte Roth keineswegs ab, das Ziel einer Anwerbung weiter zu verfolgen. Er hoffte vielmehr sehr optimistisch auf Verbindungen des westdeutschen Gesprächspartners "zu früheren Studienkollegen von der Offiziersschule, deren persönlicher Entwicklungsweg aufgrund der 'Hauptmannsecke' zu deren Unzufriedenheit" geführt habe. Ob der weitere "Entwicklungsweg" des Hamburger Forschers vom Zeitoffizier, über die wissenschaftliche Laufbahn in die freiberuflich-journalistische oder wissenschaftliche Tätigkeit "in der Industrie" münden solle, hänge "gegenwärtig" von der "Unterstützung" des MfS ab, so schloss Roth/Römer an. In diesem Zusammenhang fiel auch der Name des Spiegel-Redakteurs Heinz Höhne. Diese äußerst vielgestaltigen Eindrücke vermitteln einen zwiespältigen Eindruck von der Solidität der Überlegungen, welche den weiteren Schritten der Arbeitsgruppe Roth/Bergmann zugrundegelegt wurden.

Demgegenüber äußerst sachgerecht, umriss der Bearbeiter des MfS die "Motivation", die dem Handeln des westdeutschen Besuchers zugrunde läge. Roth schrieb:

> "...ist ein intelligenter, realistisch orientierter Nachwuchswissenschaftler der BRD, der im Zusammenhang mit der Riezler-Problematik erfolglos gegen die Historikerpäpste im eigenen Lande anrannte.
> Nach eigener Einschätzung wurde erkannt, daß ein Anrennen gegen festgefügte Machtstrukturen sich letztendlich in ein Beschneiden der eigenen Entwicklungsmöglichkeiten umkehrt.
> ...will sich persönlich dafür engagieren, daß der Hochrüstungskurs der NATO, den er ablehnt, nicht einen *Ausfall der Sowjetunion gegenüber den westlichen Ländern* provoziert" (Hervorh.v.m., B.S.).

Die "berufliche Position" des Hamburger Wissenschaftlers sei "erschüttert". Dieser Umstand habe dazu geführt, "kooperativ in die Richtung der Erschließung von Möglichkeiten zum gegenseitigen Vorteil" zu denken. Damit lagen aus Ostberliner Sicht die Positionen gar nicht so weit auseinander.[3]

Das Gespräch vom 25.September führte demgegenüber aus der Sicht des Historiker-Journalisten zu einem grundlegenden Entschluss. In seinem Tagebuch notierte er nach Beendigung des Essens mit den MfS-Herren abschliessend:

> "Ich habe mich heute (25.abds.) entschlossen, am Mittwoch zu sagen, daß ich mich schlau gemacht habe und an den Akten[der Auto Union] insofern noch interessiert bin, als jeder Schritt bezahlt werde. Weiter die Aktenfrage von Dr.Wiersch in Wolfsburg [betreut] und ich an weitergehendem Informationsaustausch nicht interessiert sei".

Es hatte sich offenkundig auf Seiten des Besuchers der Gesamteindruck verfestigt, der während der Gespräche mit Roth und Bergmann erzeugt wurde, dass das Audi Filmprojekt, trotz dessen existenzsichernder Wirkung, derartige

Risiken, wie diese sich nun angedeutet hatten, nicht wert war. Deshalb hielt der Hamburger Forscher fest, den Vertretern des MfS mitzuteilen:

"Es erscheine mir unmöglich, in dieser Form, wegen eines Audi-Interesses zwischen die Fronten zu geraten, so gern ich die deutsch-deutsche Sache weiterentwickelt sehen möchte. Doch ich bin kein Agent und werde der BRD nicht in den Rücken fallen, die meine Heimat ist und die ich nie aufgeben werde und will. Tendenzen, die offenbar aber"

angeklungen waren.[4]

Noch bevor der Wissenschaftler in Dresden verhandeln konnte, gingen gleichzeitig - im inneramtlichen Schriftverkehr der DDR - ablehnende Empfehlungen der Staatlichen Archivverwaltung Potsdam, zur Frage einer Benutzung von Akten der Auto Union im Sächsischen Staatsarchiv Dresden und Stadtarchiv Zwickau, an diese beiden Stellen ab.[5] Als Begründung enthielt das Schreiben an das Stadtarchiv Zwickau die Empfehlung,

"eine abschlägige Antwort zu veranlassen, da aus einer Stellungnahme zu einem gleichlautenden Anliegen von Dr.Schulte an das Staatsarchiv Dresden hervorgeht, daß hinsichtlich des Charakters der dort vorliegenden Unterlagen Bedenken gegen eine Direktbenutzung bestehen".[6]

Am 1.Oktober erstattete Kirchberg seine bereits erwähnte Meldung über die Begegnung mit dem Hamburger Fernsehjournalisten im Filmarchiv Potsdam-Babelsberg an Dr.Ing.Herkner, Direktor für Forschung an der Verkehrshochschule Friedrich List. Das Blatt wurde mit der Paraphe versehen: "Übergabe zum Treffen [mit Dr.Schulte] am 2.10.84".[7]

Zu diesem Zeitpunkt, also einen Tag bevor in Dresden mit der Verkehrshochschule verhandelt würde, erstattete Hauptmann Roth/Römer "Bericht zum Kontakt". Diese Vorlage konzentrierte sich auf die Verläufe der drei "Treffs", bezog die "Rückläufe" des Mittelsmanns Sepp Glaser im Staatsarchiv ein und leitete Maßnahmen und Beurteilungen ab. Als erste Aufgabe seien die „nachrichtendienstliche Eignung und die Voraussetzungen für eine Zusammenarbeit zu prüfen" gewesen. Der erste Kontakt wurde erneut als durchgeführt dargestellt und dies ausschließlich durch den Mitarbeiter des MfS, Römer alias Hauptmann Roth. Entgegen Erinnerung und konkurrierender schriftlicher Überlieferung, sollte erst bei einem zweiten Kontakt Dr.Bergmann, alias Oberstleutnant Albrecht, zwischen 17 und 20 Uhr, im "Grill-Restaurant" des Inter Hotels Potsdam einbezogen gewesen sein. Am 26.September sei diesen Gesprächen ein Drittes gefolgt, das, zwischen 16 und 19 Uhr, erneut im "Havelland-Grill" stattgefunden habe. Eine gewisse Ungenauigkeit der Ausführungen Roth/Römers, bereits in formalen Zusammenhängen, ist demnach zu konstatieren.

Das erste Gespräch, das Römer mit dem Hamburger Wissenschaftler geführt haben will, sei „im Auftrag des ‚Dr.Bergmann' in Gang gesetzt worden. Der Historiker habe gemutmaßt, es handele sich um einen „berufl[ichen]. Hintergrund [um] die St[aatliche] A[rchiv] V[erwaltung]". Zunächst habe Römer die Bedeutung des Archivwesens" erläutert. Die Stelle, von welcher der Vertreter des MfS komme, könne „darüber entscheiden, wem" diese „Zugriff gewähre[n]". Unverzüglich sei Römer auf das Hauptanliegen zu sprechen gekommen. Er habe ausgeführt:

> „Wir kennen die Problematik ‚Riezler-Tagebücher' aufgrund der Zeitungsveröffentlichungen und bewerten die Zielstellung des Fälschungsnachweises positiv. Andererseits machen negative Erfahrungen im Bereich des sogenannten Enthüllungsjournalismus das persönliche Kennenlernen notwendig".

Dies sei der Ausgangspunkt für die Annäherung des MfS (respektive der Staatlichen Archivverwaltung) an den Historiker-Journalisten gewesen. Römer fasste zusammen, dieser hätte sich in der

> „uns hinlänglich bekannten Situation aufgrund des Widerstreites mit bürgerlicher Geschichtsinterpretation, besonders der Auseinandersetzung mit Prof.Erdmann zur Riezler-Problematik"

empfohlen. Zu dessen „berufliche[r] Position" und den Zielen „freiberuflich journalistischer Tätigkeit" finden sich Wiederholungen in Hauptmann Roths Ausführungen. Neu ist die Mitteilung, die gemacht worden sei:

> „Gegenwärtig stellt das Projekt ‚Auto Union', Firmengeschichte für den Konzern Ingolstadt, eine mögliche Existenzgrundlage dar. Dabei sind die Modalitäten mit der DDR erst zu klären".

Ein Hauptanliegen des DDR-Gesprächspartners war bereits im Verlauf dieses ersten Kontaktes, den westdeutschen Gesprächspartner vor zu weitgehendem weiterem „Anrennen gegen festgefügte Machtstrukturen" in der Bundesrepublik zu warnen; letztlich, weil dies dessen Einsatz im Sinn des MfS verhindert haben würde. Auf den Plan, „eine kooperative Zusammenarbeit zum gegenseitigen Vorteil" zu entwickeln, sei der Historiker hingewiesen worden. Diese Planung basierte auf einer Mitteilung des MfS-Mitarbeiters Sepp Glaser im Staatsarchiv Potsdam. Als „Ausgangsgedanken" für das folgende Gespräch wiederholte Römer noch einmal:

> „Wir entscheiden über den Zugriff zu den Archivbeständen, in Realisierung des Projektes ‚Auto-Union' ist über künftige gemeinsame Projekte zum gegenseitigen Vorteil zu beraten".

Der Charakter einer „inoffiziellen Verbindung" sei allein praktikabel. Der Hamburger Wissenschaftler dürfe seine Gesprächspartner Römer und Bergmann infolgedessen nicht als „'Aushängeschild' für die zu erschließenden Möglichkeiten nutzen". Wiederum wurde abschließend klar, wie wenig die MfS-Seite an der Publizität ihres westdeutschen Partners interessiert war. Roth hielt fest:

> „Es wäre wünschenswert, wenn die gesellschaftliche Position gefestigt ist, was den Spielraum für berufl[iche]. Möglichkeiten erweitert. Deshalb ist über die Art und Weise des ‚Schlußstriches' zur ‚Riezler-Problematik' (Buchveröffentlichung in der Schweiz) zu beraten".

In diesem Zusammenhang hatte der Historiker zum Beispiel mit der provozierenden Frage vorgefühlt, warum denn die DDR-Seite in der Riezler-Frage so „zahm" sei? Das wäre doch in den 60iger Jahren ganz anders gewesen („Schwarzer Kanal"). – Zusammenfassend führte Römer an, "weltanschauliche und Grundpositionen im Zusammenhang mit aktuellen politischen Fragen" seien abschließend Gesprächsgegenstand gewesen. Es sei im besonderen "die Frage Krieg-Frieden unter gesellschaftlichem Hintergrund" diskutiert worden. Erstmals explizit erwähnt, erschienen in diesem Bericht über das erste Gespräch in Potsdam die Veröffentlichungen zu den Riezler Tagebüchern, welche die "Haltung" des Forschers „zur Kriegsschuld Deutschlands" beträfen. Anschließend erwähnte Römer, dieser habe den gegenwärtigen Hochrüstungskurs abgelehnt und wolle sich dafür einsetzen, "daß die Sowjetunion dadurch nicht zu einem *'Ausfall' gegenüber den westlichen Ländern* provoziert" werde (Hervorh.v.m., B.S.).

Am folgenden Tag morgens hatte der Hamburger Forscher im Staatsarchiv Potsdam seine Arbeit begonnen und in einem ersten Gespräch mit dem ihn betreuenden Archivar, Dr.Glaser, alias GMS "Franz", so berichtete Römer, von den Vertretern des MfS (Römer/Bergmann) als "staatlicher Stelle" gesprochen. Im Verlauf dieses Gespräches, am 24.September, sollen sehr weitgehende Absprachen getätigt worden sein, die in jener Form, wie Römer dies berichtet, nicht stattfanden. Es handelte sich um gesprächsweise erörterte mögliche Wege, an Informationen heranzukommen, die für die MfS-Seite von Interesse sein mochten. Zum Teil entstanden in der Folge, aus der Kolportage von Mitteilungen des Archivars Sepp Glaser, zum Teil abgeleitet aus den Publikationen des Hamburger Wissenschaftlers, Erwägungen, die in den Händen Römers, eine Metamorphose in "Angebote" des westdeutschen Gesprächspartners durchliefen und ein Äquivalent zu der von diesem "angestrebten Möglichkeit der Nutzung der DDR-Archivbestände" darstellen sollten. Das bestätigte ein Punkt in Römers Gesprächsbericht expressis verbis. Erneut wurde auf die hinderlichen Effekte hingewiesen, die eine weitere Kontroverse um die Riezler Tagebücher mit sich bringen würde. Der Historiker hätte sich bereit erklärt,

> "das Vorwort zur Riezler-Problematik aus gleichem Grund rein fachlich anzulegen, ohne weitere persönliche Angriffe gegen Erdmann u.a., um diese Sache 'solide' abzuschließen. … veröffentlicht in der Schweiz Bücher auf eigene Kosten. Den Verleger hält er in der BRD geheim, da er sonst 'den Aufkauf durch das Auswärtige Amt' befürchtet".

Über den Vorfall mit Kirchberg vom gleichen Tage, hätte der Wissenschaftler in dem Sinne berichtet, er habe "den künftigen Bezugspartner vom Projekt 'Auto Union' Dr.Peter Kirchberg von der Verkehrshochschule Dresden, zufällig im Filmarchiv getroffen". "Dieser sei kurz angebunden gewesen und habe das Archiv bei" seinem "Eintreffen...sofort verlassen". Dieser Vorgang wurde auf Seiten der Römer/Bergmann dahin kommentiert, der Historiker würde "als Angehöriger der H[och]S[chule] der Bundeswehr in die DDR reise[n] und die Bezugspartner" seien "sich des Beziehungspartners und dessen Absichten natürlich nicht sicher". Unter Hinweis auf den Stand der Verhandlungen mit der Verkehrshochschule, wurde angeschlossen, "außerdem stehe die Bestätigung des Genehmigungsverfahrens zum Projekt 'Auto Union' noch aus"; wobei die Vertreter des MfS erklärt hätten, sich für ihren zukünftigen Partner einsetzen zu wollen.

Am 26.September, so lautete das wichtigste Ergebnis der Verhandlung, sollte der zukünftige Hamburger Partner "einen Erweiterungsantrag zur Archivnutzung zum Projekt 'Auto Union'" stellen. Weiter seien "schriftlich" für das MfS seine "Vorstellungen zu Möglichkeiten und Absichten im o.g. Projekt" niederlegen. Unverkennbar war dies der Versuch, den Historiker durch Handlungen und Beweismittel festzulegen.[8] Aus diesem Grunde, denn das unverkennbar drängende und drückende Element im Verlauf der Unterhandlungen war deutlicher und deutlicher geworden, entschloss sich dieser noch am selben Abend, sich zurückzuziehen.[9]

Inzwischen berichtete der Vertrauensmann des MfS im Staatsarchiv Potsdam, Sepp Glaser, über ein Gespräch mit dem Forscher aus dem Westen. Dieser habe "dabei...verstört" gewirkt, und habe sich "aussprechen" wollen. Tatsache sei, er habe Römer und Bergmann "als Mitarbeiter des Staatsrates" bezeichnet und sei sich "bewußt" gewesen, dass diese

> "den bestimmenden Einfluß über die seitens der DDR... zu eröffnenden Möglichkeiten ausübten."

Entsprechend der oben angeführten Notiz vom 25.September hatte der Hamburger Wissenschaftler gegenüber Glaser, von dem er annahm, dieser verfüge über - wie wir hier sehen tatsächlich vorhandene Kontakte zum MfS - seine Bedenken manifestiert, um diese der Gegenseite vor Augen zu führen und jedenfalls die Tür nach Osten für das Auto Union Thema offen zu halten. Hauptmann Roth hielt in seinem Bericht fest, der Historiker hätte gegenüber Glaser geäußert, er "wolle nicht 'Agent gegen die Bundeswehr' werden, es gäbe andere Möglichkeiten der Kooperation. Z.B. sei" er "bereit, Informationen zur Entwicklung der westdeutschen Historiographie, einschließlich Interna, zu liefern". Erneut bestätigt gefunden habe der Sachbearbeiter des MfS zusätzlich, der westliche Gesprächspartner hätte "auch im Gespräch verstanden, daß" dieser sich "im Interesse unserer weiteren Verbindung in der BRD 'zurückhaltender' werde" bewegen müssen. Glaser gegenüber hätte er "weiter von [s]einem Zusammentreffen mit Dr.Kirchberg [in Potsdam]" berichtet und hätte "dessen Unzugänglichkeit mit" Römer und Bergmann "in Verbindung" gebracht. Der Forscher habe verschärfend geäußert, er würde nicht hoffen,

> "die Annahme, daß er im Auftrag der 'Auto Union'/Konzern Ingolstadt 'Industriespionage' betreibe"

werde Schule machen.

Daraufhin sei durch den "op[erativen]. M[it]A[rbeiter] festgelegt worden:

> "GMS 'Franz' prüft, welche Archivbestände des ZStA betreffs Projekt 'Auto-Union' vorliegen, informiert … darüber und schafft eine Interessenlage...".

Offenbar korrigierte das MfS, unter dem Eindruck dieser Erkenntnisse, seinen Kurs. Nun griff erstmals ernsthaft der Gedanke einer Unterstützung des Auto Union Projektes in der Normannenstrasse Raum. Dies entsprach exakt der Absicht des Hamburger Historikers.

Im Rückblick nahmen sich für das MfS diese Entwicklungen allerdings völlig anders aus. Der Leiter der Abteilung 7, der Hauptabteilung VII, Oberst Bethge, sollte am 12.Januar 1987, auf Mitteilungen der Archivarin Frau Merker fußend, schreiben:

„Im Rahmen der operativen Abwehrarbeit in der Staatlichen Archivverwaltung des MdI wurde in Gesprächen mit dem BRD-Bürger (Archivbenutzer)...[ermittelt,] dass dieser im Mai 1986 [falsch verstanden, da 1984] in einem Hotel in der Hauptstadt der DDR [falsch verstanden, da in Potsdam] durch die Herren Römer und [Dr.] Bergmann, die sich als Archivare ausgaben, aufgefordert wurde, Unterlagen aus dem ‚Berlin Document Center' in Westberlin zu beschaffen [wurde von mir genannt als Archiv, in dem ich bereits gearbeitet hätte]. Er habe sein grundsätzliches Einverständnis erklärt [schief, da nicht geschehen], habe jedoch seinem ‚zuständigen Kontaktpartner' [wer?] in der BRD aus Gründen der eigenen Sicherheit davon Mitteilung gemacht, da er im Zusammenhang mit seiner Lehrtätigkeit an der Bundeswehrhochschule Hamburg bereits einmal der Spionage bezichtigt wurde [trifft zu. Anzeige ‚aus Dresden' – Kirchberg - bei MfS Berlin]. In einem zweiten [falsch, da ‚drittes'] Gespräch mit den erwähnten Herren Römer und [Dr.] Bergmann informierte er beide darüber, wofür ihm ‚Vertrauensbruch' vorgeworfen wurde [falsch, da ‚drittes' Gespräch ohne Bergmann]. Weitere Informationen dazu konnten nicht erarbeitet werden. Schulte brachte die Hoffnung zum Ausdruck, dass die Staatliche Archivverwaltung ihn erneut mit den Herren Bergman und Römer in Verbindung bringen könnte [Versuchsballon, um die Dresdener Akten ‚im zweiten Anlauf' einzusehen]. Dies wurde mit dem Hinweis abgelehnt, dass der Staatlichen Archivverwaltung keine A r c h i v a r e mit diesen Namen bekannt sind[da Offiziere des MfS]. Schulte brachte beiläufig zum Ausdruck, dass das Vorstandsmitglied von ‚Audi' in Ingolstadt, Ullman [richtig: Dr.Ulmer] (weitere Personalien nicht bekannt) geäußert habe, dass der Mitarbeiter der TU Dresden

Dr. K i r c h b e r g, Peter

Geb. am …..

Als Museumsleiter für das 'Audi-Museum' in Ingolstadt geworben werden soll. Weitere Angaben konnten dazu nicht erarbeitet werden".[10]

Der Bericht des Hauptmann Roth zu dem letzten Gesprächen mit der Hamburger „Zielperson", spiegelte die Fortsetzung der bisherigen Strategie des Westdeutschen. Dieser hätte das Gespräch, so Roth/Römer, mit einem Rückzug eröffnet, er müsse "den Bereich Bundeswehr aus unserer Beziehung ausschließen", so habe die Botschaft gelautet. In einer "Nebenbemerkung" hätte der Historiker "deutlich" werden lassen, dass er "unmittelbar nach dem Gespräch am 24.9. eine Fernsehsendung gesehen hätte (offenbar 'Enttarnung

Abt.-Ltr. M[esserschmidt]B[ölkow]B[lohm]'), wonach" er "sofort [s]meine Informationsbereitschaft" habe "korrigieren" wollen. Der Hamburger Forscher hätte sich "mit niemandem beraten, auch niemanden angerufen und sei nicht abgereist, da nach" seiner "Meinung trotzdem gemeinsame Möglichkeiten" bestünden. Weiter hätte er ausgeführt, "die BRD und die DDR seien an die USA bzw. die UdSSR gebunden, dabei könnten jedoch Freiräume genutzt werden".

Demgegenüber hätten, Roth/Römer und Bergmann, deren Positionen klargestellt. Roth schrieb, dass der Historiker-Journalist "verunsichert" gewirkt hätte:

> "- … verwechselt die Relationen, nicht wir wollen in erster Linie etwas von ihm. Wir haben uns kennengelernt, um uns zum gegenseitigen Vorteil für ihn zu verwenden.
> - Wir haben uns aufgrund der geführten Gespräche bei unserem 'Staatssekretär' *für das Projekt 'Auto-Union'* bzw. künftige Möglichkeiten eingesetzt und 'grünes Licht' erwirkt" (Hervorh.v.m., B.S.).

Der Klimax des Tauziehens war erreicht. Doch für den westdeutschen Akteur unsichtbar, war dessen eigentliches Interesse, die Materialien zur Geschichte der Auto Union für Audi zu sichern, damit de facto erreicht. Interesse bestehe an den Möglichkeiten des westdeutschen Gesprächspartners stellte Roth/Römer weiter fest. Diese seien intern als Argument dazu benutzt worden, "besser für" den Historiker "eintreten zu können". Schließlich sei, wegen fehlender "zwischenstaatliche[r] Verträge" die Zusammenarbeit nur inoffiziell möglich, so die Standardbegründung bei geheimdienstlichen Anbahnungen. Diese Formulierung sollte eher ausgleichend-beruhigend wirken. "Andererseits erwarten wir solche Verträge", so „Römer/Bergmann", angesichts deren augenscheinlich scheiternden Bemühungen. "Für die Zukunft" erwarteten diese derartige deutsch-deutsche Abkommen und damit „haben [wir] dann mit" der „Zielperson" "gegebenenfalls den künftigen Partner", lautete die Parole intern.

Gleichzeitig wurde, angesichts des sich ankündigenden Scheiterns der Verbindung, der psychologische Druck verstärkt. Allerdings wurde im Referat des MfS (Hptm.Roth) der eindeutig ablehnende Bescheid unterschlagen. Hauptmann Roth/"Römer" referierte die eingeführten Argumente gegenüber seinem Vorgesetzten so, als ob noch alles möglich wäre:

> "In diesem Zusammenhang der inoffiziellen Verbindung wurde deutlich gemacht, daß die Gegenspieler (Erdmann, Müller, Opitz u. a.) nur darauf warten, gegen Ihn vorgehen zu können. Dazu reicht aus, daß seine Verbindung zur DDR entsprechend ausgelegt wird. Es wurde weiter auf den ARD-Redakteur

[geschwärzt] ...verwiesen, der aus der Sendekonzeption das eigene Interesse suchte, um für die pol[itische] Aussage den Hamburger Forscher verantwortlich zu machen."

Die Pression wurde weiter erhöht, indem über die Materialien zu den "Veröffentlichungen/Briefe[n]" des Hamburger Wissenschaftlers hinweg, Bedenken hinsichtlich der Betätigungsfelder Bundeswehr und Bundeswehrhochschule bei Seite geschoben und behauptet wurde, dieser habe angeboten, seine Verbindungen ersatzweise "als Historiker - sowie bei der Presse und der ARD" – einzusetzen. Bereits zu diesem Zeitpunkt, so referierte Hauptmann Roth/Römer dessen vorgebliche Äußerungen, hätte er gehofft "gegebenenfalls als Konzernhistoriker in Ingolstadt tätig werden" zu können und gemeint, "von dort Verbindungen zur bayerischen Staatskanzlei knüpfen zu können". An mangelnder Vorstellungskraft gebrach es dem MfS-Offizier jedenfalls nicht. Im Falle einer nächsten Einreise sollte ein erneutes Treffen stattfinden. Dazu würde der Historiker ein handschriftliches "Arbeitspapier zum Projekt 'Auto-Union'" erstellen.

Die Rückmeldung des Kontaktmannes Sepp Glaser am Zentralen Staatsarchiv Potsdam, über ein Gespräch am 26.September, sollte den Historiker "gelöst" gezeigt haben. Vereinbarungsgemäß hätte dieser den "Erweiterungsantrag" gestellt und einen "erneuten Aufenthalt am ZStA am Jahresende 1984" angekündigt. Weiter hätten erste Ergebnisse der Vorbereitungen auf das Auto-Union-Projekt inzwischen ergeben, so Hauptmann Roth/ Römer, dass "die beim ZStA vorhandenen *Archivbestände für das Projekt 'Auto-Union' entscheidend*" seien. Der Hamburger Forscher habe bemerkt, so Sepp Glaser, "dem Konzern Ingolstadt wäre die Verfilmung der Bestände sicherlich 100 000 DM wert" (Hervorh.v.m., B.S.).

Diese von Seiten des Hamburger Wissenschaftlers und Filmproduzenten mit beträchtlichem Aufwand in Gang gesetzten Bemühungen rund um die Firmengeschichte der Auto Union-Audi wurden, zusätzlich zu dem Höland/Habbel-Brief (den Auftraggebern bei Audi) vom 15.Mai, durch ein Schreiben torpediert, das, am 26.9.1984 in Wolfsburg entstanden, am 2. Oktober bei Herkner in Dresden auf dem Tisch lag. Unterschrieben von „A[nton]. Konrad" und „Dr. B[ernd].Wiersch", „GP-3-drwie-nh" (AZ) wurde nicht Bezug genommen auf das erste Schreiben von Herrn Wiersch, sondern auf einen weiteren Höland-Brief vom 11.Juni. Die offenbar zwischen Ingolstadt und Wolfsburg inzwischen durchgeführte Diskussion habe ergeben,

„dass, wie bisher, bei allen historischen Maßnahmen [so offenbar die Argumentation Wierschs gegenüber Audi], auch die Erschließung beziehungsweise
Komplettierung unseres Archivs, im Hinblick auf die Auto Union-Historie,
zentral von Wolfsburg geschehen sollte".

Wie eilig es Wiersch und Konrad nun hatten, mit der DDR zu einer Übereinkunft in Sachen Auto Union Akten zu kommen, unterstrich der Satz:

„Ihre Vorschläge [offenbar parallel und identisch mit dem nach Hamburg gesandten Angebot vom 8.6.1984], die Sie im obengenannten Schreiben [11.6.
1984] unterbreiteten, finden wir sehr interessant, so dass wir auf dieser Basis
mit Ihnen gern, *möglichst kurzfristig*, zu Vereinbarungen kommen möchten, die
die Realisierung dieses Projektes zur Folge hätten. Wir sind mit den von Ihnen
angegebenen fünf Themenschwerpunkten einverstanden" (Hervorh.v.m., B.S.).

Wenn Konrad auch im Nachhinein, am 13.April 2005, dies alles in den
Vorgang deutsch-deutscher Gemeinsamkeit mit der DDR eingebettet sehen
will, so bleibt dennoch bestehen, dass beide, Ingolstadt und Wolfsburg, mehr
oder weniger bereitwillig, die Desavouierung und Gefährdung des Hamburger
Vertragspartners, und dies ganz elementar existentiell, billigend in Kauf nahmen. Mit dem Dank für die Bereitschaft der DDR-Seite, Volkswagen „beim Aufbau" des VW-Archivs „zur Geschichte der alten Auto Union AG zu unterstützen", wurde offenbar, dass die Bemühungen des Hamburger Beauftragten
von Audi in Wolfsburg zu hektischen Entschlüssen geführt hatten.[11]

Ein weiteres Ergebnis bildete die Tatsache, dass dieser, "entsprechend
eigener Vereinbarungen vom 15. bis 17.10.[19]84", an das Filmarchiv Potsdam" reisen würde. Als Quartier schlugen Römer/Bergmann das "Interhotel
'Metropol' Berlin" vor. Unser Historiker ging jedoch, um eventuelle Vorbereitungen des MfS zu erschweren, ins "Palasthotel" am Dom. "Durch den op[erati-
ven].M[it]A[rbeiter]" sollte "die Verbindungsaufnahme am 15.10. im Hotel zur
Treffvereinbarung" stattfinden. Das bereits erwähnte "Arbeitspapier" - so zumindest die Vertreter des MfS - sollte die "Absichten [und], Möglichkeiten zum
Projekt 'Auto-Union'" enthalten. Dieses, so Hauptmann Roth/Römer, würde mit
den weiteren Vorstellungen [des MfS] zu[m] Informationsbedarf" abgeglichen
werden. Weiter wurde festgehalten, der Hamburger Besucher werde am 3.Ok-
tober "programmgemäß ein Vorgespräch zum Projekt 'Auto-Union' an der Verkehrshochschule Dresden mit Dr.Herkner und Dr.Kirchberg" führen. Dass bereits an diesem 1.Oktober zwischen den beteiligten DDR-Stellen klar war, dieses Gespräch werde auf den 3.Oktober begrenzt, ergab sich aus Punkt "6.

Maßnahmen" der Ausarbeitung des Hauptmann Roth/Römer. Dort wurde in einer Mitteilung des MfS für die Hochschule für Verkehrswesen Dresden zusammengefasst, es sei zu vermuten, dass dieser Kontaktmann der IM „Manfred", Dr.Herkner oder der IM „Stuck", Dr. Kirchberg waren. Es wurde mitgeteilt:

> "- daß das Vorgespräch zu führen ist, über die Interessenlage beider Seiten wird ein Bericht zu. Hd. des GMS erarbeitet (erste telef. Rückinformation am 5.10.84);
> - daß ausgesprochen wird, daß das Projekt 'Auto-Union' von der *Entscheidung in Berlin* abhängig ist" (Hervorh.v.m., B.S.).

Den Schwachpunkt in der Darstellung Roths erfasste dessen Vorgesetzter Fleischhauer mit dem ersten Blick. Ein Fragezeichen zog die Aussage des Dokuments in Zweifel. Der Historiker sei

> „für die inoffizielle Zusammenarbeit bereit, wobei gegenwärtig der Bereich Bundeswehr ausgeschlossen bleiben soll".

Es sei zu fragen, so Fleischhauer, da dessen "Position an HS der Bundeswehr" über 1985 "nicht zu halten" sei, wären deshalb "die Rückverbindungen", das heißt die Kontakte zu früheren Offizier-Kameraden, "von op.Interesse". Über derartige Kontakte verfügte die „Zielperson" zu diesem Zeitpunkt nicht mehr. Auch standen die Überlegungen Roths hinsichtlich der Verbindungen als "Militärhistoriker", wie auch hinsichtlich fachlicher und kommerzieller Kontakte, auf wackeligen Füßen. Dennoch konstatierte der MfS-Offizier abgestuft optimistisch:

> "Es ist real einzuschätzen, daß es sich um einen ersten Kontakt handelt, der *ausbaufähige Ansatzpunkte* in Richtung nachrichtendienstliche Tätigkeit bietet" (Hervorh.v.m., B.S.).

Benötigte der MfS-Offizier etwa einen beförderungstechnisch wirksamen Erfolg? Inzwischen, so sei dem Hamburger Forscher klar geworden, vermutete Roth/Römer, würde dieser ihn "zumindest mit Verbindungen zum MfS" einordnen. Die mühsam begründete Tarnung des MfS-Mitarbeiters als Vertreter des Staatsrats war damit gekippt. Offensichtlich ging es nun darum, die "gegenwärtige gesellschaftliche Position", d.h. deren existentielle Unsicherheit, für die Interessen des Staatssicherheitsdienstes der DDR zu nutzen. Darin, so sah es jedenfalls Hauptmann Roth/Römer, bestünde die Chance des MfS, "über das Projekt 'Auto-Union', das für den Hamburger Gesprächspartner "eine [künftige] Existenzgrundlage im Sinne eines Neubeginns" bedeuten könne, dessen "Bereitschaft, kooperativ zu werden" zu wecken. Es ginge um "interne[n] Informationen aus dem Gesamtbereich BRD/NATO, wobei" das "Grundanliegen" des MfS, bzw. der DDR "die Friedenssicherung sei". Doch hätte die „Zielperson" zunächst "den Nachweis zu führen, ob" diese "überhaupt solche Informationen beschaffen" könne. Roth bestätigte durchaus, die "offen geführte[n] Auseinandersetzung" mit dem Hamburger Wissenschaftler. Diese sei jedoch notwendig, um "ein Vertrauensverhältnis aufzubauen". Insgesamt bezeichnete der MfS-Offizier unseren Historiker als "für eine nachrichtendienstliche Tätigkeit geeignet".

Der Vorgesetzte Albrecht merkte dazu an:

> "Die Probleme, die ihn offensichtlich beschäftigen, müssen deutlicher gemacht werden."

"Von der Anlage her" sei "richtig gearbeitet" worden. Aber "das *Ringen um die Person* beginnt erst!" (Hervorh.,v.m., B.S.).

Das unterstrich der Vorgesetzte gegenüber den allem Anschein nach überoptimistischen Römer/Bergmann am 4.Oktober. Ein weiterer Vorgesetzter legte, angesichts der schleppenden Genesis dieses Kontaktes, den Finger auf die Wunde:

> "Die Gewinnung beginnt erst, über die Bereitschaft zur Zusammenarbeit kann noch nicht befunden werden. [Wir] müssen uns dafür interessieren, ob er über unsere Gespräche berichtet hat".[12]

Im März 1987 sollte die „Objektdienststelle T[echische]U[niversität]/H[ochschule für Verkehrswesen]" der Hauptabteilung VII, Abteilung 7, des MfS in Berlin - aus Anlass einer „Information" von dort – über diese drei Jahre zurückliegenden Vorkommnisse berichten:

> „Zu der Person Dr. Schulte, Bernd,..., liegen bereits Hinweise in unserer Diensteinheit vor [Dr. Kirchberg IM ‚Stuck', 1984]. Schulte war am 3.10.1984 an der Hochschule für Verkehrswesen Dresden zu einer Absprache anwesend.
> Es ist weiterhin bekannt, daß er sich am 28.9.84 im Staatlichen Filmarchiv in Potsdam aufhielt und es dort zu einem kurzen Zusammentreffen mit dem in Ihrer Information erwähnten Dr. Kirchberg kam.
> Resultierend aus der Absprache an der HfV wurde eine Information zu diesem Schulte erarbeitet [Vgl. Treffberichte Restaurant ‚Waldmax' Dresden Kirchberg] und an die B[ezirks]V[erwaltung] Dresden, Abteilung XV, überstellt.
> In der Anlage überstellen wir Ihnen eine Kopie dieser Information zum Verbleib und zur operativen Auswertung sowie eine Kopie einer Einschätzung aus

‚Die Zeit' Nr. 28 vom 6.7.1984 zu seinem Werk ‚Europäische Krise und Erster Weltkrieg; Beiträge zur Militärpolitik des Kaiserreiches 1871-1914'. In dieser Einschätzung sind weitere Angaben zu dem Schulte enthalten. Diese Einschätzung wurde durch Schulte während des Gespräches am 3.10.84 der HfV übergeben".[13]

1 Archiv Technische Universität Dresden (zit.als: TU-Dresden). HfV 2.2.2./184. WB 42190, HD Dr.Kirchberg an Dir.Int., Meldung, 1.10.1984.

2 Birthler Behörde (zit. Als: BStU). Außenstelle Schwerin, 017751/S2S, Pekulat, 2.10.1984, Bl. 18f.

3 Ebd., MfS Ap 6172/89c, Bd. 1, ZA-Berlin. Roth, Kontakt, 25.9.1984, Bl. 58f. Die Hotelrezeption erwähnte zwei Herren, die auf den Verfasser warteten.

4 Tagebuch Schulte. Aufz., 25.9.1984.

5 BA-Berlin, Do 1, 22.0. Staatliche Archivverwaltung an Staatsarchiv Dresden, 1.10.1984 und ebd., Staatliche Archivverwaltung an Rat des Bezirkes Karl-Marx-Stadt, 1.10.1984.

6 Ebd., Staatliche Archivverwaltung, Abt. Auswertung/Publikation, Keßler/Abteilungsleiter an Rat des Bezirkes Karl-Marx-Stadt, Leiter der Abt. Innere Angelegenheiten, Genosse Eichler, 1.10.1984.

7 BStU Außenstelle Schwerin, Tgb.-Nr. 017751/S2S.

8 Ebd., MfS AP 6172/89c, Bd. 1, ZA-Berlin. Roth: Bericht zum Kontakt, 1.10.1984, Bl.60ff.

9 Tagebuch Schulte 1984. Notiz, 25.9.1984.

10 BStU Außenstelle Schwerin, Tgb.-Nr. 017751/S2S., Bl. 440f. Oberst Bethge an Bezirkverwaltung für Staatssicherheit Objektdienststelle TU, Leiter, 12.1.1987, Verteiler: 1x HVA IV, 1x BV Dresden, OD TU, 1x HA VII/7. Traf zu, K. wurde nach 1990 Chefhistoriker bei Audi/Ingolstadt.

11 BStU, Archiv der Außenstelle Dresden. AIM 4811/90, MfS BV Dresden, Volkswagenwerk an Hochschule für Verkehrswesen, 26.9.1984, Bl. 134. Die Daten der verschiedenen Schreiben belegen in der Zusammenschau, dass Kirchberg von Wolfsburg (dort dessen Kontaktmann Wiersch) in die Abläufe integriert wurde. So stand das Angebot der VHS, infolge des direkten Kontaktes Kirchbergs mit seinem Freund Herkner, im Handumdrehen zur Verfügung. Konrad besuchte im August 2005 den Autor, um herauszubekommen, was dieser wisse. Zur Sache, eben diesem Schreiben an die Verkehrshochschule kam nichts Neues. Die Frage, ob dieses Grieger/Wolfsburg und Franck/Ingolstadt auffinden könnten, blieb unbeantwortet. Zu diesen Vorgängen im Jahre 2004 ließe sich einiges sagen.

12 Birthler-Behörde, MfS AP 6172/89c, Bd. 1, ZA-Berlin. HV A/IV/OAG, Hptm. Roth, Bericht zum Kontakt, 1.10.1984.

13 BStU Außenstelle Schwerin, Tgb.Nr. 017751/S2S. Oberstleutnant Hippe an Ministerium für Staatssicherheit, HA VII/7, 26.3.1987, Anl. Ifo. V. 20.11.[19]84, Bl. 88.

5. Kapitel: „Jesuitenhaftes Verhalten"

Quellenbestand IM-Akte Kirchberg

Während der gesamten dokumentierten Zeit als Informeller Mitarbeiter hatte Kirchberg/"Stuck" in der Staatssicherheit bei 46 Kontakten, Treffs oder Übergaben mit seinen Vorgesetzten Verbindung.[1] Die IM-Akte Kirchbergs[2] gibt Auskunft über die Mitarbeiter des MfS, die mit diesem Agenten arbeiteten. Es handelt sich um sechs operative Mitarbeiter seit 1971. Aktiv, so fixiert die IM-Akte, war Kirchberg/"Stuck" zwischen September 1975 und Oktober 1989. Zwischen dem 27.Juni 1977 und dem 18.Juni 1984 erhielt er Geld- und Sachwerte in Höhe von 963,50 Mark, die in zehn Prämien (als Gutschein, Geld- und Sachgeschenk gewährt) jeweils mit ‚Stuck' quittiert wurden. Im Laufe der Jahre nahmen, zwischen dem 21.Juli 1971 und dem Oktober 1989, neun Mal Mitarbeiter des MfS in den „Vorlauf-Operativ-Vorgang Reg.-Nr. XII-425/71" Einsicht; im Wesentlichen waren diese Vertreter der Abteilung XIX der Bezirksverwaltung Dresden.

Nachrichtendienstlicher Vorlauf

Am 23.Febuar 1971 eröffnet Hauptmann Oelschläger, von der Diensteinheit XIX der Bezirksverwaltung Dresden die „Vorlaufakte operativ". Es ging um den Aufenthalt Peter Kirchbergs im Jahre 1957 in Westdeutschland. Verdacht erweckte die Tatsache, dass dieser „im Lager Gießen von einer amerikanischen Dienststelle über sowjetische Truppen befragt" worden war.[3] Nach Kirchbergs Rückkehr aus Freiburg, wo er hatte studieren wollen, wird er „als Rückkehrer der Kategorie II eingestuft".[4] In diesem Zusammenhang werden bereits die Grundstrukturen der Person Kirchberg sichtbar, die sich für das MfS folgendermaßen darstellten:

> „Er arbeitet gesellschaftlich aktiv in der L[iberal]D[emokratischen]P[artei]D[eutschlands] und im Motorsport, Club Dresden, des A[llgemeinen]D[eutschen]M[otorsport]V[erbandes] mit und fiel bisher nicht negativ an.
> K. unterhält aktive Verbindungen nach Westdeutschland. Unklar sind dabei die Verbindungen zu dem...[geschwärzt].
> Wo Charakter und Ursprung derselben noch nicht festgestellt wurden".[5]

Der „Maßnahmeplan zur Bearbeitung einer Vorlaufakte operativ gegen den an der Hochschule für Verkehrswesen Dresden tätigen Dr. K i r c h b e r g" nennt die Felder auf denen ermittelt werden sollte. Mitarbeiter des MfS sind beim ADMV, dem „Arbeitsbereich des K.", „an der Hochschule für Verkehrswesen", in „seiner Wohnumgebung" und bei allen Hausbewohnern tätig. In einem Personalfragebogen hatte Peter Kirchberg am 20.Juli 1964 umfassend zu seinen bisherigen Lebensumständen Stellung bezogen, darin allerdings seine Ausreise nach Freiburg 1957 „vergessen".[6] Diese Eskapade wird versucht, über verschiedene Gutachten aus dem wissenschaftlichen Umfeld zu konterkarieren. In gleicher Weise verfuhr Kirchberg auf einem Personalbogen aus dem November 1959. Dessen Mitgliedschaften in LDPD (seit 1950), Gewerkschaft, F[reie]D[eutsche]J[ugend], Kulturbund, DSF und ADMV fanden dort bereits Erwähnung.[7] Allein der beigefügte handschriftliche Lebenslauf erwähnte die „mit einem ordnungsgemäßen Interzonenpaß nach Donaueschingen" durchgeführte Reise in den Westen. Darin gab der Dresdner zu, „mit dem Gedanken" gespielt zu haben, „dort weiter zu studieren". Ein weiterer maschinenschriftlicher Lebenslauf gab Aufschluss über dessen Einordnung in die DDR, welche ihn über einige Umwege zur Wissenschaft brachte.[8]

Der „Ermittlungsbericht" vom 8.Februar 1971 benennt diesen Vorgang abweichend. Hier wird von „R[epublik]-Verrat" gesprochen. Doch zeigte sich der Wissenschaftler im häuslichen Umfeld politisch engagiert, obwohl von „kleinbürgerlichen Anschauungen". Wesentlich erscheint eine erste charakterliche Einschätzung des späteren Automobilhistorikers. Ein „IME" schrieb:

> „O[ben]g[enannter]. ist ein äußerst zielstrebiger, ehrgeiziger und pflichtbewusster Bürger, der seiner Arbeit größtes Interesse entgegenbringt. Er hat ein hohes Wissen, ist allseits gebildet und begabt".

Bereits in diesem frühen Stadium trifft der junge Wissenschaftler, an der Hochschule für Verkehr, auf die Parteiideologin Dr.Elfriede Rehbein, der wissenschaftlichen Lehrerin Günter Mittags. Diese äußert sich im April 1971 kritisch zu Kirchberg. Frau Rehbein urteilt:

> „K. ist sehr intelligent und berechnend. Seine Einstellung zur DDR zeigt sich als positive. Er kennt den marxistischen Standpunkt zu vielen Problemen und gibt diesen offiziell als seine eigene Meinung wieder. Seiner Grundeinstellung nach ist er in der LDPD richtig organisiert. Sein Gesamtverhalten ist sehr kritisch. Vor seiner Westflucht soll er Kandidat der SED gewesen sein. Näheres dazu ist nicht bekannt.
> Gesellschaftlich ist Kirchberg sehr aktiv. Gegenwärtig beteiligt er sich sehr rege an der Vorbereitung des Parteitages der LDPD. In seiner Partei ist er ein umsichtiger Schulungsfunktionär. Viele gesellschaftliche Arbeit verrichtet er wäh-

rend der Dienstzeit. Besonders in letzter Zeit übersteigt dies das vertretbare Maß. Ob er diese gesellschaftlichen Dinge wirklich erledigt, kann nicht gesagt werden, da eine Kontrolle noch nicht erfolgte.

Publizistisch ist Kirchberg sehr aktiv. Er schreibt für viele Zeitschriften und muß immer wieder gebremst werden, damit es nicht seine Hauptbeschäftigung wird.

Von charakterlicher Seite her zeigt er *ein jesuitenhaftes Verhalten. Sein Lächeln ist unergründlich.* Wenn er Widerstand spürt, zieht er sich sofort zurück; obwohl er sonst sehr kritikfreudig ist.

Dr.Kirchberg ist ein Autofanatiker. Er ist im ADMV organisiert und Vorsitzender eines Motor Sport Club in Dresden (MC Post oder Nahverkehrsbetriebe). Sein Hobby ist dabei Veteranenfahrzeuge.

Mit dem Genossen [geschw.] Verkehrsmuseum ist er gut bekannt. Beide haben zusammen ein historisches Fahrzeug wieder aufgebaut, welches über den Deutschen Innen- und Außenhandel nach Frankreich verkauft wurde und Devisen brachte. Kirchberg hatte davon neben Geld noch den Vorteil, daß er vorzugsweise einen PKW 'Trabant' erhielt, den er jetzt fährt.

Einblick in vertrauliche oder gar geheimzuhaltende Unterlagen hat Kirchberg an der Hochschule nicht. Er zeigte bisher dafür auch kein Interesse.

Er hält sich nach der Dienstzeit nicht an der Hochschule auf. Im Gegenteil, er versucht, sich viele freie Zeit zu schaffen.

Dienstreisen werden von ihm gelegentlich durchgeführt. Meist führen diese nach Berlin (Deutsche Akademie der Wissenschaften oder Redaktionsberichtssitzungen). Ein Wochenendgrundstück besitzt er nicht".[9]

Kirchberg wird durch einen "IME" unter dem Blickwinkel des 1957 begangenen R[epublik]-Verrat" gesehen. Er trete "als Hausvertrauensmann in Erscheinung", sei "bei den Hausversammlungen, die allerdings selten stattfinden", in seiner Wohnung bereit, "im positiven Sinne...die Politik" der DDR zu erläutern. Seine "kleinbürgerliche[n] Anschauungen" werden ihm zur Last gelegt und die Verbindung zur evangelischen Kirche erscheint ebenfalls als belastend. Der Automobilhistoriker wird erneut als

> "ein äußerst zielstrebiger, ehrgeiziger und pflichtbewußter Bürger, der seiner Arbeit größtes Interesse entgegenbringt"

geschildert. Allerdings fällt auf, dass er gleichzeitig als "ruhig, verträglich, reserviert und zurückhaltend" dargestellt wird, woraus "mitunter der Eindruck besteht, daß er überheblich" sei. Darüber hinaus halte er "gute Hausgemeinschaft, geht jedoch jedem näheren Kontakt aus dem Weg...Seine finanzielle Lage" werde "als sehr gut bezeichnet, da er eine modern eingerichtete Wohnung" habe, "einen PKW besitzt, welchen er oft benutzt. Seine Lebensweise" entspreche "seinem Einkommen", verlaufe "jedoch ruhig und geordnet".[10]

Am 19.April wurde der Arbeitsplatz Kirchbergs an der "Arbeitsgruppe Verkehrsentwicklung und Verkehrspolitik der Hochschule für Verkehr" durchsucht. Die Überprüfung förderte eine Menge westlicher Publikationen zutage. So zum Beispiel Werbeprospekte der Firma "Karl Kässbohrer Fahrzeug GmbH", von "Ley[g]land Motors Limited", des Verlages Duncker und Humblodt Berlin" sowie "Prospekte [von] Klöckner Humboldt-Deutz AG Werk Mainz". Es wurde festgestellt, "der Schreibtisch" sei "nicht verschlossen" gewesen. "Die normalen Schreibtischschlüssel steckten. Auf dem Schreibtisch und innen seien: ein roter Beutel mit der Aufschrift 'Roter Faden NSU' mit Nähzeug" enthalten gewesen. Konstatiert wurde ferner "ein Arbeitsplatz...in einem sehr unordentlichen Zustand".[11]

Berichte zu Kirchberg bestätigten, dass er unter den Studenten akzeptiert sei, durch seine "legere Art" diesen imponiere, "ein außerordentlich guter Organisator" wäre, "zu reden" verstehe und "zum Manager" neige.[12] In einer umfassenden "Beurteilung für Kollegen Dr.Kirchberg", die vom 1.September 1971 datiert, erscheint wiederum die Tatsache, der Automobilhistoriker sei "überhaupt in allen Fragen, die persönliche Probleme berühren, wenig mitteilsam, oft sogar verschlossen". Ein weiteres Faktum bilde die Tatsache, dass sich dem Wissenschaftler, nachdem dieser "unbefristeter wissenschaftlicher Mitarbeiter geworden" sei, "kaum Möglichkeiten der weiteren wissenschaftlichen Entwicklung" böten. Bemerkenswert erscheint die Äußerung:

"Großen positiven Eindruck hinterließ sein Auftreten auf einer öffentlichen Parteiversammlung zu Ehren des 25.Jahrestages der SED, als ich in meiner Funktion als APO Sekretär ihn gebeten hatte, *zur Bündnispolitik* aus der Sicht seiner Partei eine entsprechende Stellungnahme abzugeben. Sämtliche Genossinnen und Genossen werteten nach dem Referat der Leitung dies als zweiten politischen Höhepunkt der Versammlung, in welch beeindruckenden und überzeugenden Worten er dies tat. *Im tagtäglichen politischen Gespräch erweist er sich nicht immer als eindeutig unsere Positionen verteidigender Mitarbeiter. Eindeutig positive Stellungnahmen zu politischen Entwicklungstendenzen unserer Republik stehen darunter aber auch abwartenden gegenüber. Dabei erweist er sich stets als erstaunlich gut informiert sowohl über unsere Argumente als auch über die von der anderen Seite hereingetragenen. Ob diese aus Informationen im Rahmen der von ihm ausgeübten zentralen Funktionen herrühren oder - wie bei unseren Studenten auch häufig - die Quelle ganz einfach z.B. von Radiomeldungen westlicher Rundfunkstationen sind, ist dabei nicht immer zweifelsfrei zu entscheiden*"[13] (Hervorh.v.m., B.S.).

Weitere Überprüfungen auf mögliche Dienstpflichtverletzungen hin, wie zum Beispiel eigenmächtige Abwesenheit von seinem Dienstposten, ergaben Befragungen am 17.September und 9.Oktober. Kirchberg habe sich möglicherweise auf der Leipziger Messe aufgehalten.[14]

Bemerkenswert im „Sachstandsbericht" der Abteilung XIX des MfS, aus dem Anfang des Jahres 1972, ist – neben einer genaueren Darstellung seines Aufenthaltes im Lager Giessen 1957 – „eine Reihe Verbindungen nach dem kap[italistischen] Ausland". Auch Kirchbergs „postalische Verbindungen tragen zum überwiegenden Teil fachlichen Charakter. K. versucht, über diese Verbindungen über die Geschichte des Kraftfahrzeugbaus alter Firmen wie DKW, BMW u.a. sowie über die Entwicklung des Rennsportwagens Angaben zu erhalten. Des weiteren geht daraus hervor, dass er selbst aus seinen bisherigen Forschungen über die Geschichte der Kraftwagenentwicklung Details sowie Aufnahmen alter Fahrzeuge an die bekannten Adressen nach Westdeutschland verschickt".[15]

Der Umstand, dass Verbindungen nach Westdeutschland bestanden, erscheint interessant. Über welches Vehikel dies geschah, war gleichgültig. Dass es um alte Autos ging nur förderlich. Kirchberg hielt sich den Rücken offen, indem er

„an der Hochschule vor seiner Arbeitsgruppe zu *Fragen der Politik und der Aufgaben der LDPD im Sozialismus* referierte. Auch im Wohngebiet bemüht er sich sehr aktiv, die ihm gestellten gesellschaftlichen Aufträge zu erfüllen" (Hervorh.v.m., B.S.).

So gelangte Hauptmann Beyer zu der Schlussfolgerung,

„In der bisherigen Bearbeitung des K. konnten keine Hinweise auf eine feindliche Tätigkeit erarbeitet werden".[16]

Fortdauernde Widersprüche blieben zu klären. Es ergab sich, dass Kirchberg

„im Lager Gießen...in der Zeit vom 12.8.-21.8.1957 von der amerikanischen Dienststelle über Standorte sowjetischer Truppen im Raum Leipzig u[nd]. Dresden befragt wurde. Es wurden ihm Zeichnungen von Radargeräten vorgelegt u[nd]. von K. Angaben dazu gefordert".[17]

Am 12.September 1974 wurde Kirchberg einem eingehenden Verhör unterzogen. Er machte Ausführungen zu seinen Kontakten ins westliche Ausland, zu seinen Veröffentlichungen sowie Paketzusendungen. Gleichzeitig unterstrich er die Möglichkeit, die von dem Angebot ausging, im Westen publizieren zu können. Er sagte:

> "Ich bin jetzt 40 Jahre alt, und wenn man sich nun wirklich damit abgefunden hat, als wissenschaftlicher Oberassistent an der Hochschule zu wirken, muß man doch mal irgendwie einen Höhepunkt sehen, und deshalb betrachte ich mein Schreiben als Hobby".

An freundschaftlichen Beziehungen unterhielt Kirchberg nur wenige. Die Nähe zum stellvertretenden Direktor des Verkehrsmuseums ging zu Ende. Weitere Kontakte gestalteten sich nicht so tief. Das Verhältnis zur Professorin Rehbein an der Verkehrshochschule blieb misslich. Er gab an:

> "Nicht in jedem Falle herrscht von Seiten der Genossin Professor Elfriede Rehbein in allen Fragen Offenheit. Sie hat die Angewohnheit, Kritiken nicht dem Betreffenden zu sagen, sie [geschwärzt] wählt den Weg, daß sie ihre Unzufriedenheit über andere ihrer Sekretärin mitteilt".[18]

Was von Seiten der beiden Verhörenden im Folgenden ausgeführt wurde, ist nicht bekannt. Jedenfalls datiert die Verpflichtungserklärung des Automobilhistorikers für die Mitarbeit als IM des MfS vom 5.September 1974. Diese lautet:

> "Ich, Dr.Peter Kirchberg, bin bereit, das Ministerium für Staatssicherheit in der Erfüllung seiner Aufgaben zu unterstützen. Ich bin bereit, alle mir zur Kenntnis gelangenden Hinweise über negative Erscheinungen bzw. Hinweise auf eine ev[en]t[uel]l[e]. Feindtätigkeit ohne Ansehen der Person mitzuteilen. Über die weitere Zusammenarbeit werde ich gegenüber keiner Person, auch nicht gegenüber meinen nächsten Angehörigen, sprechen. Mir ist bekannt, daß ich nach Bruch dieser Verpflichtung zur Rechenschaft gezogen werden kann. In der zukünftigen Zusammenarbeit verwende ich die Bezeichnung 'Stuck'"[19]

Kirchberg ist „IM"

Der "Abschlußbericht" zu dem "DDR-Bürger Kirchberg, Peter" wurde am 19.September 1974 beendet. Im Ergebnis wurde dieser "mit dem Ziel der Aufklärung des Charakters der Verbindungen zu...BRD-Bürgern in Korbach (Dieter Jokisch), Stuttgart (Dr.Simsa) und München (Werner Ostwald) als informeller Mitarbeiter eingestellt. In dem nun gefertigten Beurteilungsbogen erscheint Kirchberg schlagartig sehr viel positiver, als bislang geschehen. Nun entstand, vorgeblich auf dessen Initiative hin,

> "weiterhin im DDR-Maßstab die Arbeitsgemeinschaft 'Geschichte des Kraftfahrzeuges', damit sicherte K. eine enge Zusammenarbeit zwischen der TU und dem Verkehrsmuseum Dresden".

Weiterhin habe er "auf die Forschungs- und Lehrtätigkeit" eingewirkt. Zusätzlich heißt es nun:

> "Er hat einen sehr engen Kontakt zu den Studenten, dabei erzielt er gute Erfolge in der Erziehung und in der politischen Arbeit".

Zu des Dresdner Automobilhistorikers politischen Aktivitäten wird festgehalten:

> "Der K. ist seit 1950 Mitglied der LDPD. Auf Grund seiner aktiven Arbeit in seiner Partei wurde er 1962 Mitglied des Kreisvorstandes Dresden-Stadt und 1965 zum stellvertretenden Vorsitzenden des Kreisvorstandes Dresden der LDPD gewählt. Zur Neuwahl kandidiert der K. nicht wieder, da er als 2. Vorsitzender der Nationalen Front des Kreises Dresden vorgesehen ist. Der K. ist des weiteren seit 1960 Mitglied des FDGB und seit 1963 Mitglied der DSF".

Entscheidend ist der Schlussabsatz. Dieser lautet:

> "Der K. verstieß durch seine Handlungsweise gegen die Ordnung der HfV über die Veröffentlichungen außerhalb der DDR. Eine Verletzung der Strafrechtsnorm gemäß § 100 StGB konnte in der operativen Bearbeitung nicht nachgewiesen werden. *Nach der Befragung und Klärung des Sachverhaltes wurde K. auf Grund seiner Verbindungen und Eignung zur inoffiziellen Zusammenarbeit mit dem MfS verpflichtet*"[20] (Hervorh.v.m., B.S.).

Kirchberg wurde demnach durch das MfS erpresst. Mit dem "Beschluß" zur "Umregistrierung von VAO zum IMS wurde dem IM ein veränderter Auftrag zuteil. Dieser lautete unter der Überschrift "Gründe für das Anregen bzw. die Umregistrierung":

> "Der IM soll zur Aufklärung des Charakters der bestehenden *Kontakte von Angehörigen der Hochschule für Verkehrswesen Dresden in das NSW* ausgenutzt werden. Des weiteren wird er insbesondere auf Grund seiner Verbindungen zur op[erativen].-Bearbeitung von angefallenen Personen der HfV und dem Verkehrsmuseum Dresden eingesetzt"[22] (Hervorh.v.m., B.S.).

Der Wissenschaftler wurde nach der Untersuchung über mögliche "Verb[in-dungen] zu staatsf[eindlichen].Org[anen].....LMN 57" eingestuft "nach III 7-1.[23] Am 12. August 1974 beantragte die Abteilung XIX für den IMS "Stuck" als "Operativgeld" 100 Mark "für gute Arbeit am VAO 364/74 zur Person [ge-schwärzt]". Kirchberg quittierte den Empfang am 16.Oktober.[24]

Während eines Treffs, am 16.Oktober 1975, äußerte sich Kirchberg zu sei-ner Beziehung zu dem westdeutschen Steuerbeamten Dieter Jokisch. Der Au-tomobilhistoriker behauptete, er habe "keinerlei Interesse mehr,... diese Ver-bindung aufrecht zu erhalten". Diese sei "zustande gekommen, da der J[o-kisch]. ebenfalls Auto-Fan war und sich aufgrund der Veröffentlichungen an meiner Arbeit interessierte". Es sei "geplant, die Verbindung langsam einschla-fen zu lassen".[25] So gestalteten sich die weiteren Überprüfungen des IMS "Stuck" positiv. Es wurden die bearbeiteten Fälle dementsprechend beurteilt und Kirchberg zusätzliche Aufgaben an der Hochschule für Verkehr zugewie-sen.[26]

Der Dresdener Automobilhistoriker führte aus, das Angebot des Motor-Buch-Verlages/Stuttgart, ein Buch über die Grandprix-Geschichte von Auto Union zu schreiben, sei von diesem Verlag gekommen. Dieses Projekt solle beim Zentralkomitee der SED weiter betrieben werden, falls sich Kirchberg in der Lage sehe, zwischen "historischen Wahrheiten" und "dogmatische[n] Reiz-worten" vermitteln zu können. Mitte des Monats Oktober 1980 wurde klar, dass der Stuttgarter Verlag das Projekt akzeptiert habe und Mitte Dezember er-örterte der Mitarbeiter der HfV Dresden erneut in Berlin das weitere Vorgehen. Der Automobilhistoriker führte Anfang April 1981 eine Unterredung mit der Leitung des Transpress-Verlages, über welche dieser die vorgesetzte Stelle beim MfS, der Bezirksverwaltung Dresden, in Kenntnis setzte. Es sei dabei um eine verstärkte Zusammenarbeit zwischen Kirchberg und dem Exportverlag der DDR gegangen. Dessen Bestrebungen ins westliche Ausland sollten durch Buchproduktionen Kirchbergs verstärkt werden. Dies sei, so der Dresdner Autor, durch eine Veröffentlichung zu den "Hintergründe[n] und Zusammen-hänge[n] der mit großen Rennwagen bestrittenen Grand Prix der Auto Union [handschr. in den dreißiger Jahren] zu erreichen. Dazu führte der Automobilhis-toriker unterstützend aus:

"Basis meines Buches soll sein

- der Aktenbestand des ehemaligen Werksarchiv[s] der Auto Union, bzw. dessen im Staatsarchiv Dresden vorhandene[n] Reste, die ich sehr genau kenne, da ich über die Auto Union anhand dieses Bestandes 1964 an der HfV promoviert habe.

\- Zeichnungen von Rennwagen, die im VEB WTZ des Automobilbaus, Karl-Marx-Stadt, aufbewahrt werden[,]

\- Bilder aus dem Besitz von ehemaligen Rennmonteuren und damaligen Fotografen. Der größte Teil davon ist bisher noch nicht veröffentlicht worden".

„Daß der VW-Konzern, bzw. dessen Abteilung Geschichte Archiv Museum", offenbar durch westdeutschen Verlagspartner über das Projekt informiert, „sich brieflich an Transpress gewandt und großes Interesse an dem Buch bekundet" habe. Gleichzeitig wird Kirchberg "nach Wolfsburg eingeladen, um dort die im Konzernbesitz befindlichen Unterlagen zur Renngeschichte der Auto Union einzusehen und sie ggf. mit zu verwenden". Es liegt auf der Hand, dass die Mitteilung nicht durch den Stuttgarter Verlag, sondern durch den Automobilhistoriker selbst an dessen Freund Wiersch getätigt wurde. Unverzüglich und äußerst mitteilsam arbeitet der Informelle Mitarbeiter heraus, damit seien "5000 Exemplare 'blind' gekauft" und die Bereitschaft der westdeutschen Stelle hänge damit zusammen, dass er "als Autor insgesamt vier Bücher allein zur Geschichte der Kraftfahrzeugtechnik" veröffentlicht habe und "durch regelmäßige Artikel zur gleichen Thematik im jährlich erscheinenden Motor-Jahr (Transpress Verlag)" - wie über seine "Dissertation zur Geschichte der Auto Union 1964 - einen guten wissenschaftlichen Ruf besitze". Der Automobilhistoriker ist sich sehr wohl bewusst, dass die DDR mit dem Auto Union Aktenbestand ein "Material anzubieten habe[n]", das "in dieser Konzentration und Authentizität sicher einmalig" sei. Er führt weiter aus:

> "Jedenfalls nehmen wir dies an und das Interesse des VW Konzern, zu dem die NSU Auto Union AG gehört und der die historischen Interessen aller Tochterunternehmen zentral vertritt, scheint dies zu bestätigen [gleichlautend mit K.'s Bericht, und dem Brief Wierschs vom 29.9.1984 an die HfV, zu den Bemühungen des Hamburger Historikers 1984]. Es ist allerdings nicht ausgeschlossen, daß sich auch im Besitz des VW Konzerns Unterlagen befinden, die er bisher nicht veröffentlichen wollte. Auch hörte ich von einem Gewährsmann [Wiersch, sic], daß in letzter Zeit größere Materialankäufe durch den Konzern aus Privathand, Nachlässen usw. getätigt worden seien. Es ist allerdings unbekannt und war nicht zu ermitteln, woraus diese Materialien im einzelnen bestehen".

Ausgiebig und detailliert begründet Kirchberg, mit diesen aus Wolfsburg stammenden Informationen, warum seine Reise in den Westen notwendig sei. Zum einen wäre zu eruieren, was die Volkswagen AG inhaltlich goutiere, da davon die weitere Verbreitung des Buches im Westen abhinge. Weiter ginge es um "eine Sondierung der wahren Absichten des VW Konzerns", was "nur au[s]f persönlichem Wege zu realisieren" sei. Auch müsse "der Informant jemand sein, der nicht nur den gesam[n]ten Sachverhalt" überschaue, "sondern auch hohe Kenntnis in Einzelheiten" besitze. Der Automobilhistoriker empfahl sich damit wärmstens über seinen Leumund als Wissenschaftler hinaus mit dem Hinweis, bei dieser Gelegenheit" könnten "interessante Aufschlüsse über die Gesamtstrategie des VW Konzerns auf dem Gebiet der Traditionspflege im allgemeinen und im Detail ermittelt werden" können.[27]

Kirchberg spioniert im Westen

Ein Bericht des Dresdener IMs an seine vorgesetzte Dienststelle erwähnt eine Fahrt nach Bad Oeynhausen, in das dortige Automobilmuseum, die allem Anschein nach mit Dieter Jokisch vom nahen Korbach aus durchgeführt wurde. „Am Donnerstag 9.9. verließen wir früh Korbach", schreibt der IM „Stuck" (alias Kirchberg) weiter

> „und fuhren nach Wolfsburg. Dort trafen wir gegen 9 Uhr 30 ein und suchten den [Leiter(?), geschw. BStU] Archiv/Geschichte auf, Herrn Dr.Bernd Wiersch. Nach einer Führung durch das Werk sowie nach der Besichtigung von abgestellten Museumsfahrzeugen begab ich mich zum Bahnhof, um die Heimreise anzutreten".

Neben detailliertesten „Beobachtungen"[28] im Volkswagenwerk,[29] und aufgeschnappten Kommentaren zur derzeitigen Streiksituation in Wolfsburg, wie außerdem der Haltung bzw. Einstellung der Arbeiter, ging der Automobilhistoriker minutiös auf die durch Wiersch geäußerten Erklärungen und Beurteilungen zur Situation der Firmengeschichte im VW-Konzern ein. Unter der Überschrift „Besuch im Volkswagenwerk" hielt „Stuck" fest:

> „Der Besuch im VW-Werk war durch Herrn Jokisch [geschw.d.BStU] zustande gekommen.[30] Er war in historischen Spezialfragen hin und wieder für das Werk tätig (J. war und ist Sammler von Kuriositäten).[31] Dadurch ist ihm auch Dr. Bernd Wiersch [geschw.d.BStU] bekannt. Dieser hat insofern eine gewisse Bedeutung, als er in seiner Hand maßgeblich die gesamte Traditions- und Historienpflege beeinflusst. Dies betrifft alle zum Konzern gehörenden Marken. Im Gegensatz zum Management in Wolfsburg und Ingolstadt (Audi) vertritt er die Auffassung, dass dies nicht nur und ausschließlich unter dem Gesichtspunkt der Firmenwerbung zu erfolgen habe, sondern auch allgemeinen Nutzen haben

könne. Er hatte daher seinerzeit, als er durch Herrn [unleserlich, Schilling] des Motorbuchverlages in Stuttgart über das Publikationsvorhaben zur Renngeschichte der Auto Union gehört habe, dafür plädiert, in dieser Sache eine Kooperation anzustreben. Sein Brief an den Transpressverlag sei *bis heute unbeantwortet* geblieben [unserem Historiker wurde von dieser Stelle gleichwohl zügig geantwortet]. Da er *auch im Konzern auf erhebliche Skepsis bezüglich der Zusammenarbeit mit DDR-Historikern gestoßen* sei, habe er schließlich die Finger davon gelassen.[32] *Nach wie vor sei er der Meinung, dass eine solche Kooperation möglich sei* – etwa in der Form, dass der VW-Konzern eine bestimmte Studie in Auftrag gebe und bezahle.[33] Ich habe mich jeder wertenden Aussage enthalten und [Wiersch] empfohlen, sich dieserhalb nicht...an DDR-Instanzen, sondern an die DDR-Botschaft zu wenden, das sei der beste Weg"[34] (Hervorh.v.m., B.S.).

Ob bei dieser Gelegenheit oder später erschlossen, jedenfalls findet sich aus diesem Zeitraum in Fotokopie eine Aufstellung der relevanten materiellen und personellen wie funktionalen Strukturen der „Volkswagen AG Wolfburg" in der IM-Akte Kirchbergs.[35]

Mitte des Monats Oktober wurde klar, dass der Motorbuch Verlag Stuttgart das Projekt goutiert habe und Mitte Dezember erörterte der Historiker erneut in Berlin das weitere Vorgehen. Während seines Treffens mit dem zuständigen Führungsoffizier, am 3.Dezember, fixierte dieser seine „Information[en] über [das] Vorhaben des Transpress-Verlages". „Stuck" führte aus:

„Der Verlag beabsichtigt 1981 einen repräsentativen Bildband über den Rennsport der Zeit vor 1933 deutscher Firmen herauszugeben. Dieses Vorhaben ist abgestimmt mit dem Ministerium. Wichtige Unterlagen, die zu diesem Vorhaben passen befinden sich im Staatsarchiv und weiterhin im Archiv der VW-Werke. ...Titel dieses Buches lautet ‚Grand Prix Report der Autounion'. Es macht sich deshalb notwendig, Unterlagen auch von Autounion (jetzt einverleibt in VW) zu besorgen. Der Transpressverlag versucht nun Verbindungen zu diesem Werk aufzunehmen. *Es wird ein geeigneter Mann gesucht, der im Archiv des Werkes die entsprechenden Recherchen durchführen kann. Da ich an diesem Werk mitwirke, wird meine Person auch in die engere Wahl fallen*"[36] (Hervorh.v.m., B.S.).

Ende 1982 wurde die Bearbeitung von Westkontakten mit dem Präsidenten des Horch-Clubs, Walter Fritsch, virulent. Obwohl Kirchberg als IM die Mitgliedschaft in einem westdeutschen Verein nicht zugebilligt wurde, setzte ihn dessen Dienststelle, während eines Aufenthaltes in der Bundesrepublik zwischen dem 3. und 9.September 1982, operativ ein. Dem Automobilhistoriker wurde der Auftrag erteilt,

> "daß er gegenüber dem F. großes Interesse an einer Mitarbeit in diesem Club zeigt, ihm aber zu verstehen gibt, daß er auf Grund seiner beruflichen Stellung kein offizielles Mitglied werden kann.
>
> Er wird den F. bitten, ihm ständig die internen Materialien des Clubs zur Verfügung zu stellen und dadurch versuchen, einen stabilen Kontakt aufzubauen. Gleichzeitig wird der IMS prüfen, ob F. bereit ist, Materialien (Kalender, Prospekte, Bilder und Schriftgut über KfZ bzw. KfZ-Geschichte) für ihn von anderen Personen aus der BRD zu übernehmen und ihm regelmäßig bei persönlichen Zusammenkünften in Berlin zu übergeben".[37]

Weitere geplante Treffen "von Automobil-Oldtimer-Fans" aus Westberlin beschäftigten den Automobilhistoriker unter anderem im Jahre 1987.[39] Dass der Wissenschaftler nun bei der Staatssicherheit, Zug um Zug und Jahr um Jahr, Karriere machte, belegen verschiedene Berichte zu dessen Person, Zuverlässigkeit und „Ehrlichkeit".

Kirchberg und die Volkswagen Firmengeschichte

Am 8.Mai 1987 berichtet der Leiter der „Objektdienststelle T[echnische]U[niversität]/H[ochschule]" bei der Bezirksverwaltung Dresden der Abteilung XV, über einen Kontakt zwischen Kirchberg/Stuck und dem Bochumer Professor Hans Mommsen. Danach hatte sich dieser zwischen dem 14. und 26.April 1987 „mit einer Gruppe von Studenten in der DDR" aufgehalten. Kirchberg wurde von Mommsen mitgeteilt, er befinde „sich mit Studenten in der DDR... und" habe „den Wunsch, den...kennen zu lernen, um sich mit ihm über eine Forschungsaufgabe zu beraten". Am 25.Juli 1987 trafen sich Kirchberg/Stuck und Mommsen vor dem Hotel „Bellevue" in Dresden. Der Bochumer Historiker bat den Dresdner Kollegen um eine Führung durch die Stadt. „Bei dieser Stadtführung" habe Mommsen seinen Führer "um Unterstützung bei der Realisierung der Forschungsaufgabe" gebeten. Oberstleutnant Hippe hielt fest:

> "Dabei handelt es sich um Probleme der 'Ausbeutung von Zwangsarbeitern und KZ-Häftlingen in der deutschen Automobilindustrie während des Zweiten Weltkrieges'. Nach Angaben des M[ommsen] ist diese Forschungsaufgabe von der VW-Stiftung finanziert und sie würde *'mit Sicherheit neues Belastungsmaterial für die Automobilindustrie* ergeben, die sich dann nicht mehr in Unschuld

waschen könne'. Prof.M[ommsen]. bat die Quelle[Kirchberg/Stuck], seine Erfahrungen zur Verfügung zu stellen. Er brauche die Hilfe, da er mit einer solchen Forschungsrichtung in der BRD völlig am Anfang stehe. Auch die beteiligten Partner aus Frankreich würden noch nicht über die notwendigen Erfahrungen verfügen".

Kirchberg/Stuck bestätigte Mommsen, er habe "in früheren Jahren auch an solchen Fragen gearbeitet und daß der Archivbestand von Auto-Union in der DDR dazu Angaben" enthalte. Mommsen insistierte und Kirchberg/Stuck erklärte sich bereit, "Unterstützung zu geben". Die Abwicklung sollte über "die Universität Bochum" und "den Rektor der HfV bzw. das Institut für Marxismus-Leninismus beim ZK der SED" laufen. Kirchberg/Stuck teilte mit, er befinde sich zwischen den 23. und "27.10.1987 in der BRD bei VW, Audi, Daimler und BMW" und fügte hinzu:

"Sollten vorher positive Regelungen getroffen worden sein, könnte jederzeit eine Präzisierung zum weiteren Vorgehen zu diesem Zeitpunkt in der BRD erfolgen".

Kirchberg ordnete Mommsen als "dem linken SPD-Flügel zugehörig" ein und war bereit, "bei Interesse den bestehenden Kontakt aufzubauen". Dies selbstverständlich für das MfS.[40]

Liebhaberei und geheimdienstlicher Zweck

Dass Kirchberg/Stuck weiterhin für das MfS breit tätig wurde, belegt der "Treffbericht" des MfS-Mitarbeiters Wolff vom 24.Juli 1987. Am 23. dieses Monats treffen sich Kirchberg/Stuck und Wolff, zwischen 13 und 14 Uhr, zu einem Gespräch zur bisherigen und künftigen "Aufgabenstellung. In der Auswertung hält der MfS-Mitarbeiter fest, es seien über Kirchberg/Stucks "Reise DPA", "l[aufen]d[e] Information für die Monatsberichte der A[bteilung] 1" sowie "Information[en] zu [dem Präsidenten des HORCH Clubs] und Oldi-Treffen an [die] Abteilung XX (Gen[ossen]. Meichsner) zugeführt" und weiterhin künftig die "Erarbeitung der Verbind[ung]. in die BRD" die geplante "PE zu" dem "Dozent Heinisch (aus Sicht RK-Bestätigung)" in Auftrag gegeben worden.[41] Aus diesem Auftrage einwickelt sich Kirchberg/Stucks Bericht für Wolff zum Präsidenten des Horch-Veteranen Clubs Fritsch/West-Berlin, zu dessen Person und beruflicher Entwicklung. Der Automobilhistoriker konzentriere sich zusätzlich auf die automobilgeschichtlichen Autorenschaften des Club-Präsidenten. Weiterhin basiert er seine Darlegung auf Fritsch als Anreger von Oldtimerfahrten "des Westberliner Schnauferl-Clubs (ASC) nach Dresden ins Hotel Bellevue". Der IM kündigt an, nach einigen Diskussionen sei eine solche Fahrt im August 1987 mit zwanzig Personen und etwa zehn Fahrzeugen zu erwarten. Er regt an:

> "Wenn wir an einer solchen Wiederholung interessiert sind, dann empfehle ich, den entsprechenden Nachfragen weitgehend zu entsprechen. Die Wagen werden in jedem Fall Aufsehen erregen, was sich z. B. bei einer Fahrt nach Pillnitz oder der Bastei gar nicht umgehen läßt. Das Ereignis wäre in etwa vergleichbar der Ankunft bzw. Durchfahrt des Rheing[old]. bzw. Orientexpress, das Insidern vor Jahren nicht verborgen geblieben ist. Ich würde empfehlen, über den Dresdener Club der Motorenveteranen im ADMV (Vorsitzender Sportfr[eun]d, Weser) einige ADMV-Sportler mit ihren Fahrzeugen an dem bewußten Sonnabend ebenfalls auf den Parkplatz einzuladen".[42]

Am 3.Dezember 1987 berichtet Oberstleutnant Schiffel, Leiter der "Objektdienststelle TU/H" an die Abteilung XV, der Bezirksverwaltung Dresden, "Genossen Preusche". Gegenstand dieses Berichtes war der "dienstliche[n] Aufenthalt" Kirchberg/Stucks in der Bundesrepublik. Wesentlich scheint Schiffel, dass der IM über "Regimefragen bei der Grenzkontrolle", zu "Problemen des Besuchergeldes für DDR-Bürger sowie über die aufgesuchten Hotels und zu Personen aus der BRD" berichtet habe. Der Agent berichtet über seine Kontakte:

> "Fachlicher Art:
> Dr. Bernd Wiersch, VW,
> Dr. Paul Simsa, Stuttgart, Journalist und Schriftsteller bei
> Motorbuch in Sti[u]ttgart, wichtig für Kontakte
> Ing. Werner Oswald, Schriftsteller in München, wichtige Autorität
> auf dem Gebiet der KFZ.-Geschichte".

Die Allianz Kirchberg – Volkswagen/Audi

Kirchberg/Stuck betont erneut seine bedeutenderen Reisekontakte zu Dr. Bernd Wiersch, der als „Manager der Reise" bezeichnet wird und der einen "Gesprächstermin mit Dr.Hahn, dem G[g]eneraldirektor von VW" herstellen solle. Wiersch wird durch Kirchberg/Stuck beschrieben „als im Alter etwa Anfang 40, verheiratet, 2 Kinder". Dieser sei ihm „seit Jahren bekannt". Der IM fährt fort:

> „Er ist Direktor des VW-Museums und gleichzeitig Haushistoriker von VW. *Er hat sich in den vergangenen Jahren als ein zuverlässiger und seriöser Partner*

erwiesen. Außerdem hat er großen Anteil am Zustandekommen meiner Reise. Sein Verhältnis ist zur DDR sachlich ohne Emotion. *Schwer zu ergründen* ist seine politische Grundhaltung. Bei gelegentlichen Gesprächen über aktuelle Geschehnisse wie z.B. über den Fall Barschel tendierte er eher nach rechts als nach links" (Hervorh.v.m., B.S.).

Dies ist ein wesentliches Bekenntnis Kirchberg/Stucks und bestätigt das Verhältnis zu Wiersch in den voraufgegangenen Jahren. Kurios-interessant erscheinen überdies die Berichte des Kirchberg/Stuck zu dessen Übernachtungen, anlässlich seines Wolfsburg-Besuches. Im „Hoffmannshaus"/Fallersleben, so berichtet der IM, habe das Zimmer 301 „zwei Betten" enthalten und sei dieses „als einziges Zimmer ohne Sichtkontrolle durch die Reception zu betreten" gewesen. Weiterhin führt Kirchberg/Stuck Dr.Heinrich Ulmer, den "Geschäftsführer der Auto Union, Ingolstadt" an, welcher einen "Gesprächstermin mit maßgeblichen Herren von Audi" anberaumen sollte. Ulmer wird beschrieben als

„ca Anfang 50, verheiratet und 4 Kinder, ist Geschäftsführer der Auto Union GmbH und Leiter der Rechtsabteilung der Audi AG. Er ist außerordentlich freundlich und macht einen konzilianten Eindruck. Gleichzeitig ist er auch ein sehr geschickter Jurist, der gegenwärtig für Audi zahlreiche Prozesse in [den] USA führt, von denen bisher noch keiner verloren wurde. Politisch rechnet er sich zu den vernünftigen Realisten, ohne eine bestimmte Richtung erkennen zu lassen".

Kirchberg/Stuck nächtigt im „Hotel Rappensberger, Harderstr. 3" in Ingolstadt. Der IM schreibt:

„Der Zugang von der Straße aus und aus der Gaststätte ist nur an der Tag und Nacht besetzten Rezeption vorbei möglich[.]- Der Zugang zu de[n] Zimmern ist auch über die Tiefgarage, möglich, ohne die Rezeption zu passieren. [Die] Garage wird als sehr klein und eng geschildert".

Mit Max-Gerrit "v.Pein Direktor Archiv-Geschichte-Museum von Daimler Benz", der ihm "persönlich" als Privatbesucher seit 1978 bekannt sei, trifft Kirchberg/Stuck in Stuttgart zusammen. Dort wohnt er im Hotel Gloria, das er als früh schließendes Haus beschreibt. „Der Gast" erhalte „einen Hausschlüssel, mit dem er sich Einlass" verschaffe. Kirchberg/Stuck fährt fort:

„Irgend eine Kontrolle erfolgt nicht. Zugang über Tiefgarage möglich, aber an Rezeption vorbeiführend. Unmittelbare Nähe zum im Bau befindlichen neuen *Daimler-Benz Verwaltungszentrum"* *(Hervorh.v.m., B.S.).*

Weiterhin nimmt der IM Bezug auf die Porsche AG sowie einen Besuch bei BMW, wohin jedoch keinerlei persönliche Kontakte bestünden. Das träfe ebenfalls für das Deutsche Museum München zu, das auf dem Reiseplan stand, wohin jedoch "Umfang und Charakter" der Kontakte noch nicht abzusehen seien. Überdies habe ihn beim Abfassen des Berichtes eine "Einladung für den 19./20.11. nach Bochum zu einem Kolloquium über die Ausbeutung von Zwangsarbeitern in der deutschen Automobilindustrie im Zweiten Weltkrieg" erreicht. Hier, so Kirchberg/Stuck, ergäben "sich Kontakte mit dem entsprechenden Mitarbeiterkreis unter Leitung von Prof.Hans Mommsen". Kirchberg/Stuck nächtigte dort im „Hotel E[h]renstein". Das Wesentliche dieses Hauses fasst er folgendermaßen zusammen:

> „Im Stammhaus befindet sich außer der Wohnung des Ehepaares, in dessen Wohnzimmer man auch das Frühstück einnimmt eine Reihe von Gästezimmern. Außerdem gibt es noch einen Anbau, der über ca 8-10 Appartements verfügt. Der Zugang erfolgt ohne jede Kontrolle mit Hilfe eines gesondert ausgehändigten Hausschlüssel. Einsicht vom Haupthaus aus nicht möglich. Keine Garage, Abstellung der Fahrzeuge im Freien".[43]

Der Treff-Bericht vom 23.Dezember 1987 zeigt, dass - mit dem Kontakt zum Westen - zunehmend ideologische Differenzen zwischen Kirchberg/Stuck und dem MfS-Mitarbeiter Wolff auftraten. Die von Audi ins Spiel gebrachte „Nutzung eines ‚Leihwagen'" wurde als „ideolog[lisches].Problem beim IM" deklariert und abgelehnt. Gleichzeitig erhielt der Automobilhistoriker den Auftrag, bei der „P[ersonen]E[rfassung] zu Prof.Dr.Rehbein, Elfriede im Rahmen der Wiederholungsüberprüfung zu N[icht]S[ozialistischen]A[usland]-R[eise] K[ader]" tätig zu werden.[44]

Kirchbergs Methode „Verbrannte Erde"

In diesem Zusammenhang erhält Kirchberg/Stuck Gelegenheit, den „Sektionsdirektor" an der H[ochschule]f[ür]V[erkehr], Prof.Dr.Klaus-Jürgen Richter näher zu beleuchten. Neben fachlichen Details fällt hier methodisch die, bereits 1984 zu beobachtende, harsche Verfahrensweise Kirchberg/Stucks ins Auge. Zu berichten, Richter würde versuchen, eine starke „Hausmachtposition" zu erarbeiten, lag wohl außerhalb Kirchberg/Stucks Urteil. Gleichzeitig jedoch, falls diesem Moment näher nachgegangen würde, wäre dieses für den Betroffenen nachgerade tödlich gewesen. Ob Richters Abschied im folgenden Jahre vom Amt des „Dekans" mit diesem Anwurf Kirchberg/Stucks im Zusammenhang stand, bleibe dahingestellt. Ähnlich verfährt der IM, wenn er ausführt:

„Tatsache ist, dass in seinem [Richters] Bereich das Superformat des Chefs eine Einzelerscheinung ist und offenbar von ihm nicht daran gedacht wird, dies durch Heranbildung von entsprechend geformten[m] Nachwuchs zu ändern. Auffällig ist sein ausgeprägter Hang dazu, wissenschaftliches Mittelmaß lange um sich herum zu dulden, sogar zu protegieren. Hingegen haben es *Leute mit eigenen Ideen*, dem *Streben nach einem eigenen wissenschaftlichen Profil* und *mit eigenen Zielen* in seiner Umgebung sehr schwer" (Hervorh.v.m., B.S.).

Der Automobilhistoriker läuft nicht nur mit, wenn er sich derart schädigend, und im Ausdruck rabiat, über einen Vorgesetzten äußert. Dies wird unterstrichen durch die offensichtlich persönlich gefärbten Interessen und Erfahrungen, die auf das Urteil des IM durchfärbten.[45]

Geplante Treffen "von Automobil-Oldtimer-Fans" aus Westberlin beschäftigen Kirchberg/Stuck wie ausgeführt unter anderem im Jahre 1987.[46] Auch rapportiert ein weiterer MfS-Mitarbeiter an der Verkehrshochschule, der Forschungsdirektor und Kirchberg-Freund, Dr.-Ing.Manfred Herkner, zur "Einschätzung des Dr.Kirchberg":

"- im April 1988 - Vertrag zwischen *BIEG-Audi* mit einer Laufzeit 1988/89 unterzeichnet mit einem Vereinbarungsbarungspreis von 120000 V[aluta]M[ark]
 - des weiteren protokolliert *mit VW* die Erarbeitung der Expertisen Horch und Wanderer bis 1992 mit jährlich 75.000 Valuta-Mark (Vertragsabschluß-LHM 1988)
die ganze Problematik steht und fällt mit Dr.Kirchberg, auch wenn Dr.[geschwärzt] noch mitarbeitet; - K[irchberg]. ist bei den Historikern in den Automobilwerken ein geschätzter Fachkollege, der einen sehr guten Ruf genießt".

Das habe

"dazu geführt, daß der erste Geschäftsvertrag mit *'Audi'* zustande gekommen ist".

Kirchberg sei stets derjenige gewesen, der bei

"eingereisten Experten aus der BRD positive Resonanz"

hervorgerufen habe,

"wie Schreiben an die HfV zeigen;
- Ich schätze K. als sehr konsequenten Menschen und cleveren Typen
 mit entsprechendem Auftreten ein, der unser Haus auch dies-
 bezüglich vertreten kann;
 K. ist nicht selbstherrlich, sondern beruft sich stets auf das

Gutachten von Prof. SONNEMANN/TU Dresden;
- K. ist Mitglied der Blockpartei.
  Bei Beratungen (Absprachen) ist er stets diszipliniert entsprechend der
  vorgegebenen Direktiven und zeigt dabei, daß er auf dem Boden
  unserer Gesellschaftsordnung ist.
  Bei Verhandlungen ist er nie leichtsinnig, sondern stets überlegt
  in seinen Äußerungen und Handlungen.
- fachliche Arbeit und die ihm dabei gebotenen Möglichkeiten (z. B.
  Einsicht im Staatsarchiv etc.) auch eine Lebensstellung sind damit
  gleichzeitig Garantie für K. als Reisekader, keine unbedachten Schritte
  zu tun.
- durch den streng dienstlichen Kontakt - keine Aussagen zur Privat-
  sphäre möglich
- wichtigste Kontaktpartner in seiner jetzigen Tätigkeit sind:
- Dr.Wiersch, Bernd "Traditionschef" (Auto Union Horch Wanderer DKW)
Volkswagen AG Wolfsburg
Firmengeschichte und Autogalerie
Wolfsburg 1
 - Dr.Ulmer, Heinrich verantwortlich für die Sportgeschichte von Audi
Geschäftsführer der Auto-Union
8070 Ingolstadt
 - [...]".[47]

Die Professorin Elfriede Rehbein gibt zu Kirchberg im August 1988 zu erkennen, dass sich ihr Soupcon gegenüber dem Autoenthusiasten über die Jahre nicht beruhigt habe:

"Der K. ist in Abstimmung mit der staatlichen Leitung der Hochschule für die
Bearbeitung eines Forschungsthemas eingesetzt, das auf dem Feld des immatri-
ellen Exports läuft und sich mit Firmengeschichte/Traditionspflege der Automobilwerke ‚VW' beschäftigt. Auf der Grundlage staatlicher Verträge wird dazu jährlich ein Nutzen von 75.000 Valutamark erarbeitet.
Im Zusammenhang mit der Einbindung des K. in diese Forschungsaufgabe füh-
te die [Rehbein]. folgende zu beachtende Fakten an
- K. unterhält im Rahmen seiner ‚VW'-Forschung
  Kontakte zu den Beschäftigten des ... Verkehrsmuseums
  Dresden Dr. [geschwärzt]. Der [geschwärzt] ist 1987 UE nach der BRD
  [geschwärzt] soll im Zeitraum Juni-August [19]88 Einreisen aus
  der BRD erhalten haben (Beschäftigte bei 'Mercedes')

wo über Stellenangebote nach Übersiedlung des [geschw.] gesprochen wurde.

- K. hat ohne Abstimmung mit dem W[issenschafts]B[ereichs] Ltr. die Person Dr. [geschw.] von der TH Dresden in
die Vorbereitung eines Gedenkkolloquiums zu Ehren
von Diesel im Dezember 1988 einbezogen, wobei der B.
offensichtlich auch Kenntnisse von der Forschungsaufgabe des K. im Zusammenhang mit VW erhielt.

Die [Rehbein] schätzt ein, daß der K. sehr aufgeschlossen und kontaktfreudig ist und daraus für sie 'ungute Gefühle' erwachsen. Hinsichtlich der Wahrung der Vertraulichkeit zu Informationen aus der Forschungsaufgabe und den Erkenntnissen bei Verhandlungen und den BRD-Personen. Des weiteren reist der K. sowohl dienstlich als auch privat in die BRD. Konkrete weitere Fakten zur Person des K. konnte die [E.Rehbein] nicht nennen".[48]

Der Führungsoffizier des "Stuck", Major Wolff von der Operativen Dienststelle TU/H, legt am 30.Mai 1988 eine Beurteilung und Bewertung Kirchbergs vor, die diesen als "Reisekader N[icht]S[ozialistisches]A[usland], bisher nur BRD" ausweist. Zur bisherigen "inoffiziellen Zusammenarbeit" wurden aufschlussreiche Details mitgeteilt. Major Wolff schreibt:

"- Haupteinsatzrichtung: Sicherung und Aufklärung des Lehrkörpers der HfV, Sicherung des Informationsaufkommens bei NSA-Reisen.
Nebeneinsatzrichtung: Einsatz zur Sicherung des Informationsaufkommens bei besonderen Anlässen.
- Verbindungen im Reisekader-NSA u[nd]. der Sektion bzw. HfV.
- Einsatz beim MC Post Dresden möglich.
- Keine Verbindungen zu neg[ativen]. feind[lichen]. Kreisen.
- Private und berufliche Verbindungen in den NSW, Anlage an XV.
- Objekt- und personenbezogene Einsatzmöglichkeiten: Gartensparte
   "Heller" in Dresden, Kollektiv der Technikhistoriker um Prof.Sonnemann.
- Nutzbare Hobbys: Sammler von alter Automobilliteratur.
- Im Rahmen der Bestätigung als R[eise]K[ader] wurde der IM Anfang[19]87 überprüft, keine op[erativ].-relevanten Hinweise, z[ur].Z[eit]. ist IM-Überprüfung eingeleitet.
- Letzte Einschätzung: 9186 durch Mitarbeiter, einen 1/87 u[nd]. 5/87 inoff[iziell].
- Die Perspektive des IMS bleibt in der eingegebenen Haupt- u[nd]. Nebeneinsatzrichtung bestehen".[49]

Offensichtlich nutzte Kirchberg/Stuck seine Macht im Falle eines Ausreisewilligen erneut. Widrige Verhältnisse im Verkehrsmuseum, der mangelhafte Führungsstil dort und die seiner Auffassung nach unzulängliche Anleitung junger Wissenschaftler, mit diesem brutalen Rundumschlag, gegenüber den einflussreichen Vertretern des MfS, warf der IM dem Betroffenen vor, dieser sei

> „kein Steher und kein Durchreisser, der Hindernisse überrennt oder geschickt umgeht. Er ist eher ein Kapitulant, der schnell resignierend aufgibt. Jedenfalls war er damals am V[erkehrs]M[useum]D[resden] in seiner Entscheidung kein Einzelfall. Auch er muß zum Langzeitschaden gerechnet werden, den die damalige Leitung angerichtet hat".[50]

Gezielter Einsatz im Westen

Am 20.Dezember 1988 treffen sich die MfS-Mitarbeiter Reimann und Vietze, zwischen 9.30 und 10.35 Uhr, mit Kirchberg/Stuck. Es soll eine "Einschätzung" zu Dr.Herkner/Manfred und zu dessen Verhalten während der jüngsten BRD-Reise nach Wolfsburg (VW-AG)" erarbeitet werden. Weiter wird Stucks "Kontaktpartner" Dr.Wiersch - VW" überprüft und eine Info[rmation] zu Stimmungen/Meinungen-Verordnungen über Reiseverkehr" erhoben. Infolge des verstärkten Einsatzes des IM im "Nicht Sozialistischen Westen" wird auf Seiten des MfS erwogen, diesem eine "Schulung/Qualifizierung hinsichtlich" dessen "NSA-Reisetätigkeit - unter dem Aspekt - Beachtung Kontakt [Dr.Carl H.]Hahn - Kontaktaufbau?" zuteil werden zu lassen. Weiter erfolgen "Auftragserteilung" und Instruierung" des IM.

Es wird festgehalten:

> "- IM berichtete zunächst auftragsgemäß zu den Personen Oppermann und Wiersch - übergab schrift[lich]. gefertigte Berichte zu den Genannten[.]
>   Auswertung:
> 1) Opp[ermann]. - Kopie für SU - Wiederholungsaufklärung als N[icht]S[ozialistisches]A[usland]- R[eise]K[ader.]
> 2) Wiersch - Vervollständigung de[r]. Personalien
> - F10/F70
> - über Ge[nossen]. Vietze - XV
> - bei ... Reisen - neuer Auftrag
> - IM informierte zu Stimmungen/Meinungen aus Bereich auf "Verordnung zum Reiseverkehr..."
>   Auswertung: über Ref. 1 - ...

- 2. Teil d[e]s Treffs wurde zur Schulung (Qualifizierung des IM genutzt; Gen[osse] Vietze machte dazu entsprechende Ausführungen (u[nter].a[nderem]. Grenzpassage, Hotels - Übernachtungsstätten) in diesem Zusammenhang erfolgte ... zum Kontakt IM - Hahn - auch Festlegung weiter Verfahrensweise zum Kontaktauf- und Ausbau[.]"

Als neuer Auftrag, verbunden mit Anweisungen zum Verhalten, wird Kirchberg/Stuck mitgegeben:

"1) - Schaffung von Voraussetzungen für Kontaktaufbau [Carl H.]H[ahn]. unter Ausnutzung der... Anreise d[es]. IM bzw. Schaffung von Möglichkeiten-Einladung Vorbereitung detaillierter Einschätzung zur Person gem. Fragespiegel Abt[eilung]. XV

2) - Einschätzung d[er]. Übernachtungsstätte 'Rappen[s]berger Hof' entspr[echend]. Info[rmations]-Bedarf Abt[eilung]. XV

3) - Info[rmationen]. zu Reaktionen auf aktuell-politische Tagesereignisse[.]"[51]

Kirchberg/Stuck berichtet am 20.Dezember 1988 über seinen Kollegen/Vorgesetzten an der HfV, Dr.-Ing.Herkner, insgesamt positiv, kann sich jedoch auch hier nicht enthalten auszuführen, dieser habe "sich sehr zurückhaltend verhalten", sei "andererseits...um marxistische Informationen bemüht" gewesen, sodaß diesem "anzumerken" gewesen sei, "daß es seine erste NSW-Reise" gewesen sei.[52]

Anfang 1989 wird Kirchberg/Stuck, in Vorbereitung einer Dienstreise nach Westberlin instruiert, die zwischen dem 13. und 22.März stattfinden sollte. In Berlin ging es um "Recherchen in Museen und Archiven der Autoentwicklung" sowie darum, wie erwähnt, Kontakt mit dem Präsidenten des "W[est]B[erliner]-Oldtimer-Clubs" Fritsch zu entwickeln.[53] Ende März berichtet Kirchberg/Stuck, dass ihn der Bruder Wierschs/VW Wolfsburg aufzusuchen beabsichtige. Diesen habe er während seiner Dienstreise im Jahre 1988 dort kennen gelernt. Der IM lädt den Besucher zu sich nach Hause ein, da "ein Treffen in der Wohnung...unkomplizierter" sei. Ein diesem Besuch zugrundeliegender Grund sei bislang nicht zu erkennen gewesen, so Kirchberg/Stuck gegenüber seinem Führungsoffizier, Hauptmann Neumann. Weiter berichtet der IM bei dieser Gelegenheit, er plane im Herbst des Jahres eine Süddeutschland-Reise. Dann würden weitere Kontakte in Ingolstadt und Stuttgart "denkbar" sein. Weiter teilt er mit, es sei, zwischen dem 16. und 25.Mai, vorgesehen nach Hannover und Hamburg zu reisen und "auf jeden Fall Dr.Wiersch sowie [den]...Auto-Union-Veteranenclub" zu besuchen. Erneut findet sich eine, aus dem Blickwinkel des

MfS, das Bild des aufstrebenden Historikermanagers störende Beobachtung. Einen "Kontakt Ende Februar 1989 (Hinweis aus M-Kontrolle)..." habe 'Stuck' trotz legendierter Befragung" nicht gemeldet.[54]

Linientreu bis zum Schluss

Als zeitgeschichtliches Dokument besonderer Art und Qualität erweist sich Kirchberg/ Stucks kritischer Kommentar, gegen Ende des schicksalhaften August 1989, gegenüber dem Leiter der Abt. XIX der Staatssicherheit bei der Bezirksverwaltung Dresden. Dieser hält fest:

> "Der IMS 'Stuck' schätzt ein, daß die Besetzung der diplomatischen Vertretungen der BRD in der DDR bzw. in Ungarn und der CSSR sowie die M-Fluchten von DDR-Bürgern über die ungarisch-österreichische Grenze von den Mitarbeitern der WB Wirtschafts- und Verkehrsgeschichte/HfV 2 aufgrund einer Psychose und Panikstimmung zustande gekommen sind.
>
> Die Gründe, die durch ADN bekannt gegeben werden - - - Abwertung Massenmedien der BRD - - - werden nicht akzeptiert.
>
> Der IM selbst ist in diesem Zusammenhang der Meinung, daß bezüglich der Ursachen die Äußerungen von Stefan H e y m gegenüber dem BRD-Fernsehen zutreffend sind, *wonach in der DDR Frustration herrscht, die für die "Massen"-Abwanderungsbestrebungen verantwortlich ist.*
>
> - Es herrscht Schönfärberei vor.
>
> - Die Parteispitze rückt immer mehr von den Massen ab.
>
> - Es gibt keine Reaktionen von Partei und Regierung auf die Absetzerscheinungen Hunderter von DDR-Bürgern.
>
> - Es wird so getan, als gebe es im Inneren keine Spannungen und Probleme.
>
> - Die Massenmedien berichten nur von Erfolgen bzw. befinden sich im Zusammenhang mit den *Hetztiraden und "Frontberichterstattern"* des Westens in der Defensive.
>
> Selbst die Genossen, wie z.B. Gen[ossin]. Prof. Elfriede Rehbein (erf[asst]. Abt. XV) ist der Meinung, daß der kommende Parteitag nichts Grundlegendes hinsichtlich Veränderungen, z.B. in der Parteiführung, bringen wird.
>
> 'Stuck': 'Wenn das so sein sollte, finden wir uns auf der Schattenseite wieder'.
>
> Bezüglich möglicher Veränderungen zur Verbesserung der Lage, zur Beruhigung der Massen vertreten die Mitarbeiter op. Bereiches und auch der IM selbst folgende Meinung:

- Die führende Rolle der AK, die die meisten DDR-Bürger bejahen, muß wieder richtig zur Geltung kommen. *In diesem Zusammenhang lehnt man das Modell der Polen entschieden ab.* 'Wir müssen Kontraste dazu schaffen'.
- Die Bündnispolitik der Partei muß wieder in richtige Bahnen gelenkt werden. *Man muß den Blockparteien mehr Möglichkeiten der eigenständigen Verwirklichung geben.* Nicht nur das gemeinsame Eintreten für den Weltfrieden ist das Bindende. *'Wo gibt es Mitglieder von Blockparteien in Leitungsfunktionen.* Ausnahmen dafür sind vorherrschend'.
In diesem Zusammenhang führte der IM *die Zustände an der HfV* an, wo kein Student als Nachwuchskader aufgestellt wird, der nicht Genosse ist.
- Forderung nach *eigenständiger Profilierung und Öffentlichkeitswirksamkeit der Blockparteien.*
Der IM führte in diesem Zusammenhang an, daß auf dem Pädagogischen Kongreß den eingebrachten Vorschlägen des LDPD-Zentralvorstandes (Bündnispolitik in das Lehrmaterial aussagekräftiger aufnehmen; unterrichtsfreier Sonnabend) keine Silbe geschenkt wurde.
- Vorhandene *Spezifika in Politik und Wirtschaft der DDR* müssen ausgebaut werden"[55] (Hervorh.v.m., B.S.).

Als Parteigänger der Blockparteien stellte sich Kirchberg/Stuck geschickt einerseits auf die Seite der Kritiker des DDR-Staates und führte er gleichzeitig Argumente vor, die die bisherige Struktur stützen, erhalten und weiterentwickeln mochten. Aus dem Treffbericht vom Dezember 1988 hatte sich die Anforderung der Abteilung XV der Bezirksverwaltung Dresden (MfS) zur zentralen "Übernachtungsstätte" Kirchberg/Stucks im Westen, dem Hotel "Rappensberger" in Ingolstadt, ergeben. Er erhielt den direkten Spionageauftrag, nähere Informationen zu beschaffen. Dieser Maßgabe kommt Kirchberg/Stuck am 3.April nach.

Der IM berichtet, in des Wortes wahrer Bedeutung, "peinlichst" über das obengenannte Etablissement. Keinesfalls entgangen war ihm, daß sich meist Gäste von Audi dort aufhielten. Die Formalitäten der Anmeldung, so Kirchberg/Stuck, würden recht lax gehandhabt. Die Lage des Hotels im Zentrum der Stadt fand der IM ebenfalls erwähnenswert. Es erfordere einen "ca. 25 minütigen Fussweg" vom "Hauptbahnhof" Ingolstadt bis zum Hotel. Außerdem fiel Kirchberg/Stuck auf, dass das Haus "direkt an einer Geschäftsstraße/Fußgängerzone" läge und sich "im unmittelbaren Umfeld...keine weiteren markanten Gebäude (Banken etc.) befänden. "Parken vor dem Haus" sei "nicht gestattet", "die Anfahrt mit dem PKW möglich". "Halten" sei "nur zum Zwecke des Ein- und Aussteigens unmittelbar vor dem Gebäude möglich", fand der IM der Erwähnung wert. Darüber hinaus schien ihm wichtig, dass die "Tiefgarage" des Rappensberger, "nach Aussagen anderer Hotelbenutzer sehr beengt" sein solle. Bemerkungen, die klingen, als ob Kirchberg/Stuck für ein im Kriegsfall hinter der Front agierendes Jagdkommando Material sammelte.

Bei dem Hotel handele es sich, so Kirchberg/Stuck,

> "um das 'erste Hause am Platz'. Ein Ein-Bettzimmer kostet 80,- DM, ein Zwei-Bettzimmer 100,- DM (Übernachtungspreis plus Frühstück).
> Die Zimmer sind ausgestattet mit Bett, eingebauten Schränken, Tisch, Stühle, Fernsehgerät, aber ohne Radio.
> Weiterhin ist ein Telefon vorhanden, welches im Ortsnetz ohne Vermittlung durch die Zentrale genutzt werden kann. Die Gebühren gehen automatisch auf die Zimmerrechnung.
> Der Zimmerservice erfolgt auf Bestellung oder Vorbestellung. Eine Zimmerbar ist nicht vorhanden.
> Die Zimmer werden täglich gereinigt, einschließlich Bettenbau.
> Weder im Alt- noch im Neubau des Hotels haben die Zimmer Verbindungstüren".

Nun kommt Kirchberg/Stuck offenbar auf das Hauptinteresse seiner Auftraggeber zu sprechen. Entsprechend detailliert widmet er sich diesem Gegenstand. Der IM berichtet:

> "Das Hotel kann durch den Haupteingang Harderstraße betreten werden oder über die Tiefgarage (Zufahrt über eine Nebenstraße links vom Hoteleingang gesehen).
> Die Hoteltür ist ständig geöffnet und durch einen Portier gesichert. Der Portier gibt auch gleichzeitig die Zimmerschlüssel aus. (Portier ist gleichzeitig Rezeption.)
> Der Zimmerschlüssel kann beim Verlassen des Hotels abgegeben werden. Beim Empfang ist keine Vorlage des Zimmerausweises erforderlich. (In meinem Fall; ob generell - kann nicht eingeschätzt werden.)
> Der Erdgeschoßbereich umfaßt neben einer großen Gaststube (links neben dem Eingang; auf beigelegter Klappkarte sind die Gaststubenfenster an der Frontseite erkennbar) einen kleinen Gastraum, der von der Gaststube betretbar ist; Vitrinen, die sich rechts neben dem Eingang befinden; eine Theke im linken hinteren Teil sowie die Rezeption und den Lift im rechten hinteren Teil.
> Von der Rezeption aus ist einsehbar, welche Hotelbesucher kommen bzw. gehen mit Ausnahme der Besucher, welche die Tiefgarage benutzen, da diese über den Lift in die einzelne Stockwerke gelangen.

Die einzelnen Stockwerke sind über zwei Lifts erreichbar, wobei nur Lift 1 von der Rezeption aus einsehbar ist, während sich Lift 2 im hinteren Teil des Hotels im Altbau befindet. Ebenso die zwei Treppen (eine neben Lift 1) sind von der Rezeption nicht übersehbar.

Die Hotelzimmer befinden sich auf insgesamt 3 Etagen und sind über Lift bzw. Treppe betretbar. Im Obergeschoß (4.) befinden sich Privatzimmer.

In den einzelnen Etagen sind normale Hotelgänge ohne Nischen. Alt- und Neubau (letzterer auf Klappkarte innen in der Mitte abgebildet) sind durch Korridore/Gänge miteinander verbunden".[56]

Dieses Hotel, das unser Historiker-Journalist, im Rahmen seiner Tätigkeit für Audi, selbst in den Jahren 1983 bis 1987 einige Male nutzte, ist diesem keinesfalls als luxuriös erinnerlich. Die Einrichtung des Restaurants, die äußerst Plüschfarben und im Stil der 50iger Jahre ausfiel, wird mit Kirchberg/Stucks Anmerkungen erinnerlich. Aber eine Betrachtung unter dem Gesichtspunkt, wie ungesehen ein Betreten der Zimmer von draußen möglich wäre, ein solcher Gedanke wäre ihm damals kuriös erschienen. Viel entscheidender war jedoch, und das verschweigt Kirchberg/Stuck, dass in dem Hotel ständig die Glocken der umstehenden Kirchen läuteten, was unseren Wissenschaftler veranlasste, ins Best Western an der Autobahnauffahrt umzuziehen.

Informationen über Westkontakte Kirchbergs geht die Staatssicherheit bei der Bezirksverwaltung Dresden Ende April 1989 erneut nach. Es wird ein "Informationsbedarf" angemeldet.[56] "Auf Grund eines bisher noch ungeklärten Hinweises zu einem BRD-Kontakt (Januar 1989)" Kirchberg/Stucks werden im August 1989 durch das MfS, verschiedenste Veränderungen der nachrichtendienstlichen Strukturen um "Stuck" erwogen.[57] Die Intensität, mit welcher Kirchberg seine Aufgaben erfüllt, belegt sein "Treffbericht" vom 4.April 1975 über seinen Freund und Kontaktmann im Verkehrsmuseum, Knauer.[58]

Das letzte Treffen Kirchberg/Stucks mit seinem Führungsoffizier Neumann, findet am 25.Oktober 1989, zwischen 9.30 und 10.25 Uhr, statt. Es handelt sich um einen Ausweichtermin, da der IM zum ursprünglich geplanten Treff durch Terminschwierigkeiten verhindert ist. Es geht im Verlauf der Unterredung um die Dienstreise Kirchberg/Stucks in die BRD und nach Frankreich. Weiterhin sollen "Stimmungen und Meinungen" registriert, und die "aktuelle politische Lage (aus der Sicht seiner [Kirchberg/Stucks] Mitgliedschaft in der LDPD)" festgehalten werden. "Der IM hatte nur eine Stunde Zeit, da er ab 10.45" Uhr eine Vorlesung zu halten hatte, so wird berichtet. Weiter "wurde der Treff ausschließlich zur Informationsgewinnung zu Stimmungen/Meinungen und zur Festlegung der weiteren Aufgabenstellungen genutzt". Schließlich wird die "Problematik [der] Dienstreise...im Zusammenhang mit der Analyse seiner [Kirchberg/Stucks] NSW-Kontakte abgearbeitet". Es geht dabei um einen "Reisebericht", der ausgearbeitet werden soll. Diese Unternehmung wird nach "Stuttgart, Ingolstadt und Mühlhouse" führen. Die Abteilung XV der Staatssicherheit in Dresden erwartet von Kirchberg/Stuck "Prospektmaterial von d[er]. D[ienst]R[eise] d[es]. IM". Das Referat 1 will Informationen von Kirchberg/Stuck zu "Stimmungen/Meinungen". Als "Auftrag und Verhaltenslinie" wird dem IM mitgeteilt:

> "- Erarbeitung und Übersicht über NSW-Kontakte unter der Beachtung [der] Intensität und [des] Charakter[s] der Verbindung sowie Perspektivität für [die] Ableitung weiterer perspektivischer Aufgabenstellungen.
> - Info[rmations].Gewinnung zu Stimmungen/Meinungen".

Die Stellungnahme der Vorgesetzten zeigt inzwischen einen gewissen Unmut, denn die Zeitabstände zwischen den "Treffs" mit Kirchberg/Stuck scheinen für eine effektive Führung des IM überdehnt. Auch wird es notwendig, Kirchberg/Stuck stringenter, d.h. "konkret [zu] beauftragen!" Weiter soll, unter dem Druck der Ereignisse, künftig der IM "in[unserem] Interesse" etwa in die "Gruppe der 20" und "andere Gruppierungen" der Volksbewegung eingeschleust werden. Dazu werde diesem jedoch "ein konkreter Auftrag" erteilt.[59]

Der gesprächsleitende MfS-Offizier stellt die "Stimmungen" und "Meinungen" zusammen, die Kirchberg/Stuck, bereits in den genannten Kreisen der Bevölkerung gewonnen hatte. So bleibt eine authentische Stimme aus dem Ende des Monats August 1989 zur Lage in Dresden erhalten. Dieses Dokument weist über die engeren, durchschimmernden persönlichen Interessen des IM hinaus. Das Dokument hält fest:

> „Während des Treffgespräches informierte der IMS 'Stuck' über
> Stimmungen/Meinungen zur gegenwärtigen politischen Situation
> in der DDR und gab dabei auch seine persönliche Meinung wider.
> U.a. äußerte er:
>
> - Als Mitglied der LDPD vertritt er die Ansicht, daß - in Anlehnung
> an die Rede des neuen Generalsekretärs - die Blockparteien
> attraktiver, ihre Arbeit aktiviert und belebt werden müssen.
> So lange das nicht geschehe, bzw. nicht mit der notwendigen
> Konsequenz, wäre das Neue Forum eine Herausforderung und

die Anerkennung dieser Plattform nicht gegenstandslos. Diese
Feststellung sei [gestr. unleserlich] für die Parteien gedacht,
aber insbesondere auch über die Nationale Front.
Zumal nach seiner Meinung in letzter Zeit immer mehr Stimmen
hörbar werden, die die Notwendigkeit der Nationalen Front in
Frage stellen, da sie nur eine Ansammlung von Funktionären ist.
Er selbst sei aber der Ansicht, daß es nicht darum gehen könne,
die Nationale Front aufzulösen, sondern sie wieder zu beleben/
zu aktivieren.
- Was die Aktivitäten seiner Partei angehe, schätzte er ein, daß die
  Äußerungen des Parteivorsitzenden M Gerlach in den letzten 14
  Tagen, mit denen er solches Ansehen unter der DDR-Bevölkerung und
  auch in den Massenmedien der BRD (als Reformer) erreicht hätte,
  nicht neu sind, sondern bereits im Mai 1989 in einer Zuarbeit für die
  SED an den XII. Parteitag enthalten waren, die aber im Politbüro
  nicht die richtige Resonanz fanden. 'Gerlach war in diesem
  Zusammenhang bei G[ünter].Mittag. In der Aussprache hätten die
  Gardinen ganz schön gewackelt....'.
  G[erlach]. der auch beim IM großes Ansehen genießt, hätte mit dafür
  gesorgt, daß die Meinung über den Minister für Staatssicherheit - auch
  vom IM - revidiert wurde, wonach ein 'Mann mit über 80 Jahren langsam
  senil wird...' G[erlach]. hatte sein jüngstes Gespräch beim Minister ausgewertet.
  Anders sei es mit der Meinung von anderen Blockfreunden über ihre
  Führung:
- [geschwärzt, B.S.] (Ehefrau des kürzlich verstorbenen Prof[essor]. der
  P[hilosop]H[ie]), stellvertretende Bezirksvorsitzende der CDU in der
  Nationalen Front äußerte, daß ihre Führungsspitze total verkrustet
  sei und keinerlei Widerspruch dulde.
- [geschwärzt, B.S.] Vorsitzender der Bezirkshandwerkskammer, Mitglied
  der NDPD, kritisierte, daß es in der letzten Zeit aus seinen Reihen viele
  Vorschläge über die Reformen für Preise/Steuern gegeben hätte, aber
  die Parteiführung nichts davon hören wollte. Meinung des IM: [geschw.,
  B.S.] regiert wie ein preußischer Offizier....
- Veränderungen in der jetzigen Zeit sind nach seiner Meinung nicht nur
  Verpflichtung der SED, sondern auch aller Blockparteien.
  Er persönlich sei von seiner Partei vorgeschlagen worden, in der am
  morgigen Tag zu konstituierenden Arbeitsgruppe 'Kommunikation und
  Information (SP: Medienpolitik....)' auf Stadtebene mitzuwirken', um

entsprechende Veränderungen, auch in der Infrastruktur, zu erreichen.
- Was die endlosen Demonstrationen und Diskussionen in Dresden
anbetrifft, vertritt der IM die Meinung, daß das eine Frage der Zeit und
der Nerven ist. Wichtig sei, daß die Massen den Frust ablegen und
möglichst bald merken, daß sich etwas ändert.
Was die angesprochenen Veränderungen im Reiseverkehr anbetrifft,
so wertet er die Ausstellung von Pässen für jedermann als einfach,
aber das 'wie weiter' wäre schwer. Es ändert sich damit nichts in der
Wirtschaft und anderen Bereichen mit Engpässen und Fehlern. Wichtig
sei für ihn die volle Durchsetzung des Leistungsprinzips, was man
mit Reden und Diskutieren in dem jetzigen Ausmaß nicht erreiche.
Absolut falsch wäre nach seiner Meinung auch, irgendwo 500 Mio.DM
zu pumpen, um Ananas, Bananen etc. einzukaufen und unter der
Bevölkerung zu verteilen. Alle würden anstehen, kaufen und wie weiter,
wenn die Dinge alle sind? Für ihn wäre das eine ganz unvollkommene Lösung.
Obwohl: Ohne Anleihen geht es nicht, gerade im unproduktiven Bereich.
Aus seiner Sicht wäre es richtig, unter Wahrung der politischen Souveränität
der DDR, neue Verbindungen (wirtschaftl[ich].) zur EG aufzubauen unter
dem Aspekt der Beteiligung am gemeinsamen Markt. Das schließe aber ein,
die Mark freikonvertierbar zu machen. Das könnten wir andererseits aber nur,
wenn wir unsere Wirtschaft attraktiver/produktiver gestalten – Leistungs-
prinzig[p],
Eigenerwirtschaftung der Mittel....
- Als Beispiel, wie es perspektivisch nicht mehr gehe, nannte der IM die
'Ereignisse' um die Genossin Prof. Dr. Elfriede Rehbein, die dank der guten
Beziehungen zum (ehemaligen) Politbüromitglied G[ünter].Mittag ihre
überdimensionale Geldgier und ihr Geltungsbedürfnis befriedigen konnte,
indem sie nun neben der 3000,- M Rente auch noch ein Oberassistentengehalt
von ca. 2000,- M[ark] erhält, trotz Emeritierung. Das wirft nicht nur ein
schlechtes Licht auf sie als Persönlichkeit im In- und Ausland, sondern auch
auf ihre Verbindungsperson. Weiterhin lehnte der IM die 'Machenschaften' an
der HfV ab, wonach Voraussetzung für eine Forschungsstudentenplanstelle
die SED-Mitgliedschaft sei. Er könne sich auch nicht vorstellen, daß das vom
Minister M[inisterium]H[och- und] F[achschulwesen] sanktioniert ist".[60]

---

1   Der Bundesbeauftragte, ASt. Dresden. Dresden, XII 425/71, Stuck, Bd. I Ersatz, Bl. 5. Für den Zeitraum 27.6.1977 bis 18.7.1984, Ebd., Bd. I, (27.2.1971/30.9.1974) vom 13.12.1974 bis
1.7.1983 und ebd., Bd. II Reg.-Nr. Dresden/ XII 425/71, "Stuck", vom 12.1.1984 bis 18.12.1986.
Für 5 Treffs, die darauf stattfanden, fehlen die genauen Daten nach dem 18.12.1986.

2 Ebd., ASt. Dresden. 4811/90, Dresden XII 425/71, Stuck, Bd. I, Ersatz.

3 Ebd., Bl. 10.

4 Ebd., Eröffnungsbericht, 23.2.1971, Bl. 14.

5 Ebd.

6 Ebd., „Streng vertraulich" Personalbogen, 20.7.1964, Bl. 17-20.

7 Ebd., Personalbogen, 18.11.1959.

8 Ebd., Bl. 27.

9 Ebd., ASt Dresden. 4811/90, Reg-Nr. Dresden/XII 425/71, Stuck, Elfriede Rehbein: Einschätzung, 16.4.1971, Bl. 54f.

10 Ebd., Bl. 34.

11 Ebd., "Fuchs": Information über den Arbeitsplatz des D r . K i r c h b e r g , Peter - Arbeitsgruppe Verkehrsentwicklung und Verkehrspolitik der HfV, Z. 739, Bl. 56.

12 Ebd., Abschrift, [geschwärzt, 8.4.1971] Bl. 73.

13 Ebd., Orientierung für Kollegen Dr.Kirchberg, 1.9.1971, Bl. 75-93.

14 Ebd., Hptm.Beyer: Bericht Aussprache mit Gen.Dr. ...am 17.9.71 von 10.30 bis 11.10 Uhr zum Vorgang Kirchberg, 16.9.1971, Bl. 88f.; Beyer: Bericht, 10.9.1971, Bl. 87.

15 Bestätigt durch Dieter Jokisch/Korbach 1983.

16 Ebd., Hptm.Beyer, Abt. XIX, Sachstandsbericht zur VAO Reg.-Nr. XII 425/71, 26.1.1972

17 Ebd., Sachstandsbericht, 26.1.1972, S.2-9.

18 Ebd., Hptm.Beyer/ Oblt.Dinter, Ausspracheprotokoll, 12.9.1974, Bl. 117-122.

19 Ebd., P.Kirchberg, Verpflichtung, 5.9.1974, Bl. 123f.

20 Ebd., Bezirksverwaltung Dresden, Abt. XIX, Abschlußbericht zur Ablage der VAO, Reg.-Nr. XII/425/71, 19.9.1974, Bl. 125.

21 Ebd., Hptm. Beyer, Zur Person, Bl. 126f.

22 Ebd., MfS/BV/Verw. Dresden, DE XIX, Beyer, Beschluß Umregistrierung, 17.9.1974, Bl. 128.

23 Ebd., Ergänzung PK/DK, XIX, 23.2.1971, Bl. 130.

24 Ebd., Abt. XIX, Antrag, 12.8.1975, Bl. 132.

25 Ebd., Tonbandabschrift, Stuck, 16.10.1975.

26 Ebd., BV Dresden, Abt. XIX, Hptm.Dinter, Abschlußeinschätzung, 15.12.1975.

27 Ebd., ASt. Dresden. 4811/90, Reg.-Nr. Dresden/XII/425/71, 27.2.71/30.9.74, April 1980, Bl. 169-172: Die Reise K.'s wurde für den 23.4.-7.5. geplant /"Reisevorschlag". Ob Kirchberg in Vorbereitung auf diese Fahrt seine "Aufgabenstellung" fixierte, ist unklar. Darin enthalten waren jedenfalls Merkpunkte zu: "ausbaufähigen Kontakte[n]", "Aufstellung[en zu] "detaillierte[n] Verbindungen und Kontakte[n] in das NSA, besonders BRD", gegliedert nach eingehenden Aufschlüsselungen zur Person, vgl. ebd., Bl. 197.

28 Als Punkt „4." Deklariert.

29 Zahl und Verhältnis Arbeiter/Angestellte, „Stundenlohn am Band 14.- DM".

30 Vgl. Telefonat am 2.5.2005 in welchem J. dies nicht abstritt.

31 Damals Auto Union-Relikte wie Horch-Radkappen – vgl. Besuch in Korbach 1984.

32 Jedenfalls blieben die materiell sichtbaren Ergebnisse mäßig wie die wenigen mikroverfilmten Akten der Auto Union Renngeschichte im Wolfsburger Archiv offenlegten.

33 Dies war das Strickmuster nach dem 1984 die VHS Dresden zu verfahren suchte.

34 Der Bundesbeauftragte, Ast Dresden, II, Dresden/XII/425/71, Beginn 27.2.71/30.9.74. Bericht „Stuck" nach dem 9.9.1981, Bl. 167ff. Dazu Telefonat B.Schulte mit Dieter Jokisch., 2.5.2005. Dieser schwieg zu dieser Fahrt und behauptete, er sei nach wie vor mit K. befreundet und „alles was in den Akten" stehe zeichne „ein falsches Bild". J. beendete das Gespräch durch abruptes Auflegen, als der Verfasser einige der hier beschriebenen Vorgänge wörtlich zitierte.

35 Ebd., AST. Dresden, Bd. II, Dresden/XII 425/71, „Stuck", Bl. 113.

36 Ebd., Ast Dresden. Dresden/ XI 425/71, „Stuck", Bd. II. IMS Stuck, Treffen am 3.12.1980 (Tonbandabschrift), Information über Vorhaben des Transpress-Verlages, Bl. 159. Kirchberg sog Honig aus

der besonderen Situation, die mit dem DDR-Staat und dessen Haltung zur Industrie der Vergangenheit gegeben war. So konnte er aus den Akten der Auto Union im Hauptstaatsarchiv Dresden schöpfen und Vieles sagen, was im Westen, auf Grund des Fortbestandes der Firmen wie Porsche etc. wohl nicht möglich gewesen wäre. P.Kirchberg: Grand-Prix-Report. Auto Union 1934-1939, Berlin 1982 (in 2. Auflage beim Motorbuch Verlag Stuttgart).

[37] Ebd., Bez. Verw. Dresden, OD TU/H. Major Treichel an OSL Hausmann, Kontaktaufbau des IMS "Stuck" unserer DE nach W[est]B[erlin], 17.9.1982, Bl. 157f.

[38] Ebd., Abt. XX, Informationen, 5.8.1987, Bl. 176f.; ebd., Abt. XX, Abschlußeinschätzung, 4.9.1987, Bl.178f.

[39] Ebd.

[40] Ebd., Bez. Verw. Dresden, OD TU/H. OTL Hippe an Abteilung XV, Information zu Prof.Mommsen-Ordinarius für Sozialgeschichte an der Universität Bochum, 8.5.1987, Bl. 91f. Nahegelegt wurde Mommsen dieser Kontakt nach eigener Aussage mit Kirchberg durch Volkswagen.

[41] Ebd., Bez. Verw. Dresden, OD TU/H. Wolff Treffbericht/Treffort Kreuz, 23.7.1987, Bl. 100f.

[42] Ebd., Bericht Stuck, o.D., Anlage zu Treffbericht, 23.7.1987, Bl. 102.

[43] Ebd., Bericht Stuck, o.D., Anlage zu Schreiben OSL Schiffel an Gen[ossen]. Preusche, 3.12.1987, Bl. 122-125.

[44] Ebd., Treffbericht Stuck, 23.12.1987, Bl. 126f.

[45] Ebd., Anl. Zu Treffbericht Stuck, 23.12.1987, Bl. 130.

[46] Ebd., Abt. XX, Informationen, 5.8.1987, Bl. 176f.; ebd., Abt. XX, Abschlußeinschätzung, 4.9.1987, Bl.178f.

[47] Ebd., IM "Manfred"[Forschungsdirektor HfV, Dr.-Ing.M.Herkner], Einschätzung von Dr.Kirchberg, 14.6.1988, Bl. 181f.

[48] Ebd., Major Sommer, Information zur Person Dr.Kirchberg, Peter bei der HfV Dresden, UB Wirtschafts-Verkehrsgeschichte.

[49] Ebd., OD TU/H, Major Wolff, IMS "Stuck", XII 425/71, geworben: 5.9.74, 30.5.1988, Bl. 191f.

[50] Ebd., OD TU/H, IMS „Stuck", Anl. zu: 26.8.1988, Bl. 153.

[51] Ebd., DE XIX/2, Treffbericht, 20.12.1988, Bl. 168f.

[52] Ebd., Anlage zu: Treffbericht vom 20.12.1988, 20.12.1988, Bl. 173.

[53] Ebd., BV Dresden, Abt. XIX/2, Hptm.Neumann, Aktenvermerk, 28.2.1989, Bl. 176.

[54] Ebd., XIX/2, Hptm.Neumann, Aktenvermerk über: Mündlicher Bericht des IMS 'Stuck' vom 29.03.1989, Dresden, 30.3.1989, Bl. 195.

[55] Ebd., Bezirksverwaltung für Staatssicherheit, Abt. XIX, OSL Bürger, Information, Dresden, 29.8.1989, Bl. 220f. Ebd., BV Dresden. XIX/2. Stuck, Abschrift IM-Bericht, 3.4.1989, Bl. 185f.

[56] Ebd., OTL Bürger an Major Günther, 25.4.1989, Bl. 207f.

[57] Ebd., BV Dresden, Abt. XIX/2, Vorschlag zur Einführung des IMS "Stuck", Reg.-Nr. XII/71, in die IMK/KW "Hopf", Reg.-Nr. XII 1771/87, 17.8.1989.

[58] Der Bundesbeauftragte, ASt. Dresden. 4811/90, Reg.-Nr. Dresden/ XII/425/71, II. Beginn 27.2.71/30.9.74, Bd. I. DE XIX, Hptm.Beyer, Treffbericht, 2.10.1974. Ein detailliertes, jedoch gerade in dessen Anlage, äußerst müßiges Elaborat.

[59] Ebd., Diensteinheit XIX/2, Neumann, Treffbericht, 25.10.1989, Bl. 222f.

[60] Ebd., X IX/2, Information [des IM Stuck], 25.10.1989, Bl. 224f.

6. Kapitel: Zusammenarbeit Wolfsburg, Ingolstadt, Dresden

Vorherbestimmter Ausgang

Bereits am 4.Oktober wurde seitens der Verkehrshochschule Dresden ein Bericht über die Unterredung mit dem Besucher aus Hamburg erstellt. Der Rektor und auch Dr.Herkner dokumentierten, es sei "auf Antrag des Gastes... am 3.10.1984 eine Beratung durchgeführt" worden, an welcher

> "seitens der HfV
> - Prof.Dr.sc.E.Rehbein, Leiterin des WB 42190
> - H[ochschul]D[ozent] Dr.sc.Kirchberg, WB 42190
> - Dr.Herkner, Direktor Forschung"

teilgenommen hätten. Ziel dieser Gruppe sei es gewesen, die

> "konkrete[n] Vorstellungen ...hinsichtlich *der Mitwirkung der HfV an der Erforschung der Geschichte der 'AUTO UNION'* zu erörtern" (Hervorh.v.m., B.S.).

Es ging in dem einstündigen Gespräch - wie im Fall MfS/Potsdam - um eine "Zusammenarbeit auf kommerzieller Basis". Zunächst, so wurde in diesem "Sofortbericht" behauptet, habe Herkner ausgeführt, es handele sich nur um eine "erste Beratung" und "unverbindliche Kontaktaufnahme". Überrascht gerierten sich die Gesprächspartner in diesem Papier, der Hamburger Historiker hätte ausgeführt, "vorerst einen Film über die Entwicklung des Autos, unter Einbeziehung der Firmengeschichte der 'AUTO UNION', drehen" zu wollen. Damit war der vorgeplante Ausstieg der Verkehrshochschule aus dem Projekt des Fernseh-Journalisten motiviert. Wohlberechnet trennten die Dresdener Gesprächspartner dessen "juristischer[n] Status als Vertreter der Forum-Filmgesellschaft" von jenem "als Vertreter der 'AUTO UNION'". Aus welchem Grunde hier die überholte Bezeichnung "AUTO UNION" einfloss, bleibt unklar. Zumindest deutet diese in eine weitere Richtung, aus welcher an dem Komplott gegen die Bemühungen im Auftrag der Ingolstädter Presseabteilung gearbeitet wurde. "Konkrete Vorstellungen", die, zum Erstaunen des Hamburger Filmproduzenten, im Verlauf des Gespräches gefordert wurden, lagen Herkner bereits seit geraumer Zeit vor und waren durch ein Verhandlungsangebot beantwortet worden. Ansonsten wäre ein Vertragsgespräch in Dresden, bereits von den Voraussetzungen aus, sinnlos gewesen. Doch wurde, basierend auf dieser Forderung, die völlig überraschende Vertagung des Gesprächs durchgesetzt. Im "Sofortbericht" gingen die Verhandlungspartner mit ihrer Begründung noch einige Schritte weiter, indem diese dem Besucher aus dem Westen die Verantwortung für den Abbruch zuschoben und behaupteten, dieser sei "völlig unvorbereitet" aufgetreten und hätte versucht, "inhaltliche Vorstellungen dargelegt zu bekommen". Das war jedoch völlig abwegig, war doch der Grund für diese Entwicklung ein anderer und schienen die Gesprächspartner einer beweglich geführten Diskussion gegenüber völlig hilflos. Doch entsprach diese Begründung einem Strategem, das der anwesende Kirchberg im Folgenden verfolgen sollte. Schließlich ging es damals dem Filmproduzenten darum, zu erkennen, ob mit diesem eine Zusammenarbeit, über das engere Feld der Aktenauswertung hinaus, möglich sein würde.

"Abstimmungen mit dem M[inisterium]H[och-]F[achschulwesen]-Exportbüro, 1.Prorektor [und] Prorektor G. sowie Direktor Int[ernationale]. Beziehungen" waren vorausgegangen. Als Ausstiegsbegründung wurde erneut behauptet, der Besucher habe "völlig unklare[n] Vorstellungen" offenbart. Entscheidend für diese 180 Grad-Wendung der Verkehrhochschule war ein Schreiben aus der Volkswagen-Zentrale, das kurz vor der Unterredung, am 2.Oktober, in Dresden eintraf, als sich der westdeutsche Verhandlungspartner bereits auf der Reise befand. Zu diesem Zusammenhang führte der "Sofortbericht" aus:

> "In Abstimmung mit den zuständigen Stellen des M[inisteriums]H[och]-F[achschulwesen] sollte jedoch geprüft werden, inwieweit die mit dem Gast aufgenommenen Kontakte in Hinblick auf *mögliche kommerzielle Verhandlungen mit der VW-Aktiengesellschaft zum gleichen Objekt* (Antrag zur Mitwirkung an der Erarbeitung der Geschichte der AUTO UNION liegt seit dem 2.10.[19]84 schriftlich vor) für die HfV noch attraktiv sind" (Hervorh.v.m., B.S.).

Damit ist erwiesen, dass im unmittelbaren Vorfeld der Verhandlungen in Dresden der Brief der Volkswagen-Archivars Wiersch - unterzeichnet vom Chef der Öffentlichkeitsarbeit bei Volkswagen, Anton Konrad, im Auftrag von Carl H.Hahn - der Verkehrhochschule vorlag und zur Ablehnung des Ansinnens aus Hamburg führte. Damit stellte sich Volkswagen an die Seite Kirchbergs, dessen Machinationen inzwischen bereits allseits gewirkt hatten.[1]

An eben diesem 4.Oktober verfasste der Hamburger Historiker nach seiner Rückkehr aus Dresden eine "Aufstellung über Material und Angaben für den Industriefilm Audi", die an Herkner gerichtet war. Damit lag die Zweckbestimmung offen und war "die Katze aus dem Sack". Im Anschreiben bestätigte der Wissenschaftler bewusst die "grundsätzliche Bereitschaft" der Dresdener "zur Zusammenarbeit". Ein jovial wirkender, jedoch auffallend zurückhaltender Kirchberg war dem Hamburger Wissenschaftler in Dresden jedenfalls nicht ent-

gangen und diese "Fleißarbeit" zum Audifilm erscheint heute somit völlig über-
flüssig. "Zeitliche und personelle Kapazität" wollten der Forschungsdirektor &
Co unverständlicherweise erst jetzt kalkulieren. Diese wurde bereits im April
sondiert, bevor er dem Verhandlungspartner aus Hamburg das überraschende
Angebot überstellte. Erneut bot der Forscher seine Mitarbeit im Archiv an und
verwies auf "die Erweiterung seiner Benutzungserlaubnis für die Staatlichen
Archive der DDR. Wiederum suchte er, zu diesem Zeitpunkt in vollständiger
Unwissenheit über die tatsächlichen Vorgänge hinter den Kulissen, in Richtung
des automobilgeschichtlichen Fachmannes Kirchberg "Brücken zu bauen". Er
schrieb:

> "Insbesondere ist mir nicht nur an einer kurzfristigen und projektgebundenen Ko-
> operation gelegen. Wie ich in Dresden ausführte, liegt meine Wunschvorstellung bei
> *einer grundsätzlichen Aufarbeitung der AUTO UNION-Geschichte.* Hier mit Ih-
> rem langjährigen Fachmann, Herrn Dr. Kirchberg, zusammenzuarbeiten würde ich
> mir nach unserer Begegnung sehr wohl vorstellen können" (Hervorh.v.m., B.S.).

Dieser Anspruch war den Dresdener Gesprächs-„Gegnern" allerdings zu
hoch. Die Alarmglocken schrillten dort und in Wolfsburg. Damit war der Arbeits-
abschnitt Dresden abgeschlossen.

Herkner, alias „IME ‚Manfred'", traf sich am 10.Oktober in dessen „Dienst-
zimmer" mit seinem Führungsoffizier Büttner. „Manfred" berichtete über das
„Treffen" mit dem Besucher aus Hamburg. Es wurde „Informationsbedarf" auf
Seiten des „Gen[ossen]. Pätzold" festgehalten.[2]

Rückzug und Gegenstoß

Das war klar, als – zu seiner völligen Überraschung – der Hamburger Besucher an diesem 3.Oktober, bereits nach sechzig Minuten, sich in der prallen
Herbstsonne vor dem kantigen Gebäude der Verkehrshochschule Dresden wiederfand. Er ging daraufhin zum Hotel „Newa" zurück, und während dieses kurz-
en Fußweges wurde ihm deutlich, dass eine Fortsetzung dieses Gespräches
keinen Sinn mehr habe. Er entschloss sich daraufhin, unverzüglich nach Hamburg zurückzufahren. Kurz darauf, auf der Autobahn Richtung Westen, im
Sonnenschein des langsam zuende gehenden Oktobertages, hatte er einen
orangeroten Audi 100 (Modell 1977) vor sich. Das Fahrzeug fuhr auffällig langsam und nach einiger Zeit hatte der Historiker den Eindruck, dass dieser sein
Tempo weiter und weiter verlangsame. Daraufhin überholte er kurzentschlossen
und fuhr wiederum auf der schlechten rechten Fahrspur mit etwa 110 Km/h.

Doch nun hängte sich der Audi, dicht auffahrend, an sein Fahrzeug. Diese Situation wurde ihm auf die Dauer zu drängend. Er beschleunigte deshalb in den sinkenden Tag hinein auf 200 Km/h und hängte so den Verfolger ab.

Etwa auf der Höhe von Erfurt öffnete sich der Blick rechts der Autobahn nach Norden. Die Schornsteine der kleinen Ortschaften warfen den Rauch der Kohleöfen gegen eine in geringer Höhe über der Landschaft liegende Nebelschicht, sodass der Qualm in die Gassen der Dörfer zurückgelenkt wurde. Ein Blick zurück zeigte, dass sich die eckigen Scheinwerfer des Audi – mit dazu passender Silhouette – wieder näherten. Darauf beschleunigte er erneut, unterfuhr bei Dunkelheit eine Autobahnbrücke, auf der er einen „VoPo-Fiat" erkannte. Er schaltete das Licht aus, gab Gas und verließ die Autobahn an der nächsten Ausfahrt, fuhr in ein kleines Gehölz, stieg aus und ging eine halbe Stunde Spazieren, um sich darauf erneut auf den Weg zur Grenze zu machen. In dem langgezogenen Tal, unter der damals noch zerstörten Autobahnbrücke, entlang der Werra, regnete es wie aus Kübeln. Die LKW rechts am Straßenrand machten den Eindruck von Raubrittern und die Sorge, was ihn an der Grenzstation erwarte, entsprach diesem Bild.

Wie angenommen nahm der Grenzposten den Pass in Empfang, verschwand – wie in Öl verpackt vor Nässe glänzend – in einer provisorischen Amtshütte und ließ auf sich warten. Zwanzig, dreißig, vierzig Minuten. Der Wagen begann auszukühlen, die Feuchtigkeit kroch langsam die Beine hoch und so besonders geschickt war der Wagen auch nicht in dem allgemeinen Durcheinander an Fahrzeugen platziert. Schließlich öffnete sich die Tür der Holzhütte und der Grenzsoldat kam heraus, schritt langsam schwärzlich glänzend heran – unser Hamburger Journalist öffnete die tropfnasse Scheibe, Wasser schoss – wie in Kaskaden - herein. Doch unser Wissenschaftler spürte das nicht – so heiß war ihm in Erwartung der alles entscheidenden Mitteilung. Der Grenzer runzelte die Stirn, soweit das erkennbar war, und vermeldete in klarstem Sächsisch, der BRD-Besucher solle sich doch das nächste Mal einen Sichtstempel bei der Volkspolizei des Zielortes abholen, wenn er nicht wie geplant, länger zu blieben beabsichtige. Unser verdattert schauender Wissenschaftler murmelte etwas wie: „Ja, selbstverständlich, aber Sie wissen, unaufschiebbare Geschäfte...", gab Gas – vielleicht etwas zu viel - und war kurz darauf auf der westdeutschen Landstrasse - und selig.

An ein Gelingen seiner Absichten in Dresden konnte er, nach Vorgeschichte und Erfahrung vor Ort, im Grunde nicht mehr ernsthaft glauben. Dennoch schloss er an seine Ausarbeitung zum Audi-Filmprojekt an, er würde "nicht nur eine rein studienmäßige Abdeckung und formale Behandlung der Problematik" wünschen, denn dies war offenbar das Bestreben der DDR-Institution. "Wissenschaftliche Diskussion und...Informationsaustausch zu den eher sozialgeschichtlichen Fragestellungen des geplanten Films" seien erwünscht, ergänzte er ferner und schloss, wohl sehr zum Leidwesen von Herrn Kirchberg, an:

> "Dazu wäre es von hohem Wert, wenn über die textliche Behandlung des Projektes hinaus auch eine eher archivalische Beratung eingeschlossen werden könnte. Was hieße, daß Herr Dr.Kirchberg, *der über die vorhandenen Bestände wohl informiert ist,* Hinweise zur archivmäßigen Erschließung der Bestände geben könnte, sodaß mit der gezielten Materialerschließung eine *bedeutende Anzahl an Arbeitsstunden für textliche Fassung u.ä. erspart werden könnte*" (Hervorh.v.m., B.S.).

Diese Ausführungen trafen – nach Lage der Dinge in Dresden und Wolfsburg – wohl kaum auf geneigte Ohren; jedoch mit hoher Wahrscheinlichkeit auf bewusstes Nichtverstehen.

Die Verkehrshochschule signalisierte kurz darauf der Staatlichen Archivverwaltung Potsdam den Stand der "Vertragsverhandlungen" mit unserem Journalisten/Historiker. Dieser wolle

> "zur Vorbereitung eines Filmes über die AUTO UNION...als Vertreter der BRD-'Forum'-Filmgesellschaft einen Kooperationsvertrag mit der"

Verkehrshochschule Dresden abschließen. In diesem Zusammenhang störte die Verantwortlichen der Verkehrshochschule der Hinweis, der Hamburger Forscher habe bereits "einen erweiterten Nutzungsantrag für verschiedene DDR-Archive gestellt". Würde dessen Anliegen von der Zentrale gestützt, wären sämtliche Bestrebungen, die um die Verkehrshochschule kristallisierten (Kirchberg-Wiersch-Höland), gescheitert. Sehr wohl verstanden hatte demnach Herkner die Ankündigung des Hamburger Besuchers, auf der Basis von Archivstudien "weitere Arbeiten zur Konzerngeschichte der Automobilindustrie" schreiben zu wollen. Der Forschungsdirektor der Hochschule unterstrich, "die gleiche Thematik" werde "Gegenstand von Arbeiten der Hochschule im Rahmen des Zentralen Planes der gesellschaftswissenschaftlichen Forschung" bleiben. Ausdrücklich wandte sich Herkner gegen eine Benutzung der Dresdener Archive durch den westdeutschen Gesprächspartner. Er schrieb:

> "Meine Auffassung geht dahin, daß die *Priorität in der Forschungsarbeit* an Hand von Aktenmaterial *unseren eigenen Wissenschaftlern* [wie z.B. Dr. Kirchberg] eingeräumt werden sollte" (Hervorh.v.m., B.S.).

Zusätzliche Pression suchte der Forschungsdirektor auszuüben, indem er auf die „bereits laufenden Vertragsverhandlungen mit dem Volkswagenwerk wegen eines umfangreichen Forschungsauftrages zur Geschichte der AUTO UNION" hinwies[3] (Hervorh.v.m., B.S.).

Kirchberg nutzt alle Verbindungen

Am folgenden 11.Oktober traf Kirchberg im „Waldmax" erneut seinen Kontaktmann des MfS. Um 14.30 Uhr wurde vom IMS „Stuck" der geforderte Bericht zu den Fragen vorgelegt:

> „was ist das für eine Person [i.e. Schulte], wie geht es weiter, welche Aufgaben fallen auf IM an[?]"

Festgehalten wurde:

> „Treff wurde planmäßig durchgeführt. Den Bericht zu Dr[.]Schulte hatte d[er].IM. fertiggestellt, er wurde durchgesprochen und noch weidlich ergänzt. Dieser Bericht dient als Grundlage für die Erarbeitung einer Info an die Abt[eilung] XV zu Schulte.
> Gleichzeitig wird dieser Bericht durch Nutzung von IM des Ref[erates] II auf sachliche Richtigkeit überprüft >Info... von Ref[erat] II.
> Bericht des IM d[es].Ref[erat] II ergab sachliche Richtigkeit. Es ist aber zu beachten, dass der IM Kontakte berichtet und schriftstellerische Umschreibungen vermeidet. > wird ... IM im nächsten Treff ausgeweitet".

Als „neuer Auftrag und Verhaltenslinie" ergab sich:

> „Wertung des Vorhabens ...V[olks]W[agen], was kommt auf IM [„Stuck"] zu[?]".[5]

Da die Kontakte mit Dresden sich offenbar ihrem Ende näherten, verlagerte der Hamburger Historiker/Journalist seine Interessen erneut auf die Staatliche Archivverwaltung, bzw. das Zentrale Staatsarchiv Potsdam. Dort rief er am 12.Oktober an, um zu klären, wieweit die Entscheidung hinsichtlich der Erweiterung seiner Benutzungserlaubnis für die Archive Potsdam und Dresden gediehen sei. Die Aktennotiz des "amtierenden Direktors, Kurt Metschies spielte auf ein mit Sepp Glaser geführtes Gespräch an, der ihm "die Vermittlung" seines "Anliegens an die St[aatliche]A[rchiv]V[erwaltung] zugesagt" habe.[6]

Wie diese Untersuchung bisher gezeigt hat, läuft ein roter Faden der Handlung innerhalb der Verkehrhochschule durch die Hände Kirchbergs. Dieser war

Informeller Mitarbeiter der „Operativen Dienststelle" des MfS, Dresden, und berichtete auftragsgemäß über die Hintergründe des Gesprächs unseres Kontaktmannes der Audi, NSU Auto Union GmbH mit der Verkehrshochschule. Eben dieser Kirchberg fasste, anlässlich eines weiteren informellen "Treffs" mit seinem Führungsoffizier, am 4. September, kenntnisreich zusammen:

"Anfang Juni erfuhr ich vom Direktor für Forschung, Dr.Herkner, daß eine Anfrage eines Hamburger Wissenschaftlers, Dr.Schulte, nach Forschungsleistungen zur Geschichte der Auto Union vorlag. Ich habe die Möglichkeit solcher immaterieller Exportleistungen grundsätzlich bejaht. Entsprechend wurde vom Dr.Herkner die Anfrage dann auch beantwortet. Wenige Zeit nach dieser - für Dr.Schulte möglicherweise unerwartet - positiven Antwort ging in der Hochschule eine weitere ähnlich gelagerte Anfrage der Auto Union, Ingolstadt, ein. Unterzeichner dieses mir ebenfalls über Dr.Herkner zur Kenntnis gebrachten Briefes war ein gewisser [Herr Höland] [...]"

Auf Anforderung habe ich mögliche Themen für anzufertigende Studien genannt und in der Ausführung spezifiziert. Auf dieses Angebot ist bisher Dr.Schulte positiv eingegangen. [...] Dr.Schulte wird in nächster Zeit die Hochschule besuchen, um den Vertrag auszuhandeln.

Die von mir formulierten Themenvorschläge orientieren sich am Charakter einer gezielten und sachkundig vorgenommenen Materialsammlung.

Soweit der Sachverhalt, nun zur Bedeutung dieser Vorhaben. Die Aktivität der Unternehmen des Automobilbaus ist bestimmt durch den 100.Jahrestag des Kraftfahrzeugs und zu 1986. Nach mir bekannten Urteilen westdeutscher Fachjournalisten droht dieses Jubiläum zu einer einzigen Daimler-Benz Propaganda zu werden [Sprachreglung Ingolstadt]. Aus diesem Grund bemühen sich auch andere Unternehmen um den Nachweis wichtiger Traditionslinien im eigenen Konzernverband. BMW hat bereits jetzt eine ganze Buchserie zur eigenen Geschichte herausgebracht und auch die Auto Union plant Öffentlichkeitsaktivitäten, mit denen sie noch vor Daimler-Benz aufkreuzen will. Das erklärt

1. den Termindruck

2. die zeitlich begrenzte Dauer eines möglichen Geschäftes mit uns

3. die Bereitschaft oder die Möglichkeit, solche Leistungen gut bis sehr gut zu bezahlen.

Hierbei ist davon auszugehen, daß die Auto Union in den 30er Jahren der bedeutendste und größte Konkurrent von Daimler-Benz war. Besonders zeigte sich das im Rennsport. Das große Interesse an dessen Aufbereitung zeigte sich bereits erwähnten Brief des [Herrn Höland...]. Ich kann ergänzend dazu mitteilen, daß nach Erscheinen des Buches "Grand Prix Report der Auto Union" ganze darin verarbeitete und zitierte Aktenbände von einem großen Unternehmen der westdeutschen Automobilindustrie beim Staatsarchiv in Dresden zur Verfilmung in Auftrag gegeben worden sind. (VW)[i.e.Wiersch, handschr.]

An dieser Stelle muß auf einen wichtigen Sachverhalt hingewiesen werden. Wenn sie auch zweifellos Möglichkeiten selbständiger Aktivitäten hat und diese auch eigenverantwortlich finanziell absichern kann, *so darf doch die Einfluß-möglichkeit der Zentrale nicht unterschätzt werden. Das gewinnt in unserem Zusammenhang insofern an Bedeutung, als gegenwärtig eines der bedeutendsten industriellen Investitionsvorhaben der DDR in Zusammenarbeit mit dem VW-Konzern vorbereitet wird*, das Golf-Motoren Werk... [vgl.Brief Wiersch/Konrad an HfV, 26.9.1984].

Hier werden also zweifellos persönliche Ambitionen geweckt werden, so daß der gesamte auf Langfristigkeit angelegte Forschungsauftrag hierdurch mit beeinflußt werden könnte. An diesem Punkte berührt das gesamte Projekt die 'große Politik' und sollte auch unter diesem Aspekt sorgfältig durchdacht und vor allem abgestimmt werden, weil es letzten Endes eine gewisse flankierende Maßnahme zur industriellen Aktivität dargestellt.

Herr Dr.Schulte hat in diesem Rahmen nach meinem Dafürhalten nur die Funktion des Vorreiters, der sich erforderlich machte, weil sich [handschr.] die DDR bisher den Anliegen von privaten Leuten gegenüber wesentlich eher geneigt zeigte als denen von Unternehmen, jedenfalls auf dem Gebiet der Geschichtsforschung. Bei Ablehnung der Kooperation durch die Hochschule wäre Dr.Schulte lediglich auf eigene Archivforschungen ausgewichen. Er hat bereits nach eigenen Bemerkungen in seinen Briefen die Nutzungsgenehmigung dafür in der Tasche. Allerdings gilt diese anderen Themen. In Verbindung mit der Mikroverfilmung ganzer Akten wäre da durchaus bald eine eigene tragfähige Grundlage zu schaffen" [handschr.: "Für HfV: ca. 5 Jahre [-] ca. 250.000 DM"][7] (Hervorh.v.m., B.S.).

Dies war die Stellungnahme Kirchbergs, bevor es zu dem entscheidenden Gespräch in Dresden kam. Die, wie Kirchberg ausführt, so überraschend positive Antwort der Verkehrshochschule datierte vom 8.Juni 1984. An eben diesem Tag sprach Herr Höland von Audi, im Auftrag des Vorstandsvorsitzenden Dr.Wolfgang R.Habbel, mit Kirchberg über den Film unseres Historiker/Journalisten für Audi und registrierte dessen Bereitschaft zu einem Gespräch. Am 6.Juni hatte Wiersch von einer großen Aktionen (Archivmaterial) von Audi gesprochen. Seit dem 19.Januar wusste Dr.Ulmer[8] bereits von diesen Plänen.[9] Nahezu postwendend war die Intervention aus Ingolstadt erfolgt - und dies, ohne dem Hamburger Forscher auch nur die leiseste Andeutung zu machen.

Leicht konnte eintreten - was dann auch beinahe geschah - denn „von Dresden" wurde unser Historiker „als Bundeswehrspion" beim MfS denunziert - dass dieser in Bautzen verschwunden wäre. Diese Gestaltung der Dinge wurde diesem von Hauptmann Roth/Römer und Oberstleutnant Albrecht[10] kundgetan. Wiersch war von Wolfsburg aus durchaus ähnlich vorgegangen. Der Akzent dieser Infiltrationen in Richtung Dresden ließ den Hamburger Wissenschaftler als Hochstapler erscheinen und intensivierte gleichzeitig die Kontakte zwischen Dresden, Wolfsburg und Ingolstadt. Liefen diese doch seit Jahren von Wolfsburg über Korbach zu Kirchberg in Dresden. Jedenfalls verhehlte dieser keineswegs gegenüber seinem Führungsoffizier dessen geringe Sympathie für das Unterfangen des Hamburger Historikers. Seine Parallele fand dieses Vorgehen in dem unaufgeforderten Schreiben des Staatsarchivs Dresden an die Staatliche Archivverwaltung in Potsdam, das erneut staatspolitisch hochgewichtige Gegengründe, wie das "Golf-Motorenwerk" mit VW und dessen Bedeutung für die DDR-Volkswirtschaft anführte; was wiederum den Einfluss Kirchbergs, selbst auf das Staatsarchiv Dresden (Dr.Hartstock) offen legt. Damit ist die gesamte Breite der Einflüsse und Tendenzen entwickelt, die das auftragsgemäße Vordringen unseres Hamburger Wissenschaftlers in die inneren Bezüge der DDR gen West und Ost aufgeworfen hatte. Er störte dort offensichtlich die typisch deutsche Beschaulichkeit der beamtenmäßig verteilten Befugnisse und Verfahren.

Am 9.Oktober fand ein weiterer "Treff" zwischen Kirchberg und seinem lokalen Führungsoffizier statt. Auch hierzu existiert eine Unterlage aus der Feder des Automobilhistorikers. Dieser hielt nun, denn das Schriftstück ging ja an das MfS, in schärferer Tonart fest:

> "Dr.Bernd Schulte ist ca. 35 Jahre alt, ca. 180 Zentimeter groß[190], blond blauäugig-unverkennbar norddeutsch im Tonfall. Er fährt einen Mercedes 380 SL Sportcabrio, Neupreis 66.063.- DM. Er ist von sehr lässiger, glatter Art und gibt sich bewußt anpassungsfreudig. Auf unser Angebot zweier Studien eingehend versicherte er gleich anfangs, das wäre genau das richtige für ihn, die brauche er unbedingt. Kurz darauf versicherte er, nur an friedlichen Entwicklungswegen der ehemaligen Auto Union Interesse zu haben. Meine Gegenbemerkung, daß dann ja wohl die zweite der angebotenen Studien (Auto Union und Rüstungsproduktion für die Wehrmacht) gegenstandslos sei, beantwortete er mit "Genauso ist es!"
>
> Sch. ist Historiker aus der Schule des Hamburger Prof.Fischer und hat sich vorwiegend mit Militärgeschichte befaßt. (1.Weltkrieg, siehe Anlage). Sein Stamm-

gebiet scheint abgegrast. Er zeigte ein Buchmanuskript und bemerkte dazu, dies sei sein Abschied vom Thema. Auf der Suche nach Neuland gedenkt er sich offenbar auf DDR-Archive zu stützen. Gleichzeitig möchte er uns 'Gewußt wie' anzapfen [dieses Argument übernahm der K.-Freund Herkner postwendend]. Er ist gleichzeitig Gründer und Mitgesellschafter der Forum-Film-Gesellschaft, die im Auftrag der Auto Union [handschr. GmbH] in Ingolstadt einen Film über die Geschichte dieses Unternehmen drehen soll, der 1986 fertig ist. Bei uns wollte er sich nun dazu schlau machen. Im Gespräch äußerte er keinerlei konzeptionelle Vorstellungen zum Drehbuch, das Mai [19]85 fertig sein muß. Nach seinen eigenen Erklärungen wollte er dies mit mir gemeinschaftlich entwerfen [das war wohl ein wenig zu hoch gegriffen]. Dabei zeigte er eine erstaunliche Unsicherheit in Details des Sachgebietes, hatte keine Ahnung von der Technik- und Technologiegeschichte und wußte mit wichtigen Namen der damaligen Zeit nichts anzufangen [eine haltlose Behauptung]. *Nach meiner Auffassung beab[s]ichtigt er sich in DDR Archiven heimisch zu machen, da hier ungehobene Schätze ruhen. So hatte er nach eigenen Angaben die Erweiterung seiner bisherigen Nutzungsgenehmigung um das Fachgebiet 'Geschichte des Automobilbaus' beantragt. (Bei der Zentralen Archivverwaltung beim M[inisterium]d[es]I[nneren]).* Die Einlaufphase in das für ihn völlig neue Gebiet hofft er wesentlich abzukürzen und mit geringem Aufwand dadurch zu bewältigen, daß er sich *wesentlich meiner schriftlich oder gesprächsweise geäußerten Gedanken bedient und sie sich zu eigen macht* [welche? K. war bis dato stets weggelaufen, wenn er Sch. sah]. Dauer des Gesprächs: ca. eine St[un]de. Keinerlei weitere Kontakte.

PS.: L[aut]. Schreiben des VW-Werkes, Wolfsburg, und den seinerzeit von [...], (Audi Auto Union AG Ingolstadt) angeregte Forschungsauftrag komplett von dort übernommen"[11] (Hervorh.v.m., B.S.).

Dieser Bericht enthüllt Methode und Motivation Kirchbergs. In dem Bewusstsein, dass seine Ausführungen geheim bleiben würden, zog er sämtliche Register, um einen möglichen Konkurrenten auf seinem vermeintlich angestammten Forschungsfeld abzuwehren. Dies war umso aussichtsreicher, als ihm der ideologische Vorsprung sicher war, selbst wenn dieser auch ökonomische Erwägungen der ostdeutschen staatlichen Stellen konterkarieren mochte [immaterieller Export]. Zudem war ihm Unterstützung geworden durch die, wenn nicht gar bestellten, so doch zumindest abgestimmten Anfragen aus Wolfsburg und Ingolstadt, wo im geringsten Fall einer der Freunde des DDR-Historikers und Stasi-IM im Westen (Wiersch), aus konspirativer Zusammenarbeit im Umfeld Auto Union Archivalien und Relikte, ihm die Stange hielt. In äußerst harscher Sprache, untermischt mit ehrenrührigen Unterstellungen, suchte Kirchberg den Leumund seines vermeintlichen Konkurrenten aus Hamburg bei dessen Auftraggebern wie seinen MfS-Kontaktmännern zu desavouieren. Es lag auf Kirchbergs Seite diesem Vorgehen eine nachgerade manische Sicht der Situation zugrunde, wie dies sich später gegenüber dem Dekan der Hochschule, Professor Richter, und der Vorgesetzten des Automobilhistorikers, Frau Professor Rehbein, et altera wiederholen sollte. Diese Zeilen entwarfen ein Bild, das heute, einundzwanzig Jahre danach, völlig überrascht. Jedoch nicht nur das Verhalten des ostdeutschen Ideologen, auch die äußerst zwiespältige Natur des Vorgehens von Wolfsburg und Ingolstadt, bestürzt zutiefst. Es handelte sich um einen Dolchstoß, der ein beträchtliches moralisches Defizit der „Freunde" und Auftraggeber unseres Hamburger Historikers im Westen offenbart.

Doch hiermit nicht genug. An 10. Oktober verfasste der Forschungsdirektor der Verkehrhochschule und Kirchberg-Freund, Herkner, alias IM "Manfred", seinen Parallelbericht für das MfS/Dresden. Er schrieb zu der Unterredung:

"Information zur Zusammenkunft zwischen Dr. Herkner, Dr. Kirchberg, Gen[ossi]n. Prof. Rehbein mit Dr. S c h u l t e , Bernd F. - Privatdozent [richtig: wissenschaftlicher Mitarbeiter] an der Bundeswehrhochschule Hamburg, 2000 Hamburg 13, Abteistr. 18.

Am 3.10.1984, 14.30 Uhr, fand eine Beratung der o.g. im Dienstzimmer des Direktors für Forschung der HfV Dresden, Dr. Herkner, statt.

Dr. Schulte hatte sich als Vertreter der Auto-Union AG Ingolstadt angemeldet. Es sollte um Forschungsleistungen zur Geschichte der Auto-Union gehen, wozu die HfV (Dr. Kirchberg) auf vertraglicher Basis einbezogen werden sollte.

Auf Befragen gab der Schulte an, daß er als Privatpersonen in Dresden weile und im Auftrag von 'Fortuna Forumfilm' [i.e. richtig: Forum Film GmbH] arbeite, die 1985 einen Film über die Entwicklung der Auto-Union z[um].T[eil]. in der DDR drehen wollen. Schulte gab an, daß sie auf vertraglicher Basis mit der HfV kooperieren wollen [wohl kaum], ohne jedoch klare Vorstellungen zu äußern, welche Leistungen in welcher Form von der HfV gebracht werden sollen [bereits seit Juni bekannt].

Durch Dr. Herkner wurde das Gespräch abgebrochen und dem Schulte mitgeteilt, daß er bereit ist, am 4.10. ein weiteres Gespräch zu führen [so nicht geäußert]. Schulte solle bis dahin schriftlich seine Vorstellungen über die Zusammenarbeit fixieren einschließlich der Leistungen, die durch die HfV gebracht werden sollen, um eine Grundlage zur Prüfung der Möglichkeiten der HfV zu haben sowie für einen Abschluß eines Vertrags.

Schulte hat sich nicht wieder gemeldet [sic!].

Das Gespräch verlief in einer sachlichen Form. Dr.Kirchner [bewusst falsch geschrieben, richtig - Kirchberg] (arbeitet an Problemen zur Entwicklung der Auto-Union/bereits 2 Bücher) verhielt sich beim Gespräch gegenüber Schulte korrekt und distanziert, entsprechend der Absprache vor dem Gespräch mit Prof.Rehbein und Dr.Herkner.

Aufgrund des Schreibens der Volkswagen AG v[om]. 26.9.[19]84 wird der Dr. Schulte seitens der HfV keinerlei Unterstützung erhalten, d*a ein Vertrag mit der VW-AG als günstiger betrachtet wird* [sic]. Durch Dr.Herkner wurde beim Ministerium beantragt, dem Schulte keine weitere Genehmigung zur Einsichtnahme in die Archive der DDR zu erteilen[.]

Aus diesem Grund wurde das Telefongespräch mit Dr.Kirchberg am 25.9. [19]84 in Potsdam geführt [Zusammentreffen mit Sch. verhindern, Filmarchiv Babelsberg, Am Breiten Gestell – die Entscheidung gegen Sch. war also bereits vor dem Gespräch in Dresden gefallen].

Entgegen der Meldung des Dr. Kirchberg vom ersten 1.10.[19]84, daß er nur ca. 3 Minuten Kontakt mit Dr.Schulte im Sekretariat des Filmarchivs hatte erscheint mir seine Äußerung in dem Gespräch mit Gen[ossi]n. Prof.Rehbein und Dr.Herkner, daß er Schulte für einen cleveren Mann halte, das zeige sich schon an seinem Auto, dessen genauen Typ Kirchner beschrieb [trifft nicht, da der Wagen vor dem Filmarchiv in Potsdam geparkt war und K. daran vorbei mußte]. Da sich Schulte zu dem vereinbarten Termin um eine[gestr. halbe] Stunde verspätet hat, entschuldigte er sich vorher bei Prof.Rehbein telephonisch, entgegen der bisherigen mehrmaligen telef[onischen]. Absprachen, die grundsätzlich mit Dr.Herkner geführt wurden, darüber war besonders Gen[ossi]n. Rehbein erstaunt, woher Schulte diese Tel[efon].-Nr. hat [durch einfaches Zahlenspiel]. Dr.Kirchberg ist bei Zustandekommen eines Vertrages mit der VW-AG der einzige Mitarbeiter, der die Leistungen für die HfV bringen kann [Misstrauen gegen Kirchberg]. gez[eichnet]. 'Manfred'" (Hervorh.v.m., B.S.).

Herkner berichtete, als wenn er eine weitere, dritte Identität besäße. Das erweckt zunächst den Eindruck, es habe eine fünfte nicht sichtbare Person an der Unterredung teilgenommen. Die zurecht gelegte Verfahrensweise, in Ablehnung des Angebotes aus Hamburg, das bereits im Juni durch die Vorstöße aus Ingolstadt und Wolfsburg überholt war, zeigt sich bereits mit den ersten Zeilen, die der Forschungsdirektor niederlegte, und darin, dass dieser alles vergaß, was in dem Briefwechsel zwischen der Verkehrshochschule und dem Hamburger Forscher eingehend erörtert worden war. Darunter auch die Tatsache, dass dieser im Auftrage der Audi NSU Auto Union GmbH/Ingolstadt mit dessen

Firma, der Forum Film GmbH, das Filmprojekt zu „100 Jahre Automobil" produzieren würde. Auf die „klaren Vorstellungen", die Herkner vermisste, oder besser, gar nicht hören wollte, wurde zur Überraschung des Besuchers aus dem Westen nicht einmal im Ansatz eingegangen. Dessen Gesprächspartner verhielten sich – zu dessen Erstaunen - „wie Austern". Worauf er, nach kurzem Überlegen, als er sich nach einer Stunde bereits wieder vor dem Gebäude wiederfand, unverzüglich nach Hamburg zurückfuhr. Besonders ärgerlich fand er die Formulierung des HfV-Vertreters, dieser habe das Gespräch abgebrochen. Tatsächlich ließ dieser dieses vielmehr „verebben", „um eine Grundlage zur Prüfung der Möglichkeiten der HfV zu haben", sollte der Hamburger Besucher erneut „schriftlich" seine „Vorstellungen zur Zusammenarbeit fixieren".

Der Weg über Dresden endet

Überhaupt machten, sowohl die farblos-gräulich erscheinende und schweigsame Frau Rehbein, die nicht recht in Erscheinung trat, wie auch der jovial-rötlich gesichtete Kirchberg, einen wenig intellektuellen Eindruck. Einzig der in den Umgangsformen gewandtere Herkner erschien in etwa seiner Stellung adäquat, wenngleich auch völlig unerfahren auf fachlichem Gebiet. So ging der Hamburger Wissenschaftler/Journalist – selbst nach diesem Gespräch – von einem völlig falschen Bild der Lage aus. Weder war der Forschungsdirektor die entscheidende Persönlichkeit, noch wollte Kirchberg auch nur einen Moment lang mit ihm zusammenarbeiten; und die unbeteiligt scheinende Frau Rehbein war der tatsächliche Vorgesetzte in des Wortes tatsächlicher Bedeutung.[12] Diese fungierte nämlich als „ideologischer Aufpasser", so wie Herkner wiederum jede Bewegung Kirchbergs aufmerksam registrierte, denn dieser war bei Westreisen durch unvollständige Zollerklärungen aufgefallen und stand beim MfS nicht in dem Ruf, besonders „zuverlässig" zu sein. Diesem war daher die Gelegenheit, seine Regimetreue durch die Abwehr der Interessen eines Westdeutschen beweisen zu können, besonders willkommen; und dies – wie sich zeigt - mit allen Mitteln. Dass exakt diese Rechnung aufging, offenbarte die Reaktion seines Führungsoffiziers, der auf dem IM-Bericht des Forschungsdirektors notierte, dessen Meldung decke „die Auffassung" zur „Zuverlässigkeit des IMS ,Stuck' (alias Kirchberg) und werde durch den IMS ,Manfred' (alias Herkner)...erhärtet".

So gesehen, erscheint die Schlussfolgerung unseres Historikers - im Moment des Scheiterns vor dem Gebäude der Verkehrshochschule und - im Herbstsonnenschein gezogen und aus den unmittelbar vorausgegangen Eindrücken gewonnen - als keinesfalls irrig. Dementsprechend übermittelte er am 12.Oktober Frau Merker, bei der Staatlichen Archivverwaltung in Potsdam, seinen „Antrag auf Erweiterung der Benutzererlaubnis". Dieser lag bereits „handschriftlich" seit dem 25.September dort vor und wurde nun auf das Thema konkretisiert:

> „Die Geschichte der AUTO UNION und ihrer Vorgängerfirmen AUDI, DKW, HORCH und WANDERER, unter besonderer Berücksichtigung ihrer sozial- und wirtschaftsgeschichtlichen Aspekte in ihrer Einbindung in die übergreifenden politikgeschichtlichen Interdependenzen, 1899 bis 1945".

Bewusst auf das Gespräch in Dresden anspielend, erklärte der Historiker:

> „Wie ein Gespräch mit den Vertretern der Hochschule für Verkehrspolitik in Dresden ergab, wird der Zugang zu den dortigen Archiven (Staatsarchiv Dresden, Stadtarchiv Zwickau und ggf. auch das Archiv des VEB Sachsenring) zentral geregelt"[13] (Hervorh.v.m., B.S.).

Dass ein neuer Vorstoß geringe Aussicht auf Erfolg haben würde, war ihm jedoch, wie dargelegt, seit länger Zeit bewusst. Es ging letztlich, in der Abfolge seiner Planung darum, eine optimale Quellenbasis für den „Industriefilm Audi" zu gewinnen. Notwendig war allerdings die Einsicht in die DDR-Archive für eine Audi-Unternehmensgeschichte, die er - im zweiten Schritt - plante. Darauf wies der Hamburger Forscher Frau Merker hin, indem er schrieb:

> „Aus den oben angegebenen Forschungszielen ergibt sich auch mein fachwissenschaftlicher Wunsch, die Primärakten der AUTO UNION einsehen zu dürfen, da sonst eine weiterführende Forschung unmöglich erscheint.

In diesem Zusammenhang wäre auch das Restarchiv der Sächsischen Staatsbank im Archiv der Staatsbank der DDR von Bedeutung" (Hervorh.v.m., B.S.).

Noch am selben Tag rief er Frau Merker an und erkundigte sich, „ob das dem Gen[ossen]. Glaser übergebene Schreiben zwecks Prüfung der Quellenlage zur Geschichte der Auto-Union schon bearbeitet sei u[nd]. der St[aatlichen]A[rchiv]V[erwaltung] vorliege".[14] Nach seiner Erinnerung hat Frau Merker darauf verwiesen, Herr Glaser sei im Urlaub. Der "neueste[r] Stand" sei nicht zu ermitteln. Sein "Antrag [wäre] noch nicht bekannt" und somit "noch nicht entgültig entschieden".[15]

---

[1] Archiv der TU-Dresden (zit.als: TU-D). HfV 2.2.2./412 und ebd. /184. Reisebericht Teil I, Sofortbericht, 4.10.1984.

[2] Die Bundesbeauftragte, Außenstelle Dresden. 3562/89, Bd. I, XII 301/80 „Manfred". DE OD bTu/H, IME „Manfred", 10.10.1984, 10.00-11.00, Büttner, Treffbericht, 9.10.1984, Bl. 130; Vgl. ebd., OD TU/H, „Manfred", Information zur Zusammenarbeit zwischen Dr.Herkner, Dr.Kirchberg, Genn. Prof.Rehbein [mit Herrn Dr.Bernd Schulte, Hamburg] -..., [geschw. durch Birthler-Behörde!], Bl. 132.

[3] TU-D, HfV 2.2.2./184. B.Schulte an Dr.Herkner, 4.10.1984, Eingang Dresden: 11.10.1984.

[4] Ebd., HfV 2.2.2./184, Dr.-Ing.Herkner an Staatl.Archivverwaltung Potsdam, 9.10.1984, Anm.: "93400 z. Kts. + Rückg.", vgl. BA, Do 1, 22.0. Original des Schreibens. Anm.: "Bitte Vorg. Dr.Schulte beifügen".

[5] Birthler Behörde, BStU Außenstelle Schwerin. 017751/S2S. Treffbericht, 11.10.1984, Bl. 21f.

[6] BA-Berlin, Do 1, 22.0. Zentrales Staatsarchiv, Kurt Metschies, Vermerk, 12.10.1984.

[7] BStU Außenstelle Schwerin, Tgb.Nr. 017751/S2S. Bericht Dr.Peter Kircherg (alias Stuck) an Stasi Zentrale Dresden, 4.9.1984, Bl. 16f.

[8] Chef „in nuce" der Traditionsgesellschaft, der Auto Union GmbH.

[9] Vgl. Tagebuch Schulte 1984.

[10] Alias „Römer" und „Dr. Bergmann".

[11] Birthler Behörde, BStU Außenstelle Schwerin. Tgb.Nr. 017751/S2S. Dr.Peter Kirchberg (alias IM ‚Stuck') an Stasi-Zentrale Dresden, 9.10.1984, Bl. 23.

[12] Tagebuch Schulte 1984, 3.10.1984. "Frau Prof. Rehbein, Geschichtslehrerin von Herrn Glaser aus Potsdam".

[13] BA-Berlin, Do 1, 22.0. B.Schulte an Staatliche Archivverwaltung, 12.10.1984.

[14] BA-Berlin, Do 1, 22.0. Aktennotiz, Telefonischer Anruf aus Hamburg. Anrufer (Name) Dr.Bernd Schulte. Angenommen am: 12.10.[19]84 durch: [Frau] Merker.

[15] Tagebuch Schulte 1984. Aufz., 13.10.1984.

7. Kapitel: Kampf um die Auto Union Akten

Führung à la AUDI

Die Planung für eine Berlin-Reise, die das Filmarchiv der DDR zum Ziel haben sollte, war bereits für den 15.Oktober im Gang. Unser Filmproduzent beabsichtigte in Westberlin, über den Checkpoint Charly nach Ostberlin überzutreten (dies Verfahren war ihm aus der FAZ bekannt) und dort bis 16 Uhr im Palasthotel am Dom Quartier zu beziehen. Doch wurde dieser Schritt auf den 22.Oktober verschoben.[1]

Bereits am 2.Oktober, im Angesicht seiner Reise nach Dresden, hatte er mit Rudolf Urban bei Audi über eine Absicherung seiner Tätigkeit in der DDR durch Franz-Josef Strauß gesprochen. Urban hatte ihm eine entsprechende Demarche zugesagt.[2] Mit Wiersch nahm der Hamburger Historiker nach seiner Rückkehr Kontakt auf. Dieser berichtete über ein Schreiben von Höland und signalisierte, dass er bereit sei "in das Angebot Höland ein[zu]treten".[3] Das war, wie nun offen liegt, eine Verdrehung der Tatsachen. Das Ergebnis des Kontaktes Urban - Strauß vermittelte der Audi-Pressemann. Dieses lautete, der Ministerpräsident fordere Aufschluss über die "Hintergründe" der Arbeit des Historiker/Journalisten in der DDR und habe gesagt, er werde für die "Auto Union immer" leisten. Erinnerlich ist dem Hamburger Wissenschaftler, dass Urban hinzufügte, der Bayerische Ministerpräsident habe gesagt, Audi sei ja "*auch* eine bayerische Firma".

Nun trat in der Audi-Presseabteilung ein Herr Meier auf. In ureigenster Machtvollkommenheit erklärte dieser, "mit Urban über Strauß" sprechen zu wollen. Ergänzend ging er auf den Wolfsburger Firmenhistoriker Wiersch ein, Dieser habe geäußert, es ginge nicht um einen "Film, sondern [um ein] 'Filmchen'". Auch funktioniere alles nur in "Kooperation mit Wolfsburg". "Wiersch ist der Größte", lautete Meiers Parole - und: "Habbel wird informiert!".[4] Als „Spinne im Netz" für die Firmengeschichte der Auto Union GmbH enthüllte sich mehr und mehr der Firmenarchivar von Volkswagen. Dessen Bedeutung konnten auch Kontakte mit früheren Auto Union Mitarbeitern nicht konterkarieren, die der künftige Geschäftsführer der Auto Union GmbH, Ulmer, vermittelte.[5] Am 18.Oktober bestätigte der VW-Firmenhistoriker gesprächsweise dennoch das Vorhandensein von Materialien in seinem Archiv zum "Autobau, Lizenz-Verträgen [und] Wankelmotoren". Inzwischen engagierte sich Ulmer, Rechtsabteilung Audi, verstärkt. Es wurden dem Hamburger Auftragnehmer der Presseabteilung in Ingolstadt einige frühere Mitarbeiter der Auto Union vermittelt und in Aussicht gestellt, dass der Jurist in den nächsten drei Wochen nicht zu treffen sein werde, da er sich momentan in den USA befinde.

Bemühungen um Sicherheit

Vom 22. bis 23.Oktober hielt sich der Historiker/Journalist in Ostberlin (Palasthotel) und Babelsberg (Filmarchiv) auf.[6] Im Ergebnis bestätigte dort der Archivar Sepp Glaser im Staatsarchiv Potsdam die Unterstützung seiner Institution für dessen Projekt. Es fiel der Name eines Herrn Schulz im Staatsarchiv in Dresden, der für die Pläne des westdeutschen Forschers gewonnen sei. Darüber hinaus habe Herr Römer vom MfS mit Sepp Glaser gesprochen. Offensichtlich bestanden Kontakte zwischen Wiersch und Zwickau, die in diese für den Hamburger Journalisten positive Entwicklung einfließen sollten.[7] Bereits vor dessen Reise nach Dresden hatte er, über einen Schwager, der in der Chef-Etage von Springer/ Hamburg beschäftigt war, Kontakt zum Bundesnachrichtendienst in Köln aufgenommen. Infolge dieses Kontaktes erfolgte ein erstes Gespräch mit Herrn "Pauls" (Deckname), vom Landesamt für Verfassungsschutz Hamburg, in einem – zum Erstaunen des Hamburger Wissenschaftlers - gegenüber dem Hamburger Hauptbahnhof gelegenen Restaurant. Es wurde vereinbart, dass er nach seiner Rückkehr aus Dresden, über den Fortgang der Dinge berichten würde. Viel Unterstützung war allerdings aus der Richtung der westdeutschen Behörden nicht zu erkennen. Am 30.Oktober fand dieses Gespräch, auf Betreiben unseres Historikers hin, um 12.00 Uhr nach dessen Rückkehr aus Babelsberg, im "Landhaus Walter" am Hamburger "Stadtpark" statt. Der einzige Effekt, den Herr "Pauls" vom Landesamt zu bieten hatte war, dass - im Falle des Falles - eine Anklage wegen "Ostkontakten" ausgeschlossen würde. In Anbetracht einer möglichen Überwachung durch Ostagenten schlug der Journalist, so steht diesem noch lebhaft vor Augen, Haken durch den Hamburger Stadtpark, achtete auf folgende Fahrzeuge und kam erst nach einiger Verzögerung auf dem Parkplatz des verdeckt gelegenen Restaurants an. Dieses war seine Wahl gewesen. Es hatte ihn zuvor erstaunt, dass „Pauls" die äußerst belebte Umgebung des Hauptbahnhofs für das erste Gespräch gewählt hatte. Möglicherweise, weil dieses von dessen Dienststelle aus, zu Fuß zu erreichen war.

Das MfS geht aufs Ganze

Erneut war „Römer", alias Hauptmann Roth, inzwischen mit viel Akribie tätig geworden. Sein "Treffplan" für den Aufenthalt unseres Wissenschaftlers am

Zentralarchiv Potsdam, zwischen dem 29.Oktober und 2.November 1984, sollte nach dem gewohnten Muster ablaufen. Der Stasi-Offizier hielt fest, "der Treff am Abend des 30.10.1984 im I[inter] H[otel] Potsdam" werde „durch Hauptmann Roth durchgeführt, *um aus aktueller Sicht die Haltung des*" Kontaktmannes „*zur konspirativen Zusammenarbeit festzustellen* und ihn zur persönlichen Situation zu schöpfen" (Hervorh.v.m., B.S.).

Für ein zweites Zusammentreffen, am 2.November, "unter Teilnahme von O[ber]S[t]L[eutnant] Albrecht" war die "K[ontakt]W[ohnung] 'Jäger'" disponiert. Ziel blieb, abseits aller inzwischen stattgehabten Vorgänge, mit dem Westdeutschen eine "Kontaktfestigung" zu erreichen. Es sei, so Hauptmann Roth:

> "bei der K[ontakt]Pe[rson] eine ideologische Rechtfertigung für die konspirativen Zusammenarbeit zu schaffen".

Im Übrigen sei dieser "zu operativen Handlungen zu veranlassen". Nach wie vor sollte ein Junktim gespielt werden, zwischen dessen "Interessenlage.. in der DDR" und der "Beschaffung interner Informationen aus dem O[perations]-G[ebiet]" Bundesrepublik Deutschland.

"Kontaktfestigung" und "ideologische Rechtfertigung für die konspirativen Zusammenarbeit" bildeten somit das "Ziel der Treffdurchführung". Fragen bestanden offensichtlich hinsichtlich der in Dresden behandelten Themen. Merkwürdig zusätzlich das gezielte "Interesse" an der "Grenzpassage, d.h." an "Kontrollhandlungen und Befragungen". Auch war unklar, warum der Hamburger Forscher "nicht wie geplant am 15.-17.Oktober" im "Filmarchiv Potsdam" erschienen sei. Dies bleibt unverständlich, da der "Sofortbericht der HfV" Dresden dem MfS bereits vorlag. Doch sollte dieser in Berlin "erklären, welche konzeptionellen Vorstellungen entwickelt" worden seien und was der Gesprächspartner vom MfS erwarte. Keinesfalls war sich Ostberlin demnach sicher, dass Ingolstadt und Wolfsburg auf der eingeschlagenen Linie verharren würden. Roth/Römer forderte:

> "Es ist festzustellen, welche Absprachen beim Konzern Ingolstadt erfolgten und wie die K[ontakt]P[erson] eigene Möglichkeiten zum Projekt Auto-Union *hinsichtlich der in gleicher Angelegenheiten angestrebten kommerziellen Verhandlungen der VW-Aktien-Gesellschaft* einschätzt" (Hervorh.v.m., B.S.).

Damit ist bestätigt, dass sich das MfS von der Situation überrascht fand. Anstatt eines Verhandlungspartners, sah sich Ostberlin nun derer Dreien gegenüber. Es ging Roth/Römer aus diesem Grunde darum, dem Hamburger Partner zu demonstrieren, es seien sie diejenigen, welche "die entscheidenden Partner" für ihn "in der DDR" darstellten. Das sollte über ein von dem Hamburger Forscher "geforderten[s] Arbeitspapier[es] zum Projekt Auto-Union" geradezu „einexerziert" werden. Weitere Pressionen würden über Befragungen zu Mitteilungen seinerseits "an der Hochschule der Bundeswehr", "anderen Personen der BRD, einschl[ießlich]. Ehefrau sowie "alle[n] Bezugspersonen in der DDR" gegenüber aufgebaut werden.

Das MfS, bzw. Römer/Bergmann, waren allem Anschein nach immer noch bereit, auf der Basis der bisherigen Diskussion, das "Projekt Auto-Union", und "künftige Projekte", weiterhin zu fördern. Roth betonte in seinem Bericht, es sei darauf zu verweisen,

> "daß wir die *Einsichtnahme in die ZStA-Bestände zum Projekt Auto-Union* trotz noch ausstehender Bestätigung des Erweiterungsantrages *angewiesen*" (Hervorh.v.m., B.S.)

hätten. Hauptmann Roth/Römer ging sogar so weit anzubieten, "daß vorliegendes Material, einschl[ießlich]. Möglichkeiten an der HfV Dresden, für" den Verhandlungspartner "*früher* als für die Vertreter vom VW-Konzern zur Nutzung zugänglich gemacht" werden könnten (Hervorh.v.m., B.S.). Es erscheint ungewiss, ob es sich hierbei um einen reinen Köder, oder um ein reales Angebot handelte. Offensichtlich war übergreifend an eine Zusammenarbeit mit dem Hamburger Kontaktmann, auf dem Wege über die "künftig[e] Entlarvung von etablierten Personen und Herrschaftsorganen des Monopolkapitalismus", gedacht. "Friedenssicherung" und Erkenntnisse, die dieser "im Zusammenhang mit der 'Riezler Problematik'" gesammelt hätte, sollten erneut als Anstoß für dessen Zustimmung zu einer konspirativen Zusammenarbeit genutzt werden. Um diese Eventualität zu befördern, musste dieser erklären, "Verfilmungen zum Projekt Auto-Union und künftiges Material" würde er vom MfS erhalten.[8] Dabei wurde offensichtlich eingeschlossen, dass der Filmproduzent vor Ort (d.h. in den Archiven der DDR) arbeiten würde. Damit ging Hauptmann Roth/Römer, in seiner Planung, auf dessen wesentliche Forderungen und Vorstellungen ein. Er fasste in vier Punkten die Momente zusammen, welche auf Seiten des Verhandlungspartners für eine Zusammenarbeit mit dem MfS sprechen mochten. Zunächst hätte dieser, mit der "Riezler-Problematik" und seinem Auftreten "gegen die Historikerpäpste der BRD", und deren "vorherrschende[s] Geschichtsbild", seine "persönlichen Entwicklungsmöglichkeiten ...eingeschränkt". Auch habe, diese seine schwache Position, mitbewirkt, dass sein "Doktorvater Fischer recherchiertes Material zu eigenen Zwecken" benutzt habe und nicht für ihn eingetreten sei. "Z. B." sei "der politische Inhalt der ARD-Sendung" zum Riezler Tagebuch "nach Ermessen des Redakteurs ausgelegt" worden. Weiter solle "der politische und wirtschaftliche Gegensatz" des Hamburger Wissenschaftlers "zur herrschenden Klasse" der Bundesrepublik Deutschland "am Problemkreis Barzel deutlich gemacht" werden. Was immer das heißen mochte. Schließlich sei "im aktuell-politischen Gespräch... auf" dessen "Absichtserklärung" aufzubauen, dass dieser dazu beitragen wolle,

> "daß die S[owjet]U[nion] aufgrund des gegenwärtigen Hochrüstungskurses nicht zu einem *Ausfall* gegenüber den westlichen Ländern provoziert [Anm.: (nein!)]" (Hervorh.v.m., B.S.)

werde. Dieser Formulierung Roths wurde, von dessen Vorgesetztem, frontal widersprochen. Dieser legte besonderen Wert darauf, dass der Wert der Unterstützung durch den Hamburger Partner in diesem Zusammenhang schärfer betont würde und merkte handschriftlich auf dem Aktenvorgang an:

> "Es ist die Gewißheit zu vermitteln, daß die Sowjetunion und die sozialistischen Länder die Unterstützung von verbündeten Personen benötigen um die Politik der Sicherheit beharrlich fortzuführen".

Zusammenfassend hielt Roth/Römer als "Aufgabenstellung" fest, es solle geklärt werden, was unser Historiker "für Informationen beschaffen" könne und wolle. Überwiegendes Interesse bestände hierbei "an internen Informationen aus dem Gesamtbereich BRD/NATO". Besonders unauffällig sollte bleiben, dass "internes Material aus dem Bereich der Hochschule der Bundeswehr,... zu[r] Geschichte der Hochschule sowie zum Lehrkonzept, welches ab 1986 in Kraft treten" werde, vor allem willkommen seien. Ein weiterer "Treff" wurde noch für 1984 vorgesehen. Anschließend merkte Roths Vorgesetzter an, er sei einverstanden, bezweifele jedoch, "ob...bei diesem Treff" das gewollte zu "erreichen" sei. Er "betrachte diesen Plan als längerfristige Konzeption".[9]

Der „Kirchberg-Plan"

Der Vorstoß Hölands/AUDI (im Auftrag Habbels) hatte die Bemühungen unseres Historiker/Journalisten für die Audi-Presseabteilung offen desavouiert und diesen in die Gefahr unmittelbarer Attacken durch militante und zunehmend erpresserischere Vorgehensweisen des MfS gebracht, denn dieses konnte den Westdeutschen nun als "vogelfrei" betrachten und als Dispositionsmasse auffassen. Folgerichtig spann die Normannenstrasse an der Zusammenarbeit, zu günstigeren Preisen, weiter. Während die Staatssicherheit dachte und plante, regte sich in Dresden erneut der erklärte Gegner Kirchberg mit einer weiteren Stellungnahme gegenüber seinem Vorgesetzten Herkner. Der IM „Stuck" legte hier die offizielle Version seines Berichtes an seine Vorgesetzten vor. Es ging dabei übergreifend um eine "Informationsgrundlage zur Exportforschung Auto Union". Der Automobilhistoriker schrieb:

"Zur Sache:

Traditionspflege gilt seit Jahrzehnten als wichtiger Bestandteil der Marktstrategie der Automobilbranche kapitalistischer Staaten. Sie wird aktualisiert und vor allem in der BRD gefördert durch das bevorstehende 100-jährige Jubiläum des Kraftfahrzeugs. Man stützt sich dabei auf eigene Archivbestände und auf *Recherchen von Privatleuten*, denen in der Regel materielle Beihilfe gewährt wird. Für die Auto Union ist das nicht möglich, weil deren Gesamtarchiv in der DDR lagert (Staatsarchiv Dresden). Durch zwei Buchveröffentlichungen des Transpressverlages, die als Lizenzausgaben in der BRD erscheinen werden, ist die Aufmerksamkeit auf diese Archivbestände gelenkt worden ('Grand Prix Report Auto Union' und 'Geschichte der Autos aus Zwickau'). Dies aktiviere *Einzelgänger, wie Dr.Schulte, Hamburg, ebenso wie das betreffende Unternehmen selbst. Zuerst meldete sich die Audi NSU Auto Union AG und nun die Muttergesellschaft dieses Unternehmens, der Volkswagen-Konzern.*

Schulte will mit wenig finanziellem Aufwand und hohem eigenen persönlichen Einsatz *bei uns das Feld abernten und den Ertrag an die genannten Unternehmen verkaufen.* Bei *VW* ist man an der Aufarbeitung der Konzerngeschichte interessiert und hat bereits nach Erscheinen des Grand Prix Report mehrere darin zitierte Akten vollständig im Dresdner Staatsarchiv verfilmen lassen. Dr.Sch. hat am 3.10. in der HfV vorgesprochen. Erwartet wurde unsererseits eine Präzisierung seines Anliegens, was er jedoch sorgfältig vermied. Unwahrscheinliche, widersprüchliche und sehr vage Aussagen von ihm erfüllten uns mit Mißtrauen. *So gab er vor, im Auftrage und in Übereinstimmung mit VW zu handeln, was erwiesenermaßen nicht stimmt.* Das gesamte Verhalten von Dr.Sch. bestätigte unsere Auffassung, wonach er für uns kein seriöser Partner ist.

Vorschlag:

Da VW für unseren Vorschlag großes Interesse zeigt, ließe sich ein solcher Auftrag vorteilhaft realisieren. Ausgangsüberlegung ist dabei, daß die Finanzierung einer von uns auf mehrere Jahre dimensionierten Arbeit entweder *aus festen Haushaltsmitteln oder aus Forschungsfonds* gesichert werden, also aus sicheren Quellen fließen müßte.

Für den Fall, daß die Forschungsarbeiten aus dem *Haushalt der VW Abt. Geschichte-Archiv-Museum* bezahlt würden, also nur eine begrenzte Summe zur Verfügung stünde, wäre ein Minimalprogramm anzubieten, das in etwa *unserem Sofortangebot vom 11.6.*, allerdings in abgemagerter Form, entsprechen könnte. (Aufspreizung auf 4 Jahre, Angebote vor allem auf die Pos. 1, 2 und 5, Pos. 3 eingegriffen).

Anzustreben wäre jedoch, *die Forschung aus der Stiftung VW finanzieren zu lassen*. Diese steht für ähnliche Projekte in der Technikgeschichte anderer Ländern ebenfalls offen. So wurde durch sie ein Forschungsprojekt über die Auswandererbewegung deutscher Naturwissenschaftler und Techniker 1933 nach England mit 300.000 DM finanziert. In diesem Fall könnten wir ein Maximalprogramm anbieten, das das vorstehend genannte um einige weitere Schwerpunkte (Exportwirtschaft, Konkurrenzverhältnisse zu anderen Firmen der Branche, Entwicklung und Fertigung für die Wehrmacht, Rennsportentwicklung auf dem Zweiradsektor usw.) sowie um die Beschaffung von ca. 4000 Abb. sowie Ablichtung der unter 5 genannten ca. 1000 Zeichnungen wesentlich erweiterte. (Alle Zahlenangaben bedürfen noch der Präzisierung.) *Praktisch bestünde das Maximalprogramm in der Aufarbeitung des gesamten Aktenbestandes (ca.70000 Bände) der Auto Union.* Es würde geschätzt auf etwa *6 Jahre* angewiesen sein. Die finanzielle Größenordnung richtet sich wohl in erster Linie nach dem Wert, den diese nahezu komplette Materialgrundlage für den Auftraggeber hat und an die er auf andere Weise nicht herankommt.

Ich halte es für nicht sehr sinnvoll, jetzt Dispositionsvorschläge ins Blaue zu schreiben, sondern es kommt nach meiner Auffassung darauf an, *dem Vertragspartner in baldiger mündlicher Verhandlung seine Möglichkeiten und Vorstellungen zu entlocken*. Wir müssen ihm unsererseits klarmachen, daß wir entsprechend seinen finanziellen Kräften variabel im Angebot sind. Aus dem Gespräch mit Dr.Schulte ist zu schlußfolgern, daß der Partner im Einladungsfalle um solche konkrete und verbindliche Vorstellungen ausdrücklich zu bitten ist im Interesse einer beiderseits gedeihlichen Zusammenarbeit. Sobald wir nach einer solchen Verhandlung übereinstimmend festgestellt haben, was Vertragsgegenstand sein wird, lege ich eine entsprechende Disposition als Vertragsgrundlage vor.

Der *Arbeitsbeginn* könnte von uns aus auf das *1.Quartal 85* festgelegt werden. Der Termin die 1.Lieferung richtet sich nach dem, was der Auftraggeber als erstes wünscht. Als Bearbeiter tritt von uns nur ein Hochschuldozent (Kirchberg) auf. Zuarbeiten von außen sind erforderlich (Vervielfältigung, Schreibarbeiten usw.).[10]

Kirchbergs Schreiben erreichte den Direktor für Forschung am 24.Oktober, war auf sauberem Papier, in exakter Type geschrieben und enthielt, im Gegensatz zu dessen IM-Bericht, keine handschriftlichen Korrekturen und Ergänzungen. Für die Richtigkeit zeichnete die Sekretärin, Frau Sommer. Obwohl im Stile etwas eleganter, als das Schreiben an seinen Stasivorgesetzten geraten, enthält dieser Brief im Grundzug die gleichen Informationen. Zunächst ist festzuhalten, dass die möglichen Interessenten für die Auto Union Akten, Audi und VW, sich nacheinander, jedoch bevor unser Historiker in Dresden eintraf, bei der Verkehrshochschule meldeten. Auch schlug diese – nahezu zeitgleich mit dem Angebot an den Hamburger Filmproduzenten – VW ein weit umfassenderes Paket vor. Kirchberg suchte zudem, indem er den Westdeutschen als Einzelgänger deklarierte, und diesem, in Anlehnung an die Briefe Hölands und Wierschs (und wohl in Abstimmung mit dem Letzteren – wenn nicht sogar beiden), die offizielle Legitimation von Auto Union/Audi (und VW) zu entziehen.

Ganz Vertreter der VW-Partei in Dresden, offenbarte Kirchberg den hohen Grad seiner Informiertheit über die Finanzierungsmöglichkeiten Wolfsburgs. Selbst die Bezeichnung jener Abteilung im Volkswagenwerk, die für die Geschichte des Hauses, unter Leitung des Kirchberg-Freundes Wiersch, zuständig war, benutzte der Dresdener Automobilhistoriker, um seine hohe Wertigkeit für die Hochschule zu bekräftigen. Doch die Summen, um die es ging, waren zu hoch, um von der VW-Abteilung "Archiv-Geschichte-Museum" alimentiert zu werden. Die Spatzen pfeifen es von den Dächern, dass der damalige Vorstandsvorsitzende von VW, Carl H.Hahn, und der damalige Öffentlichkeitsarbeitschef Anton Konrad, zu dem Wiersch mit seiner Abteilung gehörte, hinter dem Plan standen, die Auto Union Akten im Sächsischen Staatsarchiv zu erwerben und so den Bestrebungen des Hamburger Filmproduzenten für Audi zuvor zu kommen [bestätigt in Schreiben Kirchbergs an dessen MfS-Führungsoffizier]. So ging es Kirchberg darum, ein möglichst lukratives und langandauerndes Projekt auf den Weg zu bringen. Dies wiederum schloß ungebührliche Invektiven ein.

Die fetteren Fleischtöpfe

Am 26.Oktober fragte unser Hamburger Wissenschaftler – eher „pro forma" nach dem Dresdener Erlebnis - telefonisch bei der Staatlichen Archivverwaltung Potsdam an, wie weit das Genehmigungsverfahren für die Benutzung der Auto Union Akten gediehen sei. Ihm wurde mitgeteilt, dass "nach Prüfung im St[aats]Ar[chiv] Dresden wenig Aussicht auf Erfolg einer Direktbenutzung" bestehe, "da der entspr[echende]. Bestand "keinen entspr[echenden]. Ordnungs-zustand" aufweise.[11] Damit kippte augenscheinlich die bislang positive Beurtei-lung durch das MfS auch bei der Staatlichen Archivverwaltung in das Gegenteil um. Doch auch die Verkehrshochschule Dresden arbeitete weiter, entlang an der Kirchbergischen Argumentation. Doch ließ der Rektor der Hochschule, Prof.Dr.Garscha, gegenüber dem Minister für Kultur die Entscheidung, ob dieses oder jenes Model zu verfolgen sei, letztendlich offen.

Garscha schrieb am 30.Oktober:

"Ausgehend von den wissenschaftlichen Arbeiten und Veröffentlichungen der Hochschule für Verkehrswesen "Friedrich List" Dresden (HfV) (Prof.Dr. Reh-bein, Do[zent] Dr.Kirchberg) *besteht ein erklärtes Interesse der BRD-Auto-firmen Audi und VW-Werk zur Inanspruchnahme von Leistungen der HfV für das Schließen von Lücken in der firmengeschichtlichen Dokumentation.* Ins-besondere zur Geschichte der alten Auto-Union AG.

Alle diese in jüngster Zeit forcierten Maßnahmen zur Erschließung der Auto-Union Historie werden zentral von Wolfsburg durchgeführt und verfolgen of-fensichtlich das Ziel, unter Benutzung von Quellen (auf dem Staatsgebiet DDR verbliebene Unternehmensunterlagen der Auto-Union AG) und wissenschaftli-chen Leistungen der DDR die Firmengeschichte zu komplettieren und damit marktfördernde Firmenpolitik zu betreiben.

Von der HfV angeboten wurden Studien zu 5 Themenkomplexen, s. Anlage 1. Dieses Angebot wurde *von Wolfsburg mit Schreiben vom 26.9. [19]84* s. Anlage 2, vollinhaltlich akzeptiert, und *das VW-Werk erwartet nun kurzfristig von der HfV einen Terminvorschlag* für weiterführende Verhandlungen, in denen Leistungsumfang und Bedingungen für diese Auftragsforschung zu klä-ren wären.

Parallel zu den Interessen des VW-Werkes ging bereits eine weitere konkrete *Leistungsnachfrage des Herrn Dr.Schulte als Vertreter der Forum-Film GmbH* im Umfang der Anlage 3[ein], hier *mit der Zielstellung einen Industriefilm zur Audi-Geschichte* zu drehen.

Der Wertumfang beider in Aussicht stehender Lizenzverträge wird von der HfV für den gegen Umfang des Maximalprogramms (Durchführung langfristiger Forschungsarbeiten im Auftrag dieser Unternehmen über mindestens 6 Jahre) auf etwa *600 T[ausend]V[errechnungs]M[ark] veranschlagt.*

Auch *unter Berücksichtigung der bestehenden guten wirtschaftlichen Bezie-hungen der DDR zum VW-Werk* in Wolfsburg schlage ich vor, den Vertragsver-handlungen der HfV unter Einhaltung folgender Prämissen zustimmen:

1. Die zu erarbeitenden Studien müssen bei der Bewertung der vielfältigen Bedingungen und Prozesse der Unternehmensentwicklung eindeutig unsere marxistisch-leninistische Geschichtsauffassung vertreten. Falls von *Wolfsburg* keine eigene wiss[enschaftliche]. Interpretation durch das Bearbeiterkollektiv gewünscht wird, so kann lediglich eine sachliche chronologische Studie ohne eigene Kommentierung erarbeitet werden.

2. Zur Sicherheit der DDR-Seite im Falle von falschen Ausdeutungen des auf vertraglicher Grundlage zu erarbeiteten und übergebenen Materials werden interne Gutachten zu den zur Übergabe vorgesehenen Ergebnissen durch auf dem Gebiet der Technikgeschichte tätige Wissenschafter eingeholt. Diese Gutachten dürfen die vertraglich vereinbarten Termine nicht gefährden.

3. Alle Urheberrechte an den erarbeiteten Ergebnissen verbleiben bei den Wissenschaftern der HfV; es werden nur die Nutzungsrechte verkauft.

Da das Angebot der HfV an das *VW-Werk* bis spätestens 20.11.[19]84 übergeben werden müsste, bitte ich um Ihre Entscheidung bis Mitte November"[12] (Hervorh.v.m., B.S.).

Der Rektor der Verkehrshochschule bezog in diesem Schreiben an seinen Minister direkt Stellung für das Projekt mit VW. Unmittelbar wurden die Interessen von Audi und VW, wie in dessen Schreiben vom 26.9.1984 erwähnt, befürwortet. Das Interesse des Hamburger Beauftragten der Audi AG kam erneut als lediglich konkurrierendes zur Geltung. Das gute Verhältnis zu VW erschien Professor Garscha, unter dem Blickwinkel einer Motorenstraße für Golfaggregate, ausschlaggebend für eine positive Antwort auf das Wolfsburger Angebot. Der Rektor der Verkehrshochschule basierte hierbei auf den Informationen Kirchbergs, die auf die Behauptung hinausliefen, die Aktionen der Firmen Audi und VW in der DDR würden „zentral" durch Wolfsburg gelenkt. Volkswagen hatte damit den Bruder Audi auf der Zielgeraden abgefangen.

---

[1] Tagebuch Schulte 1984. Aufz., 15.10.1984.
[2] Ebd., Aufz., 2.10.1984.
[3] I.e. der Brief von Audi an die Verkehrshochschule.
[4] Ebd., Aufz., 16.10.1984.
[5] Ebd., Aufz., 16./18.10.1984.
[6] Ebd., Aufz., 18.10.1984; Kirchberg bezeichnete Ulmer 1988 in einem Bericht an seinen Führungsoffizier beim MfS „als Verhandlungspartner und ...[von BStU geschw.] Rechtsabteilung der Auto Union uns bestens bekannt und war außerordentlich um möglichst günstige Arbeitsbedingungen für mich bemüht". Vgl. Archiv Schulte. Pass Dr. Schulte, Bernd Felix, Nr. F 6930081.
[7] Ebd., Aufz., 26.10.1984.
[8] Römer/Bergmann.

[9] Birthler-Behörde, MfS AP 6172/89c, Bd.1, ZA-Berlin. HV A/IV/OAG, Hptm.Roth, Treffplan zur Treffdurchführung vom 29.10. bis 2.11.1984 an das ZStA Potsdam, 24.10.1984, "bestätigt: Lom").

[10] Archiv der TU-Dresden, HfV.2.2.2./184. Hochschule für Verkehr, WB 42190, Dr.P.Kirchberg an Dr.-Ing.Herkner, 24.10.1984.

[11] BA-Berlin, Do 1, 22.0: Aktennotiz, Ben[utzungs]antrag Schulte, Bernd, Hamburg, BRD.

[12] Archiv der TU-Dresden, HfV 2.2.2./184. Prof.Dr.Garscha an ...Nier, 30.10.1984, Bl. 585.

8. Kapitel: China beginnt an der Elbe

Auto Union Geschichte à la Ingolstadt

Entsprechend der Mitteilung Herkners wurde das "Zentrale[s] Büro für Schutzrechte" des Ministeriums für Hoch- und Fachschulwesen" in Dresden gegenüber dem "Ministerium für Außenhandel der DDR" tätig. Es sollte dennoch für das "Lizenzobjekt" zur "Firmengeschichte der Auto-Union AG" mit dem "Verhandlungspartner: Forum-Film GmbH" und dem "Lizenzgeber... Hochschule für Verkehrswesen...die Seriosität/Zahlungsfähigkeit der Forum-film GmbH" geklärt werden.[1] Gleichzeitig bereitete sich das MfS auf die Wiedereinreise des Hamburger Partners vor. Ausgegangen wurde von dessen Qualifikation durch die "Riezler-Problematik sowie Automobilgeschichte". Gesetzt hatten „Römer" und „Dr. Bergmann" auf dessen "Rückverbindungen" an der Hamburger Bundeswehrhochschule und in der Bundeswehr. Weiter schienen den MfS-Vertretern Kontakte "im fachlichen und kommerziellen Bereich" – sowie "Zugriffsmöglichkeiten als Militärhistoriker zu Archivbeständen" - wertvoll. Das bisherige Ergebnis des Anbahnungsversuchs blieb jedoch mäßig. Dazu wurde ausgeführt:

> -"Kontaktaufnahme 09/84, Wiedervereinbarung. Sucht beruf[lichen]. Neu-Beginn und ist bereit, kooperativ zu werden. Beziehungspartner wird zumindest mit Beziehungen zum MfS eingeordnet«.

Es ging den Vertretern des MfS, bei diesem nächsten Treffen, darum, "die op[erative]. Zusammenarbeit" mit dem westdeutschen Forscher, mit dem Ziel "'Werber'...im Rahmen" seiner sogenannten "beruflichen Konsolidierung...zu organisieren".[2]

Vor dem anstehenden Besuch in Potsdam entwickelten sich dessen Gespräche mit Ingolstadt weiter. Auto Union Mitarbeiter, die noch den Vorstandsvorsitzenden Dr.Bruhn gekannt hatten, wie die Herren Gottlieb Strobel und Richter, gaben Auskunft über den mühsamen Neubeginn der Auto Union nach 1945 im Westen. Diese Kontakte vermittelte die Presseabteilung in Verbindung mit Ulmer, der seit dem 6.November stärker und stärker ins Geschehen eingriff. Historisches Filmmaterial zur Auto Union wurde bei einem Kameramann in München bekannt, der allerdings 100,- DM pro Filmmeter verlangte.[3] Am 9.November kamen die Vorbereitungen für den Besuch in Potsdam über Militärarchivchef Kuhnt, das dortige Filmarchiv sowie Sepp Glaser im Zentralen Staatsarchiv, in Gang. Glaser antwortete, dass "erst mal die Industrieakten im Zentralen Staatsarchiv zu benutzen" seien, was hieß, erst in einem zweiten Schritt wäre die Frage des Staatsarchivs Dresden zu erörtern. Frau Schneider bei Audi teilte mit, Herr Grosse Leege könne möglicherweise schon vor der Reise des Hamburger Auftragnehmers Näheres zur Vertragsgestaltung sagen.[4]

Entscheidung im Palasthotel

Dieser jedenfalls überfuhr am 18.November die Grenzlinie bei Zarrentin mit äußerst gemischten Gefühlen. Logis nahm er erneut im Palasthotel in Ostberlin und der Pass wurde erst in der Nacht zum 20.November auf den Bezirk Potsdam erweitert, um dort vor Ort arbeiten zu können. Am folgenden Tag fuhr der Hamburger Filmproduzent ohne dieses Affidavit um Westberlin herum und nahm erneut Kontakt mit dem Babelsberger Filmarchiv auf. Alles das deutet auf die hohe Anspannung hin, unter welcher er stand. Seine Aufzeichnungen geben ein genaues Bild der nun ablaufenden Stunden. Er notierte am 21. zu den Vorgängen des 18.November:

"Am Sonntag Abend, 20.10 Uhr, Anruf von Herrn Römer im Palasthotel auf Zimmer 8071. Herr Römer wollte Kontakt aufnehmen.

Das Gespräch ergab, dass Herr Römer mich am 19.11., 18.30 Uhr, abholen wollte, um mit Dr. Bergmann zusammen zu sprechen. Ich gab Herrn Römer zu verstehen - auf seine pointierte Frage hin -, daß ich über die Angelegenheit

a) mit meiner Frau,

b) meinem Cousin,

c) über die Pressestelle von AUDI mit Herrn Strauß,

Kontakt gehabt habe. Herr Römer fragte auch nach dem *Exposé über die Zusammenarbeit*. Das hatte ich jedoch in Hamburg vergessen. Herr Römer zeigte keinerlei negative Haltung, aber *kommentierte die Neuigkeiten kritisch*. Vielmehr hatte das Ganze den Eindruck hinterlassen, als ob ein Gespräch nicht im Hotel - genauso wie Herr Römer auf mein Zimmer gekommen war - geführt werden sollte, *doch es wurde nicht gesagt wo [Normannenstrasse?]*. Ein sehr beunruhigendes Faktum.

Ich gab Herrn Römer die Fotokopie meines Riezler-Buches mit - quasi um meine Position noch einmal wissenschaftlich zu unterstreichen.- *Herr Römer betonte, wir wären uns darüber doch einig, daß wir insgesamt ähnliche Vorstellungen wissenschaftlich-historischer Art verträten und ein Interesse an der Zusammenarbeit bestünde.* Allerdings hatte ich erwähnt, daß ich eine Film-Firma gegründet habe und in dem...[Bereich] weiterarbeiten will" (Hervorh. v.m., B.S.).

Damit waren die Eckpfeiler in den Boden gerammt. Der Gegenseite musste klar sein, dass es so - wie begonnen - nicht weitergehen werde. Die von Römer/Bergmann ins Auge gefasste konspirative Zusammenarbeit war damit unmöglich geworden. Das zeigte sich am folgenden Abend sehr schnell. Die Notiz, nach diesem Gespräch gefertigt, spiegelt die Spannungen, die im Raume standen:

"18.30 Uhr saß Herr Römer im Foyer des Palasthotels vor dem Aufzug zu meinem Zimmer. Ich hatte den anderen Aufzug gewählt und auch *Vorkehrungen getroffen, dass, falls ich um 22 Uhr nicht wieder im Hotel zurück wäre, meine Frau entsprechende Schritte eingeleitet haben würde.*

Römer schlug aber vor, auf meinem Zimmer kurz zu sprechen. Er eröffnete mir, *Herr Dr. Bergmann sei über das Fehlen eines Exposés sehr entrüstet gewesen. Er sei enttäuscht... Man [habe] sich sagen lassen [müssen], man hätte die aufgewendete Zeit besser verwenden können. Zeit koste bei ihnen auch Geld.*

Auch habe man die Information von Herrn Strauß als 'Vertrauensbruch' aufgefaßt, da es sich erklärtermaßen um einen Vorgang gehandelt habe, der wegen fehlender vertraglicher Grundlagen nur persönlich-vertraulich habe geführt werden können.

Demgegenüber habe ich meine Eindrücke während der früheren Gespräche thematisiert, die dann dahin zielten, daß es sich um *eine geheimdienstliche Anbahnung handele. Das wurde mit Entrüstung zurückgewiesen.* Es ginge nur um wissenschaftliche Kontakte und man sei von einer <u>politischen</u> Stelle beim Staatsrat/Ministerrat der DDR. *Man könne über diese archivalischen Bestände verfügen und Zugang gewähren oder nicht.*

Ich hätte erwartet (18.10.), *daß in Ingolstadt gerade über die Konzerngeschichte nachgedacht werde* und ich würde hoffen, daß daraus die *Möglichkeit zu einer übergreifenden Sichtung und Sicherung der Aktenbestände in DRESDEN für Ingolstadt* entstehe. Zumal *in Wolfsburg die konkurrierenden Absichten und Ziele* seien. Eine *Lösung[...] Audi[s] von VW* u. U. in Jahren möglich wäre.

Es kam, angesichts dieser recht harten Auseinandersetzung, dann dahin, dass Herr Römer die Vorstellungen der dortigen Stellen so umriß, *man wolle zunächst von den Plänen einer wissenschaftlichen Zusammenarbeit Abstand nehmen* und würde bitten, daß ich mit Audi das Projekt kläre, und dann an die Staatliche Archivverwaltung/Potsdam ein EXPOSÉ über die beabsichtigte Behandlung der Audi Geschichte entwickele, das gleichzeitig jedoch <u>meine Einbindung</u> in das Projekt enthalten sollte.

Damit war wohl die privat/persönliche Färbung des Kontaktes aufgegeben. Eine gewisse Form von Beleidigt-Sein der Herrn Römer/Bergmann war unverkennbar. Persönlich sei man sympathisch gefunden worden, doch das habe nicht genügt.

Mir ist die offizielle Schiene sehr viel lieber, da damit geheimdienstlich relevante Kontakte umgangen werden und ich Zeit habe, die Dinge in Ruhe reifen zu lassen. Zumal die Erweiterung der Benutzung für POTSDAM recht ergiebig ist, wie mir der Montagsbesuch bei Herrn <u>Glaser</u> gezeigt hatte.

Leider hatte Römer mein Buch <u>nicht</u> dabei, weil angeblich Bergmann es noch lesen wollte. Vielleicht, so Römer, würde die Lektüre ihn noch umstimmen. Ihm habe sie gesagt, daß ich in dem bekannten und nicht unsympathischen Zug weiterarbeite" (Hervorh.v.m., B.S.).

Es handelte sich bei dem immer wieder angemahnten „Exposé", das mal so mal so genannt wurde, um eine klassische handschriftliche de facto Verpflichtungserklärung, die von „Römer/Bergmann", während des letzten Gespräches in Potsdam, gefordert wurde und die seitens des Historikers zum Gegenstand eines Gespräches mit dem Vertreter des Hamburger Amtes für Verfassungsschutz gemacht wurde. Dessen offengelegte Sicherungsbestrebungen bei Strauß etc. hatten klar gemacht, dass er keinesfalls gewillt sei, zu den Bedingungen des MfS weiter zu verhandeln. Das Junktim von „Römer/Bergmann", die Nutzung der Auto Union Akten an eine geheimdienstliche Tätigkeit zu binden, hatte damit die Gespräche in die Sackgasse geführt. Der Hinweis auf den Machtkampf zwischen Wolfsburg und Ingolstadt, so wie der Hamburger Forscher es damals sah, eröffnete jedoch die Aussicht, in nächster Zukunft (Rückgabe der Fotokopie seines Riezler Buches) noch einmal über Weiterführendes zu sprechen.

Die Szenerie im Palasthotel entbehrte nicht skurriler Züge. Bestimmte Damen, die in der Lobby vor seiner Nase flanierten, entsprechende Beobachtungen auch auf dem Trottoir vor dem Haus, wenn er dieses in Richtung Dom verließ, und die Aussicht, mehrere Male (möglicherweise sogar in der Stasi-Zentrale/Normannenstrasse) verhandeln zu müssen, ließen ihn unruhig schlafen. Dass es zu Gesprächen auf seinem Zimmer kam, war in der Tatsache begründet, dass dieses Hotel über eine ausgedehnte elektronische Abteilung verfügte (1.Stock). So konnte zum Beispiel durch die Spiegel in die Zimmer gefilmt werden und es standen Abhörgeräte zur Verfügung, um die Anordnung von Roths Vorgesetztem, Oberstleutnant Fleischer, zu erfüllen, diese Gespräche seien aufzuzeichnen. Vor dem Termin mit „Römer" hatte der Hamburger Besucher aufgeklärt, dass von seinem Zimmer – über den 2.Stock – einem direkt zum Zimmer führenden „Elevator" gegenüber, ein weiterer Zugang zur

Lobby bestand. So konnte er feststellen, wo sich „Römer" platzierte – und mit wem. Er überprüfte dies und trat dann aus unerwarteter Richtung vor seinem Gesprächspartner auf.

Im Grill des Hotels traf er wenige Tage darauf, kurz vor seiner Abreise, zum letzten Mal auf Römer. Er hatte das Gefühl, dass damit ein Abschnitt zuende war. In seinem Tagebuch legte unser Historiker folgende Notiz nieder:

> "Morgens 11.30 Uhr, im Foyer des Palasthotels, wartete Herr Römer [wir setzten uns an den Bar/Grill-Herr Römer fühlte sich an dem auffälligen Punkt etwas unwohl]. Er gab mir das Buch zurück und fragte, ob bei mir neue Einsichten oder Meinungen aufgetreten seien. *Herr Bergmann habe das Buch positiv aufgenommen. Und es habe sich der Weg über die Staatliche Archivverwaltung nun mir nicht so restriktiv dargestellt wie gestern.* Doch auch der Kontakt zu Strauss wurde nicht mehr so hart gesehen, zumal ich ihn doch auch hätte verschweigen können. Das wurde positiv bestätigt.
> *Wir bestätigten nun, daß wir weiter im Gespräch bleiben wollten. Kontakt könnte über die staatliche Archivverwaltung geschlossen werden.*
> Jeweils würde man dann entscheiden, ob man es für nötig erachte, tätig zu werden.
> Ich sagte weiter, meine Erkenntnis sei, daß ein gemein deutsches Denken sehr erschwert sei, da beiderseits Fesseln existierten, die Bewegungen unmöglich zu machen schienen. Illusionen seien auf meiner, und wohl auch auf der Gegenseite, zerstört. Aber das sei vielleicht nur der Sache dienlich"[5] (Hervorh.v.m., B.S.).

Damit hatte sich für den Hamburger Wissenschaftler die Jagd nach den Auto Union Akten erledigt. Es blieb die bittere Erkenntnis: China beginne an der Elbe. Interessant erscheint nur, und für das Verständnis der Innenansicht des VW-Konzerns bleibt dies bedeutsam, dass am 23.Oktober Grosse Leege "noch kein grünes Licht aus Wolfsburg" hatte und die Information lautete, er sei "aber im Gespräch mit Wiersch" [i.e. Dr.Hahn]. Der Hamburger Auftragnehmer notierte in seinem Tagebuch: "Was ist mit Grosse Leege los? Wiersch hat am Anfang der letzten Woche grünes Licht gegeben!?" Wir sehen diese Aussagen allerdings in anderem Licht, denn Wiersch/Hahn verzögerten Grosse Leege und dessen Adlatus nicht ohne Grund. Sie - und nicht die Audi Presseabteilung - wollten in den Besitz der Auto Union Akten gelangen.

---

1 Archiv der TU-Dresden, HfV 2.2.2/184. Zentrales Büro für Schutzrechte und Neurerbewegung des Ministeriums für Hoch- und Fachschulwesen an Ministerium für Außenhandel der DDR, 31.10.1984, nachr.: "HfV, Direkt[or]. Forschung", Eing.: 2.11.84.

2   Birthler-Behörde, MfS AP 6172/89c, Bd. 1, ZA-Berlin. HV A/IV/=AG, MA 886, Stand: 30.10.[19]84.

3   Tagebuch Schulte 1984. Aufz., 5./6.11.1984 (betraf den Kameramann und Filmemacher Sasse/ Sasse-Film).

4   Ebd., Aufz., 13.11.1984.

5   Ebd., Aufz., 21.11.1984.

9. Kapitel: Entscheidungsphase Audi-Film

Inhalt und Preis

Das mochte heißen: auch der Filmprojekt der Audi-Presseabteilung traf in Wolfsburg auf Opposition.

Am 14.Dezember wies der Hamburger Filmproduzent Rudolf Urban auf die Sendetermine seiner NDR-Fernsehserie „Autos die Geschichte machten" hin, den Ausgangspunkt der Beziehung mit Audi. Die Folgen I bis VI sollten zwischen dem 23.Dezember 1984 und dem 3.Januar 1985 ausgestrahlt werden. Auf die Zusammenarbeit hinweisend führte er aus:

> „Heute darf ich mich für die angeregten und ideenträchtigen Gespräche bedanken, die im Zuge dieses Projektes zwischen Ihnen und mir geführt wurden. Nicht zuletzt diese Anstöße haben mich darauf hingewiesen, dass das Feld der Technikgeschichte – und im besonderen die Automobilgeschichte – noch Raum für eine umfassende wissenschaftliche Arbeit bieten".

Hier sei, mit diesem Hinweis, auf die besondere und ehrenhafte Rolle hingewiesen, die Rudolf Urban von Anfang bis Ende der Kooperation zum Audi-Traditionsfilm spielte. Just im Moment der Entscheidung über den Produktionsvertrag mit AUDI formulierte der Hamburger Produzent die Absicht:

> „Gerade die bislang vernachlässigte Rolle der sächsischen Automobilwerke, in ihrem Zusammenschluß zur AUTO UNION scheint mir ein Untersuchungsobjekt an dessen Beispiel über den engeren historisch-wissenschaftlichen Aspekt hinaus, auch *unternehmenspolitische Entscheidungshilfen* für die heutigen Probleme erarbeitet werden könnten.
>
> Aber darüber könnten wir einmal sprechen. Leider sind Sie am 19.Dezember nicht in Ingolstadt. Ich bedaure das sehr"[1] (Hervorh.v.m., B.S.).

Hier klangen die Vorgänge an, die Audi zu der Idee geführt hatten, den Vorbereitungen von Mercedes auf „100 Jahre Automobil" im Jahre 1986 nicht untätig zuzusehen, sondern selbst ein werbeträchtiges Gegenprojekt aus der Taufe zu heben – den Audi-Traditionsfilm.

Am 19.Dezember befand sich der Hamburger Gesprächspartner zu abschließen Vertragsverhandlungen in Ingolstadt. Er war mit gemischten Gefühlen, per Zug quer durch die ganze Republik gefahren, um vor Ort die letzten Hürden für den Audifilm aus dem Wege zu räumen. Das Gespräch mit Grosse Leege, Ulmer und Vollnhals, dem Assistenten Ulmers in der Rechtsabteilung, begann um 09.00 Uhr in den Räumen der Presseabteilung. Es ging zunächst um die zu erwerbenden Filmrechte sowie deren Konkretisierung und Kosten. Über die Verwendung internationaler Rechte und deren externen Einsatz kam es zur Diskussion. Ein Telefonat mit dem technischen Hersteller, der den Kostenumfang feststellen ließ, nahm der festgefahrenen Diskussion die Spitze und beruhigte die momentan aufgestörten Elemente. Nun sollte der Vertriebsbereich bei Audi nach den für diesen zu erwerbenden Filmrechten befragt werden. Es wurde schließlich angenommen, dieses Problem über die Vorlage von Rechnungsbelegen zu letztendlich eingeschnittenem Filmmaterial, in den Griff zu bekommen.

Schließlich kamen verschiedene Lösungen zur Sprache. Vor dem Hintergrund der Notwendigkeit, das Projekt bis spätestens Anfang 1986 fertig zu stellen, wurde in einer "Lösung A" festgestellt, die "internationale[n] Rechte für den Film zu „erwo[e]rben und [deren] kommerzielle Nutzung sicher[zu]stellen", wie z. B. die "Video-Verwendung etc." Die "Kosten f[ür].diese größeren Rechte [sollten] im Umfang vor[ge]leg[t]en" werden. Es bestand die "Frage: ist das innerhalb der vorgegebenen [DM] 600.000-Grenze zu machen?" Die "Lösung B" sah "Recherchenkosten bis [zum] Treatment" in Höhe einer "à Konto-Zahlung v[on]. [DM] 100.000,-" vor. "Wenn Drehbuch und der Bedarf an Archivmaterial ermittelt" seien, "dann [werde der] Vertrag über [den] Film" fixiert. In einem weiteren Gespräch mit Ulmer erreichte der Hamburger Geschäftspartner dessen Aussage, er sehe "die kommerzielle Nutzung als innere Unternehmensnutzung, ohne bezahlte Vorführung, aber nicht extern, da restriktiv" aufgefasst.[2] Unser Hamburger Geschäftspartner kehrte nach diesem Gespräch eigentlich recht beruhigt in den Norden zurück, schien doch letztlich das Jahr 1985 damit „in trockenen Tüchern".

Am 21.Dezember 1984 wurden erste Fixierungen für den Veranstaltungskatalog der deutschen Automobilindustrie zu den Feiern „100 Jahre Automobil" getroffen. Der Hamburger Filmproduzent merkte auf seinem Exemplar an: „1986 Veranstaltungen v[or]. a[llem]. Daimler-Benz AG".[3]

Interessen des Hauptmann Thomas Roth

Mitte November berichtete die "Bezirksverwaltung für Staatssicherheit/ Dresden" der Berliner Zentrale "Abteilung XV" ihrerseits über die Unterredung Anfang Oktober "im Dienstzimmer des Direktors für Forschung der Hochschule für Verkehrswesen Dresden". Interessant ist dieser Bericht, weil sich die Dresdener Stelle darin erneut im Wesentlichen auf den Agenten-Bericht des "IM

"Stuck" alias Kirchberg, stützte. Bemerkt wurde am Ende, "Stuck" sei als weitere "Quelle zu[r]" Person des Hamburger Geschäftspartners "nicht möglich".[4]

Diese Mitteilung lag Hauptmann Roth in Berlin vor, als dieser sich daran machte, seine Zusammenfassung zum letzten Anbahnungsversuch in der Sache Bethmann Hollweg/Auto Union zu schreiben. Unverkennbar ging es ihm darum, den Misserfolg seiner Bemühungen zu verschleiern. Nach dem üblichen Schema gefasst, gipfelte die Widergabe des ersten Treffs vom 18.11.1984 in der realistischen Feststellung:

> „Im Gesprächsverlauf wurde sichtbar, dass *keinerlei Voraussetzungen und gedankliche Identifizierung* in Richtung operativer Zusammenarbeit *erreicht* wurde" (Hervorh.v.m., B.S.).

Die ausgedehnte Erörterung zum Treffen am 19.November lässt erkennen, wie eindeutig Roth/Römer versuchte, Reste seiner Planungen zu retten. Der Offizier schrieb, es sei „deutlich gemacht", daß *„keinerlei Behinderungen in der Nutzung der gegebenen Möglichkeiten der DDR"* bestünden und, „daß wir uns aber aufgrund" des „Verhaltens" des Hamburger Historikers „gegenwärtig auch nicht für seine Probleme einsetzen". Diesem sei „angeraten" worden,

> „die *Interessen des Audi Konzerns* festzustellen, aus persönlicher Sicht und nicht indem er *uns als interessierte oder auftraggebende Partner*[?] verkauft. Seine Interessenlage soll er ausführlich und schriftlich an die StAV weiterleiten. Wir entscheiden, falls wir es für notwendig erachten, ob wir den Kontakt zu ihm erneut suchen" (Hervorh.v.m., B.S.).

Das wiederholt in die Planungen und Verhandlungen eingeführte Junktim, hier Agententätigkeit – hier Auto Union Akten, wurde in diesem Memorandum jedoch geflissentlich übergangen. Verdreht wurde ferner die Äußerung des westdeutschen Gesprächspartners, dieser sei "eigentlich nur wegen der Verbindungsaufnahme eingereist". Denn diesem war es hier ersichtlich darum gegangen, den Kontakt zu den MfS-Vertretern abzubrechen. Schließlich war es dem Hamburger Forscher, trotz aller Anstrengungen, nicht gelungen, Zugang zu den Akten der Auto Union in Dresden zu erhalten. Roth hatte zutreffend erkannt, dieser suche sich "einer nachrichtendienstlichen Verbindung zu entziehen". Bereits in diesem Stadium unternahm es der Westdeutsche, den Hintergrund der Operation aufzuklären. Es ging ihm darum, wie Roth bestätigt, die Interessen des MfS zu ermitteln. Auch versuche er den Kontaktmann der Stasi im Staatsarchiv Potsdam, Sepp Glaser, zu enttarnen, was nun erst nach 20 Jahren gelingt. Es ginge ihm im Rahmen dieses Vorgehens darum, dessen

"Rolle...zu ergründen". Bestätigt wurde durch Roth weiter, der Wissenschaftler habe lediglich "verbal" signalisiert, zur Zusammenarbeit bereit zu sein. Als falsch stellt sich die Aussage des MfS-Mitarbeiters heraus, die jedoch durch Kirchberg/Dresden an die Stasi herangetragen wurde, "eine Beauftragung seitens des Audi-Konzerns, wie" dieser „gegenüber unseren Stellen verstanden haben wollte, liegt überhaupt nicht vor".

Das Doppelspiel in der Aktion Höland/Habbel-Kirchberg/Wiersch/Hahn-Kirchberg liegt damit offen. In Fortführung seiner Aggression hatte der Dresdener Automobilhistoriker den Hamburger Besucher dem MfS – wie diesem „Römer/Bergmann" mitteilten – als „Bundeswehrspion" angezeigt. Es kann angenommen werden, dass billigend in Kauf genommen wurde, dass dieser Störfaktor für den Geschäftsabschluss mit Volkswagen endgültig verschwände. Schließlich bestätigte Hauptmann Roth/Römer die Rolle der Volkswagen-Zentrale in diesem damals undurchsichtigen Spiel. Er schrieb:

"Die *Problematik* liegt dabei darin, daß die VW-Aktiengesellschaft, mit fest etabliertem Konzernhistoriker [Dr.Wiersch sic], seit diesem Jahr [Mai 1984] *selbst Kontakte zum Projekt Geschichte der Auto-Union in die DDR geknüpft hat* und daß die VW-Aktiengesellschaft *es sich vorbehält* [28.9.84], Vertreter bzw. Mitarbeiter auf diesem Gebiet seitens des Audi-Konzerns nach Ermessen einzuschalten" (Hervorh.v.m., B.S.).

Dies war der verschlüsselt scheinende Satz, der den Hamburger Historiker 1996 auf die Spur der hier nun dargelegten Vorgänge setzte, die er daraufhin bis 2005 durchleuchtete. Ansonsten bleiben mehr oder minder ungesicherte Vermutungen des Offiziers, die darauf hinauslaufen, dass der Kontakt nach Hamburg offengehalten werden sollte. Die vorgesetzte Instanz zeichnete das Memorandum in diesem Sinne mit "Einverstanden" gegen.[5]

Forschungs-Projekt: „Geschichte der Auto Union"

Am 23.November lieferte die Verkehrshochschule die „Protokollierung" ihrer „Lizenzobjekte" für 1985 an das Ministerium für Hoch- und Fachschulwesen. Gleichzeitig wurde das Papier dem „Koll[egen]. Kaden übergeben" und mit „Lb." quittiert. Aus dem Gesamtbetrag von „800 T[ausend]V[errechnungs]M[ark]" entfielen, laut dieser Aufstellung, „100 T[ausend]V[errechnungs]M[ark] der Firma „intercoop" unter anderem auf eine „Studie AUDI (Archiv Auto-Historie Auto-Union) 405 H[ochschule]f[ür]V[erkehr Dresden] [19]84". Unter dieser Referenznummer fand sich eine Archivnotiz vom 7.November, die sich auf den „Aufbau bzw.

[die] Komplettierung des Archivs im Hinblick auf die Auto-Historie (Auto Union)" bezog.[6] Damit befand sich die Geschäftsbeziehung mit Volkswagen im Geschäftsgang der Verkehrshochschule und hatte bereits zu inneramtlichen Weiterungen geführt.

Entsprechend dem Ergebnis der Berührungen mit dem MfS, wandte sich der Hamburger Forscher noch einmal an die Staatliche Archivverwaltung in Potsdam und entwickelte, auf der neuen Grundlage, sein Ansinnen, die Auto-Union Thematik dennoch weiter zu bearbeiten. Entsprechend seinem Antrag unter dem 10.Dezember bestand bereits "die Erweiterung [s]meiner Benutzungserlaubnis für die Industrieakten des Zentralen Staatsarchivs in Potsdam". Er eröffnete der Sachbearbeiterin, Frau Merker:

> "Wie die Dinge sich nun entwickelt - oder nicht entwickelt - haben, handelt es sich bei meinem Projekt zur ‚Geschichte der Autounion und ihrer Vorgängerfirmen' zunächst um ein Projekt, das ich *als Privatwissenschaftler* betreiben werde. *Ob im Verlaufe der Arbeit eine finanzielle Unterstützung der Audi AG/ Ingolstadt möglich werden wird, muß heute dahingestellt bleiben, da sich der Entscheidungsprozeß dort augenscheinlich nicht zügig entwickelt hat und verläßliche Vorstellungen noch nicht existieren*" (Hervorh.v.m., B.S.).

Das war eine vornehme Umschreibung des recht erdigen Machtkampfes, der zwischen Ingolstadt und Wolfsburg ablief und der auch unseren Hamburger Historiker und Filmproduzenten und dessen Projekt, betroffen hatte. Nun entlastet von den Rücksichten auf Stasi-Nachstellungen, und bereichert um die Erfahrung mit der Verkehrshochschule, formulierte er den Hintergrund seiner geplanten Arbeit:

> "Daß in diesem Zusammenhang auch die arbeitspolitische Seite einer Monopolgründung wie der AUTO UNION im Raum Sachsen - auch unter den *heutigen* Gegebenheiten eines wirtschaftlichen Strukturwandels größten Ausmaßes innerhalb der Wirtschaftsstaaten der Welt - von Interesse ist, unterstreicht nur die mögliche Relevanz historischer Forschung" (Hervorh.v.m., B.S.).

Es ging ihm offensichtlich darum, einen Beitrag zu leisten zum

> "Problem der Kontinuität in der deutschen Geschichte, am Beispiel einer jener 'Führungseliten' und einer Branche auf dem Feld technik- und wirtschaftsgeschichtlicher Analyse, die in einem Teil Deutschlands noch erhalten geblieben"

sei. Er stelle sich die Aufgabe,

"die wirtschaftliche Entwicklung der Kraftfahrzeugindustrie vor, während und seit dem Ersten Weltkrieg, die Problemlage der zwanziger Jahre und die neue Verkehrspolitik seit 1933/34...an Hand der konzerninternen Entscheidungen, Zielprojektionen und Marktanalysen, der Produktionsvorgaben und Kapitalbedürfnisse"

zu durchleuchten. Durchaus kritisch im Ansatz, merkte er an:

"Gleichzeitig sollte die Lage der Automobilindustrie in Sachsen, Ende der zwanziger Jahre, bei den Vorgängerfirmen der AUTO UNION, im besonderen in Beziehung gesetzt werden zu den Gewichtungen, die innerhalb der deutschen Kraftfahrzeugindustrie, auf Grund des wirtschaftlichen und politischen Gewichts anderer Firmen, oder Firmengruppen, Verbände u.ä. vorhanden waren. Konkurrenzverhalten und Wirtschaftsergebnis, die Struktur des Absatzes und andere Kriterien sollten Aufschluß über die spezielle Lage der deutschen Automobilindustrie geben und zugleich ihren Rang im Vergleich mit den übrigen Automobilproduzenten bestimmen lassen".

Hinsichtlich der zu benutzenden Quellen ging unser Historiker nun „aufs Ganze". Der Sachbearbeiterin mögen die Ohren geklungen haben, als er forderte:

"Die Konzernbildung der AUTO UNION und ihre Hintergründe, die an Hand der Geschäftsakten der beteiligten Großbanken zu beleuchten wäre, bezeichnet naturgegeben eine tiefe Zäsur in der modernen deutschen Technik- und Wirtschaftsgeschichte. Ein Gegenstand, der in der Forschung bisher nur eher flüchtig behandelt wurde. Wenn auch schon die Grundmuster der damaligen Vorgänge und die übergreifenden Interessen benannt sind. Es fehlt gleichwohl noch eine quellengesättigte Untersuchung dieser Weichenstellungen, ihrer personellen, institutionellen und politischen wie auch *finanzpolitischen Bezüge*".[7]

Damit verfolgte er bereits damals das Ziel, dem DDR-Gesprächspartner zu demonstrieren, dass im Westen durchaus qualitativ anspruchsvollere Untersuchungen in Gang gesetzt werden könnten, als dies durch Kirchberg in Dresden bisher geschehen sei. Das besondere Interesse galt, wie das unschwer aus den bisherigen Forschungen des Hamburger Wissenschaftlers zu entnehmen gewesen wäre, der Rolle der AUTO UNION auch in der militärischen Rüstung bis 1945. Er führte im Einzelnen aus:

"Sowohl im Ersten wie im Zweiten Weltkrieg und in den jeweiligen Kriegsvorbereitungsperioden sieht der Verfasser die uns heute vor allem bewegenden

Konstellationen, die es zu analysieren gilt um *gegenwärtigen Problemlagen* und Entwicklungen informierter und komplexer gegenübertreten zu können. Dass es *hier in erster Linie um die Rolle der Industrie* geht und weniger um die Verantwortlichkeit der NS-Führer, erscheint als eine Arbeitshypothese von einiger Bedeutung und Reichweite. Könnten *Rolle und Interessen der Großbanken und des Privatkapitals* in der Situation von Rohstoffbewirtschaftung und Arbeitskräfteknappheit durchleuchtet werden, würde so die materielle Kriegsvorbereitung im Vorfeld des Ersten und des Zweiten Weltkrieges besser durchschaut werden können" (Hervorh.v.m., B.S.).

Unverkennbar ging es hierbei nicht um bloße typenkundliche und technikgeschichtliche Ausarbeitungen von Konstruktionszeichnungen und Produktionsmechanismen, sondern darum, die Bedeutung "des politischen Elements" herauszuarbeiten. "Hohe politische Entscheidungsträger, Verwaltung, Verbände und Parteien", sollten "als wichtige Elemente im Kräfteparallelogramm der Zeit" analysiert werden. "Hier" wären "vor allem die Einflussmöglichkeiten und die Gewichtung von Reichswirtschaftsministerium und Reichsverkehrsministerium aus der Interessenlage der Unternehmer zu beleuchten und gleichzeitig das Zusammenwirken staatlicher und industrieller Kreise in Forschung und Entwicklung von zivilen, behördlich oder militärisch einsetzbaren Fahrzeugen dagegen abzusetzen". Speziell ging es dem Hamburger Wissenschaftler um ein vertieftes "Verständnis der jeweiligen Interessenlagen". So werde es möglich sein, "die Automobilindustrie" als Beispiel für "die Interdependenz von Politik und Industrie...zu beleuchten". Geradezu in einem Schlussakkord forderte dieser die Benutzungserlaubnis für das Staatsarchiv Dresden, das Landesarchiv Leipzig, das Zentrale Staatsarchiv Potsdam, das Archiv des VEB Automobilbau Karl-Marx-Stadt, das Archiv des VEB Sachsenring Zwickau sowie das Archiv der Deutschen Notenbank. Die Überzeugung des Forschers war:

"Eine unter diesen Hypothesen unternommene Analyse der Akten und Dokumente in den Archiven zur modernen Industriegeschichte könnte weit über das landläufige technische Interesse hinausgreifen und über den betont herauszuarbeitenden politischen Aspekt vertiefte Einsichten in den Zusammenhang zwischen Kapital-Industrie-Markt und politisch-strategischen Zielprojektionen bieten".[8]

Dieser Antrag wurde von Potsdam weitergereicht an die Hochschule für Verkehr Dresden, das dortige Staatsarchiv, das Zentrale Staatsarchiv Potsdam, das Militärarchiv der Nationalen Volksarmee sowie das Ministerium. Diesen Benutzungsantrag lehnten die Staatliche Archivverwaltung am 22.Dezember und das Innenministerium am 15.Januar, wie das Außenministerium am 12.März 1985 ab.[9]

---

[1] Archiv Schulte I. B.Schulte an R.Urban, 14.12.1984.

[2] Tagebuch Schulte 1984. Aufz., 19.12.1984.

[3] Archiv Schulte. „Anlage 2 zum Ergebnisvermerk über die Sitzung des VDA-Presseausschusses am 14.03.85, AGM cb-me, 21.12.1984: Veranstaltungen, Ausstellungen und Publikationen zum Automobil-Jubiläum".

[4] Birthler-Behörde, Außenstelle Schwerin. Tgb. Nr 017751/S2S. Major Treichel, Leiter O[perative]D[ienststelle] TU/H, 20.11.1984, Bl. 24f.

[5] Ebd., MfS AP 6172/89c, Bd.1, ZA-Berlin. Hptm.Roth, Bericht zum Treff mit der KP im Zeitraum vom 18.-20.11.1984, 22.11.1984.

[6] Archiv der TU-Dresden, Universitätsarchiv. ZBfSNL, Registerbuch Lizenzobjekte, 1980-86.

[7] Die KPD stimmte 1930, bei der Gründung der Auto Union, im Sächsischen Landtag mit der NSDAP.

[8] BA-Berlin, Do 1, 22.0. B.Schulte an Staatliche Archivverwaltung, 10.12.1984, Eingang: 14.12.1984. Weiter in: HfV 2.2.2./184.

[9] BA-Berlin, Do 1, 22.0. Wiederholungsantrag für StA Dresden, ZSTA Potsdam, STA Leipzig, Vorg. Nr.84/356.

10. Kapitel: Der Knoten schürzt sich in Ingolstadt

Tauziehen um den Audi-Vertrag

Gleichzeitig spielte Sepp Glaser in Potsdam auf Verzögerung. Die Marschroute unseres Historikers für die Zukunft hatte sich jedoch verändert, denn der Benutzungsantrag an die Potsdamer Verwaltung war nur noch blasse Schimäre gewesen. Der Hamburger Forscher notierte in seinem Tagebuch: "Habe auf Filmdrehbuch zurückgeschnitten". Im Dokumentarfilmarchiv Babelsberg bemühte sich Frau Heinisch, in Vertretung des Direktors Voigt, um die Disposition seines nächsten Besuches. Mitgeteilt wurde, es läge weiteres Material vor. Ulmer in Ingolstadt hatte inzwischen aus Hamburg jene Mitteilungen erhalten, die sich aus der Vertragsverhandlung im Dezember ergaben. Der Audi-Mann versprach, sich der Sache anzunehmen, da jetzt - am 2.Januar 1985 - "noch [mit] Notbesetzung" bei Audi gearbeitet werde.[1]

Die Situation stellte sich zu Beginn des Jahres 1985 dennoch als äußerst unklar dar. Einerseits bemühte sich angeblich "Sepp" Glaser in Potsdam[2] weiter um Auskunft zum Schicksal des Benutzungsantrags zur Auto Union-Geschichte, andererseits streute Ulmer kritische Bemerkungen zu Grosse Leege aus, der in einem Brief an den Hamburger Vertragspartner "Sehr geehrter, lieber Herr Schulte" geschrieben habe, und sollten weiter Rennaufnahmen zu 1000er Auto Union Modellen existieren, die der neu ernannte Audihistoriker auftun wollte.[3] Dieser entwickelte sich so, über die in den Einzelheiten auszuhandelnden Vertragsbestimmungen des Audi-Vertrages hinweg, immer mehr zu einer „Vertrauensperson", wie dies der Hamburger Partner damals verstand. Grosse Leege trat zunehmend und immer spürbarer zurück. Das hing wahrscheinlich damit zusammen, dass er in das Schussfeld des Wolfsburger Vorstandsvorsitzenden Hahn geraten war, da der selbstherrliche Audi-Pressemann seinen Vorstandsvorsitzenden Habbel in München zum "Manager des Jahres" hatte wählen lassen. Ulmer und Vollnhals vertraten in der Vertragsache die Formulierung, "keine gewerbliche Nutzung ist nicht das was Audi plant". Ulmer wollte "einen Satz dazu einfügen". Dieser lautete: "Ziel ist es", den Film "in der Kundendienstebene einzusetzen, auf Messen u[nd]. ä[hnlichem].". Das hieß im Klartext: "Einsetzen als Werbemittel." Es zeichnete sich ab, dass die Skeptiker in Ingolstadt, aus welchen Gründen auch immer, nun über das Filmprojekt entschieden.

Erneut liefen Erkundigungen und Informationen zwischen Hamburg und Ingolstadt über historische Fahrzeuge und Funde auf diesem Gebiet. So rief Ulmer zu einem Wanderer W 24 an und "erzählt[e], daß er um 15.30 Uhr mit Herrn Grosse Leege sprechen wird. Die Angelegenheit liegt ganz oben, Horch, Wanderer W 11/ W 24".

Grosse Leege sollte daran anschließend zu Habbel gehen. Ein Termin für den Hamburger Auftragnehmer mit diesem Vorstand sollte "recht bald" anberaumt werden. Meier, der in der Presseabteilung immer mehr das Film-Projekt an sich zog, berichtete über Kontakte mit Ulmer zur Entwicklung der vier Auto Union Ringe, mit denen ein "Anfang mit [dem] Warenzeichen" gemacht werden solle. Auch von einem "Auftrag für die 'Geschichte der Auto Union, Zwickau' war die Rede. Meier sprach davon, "Grosse Leege heute [zu] treffen", und kündigte einen "Honorarvertrag per April" an.[4] Vollnhals erklärte noch einmal, wie wichtig es für Audi sei, "den Film als G[anzes]." einsetzen zu können. Der sympathische, da verlässliche Assistent Ulmers schlüsselte noch einmal den juristischen Begriff "nicht werbliche Nutzung" auf. "Nicht werblich sei insbesondere jede Aufführung des Filmes im Rahmen der Werbung".[5]

Dass die Dinge in der DDR auch weiter in der Diskussion blieben, zeigte Mitte des Monats der Bescheid von Sepp Glaser aus Potsdam, dass durchaus noch ein positives Ergebnis möglich sei.[6] Inzwischen war der Vertrag zum Audifilm in der geänderten Ausfertigung nach Ingolstadt gegangen und Ulmer berichtete, dass er am 17.Januar mit Grosse Leege konferieren werde.[7]

In Punkt 3 des Filmvertrages steckte unverändert Dynamit. "Grosse Leege ist taub auf dem Ohr", vermittelte Meier von der Motorpresse, der inzwischen Rudolf Urban aus dem Filmprojekt herausgedrängt hatte. Es ging um DM 60.000,- für Filmrechte, die im Angebot der Forum Film kalkuliert waren. Es entstand eine gewisse Nervosität und der Hamburger Filmproduzent konnte nicht mehr anbieten, als dass "wir die [DM] 60.000,- so stehen ... und das andere sich entwickeln lassen". Meier zeigte sich "kooperativ eingestellt" und wollte über alles reden.[8] Doch entwickelten sich zunehmend mit dem Chef der Presseabteilung, Grosse Leege, Turbulenzen („Die Gesellschaft [Forum Film GmbH] hat kein Geld". Was G-L. früh einfiel). Dieser wusste bereits, dass er das Filmprojekt nicht zu Ende betreuen würde und damit Lorbeeren nicht ernten könne. In den Aufzeichnungen des Hamburger Historikers und Filmproduzenten findet sich dementsprechend ein erstes Kräfteparallelogramm, das inzwischen erkennbar geworden war. Habbel stand demnach für das Motto "Vorsprung durch Technik". Ein "Ordner mit technischen Entwicklungen [der] Auto Union" sollte in Ingolstadt existieren und diesen Ansatz unterstützen.[9] Ergänzend kolportierte Ulmer weiter Informationen zu einem Auto Union Kreis, der Interviews mit früheren Mitarbeitern der Gesellschaft sowie Anekdoten zur Geschichte in Zwickau sammele.[10]

Am 21./28.Januar 1985 wurde der „Produktionsvertrag" mit der Audi AG unterzeichnet. Der Traditionsfilm, der Vertragsgegenstand war, sollte „die historische Entwicklung der Automobilfirmen und Marken Wanderer, AUDI, Horch und Auto Union sowie deren Bedeutung in der Automobilgeschichte bis zur Gegenwart aufzeigen".[11]

Ein Traditions-Film gewinnt Gestalt

Inzwischen liefen in Hamburg die ersten Nachforschungen nach Filmarchivmaterial an. So bestätigte ein Partner, die „Deutsche Wochenschau" per Anruf, dass amerikanisches Material zu Zwickau vorhanden sei. Etwas gebe es dazu auch im Gesamtdeutschen Institut in Bonn.[12] Weiter hielt das Filmarchiv der DDR Material bereit. Auch sollte dort ein Spielfilm mit dem Auto Union Rennfahrer Hans Stuck liegen ("Mit Volldampf ins Glück").[13]

Die Vorbereitungen für ein Filmkonzept, das Ende des Monats März in Ingolstadt vorgestellt werden würde, liefen in Gesprächen mit Vollnhals weiter, auch während des Urlaubs von Ulmer.[14] Am 22.März befand sich der Filmproduzent zu einer ersten Kontaktaufnahme mit Wiersch in Wolfsburg und am 25. um "8.30 Uhr in Ingolstadt", um das "Konzept [in der Rechtsabteilung] vor[zu]stellen". Ulmer hatte ihn vor dem Firmenarchivar gewarnt. Dieser denke für Wolfsburg.

Im Gespräch mit Schiller, der nun Rudolf Urban in der Presseabteilung noch weiter zurücktreten ließ, über das Treatment wurde deutlich, der Film solle zu 90 Prozent die Geschichte des Automobils bei Audi zum Gegenstand haben. Der Audi-Mann unterstrich ferner, der "Anspruch heute", auf den gegenwärtigen „Vorsprung durch Technik" bei Audi, solle als "auch aus der Historie" entlehnt zur Darstellung kommen. Doch es entwickelte sich eine Diskussion, in deren Verlauf Meier betonte, es gebe "keine prinzipiellen Fragen mehr" und Barske/NSU, welcher erstmals auftrat, behauptete es fehle dem vorgelegten Buch im "Mittelteil [der] Faden". Hier sei "NSU ein[zu]beziehen". Schließlich kam es zur Diskussion der Einleitung. Das heißt, der Filmeinstieg – das Opening – wurde erörtert. Die "Entwicklungslinie" sei "dann durch die Vier Ringe [der Auto Union]" – als Stilmittel - zu eröffnen. Ob Hitler "gut gesehen" würde, diese Frage bildete den nächsten Diskussionspunkt. Schiller sprach davon, die "Verkehrspolitik [Hitlers sei] schon in den zwanziger Jahren vorbereitet" worden. Barske verwies darauf, die "dreißiger Jahre seien für uns heute interessant und profund". Für NSU-Mitarbeiter handele es sich bei dem Projekt vor allem um eine "Wirkung nach innen". Weitner/Audi-Marketing, diskutierte die "Vier Ringe Komponente" als in der "Zuordnung verfremdet". Das "Ziel des Filmes [werde] nicht deutlich". Als "Werbefilm" benötige dieser eine "neue Unternehmensaussage". Auch gehe "die Chronologie durcheinander". Der "Tenor" des Drehbuches hebe zu sehr darauf ab, nur "ein Stück deutschen Automobilbaues" bieten zu wollen. Demgegenüber verwandte sich Schiller für den Ansatz des Hamburger Historikers; das sei eben der "Unterschied [dieses Filmes] zum PR-Film". Es wurden als tragende Begriffe für die Produktvorstellung "Komfort und Luxus" sowie "Ausstattung und Komfort" herausgearbeitet. Der Aufbau des Filmes, so wurde entschieden, stehe unter dem Motto "Vorsprung durch Technik" und solle die Hauptteile der Darstellung durch Bezüge auf die "Vier Ringe" gegeneinander absetzen.

Schiller stellte abschließend fest, den "Anlaß für den Historienfilm [bilde das Jubiläum] '100 Jahre Automobil'. Mit dem Aufbau des Drehbuches [sei er] einverstanden. [Die] Vorbereitungen könn[t]en starten. [Es gebe] keine Prinzipienfragen [mehr]. [Der] 'Stempel' kommt[e] von Herrn Meier". Der Audi-Pressevertreter wiederholte, die "Verkehrspolitik 1933ff." sei „in den zwanziger Jahren angelegt" und könne damit "so inhaltlich formuliert" werden. "NSU bleibt draußen. Da kommt ein eigener Film", verkündete er. Audi Public Relation-Filmmaterial [liege] bei Geyer-Cinecontact" in Hamburg. Festgelegt wurde, dass "Schauspieler am Beginn, im Mittelteil und am Schluss" des Filmes auftreten sollten. Der "Karosseriering", das Grundprinzip des Filmes, sei "bei [der] Renngeschichte" einzubeziehen. Schiller verkündete abschließend, "das Drehbuch „[sei] so [zu] lassen, [allerdings] mit gewissen Retuschen". Der "Vorschlag der Umstellung" werde „am 9. Juli bei Grosse Leege" unterbreitet.[15] Damit war - nach der Auffassung des Hamburger Filmproduzenten - ein wichtiger Abschnitt erreicht. Die weitere Arbeit könne nunmehr auf gesicherter Basis in Angriff genommen werden.

---

[1] Tagebuch Schulte 1985. Aufz., 2.1.1985.

[2] Tel.: 003733-3140.

[3] Ebd., Aufz., 4.1.1985.

[4] Ebd., Aufz., 8.1.1985.

[5] Ebd., Aufz., 9.1.1985. V. ist heute Leiter des August Horch Museums in Zwickau.

[6] Ebd., Aufz., 10.1.1985.

[7] Ebd., Aufz., 16.1.1985. Es gab somit durchaus auch eine Anti-Dresden-Fraktion in der DDR, die sich in Potsdam zentrierte.

[8] Ebd., Aufz., 17.1.1985.

[9] Vgl. ebd., Aufz., 31.1.1985.

[10] Ebd., Aufz., 18.2.1985.

[11] Archiv Schulte. Produktionsvertrag GGQ 19840921, 21./28.1.1985. Akten dazu bei Audi 1995 vernichtet.

[12] Ebd,. Aufz., 28.2.1985.

[13] Ebd., Aufz., 6.3.1985, Frau Martin/Potsdam: "Filme liegen noch da". Ebd., Aufz., 11.3.1985. Vgl. Kurzfilm-Spielfilm-Katalog, von G.Knorr,1929/32.

[14] Ebd., Aufz., 14.3.1985.

[15] Ebd., Aufz., 25.3.1985.

11. Kapitel: Eine Intrige

Die Fäden zieht Wolfsburg

Im Januar erhob das Zentrale Parteiarchiv der DDR Einwände gegen den Antrag auf Archivbenutzung für das erweiterte Auto Union-Thema.[1] Im Anschluss daran informierte die Staatliche Archivverwaltung Herkner in Dresden, der Antrag des Hamburger Filmproduzenten auf Archivbenutzung sei abgelehnt. Ausdrücklich bedankte sich der Abteilungsleiter Keßler für die mit "Schreiben vom 9.10.1984 gegebenen Informationen". Beigefügt war die Mitteilung, der "Benutzungsantrag vom 12.10.1984 sowie der erweiterte Antrag vom 10.12.1984" hätten, "wegen notwendiger Abstimmungen mit den Archiven", erst jetzt zu einem Ergebnis geführt. Mitgeteilt wurde:

> "Unsere Ermittlungen ergaben, daß ein Teil der in Betracht kommenden Quellen noch nicht erschlossen ist und daher für eine Auswertung nicht zur Verfügung steht".[2]

Ob sich damit die Gelegenheit eröffnen würde, den Bestand Reichswirtschaftsministerium (31.01) selbst in Potsdam zu sichten, kann heute nicht mehr nachvollzogen werden. Jedenfalls finden sich in den Unterlagen des Hamburger Forschers handschriftliche Notizen, die dieser – allem Anschein nach – dort gemacht hat. Weiter beantragte er am 26.Mai 1986 beim Ministerium des Innern/Staatliche Archivverwaltung Potsdam die Einsicht in just diese Bestände. Bezug nehmend auf „Benutzungsanträge vom 12.10.1974 und 10.12.1984, die sich auf die Geschichte der AUTO UNION bezogen" haben sollten, seien diese „am 15.2.1985 nicht zustimmend beschieden" worden. „Im Rahmen einer Forschungsarbeit zur Geschichte der Motorisierung in Deutschland" würde „um Einsicht in die Bestände des Zentralen Staatsarchivs Potsdam (Reichswehrm[inisterium]., Gen.Insp.f.d.Straßenwesen, Dt.Reichsbank, Deutscher Automobilclub, IG-Farben AG)" gebeten. Weiter beantragte unser Forscher die Benutzung „des Zentralarchivs Merseburg, Nachlaß des Prinzen Heinrich v. Preußen, Kronprinz Wilhelm, Wilhelm II".[3]

Hierzu findet sich eine handschriftliche detaillierte Aufstellung von Sepp Glaser, dem betreuenden Archivar in Potsdam, der sämtliche relevanten Aktenfaszikel zu den Beständen akribisch festgehalten hatte:

> „43.01 Reichswehrministerium", „46.01 Gen[eral].Insp[ekteur]. f[ür].d[as].d[eu]-t[sche]. Straßenwesen", „25.01 Deutsche Reichsbank", „70Au1 Der Deutsche Automobil-Club (DDAC)", „61Re1 RLB-Pressearchiv [Reichslandbund]", „62

DAF3 AWJ-Pressearchiv", „80 IG1 IG Farben Farbenind[ustrie].AG" und „49.02 DAWI-Presseauszüge".

Insgesamt 35 Positionen, die nahezu jede einzelne mehrere Aktenbände, bzw. Serien von Aktenbänden umfasst. Es mutet so an, als ob Glaser – in dem ihm möglichen Masse - die Bestrebungen der „Achse" Kirchberg-Hahn-Wiersch auf dem ihm zugänglichen Sektor zu konterkarieren suchte.[4]

Erst am 28.März gingen die, während des erwähnten Archivaufenthaltes in Potsdam in Auftrag gegebenen Fotokopien zur Post.[5] Es lag damit offen, dass der bisher positive Kontakt des Hamburger Wissenschaftlers zur DDR-Archivorganisation in der Auto Union Sache inzwischen abgebrochen war. Dennoch schlugen seine Auto Union-Pläne in Dresden weiter Wellen. So enthüllte der Exportbeauftragte der Hochschule, Woijcak, in einem Arbeitspapier für den Prorektor, wie es dazu gekommen war, dass das Unterstützungsersuchen aus Hamburg in Dresden auf taube Ohren getroffen war. Im Zusammenhang mit Problemen bei der Verbesserung der Exporttätigkeit der DDR, führte der Beauftragte aus, sei trotz intensiver Bemühungen 1984 der Plan nicht erfüllt worden. Erkennbar war, dass 1985 verstärkte Anstrengungen in dieser Richtung unternommen werden sollten. Im einzelnen führte E.Woijcak aus:

"Bei dem *vorgesehenen Export von in der DDR verbliebenen Unterlagen der Auto Union AG zur VOLKSWAGENWERK AG* sind erhebliche Verzögerungen eingetreten, die die HfV nicht zu vertreten hat. Nachdem vom M[inisterium für]H[och- und]F[achschulwesen] bis Ende April keine offizielle Genehmigung für den Export erteilt wurde, fand am 2.5. eine erste Beratung zwischen den Export Büro, Ge[nossen]. Strickmann, und kompetenten Vertretern der HfV statt, auf der die weitere Vorgehensweise fixiert wurde. Als nächster Beratungstermin war der 21.5.[19]85 vorgesehen, hier sollte alles Weitere mit dem Amt für den Rechtsschutz des Vermögens der DDR und dem Außenhandelsbetrieb B[erliner]I[mport]E[xport] bestimmt werden. *Dieser Termin wurde kurzfristig abgesagt und als neuer Termin konnte erst der 4.6. vereinbart werden*, womit eine weitere Verzögerung eingetreten ist. Die HfV hat bisher alle Forderungen kurzfristig erfüllt (Vertragsentwurf und Vorschläge für die weitere Vorgehensweise). *Das erste Schreiben von VW mit der Bitte um Aufarbeitung der vorhandenen Unterlagen stammt vom 15.5.*<u>1984</u> !"[6] (Hervorh.v.m., B.S.).

In den Aufzeichnungen des Hamburger Wissenschaftlers findet sich unter dem 15.Februar ein erster Kontakt mit Wiersch/ Wolfsburg verzeichnet. Am 6.Juni sprach dieser über "große Aktionen", betreffend "Archivmaterial [für] Audi". Es mag sich um die Bestrebungen aus dem Norden – oder – inzwischen wachgeworden, der Zentralen in Ingolstadt und Wolfsburg gehandelt haben. Am folgenden Tag teilte Frau Schneider, die Sekretärin von Rudolf Urban, mit, dieser habe mit dem Firmenhistoriker wegen der DDR Kontakt. Am 8.Juni suchte Höland/Audi, im Auftrag von Habbel, das Gespräch mit Kirchberg, der damit um das Filmprojekt wusste und, wie es aus Ingolstadt lautete, "zum Gespräch bereit" sei. Der Regelkreis Wolfsburg-Dresden war nun jedoch geschlossen und ein unmittelbarer Wirkzusammenhang zwischen der Aktion Wierschs - und den Bemühungen des Hamburger Historikers in Dresden - bestand. – Am 12.Juni besuchte dieser den VW-Historiker im Wolfsburger Archiv.[7]

Dieser war bei den Dreharbeiten des Verfassers zu der NDR-Serie „Autos die Geschichte machten" des Hamburger Wissenschaftlers insofern aufgefallen, als er unzugänglich, kompliziert und nicht engagiert für Volkswagen agierte, indem er bereits zu dem zweiten Beitrag über den „KdF-Wagen" ein Museumsfahrzeug ohne Begleitung und irgend einen Kommentar auf das Testgelände Era-Lessin stellen ließ. Das Fahrzeug verfügte über keinerlei Wartung, stand allein und verlassen, mit leerem Tank da und verfügte weiter über die Besonderheit, eine völlig ausgeschlagene Lenkung zu besitzen. Niemand von Volkswagen in Era fühlte sich für das Fahrzeug zuständig. Daraufhin teilte der Hamburger Wissenschaftler und Realisator der Serie, im Angesicht sich verzögernder Dreharbeiten der VW-Presseabteilung mit, das Fahrzeug würde in diesem Zustand nicht bewegt werden. Wiersch sei zu benachrichtigen und Abhilfe zu schaffen. Als ein anderes Fahrzeug nicht kam, forderte er die Presseabteilung auf, einen Fahrer zu stellen, der das Fahrzeug zu fahren wage, und damit selbst dieses Risiko zu übernehmen; was dann mit Hilfe eines weiblichen Lehrlings in die Tat umgesetzt wurde. Benzin aus dem Reservekanister des NDR-Kamerawagens schloss die weiter bestehende Kraftstofflücke.

Auf ein ähnliches Verhalten traf der Hamburger Filmproduzent einige Jahre darauf lediglich bei Porsche. Diese Firma, die durch geringe Garantie- und Kulanzleistungen seit jeher typisiert ist, ließ - bei Dreharbeiten zum 911E deren gesamte Begleitmannschaft von unserem Hamburger Produzenten zum Imbiss einladen. Was an sich nicht weiter zu beklagen gewesen wäre, wenn nicht zusätzlich die „sportomatic" des Museumsfahrzeuges, infolge zu geringen Ölstands, gestreikt hätte. Der Chefarchivar von Volkswagen, Wiersch, ließ sich während der gesamten Drehtage für „Autos die Geschichte machten" und zum „KdF-Wagen" in Era nicht blicken. Günter Brinkmann, Hauptabteilungsleiter Naturwissenschaft und Technik beim NDR, der diesen Dreh regiemäßig betreute, weil er an dem Thema „KdF-Wagen" persönlich interessiert war, mussten diese an sich unerklärlichen Umstände vom Verfasser mundgerecht gemacht werden. –

Hochschule für Verkehr und Volkswagen AG

Im September 1985 gelangte die HfV Dresden in der Auto Union-Angelegenheit zum Geschäftsabschluss mit Volkswagen. Der Exportbeauftragte notierte:

> "Unter Einbeziehung all unserer Forderungen *wurde mit VW (Archiv/Geschichte) der Vertrag bis 1994 über insgesamt 450.000 Valutamark abgeschlossen* und bereits auf der Beratung der Exportbeauftragten gewürdigt" (Hervorh.v.m., B.S.).

In diesem Zusammenhang kam es zu weiteren Kontaktversuchen der Volkswagen AG. So habe "das BfA darüber" informiert,

> "daß die VW-AG gern Kontakt zur HfV, Sektion Fahrzeugtechnik und evtl. IVS, die TDZ Verkehrsbauwesen aufnehmen wollte, um über mögliche Vergabe von Forschungsaufträgen oder Übernahme von know how auf kommerzieller Basis zu verhandeln".

Doch hätten Ungeschicklichkeiten auf Seiten der DDR dazu geführt, dass es "zu keiner Begegnung zwischen Herkner und den Vertretern der VW-AG" gekommen sei. Diese hätten, so der Exportbeauftragte der Verkehrshochschule, Woijcak, "im Vorfeld der geplanten Gespräche die Möglichkeit eines Besuches an der HfV Anfang Oktober ins Auge gefaßt". Dass die Dinge zwischen Dresden und Wolfsburg nun ins Laufen kamen, zeigte sich daran, dass ernsthafte Überlegungen angestellt wurden, wie derartige Kontakte künftig flexibler zu gestalten wären. Der Exportbeauftragte führte weiter aus:

> "Dazu wurde...vorgeschlagen, den Forschungsdirektor der HfV, Genossen Dr. Herkner als Gesprächspartner für die Komplexanalyse der Interessenlage von VW an den Gesprächen gemeinsam mit einem Außenhandelsvertreter teilnehmen zu lassen.
> Über das BfA erhalten wir in der nächsten Woche erste Vorstellungen der VW-AG über interessierende Gebiete, die über die reine Fahrzeugtechnik hinaus auch Verkehrssicherheit und Verkehrswirkung/-Planung beinhalten".[9]

Gleichzeitig suchte unser Historiker, über Anfragen bei den Staatsarchiven Magdeburg, Oranienbaum und Schwerin seine Materialbasis für den Audifilm zu "100 Jahre Automobil" zu verbreitern. Er schrieb an das Staatsarchiv Magdeburg:

"Vielleicht können Sie mir Auskunft zu bestimmten Aktenbeständen geben, die die Firma Grade in Magdeburg näher bestimmen lassen. Grade war ja Flugzeugingenieur und hat nach 1918 Autos gebaut. Z.B. auch eine Stromlinienkarosserie".

Dem Staatsarchiv Oranienbaum teilte er mit, gesucht würden Akten der Firmen NAG, Stoewer, Grade sowie Rumpler. Der Brief an das Staatsarchiv Schwerin machte deutlich, welche Breite seine Nachsuche inzwischen gewonnen hatte. Es wurde darauf verwiesen:

"Konstruktive Entwicklungen wie die Motorenentwicklung, das Fahrwerk in seiner Auslegung zunächst auf Starrachsen und die Karosseriedetails bis hin zur Stromlinie der 30iger Jahre wären für meine Arbeit von hoher Bedeutung".

Wie umfassend sich inzwischen der Ansatz des Filmes gestaltete, unterstrich eine Bemerkung:

"Autobahnbau und neue Verkehrspolitik vor dem Hintergrund der Zielsetzungen des Generalstabes und der Partei um Hitler sollen weitere Elemente der Darstellung sein".[10]

Parallel erkundigte er sich bei dem Forschungsdirektor der Verkehrshochschule Dresden, dem IM „Manfred", nach der noch ausstehenden Entscheidung in Sachen Auto Union Akten. Mit unüberhörbarem Missfallen fragte der Hamburger Forscher an:

"Nachdem ich nun eine geraume Zeit nichts von Ihnen gehört habe, erlaube ich mir anzufragen, ob Sie in der o.a. Angelegenheit noch tätig sind oder etwa noch Entscheidungen Ihrerseits zu erwarten sind. ...
Meine Disposition erlaubt es kaum noch, längere Zeit ins Land streichen zu lassen. *Ich glaubte Ihnen in der Unterredung in ihrem Amtszimmer genügende* Einblicke in meine Absichten, Vorstellungen und meine bisherige wissenschaftliche Legitimation gegeben zu haben.
Das Verfahren *nun, diese* meine Ausführungen, *die ich* auf Ihr Verlangen hin *zudem durch eine breite Ausarbeitung ergänzte,* völlig unbeantwortet zu lassen, *erstaunt mich um so mehr, als Sie schon* im Mai 1984 eine vertragliche Übereinkunft angekündigt hatten [Brief Wiersch an HfV, 15.5.1984].
Nun, der Film wird auch ohne Sie entstehen. Doch betrübt es mich persönlich, daß offenkundig auch der direkte Kontakt und vor allem das Gespräch mit Ihnen nicht weiterführen. In diesem Sinne darf ich Sie um eine abschließende Reaktion bitten".[11]

Dieser „zog sich den Schuh" prompt an und antwortete, weit entfernt von den tatsächlichen Gründen der Ablehnung des Antrages:

> "Anläßlich ihres Besuches in Dresden hatten wir Ihnen zugesichert, Möglichkeiten der Mitwirkung bei der Erarbeitung der Geschichte der AUTO UNION *zu prüfen*. Dabei war allerdings davon ausgegangen und Ihnen in unserem Gespräch mitgeteilt worden, daß sich unsere fachliche Unterstützung *nur mit geringen personellen Kapazitäten* auf *ausgewählte* Gebiete erstrecken könnte, die für die *Produktion eines Filmes* geeignet sind [offenkundig wusste K. auch, was für einen Film vonnöten ist].
>
> Das uns von Ihnen danach übergebene Programm übersteigt jedoch unsere Kapazitäten bei weitem und dürfte auch kaum in einem Film über die Entwicklung des Autos - und nur hiervon war Ihnen gegenüber als Vertreter der Forum-Film GmbH die Rede - unterzubringen sein. *Aus diesem Grund* sehen wir keine Möglichkeiten einer Mitwirkung"[12] (Hervorh.v.m., B.S.).

Äußerst widersprüchlich, vor allem in Anbetracht des Vorschlages der HfV aus dem Anfang Juni, sollte dieses Schreiben mehr oder weniger das ungewöhnliche Verhalten der Dresdener Stelle bemänteln.

Dresdener Konkurrenten

Dass sich auch andere im Westen inzwischen für das Thema Automobilgeschichte und DDR-Archive interessierten, zeigte gleichzeitig ein Vorstoß von Frau Heidrun Heimann, Doktorandin bei Hans Mommsen/Bochum, die, mit Unterstützung ihres Lehrers, bei der Staatlichen Archivverwaltung Potsdam vorstellig wurde.[13] Nach Abschluss dieser Bewegungen am Rande des Themas Auto Union-Akten, soweit diese den Hamburger Forscher betrafen, trat das Staatsarchiv Dresden, offensichtlich direkt inspiriert durch die Volkswagen AG, an den Leiter der Staatlichen Archivverwaltung in Potsdam, R.Leipold, heran. Der Direktor des Sächsischen Staatsarchivs, Groß, schrieb:

> "Am 18.7.1985 sprachen im Auftrage des Prorektors für Forschungsfragen der Verkehrshochschule Dresden die Ge[nossen]. Dr.Herkner, Dr.Kirchberg und Dienst von der Verkehrshochschule beim Unterzeichneten vor. Sie erläuterten dabei folgendes Anliegen:
>
> Die *Volkswagenwerk-AG* hat *für* das ihr gehörende Unternehmen *Auto-Union GmbH Ingolstadt* größtes Interesse an dem *Archivgut des Bestandes Auto-Union*, der sich im Staatsarchiv Dresden als Teil des Staatlichen Archivfonds der DDR befindet. Nachdem der Benutzungsantrag für den BRD-Bürger Schulte,

420

Hamburg, abgelehnt worden ist, *sollen jetzt in größerem Umfang Fotokopien oder Kleinbildfilme von dem Auto-Union-Bestand im Staatsarchiv Dresden angefertigt werden.* Eine entsprechende *Zusage soll Ge[nosse].G. Mittag in diesem Jahr...*gegeben haben. Dieses Verfilmungsprojekt soll von der Verkehrshochschule Dresden als *Exportleistung* betrieben werden.

Den Vertretern der Verkehrshochschule wurde mitgeteilt, daß ein solches Verfahren der Benutzung des Bestandes und Filmbestellung durch die Verkehrshochschule und der Weiterverkauf der im Staatsarchiv Dresden hergestellten Filme an die Volkswagenwerk-AG nach Ansicht des Unterzeichneten nicht möglich ist. Es wäre, wenn überhaupt, nur denkbare, daß

a) die Verkehrshochschule die wissenschaftliche Auswahl der Dokumente im Staatsarchiv Dresden trifft

b) das Staatsarchiv Dresden auf *Direktbestellung der Volkswagenwerk AG* die Kleinbildfilme anfertigt und auf dem üblichen Wege gegen Bezahlung versendet. Es wurde weiter mitgeteilt, *daß es dazu aber der Genehmigung des Leiters der Staatlichen Archivverwaltung bedarf.* Bei einem derartigen Fall, daß praktisch ein relativ großer Teil des Bestandes des Staatlichen Archivfonds der DDR in das Ausland in Filmform verkauft werden soll, wäre wohl auch eine Klärung zwischen dem *Ministerium für Hoch- und Fachschulwesen und dem Ministerium des Inneren* durchzuführen. Da das Problem wohl inzwischen sehr dringend geworden ist, soll sich die Verkehrshochschule mit Ihnen schnellstens in Verbindung setzen.

Seitens des Staatsarchivs Dresden bestehen *keine grundsätzlichen Bedenken* gegen die Herstellung einer großen Anzahl von Kleinbildaufnahmen aus dem Bestand der Auto-Union (Gesamtumfang ca. 250 l[au]f[ende]m[eter], zumal die technischen Unterlagen von der Kfz-Entwicklung der zurückliegenden 40 Jahre *überholt* sind. Eine wissenschaftliche Bearbeitung des Bestandes durch die Verkehrshochschule Dresden und der Verkauf entsprechender Studienergebnisse wäre jedoch im Interesse der Erhaltung des Unikat-Charakters bedeutend besser als die Veräußerung von Kopien. Ein vom Amt für Rechtsschutz der DDR ins Kalkül gezogener Verkauf von Doppelstücken im Archivbestand wurde gegenüber den Vertretern der Verkehrshochschule kategorisch abgelehnt"[14] (Hervorh.v.m., B.S.).

Dieses Schreiben wurde ergänzt um einen "Vermerk". Darin wurde der dramatische Kampf um Zuständigkeit und Valutamark näher erläutert:

"Pers[önliche], Aussprache zwischen
Gen[ossen]. Leipold/Kessler und Gen[ossen].
Dienst am 25.7. in Potsdam;
Verweis auf Rechtsvorschriften,
Übergabe eines Exemplars aus der AVG,
Vorschlag: Schreiben des Ministers MHF an Minister des Innern".

Interessant der Motivwechsel von „kriegswichtig" zu „überholt", der sich zwischen dem Schreiben Hartstocks und diesem seines Chefs herausstellt, und jedoch erneut Widerstand aus unerwarteter Richtung. Doch entscheidend war, dass es um Anfragen aus wissenschaftlicher Richtung ging.

Daraufhin wandte sich der Minister für Hoch- und Fachschulwesen, Prof.Dr. hc.Böhme, an den Minister des Innern, Armeegeneral F.Dickel und entwickelte diesem, die Möglichkeit "des immateriellen Exports", die sich aus dem Interesse der "BRD-Autofirmen Audi und VW AG" an "Leistungen der Hochschule für Verkehrswesen" aus dem Aktenbestand zur alten Auto Union AG im Staatsarchiv Dresden ergäben. Im Einzelnen führte Prof.Böhme zum Umfang des möglichen Volkswagen-Auftrages aus:

"- Gründung und Struktur sowie Management der Auto Union AG:
Gründungsmotive und -vorgänge, die Organisationsstruktur des gesamten Unternehmens sowie ausgewählter Abteilungen und ihre Veränderung; das Management (Personalia, Wirkungsfelder). Hierzu gehören die *Wiedergabe aller Geschäftsberichte,* statistische Zusammenstellungen zur Kapital- und Beschäftigungsstruktur, Auszüge aus Personalakten, *detaillierte Wiedergabe der Auseinandersetzungen zwischen der Auto Union AG und J.S. Rasmussen,* kriegsbedingte Vorgänge bis zur Liquidierung.
- Die Fahrzeugproduktion bei der Auto Union AG zwischen 1932 und 1945; Produktionsprogramme, Fertigungseinflüsse, Typenentwicklungen, Statistik, Bilddokumente, eingeschlossen sind alle Fahrzeugmarken, wie Audi, DKW (einschließlich der Motorräder aus Zschopau und der Spandauer Wagen), Horch und Wanderer sowie alle Wehrmachtsfahrzeuge.
- die Technikpolitik der Auto Union AG. Die Produktionsstrategie im Konzernkomplex, einzelne Konzentrationspunkte, wie z.B. Weihe-Bremse, Puls- und Trilokgetriebe usw.; die *Zusammenarbeit mit bedeutenden Technikern inner- und außerhalb des Konzernverbandes, wie z.B. Venediger, Zoller, Porsche* u.a. soweit Integration und Reaktion in bzw. auf gesellschaftliche Einflüsse (der Volkswagen und seine Auswirkungen, Materialkontingentierungen usw.) könnten hierbei ausführlich dargestellt werden.

- die *Position der Auto Union AG in der deutschen Kfz-Fahrzeugindustrie*; Zulassungen, Marktanteile, Exportsstrategie; *Zusammenarbeit der Auto Union AG mit anderen Unternehmen der Branche, insbesondere mit BMW und Daimler-Benz,* im Rahmen des Reichsverbandes der Automobil Industrie (RdA) und der Wirtschaftsgruppe Fahrzeugindustrie; die Auto Union AG und das sogenannte Schell-Programm.
- Zusammenstellung von technischen Zeichnungen und Filmmaterial, Recherchen, Auflistung und Standortangabe aller noch in der DDR existierenden technischen Zeichnungen Auto Union-Fahrzeuge einschließlich Rennwagen; Recherche und Zusammenstellung des noch vorhandenen Dokumentarfilmmaterials zur Entwicklung der Serienfahrzeuge und der Rennsportfahrzeuge der Auto Union AG nach Filmtiteln, Länge, Qualitätsmerkmalen und Standort der Filme" (Hervorh.v.m., B.S.).

Dieses Material, so Böhme, sei „durch die Parteiführung (G[ünther].Mittag) freigegeben". In Form von Kopien sei dieses exportierbar. Zwischenzeitlich hätten "der Minister für Maschinen-, Landmaschinen- und Fahrzeugbau sowie der Leiter des Amtes für den Rechtsschutz des Vermögens der DDR die Zustimmung zu dem beabsichtigten Exportgeschäft gegeben." Endlich geklärt wurde nun, dass "die alleinigen Rechte für den Verkauf' von Archivalien beim Staatsarchiv Potsdam lagen. Damit erwies sich, dass der Weg des Hamburger Wissenschaftlers über die Verkehrshochschule ein eklatanter Fehler gewesen war. Diese verfügte über keinerlei Rechte in der Frage der Auto Union Akten und verfolgte deshalb nicht mehr und nicht weniger als ihr institutionelles Interesse. Überdies wurde der Konkurrent Kirchberg geweckt. Ausschließlich auf dem Wege von "Expertisen" sei die Verkehrshochschule ins Geschäft zu bringen, hieß es nun. Das führte zu dem Vorschlag, über die "Anfertigung von Kopien" durch das Staatsarchiv Dresden, zwischen Archiv und Hochschule zu einer "Erlösteilung" zu gelangen. Damit wurde deutlich, wie schwach die Position der Hochschule für Verkehr im Gefüge der DDR-Institutionen tatsächlich war. Diese hatte über etwas verhandelt, was sie gar nicht besass.[15]

Vom Ministerium des Innern wurde schließlich entschieden, dass "eine sorgfältige Abstimmung zwischen der Staatlichen Archivverwaltung und der Hochschule für Verkehrswesen 'Friedrich List' erforderlich" sei. Insofern wurden die Argumente des Staatsarchivdirektors Groß aufgenommen, indem ausgeführt wurde, "die Realisierung der vorgesehenen Maßnahmen" sei nur möglich, "angesichts der inhaltlich komplizierten Struktur des 250 l[aufen]d[e] M[eter] umfassenden Bestandes", der zudem „einen hohen Arbeits- und Zeitaufwand" erfordere. Generalmajor Ahrendt, vom Ministerium des Inneren, fand einen Kompromiss zwischen den Ansprüchen und Bedenken des Staatsarchivs Dresden und den Wünschen der Verkehrshochschule. Letztlich bestand dieser Kompromiss in einer Regelung darüber, wie "die Vergütung für archivalische Recherchenarbeiten einschließlich Reproduktionskosten" und "Expertisen" zwischen Staatsarchiv und Hochschule aufgeteilt würden. Unter Aufsicht der Staatlichen Archivverwaltung Potsdam sollte der Kampf zwischen den DDR-Stellen um Mittel "zur Erwirtschaftung von Valutaerlösen" auf diesem Weg geregelt werden.[16]

Wiersch profitiert in Wolfsburg

Im September fand das Gespräch zwischen dem Vertreter der Volkswagen AG, Wiersch, und der Verkehrshochschule Dresden statt. Im November unterbreitete die Hochschule der VW-Abteilung "Geschichte und Autogalerie" folgendes Angebot:

"Sehr geehrter Herr Dr.Wiersch!
Unter Bezugnahme auf die durch Sie geführten Gespräche mit der Hochschule für Verkehr Dresden im September dieses Jahres erlauben wir uns, Ihnen nachstehend folgendes Angebot zu unterbreiten:

Expertise zur technisch-konstruktiven Entwicklung der DKW-Fahrzeuge und -Motoren bis 1939

Gliederung:

1.   DKW-Kraftfahrzeuge und -Motoren bis 1932
1.1.   DKW-Motorräder bis 1932

          Überblick und technische Charakteristik
          der DKW-Motorräder 1921 bis 1932

          Dokumentation und Abbildungen

1.2.   Stationäre DKW-Motoren bis 1932 analog 1. 1.
1.3.   DKW-Automobile bis 1937
1.3.1   Die Versuche mit Elektro-Antrieb

Gesamtumfang:

ca. 300 Seiten Expertise
ca. 300 Schwarz-Weiß-Abbildungen
ca. 200 Farbreproduktionen von Prospekten
ca.   33 Zeichnungen (Kopien)

Für die Expertise wird auf Grund der Einmaligkeit der noch vorhandenen Unterlagen und des Arbeitsaufwandes ein Preis von
          DM/VE 150.000,--
berechnet.
Unter der Voraussetzung einer kurzfristigen positiven Entscheidung
Ihrerseits kann die Expertise bis zum 31.12.1986 fertiggestellt werden.
Zusätzlich zur Bearbeitung der Archivunterlagen können noch folgende
Leistungen angeboten werden:

- Verfilmung von noch vorhandenen Ersatzteillisten und Betriebsanleitungen
auf Kleinbildfilm (insgesamt ca. 12 ... 15.000 Einzelbilder)
- Auswertung von Artikeln der Fachpresse zu o.g. Thematik.
Im Falle ihres Interesses sind wir bereit, unser vorgenanntes Angebot entsprechend zu ergänzen".[17]

Auffallend erscheint, dass es zunächst ausschließlich um DKW-Fahrzeuge und Akten ging. Das spricht ebenfalls dafür, dass hinter dem Interesse der VW AG der Vorstand Hahn stand, dessen Vater Werbechef bei DKW gewesen war, und der unserem Historiker zeitgleich bestätigt hatte, dass DKW bei Auto Union „das Geld verdient" habe - und nicht Horch und Audi.

---

[1] BA-Berlin, Do 1, 22.0. Institut für Marxismus-Leninismus, 15.1.1985. Hahn, Volkswagen, S. 162: „(Zum China-Geschäft) Die Wahl des Termins für die Vertragsunterzeichnung war kein Zufall. Im Oktober 1984 stand der für die chinesische Führung national wie international wichtige Staatsbesuch von Bundeskanzler Kohl in China auf dem Programm". Hahn bestätigt unbeabsichtigt das Zusammenspiel zwischen Politik und Wirtschaft, hier für den Exportsektor.
[2] HfV 2.2.2./184. Staatliche Archivverwaltung an HfV Dresden, 15.2.1985. BA, Do 1, 22.0. Staatliche Archivverwaltung an B.Schulte, 15.2.1985. "Verteiler: HfV 'Friedrich List', ZStA, StA Dresden, StA Leipzig".
[3] BA-Berlin, Do 1, 22.0. Zentrales Staatsarchiv Potsdam an B.Schulte, 28.3.1985 (gestempelt: 17.5.1985).
[4] Archiv Schulte, Aufzeichnung aus dem DZA I Potsdam:
„31.01 RWM.

18124	Prof.Dr.E.Everding, TH Berlin, Neue Kraftwagen, Karosserieform, 1938-40
18125	Finanzierung des Volkswagenwerkes, 1938
18126	Paul Muchow, Fahrzeug u. Geräte Berlin ..., 1939-39
18127-18132	Stützungsaktion in Elbingen, Bd 1-5, 1925-36
18133-18135	Stützungen des Mannesmann-Konzerns, Bd. 1-3, 1925-29
18140	Stützung der Stoewer-Werke AG, Stettin, 1934-37
7363-7367	Organisation des Kraftverkehrs, Bd. 1-5, 1917-25
9086-9088	Reichsgruppen Industrie, Handelsgruppe II: Fahrzeugindustrie, Bd. 1-3, 1933-34
11691	Kraftfahrzeuge, 1943-44".

[5] Vgl. ebd.

[6] HfV 2.2.2./231.E.Woijak an Prorektor, 23.5.1985.

[7] Archiv Schulte I. B.Schulte an A.Konrad (Leiter Planung der VW AG), 11.6.1985; Ebd., B.Schulte an R.Urban, 11.6.1985 zur Unterstützung eines Interview Termins mit Dr.-Ing.Ferry Porsche. Der relativ geringe Umfang, und die geringe Ordnung in dem Archivraum, irgendwo in einem Keller des Wolfsburger Werkes, fielen damals ins Auge. Es gab einige Mikrofilme aus Akten der Rennabteilung der Auto Union, sowie höchst interessante Vorstandsprotokolle aus der Zeit seit Nordhoff („Wir müssen die Mafia in Ingolstadt zerschlagen"(1962). Dazu fanden sich die gesamten Umsatz- und Verdienstzahlen der Auto Union vor und während des Zweiten Weltkrieges. Ein aufschlussreiches Material zur Rolle der Auto Union als Rüstungskonzern, das den Autor noch beschäftigt. Ergänzt um die Akten im HWWA zu Auto Union und NSU ergeben sich vertiefte Einsichten in die Ergebnisse dieser Unternehmen vor 1939 und danach.

[8] Archiv TU-Dresden, HfV 2.2.2./231. E.Woijak an Prof.Stack, vor 9.9.1985.

[9] Ebd. Hier zeigen sich weitere Bestrebungen, welche die Versuche seitens Volkswagens wie der westdeutschen Industrie ergänzen, die DDR auf zusätzlichen Feldern in beträchtlichem Umfang an sich heranzuziehen.

[10] BA-Berlin, Do 1, 22.0. B.Schulte an Staatsarchiv Magdeburg, Staatsarchiv Oranienbaum, Staatsarchiv Schwerin, 14.6.1985, Eingang Potsdam: 20.6.1985. Die Staatsarchive Schwerin und Magdeburg antworteten am 9. und 22.7.1985.

[11] Archiv TU-Dresden, HfV. 2.2.2./184. B.Schulte an Dr.Herkner/ Verkehrshochschule, 14.6.1985, Eingang: 25.6.85, Eingang Herkner: 26.6.85, "Prorektor zur Kenntnis, 25.6.".

[12] Ebd., HfV 2.2.2./184. Dr.-Ing.Herkner an B.Schulte, 9.7.1985, ausgefertigt: 10.7.85.

[13] Ebd., HfV 2.2.2./184. H.Heimann an Staatliche Archivverwaltung. 3.6.1985, darin: Prof.Dr.H.-Mommsen, Bescheinigung, 31.7.1985: "Frau Heidrun Heimann ist Doktorandin der Fakultät für Geschichtswissenschaft der Ruhr-Universität Bochum. Ihre Dissertation über die Entwicklung der Automobilindustrie in Deutschland (1919-1939) wird von mir betreut. Darin: H.Heimann, Die Entwicklung des Automobils zum Massenkonsumartikel in Deutschland. Einleitung zu einer Untersuchung. Mit: Vorläufiger Gliederung.

[14] BA-Berlin, Do 1, 22.0. Dr.Groß an Leipold, 22.7.1985. Der stellvertretende Vorstandsvorsitzende von Volkswagen, Münzner hatte im April mit G.Mittag konferiert. Mittag sollte die Freigabe von Aktenmaterial aus dem Dresdener Archiv hier freigegeben haben. Es war von Seiten der DDR schwer möglich, sich der Avancen aus Wolfsburg (Handelsvertrag, Motoren-Projekt, 601-Nachfolger, Zulieferfunktion der DDR-Volkswirtschaft für VW) zu erwehren.

[15] Ebd., Do 1, 22.0. Prof. Dr.hc.Böhme an Armeegeneral F.Dickel, 16.8.1985.

[16] Ebd., Do 1, 22.0. Ahrend (Generalmajor) MdI, an Prof.Dr.hc.Böhme, Minister für Hoch- und Fachschulwesen, nach dem 22.8.1985 (o.D.).

[17] Archiv der TU-Dresden, HfV 2.2.2./230. Berliner Import-Export-GmbH [BIE], Henkel/Poscher an VW AG, Dr.B.Wiersch, 27.11.1985.

12. Kapitel: „Fortschritt" in Ingolstadt

Vorarbeiten zur Audi-Unternehmensgeschichte

Am 29.Juli 1985 hatte der Pressechef Grosse Leege bei Audi seinen letzten Tag.[1] Als der Hamburger Filmproduzent zuvor in Ingolstadt anrief, und, zu seinem Erstaunen, direkt zu Grosse Leege durchdrang, wurde er mit ungewöhnlich überfließender Freundlichkeit begrüßt: „Lieber Herr Schulte etc."... Doch schlug diese abrupt in Enttäuschung am anderen Ende der Leitung um, als der noch Audi-Mann bemerkte, dass er mit dem Historiker Schulte und nicht Gerd Schulte-Hillen vom Verlagshaus Gruner&Jahr, seinem künftigen Arbeitgeber, verbunden sei. Am 6.Mai ging das Treatment des Audi-Filmes an Rudolf Urban, der - mit dem Rückzug seines Chefs - wieder in die Führung der Audi-Presseabteilung vordrang. Auch Bemühungen um Informationen aus dem Hause Porsche unterstützte Urban Ende des Monats. Damit war es aber auch getan. Bis Mitte Juni klinkte er sich erneut aus. So kam es zu wiederum mattem Flügelschlag aus Ingolstadt.[2]

Mit dem Prokuristen Köhler von Volkswagen, der rechten Hand des Vorstandsvorsitzenden für DDR-Angelegenheiten, kam unser Hamburger Forscher Ende des Monats Juli unverhofft ins Gespräch. Köhler signalisierte dem DDR-Außenministerium, dieser würde "im Auftrag von VW an einer Firmengeschichte von Audi" arbeiten. Dies schrieb er an die Ständige Vertretung der DDR. Der VW-Prokurist verlautbarte, Dr.Andrä, Staatssekretär im DDR-Außenministerium, kenne den Fall. Wiersch sagte dazu: "Hahn hat wieder zurückgepfiffen" und wusste zu vermelden, "daß Hahn sich für Ingolstadt nicht engagieren" werde. „Die Entscheidung [liege] bei Habbel und der bleibt länger. Hahn habe ihm gesagt, daß er sich in die Sache nicht hineinmischen soll. Doch den Text des Filmes will er [Wiersch] gern mitsehen und redigieren".[3] Ulmer erhielt das Drehbuch am 11.Juni.

In Ingolstadt drehte sich inzwischen das Personal-Karussell erneut. Und in Wolfsburg war von Schenk mit Produkt-, Marketing und Traditionspflege betraut. Der Name Klaus Detlov von Oertzen tauchte auf, der Auto Union Vorstand bis 1935 gewesen war. Im Sommer hielt sich dieser in Lausanne auf, im Winter in Südafrika. In der Zwischenzeit machte er zeitweise Station in Montecatini bei Florenz/Lucca, und in Rom, bevor er sich im November eines jeden Jahres regelmäßig durch Flucht dem europäischen Winter entzog. Von Oertzen hatte besondere Bedeutung, weil er, neben den Vorstandskollegen Bruhn und Hahn (Senior), für den Export der Auto Union verantwortlich gezeichnet hatte.[4]

In diese Wochen fiel zudem ein erster beeindruckender Kontakt mit Felix Wankel in Lindau, dessen Wankel(NSU)-Fahrzeuge sollten in dem Audi-Film einen Platz finden. So war es zumindest die Vorstellung unseres Historikers. Die Namen "großer Konstrukteure" wie: Benzinger, Keller (Fichtel & Sachs), Dürr (NSU), Höppner (Wankel), Lück und Richard van Basshuysen fielen in wiederholten Gesprächen. NSU habe, nach dem Zweiten Weltkrieg auf der Isle of Man und dem Hockenheimring bedeutende Motorradsiege errungen. So äußerte Wankel in Lindau. Der Hubkolbenmotor sei in der Folge durch den Drehkolbenmotor geschlagen worden. Nach dem Krieg wären NSU und BMW gegenüber Mercedes zurückgefallen. Das "Gefühl des Sieges", der "Überlegenheit", habe "zum Wankelmotor" geführt. Würden "Piech, Flick, Quandt und die Dresdner Bank" dem Wankelmotor zugestimmt haben, "hätte Porsche auch [den] Kreiskolben Motor einbauen müssen". NSU, so Felix Wankel, habe Nähmaschinen, Fahrräder und Autos gebaut; im Kriege das Kettenkrad. Doch für seinen Motor sei eine Firma vonnöten gewesen, die Kapital (1 Million DM, 1952) für eine „Motorenstrasse Wankelmotor" frei gemacht haben würde. "Piech hätte eine Bank gebraucht", um den "871 Ro 80-Motor" zu bauen, vermittelte Felix Wankel mit vielsagendem Augenzwinkern. Dies "wollte [Piech] nicht", und so habe, wie der große Erfinder näher erörterte, dessen "Hetze" begonnen (Wasserstoffbetrieb, Gutachten der TH-Aachen zum geringen toxischen Grad des Kreiskolbenmotors). Er, Wankel, sei deshalb mit NSU gegangen, weil diese "die Firma mit den besten kleinen Sportwagen" gewesen sei. Daimler-Benz habe "speziell keine Sportwagen" geführt. So sei die "deutsche Industrie" ihm gegenüber mit einem "schlechtes[n] Gewissen" belastet. Vor kurzem wäre der Vorstand von Audi, Habbel, überraschend wegen einem neuen Lader für Sporteinsätze bei ihm in Lindau aufgetaucht. Auch Basshuysen sei "nach Lindau gekommen".[5]

Subunternehmer mit Haken und Ösen

Am 25.Juli befand sich unser Filmproduzent, zwischen 16 und 17 Uhr, in Neckarsulm bei Audi/NSU, um dort den Vorstandsvorsitzenden von Volkswagen, Hahn, zu treffen.[6] Das war notwendig geworden, weil - im Zuge der Drehvorbereitungen zum Audi „Traditionsfilm" - der frühere Pressechef Grosse Leege sich dafür stark machte, das Projekt in andere Hände zu verschieben. Dabei spielte der Vorstandsvorsitzende von Audi, Habbel, eine besondere

Rolle, da dieser den Einflüsterungen Grosse Leeges nach wie vor ein offenes Ohr bewahrte. Hahn bestätigte hier sein Interesse für die Auto Union Geschichte, was keineswegs geheuchelt war und welche der Hamburger Historiker diesem nahe zu bringen versuchte. Nicht Horch, sondern DKW habe im Auto Union Konzern „das Geld verdient", so verlautete der Vorstandsvorsitzende etwas vollmundig. Auch sei der Horch 853 nicht standfest bei Dauerbelastung gewesen. Das habe er, Hahn, anlässlich einer Fahrt mit seinem Vater nach Rumänien selbst erlebt. Das Gespräch endete mit der Aussicht, die Auto Union Belange durch Wolfsburg gefördert zu sehen. Beim Verlassen des Gebäudes ging es eine steile Treppe hinab. Auf fünf Meter Entfernung kam unserem Hamburger Forscher der Vorstandsvorsitzende des Audi-Werkes NSU, Piech, entgegen. Im Hinuntergehen rekapitulierte unser Historiker die Aussicht, dass Piech Vorstand in Ingolstadt werden würde und designierter Nachfolger von Habbel war sowie die Tatsache der noch nicht vollen Unterstützung durch Hahn. Doch während der wenigen Sekunden, die blieben, beließ es der Hamburger Wissenschaftler dabei, Herrn Piech zuzunicken.

Einige Tage befand sich der Hamburger Forscher in der zweiten Julihälfte in Turin, um - im Archiv von Fiat (Directione Marketing e Commeciale) - Nachforschungen zur allgemeinen Automobilgeschichte und -Kultur anzustellen.[7] Wie zu erwarten war, führte - am 26.Juli in Hamburg, im neuen Hotel „Elysee" – Grosse Leege, Gespräche zum Audi-Film „mit anderen".[8] Daraufhin zur Rede gestellt, bestätigte der frühere Audi-Mann „am 26.Juli, um 14.06 Uhr, telefonisch, er habe <u>nichts</u> besprochen. Er [habe] Vertrag" mit dem Hamburger Historiker. „Sonst ist niemand anderes beteiligt". Nun lautete die wenig verlässliche "Absprache: wir werden in der nächsten Woche über das Thema weitersprechen". In gutem Glauben nickte der Hamburger Vertragspartner zu dem Wunsch: das "Drehbuch geht an <u>Grosse Leege</u>. Er wird dann mit mir privatim und in Hamburg aber sprechen".[9] Der tatsächliche Inhalt des bewussten Gespräches enthüllte sich wenige Tage darauf. Es sickerte durch, dass die gesamte Projektsumme des Audifilmes gegenüber interessierten Dritten von Grosse Leege preisgegeben wurde. Diese Indiskretion zog damit weitere Kreise. Zielgerichtet bei den Subunternehmern unseres Filmproduzenten.[10]

Daraufhin erwirkte dieser über Rudolf Urban, der zu diesem Zeitpunkt in Ingolstadt erneut das Zepter führte, dass dieser sich am 29.Juli mit Grosse Leege zu Drehbuch, NSU-Anteilen darin und Filmlänge abstimme. Offensichtlich besaß der frühere Pressechef dort, trotz seines Abschiedes, weiterhin Einfluss. Im Ergebnis, so teilte Urban schließlich mit, ginge es nicht um die Länge des

Filmes, sondern ausschließlich um dessen Qualität. Er "bestätigte den Film". Ob Grosse Leege Kontakt zu anderen habe, sei "unbenommen und ohne Einfluß".[11] Das klang alles außerordentlich selbstsicher, erschien in Hamburg jedoch nicht realistisch. Das zeigte sich umgehend mit einem Brief an Grosse Leege, der einem interessierten, und ihm aus Dülmener Tagen bekannten Kinderfilm-Regisseur wie dessen Hinterleuten, Entrée in Ingolstadt verschaffen sollte. Diesen Text leitete Urban direkt nach Hamburg - und an seinen früheren Chef – weiter.[12] Was dahinter steckte war der Plan des mit der Herstellung des Audifilmes beauftragten Subunternehmers, der zunächst den Regisseur Gondrand de Bruycker in das Projekt hineinzog, um dann unversehens „einen anderen Regisseur unserer ... Wahl" zu betrauen.[13] Der Hamburger Filmproduzent hielt zu diesem Vorgang unter dem 30.Juni fest,

> „Ich darf Bezug nehmen auf Ihr Schreiben vom 6. Juni ds. und die Entwicklungen des heutigen Tages, die die Absage von Herrn De Bruycker brachten. Wie die Dinge sich entwickelt haben, wurde das o.g. Projekt von Herrn De Bruycker wohl mehr am langen Zügel geführt (Antwortbrief auf Schreiben Esterers unter dem 6.6.1985). Für mein Verständnis war anzunehmen, dass ein Junktim zwischen der Übernahme der Drehbucharbeit und der Regie bestand.
> Das war der Inhalt unserer Gespräche bei CINECENTRUM und auch in dem Kontaktgespräch in der Wohnung von Herrn Dr.Haese.
> Allerdings hat Herr De Bruycker weder an der Vorstellung des Exposés (Krankheit), noch jetzt an der Vorstellung des Drehbuches in Ingolstadt am 1.Juli 1985 teilgenommen. Er sagte mir dazu, das würde alles Zeit und Geld kosten. Das würde die Produktion nicht tragen. Ich muß in diesem Zusammenhang auf die ersten Paragraphen des Vertrages hinweisen, die eine Beratung durch den Regisseur bei der Drehbucharbeit beinhalten".[14]

Entscheidend war der Umstand, dass Esterer und De Bruycker befreundet waren und der „warme Regen" eines Zusatzauftrages für diesen nicht zu verachten war. Der Regisseur wohnte bei Wintermoor in der Nordheide in einem alten Heidebauernhaus und unterhielt für Sommergäste dort ein kleines Café. Ferner hatte die Konstellation De Bruycker für den Subunternehmer unübersehbare Vorteile gebracht.

Weiter lag diesem Schachzug zugrunde, das Projekt durch Turbulenzen in die eigene Hand zu befördern, was durch einen weiteren Regisseur befördert wurde, der über - für diese Bestrebungen förderliche - Beziehungen zu dem früheren Pressechef der Audi AG, und damit zu deren Vorstand Habbel, zu verfügen schien.[15] Die in einem Schriftsatz des Rechtsanwalts Raimund Benoit dargelegten Vorgehensweisen dieses Regisseurs enthüllen „Vertragsverstöße", die – wie damals bereits erkannt – den Hamburger Filmproduzenten zumindest von „Nachfolgeaufträgen" ausschließen sollten.[16] Ohne die Unterstützung des Subunternehmers der Forum Film konnte dieser Mann jedoch nicht in den Besitz des Materials kommen und seinen Vorstoß bei Dr.Habbel in Ingolstadt unternehmen. Was die Verbindung in dieser Sache zwischen dem Hersteller des Filmes, dessen weitergehenden Bestrebungen und dem Regisseur offen legt. Es wurde behauptet, diesen fehle ein

> „innere[n]r Zusammenhang mit dem ihm übertragenen Aufgabenkreis als Regisseur [sic, Beweis ex negativo B.S.]".

Doch nutzte dieser Angestellte des Filmherstellers die im Projekt erworbenen Kenntnisse und Materialen dazu,

> „für ‚eigene Rechnung' die Videocassette zusammen[zu]stell[t]e[n], um sie später bei der Audi AG anbieten zu können. Hierzu verwendete er das ihm von der Beklagten zugänglich gemachte Archivmaterial. Dieses ließ er dann nach den Vorgaben des Drehbuches schneiden".[17]

Trotz wiederholter Hinweise auf diese Vorgänge kam der Dienstleister der Forderung, den Regisseur zu entlassen, nicht nach. Rechtsanwalt Benoit formulierte:

> „Dadurch verletzte die Klägerin die ihr gegenüber der Beklagten obliegende Schutzpflicht. Die Klägerin hätte sich bei Abwicklung des Produktionsvertrages so verhalten müssen, dass die Rechtsgüter der Klägerin nicht verletzt werden. Folglich hätte die Klägerin den Hinweisen der Beklagten energisch nachgehen und entweder das vertragswidrige Verhalten des Regisseurs unterbinden oder ihn austauschen müssen".[18]

Es ging der Herstellerfirma demnach nicht darum, diesen Auftrag und diesen Film bestmöglich herzustellen, sondern darum, zunächst Kontakte zu Audi zu gewinnen, dann diese auszugestalten, das Filmprojekt des Hamburger Filmproduzenten – wenn möglich – zu übernehmen, und, womöglich, Nachfolgeaufträge zu aquirieren.[19]

Bestätigt wird dieser Vorgang durch das Schreiben der „GLS-teamL"/Dülmen, die Detmar Grosse Leege gehörte, an Dr.Habbel. Dort offenbarte sich das im Hintergrund sich entwickelnde Kalkül. Es wurde ausgeführt:

> „Wir wenden uns im Auftrag von Herrn Grosse Leege an Sie und bestätigen Ihnen, dass der Regisseur Benton Claus Lombard für die AUDI AG die Layout

Cassette aus dem Archiv Material herstellt auf Grund derer Sie dann entscheiden können, ob Sie in dieser Weise eine AUDI Informations Systematik aufbauen können und wollen.

Wir wären Ihnen dankbar, Herr Dr.Habbel, wenn uns ein entsprechender Auftrag auch offiziell zuginge, damit es später bei der Abrechnung kein Problem gibt".[20]

Es ging ohne Zweifel um eine, in Kenntnis zwischen Habbel und Grosse Leege und in Verbindung mit den erwähnten Hamburger Kreisen entwickelte Strategie, das Filmprojekt (Archivfilm) auszukernen und Nachfolgeprojekte herauszulösen. Dass womöglich Derartiges auf den Widerstand der Presseabteilung traf, zeigten die Reaktionen Schillers, dessen Entrüstung wohl nicht gespielt war. Jedenfalls bestätigte dieser dem Hamburger Auftragnehmer der Audi AG:

„Ich hab den Brief! Ich frag die Jungs jetzt [mal] und setze Sie über das Gespräch in Kenntnis".

Der Regisseur des Audi-Traditionsfilmes nutzte seinen „Kontakt zu Grosse Leege weiter aus". Schiller ergänzte: „Für wie blöd hält man denn uns? Und es kam bereits in dieser Unterredung die Frage auf, „woher die Layout Cassette" käme.

Inzwischen entwickelte sich eine neue Front, die inhaltlich bereits erkennbar war. In einem Gespräch mit Ulmer suchte der Hamburger Filmproduzent zu klären, was sich dahinter verberge. Zunächst kam heraus, dass der ominöse Brief inzwischen bereits beim Justitiar lag. Offiziell sei diese Angelegenheit, so Ulmer, bei Meier in der Presseabteilung angesiedelt. Die überraschende Entscheidung, NSU in den Film zu integrieren, sei eine "Entscheidung von Herrn Meier [und] nicht von Habbel". Diese sei "nur im Vorbeigehen entstanden". Inzwischen, so der Informant, werde behauptet, die Hamburger Clique „mache den Film für das Audiunternehmen. *Autor* [sei] Bernd Schulte". Andere hätten „die vertragliche Basis erstellt".[21]

In völliger Verkehrung der Tatsachen, jedoch zielgerichtet wie bereits entwickelt, wurde aus dem Hintergrund behauptet:

"Ich habe mich über die Zusammenkunft[mit Ihnen Herr G.-L.] in Hamburg sehr gefreut, nach den Jahren [in Dülmen] gab es etwas zu erzählen. Der Zufall führte...Regie und ich freue mich desgleichen über die Aufgabe, für das Audi-Unternehmen den geplanten Film zu machen. Die Besprechungen mit dem Autor B.Schulte führen, so denke ich, zu einem schnellen und guten Ergebnis und die mit der Produktion beauftragte Firma...hat die vertragliche Basis erstellt. In beiden Fällen habe ich ein gutes Gefühl.

Ich möchte nun gerne bald nach Ingolstadt und dort die Dinge mir ansehen, die dann für den Film von Bedeutung sind, wie ich schon andeutete, ist das Buch lediglich nur 'umgebrochen' worden, um der besseren filmischen Verständlichkeit willen <u>und</u> ist mit einer kleinen Audi-spezifischen Rahmenhandlung versehen worden, um die Dramaturgie der vier Ringe deutlich zu machen. Im Augenblick nehmen Vorarbeiten, Recherchen und Motivsuche, als auch die detaillierte Kalkulation die Zeit in Anspruch; nach dem alten Motto: 'was vorher nicht durchdacht ist, findet nachher nicht statt'. Und wir wollen ja einen 'passablen' Film abliefern. Ich benötige dazu noch einiges Rüstzeug und die Beantwortung von Fragen. Aus diesem Grunde muß ich in den nächsten Tagen in I[ngolstadt]. auftauchen. Trotz ihres bevorstehenden Ausscheidens würde ich es sehr gerne sehen, wenn Sie mir das 'notwendige Entré' noch verschaffen und ein paar Wege ebnen, zumal bis zur bevorstehenden Produktion nicht mehr viel Zeit zu verlieren ist. Wir sollten uns telefonisch kurz schließen".[22]

Dieser Vorgang führte zur Klärung des weiteren Vorgehens. Offen blieb zunächst, wer den Mann zu dieser Eskapade ermutigt hatte.[23]

Intrigen als Mittel der Politik

Während einer Mitte August in Ingolstadt stattfindenden Konferenz wurde – entgegen der bisherigen Vereinbarung - festgelegt, den „Vier Ringen" der Auto Union eine in der Dramaturgie des Filmes zentrale Rolle zuzuweisen. NSU würde in Recherche und Darstellung miteinbezogen. Das Verhältnis von Gegenwart und Vergangenheit sollte sich in Prozent-Anteilen verhalten wie 10 zu 90. Die Historie werde unter Einschluss des III.Reiches abgehandelt. Der „Sport-Quattro" von 1984 sollte - aus dem Museum wiederbelebt - im Neudreh erscheinen. Ein Audi 200 Quattro wurde gleichfalls für diese Passagen vorgeplant. Gegen Ende August - so ist dem Autor noch gut erinnerlich - gipfelten die Bemühungen um Auto Union- und NSU-Fahrzeuge für die Neudreharbeiten zur Rahmenhandlung auf Schloss und Gestüt Nehmten am Plöner See. Obwohl Urban, Ulmer und Wiersch bis zum 30.August bestätigten, dass sie die alten Fahrzeuge bereitstellen würden, stand der Filmproduzent letztlich allein, als es darum ging, historische Fahrzeuge mit vier Rädern - und in Bewegung - zu präsentieren.[24]

Anfang September geriet die Szenerie dann doch in Bewegung. Die Hauptdarstellerin des Realdrehs, Michèle Mouton, Rallyeweltmeisterin auf Audi "quattro", 1983/84, wurde - im Rahmen ihrer PR-Verpflichtung - mobilisiert, das

„Contidrom" bei Schwarmstedt gemietet, wichtige moderne Audi-Typen aus dem VIP-Pool herausgezogen und sichergestellt, dass diese farblich aufeinander abgestimmt waren. Vor allem NSU trug mit qualitativ hervorragenden und historisch wertvollen Exponaten zum Gelingen der Dreharbeiten auf Schloss Nehmten bei.[25] Es bestanden Schwierigkeiten zwischen Neckarsulm und Ingolstadt, die sich darin ausformten, dass die Führung des Projektes eindeutig in Ingolstadt lag. Aus diesem Grunde wurde NSU mehr oder weniger stiefmütterlich behandelt. Das sprang vor allem ins Auge, nach dem Pressetag auf der IAA in Frankfurt, am 11.September, und während des Besuches des Filmproduzenten in Neckarsulm am Folgetag. Herr Lutz überreichte Archivfilme der NSU AG. Doch es war bereits erkennbar, dass dieses wertvolle Material wenig Aussicht haben würde, verwendet zu werden.[26] Während der IAA fanden erste Dreharbeiten statt. Habbel, der sich dort auf dem Audi-Stand Nachstellungen der „backstage"-Intriganten aus Hamburg ausgesetzt sah, verwies diese schließlich doch an die Presseabteilung.[27]

Signifikant ist die Tatsache, dass sich der damalige Justitiar von Audi, Ulmer, aus der Zusage hinausstahl, bei der Beschaffung der in Nehmten dringend benötigten historischen Fahrzeuge für den Audi Film mitzuwirken. Dem jetzigen Stand der Untersuchung entsprechend, bedeutete dies, was der Hamburger Filmproduzent damals allerdings nicht deuten konnte, dass Ulmer seine „eigene Suppe kochte". Am 29.August jedenfalls gab der Hamburger Auftragnehmer diesem noch einmal auf, einen Audi 200 anzufordern (der Drehplan sollte zugestellt werden), technische Unterstützung zu leisten, und die Oldtimer Wanderer W25K, Audi 920, DKW F 1, NSU Ro 80, NSU Kompressor-Rennwagen und Kettenkrad zu beschaffen.[28] Diese Anforderung wurde am 30.August noch von Urban, Wiersch und Ulmer bestätigt.[29] Hinsichtlich der Gesamtsumme des Films und der Höhe der Beistellungen, bestanden Anfang September weiterhin Unklarheiten mit Meier.[30] Am Folgetag sprach Ulmer mit dem Pressemann über die Kosten der Oldtimer für Nehmten, die sich damit augenscheinlich zum Problem auswuchsen. Daraufhin zog sich Ulmer wiederum auf ausschließlich inhaltliche Fragen (Geschichte solle „nicht falsch dargestellt" werden) zurück. Meier sei "für technische Dinge verantwortlich" - wie z. B. den Realdreh. Ein Herr Bauer sei beauftragt, beim "Neudreh zu helfen".[31] Im Ergebnis also wieder einmal „heiße Luft".

Am 8.September kam es schließlich zu dem überfälligen „Spitzengespräch" zwischen den in Ingolstadt mit dem Audi-Projekt Befassten. Es wurden festgelegt: als Hauptdarstellerin Michèle Mouton, als Drehort, unter anderen, das

„Contidrom", schließlich die Fahrzeuge, deren Farben und der Zeitpunkt der Bereitstellung. [32]

Meier erklärte jedoch, er wolle "Aufwand und Kosten möglichst reduzieren - Filmpassagen aus Archivfilm übernehmen, auch wenn Sie nur 95% erreichen".[33] Die Beistellung von Oldtimern sei die Arbeit von Ulmer.[34] Trotz aller Schwierigkeiten verliefen die Dreharbeiten zwischen Ingolstadt und Nehmten außerordentlich erfolgreich. Sowohl in Ingolstadt, als auch auf der Fahrt nach Norden, an verschiedenen markanten Punkten, wurde der Audi "quattro" mit der Rallye-Weltmeisterin in voller Aktion gedreht. Schließlich traf die Audi Sportikone in Nehmten auf eine fiktive Oldtimersammlung und ein Fest, das sämtliche erreichbaren Vertreter von Auto Union- und NSU-Fahrzeugen der Jahre 1925 bis 1970 bot.

Einige weitere Dreharbeiten wurden zwischen dem 13. und 26.September durchgeführt. Die „Generaldispo" enthält die Orte Ingolstadt, Hamburg, Falling-bostel, Frankfurt, Schneeverdingen, Nehmten.[35] Die Dreharbeiten zwischen In-golstadt und Schloss Nehmten waren glücklich „im Kasten".

---

[1] Tagebuch Schulte 1985, Aufz., 29.7.1985. Hahn, Volkswagen, S. 167: „(China-Geschäft) Anläss-lich des Besuchs des chinesischen Ministerpräsidenten Zhao Ziang in Wolfsburg, im Juni 1985, versi-cherten wir nochmals, dass unser China-Engagement, trotz der bescheidenen Zahlen der ersten Jahre, für uns absolute Priorität genieße und von uns als die wichtigste Aufgabe für die Zukunft unseres Kon-zerns eingestuft sei. Natürlich wusste die chinesische Regierung, dass die Automobilbranche als Schlüsselindustrie nicht nur Impulse aller Art auf die gesamte Wirtschaft – und die technische Entwick-lung - ausstrahlte, sondern dass sie auch von großer innenpolitischer Bedeutung war".
[2] Ebd., Aufzgn., 6.-30.5.1985.
[3] Ebd., Aufz., 27.6.1985.
[4] Ebd., Aufz., 1.7.1985.
[5] Ebd., Aufz., 5.7.1985. Basshuysen zeigte sich im Jahre 2004 überrascht, dass Wankel über ihn derart positiv gesprochen habe. Sei er doch ein Gegner des Drehkolbenmotors gewesen.
[6] Ebd., Aufz., 25.7.1985.
[7] Ebd., Aufz., 21.7.1985ff. Dieser Besuch zeigte, vor allem im Museum des Unternehmens, dass der Italien umspannende Konzern von der Zahnarztpraxis bis zum Schlachtschiff alles gebaut hatte (ähnlich den japanischen Konkurrenten der deutschen Automobilhersteller). Zu Piëch vgl. O.Wihofszki u.a.: Überrollt, in: Financial Times Deutschland, 2.3.2006, S.25 und schweigsam dazu: „Ich führe Volks-wagen zum Erfolg", in Welt am Sonntag, 5.3.2006, S.29 (Pischetsrieders Antwort).
[8] Ebd., Aufz., 25.7.1985.
[9] Ebd., Aufz., 26.7.1985.
[10] Ebd., Aufz., 29.7.1985.
[11] Ebd., Aufz., 30.7.1985
[12] Ebd., Aufz., 30.7.1985.
[13] Archiv Schulte. W.Esterer/ Dr.J.Haese an B.Schulte, 6.6.1985. vgl. Urteil des Landgericht Ham-burg, 18.-2.1987, S. 4: „Die Beklagte trägt vor, der Kläger schulde ihr indirekt, nämlich gegenüber der ihr verpflichteten Firma Cinecentrum, auch die Umsetzung des Drehbuches. Die von der Firma Audi ge-

äußerten erheblichen Änderungswünsche habe der Kläger abgelehnt. Deshalb habe er einen Vergütungsanspruch verwirkt". Vgl. ferner Schriftsatz R[echts]A[nwalt] Raimund Benoit vom 21.8.1987, in einem weiteren Verfahren, S. 2: „...schlug die Klägerin der Beklagten Herrn De Bruycker als Regisseur für das ... Filmprojekt vor. Die Beklagte hatte keinerlei Einwendungen gegen Herrn De Bruycher vorzubringen. Sie musste den Vorschlag der Klägerin als verbindliche Zusage auffassen. Da sie auf diese Aussage der Klägerin vertraute, machte sie sich mit Herrn De Bruycker vertragsgemäß daran, ein drehfertiges Treatment zu erstellen. Die Klägerin hatte also die Ursache dafür gesetzt, dass die Beklagte in die Zusammenarbeit mit Herrn De Brucker Geld und Arbeit investierte".

[14] Archiv Schulte. Entwurf eines Schreibens an W.Esterer, CINECENTRUM GmbH, 30.6.1985.

[15] Vgl. hierzu: Schriftsatz RA Raimund Benoit vom 21.8.1987, S. 2: „Die Klägerin engagierte dann aber entgegen ihrer verbindlichen Auskunft nicht Herrn De Bruycker, sondern Herrn Lombard als Regisseur.... Sachlich nicht nachvollziehbar ist der Vortrag der Klägerin, Herr De Bruycker habe für den Zeitraum, zu dem die Dreharbeiten geplant waren, aufgrund anderer Verpflichtungen nicht zur Verfügung gestanden. Insoweit fragt es sich, warum Herr De Bruycker überhaupt erst vorgeschlagen wurde und warum man mit ihm Vertragsverhandlungen führte, wenn von vornherein klar war, dass er aus zeitlichen Gründen nicht zur Verfügung stehen konnte. Merkwürdig ist in diesem Zusammenhang, dass Herr De Bruycker für den hier in Rede stehenden Zeitraum später für ein anderes Projekt der Klägerin eingesetzt wurde".

[16] Archiv Schulte. Rechtsanwalt R.Benoit, 21.8.1987, S. 5: „Wie sich aus den Anlagen ...ergibt, hatte die Beklagte mehrfach nachgesucht, den Regisseur Lombard aufgrund seines Verhaltens auszuwechseln. Dem entsprach die Klägerin nicht. Daher war der Geschäftsführer des Beklagten gezwungen, den Regisseur Lombard auf den Filmarchivreisen zu begleiten. Nur so konnte er versuchen, die Interessenlage der Beklagten zu wahren. Es galt für die Beklagte zu verhindern, dass, wie später geschehen, der Regisseur Archiv[film]material zweckentfremdet verwendet. Trotz ihres erheblichen Aufwandes konnte es die Beklagte nicht verhindern, dass der Regisseur Lombard das von ihr gesichtete Archiv[film]material vertragswidrig verwendete und in Form der besagten Videocassette zweitverwertete".

[17] Archiv Schulte. Rechtsanwalt R.Benoit, 21.8.1987, S. 6.

[18] Ebd., Rechtsanwalt R.Benoit, 21.8.1987, S. 7.

[19] Vgl. ebd., Rechtsanwalt R.Benoit, 21.8.1987, S. 7.

[20] Archiv Schulte. Blaues Heft, Brief von R.Schiller an mich durchtelefoniert, o.D.

[21] Tagebuch Schulte 1985. Aufz., 31.7.1985.

[22] Ebd., Aufz., 4.8.1985.

[23] Ebd., Aufz., 15.8.1985. Der Hauptabteilungsleiter des NDR Günther Brinkmann, hatte den Historiker, angesichts eigener Erfahrungen mit dem intriganten L., dringend gewarnt. Diese Warnung kam gerade rechtzeitig, um den Regisseur bei dessen Vorhaben in Ingolstadt vor Ort zu isolieren. Der Film wurde dann mit einem Angestellten von Cinecentrum, U.Lenze, zu Ende gebracht.

[24] Tagebuch Schulte 1985. Aufz., 9.8.1985. Aufzgn., 23.8.-7.9.1985.

[25] Ebd., Aufzgn., 8.-10.8.1985.

[26] Ebd., Aufz., 10./12.8.1985.

[27] Ebd., Aufz., 14./ 15.8.1985.

[28] Ebd., Aufz., 29.8.1985.

[29] Ebd., Aufz., 30.8.1985.

[30] Ebd., Aufz., 30.8.1985.

[31] Ebd., Aufz., 4.9.1985.

[32] Ebd., Aufz., 8.9.1985.

[33] Ebd., Aufz., 8.9.1985.

[34] Ebd., Aufz., 9.9.1985.

[35] Archiv Schulte, Akte Audi 1987/88, Rechtsfälle. Generaldispo für die Produktion ‚100 Jahre AUDI-MOBIL', 13.9.1985, S. 1-4.

Lektion in Auto Union Geschichte

Damit waren die zunächst schwierigsten Klippen des Filmprojektes umschifft. Ende Juni antwortete Herr von Oertzen bereits auf ein Schreiben aus Hamburg mit der Bitte um ein Interview. Der in Südafrika lebende frühere Auslandsbeauftragte von Auto Union und Volkswagen schrieb freundlich:

> „Selbstverständlich bin ich bereit Ihnen be[u]zueglich des von Ihnen erwähnten Fragenkomplexes, soweit dies noch nach ueber 50 Jahren moeglich ist, zur Verfuegung zu stehen.
> Ich muss Sie aber darauf hinweisen, dass trotz meines Alters ich noch ueber ein verhaeltnismaessig gutes Gedaechtnis verfuege, es mir schwer falllen wuerde, *die Urgeschichte der alten Auto Union* selbst zu Papier zu bringen.
> Ich bin gerne bereit zu einem Gespräch und bitte Sie mir mitzuteilen, wann Sie einen Besuch bei mir an Ihre Sueddeutschland Reise anschliessen koennen. Ich werde kaum vor Anfang September von hier fortgehen"[1](Hervorh.v.m., B.S.).

Auf Vermittlung von Habbel konnte unser Wissenschaftler, in der nun anlaufenden zweiten Phase der Archiv- und Personen-Recherchen, Klaus Detlov von Oertzen, den früheren Vorstand bei Auto Union, in Montecatini nahe Florenz interviewen. Am 17.Oktober traf er diesen morgens um 9.30 Uhr im repräsentativen – fin de siècle Grand Hotel ebendort. Ein Haus mit roten Marmorböden, Säulen und einer Menge Palmen und sonstigen, tropische Atmosphäre vermittelnden Pflanzen. Es wehte ein leichter Luftzug durch die hohe, mit orientalisch wirkender Stuckatur überzogenen und erfrischend kühlen Lobby, in welcher ihn Herr und Frau von Oertzen, etwas abseits, in einer gemütlichen Sitzecke erwarteten – nahe dem Durchgang zum Garten. Er notierte zu den ersten Eindrücken:

> "Herr von Oertzen ist ein 91 jähriger kleiner Herr mit...[unleserl.] und einem weißen Stock. Er kann, wie er mir bei unseren ersten Sätzen sagte, kaum noch sehen. Allerdings machten seine Augen einen recht aufmerksamen Eindruck und wirkten lebendig, wenn auch etwas in die Ferne blickend".

Das Gespräch wurde in klassischer Manier strukturiert. Unser Forscher erläuterte "die Bemühungen der Auto Union um ihre Tradition...und die damit zusammenhängenden Absichten, einen Traditionsfilm" zu produzieren. Es sollte im Weiteren "um die Fusion der Auto Union, und damit zusammenhängend, ... die Rolle Herrn von Oertzens", dessen "Kenntnisse und Kontakte zu ... einzelnen Personen und Institutionen, sowie sein persönliches Lebensschicksal" gehen. Die Aufzeichnungen bieten folgende Details:

"Herr von Oertzen ist von Wanderer zur Auto Union gekommen, und dies als einer der entscheidenden Köpfe in diesem Vorgang. Er hat die vier Ringe als Markensymbol entwickelt, genauso wie das "geflügelte W" von Wanderer über das er mit dem alten Winkelhofer [Begründer von Wanderer] in Streit geraten war.

Die Fusion war eine Folge der Wirtschaftslage. Ob Wanderer dazustieß, das wurde von Oertzen, als Vorstand bei Wanderer, in Zusammenarbeit mit Dr. Bruhn entschieden. Dr.Bruhn (Sächs[ische]. Staatsbank) war einer der leitenden Köpfe, die dann mit Rasmussen u[nd]. von Oertzen zusammen die ersten Schritte der A[uto]-U[nion] 1932/35 leiteten.

Nicht die Sächs[ische].Staatsbank allein, sondern auch die Dresdner Bank hat nach 1 Jahr die Leitung der A[uto]-U[nion] de facto übernommen. Dr.Fritsch war auf Oertzens Betreiben auf den leitenden Vorstandssessel gekommen. Degenhardt (Sächs[ische]. Staatsbank) trat mehr und mehr in den Hintergrund. Von Oerzten war in Wirklichkeit derjenige, der nach innen und außen die A[uto]-U[nion] vertrat. Dr.Bruhn war ein "Arbeiter im Stillen". Doch Dr.Bruhn wie von Oertzen, und schließlich auch Dr.Hahn [Vater des VW-Vorstands], haben sich mit Rasmussen [DKW] nicht verstanden. Das lag in den Interessen Rasmussens begründet, die A[uto]-U[nion] in die eigene Hand zurückzunehmen und die Aufpasser von Wanderer und der Sächsischen Staatsbank loszuwerden. Auch war Rasmussen eine Hasardeurnatur, ein Mann, der mit viel Geschick die verlustmachenden Firmen im Raum Sachsen aufgekauft hatte, und nun versuchte, sein Imperium in der Auto Union weiterzuführen und wieder in seiner Hand zu verselbständigen.

Daß das dem Dänen Rasmussen nach 1933 nicht gelang, lag auch an den neuen Machtverhältnissen. V[on].Oertzen hatte auf Grund seiner Offizierlaufbahn vor 1914 und im Ersten Weltkrieg (3x verwundet) sehr gute Beziehungen zum Militär. Zunächst für Phoenix/Harburg und dann für Wanderer hatte er die Kontakte zur Reichswehr (Wagenverkauf) übernommen und so auch Kontakte zur Aufrüstung nach 1933/34. So z. B. die Erkundung einer unterirdisch anzulegenden Motorenfabrik im Raum Leipzig. (Mitteld[eu]t[sche]. Motorenfabrik) mit dem späteren Feldm[arschall].Kesselring und dem Generalfeldzeugmeister Milch zusammen. Auch Udet kannte von Oertzen auf Grund seiner Fliegerzeit im Ersten Weltkrieg sehr gut.

So hatte die A[uto]-U[nion] großen Anteil an der Wiederaufrüstung der Reichs- und Wehrmacht. Die Produktion von Fahrzeugen setzte aber erst spät ein.

Das zivile Behördengeschäft und der Export waren dagegen, neben sozialen und fürsorgenden Aufgaben die Haupttätigkeitsfelder von Oertzens. Er hat z. B.

Horch, an Mercedes vorbei, in dem sog[enannten]. Leihwagengeschäft zum vorwiegenden Behördenfahrzeug nicht nur der R[eichs]w[ehr], sondern auch der NS-Größen (wie z. B. Göring) gemacht. Hitler erhielt z. B. einen Horch, der mit besonderem Aufwand von der Belegschaft aufgebaut war von der Konzernleitung der A[uto]-U[nion] geschenkt. Hitler hat dieses Fahrzeug jedoch nie gefahren. Doch war es von Oertzen so gelungen, die A[uto]-U[nion] in die Mercedes Domäne einbrechen zu lassen. Mit H[er]rn Kissel, dem Vorstandsvorsitzenden von Daimler-Benz, hat er weitgehende Absprachen in Personalangelegenheiten getroffen. So z.B. über den Hitler-Freund und Amtsvorgänger in München Werlin. Über diesen ließ Kissel jedoch verlauten, daß er froh sein würde, wenn die A[uto]-U[nion] den faulen Genossen übernehmen würde.

Als von Oertzen im Berliner Hotel Kaiserhof einmal mit diesem Herren Werlin und zwei SS-Offizieren zusammentraf, berichtete ihm Werlin, daß er nun in Berlin für Daimler-Benz die Geschäfte mache, die er [andernfalls] für die A[uto]-U[nion] gemacht haben würde. Damals sagte Oertzen ihm, das was ihm Kissel mitgeteilt hatte. Seit dem Moment soll Werlin gelobt haben, er werde dafür sorgen, daß von Oertzen Deutschland „mit dem Stock in der Hand" verlasse.

Das sollte im November 1935 soweit sein. Von Oertzen ist mit einer [bezaubernden] halbjüdischen Frau verheiratet, hatte jedoch zu dem sächsischen Gauleiter Mutschmann, zu Rudolf Heß, u[nd].ä[hnlichen].gute Beziehungen. Seine Kontakte zur Reichswehr, dem ONS-Chef Hühnlen u[nd].a[nderen]. befähigten ihn, zunächst die Angriffe auf ihn, und seine Parteizugehörigkeit, abzuschlagen. Hitler selbst soll von einer Abordnung der Belegschaft der Wanderer-Werke auf der Straße nach Hamburg 'gestellt' worden sein und veranlaßt, die Akte Fall v. Oertzen selbst zu bearbeiten. Er habe dann geschrieben, von Oertzen bleibe Mitglied der NSDAP. Es hatten die Kräfte hinter Hitler, z.B. d[ie]s[er] Herr Werlin, weitergearbeitet und von Oertzen mit dem Vorwurf der Korruption (Leihwagen) durch die Gestapo 1 Woche lang im April 1935 in die Zange nehmen lassen. V[on]. Oertzen sah die Gefahr und kehrte vom Pariser Salon 1935 (Nov[ember].) nicht mehr zurück, sondern ging nach Südafrika.

Sein Leben dort führte über den Generalvertreter f[ür]. [die] A[uto]-U[nion] (DKW) Service Südafrika, Südamerika, Australien/Neuseeland zur Internierung 1940 in Batavia [holländisch] und zum Verlust seiner Geschäfte. Er kaufte bis 1940 noch Rohstoffe für Deutschland ein, die über die UDSSR (Sibirien) nach Deutschland (über) Shanghai [China] gelangten. Dann blieb ihm nach 1941/44 nur noch der Neubeginn in den 50iger Jahren für Büssing und schließlich VW in Südafrika, Australien und wieder Südamerika bis 1964".

Abschließend findet sich die Notiz:

„Als Quelle für die Geschichte der A[uto]-U[nion] ist Herr v[on]. Oertzen, trotz seines hohen Alters, ein sehr guter Berichter, der mit großer Zuverlässigkeit und scharfer Erinnerung die Dinge zurechtrückt, wenngleich auch er einer gewissen Überschätzung des Anteils seiner Person, an den Vorgängen, durchaus auch [zu] unterlieg[en]t [scheint].[2]

Am 21.Oktober, dem übernächsten Tag, hatte unser Historiker sein zweites Gespräch mit Detlof von Oertzen, das zu vertiefende Gegenstände der ersten Unterredung aufnahm und zum Teil ergänzte. Er hielt in seinem Tagebuch fest:

"Zum Aspekt Export kann Herr v.Oertzen nur aus der Erfahrung Südafrika Auskunft geben.

Allerdings begann seine Tätigkeit 1934 bereits über die 'A[uto]-U[nion] do Brasil', um dann 1935/36 in Südafrika fortgesetzt und zusätzlich 1937 um Indien, mit der Niederlassung Bombay/Trump fortgeführt zu werden.

Von Oertzen verließ Deutschland am 9.11.1935. Er ist also für die darauffolgende Zeit keine [so] umfassende Quelle mehr.

Doch kann er für die Jahre 1949/51 wieder Hinweise auf die Gründung der neuen Auto Union durch Bruhn etc. geben.

1937/38 hat v.Oertzen dann die Niederlassung Australien aufgebaut. Z.B. hat er es abgelehnt, einen Horch an den deutschen Botschafter in Canberra zu liefern, da für diesen Typ keine Servicemöglichkeit bestand.

Für die neuen Märkte beschränkte er sich auf DKW. Er hält es für möglich, daß in Australien z.B. DKW noch präsent ist.

Darauf war er für 4 Monate in Neuseeland. Dort baute er eine Montagewerkstatt auf DKW um.

Nach Kriegsbeginn im September 1939 ist v.Oertzen, zwischen November [19]39 und den 10.5.1940 (dem deutschen Angriff auf Frankreich/Holland) noch in Holländisch Indien für DKW tätig gewesen und hat Rohstoffeinkäufe für das Deutsche Reich getätigt, die dann über Sibirien/vgl. Abkommen m[it]. der UDSSR, August 1939, zurückgeleitet wurden.

In der Auto Union hat sich v.Oertzen immer für die fürsorgliche Seite des Unternehmens engagiert. Er wollte 'den freien Blick' der Arbeiter wieder abseits aller Ideologie und arbeitete über die Vertrauensausschüsse sämtlicher Werke.

Er war auch 'Präsident des Verbandes der sächsischen Industrie'. Dieses Amt schützte ihn zusätzlich im Jahre 1935 vor dem Zugriff der NS-Gruppe unter Hitler. Als er im Jahre 1934, während der Röhm-Affäre mit Hühnlein in Paris zusammentraf, beobachtete er die Nervosität Hühnleins, der Teil der SA-Organisation mit NSKK etc. war".[3]

Neben diesen, unter allgemein industriepolitischem Aspekt interessanten Ausführungen, kam im zweiten Gespräch ein ungleich gewichtigerer Aspekt der automobiltechnischen Geschichte zur Sprache: das "Thema Rennwagen". Es finden sich im Tagebuch des Autors folgende Ausführungen:

> "Niemand innerhalb der Auto Union dachte daran, einen Rennwagen zu konstruieren.
>
> Erst als v.Oertzen, gegen den Widerstand Müllers, der einen billigeren DKW-Rennwagen befürwortete, bei Dr.Fritsch Beistand zugesagt erhielt (für den Fall, daß Hitler Unterstützung geben würde) kam das mit Porsche vorbereitete Projekt in Gang.
>
> Die Techniker waren, anders als der Vorstand der Auto-Union, begeistert. So William Werner. V.Oertzen besorgte das Geld für den Rennwagen. Er nahm Porsche mit zu Hitler. Fahren sollte den Wagen Stuck (neben Prinz Leiningen), der auch bei dem Gespräch 1933 dabei war.
>
> Im Verlauf des Gespräches befaßte sich Hitler zunächst mit v.Oertzen, dem er vorwarf, die A[uto] U[nion werde] keine Zukunft haben. Rennwagen würde nur Mercedes bauen.
>
> Als v.Oertzen ihn konterte:
>
> ‚Welche Zukunft hatten Sie, Herr Reichskanzler, als Sie aus Landsberg kamen. Und wo sind Sie heute?',
>
> wandte sich Hitler an Porsche und diskutierte mit diesem, in beeindruckender Weise, die Technik des Rennwagens über anderthalb Stunden lang. Am Ende konnte Hitler ein Zuschuß von jährlich 300000 RM abgerungen werden. Die Siegprämien wurden darüber hinaus zugestanden.
>
> Der Fahrer Rosemeier wurde durch v.Oertzen vom Motorrad herangeholt.
>
> Zunächst arbeitete der Rennleiter Walb für die A[uto]U[nion]. Der wurde aber zu müde und so nahm [v.]Oertzen Dr.Feuereissen dazu, der den Journalismus kannte. Später kam Varzi hinzu".[4]

Mit diesen Gesprächen verfestigte sich die Überlegung unseres Historikers, trotz der beträchtlichen Lücken der firmengeschichtlichen Überlieferung, eine übergreifende „Audi-Unternehmensgeschichte" zu entwickeln. Auch wurde das Filmprojekt nicht unbeträchtlich gefördert. Dies bildete eines der Momente, bei denen der Vorstand Habbel seine Möglichkeiten fördernd einbrachte. Ende Mai 1986 bezog sich der Hamburger Wissenschaftler noch einmal auf den weiteren regen Kontakt mit Herrn und Frau von Oertzen. Er blickte schreibend zurück und voraus in die nächste Zukunft. Er unterstrich gegenüber von Oertzen:

„Der Film, den ich für Herrn Dr.Habbel produziere, ist vor einigen Wochen von ihm abgenommen worden. Damit ist die Klippe, denn ein Film dieses historischen Umfanges ist stets eine sowohl von der Aussage wie auch der Kalkulation her *riskante Unternehmung*, überwunden. Nun geht es an die endgültige Fassung des Kommentars.

Hierzu und auch für die nächste Aufgabe bei AUDI, die Neufassung der Firmendokumentation „RAD DER ZEIT" wäre mir schon an einem weiteren Interview gelegen"[5] (Hervorh.v.m., B.S.).

---

1 Archiv Schulte I. C.D.v.Oertzen (Pully-Lausanne) an B.Schulte, 24.6.1985.
2 Tagebuch Schulte 1985, Aufz., 19.10.1985.
3 Ebd., "Nachtrag zum Gespräch am 19.10.1985 mit Herrn Detlov v.Oertzen in Montecatini/It.", aufgez. unter dem 31.12.1985.
4 Ebd., Aufz., Forts. 1.1.1986. Hans Stucks Memoiren bieten eine in den Details abweichenden Hergang.
5 Archiv Schulte I. B.Schulte an C.D.v.Oertzen, 25.5.1986; in diesem Zusammenhang mag der kolportierte Ausspruch Grosse Leeges von Interesse sein, da habe „ein Historiker sein kaufmännisches Talent entdeckt". Gleichzeitig bleibt bedeutsam, dass die Chefsekretärin von Habbel sagte: „Wenn G.L. ‚guten Morgen' gesagt hat, dann hat er bereits zum ersten Mal gelogen".

Führen nach „Gutsherrnart"

Kaum war der Realdreh des Films seit ein paar Wochen abgeschlossen, fragte Schiller - der Nachfolger von Meier und Sieger in dem „Wettrennen" mit Rudolf Urban um die Leitung der Audi-Motorpresse - an, "wann [der] Film fertig" sei. Der Hamburger Filmproduzent antwortete, der "Grobschnitt [im] Januar 1986", die "Abklammer- [und] Archivarbeiten bis Ende 1985". Mit der "Fertigstell[ung]." sei im "Februar/März 1986" zu rechnen.[1] Parallel entwickelte sich das Gespräch mit Ingolstadt weiter. So wurde eine Archivreise des Autors in die USA geplant, die zu den Filmarchiven in Washington und New York führen sollte. Ein Exposé zur Auto Union-Geschichte forderte der Vorstand Habbel an. Auch äußerte sich dieser dahin, der Geschäftspartner im Norden würde "den Film machen u[nd]. volle Rückendeckung" haben. Von außen Interessierte "soll[ten] ihre 'Schwarzwaldklinik' zurückstecken".[2] In dieser Frage fiel Anfang November eine Entscheidung.[3] Das Visum für die USA datiert vom 25.Oktober. Bis zum 8.November befand sich der Hamburger Historiker in Washington und New York und besuchte das Nationalarchiv, die Sherman Grinberg Bibliothek und traf Jack Muth bei der 20th Century Fox. Ausgedehnte Gespräche mit Ulmer, der gleichfalls dort war (es ging um Prozesse zu den „selbst beschleunigenden" Automatik-Audi 500 in den USA), z.B. in „Chinatown", ließen die beiden Firmenhistoriker in Sachen Audi näher zusammen-rücken. Schließlich mangelte es den Bestrebungen unseres Forschers für die Audigeschichte innerhalb der Geschäftsleitung in Ingolstadt inzwischen an einer Bezugsperson mit „standing" und Kontinuität. Und wer sollte das anders sein können, als der Geschäftsführer der künftigen „Traditionsfirma" Auto Union GmbH, Ulmer?[4]

In Ingolstadt ereigneten sich parallel dramatische Vorkommnisse. Am 20. November betrat gegen 12 Uhr der Vorstandsvorsitzende Habbel das Büro des Motorpressemanns, Meier, und entließ diesen, Knall auf Fall, aus den Au-di-Diensten. Meier habe binnen 15 Minuten seinen Schreibtisch zu leeren und das Gebäude zu verlassen. Ein halbes Jahresgehalt werde ihm noch gezahlt werden. Das berichtete Rudolf Urban unter dem Motto: "Meier ist weg", am 2. Dezember.[5] Diese Lage in der Audi-„Motorpresse", die durch die unklare Nachfolgefrage Grosse Leege gekennzeichnet war, gewann damit neue Dimension. Die persönliche Rivalität zwischen Urban und Ulmer wurde deutlich und in dem zuvor erörterten Zusammenhang artikuliert. Es ging offenbar dar-um, wer, Rudolf Urban oder Schiller, der neue Pressechef von Audi werden würde. Jedenfalls war deutlich zu erkennen gewesen, wie in Ingolstadt geführt wurde. Vierzehn Tage befand sich künftig Schiller im Sonnenlicht der Gnade des Vorstandsvorsitzenden Habbel – und darauf vierzehn Tage Urban. Der je-weilig Benachteiligte hatte „alle Hände voll zu tun", sich durch Leistung wäh-rend der nächsten Wochen bei seinem Vorgesetzten wieder in positive Er-innerung zu bringen.

Mitte Dezember blitzte erneut durch, dass Grosse Leege versuche - über seinen Kontakt zum Vorstand - einem interessierten Bekannten doch noch einen Auftrag bei Audi zu beschaffen. In einem Gespräch mit Rudolf Urban, der inzwischen erneut für den Unternehmensfilm zuständig war, kam zum Vor-schein, dass über eine „GLS team L" Werbeagentur - Eigentümer Detmar Grosse Leege - ein Angebot über eine Archivfilm-Material-Sammlung Herrn Habbel zugeleitet worden sei.[6] So sorgte der frühere Audi-Pressechef in der Quintessenz wiederum für Störungen. Dessen "neuen Brief" ließ der Ham-burger Filmproduzent "Herrn Urban zukommen". Dieser verfügte inzwischen über eine ganze Sammlung solcher Schreiben.[7] Doch bedeutsamer waren die weiteren Punkte der darauf stattfindenden Unterredung mit Rudolf Urban.

Es ging zunächst um den "Filmrohschnitt" und den "Realdreh" zwischen In-golstadt und Schloss Nehmten sowie um Testberichte für das A[llgemeine]-P[resse]F[ernsehen] (Armin Halle/später „SAT1"-Holtzbrinck/Springer). Für diese Testberichte war Urban bereit, "Unterstützung mit Testwagen" zu leisten. Es verlautete ferner, "gewisse Kosten würden erstattet werden (Aufwendungen gegen Nachweis)", jedoch sei "keine Bezahlung eines Tests" geplant. Es ging, in diesem Zusammenhang, um die Neuauflage der Serie des Hamburger Historikers "Autos die Geschichte machten", die den Ausgangspunkt der Überlegungen für einen Audi-Unternehmensfilm, mit historischem Aspekt, gebildet hatte. Weiter beauftragte Urban seinen Gesprächspartner damit, eine Ausarbeitung zur Audi-Geschichte von zehn Seiten, die in einer Woche fertig sein sollte, zu entwickeln, welche "dann Verwertung in der A[uto]M[otor]und S[port] etc." finden sollte. Zum Realdreh wurde gefordert, dieser müsse gravierend verändert werden. Die Muster sollten am 16.Dezember in Ingolstadt zu besichtigen sein. Es ging um DM 20.000.-, die für Nachdrehs eingesetzt werden sollten. Nach anfänglichem Zögern, erklärte Urban wiederum, "wenn es um die Qualität des Films" gehe, "dann" sei "es auch möglich, Geld frei zu machen". Zusätzlich beschäftigte ihn das "Rad der Zeit". Eine schmale Schrift, die das Kind des Audi-Vorstandsvorsitzenden war, und die dieser auf neue Füße gestellt sehen wolle.[8] Am 18.Dezember lag der Auftrag in Hamburg auf dem Tisch, bis zum 7.Januar 1986 ein Exposé zur Audi-Geschichte fertig zu stellen.

---

[1] Tagebuch Schulte 1985. Aufz., 29.10.1985.

[2] Ebd., Aufz., 31.10.1985.

[3] Ebd., Aufz., 1.11.1985.

[4] Ebd., Aufz., 4.-8.11.1985.

[5] Ebd., Aufz., 2.12.1985.

[6] Ebd., Aufz., 20.12.1985.

[7] Vgl. ebd., Aufz., 18.12. und 20.12.1985.

[8] Ebd., Aufz., 12.12.1985. Dass selbst diese begrenzten Bemühungen um eine Audi-Firmengeschichte eine zusätzliche Ursache für die Entlassung Grosse Leeges (1985) und Habbels (1988) bildeten, kann gemutmaßt werden.

13. Kapitel: Hahn mauert – die DDR hilft

Neuer Anlauf

Weitere Hinweise aus den Jahren 1986/87 belegten, zum Beispiel mit dem Vorgang "Bewertungsblatt 86/1052", dass von verschiedenen Institutionen der DDR-Archivverwaltung etc. das Projekt des Hamburger Historikers zur "Geschichte der Motorisierung in Deutschland, 1900-1945" gefördert werden sollte. Es gab "k[eine].E[inwände].". Allerdings erscheint von Interesse, dass dieser immer noch als Stipendiat der "A[lexander].-von-Humboldt-Stiftung" geführt wurde; was seit 1982 nicht mehr zutraf. Als freigegebene Archive wurden die Staatsarchive Potsdam und Merseburg angeführt.[1] In dem dazugehörigen "Vorbescheid" war am "29.3.1983, 2.5.1984 und 16.01.1987" als Bemerkung festgehalten: "Gegen Person keine Bedenken - Thema abstimmen!"[2] Im Frühjahr 1986 begann unser Forscher erneut, auf der wissenschaftlichen Ebene das Projekt um die "Motorisierung in Deutschland" (und damit natürlich jenes zur Auto Union) erneut voranzutreiben. Es bestand allerdings, seit dem Wiedererstarken Rudolf Urbans in Ingolstadt, die Möglichkeit dieses Vorhaben über die Firmengeschichte der Firma Audi neu zu beleben. Wie bereits zuvor bekannte Praxis, eröffnete der Hamburger Wissenschaftler das Vorgehen gen Berlin-Ost mit einem Schreiben an den Leiter des Militärarchivs der Nationalen Volksarmee, Hartig. In diesem Schreiben berührte er unter dem 20.Februar die Entwicklungen, die sich in seinem Umfeld inzwischen eingestellt hatten und die, zusätzlich zu den Vorkommnissen in Ingolstadt und Wolfsburg, ihm zur Erklärung sinnvoll schienen. Er schrieb im Einzelnen:

"Bitte entschuldigen Sie mein Schweigen, doch bin ich durch meine Filmarbeit im Augenblick sehr stark mit dem Jubiläum zum 100.Geburtstag des Automobils beschäftigt.

(Anm.: Die von Ihnen gewünschten Rezessionsexemplare habe ich an Sie direkt, und auch über Prof. Dr.Otto, auf den Weg gebracht. Natürlich beschäftigen mich die Zusammenhänge um die Riezler-Tagebücher weiter. Erfahren konnte ich gerade vor wenigen Tagen aus den Vereinigten Staaten, daß die Familie Riezler von diesen Dingen nichts mehr wissen will).

Ein Grund, weshalb ich Ihnen zur Sache noch nicht geantwortet habe, ist die bislang bestehende Unklarheit zur Finanzierung meines Forschungsvorhabens zur Motorisierung in Deutschland. *Nicht verschweigen möchte ich, daß im Zuge meiner Recherchen zu dem Traditionsfilm der Audi AG entsprechende Vorarbeiten bereits stattgefunden haben. Das Militärarchiv in Freiburg, und eine*

Vielzahl ja gut bekannter in- und ausländischer Regional- und Staatsarchive sind bereits befragt oder besucht. So schält es sich heraus, daß es verdienstvoll und inhaltlich aussichtsreich sein würde, das Thema der Motorisierung in den letzten 100 Jahren, am Beispiel der Auto Union, ihrer Vorgänger- und Nachfolgefirmen, zu behandeln.

Hierfür habe ich, nach einiger Zeit, die entsprechenden Stellen gewinnen können.

Vor etwa einem Jahr erhielt ich in diesem Zusammenhang leider die Absage der Staatlichen Archivverwaltung in Potsdam. Die von mir, in Gesprächen in Dresden mit der Verkehrshochschule "Friedrich List" (Herr Dr.-Ing.Herkner), dem Zentralen Staatsarchiv Potsdam (Herr Glaser), und *Herren des Staatsrates* gestellte Benutzungserlaubnis für das o.e. Thema und die sächsischen Archive wurde abschlägig beschieden, da gerade eine Erhebung zum zentralen Plan der wissenschaftlichen Arbeiten in der DDR liefe. Auch die Benutzungserlaubnis für das Sächsische Staatsarchiv, und die dort verwahrten Landschafts-, Verbands- und Automobilindustrie-Akten, wurde wieder rückgängig gemacht.

Nun ergibt sich im Laufe dieses Jahres offenbar eine gewisse Veränderung im deutsch-deutschen Verhältnis. Nach Gesprächen mit Dr.Carl H.Hahn (Vorstandsvorsitzender der Volkswagen AG), hoffe ich, daß das Gespräch über die sächsischen Akten wieder neu in Gang kommt. Herr Dr.Hahn ist jedenfalls an der Auto Union-Geschichte persönlich sehr interessiert, war doch sein Vater bei DKW in Zschopau verantwortlich für den Vertrieb und gab es doch in den 30iger Jahren zwischen ihm und dem Direktor Werner (Chef Entwicklung bei HORCH) recht tiefgehende Spannungen über die Unternehmenspolitik.

Mein Erkenntnis leitendes Interesse liegt nun vor allem im Bereich einer wissenschaftlichen, an Primärquellen erarbeiteten Gesamtdarstellung des Phänomens der Motorisierung in Deutschland über die großen Etappen unserer neueren Geschichte hinweg. Da Sie meine bisherigen Arbeiten kennen und wissen, daß die Situation in der Wissenschaft ist wie sie ist, werden Sie gewiß dieses Projekt als einen Weg wieder zurück in die wissenschaftliche Arbeit verstehen, aus dem mich zu verdrängen, das erklärte Ziel bekannter Wissenschaftlerpersönlichkeiten ist [Prof. Wendt/Prof. Müller/Hamburg].

Daß im Zuge einer derartigen Untersuchung der militärischen Rüstung und Technik eine zentrale Bedeutung zukommt, liegt auch schon in meinen bisherigen Interessen und Arbeiten begründet. So habe ich bereits die in Freiburg verwahrten Akten zur Militärluftfahrt und den Waffen-Dezernenten etc. durchgesehen und Aufschluß über die Rolle und Bedeutung der Auto Union vor und im Zweiten Weltkrieg erhalten. Es geht mir also [eher] um eine fundierte, kritische Auseinandersetzung - nicht so sehr um die Typengeschichte – [und damit] vielmehr [um] die übergreifenden unternehmenspolitischen und allgemein- wie verkehrspolitischen und gesellschaftlichen Entwicklungen und Tendenzen[3] (Hervorh.v.m., B.S.).

Dieser Versuch, eine weitere historiographische Vertiefung zur Geschichte der Motorisierung in Deutschland in Gang zu setzen, bildete zugleich eine Demonstration und Festschreibung der bereits geführten Verhandlungen um die Auto Union Akten, denn eine Änderung der DDR-Haltung war nicht zu erwarten. Vorstellungen, die unser Historiker - nach Gesprächen und Kontakten mit dem Volkswagen-Vorstand Hahn - hegen mochte, entbehrten jedoch tatsächlich jeglicher Basis. Ein Anruf beim Militärarchiv der NVA/Potsdam wurde Frau Merker bei der Staatlichen Archivverwaltung mitgeteilt. Diese hielt das Gespräch mit dem berichtenden Oberleutnant Ernst fest:

„Benutzungsantrag Bernd Schulte, BRD, an das Militärarchiv zum Thema ‚Motorisierung in den letzten 100 Jahren in Deutschland'. Führt in seinem Schr[eiben]. aus, dass er *mit Herrn Hahn von der Volkswagen AG Kontakt aufgenommen hat*. Dieser bekundete sein *starkes Interesse* an der Geschichte der Auto-Union.
Gen[osse]. Ernst bittet um Abstimmung, ob Ben[utzungs].G[enehmigung]. erteilt werden soll. Unterlagen sind vorhanden.
Vorschlag: Event[ue]l[le]. Erteil[ung]. D[er]. Erlaubnis für Militärarchiv u[und]. ZStA P[otsdam]. Zur Motorisierung, *ohne direkte Unterlagen über Auto-Union*"[4] (Hervorh.v.m., B.S.).

Frau Merker kümmerte sich um den Vorgang. Nach Rücksprache mit ihrem Vorgesetzten Keßler hielt diese in einer Aktennotiz fest:

"Gen[ossen].Ernst [wurde] der *Sachverhalt zum Stand Volkswagenwerk-Verkehrshochschule Dresden-S[taa]t[s]A[rchiv]* Dresden mitgeteilt. Generell erhebt die St[aatliche] A[rchiv]V[erwaltung] keine Einwände zur Unterstützung d[er]. Forschungen von Dr.Schulte zur Motorisierung. *Nach wie vor bleibt der Bestand Auto-Union im St[aats]Ar[chiv] Dresden für die Benutzung nicht zugänglich*"[5] (Hervorh.v.m., B.S.).

Dem Vorstandsvorsitzenden der Volkswagen AG, schrieb der Hamburger Historiker, noch im vollen Vertrauen auf die Zuverlässigkeit dieses Partners:

"Im Zuge der Vorbereitung meines Filmes zum 100.Geburtstag des Automobils habe ich bereits breite Archivstudien getrieben. Nicht nur die Filmarchive, sondern vor allem die Akten- und Literaturbestände ermöglichen ein genaueres Bild von der Entstehung und Geschichte des Verkehrswesens in Deutschland zu gewinnen.

Damit fällt gleichzeitig ein erhellender Blick auf die zeitgeschichtlichen, d.h. politischen, militärischen und wirtschaftsgeschichtlichen Umstände. Es zeigt sich, welcher Erklärungswert gerade diesem Teilbereich wissenschaftlicher Forschung zukommen kann. Das Automobil ist kein isoliertes Phänomen. Verstehen kann man es nur adäquat als Ursache und Teil gesellschaftlichen Wandels.

Leider treffen die Bemühungen um die Geschichte der sächsischen Automobil-Industrie auf besondere Probleme der Quellenlage. Hier aus sämtlichen noch vorhandenen Quellen schöpfen zu können, das ist mein Anliegen.

Mein Ziel ist eine auf breiter Aktengrundlage aufbauende Analyse. Hierfür wäre der Zugang zu den in Zwickau, Leipzig, Dresden und Potsdam verwahrten Geschäftsakten der AUTO UNION, der staatlichen Instanzen und auch der militärischen Behörden - insbesondere Sachsens - von zentraler Bedeutung.

Teile dieser Bestände konnten 1984 bereits in Potsdam gesichtet werden"[6] (Hervorh.v.m., B.S.).

Bereits der distanzierte Grundton dieses Briefes an Hahn zeigt, dass dieser als letzter Versuch zu werten ist, doch noch an die zentralen Quellen in Dresden heranzukommen, denn inzwischen war der Audi-Film fertig und es wurde von Ingolstadt bereits über eine schriftliche Formulierung der Audi-Geschichte verhandelt. Daraufhin schrieb die „rechte Hand" Hahns in DDR-Dingen, der Prokurist Köhler, an den Abteilungsleiter im Ministerium für Außenhandel der DDR, Wolfgang Andrä, der sich heute an nichts mehr erinnert:

"Wie Sie dem beigefügten Brief entnehmen können, ist Herr Dr.Schulte sehr daran interessiert, im Rahmen seiner Vorbereitung zu einem Film zum 100.Geburtstag des Automobils Zugang zu diversen staatlichen Archiven in der DDR zu erhalten.

Der Vorstand der Volkswagen AG würde es begrüßen, wenn die zuständigen Organe Herrn Dr.Schulte Einblick in ihre Archivunterlagen gewähren könnten, da unser Unternehmen an dieser geschichtlichen Forschungsarbeit interessiert ist".[7]

Parallel hatte der Hamburger Historiker der Staatlichen Archivverwaltung signalisiert, dass er an beiden Themen - dem Motorisierungs-Projekt und jenem zur früheren Kaiserreichs-Thematik, weiterarbeite und um Unterstützung bäte.

Dr.-Ing.Gärtner, vom Verkehrsmuseum Dresden, erteilte ihm den Rat, über den Transpress Verlag zu versuchen, mit Kirchberg Kontakt aufzunehmen, um so die bestehenden Hemmungen doch noch aufzulösen. Der Versuch, über den Verlag für Verkehrswesen in Berlin führte aus den bereits bekannten Gründen nicht zum Erfolg, denn der Dresdener Historiker verbot diesem jegliche Information weiterzugeben. Der Automobilhistoriker teilte Dr.Neustädt mit:

> „Über Herrn Borchert erhielt ich Kenntnis von der Anfrage des Herrn Dr.Schulte (Hamburg) betr. Kontaktaufnahme in Sachen Auto Union. Ich bin in meiner Forschungskapazität auf Jahre hinaus *mit hochrangigen und dringlichen Projekten* ausgelastet und möchte gern auch weiterhin meine freie Zeit teilweise für Publikationsprojekte nutzen, die unserer gemeinsamen Planung entsprechen. Schon daher sehe ich keine Möglichkeit der Kooperation mit Herrn Dr.Schulte. Darüber hinaus wäre ich *Ihnen in diesem ganz speziellen Falle sehr dankbar, wenn an den Fragesteller keinerlei Informationen* im Hinblick auf meine Anschrift oder andere Möglichkeiten der Kontaktaufnahme weitergegeben würden"[9] (Hervorh.v.m., B.S.).

Kirchberg war offensichtlich bereits mit dem Auto Union Auftrag aus Wolfsburg beschäftigt. Seine ausschweifende Antwort an den Transpress-Verlag legt dies nahe. Dessen Berührungsängste waren von hierher begründet.

Stattdessen scheint Frau Heimann aus Bochum größere Chancen gehabt zu haben, denn deren Antrag vom 29., in der sich auf die Akten in Dresden konzentrierenden Form, erfuhr von dort eine positive Antwort. Der Staatlichen Archivverwaltung Potsdam wurde zustimmend geantwortet, und, anders als im Fall unseres Hamburger Forschers, auf die „wissenschaftlich-technischen Probleme, die nur noch historischen Wert" besäßen, verwiesen. Diese seien überdies „in der Literatur zum Teil schon ausgewertet. Gegen die Benutzung" bestünden „deshalb keine Bedenken". Diese Antwort des Staatsarchivs Dresden wirft ein bezeichnendes Licht auf die Korrespondenz des im Auftrag von Audi arbeitenden Hamburger Historikers mit diesem Archiv, dessen Antworten in verschiedene Richtungen, und die Reaktionen der Verkehrshochschule Dresden.[10]

DDR: Fiktion zentralisierter Führung

Anfang des Monats Juni hatte der Minister für Hoch- und Fachschulwesen den Rektor der Verkehrshochschule Dresden, Prof.Dr.Gräbner, gerügt, dessen Institut liege im Plan für „Exporterlöse" zurück. Herkner und der Prorektor waren erstaunt, befand sich doch das Auto Union Projekt im Fortschreiten.[11] Gleichzeitig äußerte sich die ideologische Vertreterin der Verkehrshochschule, Pro-fin.Dr.sc.oec.Elfriede Rehbein, beunruhigt zu dem neuen Vorstoß aus Hamburg, die Potsdamer Akten zu benutzen. Gegenüber dem Zentralen Staatsarchiv erwähnte sie die „Handhabung mit den Aktenbeständen" im Zusammenhang mit „deren Nutzung durch Ausländer". Sie warnte vor einem ‚Ausverkauf' der DDR-„Archivbestände". Es ging eindeutig um die Einengung „größerer Archivarbei-ten" von Ausländern. „Eine kurze Abstimmung mit dem jeweils zuständigen Fachwissenschaftler" schien Frau Rehbein angeraten. Worum es in Wahrheit ging, machten die folgenden Zeilen deutlich. Frau Rehbein schrieb:

> „In diesem Zusammenhang möchte ich um eine Verständigung darüber bitten, dass eine weitere Archivbenutzung für den Bürger der BRD Bernd Schulte (Hamburg) mit uns abgestimmt wird. Herr Schulte versucht seit einiger Zeit, in Geschäftsbeziehungen mit unserer Hochschule auf dem Gebiet der Kraftfahr-zeugtechnik und ihrer Entwicklung zu treten. *Eine persönliche Beratung mit ihm führte jedoch zu dem Beschluß, dem Antrag nicht stattzugeben, da sich Herr Schulte wissenschaftlich als wenig seriös erwies.* Mittlerweile versucht er, sich das von ihm erwünschte Material auf anderem Wege zu verschaffen. Da wir gleichzeitig an einem *großen Forschungsauftrag für den Volkswagen-Kon-zern* arbeiten, sind wir natürlich an ähnlichen Aktivitäten interessiert. Ich wäre Ihnen für eine kurze Abstimmung verbunden"[12] (Hervorh.v.m., B.S.).

In Anlehnung an die Unterstützung des Volkswagen-Vorstandes Hahn nahm der Hamburger Forscher die Gelegenheit wahr, flankierend - durch die Herren „Römer" und „Dr. Bergmann" vom MfS – bei dem erneuten Versuch, die Auto Union Akten in Dresden einzusehen, wirksam gefördert zu werden. Doch Hauptmann Roth formulierte die Interessen der Gegenseite, in seinem „Plan zum Treff' mit dem Partner aus dem Westen, unverändert abweichend. Roth hielt fest:

> „Der letzte Treff fand 11/1984 statt, die K[ontakt]P[erson] hat sich von einer nachrichtendienstlichen Zusammenarbeit abgegrenzt.
> In der Zwischenzeit wurde … als Historiker der Hochschule der Bundeswehr entlassen und arbeitet freiberuflich. Es ist zu prüfen, ob sich an der grundsätzli-chen Haltung der KP etwas geändert hat und ob tragfähige Ansatzpunkte be-stehen.
> Dabei tritt der MA weiter als polit[ischer].Mitarbeiter auf, eine Bestätigung als MfS wird nicht gegeben".

„Durch Fahndung", so Roth, sei festgestellt worden, dass unser Historiker „am 30.5.[19]86 gegen 23.00 Uhr mit Ehefrau ins ‚Palasthotel'" eingereist sei. Damit wird erkennbar, dass der „Plan zum Treff" erst nach der Begegnung, am 12.Juni, geschrieben wurde. Demnach eine Mischung aus Vor- und Nachschau bietet. Den ersten telefonischen Kontakt mit dem Besucher beschrieb „Römer"/Roth wie folgt:

> "- Einreise mit der Ehefrau, um ihr die Sehenswürdigkeiten Potsdams zu zeigen, Rückreise für den gleichen Abend vorgesehen.- Für das erneute Gespräch gerne bereit, wenn bestimmte Bereiche ausgegrenzt bleiben.
> - Nicht mehr an der Hochschule der Bundeswehr, macht Filmarbeit zur Automobilgeschichte und hat Kontakt zum Filmarchiv Potsdam-Babelsberg.
> - Hatte in der Zwischenzeit ein sehr interessantes Gespräch mit Prof.Dr.H.Otto vom Militärgeschichtlichen Institut P[ots]d[am]. über 5 Stunden, es besteht weiter Verbindung zu Herrn Hartig vom Militärarchiv.
> - Die [konservative Gruppe-Erdmann/Schieder/Booms] habe versucht, ihm den Bundesarchivzugang wegen seines Riezler-Buches zu sperren, wörtlich: ‚Ich habe da meinen eigenen Geheimdienst und habe das rechtzeitig mitbekommen'".

Roth beurteilte das Gespräch als begrenzt positiv. Er berichtete, der Hamburger Wissenschaftler hätte von sich aus erklärt, das "Gespräch von vornherein eingegrenzt, sich "bereit, interessiert, freundlich" gezeigt. Wiederum sollte, im Verlauf des Gespräches, erläutert werden, welche Absichten der Gesprächspartner der DDR verfolge. Die an sich bereits überlebte Argumentation

a) Roth/"Römer" sei ein "pol[itischer].M[itarbeiter]., wie
b) ein Wiederbeleben der abdiskutierten "Krieg-Frieden-Diskussion" der ersten Gespräche, zeugten jedoch nicht von Einfallsreichtum des MfS.

Wiederum sollten Pressionen über die Behauptung ausgeübt werden, der Besucher aus Hamburg sei bereits länger nicht mehr an der Hochschule der Bundeswehr beschäftigt, als dieser behauptete. Deshalb sei ihm der Vorwurf zu machen, er wäre unseriös. Von der Reaktion des so Angesprochenen wurde abhängig gemacht, ob es zu weiteren Begegnungen kommen würde. Als Bedingung formulierte Roth/Römer, "eine Weiterführung" sei „für beide Seiten nur dann sinnvoll, wenn" der Partner seine *Erkenntnisse als Militärhistoriker in pol[itisches]. Engagement umsetzen"* wolle „und bereit" sei, „auf der Grundlage eines pol[itischen]. Interesses solche Möglichkeiten zu diskutieren" (Hervorh.v.m., B.S.).

Es ging schon lange nicht mehr um die Fragen des Bethmannschen Nach-lasses und des Riezler Tagebuches. Dagegen sollte sich der Gesprächspart-ner aus Hamburg dafür erklären, "den Frieden sichern helfen" zu wollen und sich "bereit finden", "in diesem Bereich publizistisch wirksam" zu werden. "Oder auch i[n]m...Auftrag" des MfS zu "recherchieren". Roth formulierte die-sen Teil des geplanten Gespräches, bezogen auf die damals zentrale Frage der amerikanischen Politik im Detail:

> "Die gegenwärtige Auseinandersetzung um die Friedenssicherung wird disku-tiert, die Haltung der USA und der BRD wird den Vorschlägen der UdSSR und der Warschauer Vertragsstaaten gegenübergestellt. *Die Resonanz in polit[i-schen]. Kreisen, bei einflußreichen Personen und die Umsetzung an Universi-täten /Hochschulen der BRD* sowie die daraus resultierenden Haltungen ist ein den...M[it]A[rbeiter] interessierendes Feld"[13] (Hervorh.v.m., B.S.).

Bündnis zwischen Wolfsburg und Dresden

Am Tage nach diesem Bericht des MfS-Offiziers, schrieb Andrä von der Han-delspolitischen Abteilung des DDR Ministeriums für Außenhandel an den Proku-risten Köhler der Volkswagen AG, "die Genehmigung zur Einsichtnahme in die betreffenden Archivunterlagen" durch den Hamburger Historiker sei "durch den Leiter der Staatlichen Archivverwaltung der DDR Herrn Leipold... erteilt". Andrä fuhr fort, "entsprechend Ihrer Bitte habe ich Herrn Dr.Bernd F.Schulte bei der Staatlichen Archivverwaltung der DDR bereits avisiert".[14] Dass es sich in diesem Fall von A bis Z um eine „Windbeutel"-Aktion handelte, enthüllte das Schreiben, welches der Staatssekretär an den "Genossen Leipold" in Potsdam richtete. Darin schrieb der Vertreter des Außenhandels-Ministeriums:

> "Ich bitte Sie, Herrn Dr.Schulte die Einsichtnahme in die betreffenden Archi-vunterlagen der DDR *im Rahmen der vorhandenen Möglichkeiten* zu geneh-migen"[15] (Hervorh.v.m, B.S.).

Es ging somit lediglich um die "vorhandenen Möglichkeiten". Diese Um-stände hatte Volkswagen „abgenickt". Dementsprechend schrieb der Leiter der Benutzungsabteilung der Staatlichen Archivverwaltung Potsdam, Keßler, an die Hochschule für Verkehrswesen Dresden, "im Sinne einer einheitlichen Benutzungspolitik gegenüber Ausländern wäre es gut, wenn die Entschei-dungen über die Anträge für das Militärarchiv und das Zentrale Staatsarchiv abgestimmt würden". Der Archivar verwies darauf, dass im Zentralen Staatsar-chiv in Potsdam „für eine Benutzung...auf jeden Fall" jene Aktengruppen in Betracht kämen, die der BRD-Bürgerin Heidrun Heimann für eine Benutzung zum Forschungsthema 'Die Entwicklung des Automobils zum Massenkonsumartikel in Deutschland' vorgelegt" worden seien. Den Erweiterungsantrag der Doktorandin vom "24.5.86" hatte das Staatsarchiv Dresden positiv beantwortet. Nun lag der "Schwarze Peter" wieder bei der Verkehrshochschule Dresden. Darauf wies Keßler ausdrücklich hin, indem er an Herkner schrieb:

> "Die Stellungnahme des Archivs liegt zur Kenntnisnahme bei. Wir bitten Sie um Stellungnahme, ob die Unterstützung der Anliegen von Frau Heimann und Schulte die *Zusammenarbeit mit der Volkswagen-AG* sowie eigene laufende Forschungsvorhaben berühren würde"[16] (Hervorh.v.m., B.S.).

Damit war "die Katze aus dem Sack", denn diese Frage sollte sich an sich mit dem Antragsteller Köhler/VW erübrigt haben. Wenn nicht, dann war die Auffanglinie für die Verkehrshochschule damit vorgezeichnet. Doch genehmigte das Institut für Marxismus-Leninismus, das Zentrale Parteiarchiv, parallel den Forschungsantrag des Hamburger Wissenschaftlers zu dem Thema: "Geschichte der Motorisierung in Deutschland".[17] Dr.Grahn vom Zentralen Staatsarchiv beantwortete die Anfrage der Staatlichen Archivverwaltung ebenfalls positiv.[18] Damit geriet Dresden scheinbar weiter unter Druck. Wie vorgezeichnet, antwortete Herkner dem Diplom-Historiker Keßler am 8.Juli ablehnend:

> "...Seit März dieses Jahres erarbeitet die HfV auf vertraglicher Basis für die VW-Aktiengesellschaft eine *Expertise zur technisch-konstruktiven Entwicklung der DKW-Kraftfahrzeuge.* Nach Fertigstellung dieser Expertise im März 1987 ist vorgesehen, *artgleiche Arbeiten zu anderen Konzernmarken* wie Horch, Audi und Wanderer vertraglich mit VW zu binden. Aus diesem Grund müssen wir nach wie vor davon ausgehen, daß das Projekt von Herrn Dr.Schulte mit unserem Vorhaben kollidiert, und ihnen wären wir deshalb sehr verbunden, wenn Sie ihm einen Zugriff zum Auto-Union-Bestand im Staatsarchiv Dresden verweigern könnten. ...
> Die von Frau Heimann beigebrachten Unterlagen reichen nicht aus, um einschätzen zu können, ob sie mit ihren Beiträgen unseren Forschungsarbeiten schaden kann. Das wäre aber bestimmt dann der Fall, wenn sie sich für technisch-konstruktive Zusammenhänge und Details interessiert. Deshalb bitten wir aus Sicherheitsgründen auch wie bei Dr.Schulte zu verfahren.
> Abschließend möchten wir im Interesse einer grundsätzlichen und langfristigen Abstimmung unseres Forschungsprojektes und der Möglichkeiten der Archivnutzung durch Ausländer ein persönliches Gespräch mit Ihnen anregen, an dem

seitens der Hochschule Frau Prof.Dr.sc.E.Rehbein und Herr H[ochschul]D[ozent] Dr.sc.Kirchberg teilnehmen würden. ..."[19] (Hervorh.v.m., B.S.).

Der, bei den Verhandlungen im April-Oktober 1984, sehr im Hintergrund gehaltene Kirchberg, war inzwischen sichtbar innerhalb der Verkehrshochschule zur zentralen Figur des "immateriellen Exports" in den Westen aufgestiegen. Dessen Bedeutung wuchs umso mehr, als die Mahnung des Ministers für Hochschulwesen, Prof.Dr.Garscha, die Hochschule habe zu geringe "Exporterlöse" erreicht, gemessen an der "Orientierungskennziffer" des Jahres 1986 (Schreiben vom 2.6.1986), immer noch im Raum stand. So griff der Rektor der Verkehrshochschule Dresden erneut auf die Verhandlungen mit Volkswagen zurück und antwortete dem Minister am 4.Juli:

"Nach der mir vorliegenden Übersicht (siehe Anlage) wurden durch Leistungen der HfV bisher 1986 über das Exportbüro Erlöse realisiert, die weit über der Orientierungskennziffer liegen.
Wenn auch der Hauptteil - *75 T[ausend]V[errechnungs]M[ark]* aus Einnahmen für die *Expertise zur Technikgeschichte der AUTO UNION im Auftrag die VW-Aktiengesellschaft* - nach Auskunft des Exportbüros *vor 17.6.1986* aus mir *unverständlichen Gründen* der Hochschule vorerst nicht angerechnet wird, werte ich ihn dennoch als Ergebnis*, das ausschließlich aus Aktivitäten der Hochschule resultiert*"[20] (Hervorh.v.m., B.S.).

Der Rektor der Verkehrshochschule bestätigte den Vertragsabschluß mit Volkswagen. Das westdeutsche Werk war damit nach über einem Jahr am Ziel. Wie streng geheim der gesamte Vorgang beurteilt wurde, zeigt der Stempel auf dem Schreiben "Nur für den Dienstgebrauch". Auch dem Autor waren diese Vereinbarungen bis 2004 unbekannt.

Nach eingehender Analyse antwortete Anfang August der Dipl.-Historiker Leipold, Leiter der Staatlichen Archivverwaltung Potsdam, Andrä in der "Hauptabteilung Außenhandelsbeziehungen" des Ministeriums für DDR-Außenhandel. Das Scheiben Leipolds enthüllt die von vornherein aussichtslosen Bemühungen des Volkswagen-Prokuristen Köhler, der im Auftrag von Hahn den Antrag auf Einsicht in die Dresdener Akten, seitens des Hamburger Forschers, lediglich formal unterstützen sollte. Leipold hielt fest:

"Im Jahre 1984 wandte sich Herr Dr Schulte an die Staatliche Archivverwaltung um Unterstützung seiner geplanten Forschungen zum Thema 'Die Geschichte der AUTO-UNION und ihrer Vorgängerfirmen Audi, DKW, Horch und Wanderer, unter besonderer Berücksichtigung ihrer sozial- und wirtschaftsgeschichtlichen sowie firmengeschichtlichen Aspekte in ihrer Einbindung in die übergreifenden politikgeschichtlichen Interdependenzen, 1899-1945'.

Eine Konsultation mit der Hochschule für Verkehrswesen 'Friedrich List' Dresden ergab, daß die von Dr.Schulte bearbeitete Thematik *Gegenstand von Arbeiten der Hochschule im Rahmen des Zentralen Planes der gesellschaftlichen Forschungen* war und weiterhin sein wird.

Gleichzeitig stand zu diesem Zeitpunkt die Hochschule für Verkehrswesen in *Vertragsbeziehungen mit dem Volkswagenwerk wegen eines umfangreichen Forschungsauftrages* zu Geschichte der AUTO-UNION. Dieser Tatbestand bewog die Staatliche Archivverwaltung zur Ablehnung des Benutzungsantrages von Dr.Schulte.

Seit 1985 laufen in Abstimmung mit dem *Direktor des Exportbüros des Ministeriums für Hoch- und Fachschulwesen mit der Volkswagen AG Wolfsburg* konkrete Verhandlungen über die Mitwirkung der Hochschule für Verkehrswesen bei der Auswahl geeigneter Archivmaterialien und der Anfertigung einer *Expertise zu technisch-konstruktiven Entwicklungen des Typen-Programms DKW* auf der Basis des immateriellen Exportes.

Seit März des Jahres erarbeitet die Hochschule Verkehrswesen auf vertraglicher Basis diese Expertise. Nach Fertigstellung der Expertise im März 1987 ist vorgesehen, artgleiche Arbeiten zu anderen Konzernmarken wie HORCH, AUDI und Wanderer vertraglich mit Volkswagen zu binden.

Aus diesem Grund muß davon ausgegangen werden, daß das Projekt von Dr. Schulte mit dem genannten Vorhaben kollidiert"[21] (Hervorh.v.m., B.S.).

Dass es sich bei dieser Aktion um eine bewusst aufgebaute Fata Morgana handelte, wird mit dem Schreiben erkennbar, das der Handelsrat Schmidt (Ständige Vertretung der DDR) an den Prokuristen Einkauf/Planung V.Köhler, bei Volkswagen in Wolfsburg, richtete. Daran ist nicht so interessant, dass offenbar ein "Dauervisum für Herrn Dr.Schulte" beantragt worden sei, sondern vielmehr, dass dieses Schreiben "als Zwischenbescheid" darüber informieren sollte, "an einer Lösung", in Sachen Archivbenutzung Dresden, werde "noch gearbeitet".[22]

Aufschlussreich erscheint, dass in diesem Zusammenhang Zeit keine Rolle spielte. Erneut gingen zwei Monate „ins Land", um dann hervorzubringen, "das Ministerium für Außenhandel der DDR" werde „sich an Herrn Dr.Schulte mit einem *den Umständen* entsprechenden Vorschlag wenden". Handelsrat Schmidt führte näher aus:

„Dieser Vorschlag wird beinhalten, dass Herrn Schulte empfohlen wird, *mit der Hochschule für Verkehrswesen in Dresden,* Verhandlungen über den Abschluß einer entsprechenden Vereinbarung zur Durchführung der beabsichtigten Studien zu führen".[23]

Der Außenhandels-Staatssekretär schrieb Ende Oktober schließlich an Köhler, „nach nochmaliger Rücksprache mit den in der DDR zuständigen Stellen die Geschichte der Auto-Union betreffend", sei zu ermitteln gewesen:

„In der Vergangenheit arbeitete die Hochschule für Verkehrswesen ‚Friedrich List', Dresden, *auf der Grundlage vertraglicher Vereinbarungen mit der Volkswagen AG* an der o.g. Geschichte der Auto-Union.
Da dieser Themenkomplex heute und künftig zu den Forschungsaufgaben der Hochschule gehören wird, ist diese sehr daran interessiert, entsprechend ihrer Aufgabenstellung ihre Ergebnisse der *Volkswagen AG* auch weiterhin auf vertraglicher Basis zur Verfügung zu stellen" (Hervorh.v.m., B.S.).

Nach dieser Vorbereitung des Unausbleiblichen verwies Andrä unverkennbar mit Ironie darauf, es werde ihn „freuen, wenn eine derartige Verfahrensweise" auch den „Interessen und Zielen" des Volkswagen-Vertreters entspräche.[24]

Ende Oktober schrieb Köhler dem Hamburger Wissenschaftler in Warteposition, er übersende diesem den „nunmehr endgültigen Bescheid bezüglich" seiner „Einreise in die DDR...eine Briefkopie des Handelsrates Schmid über die weitere Vorgehensweise".[25] Darauf folgte jedoch eine äußerst „elegante" Lösung. Der Außenhandelsspezialist Andrä schrieb:

„Möchte Sie bitten, die weiteren Schritte durch Herrn Dr.Schulte direkt mit
  Herrn Dr. Kirchberg an der Hochschule für Verkehrswesen
  ‚Friedrich List', Dresden, 8010[sic]
festzulegen".[26]

Unruhig wurde schließlich der Oberarchivrat Leipold bei der Staatlichen Archivverwaltung Potsdam. Dieser war über den Fortgang des Anliegens offensichtlich nicht orientiert. Das traf auch für den Hamburger Wissenschaftler zu. So schrieb der Oberarchivrat am 10.Dezember an den Staatssekretär, doch Aufklärung zu geben, wie die „aufgetretenen Probleme, hinsichtlich der bestehenden Kontakte zwischen der Hochschule für Verkehrswesen ‚Friedrich List' Dresden und der Volkswagen AG Wolfsburg", gelöst worden seien. Unser Historiker jedenfalls erinnert keine Mitteilung, wie es weitergehen sollte.[27] So appellierte er in gutem Glauben an den Vorstand von Volkswagen, Hahn, und bat diesen um Unterstützung in der Frage einer „Audi-Unternehmensgeschichte". Am 22.Dezember beabsichtigte dieser seinen Film, „Audi-mobil. Fortschritt im Wandel der Zeit", in Wolfsburg Hahn und Konrad vorzustellen. Daran knüpfte er an und bat um ein Gespräch. Auch teilte der Hamburger Forscher mit, er arbeite „seit Juli/August 1986...an einer Neufassung" des „Rad der Zeit". Damit versuche er, die „Firmenschrift...auf neue Füße zu stellen".[28]

Mitte Dezember reagierte er ein letztes Mal im Sinne des Andrä-Schreibens. Der Historiker rief bei der Staatlichen Archivverwaltung Potsdam an und informierte diese über den Stand der Dinge und die Unterstützung durch Volkswagen, denn es galt, auch den letzten Zentimeter Chance zu nutzen. Der Telefondienst dort hielt fest:

> „Dr.Sch[ulte]. teilte mit, daß er von einem Schreiben des HAAA(?) an VW Kenntnis erhalten hätte, in dem empfohlen worden wäre, daß Sch[ulte]. im Rahmen der vertragl[ichen] Beziehungen zwischen der V[erkehrs]H[ochschule] Dr[es]d[e]n und VW als Partner [Streichung] bzw. Interessenvertreter VW's gegenüber der V[erkehrs]H[ochschule] auftreten und in die Forschungen einbezogen werden solle. U[nd]. bat um schriftliche Übermittlung dieses Sachstandes, was zugesichert wurde".[29]

Doch schloss Andrä – im Einvernehmen mit Volkswagen, den Fall abweichend ab. War noch in dem Schreiben an Volkswagen, vom 21.Oktober, dem Hamburger Antragsteller der von vornherein aussichtslose Weg über Kirchberg gewiesen worden, so ließ der Staatssekretär gegenüber dem Oberarchivrat Leipold, von der Staatlichen Archivverwaltung, nun „die Katze aus dem Sack". Er schrieb am 22.Dezember:

> „Nach Rücksprache mit dem Leiter der Abteilung Export des Ministeriums für Hoch- und Fachschulwesen, Genossen Dr.Gielke, in o.g. Angelegenheit habe ich an die Volkswagen AG ein Schreiben gesandt, das ich Ihnen hiermit zur Kenntnisnahme übergebe. Eine Antwort der Volkswagen AG liegt noch nicht vor".

Damit war die Sache klar, denn mit dem betonten Interesse der Verkehrshochschule Dresden, „entsprechend ihrer Aufgabenstellung ihre Ergebnisse der Volkswagen AG auch weiterhin auf vertraglicher Basis zur Verfügung... stellen" zu wollen, war unausweichlich, dass ein Interessenausgleich unmöglich blieb. Es erübrigte sich damit jedes weitere Wort.[30]

Hahns falsches Spiel

Angesichts dieser wenig Erfolg versprechenden Gesamtkonstellation, doch in der Hoffnung zwischen den Klippen zum Erfolg kommen zu können, wandte sich der Hamburger Historiker an das Geheime Staatsarchiv in Berlin, um dort zu seinem Forschungsprojekt „Geschichte der Motorisierung in Deutschland", Ersatz für die verweigerten DDR-Quellen zu erschließen. Die Bestände der Sächsischen Gesandtschaft in Berlin, in deren Betreffs zu „Wirtschaft und Verkehr", der Aktenbestand „Reichswirtschafsministerium", Repertorien zum Bestand „Sächsischer Staatshaushalt" (1/1931-36), „Politik" (9/1890-1942), „Sachsen als Notstandsgebiet" (3/1935), „Wirtschaft, Handel und Verkehr" (24/1926-43) und „Denkschriften" (3/1911-17, 1934-39) sowie „Reichsstelle für Außenhandel", schienen ihm erfolgversprechende Ansatzpunkte für die weiterführende Arbeit für eine „Audi Unternehmensgeschichte" zu bieten.[31]

Auf Grund eines geradezu optimistisch stimmenden Kontaktes zum Vorstand von Volkswagen (Vorstellung seines Filmes „AUDI-MOBIL. Fortschritt im Wandel der Zeit") und infolgedessen in dem gutem Glauben, Hahn würde mit offenem Visier handeln, schrieb er am 25.Dezember an den Volkswagen-Vorstandsvorsitzenden:

> „Für das Gespräch und die freundliche Aufnahme meines Filmes zur AUDI-Unternehmensgeschichte am 22.Dezember danke ich Ihnen sehr.-
> Gern würde ich meine bereits seit drei Jahren laufenden breiten Archivstudien zu diesem Thema zum Ziel führen. Eine schriftliche Darstellung würde ich auch ohne die DDR-Quellen schon heute erstellen können. Das ist auch mein Plan.
> Natürlich wäre es sehr zu wünschen, wenn auf dem Wege über Ihr Vertragsverhältnis mit der Verkehrshochschule „Friedrich List" und damit auf dem vom DDR Außenhandelsminister/Dr.Andrä skizzierten Weg, die von mir seit Jahren angestrebte wissenschaftliche Kooperation Tatsache würde.
> Vor wenigen Tagen habe ich, wohl als erster Westdeutscher, Material aus dem Archiv der Nationalen Volksarmee zu den sächsischen Kontingenten benutzen können. Enthalten waren in den Akten durchaus Dokumente zur Geschichte von AUDI, HORCH und WANDERER. Die Zentrale Archivverwaltung der DDR hat mir bei dieser Gelegenheit jegliche ihr mögliche Unterstützung bei dem Bemühen um Einsicht in die Dresdener Bestände zugesagt.
> Widerstand der sog.'Techniker' in Dresden ist der wohl ausschließliche Hinderungsgrund in der Vergangenheit und Gegenwart. Daß Herrn Dr.Wiersch hier-

bei ein maßgeblicher Anteil zukommt, ist meine Erfahrung im Zuge sämtlicher bisher von mir durchgeführten Projekte zur AUDI-Unternehmensgeschichte.

Ich würde sehr hoffen und wünschen, dass sich die bislang unübersehbaren Imponderabilien in der Sache ausräumen lassen und es künftig für mich keine Gefährdung meines Verhältnisses zu AUDI bedeutet, wenn ich Sie als in der AUTO UNION-Geschichte kundigen und interessierten Zeitzeugen, befrage.

Für Ihre Bereitschaft hierzu bin ich Ihnen sehr dankbar, denn z.B. die Akten des Berliner Document Center der Amerikaner oder aber die Geschäftsakten der Industriegruppe Fahrzeugbau enthalten Details, die ich gern mit Ihnen erörtern würde. Z.B. die Bemühungen, die AUTO UNION Produktion ‚unter die Erde zu bringen'. Das Bergamt Friedberg in Sachsen war mit dieser Aktion ebenso befasst wie die SS, die die Arbeitskräfte bereitstellte.

Herrn Schilling habe ich über das Gespräch vom 21.12.86 berichtet. Wie vereinbart werde ich künftig Verhandlungen, sei es zu Filmprojekten oder (und) zur AUTO UNION- und AUDI-Unternehmensgeschichte, ausschließlich mit Herrn Schilling führen".[32]

Es ging dem Hamburger Forscher um die gründliche Neuorientierung des Verhältnisses mit AUDI-VW. Dazu entwarf er dem designierten Audi-Pressechef Lutz Schilling am folgenden Tag seine Vorstellungen. Er setzte in aller Form auseinander:

„Am 22.Dezember habe ich Herrn Dr.Hahn und Herrn Konrad den o.e. Film vorgestellt.

Im Zuge der Vorführung wurden auch allgemein die AUDI-Unternehmensgeschichte berührende Fragen erörtert.

Zunächst traf der Film auf die einhellige Zustimmung beider Herren. In der Summe wurde angeregt, das Werk für die Zwecke der Verkaufsraum-Förderung zu verkürzen. Insbesondere die Archivfilmquellen fanden Zustimmung, da es sich um bisher überwiegend unbekanntes Material handele. Herrn Dr.Hahn gefiel vor allem auch die Szene zu dem ersten Horch '8' von 1927 und der sich drehenden Maschine dieses Typs auf der IAA in Berlin.

Der Gedanke (Anregung) einer Kürzung auf ca 30 Minuten, so äußerte Herr Dr.Hahn, würde unter weitgehender Opferung der Realdrehszenen und auch der Produktionsbilder, die man ja doch besser kenne als Jemand von außerhalb, erlauben, die highlights noch konzentrierter zu bieten. Herr Konrad pflichtete dem bei und meinte, es könnten selbst die Bilder, z.B. mit dem Ro 80-Crashtest, herausfallen.

Zu dem Aspekt der ‚AUDI-Unternehmensgeschichte habe ich erläutert, dass *die zwischen Wolfsburg und Ingolstadt schwebende Dichotomie* wohl zu einigen Verzögerungen in meinen Bemühungen um Fortschritte in der Sache geführt habe. Um dies künftig auszuschließen, würde ich vorschlagen, dass sämtliche Gespräche und Kontakte nunmehr über Sie laufen sollten. Herr Dr.Hahn bestätigte dies gern.

Zur Frage der Kontakte mit der DDR habe ich erwähnt – wie auch in Gesprächen mit der Staatlichen Archiververwaltung der DDR geschehen, dass Volkswagen mich über das Vertragsverhältnis mit der Verkehrshochschule Friedrich List allein unterstützen könne. So würden meine guten Beziehungen mit Wissenschaftlern und Archivbehörden in der DDR (ich konnte soeben das Militärarchiv der Nationalen Volksarmee für das AUDI-Thema benutzen) zum Tragen kommen und Volkswagen/AUDI würde den Nutzen eines Korrektors in den Archiven haben, der die Auswahlkriterien der DDR-Wissenschaftler im Auge behalten könnte. Denn sonst besteht zusätzlich die Gefahr, dass wiederum nur Akten in Form von Mikrofilmen herüberkommen, die Herr Kirchberg bereits publiziert hat.

Im Juni ds.Js. hatte Herr Dr.Hahn mir bestätigt, dass ich der Mann für VW sei, der die AUTO UNION-Geschichte bearbeiten solle (neben Prof.Hans Mommsen, der sich der Fremdarbeiterfrage [bei VW] widme). Diese Bemühungen von Herrn Köhler (VW) im Auftrage von Herrn Dr.Hahn, für mich ein Dauervisum für die DDR zu erwirken, sind seit Mai 1986 im Gange und haben zu dem Hinweis des DDR-Außenhandelsministeriums geführt, Volkswagen, bzw. ich, solle sich in Verhandlungen mit der Verkehrshochschule Friedrich List begeben. Bei VISA-Angelegenheiten würde man gern behilflich sein.

Meine Gespräche mit der Zentralen Archivverwaltung der DDR in Potsdam haben dazu geführt, dass man mir dort bestätigt hat, man werde mir mit allen zur Gebote stehenden Mitteln dabei helfen, die Genehmigung für die Aktenbestände in Dresden etc. zu erhalten. Allerdings haben die ‚Techniker’-Spezialisten in Dresden (d.h. Herr Kirchberg und Frau Rehbein an der Verkehrshochschule) ein Mitspracherecht. Formal können diese sich im Rahmen des Zentralen Planes für die Gesellschaftswissenschaften der DDR darauf zurückziehen, die Akten der AUTO UNION seien noch nicht archivarisch erschlossen, noch nicht verzeichnet und damit noch nicht benutzbar. Deshalb sei es wohl der alleinige Weg, indem Volkswagen mich an das Vertragsverhältnis mit der Verkehrshochschule angliedere, den Widerstand der Dresdener Gruppe zu überspielen (so die Zentrale Archivverwaltung Potsdam).

Herr Dr.Hahn äußerte dazu, für eine derartige Lösung würde man in Wolfsburg *eine eindeutige Willenserklärung aus Ingolstadt* benötigen. Abstimmen werde man sich am 12.Januar 1987 dazu mit Ihnen. Anders als am 22.12.86 war Herr Wiersch am 12.01. zugezogen. Hier sehe ich allerdings auch den Gegner jeglicher Beteiligung meiner Person an Arbeiten zur AUTO UNION Geschichte. Das Ergebnis des 16.Juni 1986, das ich oben erwähnte, soll nach einer späteren Äußerung von Herrn Wiersch mir gegenüber Herr Dr.Hahn ihm gegenüber wieder aufgehoben haben. Die Erfahrungen in der Fernseh-, Film- und RdZ-Arbeit erhärten den Eindruck einer Interessenidentität zwischen Herrn Wiersch und Herrn Kirchberg. Daß Herr Ulmer und Herr Wiersch – wie mir Herr Ulmer einmal sagte – guten Kontakt haben, mag das Bild nur vervollkommnen.

Vor wenigen Tagen rief mich Herr Ulmer nach ungefähr einjähriger Pause wieder einmal an, um mir zu sagen, dass er gerade erfahren habe, ‚Jemandem bei AUDI habe mein Film nicht gefallen'. Wer wusste er nicht, wollte sich danach aber umhören. Eigentlicher Grund des Anrufes war jedoch die Frage, was am 13.Januar bei Ihnen besprochen werde. Ich habe dazu nur gesagt, das wisse ich auch nicht, aber ich vermute, dass es sich wohl um ein Abstimmungsgespräch handeln könne.

Die Fragen, die ich oben aufgeführt und erläutert habe, würden auch Themen dieses Gespräches sein können, wobei es mir wertvoll wäre, zu erfahren, ob es im Rahmen der AUDI-Unternehmensgeschichte mit Herrn Ulmer und der AUTO UNION GmbH eine Form der Kooperation geben wird oder nicht. Bislang sind meine Erfahrungen, nach dem o.e. Muster, durchaus gegenläufige".[33]

Damit lag offen, wie Ingolstadt/Wolfsburg mit seiner Unternehmensgeschichte umging. Dem Hamburger Wissenschaftler und Filmproduzenten war die besondere Rolle Dr.Hahns in diesem Spiel offensichtlich noch nicht bewusst geworden.

Absetzbewegung

Rechnungen wurden künftig schleppender beglichen. Schiller musste wiederholt im Frühjahr 1988 gemahnt werden.[34] Doch parallel lud Volkswagen zur IAA 1987 nach Frankfurt ein[35] und AUDI of America bestellte eine MAZ 1"-Kopie des AUDI-Filmes. Die Bestellung wurde am 21.September 1987 ausgeliefert.[36] Um den Einsatz des Filmes zu verstärken, nahm der Filmproduzent Kontakt zu Graf/ Vertrieb auf, den er auf „Initiativen für die Verbreitung des Filmes" ansprach. Eine Möglichkeit zu weiterer Abstimmung sei am 2.November, in Verbindung mit seinem Termin bei Herrn Schilling (10.30 Uhr) gegeben.[37]

Im November 1987 lief die Ära Audi bei dem Hamburger Historiker/Journalisten aus. Nach einem Gespräch mit Lutz Schilling, das keine weiteren Möglichkeiten ergab, kehrte er das Vertragsverhältnis aus. Um seine, in diesem Zusammenhang einvernehmlich vereinbarte letzte Rechnung ergaben sich längere Diskussionen und zusätzliche, im Grunde äußerst überflüssige Probleme, bis diese schließlich reguliert wurde. Ein im Grunde betrüblicher, jedoch – im Lichte des hier nachgezeichneten Ablaufes - nicht überraschender Verlauf.[38]. Überdies mahnte Volkswagen (Abteilung Automuseum), Mitte Februar 1988, dringend die Rückgabe von Archivfilmmaterial an.[39]

Nahezu gleichzeitig kam es im Hamburger Hotel „Vier Jahreszeiten", bei einer Tasse Tee, zu einem Gespräch mit dem Chef der Volkswagen-Öffentlichkeitsarbeit, Anton Konrad. Das Ziel des Hamburger Historikers war, mit Volkswagen, dem eigentlichen Adressaten seiner geschichts- und medienwissenschaftlichen Bemühungen im Fall Auto Union, zu klären, ob – im Ersatz für Audi, und, da er von den Verwerfungen hinter den Kulissen nichts ahnte - Interesse an einer Zusammenarbeit bestünde. Doch überholt wurde dieser Kontakt durch die Mitteilung Schillers, wenige Tage darauf, AUDI sei „sich seit November 1987 darüber klar... nicht mehr mit mir zu arbeiten". Unser Forscher informierte Konrad im Nachgang, „Nachfragen wegen eines Projektes ‚Unternehmensgeschichte'" hätten „m.E. kaum mehr Sinn". Diese Entwicklung sei überraschend, da „Herr Schilling mir die Kooperation noch am 13.Januar 1987 zugesagt" habe. Daraufhin habe er, „im Juni 1987 ohne Vertragsanbindung, sich "mit [s]meinem AUDI-Film werbend um andere Aufträge" bemüht. Das habe ihm „Herr Schilling im November zum Vorwurf" gemacht. Er teilte Konrad ferner mit, „daraufhin" hätte er „die Auskehrung des Vertragsverhältnisses begonnen".[40] Postwendend lief eine weitere Bestellung des Audi-Filmes (Cord-Duplikat vom IT-Band (A/B Kopierung) in Hamburg ein.[41] Dass sich dort inzwischen Enttäuschung Bahn brach, zeigt das Begleitschreiben an Herrn Kawakani von der VW/AUDI Division in Tokio, dem der Filmkommentartext, auf Verlangen, für eine japanische Version, zugesandt wurde. Deutlicher werdend schrieb der Hamburger Filmproduzent, "we would give you any support in doing so for we did more than simply produce a film".[42]

Das war die Ausgangslage für den Entschluss gewesen, den Audi-Traditionsfilm beim Europäischen Industriefilm-Festival in Hannover anzumelden. Am 7.April ging eine Kopie nach Groß-Burgwedel.[43] Gleichzeitig wurde dem Produzenten mitgeteilt, dass Audi eine Kurzfassung seines Filmes herstellen wolle.[44] Der Kern der in Frage stehenden Erwiderung auf dieses Begehren Ulmers in Ingolstadt sollte lauten:

> „Herr Dr.Schulte hat mir erklärt, dass er selbstverständlich mit einer gekürzten Fassung des Filmes einverstanden ist [was ursprünglich bereits 1984 geplant war, Ende 1986 von Herrn Dr.Hahn erneut angeregt und im Anfang 1988 mit Ihrem Herrn Schilling (Presseabteilung) ins Auge gefasst wurde], dementsprechend [hintertreibt Herr Dr.Sch.] Ihre darauf gerichteten Wünsche keineswegs. Auf der anderen Seite [möchte er aber] an diesem [neuen Werk], weil [dies] sein ‚urheberrechtliches Kind‘ betrifft, beteiligt werden, damit der Gesamtkontext des von ihm ausgewählten Filmmaterials, auch in Verbindung etwa mit Neudreh, nicht vollständig verändert wird".[45]

In dem expedierten Schreiben vom 25.April führte Rechtsanwalt Schultz-Süchting weiter aus:

> „Es handelt sich ja um eine wissenschaftlich-historische Darlegung einer Unternehmensgeschichte mit den damit verbundenen sich aus dem Forschungsstand und verantwortlicher Gewichtung ergebenden Wertungen".

Der Filmautor verwahrte sich mit diesem Schreiben des Presserechtlers dagegen, „dass ohne" seine „Einwilligung eine gekürzte Fassung hergestellt" werde.[46]

Ulmer/Vollnhals erklärten sich im Gegenzug dahin, „den Gesamtkomplex des ...zusammengestellten Filmmaterials" nicht ändern zu wollen. Es sei „lediglich" beabsichtigt,

> „einige Passagen des Filmes in einer Weise herauszunehmen, dass der Charakter der Langversion vollständig erhalten"

bliebe. Es wurde nunmehr vorgeschlagen,

> „dass wir mit Ihrem Mandanten eine Vereinbarung treffen, in der sichergestellt wird, dass durch eine persönliche Mitwirkung Ihres Mandanten an der Kürzung der Charakter des Filmes nicht verändert wird".[47]

Es ging nun darum, in einem Gespräch in Ingolstadt mit Ulmer/Vollnhals die

> „Änderungswünsche abzuklären, von Forum Film eine Kalkulation des Aufwandes zu erstellen, den Umfang der Arbeiten schließlich festzulegen und sicherzustellen, dass die inhaltlich/konzeptionelle und technische Durchführung ausschließlich bei Forum Film"

läge. Das war die Ausgangsposition des Hamburger Unternehmers. Grundsätzlich erschienen juristisch „Filmänderungen durchaus zulässig..., wenn dadurch in die urheberrechtliche Gesamtkonzeption nicht eingegriffen" würde.[48] Der VW-Pressechef Konrad äußerte dazu, er sei in der Sache nicht zuständig. Diese sei „allein zwischen" dem Hamburger Produzenten „und Audi zu klären".[49]

Inzwischen gewann der Film den Dritten Preis beim Internationalen Industriefilmfestival in Hannover 1988. Der dafür verliehene Preis wurde jedoch nicht dem Einreicher des Beitrages ausgehändigt, sondern gelangte, durch das Vorprellen des Leiters der Filmstelle von Volkswagen, nach Ingolstadt. Und dies ohne jegliche Mitteilung seitens des Veranstalters, noch der Beteiligten in Wolfsburg und Ingolstadt. Erst im Verlauf des Gespräches zur Verkürzung des Filmes in Ingolstadt, äußerte sich Ulmer erfreut über diesen Erfolg des Hamburger Partners. Der Pokal stand allerdings im Nebenzimmer und wurde mit keinem Wort auch nur erwähnt. Die Verhandlung führte, infolge weit auseinanderliegender Kostenvorstellungen, nicht zum Ziel. Indirekt wurde kurz darauf offenbar, dass Audi den Film in Berlin bearbeiten lassen werde. Dies, und weitere bereits erwähnte Unstimmigkeiten führten dazu, dass der Anwalt der Forum Film GmbH, Dr.Schultz-Süchting, diese Vorgänge noch einmal zusammenfasste.[50] Es ergab sich kein Anhalt dafür, eine Widerstandslinie aufzubauen. Allerdings gelangte der Preispokal - (wenngleich mit einer Absplitterung) – doch noch in die Hände des rechtmäßigen Besitzers. Ulmer/Vollnhals teilten ferner mit, Audi werde „den Film in seiner jetzigen Fassung auswerten. Zur Vervielfältigung" benötige man „deshalb das Negativ". Ob so verfahren wurde, hat der Produzent künftig nicht weiter überprüft.[52]

---

1 BA-Berlin, Do 1, 22.0. Bewertungsblatt 86/1952.
2 Ebd., Vorbescheid.
3 Archiv der TU-Dresden, HfV 2.2.2./184. B.Schulte an Hartig/Militärarchiv der NVA, 20.2.1986.
4 BA-Berlin, Do 1, 22.0. Aktennotiz, Merker, 24.3.1986.
5 Ebd., Aktennotiz, Merker, 2.4.1986.
6 Ebd., B.Schulte an C.H.Hahn, 16.4.1986.
7 Ebd.. V.Köhler an W.Andrä, 30.5.1986.
8 Ebd., B.Schulte an Staatliche Archivverwaltung, 24.5.1986. Das Schreiben ging in der DDR „innerdienstlich" an: Zentrales Staatsarchiv Potsdam, Militärarchiv der NVA Potsdam, Zentrales Staatsarchiv Merseburg, Verkehrshochschule Dresden.
9 Archiv der TU-Dresden, HfV 2.2.2./184. Dr.Kirchberg an Dr.Neustädt, 13.6.1986.Paraphen: „1. Prorektor z.Kts., Herkner (handschr.), 17.6."; Von der Hand Kirchbergs: „Herrn Dr.Herkner z. Verbleib".
10 Ebd., H.Heimann an Ministerrat der DDR, 20.5.1986. Ebd., Staatsarchiv Dresden, Dr.Groß an Staatliche Archivverwaltung, 17.6.1986.Einblick in die Auto Union Akten erhielten dementsprechend H.Mommsen und M.Grieger, die das in H.Mommsen/M.Grieger: Das Volkswagenwerk und seine Arbeiter im Dritten Reich, Düsseldorf [3]1997, S.998 (zit. als: Volkswagenwerk) bestätigen.

11 Ebd., HfV 2.2.2./232. Garscha an P.Gräbner, 2.6.1986.

12 BA-Berlin, Do 1, 22.0. E.Rehbein an Direktorin Zentrales Staatsarchiv Brachmann-Teubner, 10.6.1986. Exakt um eine Geschäftsbeziehung mit der HfV Dresden ging es seit dem 3.10.1984 von Hamburg aus nicht mehr.

13 Birthler-Behörde, MfS AP 6172/89c, Bd. 1, ZA-Berlin. Roth, Plan zum Treff mit der KP XV/4577/80, 12.6.1986. Es handelte sich um einen nachträglich formulierten Treff-Plan.

14 BA-Berlin, Do 1, 22.0. W.Andrä an V.Köhler, 13.6.1986.

15 Ebd., HA Außenhandelsbeziehungen mit der BRD und Westberlin, 13.6.1985.

16 Ebd., Keßler an Herkner, 20.6.1986 und: HfV 2.2.2/184.

17 Ebd., Zentrales Parteiarchiv an Staatliche Archivverwaltung, 27.6.1986.

18 Ebd., Grahn, Zentrales Staatsarchiv an Staatliche Archivverwaltung, 4.7.1986.

19 Archiv der TU-Dresden, HfV. 2.2.2./184. Herkner an Dipl.-Hist.Keßler, 8.7.1986. BA, Do 1, 22.0. "Nur für den Dienstgebrauch". Es erfolgte die zustimmende Stellungnahme des Zentralen Staatsarchivs Merseburg. BA, Do 1, 22.0. Waldmann an Staatliche Archivverwaltung, 18.7.1986.

20 Ebd., HfV. 2.2.2./232. Gräbner an Garscha, 4.7.1986. Eine "Bildmappe VW" schlug zusätzlich mit "2 T[ausend]V[errechnungs]M[ark]" zu Buche.

21 BA-Berlin, Do 1, 22.0. Leipold an W.Andrä, 8.8.1986.

22 Archiv Schulte. V.Köhler an B.Schulte, 25.8.1986. Ebd., Schmidt an V.Köhler, 21.8.1986. Ein solches Visum hat den Verfasser nie erreicht.

23 BA-Berlin, Do 1, 22.0,. Schmidt an V.Köhler, 15.10.1986.

24 Andrä wollte am 7.9.2004 diese Vorgänge nicht mehr erinnern. Er sei damit „nicht befasst gewesen".

25 Archiv Schulte, Akte Audi 1987/88, Rechtsfälle, V.Köhler an B.Schulte, 20.10.1986.

26 BA-Berlin, Do 1, 22.0. W.Andrä an V.Köhler, 21.10.1986.

27 Ebd., Leipold an W.Andrä, 10.12.1986.

28 Archiv Schulte. B.Schulte an C.H.Hahn, 30.11.1986.

29 BA-Berlin, Do 1, 22.0. Aktennotiz, Telefonischer Anruf aus der BRD 15.35 Uhr. Anrufer (Name) Dr.Schulte, 16.12.1986.

30 Ebd., W.Andrä an V.Köhler, 21.10.1986; ebd., Dr.Andrä an O[ber]A[rchiv]R[at] Leipold, 22.12.1986 zu: „Geschichte der AUTO-UNON – Anliegen des Herrn Dr.Schulte/ BRD - Ihr Schreiben vom 10.12.1986.

31 Archiv Schulte. B.Schulte an Direktor des Geheimen Staatsarchivs Preußischer Kulturbesitz, 17.9.1986.

32 Ebd., Akte Audi 1987/88, Rechtsfälle. B.Schulte an C.Hahn, 25.12.1986.

33 Ebd., B.Schulte an L.D.Schilling, 26.12.1986. In dem Schreiben der Hahn-Mitarbeiter Konrad und Wiersch vom 26.9.1984 hatte sich das völlig gegenteilig angehört.

34 Ebd., B.Schulte an R.Schiller, 9.3.1987.

35 Ebd., Rechtsfälle. A.Konrad/K.-G.Hornig an B.Schulte, 12.8.1987.

36 Ebd., B.Schulte an U.Perzel, 16.10.1987.

37 Ebd., B.Schulte an Graf, 16.10.1987.

38 Ebd., Forum Film an L.D.Schilling, 4.11.1987.

39 Ebd., J. Warner/I.Gödecke an Forum Techn.Gesellschaft (kam dennoch an), 10.2.1988; B.Schulte an J.Warner, 6.3.1988: „Das von Ihnen der FF für das o.e. Projekt zur Verfügung gestellte Archiv-Film-Material befindet sich bei Herrn Dr. Ulmer/Audi Firmengeschichte in Ingolstadt. Herr Dr.Ulmer ist informiert, dass er Ihnen das Material überstellt".

40 Ebd., B.Schulte an A.Konrad, 15.2.1988; der Brief war für Konrad so wichtig, dass Frau Lange mitteilte: „Herr Konrad ist zur Zeit im Urlaub und fliegt am Wochenende von dort aus direkt nach Nizza zu unserer Passat-Präsentation. Ich kann ihm Ihre Schreiben deshalb erst Anfang April vorlegen", Lange (Sekr. Direktor A.Konrad) an B.Schulte, 9.3.1988.

41 Ebd., B.Schulte an Graf, 18.2.1988.

[42] Ebd., B.Schulte an Y.Kawakani, 3.3.1988.

[43] Ebd., Forum Film an Graf Bethusy Huc Film Produktion, 7.4.1988.

[44] Ebd., Dr.R.Schultz-Süchting (Kanzlei Droste, Pietzker, Sprick, Olgarth & Kolsterfelde) an B.Schulte, 19.4.1988.

[45] Ebd., Entwurf Dr.R.Schultz-Süchting, 19.4.1988, [...] Änderungen Sch.

[46] Ebd., Schultz-Süchting an Audi AG (Rechtsabteilung), 25.4.1988.

[47] Ebd., H.Ulmer/R.Vollnhals an Dr.R.Schultz-Süchting, 6.5.1988.

[48] Ebd., Dr.R.Schultz-Süchtung an B.Schulte, 11.5.1988.

[49] Ebd., A. Konrad an B.Schulte, 17.5.1988.

[50] Ebd., B.Schulte an Dr.R.Schultz-Süchting, 21.9.1988.

[51] Ebd., Dr.R.Schultz-Süchting an B.Schulte, 26.9.1988.

[52] Ebd., Ulmer/Vollnhals an B.Schulte, 29.9.1988; Dr.R Schultz-Süchting an Audi AG/Rechtsabt. Ulmer, 4.10.1988.

14. Kapitel: Scheitern der "Audi-Unternehmensgeschichte"

Schlussredaktion Audifilm und „Rad der Zeit"

Wie bereits erwähnt, hatte Rudolf Urban die Ausarbeitung zur „Audi-Unternehmensgeschichte" bestellt, ein Programmpapier für weiteres firmengeschichtliches Vorgehen.[1] Auch kündigte er, im Zusammenhang mit der Renovierung des „Rad der Zeit", weitere Zusammenarbeit an.[2] Anfang Januar 1986 führte der Hamburger Auftragnehmer ein kompliziertes Gespräch mit Schiller, dem Nachfolger des unglücklichen Meier in der Presseabteilung. Es ging darum, die weitere Termingestaltung für den Audi-Traditionsfilm und das Projekt "Rad der Zeit" festzulegen. Angesichts der Vorstellung zum Fertigstellungstermin des Filmes klagte dieser:

> "Nein, das geht absolut nicht. Der Habbel entläßt mich".

Man sei "jetzt schon zwei Wochen überfällig". Der Audi-Mann fügte hinzu: "Wir rechnen in Tagen, nicht in Monaten". Diese Frage müsse noch in der laufenden Woche einer Lösung zugeführt werden. Offenkundig waren die Textkorrekturen von Wiersch/Volkswagen und Lutz/NSU jedoch noch nicht eingetroffen. Die Ergänzungen Ulmers lagen dagegen vor. Zum „Rad der Zeit" entstanden zusätzlich Terminschwierigkeiten. Da Schiller offensichtlich beabsichtigte, diese Zusammenhänge zu einem grundsätzlichen Problem für die weitere Zusammenarbeit aufzublähen, fertigte der Hamburger Historiker eine Auswertung aus dessen Tagebüchern der Jahre 1983 bis 1986 an. So viel zu den Tendenzen dieses Audi-Gesprächspartners.[3]

Das gewünschte Papier, "Die AUDI Unternehmensgeschichte",[4] lag am 5.Januar vor. Dieses Exposé behandelte in vier Schritten die chronologisch-systematische Vorgeschichte des Audi-Unternehmens. Unter der Überschrift, "Als die Autos 'laufen' lernten", wurden sowohl das "Neckarsulmer Unternehmen", als auch die Firmen 'August Horch & Cie' wie "Wanderer" und die 'Audi-Automobil-Werke m.b.H.' vorgestellt. Diese Firmen waren zwischen 1888 und 1909/10 ins Leben gerufen worden und repräsentierten einen typischen Ausschnitt derartiger Produktionsstätten in der Frühphase der Automobilindustrie. In einem zweiten Schritt, unter dem Titel, "Auf dem Wege zur Massenfertigung", fasste der Hamburger Historiker die Produktionsaufgaben von Audi und Horch im Weltkrieg zusammen, um direkt - über den Vertrag von Versailles - auf die Zwischenkriegsproduktion der drei sächsischen Firmen einzugehen. Hinzu trat im Jahr 1919 die "Zschopauer Maschinenfabrik J.S.Rasmussen"

(DKW), die in jenen Jahren mit dem Zweitaktmotor auf dem Felde des "Klein-motorenbaus" richtungweisend als zugeordnet war. Bei DKW und NSU fort-schrittliche Ideen, bei Audi und Horch dagegen eine rückwärts gewandte Technik- und Modellpolitik - das war die Lage nach 1919. Doch hervorragende Konstrukteure brachten z.B. Wanderer in den 20iger Jahren voran. Die Ratio-nalisierung hielt, angeregt durch amerikanische Fertigungsmethoden, bis 1928 Einzug bei Horch, Audi und NSU. „Handwerks- oder Industrieprodukt?" Dieser Konflikt entschied sich zugunsten des Industrieproduktes. Der Versuch, Audi erfolgreich mit DKW zu verbinden, scheiterte bis 1929. Doch DKW schritt voran, trotz der Weltwirtschaftskrise, mit Motorrad und Kleinwagen. So schleppten DKW und Wanderer schließlich die sächsische Autoindustrie durch bis zum Zusammenschluss unter der Führung von DKW.

Unter Hinweis auf die sozialpolitischen Veränderungen dieser Jahre, über-ging diese Ausarbeitung keineswegs die übrigen Fahrzeugproduzenten in Deutschland. Damit kollidierte das Exposé bei Audi bereits mit den engmaschi-gen Ideen um einseitige Produktwerbung. Keinesfalls konnte das komplizierte Thema der Unternehmenspolitiken von Horch, Audi, und - teilweise auch Wanderer - zu Begeisterungsstürmen hinreißen. Erst die Verkehrspolitik Hitlers eröffnete diesen Firmen erneut den Markt für große Wagen. Eine Weichen-stellung, die noch heute als zentral aufzufassen ist. Erst recht die Schilderung der Renngeschichte der 30iger Jahre, die einen zentralen Platz im natio-nalsozialistischen Propagandasystem einnahm, wurde gebührend gewürdigt. Dies plante der Autor darzulegen, nicht zuletzt im Hinblick auf die Sportambi-tionen der Marke AUDI während der damaligen 80iger Jahre. Wichtiger jedoch blieben das Avancement des „Volksautos", das DKW erfolgreich gemacht hatte, und die Zuträgerrolle, welche NSU bei der Entwicklung des Volkswa-gens ausfüllte.

Als eine der wesentlichen Wirkungen des Zweiten Weltkrieges ist in diesem Zusammenhang die Herausbildung des Autos zum „Wirtschaftsfaktor" zu be-zeichnen. Diesen Aspekt entwickelte das Papier in einem weiteren Schritt un-ter der Überschrift: "Das Auto wird zum Wirtschaftsfaktor". Wesentlich für die Darstellung im Rahmen der Zeit, war sicherlich der letzte Abschnitt unter den Titel: "Audi, der Schritt in die Zukunft". Dieser Teil enthielt genügend unterneh-menspolitisches Dynamit. Die Probleme des Wiederaufbaus nach 1945, die begrenzte Kapitaldecke und das verfehlte Festhalten am Zweitaktmotor, bilde-ten nur einige der Versäumnisse, die DKW/Auto Union (neu) und NSU (Motor-rad) direkt in die Krise am Beginn der 60iger Jahre führten. So firmierte NSU in dieser Ausarbeitung unseres Historikers unter der Zwischenüberschrift "NSU - eine Reminiszenz".

Niemand würde sich normalerweise um die Aufgabe bemüht haben, diese verworrene und wenig erfolgreiche Unternehmensgeschichte von Auto Union - Audi der fünfziger und sechziger Jahre aufzubereiten. Der Marktverlust bei den Motorrädern, die Notlösung der NSU-Kleinwagen, der Wankel-Motor, die Synthese von Audi und NSU 1969, bildeten, bis zum Beginn der achtziger Jahre, nicht zu unterschätzende Hypotheken für jede Unternehmensgeschichtsschreibung, die letztlich unter eng begrenzten Marketingaspekten rangieren würde.[5]

„Mut vor Fürstenthronen"

Am 7.Januar war der Audi-Vorstandsvorsitzende wieder im Unternehmen. Auf die Anregung aus Hamburg hin, sollte Habbel einen Brief an Continental/Hannover, mit der Bitte um Unterstützung für den Archivfilmteil des Audi-Traditionsfilmes gesandt haben.[6] Diese positive Entwicklung ging auf ein kurzes Telefonat unseres Forschers mit dem Vorstandsvorsitzenden am 3.Dezember des voraufgegangenen Jahres zurück.[7] Zusätzlich offenbarte dessen Zustimmung, am 12.April, nach der Grobschrittabnahme bei der Bavaria Ateliergesellschaft in München/Grünwald, dass zumindest momentan das Ergebnis der Arbeit auf "gutes Wetter" traf.[8] Lebendig steht dem Automobilhistoriker sowie Film- wie Fernsehjournalisten noch heute die Aufregung in der Audi-Presseabteilung vor Augen, die offensichtlich nötig war, als es galt, Habbel nach München Grünwald zu bringen, dort ein Restaurant vorzubereiten, damit ein kleiner Imbiss nach der Filmvorführung präpariert werden könne, und so alles derart einzurichten, dass der Geschmack des Vorstands auch zuverlässig getroffen werde (welcher Rotwein, welcher Aperitif, welche kleinen Schmankerln etc.?).

Rudolf Urban, der „Bündnispartner" unseres Historikers, lief an diesem Tag ein hohes Risiko. Er hatte etwas gewagt, was bei Vertretern des mittleren Managements, gleich welcher Organisation, selten war und ist: er hatte Partei für ein Projekt ergriffen, ohne zu wissen, ob dies durch einen Erfolg gekrönt sein würde. Als das Licht in der großen Vorführung bei der Bavaria wieder aufging, trat er kühn auf den Vorstandsvorsitzenden Habbel zu und forderte diesen geradezu frontal auf, seine Meinung zu äußern. Das war ein Verfahren, das an sich schon bei Audi unüblich war. Doch Habbel reagierte, so coram publico aufgefordert, durchaus erkennbar positiv. Urban hatte viel gewagt – und Erfolg gehabt. Er befand sich damit auf dem Zenith seines Einflusses. Doch Schiller wartete bereits auf seinen nächsten Fehler... So wurde dieser wiederum, da nunmehr Urban nach- und zugeordnet, der „Adressat für das Exposé Audi Geschichte"[9], das im Umfang „reduziert werden" sollte.[10] Wie weitreichend Rudolf Urbans Aufstieg in diesen Wochen geriet, zeigte sich darin, dass er erst am 4.Februar zurückkehrte und auch den Mercedes Pressechef, Dr.Bernd Gottschalk am 23.Februar in Genf (auf dem Autosalon)", traf. Alles schien nun – vorübergehend – aus Hamburger Sicht möglich.[11]

Eine Aktennotiz unter dem 3.Februar an Herrn Urban bezeichnete hier kennzeichnend den Grad der Anspannung unter dem das Projekt in diesem Moment litt. Der Hamburger Forscher hielt fest:

> „Leider muß ich Ihnen heute mitteilen, dass die Arbeiten an dem o.e. Filmprojekt weiterhin außerordentlichen Belastungen ausgesetzt werden.
>
> Da es sich um Dinge handelt, die von der FORUM FILM oder meiner Person nicht zu vertreten sind, der Ursprung heute allerdings mittelbar bei AUDI liegt, muß ich Sie offiziell nun in Kenntnis setzen.
>
> Sie wissen um die Einflussnahmen des früheren Chefs der Öffentlichkeitsarbeit bei AUDI, Herrn Detmar Grosse-Leege, seit dem Juli 1985 auf die Realisierung des o.a. Filmes. Herr Grosse-Leege hat den Regisseur … konzeptionell, inhaltlich und perspektivisch derart unterstützt, dass Herr L. in seinem Verhalten deutlich machte: er bestimme das Projekt. Daß Herr Grosse-Leege an mir, dem Vertragspartner von AUDI vorbei, Herrn L. in Kontakt zu Herrn Dr.Habbel brachte, ist bekannt.
>
> Nachdem nun Herr L. auf Grund weiterer Vorkommnisse dieser Art aus seinem Regievertrag entlassen werden musste, um das Projekt überhaupt noch den Vorgaben entsprechend realisieren zu können, nimmt Herr Grosse-Leege weiterhin Einfluß auf meine Arbeit.
>
> So hat er in einem Gespräch mit Herrn Dr.Gottschalk von Daimler-Benz am 10.12.1985 verhindert, dass ich aus den Filmarchivalien des dortigen Archivs für den AUDI-Film abklammern kann. Denn gearbeitet hatte ich bereits in Stuttgart.
>
> Ich muß nun ausdrücklich auf diese Vorkommnisse hinweisen und behalte mir, sollten sich derartige Dinge wiederholen, nun weitere Schritte vor".[12]

Doch erneut zeigten sich Urbans Grenzen. Am 13.März war er krank. Das stand im direkten Zusammenhang mit dem Zusammenbruch seiner Hoffnungen auf die Nachfolge Grosse Leeges. Mit dem Sportchef Scharnagel, einer „ehrlichen Haut" im Audi-„Beritt", hatte der Hamburger Gesprächspartner ein offenes Wort. Dieser teilte mit:

„Urban hat auf Piech gesetzt. Mit neuem Mann von außen ist die Sache gegen Urban ausgelaufen. Er hat hoch hinausgewollt. Nun Probleme mit Frau, Kindern, Haus".

Bereits am 3.Juli äußerte er sich. Das Klima war nun unverkennbar abgekühlt. Diese Neuigkeit, für unseren Filmproduzenten wenig erhebend, lautete, Habbel habe „meinen Brief mit spitzen Fingern weitergereicht". Es ging vermutlich um ein Schreiben in Sachen Auto Union Geschichte an Hahn, das „zur Kenntnisnahme" auch dem Audi-Vorstand zugegangen war.[13]

Nun begann Schillers Aufstieg bei Audi, der bis in das Jahr 2003 anhalten sollte. Doch schon mit dem 19.Februar zeigte sich erneut, wie sich die Gesamtcharakteristik dieser, seiner Ägide gestalten würde. So sollte die inhaltliche Diskussion zum Traditionsfilm, auf Betreiben Weitners, erneut eröffnet werden. Plötzlich war das „Exposé" aus Hamburg vorgeblich „verloren gegangen". Der Hamburger Historiker war gezwungen, dieses „an Schiller (als Koordinator) noch einmal schicken".[14] Doch im Verlauf des Februar/März entwickelte sich die Überholung des „Rad der Zeit" zügig weiter.[15] Keinesfalls ging es nun noch um eine gründliche Aufarbeitung der Audigeschichte, welche Hamburg von Anfang angeraten hatte. Ein Journalist, der in historischen Fachfragen berät, bildete wohl das Leitbild der Audi-Presseabteilung. Ein „Autorenvertrag" sollte mit dem Hamburger Forscher ausgehandelt werden.[16] Aber die „neue Fassung des R[ad]d[er]Z[eit]" sei hinsichtlich des „Aufwand[es zu] beschränkt[en]".[17] Am 27.März wurde das Raster festgelegt, das der neuen Arbeit zugrunde zu legen sei. Der Gesprächspartner in Hamburg hielt fest:

„Firmengeschichte:
RdZ bis Ende 1986
Archivrecherche konzentriert auf diesen Zweck
Inland
Ausland
Genehmigung f[ür]. Aktion i[n der] DDR
Neue Konzeption f[ür]. RdZ
mit Journalisten zusammen[arbeiten]"[18]

Nun plötzlich hatten Schiller und Urban ein „gutes Verhältnis" – das Arrangement miteinander, und ein Sich Schicken in das Unvermeidbare, regierten.[19] Mit Urbans sinkendem Stern lauerten die nach wie vor latenten Einflüsse der Intrige aus der Richtung Grosse Leege verstärkt hinter jedem Busch. Nun wurde Anschluss gesucht über den Assistenten von Habbel, Sander. Dieser holte Schiller während einer Unterredung mit dem Hamburger Partner aus dem Raum. „Schiller führte ein persönlich-vertrauliches Gespräch ...mit Sander. Verläßt den Raum und das Gespräch mit mir", heißt es in den Aufzeichnungen des Historiker/Journalisten aus Hamburg.[20] Am 12.April hielt dieser fest:

> „Wir wollen RdZ – gestern ganz klar gesagt – außer Unternehmens-Historie. Ich will [aber] den Titel/Inhalt verändern, nun konzipiert bis zur Gegenwart...".

Sparlösung statt Unternehmensgeschichte

Es ging unserem Historiker nach wie vor darum, die Audi-Unternehmensgeschichte zu schreiben - und dies nun mit Hilfe, oder am Beispiel, des „Rad der Zeit". Er erhielt den „Auftrag zum Neuschreiben des R[ad] d[er]Z[eit]". Die „finanzielle Seite, [der] Auftrag (Ende/Anfang)" und die „Laufzeit" bis Dezember wurden festgehalten.[21] Zehn Tage darauf trafen sich Ulmer, Schiller und Urban mit Habbel. Auch Lutz/NSU war da.[22] Schiller einigte sich mit seinem Autor über die Höhe der Vertragssumme und eine Laufzeit von acht Monaten für die Neubearbeitung des "Rad der Zeit", "zuzüglich [die] Auslagen für Recherchenkosten".[23] Weiter schrieb der Ingolstädter an Audi Südafrika, um noch einmal Filmmaterial anzumahnen. Allerdings ohne Erfolg.[24] Am 14.Mai war der Vertrag zum "Rad der Zeit" fertig. Zwei Tage darauf wurde "Grünes Licht" für einen, vom Vorstandsvorsitzenden Habbel gewünschten Nachdreh zum Audi "Traditionsfilm" gegeben. Der Vorstand hatte nämlich die damalige Modellpalette in dem historisch orientierten Stück vermisst. Ob diese Ergänzung dem Film nützlich war, bleibe dahingestellt.[25] Dass der Vertrag erst in "4-6 Wochen" kommen würde, teilte Schiller am 21.Mai mit. Es wurde offensichtlich vom Vorstandsvorsitzenden gewünscht, den Schwerpunkt der Darstellung des "Rad der Zeit" auf die Jahre nach 1970 zu legen. Die Konzeption dazu, sollte "Ulmer zur Kenntnis" gegeben werden.[26] Dass wiederum, wie schon bei der Vertragsgestaltung des "Traditionsfilmes", die verschiedenen Instanzen bei Audi nicht "an einem Strick zogen", wurde in einem Gespräch mit Vollnhals, der den Vertrag "Rad der Zeit" vorbereitete, deutlich. Der Hamburger Vertragspartner notierte dazu:

> „4.6.1986 Vollnhals (RA) wegen Vertrag RdZ. Vollnhals hat nur Brief vom 24.3.1986. Mehr nicht. Spricht Schiller am 10.6. an. Dann ‚schießt er los'".

Weiter ergänzte der juristische Assistent Ulmers,

> „Urban [ist die] einzige Führungskraft – auch wenn Schiller da ist".

Also wieder: „Kommando zurück" und Alles von vorn.[27] Kurz darauf erreichte Schiller die gewünschte Konzeption für das „Rad der Zeit".

Verletzte Eitelkeiten

Am 16. Juni befand sich der Hamburger Historiker in Wolfsburg, um dem Vorstandsvorsitzenden von Volkswagen den Grobschnitt des Audi „Traditionsfilmes" vorzuführen. Dabei handelte es sich um ein äußerst gewagtes Unternehmen, wurde das heikle Klima zwischen Hahn und Habbel berücksichtigt. Doch diese Überlegungen waren „Schnee von gestern", denn durch die permanenten Intrigen in Ingolstadt gebeutelt, hatte unser Filmproduzent sich 1985 entschlossen, Hahn ins Spiel zu ziehen, was allerdings ein gravierender Fehler war, denn just dieser stand hinter jenem Vorgehen, das über Konrad/Wiersch die Türen in Dresden 1984 für eine wissenschaftlich-kritische Auswertung der Auto Union Akten verschlossen hatte.

Als Hahn, gewollt elegant, durch die Laderaumtür das VW-"Bulli" sprang und zu dem wartenden Hamburger Filmproduzenten im Aufgang zur "Großen Vorführung" des Wolfsburger Werkes trat, berührte diesen dieser Vorgang merkwürdig. Dieses Gefühl sollte sich bestätigen, denn des Vorstandsvorsitzenden Schlussfolgerung, nach der Vorführung des Audi-Traditionsfilmes, lautete: "Sie, Herr Schulte, machen die Auto Union Geschichte für Audi - und Hans Mommsen die Fremdarbeiterfrage für VW". Dass dies nicht zutraf, ist heute - für jeden sichtbar. Der etwas verspätet eingetroffene Pressechef Konrad hörte diese Schlussfolgerung seines Chef widerspruchslos auf zwei Meter Entfernung mit.[28]

Inzwischen war in Ingolstadt die Endproduktion des Traditionsfilmes in die letzte Runde gegangen. Der von Habbel gewünschte Nachdreh der damaligen Modellpalette (einschließlich des noch geheimen "Audi 80") wurde am 26. Juni bestätigt. Dennoch war inzwischen bei Audi das Stimmungsbarometer erneut gesunken. Möglicherweise infolge einer Mitteilung Hahns an seinen Konterpart Habbel, er habe den Grobschnitt des Audi Films gesehen. Dies ergab sich Anfang des Monats Juli aus einem Gespräch mit Schiller, der sich zu verschiedenen politisch-strategischen Fragen wie folgt ausdrückte. Der Hamburger Produzent notierte:

> "Schiller sagt, daß es grundsätzlich besser wäre zunächst mit Habbel zu sprechen, dies aber erst nach [dem] Film und RdZ zu tun, damit etwas auf dem Tisch liege. Schiller sagt: Abhaken aus politischen Gründen; da Habbel bis 1989 bleibt, muß mit ihm gerechnet werden".

Zum "Rad der Zeit" führte der Pressevertreter aus, er benötige das

> "Konzept m[ö]gl[ichst]. bald, da die Zeit drängt. Grundsätzlich meint Schiller
> (anders als Urban), daß langfristige Dinge möglich sind. Das Problem ist das
> Verhältnis Habbel/Hahn. Grundsätzlich, so Schiller, sollte man beide gleichzei-
> tig informieren".

Schiller meinte damit den letzten Brief des Hamburger Historikers an Hahn.
Das erläuterte Schiller, indem er ankündigte, er wolle "mit Wiersch über die
DDR reden. Urban war dazu nicht in der Lage" gewesen. Ingolstadt und Wolfs-
burg - Schiller und Wiersch – schützten vor, sie unterhielten keine Beziehungen
zu DDR Stellen, in Sachen Auto Union Akten.[29] Mitte Juli wurde bekannt, dass
Lutz Schilling, von der „Welt am Sonntag", zu Audi als Pressechef ginge.[30]

Unternehmensgeschichtlicher Approach

Das Exposé zum "Rad der Zeit" war inzwischen abgeschlossen. Aufgabenstellung, Grundvorstellung und Durchführung des Projektes wurden darin näher erklärt. Der Autor leitete eher verpflichtend das Memorandum mit einer
Vorbemerkung ein:

> „Das Haus Audi stellt eine firmengeschichtliche Dokumentation unter dem Titel
> ‚Rad der Zeit' her. Es soll die historische Entwicklung der Audi AG doku-
> mentiert werden. Vor allem sollen die historische Entwicklung und Geschichte
> der Firmen und Marken Audi, DKW, Horch, Wanderer, Auto Union sowie
> NSU herausgearbeitet werden".

Die "Grundvorstellung" war, den Zusammenhang zwischen diesen im geschichtlichen Verständnis der Zeitgenossen eigenständigen Firmen und Marken herzustellen und diese, "in der Entwicklung der geschichtlichen Darstellung (soweit möglich) auf das heutige Unternehmen" hinzuführen. In diesem
Zusammenhang forderte der Hamburger Wissenschaftler, der im Entstehen
begriffene "Audi-Traditionsfilm" sowie "Struktur und 'Approach' dieses Filmes
sollten sich mit der schriftlichen Darlegung der Unternehmensgeschichte im
"Rad der Zeit" berühren. Das umzusetzende Konzept formulierte er folgendermaßen:

> "Der selektive Zugriff auf das Material, und das Bemühen um eine über-
> greifende zeitgeschichtliche Einordnung der Chronologie, ergänzen das Bestre-
> ben, die geschichtliche Darstellung in Ebenen zu gliedern, die es gestatten, die
> jeweiligen, in der betreffenden Epoche wirksamen Ereignisse, Anstöße, Neue-

rungen oder aber politisch-diplomatischen und militärische Zäsuren sowie auch Persönlichkeiten didaktisch sinnvoll miteinander in Beziehung zu setzen, sodaß ein Bild von den Leistungen und Traditionen des Hauses Audi entsteht".

Dazu wählte er als verbindendes Element das Markenzeichen der Auto Union, die Vier Ringe von 1930/31. Unter diesem Zeichen ging es ihm darum, "eine an Jahreszahlen orientierte, kurzgefasste Chronik der wichtigsten unternehmensgeschichtlichen Ereignisse der Audi-Geschichte" zu entwickeln. Darauf sollte "In vier Schritten...die Darstellung" folgen, "die im "ersten Ring" die Jahre 1873 bis 1914, die "Gründerzeit", im "zweiten Ring" die Epoche zwischen 1914 und 1945, im "dritten Ring" die Zeit zwischen 1945 unter 1970 und im "vierten Ring" die Folgezeit, 1970 bis 1986, umfassen" sollte. Stets sei jedoch, so der Gedanke, den jeweiligen, in die "Ringe" einführenden Chroniken, ein "begrenzter Blick auf die Zeitgeschichte" gegenüber zu stellen. Innerhalb der einzelnen "Ringe", oder Kapitel, wäre folgendermaßen zu verfahren. Der Historiker betonte:

> "Den Hauptteil jedes dieser Schritte soll hieran anschließend die durchlaufend dargebotene Audi-Unternehmensgeschichte ausmachen, die sich an Kriterien ausrichtet wie 'Innovation', 'Expansion', 'Produktion', 'Rationalisierung', 'Sporttradition' etc".

Auf diese Weise wurde darauf abgezielt, "über die sämtlichen Organisationsformen und Marken innerhalb der Audi Unternehmensgeschichte hinweg, das alle Verbindende herauszuarbeiten". "Der Weg des Automobils...von einem Objekt der Tüftler zum Industrieprodukt und Diskussionsgegenstand in Öffentlichkeit und Politik, sollte [so] nachvollziehbar werden". Der Hamburger Forscher plante "eine Bild-Dokumenten-Verbindung", die "grundsätzlich auf neues Bildmaterial zurückgreifen und auch Dokumente, im Original photographiert, z. T. als Faksimile", böte. Mit Blick auf die bisherige Form des "Rad der Zeit" bemerkte er abschließend:

> "wichtige Zeitungs-Headlines der Vergangenheit u.ä. Motive sind geeignet, den Charakter der Dokumentation gegenüber der bisherigen Form des Rad der Zeit zu betonen".[31]

Parallel hatte sich erwiesen, dass der immer wieder sporadisch in Erscheinung tretende Ulmer, der Geschäftsführer der neuen Traditionsgesellschaft der Audi AG, der Auto Union GmbH, ein möglicher Bundesgenosse in der Sache „Unternehmensgeschichte" werden könnte. Am 8.April, während seines Aufenthaltes in Ingolstadt, sprachen der Historiker und Ulmer zum Beispiel über

Filmmaterial, das der Historiker in verschiedenen Archiven entdeckt hatte. Hier trat zum ersten Mal Herr Hornung in Erscheinung. Ein junger Mann, der sich für Oldtimer interessierte und die ersten mühseligen Schritte mit der Rumpfsammlung der Audi AG unternahm. Ulmer berichtete bei dieser Gelegenheit von einem „Angebot [über] 1000 Meter Film (Vorkriegszeit)", die ein „ehemalige[r] Händler aus der DDR" angeboten habe:

> „[...]
> 3) 133 m ‚Kampf im Gelände, „Deutschland Landschaftlich" (1936).
> 4) 81 M[eter] Motorradrennen[,] DKW Rennmaschinen[.]
> 5) 100 M[eter] „Qualität, Präzision, Leistung"[.]
> 6) [...] Rosemeyer/Ungarn (1936)[.]
>   [...]G[roßer]P[reis] v[on]. Deutschland [1936][.]
> 7) 129 M[eter] Automobil-Rennen"[.][32]

Realitäten der Audi-Unternehmensgeschichte

Inzwischen war die Entscheidung gegen Meier, die Habbel einseitig präjudizierend in die Welt gesetzt hatte, dahin korrigiert, dass dieser „freier Mitarbeiter – aus Schillers Budget – PR Berater" wurde. Also eine Schlappe für den Vorstandsvorsitzenden. Gleichzeitig zeigte sich: Ulmer hatte „kein Geld". Dennoch führte er exploratorische Gespräche und vermittelte den Eindruck, einflussreich zu sein.[33] Diese Impression, denn alles blieb äußerst unscharf, zerlegte sich, in des Wortes wahrer Bedeutung, in einem Entscheidungsgespräch, das unser Wissenschaftler mit dem Juristen im Hamburger „Hotel Berlin" führte. Seine Tagebuchnotiz unter dem 22.Juli vermittelt den Gang einer insgesamt öden Unterredung:

> „10.00 [Uhr.] Dr.Ulmer u[nd].Mirsching [pensionierter Bundesbahndirektor] waren bereits am Vorabend zusammen. U[lmer]. u[nd].M[irsching]. haben sich darin offenbar abgestimmt, dass ich das RdZ mache. U[lmer].meinte, die Meinung der Presseabteilung (Sch[iller], U[rban].) gehe dahin, dass ich weitgehend die Audi AG berate in historischen Dingen.
> U[lmer]. meinte, ein Buch, das ich – sei es privat – sei es im Auftrag von Audi/VW schriebe, würde im Augenblick keine Chance einer Unterstützung durch Audi haben.
> Dagegen sei er entschlossen, Herrn Mirsching (wie bereits durch Akten etc. geschehen) zu unterstützen. Sein Ziel sei es, eine Verständigung zw[ischen] M[irsching] und mir herbeizuführen, die allerdings darauf hinauslaufen würde, dass

ich die Zeit bis 1945 erarbeiten solle und den Restzeitraum 1945-85 Herrn Mirsching zu überlassen hätte.

Ich argumentierte dahin, es sei mein Ansatz ein ganz anderer, als jener von Herrn M[irsching]. Dicke Bücher, von denen klar sei, daß das Buch von M[irsching]. in jedem Fall vor meinem erschiene, bedeuteten eine Case-Fall-Studie mit begrenzterem Rahmen, während mein seit 3 Jahren vorbereitetes Anliegen eine übergreifende Firmengeschichte des Hauses Audi sei, die ich bereits in der Presseabteilung quasi angekündigt hätte unter dem Begriff [der] „Audi-Unternehmensgeschichte". Daß mein Blick über Audi-, Horch-, Wanderer- etc. und NSU ganz anders aussehen würde, abgesehen von meinen wissenschaftlichen Voraussetzungen und Vorstellungen, als das was Herr M[irsching].vorhabe, liege doch auf der Hand.

Zurück bleibt mein Erstaunen über die Art mit der Herr U[lmer] meine Bemühungen um Firmengeschichte und Traditionspflege von Audi fernzuhalten versucht. Eine Beobachtung, die seit dem Exposé zur Audi-Geschichte im November 1985 [von mir gemacht wird].[34]

Jedenfalls war seit diesem Moment das „Tischtuch mit Ulmer zerschnitten". Künftig fanden Mittagessen in der Kantine an den Tischen ohne Tischtücher statt.

Kirchberg ließ parallel aus Berlin via „transpress" verlauten, er bedauere „es außerordentlich, keine Möglichkeit einer Kooperation" mit dem Autor „zu finden, da er auf Jahre in seiner Forschungskapazität mit hochrangigen und dringlichen Projekten [den Auto Union-Aufträgen Dr.Hahns/VW] ausgelastet" sei.[35]

Dass inzwischen auch in der Audi Presseabteilung kein Verständnis mehr für derartige Fragen bestand, bestätigte ein Schreiben des Hamburger Forschers an Schiller vom 23.Juli:

"Die Zeit ist kurz, sehr kurz. Eine grundsätzliche Neubearbeitung sollte an sich zur Reife nicht so eng heruntergestuft werden.

Sie wissen, daß die AUDI Unternehmensgeschichte ein Arbeitsfeld für Jahre ist. Um die Dinge relativ beherrschbar zu halten, unterbreite ich Ihnen den beigefügten Vorschlag für eine Gliederung des Stoffes.

Oberstes Ziel ist die Übersichtlichkeit und die Möglichkeit sich auch fragend an das Bändchen zu wenden und es quasi wie ein Lexikon benutzen zu können. Deshalb mein Vorschlag, eine Kombination aus Zahlenwerk und durchlaufender Darstellung zu wählen. Allerdings sollte der Text wiederum durchsichtig werden, indem man ihn unter den angedeuteten Begriffen gliedert. Firmengeschichte, Zeitgeschichte und Technikgeschichte (Typenkunde etc.) könnten so griffig verbunden werden".[36]

Inzwischen stellte Schiller eine Anfrage bei Habbel, wohl hinsichtlich der Unterstützung des Hamburger Archivanliegens in Dresden. Jedenfalls ließ unser Historiker nicht locker. Zum andern wurden Ende des Monats das "Rad der Zeit" und dessen Konzeption festgelegt. Dieses sollte nun, qua "ordre de Mufti", in "sachliche Bereiche", die "Chronologie", den "Text- und einen Nachschlageteil" aufgeschlüsselt werden. "Unternehmenspolitik, Personen, Modelle [und] Modellverlauf" seien "nachvollziehbar" zu gestalten. Überdies versprach Schiller, sich mit Ulmer über die Archivfrage zu unterhalten.[37] Im übrigen stellte sich in den kommenden Tagen heraus, dass sich der Vertreter der Presseabteilung äußerst kooperativ gebärdete. So verwandte er sich sogar beim Kraftfahrt-Bundesamt, Herrn Bundissen, dafür, die "Auto Union/ NSU Unterlagen früherer ABE-Abnahmen" freizugeben.[38] Bis Anfang September war der revidierte "Kommentartext für [den] Film n[och].n[icht].von Ulmer und Wiersch, Lutz zurück". In seinem Tagebuch vermerkte der Hamburger Filmproduzent: "Wiersch i[n]. Dortmund". Was wohl heißen sollte, diese Reise verhindere diesen, den Text zu redigieren.[39]

Inzwischen war der Titel des "Rad der Zeit" festgelegt und abgesegnet. Dieser lautete: "Rad der Zeit. Eine Dokumentation der Audi Unternehmensgeschichte".[40] Der Autor war Bernd F.Schulte. Doch folgten Änderungen. Ende Oktober rief Schiller an und teilte mit, die Starnberger Agentur Keisselitz werde die "didaktische Aufbereitung des Rad der Zeit" vornehmen. "Das Alte" sei "mit dem Neuen zusammen zu führen". Dabei würde eine "etwas andere Gliederung der Kapitel in sich" herauskommen; "Innerhalb des Manuskriptes" sei "neu zu[zu]ordnen". Der Pressemann bekannte freimütig: "das Einzige" sei, "nach langer Diskussion der inneren Struktur der Kapiteleinteilung, NSU, Horch etc.", "die Kapitel in den Schritten...auf die Firmen zusammen zu ziehen".[41]

Im unternehmensphilosphischen Abseits

Einerseits war damit das "Rad der Zeit" nahezu fertiggestellt. Andererseits war offen, was mit dem Traditionsfilm weiter geschehe. Schiller riet, "4 Wochen [zu] warten". Er "betrachte[t] seine Aufgabe als durchgeführt", notierte dessen Gesprächspartner in Hamburg. Auch seien "keine Aktivitäten hinsichtlich der Filmvermarktung" geplant. Demgegenüber rief Graf/Audi-Vertrieb an und bestellte Videokopien.[42] Ebenso bemühte sich ein Herr Wolf, ebenfalls Audi-Vertrieb um Info-Kassetten.[43]

Dass sich die Dinge um die Verwertung des Traditionsfilmes langsam zuspitzten, wurde mit einem Kontakt zu dem Assistenten des Vorstandes, Sander, erkennbar. Dieser ergab, der Vorstand habe den Film des Hamburger Produzenten „ins Archiv" verfügt. Lutz Schilling sei ab Januar 1987 im Amt. Dieser müsse "sich erst dafür erklären, dann" laufe "es über Habbel".[44] Andererseits tätigte Graf "weitere Bestellungen" von Video-Kopien des Traditionsfilmes.[45] Erneut eine äußerst unübersichtliche Lage. Lutz Schilling, den kommenden Pressechef von Audi, hatte unser Historiker am 20.August in Hamburg gesprochen und dieser hatte telephonisch bestätigt, das

> "Rad der Zeit jetzt so[zu] machen wie möglich, angesichts der kurzen Zeit. Danach, im Jahre 1987, [solle dieses] möglichst aus[ge]formt"

werden.[46] Mitte November und Anfang Dezember trafen sich beide in den Hamburger Restaurants "bistro" und "IL Ristorante" im "Hamburger Hof", um die persönlichen Urteile und Informationsstände abzugleichen.[47] Armin Halle, ein guter Gesprächspartner unseres Filmproduzenten und damals der SAT1-Chefredakteur, saß beim zweiten Treff am Nachbartisch und stimmte bei dieser Gelegenheit einen für die nächste Woche geplanten Termin mit dem Hamburger Produzenten ab.

Am 30.Juli bestätigte Schiller den Eingang des „Exposé zum Rad der Zeit". Der Vertreter der „Audi Unternehmenspresse" hielt fest:

> „Ich bin mit den darin dargestellten Gedanken im wesentlichen einverstanden; einschränkend möchte ich lediglich bemerken, dass *die vier Ringe als Leitfaden für die Kapiteleinteilung bzw. die Unternehmensgeschichte in Abschnitten nicht verwenden* werden sollten.
> Des weiteren möchte ich vorschlagen, die durchlaufende Audi-Unternehmensgeschichte, die mit dem Zeitkolorit verbunden wird, [sich] an den Kriterien Produkt und Produktpolitik sowie Unternehmenspolitik und Personen orientieren zu lassen"[48] (Hervorh.v.m., B.S.).

Damit war wieder einmal ein Grundgesetz werblicher Bemühungen verletzt. Die Verbindung zwischen Film und Schrift zu einer „corporate identity" wurde durch den Verzicht auf das Stilmittel der VIER RINGE verschenkt, das bereits die Gestaltung des Traditionsfilmes und die Kühler der Audi-Limousinen bestimmte. Ein wesentlicher Teil des Hamburger Konzepts war damit geopfert. Gegenüber dem früheren Pressechef von NSU, Arthur Westrup, äußerte der Autor parallel seine Befürchtungen. Unser Historiker schrieb:

„Es wäre doch sehr zu hoffen und zu wünschen, wenn die Öffentlichkeitsarbeit in Ingolstadt nun einen geraden Weg in Sachen Tradition einschlagen könnte. Anzeichen dafür gibt es ganz im Sinne des Besprochenen.

Für das Rad der Zeit sehe ich mich in der vertraglichen Verpflichtung, bis zum 1.10.1986 einen ‚Entwurf' meiner Vorstellungen abliefern zu sollen. Das werde ich versuchen, wenngleich auch damit die Bemühung um eine Neubearbeitung wiederum verschenkt werden wird.

Die Dinge mit der DDR entwickeln sich wie erwartet. Nachdem Herr Wiersch von einem Dauervisum für mich erfahren hat und klar seitens Herrn Hahn gesagt wurde, ich sei für die Automobilgeschichte der Ansprechpartner für VW, wird nun augenscheinlich das Rad wieder zurückgedreht. Einmal sagt Herr Wiersch, Herr Hahn habe ihm im Nachhinein nahegelegt, sich nicht zu sehr in die AUTO UNION Geschichte zu involvieren, zum anderen hatte die DDR bereits das Visum zugesagt; nun arbeitet sie an einer Lösung (Zitat).

Daß dieses Hin und Her nicht so weiter gehen kann, daß - auch in meinem Interesse - eine klare Linie gefunden werden sollte, liegt auf der Hand, denn unter derartigen 'Begleitumständen' kann nichts Optimales erarbeitet werden.

Wie problematisch die Konstellation ist, zeigt sich daran, daß die Traditionspflege in Ingolstadt meine Bemühungen nicht unterstützt. Vielmehr war schon während der Filmarbeit zu bemerken, daß hier sogar retardiert wird. Leider hatte ich die Grobschnitt-Cassette des AUDI-Filmes nicht im Gepäck, sonst hätten sie die Oldtimer gesehen, die ich für die Schlußeinstellung auf Schloß Nehmten zusammengezogen hatte. Aber just hierfür hatte ich mich auf die zugesagte Unterstützung Dr.Ulmers verlassen. Es kam nichts oder die 'Informierten' Oldtimerbesitzer waren nicht unterrichtet oder es gab gegenteilige Vorstellungen; ganz abgesehen von den Kosten.

Sie sehen, selbst wenn man etwas Positives anbietet und sich selbst mit Aktivitäten und Ideen einbringen möchte und einbringt, dann ist das unter Umständen schon genug, um störend zu wirken. Dabei geht es mir nicht darum, Herrn Dr.Ulmer seinen Platz streitig zu machen. Mein Exposé zur Audi-Unternehmensgeschichte, das von Herrn Dr.Habbel gewünscht war, hat wohl den endgültigen Schwenk gegen mich ausgelöst. Sämtliche Aktivitäten, ob nun Oldtimer-Veranstaltungen, Organisation im inneren Bereich, Prospekt- oder Kalenderprojekte laufen auf anderen Ebenen. Das führt sogar so weit, daß versucht wird, meinen aus der Film- und Archivarbeit entstandenen Plan, eine Firmengeschichte der Audi AG zu schreiben, abzubiegen. Andere, pensionierte Hobby-Historiker sind Herrn Dr.Ulmer da wichtiger".[49]

Die besondere Bedeutung des VW-Firmenhistorikers Wiersch tritt hier erneut ins Bewußtsein. Bereits im Februar 1984 hatte nämlich dieser von dem Vorhaben erfahren, einen Unternehmensfilm zu produzieren. Anfang Juni kolportierte der Archivar sein Wissen um eine "große Aktion Archivmaterial" von Audi, welche Höland, im Auftrage Habbels, betriebe. Der Firmenhistoriker erwähnte Mitte des Monats Oktober 1984 das Schreiben Hölands (so Kirchberg/"Stuck") an die Verkehrshochschule Dresden, von dem er aus beiden Richtungen erfahren hatte, und das - wie seines an die HfV - die Bemühungen des Hamburger Historikers im Auftrag der Presseabteilung stoppte. Ende Juni 1985 berichtete er über die Aktion des Prokuristen Köhler, die für unseren Forscher den Zugang zu den Dresdener Akten öffnen sollte. Wiersch sagte:

> "Hahn hat wieder zurückgepfiffen. ...Hahn [werde] sich für Ingolstadt nicht engagieren".

Die "Entscheidung" liege "bei Habbel und der bleibt länger". "Hahn habe ihm gesagt, daß er sich "in die Sache nicht hineinhängen solle". Am 1.September 1986 offenbarte der Wolfsburger Firmenhistoriker ganz offen seine Wünsche zum Schicksal des Audi-Traditionsfilmes mit den Worten:

> "Sie laufen mit dem Kommentartext unternehmensphilosophisch ins Messer".[50]

---

1   Tagebuch Schulte 1985. Aufz., 18.12.1985: „Bis zum 7.1.1986".

2   Ebd., Aufz., 12.12.1985. Das Rad der Zeit liegt dem Autor in der Form von 1992 vor. Bei einem Autokauf besorgte der Audi-Vertragshändler dem Autor ein Exemplar. Bis ungefähr zur Seite 192 entsprechen Text und Bild der vom Autor veranstalteten Ausgabe 1987/88. Von einem Autor ist nirgendwo die Rede. Allerdings von der Audi Presseabteilung.

3   Archiv Schulte. Gespräch mit Schiller, 2.1.1986.

4   14 Seiten lang.

5   Bernd F. Schulte: Die Audi Unternehmensgeschichte, 5.1.1986.

6   Tagebuch Schulte 1986. Aufzgn., 10.1./24.2.1986.

7   Tagebuch Schulte 1985. 3.12.1985: "Telef[onat]. mit Habbel, 09.30 Uhr".

8   Tagebuch Schulte 1986. 12.4.1986: "Grobschnittabnahme. Habbel wohlwollend grundsätzlich".

9   18 Seiten lang.

10   Tagebuch Schulte 1986. Aufz., 14.1.1986.

11   Ebd., 23.2.1986.

12   Schulte Archiv I. Aktennote. B.Schulte an R.Urban, 3.2.1986. Paraphe: „Nicht abgegangen!"

13   Tagebuch Schulte 1986. Aufz., 3.7.1986.

14   Ebd., Aufz., 19.2.1986.

15   Ebd., Aufzgn., 23.2.-21.3.1986.

16   Ebd., Aufz., 12.3.1986.

17   Ebd., Aufz., 21.3.1986.

18   Ebd., Aufz., 27.3.1986.

19   Ebd., Aufz., 28.3.1986.

[20] Ebd., Aufz., 9.4.1986.
[21] Ebd., Aufz., 12.4.1986.
[22] Ebd., Aufz., 22.4.1986.
[23] Ebd., Aufz., 23.4.1986.
[24] Ebd., Aufz., 24.4.1986.
[25] Ebd., Aufz., 14. und 16.5.1986.
[26] Ebd., Aufz., 21.5.1986.
[27] Ebd., Aufzgn., 4.6.1986.
[28] Ebd., Aufz., 16.6.1986.
[29] Ebd., Aufz., 3.7.1986.
[30] Ebd., Aufz., 12.7.1986-
[31] Archiv Schulte. Bernd F. Schulte: EXPOSÉ: "Rad der Zeit", 21.7.1986.
[32] Ebd., Aufz., 8.4.1986.
[33] Ebd., Aufz., 13.4.1986.
[34] Ebd., Aufz., 22.7.1986.
[35] Archiv Schulte. Transpress VEB Verlag für Verkehrswesen, F.Borchert an B.Schulte, 27.6.1986; Schiller riet in diesem Zusammenhang, erst nach Film und RAD DER ZEIT langfristige Projekte anzugehen. Er empfahl den Weg über Dr.Habbel.
[36] Archiv Schulte. B.Schulte an R.Schiller, 23.7.1986.
[37] Ebd., Aufz., 30.7.1986.
[38] Ebd., Aufz., 14.8.1986.
[39] Ebd., Aufz., 1.9.1986.
[40] Ebd., Aufz., 2.9.1986.
[41] Ebd., Aufz., 27.10.1986. Auf der Fahrt von Ingolstadt nach Starnberg wurden dann munter und infantil „Baby-Benz gejagt", wie das damals im Ingolstädter Jargon hieß, wenn auf der Autobahn ein Audi 100 hinter dem damals neuen Mercedes 190 herjagte; und von Waldsterben könne keine Rede sein, denn an der Autobahn wüchse doch Alles in saftigstem Grün.
[42] Ebd., Aufz., 30.10.1986.
[43] Ebd., Aufzgn., 12./14.11.1986.
[44] Ebd., Aufz., 22.11.1986.
[45] Ebd., Aufz., 3.12.1986.
[46] Ebd., Aufz., 20.8.1986.
[47] Ebd., Aufzgn., 15.11. und 4.12.1986.
[48] Archiv Schulte. R.Schiller an B.Schulte, 30.7.1986.
[49] Archiv Schulte. B.Schulte an A.Westrup, 26.8.1986.
[50] Vgl. Tagebücher Schulte 1985/86.

15. Kapitel: Arbeit ohne Zukunft

Mangelnde Unterstützung der Industrie

Der Hamburger Historiker schrieb am 14.Juni 1985 an Wolfgang Bruhn, den Sohn des früheren Vorstandsvorsitzenden der Auto Union in Chemnitz und Ingolstadt/Düsseldorf. Dieser antwortete am 15.September. Kurz und knapp lautete der Bescheid, er „nehme an, dass" der Frager „inzwischen während" dessen „Ingolstadtaufenthaltes mit Gottlieb Strobel Kontakt aufgenommen" habe. Herrn Strobel hatte dieser jedoch während der gesamten Zeit mit Audi nicht einmal gesehen. Von Bruhns „Seite aus" dürfe „ein Treffen" mit dem Hamburger Forscher„auch keine Erkenntnisse bringen, die über die Historie von Dr. Richter" hinausgehen würden. „In der Chemnitzer Zeit" habe er „ja nichts mit der Auto-Union zu tun" gehabt, „außer dass" er „der Sohn des Chefs" gewesen sei, „welcher über geschäftliche Dinge zu Hause nicht" gesprochen habe, „was in der Hitler-Zeit sowohl verständlich als auch zweckmäßig" gewesen sei.[1] Ein weiteres Schreiben an Bruhn bestätigte Mitte des Monats Juni 1986 dessen geringes Interesse an einer Beteiligung an den Bemühungen um die Audi-Geschichte. Gewinnend hatte unser Historiker darauf verwiesen, „Herr Dr.Habbel" habe „sich zu seinen Erinnerungen in den 50iger Jahren" geäußert und „noch einmal vor Augen geführt, wie wichtig es wäre, die Bedeutung und den Rang" Richard Bruhns „in der AUTO UNION-Unternehmensgeschichte herauszuarbeiten". Einen Hinweis auf das nun neu zu schreibende „RAD DER ZEIT" fügte der Wissenschaftler bei. Dennoch antwortete Bruhn, er könne „nur wiederholen", er „besitze kein Archivmaterial",

> „was weiterhelfen könnte. In der Chemnitzer Zeit wurden wir als Kinder selbstverständlich nicht zu Gesprächen zugelassen, die die Auto Union (seit 1939 Rüstungsbetrieb!) betrafen. Ab 1943 war ich im Einsatz beim R[eichs]A[r-beits]D[ienst] und bei der Wehrmacht. Während mein Vater nach dem Kriege den Wiederaufbau der Auto Union im Westen organisierte, studierte ich Chemie und Physikalische Chemie in Kiel und Freiburg. Daher kann ich auch aus der Nachkriegszeit zum Thema nichts beitragen".

Bruhn ergänzte, er habe „kürzlich" mit Dr.Habbel telefoniert und dieser habe „Verständnis für diese" seine „Meinung" gezeigt. Sie hätten gemeinsam beschlossen, „ein Zusammentreffen in nächster Zeit" durchzuführen [sic].[2]

Dem Sohn des Rennfahrers Bernd Rosemeier, den der Hamburger Historiker mit dessen Frau 1983 bei der Einweihung des neuen Nürburgringes, auf

Betreiben Rudolf Urbans, kennen gelernt hatte, erwähnte erstmals den Horch-„Reliquiensammler" Jokisch, konnte jedoch dessen Anschrift nicht mitteilen.[3] Anfang Juni 1986 schrieb der Forscher Rosemeier erneut. Diesmal über den Stand der Dinge. Der Hinweis, er arbeite

> „im Auftrag der AUDI AG an einer Firmengeschichte, die zunächst in knapper Form die großen zeitgeschichtlichen und unternehmenspolitischen Entwicklungslinien in ihrer *möglicherweise* vorhandenen Interdependenz aufzeigen" (Hervorh.v.m., B.S.)

solle, hätte vermuten lassen, dass sich der Orthopädie-Professor offener gezeigt hätte. Sämtliche Hinweise auf ein Filmportrait zu dessen Vater ließen diesen sich jedoch ebenfalls nicht für Interviews oder sonstige Unterstützung öffnen.[4] Der Historiker schrieb nach München:

> „Leider ist die Archivlage der AUTO UNION hinsichtlich vor allem historischer Filme äußerst problematisch. So habe ich in der Vergangenheit die einschlägigen Filmarchive in Ost und West durchgekämmt. Der Film ist weitestgehend fertig.
>
> Es liegt mir jedoch eine adäquate Darstellung Ihres Vaters am Herzen. Das konnte ich bereits durch die bekannten – und in den DDR-Archiven aufgefundenen AUTO UNION -Propaganda-Dokumente sowie durch ein bei CONTI entdecktes eindrucksvolles Bild mit Rudi Carraciola erreichen. Wenn Sie also über ein Stück verfügen, das bisher noch nicht optisch verbraucht wurde und das in seinem Erhaltungszustand und Format (35 mm) einer Kopierung nicht unüberwindbare Probleme entgegenstellt, so wäre ich Ihnen für diesen Hinweis sehr dankbar.
>
> Gezielte Fragen nach Unterlagen werde ich Ihnen im Verlauf der Arbeit an einer Firmengeschichte der AUDI AG im Verlauf dieses Jahres stellen können. Hier würde ich ebenfalls sehr gern die Rolle und Bedeutung Ihres Vaters optisch und im Text herausarbeiten".[5]

Rosemeier antwortete wenig verbindlich, er besitze „genau wie seine Mutter natürlich eine ganze Reihe privater Bilder und nur wenige private Filme. Dieses Material" sei „jedoch in den Archiven der AUTO UNION auch vorhanden. Wenn Sie also Zugsang zu diesen Archiven haben, so erübrigt sich unsere kleine Privatsammlung".[6] Ob Herrn Rosemeier entfallen war, dass diese „AUTO UNION"-Archive, wenn überhaupt, dann zu diesem Zeitpunkt sich ausschließlich in der DDR befinden konnten, wurde – auf diese Auskunft hin – aus Hamburg nicht mehr ergründet. Rosemeier und Habbel standen, wie auch im

Fall Bruhn ersichtlich, in engerem Kontakt. Es ging offensichtlich, so ist dem Audi-Autor erinnerlich, erneut um die Abschottung des Themas. Es durfte offensichtlich nurmehr als „amtlich" Zugelassenes entstehen; und dies keinesfalls außerhalb der „Firma Habbel".

An Wolfgang Weger, den Pressechef des Verbandes der Automobilindustrie, bewahrt der Hamburger Wissenschaftler und Fernsehjournalist noch heute eine dankbare Erinnerung, angesichts des Interesses, das dieser kenntnisreiche Automobilfachmann angesichts der Hamburger Bestrebungen für AUDI entwickelte. Ende 1985 ließ der Frankfurter Journalist verlauten:

> „Wir als Verband halten uns im Jubeljahr 1986 ziemlich bedeckt, richtiger gesagt, wir lassen den ehrwürdigen Herstellern den Vortritt".[7]

Keineswegs verschwieg dieser, dass ein Projekt wie das vorliegende „eines langen Atems und auch der Unterstützung interessierter Kreise industrieller und politischer Provenienz" bedürfe. Angestoßen durch eine Anfrage unseres Historikers und Journalisten beim Institut der Deutschen Wirtschaft, antworteten Weger und dessen Mitarbeiter Grzenia Ende April 1986,

> „das, was uns an Archivmaterial zur Verfügung stand, hat H.C.Graf von Seherr-Thoss"/ADAC-Archiv...in seinem Buch zusammengefasst. An dem Werk haben wir redaktionell mitgearbeitet".[8]

Von Seherr-Thoss reagierte auf Anschreiben jedoch nicht.[9] Auf die Erfahrungen mit der DDR eingehend, umriss der Hamburger Forscher gegenüber Weger:

> „im Besonderen die Verhaltensweisen der DDR-Stellen lassen mich hierauf [den notwendigen ‚langen Atem'] hinweisen".

Bis dato wusste er nämlich nichts von Kirchbergs und Konsorten schädlichen Wirken und ergänzte:

> „Da es für einen Blick in die AUDI-AUTO UNION-Geschichte notwenig wäre, die Akten der sächsischen Hersteller zu sichten – und nicht nur paraphrasiert zu bekommen, wäre ich Ihnen schon sehr dankbar, wenn wir uns zu den vor mir liegenden Fragen einer Realisierung meines Projektes einmal unterhalten könnten".[10]

Was nicht zustande kam, war just dieses Gespräch, denn Weger musste auf die Anfrage aus Hamburg antworten, er werde nicht mehr lange auf seinem

Posten verbleiben und auch wohl füderhin über keine Möglichkeiten der Einflussnahme mehr verfügen.

Erfolgreiche Archivrecherche

Kontakte mit Jack Muth von „Twentieth Century Fox Movietonews" gehören hier zwar nicht unmittelbar hinein, doch förderte ein Besuch in New York, der vordringlich für den Audi-Film durchgeführt wurde, zusätzliche Einsichten in die Archivlage in den USA zutage.[11] Ebenso erbrachte der Besuch in den National Archives, Washington im November 1985 für das Filmprojekt breite Materialien, zum Beispiel aus den Ford- und Universal-Sammlungen, die jedoch den Budgetrahmen sprengten.[12] Vom „Military Reference Branch" der „National Archives" berührte George Wagner, am 20.Mai 1986, durchaus treffend den entscheidenden Punkt :

> „The National Archives holds no *substantial* or *significant* records of the German automobile industry. These records may be available wherever former German industrial records are deposited, or with the respective factories which produced automobiles between World War I and Word War II".[13]

Dementsprechend antwortete im September Louis G.Helverson, der „Curator" der „Automobile Reference Collection", an der „Free Library of Philadelphia", auf die Frage nach Informationen „on Auto Union during the 1930s", er könne nicht mehr als einige Photographien des Materials in seiner Sammlung geben. Sehr freundlich berichtete er über den üblichen Gang der Suche nach derartigen Quellen. Die durch „individuals might have [been] ‚liberated' ... and brought them back to the United States as souvenirs"; 1945 und später.[14] Mitte des Monats Mai 1986 liefen in Hamburg die sehr aufschlussreichen Ergänzungen von James Hutson von der Library of Congress in Washington ein. Doch infolge der eingegrenzten Möglichkeiten in Ingolstadt, blieb diese Chance künftig ungenutzt.[15]

Bereits im Juli 1985 hatten sich, auf die Anfrage des Hamburger Forschers aus dem Monat Juni hin, im Bundesarchiv Koblenz erste Ergebnisse im Rahmen einer Aktenrecherche zum Thema „Geschichte der Motorisierung in Deutschland" ergeben. Der Archivar Meiburg führte an:

> „R 3   Reichsministerium für Rüstung und Kriegsproduktion,
> R 5   Reichsverkehrsministerium,
> R 8   VII Reichsstelle für Mineralöl,
> R 13 IV Wirtschaftsgruppe Fahrzeugindustrie,

Nachlaß Euler".

Weitere wertvolle Hinweise auf Archive und Sammlungen zur Technikgeschichte wurden angeführt.[16]

Frau Dr.Maria Keipert, die Leiterin des Archivs im Bonner Außenministerium, zeigte sich gleichzeitig über die Tatsache erstaunt, dass dem Anfrager der Zugang zu den Akten der Handelspolitischen Abteilung des Auswärtigen Amtes, die in Potsdam lagerten, verwehrt werde. Jedenfalls gab diese Hinweise auf Aktengruppen, welche sich mit dem Außenhandel von Kraftfahrzeugen beschäftigten. Warum darin allerdings keine Hinweise, zum Beispiel auf den Export von Auto Union Fahrzeugen enthalten sein sollten, blieb ungeklärt. Allerdings wurde dennoch erläutert:

> „Für die Jahre 1921-1935 gibt es im Bestand ‚Sonderreferat Wirtschaft' 9 Bände ‚Kraftfahrwesen im allgemeinen'. Außerdem sind in manchen Fällen bei den Akten über die Handelsbeziehungen Deutschlands zu einem bestimmten Land in der Rubrik ‚Rohstoffe und Waren' auch Unterlagen über Automobile zu erwarten. Wenn Sie aus anderen Quellen genauer wissen, dass Autos bei Handelsvertragsverhandlungen oder Zollauseinandersetzungen in Einzelfällen eine erhebliche Rolle gespielt haben, können Sie auch die dazu jeweils einschlägigen Akten überprüfen". ...
>
> Der Aktenbestand für die in Band III aufgeführte Handelspolitische Abteilung des Auswärtigen Amtes ab 1936 ist sehr viel umfangreicher als dort angegeben. Ein vollständiges Findbuch würde Ihnen dann hier zur Verfügung stehen".[17]

Infolge der mannigfaltigen Verwerfungen um den Film zu „100 Jahre Automobil", die verschiedensten Intrigen zwischen Wolfsburg, Ingolstadt und Dresden etc. kam es jedoch nicht zu einer zügigen Arbeit an der AUDI-Unternehmensgeschichte und im Besonderen der Rolle Claus Detlov von Oertzens im Rahmen des Exportgeschäfts der Auto Union. Diese Arbeiten plante der Hamburger Historiker ab Mai 1986 aufzunehmen. So berichtete er Frau Keipert kurz über die Schwierigkeiten in der DDR, wo der Bestand der Handelspolitischen Abteilung des AA offenbar zurückgehalten wurde, was neues Licht auf die Haltung der Staatlichen Archivverwaltung Potsdam im Geflecht mit Dresden und dem MfS wirft. Hierauf nahm der Historiker Bezug indem er schrieb:

> „Nachlässe bekannter Automobilbauer, oder aber mit der Kraftfahrzeugindustrie befasster hoher Beamter würden mir sehr helfen, aus der Zwangslage einer teilgesperrten Überlieferung herauszukommen. Z.B. hat die AUTO UNION in

Südafrika, Südamerika, Holländisch Indien und China bis 1940 Export- und Rohstoffmärkte aufgebaut (Herr v.Oertzen), deren Bedeutung später für die VW-Organisation sehr nützlich wurde".[18]

Dr.Cordes vom Hauptstaatsarchiv Stuttgart antwortete Ende des Monats Juni 1985,

> „Akten zur Heeresmotorisierung konnte[n] für die Zeit vor und hauptsächlich im 1.Weltkrieg u.a. in den Beständen des Kriegsministeriums – Abteilung für Waffen und Feldgerät (M 1/9 Bü. 31-32, 76-79, 139-159) und der Intendantur bzw. der Stellvertretenden Intendantur (M 17/1 Bü. 41 und M 17/2 Bü. 93) ermittelt werden. Dienstvorschriften zum Kraftfahrwesen finden sich im Bestand Amtliche militärische Druckschriften I (M 635/1 Nr. 789, 797, 1469, u.a.), Zeitungsausschnitte u.a. im Nachlaß des Obersten Schall (M 660 Nachlaß Schall Bü. 279) sowie in den Zeitungsauschnittsammlungen (M 731 Jahrgänge 1911 und 1912, M 736 Bü. 197). Einige Broschüren aus der Weimarer Zeit haben sich im Bestand Denkschriften (M 730 Bd. 182 – 186) erhalten".[19]

Gleichfalls Ende des Monats Juni traf die Mitteilung des Nordrhein-Westfälischen Hauptstaatsarchivs Düsseldorf ein, es befänden sich in den Beständen des Archivs „eine Reihe von Akten betr. ‚Kraftverkehr' vom Beginn der Entwicklung an". Doch gehe „es hier fast ausschließlich um staatliche Aufsicht und Reglementierung". Im „Aktenband Regierung Düsseldorf, Präs.36a (‚Beschaffung eines Kraftwagens für den Dienstgebrauch' mit Offerten von Firmen und Händlern, 1906-24)" seien AUTO UNION Marken nicht vertreten. Doch biete der Nachlassbestand von „Friedrich Tamms (1904-1980)" reiches Material aus den Jahren zwischen 1948 und 1970, während welchen dieser „als Stadtplaner in Düsseldorf tätig" gewesen sei. Tamms habe „vorher eine maßgebliche Rolle beim Bau der Reichsautobahn" gespielt".[20]

Dass das Verkehrsmuseum Dresden Anfang Oktober 1985 „nach gewissenhafter Prüfung" des „Anliegens...keine Möglichkeiten für" die „beabsichtigten Aktivitäten und Recherchen" des Hamburger Historikers sah, mag nicht weiter erstaunen, bestanden doch direkte personelle Verbindungen zwischen der Verkehrshochschule „Friedrich List" (Dr.Kirchberg/Dr.Herkner/Frau Prof. Dr.Rehbein) und diesem Dresdener Institut.[21]

Das Niedersächsische Hauptstaatsarchiv, Dr.Asch, teilte auf die Anfrage aus Hamburg hin mit,

„Material zur Geschichte des Kraftwagens und der Motorisierung findet sich verstreut und z.T. versteckt in verschiedenen Beständen des Hauptstaatsarchivs. Ich kann daher im Rahmen dieses Schreibens nur auf einige Zufallsfunde hinweisen. So finden sich in Akten über die Anschaffung von Dienstwagen der Behörden gelegentlich Prospekte früherer Autohersteller, z.B. in einer Akte der Regierung Hildesheim Prospekte der Firmen Adler, Mercedes Benz, Presto (Chemnitz), N.A.G.- Hansa Lloyd – Brennabor (Berlin-Oberschöneweide) aus dem Jahre 1927. Über Entwicklung des Kraftverkehrs, Tourenpreisfahrten, Beschaffung von Dienstwagen verwahrt das Hauptstaatsarchiv auch Akten im Bestand des ehemaligen Oberpräsidenten von Hannover. Die Beschaffung von Schleppern in den Jahren 1928/29 dokumentiert eine Akte der Regierung Hildesheim (Forstverwaltung). *Das Auffinden derartiger Akten ist ein zeitraubendes Unternehmen und muß dem interessierten Forscher selbst überlassen bleiben.* Leider sind Akten über den Kauf von Dienstwagen in der Vergangenheit von technisch desinteressierten Archivaren und Registratoren meist vernichtet worden, so dass ihre Erhaltung nur glücklichen Umständen zuzuschreiben ist. Wegen der Autoherstellung bei der Hanomag in Hannover darf ich Sie auf die Festschrift ‚Hundert Jahre Hanomag’, Düsseldorf 1935, S. 176ff., verweisen. Ein Exemplar des ‚Kleinen Hanomag’ steht übrigens im Historischen Museum Hannover. Vom Werksarchiv der Hanomag soll sich nur die Plankammer erhalten haben“[22] (Hervorh.v.m., B.S.).

Frau Brandt vom Geheimen Staatsarchiv Preussischer Kulturbesitz erläuterte eingehend die Quellenlage in ihrem Haus:

„Im Preußischen Finanzministerium (I.HA Rep.151) habe ich einige Titel ermittelt, die für Ihre Forschungen von Interesse sein könnten.
In der mit ‚Kreditgewährung an die Automobilfabrik K o m n i c k in Elbing und andere Industriewerke in Ostpreußen’ 1928-1930 betitelten Akte (I/151:253) finden sich auch Informationen zur wirtschaftlichen Situation und zur Produktionsweise der Firma.
Material zu Automobilfirmen ließ sich weiter ermitteln in dem Aktenband I/151:568 ‚Besondere Dienststellen im Bereich der Verwaltung – Sonstige Angelegenheiten’ 1928-1943; er enthält einen Geschäftsbericht der Firma AUTO-UNION Aktiengesellschaft, Chemnitz, für das Geschäftsjahr 1938/39.
Im Aktenband I/151:3015 ‚Geschäftsbedürfnisse und Beschaffungswesen für Kraftfahrzeuge und Flugzeuge’ 1936-1939 findet sich eine Broschüre des Volkswagenwerkes Berlin: ‚Dein KdF-Wagen’ (1939).

Unterlagen betr. die von Ihnen genannten Firmen ließen sich in unseren Beständen allerdings nicht ermitteln.

Aus dem Bestand Preuß.Finanzministerium könnten weiterhin für Sie von Interesse sein die Druckschriften des Reichsverkehrsministeriums: 'Deutsche Kraftfahrtforschung im Jahre 1939' und ‚Deutsche Kraftfahrtforschung im Auftrag des Reichsverkehrsministeriums, Forschungsplan 1939/40'. Die genannten Druckschriften finden sich in der Akte I/151:2109 ‚Rechnungsprüfung' 1936-1940 unter dem Abschnitt Prüfung der Abrechnungen von Forschungsbeihilfen auf dem Gebiet des Kraftfahrtwesens.

Des weiteren ließen sich noch die zwei Aktenbände ‚Allgemeine Gesetze und Verordnungen auf dem Gebiet des Kraftfahrtwesens' (Entwürfe, Schriftwechsel) 1935-1943 (I/151:1584) heranziehen.

Weiteres Material zu dieser Thematik findet sich auch vereinzelt in den Akten des Staatsministeriums (I.HA Rep.90) unter den Aktentiteln ‚Haltung der Reichsbahn und der Reichspost gegenüber dem Kraftfahrzeugverkehr im allg.' 1929-1939 (I/90:1717), ‚Bau und Betrieb der Kraftfahrtbahnen' 1930-1936 (I/90:1718) und ‚Mitgliedschaft Preußens bei der Gesellschaft zur Vorbereitung der Reichsautobahnen' 1933-1938 (I/90:1719).

Weitere ca.10 ehemals im Geheimen Staatsarchiv befindliche Aktentitel des Staatsministeriums befinden sich heute vermutlich im Zentralen Staatsarchiv der DDR, Dienststelle Merseburg, König-Heinrich-Str. 37, DDR-4200 Merseburg. Unter Umständen ist auch eine Anfrage dorthin für Sie lohnenswert.

Noch zu erwähnen wären Akten des Preußischen Justizministeriums (I.HA Re.84a), die den rechtlichen Aspekt der Thematik betreffen. Es handelt sich um 8 Aktenbände ‚Rechtsverhältnisse der Automobile (bzw. Kraftfahrzeuge)' 1932-1934. (I/84a:167-174).[...]

Abschließend möchte ich Sie noch auf das Museum für Verkehr und Technik, Trebiner Str. 9, 1000 Berlin 61, verweisen, das Dokumentationsmaterial zur Verkehrsgeschichte sammelt".[23]

Die in diesem Zusammenhang durchgeführte Archivreise wurde zwischen dem 23. und 24.2.1987 durchgeführt.[24]

Das Stadtarchiv Ludwigshafen, das keine Quellen nachweisen konnte, trat jedoch mit einem im Nachhinein bedeutsamen Hinweis hervor. Der Archivar Dr.Breunig verwies mit Schreiben vom 23.April 1986 darauf, auf „Anfragen an die betreffenden DDR-Archive" würde nach dortigen „Erfahrungen nicht jeder Wunsch auf Akteneinsicht generell abgelehnt" werden. Diese Aussage wirft weiteres Licht auf das Schicksal der Bemühungen unseres Hamburger

Wissenschaftlers um die Auto Union-Akten in Dresden etc. Die Widerstände lagen demnach nicht in erster Linie auf der DDR-Seite.[25]

Im Rahmen von Archivrecherchen erhielt Hamburg Mitte des Monats Juni 1986 Kenntnis von einer Ausstellung auf der Festung Ehrenbreitstein (Landesmuseum), unter anderem zu August Horch. Das Landesmuseum Rheinland Pfalz in Koblenz teilte Fundstellen von Archivalien im dortigen Archiv mit, die zum Beispiel den „Straßenbau und die Straßenpolizei im Rheinland" bis über 1914 hinaus nachweisen". Einige Aufnahmen „von Autorennen (meist Nürburgring) aus den Jahren 1908–1938...., darunter auch das Foto eines Auto-Union-Rennwagens" seien weiter vorhanden. Herr Krüger ergänzte:

> „Besser als unser Archiv kann Ihnen das Landesmuseum Koblenz Festung Ehrenbreitstein weiterhelfen. Das Museum baut eine Spezialsammlung über ‚Große Konstrukteure aus dem Gebiet von Rheinland-Pfalz' auf. Dazu gehört auch August Horch, der aus Winningen an der Mosel stammte. Bis zum 31.8.1986 zeigt das Museum Ehrenbreitstein eine Sonderausstellung über ihn".[26]

Auf dem Original des Schreibens sind Name und Telefonnummer von Dr. Wiersch/VW-Wolfsburg notiert. Offensichtlich teilte der Hamburger Historiker von dort Herrn Wiersch seinen „Fund" mit. Da das Museum noch geschlossen hatte, umrundete der Forscher die Festungswälle, führte ein Gespräch mit dem Archivar Müller, dem zuständigen Mitarbeiter der Ausstellung und erfuhr von mit der F[rankfurter]A[llgemeinen]Z[eitung] und RTL-plus geplanten Medienaktivitäten und stellte weiter „Wandtafeln, 2 hist[orische]. Fahrzeuge (3. kommt hinzu), [Ausführungen zur] Firmengeschichte, pers[önliche]. Requisiten, [den] Alpensieger Pokal [und unter anderem ein] schriftl[iches]. Dokument (St. Petersburg)" fest. Frau Wagner, vom Bundesarchiv Koblenz, teilte ihm auf sein Schreiben vom 25. Mai mit:

> „daß möglicherweise in mehreren Beständen des Bundesarchivs Unterlagen zu den von Ihnen gesuchten Kraftfahrzeugfirmen Auto-Union mit Vorgängerfirmen vorhanden sind: u.a. im RMRuK und in der Reichskanzlei".[27]

Am 13. Juni schrieb er zu „Forschungen zur Geschichte der Motorisierung in Deutschland" dem Archivar Müller:

> „Wir arbeiten an der Fertigstellung eines unternehmensgeschichtlichen Paketes für die AUDI AG, Ingolstadt. Durch Zufall habe ich von Herrn Krüger im Landshauptarchiv von Ihren Aktivitäten erfahren. Leider erst jetzt, denn im Filmarchiv vis-à-vis bin ich in der Vergangenheit Dauergast gewesen.

Vor allem interessiert mich gerade August Horch, der in den 100 Jahren Automobilgeschichte einen ganz besonderen Rang einnimmt. Daß Sie gerade eine Ausstellung veranstalten und dies mit Leihgaben aus Ingolstadt (wie z.B. den Alpensiegerpokal), wäre mir für mein o.e. Anliegen sehr hilfreich.

Insbesondere geht es mir um die archivalische Überlieferung der Firmen HORCH und AUDI sowie darum, über die Quellenlage aus den mitteldeutschen und sächsischen Bereichen etwas mehr zu erfahren".[28]

Anlässlich eines Besuches dort, um die Archivlage „Am Wöllershof", im Bundesarchiv zu klären, war der Hamburger Historiker auf der Festung Ehrenbreitstein. Es ging um seinen unter diesem Datum datierenden Benutzungsantrag zu dem Thema: „Geschichte der Motorisierung in Deutschland, 1886-1986". Dass er von Ingolstadt einen Hinweis darauf bekommen hätte, erinnert er allerdings nicht. Das Gespräch mit dem Archivangestellten Müller hatte ergeben, die Herren Dreyer und Ulmer von Audi hätten sich mehr oder weniger um die Vorbereitung der Ausstellung gekümmert.[29]

Herrn Dr.Heyl, den Archivdirektor des Kriegsarchiv München, der unserem Historiker seit 1973 gut bekannt war, bat dieser um Hinweise zu dem Audi-Traditionsthema und erhielt den Hinweis, „die Berichte des Bayerischen Gesandten in Berlin (und des Militärbevollmächtigten ebendort)" könnten „Aufschluß auch über wirtschaftliche Fragen" geben - u.U. auch „des sächsischen Raumes". „Akten der Bayerischen Gesandtschaft am Sächsischen Hof zu Dresden" möchten geeignet sein, über die beginnende Automobil-Industrie in Sachsen" zu berichten.[30]

Parallel ergaben Kontakte mit Dr.Peter Gabrielson, im Staatsarchiv Hamburg, dass wider Erwarten, umfänglicheres Aktenmaterial dort vorhanden war. Nach „ersten Ermittlungen" schienen diesem für das Motorisierungs-Thema 51 Aktenpositionen (ohne Unterabteilungen) „dienlich". Der Archivar erläuterte:

„Die Senatsakten und die Unterlagen aus dem Firmenarchiv der Phoenix müßten Sie anhand der Spezialinventare hier daraufhin prüfen, ob Einzelakten für Sie brauchbar sein könnten. Es ist für mich sehr überraschend gewesen, daß doch viele Akten des Staatsarchivs für Ihr Thema einschlägig erscheinen".[31]

Weiter gestattete Christian Ludwig, Herzog zu Mecklenburg, am 11.Juni die Einsicht in den Nachlass des Prinzen Heinrich von Preußen. Es ging um „die Akten über das Automobilwesen des Prinzen Heinrich".[32] Unser Hamburger Forscher hatte am 6.Juni an die Herzogin Barbara zu Mecklenburg geschrieben:

„Durch Nachfragen beim Geheimen Staatsarchiv in Berlin und bei Herrn von Strantz in Bremen, bin ich davon in Kenntnis gesetzt worden, dass der von mir gesuchte Nachlaß des Prinzen Heinrich von Preussen im Landesarchiv Schleswig Holstein aufbewahrt wird".

Im weiteren nahm der Wissenschaftler Bezug auf das durch Habbel/Audi und Hahn/Volkswagen unterstützte Filmprojekt zu „100 Jahre Automobil" und verwies auf das sich daraus ergebende „Projekt zur AUDI-Unternehmensgeschichte". Den möglichen Plan zu einer Biographie über den Prinzen Heinrich merkte er gleichfalls an.[33] Zudem hatte sein Schreiben vom 9.Mai 1986 recht klar dessen Ansicht zu den bedauerlichen Verquerungen der DDR-Politik offengelegt. Unser Historiker schrieb:

„Schließlich ist es m.E. unerträglich, wenn auf Grund eines wissenschaftlich unüblichen Aktenmonopols der DDR-Stellen unser Geschichtsbild zu einer bedeutenden Frage von den Interpretationen ostdeutscher Forscher [i.e. der linientreue Kirchberg] geprägt sein soll".[34]

Zunächst schien dem Archivar des Fürstlich Hohenloheschen Zentralarchivs der Arbeitsaufwand, die „in erster Linie infrage kommenden Privatnachlässe der Fürsten" auf interessante Audi-Fahrzeuge hin zu überprüfen, als „aus personellen Gründen gar nicht möglich".[35] Im Jahre 1910 hatte der Fürst Hohenlohe-Langenburg, so schrieb der derzeitige Fürst am 21.August 1985 auf Befragen (verstorben im April 2004), einen Audi angekauft. „Erst im Jahre 1938" habe sein „Großvater einen HORCH angeschafft, welcher unmittelbar nach Kriegsausbruch beschlagnahmt" worden „und auf Nimmerwiedersehen" verschwunden sei. Am 25.Mai 1986 bat der Hamburger Historiker darauf den Archivar Dr.Taddey vom Hohenlohe-Zentralarchiv, ihm doch „die Akte über den Ankauf eines AUDI im Jahre 1908" zu fotokopieren. Auch fragte er an, ob sich Belege vom Kauf eines HORCH im Fürstlich Hohenloheschen Archiv erhalten hätten.[36]

Manfred v. Brauchitsch, der berühmte Mercedes Rennfahrer der 30iger Jahre, den unser Historiker und Fernsehjournalist im Januar 1986, anlässlich der Mercedes-Feier in Stuttgart zu „100 Jahre Automobil" kennen gelernt hatte, gab ihm ein kurzes, aber eindrucksvolles Statement zu seinen Bestrebungen für die Audi-Unternehmensgeschichte. V.Brauchitsch, der gewinnend kompromisslos war, antwortete Anfang April:

„In Beantwortung Ihres interessanten Schreibens vom 22.v.M. muß ich Ihnen einiges kurz erklären:

1. Bei meiner uralten Bindung zum Hause DAIMLER kann ich an einem Auto-Union-Film nicht mitarbeiten.

2. Ich habe überhaupt keinen Einfluß auf scheinbar bereits getroffene Entscheidungen bezgl. Akten- oder Quelleneinsicht.

Die negative Einstellung der einzelnen Dienststellen zur Forschungsarbeit wird verständlich, wenn man die gegen die DDR gerichtete tent[d]enziöse gehässige BRD-Medienpolitik immer wieder vorgesetzt bekommt.

Aber ich bewundere Ihren Optimismus und rate Ihnen, auf dieser Linie zu bleiben, denn gerade bei uns kann man es nie genau wissen".[37]

Das Generallandesarchiv Karlsruhe ermittelte "die Kriegstagebücher, Unterlagen über die Tätigkeit und [die] der Marschleistungen und die Berichte der Kraftfahr-Formationen des ehemaligen badischen XIV. Armeekorps". „Außerdem", so teilte Staatsarchivdirektor Dr.Kaller mit, hätten „noch die Bestimmungen für die Aushebung von Kraftfahrzeugen vom 1.2.1912 ermittelt werden" können.[38]

Hofrat Dr.Peter Broucek, damals noch Archiv-Oberrat, antwortete unter dem 10.April bereits auf die Anfrage vom 21.März zu Akten im Wiener Kriegsarchiv über die Motorisierung des „k.u.K. Heeres". Es sei, so Broucek, „ein reiches Aktenmaterial vorhanden" und „natürlich kommen in diesen Archivalien auch deutsche Automobilfirmen vor". „In Frage für entsprechende Nachforschungen kämen...die vorhandenen Archive des k.u.k. Kriegsministeriums und des k.u.k. Technischen Miilitärkomité's". Der verdiente Archivar ergänzte:

> „In den Beständen des ehemaligen Bundesministeriums für Landesverteidigung ist ebenfalls Aktenmaterial über die im (1.) Österreichischen Bundesheer in den Jahren 1918 bis 1938 verwendeten Kraftfahrzeuge vorhanden".[39]

Der Direktor des Haus-, Hof- und Staatsarchivs Wien, Dr.Benna, antwortete auf die Anfrage aus Hamburg:

> „Für die Zeit bis 1918 ist vor allem der Archivbestand ‚Administrative Registratur', Fach 100 (‚Autos und Motorräder'), eventuell auch Fach 34 (‚Handel und Gewerbe') heranzuziehen, das Material in Fach 100 umfaßt 5 Aktenkartons, beginnt aber erst nach 1900. Für die Zwischenkriegszeit kommt für Ihr Thema in erster Linie der Bestand ‚Bundeskanzleramt, Auswärtige Abteilung, Abt. 14 HP' (Kartons 107-115) in Betracht".[40]

Dr.Martin Dallmeier vom Fürst Thurn und Taxis Zentralarchiv berichtete über breitere Unterlagen „über den Ankauf verschiedener Kraftfahrzeuge für die fürstliche Familie". Es handele „sich dabei um Mercedes Simplex-Wagen (1902), Horch Pullmann und Adler Standard (1921-1949) sowie NAG Protos-Wagen (1930-1949)". Wie „eine erste Durchsicht ergeben" habe, lägen „aber keine Zeichnungen oder Beschreibungen der Typen bei".[41] Seit dem 28. Mai 1986 lag zudem in Hamburg die Benutzungsgenehmigung der F[ürstlich]. H[ohenzollerschen]. Hofkammer zu Beständen im Staatsarchiv Sigmaringen vor, die sich auf „erhebliche[n] Unterlagen aus dem Bestand F.H.Hofverwaltung des...F.H .Haus- und Domänenarchivs" bezieht.[42] Dort konnten „Unterlagen über die Fabrikate Horch, Mercedes, BMW, DKW, Fiat, Maybach SW 38 und SW 42 und OPEL ermittelt werden. Die Archivalien weisen die Laufzeit von ca. 1925–1950 auf", so wurde berichtetet. Weiter seien „ebendort unter der Signatur NVA 33.925 verwahrte Aktenfaszikel (1928-1944)" mit „2 Zeichnungen des Maybach SW 38 und einem Katalog Maybach 7 l" enthalten.[43]

Das Westfälische Wirtschaftsarchiv beantwortete zu Anfang des Monats Juni eine Nachfrage aus dem März dahin, „die Jahresberichte der Handelskammern" kämen „in Betracht". „Einzelne Stichproben bei den Kammern Brandenburg, Chemnitz, Leipzig und Stettin ergaben Hinweise von unterschiedlicher Dichte über die Situation der Automobilindustrie der jeweiligen Region. Die Hersteller seien nur selten genannt. So ist z.B. im Jahresbericht 1910 von Stettin die Firma Stoewer ausgeworfen".[44] Nachfolgend wurde mitgeteilt, „die im WWA vorhandenen Jahresberichte aus dem Raum Sachsen" dürften in deren „Aussagewert...nicht zu hoch angesetzt werden".[45]

Herr Schulz-Luckenbach vom Hessischen Hauptstaatsarchiv Wiesbaden teilte ferner äußerst aufschlussreich mit:

> „Gerne komme ich Ihrer Bitte um Übersendung von Kopien des 1904 zum Gordon-Benett-Rennen erschienen Veranstaltungsführers nach. Besonders interessant dürfte für Sie sicher der darin enthaltene Abschnitt über den gegenwärtigen Stand der deutschen Automobilindustrie sein....Übrigens bin ich kürzlich bei anderweitigen Recherchen auf einige interessante Akten über den Automobilsport im Taunus gestoßen. Im einzelnen handelt es sich um 3 Bände über das 1907 ausgetragene ‚Kaiserpreisrennen', dessen Ausgangs- und Endpunkt die bei Bad Homburg gelegene Saalburg war. Die Akten beinhalten vor allem die Konzipierung einer Rennstrecke im Taunus sowie Proteste aus der Bevölkerung gegen dieses Projekt. Außerdem findet sich darin eine nicht datierte Ausgabe der ‚Allgemeinen Automobil-Zeitung', die sich ausschließlich mit diesem Rennen beschäftigt sowie ein großformatiges Heft mit Skizzen der Rennstrecke (Abteilung 413, Nr.164-166). Ein entsprechendes Heft mit den Streckenplänen

des Gordon-Benett-Rennens findet sich neben diversen Zeitungsausschnitten im Aktenband Abt.413 Nr.173, die Nummer 189 der gleichen Abteilung dokumentiert schließlich die Vorbereitungen, insbesondere die zu treffenden Sicherheitsvorkehrungen, zu diesem Autorennen. *Da es sich hierbei ausnahmslos um sehr umfangreiche Aktenbände handelt, werden Sie sicher Verständnis dafür haben, dass uns deren Ablichtung im dienstlichen Rahmen nicht möglich ist.* Da die Akten der staatlichen Verwaltung die Geschichte des Automobils nur bruchstückhaft widerspiegeln, empfehle ich Ihnen Anfragen an die Werksarchive der Automobilhersteller. Das aktuelle Verzeichnis der deutschen Archive nennt hier zwar nur zwei Anlaufstellen (Daimler-Benz AG, Mercedesstr. 136, 7000 Stuttgart 60 sowie Volkswagenwerk AG, Firmengeschichtliche Dokumentation, 3180 Wolfsburg 1)"[46] (Hervorh.v.m., B.S.).

Der eine war – wie wir inzwischen wissen - allerdings „Konkurrenz".

Auf Befragen teilte die Hoover Institution zwar mit, diese verfüge über „no materials of this subject, but...would like to suggest...to get in touch with the research division of the New York Library". Beigefügt wurde eine Kopie eines Führers zu Spezial-Buchsammlungen in staatlichen Institutionen. Diese Ausgabe von 1978 eröffnete ein eigenes Forschungsfeld an Literatur-, Film- und Archivmaterialquellen zur Automobilgeschichte.[47]

Anfang des Monats März berichtete das Hauptstaatsarchiv Stuttgart über detaillierte Akten zum Thema Verkehrswesen seit 1906. Darunter, im Nachlaß des liberalern Politikers Conrad Haussmann (Q 11/2), neben Aktengruppen zu Wirtschaftspolitik, Finanz- und Verkehrswesen und Arbeitgeberbund zusätzlich über „Finanzierung, Fabrikation und Absatz des Kleinen Grade-Wagens 1921".[48]

Gleichzeitig bestellte Graf (Audi Marketing) „Cordband + Text für VW SA R. Kruger.[49] Weiter wurde der Audi-Film für die "Wirtschafts-Filmtage in Bad Ischl, 13.-16.6.1988 angemeldet.[50] Das Institut für Weltwirtschaft in Kiel beherbergt 1000 mikroverfilmte Seiten zu den Automarken Auto Union und NSU.[51] Ärgerlicherweise mahnte das „bildarchiv preussischer kulturbesitz" Anfang August die Rückgabe des seit dem 6.Dezember 1986 überfälligen Bild- und Photomaterials für das „Rad der Zeit" der Audi AG an.[52] Anfang November 1988 suchte unser Hamburger Historiker das Ministerium für Auswärtige Angelegenheiten (Abteilung Journalistische Beziehungen) der DDR für ein technik- und automobilgeschichtliches Projekt „Traumstrassen" zu gewinnen.[53] Volvo jedenfalls war an automobilhistorischen Entwicklungen im Pressewesen interessiert.[54] Für einen Moment schien die Verbreitung des Audi-Traditionsfilmes fortzuschreiten. Ingolstadt mochte sich besonnen haben. Jedenfalls signalisierte dies ein Brief aus Tokio, wo ein Automuseum – mit Genehmigung der Ingolstädter - das Stück vorführen wollte.[55]

Blockierer Volkswagen

Eigentlich war der Abschluss der Kontakte mit Volkswagen/Audi erreicht, als Anton Konrad zu einer möglichen Zusammenarbeit, im Zuge des neuen Fernsehprojektes "Autos die Geschichte machten", schrieb, es hätten sich „in Gesprächen zwischen VW und Audi...nun die für Filme Verantwortlichen weitgehend darauf verständigt, keine neuen gemeinsamen Projekte mit" dem Hamburger Filmproduzenten „zu beginnen". Er wolle „dies weiter gar nicht kommentieren, denn jeder der Beteiligten" habe „Argumente für seine Entscheidung". Doch eröffnete der Leiter Öffentlichkeitsarbeit gleichzeitig seinerseits – und für Volkswagen – trotz fehlender „disponibler Mittel...für externe Filmprojekte" die Möglichkeit zu einer „fachlich orientierten und fundierten Zusammenarbeit zwischen VW und" dem Hamburger Forscher „für Automobildarstellung".[56]

Weitere Projekte, wie ein Briefwechsel mit dem Archiv für den Wissenschaftlichen Film offenlegt, führten in andere Richtungen, sodass die Zusammenarbeit mit Volkswagen/Audi sich in der Zukunft nicht mehr ergab.[57] Mitte des Monats November fasste unser Historiker seine Erfahrungen mit AUDI/VW am Beispiel der Hintergründe und des unternehmensinternen Tauziehens bei Audi zu dem Unternehmensfilm zusammen. Er schrieb zu dessen Schicksal, dieser sei „ein Jahr durch den Vorstandsvorsitzenden von AUDI, Dr.Habbel, sekretiert" worden, „da ‚einige Hitlergrüße' zuviel seien". Er fuhr fort:

> „Auf der IAA in Frankfurt (1987) wurde der Film dann unverändert vorgeführt. Anfang 1988 wollte „AUDI", unter Bruch der Autorenrechte etc., diesen Film ohne meine Beteiligung kürzen. Die Diskussionen laufen dazu noch. Weiter wurde der Film ohne das Zutun von AUDI auf dem ‚Europäischen Industrie-Film-Festival 1988' von der F[orum]F[ilm] angemeldet, nachdem AUDI die FF 1986 aufgefordert hatte, unter Hinweis auf künftige Zusammenarbeit, den Film vom Industriefilm-Festival 1987 in Hannover zurückzuziehen. Als der Film 1988 den 3. Preis gewann, stahl ein VW-Mann den Preis-[pokal/nebst Urkunde], der bis heute nicht in Händen der FF ist, sondern in Ingolstadt in der Vitrine steht".

Auf die Hintergründe der Audi-Unternehmensgeschichte eingehend, erläuterte der Autor das damals bekannte ‚Fädengeziehe' in Ingolstadt und Wolfsburg. Der Hamburger Filmproduzent fuhr fort:

„Viel interessanter erscheinen jedoch die geschönten Vorstellungen der AUDI-Historien-Abteilung zur eigenen Unternehmensgeschichte. Typenkunden des DDR-Historikers Kirchberg werden unterstützt. Der skandalöse Nachdruck des Elli Beinhorn-Buches zu Bernd Rosemeier wird durch AUDI (Ende 1987) unterstützt. Eine kritische ‚Unternehmensgeschichte' wird nicht gefördert, sondern nur eine kleine Schrift/Dokumentation, ‚Rad der Zeit', zugelassen, die das ‚Kind' von Dr.Habbel war und somit in Umfang und äußerem Stil sehr eingeengt. Dafür aber werden Privat-Historiker wie pensionierte Bundesbahn-Direktoren in deren Bemühungen um die ‚Autos aus Ingolstadt' unterstützt. Und das alles, obwohl Dr.Hahn/VW sich für eine vorbehaltlose Auseinandersetzung mit der eigenen Geschichte aussprach. Dieser und Habbel allerdings das kongruente Spiegelbild der inneren Verhältnisse bei Audi-VW boten; nämlich bis ins Alltägliche verfeindet zu sein. Und das zum ‚Nutzen' des Großen und Ganzen".

Das Problem einer AUDI-Unternehmensgeschichte war von Anfang an beträchtlich gewesen. Dies bestand, so wie weiter festgehalten wurde, in „blinden Flecken der AUDI-Geschichte", welche „natürlich im Ersten und im Zweiten Weltkrieg" lägen und es sei „ohne Zweifel" zu

„sehen, dass mein Film an den harten Wahrheiten – bei aller Auftrags-Produzenten-Einschränkung, nicht vorbeigeht. Die kritische Beleuchtung des Kaiser- wie des Dritten Reiches (und dessen Vorläufern) bis hin zum ‚Tag von Potsdam' haben ursächlich im Verständnis der Autobauer nichts mit dem Automobil zu tun. Genauso wie Josephine Baker oder die Kultur in Pinsel und Klavier.
Das aber kommt ebenso vor, wie es möglich wäre, aus dem geschriebenen Aktenmaterial den Rüstungskonzern AUTO UNION mit den Reichswirtschaftsführern Dr.Bruhn und Dr.Hahn (Senior) herauszuarbeiten, deren Personal-Akten in den NSDAP-Archiven ich genauso ausgewertet habe wie die anderer Wirtschaftsführer (und Autobauer) wie die Rüstungsverschränkungen (Wanderer/Horch/DKW) und den Arbeitseinsatz der KZ-Häftlinge im Raum Sachsen zur Luftsicherung der Industriebetriebe. Einschließlich der Umsatz- und Verdienstzahlen des Rüstungskonzerns AUTO UNION während des Zweiten Weltkrieges.
Auch von Interesse dürfte in der Nachkriegszeit das Schicksal der AUTO UNION sein, die zunächst mit Unterstützung des BMW-Vorstandes wieder auf die

Beine kam, um dann in der Zwei-Takt-Philosophie (Dr.Hahn sen.) stecken zu bleiben und mit ihrem überalterten Management 1956 in die tiefe Krise geriet. Der Verkauf an Mercedes, der Versuch, ein modernes Werk in Ingolstadt aufzuziehen mit modernen Produkten, scheiterte an den verkrusteten Mentalitäten der DKW-Fetischisten William Werner (mit ‚Horch-appeal'), Dr.Bruhn und Dr.Hahn. Konsequent war ausschließlich, dass der VW-Vorstandsvorsitzende Heinrich Nordhoff, die „Mafia [der Ingenieure um Ludwig Krauss] zerschlagen' wollte, um so eine rentable Fertigung in die Hand zu bekommen. Doch DKW-AUTO UNION schluckte auch unter Lotz (VW) die 1969 übernommene NSU à la longue. Der zweite Sündenfall in der AUTO UNION/VW-Ära. Wie tief diese Einschnitte unter Leiding/VW und Toni Schmücker/VW fortwirkten, ist bis heute zu registrieren, wenn es darum geht, mit AUDI und VW auszukommen (z.B. auf dem Feld der Firmengeschichte).
Jetzt [1988] ‚kauft' Audi die AUTO UNION Akten aus der DDR zurück. Ein Handel, der über VW läuft, jedoch nicht ad fontes führt, weil die DDR lediglich Auszüge und Ausarbeitungen aus den Materialien zuläßt, die für eine kritische Geschichtsschreibung unverzichtbar sind. So bestimmen dann DDR-Interpretationen die AUDI-Unternehmensgeschichte ‚aus zweiter Hand'. Eine Kritik wird jedoch nicht gewünscht. Und die Typenkunden reichen den westlichen Autobauern anscheinend zur Vergangenheitsbestimmung".[58]

In einem Briefwechsel mit Felix Wankel, der gleichfalls Habbel-geschädigt war, klangen die Entwicklungen mit Audi natürlich an. Dort findet sich unter dem 11.April 1988 die Bemerkung:

> „Da die Dinge mit AUDI zuende sind, AUDI aber nun an mir vorbei einseitig mit meinem Film Dinge plant, die meine Autoren- und Produzentenrechte verletzen...
> Mich stimmt es offen gesagt traurig, dass die deutschen Autohersteller so unbeweglich sind".[59]

Noch im November schrieb der Hamburger Wissenschaftler, ganz unter dem Eindruck der „Intrige bei AUDI", er wisse nicht recht, wie er sich dagegen wehren könne, ginge es doch darum, dass sein Film „unter den Tisch fallen" gelassen werde „und nicht im Jahre 1986, sondern erst 1987, und auch dann nur ganz kurz," gezeigt werden solle.[60] Mit Wankel kam es einige Tage darauf zu einem Telefonat in welchem Pläne für eine biographische Skizze in Form eines Fernsehfilmes geboren wurden. Dass diese überaus reizvollen Ansätze und Aspekte zur Ausführung kamen, verhinderte Felix Wankels Tod.[61]

¹ Archiv Schulte. Dr.W.Bruhn an B.Schulte, 15.9.1985. Anders, als vom Autor dieser Darstellung gedacht, stellen traditionelle firmengeschichtliche Publikationen mehr oder weniger Fleißarbeiten auf dem Gebiet der Typenkunde etc. dar. Beispiele: H.-J.Schneider: Autos und Technik. 125 Jahre Opel. Köln 1987. B.-E.Lindh: VOLVO. The Cars-From the 20s to the 80s, Malmö ²1986. Ders.: Saab. The first 40 Years of Saab Cars, Malmö 1987 (ebd. auch in deutscher Sprache). H. Mönich: Vor der Schallmauer BMW. Eine Jahrhundertgeschichte, 2 Bde, 1983. H.-H.von Fersen: Autos in Deutschland, 1885-1920, Eine Typengeschichte, Stuttgart 1962. W.Oswald: Alle Audi Automobile, 1910-1980, Stuttgart 1980 (mit einem Vorwort von W.R.Habbel). Ders.: Alle Horch Automobile, 1900-1945, Stuttgart ²1982. S. Rauch: DKW. Die Geschichte einer Weltmarke, Stuttgart ²1983. Eine im Sinne des Autors weiterentwickelte Form der Automobil- und Typengeschichte bietet neben Mönich E.Eckermann: Automobile. Technikgeschichte im Deutschen Museum, München 1989. Ders.: Dynamik beherrschen. Alfed Teves GmbH. Eine Chronik im Zeichen des technischen Fortschritts, Frankfurt/M 1986. Zusammenfassend unter dem Zäsurjahr 1986 sollte wirken: O.v.Fersen: Ein Jahrhundert Automobiltechnik. Personenwagen, Düsseldorf 1986. Daneben finden sich immer wieder verdienstvolle Veröffentlichungen zu Detailfragen wie z.B. A.Jute: Designing and Building Special Cars, London 1985. P.Fère: Mercedes-Benz C 111, Lausanne 1981. D.Korp: Protokoll einer Erfindung. Der Wankelmotor, Stuttgart 1975. Die breitgefächerte Liebhaber-Literatur sei hier bewusst übergangen.

² Ebd., Dr.W.Bruhn an B.Schulte, 17.6.1986.

³ Archiv Schulte I. Prof. Dr.B.Rosemeier an B.Schulte, 17.5.1984.

⁴ Ebd., B.Schulte an Prof. Dr.B.Rosemeier, 25.5.1986.

⁵ Ebd., B.Schulte an Prof.Dr.Bernd Rosemeier, 4.6.1986. Audi verstieg sich zu dem unveränderten Neudruck von E.Beinhorn: Bernd Rosemeier. Mein Mann der Rennfahrer, München-Berlin ²1987 (Erstdruck 1937).

⁶ Ebd., Prof.Dr.B.Rosemeier an B.Schulte, 2.6.1986.

⁷ Ebd., W.Weger an B.Schulte, 9.12.1985.

⁸ VDA, Weger/Grzenia an B.Schulte, 22.4.1986.

⁹ Archiv Schulte I. B. Schulte an H.C.Graf Seherr-Thoss, 9.5.1986.

¹⁰ Ebd., B.Schulte an W.Weger, 9.5.1986; dass das auch in der Machtposition von Daimler-Benz im VDA begründet war, wird ein weitere Untersuchung in Kürze illustrieren.

¹¹ Archiv Schulte I. J.Muth an Deutsche Wochenschau GmbH K.Ott, 18.7.1985.

¹² Ebd., L.C.Waffen an K.Ott, 5.8.1985; ebd., B.Schulte an L.C.Waffen, 24.5.1986.

¹³ Ebd., G.Wagner (National Archives/ Military Reference Branch-Military Archives Division) an B.Schulte, 20.5.1986.

¹⁴ Ebd., Autos die Geschichte machten. L.G.Helverson an B.Schulte, 25.9.1986.

¹⁵ Ebd., J.H.Hutson an B.Schulte, 16.5.1986.

¹⁶ Ebd., Bundesarchiv Koblenz an B.Schulte, 2.7.1985.

¹⁷ Ebd., Auswärtiges Amt, Dr.M.Keipert an B.Schulte, 3.7.1985.

¹⁸ Ebd., B.Schulte an Dr.M.Keipert, 24.5.1986.

¹⁹ Ebd., Dr.Cordes (Hauptstaatsarchiv Stuttgart) an B.Schulte, 28.6.1985.

²⁰ Ebd., Dr.Lück (Nordrhein-Westfälisches Hauptstaatsarchiv) an B.Schulte, 28.6.1985; Ebd., B. Schulte an Nordrhein-Westfälisches Hauptstaatsarchiv, 25.5.1986. Es wurde dort Bezug genommen auf die Nachricht zum Nachlass Friedrich Tamms.

²¹ Ebd., Direktor Dr.-Ing.Gärtner an B.Schulte, 9.10.1985.

²² Archiv Schulte. Audi 1987/88 – Rechtsfälle, Dr.Asch an B.Schulte, 3.4.1986.

²³ Ebd., Chr.Brandt an B.Schulte, 21.4.1986.

²⁴ Ebd., K.Holz an B.Schulte, 29.9.1986. Sorgfältige Berichte dazu erreichten R.Schiller/Ingolstadt.

²⁵ Ebd., Stadt Ludwigshafen (Stadtarchiv), Dr.Breunig an B.Schulte, 23.4.1986.

26 Ebd., Landeshauptarchiv Koblenz an B.Schulte, Betr.: Motorisierung des deutschern Heeres, 11.6.1986; Vorgang: Ebd., Deutsche Armee und Militärpolitik 1904-1914, H.-J.Krüger an B.Schulte, 28.2.1975.

27 Ebd., Wagner an B.Schulte, 12.6.1986.

28 Ebd., B.Schulte an Herrn Müller, 13.6.1986.

29 Ebd., B.Schulte an A.Wagner, 15.6.1986; ebd., Benutzungsantrag, 15.6.1986; ebd., B.Schulte an Dr.Rest, 25.5.1986: „Da die DDR zu einer Freigabe der dort lagernden Restakten der AUTO UNION auf absehbare Zeit *nicht bereit* scheint, suche ich nach einer *konkurrierenden Überlieferung* und nach Substituten anderer Quellen".

30 Ebd., B.Schulte an Dr.Klemmer (Bayerisches Hauptstaatsarchiv), 26.5.1986.

31 Ebd., P.Gabrielson an B.Schulte, 11.6.1986; ebd., B.Schulte an P.Gabrielson, 4.6.1986, betr.: „Firmen im Hamburger Raum". „Die Nachsuche nach Spuren der sächsischen Automobilindustrie unter den Zuliefer-firmen scheint mir nach den gegebenen Archivverhältnissen in der DDR der einzige Weg voranzukommen".

32 Ebd., Heinrich Frhr.V.Hoyningen gen. Huene (Landesarchiv Schleswig-Hostein) an B.Schulte, 30.5.1986; ebd., Christian Ludwig an B.Schulte, 11.6.1986; ebd., Generalverwaltung des vormals re-gierenden Preußischen Königshauses an B.Schulte, V.Strantz: „mit bestem Dank für Ihr Schreiben vom 2.6.1986"; V.Strantz an Seine Königliche Hoheit Herzog Christian Ludwig zu Mecklenburg, 4.Juni 1986: „Als Anlage darf ich Ihnen in Kopie eine Korrespondenz mit Herrn Dr.Bernd F.Schulte, Hamburg vom 9.5.-2.6.86 schicken. Ich möchte Sie bitten und Ihnen empfehlen, Herrn Dr.Schulte die Geneh-migung zur Benutzung der Akten des Prinzen Heinrich...zu geben"; Anm. handschr.: „Prinz Heinrich von Preussen. Ein Leben für den technischen Fortschritt"; Ebd., B.Schulte an Herrn v.J.F.v.Strantz, 2.6.1986; ebd., B.Schulte an Rechtsanwalt J.F.v.Strantz, 26.5.1986: „Dennoch, der Erfolg kam aus Berlin. Das Geheime Staatsarchiv teilt mir soeben mit, dass der NL des Prinzen Heinrich von Preußen in Schleswig liegt. Der Gedanke war mir schon nahe gekommen, denn die Verbindung des Prinzen zum Schloß Hemmelmark war mir aus den 50iger Jahren noch bekannt, als meine Eltern und ich dort im Urlaub waren und an der Stelle, für mich sehr beeindruckend, plötzlich englische Schwimmpanzer aus der Förde auftauchten".

33 Ebd., B.Schulte an Herzogin Barbara von Mecklenburg, 6.6.1986.

34 Ebd., B.Schulte an Generalverwaltung des vormals regierenden Preußischen Königshauses, 9.5.1986; Ebd., B.Schulte an Chr.Brandt, 9.5.1986. Dass neben den DDR-Bemühungen auch „Verhaltensformen verschiedener ‚Interessenten' auf dem Gebiet der Technik- oder besser Automobilge-schichte, die die wissenschaftlich üblichen Verhaltensformen...zersetzten" vor allem am Berliner Technik Museum beheimatet waren, verschwieg der Verfasser Frau Brandt vom Geheimen Staatsarchiv nicht. Zu diesem Museum hatte Dr.Ulmer/Auto Union GmbH Kontakte aufgebaut. Dazu fertigte der Verfasser eine gleichlautende Paraphe auf dem Schreiben von Frau Brandt (14.4.1986): „Gottwald/ Kubisch = Dr. Ulmer – keine Unterstützung"; vgl. ebd. dazu: B.Schulte an Kubisch, 17.4.1986.

35 Ebd., Archiv I. Dr.Taddey an B.Schulte, 2.7.1985.

36 Ebd., Fürst Hohenlohe Langenburg an B.Schulte, 21.8.1985; Ebd., B.Schulte an Dr.Taddey, 25.5.1986.

37 Archiv Schulte, Autos die Geschichte machten. M.v.Brauchitsch an B.Schulte, 1.4.1986 [Orts-angabe geschw.]; ein zurückhaltendes Schreiben kam ebenfalls vom Deutschen Turn- und Sportbund der DDR. A.Slosarczyk an B.Schulte, 30.11.1986; ebd., Staatl.Komitee für Fernsehen beim Ministerrat der DDR an B.Schulte, 22.2.1988; ebd., Hinweis des ADMV der DDR, Herr Thom, für Akkreditierung und Projektbeschreibung „Autos die Geschichte machten", 11.10.1988.

38 Ebd., Dr.Kaller an B.Schulte, 10.6.1986; ebd. Dr.Kaller an B.Schulte, 24.6.1985. Dort hatte sich Herr Kaller ausschließlich auf militärische Akten bezogen.

39 Ebd., Oberrat Dr.P.Broucek an B.Schulte, 10.4.1986.

40 Ebd., Österreichisches Staatsarchiv, Direktor Benna an B.Schulte, 25.4.1986.

41 Ebd., Dr.M.Dallmeier (Ftl. Oberarchivrat) an B.Schulte, 7.4.1986.

42 Ebd., Becker [Staatsarchiv Sigmaringen] an B.Schulte, 28.5.1986.

[43] Ebd., Becker (STA Sigmaringen) an B.Schulte, 23.5.1986.

[44] Ebd., K.Pradler (Stiftung Westfälisches Wirtschaftsarchiv) an B.Schulte, 25.3.1986.

[45] Ebd., Stiftung Westfälisches Wirtschaftsarchiv, K.Pradler an B.Schulte, 5.6.1986.

[46] Ebd., Schulz-Luckenbach an B.Schulte, 3.6.1986; ebd., B.Schulte an Schulz-Luckenbach, 26.5.1986; ebd., Ders.an B.Schulte, 7.4.1986. Dort klang es begrenzt: „In unserer Zeitungsaus- schnittsammlung (Abteilung 1136) fand sich nur ein Bericht über das Taunus- Rennen des ADAC im Mai 1924".

[47] Ebd., A.F.Persson (Hoover Institution on War, Revolution and Peace) an B.Schulte, 4.4.1986; Notiz am Rande: "New York Public Library. National Union List of Manuscripts 1959-85"; ebd., C.S.Wich- mann (Institute of Contemporary History and Wiener Library Limited, London) an B.Schulte, 28.4.1986: "Die Pressearchive beginnen mit dem Jahre 1933 und gehen lückenlos in die Gegenwart, sind von der Anlage sehr international gehalten und in Deutschland fuer die Jahre 1933 bis 1955 auch beim Institut fuer Zeitgeschichte in Muenchen als Mikrofilm einzusehen".

[48] Ebd., Autos die Geschichte machten'. M.Reiling-Köhler an B.Schulte, 2.3.1987.

[49] Ebd., Autos die Geschichte machten. W.-J.Cornelissen an B.Schulte, 1.3.1988: "1 St. IT-Cordband + Text".

[50] Ebd., Autos die Geschichte machten. Filmanmeldung, 1.3.1988.

[51] Ebd., Autos die Geschichte machten. K.H.Frank an B.Schulte, 4.3.1987.

[52] Ebd., Autos die Geschichte machten. Bildarchiv an B.Schulte, 5.8.1987, Blockierungskosten pro Monat und Stück s/w DM 5,- Farbe DM 30,- für Januar bis Juli 1987 = DM 1.220,-.

[53] Ebd., Autos die Geschichte machten, B.Schulte an Ministerium für Auswärtige Angelegenheiten der DDR, 6.11.1988.

[54] Ebd., Autos die Geschichte machten, I.Örtendahl an B.Schulte, 29.8.1988. Der Volvo-Pressechef wies während des Gespräches in seinem Abteil des Großraumbüros auf seine – jenseits der Glasscheibe sitzende Sekretärin - und sagte, ...verdient 200 Kronen weniger als ich. So fahre ich am Freitag in die Schären und komme am Montag Mittag wieder zurück". So viel zum „Schwedischen Modell", das 1974 bei der „Friedrich-Ebert-Stiftung" – neben dem „Jugoslawischen" auf dem Programm einer Tagung in Freudenberg mit internationalen Teilnehmern stand.

[55] Ebd., Autos die Geschichte machten. H.Takemasa an B.Schulte, 6.2.1989: „We would appreciate it if you would give us the permission of using the film in the above-use since Mr.Rumpf [Audi- Presseabteilung] has already agreed in our proposal and will supply us with the film on 1 inch tape".

[56] Ebd., Autos die Geschichte machten. A.Konrad an B.Schulte, 24.10.1988. Ebd, Autos die Ge- schichte machten. G.Voigt an B.Schulte, 7.11.1988.

[57] Vgl. ebd., Autos die Geschichte machten. A.Konrad an B.Schulte, 24.10.1988.

[58] Ebd., Autos die Geschichte machten. B.Schulte, Aktennote, 17.10.1988. Hahn, Volkswagen, S. 135: „Das Verhältnis zwischen den beiden zur Debatte stehenden Herren wurde unerträglich, obwohl Habbel erst einmal sein Ziel erreicht hatte, nämlich die Verlängerung seines Vertrages um ein Jahr. Piech wurde vom Aufsichtsrat jedoch zum stellvertretenden Vorsitzenden des Audi-Vorstandes ernannt". Die VW-Geschichte aus DDR-Hand gleicht der Geschichtsschreibung an Hand des Konzeptes des Reichsarchivs zum Ersten Weltkrieg heute.

[59] Ebd., Autos die Geschichte machten B.Schulte an F.Wankel, 11.4.1988.

[60] Ebd., Autos die Geschichte machten. B.Schulte an F.Wankel, 21.11.1987.

[61] Ebd., Autos die Geschichte machten. B.Schulte an F.Wankel, 27.11.1987: „Natürlich macht die biographische Behandlung von letztlich nahezu einhundert Jahren - an Ereignissen von weltgeschichtli- cher Qualität - prall gefüllter deutscher Geschichte, in der Darstellung Probleme. Wie auch immer Sie sprechen wollen: Es bleibt nach m.E. eine große Chance, als Zeitzeuge, zunächst technischer Proveni- enz und Kompetenz, in autobiographischer- oder Memoiren-Form (da müsste ein ausdiskutierter Ap- proach' festliegen) Stellung zu den wesentlichen Fragen an Geschichte und Gegenwart zu nehmen". Wankel kam in der NSU-Publikation gerade mal als Ideengeber weg. P. Schneider, NSU 1873-1984. Vom Hochrad zum Automobil, Stuttgart 1985.

16. Kapitel: Es geht hin und her

NSU wird „untergebuttert"

Anfang September schrieb der Hamburger Autor an Schiller:

> "Leider hat sich die Fertigstellung des Filmes:
>
> > Audi mobil - Fortschritt im Wandel die Zeit.
>
> weiter verzögert. Das wirft Schatten auf die Fertigstellung meines Entwurfes für das RAD DER ZEIT. Ich bemühe mich dennoch, den Zeitpunkt 1.Oktober dennoch einzuhalten und Ihnen einen Entwurf meiner Vorstellungen zur Verfügung und zur Diskussion zu stellen.
>
> Mein Bemühen geht ja dahin, neues Material in das RAD DER ZEIT einzubringen. Hierfür wäre ich Ihnen für Empfehlungen bei Herrn Dr.Straßl (D[eutsches]. Museum), dem Technik-Museum in Berlin (Prof.Gottwald), bei CONTINENTAL und beim Bundesamt in Flensburg (s.Anlage) dankbar.
>
> Den o[ben].a[ngeführten] Titel des Filmes haben Sie begrüßt. Kann ich Ihn nun auch in die Herstellung geben? Für eine Nachricht wäre ich dankbar".[1]

Ganz der Zurückhaltung entsprechend, die inzwischen in der überkommenen NSU-Zentrale Necharsulm vorherrschte, deren Machtbefugnisse mittlerweile nach Ingolstadt abgewandert waren, atmete die Stellungnahme des NSU-Vertreters Lutz zum Kommentartext des Audi-Traditionsfilmes den Widerwillen der sich darin ungenügend repräsentiert sehenden NSU-Streiter. So sei etwa der „Stahlwagen" von Daimler „erst 1889 bei NSU gebaut" worden. „Wanderer ‚Puppchen' und NSU 5/15" als ‚zaghafte' Versuche" auf dem Wege zum Automobil zu bezeichnen, wurde dort gleichermaßen schwer verdaut. Dies beinhalte „eine unnötige Abwertung der beiden Fahrzeuge", wurde unnötig kleinkariert betont. Ganz verirrten sich die „Historiker" in Neckarsulm, wenn sie behaupteten, „die feudale Ausrichtung der Armee und der herrschenden Gesellschaftsschicht" sei „doch wohl maßgeblich durch Kaiser Wilhelm II. selbst beeinflusst worden". Gleichwohl hatten über 600 Seiten dazu herhalten müssen, um gerade diese Zusammenhänge im Bewusstsein der deutschen Wissenschaft zurechtzurücken (Schulte, Die deutsche Armee 1900-1914, 1977). Inzwischen wird selbst der geringe Einfluss des Kaisers auf deutsche Geschichte erkannt (W.Mommsen, 2003). Auch war, so bitter das auch immer sein mochte, Audi zu Anfang der 30iger Jahre durch DKW übernommen worden. Wie unser Historiker von Anfang an erwartet hatte, wurde hier weiter die Befürchtung der Kaufleute im Konzern offen ausgesprochen:

„...Auf Seite 15 wird zum wiederholten Mal die *Aufrüstung* erwähnt. Der Hinweis könnte an dieser Stelle entfallen. *Eine zu enge Verknüpfung von Automobil und Kriegsgeschehen* sollte vermieden werden" (Hervorh.v.m., B.S.).

Durchaus richtig. Doch hatte das Konstitutivum des Auftrages gerade in der „exculpation" von sämtlichen derartigen Rücksichten auf „inopportune" Phasen der deutschen Geschichte bestanden (Grosse Leege). Wir werden darauf zurückkommen. Andererseits, und auch dies war symptomatisch für den verbreiteten Bewusstseinsstand der deutschen Automobilmanager jener Jahre zu Krieg und Kriegsgeschehen, es sei der Bitte aus Neckarsulm nicht gefolgt worden, „auch das berühmte Kettenkrad von NSU in Bild und Ton einzubeziehen". „Vor allem im Afrika-Feldzug [man beachte diese Formulierung] bekannt und zusammen mit Rommel auf Abbildungen gezeigt", vereinigte dieses den Stolz der Autobauer vom Neckar auf sich. Nachgerade Beckmesserisch wurde es, wenn behauptet wurde, der Filmkommentar streiche den „Audi 50" als „Krisenauto" heraus, was lediglich heißen sollte, dieser sei zunächst eine Frucht der Energiekrise (so wie etwa der 280SL von Mercedes) gewesen. Lieber gehört hätten die Partner in Neckarsulm: „...Audi 50 aus der Zeit der Energiekrise".

Durch die Bank bestand der Wunsch, gleichberechtigt neben dem Auftraggeber Audi, dessen Produktionsdaten, Werksbildern etc. aufzutreten. So sollte „unter allen Umständen auch das Werk Neckarsulm erwähnt werden. Das" gelte „vor allem aber für den Hinweis auf die 1700 Audi-Wagen". Ein Equilibrum mit Ingolstadt wurde demnach angestrebt. Vor allem aber die Tatsache, dass frühere Änderungswünsche nicht berücksichtigt seien, fand strenge Rüge.[2] Unverholen zu spüren war damit eine, mehr und mehr sämtlichen Aktionen zugrunde liegende Skepsis. Schiller winkte, angesichts des Hinweises aus Hamburg auf die teilweise Berechtigung dieser Mahnung ab, ganz in der Attitüde des überlegenen Beherrschers der Szenerie. Das alles sei von keinesfalls ausschlagender Bedeutung für die Abnahme des Filmes. Daraus sich herleitende Befürchtungen, die der Hamburger Autor zunehmend hegte, wurden durch den Antwortbrief Arthur Westrups vom 9.September verstärkt. Dessen Bemühungen, zu helfen waren Grenzen gesetzt. So schrieb er:

> "Leider können wir Ihnen nicht unmittelbar und direkt helfen, denn autopress ist kein Stück der AUDI AG, sondern, wie Sie sicher wissen werden, eine selbständige Einrichtung mit Agenturcharakter, die von Volkswagen betrieben wird".

Ganz in die Richtung jener Widerstände, die unser Historiker während seiner Arbeit für Audi registriert hatte, zielte Westrup indem er schrieb:

"Im ganzen sollte das RAD DER ZEIT weniger Würdigungsband sein als ein Nachschlagewerk, das man gern zur Hand nimmt, wenn man etwas sucht und es dann findet".[3]

Es wurde hier im wesentlichen das bestätigt, was in Heilbronn, bei der Überführung von NSU in die Audi NSU Auto Union GmbH, erwartet wurde, nämlich, dass die Machtverhältnisse damals, von Heilbronn aus, falsch eingeschätzt wurden. Es war so erwartet worden, eine Fusion zwischen einer GmbH und einer AG müsse dazu führen, dass in dem so entstehenden neuen Unternehmen die AG das Sagen habe. Doch ordnete Auto Union sich NSU nicht unter. Schließlich und endlich waren auch menschlich die Beziehungen zwischen den Schwaben und den Bayern in Ingolstadt äußerst schwierig. Die bayerische Mundart war nämlich sehr viel härter als die schwäbische. Und so hielten die "NSUler" künftig lieber den Mund.

Üble Spiele

Bereits Anfang August war der Hamburger Historiker mit dem designierten Öffentlichkeitsarbeitschef der Audi AG, Lutz D. Schilling, in Hamburg zusammen getroffen. Einige Materialien zur „Audi-Unternehmensgeschichte" (Stand 1985) waren in Richtung Springer-Haus gewandert. Auch die Tatsache, „daß sich inzwischen aus dem Gespräch mit Herrn Dr. Habbel die Neubearbeitung des RAD DER ZEIT entwickelt" habe, fand insofern Erwähnung, als der Forscher daraus ableitete, dies werde „vielleicht einen ersten Schritt in diese Richtung" bedeuten. Aus seiner Sicht drängte sich die Vorstellung auf:

> „Allerdings würde ich sehr dafür plädieren, dass sich AUDI nunmehr zu einer kontinuierlichen Beschäftigung mit dem Reservoir seiner Firmengeschichte beschäftigt. Daß das in einer zielgerichteten Form geschehe, würde ich sehr wünschen. Zumindest bedarf es dazu der Konzeption, Planung der möglichen Phasen etc."

wurde unüberhörbar betont. Schließlich erfuhr Schilling auch von dem Hin und Her der bisherigen Bemühungen um Audi-Geschichte. Der Hamburger Historiker unterstrich:

> „Dr. Hahn ist hier zur Unterstützung bereit. Meine in der Vergangenheit im Zuge konkurrierender Einflüsse zunächst auf Eis gelegten Aktivitäten in der DDR laufen wieder an".

Das Angebot stand, diesen Bereich weiter vertiefend auszugestalten.[4]

Dass sich die Entwicklung des „Rad der Zeit" bis Mitte Oktober weiteren Hindernissen gegenüber sah, legt ein Schreiben nahe, das Schiller aus Hamburg erreichte. Es wurde entwickelt:

"In der Anlage finden Sie ein weiteres Exemplar meines Entwurfes zum RAD DER ZEIT, entsprechend dem Autorenvertrag vom Juli 1986.

Das hier beigefügte Exemplar enthält verschiedene Überarbeitungen. Ich möchte Sie deshalb bitten, ggf. notwendig werdende Kopien von diesem Exemplar ziehen zu lassen.

Am Ende des Manuskriptes habe ich die jüngste Zeit der AUDI AG noch ausgespart. - Ich würde vorschlagen, diesen Teil als 'Nachwort' für das Gesamte zu konzipieren; und dann mit den neuesten 'facts', die ich noch nicht kenne. Voranstellen möchte ich eine Einleitung, die für alles einen Raster abgibt.

Bild- und Dokumentenmaterial zur Gestaltung werde ich Ihnen in Ingolstadt vorlegen".[5]

Wie nicht anders zu erwarten, entstand zu Beginn der Amtsübernahme Schillings eine gespannte Stimmung, denn mit dem Auftreten des neuen Pressesprechers, der von Hamburg nach Ingolstadt wechselte, tauchte - von Schiller gestreut - die Behauptung auf, das „Rad der Zeit" hätte bereits fertiggestellt sein müssen. Diese Unterstellung war dem neuen Pressesprecher in Ingolstadt zugetragen worden. Offenbar wurde so versucht, Verantwortung gegenüber dem neuen Chef, von innen nach außen abzuwälzen. Daraufhin stellte der Autor diesem, auf dessen Aufforderung hin, eine Chronologie der "Fertigstellung Rad der Zeit" zur Verfügung. Darin wurde im Einzelnen ausgeführt:

"Meine Aufzeichnungen zur Fertigstellung des Rad der Zeit ergeben:

Im Oktober 1985 wurde dazu im Gespräch mit Herrn Dr.Habbel, Herrn Urban und mir das bekannte Exposé vereinbart. Das R[ad]d[er] Z[eit] spielte am Rande eine Rolle. Es sollte neu bearbeitet werden.

Der Plan blieb liegen bis zum 10.02.1986, als Herr Schiller von einem Auftrag an mich sprach, der von Herrn Weitner aber sofort wieder relativiert wurde. Er wolle die Diskussion noch einmal beginnen.

Am 12.04. teilte Herr Schiller mir mit, man wolle bei Audi das RdZ, aber keine Unternehmensgeschichte.

Verhandlungen über Grundsatzfragen zogen sich bis zum 21.5.1986 hin. Dann wurde gesagt, der Vertrag werde in 5-6 Wochen kommen.

Eine Nachfrage bei Herrn Vollnhals am 4.6.1986 ergab, daß er bislang nur einen Brief vom 24.3.1986 (mein erstes Angebot) vorliegen hatte. Er versprach, am 10.6. mit Herrn Schiller zu sprechen.

Am 3.7.1986 wurde mit Herrn Schiller über das Konzept gesprochen, das möglichst bald vorgelegt werden sollte. Der Vertrag datiert aus dem Juli 1986.

Am 30.7.1986 wird über das Konzept vereinbart; das RdZ in sachliche Bereiche, eine Chronologie, einen Text- und einen Nachschlageteil zu gliedern. Unternehmenspolitik, Personen, Modelle und Modellentwicklungen sollen nachvollziehbar werden.

Im August laufen meine Recherchen in den Archiven und Bibliotheken. Im September wird um den Kommentartext [Audi-Film] gerungen (Sprecheraufnahme, Endfertigung).

Am 27.10. teilte mir Herr Schiller mit, nachdem ich zeitgerecht meinen Entwurf (so der Vertrag) abgeliefert hatte, daß die PR-Agentur und er das alte und das neue RdZ zusammenführen wollten. Das bedeute eine andere Gliederung der Artikel meines Entwurfes, die ich schnell mit Hilfe der Schere machen könne. Der Text sei so in Ordnung.

Erst die zweite Sitzung bei Keisselitz zeigt, dass die Agentur den vorliegenden Text nur bis 1932 verarbeiten konnte. Jetzt wird aus diesem Grunde eine andere Lösung (altes RdZ) erwogen. Die Korrekturen an meinem Text konnte ich zeitgerecht ausführen, sodaß das neue RdZ möglich gewesen wäre, wofür ich in der Diskussion plädiert habe".

„Mit den besten Grüßen und der Bitte um vertrauliche Behandlung" wurde dieses Papier Lutz Schilling am 9.Dezember, auf dessen Wunsch und in Vorbereitung auf dessen neue Ingolstädter Stellung, zur Verfügung gestellt.[6]

Zu dem Alles in Allem vertrauensvollen Verhältnis zu Schilling, und dem Hintergrund der umfangreichen Ausarbeitung zum „Rad der Zeit" erhellend, schrieb der Hamburger Historiker begleitend:

„Für Ihr Schreiben unter dem 8.12.1986 danke ich Ihnen sehr.

Inzwischen habe ich sämtliche Kontakte absprachegemäß eingefroren, die sich auf eine Promotion des Audi-Traditionsfilmes bezogen.

Im übrigen glaube ich, dass diese Entscheidung durchaus richtig ist. Denn um Weihnachten herum interessiert sich so recht niemand mehr für Dinge, die noch dazu außerhalb des persönlichen Kreises liegen. Auch hat sich im Gespräch mit den Nachrichten-Agenturen gezeigt, dass das „Thema 100 Jahre Automobil" erledigt ist.

Sehr danke ich Ihnen für die Möglichkeit, im Januar 1987 das ‚Rad der Zeit' so fertig stellen zu können, dass hiermit auch etwas vollständig Neues entsteht, das dann für einige Zeit Gültigkeit haben kann.

Zu dem Argument, die Zeitverzögerung in der Fertigstellung des ‚Rad der Zeit' gehe auf meine Arbeit zurück, darf ich in der Anlage [siehe oben] kurz Stellung nehmen".[7]

Wie gering das Engagement, bzw. die Kenntnis des „Wie" wissenschaftlicher Arbeit, bei Audi war, zeigt ein Schriftwechsel mit dem Bayerischen Hauptstaatsarchiv, das sich – angesichts der von Ingolstadt lediglich bekundeten „wohlwollende[n] Unterstützung" der Arbeiten des Hamburger Historikers zur „Geschichte des Automobils"[8] nicht in der Lage sah, diesem die relevanten Aktenbestände zur Verfügung zu stellen. Der Leitende Archivdirektor Busley hatte „die ausdrückliche Zustimmungserklärung darüber erwartet, dass ggf. auch Akten, in denen schutzwürdige Belange der Fa. AUDI berührt werden, vorgelegt werden" könnten.[9] Dass diese Versäumnisse auch die wissenschaftliche Reputation des für Audi arbeitenden Wissenschaftlers berührten, mag hier nur angedeutet werden.

Die Zusammenarbeit mit Schiller/Audi war im Fall des „Rad der Zeit" durch zusätzliche Vorfälle gekennzeichnet, was nach den hier vorgestellten Verfahrensweisen am Ende dieser Untersuchung nicht weiter überrascht, waren doch die Geschäftsverhältnisse in und um Ingolstadt durch Intrigen verschiedenster Couleur charakterisiert. Ein wesentliches Element bildete dabei der Verlängerungsvertrag zur Durchführung des „Rad der ZEIT". Diese bloße Formalie wurde von Schiller dazu genutzt, die Autorenschaft des Hamburger Wissenschaftlers, ohne jeden Hinweis auf diesen Tatbestand und mit voller Absicht, wegfallen zu lassen. Als er dann – allerdings nach Unterschrift unter das zweite Papier – darauf hingewiesen wurde, kam die Antwort, dann müsse neu verhandelt werden. Das konnte der Hamburger Vertragspartner, der bereits in Fortsetzung des ersten Vertrages weitergeleistet hatte – aus erklärlichen finanziellen Gründen – sich nicht leisten. Auch nervlich hatten die Beziehungen zu Audi inzwischen Spuren hinterlassen, sodass der Hamburger Wissenschaftler nun andere Wege einschlug.

Vor diesem Hintergrund schrieb dieser Ende Januar nach Ingolstadt:

„Zum Thema Rad der Zeit habe ich von Ihnen leider nichts mehr gehört. Mich würde schon interessieren, was und wann etwas dabei herauskommt. Vielleicht kann ich dann ja auch um ein Exemplar bitten?
Inzwischen stellt sich mir die Frage, wie lange Sie noch die von mir eingebrachten und beschafften Bilder benötigen. Leihgebühren kosten ja auch Geld.

Auch wäre interessant, welche Bilder dann endgültig verwandt werden; was für die Rechte wichtig ist.

Schließlich liegt die o.a. Rechnung an Herrn Schilling seit November bei Ihnen vor und Herr Rumpf ist ja aus dem Urlaub zurück, sodaß ich hoffe, nun etwas von Ihnen zu hören. Vielleicht können Sie darauf dringen, dass der Betrag von DM 2.847,72 bei Herrn Meiler freigegeben wird. Die USA-Rechnung wurde übrigens gestern (05.10.1987) bezahlt".[10]

Ende des Jahres signalisierte er Hahn, seine Tätigkeit für Audi nähere sich deren Schlusspunkt und wenn er in der Richtung einer Audi-Unternehmensgeschichte, unter Beteiligung des Partners in Hamburg, noch etwas untenehmen wolle, müsse er sich erklären.[11]

---

[1] Archiv Schulte. B.Schulte an R.Schiller, 2.9.1986.

[2] Ebd., NSU GmbH Necksarsulm, P.Lutz und D.Reinhard an Audi AG I/GPI, Historischer Film Audi, 3.9.1986; Fax Audi-Neckarsulm Auto-Union AG 07132-311369, 3.9.86, Spuren Was Daimler und Benz vorfanden - und was sie uns weitergaben, Bl. 5f.

[3] Ebd., A.Westrup an B.Schulte, 9.9.1986.

[4] Ebd., B.Schulte an Lutz Schilling, 5.8.1986.

[5] Archiv Schulte. B.Schulte an R.Schiller, 18.10.1986.

[6] Archiv Schulte. Anlage zu Schreiben an Herrn D.Schilling, AUDI AG, vom 9.12.1986.

[7] Archiv Schulte. B.Schulte an Lutz D Schilling, 9.12.1986.

[8] I.e. Rad der Zeit der AUDI AG.

[9] Archiv Schulte. Autos die Geschichte machten. Busley an B.Schulte, 18.3.1987.

[10] Archiv Schulte. Akte Audi 1987/88, Rechtsfälle, B.Schulte an R.Schiller, 28.1.1988; Archiv Schulte, Akte Neue Projekte. Bildarchiv Preussischer Kulturbesitz, Mahnung (Ende der Leihfrist, 6.12.1986), 17.2.1987 und B.Jach an B.Schulte, 23.2.1988. Die jährliche Auflage des vom Verfasser erarbeiteten RdZ beträgt bis heute 40.000 Exemplare.

[11] Archiv Schulte, Autos die Geschichte machten. B.Schulte an C.H.Hahn, 7.12.1987; Ebd. Im September ging eine erneute Bestellung über „MAZ 1 Zoll Cassette" des Audi-Filmes ein. Der ausdrückliche Hinweis, dass die Lieferung in die USA (an: Rodney Jacobs/Eaglewood) eine Übersetzung und Neuvertonung, unter Beachtung der urheberrechtlichen Bestimmungen beinhalte wird wohl beachtet worden sein. Allerdings kam es erneut zu Unregelmäßigkeiten bei der Bezahlung der Rechnung, sodaß Herr Schilling angeschrieben werden musste: „Leider sind einige Rechnungen bei mir aufgelaufen, die mich, z.B. im Fall der AoA 1, nun in Schwierigkeiten mit meinen Zulieferern bringen. Am 21.August geliefert, braucht die Bezahlung durch AUDI of America nun nahezu zwei Monate. Ich schreibe Ihnen auch deshalb, weil die Bestellung von Frau Perzel ausging, und, im Gegensatz zu Ihrer Mitteilung, die Rechnung an Herrn Wölk zu richten, nun Herr Wölk schreiben lässt, diese würde erst an das Filmstudio weitergeleitet". Carl.H.Hahn, Meine Jahre mit Volkswagen, München 2005, S. 130 (zit.als: Hahn, Volkswagen). Carl Hahn schwebte in ganz anderen Regionen, wie der frühere VW-Vorstand schreibt: „Bis zum Ende meiner Dienstzeit als Vorstandsvorsitzender, 1992, hatte ich von Audi weder ein Strategiepapier zum Thema Oberklasse gesehen- nur vom VW-Vertrieb unter W.P.Schmidt -, noch hatte ich viele Verbündete. Abgesehen von Piech und seiner Technischen Entwicklung hielt man sich bedeckt und riskierte keine Mitschuld an diesen Milliardenausgaben, *während wir gleichzeitig versuchten, mit VW die halbe Welt zu erobern*" (Hervorh.v.m., B.S.).

17. Kapitel: Erdachtes und Erlebtes

Das Bündnis Hahn – Hochschule für Verkehr

Am 18.Dezember 1986 trafen sich Kirchberg/Stuck und der MfS-Führungsoffizier Petzold zu einem neuen Treff. Es standen der Bericht über den Stand "der Forschung für VW", "Stimmungen + Reakt[ionen] + Meldungen im Bereich" sowie "eigene Pläne für 1987" zur Diskussion, die Kirchberg/Stuck vorbrachte. Petzold hielt dazu fest:

> "Der IM erschien pünktlich und unter Wahrung d[er]. Konspiration zum Treff. Er berichtete über [den] Stand der Forschung und über die Anwesenheit des [Wiersch/] VW an der Hochschule. Erste Begutachtung der bisher erarbeiteten Zuarbeit durch ihn. Wurde als positiv empfunden. Es sind aber noch immense Anstrengungen notwendig[,] um die geforderte Seitenzahl ...- und qualitätsgerecht zu erfüllen.
> IM berichtete über Probleme[,] u[nd]. ...die mit dieser Aufgabe verbunden waren. Bezüglich seiner Belastungen an der Hochschule und deren Zusatzaufgaben ist seine Zeit... fast erschöpft".

Als "Neuer[n] Auftrag und Verhaltenslinie" legte Petzold weiter fest:

> "- Bericht über Stand + Probleme Forschung[,]
> - Teilnehmer und Verlauf ersten Treffen[s] entsprechend Anforderung...".[1]

Die etwa gleichzeitig zum Abschluss gekommenen Bemühungen um die Archivbestände der Auto Union in Dresden spiegelten sich noch einmal in den Mitteilungen innerhalb des Nachrichtendienstes der DDR. So schrieb die Hauptabteilung VII, Abteilung 7, des Ministeriums für Staatssicherheit, Oberst Bethge, an die Bezirksverwaltung für Staatssicherheit Objektdienststelle T[echnische]U[niversität] Dresden am 12.01.1987, „im Rahmen der operativen Abwehrarbeit in der Staatlichen Archivverwaltung des M[inisteriums]d[es] I[nneren]" sei „in Gesprächen mit" dem Hamburger Forscher bekannt geworden, dass dieser „im Mai 1986 in einem Hotel in der Hauptstadt der DDR durch die Herren Römer und Bergmann, die sich als Archivare ausgaben, aufgefordert" worden sei, „Unterlagen aus dem ‚Berlin Document Center' in Westberlin zu beschaffen".

Dieses Gespräch, das unser Historiker „vertraulich" mit Frau Merker, der betreuenden Archivarin im Zentralen Staatsarchiv Potsdam führte, bezog sich nicht auf Vorgänge im Mai 1986, sondern die bereits erörterten im September 1984. Allerdings fand das Gespräch mit der Archivarin, anlässlich eines Archivaufenthaltes in Potsdam, dort 1986 statt. Darin hatte der Hamburger Wissenschaftler zusätzlich erwähnt, seinen „'zuständigen Kontaktpartner[n]' in der BRD aus Gründen der eigenen Sicherheit davon Mitteilung gemacht" zu haben. Darüber hinaus hätte dieser darauf angespielt, „im Zusammenhang mit" seiner „Lehrtätigkeit an der Bundeswehrhochschule Hamburg bereits einmal der Spionage bezichtigt" worden zu sein. Es handelte sich hierbei um die „Anzeige" aus Dresden, die Anlass für den Kontakt der Stasi mit ihm in Potsdam gewesen sei.

Zutreffend wurde erwähnt, der Forscher hätte „in einem zweiten Gespräch mit den erwähnten Herren Römer und Bergmann...beide darüber" informiert, worauf ihm „„Vertrauensbruch' vorgeworfen" worden sei. Dieser Kontakt mit Frau Merker diente unserem Historiker als Signal im Vorfeld des dritten kurzen Treffs mit „Römer" im Palasthotel in Ostberlin.[2] Dass dieses Gespräch von der zuständigen Stelle so verstanden wurde, bestätigen die Randbemerkungen des per Verteiler an die Hauptabteilung IV gelangten Schriftstückes.[3] Die „Objektdienststelle T[echnische]U[niversität]" antwortete darauf am 26.März:

> „Zu der Person Dr. Schulte, Bernd..., liegen bereits Hinweise in unserer Diensteinheit vor. Schulte war am 3.10.1984 an der Hochschule für Verkehrswesen Dresden zu einer Absprache anwesend.
>
> Es ist weiterhin bekannt, dass er sich am 28.9.[19]84 im Staatlichen Filmarchiv in Potsdam aufhielt und es dort zu einem kurzen Zusammentreffen mit dem in Ihrer Information erwähnten Dr.Kirchberg kam.
>
> Resultierend aus der Absprache an der HfV wurde eine Information zu diesem Schulte erarbeitet und an die BV Dresden, Abteilung XV, überstellt.
>
> In der Anlage überstellen wir eine Kopie dieser Information zum Verbleib und zur operativen Auswertung sowie eine Kopie einer Einschätzung aus ‚Die Zeit' Nr.28 vom 6.7.1984 zu seinem Werk ‚Europäische Krise und erster Weltkrieg; Beiträge zur Militärpolitik des Kaiserreiches 1871-1914'. In dieser Einschätzung sind weitere Angaben zu dem Schulte enthalten. Diese Einschätzung wurde durch Schulte während des Gespräches am 3.10.[19]84 der HfV übergeben"[4]

1989 nahm der stellvertretende Abteilungsleiter der Hauptverwaltung A-Abteilung IV, Oberst Lohs, in diesem Sinne bestätigend und abschließend Stellung. Er schrieb:

> „Ihr Schreiben vom 16.2.89, Tgb.-Nr. 543/89 zur Person Dr. Schulte, Bernd F., geb. 05.03.47, erf.für unsere D[ienst]E[inheit].

Im Zusammenhang mit Einreisen an das Z[entrale]St[aats]A[rchiv]bestand 1984 Kontakt unter Legende zur o.g. Person.

Der Sch. reiste als Historiker der Hochschule der Bundeswehr ein, wobei er sich wegen fehlender Perspektive an der HS der Buwe über Archivstudien und ein Filmprojekt beim Audi-Konzern als Konzernhistoriker anbieten wollte [Interpretation aus unbekannter Quelle, B.S.]. Eine Beauftragung seitens des Audi-Konzerns, wie er es verstanden haben wollte, lag offenbar nicht vor [widersprach den Tatsachen/Information aus unbekannter Quelle, B.S.].

Die inoffizielle Verbindung aus der Kontaktaufnahme durch uns versuchte er durch Rücksprache mit einer Person Urbahn [handschr.] von der Presseabteilung des Audi-Konzerns zu legalisieren [Mitteilung an Schiller, B.S.].

Unserer D[ienst]E[inheit]liegt die Information der HA VII/7 vom 12.01.[19]87 vor, wonach sich der Sch. zu einer beabsichtigten Abwerbung des Mitarbeiters der TU Dresden, Dr.Kirchberg, Peter, geb. [geschw.], seitens der Audi-Ingolstadt geäußert hat".[5]

Im weiteren Verlauf dieses Ablösungsprozesses von der Geschäftsbeziehung Audi, teilte der Hamburger Forscher telefonisch seiner „Vertrauensperson" im Zentralen Staatsarchiv, Frau Merker, mit er habe

„am 22.12.1986 und 13.1.1987 mit dem Vorsitzenden des Vorstandes der Volkswagen AG Dr.Carl Hahn sowie am 12.1.1987 mit Audi-Ingolstadt nochmals über"

seine „Forschungsinteressen gesprochen". Herr Hahn habe ihn darüber informiert,

„dass die Hochschule für Verkehrswesen, Dresden, ihn nicht als eine ‚integre Person' betrachte und deshalb die Zusammenarbeit mit ihm ablehne. Da die Volkswagen AG den mit der Hochschule geschlossenen Vertrag nicht gefährden möchte",

sehe diese „keine weiteren Unterstützungsmöglichkeiten für" ihn. Damit war „die Katze aus dem Sack". Unter äußerst „geschickter" Übernahme der Dresdener (Kirchberg-) Argumentation zog sich Hahn aus der Affäre. Der Hamburger Gesprächspartner drückte gegenüber Frau Merker sein „Befremden über diese unwissenschaftliche Behandlung" seines Anliegens durch die H[ochschule]f[ür]V[erkehr] aus, da eine Auswertung der Dresdener Bestände nun nicht in Betracht" komme, bäte er „darum, [s]meinen Benutzungsantrag vom 24.5.1986 zur ‚Geschichte der Motorisierung in Deutschland' für das ZStA Potsdam sowie seine Dienststelle in Merseburg zu genehmigen".[6] Dieser Antrag wurde am 9.Februar genehmigt.[7] Pünktlich meldete sich Roth/Römer mit einem „Auskunftsersuchen zur Person" zurück. Aufschluss benötigte der „operative Mitarbeiter" des MfS zur „Reisetätigkeit" des Hamburger Wissenschaftlers und „erfasste[n] Verbindungen (empfangene[n] bzw. besuchte[n] Personen"). Das Ergebnis war am 3.März „gleich Null". Lediglich die verschiedenen Kennzeichen der Fahrzeuge, die dieser zwischen dem 30.10.1984 und dem 9.12.1986 benutzt hatte, wurden erkannt.[8]

Kirchberg, „ein cleverer Typ"

Während so das Projekt Audi sich zügig dessen Ende entgegenentwickelte, erntete Kirchberg ersten Lorbeer. Dr.Strickmann, der Direktor des Exportbüros „Beim Ministerium für Hoch- und Fachschulwesen" belobigte den Dresdener Automobilhistoriker im März 1987 für dessen Leistung im Rahmen des Volkswagen-Projektes. Strickmann schrieb an den „1.Prorektor" der Hochschule für Verkehrswesen Professor Stäck:

> „Gegen die Übergabe der Expertise ‚Zur technisch-konstruktiven Entwicklung der DKW-Fahrzeuge und Motoren bis 1939' an den Kunden bestehen keine Einwände. Die Studie stellt eine theoretisch anspruchsvolle technik-historische Dokumentation dar. Die Monographie ist eine Spitzenleistung der Technikgeschichtsschreibung der DDR. Mit ihr wird der Exportauftrag in hoher Qualität erfüllt.
> Ich bitte Sie, Herrn Dr.Kirchberg auch unseren Dank für diese Arbeit zu übermitteln".[9]

Anfang 1988 kam es zum Abschluss weiterer Verhandlungen mit Volkswagen über Archivmaterialien, zu denen Oberstleutnant Richter von der Bezirksverwaltung für Staatssicherheit Dresden, in Auswertung eines Berichtes des IM „Peter Heise" berichtete:

> „Zu Dr.Herkner [handschr.] wurde dem IM bekannt, dass er mehrere Jahre beim Minister für Verkehrswesen arbeitete und nun Verhandlungspartner der DDR mit BRD-Fahrzeugunternehmen sein soll. So hätte er im Auftrag des Ministeriums für Verkehrswesen der DDR Anfang 1988 Verhandlungen mit dem Horch-Konzern [i.e.VW AG] der BRD zu Archivmaterialien geführt und einen Vertrag über 500 000 DM abgeschlossen".

Dem Brauch entsprechend, sich gegenseitig lobend zu erwähnen, tat Herkner seinem Freund Kirchberg im Juni 1988 den Dienst, diesen gegenüber dem MfS äußerst herausgehoben zu qualifizieren. Er erwähnte aufschlussreich den Fortgang der Beziehungen zu Volkswagen:

> „- Im April 1988 -> Vertrag Zwischen B[erliner]I[mport]E[xport]G[esell-schaft]– AUDI mit einer Laufzeit 1988/89 unterzeichnet mit einem Vereinbarungspreis von 120.000 Valuta-Mark d[e]s weiteren protokolliert mit VW die Erarbeitung der Expertisen Horch und Wanderer bis 1992 mit jährlich 75.000 Valuta-Mark (Vertragsabschluß -> LHM 1988)
> die ganze Problematik steht und fällt mit Dr. Kirchberg, auch wenn ...[geschw. d.BStU] noch
> mitarbeitet;
> - K. ist inzwischen in den Autokonzernen ein geschätzter Fachkollege, der einen sehr guten Ruf genießt.
> Hat seine erste Dienstreise dazu genutzt, dass der *erste Geschäftsvertrag mit ,Audi'* zustande gekommen ist.
> War stets seitens der eingereisten Experten aus der [Experten, gestr.] BRD positive Resonanz, wie Schreiben an die HfV zeigen [wo sind diese?];
> - Ich schätze K. als *sehr konsequenten Menschen und cleveren Typen* mit entsprechendem Auftreten ein, der unseren Staat auch diesbezüglich vertreten kann.
> K. ist nicht selbstherrlich, sondern beruft sich stets auf das Gutachten von Prof. Sommer[Sonnemann].../TU Dresden;
> - K. ist Mitglied der Blockpartei.
> Bei Beratungen/ Absprachen ist er stets diszipliniert entsprechend der vorgegebenen Direktiven und zeigt dabei, dass er auf dem Boden unserer Gesellschaftsordnung ist.
> Bei Verhandlungen ist er nie leichtsinnig, sondern stets überlegt in seinen Äußerungen und Handlungen.
> - fachliche Arbeit und die ihm dabei gebotenen Möglichkeiten (z.B. Einsicht in Staatsarchiv etc.) und eine Lebensstellung sind *damit gleichzeitig Garantie für K. als Reisekader*, keine unbedachten Schritte zu tun[10] (Hervorh.v.m., B.S.).

---

1 Der Bundesbeauftragte, ASt. Dresden, Reg.-Nr. Dresden/XII 425/71, "Stuck", Bd. II, OD TH/H, Treffbericht, 18.12.1986, Bl. 78f.

2 Ebd., BStU Außenstelle Schwerin, Tgb. Nr. 017751/S2S. HA VII, Abt. 7 an Leiter Bezirksverwaltung für Staatssicherheit Dresden, 12.1.1987, Eingang: „14.1.87, Gen.Petzold".

3 Ebd., MfS AP 6172/89c, Bd.1, ZA-Berlin.

4 BStU Außenstelle Schwerin, Tgb. Nr. 017751/S2S. Bezirksverwaltung für Staatssicherheit Dresden, Objektdienststelle TU/H an MfS, HA VII/7, 26.3.1987.

5 Ebd., BStU Außenstelle Schwerin, Tgb. Nr. 017751/S2S. Oberst Lohs an Bezirksverwaltung für Staatssicherheit, Abt. XIX, Dresden, 7.3.1989. Referat 2, Neumann, nahm dieses Schreiben an. Die Information zum „Museumsleiter Ingolstadt" stammt offensichtlich von diesem Neumann und war diesem aus „Dresden zugetragen.

6 BA-Berlin. Do1 22.0. Aktenvermerk, Anruf Dr.Bernd Schulte, BRD, am 15.1.1987.

7 BA-Berlin. Do 1, 22.0/ Be[nutzer Akte]. 87/108, Staatliche Archivverwaltung an B.Schulte, 9.2.1987.

8 Der Bundesbeauftragte, MfS AP 6172/89c, Bd.1, ZA-Berlin. HVA/IV/4 an HA VI, Abt.Recherche RV, Roth(Tel.27427), Auskunftsersuchen zur Person, 13.2.1987. HA VI, Abt.Reiseverkehr, Feststellung zur Anfrage Reistätigkeit 1.1.84-17.2.87, 26.2.87.

9 Archiv der TU-Dresden, HfV 2.2.2./230. Dr.Strickmann an Prof.Dr.M.Stäck, 24.3.1987. Anm.: „Bitte je 1 (Xerox-) Kopie an Pror NT, DF, BEXP; 2 Kopien an WB Geschichte Gen[ossi]n Prof.E.Rehbein".

10 Die Bundesbeauftragte, Außenstelle Dresden. 3562/89, XII 301/80 „Manfred", Oberstl.Richter (Leiter DE Dippoldiswalde) an Generalmajor Böhm (Leiter Bezirksverwaltung f.Staatssicherheit Dresden), 12.9.1988, Bl. 80: Herkner war „Dauer-Camper und hatte „im Zeitraum 9.-29.7.1987" auf „dem internationalen Campingplatz in Altenberg" Kontakt mit einem „BRD-Ehepaar" gehabt. Generalmajor Böhm fand den Vorgang derart aufschlussreich, dass er am Rand notierte: „An Gen.Oberst Lüke. Was ist zu Dr. H. op[erativ]. bekannt – WV mit Vorschlag! Das scheint eine op. sehr int[erssante]. Sache zu sein!!".

18. Kapitel: Kooperation Volkswagen-Verkehrshochschule

Ertasten der Möglichkeiten

Im Herbst 1988 liefen die Beziehungen zwischen der Hochschule für Verkehr und der Volkswagen AG in, für die Verhältnisse der Zeit, überraschend engen Dimensionen. Der Rektor der Hochschule, P.Gräbner, schrieb an Professor Garscha, den Stellvertreter des Ministers für Hoch- und Fachschulwesen,

> "im Rahmen ihrer Tätigkeit erarbeitet die Hochschule für Verkehrswesen, wissenschaftsgeschichtlich für die Volkswagen-AG, Bereich Archiv, Geschichte, Museum, Expertisen zur Automobilgeschichte".

Gräbner verwies ausdrücklich darauf, dass "seit 1986 225 T[ausend]V[errechnungs]M[ark] auf diesem Wege erwirtschaftet worden seien. Weiter machte er detaillierte Angaben, wie es zu diesem Geschäft gekommen sei. Der Rektor schrieb:

> "Auf der Leipziger Herbst-Messe 1988 konnte über den Außenhandelsbetrieb Berliner Import-Export-Gesellschaft ein Vertrag mit der VW-AG im Wert von insgesamt 450T[ausend]V[errechnungs]M[ark] bis 1994 abgeschlossen werden".

Die besonders positive Ausgestaltung und Entwicklung der Geschäftsbeziehung Dresden-Wolfsburg dokumentierte sich zusätzlich in dem Umstand, dass

> "vom Auftraggeber, vertreten durch den Leiter des Bereiches Archiv, Geschichte, Museum, Herrn Dr.Wiersch, ... vorgeschlagen worden sei, aus Anlaß der Übergabe der Expertise 'Zur technisch-konstruktiven Entwicklung der Auto-Union-Kraftfahrzeuge' in der zweiten Novemberhälfte 1988 ein Kolloquium in Wolfsburg durchzuführen".

Als Teilnehmer dieser Veranstaltung benannte Gräbner "Prof.Dr.sc.oec. Elfriede Rehbein" und "H[ochschul]D[ozent] Dr.sc.oec.Peter Kirchberg". Frau Rehbein wurde als "Leiterin des Wissenschaftsbereiches Wirtschafts- und Verkehrsgeschichte" eingeführt. Kirchberg als "Themenleiter der Expertisen". Die Begründung für deren Teilnahme lautete:

> "Dr.Kirchberg hat den Hauptvortrag des Kolloquiums zu halten und zu den - die Expertise betreffenden - Anfragen Stellung zu nehmen. Prof.E.Rehbein sollte als Repräsentantin der DDR-Verkehrsgeschichtsforschung der Delegation angehören".

So sei gewährleistet, dass der "hohe[n] Stand der DDR-Verkehrsgeschichts- und -Technikforschung" dokumentiert werde.[1]

Weiter sollte eine, in anderem Zusammenhang entscheidende Figur, Herkner, als "Reisenkader" bestätigt werden. Dazu führte der Exportbeauftragte Woijcik aus, es sei "unbedingt erforderlich, daß der Direktor für Forschung bei der Einordnung möglicher Forschungszusammenarbeit mit NSW-Firmen und -Institutionen in den Gesamt-Forschungskomplex" integriert werde. Wiederum nutzte die Argumentation das Interesse der Volkswagen-AG, Kontakt zur HfV aufnehmen zu wollen,

> "um über eine *mögliche Vergabe von Forschungsaufträgen oder Übernahme von know how auf kommerzieller Basis* zu verhandeln.
> Über Probleme der reinen Fahrzeugtechnik hinaus hätte VW auch Interesse an Fragen der *Verkehrssicherheit, Verkehrsplanung, sowie des Verkehrsbauwesens*" (Hervorh.v.m., B.S.).

Hinweise auf bereits bestehende Absprachen und Termine mit "VW-Forschungsvertretern", die Zustimmung des "Zentralen Büros für Auslandprojekte des M[inisteriums] f[ür] Hoch- und F[achschulfragen] sowie dem "Zentralen Büro für Schutzrechte, Lizenzen und Neuerungen" des Ministerium für Hoch- und Fachschulfragen sowie der "Transportconsult International Berlin" unterstützten diesen Antrag zugunsten Herkners.[2]

Herkner schlug Ende des Monats dem Prorektor, zur Belobigung und "Würdigung des realisierten Exports", vor, für die "Realisierung der Expertise 'Auto-Union-Kraftfahrzeuge' [der] Sektion Verkehrs- und Betriebswirtschaft" eine "Prämie von 4700,- Mark" zu zahlen. Davon entfielen auf Dr.Kirchberg 2200,- Mark und auf die restlichen sieben Kollegen wurden die verbleibenden 2500 Mark verteilt. Es erhielten:

"Dr.Kirchberg .... 2200,- M
Dr. Schmädicke .... 1000,- M
Dipl.Hist Mißbach .... 700,- M
Kolleg[i]n Sommer (Schreibarbeiten) .... 200,- M
Kolleg[i]n Kühnel,, Kristine Bibliothek .... 150,- M
Kolleg[i]n Horn, Christine .... 150,- M
Kollegi[]n Meyer, Hannelore .... 150,- M
Kolleg[i]n Fratzke, Gisela ....150,- M "[3]

Allem Anschein nach handelte es sich also ganz und gar nicht um sozialistisch-kommunistische Entlohnung, sondern eher um eine feudal-kapitalistische.

Ende Oktober wurde in der Vorschau auf künftige Exporttätigkeit festgehalten:

> „In Vorbereitung möglicher Gespräche mit Vertretern der VW-AG/BRD, Forschung, *zu möglicher Zusammenarbeit im Rahmen des Exports* übermittelt die HfV einen Einladungsentwurf mit einer Übersicht über relevante fahrzeug- und verkehrstechnische Forschungskomplexe, zu denen an der HfV Ergebnisse vorliegen bzw. zu erwarten sind. Als Termin des Besuchs von Vertretern der VW-AG wird der 9. und 10.11.1988 vorgeschlagen"[4] (Hervorh.v.m., B.S.).

"Die Gespräche im Rahmen der Veranstaltung sowie die Betriebsbesichtigung" sollten "genutzt werden", um "Ansatzpunkte für den immateriellen Export zu finden".[4a]

Auto Union gleich immaterieller Export

Am 3.Oktober antwortete Wiersch dem Rektor der Verkehrshochschule. Der Wolfsburger Firmenarchivar schrieb:

> "Die von Wissenschaftlern Ihrer Hochschule erarbeitete 'Audi Expertise' steht unmittelbar vor ihrem Abschluß und soll Anfang November in Wolfsburg vorgelegt werden.
> Zwischen der Hochschule und der Volkswagen AG wurde deshalb, anläßlich unseres letzten Gesprächs in Dresden im April dieses Jahres vereinbart, ein Abschlußkolloquium als Verteidigung der Arbeit in Wolfsburg durchzuführen. Bei seinem Besuch am 21.September in Wolfsburg machte Herr Dr.Kirchberg den Vorschlag, dies in der Woche vom 14. bis 18.November zu tun. Diesem Terminangebot stimmen wir gerne zu. Den genauen Termin werden wir in Kürze mitteilen.
> Da wir beabsichtigen im Rahmen dieses Kolloquiums eine Reihe von wirtschaftlichen Mitarbeitern unserer Technischen Entwicklung sowie einige Journalisten mit Automobilhistorischem Schwerpunkt einzuladen, legen wir Wert darauf, daß von der Hochschule aus Dresden mehrere Wissenschaftler präsent sind, die aus ihrem fachlichen Wissen zum Gelingen der Veranstaltung beeintragen können. Es ist für uns selbstverständlich, daß die Kosten für Übernachtung und Tagegeld von der Volkswagen AG getragen werden.
> Außerdem machte uns Herr Dr.Kirchberg darauf aufmerksam, daß am 6.Dezember in Dresden ein *Kolloquium zum Thema Diesel* stattfindet. Hier gäbe es

sicherlich für Mitarbeiter unserer Technischen Entwicklung, speziell für *Herrn Dr.Schweimer, Leiter der Abteilung Forschung Dieselmotoren*, ein Interesse an der Teilnahme dieses Kolloquiums. Vielleicht wäre es auch von Seiten der HfV interessant, einen solchen Gedankenaustausch zustande kommen zu lassen. Sollte dies der Fall sein, würden wie Sie bitten, mit Herrn Dr.Schweimer direkt Kontakt aufzunehmen"[5] (Hervorh.v.m., B.S.).

Die Beziehungen zwischen West- und Ostdeutschland – das heißt Volkswagen und der DDR - hatten sich demnach intensiviert, zudem auf dem Wege über die gegenseitigen Besuche zwischen Wiersch und Kirchberg. Über die bereits erprobte persönliche Bekanntschaft der früheren Jahre hinaus korrespondierten nun Beide direkt. Das bestätigte der Dresdener Automobilhistoriker, indem er seinem Wolfsburger Gesprächs- und Verhandlungspartner ein unverkennbar positives Zeugnis ausstellte. Kirchberg berichtete am 9.Oktober seinem MfS-Führungsoffizier:

„Dr.Bernd Wiersch, Historiker und Archivar, betreute mich in Wolfsburg. Er ist seit Jahren als konstruktiver Partner bekannt. Besonders hervorheben möchte ich seine positive Rolle bei der Vorbereitung meiner Reise [nach Wolfsburg]. Ohne seine Empfehlung wäre ein Besuch des Continental-Archivs für mich als DDR-Bürger nicht möglich gewesen".[6]

Das Kolloquium, verbunden mit einer Präsentation der ersten Studie der Verkehrshochschule im Auftrag der Volkswagen AG, wurde wie geplant im Rahmen einer Reise einer Delegation der Dresdener Hochschule nach Wolfsburg durchgeführt. Der D-Zug 442 kreuzte die Grenze bei Oelsfelde und ohne Pass- und Zollkontrolle traf die offizielle Abordnung, bestehend aus „Dr.Herkner, Frau Professor Rehbein und Dr.Kirchberg", auf dem Wolfsburger Bahnhof ein und wurde durch „Herrn Dr.Wiersch, den Abteilungsleiter Archiv-Geschichte-Museum" empfangen. Wiersch, der - wie Kirchberg/"Stuck" an das MfS berichtete - „von Beginn der Verhandlungen mit VW -> Anlaufpunkt" gewesen sei, begleitete die Delegation „im F[irm]a-PKW" zum Gästehaus „Rothehof", wo die Dame und die Herren „in Einzelzimmern" untergebracht wurden. Es schloss sich darauf „von 17^{00} und 18^{00} Uhr" ein „Kaffeetrinken" in der Wohnung Wierschs an. Daraufhin wurde in die „Gaststätte ‚Der alte Wolf'" verlegt, wo eine „Tischreservierung für die Delegation" bestand und deren Ankunft bereits von einem Freund des Archivars erwartet wurde. Das Abendessen und die abschließende Unterhaltung dauerten bis 22 Uhr worauf zum Gästehaus zurückgefahren wurde.

Am folgenden Tage fanden sich die Gäste aus der DDR „gegen 8.30 Uhr" zum „Frühstück im ‚Rothehof'" ein. Eine Besichtigung des „Automuseum Wolfsburg" schloss sich an. Die Werksbesichtigung folgte ab „ca 10.30 Uhr bis ca 12.30 Uhr". Am „Mittagessen im ‚Hoffmannhaus' in Fallersleben" nahm ein „M[it]A[rbeiter] der Abt[eilung]. Öffentlichkeitsarbeit der VW-AG" teil. Eine „Stadtrundfahrt...im VW-Bus" schloss „von 14.30 bis 15.45 Uhr" an. Das Automuseum wurde zwischen „15.45" und „17.00 Uhr" zuende besichtigt. Nachdem die Presseabteilung bereits beim Mittagessen „Flagge gezeigt" hatte, kam es nun „kurz vor 19.00 Uhr" beim „Treff in der Hotelhalle" zur wohl erwarteten „Begegnung mit Herrn Köhler (‚RAW'-Beauftragter der VW-AG) sowie zwei weiteren Vertretern der Öffentlichkeitsarbeit. Abendessen und „lose Gespräche" zogen sich bis gegen „23.00 Uhr" hin. Der 15.November bildete den Climax der Veranstaltung. Nach dem „Frühstück im ‚Rothehof'" gegen „8.30 fuhr die Gesellschaft um „9.00 ...mit [Herrn Wiersch, geschw.d. BStU] ins Werk". Das heißt zum „Forschungszentrum von VW". Es schloss sich die erwartete „Vortragsreihe" an, eingeführt durch Herrn [Wiersch, geschw.d.BStU], beantwortet durch die „Rede" von „Prof[essor]. Rehbein" sowie die „Rede Dr.Kirchberg[s]+ [dessen] Vortrag über [den Inhalt] der Expertise". Die „Diskussion" leitete zum „gemeinsame[s]n Mittagessen mit allen Gästen" gegen „12.30 Uhr" über. Ein „NDR-Interview mit Dr.Kirchberg (4 Fragen zur Person A[ugust].Horch)" wurde parallel aufgenommen.

Die „Versammlung" löste sich gegen 14.00 Uhr auf. Es folgte eine „Fahrt mit [geschw.d. BSTU, Dr.Wiersch] nach Braunschweig. Kirchberg/Stuck schildert einen

> „Spaziergang durch die Stadt zielgerichtet zum Dom; Einkäufe im wesentlichen zusammen mit der Delegation, aber auch einzeln".

Kirchberg ergänzte:

> „Während des Stadtbummels in Braunschweig -> keine Kontakte zu Einheimischen, ehemaligen DDR-Bürgern bzw. anderen auffälligen Personen".

Westreisender Kirchberg

Ob der Besuch im Wesentlichen ohne „Verschnupfung" ablief, lässt sich aus dem Bericht des IM „Stuck" nicht endgültig klären. Doch fällt auf, dass nach Rückkehr von Braunschweig „gegen 17.00 Uhr" sich „sofort [das] Abendessen im ‚Brauhaus'" anschloss. Ob Wiersch, oder jemand anderer, sowie ein weiterer Anwesender VW-Vertreter „um Beendigung wegen Unpäßlichkeit" baten,

ist offen. „Gegen 20.30" ging es jedenfalls etwas überstürzt „zurück zum ‚Rothehof' worauf überraschend „gegen 21.00" ein „off[izielles]. Abschiedsessen"
folgte. Um 3.43 Uhr, so der lapidare Schluss des Berichtes, „Rückfahrt...ab
Wolfsburg mit D 449".[7] Wie mit „Freund" Herkner, so hielt es Kirchberg auch
mit seinem Kontaktmann im Westen, Wiersch, nämlich so, dass er diesen positiv herausstrich, wo der konnte. Das diente zunächst dem Bestreben, die Geschäfte mit Volkswagen zu entwickeln und zusätzlich die Vorbehalte dagegen
auf DDR-Seite abzuschwächen. Ende Dezember nahm der IM „Stuck" dementsprechend wieder einmal Gelegenheit, den VW-Mann in goldenes Licht zu tauchen. Kirchberg berichtete auf dem MfS-Dienstweg:

> „Unter denen, die mich während meiner BRD-Aufenthalte zu betreuen hatten,
> ist Dr.Bernd Wiersch [geschw.d.BStU] der einzige mit fachwissenschaftlicher
> Qualifikation. Er ist von Beruf Historiker, hat in [geschw.d.BStU] Wirtschafts-
> geschichte studiert und ist von dort direkt zu VW gegangen. Dort ist er heute
> Leiter des Automuseums und [geschw.d.BStU] Mitarbeiter für Archivwesen
> und Traditionspflege des Konzerns. Es ist *seine persönliche Aktivität gewesen,
> sich 1984/85 an die HfV zu wenden und Möglichkeiten der Auftragsforschung
> zu prüfen.* Er hat *seitdem* auch konzernintern unbeirrbar zu dieser Sache gehal-
> ten, die entstehenden Vertragsverhältnisse gefördert und sich dabei als seriöser
> Partner verhalten.
>
> Wiersch [geschw.d.BStU] nimmt einen betont leistungsorientierten Standpunkt
> ein[;] er fordert hohe Leistung und hohe Qualität. Er lässt auch deutlich *die fi-
> nanziellen Grenzen seiner Möglichkeiten* erkennen.
>
> Im Rahmen meiner Studien- und Arbeitsaufenthalte hatte ich bisher regelmäßig
> Gelegenheit zu Gesprächen über Themen, die über den Forschungsrahmen hin-
> ausgingen. In politischen Angelegenheiten nimmt er eher einen konservativen
> Standpunkt [geschw.d.BStU]...ein. Das alles deutet mir darauf hin, dass er seine
> Position aus bestimmten rationellen [wohl gemeint: „rationalen"] Beobach-
> tungen ableitet und weniger aus Vorurteilen heraus handelt.
>
> Wiersch [geschw.d.BStU] wird auf absehbare Zeit in dieser Funktion unser
> Partner sein (?). Einen Mitarbeiter, der imstande wäre, seine gegenwärtigen
> Aufgaben mit der gleichen Souveränität auszuführen, hat er nicht"[8] (Hervor-
> h.v.m., B.S.).

Wiersch war im Grundsatz ein vorsichtiger Mann. Indem Kirchberg diesen
„souverän" nannte, überfrachtete und gefährdete er gleichzeitig die beabsichtigte Wirkung des Schriftstückes außerordentlich. Sicherlich war der unverkennbar

wohlwollende Unterton dieser Ausführungen nicht zuletzt hinsichtlich der persönlichen Nähe beider über die Jahre verräterisch.

Im März 1989 befand sich Kirchberg/"Stuck" zu einem längeren Arbeitsaufenthalt in Westberlin. Er wohnte im Hotel „Unter den Linden", was „kurzfristig" durch „BIEG" festgelegt worden sei. Der Historiker berichtete seinen Führungsoffizieren, ein

> „Gastzimmer im Museum für Verkehr u[nd]. Technik stand mir trotzdem als Arbeitszimmer zur Verfügung, was die gesamte Dienstreise erleichterte. (spartanische Einrichtung ohne Radio, Fernsehen, aber mit Telefon für (nur) Stadtgespräche)".

„Auf VW-Spesen" habe er am 13.März dann, mit zwei Vertretern des Museums für Verkehr- und Technik, in der dortigen „Museumsklause", Bier getrunken. Am folgenden Tage sei die Besichtigung der „Museumsmagazine in Reinickendorf" gefolgt. Das „Mittagessen" habe „im ‚Stehen' in Reinickendorf" stattgefunden und Arbeit in der Bibliothek und dem „Museumszimmer" den Tag beschlossen.[9]

Schließlich führte Kirchberg/"Stuck" im Monat Mai eine „Dienstreise" nach Wolfsburg, Hamburg und Hannover durch. Wiederum holte Wiersch seinen Kontaktmann am Bahnhof in Braunschweig ab, wo dieser mit dem D 344 um 16.00 Uhr eingetroffen war. In Wolfsburg ging es direkt zum „Hotel ‚Grüner Jäger'", wo Kirchberg das Zimmer 31 „vorgebucht durch die VW AG" fand. Im „Brauhaus" lief ein „Begrüßungsabend" ab, an dem neben Herrn Hornung, dem „M[it]A[rbeiter]" von Audi mit der Aufgabe -> Restaurierung von Veteranenfahrzeugen", eine Dame aus Ingolstadt teilnahm. Am folgenden 17.Mai wurden im Archiv der Continental Gummi AG Materialien eingesehen und danach ein „Ausflug nach Goslar/Harz" gemacht, der seinen Abschluss mit einem Essen im „Hotel ‚Der Alte Wolf'" fand.[10]

Mit Kubisch, der Kirchberg/Stuck während seines Berlin-Besuches betreute, verband diesen das Thema Auto. Diesem Mitarbeiter des Museums für Technik attestierte „Stuck" „mitunter recht abwegige Ideen". So beabsichtige dieser „sich auf dem Gebiet der Kulturgeschichte der Kraftfahrzeuge zu versuchen"[11] Kubisch verkehre „regelmäßig mit DDR-Wissenschaftlern". So einem Dozenten an der „Hochschule für Ökonomie Berlin", der auch „Autor von Fachbüchern [im] -Transpress-Verlag" sei und weiteren „Fachkollegen von der KMU Leipzig".[12]

Kirchbergs zunehmende Aktivitäten deuten darauf hin, dass dieser die dem „Volkswagen-Plan" zugrunde liegenden Planungen der westlichen Seite an der Basis der DDR-Administration frühzeitig erfasste. Diese Vorgänge, die zu den Grundvoraussetzungen des „Volkswagen-Plans" zählten, zeigen das erfolgreiche Umsichgreifen dieser Planung in den Jahren seit 1984.

Dieses breite Vorgehen von Seiten der westdeutschen Industrie wurde ergänzt um eine Attacke der Bundesrepublik auf politischem Felde – analog der, wie sich erwiesen hat, äußerst riskanten Politik Kiesingers 1968, die in der Ermutigung der CSSR bestand, ins westliche Lager abzuschwimmen; was letztlich den Einmarsch der UdSSR in Tschechien auslöste.

---

1   Archiv der TU-Dresden, HfV 2.2.2./231. Prof .Dr.-Ing.P.Gräbner an Prof.Dr.Garscha, 9.9.1988. Ebd., Woijcik, Zusatz zum 'Antrag auf eine Kongreßreise nach der BRD', Wolfsburg, VW-AG in der Woche vom 14. bis 18.11.1988, Export der Expertise 'AUTO-UNION-Kraftfahrzeuge' und Durchführung eines Kolloquiums, 18.10.1988.
2   Ebd., HfV. 2.2.2./231. Dipl.-Ing.Woijcik an Prorektor Prof.Dr.sc.techn.K.Fischer, 12.9.1988. Interessant, dass nun offensichtlich die östliche Seite auf diese Ausweitung der Beziehungen einging.
3   Ebd., Dr.-Ing.Herkner an Prorektor, 30.9.1988.
4   Ebd., Exportbeauftragter Dipl.-Ing.Woijcik, Protokoll der Beratung VEB TCIB/HfV/BfA zur Exporttätigkeit am 20.9.1988, 3.12.1988. VW weitete die Beziehungen nach Dresden systematisch aus.
4a Ebd., Exportbeauftragter Woijcik, Zusatz zum 'Antrag auf eine Kongreßreise nach der BRD', 8.10.1988.
5   Ebd., Dr.B.Wiersch/Neefe-Hansmann an Prof.Gräbner, 13.10.1988.
6   Die Bundesbeauftragte, Außenstelle Dresden. 3562/89, XII 301/80, Bd. I, 4. Kontakte, 9.10.1988, Bl. 67. K. war dort im Nachgang auf Schulte aufgetreten, der dort das Filmarchiv benutzen konnte.
7   Der Bundesbeauftragte, Ast Dresden. Dresden/XII 425/71, „Stuck", Bd. II, Stuck: Chronologischer Ablauf d[er]. Reise nach Wolfsburg, 22.11.1988, Bl. 165ff. Unverkennbar handelte es sich bei diesem Besuch um den Höhepunkt der deutsch-deutschen Elementarbeziehungen à la „Volkswagen Plan". Das Bemühen um einen erfolgreichen Verlauf auf Seiten der Volkswagen AG war nicht zu übersehen. Die Tendenz, die Beziehungen zur DDR – u.a. via Verkehrshochschule – zu verbreitern – ebenso.
8   Ebd., Dresden/XII/ 425/71, „Stuck", Bd. II, Bericht Stuck, 20.12.1988, Bl. 172.
9   Ebd., Dresden/XII 425/71, „Stuck", Bd. II. Stuck: Ablauf der Dienstreise nach Westberlin vom 13.-21.03.1989, Bl. 189.
10 Ebd., Dresden/XII 425/71, „Stuck", Bd. II. Chronologischer Ablauf meiner Dienstreise vom 16.05. bis 25.05.1989 nach Wolfsburg, Hamburg und Hannover, o.D., Bl. 205.
11 Wohl angeregt durch W.Treue (Hrsg.): Achse, Rad, Wagen. Fünftausend Jahre Kultur- und Technikgeschichte, Göttingen 1986. Der aufwendige Band dringt allerdings nur bis zur Kutsche vor (sic!).
12 Der Bundesbeauftragte, Ast. Dresden. Dresden/XII 425/71, „Stuck", Bd. II. IM, XIX/2, Mündlicher Bericht. Einschätzung der Person [geschw.d.BStU,] Kubisch, [geschw.BStU] Verkehrs-Technik-Museum, Berlin, 16.2.1989, Bl. 202. Dieser zeichnete sich, unter dem Einfluss Ulmers, durch ein - gegenüber dem Hamburger Historiker - wissenschaftlich ausgesprochen unkollegiales Verhalten aus.

III. Teil: Das Ende der DDR

1. Kapitel: Eine Jahrhundert-Rede in Vilshofen

Schröders Rot-Grünes Katastrophenkartell

Franz Josef Strauß hielt am 4.März 1987 eine eindrucksvolle Rede in der Nibelungenhalle von Passau. Er sprach über "Politische Stabilität" nicht nur in Deutschland, sondern auch in Europa, berührte die Situation von CDU/CSU im Parteienspektrum und unterzog die SPD einer kritischen Analyse. Er gelangte zu Ergebnissen, die auch heute noch aktuell erscheinen. Der bayerische Ministerpräsident charakterisierte die Lage der SPD in seinem Lande und gelangte zu einem Ergebnis, das dem der Bundes-SPD heute vergleichbar erscheint. Strauß führte aus:

> "Die SPD hat eine vernichtende Niederlage erlitten, sie ist auf lange Zeit keine ernstzunehmende politische Kraft mehr in Bayern. Im Landtag werden sie beinahe wie die Tanzbären im Zirkus von den Grünen vorgeführt".

Die Situation der CDU nach der Hessenwahl sei nicht blendend. Allerdings wäre es der Partei in Hannover gelungen, eine Mehrheit der SPD im Bundesrat zu verhindern. Der bayerische Ministerpräsident führte aus:

> "Sonst hätte Niedersachsen eine rot-grüne Regierung bekommen unter dem Herrn Schröder, der durch seine Wahlkampfexzesse in Bayern, indem er den bayerischen Ministerpräsidenten als Schwein bezeichnet hat, selbst bei den bayerischen Genossen unangenehm aufgefallen war. *Wenn man so etwas im Kreise der Ministerpräsidenten hätte, dann wäre das auch ein Zeichen für den Niedergang der politischen Kultur der Bundesrepublik Deutschland*!" (Hervorh.v.m., B.S.)

Des Ministerpräsidenten Auswertung der Wahl in Niedersachsen besagte, es sei eben völlig unnötig, die FDP zu wählen, da diese sowieso die Fünf-Prozent-Hürde überspringen würde. Vielmehr sei es wichtig, als CDU-Wähler der eigenen Partei die Stimme zu geben. Es ginge - so Strauß mit Weitsicht – darum, gegenüber der "Gruppierung Grüne mit dem Koalitionspartner SPD" frühzeitig zu opponieren. Indem er der CDU die unangefochtene Suprematie der CSU in Bayern vor Augen führte, entwickelte er ein Modell, das allein der Gruppierung CDU/CSU ihre Überlegenheit sichern könne, nämlich Wahlergebnisse jenseits der 44,5 Prozent.

In ausgesprochen differenzierter Darstellung der deutschen Geschichte seit 1870 warnte der CSU-Politiker davor, "einen Sieg falsch zu deuten und aus dem Sieg Schlussfolgerungen abzuleiten, die weit über das" hinausgingen, "was der wirkliche Urgrund" erlaube. Strauß ergänze äußerst treffend:

> "Es war eine der größten Tragödien Deutschlands, *daß der Sieg von 1870/71 falsch gedeutet* worden ist, als man geglaubt hat, nunmehr sei das Deutsche Reich zur Weltmacht berufen, daß man geglaubt hat, an deutschem Wesen könne die Welt genesen, daß man nunmehr glaubte, *die Deutschen nebst ihrer Kultur in den Mittelpunkt der Weltentwicklung stellen zu können* - eine verhängnisvolle, verblendete Auslegung, die dann *in ihrem Endergebnis* zum Ersten Weltkrieg mit seinen schauerlichen Folgen führte und zu seinem *Anschlußkrieg, dem Zweiten Weltkrieg.* Auch eine Niederlage, richtig gedeutet, kann der Auftakt für den nächsten Sieg sein. Eine Niederlage mit falschen Schuldzuweisungen kann die verhängnisvolle Konsequenz einer weiteren und gefährlicheren Niederlage ergeben" (Hervorh.v.m., B.S.).

Der CSU Parteivorsitzende beschrieb bereits 1987 die Kalamität der SPD. Strauß führte aus:

> "Was uns gegenübersteht an Alternative, dieses rot-grüne Krisen- und Niedergangskartell, ist so miserabel, daß eigentlich unser Wahlergebnis – CDU/CSU/FDP - zusammen hätte 60 Prozent sein müssen. Sie sind doch keine Alternative. Dieser Eiertanz mit den Grünen - ja, in der Öffentlichkeit nein, diese einseitige Anbiederung der Roten an die Grünen. Sie werden ja sehen, wie es in Hamburg gehen wird, wie es in Hessen ja schon Jahre zugeht! Das ist doch kein erfreulicher Zustand für einen demokratischen Rechtsstaat. Das ist doch ein Skandal für diese traditionsreiche, auch verdienstvolle SPD, heute auf diesen Partner angewiesen sein zu müssen, weil man zu einer anderen Politik nicht mehr fähig ist".

Strauß betonte, die SPD sei auf dem Wege zur Volkspartei zusammengebrochen. Es seien "CDU und CSU mit Adenauer, Schäffer und Erhard" gewesen, "die seinerzeit die materiellen Grundlagen und die sozialen Fundamente gelegt" hätten. Heute, 1987, unterschieden sich die "Interessen der Arbeitnehmer... nicht mehr von den Interessen der Gesamtbevölkerung". Es gebe keine Unterschiede mehr zwischen Facharbeitern, Lehrern und Studienräten. "Die Entwicklung der SPD zu einer sozial-liberalen Partei der linken Mitte", so der bayerische Ministerpräsident - deren "letzter Repräsentant" sei Helmut Schmidt gewesen und dieser sei "gescheitert". "Das Experiment Johannes Rau, des Ersatzmärchenprinzen aus Barmen" sei "doch gründlich misslungen". Dieser sei "auch von seinen eigenen politischen Spitzen... abgeblockt worden".

Weiter, so führte der bayerische Ministerpräsident aus, habe

> "die SPD ...wesentliche Grundentscheidungen der Bundesrepublik Deutschland aus den großen Aufbaujahren der Nachkriegszeit aufgegeben. Die Grundentscheidung für die Soziale Marktwirtschaft, die 1948/49 gegen den erbitterten Widerstand der SPD durchgesetzt werden mußte - ich habe das im Wirtschaftsrat, dem ich damals als jüngster Parlamentarier angehörte, miterlebt, dann bis in die folgende Legislaturperiode hinein. Die SPD hat sich innerlich auch mit der Marktwirtschaft nie abgefunden. *Sie wollte die Marktwirtschaft so stark staatlich gängeln, daß man von einer wirklichen Marktwirtschaft nicht mehr hätte reden können* - immer wieder Ansätze, die Marktwirtschaft einzuschränken, aus den Angeln zu heben, die Wirtschaft als Gesamtgesellschaftliches Steuerungsinstrument, *staatliche Lenkung der Wirtschaft, Investitionskontrolle, Investitionsplanung, Investitionsprogramme, Umverteilung als einziges Mittel der Besserung der wirtschaftlichen und sozialen Lage*, ohne zu fragen, woher die Masse kommen soll, aus der heraus man dann die Umverteilung überhaupt erst vornehmen kann, dann die moralische *Verdächtigung der Leistung* und des damit erzielten Einkommens!" (Hervorh.v.m., B.S.)

Friedliches Miteinander?

Mit diesem zentralen Thema der außenpolitischen West-Anbindung der Bundesrepublik, wandte sich Strauß der Außen- und Sicherheitspolitik zu. Lafontaine fordere "den Austritt aus der militärischen Integration in der NATO". Ursprünglich habe "er den Austritt überhaupt verlangt. Als er gemerkt" habe, "daß er auch bei den Genossen auf Widerstand" gestoßen sei, habe

> "er dann gesagt, wir wollen das Beispiel Frankreichs nachmachen - Frankreich ist aus der militärischen Integration ausgetreten und Spanien ist nicht mehr in die militärische Integration eingetreten. Das ist außenpolitische und sicherheitspolitische Bauernfängerei",

so der bayerische Spitzenpolitiker. Weil unsere militärstrategische Lage von jener der Franzosen und auch der Spanier grundverschieden sei, wäre dieser Grundsatz elementar für jegliche deutsche Politik. Der bayerische Ministerpräsident führte weiter aus:

"Wir stehen an einer Demarkationslinie von weit über 1000 Kilometern un-mittelbar und hautnah der großen Militärmacht der Sowjetunion mit ihrer zum Teil erdrückenden Überlegenheit gegenüber".

Das unterscheide die Situation der Bundesrepublik von jener Frankreichs und Spaniens. Er, Strauß, sei "nie der Meinung" gewesen, "daß die Sowjet-union den Krieg" wolle, "da wo der Krieg ein Risiko bedeutet". Strauß führte weiter aus: "Die führen Krieg in Afghanistan, unterstützen Kriege in Afrika, im Mittleren Osten, im Fernen Osten, in Kambodscha, aber nicht in Europa". Strauß äußerte seine Hoffnung, dass "Gorbatschow einen neuen Ansatz bietet". Die Frage sei: "Ist die russische Rüstung aggressiv oder defensiv? Strauß antwortete:

"Die gegenwärtigen Intentionen der Sowjetunion, das gilt auch für die letzten Jahrzehnte, war nicht darauf abgestellt, gegen den Westen einen Waffengang zu unternehmen, eine militärische Entscheidung herbeizuführen. Das zweite Krite-rium ist das militärische Potential. Das militärische Potential der Sowjetunion ist in den Jahrzehnten der 'Entspannung' stärker gewachsen als je vorher - eine erdrückende Überlegenheit konventioneller Truppen, eine einseitige Ausrüstung mit Mittelstreckenraketen, die erst ab 1983 einigermaßen ausgeglichen wurde, ein den Amerikanern gleichwertiges Potential an interkontinentalen Raketen und eine erdrückende Überlegenheit bei den Kurzstreckenraketen mit nuklearer Einsatzmöglichkeit, *dazu der Aufbau der zweitgrößten Flotte der Welt hinter den Vereinigten Staaten von Amerika*! Der 'Bär' hat sich eine große Flotte ge-schaffen, weit stärker als die seinerzeit weltberühmte englische Flotte heute ist - und Flottenaufbau ist sehr, sehr teuer. Was heißt das?" (Hervorh.v.m., B.S.)

Als drittes Kriterium bezeichnete Strauß die Frage: "Bleibt die Sowjetunion bei ihrer strategischen Zielsetzungen oder ist sie bereit, diese Zielsetzung auf-zugeben? Was ist die große strategische Zielsetzung? Die große strategischen Zielsetzung ist Revolutionierung der Welt in dem Gleichklang zwischen militä-rischer Expansion und parteipolitischer marxistisch-ideologischer Indoktrination auch in den Ländern der Dritten und Vierten Welt und damit eine zunehmende Beherrschung oder Zurückdrängung der Vereinigten Staaten von Amerika". Den "Niedergangsprozeß des Westens" lastete Strauß dem US-Präsidenten Carter an. Reagan gegenüber plädierte der bayerische Ministerpräsident für mehr Gerechtigkeit und erklärte:

"Man mag über Reagan heute schimpfen wie man will, es ist das gute Recht eines jeden Bürgers, sich eine Meinung zu bilden. Daß er aber wieder einmal die Gleichheit hergestellt hat, weil er den Niedergangsprozeß des Westens, die Untergangspsychose der Amerikaner aufgehalten und in ein neues Selbstgefühl umgewandelt hat, das sollten wir alle ihm danken, in ehrlicher Anerkennung dessen, was er für die *moralische Aufrüstung* des Westens getan hat!" (Hervorh.v.m., B.S.)

Doch die "Gretchenfrage" bliebe, ob Gorbatschow bereit sei, "die strategische Zielsetzung aufzugeben und sich in ein friedliches Miteinander, Nebeneinander der Völker der Welt, der großen, der mittleren und der kleinen mit der russischen Macht, die wir sehr respektieren, einzufügen". Weiter erklärte Strauß, "wenn die Sowjetunion bereit ist de facto... von dieser Zielsetzung abzurücken, ist der Abbau der militärischen Potentiale auf beiden Seiten kein unlösbares Problem mehr".

Irrwege: Brandt, Schmidt, Engholm, Schröder

Frontal bezog der bayerische Ministerpräsident Stellung gegen mögliche Abrüstungsverhandlungen mit der SED, welche die SPD anvisiere. Das ist größenwahnsinniger Quatsch, um es auf eine harte, aber einfache Formulierung zu bringen. Die Rüstungsstärke der anderen Seite entscheidet die Sowjetunion. Hier hat auch Herr Honecker keine freie Hand. *Die Illusion, daß zwischen der Bundesrepublik Deutschland und der DDR die Abrüstung der Weltmächte entschieden werden könnte, ist gelinde gesagt infantil, kindisch*" (Hervorh.v.m., B.S.).

Im Folgenden ging Strauß auf die innere Tendenz der SPD zu den Grünen ein. Am Beispiel Schleswig Holsteins erklärte er sich näher:

"Es gibt einen guten sozialdemokratischen Kern. Wenn Sie hier, wahrscheinlich auch in Niederbayern, hinausgehen, sehen sie gestandene SPD-Kommunalpolitiker, wie sie in Jahrzehnten am Aufbau und am Wohle ihrer Heimat und deren Bürger mitgewirkt haben... dieser starke Kern der SPD verliert innerparteilich immer stärker an Einfluß. Herr Engholm, der Ministerpräsidentenkandidat der SPD in Schleswig-Holstein, wo sie sich Chancen ausrechnen, sprach von den Alt-Sozialdemokraten, welche die Notwendigkeit einer Kooperation mit den Grünen nicht einsehen könnten und die deshalb informiert werden müßten, zum richtigen Weg zu finden. Hier liegt der Hund begraben! Es gibt dann diffuse Bewegungen um eine grünliche Parteilinke, ihnen geht es um eine Annäherung zwischen der alten Arbeiterbewegung und der verfieselten neuen sozialen Bewegung, das Wort verfieselt entnehme ich wörtlich dem Ausspruch desselben

Herrn Engholm. Diese neue SPD-Führung fühlt im Grunde, so schreibt die 'Frankfurter Allgemeine Zeitung', ein sehr kritisches Organ, nur noch rot-grün. Für sie gibt es nicht mehr die alte sozialdemokratische Farbe, sondern die fühlen nur noch rot-grün!"

Am Ende steht die deutsche Einheit

So vorbereitet, kam Strauß auf die Veränderungen im europäischen Osten zu sprechen. Er bezeichnete den Vorschlag Gorbatschows, "die Mittelstreckenraketen ...auf Null abzubauen" als "ans Herz gehende[r]n sensationelle[r]n Vorschlag". Doch sei "Skepsis" angeraten. Der bayerische Ministerpräsident erinnerte an die "ja aber"-Haltung der Franzosen. Über allem stehe jedoch die Frage:

"Was will die Sowjetunion? Oder: Was will Gorbatschow und kann er, wenn er das will, was wir hoffen, auch in der Sowjetunion durchsetzen?"

In diesem Zusammenhang kam Strauß auf die Ergebnisse der entscheidenden Begegnung zwischen Reagan und Gorbatschow 1985 in Reykjavik zu sprechen. Diese sei "nur so dargestellt worden", als ob "die Amerikaner auf die Falle reingefallen" seien. Es sei darum gegangen, die Mittelstreckenraketen des Westens in Europa abzubauen. Das habe aber bedeutet, wenn die Sowjetunion deren Mittelstreckenraketen aus der DDR, CSSR und Polen/Ungarn abzöge, die Bedrohung durch die Kurzstreckenwaffen aus Osteuropa für Deutschland und Frankreich weiterbestehen werde. Nun habe Gorbatschow erklärt,

"Wir verzichten auf das Junktim, wir verzichten auf die Bindung der Einstellung der SDI-Forschung an den Abbau der Mittelstreckenraketen".

Dies so Strauß, habe die Bedeutung der grundsätzlichen Frage des latenten weiteren Drucks durch sowjetische Kurzstreckenraketen nicht grundsätzlich vermindert. Ergänzt wurde:

"Die Sowjets legen so großen Wert darauf, daß die Pershing und Cruise Missiles wieder demontiert werden, daß sie die Bindung mit SDI aufgeben werden".

Daraus entwickelte der bayerische Politiker die Überlegung, "die Kurzstreckenraketen mit verbindlichen Terminen in den Abbau einzubeziehen, und "daraus das eine Abkommen" abzuschließen "und das zweite dann noch" zu verhandeln "und zu Ende" zu führen. Strauß ergänzte:

"Wenn die Kurzstreckenraketen nicht einbezogen werden, ist unsere Gefährdung um kein Haar geringer geworden - weil wir, und das unterscheidet uns von

Großbritannien, das unterscheidet uns von Spanien und Portugal, die nicht in der Reichweite der sowjetische Kurzstreckenraketen liegen. Und auf diesem Gebiet ist, wenn die Mittelstreckenraketen entfernt sind, das Verhältnis 10:1 zu Ungunsten des Westens. Kurzstreckenraketen sind Raketen bis 1300 km. Bei Mittelstreckenraketen größerer Reichweite ist sogar das Verhältnis 600:0, weil wir gar keine haben. Wir haben lediglich die Pershing noch, die alten deutschen Pershing, die bis 700 km gehen. Und deshalb, wenn das Ziel erreicht werden soll, das mit der Nachrüstung erreicht werden soll - das erste Ziel war ja, die Sowjets an der Aufstellung zu hindern, das ist nicht erreicht worden, weil die Sowjets die Widerstandsfähigkeit des Westens unterschätzt hatten, weil sie nicht glaubten, daß der Nachrüstungsbeschluß vollzogen werden kann. Jetzt sind die bereit, das, was sie für 30 Milliarden Rubel aufgebaut haben, zu streichen, zu verschrotten, wenn der Westen seine geringe Zahl an Mittelstreckenraketen ebenfalls demontiert und verschrottet. Das wäre schon ein Fortschritt".

Der Ministerpräsident ergänzte, "die Russen" hätten jedoch "nachgeschoben" und "in der Zwischenzeit die Kurzstreckenraketen" aufgebaut. Nur wenn Gorbatschow diese abrüste, dann würde "Parität" entstehen und damit auch der sowjetische Parteiführer glaubwürdig werden. Strauß erhielt aufrecht, "Abrüstung" habe "einseitig überhaupt keinen Sinn". Abrüstung müsse "der Sicherheit dienen". Abrüstung müsse "dem Frieden dienen".

"Weniger Waffen allein haben noch keinen Sinn, die Waffen müssen so niedrig wie möglich sein und die Waffen müssen so verteilt sein, daß von militärischer Gewalt gegen uns nicht Gebrauch gemacht werden kann...Abrüstung muß ein Instrument des Friedens und der Sicherheit sein und darf nicht ein Instrument sein, wo der eine die Waffen niederlegt und der andere seine Überlegenheit dann beibehält".

Auf "Gorbatschows Vorstöße" eingehend illustrierte der bayerische Politiker seine Einschätzung der Veränderungen im Ostblock. Er führte aus:

"Im Ostblock herrscht Unruhe, Unsicherheit, zum Teil auch Aufbruchsstimmung. Die wenigen Tatsachen, die letzte große Rede Gorbatschows bei dem Internationalen Friedenskongreß in Moskau, ist in der Sowjetunion verbreitet worden, in der Bundesrepublik auch - aber nicht in der DDR. Der tschechische-KP Führer Bilak hat offen Kritik an Gorbatschow geübt. Die Polen erwarten sich Erleichterungen ihrer Lage. Die Ungarn sind offen und mit vollen Nachdruck auf seiner Seite, ungarischer Weg, die Rumänen sind teils, teils, von den Bulgaren hat man noch keine klare Reaktion. In der Sowjetunion selbst stehen gegen Gorbatschow die alten privilegierten, verkrusteten Funktionärsschichten. Er hat nicht auf seiner Seite die Nomenklatura der Funktionäre, er hat nicht auf seiner Seite, aber auch nicht offen gegen sich, die Militärs, die eine gewaltige Rolle dort spielen. Er hatte auf seiner Seite die öffentliche Meinung, soweit es eine gibt in der Sowjetunion. Er hat auf seiner Seite gewisse Medien, und er macht Politik heute, indem er sich an die Öffentlichkeit wendet, und hofft, daß die Widerstände der eben genannten Schichten dann durch diesen Rückenwind überwunden werden".

Die UdSSR befand sich augenscheinlich in der Krise. Ausgesprochene Instabilität des sowjetischen Systems bildete die Folge. Der Ministerpräsident bekannte seine eigene innerste Überzeugung, indem er zusammenfasste:

"Wenn Gorbatschow sich durchsetzen kann, dann bricht ein Frühling an für Europa und für die Menschheit. Wenn die Sowjetunion auf Weltrevolution und Weltbeherrschung verzichtet, wenn sie Abrüstung in den Dienst auch der politischen Verständigung stellt, dann und ohne diese Voraussetzung nicht, dann sollten wir auch der Sowjetunion ein umfassendes Programm der wissenschaftlich-technisch-wirtschaftlichen Zusammenarbeit anbieten. *Denn die Ineffizienz des Systems kann ohne Änderung des Systems nicht überwunden werden.* Wer das System überwinden, aber wirksamer gestalten will, der machte das gleiche, wie wenn einer versucht, Schneebälle zu rösten".

Und nun kam Strauß auf den entscheidenden Punkt:

"*Die Veränderungen finden heute statt, und ich wiederhole wörtlich, was ich hier gesagt habe, sie finden statt in den Laboratorien der Wissenschaftler, in den Studios der Techniker, in den Managemententscheidungen moderner Produktionstechnik.* Und hier ist die Sowjetunion in einem Rückstand. Am weitesten entwickelt ist noch die DDR, dann Ungarn trotz großer Schwierigkeiten, Polen kann sich nicht erholen, die polnische Krankheit ist unheilbar ohne Änderung des Systems, Rumänien ist unheilbar, Bulgarien und die Tschechoslowakei auf niedrigster Flamme - ohne *die Zusammenarbeit mit dem Westen können die Sowjets den Offenbarungseid ihres Systems nicht mehr lange hinausschieben.* Das ist die Frage dabei" (Hervorh.v.m., B.S.).

Der Politiker, der sich wohl am intensivsten mit den realen Bedingungen in Osteuropa auseinandergesetzt hatte, entwickelte am Ende dieser Jahrhundertrede das Bild kommender Ereignisse. Er führte aus, nach umfassender "wissenschaftlich-techisch-wirtschaftliche[r]n Zusammenarbeit" werde "am Ende dieses Prozesses...die Wiedervereinigung Europas und die Wiedervereinigung Deutschlands" stehen. Diese stehe "nicht am Anfang, aber sie steht am Ende".[1]

2. Kapitel: Kontakte Strauß-Schalck

Deutsch-deutsches Vorgehen

Anlässlich seines Besuches der Leipziger Messe 1987, nahm Strauß Kontakt zu Alexander Schalck auf. Begleitet durch den Generalsekretär der CSU, Gerold Tandler und den Ersten Stellvertreter der Bundestagsfraktion der CDU/CSU, Theo Waigel, brachte Strauß bei seiner Ankunft den Wunsch zum Ausdruck, mit dem Generalsekretär des ZK der SED und Vorsitzenden des Staatsrats der DDR, Erich Honecker, zusammentreffen zu wollen. Der bayerische Ministerpräsident habe geäußert, so Schalck in einer Information, er habe

> "mit großer Aufmerksamkeit die Initiative des Generalsekretärs des ZK der KPdSU, Michail Gorbatschow, zum vollständigen Abbau der Mittelstreckenraketen in Europa und deren Reduzierung in Asien und Amerika verfolgt".

Strauß habe an das Gespräch mit Erich Honecker vor zwei Jahren erinnert, worin dieser den Standpunkt vertreten habe, "das Teufelszeug vom Territorium der BRD und DDR zu entfernen". Der bayerische Ministerpräsident habe ergänzt,

> "die Verantwortung der DDR und der BRD beinhaltet, verstärkt Einfluß auf die USA und die UdSSR zu nehmen, durch konkrete Verhandlungen zu ernsthaften Abrüstungsschritten zu kommen".[2]

Gegenstand dieses Gespräches mit Honecker am 15.März bildete unter anderem eine mögliche "Zusammenarbeit auf dem Gebiet der AIDS-Diagnostik und immunbiologischen Therapie". Honecker stimmte diesen Überlegungen im Ganzen zu und regte Koordinierungsgespräche zwischen "Beauftragten des zuständigen Ministeriums der DDR und des zuständigen Ministeriums des Freistaates Bayern" an.[3]

Kohls Geheimkontakte mit Honecker

Ende April saß Mielke in Moskau Gorbatschow gegenüber. Tschebrikow gegenüber entwickelte der MfS-Chef am 25. und 26.April 1987 die instabile Lage der DDR als verlässlich, was sich in erreichten Planzahlen der Wirtschaft ausdrücke. Gleichzeitig kam er jedoch auf einige der Probleme zurück, welche die weitere ökonomische Entwicklung der DDR behindern würden. Ausgefallene Erdöllieferungen in den Westen, außerplanmäßige Importe, eine rückläufige Kapitalakkumulation und damit der Rückstand bei den Investitionen im Inland sowie volkswirtschaftliche Ineffektivität im Bereich Wissenschaft und

Technik schienen ihm ebenso erwähnenswert, wie der Rückgang der Arbeits-kräftezahl und das Missverhältnis zwischen im Umlauf befindlichem Geldver-mögen und Warenangebot.[4]

Vor diesem Hintergrund erarbeitete Günter Mittag Ende des Monats April für Erich Honecker eine "Grundlinie des weiteren Vorgehens gegenüber der BRD in den staatlichen Beziehungen". Es ging dabei um "gegenwärtig bestehende und machbare Fragen...deren Lösung auf längere Sicht erforderlich" sei. Er-gänzt um eine "Themenliste für die in nächster Zeit mit der BRD zu führenden Gespräche und Verhandlungen" und "eine Information über mögliche Forde-rungen der BRD-Seite", schlug Mittag vor, diese Unterlagen dem "Leiter der BRD-Vertretung, Bräutigam, zu übergeben". Unter Hinweis darauf, dass der "Minister für auswärtige Angelegenheiten der DDR, Kurt Nier, oder andere ver-antwortlichen Vertreter der DDR" für die Gespräche zur Verfügung stünden, sollte "gleichzeitig" ein "an Schäuble übergebenes Non-paper zu den Abrüs-tungsfragen" bekräftigt werden. "Mögliche Forderungen der BRD-Seite", seien "jeweils gesondert zu entscheiden".[5]

Über den Straußberater März wurde durch Schalck ein Gesprächstermin "für den 11.05.1987, 15 Uhr vereinbart". Schalck saß einem Gesprächspartner gegenüber, der noch unter einem feuchtfröhlichen Abend mit dem Ägyptischen Präsidenten Mubarak und dessen Gattin litt.[6] Schalck erfuhr, es habe "am Frei-tag, dem 1.Mai 1987, ein geheimes Treffen zwischen Strauß, Kohl und ihm in [März'] Gästehaus in Spöck stattgefunden", in welchem "alle aktuellen poli-tischen Fragen, die die Sowjetunion und die DDR" berührten, behandelt wor-den seien. In diesem Gespräch, so offenbarte März gegenüber Schalck, habe dieser festgestellt, "es sei doch für alle Beteiligten leichter, wenn die Ver-bindung Strauß zu" Schalck und Honecker "auch ihn" einbezöge und dazu "M[ä]erz als Verbindungsmann fungiert". Schalck stellte dazu fest:

> "mein Mandat [besteht] in der Verbindung zu Strauß... und alles andere danach ist Sache der BRD-Seite..., vorausgesetzt, daß diese Verbindung geheim bleibt, sonst wäre dieser Kontakt zu Me[ä]rz wertlos. Die Geheimhaltung wurde von Me[ä]rz zugesagt",

so Schalck. Im Verlauf des Gespräches von Spöck habe sich "das Interesse von Kohl und Strauß... auf eine Hauptfrage" orientiert, nämlich

> "die durch interne Berichte des CIA, die auch März zur Kenntnis gegeben wur-den, untersetzt sind -: Wird Gorbatschow der erste Mann in der UdSSR auf

lange Sicht bleiben, oder ist mit kurzfristigen - der CIA spricht von zwei Monaten - Veränderungen zu rechnen?"

Kohl sei davon ausgegangen, "daß seine Koalitionsregierung für die nächsten 15 Jahre existieren" werde, daher sei "für die BRD von erstrangiger Bedeutung, welche Führungspersönlichkeiten in der UdSSR langfristig für die Politik verantwortlich zeichnen" würden "und damit für deren Berechenbarkeit". Schalck habe März, seinen "persönlichen Standpunkt zum Ausdruck gebracht". Dieser könne "davon ausgehen..., daß der Generalsekretär der KPdSU, Gorbatschow, souverän die Verantwortung wahrnimmt und kurzfristige Veränderungen nicht vorstellbar" seien.

Schalck berichtete über die weiteren Mitteilungen seines Gesprächspartners März:

"Das Interesse der Regierung der CDU-CSU konzentriert sich weiter darauf, das war auch Gegenstand des Gespräches zwischen Strauß und Kohl, daß Strauß kurzfristig eine Einladung von Gorbatschow nach Moskau erhält zu politischen Gesprächen. Beide erwarten, zu den bevorstehenden Gesprächen mit Murowski am 8.5.1987 in München nähere Angaben zu erhalten. Kohl würde eine solche Einladung absegnen. Sie liegt auch in seinem Interesse. Eine kurzfristige Reaktion der sowjetischen Seite würde begrüßt werden. Dabei könnten aktuelle Fragen der Abrüstung und die Haltung der Bundesrepublik zu den einzelnen Komplexen behandelt werden.

Kohl und Strauß haben großes Interesse, daß Gorbatschow noch in diesem Jahre die Bundesrepublik besucht. Trotzdem der bekannte Termin-Plan das nicht vorsieht, rechnen Sie sich relativ große Chancen aus und hoffen darauf, dazu weitere Auskünfte zu erhalten. März bemerkte, daß ein Besuch von Gorbatschow Honecker zweckmäßig wäre".[7]

Schalck übermittelte dies Günter Mittag und ergänzte, die Einladung Honeckers durch Helmut Schmidt werde durch den Bundeskanzler Kohl erneuert. Strauß setze sich dafür ein, "daß nach dem Protokoll von Schivkow der Ablauf des Besuches" erfolge. Überdies habe eine "Konsultation mit Schäuble...Übereinstimmung mit der Einschränkung" ergeben, "daß Schäuble nicht die Vollmacht hat, ohne Zustimmung des Bundeskanzlers eine endgültige Entscheidung zum Protokoll zu treffen".[8]

¹ Vgl. Otto, Mielke, S. 445f. F.J.Strauß, Antwort auf die Fragen der Zeit. 4. März 1987: zehntausend Besucher beim Politischen Aschermittwoch in Passau, in: Bayernkurier-Dokumentation, 14.3.1987, S. 17-22. M.Gorbatschow, Erinnerungen, Berlin 1996, S. 701(zit.als: Gorbatschow, Erinnerungen): „Dem Bundespräsidenten Richard von Weizäcker, der im Juni 1987 sehr vorsichtig und taktvoll die Einheit der deutschen Nation ansprach, antwortete ich deshalb: ‚Heute sind die beiden deutschen Staaten eine Realität, und davon müssen wir ausgehen. Realität sind auch der Moskauer Vertrag, Ihre Verträge mit Polen und der Tschechoslowakei, mit der DDR sowie mit anderen Staaten. Auf dieser Grundlage ist eine effektive Entwicklung politischer, wirtschaftlicher, kultureller und menschlicher Kontakte möglich. Jegliche Versuche aber diese Verträge zu unterminieren, müssen scharf verurteilt werden. Die Sowjetunion achtet die Nachkriegsrealitäten, achtet das deutsche Volk in der Bundesrepublik und die Deutschen in der DDR. Auf der Basis dieser Realitäten beabsichtigen wir, auch in Zukunft unsere Beziehungen zu gestalten. Die Geschichte wird zum gegebenen Zeitpunkt ihr Urteil sprechen". Die weitgefächerte Diskussion innerhalb der SPD um die Beziehungen zu DDR und SED berichtet T.G.Ash, Im Namen Europas. Deutschland und der geteilte Kontinent, München/Wien 1993, S. 462ff. (zit.als: Ash, Europa).
² BA-Berlin, DL 2/1075. A.Schalck, Information über erste Eindrücke und Vorschläge des Bayerischen Ministerpräsidenten und Vorsitzenden der CSU, F.J.Strauß, nach seiner Ankunft in Leipzig, 15.3.1987, 09,45 Uhr, Bl. 386f. Vgl. F.J.Strauß, Die Erinnerungen, Berlin 1989, S. 493ff. (zit.als: Strauß., Erinnerungen).
³ Vgl. Otto, Mielke
⁴ Ebd., DL 2/1075, E.Honecker an F.J.Strauß, 25.3.1987, Bl. 381.
⁵ Ebd., G.Mittag an E.Honecker, 20.4.1987, Bl. 500.
⁶ Ebd., A.Schalck, Information, 6.5.1987, Bl. 259. Schalck ergänzte später sein Manuskript: "Zurückkommend auf sein Angetrunkensein stellte er [März] fest, daß Strauß ihm gestern den Auftrag erteilte, mit dem Beauftragten von Mubarak, der in Begleitung von Frau Mubarak offensichtlich auch mit Strauß zusammengekommen war, Gespräche zu führen und auf Drängen der Ägypter die Zusage zu geben, daß März als Beauftragter von Strauß in Kürze Kairo besuchen wird, um die spezielle Wünsche der ägyptische Seite für Strauß und Kohl entgegenzunehmen. Diese Zusammenkunft verlief über mehrere Stunden bis in die späte Nacht, es wurde viel Alkohol getrunken und das hatte in Bezug auf den Alkoholspiegel Auswirkungen bis zum heutigen Tag".
⁷ Ebd., A.Schalck, Information, 6.5.1987, Bl. 357ff.
⁸ Ebd., A.Schalck an G.Mittag, 10.5.1987, Bl. 436.

Auf- oder Abrüstung?

Am folgenden Tag trafen Schalck und Strauß erneut zusammen. In Anschluss an die Gespräche "anläßlich der Leipziger Frühjahrsmesse 1987" zwischen Honecker und Strauß wurde an die damals herrschende "konstruktive[n] und offene[n] Atmosphäre" angeknüpft. Schalck bat vor Beginn der Unterredung darum, "die dem heutigen Gespräch von unserer [DDR] Seite aus gestellten bedeutenden Fragen streng vertraulich zu behandeln". Es ginge ihm darum, "an die bewährte Praxis der informellen Kontakte zum Vorsitzenden der CSU und Ministerpräsidenten des Freistaates Bayern an[zu]knüpfen". Strauß solle "eine[r] Reihe herangereifter Fragen" zur Kenntnis nehmen und "seine Autorität und persönlichen Einfluß zur kurzfristigen positiven Entscheidung der zu lösenden Aufgaben geltend" machen. Schalck führte im Einzelnen aus:

"Mit großer Aufmerksamkeit verfolgt Erich Honecker die Diskussionen zum Abschluß eines Abkommens zwischen der UdSSR und den USA über die völlige Entfernung und Vernichtung der in Europa stationierten Mittelstreckenraketen. Das bezieht sich auch auf Raketen kürzerer Reichweite von 500 bis 1200 km. Dieser für die Erhaltung des Weltfriedens historische Schritt wurde zwischen dem Präsidenten der USA, Reagan, und dem Generalsekretär der KPdSU, Gorbatschow, in Reykjavik ausgeknobelt und dem Außenminister der USA, S[c]hul[t]z, erneut als Vorschlag unterbreitet.

Erich Honecker ist nicht davon überzeugt, daß die abwartende und teilweise ablehnende Haltung von Politikern der BRD in dieser Frage etwas einbringt, sondern die Bundesrepublik dadurch etwas ins Zwielicht gerät, sich international isoliert und als Bremser erscheinen läßt.

Zu dieser Frage informierte Strauß darüber, daß in den letzten Tagen im Kreis von Kohl, Strauß, Wörner und Schäuble eine streng interne Einschätzung zur Haltung der BRD-Regierung zu den Verhandlungen zwischen den USA und der UdSSR über den Abschluß von Abkommen, denen die 'Nulllösung' von Mittelstreckenraketen mit atomaren Sprengköpfen zugrunde liegt, erarbeit wurde. <u>Strauß bat, bei der Weitergabe dieser Einschätzung seinen Namen nicht zu erwähnen.</u>

Im Ergebnis dieser internen Einschätzung kamen die Beteiligten zu der Schlußfolgerung, daß die Amerikaner davon ausgehen, mit dem Abschluß der Abkommen für die USA ihre Sicherheit voll zu gewährleisten, bei anderen europäischen NATO-Mitgliedsstaaten eine weitgehende Sicherheit zu erreichen, während über die BRD (und dies auch würde auch für die DDR gelten) durch den Weiterbestand von taktisch-operativen Raketen kürzerer Reichweite 0 - 500 km Gefahren für den Einsatz solcher Waffensysteme in diesem Bereich bestehen bleiben.

Strauß führte dazu wörtlich aus: 'Wir wollen auch allen Gedanken entgegentreten, egal ob Kräfte in den USA oder in der UdSSR betreffend, die *wieder zu der abenteuerlichen Illusion führen, daß ein Krieg auf dem Territorium der BRD und der DDR führbar wäre. Strauß betonte, daß jeder Denkansatz, der in Mitteleuropa einen Krieg in Erwägung zieht, von der Regierung der BRD weiter verhindert wird.* In jedem Krieg in Europa, ob geführt mit Atom- oder konventionellen Waffen, würde es nur Besiegte geben. Nach dem Abzug und der Vernichtung der Mittelstreckenraketen mit Reichweiten von 500 - 5000 km bei Aufrechterhaltung des Bestandes und Nachrüstung operativ-taktischer Atomwaffen mit Reichweiten bis zu 500 km würden 80% aller Ziele in der BRD, der DDR und der CSSR liegen.

Strauß bekräftigte nochmals seine völlige Übereinstimmung mit der Feststellung Erich Honeckers, daß das Teufelszeug weg muß.

Es wird eingeschätzt, daß er die UdSSR ca. 30 Mrd. Rubel für die Raketenproduktion und Stationierung bisher aufwenden mußte. Reagan träumt davon als 'Vater der Entatomisierung von Mittelstreckenraketen in Europa' in die Geschichte einzugehen.

Es ist bekannt, daß die UdSSR zum Abzug und zur Vernichtung aller Mittelstreckenraketen auf europäischem Boden bereit ist, besonders derjenigen, die auch die UdSSR unmittelbar erreichen können.

In Reykjavik wurde die Nulllösung für die Mittelstreckenraketen größerer Reichweite (1200 - 5000 km) mit der Forderung der UdSSR verbunden, SDI nur im Laborstadium zu erproben.

Erst seit kurzer Zeit ist bekannt, daß die zur Vernichtung im Gespräch befindlichen Mittelstreckenraketen nur ca. 3% des gesamten Atomwaffenarsenals der USA und der UdSSR in Europa umfassen.

Gegenwärtig gibt es, nach Einschätzung der BRD, für Mittelstreckenraketen mit Reichweiten von 500 bis 1000 km ein Verhältnis von 72 Stück zu 160 Stück zugunsten der UdSSR.

Bei Raketen mit einer Reichweite von 125 bis 500 km beträgt das Übergewicht zugunsten der UdSSR 1540 Stück zu 120 Stück.

Als Schlußfolgerung daraus wollen die USA eine massive Aufrüstung in der BRD bei der Waffenart 0 bis 500 km durchsetzen, die die Regierung der BRD nicht will.

Daraus ergeben sich nach Auffassung von Strauß folgende Konsequenzen:

1. Nulllösung für Mittelstreckenraketen der Reichweite 1000 bis 5000 km.

2. auf dem Territorium der BRD sollten bei den Mittelstreckenraketen der Reichweite 500 bis 1000 km 80 Stück stationiert werden (sowie 40 Stück US-Armee). Gegenwärtig bestehen 72 Stück Pershing-Raketen.

3. Bei den operativ-taktischen Raketen bis 500 km, bei denen gegenwärtig ein Verhältnis von 10 : 1 zugunsten der UdSSR besteht, müßte seitens der UdSSR eine bedeutende Reduzierung erfolgen.

Die BRD-Regierung ist erst bereit, über eine Nulllösung bei Raketen mit einer Reichweite von 500 bis 1000 km eine positive Entscheidung zu treffen, wenn im Bereich der Raketen von 0 - 500 km Fakten geschaffen werden, die eine gleiche Sicherheit für beide Seiten gewährleisten.

Hinzukommt, daß bis zum gegenwärtigen Zeitpunkt der Originaltext des Vertragsentwurfes für die Nulllösung bei Raketen von 500 bis 1000 km der BRD-Regierung noch nicht bekannt sei.

Die französische Regierung hatte bei den letzten Konsultationen mit der BRD erhebliche Bedenken gegen eine Nulllösung in Europa eingebracht. Auch die englische Regierung hat sich noch nicht einschließen können, den Forderungen der USA zuzustimmen. Dabei ist sogar zu berücksichtigen, daß England von dem Raketenpotential 0 bis 500 km nicht mehr bedroht wäre. *Dies würde sich ausschließlich auf die Länder BRD, Frankreich, Belgien, Holland, Norwegen und Dänemark konzentrieren.*
In der BRD sind gegenwärtig in der Reichweite 0 - 500 km nur Lances-Raketen mit einer Reichweite von 120 km stationiert.

Zusammenfassend betonte Strauß nochmals, dass „eine Nach- bzw. Aufrüstung bei Mittelstreckenraketen kurzer Reichweite, wie sie von den USA ins Auge gefasst wird, nicht im Interesse der BRD liegt und von dieser abgelehnt wird. Strauß erwähnte, daß zur Frage der doppelten Nulllösung (einschließlich der Raketen 500 bis 1000 km) Genscher gegenwärtig noch andere Auffassungen vertritt, als sie der oben dargelegten Einschätzung zugrunde liegen. Demgegenüber habe Bangemann bereits klare Positionen".

Deutsche Realitäten

Im Folgenden wurden weitere Papiere ausgetauscht. So etwa zur "Entwicklung der Beziehungen zwischen der DDR und der BRD. Diese behandelten unter anderem Vorschläge "zur Reduzierung der Valutaaufwendungen" im Rahmen des "privaten Reiseverkehr[s]" via Bundesbahn und weiter ein "Positionspapier" hinsichtlich der "Reduzierung von Valutaaufwendungen im Eisenbahnverkehr". Strauß teilte mit, am 21.Mai werde ein Treffen zwischen ihm, "Kohl, Bangemann und Schäuble stattfinden". In dieser Beratung werde "er auf eine Entscheidung zu dieser Frage drängen". Schalck ergänzte, er habe "in diesem Zusammenhang nochmals darauf hingewiesen, daß durch den privaten Reiseverkehr mit der Eisenbahn für die DDR in zunehmendem Maße hohe Belastungen" entstünden, "die von ihr", d.h. der DDR, "nicht getragen werden" könnten. Strauß habe mitgeteilt, er werde sich "in den nächsten Tagen über" diese "Gesprächen und über bereits evtl. getroffene Entscheidung informieren".

Einige Bemerkungen zu den Landtagswahlen in Rheinland-Pfalz und Hamburg folgten. Zu Hamburg erscheint die Bemerkung interessant, die Strauß machte, er erwarte nicht, "daß die FDP die 5%-Klausel überspringen" werde. Er hielte "es nicht für denkbar, daß unter Dohnayi eine Koalition mit den Grünen eingegangen" werde. Es werde "dann zu einer Minderheitsregierung der SPD kommen". Doch kehrte der bayerische Ministerpräsident noch einmal zu dem Leitthema der deutsch-russischen Beziehungen zurück. Schalck hielt fest:

> "Im Verlauf des weiteren Gespräches ging Strauß auf die Gespräche zwischen der Bundesregierung und dem Stellvertreter des Vorsitzenden des Ministerrates der UdSSR und Minister für Landwirtschaft, Genossen Muraschowski, ein. Seitens der Bundesregierung werden diese Gespräche als sehr positive eingeschätzt. Es wurde deutlich, daß die UdSSR in nächster Zeit ihre Anstrengungen darauf konzentrieren wird, eine Unabhängigkeit von Importen bei Getreide, Fleisch und Butter zu erreichen.
>
> Obwohl die BRD diese ehrgeizigen Pläne nicht für realistisch hält, wird sie diese Anstrengungen durch die Lieferung von Zuchtvieh und technischen Ausrüstungen für die Landwirtschaft sowie durch die Lieferung von Fleisch in den nächsten 2 Jahren unterstützen.
>
> Insbesondere hinsichtlich der Lieferungen bei Fleisch wird die BRD möglicherweise einen Teil der Exporte übernehmen, die bisher von Frankreich durchgeführt wurden. Darüber hinaus ist vorgesehen, daß in Kürze Verhandlungen, insbesondere durch Firmen Bayerns mit der UdSSR mit dem Ziel des Abschlusses konkreter Vereinbarungen geführt werden".[1]

Etwa eine Woche darauf traf Schalck mit dem "Chef des Bundeskanzleramtes Schäuble" in Bonn zusammen, um die protokollarischen Einzelheiten des Honecker-Besuches, "in der Zeit vom 7.-11.September 1987", zu erörtern. In der Zusicherung, dass Schäuble "prinzipiell" erklärte, Honecker werde "als Staatsoberhaupt der DDR behandelt" werden und es handele sich aus der Sicht des Bundeskanzlers "um einen politischen Besuch" und "nicht vorrangig um ein repräsentatives Treffen", war der Rang des Besuches als herausragend bestimmt. Es ging um das "Abspielen der Nationalhymne[n] der DDR und der BRD", das Zeigen der "Fahnen der Deutschen Demokratischen Republik und der Bundesrepublik" sowie ein "Großes Abendessen mit Ansprachen" in der "Redoute Bad Godesberg". Auch sollte Erich Honecker mit "Ministerpräsidenten von Bundesländern in Bonn zusammenkommen" können. Es wurde "dabei an den Ministerpräsident Späth gedacht". "Ein Besuch in Nordrhein-Westfalen, eine Begegnung mit Johannes Rau in Düsseldorf und...mit Berthold Beitz in Essen" seien vorgesehen. Im Zusammenhang mit einem Besuch Honeckers im Saarland wurde eine "Begegnung mit Ministerpräsident Bernhard Vogel", sowie mit Oskar Lafontaine erwogen. In Wiebelskirchen sollte Honecker sein Elternhaus besuchen können und den Abschluss des Honecker-Besuches in der Bundesrepublik würden eine "Begegnung mit F.J.Strauß" sowie eine "Kranzniederlegung in Dachau" bilden.

Im Gegenzug berührte Schäuble unmittelbar "die getroffenen Festlegungen gegenüber Westberlin", die "doch in absehbarer Zeit so zu entscheiden" sein würden, "daß die vereinbarten Gesprächsebenen fortgeführt" würden. Ein Junktim mit Absprachen über Westberlin schien unverkennbar hergestellt und Schalck hielt fest, Schäuble gehe davon aus,

> "daß der Generalsekretär des ZK der SED und Vorsitzende des Staatsrates auch ausgehend von dem in Berlin geführten internen Gespräch gegenüber diesem Wunsch der BRD-Seite Entgegenkommen"

zeige. Ein Gegenbesuch des Bundeskanzlers wurde positiv erwogen.

Schalck berichtete von einem zusätzlichen Ereignis, das die besondere Bedeutung dieses Gespräches unterstrich:

> "Während unseres Gespräches betrat für mich unerwartet der Bundeskanzler das Arbeitszimmer Schäubles und brachte seine Genugtuung über die Durchführung dieser Gespräche zum Ausdruck. Er übermittelte beste Grüße an den Generalsekretär des ZK der SED und Vorsitzenden des Staatsrates, Erich Honecker, und brachte dabei zum Ausdruck, daß er ihn in absehbarer Zeit gerne in Bonn begrüßen würde. Für das Gespräch mit mir hatte Schäuble die Fraktionssitzung der CDU verlassen. Er äußerte, nachdem der Bundeskanzler das Zimmer verlassen hatte, daß ihn doch die Neugierde dazu veranlaßt habe, den Beauftragten der DDR zu begrüßen".

Die weitere Unterredung kreiste um die wichtigeren Aspekte der deutsch-deutschen Beziehungen. Schalck hielt fest:

> "Im Zusammenhang mit der bevorstehenden Tagung des politisch Beratenden Ausschusses der Staaten des Warschauer Vertrages bemerkte Schäuble, daß unmittelbar im Vorfeld mit einer wichtigen Erklärung des Bundeskanzlers zu Abrüstungsfragen speziell zu seiner bereits veröffentlichten Position zur Entfernung der Raketen aller Reichweiten der USA und der UdSSR aus Mitteleuropa zu rechnen ist.
> In diesem Zusammenhang machte Schäuble darauf aufmerksam, daß man nicht davon ausgehen sollte, daß die Bundesregierung eine antiamerikanische Haltung zu den aktuellen Abrüstungsfragen bezieht oder bezogen hat. Er legte besonderen Wert darauf, daß in letzter Instanz ausschließlich der Bundeskanzler

der Bundesrepublik Deutschland die Bundesrepublik vertritt und die entsprechenden Entscheidungen trifft.

Die F.J. Strauß übermittelten non paper zu den Fragen der weiteren Entwicklung der Beziehungen zwischen der DDR und der BRD und zur Reduzierung der Valutaaufwendungen, die der DDR im Zusammenhang mit dem privaten Reiseverkehr für Leistungen der Bundesbahn entstehen werden durch die Bundesregierung sorgfältig geprüft".

Neben dem unverkennbaren Hinweis auf die Funktion und Bedeutung des Bundeskanzlers in diesen Gesprächen, der einen ausdrücklichen Hinweis auf die Einordnung der Person F.J.Strauß in die Abläufe bewirkte, fällt die besondere und freundliche Gesprächsführung durch Schäuble ins Auge. Peinlich wurde das Eingeständnis bestehender Differenzen in der Rüstungsfrage zwischen Bonn und Washington vermieden.[2]

---

[1] BA-Berlin, DL 2/1075. A.Schalck, Information über das Gespräch zwischen dem Vorsitzenden der CSU und Ministerpräsidenten des Freistaates Bayern, F.J.Strauß und Genossen Schalck am 11.5.1987, Bl. 399-405. Ash spricht von einer „Schattenpolitik" der SPD. Diese setzte die in den Regierungsjahren von Brandt und Schmidt aufgebauten Kontakte zur SED ungebrochen fort. Honecker äußerte sich 1979 gegenüber Pomomarjew dazu skeptisch (vgl. Ash, Europa, S. 471). Zur Fortsetzung das Protokoll des Politbüros vom 2.11.1982 (vgl. Ash, Europa, S.472). Vogel traf sich jährlich mit Honecker „auf dem Jagdschloß Hubertusstock" (Ebd., Ash, Europa: „Beim zweiten dieser Treffen im März 1984"). Einen „Vertragsentwurf für eine chemiewaffenfreie Zone" entwickelte bis zum Juni 1985 eine sechs Mal tagende gemeinsame Kommission SPD/ZK-Sekretär Axen (Ash, Europa, S. 472). Brandt und Honecker trafen sich im September 1985 (Ash, Europa, S. 473). Die DDR-Seite gab die Gesprächsergebnisse direkt an Moskau weiter (Manfred Uschner). Die Bahrschen Ergebnisse zu einer atomwaffenfreien Zone in Mitteleuropa hatten Reagans und Moskaus Billigung, so Ash (Ebd., S. 473f.). Im Juli 1988 kam es zu „einem gemeinsamen Vorschlag für eine ‚Zone des Vertrauens und der Sicherheit' (Ash, S. 474), der von Moskau gebilligt wurde. Strauß-Gedanken und Formulierungen der SPD flossen vor dem Honecker-Besuch im August 1987 zusammen (vgl. Ash, Europa, S. 475). Selbst Sozialdemokraten und Kommunisten waren demnach auf dem Weg, sich zu treffen (vgl. Ash, Europa, S. 478). Das brachte zunehmend die DDR/SED im eigenen Land in eine Schieflage hinsichtlich der Abgrenzung zum Westen (Vgl. Ash, Europa, S. 479). Dass die DDR, so auf mannigfaltigen Fronten attackiert, drohte zusammenzuklappen, bestätigte im Sommer 1989 das Diktum Epplers: „Keine Seite kann die andere daran hindern, sich selbst zugrunde zu richten" (Ash, Europa, S. 481). Seitens der SPD war ein Reformdruck in der DDR beabsichtigt. Das scheint zumindest Walter Momper beabsichtigt zu haben (vgl. Ash, Europa, S. 482). Ganz so verwirrt wie Ash die SPD sieht, war sie nicht. Auch Bahrs Forderung, die DDR zu stabilisieren, trifft heute auf andere Ohren (Ash, Europa, S. 48f.: „...mit Reformen, die zu einem dritten Weg führen sollten"). Brandt rief in gleicher Weise, wie es heute verstanden werden kann, zu staatsmännischer Weitsicht auf. „Im Frühjahr 1989" hatte „Brandt die Möglichkeit, nicht einer Wiedervereinigung, aber einer Neuvereinigung" gewittert. Im September 1989 sagte er, es werde „nicht eben zu trennen sein, was denn doch zusammengehört". Nach einem Besuch bei Gorbatschow soll er „diskret" bemerkt haben, „dass Honeckers Tage gezählt seien" (Ash, Europa, S. 483).
[2] Ebd., Information über das Gespräch zwischen dem Bundesminister und Chef des Bundeskanzleramtes Schäuble und Genossen Schalck am 19.5.1987, Bl. 306-312.

Der Honecker-Besuch

Während der nächsten Wochen entstand Unsicherheit in Ostberlin, angesichts möglicher Tendenzen der westdeutschen Seite, die Existenz der DDR als selbständigem Staat weiterhin in Frage zu stellen. Dies brachte Schalck zu Beginn einer weiteren Unterredung mit Schäuble am 23.Juni zum Ausdruck. Der Kanzleramtsminister berührte die Absage eines Gespräches für den 16.Juni. Es schien, als sei seitens der DDR der für September vorgesehene Besuch Honeckers in Bonn fraglich geworden. Schalck erklärte mit durchgedrücktem Rückrat:

> "Wir gehen davon aus, daß der Bundeskanzler der BRD zu der Gemeinsamen Erklärung vom 12.März 1985 und der darin getroffenen Feststellung, daß die *Unverletzlichkeit der Grenzen und die Achtung der territorialen Integrität und der Souveränität aller Staaten in Europa in ihren gegenwärtigen Grenzen eine grundlegende Bedingung für den Frieden sind*, steht. Das gilt gleichfalls für seine Regierungserklärung vom 18.3.1987, wonach die BRD nach aktiver und weltweiter Friedenspolitik strebe und sich für ein gutes Klima in den Beziehungen zur DDR einsetzt" (Hervorh.v.m., B.S.).

Dem widersprach Schäuble nicht. Nach kurzem Geplänkel über den endgültigen Termin des Honecker-Besuches in Bonn, wurden Details erörtert, wie die Delegationen zusammengesetzt sein würden, ob ein "längeres 'Vier-Augen-Gespräch'" zwischen Honecker und Kohl stattfinden solle, und Mittag und Bangemann zusammenkommen sollten. Schäuble riet, "aus atmosphärischen Gründen", den "Vorsitzenden der CDU/CSU-Fraktion", Alfred Dregger "nicht von den Gesprächen mit ...Honecker, auszuschließen". Weiter brachte der Kohl-Berater eine Liste mit Häftlingen, über Siedlungen und Ausreisewünsche zur Sprache. Auch Probleme mit einigen bekannten Journalisten seien zu überprüfen. "Er halte dies deshalb für erforderlich", so Schäuble, "da die Presse nicht von der Bundesregierung zu beeinflussen sei". Ein immer wieder erneuertes Argument der westdeutschen Seite. Neben "Städtepartnerschaft[en]" ging es weiter um "Verhandlungen zum Abschluß des Abkommens [über] Wissenschaft und Technik und zum Abkommen über den Informations- und Erfahrungsaustausch auf dem Gebiet des Strahlenschutzes". Es wurde "eine Paraphierung bis zum 15.8.1987" ins Auge gefasst. Gegen Ende des Gespräches präsentierte der Kanzleramtsminister ein "non paper zur weiteren Entwicklung der Beziehungen zwischen der DDR und der BRD". Schäuble erläuterte, der Leiter der Ständigen Vertretung der BRD in Ost-Berlin, "Bräutigam, sei beauftragt, auf der Grundlage dieses non papers über die weiteren Prioritäten zur Entwicklung der Beziehungen in der nächsten Zeit mit einem Beauftragten der DDR" zu sprechen.[1]

Ein Anfang Juli durchgeführtes weiteres Gespräch zwischen Schalck und Schäuble offenbarte, das in den westdeutschen Medien eine Kampagne gegen die DDR und deren Praxis im Reiseverkehr von "Rentner[n], Inhaber[n] von Seniorenpässen und Familien mit mehreren Kindern" ablief. Der DDR-Unterhändler berichtete:

> "Die Reaktion und Irritationen der BRD-Seite zu den Festlegungen der Umtauschsätze für Reisezahlungsmittel mit Wirkung vom 1.7.1987 lagen in erster Linie Befürchtungen zu Grunde, daß damit der Reise- und Besucherverkehr eingeschränkt werden"

solle. Doch überließ Kohl diese Detailfragen und Erklärungen den unteren Verhandlungsebenen und gab er ferner, "im Interesse der Vorbereitung des Besuches keine persönlichen Stellungnahmen zu diesen Fragen" ab. Schäuble schlug seinerseits vor, die Detailfragen der Reiseregelungen "auf der Ebene Bräutigam - Leiter der Abteilung BRD im MfAA,... Karl Seidel" zu überlassen. Auch sollten "Sondierungsgespräche zu Fragen der Eisenbahn und der Grunderneuerung der Autobahn" fortgeführt werden. Im übrigen drang der Minister darauf, "die bereits erfolgte Mitteilung zur Wiederaufnahme der Gespräche zwischen dem Senat von Berlin (West) und der Regierung der DDR" wiederaufzunehmen.[2]

Die bereits 1983/84 vom MfS angedeutete Tendenz, eines künftig zwischenstaatlich abgesicherten Zusammengehens zwischen Deutschland Ost und West, ließ sich 1987 bereits mit Händen greifen.

---

[1] BA-Berlin, DL 2/1975. Information über das Gespräch zwischen dem Bundesminister und Chef des Bundeskanzleramtes Schäuble und Genossen Schalck am 23.06.1987, Bl. 167-171. Honecker erklärte, er sei 1985-86 der Einladung nach Bonn nicht nachgekommen, um „nicht als Wahlhelfer der CDU in Erscheinung" zu treten (Ash, Europa, S. 487).

[2] Ebd., DL 2/1075. Anlage 1. Vermerk über das geführte Gespräch zwischen dem Bundesminister und Chef des Bundeskanzleramtes Schäuble und Genossen Schalck am 08.07.1987, 8.7.1987, Bl. 128-132. Gorbatschow, Erinnerungen, S. 702: „Nach Reykjavik, als die Emotionen sich gelegt hatten, wurde man in Bonn, etwa in der zweiten Hälfte des Jahres 1987, zusehends aktiv. Ich erhielt einige Briefe von Bundeskanzler Kohl, in denen er sich sogar formal dafür entschuldigte, dass in der letzten Zeit ein paar Mal über die Stränge geschlagen worden sei, wobei er allerdings die Verantwortung überwiegend der Presse zuwies." Ash betont, „die zweite Ostpolitik der Sozialdemokraten bestand also aus einem intensiven Dialog mit den herrschenden kommunistischen Parteien". Es wurde von Bahr erklärt, die SPD habe sich weiter bemüht, in Fortsetzung der Kontakte während ihrer Regierung, „sozialdemokratische Spitzenpolitiker von Gorbatschow und Honecker empfangen zu lassen", mit dem Ziel, sich

dem Wähler als regierungsfähig darzustellen. Bahr erschien zum Beispiel „als Metternich der Linken" (Ash, Europa, S. 485). Das ging so weit, dass Brandt, am 5.9.1986 im Vorfeld der Bundestagswahl, über Bahr in Ostberlin erklären ließ, "dass bei der Regierungsübernahme durch die SPD die Regierung der BRD voll die Staatsbürgerschaft [der DDR] respektieren" werde (Ash, Europa, S. 487). Das ging bis zu ausgesprochenem Zusammenspiel, zum Beispiel in der Asylfrage. Bahr und Axen vereinbarten, dass Ankündigungen der DDR dazu zuerst Rau zukämen, damit dieser in der Vorhand gegenüber dem Ständigen Vertreter der BRD in Ostberlin (und damit der CDU-Regierung) sei (vgl. Ash, Europa, S. 488).

3. Kapitel: Kulminationspunkt der DDR-Volkswirtschaft

Phantombilder westlicher Fachleute

Dass die westdeutschen Regierungsstellen, anders als später behauptet, über den Zustand von DDR-Industrie und Wirtschaft sehr wohl informiert waren, belegen "Gesprächsnotizen eines Mitarbeiters der Wirtschaftsabteilung der Ständigen Vertretung der BRD" in Ost-Berlin aus dem April 1987. Dieses Papier führt aus, die DDR habe sich äußerst begrenzt dem Reformkurs Gorbatschows geöffnet, und dies sei in verkürzten Reaktionen Ost-Berlins zum Ausdruck gekommen. Weiter wurden die DDR-Binnenwirtschaft, und die Frage grundsätzlicher Veränderungen des "bewährten Systems", zur Diskussion gestellt, wobei klar wurde, "grundsätzliche Veränderungen" seien „nicht in Sicht". Das taktische Verfahren der DDR-Führung bestehe darin, die Leistungen der Ära Honecker - auf dem Bestehenden verharrend - weiterhin umfassend zu entwickeln. Auch der Versuch, über Wissenschaft und Technik Wachstumsquellen zu finden, und - darüber hinaus - im Bereich der Energiepolitik - Fortschritte zu erzielen, verdeckten nicht die Tatsache, dass das Hauptproblem der DDR im "Außenhandel" liege. Die Aussichten seien mehr als düster. Im Einzelnen wurde aufgeführt:

> "a) im Handel mit den RGW-Ländern (60% des Außenhandels der DDR), konnte nur noch ein Zuwachs von 3% erreicht werden, geplant war ein Wachstum von 4%.
>
> b) mit den westlichen Industrieländern, 29% wurde noch ein Überschuß von 1,5 Mrd.VM erwirtschaftet, Vorjahr 4,2 Mrd.VM. Hier wirken sich Ölpreisverfall und Dollarrückgang belastend aus.
>
> Setzt sich diese Entwicklung fort, dürfte sich die Wettbewerbsposition der DDR 1987 weiter verschlechtern. Vor allem in den EG-Ländern sind die Lieferungen der DDR mit Ausnahme nach Italien um zweistellige Prozentzahlen zurückgegangen.
>
> Die Bezüge der DDR sind demgegenüber aus allen EG-Ländern kräftig angestiegen.
>
> Das bedeutet, daß die DDR 1986 vor allem aus diesem Raum weniger Devisen als im Vorjahr erwirtschaften konnte.
>
> c) Bemerkenswert ist, daß die DDR demnach die Nettoverschuldung in Devisen 1986 auf ca. 5,5 Mrd. Dollar konstant gehalten hat.
>
> Die DDR hat darüber hinaus Schulden aus kumulierten Defiziten im innerdeutschen Handel nunmehr 1986 von 4,1 Mrd. VE.

Nach sowjetischen Angaben ist die DDR gegenüber der SU in Höhe von 4 Mrd. Transferrubel verschuldet. In der DDR wird dies bestritten. Sie rechnet ihre Investitionen in der SU im Rohstoffbereich gegen Defizite auf und kommt daher zu einem ausgeglichenem[n] Ergebnis. (Sowohl der [die] Schulden gegenüber der BRD als auch gegenüber der SU sind Handelsschulden im Verrechnungsverkehr, die für eine Bonitätsbewertung nicht von entscheidender Bedeutung sind.)"

Ergänzt wurde, "der innerdeutsche Handel" habe "1986 gegenüber dem Vorjahr mit einem Minus von 9% abgeschlossen". Auslösend seien dabei "Preiseinbrüche bei den Rohstoffen" gewesen. "Diese Güter...Mineralöl usw." machten "immer noch einen Löwenanteil im innerdeutschen Handel aus".

Die Zukunftsaussichten der DDR Wirtschaft wurden unter dem Gesichtswinkel der Außenwirtschaftsbeziehungen analysiert. Zu erwarten seien eine "möglicherweise" nachlassende "Konjunktur in den westlichen Staaten vor allem auch in der BRD", "verstärkte Konkurrenz in den Schwellenländern", "Dollarverfall" und "möglicherweise anhaltende Stagnation der Preise für Ölprodukte und andere Rohstoffe". Als Optionen der DDR wurden aufgeführt:

a) Auch künftig wird die benötigte Hartwährung primär aus Mineralölgeschäften erarbeitet. Dazu ist die Lieferung immer größerer Mengen erforderlich.
b) Importe, die harte Währung kosten, werden gedrosselt. Der Export wird forciert. Dies führt zu erheblichen Engpässen bei Investitionen und beim Verbrauch.
c) Weiterer Abbau der Nettoverschuldung gegenüber westlichen Gläubigern wird aufgegeben und eine erneute Erhöhung der Nettoverschuldung wird hingenommen".

Eine erneute Kreditaufnahme, so der Informant, sei augenscheinlich momentan nicht geplant. Dies habe die Sowjetunion "bei erheblichen Anfällen ebenfalls nicht getan". Daher sei "zu befürchten, daß die DDR den Weg der Importrestriktionen mit negativen Nachfolgen für den Verbraucher und für die notwendigen Investitionen, vor allem im Bereich der Umwelt, beschreiten" werde. Vor diesem Hintergrund wurde der Vorschlag entwickelt, die DDR solle sich auf eine verstärkte Kooperation mit der Bundesrepublik einlassen. Für die kommende Entwicklung sei vor allem entscheidend, dass die DDR sich "durch [ein] qualitativ verbessertes Warenangebot im internationalen Handel...dem härteren Wettbewerb stelle und alle Marktchancen auch wirklich" nutze. Weiter, und das scheint entscheidend, solle die DDR "*neue Formen der Kooperation*...stärker" nutzen (Hervorh.v.m., B.S.). "Bisher", so der Gesprächsbericht, habe die DDR erfolgreich "Lizenzproduktion nur mit einigen Unternehmen, z.B. Volkswagen und Salamander; langfristige Zusammenarbeit betrieben, die über den reinen Warenaustausch" hinausgehe. "Diese Zusammenarbeit" habe dem "innerdeutschen Handel Auftrieb gegeben". Damit wurde erneut in die Richtung gemeindeutscher Lösungen gewiesen, was in dem Zusammenhang angedeutet wurde, dass mit "der DDR, wie...anderen WP-Staaten und [der] Sowjetunion über Joint-Ventures mit wesentlichen Unternehmen" nachgedacht werden solle. Dass die innerparteiliche Diskussion in den einzelnen Warschauer-Pakt-Staaten noch nicht entschieden sei, dieser Hinweis betonte nur, wie sehr über diesen Erwägungen der Schleier des Ungewissen lag*; wurde hier doch das Ziel des „Volkswagen-Plans" berührt.

---

* Birthler-Behörde, MfS-ZAIG, 19769. HA II, Streng geheim, Information: Einschätzung zur politischen und wirtschaftlichen Entwicklung in der DDR, 1.4.1987, Bl. 32-37.

Ein ARD–Korrespondent und das MfS

"Inoffiziell wurde zuverlässig bekannt, daß unter Absolventen" der Humboldt-Universität Berlin Kritik hinsichtlich der "Trendberechnungen zur ökonomischen Leistungsfähigkeit der DDR-Wirtschaft im Vergleich zur UdSSR" geäußert worden sei. Ende Juli 1987 erhielt das MfS diese Mitteilung, die auf "angeblichem Hintergrundwissen" basiere und inoffiziell erarbeitet worden sei. Die Gruppe von Absolventen habe die Forderung erhoben, die

> "Leitungs-, Planungs- und Stimulierungsmechanismen in der Volkswirtschaft der DDR müssen konkreter gestaltet werden, um für jeden 'gut' und 'schlecht' spürbar zu machen".

Auf der "Kenntnis angeblich interner Vorgänge" fußend, sei geschlussfolgert worden,

> "daß ständige volkswirtschaftliche Steigerungsraten in der DDR nicht auf die Dauer, wie angeblich derzeit in der Planungs- und Bilanzierungspraxis üblich, rechnerisch erbracht werden können, da dabei die Gefahr bestehe, daß dieses künstliche System zusammenbreche".[1]

Kurz darauf ging es um eine Mitteilung des "Leiter[s] der Wirtschaftsabteilung der Ständigen Vertretung der BRD" in Ost-Berlin, die dieser einem in der DDR akkreditierten ARD-Korrespondenten gegeben habe. Es ging dabei um die "Einschätzung zur ökonomischen Situation in der DDR". Im Einzelnen ergibt sich die Aussage, ein BRD-Diplomat an der Ostberliner Ständigen Vertretung habe, ausgehend von Veröffentlichungen in der BRD-Presse, wonach die

DDR von der BRD einen Kredit in Höhe von 4 Milliarden DM erhalten" solle, "die allgemeine Situation in der DDR nicht besonders gut" beurteilt. Es wurde festgestellt:

> "Trotz der offiziellen Erfolgsmeldungen sind weitestgehende Planrückstände zu verzeichnen. So hat z.B. die DDR über Jahre die Investitionen vernachlässigt".

Der BRD-Diplomat habe gegenüber dem ARD-Korrespondenten darauf verwiesen, "die Hauptinvestitionen würden in Generalreparaturen gehen". Daraus sei "eindeutig zu ersehen, 'wohin die Karre läuft'". Der Mitarbeiter der Ständigen Vertretung habe zugleich bedauert, "daß die Größenordnung der Planrückstände nicht zu quantifizieren" sei. "Der ARD-Korrespondent" habe sich vergewissert, "die Verschuldung der DDR" betrage 7 Milliarden Netto". Er habe "zum Ausdruck" gebracht, "daß die DDR bereits Anfang der achtziger Jahre mit 11 Milliarden verschuldet" gewesen sei und mit dem neuen Kredit diese wieder erreichen würde. Er sprach "einen Artikel an, der in einem westlichen Publikationsorgan veröffentlicht" worden sei und" welcher "vom Zusammenbruch der DDR-Wirtschaft gesprochen" habe. Der ARD-Journalist teilte mit, "der BRD-Diplomat" habe „betont", er neige dieser "Zusammenbruchstheorie nicht" zu, "da die DDR-Wirtschaft im Vergleich zu anderen RGW-Staaten ein bestimmtes Niveau erreicht" hätte "und dieses auch" halte. "Die Kreditsituation der DDR" sei "momentan so, daß sie die Finanzierung der laufenden Geschäfte die ausreichend und gut" sei, beherrsche. Es werde geurteilt, "die Verschuldung der DDR sei eigentlich normal", das heiße, "die Nettoverschuldung sei konstant geblieben". Der Mitarbeiter der Ständigen Vertretung habe "zum Ausdruck" gebracht, "daß sich der Westen schon immer gefragt" habe,

> "warum sich die DDR diesen hohen Devisenhaushalt leistet, ohne ihn umzusetzen. Nach seiner Auffassung hat die DDR Einzelgeschäfte durch gutes 'Kredit-standing' finanziert, sie hat keine Großkredite benötigt".

Die Vorstellungen der DDR-Führung habe der BRD-Vertreter dahin referiert, diese wolle "neue Kredite" nur dann aufnehmen, wenn sie "günstige Konditionen" fände. Im Übrigen habe die DDR "nie die Absicht" gehabt, "sich bis über die 'Halskrause' zu verschulden". Der ARD-Korrespondent habe daraus abgeleitet, "bei Aufnahme dieses Kredites seitens der DDR" bestehe die Möglichkeit "einer Kurskorrektur" der DDR-Führung. Der Leiter der Wirtschaftsabteilung in der Ständigen Vertretung, der Informant des Journalisten, der dem MfS berichtete, habe betont, "käme ein neuer Kredit", so wäre zu erwarten, "daß die DDR hochwertige Konsumgüter" herstelle, "um die Nachfrage im eigenen Land zu decken".[2]

---

[1] Birthler-Behörde, MfS-ZAIG, 19769. HA II, Streng geheim, Oberst Buchholz, Information: Aktuelle Meinungsäußerungen, E.: 29.7.1987, Bl. 22.

[2] Ebd., HA II, Streng geheim, Oberst Buchholz, Information: Einschätzung zur ökonomischen Entwicklung in der DDR, Bem.: StV, E.: 3.11.1987, Bl. 12f. Klaus Jürgen Börner, NDR, hat befragt, darauf hingewiesen, ein anderer Journalist, Peter Merseburger, sei u. U. dort gewesen. B. hat dann auf weitere Anfragen nicht mehr geantwortet.

Zäher Kampf um jeden Zentimeter

Auf breiterer Front wurden inzwischen Gespräche zwischen der DDR-Wirtschaft und der westdeutschen Industrie eingeleitet. Der Vorsitzende der VEBA AG, Rudolf von Benningsen-Foerder, sah durchaus Möglichkeiten, "rasch eine Übereinstimmung" zu erzielen, "sofern der Wille zur Einigung bestehe". Nachdem die vorbereitenden "Sondierungsgespräche" zwischen der VEBA und der INTRAC Handelsgesellschaft, zwecks "Lieferung von Elektroenergie zwischen der DDR und der BRD unter Einbeziehung von Berlin (West)" "nunmehr beendet" seien.[1] Erneut, und wie bereits bei anderen Projekten zu erkennen, sowie im Hintergrund stets präsent, blieb das Bemühen der DDR-Führung, ihrerseits aus jeglichem kommerziellen Kontakt liquide Mittel zu gewinnen. Dies Bestreben wurde, im Falle einer Trassennutzung nach West-Berlin, und der dafür geforderten Zahlung von "50 - 100 Mio DM p.a. zusätzlich zu den ...Investions- und Unterhaltungskosten" als "unangemessen" zurückgewiesen.[2]

Innerhalb der DDR Führungsspitze kristallisierte sich inzwischen eine Entscheidung über die Fortsetzung der Gespräche mit Schäuble heraus. Es war in Ostberlin die Vorstellung leitend, "die anstehenden ökonomischen Sachkomplexe, wie z.B. Ausbau und Elektrifizierung von Transitsstrecken und Fragen der Grunderneuerung von Autobahnabschnitten, weiterhin mit [dem] Bundesminister Schäuble" zu verhandeln. Schalk äußerte sich dahin, "eine Erörterung dieser Fragen mit den zuständigen Ressortministern" werde "gegenwärtig nicht für zweckmäßig erachtet, da die gesamten anstehenden Fragen von Schäuble geleitet, sowie die erforderlichen politischen Entscheidungen auf dieser Ebene vorbereitet" seien. "Darüber hinaus würden Gespräche mit Fachministern zu diesen Fragen die vereinbarte Vertraulichkeit in Frage stellen". "Die Bildung einer 'Gemischten Wirtschaftskommission' und Fragen des Bezugs und zur Lieferung von Elektroenergie unter Einbeziehung von Westberlin" war Schalck durchaus zu erörtern bereit.[3] Die in Anlage 1 bestätigten und zwischen dem 4.

und 20.August durchgeführten Gespräche offenbaren nur erneut deren begrenzte Reichweite.[4]

Am 17.August trafen sich Schäuble und Schalck ein weiteres Mal, um die protokollarischen Einzelheiten des Honecker-Besuches in Bonn abzustimmen. "In diesem Zusammenhang" stellte Schalck die Frage,

> "wie sich der Bundeskanzler im Vorfeld der Vorbereitung des Treffens der Außenminister der UdSSR und der USA zum Abzug der 72 Pershing 1a-Raketen verhalten"

werde. Schalk notierte als Antwort:

> "Schäuble erklärte dazu - unter ausdrücklichem Hinweis, daß dies nicht zur Veröffentlichung und nur für den 'Hinterkopf' bestimmt sei – daß ein Abkommen UdSSR/USA zur Frage der Beseitigung atomarer Mittelstreckenraketen daran nicht scheitern"

werde. "Die Entscheidung würde [in] letzter Konsequenz bei den Amerikanern liegen". Der DDR-Vertreter ergänzte:

> "Man kann damit rechnen, daß die gebotene Chance, erstmalig ein Abkommen zur Beseitigung atomarer Mittelstreckenraketen zu erreichen, nicht von der BRD-Regierung blockiert wird".

Zur weiteren "Reduzierung der Valutaaufwendungen der DDR im privaten Reiseverkehr", der "Aufnahme einer Formulierung im Kommuniqué zu weiterer Entwicklung des Tourismus", "Erleichterungen im Reise- und Besucherverkehr zwischen der DDR und Westberlin", "zur Elektrifizierung und zum Ausbau von Eisenbahnstrecken", der "Grunderneuerung von Autobahnabschnitten", den "Verbesserungen im Post- und Fernmeldeverkehr", dem "Nichtkommerziellen Zahlungsverkehr" sowie "zu den Fragen des Bezugs und der Lieferung von Elektroenergie unter Einbeziehung von Westberlin" sei gesprochen worden. Art und Themen bezeichnen schon an sich das geringe Ausmaß der Schritte, die getan werden konnten und auch das „kleine Karo" in welchem offensichtlich gedacht wurde.[5]

Diese enge Sicht der Dinge verdeutlichte ein Bericht Schalcks an Mittag, in welchem "der aktuelle Arbeitsstand zum Entwurf eines gemeinsamen Kommuniqué übermittelt" wurde. Das Interesse der DDR, die "Moskauer Erklärung vom 12.3.1985 über die Unverletzlichkeit der Grenzen" aufgenommen zu sehen, wurde von der westdeutschen Seite dahin relativiert, dass "diese Frage nur in einem Spitzengespräch geklärt" werden könne. Auch die

Erörterung der "Elbgrenze" sollte einem derartigen Gespräch auf oberster Ebene vorbehalten bleiben. Der kritische Satz über die Aufgaben einer Grenzkommission, lautete in dessen westdeutscher Formulierung,

> "daß die konkrete Situation im Grenzbereich von großer Bedeutung ist für die Entwicklung normaler gutnachbarlicher Beziehungen"

Schalk kritisierte, dieser zweite Satz sei nicht akzeptabel. Hier wollte der DDR-Unterhändler eingesetzt wissen:

> "Generalsekretär Honecker verwies auf die große Bedeutung der Unverletzlichkeit der Grenzen".

Zusätzlich konstruierte die DDR-Seite ein Junktim zwischen der eventuellen Lösung dieser Frage und der "Möglichkeit der Aufnahme von Gesprächen über Fragen des Gewässerschutzes der Elbe". Auch gelangte die "normale Gesprächsebene" zu keinerlei Fortschritten hinsichtlich einer von der DDR angestrebten gemischten Wirtschaftskommission. In einem weiteren "informellen Gespräche mit Schäuble am 2.9.1987" sei dieser Versuch noch einmal zu unternehmen - so Schalck.

Mitarbeiter des Ministeriums für Auswärtige Angelegenheiten der DDR hatten bestätigt, es sei "das Bestreben der BRD-Seite zu erkennen, zu einem Gemeinsamen Kommuniqué zu gelangen". Das Gleiche gelte "auch für Wirtschaftsfragen und anstehende Sachkomplexe". Insbesondere, so wurde deutlich, ging es der DDR zunächst um deren "ökonomische Interessenlage", die dringend zu regeln war. Schalk führte auf:

> "- [den] kontinuierliche[n] Ausbau der wirtschaftlichen Zusammenarbeit auf der Grundlage der Gleichberechtigung und des gegenseitigen Vorteils (...).
> - Bildung bzw. Aufnahme von Gesprächen über eine gemischten Wirtschaftskommission (...).
> - Erwartung, daß die Gespräche über den Bezug und die Lieferung von Elektroenergie zum Abschluß entsprechender langfristiger Verträge führen werden (...).
> - Entwicklung der Beziehungen auf den Gebieten von Wissenschaft und Technik sowie des Umweltschutzes auf der Grundlage der geschlossenen Abkommen und vereinbarten Arbeitsprogramme zum gegenseitigen Nutzen (...).
> - Beide Seiten stimmen überein, zur weiteren Verbesserung der Verkehrsverbindungen - einschließlich von und nach Berlin (West) Regelungen und Ver-

einbarungen zum gegenseitigen Nutzen anzustreben. Das gilt vor allem für den Eisenbahnverkehr (...)".

Bonn machte deutlich, es werde "gegenwärtig den Verbesserungen im Eisenbahnverkehr hohe Priorität" beigemessen. "Aus innenpolitischen und finanziellen Gründen", so Schalck, beabsichtige "die BRD-Regierung Verbesserungen des Straßenverkehrs erst im Zusammenhang mit den für 1989 anstehenden Verhandlungen über die Neufestsetzung der Transitpauschale" zu erörtern. Weitere Themen bilden die "schrittweise Weiterentwicklung des Tourismus", die "Fahrpreisermäßigung im gegenseitigen privaten Reiseverkehr mit der Eisenbahn", und der "Abbau einschränkender Bestimmungen im nichtkommerziellen Zahlungsverkehr". Das betraf "inhaltlich besonders die sich aus dem Militärregierungsgesetz Nr. 53 ergebenden Beschränkungen".[6]

Im Verlauf des Gespräches mit Schäuble war das Bestreben der westdeutschen Seite erkennbar geworden, Westberlin zunehmend - unter sanftem Druck - in die Verhandlungen einzubeziehen. Schäuble wies darauf hin, eine Reihe von wichtigen Wünschen des Senats von Westberlin seien durch die DDR-Seite nicht erfüllt. Augenscheinlich um die Verhandlungsbereitschaft und die Bandbreite der DDR-Möglichkeiten zu testen, fühlte der Chef des Bundeskanzleramtes erneut mit dem Beispiel vor, Visa "für Inhaber von Mehrfachberechtigungsscheinen direkt an der jeweiligen Grenzübergangsstelle" zu erteilen. Schalk antwortete darauf, er sehe "keine Möglichkeit für weitere Zugeständnisse". Überdies wies der DDR-Vertreter darauf hin, es seien "seit 1982 eine Reihe von bedeutenden Regelungen über den Reise- und Besucherverkehr in Kraft gesetzt" worden. Im Gegenzug unterbreitete er den Vorschlag, weitere Grenzübergangsstellen zuzulassen und selbst über ein Offenhalten von Staaken zu sprechen. Darauf sei allerdings, seitens des Westberliner Senats, "bisher keine Reaktion erfolgt".

Der Unterhändler ergänzte, "nur unter der Voraussetzung der Übernahme der Kosten durch den Westberliner Senat sei eine ernsthafte Prüfung" dieser Option überhaupt möglich. Es wurde des weiteren "Zu Fragen des nichtkommerziellen Zahlungsverkehrs", sowie "zur Veränderung von Einfuhrbestimmungen im grenzüberschreitenden Verkehr", der "Gemischten Wirtschaftskommission" sowie "noch offenen Fragen im Kommuniqué" und zur Elbegrenze das "harte Brot" der Detailverhandlung gekostet. Das verhinderte jedoch nicht, dass "Einzelfragen" zum Zentralkomitee der Juden, Körbers Bergedorfer Kreis, der "großen Salier-Ausstellung" und Aufmärschen der "Jungen Union" zur Sprache kamen.[7]

---

[1] BA-Berlin, DL 2/1075. R.v.Benningsen-Foerder an H.Steinbach, 24.7.1987, Bl. 114.

[2] Ebd., Stellungnahme zum Papier "Bezug und Lieferung von Elektroenergie zwischen der DDR und der BRD unter Einbeziehung von Berlin(West), 24.7.1987, Bl. 115f.

[3] Ebd., A.Schalck an G.Mittag, 13.8.1987, Bl. 119f.

[4] Ebd., Anlage 1, Bl. 121.

[5] Ebd., Vermerk über das geführte Gespräch zwischen dem Bundesminister und Chef des Bundeskanzleramtes der BRD, Schäuble und Genossen Schalck am 17.8.1987, 18.8.1987, Bl. 79-84.

[6] Ebd., A.Schalck an G.Mittag, 2.9.1987, Bl. 33-36.

[7] Ebd., Vermerk über das Gespräch zwischen dem Bundesminister und Chef des Bundeskanzleramtes, Schäuble, und Genossen Schalck am 2.9.1987, Bl. 7-15.

4. Kapitel: Der Volkswirtschaftsplan 1988

Zwischen Produktion und Konsumption

Vor dem Hintergrund der durch Strauß am 4.März getätigten Aussagen zum Zustand der sowjetischen Haushalte, erscheint ein Blick auf die Lage der DDR-Finanzen von Interesse. Der Volkswirtschaftsplan der DDR des Jahres 1988 wurde Ende Oktober 1987 bei Günter Mittag und der Wirtschaftskommission diskutiert. Es sei möglich geworden, "den NSW-Exportüberschuß 1988 von bisher 2.1...auf 2,5 Mrd.VM zu erhöhen". "Eigen zu erwirtschaftende zusätzliche Rationalisierungsmaßnahmen" sollten um 500 Mio VM" gesteigert werden. Dies werde für 1988 "einen Exportüberschuß... in Höhe von 3,0 Mrd.VM" bewirken. Es wurde seitens der "Staatliche[n] Plankommission" für das Jahr 1989 das Ziel gestellt,

> "im Zusammenhang mit einem hohen Wachstum des Nationaleinkommens gegenüber 1988 um 4,9% und den zusätzlichen Rationalisierungsmaßnahmen zur Stärkung des Leistungswachstums bei Einsatz von 75% Nationaleinkommenszuwachs, einen Exportüberschuß im NSW in Höhe von 5,1 Mrd.VM zu erreichen".

In diesem Zusammenhang wurden "zusätzlich ausgearbeitete[n] Vorhaben der Rationalisierung zur Sicherung des Leistungswachstums des Fünfjahrplanes und zur Stärkung der produktiven Akkumulation, der Einsatz zusätzlicher vietnamesischer und anderer ausländischer Werktätiger sowie eine Reihe anderer Maßnahmen" in Anschlag gebracht, die allerdings "erst Ende 1988 bzw. Anfang 1989 in bedeutendem Umfang wirksam" würden. Gleichwohl seien diese "für die weitere Verbesserung der Zahlungsbilanz von großer Bedeutung".

Die Staatliche Plankommission bezog sich auf den "Entwurf des Volkswirtschaftsplanes 1988, Stand 1.4.1987", in welchem die "gemeinsam mit den wirtschaftspolitischen Abteilungen des ZK der SED und den Ministern erarbeiteten Vorschläge berücksichtigt" seien. In der Ausarbeitung der Staatlichen Plankommission wurde Rechenschaft abgelegt über die "Erfüllung des Volkswirtschaftsplanes 1987", woraus sich die Berechnung des "NSW-Exportüberschußes" für das Jahr 1989 herleiten sollte. Vorgeschlagen wurde eine Erhöhung "der industriellen Warenproduktion", der Leistung der "Volkswirtschaft insgesamt", sowie der Industrieproduktion darin. Damit erhöhte sich die Aufgabenstellung um "850 Mio M". Geschätzt wurde die "Warenproduktion 1987 in der Industrie" auf 1,4 Mrd.Mark "über dem Plan". Offen blieb ob, um dieses Ziel zu erreichen, es gelingen würde, im IV. Quartal 1987 einen "Produktionszuwachs" in Höhe von 5,4 Prozent" gegenüber dem Vorjahr zu realisieren. Um die NSW-Verbindlichkeiten 1987 in Höhe von 13,2 Mrd.VM zu sichern, wurden den Ministerien "detaillierte Aufgaben" gestellt und vorgeschlagen,

> "der NSW-Zahlungsbilanz einen Exportüberschuß 1987 in Höhe von 200 Mio VM zugrunde zu legen, anstatt bisher 100 Mio VM".

Dabei standen Rationalisierungsmaßnahmen ganz im Vordergrund. Schwergewicht wurde gelegt auf "Vorhaben zur Erhöhung der eigenen Produktion, des NSW-Exports sowie der NSW-Importablösung an Zuliefererzeugnissen, darunter Rationalisierungsinvestitionen in der Leichtindustrie zur Ablösung von NSW-Importen an Fertigerzeugnissen und Halbfabrikaten".

So sollten sich die "industrielle Warenproduktion" 1989 um 200 Mio M, der "NSW-Export" um 200 Mio Mark nebst "NSW-Importvermeidungen" (möglichst) im "Erfolgsjahr" auf "335 Mio M" belaufen. Optimistisch wurde behauptet, es sei bei den fortschreitenden Meldungen der Ministerien mit "einer weiteren Verbesserung der bisher erreichten Ergebnisse zu arbeiten". Mit den Ministerien wurde erörtert, weitere Rationalisierungs- und Effektivitätssteigerungen durchzuführen. Zudem sollten "vietnamesische[n] und andere ausländische[n] Werktätige" verstärkt eingesetzt werden. Ausgeführt wurde:

> "ein Zuwachs bei der Warenproduktion von   458   Mio M
> ein NSW-Export von   70   Mio VM
> eine NSW-Importablösung von   69   Mio VM".

Diese außenwirtschaftlichen Effekte, die schrittweise 1989" einträten, könnten "nach Refinanzierung planwirksam werden" führte die Staatliche Plankommission aus. "Weitere Maßnahmen, die vorgeschlagen wurden, sollten "zur Ablösung von NSW-Importen mit einem Aufwand von ca. 65 Mio VM" führen. "Bis zum Jahre 1990 sollte das "zu

> einer Ablösung von NSW-Importen in Höhe von   20   Mio VM
> einem Exportzuwachs von   10   Mio VM
> einer NSW-Importvermeidung von   10   Mio VM

führen". Davon würden "1988 mindestens 3 Mio VM für die Zahlungsbilanz wirksam zu machen" sein. Für das "Eisenhüttenkombinat Ost" erwartete Innovationen, wie z.B. eine "Warmbreitbandstraße" wurden bereits mit einer "NSW-Importablösung" in Höhe "von 25 Mio VM" einberechnet. Das Durchkämmen der "NSW-Export/Importbeziehungen" sollte weitere Millionen Verrechnungsmark bringen. Die Senkung des "NSW-Imports an Fertigerzeugnissen" wurde mit einem "Nettovalutaerlös" in Höhe "von 15 Mio VM" für das Jahr 1988 und "80 Mio VM" für das Jahr 1989 eingestellt.

Zunächst und übergreifend ging es um die "Export/Importoptimierung" - und das schließlich auch hinsichtlich "der Nahrungsmittelwirtschaft einschließlich Landwirtschaft, Versorgung der Bevölkerung und Lebensmittelindustrie". Eine "Verkürzung der Realisierungszeiten und Konzentration der Ressourcen" sollte "eine höhere Wirksamkeit" bei der "Ablösung von NSW-Importen" erzielen. Der NSW-Import sei im Planentwurf 1988 auf 94 Prozent des Ansatzes von 1987 zu senken. Weiter wurde geplant, den gesamten NSW-Import weiter zu vermindern - d. h. unter 41 Millionen, eine Sperrung von im Planentwurf 1988 vorgesehenen Importen in Höhe von 61 Million VM "durchzuarbeiten" und kurzfristig eine weitere "NSW-Importeinsparung von mindestens 10 Mio VM zu erreichen". Auch die "SW-Importe" seien "weiter zu verringern". Diese bestanden zu:

> "48 Prozent aus Rohstoffen, 12 Prozent Erzeugnissen der Leichtindustrie und Konsumgütern, 7% landwirtschaftlichen Erzeugnissen sowie 33 Prozent Maschinen und Ausrüstungen, Ersatzteilen sowie Leistungsimporten".

Doch, das bildete die Erkenntnis, "die sozialistischen Länder" seien "bei einer Reihe weiterer Erzeugnissen nicht lieferfähig". Deshalb wurde vorgeschlagen, "die Entscheidungen über den SW-Import und -Export erzeugniskonkret mit den Verhandlungen über die Jahresabkommen zu treffen". "Veränderungen in der Lieferung von mikroelektronischen Bauelementen der UdSSR an die DDR" seien "sowohl im Export als auch im Import zu berücksichtigen". Zur "NSW-Exportsteigerung und NSW-Importablösung" wurde der "zusätzliche[r] Einsatz von 10.000 vietnamesischen und anderen ausländischen Werktätigen im Jahre 1988 vorgeschlagen". Erhofft wurde dadurch, "eine zusätzliche industrielle Warenproduktion in Höhe von rd. 300 Mio M" zu erreichen. Gleichzeitig sollten jedoch Projekte, wie z. B. der "Investitionskomplex Friedrichstraße/Otto-Grotewohl-Straße", die "nicht zur Leistungssteigerung" im "Planentwurf 1988" beitrugen, herausgenommen werden. "Fonds aus dem Sonderbereich" wurden NSW-wirksam umgewidmet.

Selbst die Aufwendungen für die Gruppe der Sowjetischen Streitkräfte in der DDR gerieten in die Überprüfung, wenngleich es lediglich dazu kam festzustellen:

"Festlegung der Bereitstellung von Leistungen und Waren für die GSSD auf dem Niveau 1987".

Das erklärte Ziel bildete:

"Die Einsparung von Fonds aus dem Sonderbereich ist wirksam zu machen für die Sicherung der erforderlichen Leistungen des Industriebaus, für die Verbesserung der Versorgung der Bevölkerung und für die Verbesserung der NSW-Zahlungsbilanz".

Weitere Eingriffe wurden durchgeführt in Bezug auf die "<u>Staatsreserve A und B</u>". Verfügt war die "Rücknahme der bisher bilanzierten Erhöhung 1988 gegenüber 1987... im Umfang von 50 Mio VM". Die "Erhöhung der Treibstoffzuführung im Umfang von 54,5 Mio M" unterblieb "ebenfalls".

Als Konzeption für die "Berechnung des NSW-Exportüberschusses im Jahre 1989" wurde festgelegt:

"- Durch die in den Planentwurf 1988 eingearbeitete Erhöhung der Akkumulation im produzierenden Bereich soll gegenüber dem Planentwurf 1988 ein Wachstum des Nationaleinkommens um 12,8 Mrd. = 4,9% erreicht werden.
- Die Erhöhung des NSW-Exportüberschusses von 2,5 Mrd.VM 1988 auf 5,1 Mrd.VM 1989 erfordert, 9,1 Mrd. des Zuwachses des Nationaleinkommens für die Erwirtschaftung dieses Exportüberschusses einzusetzen.
- Unter diesen Bedingungen kann die Konsumtion im Jahre 1989 um 5,7 Mrd. = 3% wachsen. Dabei wird davon ausgegangen, daß durch die optimale Gestaltung der Export-/Importbeziehungen mit der UdSSR und den anderen sozialistischen Ländern, insbesondere der Möglichkeiten aus der Veränderung der Erdölpreise, 2 Mrd. Nationaleinkommen für die Verwendung im Inland gewonnen werden können".[1]

Effektiver Export

Schalk antwortete dem Vorsitzenden der Staatlichen Plankommission, Gerhard Schürer, postwendend, und, diesen "in die Pflicht nehmend", er sei, als Staatssekretär im "Ministerium für Außenhandel" (Leiter KoKo) prinzipiell bereit,

"die valutaseitige Finanzierung von weiteren Anlagen-, Ausrüstungs- und Maschinenimporten im Werte von 500 Mio VM, die bisher im Planentwurf 1988 enthalten sind, durchzuführen und damit die Vereinbarung vom 19.10.1987 auf einen Gesamtwert von 2 Mrd.VM aufzustocken".

Der Staatssekretär hielt ausdrücklich fest:

"Ich gehe dabei davon aus, daß auf der Grundlage dieser Erhöhung aus-schließlich Investitionsvorhaben vorzubereiten und zu realisieren sind, die auf der Grundlage modernster Technologien und Fertigungsverfahren zu über-durchschnittlichen Rationalisierungs- und Produktivitätseffekten bei gleichzei-tiger Einsparung einer erheblichen Zahl qualifizierter Arbeitskräfte führen müssen und die vor allem die Qualität und technische Zuverlässigkeit der Ex-porterzeugnisse der DDR entschieden erhöhen und die Produktionskosten sen-ken" (Hervorh.v.m., B.S.).

Das waren die Bedingungen, die Schalk Schürer ins Stammbuch schrieb. Doch der Koko-Chef ging noch weiter. Er forderte, „mit dem Gesamtpaket in den vorzubereiten Investitionsvorhaben" müsse „vorrangig ein längerfristiger stabiler und volkswirtschaftlich effektiver NSW- und SW-*Export* gesichert wer-den". Die "Industrieminister" seien in "die *volle Verantwortung*" zu nehmen, "daß diese Rationalisierungsimporte zu einem meß- und berechenbaren Tech-nologie- und *Leistungsschub*" führten. Die Ankündigung mitzuwirken, verband der KoKo-Chef gleichzeitig mit der ernsthaften Warnung vor erneuter Nicht-erfüllung der Anforderungen. Schalk fasste zusammen:

"Der Bereich Kommerzielle Koordinierung wird seine Mitwirkungspflichten bei der Durchführung dieser Rationalisierungsvorhaben entsprechend dem be-schlossenen Arbeitsregime wahrnehmen" (Hervorh.v.m., B.S.).

Dabei kündigte der KoKo-Chef seine besondere Unterstützung im Bereich jener Technologien an, die eine Effektivitätssteigerung der DDR-Volkswirt-schaft im Gefolge haben würden:

"Die Maßnahmen zur beschleunigten Erhöhung der Eigenproduktion mikro-elektronischer Bauelemente werden durch den Bereich Kommerzielle Ko-ordinierung unterstützt.
Maßnahmen zur auslandsseitigen Beschaffung der technologischen Spezialaus-rüstungen wurden eingeleitet und die erforderliche Vorziehung der Finanzie-rung dieser NSW-Importe mit dem Ministerium für Elektrotechnik/Elektronik abgestimmt".

Wie eng der finanzielle Spielraum der DDR inzwischen geworden war, be-leuchte Schalks Hinweis, der "zusätzliche[n] Einsatz vietnamesischer und an-derer ausländischer Werktätiger" werde inzwischen "nicht mehr abgesichert werden können", da "eine Erhöhung der Charterleistungen der rumänischen

Fluggesellschaft TAROM...aus Kapazitätsgründen ausgeschlossen" sei. "Die Absicherung des Flugtransportes dieser Anzahl von ausländischen Werktätigen" sei "nur durch weitere Fremdcharterung durch die Interflug möglich". Ausdrücklich warnte Schalk vor einer "Absenkung von Importen veredelter Käsesorten aus der BRD in Höhe von 1,6 Mio VM". Es müsse darauf aufmerksam gemacht werden", so der Koko-Chef, "daß diese Position große handelspolitische Bedeutung besitzt. Bei Nichtdurchführung bzw. bereits bei Reduzierung dieser Käseimporte aus der BRD" sei

> "mit Sicherheit zu erwarten, daß die BRD-Seite mit Ausschreibungsreduzierungen für DDR-Exporte vor allem der Lebensmittelindustrie bis hin zu Mineralölprodukten"

reagiere. Damit werde "ein vielfaches an DDR-Exporten in die BRD blockiert".[2]

---

[1] BA-Berlin, DL 2/1363. Staatliche Plankommission, Information über die bisherigen Ergebnisse der Festlegungen aus der Beratung beim Mitglied des Politbüros und Sekretär des ZK der SED, Genossen Günter Mittag, vom 20.10.1987 sowie der Festlegungen der Wirtschaftskommission vom 26.10.1987 zur Ausarbeitung des Volkswirtschaftsplanes 1988, 30.10.1987, Bl. 202-215.
[2] Ebd., A.Schalck an G.Schürer, 2.11.1987, Bl. 96ff.

Die ökonomische Interessenlage der DDR

Mitte November fragte Mittag bei Honecker nach, ob Schalk, auf Ansinnen Strauß' hin, ein weiteres Gespräch mit diesem führen solle. Es werde um "die weitere Entwicklung der Beziehungen zwischen der DDR und der BRD...nach dem offiziellen Besuch des Generalsekretärs...in der BRD und in Bayern" gehen.[1] Diese Unterredung fand am 23.November statt. Schalk entwickelte zu Beginn der Unterredung die Grundpositionen der DDR. Er führte aus:

> "Ausgehend von dem am 8.5.1987 übergebenen non paper wurden - auch mit maßgeblicher Unterstützung von F.J.Strauß - eine Reihe von Aktivitäten zur Zusammenarbeit zwischen beiden deutschen Staaten auf wichtigen Gebieten eingeleitet.
> Während des offiziellen Besuches des Generalsekretärs des ZK der SED und Vorsitzenden des Staatsrates der DDR, Erich Honecker, in der BRD und in Bayern wurden wichtige Absprachen auch für die bilaterale Zusammenarbeit getroffen.
> Das betrifft die während des Besuches abgeschlossenen Regierungsvereinbarungen und Abkommen, die Aufnahme von Verhandlungen zum Bezug und zur

Lieferung von Elektroenergie aus bzw. nach der BRD und Berlin (West), die Vereinbarung von Verhandlungen über den Ausbau und die Elektrifizierung einer Eisenbahntransitstrecke zwischen der BRD und Berlin (West) sowie auch eine positive weitere Entwicklung des Reise- und Besucherverkehrs, darunter auch die Reisen in dringenden Familienangelegenheiten und des Tourismus".

Bereits in Angriff genommen seien "der politische Dialog in vielfältiger Form" - u.a. über "Veranstaltungen mit der Hans-Seidel-Stiftung in München", Gesprächen des "Minister[s] Reichelt" mit "Politiker[n] der BRD" und Ausweitungen der "Erleichterung im Reiseverkehr", "Städtepartnerschaften". Eine "erste Tagung der Kommission zum Abkommen Wissenschaft und Technik" werde "noch 1987 durchgeführt" sowie "Expertenberatungen gemäß dem Abkommen zum Umweltschutz". Das Volumen der "Kulturvorhaben für 1988/89" sei "mit ca. 90... gegenüber 1986/87 vervierfacht" worden.

"Ab 15.Dezember 1987" seien darüber hinaus "Maßnahmen zur Veränderung bzw. großzügigeren Handhabung der Einfuhrbestimmungen der DDR wirksam". Das betreffe "z.B. die Zulassung von Ein- und Ausfuhr von Fachzeitschriften oder von Tonbandkassetten und Magnettonbändern". Ferner würden ab dem "15.Dezember 1987 ...weitere Verbesserungen im Fernsprechverkehr wirksam, die eine Ausdehnung des automatischen Fernsprechverkehrs sowie die Schaltung von zusätzliche Leitungen von der Hauptstadt nach Berlin (West)" beträfen. Schalk unterstrich, "aus diesen bei weitem nicht vollständigen Beispielen" werde "deutlich, daß die DDR ihrerseits in einem relativ kurzen Zeitraum vielfache Aktivitäten zur weiteren Normalisierung und zum Ausbau der Beziehungen mit der BRD unternommen und dabei auch den Wünschen der BRD-Seite in vielfacher Weise entsprochen" habe. Es fällt auf, dass Strauß ferner Mitteilungen gemacht wurden, die zuvor Schäuble gegenüber getätigt worden waren. Augenscheinlich, um diesen - aus Sicht der DDR-Seite - umfassend in Kenntnis zu setzen. Diese Mitteilungen berührten "Verhandlungen zum Ausbau und zur Elektrifizierung einer Eisenbahntransitstrecke" sowie "die Öffnung der neuen Grenzübergangstelle Stolpe für den Transitverkehr...Berlin (West)"-Hamburg, nebst der weiteren Öffnung von "Staaken über den 31.12.1987 hinaus". Weiter sollte eine "Vereinfachung" des Verkehrs innerhalb Berlins stattfinden. Doch sei von westlicher Seite auf diese Vorschläge bisher keine positive Reaktion erfolgt.

Worum es der DDR-Seite tatsächlich ging, äußerte Schalk, indem er ausführte, es könne "in den Beziehungen DDR/BRD nur vorangehen..., wenn auch von Seiten der BRD der politische Wille deutlich" werde, auch unter Berücksichtigung *der politischen und ökonomischen Interessenlage der DDR* notwendige konkrete Schritte zu unternehmen" (Hervorh.v.m., B.S.). Just in dieser Hinsicht jedoch, so Schalk, bestehe "der Eindruck", die Bundesrepublik bescheide Fragen, welche die "politische und ökonomische Interessenlage" der DDR berührten, "ausweichend oder negativ". So seien die "Elbgrenze", die "Grenzübergangstelle Eisfeld", die "Grunderneuerung von Autobahnteilabschnitten" und eine "neue[n] Grenzübergangstelle Plauen/Hof" noch nicht entschieden. Schalk führte unverblümt aus:

> "Nach unserer Auffassung entwickeln sich die Dinge einseitig und nicht zum Vorteil die DDR. Dabei ist auch zu berücksichtigen, daß nach wie vor über 80 Mio Valutamark zusätzlich für private Reisen von Bürgern der DDR in die BRD zur Verfügung gestellt werden müssen, die den Staatshaushalt der DDR belasten.
> Diese hohen finanziellen Aufwendungen stehen zusätzlich zu den Problemen, die mit solchen Reisen für die DDR ohnehin verbunden sind".

Es ging dem DDR-Vertreter offensichtlich darum, diese "zusätzlichen Kosten" erstattet zu erhalten. Andernfalls werde "die positive Entwicklung im Reiseverkehr" eingefroren werden. Es handle sich bei der "Entwicklung normaler, gutnachbarlicher Beziehungen" um einen "Prozeß auf Gegenseitigkeit, der einen ausgewogenen Interessenausgleich" einschließen müsse.

Ausgewogenes Kräfteverhältnis

Strauß antwortete zustimmend und erinnerte an sein "Acht-Augen-Gespräch" in München mit Erich Honecker,[2] welches von ihm, Strauß, "bisher sehr streng vertraulich behandelt" worden sei. Unmittelbar ging Strauß auf seinen "guten sachlichen Kontakt" mit dem Botschafter der UdSSR in der BRD, Kwizinski" ein, der "ihm eine Einladung zum Besuch der UdSSR für Mitte Dezember 1987 oder Mitte Januar 1988 übermittelt" habe. Dieser Vorschlag sei von ihm angenommen worden. Strauß beschäftige, so Schalck,

> "nach wie vor die Hauptfrage, ob es dem Generalsekretär der KPdSU, Michael Gorbatschow, gelingen wird, die von ihm beabsichtigte Entwicklung in der UdSSR in einem übersehbaren Zeitraum erfolgreich durchzusetzen".

Unbestritten sei, "daß Michael Gorbatschow in der westlichen Welt gewisse Hoffnungen" vermittele, um besonders über den Weg der Verringerung der atomaren Waffen der sich daran anschließenden Abrüstung im weitesten Sinne neue Beziehungen vor allen Dingen in Europa zwischen den einzelnen

Ländern der NATO und der Warschauer Vertragsstaaten zu entfalten". Der Ministerpräsident gehe "davon aus, daß während des Aufenthaltes des Generalsekretärs Gorbatschow in den USA der Vertrag über die doppelte Null-Lösung der atomaren Mittelstreckenraketen unterschrieben" werde, "daß man bei den strategischen Waffen zu Absichtserklärungen" komme "und möglicherweise ein weltweites Verbot der Produktion und des Einsatzes von chemischen Waffen vereinbart" werde. "Diese außenpolitischen Erfolge" könnten "für Gorbatschow eine wichtige Hilfe sein", so äußerte Strauß gegenüber Schalck. Dieser antwortete, die erwähnte Reise in die UdSSR sei in der DDR bekannt und bilde letztendlich das Ergebnis des "jahrelange[n] konstruktive[n] Zusammenwirken[s] zwischen dem Generalsekretär Erich Honecker und F.J.Strauß zu wichtigen politischen und ökonomischen Fragen". Der bayerische Politiker betonte,

> "daß bei den weiteren Abrüstungsschritten besondere Aufmerksamkeit den vorhandenen Kurzstreckenraketen bis 500 km durch beide deutschen Staaten gewidmet werden muß. Nach den ihm vorliegenden Informationen stehen[t] 80 Lance-Raketen in der BRD ein 10 bis 15faches Übergewicht derartiger Raketen, die vorwiegend in der DDR und der CSSR stationiert sind, gegenüber. Bereits jetzt gibt es in den USA verstärkte Bemühungen, durch den Einsatz verschiedener Kurzstreckenraketen mit einer Reichweite bis zu 350 km eine Nachrüstung durchzuführen".

Strauß lieferte seinem Gesprächspartner ein besonderes Bonbon, indem er ausführte:

> "An dieser Nachrüstung ist die BRD nicht interessiert, so daß Wege gefunden werden müssen, ein ausgewogenes Kräfteverhältnis in den atomaren Kurzstreckenraketen besonders in der BRD, der DDR und der CSSR zu erreichen".

"Daß die Vertreterin der Grünen, Jutta Dittfurth, von Gorbatschow persönlich empfangen worden sei", bezeichnete der bayerische Ministerpräsident als "großen taktischen Fehler".

"Eine ausgewogene politische und ökonomische Interessenlage" zwischen der DDR und der BRD wurde von Strauß als zu gewährleisten bezeichnet. Er sagte zu, er werde

> "sich persönlich dafür einsetzen, daß möglicherweise in einem sehr kleinen Kreis der Koalitionspartner darüber beraten wird, wie auf der Grundlage des gemeinsamen Kommuniqués vom 8.9.1987 die Beziehungen zwischen der DDR

und der BRD unter Beachtung des ausgewogenen Interessenausgleiches weitergeführt werden können".

Er werde "dazu bereits am Freitag, dem 27.11.1987, Gelegenheit haben, mit Bundeskanzler Kohl darüber zu sprechen". Dass Strauß in seiner eigenen Partei auf wenig Verständnis für seine Bemühungen um geregelte Verhältnisse mit der DDR traf, wurde am Rande deutlich, wenn der CSU-Politiker darauf hinwies, "nach wie vor" werde "sein Auftreten zugunsten der DDR in den Reihen seiner Partei noch nicht in dem erforderlichen politischen Zusammenhang betrachtet". Erkennbar wurde des Weiteren, wie rasant sich die Lage in Rumänien zuspitzte. Weder Gorbatschow noch Schiwkow betrachteten Ceausescu als vertrauenswürdig.[3] Dieser, so Strauß, kritisiere alle rundum, am wenigsten jedoch sich selbst und dies angesichts der angespannten Lage des rumänischen Volkes.

Welch wichtige Rolle der bayerische Politiker in den Außenbeziehungen der Bundesrepublik innehatte, zeigte dessen Einsatz nicht nur im südeuropäischen Osten, sondern auch, "auf Wunsch des Bundeskanzlers...1988" im "südliche[n] Afrika insbesondere" der "Republik Mocambique". Schalck hielt zu den Ausführungen des Ministerpräsidenten fest:

> "Zur Lage in Mocambique stellte Strauß fest, daß sie katastrophaler als in Uganda sei. Nach den ihm vorliegenden Informationen werden nur 5% des Landes durch die Regierung beherrscht, 20% durch Gruppen der Organisation RNM sowie 75% durch weitere marodierende Banden. Seiner Meinung, wie dieser ernste Konfliktherd im südlichen Afrika geklärt werden kann, möchte er erst nach den persönlichen Gesprächen vor Ort treffen".

Strauß ging seinerseits noch einmal auf die Vorhaltungen Schalcks zu den mangelhaften Fortschritten der innerdeutschen Beziehungen ein und erwähnte hierzu den "Ausbau des Autobahnabschnittes Plauen-Hof und...[die] Errichtung einer neuen Grenzübergangsstelle". Der Ministerpräsident wies dem Verkehrsminister Warnke in Bonn gewichtige Anteile am Stocken der Entwicklung zu. Er, Strauß, bestünde "selbst darauf, daß das Angebot der DDR aufgegriffen" werde. Weiter erklärte sich der CSU-Politiker bereit,

> "sich ...persönlich dafür einzusetzen und Wege zu suchen, um das vorhandene Mißtrauen bei den beteiligten Reiseveranstaltern der BRD abzubauen und die touristischen Beziehungen mit der DDR zu fördern".

In Bezug auf die Verhandlungen mit verschiedenen Bauunternehmen (Dykerhoff und Widmann) unterstützte Strauß den Plan, "ein[es] Hotel[s] in der Hauptstadt Berlin zur Förderung des Tourismus" zu errichten. Den Hinweis, auch bayerische Lieferanten für "Maschinen und Ausrüstungen" in die "Rekonstruktion der LKW- und PKW-Produktion einzubeziehen, sei von Strauß positiv zur Kenntnis genommen worden. Es werde, so Schalck, "z. B. mit der Firma Deckel ein Vertrag über die Lieferung von Werkzeugmaschinen im Wert von ca. 12 Mio VE in den nächsten Tagen abgeschlossen".[4]

---

[1] BA-Berlin, DL 2/1041. G.Mittag an E.Honecker, 17.11.1987, Bl. 406f. (mit Flugplänen von Berlin nach Köln/Bonn (BA), von Köln/Bonn nach München (LH), von München nach Berlin (PA).

[2] Vgl. Strauß, Erinnerungen, S. 493.

[3] Schalck, Bl. 403: "Er erinnerte sich mehrerer Gespräche mit Ceausescu, in denen alle beschuldigt wurden, an den Zuständen in Rumänien schuld zu sein - USA, die BRD, die UdSSR - es gab aber keinen Hinweis, welche Verantwortung die rumänische Führung selbst übernimmt".

[4] BA-Berlin, DL 2/1041. Information über das Gespräch zwischen dem bayerischen Ministerpräsidenten und Vorsitzenden der CSU, F.J.Strauß, und Genossen Schalck am 23.11.1987, Bl. 395-405. Gorbatschow, Erinnerungen, S. 702: „...selbst mit Franz Josef Strauß, der im Dezember 1987 Moskau besuchte, fand ich eine gemeinsame Sprache. Ich muß in dem Zusammenhang sagen, dass Strauß, trotz der verbreiteten Klischees, die von unseren Journalisten bis zum Überdruß strapaziert wurden, auf mich einen starken Eindruck machte: ein Mann mit festen Positionen, der aber gleichzeitig die Fähigkeit besaß, umfassend und realistisch die Welt, die Lage in Europa sowie die Rolle der UdSSR und der Bundesrepublik in der Weltpolitik zu bewerten".

5. Kapitel. Strauß-Besuch in Moskau

Ostberlin: Driftet die BRD?[1]

Der Strauß-Besuch in Moskau, zwischen dem 29. und 31.Dezember 1987, wurde Anfang 1987 in der Bonner Zentrale durch den Ministerialdirigenten im Bundeskanzleramt, Stern, mit positiven Signalen versehen. "Innerhalb der Regierungskoalition zu den weiterfuehrenden abruestungsverhandlungen und ueber perspektiven der ost-west-beziehungen" würde der "reise des bayerischen ministerpräsidenten und csu-vorsitzenden strausz in [der] udssr...positive wirkung" beigemessen. Der DDR-Diplomat Lienke berichtete zum Verlauf der Gespräche in Moskau und zu deren Einschätzung durch Bonner Kreise:

> "mit [dem] besuch sei es [der] udssr gelungen, breite oeffentliche wirkung zu erreichen. strausz habe nach wie vor groszen politischen einflusz auf [die] auszenpolitik der bundesregierung.
>
> schaetzen ein, dasz breites positives echo in internationaler brd-oeffentlichkeit auf das msr-abkommen und die offensive und konstruktive politik der udssr und ihrer verbuendeten fuehrungskreise der csu veranlaszt, defensive Position aufzugeben. strausz modifizierte nach gespraechen mit gen[ossen]. gorbatschow und gen[ossen]. schewardnadse bisher ablehnende haltung zum msr-abkommen. er anerkannte das abkommen als 'ersten schritt'. strausz betonte in pressekonferenz zugleich, dasz mit su-gespraechspartnern uebereinstimmung in ziel und ablauf der abruestungsverhandlungen erreicht wurde. hob hervor, dasz su fuer parallele verhandlung ueber konventionelle waffen und kurzstreckenraketen sowie zu 50er reduzierung strategischer raketen. strausz uebernahm position, dasz krieg nicht mehr fuehrbar sein duerfe und bewaffnung beider seiten angriffsfaehigkeit bei gewaehrleistung verteidigung ausschlieszen muesse. sprach sich klar fuer globales cw-verbot aus und konstatierte *differenzen zur usa-haltung* in dieser frage" (Hervorh.v.m., B.S.).

Die Bundesregierung habe in einer ersten Stellungnahme betont, Strauß vertrete "in sicherheits- und abruestungspolitischen fragen [die] haltung der brd-regierung". Genscher habe unterstrichen, "dasz nun auch die gegner des msr-abkommens dessen bedeutung anerkennen" würden. Damit sei "die brd-auszenpolitik auf eine breitere grundlage" gestellt.

Der Botschafter der DDR in Bonn folgerte:

> "sowjetischer seite ist es mit der 'einbindung' von f.j.strausz in eine realistische und konstruktive entwicklung der beziehungen su/brd zugleich gelungen, die

anti-sowjetischen und entspannungsfeindlichen kraefte in der brd in ihrer wirkung weiter einzuschraenken".

Der Staatssekretär und frühere ZdF-Journalist Friedhelm Ost habe erklärt, die "Straußreise" sei "fuer" die "bilaterale[n] beziehungen 'besonders nuetzlich'" gewesen. "es werde 1988 weitere fortschritte in diesen beziehungen sowie in [den] wirtschaftsbeziehungen und der wissenschaftlich-technischen zusammenarbeit geben".

Aus der Tatsache, dass Vogel und Ehmke die Straußreise als Zeichen eines Einschwenkens der CDU/CSU auf die "realistische einschaetzung [der] su zum abbau von feindbildern in der csu" deuteten, schloss der DDR-Botschafter, diese Interpretation durch die SPD sei

"ausdruck [des] anhaltenden bemuehens [der] spd-fuehrung, in fragen [der] auszen- und sicherheitspolitik anknuepfungspunkte zwischen der regierungskoalition und der spd herauszuarbeiten".

Gleichzeitig wurde durch den DDR-Vertreter betont, der Vertriebenenrepräsentant in der CSU, Czaja, habe versucht, die entsprechenden "aussagen von strausz als beleg dafuer zu werten, dasz das bekenntnis zu 'rechtspositionen' und zur 'offenen deutschen frage' kein hindernis fuer gespraeche darstelle".[2]

Abbau des Feindbildes Sowjetunion

Kurz darauf berichtete der Botschafter der DDR in Moskau, König, an Honecker, Axen, Sieber und Fischer zu den Informationen, welche der frühere Botschafter der UdSSR in Ostberlin, Dobrynin, zum Straußbesuch in Moskau übermittelt habe. Bestätigt wurde erneut "die bedeutende rolle von strausz im politischen leben der brd". Diese bilde

"gleichzeitig [den] ausdruck der erhoehten aufmerksamkeit, die die europaeische richtung in der sowejetischen auszenpolitik"

genieße. Angesichts "des bereits offensichtlichen wettbewerbs zwischen strausz und spaeth (letzterer entwickelte umfangreiche aktivitaeten zur erweiterung der wirtschaftlichen zusammenarbeit mit der udssr)" werde es, so Dobrynin, "sowjetischerseits als wichtig angesehen, keinem von beiden den vorzug zu geben". Strauß sei durch Gorbatschow, Schewardnadse, Dobrynin und Kamenzew empfangen worden. Gorbatschow habe "das prinzipielle und mit den verbuendeten abgestimmte herangehen an die fragen der friedenssicherung" dargelegt. Er habe insbesondere darauf hingewiesen,

> "dasz auf dem gebiet der abruestung kontinuitaet vorherrschen und der unterzeichnung des abkommens ueber die beseitigung der raketen mittlerer und geringerer reichweite weitere schritte folgen"

müssten. Dies treffe

> "sowohl auf die 50-prozentige reduzierung der strategischen offensivwaffen als auch auf die liquidierung der taktischen kernwaffen und den bereich der konventionellen ruestungen zu. hier gaebe es keine rangordnung. *alle probleme koennten parallel verhandelt und einer loesung zugefuehrt werden*" (Hervor-h.v.m., B.S.).

Strauß hielt im Verlauf und zum Abschluss der Gespräche fest, es habe

> "sich seine meinung dahingehend gefestigt..., dasz sich auch die udssr diesem kurs verbunden fuehle ("dasz kriege nicht mehr fuehrbar sind). er habe keine zweifel mehr am guten willen der sowjetunion und an ihrem ernsten streben nach abruestung".

Im einzelnen führte Strauß aus,

> "er sei kein verfechter des mittelstreckenraketenabkommens gewesen. doch offensichtlich sei dessen unterzeichnung kein schlechter politischer schritt. fuer die brd behielten jedoch die fragen der taktischen kernwaffen und der konventionellen ruestungen weiterhin groeszere bedeutung. *im unterschied zur haltung der mehrzahl der westeuropäischen staaten trete die brd fuer eine sofortige null-loesung bei den taktischen nuklear-raketen ein.* sie sehe kein junktim zwischen diesen und den konventionellen waffen. Er aeuszerte, dasz das abkommen ueber die mittelstreckenraketen nach den darlegungen von gen[ossen]. gorbatschow ueber den gesamten ruestungskomplex in seinen augen einen hoeheren stellenwert erhaelt. er begrueszte das streben der udssr nach kontinuitaet auf dem gebiet der abruestung, die die fuer die brd wichtigen fragen einschlieszt. er brachte seine zufriedenheit mit dem vorschlag des genossen gorbatschows zum ausdruck, dasz die regierungen beider bloecke ihre militaers beauftragen sollten, zusammenzukommen, die asymetrien herauszuarbeiten und somit grundlagen fuer politische entscheidungsfindung zu schaffen, die eine verringerung ihrer waffenarsenale zum ziel haben muessen. *strausz forderte die sowjetische seite auf, diese ideen den europaeischen regierungen deutlicher darzulegen, da sie kaum bekannt seien.* die *usa wuerden in ihren informationen*

gegenueber den verbuendeten diese aspekte verschweigen. er bekraeftigte darueber hinaus die uebereinstimmung der positionen beider seiten in der frage der chemischen waffen. auch hier muesse eine null-loesung erreicht werden" (Hervorh.v.m., B.S.).

In diesen Stadium der Gespräche kam es durch den bayerischen Politiker zu einer bedeutsamen Äußerung zu den inneren Gesetzen des atlantischen Verhältnisses mit den USA. Mag dies nun überwiegend taktisches "fishing for compliments" gegenüber den sowjetischen Gesprächspartnern gewesen sein, so gewinnt dieses Statement im Lichte der Ereignisse seit 1988 doch an Bedeutung. Der DDR-Botschafter referierte das Strauß-Diktum nach den Angaben Dobrynins dahin,

> "auf die kritischen bemerkungen [des] genossen gorbatschow[s] zum prozesz der militaerischen annaeherung frankreich-brd, dem unter anderem das streben der brd nach erlangung des zugangs zu kernwaffen zugrunde liegt, entwickelte *strausz seine bekannten gedanken zur rolle europas.* die von der sowjetischen seite geaeuszerten befuerchtungen seien unbegruendet, die sich abzeichnenden entwicklungen seien auf eine *staerkung des gewichts der europaer* gerichtet. *dies sei angesichts von unterschieden in der interessenlage der usa und westeuropas notwendig. die verbuendeten koennten sich nicht voll auf die usa verlassen*" (Hervorh.v.m., B.S.).

Auf die Deutsche Frage sei Strauß nicht expressis verbis eingegangen. Doch habe er erkennen lassen, dass er "zumindest...persönlich, an der einheit der deutschen nation" festhalte. Darauf habe Gorbatschow unmissverständlich reagiert. Der sowjetische Generalsekretär habe "die prinzipielle und feste position der udssr" in harten Worten klargestellt.[3] Gorbatschow habe "die *unveraenderlichkeit der nachkriegsrealitaeten*" unterstrichen. "alle ueberlegungen hinsichtlich einer *offenen deutschen frage* mueszten unweigerlich in die sackgasse fuehren". Strauß habe in gewissem Ausmass flexibel reagiert und unterstellt, "mit grosze[m] interesse...allen prozessen der umgestaltung in der udssr" zu folgen. Der CSU-Politiker habe "realismus" demonstriert,

> "indem er aeuszerte, dasz seiner auffassung nach der innenpolitische kurs der sowjetischen fuehrung auf groeszere flexibilitaet, nicht aber auf ein abgehen vom sozialismus gerichtet sei".

Strauß, so Dobrynin, habe "groszes interesse am ausbau der oekonomischen zusammenarbeit bayerns *und der gesamten brd* mit der udssr" geäussert (Hervorh.v.m., B.S.). Definitiv solle "eine delegation bayerns im Februar/März" 1988 "die udssr besuchen..., um konkrete absprachen [zu] treffen".

Dobrynin, so der DDR-Botschafter, habe hervorgehoben,

> "daß die sowjetische fuehrung den besuch positiv bewertet. natuerlich duerfe man von strausz nach seinem aufenthalt keinen sinneswandel erwarten. wichtiger sei, dasz eine solche persoenlichkeit, deren haltung zur udssr hinreichend bekannt sei, zum abbau des feindbildes sowjetunion und zur entspannung beiträgt".[4]

Krieg unmöglich machen

Schalck stellte in seinen persönlichen Notizen, zu den Gesprächen mit Strauß, die Frage: "Quo vadis - Gorbatschow"? Hinsichtlich des MSR-Abkommens sprach der DDR-Unterhändler von einem "Fehler Kohl[s]" in Verbindung mit der "Gefahr [einer] Nachrüstung [der] USA durch neue Systeme bis 350 km".[5]

Honecker schrieb Mitte des Monats April an Strauß die bedeutsamen Sätze:

> "Die Welt hat auf dem Wege zur Abrüstung einen historischen Augenblick erreicht. Mit Genugtuung und Zuversicht wird von den Menschen aller Kontinente der Beginn der nuklearen Abrüstung aufgenommen, den das sowjetisch-amerikanische Abkommen über die Beseitigung ihrer atomaren Raketen mittlerer und kürzerer Reichweite und die in Aussicht genommene Halbierung der strategischen Offensivwaffen ermöglichen. Nie war die Chance, weitere, vom Abgrund eines nuklearen Infernos wegführende Schritte zu gehen, größer als zum gegenwärtigen Zeitpunkt".

Der Staatsratsvorsitzende lud Strauß zu einer Tagung "für kernwaffenfreie Zonen" zwischen dem "20. bis 22.Juni 1988 in Berlin" ein. "In Erwartung Ihrer geschätzten Antwort übermittele ich Ihnen meine besten Wünsche für Ihr persönliches Wohlergehen und ihre verantwortungsvolle Tätigkeit", schloss Honecker seinen Brief.[6] Dieser antwortete, er habe nie aus seiner "Überzeugung ein Hehl gemacht, daß" er "von kernwaffenfreien Zonen nichts halte". Er äußerte, es sei entscheidend, daß solche kernwaffenfreien Zonen mit "Kernsprengkörpern angegriffen werden" könnten. Es ginge um die Frage: "Kernwaffen oder nicht bzw. Verbot und Vernichtung aller Kernwaffen". Weit ausgreifend entwickelte der bayerische Ministerpräsident:

"So erfreulich die Aspekte einer kernwaffenfreien Welt wären, sowenig kann ein realistisch denkender Politiker auch beim besten Willen die damit verbundenen Probleme übersehen oder leugnen. Die erste Voraussetzung wäre, daß dann ein Gleichgewicht für konventionelle Streitkräfte auf beiden Seiten gewährleistet sein müßte. Dieses Gleichgewicht könnte nur durch eine asymmetrische Abrüstung erreicht werden. Schwieriger aber noch ist das Problem der Überwachung der Einhaltung eines solchen Verbots. Darum war ich nie der Meinung, daß eine Welt frei von Kernwaffen in absehbarer Zeit geschaffen werden könnte.

Was wir brauchen sind nicht kernwaffenfreie Zonen, sondern eine kriegsfreie Welt. Kriege entstehen aus Gegensätzen und Spannungen. Deshalb ist es gemeinsame Aufgabe, die Ursachen der Spannungen realistisch zu erforschen, die damit verbundenen Gegensätze abzubauen und den Krieg als Mittel der Politik zu ächten.

Ohne Zweifel hat die Menschheit auf diesem Wege gewisse Fortschritte erreicht, weil die Furchtbarkeit moderner Waffensysteme bewiesen hat, daß ein Krieg nicht mehr geplant, nicht mehr kalkuliert, nicht mehr kontrolliert werden kann, weil die in ihm ausgelösten radioaktiven Energien nicht nur furchtbare Sofortwirkungen hervorgerufen, sondern auch Langzeitfolgen erzeugen würden, die nicht unter Kontrolle zu bringen wären. Das im Vergleich dazu relativ kleine Kernanlagenunglück von Tschernobyl hat eine Andeutung dazu geliefert. Die Lehren daraus werden hoffentlich auch zu einer Änderung der Militärdoktrin bei denen führen, die einen begrenzten Atomkrieg für gewinnbar gehalten haben".

Strauß nahm ausdrücklich Bezug auf seine Gespräche in Moskau, wo "in einem langen Gespräch mit dem Sekretär des Zentralkomitees Dobrynin" er festgestellt habe, „daß man dort es für notwendig und erreicht hält, die Streitkräfte auf beiden Seiten auf das für Verteidigung im Sinne der Kriegesverhinderung unbedingt erforderliche Minimum zu beschränken und auf jede Angriffsfähigkeit (*Invasionsfähigkeit*)" zu verzichten (Hervorh.v.m., B.S.). „In diesem Zusammenhang hat...Dobrynin mir", so Strauß,

"und meiner Delegation erklärt, daß auch die sowjetische Seite nach wie vor an der Unentbehrlichkeit eines atomaren Abschreckungsarsenals festhalte. Er hat nicht von kernwaffenfreien Zonen gesprochen, weil der ganze Verlauf unserer Gespräche und der Sinn der dabei entwickelten Gedankengänge sicherlich nicht mit der Errichtung von kernwaffenfreien Zonen hätte in Übereinstimmung gebracht werden können".

Strauß gipfelte in der Überzeugung:

"Es muß unser gemeinsames Bemühen sein, nicht die Schrecken eines Krieges zu vermindern [und] damit die Möglichkeit eines Ausbruches wieder als eine politische Option zu erleichtern, sondern den Krieg als solchen und zwar in jeder Hinsicht und umfassend unmöglich zu machen".[7]

Es ging der UdSSR (und DDR) dennoch eher um die Milderung ihrer gegenwärtigen Probleme und weniger um die Lösung des philisophischen Problems von Kriegen in der Geschichte. Genauso wenig planten Reagan, die deutsche Wirtschaft und Strauß, den Bestand des kommunistischen Machtbereiches zu garantieren.

---

[1] Vgl., Strauß, Erinnerungen, S.561ff.

[2] BA-Berlin, DL 2/1041. Telegramm (bonn normal ct 1/88, 2. ausf.), lienke an seidel, strausz-besuch in udssr, 4.1.1988, Bl.389f.

[3] Strauß, Erinnerungen, S.563: „Trotz der freundlichen Atmosphäre und bei aller Aufgeschlossenheit darf man sich nicht über die Härte Gorbatschows täuschen. Das ist kein Kompromißler, das ist kein Überläufer, das ist kein Verräter am System. Der möchte innerhalb des Systems mobilisieren, was zu mobilisieren ist. Was später wird, wird man sehen...Er denkt an keinen Krieg mit dem Westen. Er weiß, dass ein Waffengang auch dem Osten furchtbare Verluste bringen würde, einen Rückschlag auf unabsehbare Zeiten". Taktisch-strategisch war der Schritt, die deutsche Einheit und die Selbständigkeit Europas gegenüber den USA zu unterstützen aus Moskauer Sicht nichts weniger als klug. Wurde doch derart die Konkurrenz zwischen einem künftigen Europa und den USA geschürt.

[4] BA-Berlin, DL 2/1041. Telegramm (moskau blitz ct 6/88 8.ausf. 3 blatt) koenig an erich honecker, gen.axen, gen.sieber, gen.fischer (zustellung 11.1., 08.00 uhr), 10.1.1988, Bl.391ff.

[5] Ebd., Notizen Schalck, Bl.393f.

[6] Ebd., E.Honecker an F.J.Strauß, 11.4.1988, Bl.335ff.

[7] Ebd., F.J.Strauß an E.Honecker, 4.5.1988. Dass die UdSSR weiter fortgeschritten war, als dies Bonn und Ostberlin annahmen, bestätigt Gorbatschow in seinen Memoiren. Gorbatschow, Erinnerungen, S.711: „Zum Glück verfügte die neue Parteiführung über hinreichend Vernunft und Mut, um keinen Versuch zu unternehmen, die Unzufriedenheit der Bevölkerung im Blut zu ertränken. Ich glaube, auch unsere Position spielte dabei eine gewisse Rolle. Den damaligen DDR-Führern war klar geworden, daß sowjetische Truppen auf keinen Fall ihre Kasernen verlassen würden".

6. Kapitel. Ringen um Fortschritt

Die DDR braucht Geld

Strauß und Schalck führten am 5.Mai 1988 ein weiteres Gespräch zu den Beziehungen und Entwicklungen zwischen der DDR und der Bundesrepublik. Inzwischen waren am 7.März eine "Grundsatzvereinbarung" und am 21.April weitere Nachfolgeverträge zu Bezug und Lieferung von Elektroenergie zwischen der DDR und der BRD unter Einbeziehung von Berlin (West)" abgeschlossen worden. Zur Entwicklung des Reiseverkehrs stellte Schalck fest, dass sich die DDR "weiterhin großzügig" verhalte. Allerdings ging der Unterhändler unverzüglich auf die "erheblichen Valutaaufwendungen" ein, die in diesem Zusammenhang für seinen Staat entstünden. Weiter wurde Strauß in Kenntnis gesetzt,

> "seitens der DDR bestünde die Bereitschaft zur kurzfristigen Aufnahme von Verhandlungen über die <u>Neufestsetzung der Transitpauschale für den Zeitraum 1.1.1990 bis 31.12.1999</u>".

Einer Forderung in Höhe von 800 stünden 500 Mio DM jährlich in den Vorjahren gegenüber. Auch hinsichtlich der "Elektrifizierung einer Eisenbahntransitstrecke" seien Verhandlungen eingeleitet. Es ging dabei um die Verbindung Berlin-Magdeburg-Marienborn, die am 19./20.5.1988 besichtigt werden sollte. Es wurde der Gedanke diskutiert, hier eine Hochgeschwindigkeitsstrecke einzurichten. Es ging der DDR dabei darum, möglichst schnell "offiziell Verhandlungen" aufzunehmen.

Weiter handelte es sich um das Leasing, bzw. den Kauf, von Airbus-Flugzeugen für die INTERFLUG der DDR. Bereits während des Honecker-Besuches in Bonn sei darüber gesprochen worden, Flugzeuge von Airbus, "gegen Entgelt zur Verfügung zu stellen". "Anfang Januar 1988", so Schalck, seien "Gesprächen zwischen der INTERFLUG... und der Airbus Industrie aufgenommen" worden. Der DDR-Unterhändler ergänzte:

> "Im Ergebnis dieser Gespräche hat INTERFLUG zwei Airbusse des Typs A310-300 fest bestellt und einen weiteren vorbestellt.
>
> Es liegt die Zusage der Airbus Industrie vor, die bestellten Flugzeuge im Juni 1989 auszuliefern.
>
> Bei der Einholung von Leasingangeboten wurden auch zwei Unternehmen der BRD einbezogen (KG Allgemeine Leasing, LTU Lufttransport Unternehmen GmbH).

Weiterhin hat INTERFLUG mit der Lufthansa Gespräche über die Wartung der Flugzeuge aufgenommen".

Schalck legte Wert darauf zu unterstreichen, dass Strauß darauf hingewiesen worden sei, die DDR erwartete, "daß die Bundesregierung zu ihrem Vorschlag" stehe "und insbesondere ihren Einfluß für eine zügige Genehmigung der Verträge einschließlich der Vereinbarungen für die Wartung" geltend mache. Doch häuften sich die Streitpunkte und Schalck unterstrich erneut die geringe Bewegungsfreiheit der DDR-Seite in der Frage der Elbegrenze. Der DDR-Unterhändler teilte mit,

> "daß der von Bundesminister Schäuble am 31.10.1987 unterbreitete vertrauliche Vorschlag zur Regelung des Grenzverlaufs auf der Elbe unrealistisch und für die DDR unakzeptabel ist".

Dieser entspreche "nicht der Rechts- und Sachlage und" ziele "auf einen komplizierten, international bei schiffbaren Flüssen unüblichen Grenzverlauf". Die DDR gehe weiterhin,

> "gestützt auf die Rechts- und Sachlage... von einer Grenzregulierung Elbe Mitte Strom auf der gesamten Länge des Grenzabschnittes aus. In diesem Zusammenhang"

sei "an die Zusage von Bundeskanzler Kohl erinnert" worden, "sich für eine solche Grenzregulierung einzusetzen", so Schalck gegenüber Strauß. Teile der Flussgrenze wurden jedoch durch die DDR bereits festgeschrieben, dort "wo die Grenze unstrittig Mitte Strom" verlaufe. Für den Fall, es komme zu "einer einvernehmlichen Grenzfeststellung Mitte Strom für den gesamten Grenzabschnitt", seien - so Schalck - "auch die anderen anstehenden Fragen" regelbar. Eine "grenzüberschreitende[n] Fahrgastschifffahrt auf der Elbe... ohne Grenzregelung Mitte Strom" sei "für die DDR nicht akzeptabel".

Die DDR „weich kochen"

Die Funktion dieses Gespräches zwischen Strauß und Schalck bildete die Intention, eine weitere Stufe der Gespräche zwischen West und Ost einzuleiten. Dass dies durchaus die Absicht auch der DDR sei, unterstrich deren Vertreter, indem er darauf verwies, "die DDR werde auch weiterhin konstruktiv im Sinne der Einleitung einer neuen Etappe in den Beziehungen ihren Beitrag zur Verwirklichung des gemeinsamen Kommuniqué leisten". Es ging Schalck jedoch darum, "eine genügende Berücksichtigung der Interessenlage der DDR" zu erkennen.

Strauß informierte daraufhin seinen Gesprächspartner "äußerst vertraulich[e]",

> "daß vor wenigen Monaten eine Strategiediskussion zur Politik gegenüber der DDR im sogenannten Zehnerausschuß der CDU/CSU-Fraktion stattgefunden"

habe. Der bayerische Politiker habe, so Schalck, festgestellt, "daß zwei politische Konzeption zur Diskussion" stünden:

> " - Die *Politik der Konfrontation* mit allen ökonomischen Konsequenzen: Wegfall des Swing, keine EG-Beteiligung mehr, Korrektur der 'römischen Verträge', strenge Regelung über die Kreditausreichung unter *Inkaufnahme aller sich daraus* für die BRD und Berlin (West) *ergebenden negativen Folgen*.
> - Die *Politik des Dialogs*, des Aufeinanderzugehens, Fortsetzung der positiven allseitigen Entwicklung der Zusammenarbeit in Politik, Wirtschaft, Wissenschaft und Technik, Verkehr, Kultur und ein garantierter Reise- und Besucherverkehr, *Einschränkung des Niveauunterschiedes in Wirtschaft und Warenangebot*, Abschluß von langfristigen Vereinbarungen über das 'politisch Machbare'" (Hervorh.v.m., B.S.).

Es sei, so Strauß, "eindeutig" die Entscheidung "für den zweiten Weg" gefallen, weil es nach dessen Auffassung "dazu keine Alternative" gebe. Der bayerische Politiker gewährte seinem DDR-Gesprächspartner Einblick in den Erkenntnisstand der West-Partner. Strauß, so Schalck, habe ausgeführt, die "BRD-Seite" beobachte,

> "daß in einer Reihe von sozialistischen Ländern, darunter auch der DDR, *die Verschuldung ansteigt*, ohne sichtbare Anzeichen einer Erhöhung der Exporte, die zur Sicherung der Liquidität erforderlich wären" (Hervorh.v.m., B.S.).

Das sei "sicherlich nicht nur ein Problem der sozialistischen Länder, es" berühre "in gewissem Maße auch die BRD" - so habe Strauß versöhnlich-kameradschaftlich hinzugefügt. Das habe dieser ähnlich "auf dem Konjunkturforum anläßlich der Hannover Messe im April 1988" ausgeführt. Strauß habe "sich noch gut an die Zeit der 80er Jahre" erinnert, "als er sich *aus guten Gründen* für die Kreditgewährung an die DDR eingesetzt" habe, "was ihm nicht nur Freude bereitet" habe (Hervorh.v.m., B.S.). Strauß sei damals wie heute, 1988, "nicht daran interessiert, daß durch eine Zuspitzung dieser Problematik Prozesse ins Rollen" kämen, "die für die weitere Entwicklung der Beziehungen zwischen der DDR und der BRD schädlich wären", berichtete Schalck. In Sachen der "Transitpauschale und der damit zusammenhängenden Fragen" suchten Strauß und Schäuble vorgeblich eine "für beide Seiten interessante und vertretbare Lösung". Selbst gegenüber

> "Veröffentlichungen... aus den USA, in denen *Konzeptionen zur Abkopplung der Mitgliedsstaaten des Warschauer Vertrages von der Sowjetunion* durch gezielte politische und ökonomische Maßnahmen entwickelt"

würden, sei Strauß skeptisch. Dieser habe ausgeführt, das sei "nicht real und" dürfe "nicht Bestandteil einer ernsthaften Politik werden". Strauß warnte offenbar erneut davor, "vorhandene[n] Probleme... durch Krieg" zu lösen. Expressis verbis habe der bayerische Ministerpräsident ausgeführt:

> "Beide deutschen Staaten wären in einer solchen Auseinandersetzung die Hauptleidtragenden. Er schätzt allerdings ein, daß der Prozeß einer differenzierten Entwicklung und auch der Haltung zur Sowjetunion durch eine dynamische oder stagnierende Wirtschaftsentwicklung maßgeblich beeinflußt wird. Er legte erneut großen Wert darauf, daß der Wettstreit zwischen den Systemen ausschließlich mit friedlichen Mitteln geführt werden muß und es der Geschichte vorbehalten bleibt, welches System nach 20 oder 30 Jahren gesiegt hat.
> Das sei auch der entscheidende Grund dafür, daß er die *Politik der KPdSU der Sowjetunion unterstützt. Sollte es der Sowjetunion nicht gelingen, bis Ende dieses Jahrhunderts eine prinzipielle Veränderung der Wirtschaftsstruktur und Dynamik, die jetzt auf Kohle und Stahl aufgebaut ist, vorzunehmen und eine moderne Industriegesellschaft zu gestalten, so wird die Sowjetunion am Ende dieses Jahrhunderts keine Weltmacht mehr, sondern ein Staat zweiter Ordnung sein.* Das bedeutet für die Sowjetunion, vor allem Zehntausende von befähigten Wirtschaftskadern, Wissenschaftlern und Ingenieuren mit einer völlig neuen Denkweise heranzubilden und einzusetzen. Das wird sicherlich die schwierigste Aufgabe sein.
> Strauß geht davon aus, daß der unterzeichnete Vertrag über die Vernichtung der atomaren Mittelstreckenraketen im USA-Senat ratifiziert wird. Dabei bemerkte er, daß man jetzt schon beginnt, das Ganze zu umgehen, indem man verstärkt auf wasser- und luftgestützte Raketen mit gleicher Reichweite und atomarer Sprengkraft ausweicht.
> Nach dem jetzigen Verlaufe der Vorwahlen in den USA glaubt er, daß Bush, der ein Freund von ihm ist, der nächste Präsident der USA sein wird. Bangemann hat zu starke Interessen - auch gegen den Willen seiner Partei - nach Brüssel zu gehen. Genscher steht nicht mehr als Vorsitzender der FDP zur Verfügung, schon

deshalb nicht, weil zwischen Genscher und Lambsdorff starke persönliche Abneigungen bestehen.

Zur Entwicklung der SPD möchte er feststellen, daß Vogel keine Chance hat, bei den nächsten Wahlen Bundeskanzler zu werden. *Strauß geht davon aus, daß Kohl 1990 die Wahlen mit der jetzigen Koalition gewinnen wird.* Interessant sei die Entwicklung von Lafontaine. Offensichtlich hat dieser gemerkt, daß eine Politik am linken Flügel keine Perspektive hat und bewegt sich deshalb mit seinen Konzeptionen auf wirtschaftlichem Gebiet in die Nähe konservativer Kräfte. Ab und zu würde man auch hören, daß die zukünftige politische Landschaft der BRD durch Lothar Späth und Oskar Lafontaine bestimmt werden könnte.

Zu den angesprochenen bilateralen Fragen betonte Strauß, daß er sich darüber im klaren ist, daß die einvernehmliche Regelung der Elbgrenze eine für beide Staaten politisch sehr bedeutsame Frage ist und daß man auf beiden Seiten ernsthaft weiter darüber nachdenken muß, wie diese ungeklärte Frage einvernehmlich und für beide Seiten vertretbar gelöst werden kann.

Strauß wies des weiteren generell darauf hin, daß *der Bundeskanzler und vor allen Dingen sein Finanzminister zunehmend bei der Finanzierung des Haushaltes Probleme bekommen*, und sich damit auch die Bereitstellung finanzieller Mittel für Projekte mit der DDR schwieriger gestaltet" (Hervorh.v.m., B.S.).

Noch vor Beginn der Sommerpause im Juni beabsichtige Strauß, ein weiteres informelles Gespräch mit Schalck zu führen.[1]

Die DDR-Seite hatte den Eindruck gewonnen, dass ein "Zusammenhang[s] zwischen dem Abschluß der Transitpauschale für den Zeitraum 1990 bis 1999 und anderen Fragen" hergestellt werden solle. Augenscheinlich, so Schalck zu Schäuble am 16.Juni, sollten "Entscheidungen, die ausschließlich im Entscheidungsbereich der DDR" lägen, "finanziell erkauft werden". Damit sei der zwischen Honecker und Kohl vereinbarte Grundsatz "Vertrauen gegen Vertrauen" durchbrochen und es entstehe der "bittere[n] Beigeschmack", es sei die Absicht der westdeutschen Seite, "die DDR ökonomisch unter Druck zu setzen". Dies treffe nicht zu antwortete Schäuble. Auch hätten "die dazu gehaltenen Reden und beschlossenen Anträge" des "CDU-Parteitages "erkennen lassen, dass der Bundeskanzler an einer weiteren konstruktiven Zusammenarbeit mit der DDR interessiert" sei "und das Notwendige von seiner Seite aus dazu beitragen" werde. Im Übrigen seien nur er, Schäuble, und der Bundeskanzler über die "Gespräche" mit Schalck "zur Transitpauschale und den anderen... Fragen" informiert.

Demgegenüber entwickelte der DDR-Partner, es werde in Ostberlin mit Zahlungen für "Transitverkehr", Straßenbenutzung und Verbesserung mit Zahlungen in Höhe von 945 Millionen DM jährlich gerechnet. Dabei wurde scharf getrennt zwischen der Transitpauschale und anderen Fragen. Schäuble habe "sich wörtlich diese Ausführungen" notiert, berichtete Schalck. Verbesserungen an den Grenzübergängen Eisfeld und Meiningen (Öffnung für Güterverkehr) sollten den guten Willen der DDR-Seite unterstreichen. Das werde die Bundesrepublik 10 Millionen DM kosten. Erneut wurde die Vorstellung Schäubles zurückgewiesen, die Elbegrenze auf 40 Flußkilometern am Ostufer festzusetzen. Doch habe sich inzwischen eine Stilisierung dieses Problems "zu einer 'fundamentalen deutschlandpolitischen Frage'" ergeben.[2] Dass von der einvernehmlichen Regelung dieser Diskussion auch umfassende Absprachen wie "Hochwasserschutz, Gewässerreinhaltung, Binnenschiffsverkehr, Fischfang, Sportbootverkehr" sowie "die Einbeziehung der Städte Hannover, Hamburg und Kiel in den grenznahen Verkehr" abhingen, schien die westdeutsche Seite nicht weiter zu berücksichtigen.

Der Kanzleramtsminister sistierte die Dinge jedenfalls im Moment. Doch stellte Schalck in Aussicht, "Anfang September" mit den zuständigen Ministern Rücksprache zu nehmen. Schäuble legte im Gegenzug alert den Finger auf die Wunde, indem er ausführte:

> "Es sei für die Fachministerien und alle Experten klar, daß die Höhe dieser Beträge vom Umfang des Transitverkehrs und seiner zu erwartenden Entwicklung nicht voll gedeckt sei".

Jedenfalls erwartete der Minister, wie stets in derartigen Fragen, "eine große Diskussion ...in der Presse". Auch suchte Schäuble, ausgehend von der Transitpauschale, die weiteren Fragen im Hintergrund mit einzubeziehen, obwohl dies von Seiten der DDR wiederholt zurückgewiesen war. Grundsätzlich suchte der Kanzleramtsminister die Bestätigung Schalcks zu erreichen, dass jeder Abschluss in der Transitfrage auch die anderen Bereiche positiv beeinflussen werde. Der Minister visierte hier eine schriftliche Erklärung an, die DDR werde "möglicherweise nach Abschluß der KSZE-Konferenz in Wien - im Rahmen ihrer nationalen Gesetzgebung Regelungen zu den Reisemöglichkeiten von DDR-Bürgern in das NSW erlassen". Jedenfalls sei die Bundesrepublik "aus prinzipiellen Gründen" nicht gewillt, die Elbegrenze "Mitte Strom" anzuerkennen.

"Selbst die Formalisierung des von ihm unterbreiteten Kompromisses (Grenz-regelung teilweise Mitte Strom, teilweise Ostufer, teilweise Westufer entsprechend den ehemaligen Landesgrenzen), würde viele innenpolitische Auseinandersetzungen in der BRD nach sich ziehen".

Schäuble habe seine Ausführungen, "mit der Bitte um strengste Vertraulichkeit", dahin ergänzt,

"daß er persönlich Egon Bahr zu dieser Frage konsultiert habe. Egon Bahr hätte ihm gegenüber zum Ausdruck gebracht, daß Schäuble mit seinem Kompromißvorschlag viel Mut bewiesen habe. Egon Bahr ließ nach Darlegung von Schäuble durchblicken, daß er als ehemaliges Mitglied der damaligen Regierung Helmut Schmidt und auch heute sich eine Grenzfeststellung Mitte Strom für den gesamten Grenzstreckenabschnitt nicht vorstellen"

könne. Schäuble offerierte, "um jeglichen Anschein eines Zusammenhanges zur Transitpauschale zu vermeiden", 1989 Gespräche zur Verbesserung der Gewässergüte der Elbe aufzunehmen. Es solle so der "sich zu einer Naturkatastrophe entwickelnden Verschmutzung der Nordsee" die Spitze abgebrochen werden. Schalk berichtete:

"Wenn von Seiten der DDR eine solche informelle Erklärung abgegeben würde, wäre die BRD bereit, aufgrund der für sie bestehenden Priorität der Elbe auf eine Weiterführung der Verhandlungen zur Reinhaltung der Werra zu verzichten und die dadurch freiwerdenden BRD-Mittel mit zur Reinhaltung der Elbe einzusetzen".

Im September, so schlug der West-Unterhändler vor, könnten die Gespräche fortgesetzt „und kurzfristig" abgeschlossen werden. Die genannten Beträge bezeichnete er abschließend "als politisch machbar".[3] Ausgesprochen war inzwischen das Ziel – zumindest der USA – die Satelliten der UdSSR aus dem Moskauer Machtsystem herausbrechen zu wollen. Die vielgestaltigen Gespräche zwischen Bonn und Pankow erscheinen in diesem Licht keinesfalls so machtpolitisch ziellos wie es zunächst scheinen mag.

---

[1] Ebd., DL 2/1041. Information über ein Gespräch zwischen dem Ministerpräsidenten von Bayern und Vorsitzenden der CSU, F.J.Strauß, und Genossen Schalck am 5.5.1988, Bl. 322-331. Gorbatschow bezeugt das Aufeinander Zugehen mit Kohl. Gorbatschow, Erinnerungen, S.708f.: „Gerade die konstruktive Haltung der Bundesrepublik hatte zur Annahme dieser Beschlüsse, die uns entgegenkamen, in vielerlei Hinsicht beigetragen...Der Kanzler ließ anklingen, er betrachte den Vorschlag von Bush nicht als das letzte Wort der NATO, auch auf eine radikalere Kürzung von Streitkräften auf beiden Seiten werde Bonn nicht ablehnend reagieren...Kurz und gut, es war höchste Zeit, die kleinliche militä-

rische Buchführung zugunsten umfassender politischer Konzepte hinter uns zu lassen. Kohl und ich stimmten darin im allgemeinen überein". Eine die offizielle Politik konterkarierende Haltung offenbarte Engholm im April 1987 im Gespräch mit Hermann Axen. Der Schleswig-Holsteinische Ministerpräsident führte aus: „Die Politik der DDR verdiene den Begriff historisch". Und: „Es gelte für die SPD, mit allem Nachdruck für die Respektierung der Staatsbürgerschaft der DDR, für die Regelung der Elbgrenze Strom-Mitte, die Abschaffung der sogenannten Erfassungsstelle Salzgitter einzutreten" (Ash, Europa, S. 488).

2   Interview des Ministerpräsidenten Niedersachsens, Albrecht, im "Spiegel, 6.6.1988.

3   Ebd., DL 2/1041. Vermerk über das Gespräch zwischen dem Bundesminister und Chef des Bundeskanzleramtes der BRD, W.Schäuble, und Genossen Schalck am 16.6.1988, 16.6.1988, Bl. 411, Vgl. Anlage 1, Erklärung, Bl. 12, Anhang, Übergebene Materialien, Bl. 13.

Alexander Schalck-Golodkowski

Im Sommer 1989 überraschte Erich Mielke seinen Sommergast., den sowjetischen Sonderbeauftragten des KfS, Sergej Kondraschow, mit der „dringenden Frage":

> „Was denkt sich Gorbatschow eigentlich? Ist ihm klar, daß die DDR, wenn eure Politik gegenüber Polen und Ungarn so weitergeht, die dadurch freigesetzten gesellschaftlichen Kräfte nicht mehr beherrschen kann? Gorbatschow und eure Führung sollten begreifen, dass die Deutsche Demokratische Republik zerschmettert wird!"[1]

Auf die an Gorbatschow weitergeleitete Frage erfolgte keine Reaktion.

Schalck gehörte, neben Günter Mittag, "zu den mächtigsten Männern der DDR". Sein Hobby waren Devisen. Auf zwischen fünf und zwölf Milliarden Mark "Gewinn" für sein Land wurde Schalcks Leistung geschätzt. Im Westen sei der DDR-Devisenbeschaffer "durch das Einfädeln des Milliardenkredits bekannt" geworden. Herr über ein "Konglomerat" ostdeutscher Außenhandelsfirmen, beteiligt an vorgeblich "privaten Handelsfirmen", habe Schalk für das MfS Devisen beschafft. Steuermann eines "Netzes illegaler SED-Tarnfirmen in Westeuropa aus deren Gewinnen die ostdeutsche Staatspartei, die DKP in der Bundesrepublik und Befreiungsbewegungen in der Dritten Welt finanziert" worden seien. Ganz "Liebesdiener" der SED-Haute Volet habe der DDR-Unterhändler, "mit Hilfe manipulierter Bilanzen", der SED-Führung den "erwünschten Luxus - vom Volvo für Politbüromitglieder bis zu Delikatessen für" deren "fröhliche[n] Feste" beschafft. "Ein Großteil der erwirtschafteten Valuta-Milliarden geht in einen Fonds, der Löcher in der DDR-Wirtschaft stopfen und Engpässe überwinden, außerplanmäßige Vorhaben finanzieren und Sonderwünsche aus den obersten Rängen des Staats- und Parteiapparates befriedigen soll".

Die "geheimnisumwitterte Abteilung 'Kommerzielle Koordinierung'", welche "direkt dem Zentralkomitee (ZYK) der SED unterstellt" sei, dirigiere "Genex und Intershops ebenso wie die fast allen DDR-Bürgern verschlossenen Devisenhotels und die Tarnfirmen im Westen". Auch der Waffenhandel der DDR lief über "KoKo". Doch nicht nur Devisen beschaffte Schalck für Industriekombinate. Wir wissen, dass das MfS etc. ganze Blaupausen von Konstruktionen aus dem Westen beschaffte. Eisenhowers Militärregierungsgesetz 53 von 1944 zwang die DDR bei der Beschaffung von technischen Gütern und von Rohstoffen erfinderisch zu sein. "Ein Trick: Mit Hilfe verdeckten DDR-Kapitals gründeten kommunistisch gesinnte, gut beleumdete Bundesbürger Firmen, die in Holdings außerhalb der Landesgrenzen eingebracht wurden - etwa im schweizerischen Tessin oder in Liechtenstein".

Dreißig solcher "DDR-gesteuerter Firmen - die meisten" waren "reine Handelsunternehmen, der Rest Druckereien und Speditionen". Deren Gesamtumsatz belief sich auf fünf Milliarden Mark. So zum Beispiel die finanzstarke Berliner Chemo-Plast (CP). Spenden an die DKP waren keine Seltenheit. Die Essener Firma Intema führte zum Beispiel Karl-Heinz Noetzel, der sich mit der Vermittlung von „know how" für internationale Anlageprojekte beschäftigte - "ein typisches SED-Geldreservoir". Ebenfalls in Essen das Handelsunternehmen Plast-Elast, ein "vorgeschobener Posten des Ost-Berliner Außenhandelsbetriebes (AHB) Chemie-Export". Intrac SA in Lugano für Embargogüter-Schmuggel in die DDR. Alles das lag in Schalcks Händen und niemand konnte so "eiskalt, berechnend und glashart" sein wie dieser Mann. Dabei sich stets im Hintergrund haltend, ohne Scheinwerfer und Fernsehkameras. "Karl-Marx-Orden" (1982), der "Große Stern der Völkerfreundschaft" (1984) und ein Sitz im Zentralkomitee bildeten Schalcks Lohn. Villa und Datscha natürlich inklusive. Vernetzt wie alles übrige auch die drei großen Berliner Hotels: Metropol-, Palast- und Grand Hotel. Alles war den Überwachern offenbar. Bis in die Gästezimmer reichte der Arm. Nachtlokale und andere angeschlossene "Dienste" natürlich inklusive.

Intrac in Pankow für Ost-West-Geschäfte in der Metall- und Chemiebranche wie im Finanzsektor. Dazu die Abteilung "Umwelt" "Mülltransport" betreffend. Weiter Zentral-Commerz (Einkauf Intershops), Transinter in der Friedrichstrasse (Internationales Handelszentrum) für Geschäftsanbahnungen mit Westfirmen (die Gehälter waren Schmiergelder). Camet (Schweden) und Asimex, Gerlach, Forgber und Berag zählten zu diesem System. Kennzeichnend war bei den letzteren die Arbeit für das MfS. Von der Spezialwanze bis zum Computer - alles lief über diese Schaltstellen. Ein konspirativer Westhandel der DDR schälte sich heraus.

Gerlach war Vertreter der crême de la crême der deutschen Schwerindustrie in Ostberlin. Sämtliche Firmen bildeten "unabhängige Einnahmequellen der DDR". Auf diese Weise wurden "sieben bis acht Milliarden Mark ...kassiert", ergänzt um bis zu 40 Millionen Westmark. Alkohol- und Zigarettenschmuggel in die Bundesrepublik - und darüber hinaus - wurden gleichfalls sanktioniert.

Bilanzen wurden weisungsgemäß frisiert, die gewonnenen Erträge als Spesen an bewährte Kommunisten verteilt oder, via "ausländischen[r] Trägerschaft", etwa an die "Briefkastenfirma Rexin SA...im schweizerischen Morcote, einer 100prozentigen DDR-Gesellschaft", transferiert. Und es ging so weiter. "Die DDR-gesteuerte liechtensteinische Briefkastenfirma Etablissement Monument besitzt im rheinischen Neuss jenes Grundstück, das die DKP-Hausdruckerei Plambeck & Co nutzt. Die Anstalt Hanseatic im Alpenstädtchen Vaduz war Besitzerin des Hauses in Hamburg-Eppendorf, in dem die Ernst-Thälmann-Gedenkstätte untergebracht ist". "Mehrmals im Jahr", holten "sich die Geschäftsführer der DDR-Firmen bei der Deutschen Außenhandelsbank AG Aktentaschen voller Geldscheine ab. Beträge über 100 000 Mark (West) waren keine Seltenheit. Einen Teil, steuerfrei, behielten sie für sich, einen anderen spendeten sie kommunistisch dirigierten Gruppen". Ideologisch getrimmt wurden die Geschäftsführer der im Feindesland stehenden Vorpostenfirmen "von leitenden Ideologen" des "SED-Instituts für Politik und Wirtschaft.[2]

---

[1] Otto, Mielke, S. 450. Die Entscheidung in Moskau war wohl bereits Anfang der 80iger Jahre gegen eine militärische Behauptung des 1945 eroberten Machtbereiches östlich der Elbe gefallen. Vgl. Otto, Mielke, S. 451: "Signale, wie sie Alexander Jakowlew und Valentin Falin am 26./27. Januar 1989 Hermann Axen kundtaten, dass die sowjetische Seite ‚keineswegs ‚Komintern' spielen wolle', und die am 7.Februar dem Politbüro wie auch Mielke schriftlich vorlagen, wurden überhört".
[2] "Fanatiker der Verschwiegenheit". Die einträglichen Geschäfte des DDR-Staatssekretärs Alexander Schalck-Golodkowski, in: DER SPIEGEL, 47/1989, S. 49-59. Gorbatschow widerspricht jeglichem Gedankenspiel um eine Bürgerkriegslösung im Angesicht der DDR-Entwicklungen. Gorbatschow, Erinnerungen, S. 711: „Seit 1985 hatte ich Honeker sieben- oder achtmal getroffen; Zeit genug also, mir über ihn als Menschen und Führungspersönlichkeit eine Meinung zu bilden....dass meine vorsichtigen Versuche, ihn von der Notwendigkeit zu überzeugen, den Beginn der Reformen im Lande und in der Partei nicht hinauszuzögern, zu keinerlei praktischen Ergebnissen führten. Jedesmal, stieß ich gleichsam auf eine Mauer des Unverständnisses. Nach unserem letzten Treffen im Oktober 1989, als ich an den Feierlichkeiten anlässlich des vierzigsten Gründungstages der DDR teilnahm, kehrte ich besonders beunruhigt heim. Es war ja mit bloßem Auge zu sehen, dass das Land einem brodelnden Kessel mit dicht verschlossenem Deckel glich. Meine schlimmen Vorahnungen trügten mich nicht". Dieses Bild des fest verschlossenen Kessels unter Druck benutzte die Kennedy-Administration nach dem Mauerbau im August 1961, mit dem Hinweis auf eine Lösung des Teilungsproblems in Deutschland von innen heraus. Noch 1956 lagen in den Schubladen westdeutscher Firmen ausgearbeitete Pläne, welche Firmen sie in der DDR wieder zu übernehmen hätten, wenn es zur Wiedervereinigung käme.

7. Kapitel: Das Schürer-Memorandum

Mehr verteilt als erwirtschaftet

Mielke erhielt am 29.August 1988 eine Ausarbeitung von Gerhard Schürer "Zur ökonomischen Situation der DDR". Es handelte sich um "Material zur Diskussion und Entscheidungsfindung". Darin wurde festgestellt, es sei "ein Wachstum des Nationaleinkommens über einen Zeitraum von 17 Jahren in Höhe von 4 bis 5% durchschnittlich jährlich realisiert" worden. Es habe ferner eine "intensiv erweiterte Reproduktion" in Industrie, Landwirtschaft und anderen Bereichen gegriffen. "Durch Senkung des Produktionsverbrauchs" sei es zu einer durchschnittlichen Intensivierung, während der achtziger Jahre, im Umfang von "durchschnittlich 30 bis 40%" gekommen. 20% der industriellen Konsumgüter wurden "in ehemals ausschließlich produktionsmittelerzeugenden Betrieben" hergestellt. In der Mikroelektronik, einer Schlüsseltechnologie, bestünden bedeutende zeitliche Produktivitätsreserven. Die "Verlegung der Transporte auf die Eisenbahn" habe das Verkehrswesen "bedeutend entwickelt". Doch seien die Strecken noch in größerem Umfang zu rekonstruieren. Das Bauwesen habe "für die Verwirklichung des Wohnungsbauprogramms" Fortschritte gemacht. Eine "bedeutende Leistung" sei

> "der Einsatz von über 10 000 Bauarbeitern und Montagekräften in der UdSSR als wichtige Voraussetzung für die Sicherung der Rohstofflieferungen sowie die Realisierung zunehmender NSW-Exporte durch das Bauwesen".

Es wurde unterstrichen, dass grundlegende Verbesserungen im materiellen und kulturellen Lebensniveau der Bevölkerung erreicht" seien. So habe sich "das Realeinkommen der Bevölkerung... allein im Zeitraum 1980-1987, wo sich in vielen Ländern die Lebenslage der Werktätigen verschlechtert[e]" habe, "um über 4,5% durchschnittlich jährlich" verbessert. Die DDR verfüge "über ein hochentwickeltes Bildungssystem mit einer stabilen materiellen Basis". "Dementsprechend" sei "das Bildungsniveau des Volkes der DDR eines der höchsten der Welt;

> 21,6 Prozent der Werktätigen haben gegenwärtig eine Hoch- und Fachschulausbildung,
> 64,7 Prozent sind Facharbeiter und Meister,
> 13,7 Prozent sind... Werktätige.
> Die Anzahl der übrigen 1000 Beschäftigten in der materiellen Produktion beträgt etwas doppelte gegenüber der BRD.

Auf der festen Basis eines funktionierenden und ständig vervollkommneten Systems der Führung und Leitung der ganzen Gesellschaft, auf der Grundlage der sozialistischen Planwirtschaft mit den Kombinaten als Rückrat", würden "die grundlegenden Menschenrechte, insbesondere das Recht auf Arbeit, das Recht auf Bildung für alle real und im umfassenden Maße verwirklicht".

Eingeräumt wurde durch Schürer, "in den siebziger Jahren" hätten in "zunehmendem Maße Kredite aufgenommen werden" müssen "und im Zeitraum 1971-1980" sei "insgesamt ein Importüberschuß aus dem NSW im Umfang von rd. 21 Mrd.VM zu vergleichbaren Kursen durchgeführt" worden. Doch seien die Ziele der Fünfjahrpläne selbst durch die Erhöhung der Leistung der Industrie, der Landwirtschaft und anderer Bereiche" nicht aufzufangen gewesen. Eine zentrale Beobachtung Schürers bildete:

> "Ein weiteres Problem besteht dabei darin, daß die Kredite im bedeutenden Umfang nicht refinanzierbar zur Stärkung der materiell-technischen Basis der Volkswirtschaft eingesetzt, *sondern vorwiegend für den Verbrauch wirksam wurden*" (Hervorh.v.m., B.S.).

Als Rezept seien "ab 1981", die "Exportüberschüsse in das NSW zu realisieren, die "bis 1985" angestiegen wären "und insgesamt 14,4 Milliarden VM" betragen hätten. Schürer fuhr fort:

> "Insbesondere durch den *Rückgang der Erdölpreise*, die rückläufige Entwicklung des mvI-Exportes sowie den wieder gestiegenen NSW-Import konnte der im Jahre 1985 erreichte hohe Exportüberschuß jedoch nicht gehalten werden. Bis 1987 sank er auf 0,1 Mrd.VM" (Hervorh.v.m., B.S.).

Bis 1975 waren Defizite in der "Bargeldbilanz noch durch Einschüsse in die Zahlungsbilanz ausgeglichen" worden. Anders ab 1976. Es mussten "immer neue Kredite aufgenommen werden,... um die Zahlungsverpflichtungen zu gewährleisten". Es gelang nicht, den weiteren "Anstieg des Sockels" zu bremsen,

> "weil die erforderlichen Exportüberschüsse in Höhe von 4 - 6 Mrd.VM jährlich in den Jahren 1981 - 1988 zur Bezahlung der Kosten und Zinsen für die Zwischenfinanzierung materiell nicht gewährleistet werden konnten".

So sei die Verschuldung, deren "Saldo aus Forderungen und Verbindlichkeiten von 2 Mrd.VM im Jahre 1970 und 11 Mrd.VM im Jahre 1975 auf 28 Mrd.VM im Jahre 1980 bis auf 32 Mrd.VM 1987" explodiert. Schürer gelangte zu der Einsicht:

"Diese Entwicklung widerspiegelt sich auch im <u>Staatshaushalt</u> der DDR. Im Verlauf der letzten 10 Jahre wurde es erforderlich, um den Staatshaushalt zu finanzieren, Ausgaben in einer Größenordnung von über 100 Mrd. M in das Kreditsystem zu verlagern. Davon ca. 70 Mrd. im Zeitraum 1981 - 1987. Das heißt, auch *über den Staatshaushalt wird über Jahre mehr verteilt, als über das Reineinkommen der Wirtschaft und der Steuern der Bevölkerung erwirtschaftet wird*" (Hervorh.v.m., B.S.).

Interessant, dass Schürer einräumte, "die hohen Valutaverbindlichkeiten im Ausland" würden "dabei als Kraftquelle für das Inland genutzt". Die notwendig werdenden Zinsen würden "nicht erwirtschaftet, sondern erhöh[t]en die Ausgaben für den Verbrauch ständig weiter". Damit wurde der harte Schluss unausweichlich,

"daß die DDR unter den konkreten Bedingungen, besonders den hohen außenwirtschaftlichen Belastungen, *über einen langen Zeitraum mehr verbraucht als sie produziert* und vor der Notwendigkeit steht, umfangreiche Maßnahmen zur Umkehrung dieser Entwicklung einzuleiten"[1] (Hervorh.v.m., B.S.).

Exportsteigerung oder Staatsbankrott 1990

Gebunden waren der DDR die Hände durch den Lehrsatz von der "Einheit von Wirtschafts- und Sozialpolitik". Dieses Postulat habe dazu geführt, so Schürer, dass die DDR ein "anziehendes Beispiel des Sozialismus mit einer großen Autorität in der Welt geworden" sei. Dennoch sei es möglich, "die Verflechtungen der Volkswirtschaft unter Berücksichtigung hoher Material- und Energieökonomie" und "eine weitere Verbesserung der Arbeits- und Lebensbedingungen in Einklang zu bringen". Doch läge das Hauptproblem beim

"Planentwurf mit einer *weiteren Erhöhung des Saldos aus Forderungen und Verbindlichkeiten*... Allein um die weitere Verschuldung abzustoppen, wäre ein Exportüberschuß von 6,9 Mrd.VM 1989 erforderlich. Die Verbindlichkeiten sind, wie oft betont wurde, *kein Außenwirtschaftsproblem, sondern eine Grundfrage der gesamtvolkswirtschaftlichen Entwicklung*" (Hervorh.v.m., B.S.).

Dass das Problem auch im Verfahren der Politik begründet war, zeigten die Ausführungen Schürers zum Missverhältnis zwischen Plan und tatsächlichem Exportüberschuss. So werde ein Überschuss zugrundegelegt, der in der Praxis nicht realisierbar sei, da 1986 ein "geplanter Exportüberschuß" von 3,0 Mrd.VM einem "erreichter[n] bzw. voraussichtlichen Exportüberschuß" von 0,7 Mrd.

gegenübergestanden habe. 1987 2,0 Mrd. - 0,1 Mrd. und 1988 2,6 Mrd. "geplanter Exportüberschuß" - 0,7 Mrd "erreichte[r]m bzw. voraussichtliche[r]m Exportüberschuß". Dass allerdings die "Parteiführung" diese, durch sie selbst hervorgerufenen Zustände, kritisierte - und dies Schürer bestätigte - erscheint als systembedingte Taktik. Dass bereits im Juni 1987 durchgeführte Korrekturmaßnahmen nicht zum Erfolg führten, bestätigte der Leiter der Staatlichen Plankommission. Er schrieb:

> "Die im Juni 1987 durchgeführten Berechnungen zur Halbierung des 'Sockels' bis 1995, die dem Politbüro vorgelegt wurden, erfolgten von dem Standpunkt, *welche Exportüberschüsse erforderlich sind, um dieses Ziel zu erreichen.* Sie waren jedoch in ihren Konsequenzen für die Volkswirtschaft und materielle Verflechtung nicht tiefgehend durchgerechnet und wurden in der Praxis nicht verwirklicht" (Hervorh. v.m., B.S.).

Statt 1,0 Mrd.VM Exportüberschuss 1986 wurden 0,7 Mrd. erreicht. Statt 1,4 Milliarden 0,1 Mrd.1987 und statt 5,3 Mrd.1988, 0,7 Mrd. 1989, statt 5,9 Mrd. errechneter Exportüberschuss wurden 1,0 Mrd. erwartet. Daraus ergab sich zwingend Schürers Schlussfolgerung:

> "Vom Standpunkt der Zahlungsbilanz sind Änderungen unbedingt erforderlich. Wenn der Exportüberschuß von 1 Mrd.VM 1989 im Jahre 1990 nicht auf 3 Mrd.VM erhöht wird, wobei Verbesserungen schon 1989 erreicht werden müssen, *ist die DDR im Verlauf des Jahres 1990 nicht mehr zahlungsfähig*" (Hervorh. v.m., B.S.).

Auch die Überlegung, die Verschuldung durch "Halbierung des 'Sockels' bis 1995" zurückzuführen, erschien "in einem großen Schritt nicht lösbar", weil "keine Voraussetzungen" bestünden, "Exportüberschüsse von 6,9 Mrd.VM 1995 zu erzielen". In den Jahren bis 1995 würden sich, so Schürer, die sozialpolitischen Grundsätze der DDR und die finanzpolitischen Notwendigkeiten elementar widersprechen.

Schürer stellte mutig fest:

> "Insgesamt müßte 1989 bis 1995 ein Exportüberschuß von 78 Mrd.VM erreicht werden. Dabei ist zu beachten, daß die mit den Beschlüssen zur Stärkung der produktiven Akkumulation 1987/1988 entschiedenen NSW-Ausrüstungsimporte bereits ab 1991 die Verbindlichkeiten im Umfang von 4,1 Mrd.VM erhöhen. Die dazu erforderliche *Senkung der Akkumulation und Konsumtion würden so*

zur Destabilisierung der DDR führen und auch auf dem Weltmarkt gar nicht realisierbar sein" (Hervorh. v.m., B.S.).

Aus diesem Grunde schlug der Leiter der staatlichen Plankommission vor, in Etappen das Ziel eines erhöhten Exportüberschusses, und damit einer gesicherten Liquidität zu erreichen. Dazu sei es jedoch nötig, "in den Jahren bis 1995" diesen "Überschuß dann ständig wachsen zu lassen, mindestens bis zu einer Höhe von 8 Mrd.VM 1995. Unter diesen Bedingungen" könne "die Zahlungsfähigkeit gewährleistet werden; der Saldo aus Forderungen und Verbindlichkeiten würde bis 1995 dabei weiter ansteigen (berechnet mit 20% Valutabeschaffungskosten). Die höhere Kreditaufnahme" müsse "jedoch in hohem Maße produktiv angelegt werden, um weitere Voraussetzungen zur Steigerung der Leistungskraft mit dem Ziel der Erhöhung des Exports und Ablösung von Importen aus dem NSW zu gewährleisten". Die Folgerungen aus diesen Darlegungen, die Schürer zog, führten erneut in das Prokrustesbett bisheriger "Plandiskussion" zurück. Ausschließlich der Hinweis, "eine kleine Gruppe verantwortlicher Genossen des Politbüros zu beauftragen, wirksame Maßnahmen für die gesamte Volkswirtschaft auszuarbeiten, um den erforderlichen Exportüberschuß in das NSW materiell zu gewährleisten und die Zahlungsfähigkeit der DDR zu sichern", zielte in eine zutreffende Richtung.[2]

---

[1] MfS-ZAIG, Nr. 7341. Gerhard Schürer: Zur ökonomischen Situation der DDR (Material zur Diskussion und Entscheidungsfindung), 26.8.1988, Bl. 2-10.
[2] Material zur Diskussion und Entscheidungsfindung, 26.8.1988, Bl. 19-21. Birthler-Behörde, MfS-ZAIG, Nr. 7341. Gerhard Schürer: Zur ökonomischen Situation der DDR.

8. Kapitel: Entscheidungsvorlage Schürer/Höfner

Zahlungsbilanz und Export

Die Ergebnisse des Politbürobeschlusses vom 28.Juni 1988 und des Ministerratsbeschlusses vom 7.Juli waren, als Grundlage für die Arbeit in den Kombinaten und Betrieben, diesen zugänglich gemacht worden. Das Ergebnis, das im Anfang August vorlag, ergab "bedeutende negative Abweichungen". Damit stellte sich heraus, was Schürer/Höfner am 26.August unterstrichen, dass "insgesamt...die gestellten Aufgaben nicht erreicht" worden seien und "auf vielen Gebieten die Vorschläge der Minister und besonders der Generaldirektoren hinter dem in den Parteiberatungen im Juni erreichten Stand" zurückgefallen seien. Nach nochmaligen Gesprächen mit Kombinaten und Generaldirektoren sowie Ministerien, wurde das Ergebnis der durchgeführten Arbeiten an "der Ausarbeitung des Entwurfs der staatlichen Aufgaben 1989" in "Hauptkennziffern vorgeschlagen". Schürer/Höfner legten Wert darauf festzustellen, dass "bei der Leistungsentwicklung" eine "anspruchsvolle[n] Zielstellung Steigerung" bestehe. So seien das "Nationaleinkommen" auf 104%, die Nettoproduktion auf 107% und die "industrielle Warenproduktion" auf 104,0% zu steigern. Allerdings blieb offen, wie das Ziel, "einen Exportüberschuß von 3,3 Mrd.VM zu erreichen", umgesetzt werden solle. Schürer/Höfner bekannten, dass es "trotz intensiver gemeinsamer Arbeit mit den Ministern und Kombinaten zur Entwicklung des NSW-Exports und strenger Maßstäbe an die Verbesserung der Materialökonomie keine realen Wege gefunden" worden seien.

Der grundlegende Zwiespalt in der Beurteilung von Zahlungsbilanz und Möglichkeiten des Exports bestand innerhalb der DDR-Führung fort. Der NSW-Handel, so war inzwischen allerdings erkannt, erschien als das einzige Mittel, um aus der Zahlungsbilanzkrise herauszukommen. Deren Entwicklung stand im Widerspruch zu den Forderungen der Partei- und Staatsführung, über den beschleunigten Export finanzpolitischen Spielraum zu erhalten, um "die *ökonomische und politische Unangreifbarkeit der DDR* weiter zu festigen" (Hervorh.v.m., B.S.). Demgegenüber mußte unwiderruflich festgehalten werden, dass "die Bareinnahmen in konvertierbaren Devisen...auch 1988 nicht" ausreichen würden, "um die fälligen Zahlungen zu tätigen". So enthielt die "Bargeldbilanz" über "konvertierbare Devisen 1988" Ausgaben in Höhe von:

" - Rückzahlung von warengebundenen Krediten   6,0 Mrd. VM
  - Rückzahlung von Zwischenfinanzierung   13,2 Mrd. VM
  - Zinsen (Saldo) für warengebundene Kredite

(1,6 Mrd.VM) sowie Kosten und Zinsen
für Zwischenfinanzierungen
(2,5 Mrd. VM)   4,1 Mrd. VM"

Schürer/Höfner hielten fest, aus "den Ausgaben von insgesamt 28 Mrd.VM" stünden Valutaeinnahmen von 10,7 Milliarden VM - darunter aus Exporterlösen 6,0 Mrd. - Einschüssen 1,8 Mrd.VM gegenüber. Damit mussten Bankkredite in Höhe von 17,3 Mrd.VM als Zwischenfinanzierung [ein]geplant werden". Angemerkt wurde, dies gelte

"bei Unterstellung der Realisierung eines geplanten NSW-Exportes in Höhe von 12,9 Mrd.VM und eines NSW-Importes in Höhe von 10,7 Mrd.VM".

Schürer/Höfner hielten fest:

"Demzufolge müssen 1988 *fast 70% der geplanten Exporterlöse zur Zahlung von Zinsen und Kosten* für aufgenommene Kredite eingesetzt werden. Umgerechnet auf das innere Preissystem heißt das, daß *rund 3/4 des für 1988 geplanten Zuwachses des produzierten Nationaleinkommens den kapitalistischen Banken als Profit überlassen werden muß.* Mit anderen Worten bedeutet dies, daß die Werktätigen der DDR über den Kredit- und Zinsenmechanismus 'hintenherum' in die Ausbeutung durch den Kapitalismus einbezogen sind" (Hervorh. v.m., B.S.).

Wie brisant die Lage geworden war, zeigte sich durch eine Lagebeurteilung hinsichtlich "Devisenertragskennziffer", "Valutaerlös" und "Betriebspreis":

"Eine prinzipielle Veränderung der Lage erfordert in erster Linie, durch beschleunigte Veränderung der Produktionsstruktur mehr absetzbare devisenrentable Erzeugnisse für die Erzielung von Exportüberschüssen im NSW bereitzustellen und anzustreben, daß im 'Welthandel eine Mark der DDR auch eine Mark ist'. Dazu sind höhere Anforderungen an die Wirksamkeit von Wissenschaft und Technik, den effektiven Einsatz der Investitionen und an die Leistungsentwicklung zu stellen. Zugleich sind beim Import aus dem NSW sowie an die Verausgabung von Devisen überhaupt strengere Maßstäbe anzulegen.
Außerdem sollte die Effektivität der in den letzten Jahren ständig angestiegenen <u>außerplanmäßig</u> durchgeführten Ex- und Importe mit dem NSW sowie ihre Wirkungen auf den Außenhandel im Rahmen des Volkswirtschaftsplanes geprüft werden. Der Umfang des Außenhandels mit dem NSW <u>außerhalb des Volkswirtschaftsplanes</u> betrug im Jahre 1987 ca. 1/3 des gesamten Außenhandels mit dem NSW".

Weiterhin verursachte die "Industriepreisentwicklung" Besorgnis. Der Import von Rohstoffen hatte sich seit 1976 verteuert. Dementsprechend lagen die In-

dustrie- und Baupreise höher. Das Industriepreisniveau war um 54 Prozent angewachsen. Erschwerend aber war, dass "der Anteil des verwendeten Nationaleinkommens für Nettoinvestitionen im produzierenden Bereich...von 16,1% im
Jahre 1970 auf 8,1% im Jahre 1985" zurückging. Dagegen war im "nichtproduzierenden Bereich ein Anstieg von 8,5% auf 9,5% zu verzeichnen". Weiterhin
wurde seit "Ende der 70er Jahre" der Investitionsfonds durch "umfangreiche
Programme und Vorhaben" beansprucht. In diesem Zusammenhang hatte die
Überprüfung bestimmter "Programme und Vorhaben" ergeben, dass es "zum
Teil zu beträchtliche[n] Abweichungen, insbesondere hinsichtlich der Einhaltung
des vorgegebenen Aufwandes und der Effektivitätsziele" gekommen war. Die
DDR befand sich - qua Verschuldung - bereits in der Hand des Westens.

Paradigmen des Niedergangs

Es kam in den Jahren 1981-1987 zu verstärkter „Einlagerung von Kaufkraft"
durch die Bevölkerung. Der Einzelhandelsumsatz stieg auf 128%. Durch den
Anstieg der Sparguthaben, und die damit angestaute Kaufkraft, entstanden Disproportionen im DDR-Markt an verschiedenen Punkten. Sichtbar wurde dies an
Engpässen in "eine[r] Verknappung des Warenangebotes für die Bevölkerung
bei ständig wechselnden Warengruppen und Sortimenten". Als "eine Ursache"
für diese Disproportion führten Schürer/Höfner, im Bereich der Industrie, die
verschlechterte Parität zwischen "Arbeitsproduktivität und Durchschnittslohn"
an. Zwischen 1981 und 1987 verminderte sich die "Arbeitsproduktivität (Basis
IWP) von 5,4 auf 4,0. Im selben Zeitraum stieg der "Durchschnittslohn" von 2,7 -
1981 auf 5,0 - 1987. Damit verhielt sich das "Wachstum von Arbeitsproduktivität
zu Durchschnittslohn", zwischen 1981 und 1987 wie 2,0 : 1 (1981) und 0,8 : 1
(1987). Damit hatte sich 1987 "der Durchschnittslohn schneller als die Arbeitsproduktivität entwickelt". Über die Jahre des Zögerns verhinderten "die wachsenden Belastungen des Staatshaushaltes, die durch die Entwicklung des
Außenhandels mit dem NSW eingetreten" waren, und "auch [durch] die an-
steigenden Bevölkerungswirksamen Ausgaben...seit Beginn der 80er Jahre zunehmende Probleme" erzeugt hatten, die Sicherung eines ausgeglichenen
Staatshaushaltes". "Über den Staatshaushalt" sei "somit mehr verteilt [worden]
als erwirtschaftet wurde".

Weiter hatten sich "die Ausgaben des Staatshaushaltes für die Außenwirtschaft" gegenüber 1982 verdoppelt. "Exportstützungen" und "NSW-Valutaver-
bindlichkeiten" wirkten sich in einer weicheren DDR-Mark aus. So betrugen die
Währungsparitäten gegenüber dem US-Dollar 1983: 4,68 M, 1985: 7,80 M,

1987: 9,20 M. Gegenüber der D-Mark sank der Wert der DDR-Währung von 1983: 1,95 M über 1985: 2,60 M auf 1987: 4,00 M. Eine "Verrechnungseinheit" schwächte sich von 1,90 M - 1983 auf 4,00 M - 1987 ab. Hier spiegeln sich Hauptursachen, die aufzeigten, dass

"- der volkswirtschaftliche Aufwand in der DDR schneller gestiegen ist, als die Preise auf dem kapitalistischen Markt;
- der Anteil der Erzeugnisse der metallverarbeitenden Industrie am gesamten NSW-Export gesunken ist und sich die NSW-Exportstruktur verschlechtert hat;
- im Interesse der Gewährleistung der Liquidität in zunehmendem Maße auch unrentable Exporte durchgeführt werden mußten".

"Die Zuwendungen für die Bevölkerung" hatten sich "von 1970 und 1987 vervierfacht". Auch "die Aufwendungen zur Sicherung stabiler Preise betrugen 1987 mit 49,3 Milliarden Mark das 5,8fache gegenüber 1971". Der Staatshaushalt wandte dafür "1987 19 Prozent des Ausgabenvolumens" auf. Hatte die Deckung der "Ausgaben bis Anfang der 80er Jahre" noch durch das "planmäßig erwirtschaftete Realeinkommen" erreicht werden können, so mussten "in den Folgejahren...in wachsendem Umfang Finanzierungsaufgaben...über Kredite der Staatsbank" der DDR realisiert werden. Schürer/Höfner gaben an,

"Ende 1987 betrugen die Verbindlichkeiten des Staatshaushaltes gegenüber dem Kreditsystem insgesamt 112,7 Milliarden Mark. Das sind 43 Prozent des Staatshaushaltvolumens 1987".

Als mahnende Erklärung fügten die Mentoren an:

"Die Finanzierung von Staatshaushaltsaufgaben durch Kredit als Folge des nicht erwirtschafteten Realeinkommens ist ein Faktor, der sich negativ auf die Stabilität der Währung auswirkt, weil dadurch der volkswirtschaftliche Geldumlauf in einem ökonomisch nicht gerechtfertigten Umfang erhöht wird".

Besondere Beachtung schenkten daraufhin Schürer/Höfner der Tatsache, dass illegale Geldbestände an DDR-Mark sich in der BRD und Westberlin sammelten. Zwischen 1970 und 1989, so "Anlage 3" Schürer/Höfner, entwickelte sich der "Saldo[s] aus Forderungen und Verbindlichkeiten gegenüber dem Nichtsozialistischen Wirtschaftsgebiet" von 2,0 Mrd.VM auf 38,9 VM ("Entwurf STAG").[1]

---

[1] MfS-ZAIG, Nr. 7341. Gerhard Schürer/Ernst Höfner, Information zum Entwurf der staatlichen Aufgaben des Volkswirtschaftsplanes und des Staatshaushaltplanes 1989 in Durchführung der Beschlüsse des Politbüros des ZK der SED vom 28.6.1988, 25.8.1988, Bl. 23-75.

9. Kapitel: Der „Anti-Schürer"

Genesis der Krise

Für die Diskussion des "Fünfjahrplan 1991-1995 und für die staatlichen Aufgaben 1990", die Mitte Februar zwischen Honecker, Stoph, Mittag, Kleiber, Schürer, Jarowinski, Krolikowski, Krenz, Hager, Tisch, Ehrensperger, Höfner, Klopfer sowie teilweise Beil, Schalck und König, geführt werden sollte, wurde eine 29-seitige Unterlage erarbeitet und an den aufgeführten engeren Teilnehmerkreis verteilt. Diese Ausarbeitung basierte auf Schürer/Höfners Ausarbeitung vom 25.August 1988. Erst auf der dritten Seite drang die Vorlage, nach den üblichen "Lobreden", zur grundlegenden Kritik vor. Es wurde ausgeführt:

> "In der Industrie, der Landwirtschaft, dem Bauwesen, Verkehrswesen und anderen Bereichen der Volkswirtschaft wurden damit bedeutende Ergebnisse in den Jahren 1986-1988 erzielt; dennoch reichen die eigenen Leistungen zur Erhöhung der Produktivität und Effektivität nicht aus, um die Ziele des Fünfjahrplanes in vollem Umfang zu erfüllen.
> - Im Zeitraum seit 1970 wurde die DDR zugleich mit <u>bedeutenden außenwirtschaftlichen Problemen</u> konfrontiert. Ab 1971/72 trat eine Preisexplosion bei Rohstoffen, insbesondere Erdöl, ein. Gegenüber der UdSSR entwickelte sich der Ölpreis je Tonne von 13,28 Rubel - 1970 auf 168,18 Rubel - 1985 sowie auf 112,34 Rubel - 1989. Aufgrund dieser Entwicklung hatte sich der Wert des Imports der DDR aus der UdSSR bis 1985 auf 245% erhöht, materielle Produkte zu vergleichbaren Preisen aber nur um 107%. Auf dieser Grundlage konnten mit der UdSSR im wesentlichen ausgeglichene Zahlungsbilanzen gewährleistet werden".

Das hieß, dass die DDR um den Ertrag ihrer Exporte in die UdSSR betrogen war. Weiter konnte das Handelsvolumen, entsprechend dem "Lieferniveau des Jahres 1985" - in Bezug auf "bestimmte Rohstoffe nicht mehr vereinbart werden". Es blutete der Export der DDR in den COMECON ebenso aus, wie jener in die "kapitalistischen Länder[n]". Nach Westen, so das Exposé, sei "die DDR ständig mit komplizierten Problemen konfrontiert wie Hochzinspolitik, Zollschranken, Embargo, wechselnde Kurse und Protektionismus". Durch die Hochzinspolitik mit Zinssätzen bis über 20%" seien "hohe Verluste, die zusätzliche Maßnahmen der Bargeldbeschaffung zu ungünstigen Bedingungen erforderten" notwendig geworden. Insgesamt 14,4 Milliarden DM.

War zwischen 1971 und 1980 der "NSW-Importüberschuß" auf 21 Mrd.VM angewachsen, so betrug dieser bis 1985 noch 14,4 Mrd.VM. Entsprechend dem Entwurf Schürers, wurde ausgeführt:

> "Insbesondere durch den Rückgang der Erlöse für Erdölprodukte, die rückläufige Entwicklung des mvI-Exports sowie den wieder angestiegen NSW-Import konnte der im Jahre 1985 erreichte hohe Exportüberschuß nicht gehalten werden".

Die "Forderungen und Verbindlichkeiten", die im Jahre 1970 2 Mrd.VM betragen hätten, seien bis 1988 auf 35,8 Mrd.VM angestiegen. Infolgedessen wurden seit 1978 "über 100 Mrd.M in das Kreditsystem" verlagert. Während die Verwendung von "Nationaleinkommen", im "produzierenden Bereich", zwischen 1970 und 1988, auf 117 Prozent gestiegen sei, wären "die Investitionen im nichtproduzierenden Bereich auf 200%" angewachsen. Das habe den "Rückgang des...Nationaleinkommens seit 1986" zur Folge gehabt. "Wissenschaftlich-technische Ergebnisse" seien demzufolge "nicht in die Produktion überführt" worden.

Auswege

Daraus wurde für die Bearbeitung des "Fünfjahrplanes 1991-1995" abgeleitet:

> "- Es muß ständig die Zahlungsfähigkeit der DDR gegenüber dem NSW durch hohe, jährlich wachsende Exportüberschüsse gewährleistet werden.
> - Es kann im Inland das verbraucht werden, was nach Abzug des erforderlichen Exportüberschusses für die innere Verwendung weiterer Einkommen zur Verfügung steht".

Daraus hergeleitet wurde, für 1989 die unbedingte Steigerung des NSW-Exportüberschusses auf 1 Mrd.VM. Im Jahre 1990 sollten 4 Mrd.VM erwirtschaftet und 1991 auf 7 Mrd.VM gesteigert werden, um 1995 5 Mrd.VM zu erreichen. Es kam damit rechnerisch zu immer höheren Exportüberschüssen, z.B. der metallverarbeitenden Industrie. Der Sockel der Zwischenfinanzierung sollte sich wie folgt entwickeln:

" - Mrd.VM -	1989	1990	1991	1992	1993	1994	1995
"Sockel"	41,2	45,7	51,8	52,1	52,1	51,3	49,2
Zwischenfinanzierung	22,4	29,1	36,2	39,5	41,9	43,5	44,1"

(Zahlen handschr.).

Um dieses Ziel zu erreichen, seien - so das Exposé - "mehr als der gesamte Zuwachs des produzierten Nationaleinkommens und 1990 - 1995 rd. 40% des Nationaleinkommenszuwachses für die Außenwirtschaft zur Verfügung" zu stellen.

Es ging darum, die Verteilung der öffentlichen Mittel zwischen produzierendem und konsumierendem Bereich neu zu tarieren. Notfalls, so das Memorandum, wenn sich das nicht vermeiden ließe, seien auch geringere Mittel "für die individuelle Konsumtion zu verwenden" (Hervorh.v.m., B.S.). Kredittilgungen wären in dem Zeitraum 1990-1995 nicht möglich. Um allerdings die erforderlichen NSW-Exporte zu erwirtschaften, seien "grundlegende Änderungen in der Produktion und der Aufteilung des Nationaleinkommens im Jahre 1990 und 1991 notwendig". "Nach 1995" würden "für einen Zeitraum von 10 bis 12 Jahren weiter NSW-Exportüberschüsse und Überschüsse in Höhe von jährlich 10 Mrd.VM erforderlich, um den Sockel der Verschuldung auf eine Größenordnung von 10 - 15 Mrd.VM abzubauen".

Spezifische Problemlagen

Das führte zu der Folgerung, die höchsten Leistungen in allen Bereichen der Volkswirtschaft hinsichtlich "Arbeitsproduktivität und Intensität" sowie "der vollen Ausnutzung der Arbeitszeit" herbeizuführen. "Qualitätsarbeit in allen Bereichen" sollte, "trotz begrenzter Investitionen", zu einem "jährlich um 4%" wachsenden Nationaleinkommen führen. "Als vorrangige strategische Aufgabe" wurde die "Gewährleistung" der "Sicherung der Zahlungsfähigkeit der DDR" und des dafür "notwendigen NSW-Exportüberschusses" herausgearbeitet. Tiefgreifende "Strukturveränderungen" in den produzierenden Industrien, die Konzentration der "möglichen Investitionen auf die Akkumulation in den produzierenden Bereichen, z.B. die "Senkung des bisherigen Umfangs des Wohnungsbaus", sowie die Schwerpunktverlagerung auf "hochwertige", das heißt exportierbare "Konsumgüter", sollten die wesentlichen Hilfsmittel auf diesem Wege bilden. Das Ziel war, "auf dieser Basis", einen höhere[n] Wertzuwachs bei Konsumgütern zu erreichen, um die Entwicklung von Kaufkraft und Warenfonds in Übereinstimmung zu bringen und die Stabilität des Binnenmarktes zu gewährleisten". Das "im Inland verfügbare Nationaleinkommen" sei zwischen 1989 und 1995 auf diese Weise von 260,9 auf 295,0 Mark zu steigern. Es ging darum, und das war von "strategischer Bedeutung", dass "die konsequente Profilierung von Produktionskapazitäten zur Weiiterentwicklung der Produktions- und Exportstruktur" eingesetzt würde. Dabei ging es zusätzlich darum, im Gegengeschäft "die Sicherung der Rohstofflieferungen" der UdSSR an die DDR zu sichern.

Erschwerend würde sich auswirken, dass auf dem "kapitalistischen Markt" eine stark gesteigerte Konkurrenzsituation einträte. In zunehmendem Maße sei daher die Produktion von Erzeugnissen in Verbindung mit "Mikroelektronik und Rechentechnik" zu fördern. Zusätzlich werde das "kapitalistische Wirtschaftsgebiet" durch "die Bildung des einheitlichen EG-Marktes ab 1992" nochmals erhöhte qualitative Anforderungen an die DDR Exportindustrie stellen. Zusätzlich zu diesen allgemein problematischen Bedingungen stellte sich heraus, dass mit den Vereinbarungen mit der UdSSR vom 8. und 9.Februar 1989, insbesondere eine bedeutende Erhöhung des Exportniveaus der DDR gegenüber der UdSSR drohte. So waren zu liefern:

> "Spritzgußautomaten KuSAY, Textilmaschinen, wie Doppelwebmaschinen, Großrundstrickmaschinen, Flachstrickmaschinen, Konus- und Teilbaumschälmaschinen, Industriemähmaschinen, Chemiefaseranlagen und -ausrüstungen, Ausrüstungen für chemische Reinigung und Wäschereien, polygrafische Maschinen, Lebensmittelmaschinen, Reisezugwagen, Kabel- und Verseilmaschinen, Polyurethan, Pflanzenschutz- und Schädlingsbekämpfungsmittel, Plasthilfsmittel, Pharmazeutika".

Die sich daraus ergebenden Veränderungen im Inlandsmarkt und den einzelnen Kombinaten und VEB wie Industrieteilbereichen wurden detailliert aufgeführt. Es war zu fordern,

> "für diese Arbeiten die volkswirtschaftlichen, zweigübergreifenden Fragen durch die Staatliche Plankommission in enger Zusammenarbeit mit den Ministern die konkreten Maßnahmen, einschließlich der Zulieferungen, auszuarbeiten und festzulegen bzw. zur Beschlußfassung vorzulegen".

Es wurde insbesondere an die Initiative der Minister appelliert, "Vorschläge zur Profilierung der Kapazitäten in ihrem eigenen Bereich zu erarbeiten und beginnend mit der Plandurchführung 1989 durchzuführen".

Maßnahmen

Nach detaillierten Anweisungen zur "Akkumulation in den produzierenden Bereichen", dem "Einsatz der zur Verfügung stehenden Investitionen", sowie zur Reduzierung "des Wohnungsbauprogramms", und der "gesellschaftliche[n]

Konsumtion", wie "Versorgung der Bevölkerung", gelangte das Exposé zu zusammenfassenden Ausführungen über die "Entwicklung des Staatshaushaltes":

"In Übereinstimmung mit der Konzeption für die Entwicklung der Volkswirtschaft 1991-1995 und die staatlichen Aufgaben 1990 ist die Ansatzrechnung zum Staatshaushalt auf effektives Wirtschaften zur Sicherung der erforderlichen Einnahmen und den[m] rationellen Einsatz der Ausgaben gerichtet:

- Der Planung der Staatseinnahmen liegt ein wachsender Beitrag der Zweige und Bereiche durch eine jährliche Erhöhung des Gewinns um durchschnittlich 10% und eine Selbstkostensenkung in der Industrie von 1,4% zugrunde. Die Exportrentabilität ist zu verbessern.

- Der Planung der Ausgaben liegt für den Bereich der Volkswirtschaft eine Senkung des gesellschaftlichen Verbrauchs zugrunde. Für den Wohnungsbau, die Wohnungswirtschaft, die kulturell-sozialen Bereiche und den Sonderbedarf sind Ausgaben in Übereinstimmung mit den bilanzierbaren materiellen und personellen Fonds geplant.

- Der Ansatz enthält die notwendigen Aufwendungen zur Lösung der außenwirtschaftlichen Aufgaben. Diese saldierten Aufwendungen für die Außenwirtschaft (einschließlich Exportstützungen aus dem Staatshaushalt) steigen gegenüber 1989 von 31,5 Mrd. Mark auf 1990 = 39,6 Mrd. Mark und 1991 = 44,3 Mrd. Mark an. Allein für Zinsen und Kosten für die Durchführung der Zahlungsbilanz steigen die Aufwendungen des Staatshaushaltes von 23,9 Milliarden DM im RE 1980 um 7,4 Milliarden DM für 1990 und weitere 5,7 Mrd. Mark im Jahre 1991 an.

- Bei den Verteidigungsausgaben sind die getroffenen Entscheidungen berücksichtigt".

Nach dem momentanen "Stand der Bilanzierung des Staatshaushaltes" ergebe sich folgendes Bild:

"	1989	1990	1991	1992	1993	1994	1995
Einnahmen	275,2	284,2	299,1	314,6	328,2	345,9	361,5
Ausgaben	275,1	292,8	304,0	316,0	330,2	342,9	358,4
Überschuß Fehlbetrag	+ 0,1	- 8,6	- 4,9	- 2,2	- 2,0	- 3,0	- 3,1"

Nach der Voraussetzung, "daß nur das ausgegeben werden kann, was erwirtschaftet wurde" seien, so das Exposé - "folgende Anforderungen durchzusetzen":

"1. Der Beitrag der Zweige und Bereiche zu den Einnahmen des Staatshaushaltes ist durch eine höhere ökonomische Verwertung wissenschaftlich-technischer Ergebnisse, eine bessere Investitions- und Grundfondswirtschaft, rationellere Bestandshaltung durch stabile Kooperationsbeziehungen und Senkung in ihren Verlusten zu erhöhen. Gleichzeitig ist entsprechend den Beschlüssen eine solche nach Strukturen zu erreichen, die zur Verbesserung der Exportrentabilität und zur Senkung der Exportunterstützungen führt. Das ist durch effektive Strukturpolitik insbesondere in der metallverarbeitenden Industrie und der Elektrotechnik/Elektronik und breite Anwendung des Prinzips der Eigenerwirtschaftung zu erreichen.

Die Stützungen aus dem Staatshaushalt für Produktionsmittel sind entschieden zu senken. Sie sind in dem bisherigen Umfangs nicht finanzierbar.

Aus diesen Anforderungen ist eine jährliche Verbesserung für den Staatshaushalt von 600 - 800 Mio Mark zu erreichen.

Weitere Verbesserungen der Staatseinnahmen sind durch eine effektive Konsumgüterproduktion (Verbesserung des Verhältnisses von Wertzuwachs und Staatseinnahmen) in Höhe von jährlich 700 - 800 Mio. Mark zu erwirtschaften.

2. Der Beitrag der Landwirtschaft zum Zuwachs des Nationaleinkommens ist durch die Steigerung der Produktion und Senkung der Kosten weiter zu erhöhen und die Staatseinnahmen jährlich um 200 Mio Mark zu verbessern.

3. Die Ausgaben des Staatshaushaltes sind durch weitere Senkung des gesellschaftlichen Verbrauchs in allen Bereichen außerhalb der materiellen Produktion durch effektive Nutzung des Vorhandenen, konsequente sozialistische Sparsamkeit und höhere Eigenerwirtschaftung von Mitteln in den örtlichen Haushalten zu entlasten, weil sie nicht zur Verfügung stehen.

Eine solche Aufgabenstellung schließt ein:

- sorgsamer Umgang mit den Mitteln, Beständen und Kapazitäten im Gesundheitswesen, in der Kultur, dem Bildungswesen, im Sport durch straffere Leitung und Organisation dieser Prozesse

- Abbau von Niveauunterschieden in den Bewirtschaftungskosten und Verwaltungsausgaben der Wohnungswirtschaft und Erhöhung des AWG-Anteils auf 60-70%.

- Senkung der Ausgaben für den zentralen und örtlichen Staatsapparat durch Maßnahmen der Rationalisierung und effektivere Struktur sowie der nachgeordneten Ämter und Einrichtungen einschließlich Freisetzung von Arbeitskräften.

- Reduzierung der Ausgaben bei gesellschaftlichen Organisationen.

4. Verwirklichung von Vorschlägen zum Abbau von Stützungen bei Waren und Leistungen, die nicht zum Grundbedarf gehören, mit jährlicher Einsparungen von Stützungen 0,8 - 1,0 Mrd.Mark".[1]

In einer der Anlagen, die diesem Dokument beigefügt wurden, wird der kritische Zustand der DDR-Ökonomie unübersehbar.

„Die Entwicklung des Exportüberschusses und des ‚Sockels' 1971 – 1995"

- Mio VM -	1971-1975	1976-1980	1981	1982	1983	1984	1985
Export	21,7	36,9	12,3	13,0	12,5	13,2	12,9
Import	29,5	49,7	11,4	10,0	10,0	9,2	8,9
Importüberschuß	7,8	12,8					
Exportüberschuß			0,9	3,0	2,5	4,0	4,0
	Ende 1975	Ende 1980					
‚Sockel'	10,7	27,9	29,0	27,3	28,9	27,2	25,9

	1986	1987	1988	1989	1990	1991	1992
Export	11,6	11,6	11,5	12,8	14,5	16,5	19,0
Import	11,0	11,5	11,1	11,8	11,0	11,0	11,4
Exportüberschuß	0,1	0,4	1,0	3,5	5,5	7,6	
‚Sockel'	28,7	31,9	35,8	41,2	45,7	51,8	52,1

	1993	1994	1995
Export	19,7	20,5	21,3
Import	11,6	11,4	11,0
Exportüberschuß	8,1	9,1	10,3
‚Sockel'	52,1	51,3	49,2".[2]

10. Kapitel: Der Zusammenbruch

„Honecker trat zurück. Die Berliner Mauer fiel. Selbstverständlich versetzten uns die Ereignisse in Ungarn, der Tschechoslowakei, später in Rumänien und Bulgarien in größte Besorgnis. Doch keinen einzigen Augenblick hatten wir die Absicht, die grundlegenden Prinzipien der Politik des Neuen Denkens aufzugeben: die nationale Selbstbestimmung und die Nichteinmischung in die inneren Angelegenheiten". (Gorbatschow, Erinnerungen, S.711)

Sparmaßnahmen Anfang 1989

Am 22.Februar hielt die Hauptabteilung XVIII/4 des MfS in einem "Vermerk" fest, es habe "im Anschluß an die Sitzung des Politbüros am 21.Februar...eine Unterredung zwischen Erich Honecker und Günter Mittag" - sowie Schürer - zum "Projekt des Fünfjahrplanes 1991 bis 1995" stattgefunden. In dieser "Beratung", über die eine "Niederschrift" beim MfS nicht existiere, habe "Honecker...sein prinzipielles Einverständnis zu diesem Projekt" erklärt. Doch habe er ausgeführt, es bestünden

> "noch ergänzende Vorschläge, die endgültig zu formulieren sind. Die vom Gen[ossen].Mittag übergebenen Vorschläge, konnte Genosse Honecker noch nicht durcharbeiten. Er legte deshalb fest, in dieser Woche eine weitere Beratung mit den Genossen Mittag und Schürer zu führen, um die von ihm erarbeiteten Vorschläge und die von Genossen Mittag gemachten Ergänzungen an Gen[ossen]. Schürer zu übergeben".

Das fertiggestellte Dokument sollte am 28.Februar im Politbüro behandelt werden. Angemerkt wurde:

> "Es ist nicht vorgesehen, Genossen Stoph in die Vorbereitungen einzubeziehen, 'weil er ja auch das bisherige Projekt nicht kennt.' (Genosse Stoph war zur Zeit des Versandes des Projektes nicht im Dienst; Genosse Kleiber erhielt ein Exemplar. Er ist für die Teilnahme an der Sitzung ebenfalls nicht vorgesehen)[.]

Konkreter werdend wurde mitgeteilt:

> "Die von Genossen Honecker und Mittag erarbeiteten Vorschläge wurden nicht genannt. Es wurde über die Richtung der weiteren Vervollkommnung des Projektes gesprochen, die unter Einhaltung folgender Prämissen erfolgen soll: es darf keine Verschlechterung/Absinken
> - der produktiven Akkumulation

- der Bevölkerungsversorgung
- der gesundheitlichen Betreuung
geben".

Und inhaltlich hinzugesetzt:

"Es sind wesentliche Senkungen vorzunehmen
- im Wohnungsbau (Reduzierung auf 250.000 Neubauwohnungen)
- im Verwaltungspersonal (Einsparungen von 120.000 VE)
- im Sonderbedarf (hierzu wurden keine Kennziffern genannt. *Die Überlegungen sollten davon ausgehen, daß es keinen Krieg mehr gibt.* Entgegenstehende Beschlüsse des Nationalen Verteidigungsrates müßten aufgehoben werden)" (Hervorh.v.m., B.S.).

Das MfS bereite sich darauf vor, die "sich aus dieser Richtungsbestimmung ergebenden Inhalte bereits jetzt zur Grundlage für die Erarbeitung einer Stellungnahme zu machen, so daß" am "27.2.1989 nur noch die endgültigen Kennziffern einzusetzen" seien. Am Rande des Gesprächs, so das MfS, habe "Genosse Krenz" bemerkt, "daß er den geheimen Auftrag" habe, "bis 1995 den Bilanzanteil für den Bau von *20 Komforthäusern an der Peripherie von Berlin* zu sichern... von denen 5 Häuser im Mai 1990 bezugsfertig sein" müssten. "Der Preis", so der Vermerk des MfS, "eines Hauses betrage ca. 630.000,- M"[3] (Hervorh.v.m., B.S.).

Verlierer: MfS, MdI und NVA

Wie sich bereits angekündigt hatte, lief die Tendenz inzwischen gegen die Volksarmee. So wurde drei Tage darauf festgehalten, es seien durch den "Gen[ossen]. Klopfer...neue Berechnungen" am Plan ausgelöst worden. Erich Honecker solle gefordert haben, "die Aufwendungen für den Sonderbedarf I. und II. um 3 Mrd. Mark zu senken". Es seien

"die Aufwendungen für das M[inisterium]f[ür]N[ationale]V[erteidigung] ab 1991 um 5% gegenüber 1990 zu kürzen.
Damit würden dann die verkündeten 10% weniger Ausgaben für die Landesverteidigung erreicht werden.
Diese Berechnungen beziehen sich 1989 = 100.
Für 1990 wurde am 14.2.89 im Politbüro entschieden, daß die N[ationale]V[olks]A[rmee]
5% weniger als 1989 erhält.

Neu ist jetzt, das[ß] ab 1991 MfS, MdI [Auslassung] 10% weniger als 1989 erhalten sollen, für die GSSD[Gruppe der Sowjetischen Streitkräfte] in der DDR sollen 9% weniger bereitgestellt werden.

Die vorhergehende Orientierung beinhaltete, daß für das MfS und MdI der Stand von 1989 in den Zeitraum 1991 – 1995 übernommen werden sollte.

Für Gen[ossen].Schürer wurden Briefe an die Gen[ossen]. Minister Mielke und Dickel vorbereitet. Darin wird mitgeteilt, daß die für 1990 vorgelegten Planentwürfe des MfS um 80 Mio.M und der des MdI um unter 150 Mio.M zu senken sind.

Die Unterschrift durch Gen[ossen]. Schürer erfolgte noch nicht".

Aufzeichnungen zu den "o.g. Berechnungen" wurden nicht angefertigt. Das sei, so das MfS, "nur in VS-Arbeitsbüchern" erfolgt.[4]

Das MfS bestätigte am 14.März in einer Stellungnahme "zur Vorlage für den Ministerrat der DDR" und zum "Beschluß für die Fertigstellung des Ansatzes für den Fünfjahrplan 1991-1995", dass die Vorlage Schürers vom 24.2.1989, die dem "Politbüro des ZK der SED am 28.2.1989" vorgelegen habe, unverändert das Gremium passiert habe. Es wurde ausgeführt:

"Die mit der Stellungnahme vom 27.2.1989 zur Vorlage für das Politbüro des ZK der SED 'Konzeption des Ansatzes. ..' vom 24.2.1989 getroffenen ökonomischen, sozialpolitischen, strukturellen und finanzökonomischen Aussagen werden mit den vorliegenden Dokumenten vom 10.3.1989 nicht in ihren Inhalten verändert".

Nachgerade artistisch erscheinen die Aussagen des Oberstleutnant Mein, die um die harte Wirklichkeit wie Regentropfen auf glatten Platten tanzten. Was bereits das Statement Honeckers zu den Grenzen eines Reformansatzes angekündigt hatte, bestätigte sich von Seiten des MfS. Mein hielt fest, es sei alles auf die "Unangreifbarkeit der Volkswirtschaft" auszurichten. "Ausgehend von dieser Vorgabe" seien

"bedeutende wissenschaftlich-technische konzeptionell-strukturelle Anstrengungen in entscheidenden Wissenschaftsbereichen eine zwingende Voraussetzung, um mit den stark begrenzten Mitteln der produktiven Akkumulation die technisch-technologische Basis für den weiteren Ausbau des Leistungs- und Wirtschaftspotentials an der Schwelle zum nächsten Jahrtausend zu schaffen".

Es bestand offensichtlich eine bedeutende Diskrepanz zwischen diesen Vorstellungen in Ostberlin und den auf dem "Arbeitstreffen der Sekretäre für

Wirtschaft des ZK der Bruderparteien der RGW-Mitgliedsländer am 6. und 7.März 1989 in Prag" geäußerten Vorstellungen. Aus "sicherheitspolitischer Sicht", so schlug Mein vor, sei "zuzustimmen".[5]

Es seien, so die Anlage zur Stellungnahme des MfS-Offiziers,

> "in der Konzeption des Ansatzes für den Fünfjahrplan 1991-1995 vom 10.3.1989 ... gegenüber der Konzeption vom 24.2.1989 die Aussagen
> . zum 'Sockel' (Seiten 4, 6 und 7),
> . zum Sonderbedarf I und II (Seiten 14, 17 und 22)
> . zur Veränderung von Verbraucherpreisen (Seiten 19, 20, 21)
> . zum Staatshaushalt (Seiten 7, 21)
> in Bezug auf Darstellungen zur Zahlungsfähigkeit, Zwischenfinanzierung und zu den Salden ... in der Vorlage nicht mehr enthalten".

Es wurde offensichtlich die volle Schärfe des Problems verschleiert, sodass sich die Stellungnahme des Oberstleutnant Meins, in deren ideologischer Bindung und faktischer Unschärfe, erklärt. Dass die überkommene Methodik des „Sich die Realität Schönens" wiederum verfolgt wurde, zeigt der Hinweis:

> "Der NSW-Export 1989 (Seite 6) wurde von 12,8 Mrd.VM auf 12,7 Mrd.VM präzisiert. Der NSW-Exportüberschuß 1991-1995 wurde 1991 und 1992 um je 0,1 Mrd VM, 1993, 1994 und 1995 um
> je 0,2 Mrd.VM, d.h. in der Summe des Fünfjahrplanes um 0,8 Mrd.VM aufgestockt".

Dass auch an anderen entscheidende Stellen der – zugegebenermaßen - harte Durchgriff Schürer/Höfners gemildert wurde, zeigt sich in einer weiteren Bemerkung der Anlage. Hier wurde ergänzt:

> "Der Bilanzbefehl im Staatshaushalt (Seite 7) wurde um 0,1 Mrd.M auf 6,2 Mrd.M korrigiert.
> Das im Inland verfügbare Nationaleinkommen sieht ab 1992 geringfügige Veränderungen vor
> 1992 ./. 0,1 Mrd.M, 1993 + 0,9 Mrd.M, 1994 + 0,2 Mrd.M, 1995 ./. 1,4 Mrd.M (Seite 10)".

Streichungen beim "Direktstudium", beim "Wertzuwachs kumulativ" sowie beim "Wertzuwachs beim Warenfonds" fielen insgesamt eher kosmetisch aus. Selbst wenn berücksichtigt wird, dass der zur Verfügung stehende Rahmen äußerst begrenzt war. Schließlich wurden "in der Bilanz des Nationaleinkommens (Seite 24)...Veränderungen beim Exportüberschuß vorgenommen, in deren Ergebnis für den Fünfjahrplan 1991-1995 0,4 Mrd.M mehr Nationaleinkommen für die Außenwirtschaft eingesetzt" wurden.[6]

---

[1] Birthler-Behörde, MfS-HA XVIIII, Nr. 7318. XVIII/4, Genossen Generalmajor Kleine, 17.2.1989, Bl. 2; Zur Konzeption des Ansatzes für den Fünfjahrplan 1991-1995 und für die staatlichen Aufgaben 1990, 15.2.1989, Bl. 5-27.
[2] Ebd., MfS-HA XVIII, Nr. 7318. Anlage GVS b 5 – 0113/89, Bl. 29.
[3] Ebd., HA XVIII/4. Vermerk, 22.2.1989.
[4] Ebd., Nr. 7318. Zum Planentwurf 1991-1995, 25.2.1989, Bl. 32f.
[5] Ebd., HA VIII/4, OSL Mein, Stellungnahme, 14.3.1989, Bl. 38f.
[6] Ebd., Ablage, Bl. 40f.

11. Kapitel: Krisenkonferenzen im März 1989

Tradition und Veränderung

Im Zuge einer interministeriellen „tour d'horizon" fasste am 16.März Siegfried Wenzel die Beratungen des Ministerrates zum „Fünfjahrplan 1991-1995 zusammen. Schürer hatte auf den Beschluss des Politbüros vom 28.Februar verwiesen und festgestellt, es seien „die Grundlinie zur Ausarbeitung des Fünfjahrplanes", der „Entwurf der staatlichen Aufgaben 1990" sowie die „Schlussfolgerungen für die weitere Durchführung des Volkswirtschaftsplanes 1989 dem Politbüro vorzulegen". Im wesentlichen beharrte der Leiter der Staatlichen Plankommission auf der Feststellung, es seien,

> „besonders aufgrund der Lage, die sich auf dem Gebiet der Außenwirtschaft entwickelt"

habe, „grundlegende Schlussfolgerungen zur Sicherung der ökonomischen Unangreifbarkeit der DDR zu ziehen". Die erforderlichen „Konsequenzen", die nun unabwendbar seien, sowie "die dabei zu lösenden qualitativ neuen Aufgaben" wurden „mit besonderem Nachdruck" herausgehoben. So sei „die Akkumulation in den produzierenden Bereichen zu stärken". Eine „hocheffektive[n] Produktions- und Exportstruktur" sei zu entwickeln sowie „zweigübergreifend[e]" „Strukturentscheidungen" zu treffen. Nach wie vor, so Schürer, ginge es um

> „die Gewährleistung der Hauptaufgabe in ihrer Einheit von Wirtschafts- und Sozialpolitik".

„Schneller zu steigern" sei „die Produktion hochwertiger Konsumgüter" vor allem, und das war der entscheidende Denkfehler, „für die Versorgung der Bevölkerung". Dabei bilde „eine wesentliche Aufgabe...die Sicherung der Stabilität des Binnenmarktes".

Höfner übernahm es, die Voraussetzung für das von Schürer Ausgeführte in der Durchsetzung „eine[r] neue[n] Qualität der Effektivität" zu betonen. Eine „Selbstkostensenkung" um „1,5%" wurde weiter gefordert. Ein wesentliches Hindernis bilde demgegenüber, so Höfner, die nach wie vor „ungenügende Effektivität der Außenwirtschaft". Er unterstrich:

> „Ein Ausgleich des Staatshaushaltes über die zusätzliche Inanspruchnahme von Krediten sei nicht möglich; es müssten im Gegenteil Kredittilgungen erfolgen. Auf allen Gebieten sei es erforderlich, das Verhältnis von Aufwand und Ergebnis noch wesentlich zu verbessern".

Wünsche und Notwendigkeiten

Personalkürzungen im „Leitungs- und" Verwaltungsbereich wurden gefordert. Kleiber entwickelte – bereits für 1989 – eine „grundlegend[e]" Veränderung der Arbeit. Doch, im Einzelnen verdeckt und vertuscht, kam heraus, dass „Rückgänge und Reduzierungen" zu konstatieren waren. „Ideen" seien von Nöten, „wie das gesamtgesellschaftliche Konzept als ein Leistungskonzept" zu entwickeln wäre. Er schaukelte zwischen der Notwendigkeit und den Wünschen, beim bisherigen Verfahren zu verharren, hin und her und bejahte eine „Leistungserhöhung", bei allerdings „rückläufiger oder stagnierender Entwicklung der Akkumulationskraft". Erforderlich seien „Exportüberschüsse". Das zentrale Problem, wie die Bevölkerung besser versorgt werden könne, wurde nur kurz berührt. Doch blieb auch für Kleiber unübersehbar, dass ein „Rückgang von 115000 Arbeitskräften zu kalkulieren" sei. Gleichzeitig, und das in Widerspruch zu den vorher geäußerten Postulaten, bleibe „richtig..., daß nur das verteilt werden kann, was vorher produziert wurde". Die „Umstellung der Kapazitäten" müsse nun konkret umgesetzt werden. Doch aus welchem Grund wurde dies erst im März 1989 erwogen? „Industriebau" statt „Wohnungsbau". Doch erneut traten Spekulationen in den Raum. Weiter die „Erhöhung der Bereitstellung von Erzeugnissen für den NSW-Export". „Schluß machen mit der Theorie der 3 Qualitäten – für NSW, Inland und SW". Der Lösungsbegriff lautete „erzeugnisbezogene Programme". „Technologie und wissenschaftlich-technische[r] Weiterentwicklung" sollten 1991-1995 „ein höheres Qualitäts- und internationales Spitzenniveau" herstellen. Zusätzlich die „Rationalisierung". Wenig geradlinig die hinzugesetzte Formulierung, „man müsse sich *auch* die unrentablen Betriebe ansehen und dazu Festlegungen treffen" (Hervorh.v.m., B.S.) Zu hoch angesiedelt, wie bereits mehrfach von Kleiber angedeutet, wiederum die „Frage der Sicherung der Versorgung der Bevölkerung". Dennoch wurde gleichzeitig betont, „im Vordergrund stünde hierbei die Produktion absatzfähiger rentabler Erzeugnisse im NSW-Export". Realitätsbezug enthielt Kleibers Feststellung, „der im Material ausgewiesene Stand für 1990" liege „bei wichtigen Erzeugnissen unter dem Niveau 1989". Die Kritik, das gehe „so noch nicht", schlug gleichzeitig in die falsche Richtung aus. Es wurde dennoch betont, dies sei noch einmal zu diskutieren, „unter Ausweis aller damit verbundenen Konsequenzen".

Schulze stellte, wie Schürer, die „objektiven Erfordernisse" in den Vordergrund, bekannte, „der Bedarf" seines Ministeriums werde „mit 1 Mio Fernsprechanschlüsse[n geschätzt" – es lägen „60000 Eingaben von Bürgern vor" – und gestand den „besorgniserregenden Zustand der vorhandenen Anlagen ein, von denen 2/3 70 Jahre alt seien". Besorgniserregend, dass der Minister „ein halbes Jahr an einer Konzeption bis 1995 gearbeitet" hatte, die „Arbeits-orientierungen", um die es hier ging, ihm „jedoch nicht mitgeteilt" worden waren. Die drängende Zeit unterstrich der Minister für Landwirtschaft Lietz. Der Vertreter des Ministeriums für Verkehrswesen, Scholz, bekannte, er sei noch nicht umfassend orientiert.

Margot Honecker spricht Klartext

Margot Honecker nahm ausführlich Stellung, unterstrich, dass „die Einheit von Wirtschafts- und Sozialpolitik weitergeführt" werde, dies allerdings ergänzt um verstärkte Rücksicht auf „vor allem außenwirtschaftliche Bedingungen". Damit setzte Frau Honecker die Wiedergabe der bisherigen Wortmeldungen fort und sprach von „Leistungserhöhung" usw. Ein neuer Gedanke war:

> „Man müsse klären, was die DDR erwirtschaften muß, unter Berücksichtigung der erforderlichen Strukturveränderungen und der Veränderung der Konzep-tionen, damit die DDR ökonomisch unangreifbar *bleibt*" (Hervorh.v.m., B.S.).

Dieser Gedanke, von Ulbricht 1961 aufgegriffen, bildete zum Zeitpunkt die-ser Äußerung eine blasse Farce. Frau Honecker forderte einen „optimistischen Standpunkt". Gleichzeitig warnte sie vor „rückläufige[n] Entwicklung[en]" „auf einzelnen Gebieten", was „sich konkret auf die politische Situation auswirken" könne. Es ging ihr offensichtlich um die „Beibehaltung des erreichten sozialpo-litischen Niveaus". Begründet stellte Margot Honecker fest, es sei ein „real bi-lanzierten[r] Plan" zugrunde zu legen. Es ginge nicht an, „einfach einen Be-schluß [zu] fassen und Zahlen fest[zu]legen". Es gehe um die „Konsequenzen", so Frau Honecker. Einschränkend sprach die Ministerin für Erziehung davon, es gehe „um die Realisierbarkeit der gestellten Aufgaben". Der Ernst der Lage war offensichtlich nicht jedem Mitglied der Regierung bewusst. Doch zeige sich, „dass die eigenen Leistungen nicht ausreichen, um die Planziele voll zu erreichen". Der Plan 1988 sei „offensichtlich nicht real" gewesen. Mit diesen Worten kam Margot Honecker zur Sache. „Auch die Exportüberschüsse" seien „nicht erreicht worden, so dass sogar noch 1989 Eingriffe in die bisherige Ver-teilung des Nationaleinkommens erforderlich" sein würden. Weiter stellte die Gattin des Staatsratsvorsitzenden die äußerst unbequeme Frage,

> „ob eine solche sprunghafte Steigerung der Exportüberschüsse von 1 Mrd.VM 1989 auf 3,5 Mrd.VM 1990 und 5,5 – 7 Mrd.VM 1991 real ist".

Frau Honecker sprach von „drastischen Reduzierungen in den nichtproduzierenden Bereichen". „Mit Verantwortungsbewußtsein" seien „diese Aufgaben" zu prüfen. Die „Senkung der Mittel für den Wohnungsbau nach 1990" wäre notwendig. Das konzedierte die Ministerin freimütig. Doch sie wandte sich gegen eine „so rapide" „Einlaufkurve", d.h. Eine scharf durchgreifende Kurskorrektur. Eine „solch[e] schnelle Umstellung der Baukapazitäten" beurteilte die Gattin des Staatsratsvorsitzenden kritisch. Ein weniger abrupter Einstieg in die „notwendigen Überleitungsmaßnahmen" wollte die Ministerin sorgfältig erwogen wissen. Äußerst differenziert wies diese auf einen weiterhin notwendigen „komplexen Wohnungsbau" hin; was bedeute, auch Gemeinschaftseinrichtungen in den Wohnquartieren weiterhin zu planen. Schulspeisung und Arbeitskräfteproblematik wurden berührt und sinnvoll erörtert. Weniger medizinische und pädagogisch Ausgebildete „brächten keine Gewinne an Arbeitskräften". Das würde

> „bedeuten, dass schon 1995 keine ordentliche Betreuung und Beschulung der Kinder möglich sei".

3,6 Prozent mehr Warenfonds 1990 bedeute – so die Ministerin – „dass der Wertzuwachs mit Erzeugnissen zu höheren Preisen oder einfach nur durch höhere Preise erreichbar" wäre. „Bei Erzeugnissen, bei denen jetzt schon ein bestimmter Mangel" herrsche, könne „die Bereitstellung 1990 nicht unter das Niveau 1989 zurückgeführt werden". Es blitzte das Damoklesschwert der Konsumkrise in der DDR durch, das unwiederbringlich zu innerer Unruhe führen würde, sollte die Konsumbremse zu scharf angezogen werden. Margot Honecker, und das bezeichnet den Rang ihrer Wortmeldung, konzedierte – angesichts der offenbaren Krise des Wirtschaftssystems der DDR:

> „Das darf man nicht unter den Tisch kehren, damit verantwortungsvolle Entscheidungen über die Fortsetzung unserer Politik getroffen werden können oder es muß gesagt werden, welche Abstriche gemacht werden müssen, *ob* die Fortsetzung der Politik der Einheit von Wirtschafts- und Sozialpolitik *auf einigen Gebieten unterbrochen* werden muß" (Hervorh.v.m., B.S.).

Letztlich aber forderte auch Frau Honecker zu weiteren Diskussionen auf – und nicht zu Entscheidungen à la Schürer/Höfner.

Engeres Karo und klarer Blick

Der Minister für Bauwesen der DDR, Junker, forderte auf, nicht zu „lamentieren". Das „Bauwesen" stehe „vor Profilveränderungen, wie wir sie in den vergangenen 30 Jahren noch nicht zu bewältigen hatten". Es müsse „ein Konzept ausgearbeitet werden, damit die politische Stabilität (sic) gesichert werden" könne. Junker betonte ferner:

> „Das Bauwesen steht nicht nur vor neuen Anforderungen im Inland, sondern auch im Ausland in einer Größenordnung von etwa 20 000 Bauarbeitern, darunter in der UdSSR, aber auch im kapitalistischen Ausland".

„Moderner Industriebau" als Ziel lautete die neue Parole, welche der Bauminister ausgab. Davor stellten sich jedoch „Probleme" bei der „Umprofilierung von Kapazitäten des Wohnungsbaus zur Stärkung des Industriebaus".

> „Das Problem seien nicht die 773 000 Wohnungen insgesamt, sondern die Anzahl von 250 000 Neubauwohnungen".

Eine Diversifizierung von Verantwortung und Initiative auf die „Vorsitzenden der Räte der Bezirke und der Bezirksleitungen" befürwortete auch Junker. Indirekt bemängelte der Minister eine zu geringe „Qualität der Leitung der Wohnungswirtschaft". Es wurde angemerkt:

> „Ein solcher Bereich [500 Mrd. Grundmittel] müsste von der Regierung ähnlich geleitet werden, wie das auch bei anderen Gebieten der Fall"

sei.

Der Industrieminister Georgi fasste rücksichtslos zusammen:

> „Wir stehen mit der heutigen Beratung vor sehr schwierigen Entscheidungen. Man müsse diese Entscheidungen aber jetzt treffen. Der Werkzeug- und Verarbeitungsmaschinenbau habe gute Absatzchancen, wie die Leipziger Messe beweise, aber nur kleine Stückzahlen anzubieten. Als Arbeitsrichtung schlug er vor, erstens den eigenen Beitrag zu steigern, zweitens *gemeinsam mit Genossen Schürer Entscheidungen zu treffen*, die die Reproduktionsbedingungen des Werkzeugmaschinenbaus besonders auch hinsichtlich der Zulieferungen, sichert. Das gelte auch für die Investitionen. Als Teilproblem nannte er die Sicherung der mechanischen Fertigung und das Abstoppen des Rückgangs der Arbeitskräfte. Die dritte Frage betreffe *den Ministerrat als ganzes*. Wir sprechen seit längerem von Strukturentscheidungen, aber wir treffen sie nicht. Der Werkzeug- und Verarbeitungsmaschinenbau habe stark anwachsende Aufgaben für den NSW-Export. Man müsse sichtbar machen, wie sich das auf die Versorgung der Volkswirtschaft der DDR auswirkt" (Hervorh.v.m., B.S.).

Angesichts dieser Argumentationsketten ergeben sich auffällige Parallelen zur langjährigen Strukturdiskussion in der gegenwärtigen Bundesrepublik.

Kessler argumentiert im Bogen

Der Verteidigungsminister Kessler, Freund Honeckers und dessen Nachfolger in der FDJ-Führung, argumentierte nach der Devise, keinem auf die Zehen treten und für den Verteidigungsetat das Beste herausholen. Nach wenig bedeutenden „Änderungsvorschlägen", wobei es unter anderem um „die Streichung der Angaben zu den einzusetzenden Kräften der NVA für Kernkraftwerke und seine Verantwortung als Minister dazu" ging, lobte Kessler zunächst die bisherige Politik und die Beschlüsse des VIII. Parteitages; eine geläufige Übung bei jeglicher Äußerung im Verbund der Nomenklatura.

Quasi als Paukenschlag zu Beginn seiner Ausführungen stellte sich der Verteidigungsminister zunächst gegen Schürer/Höfner etc. und behauptete dialektisch, wenn behauptet würde, „wir haben über unsere Verhältnisse gelebt", dann würde das heißen, wir hätten „falsche Beschlüsse gefaßt". Dennoch gestand Kessler zu, es seien „neue Bedingungen herangereift" und lehnte sich damit an Margot Honeckers Ausführungen an. Doch ging der Verteidigungsminister, wenngleich auch begrenzt, zum Gegenangriff vor, indem er darauf verwies:

> „Wir reden ja auch nicht über die *Milliarden zum PKW-Programm* oder über die zusätzlichen Aufwendungen beim Auswechseln der Schweller bei der Eisenbahn" (Hervorh.v.m., B.S.).

Weiter kritisierte er:

> „Ihm gefalle an der Gesamtkonzeption folgendes nicht: Alles sei darauf angelegt, wie die NSW-Exportkraft erhöht werden kann. Von hier werden alle Fragen aufgerollt. Wir brauchen ein anderes Herangehen. Wie soll die Politik der Partei in den Jahren 1991-1995 aussehen? *Ich denke, wir machen eine Politik nicht um des abstrakten Exports willen, sondern im Interesse der Arbeiterklasse und der Menschen.* Im Material steht richtig, dass wir *die Politik der Einheit von Wirtschafts- und Sozialpolitik weiterführen* wollen. Man muß darlegen, was das Ziel dieser Politik 1991-1995 ist, zum Beispiel stabile Mieten, stabile Preise für Grundbedürfnisse und Tarife u.a." (Hervorh.v.m., B.S.).

Nach diesen recht traditionellen Einschränkungen und Wünschbarkeiten, die ideologisch abgesichert, zu lange Zeit fortgeschrieben worden waren, bewegte sich Kesslers Argumentation gleichsam in einem Bogen auf Schürer/ Höfner zu. „Aus der Analyse" ergebe

„sich, daß wir *gewisse Veränderungen* durchführen müssen. Dabei muß die Stärkung der Exportkraft eine ganz entscheidende Rolle spielen. Es muß weiter die Erkenntnis bleiben, was der Gesellschaft nutzt, nutzt auch jedem einzelnen. Dabei *bestreite ich nicht, dass wir aktiv Dinge ändern müssen*, aber der Ausgangspunkt muß sein, was der Inhalt der Politik unserer Partei *gegenüber* dem Werktätigen ist" (Hervorh.v.m., B.S.).

Keine offene Stellung bezog Keßler zu der Tatsache, dass „der Exportüberschuß...von 24 Mrd. 1986 – 1990 auf 163 Mrd. 1991 – 1995 ansteigen" müsse. Gerade in dieser Frage hätte es jedoch nicht eines ausweichenden Schlenkers in der Argumentation bedurft. Lediglich folgte, er „halte das für notwendig, aber" er „halte das für eine Aufgabe, die den Einsatz der ganzen Kraft" erfordere. Im Zentralpunkt der Diskussion, dem Prinzip der DDR-Politik „der Einheit von Wirtschafts- und Sozialpolitik", verwies der Oberkommandierende der NVA darauf,

„dass man bei der Formulierung auf Blatt 9 unten und 10 oben der Konzeption 1991 – 1995 nicht stehen bleiben"

dürfe,

„wonach die Differenz zwischen dem materiell bereitstellbaren Warenfonds und dem notwendigen Gesamtvolumen zur Deckung der Nettogeldeinnahmen durch Werterhöhung ausgeglichen werden"

müsse. Neben offenkundigem Nichtverstehen, oder Nichtverstehen können, machten Kesslers Einlassungen im Folgenden dessen inadäquates Vermögen, angesichts der neuen Probleme des DDR-Ökonomie unübersehbar. All' das, verbunden mit der Schlussbemerkung:

„Aber es gibt auch genügend Gründe, um nicht zu sagen, alle damit verbundenen Probleme sind tabu",

erzeugen einen äußerst zwiespältigen Eindruck von intellektuellem Vermögen und Aufgeschlossenheit des Verteidigungsministers angesichts der offenbaren Probleme des Staates.

Mangelnde Quantität

Der Verantwortliche für das Gesundheitswesen, Thielmann, gab sich erschreckt angesichts „eine[r] Senkung der Investitionen auf 50%". Zum Ist-Zustand des DDR-Gesundheitswesens, und dessen Leistungsfähigkeit, führte Thielmann aus:

> „Die Operationen am offenen Herzen werden in der DDR an 123 Personen pro
> 1 Million Einwohner durchgeführt; der Bedarf ist doppelt so hoch. In der BRD
> beträgt die Rate 500 Personen pro 1 Million Einwohner. Pro Jahr führen wir 324
> 000 Nierendialysen durch; der Bedarf ist doppelt so hoch. Das erreichte Ergeb-
> nis bedeutet rund 125 Dialysen pro 1 Million Einwohner. In den westeuro-
> päischen Ländern sind das im Durchschnitt 188 pro 1 Million Einwohner".

Meier stützte „die Konzentration auf die metallverarbeitende Industrie". „Hohe[s] Tempo der Mikroelektronik" wurde begrüßt. Auch der „Elektronikmaschi-
nenbau" bilde künftig „einen Schwerpunkt". Halbritter begriff aus der bisherigen
Diskussion, dass „die Einheit von Wirtschafts- und Sozialpolitik fortgeführt"
werde. Das heiße, „die Stabilität der Verbraucherpreise" werde „ebenfalls fortgesetzt". Eine Änderung der „Preispolitik" sei damit nicht zu erwarten. „Die Lösung", so Halbritter, könne „nur darin bestehen, dass wir neue hochwertige
Konsumgüter stärker auf den Markt bringen". Den Blick wandte Reichelt in seinem Beitrag auf die „ökologisch[n] Entwicklung und verwies auf Beispiele und
Aufgaben, die sich auch aus internationalen Verpflichtungen" ergäben. Abfall-
verwertung („Abprodukte") gleich „eigene[n] Ressourcen", „Ausrüstungen für
Umwelttechnologie usw." würden auf „großer[n] Bedarf" treffen. Es bestand offenbar die reale Gefahr, dass, „auf dem Gebiet der Wasserwirtschaft", die bereits nicht genüge, Einsparungen getroffen werden würden.

Stoph: Optimismus und Stolz

Stoph schrieb in seinem Schlussstatement, sämtliche fortschrittlichen Tendenzen in der Diskussion beiseiteschiebend, die bisherige Politik als „erfolgreiche" fort. Allerdings erwähnte er im zweiten Schritt:

> „Wir sprechen von Kontinuität und gleichzeitig von Erneuerung, dort wo es
> notwendig ist. Was nicht mehr zeitgemäß ist, wird weiterentwickelt oder wird
> geändert".

Schlagworte wie „praktische Arbeit", „hohe Leistung in der Produktion", „Produktivität" und „Effektivität" sowie „Rentabilität" wurden betont. „Reserven mobilisieren" und „Rationalisierung" lautete die neue Devise. Es dürfe, so Stoph,
„keinen Betrieb geben, wo nicht rationalisiert" werde. Erkannt waren offensichtlich inzwischen die hemmenden Faktoren. Stoph betonte:

> „z.B. die 10 Mrd. Mark Überplanbestände. Wir brauchen eine hohe Qualität der
> Arbeit im gesamten Bereich des materiellen Geschehens. Dazu gehört, auch die
> Verluste zu senken in allen Abschnitten des Reproduktionsprozesses. Überall ist

es notwendig, mit Material und Geld sparsam umzugehen. Das gilt auch für die bedeutenden Mittel, die für Reparaturen und Erhaltungen eingesetzt werden".

Der Vorsitzende des Ministerrates bekannte sich schließlich doch. Stoph führte aus:

„Wir brauchen eine Produktions- und Strukturveränderung. Niemand soll sich einbilden, dass man das auf billige Art und Weise machen kann. Es ist auch nicht zulässig, Erzeugnisse die produziert und gebraucht werden, einfach weg-zurationalisieren. Dazu gibt es gesetzliche Festlegungen".

Als Rezept wurden Optimismus, Stolz auf die erbrachte Leistung und „die schnelle Einführung von wissenschaftlich-technischen Erkenntnissen" angeboten. Das bildete den Ertrag dieser Krisenkonferenz im März 1989.[1]

Schalcks letzte Mahnung

Im Juni saß Schürer, auf Vermittlung durch den KoKo-Chef, bei Mielke in der Normannenstrasse, um diesem drastisch die wirtschaftliche Situation vor Augen zu stellen. Es ging im besonderen um die Zahlungsbilanz der DDR. Der Leiter der Staatlichen Plankommission sagte,

„dass die DDR, für deren Sicherheit er [Mielke] als Minister die Verantwortung trägt, in kürzester Zeit bankrott gehen wird, wenn nichts Grundsätzliches in der politischen Führung des Landes verändert"

werde. Mielke regierte mit den Worten: „Mach dir keine Sorgen Gerhard, man wird uns schon nicht im Stich lassen".[2]

Dramatik zeichnete sich Mitte Juni in einem Memorandum ab, das mit hoher Wahrscheinlichkeit aus der Feder Schalck-Golodkowskis stammt. Es wurde darin kurz das Wesentliche zusammengefasst, was die momentane Krise des DDR-Wirtschaftssystems ausmachte. „Die Sicherung der Errungenschaften unseres bewährten Kurses der Einheit von Wirtschafts- und Sozialpolitik", so die traditionelle Einleitung jeglicher Eingabe, die gehört werden wollte, setze „die weitere Zahlungsfähigkeit der DDR gegenüber dem nichtsozialistischen Wirtschaftsgebiet voraus". Als Bedingung für die weitere Andauer des DDR-Staates wurde die

„Einhaltung der Kennziffern des Volkswirtschaftsplanes 1989 – Teil nichtsozialistisches Wirtschaftsgebiet Export-Import, die Erreichung der heute zur

Diskussion stehenden Ziele für den Volkswirtschaftsplan 1990 insgesamt und dem NSW im besonderen die Zahlungsfähigkeit 1990 zu gewährleisten"

gefordert. Damit, so die Formulierung dieser Vorlage für die Sitzung des Politbüros am 15.Juni, werde „eine entscheidende Voraussetzung zur prinzipiellen Fortsetzung unserer bewährten Politik auch nach 1990" geschaffen. „Beides" sei „untrennbar miteinander verbunden", so der Autor dieser Vorlage an den Generalsekretär des SED, Erich Honecker. Dieser habe,

> „in den letzten Jahren in vielen Beratungen zu den Volkswirtschaftsplänen gefordert, die zunehmende Verschuldung der DDR im NSW zu stoppen und langfristig zu halbieren".

„Diese Aufgabe" sei „aus den dem Politbüro bekannten Gründen bisher nicht erreicht" worden. Es wurden offensichtlich in der Führungsspitze der DDR Vorstellungen vertreten, die bewirkten, „die Verschuldung weiter zu erhöhen oder mit Banken Gespräche über die Stundung von Zahlungsverpflichtungen zu führen". Dieses Verfahren würde „katastrophale Auswirkungen auf unsere Volkswirtschaft und die Weiterführung unserer bewährten Politik haben", betonte das Vorlagepapier zutreffend. Das Gebot der Stunde laute, und das Papier machte damit die Brisanz der Lage deutlich:

> „In diesen Tagen müssen alle Kräfte (in allen Bereichen der Volkswirtschaft unter Leitung der Regierung – Kombinatsdirektoren mit Hilfe der ganzen Partei) darauf konzentriert werden, die Kennziffern des Planes 1989 zu erreichen und keine weiteren Importe 1989 im Rahmen des Planes aus dem NSW zuzulassen".

Als letzter Ausweg seien „diese Aufgaben 1989 in Größenordnungen noch nicht gesichert und es" bedürfe „größter Anstrengungen, weitere Warenfonds für den NSW-Export bereitzustellen", diese „vertraglich zu binden und ohne wesentliche Rückstände auszuliefern". Dies bilde „eine entscheidende Grundlage" dafür, „die heute hier vorgeschlagenen Ziele 1990 zu erreichen".[3]

Am 16.Juni leitete Honecker die 78. und letzte Sitzung des Ministeriums für Nationale Verteidigung in Strausberg. Mielke erhielt den Auftrag,

> „dass die Hauptverwaltung Aufklärung zusammen mit der Aufklärung der NVA die praktischen Vorbereitungen der NATO-Streitkräfte auf Aggressionshandlungen und besonders auf ihr Streben nach Überlegenheit und Überraschung zuverlässig aufklären sollte. Der Verteidigungsminister wurde verpflichtet, die beschlossenen Maßnahmen zur Reduzierung der NVA sowie den zusätzlichen Einsatz von 2 000 Armeeangehörigen als produktive Kräfte in der

Volkswirtschaft bis Mitte November zu gewährleisten. Das neue Statut, das für die Einsatzleitungen vorlag, sollte nach einer Beratung im Politbüro am 1.Januar 1990 in Kraft gesetzt werden."[4]

---

[1] BA-Berlin, DL 2/1119. S.Wenzel, Niederschrift über die Beratung des Ministerrates zur Konzeption für die Fertigstellung des Ansatzes für den Fünfjahresplan 1991-1995, zur Konzeption für die staatlichen Aufgaben 1990 und den Schlussfolgerungen für die weitere Durchführung des Volkswirtschaftsplanes 1989 am 16.3.1989, 16.3.1989, Bl. 546-564. So verblendet wie die DDR-Führung waren offensichtlich die SPD-Spitzen während der 80iger Jahre. Es buhlten im Vorfeld der 750 Jahrfeier von Ostberlin Dohnáyi und Lafontaine um die Gunst Honeckers. Lafontaine führte nach dem Protokoll der DDR-Seite (Parteiarchiv) aus: „In der BRD sei es inzwischen allgemeiner Konsens, dass die Zweistaatlichkeit eine Realität ist, an der niemand vorbei kann. Ebenso gewünscht würden aber grundlegende Verbesserungen vor allem für die Menschen. Deshalb wollte er die Bitte aussprechen, im Jahre 1988 gemeinsam zu beraten, was aus der Sicht der DDR-Führung gehe und was nicht" (Ash, Europa, S. 492, vgl. das Treffen Lafontaine-Honecker im August 1988, ebd., S. 494). Das Eingreifen Bahrs am 28.8.1989 in die laufende Krise („Er habe Befürchtung, Beziehungen zwischen beiden Staaten könnten außer Kontrolle geraten") war wohl noch die reflektierteste Handlung von SPD-Seite in diesem Zusammenhang (Ash, Europa, S. 495). Was beabsichtigte jedoch die SPD tatsächlich? Ash formuliert: „Was aus den Dokumenten hervorgeht, ist jedoch weniger eine vertrauliche Kameradschaft der Linken als ein prinzipienloser Opportunismus. Oder war es Machaivellismus? Denn wenn es das Ziel war, den Gegner mit dialektischer List zu umarmen, um ihn zu ersticken oder um ihn zu ‚Reformen' zu bewegen oder um jenen Frieden zu wahren, ohne den ‚alles nichts' war; hat dann der Zweck vielleicht doch die Mittel geheiligt? Könnten nicht Bahr oder Voigt oder Lafontaine in Abwandlung von Brecht sagen: ‚Wir, die auf Aufrichtigkeit hofften, konnten selbst nicht aufrecht sein?'"(Ash, Europa, S. 495f.) Kurz gesagt: die SPD hatte sich verrechnet. Sie machte Politik von oben und mit Oben. Doch gerade da fiel die Entscheidung nicht.
[2] Otto, Mielke, S. 450.
[3] BA-Berlin, DL 2/1127. Vorbereiteter Standpunkt z[ur].Sitzung P[olit]B[üro] 15.6.[19]89 zum Planentw[urf]. 1990, 15.6.1989, Bl. 243f.
[4] Otto, Mielke, S. 455.

12. Kapitel: Der Westen wacht auf

Reformunwillige Ostberliner Führung

Ein Geheimpapier aus dem Westen,[1] das sich im März 1989 mit der "Lage der DDR-Wirtschaft" unter dem Gesichtswinkel der "Zusammenarbeit" mit der BRD beschäftigte, enthielt scharfe Kritik. Die Wirtschaftsentwicklung der DDR in den Jahren 1988/89 erschien "insgesamt enttäuschend". "Das produzierte Nationaleinkommen sei nur um 3 Prozent angewachsen und die Landwirtschaft in einem Rückgang um 8% begriffen". Der "Plan für 1989" habe "nahezu alle Planziele gegenüber dem Vorjahr" verfehlt. Der Fünfjahrplan 1986-1990" sei damit "weitgehend Makulatur geworden". Angezweifelt wurde die als "sehr optimistisch" bezeichnete Erwartung, die Ergebnisse von Wissenschaft und Technik könnten zu einer Wende führen. Es ginge um die "Verzahnung der Staatspläne Wissenschaft/Technik sowie Investitionen bei gleichzeitiger Konzentration auf volkswirtschaftlich besonders wichtige Projekte". Es wurde darauf hingewiesen, während der achtziger Jahre sei auf dem Gebiet der Mikroelektronik - z.B. mit der "Entwicklung des 1-Megabitchip" - "hoher Aufwand" getrieben worden ("14 Milliarden Mark"). Das habe nicht verdeckt, dass gegenüber dem Westen auf diesem wichtigen Gebiet ein unaufholbarer Rückstand bestehe.

Weiter zeichne sich, bei stagnierendem Außenhandel, seit Jahren auch gegenüber der UdSSR zu 1987 ein Rückgang ab.[2] In Richtung Westen liefe dagegen alles besser. Doch könne die DDR die gute weltwirtschaftliche Konjunktur nicht nutzen, da die Entwicklung der Ölpreise und die Unfähigkeit der DDR Tatsache seien, auf dem westlichen Markt Fuß zu fassen. Durch einen anziehenden Außenhandel und einen gedrosselten Import solle diese Kalamität beherrscht werden. Jedoch das bisher in der DDR Erarbeitete gründlich nivellierend wurde festgestellt:

> "Die DDR strebt weiterhin Exportüberschüsse im Westhandel an, wohl auch um ihre im vergangenen Jahr auf gut 9 Milliarden Dollar leicht angestiegene Nettoverschuldung abzubauen. Trotz dieses leichten Anstiegs steht die DDR wegen hoher Guthaben finanziell immer noch relativ gut da. (Bruttoverschuldung ca. 18 Mrd.Dollar, Guthaben 9 Mrd.Dollar, Nettoverschuldung ca. 9 Mrd. Dollar). Ihre *Kreditpolitik ist eher politisch als wirtschaftlich motiviert* und von großem Sicherheitsdenken gekennzeichnet ("Liquidität geht vor Rentabilität"). Große Kreditaufnahmevorhaben sind derzeit nicht bekannt" (Hervorh.v.m., B.S.).

Trotz dieser weitgehend positiven Darstellung wurde andererseits betont, "die bekannten Probleme der DDR-Wirtschaft" bestünden "unvermindert fort". "Restriktive Investitionspolitik, hohe Subventionen, Knappheit von Arbeitskräften, von Energie und Material, veraltete Produktionsanlagen" bestünden als "gravamina" unvermindert fort. Die Investitionstätigkeit solle angeregt, ein Handelsvertrag mit der Europäischen Gemeinschaft geschlossen und die Chance "für Unternehmenskooperation mit westlichen Firmen genutzt" werden. "Das zweitgrößte Sozialprodukt der Welt" übe nämlich hohe Gravitation aus.

Der Weg zur Besserung führe über die Reform des Wirtschaftssystems der DDR, so wurde angeraten. Die derzeitige Berliner Führung sei reformunwillig. Das "System der Wirtschaftslenkung" bestimme die "konservative Politik Günter Mittags". Alle Evolution stelle "nur kleine Schritte [bei] der Verbesserung des zentralistischen Systems" dar, aber keine "Wirtschaftsreform". Politisch überwögen "die Sorgen vor einer Destabilisierung (Ungarn, Polen)". Die DDR fühle "sich an der Schnittstelle zwischen Sozialismus und Kapitalismus nicht in der Lage zu Experimenten, vielmehr als Hüter der reinen Lehre". Doch war bekannt, auf "mittlerer Ebene" fänden rege Diskussionen dazu statt. Konkret gesagt wurde:

> "Distanz vor der Selbstzufriedenheit des Politbüros, auch in der Wissenschaft. (Professor Nick - Humboldt-Universität - weist z.B. auf Nachteile der zentralgesteuerten Kombinate hin). Unterhalb der Ebene des Politbüros wird daher für *die Zeit nach Honecker* - wenn auch in Grenzen - neu gedacht" (Hervorh.v.m., B.S.).

Auch Reformen innerhalb des RGW stand die DDR-Führung kritisch gegenüber. "Erst Konvertibilität der Waren, dann Konvertibilität des Geldes", so der Schreiber des Geheimpapiers, das habe ein "DDR-Gesprächspartner" mitgeteilt. Es ging der DDR-Führung offensichtlich darum, innerhalb des RGW, den "Marktkräften kein größeres Gewicht zuzubilligen, auch weil sie dann den Ausverkauf ihrer knappen Konsumgüter fürchten müßte". Diese glaube, ohne Reformen durchzukommen, denn "solange im RGW die Waren knapp" seien ("schlechte Waren für schlechtes Geld") werde auf die "Weiterentwicklung des Westhandels" gesetzt. Dem entspreche die Überlegung, dass weniger als 66 Prozent des Außenhandels mit dem RGW - auch aus politischen Gründen - "ein Drittel" des "Gesamtaußenhandels" der DDR "mit westlichen Industrieländern" abgewickelt werden solle.

Weiterentwicklung des RGW

Doch bilde der RGW als Thema "nur ein[en] Nebenschauplatz in der gesamten Reformdiskussion". Die Integration des RGW leide unter gewichtigen Schwächen. Es sei "unklar, welche Reformentwicklung sich für die einzelnen Staaten" ergeben werde. Die DDR setze in diesem Zusammenhang "auf eine Weiterentwicklung des bestehenden Systems". Es werde einerseits "eine verstärkte RGW-Kooperation" bejaht, Ostberlin möchte aber" andererseits

> "weder ihren Zugang zum Weltmarkt durch Experimente gefährden, noch durch
> RGW-Reformen einen Zwang zur Änderung ihres eigenen Wirtschaftssystems"

herbeiführen. "Im Hinblick auf die besondere Lage der DDR" werde aus Moskau kein Druck ausgeübt. Dem stünde die brisante Entwicklung der inneren Situation, hinsichtlich "Lebensumstände[n] und Versorgungslage" gegenüber. Die "Stagnation auf allen Bereichen", damit zusammenhängend ein pessimistisches Lebensgefühl in der Bevölkerung, und allgemeine Unzufriedenheit, führten zu einer "subjektiven Stimmung" im Lande, die "insgesamt noch schlechter als die wirtschaftliche Lage" ausfiele. Die mäßige "Versorgungslage, Umweltprobleme und der Verfall vieler Städte" widerspiegelten das politische Führungsdesaster. Vermehrte "Selbstkritik" in der Berichterstattung, die "Verbesserung der Konsumgüterproduktion und Versorgung" seien jedoch nicht geeignet, den psychologischen Negativtrend zu stoppen oder umzukehren. Und dies, obwohl sich "die Versorgungslage der Bevölkerung objektiv nicht geändert" habe.

Defensive DDR-Wirtschaftspolitik

Die wirtschaftliche Zusammenarbeit mit der Bundesrepublik Deutschland, die insgesamt als Aushilfe in der Krise verstanden werde, stellte dieses Westpapier in den Mittelpunkt der Überlegungen. Der allgemein defensive Charakter der DDR-Wirtschaftspolitik werde zusätzlich am Beispiel des "Innerdeutschen Warenverkehr[s]" erkennbar. Die DDR verfolge das Ziel, so das Papier, den innerdeutschen "Handel langfristig ausgeglichen zu gestalten". Obwohl 1988 dieser Warenstrom nur 14,2 Mrd.VE erreicht habe, werde das Ziel des Abbaues des "Passivsaldos" von ca. 4 Mrd. weiterverfolgt. Festgestellt wurde unverrückbar, die DDR tätige "zu geringe Investitionen", verfüge über "veraltete Produktionsanlagen" und beweise zu "geringe Innovations- und Anpassungsfähigkeit". Zusammengefasst wurde gesagt: die DDR habe "die gute Konjunktur in der Bundesrepublik 1988 nicht nutzen können". Der Januar habe jedoch 1989 positive Veränderungen gebracht. So sei der "Anstieg der Warenlieferungen aus der Bundesrepublik...um 9%" gegenüber dem Jahre 1988 höher ausgefallen, während der DDR-Import um 10 Prozent gegenüber dem Vorjahresmonat angestiegen sei. Als Hauptproblem des innerdeutschen Handels bezeichnete das westdeutsche Papier den "Grundsatz" der DDR-Wirtschaftspolitik, "nur in dem Umfang von" der Bundesrepublik „Waren zu beziehen wie sie ihrerseits" in den Westen liefern könne. Verdichtet hieß das:

> "Gesunkene DDR-Erlöse aus Mineralölerzeugnissen, geringe Lieferfähigkeit der DDR bei Qualitätswaren, Konkurrenz der Schwellenländer auf dem Markt der Bundesrepublik wegen der Dollarabwertung wirken sich weiterhin belastend auf die bilateralen deutsch-deutschen Handelsbeziehungen aus".

Dadurch würden die "Strukturschwächen der DDR-Wirtschaft...besonders deutlich", und "die Überwindung der Stagnation" der östlichen Ökonomie sei "nur möglich, wenn es" gelinge, "neue Formen der Kooperation, die über den reinen Handel" hinausgingen, "zu entwickeln". Damit war ein Konstitutivum des westlichen Denkens gegenüber der DDR-Ökonomie berührt. Es ging danach um "industrielle Kompensationsgeschäfte mit Technologietransfer, z.B. bei Schuhen (Salamander), die Produktion von Golfmotoren für die Umrüstung von Trabant und Wartburg" und weitere Projekte. In diesem Zusammenhang habe der Besuch Honeckers 1987 in Bonn einige "langfristige stromwirtschaftliche" Projekte gefördert und z.B. über die "Errichtung eines Touristenhotels in Berlin (Ost)" sowie "die Lieferung und Wartung von drei Airbussen" einen gewissen, ermutigenden finanziellen Rang erreicht. Im besonderen wurde von westlicher Seite auf den "hohen Stellenwert" verwiesen, den "der weitere Ausbau der industriellen Kooperation" darstelle. So wurde ausgeführt:

> „Neue Gestattungsproduktion (Lizenz) von u.a. Triumph, Schiesser, Salamander, Blaupunkt, Baiersdorf, sind gute Beispiele. Neben ihrer Lizenzfertigung sollten aber auch anspruchsvollere Formen der Zusammenarbeit (Lizenzaustausch, gemeinsamer Vertrieb, Zusammenarbeit bei Forschung und Entwicklung, Joint-Ventures) an Gewicht gewinnen. Hier wirken sich jedoch DDR-interne Hemmfaktoren (Zulieferprobleme) und unzureichende Flexibilität nachträglich aus. *Die Scheu der DDR vor neuen Formen der Kooperation ist besonders bedauerlich vor dem Hintergrund der neuen Politik der UdSSR und anderer RGW-Länder in Richtung auf Öffnung und Kooperation mit westlichen Ländern* und größerer Hinwendung zur internationalen Arbeitsteilung (Joint Ventures-Gesetze in u.a. UdSSR, Polen, China, Ungarn und Jugoslawien)" (Hervorh.v.m., B.S.).

Erkannt hatte die Staatsführung in Ostberlin durchaus die Gefahren, welche einer verstärkten Kooperation mit der BRD und dem Westen inhärent wären. Die daraus entspringende Haltung der östlichen Politik wurde sichtlich im Westen bedauert, rückten so doch die in Aussicht genommenen, weiterreichenden Ziele in größere Ferne.

Zwischen den Fronten

An bestimmten Stellen, wie z. B. der Passage über Probleme und Chancen, welche dem kommenden EG-Binnenmarkt inhärent wären, wird erkennbar, dass dieses originär westdeutsche Papier, das offensichtlich in die Vorbereitung des Volkswirtschaftsplans 1990-1995 einfloss, von der DDR-Führung ausgewertet wurde. Dazu sei, für den "Sonderstatus des Handels mit seinen speziellen Vorzugsregelungen" auf "der Leipziger Herbstmesse...ein Informationsaustausch zwischen BMWi und MAH zu diesen Fragen vereinbart" worden. Der "Informationsaustausch" habe "inzwischen begonnen". Erneut wurde darauf hingewiesen, und das unterstrich die zentrale Bedeutung dieser Überlegung im westdeutschen Denken, dass mit dem "Binnenmarkt" auch "neue Möglichkeiten der Zusammenarbeit auf betrieblicher Ebene" gefördert werden könnten. So seien "Firmen aus der Bundesrepublik...bereits weit auf diesen neuen Großmarkt vorbereitet". Es könnten die "DDR-Betriebe...sich diese Erfahrungen durch enge Zusammenarbeit nutzbar machen". Die DDR müsse "sich rasch auf diese neue Situation einstellen". Erschwerend werde sich auf den "Sonderstatus des IdH", mit dem Wegfall der europäischen Binnengrenzen am 1.Januar 1993, die Möglichkeit auswirken, daß DDR-Waren in die EG einströmten.

Über diese Klippen sollten Umweltabkommen, Wissenschaftsabkommen und Abkommen über Reaktorsicherheit hinweghelfen. Es wurde zusammengefasst:

> "*Diese Abkommen haben nicht nur wirtschaftlichen Charakter*, tragen aber langfristig auch zur Intensivierung der Kooperation vor allen Dingen im Bereich Wissenschaft und Technik so wie im Bereich der Umwelt bei" (Hervorh.v.m., B.S.).

Über „Genex-Konten" sollte flankierend der Zahlungsverkehr zwischen West und Ost entkrampft und die Möglichkeit geschaffen werden, DDR-Bürger vermehrt über "Forumschecks", und entsprechende Genex-Waren am Angebot der Bundesrepublik teilhaben zu lassen.[3]

Eine Art Sattelpunkt der Entwicklung bezeichnete die aus "zuverlässige[r] inoffizielle[r] Quelle" geschöpfte Information zu "Meinungsäußerungen der Vertreter der Deutschen Bank" Georg Krupp und Dr. Ekkehard Storck. Während Krupp als Vorstandsmitglied verantwortlich sei "für 65% des Bilanzvolumens", sei Storck "Direktor der Filiale...in Luxemburg". Demnach handelte es sich, bei den abgeschöpften Orientierungen, das heißt nachrichtendienstlichen Erkenntnissen, durchaus um gewichtige Informationen zur "Lageentwicklung in sozialistischen Ländern". Für die Deutsche Bank stehe der "Ausbau des Privatgeschäftes" im RGW im Vordergrund. Damit verbunden gesehen werde der "Machtausbau[s]" der Bank unter Einbeziehung der "politischen und ökonomischen Entwicklung in den sozialistischen Ländern". Ein neuer "Allfinanzierungsservice...in Anlehnung an die britischen Versicherungen" und der Aufkauf des Versicherungskonzerns Gerling, deuteten dahin.

Die "Vertreter der Deutschen Bank" stünden "auf dem Standpunkt, daß 2/3 des bisherigen Außenhandelsvolumens mit sozialistischen Staaten auf Dauer für die DDR unrentabel" seien "und nicht dazu beitragen, den größer gewordenen Abstand in der Leistungsentwicklung zur BRD abzubauen". Krupp und Storck verwiesen darauf, dass, um dies zu erreichen, es unbedingt notwendig sei, die

> "Marktorientierung der Wirtschaft der DDR"

zu erwirken. Gleichzeitig werde "die Entwicklung in der UdSSR mit Besorgnis verfolgt". Es stelle sich "immer wieder die Frage":

> "Was kommt, wenn Gorbatschow bis Ende dieses Jahres wirtschaftlich und sozialökonomisch scheitert"?

Von Seiten der DB-Vertreter werde befürchtet, dann werde "eine Änderung der Peristroika durch die Staatssicherheit oder das Militär" erfolgen. Ungarn wurde demgegenüber durchaus positiv beurteilt. Das "pluralistische[s] System" werde in weiterem Ausbau erwartet und "eine volle Orientierung der Ökonomie auf die Marktwirtschaft" werde eintreten. Dieser Prozess sei durch "die Deutsche Bank mit ihren Mitteln [zu] unterstützen. Erste praktische Schritte" würden "bereits unternommen". So z.B. übernehme die

> "Girozentrale Wien...49,5% des Aktienkapitals der ungarischen Firma Tungsram. Über den Aufbau eines völlig neuen Managements soll erreicht werden, daß die Firma in 3 Jahren internationale Börsenfähigkeit nachweisen"

könne. Dass sich auch in Finanzkreisen die Erkenntnis durchgesetzt habe, ein Krieg in Mitteleuropa werde keine Probleme lösen, zeigte sich in der abschließenden Stellungnahme, die "Vernichtungskraft der nuklearen und konventionellen Waffen" ließe "beide[n] Seiten keine Überlebenschance...Die Abrüstung werde sich letztlich durchsetzen, da für beide Seiten der Aufwand für militärische Ausgaben zu hoch sei. Insbesondere für die sozialistischen Staaten sei aufgrund ihrer wirtschaftlichen Probleme die Rüstung untragbar".[4] Auf breiter Front –und in weitestgehend übereinstimmender Beurteilung der Lage, gingen demnach bundesdeutsche Wirtschaft und Politik in das letzte Gefecht um den Verbleib der DDR im Ostblock. Ähnlich der strategischen Bedeutung des „Flugzeugträgers" CSSR 1968 war nun 1989ff. die DDR zum Operationsobjekt geworden. Im Verlauf des Jahres 1990 musste sich hier Entscheidendes ergeben.

---

[1] Möglicherweise aus derselben Quelle wie im Januar/April 1987.

[2] Vgl., Birthler-Behörde, MfS Außenstelle Chemnitz. AKG 1884, Bd. 2. Auswertungs- und Kontrollgruppe Ausgangsmaterialien für Parteiinformationen zur Kraftfahrzeugindustrie, 1985-1989. Abteilung XVIII, "Entwicklungswerkstätte Kartell" der BV Karl-Marx-Stadt, 1984-1986, VEB Barkas-Werke, Stammbetrieb, Karl-Marx-Stadt, Abt. TKFP, Information über Besprechung im VEB Kombinat Baumwolle, 4.11.1985, Bl. 32: "Bei kontinuierlicher Materialzulieferung aus der UdSSR in der üblichen Jahresmenge wäre damit der Bedarf des Fahrzeugbaues deckbar. Nach vorliegender Information von VEB Plauener Baumwollespinnerei wurden in der DDR von den 4400 to[nnen] Baumwolle Sorte 6 etwa 300 t[onnen] ausgesucht für Spinnereizwecke, während etwa 2160 t[onnen] im Fahrzeugbau Verwendung fanden und die Differenz von einem 1940 t[onnen] für die Ausfuhr in Entwicklungsländer übrig geblieben sein müßte".

[3] Ebd., MfS, HA XVIII, Nr. 6879. (Verfasser anonym), Die Lage der DDR-Wirtschaft - Wirtschaftliche Zusammenarbeit zwischen der Bundesrepublik Deutschland und der DDR, Berlin[West], März 1989, Bl. 1- 8. Gorbatschow, Erinnerungen, S. 711: „ Ich hatte den Eindruck, dass Kohls Bemerkungen von seinem Wunsch diktiert seien, in mir einen ‚Verbündeten' zu finden, *sollte er sich dazu entschließen, selbst auf das Geschehen in der DDR Einfluß zu nehmen"* (Hervorh.v.m., B.S.).

[4] Ebd., MfS-ZAIG, Nr. 6575. Hauptabteilung XVIII, Nr. 234/89, Information über Meinungen von führenden Vertretern der Deutschen Bank zu Entwicklungen in sozialistischen Ländern, 21.6.1989, Bl. 1f.

13. Kapitel: Übertroffene Befürchtungen

Honecker wird gestürzt

Ende des Monats September entschieden sich Krenz, Herger – unter Hinzu-ziehung von Lorenz, Stoph, Tisch, Jarowinsky, Schürer und Schalck-Golod-kowski – „für die politische Konspiration". Mielke trat um diesen Zeitpunkt der Gruppe bei. Manfred von Ardenne bestätigte im August 1990 dem Autor, dass Krenz bereits nach dem Machtwechsel in Moskau vom Chef des sowjetischen Geheimdienstes mit der Frage ventiliert worden sei, ob er sich als Nachfolger Honeckers vorstellen könne. Damals soll Krenz, so durch von Ardenne wäh-rend eines Banketts angesprochen, erbleichend geantwortet haben, dieser solle derartiges ja nicht aussprechen, denn wenn Honecker davon Wind be-kommen würde, wäre er, Krenz, „ein toter Mann". Schürer beschreibt ebenfalls derartige Gedanken, die „seit Mitte der 80er Jahre mit Willi Stoph, Harry Tisch, Siegfried Lorenz, Werner Jarowinsky und Werner Felfe" erörtert worden seien. Auch Mielke sei zu diesem Kreis der vorsichtig Oppositionellen gezählt wor-den. Kurioser Weise wurde von vornherein von der sowjetischen Führung keine Unterstützung erwartet. Mittag und Herrmann sollten vorgeblich ebenfalls entfernt werden. Mielke sei – nach sowjetischen Quellen – im August 1989 in Kondraschow gedrungen,

> „der Dummkopf Honecker erkenne nicht, dass wir auf den Abgrund zutreiben. Der Fall der Mauer sei nur noch eine Frage von Monaten".

Der sowjetische Gesprächspartner „solle der sowjetischen Führung mittei-len, so der MfS-Chef, daß man der Wahrheit ins Auge sehen und, solange es noch nicht zu spät ist, Honecker ablösen müsse". Mielkes Erwartung, Moskau würde schon helfen, wenn es soweit sei, erwies sich als trügerisch, als sein gleichlautender Appell an den sowjetischen Botschafter in Ostberlin, Kotsche-massow wirkungslos verhallte. Eher wie hilflose Reflexe wirkten die angebli-chen Aktionen des Sicherheitschefs am 7. Oktober.[1]

Mit dem 12. Oktober gelangte das Reformpapier der Oppositionsgruppe um Krenz in die Presse. Doch die erwünschte systemstabilisierende Wirkung blieb aus vielerlei Gründen aus. Die Opposition in der DDR zeigte sich unbefriedigt. Während einer Arbeitsbesprechung bei Mielke äußerte Generalmajor Mittig:

> „Erklärung P[olit]B[üro] halbherzig. Beweis, dass alles beim alten bleibt! Initia-tive bleibt von unten!, kein Beweis f[ür] ernsthafte Korrektur von oben! *Das*

Schweigen des G[eneral]S[ekretärs] kostet uns jeden Tag weitere Bürger + SED Mitgl[ieder]" (Hervorh.v.m., B.S.).

Die Kontakte innerhalb der konspirativen Gruppierung um Krenz gestalteten sich inzwischen, unter dem Druck der Ereignisse in Leipzig etc., immer intensiver. Es ging um Abstimmungen im Vorfeld der Montagsdemonstration am kommenden 16.Oktober in Leipzig. Der mögliche Einsatz von Schusswaffen, der drohende Einsatz der NVA, wie bereits in Dresden geschehen, Vorbereitungen in Krankenhäusern in der Umgebung von Leipzig – wo ganze Etagen gesperrt und Blutkonserven bereitgestellt wurden – lagen zur Entscheidung auf dem virtuellen Tisch um den Generalstabschef Strehletz, Goldbach, Brünner, Krenz und Honecker oszillierten. Der Leiter der Stasi-Zentrale (BV Leipzig), Manfred Hummitsch (beging Selbstmord), Fritz Streletz, Krenz und Herger traten in enge Abstimmung ein. Der Befehl, den Streletz Honecker am 13.Oktober vorlegte, soll kein „Schießbefehl" gewesen sein. Tatsache ist, dass die Schwelle für eine derartige Einsatzform von Polizei, Betriebskampfgruppen und NVA seit den Ereignisse in Dresden stetig angehoben wurde. Sämtliche Beteiligte haben bei Befragungen durch den Autor im Jahre 1990 die Existenz eines Befehles, der das eindeutig ausgesprochen habe, einmütig bestritten. Der Generalstabschef hielt die Verbindung zur Gruppe der Sowjetischen Streitkräfte in der DDR in Wünstorf.

Parallel informierte Harry Tisch in Moskau Gorbatschow über die Absicht der Krenz, Stoph und Mielke, Honecker zum Rücktritt zu veranlassen. Im Zentralkomitee der KPdSU berichtete der Generalsekretär daraufhin,

„dass sich die Umstände in der DDR schnell entwickelten, dass er, Jakowlew und Medwedew mit einzelnen Vertretern aus der DDR-Führung Gespräche hatten, dass Krenz über die Demonstration in Leipzig am 16.Oktober und über den Befehl Honeckers vom 13.Oktober informierte. Erich Honecker würde nicht die gespannte Lage sehen. Heute, 16.Oktober, sei Tisch mit Vollmachten von Stoph, Krenz und Mielke in Moskau, um zu informieren. Da Politbüro sein wird, bestünde die Absicht, Honecker vorzuschlagen, seine Verantwortung niederzulegen – oder auf dem Plenum am 18.Oktober. Wenn er das ablehnen sollte, dann müsste man ihm die Vollmachten abnehmen."[2]

In Moskau wurde daraufhin beschlossen,

„Wir müssen in der Presse ruhig, ohne Betonung der einen oder anderen Seite informieren: 1. über Zurückhaltung der BRD – dass sie sich nicht einmisch. 2. muß man nach den Ereignissen mit der Führung der sozialistischen Länder in

Kontakt kommen. Ebenso mit europäischen Ländern. Unsere Position für die Zukunft darlegen, wie wir sie sehen. *Der Sozialismus muß verteidigt werden.* Diese Veränderungen müssen im Rahmen des Sozialismus sein. Über die Presse: Sie soll so informieren, wie die Beteiligten selber drucken. Das muß man auch Bush sagen. Es können Nuancen bestehen, besonders wenn die Rede von der möglichen Vereinigung ist – ihre Beziehungen, ihre Taktik. Zu unserer Armee: sich ruhig verhalten. Ohne Demonstration" (Hervorh.v.m., B.S.).

In einer denkwürdigen Sitzung des Politbüros am 17.Oktober wurde Honecker – ohne wesentliche Gegenwehr – entmachtet und Krenz zum Nachfolger bestimmt. Mittag und Hermann wurden gleichfalls kaltgestellt. Vorausgegangen war Krenz' Übereinkunft mit Streletz, der für den Verteidigungsminister – und Honecker-Freund – Kessler sich darauf festlegte, er sei „auf die DDR vereidigt. Ich weiß, was ich jetzt zu tun habe". Im März 1990 äußerte sich Derselbe dem Autor gegenüber dahin, Krenz habe ihn auf dem Rückflug von Leipzig im Flugzeug darauf angesprochen, wie sich die Armee verhalten werde, wenn es zur Absetzung Honeckers kommen würde. Darauf habe er, Streletz, geantwortet: „Die Armee verhält sich entsprechend der Verfassung". Es bestand unmittelbar vor der entscheidenden Sitzung am 17.Oktober die Befürchtung, Honecker könne seinen „Personenschutz alarmieren und ‚Rädelsführer' verhaften lassen.[3]

Kürzungen, Leistungsprinzip und Bürgerkriegsdrohung

Mitte des Monats referierte das MfS, Hauptabteilung XVIII, die "erheblichen Probleme[e] der materiell-technischen Sicherung" des "Exportüberschuß[es]". Um die Zahlungsbilanz weiter zu sichern, sei ein höherer Überschuss gefordert. Doch, so das MfS, werde "von den Experten...eingeschätzt, daß diese Erhöhung des Exportüberschusses grundlegende Konsequenzen auf das bisher vorgesehene Aufkommen und die Verteilung des Nationaleinkommens" der DDR „nach sich ziehe". Der Import sei zu reduzieren, der Export zu steigern. Es wäre eine Exportsteigerung "gegenüber 1989 um 17,3%" eingestellt. "Von den Experten", so die Hauptabteilung XVIII, werde "der Standpunkt geäußert, daß eine solche Steigerungskonzeption des Exportes nicht durchführbar" sei. Aus den "Importsenkungen bzw. Exporterhöhungen" ergäben sich "Eingriffe in die materiell-technische Versorgung". "Die direkte Wirkung" dieser Maßnahmen sei "auf das verwendete Nationaleinkommen konzentriert". Es stellten sich dementsprechend "die Akkumulation" als "um 5,1 Mrd.M und die Konsumtion um 5,4 Mrd.M" verringert dar. Weiter wurde, so das MfS, festgestellt, "das Investitionsvolumen" sei zu reduzieren, und sich "auf die Vorhaben" zu konzentrieren, "deren Fertigstellung für 1990 geplant" seien. Es bestünden allerdings Mehrforderungen von Ministern, die "unberücksichtigt" geblieben seien. Jedenfalls würden sich "durch die vorgeschlagene Kürzung...die Probleme ernorm" verschärfen.

Der entscheidende Bereich, der das gesamte Planungsgebäude auf den Prüfstand stellte, war jener der "gesellschaftliche[n] Konsumtion". Die Kürzungen würden sich im

> "Verbrauch von Material und produktiven Leistungen im Bildungswesen, Gesundheits- und Sozialwesen, Wohnungswesen, Kultur, Sport und Erholung sowie den staatlichen Verwaltungen"

niederschlagen. Der Hinweis auf unangreifbare Leistungen - "für Ausrüstungen im Gesundheitswesen, für Medikamente und Renten sowie für den Wohnungsbau" - zielte in Richtung auf das brennende Problem der inneren Verhältnisse. Von Experten, so das MfS, werde

> "mit Nachdruck darauf verwiesen, daß diese Konzeption der weiteren Verschlechterung der Versorgung der Bevölkerung einhergehen wird mit einem Prozeß der *Destabilisierung der politischen Lage*" (Hervorh.v.m., B.S.).

Um diesen "circulus vitiosus" zu durchbrechen, und

> "um die *Stabilität des Binnenmarktes* zu gewährleisten, *Mangelerscheinungen* und inflationäre Tendenzen zu verhindern, werden Maßnahmen zur Kaufkraftbindung vorgeschlagen, die in folgender Richtung gesehen werden:
> 1. Konsequente Durchsetzung des *Leistungsprinzips*...
> 2. Zahlungen von *Subventionen* aus dem Staatshaushalt...sollen abgebaut werden.
> 3. Die Subventionen für Kinderbekleidung in Wegfall zu bringen...
> 4. Beseitigung der Subventionen für Erzeugnisse, die nicht zum *Grundbedarf* gehören...
> 5. ...soll ein Vorschlag über *kostendeckende Mieten* für Wohnraum...erarbeitet werden.
> 6. Einführung eines bestimmten *Verbraucherlimits* für Elektroenergie..." (Hervorh.v.m, B.S.).

Das lief auf die Gefahr hinaus, dass "die Kürzungen im Warenfonds zur Versorgung der Bevölkerung die Situation der zukünftigen Leistungsentwicklung in der Volkswirtschaft verschärfen und die Lage in der Versorgung der Bevölkerung weiter destabilisieren" werde. Die "zwingend notwendige Wende in der Volkswirtschaft" werde "nicht erreicht". "Die Maßnahmen", so das MfS, "sind *nur der gegenwärtigen Situation* geschuldet und weisen nicht den Weg für die zukünftige Entwicklung"[4] (Hervorh.v.m., B.S.).

Zu hoher Inlandsaufwand

Eine "Information zur Entwicklung der Zahlungsbilanz gegenüber dem NSW" bestätigte dies Votum und zeigte, dass seit 1986 "sich die Probleme in der Zahlungsbilanz bedeutend verschärft" hätten. "Die Zahlungsfähigkeit der DDR" habe "nur mit wachsenden Anstrengungen und unter immer komplizierteren Bedingungen gesichert werden" können. "Bargeldkredite" seien zwischen 1986 und 1989 von 10 auf über 20 Milliarden VM angestiegen. Die "ungenügende[n] Exportentwicklung" bilde "die entscheidende Ursache dieser negativen Entwicklung". Der NSW-Export habe zwischen 1986 und 1988 stagniert. Es werde

> "eingeschätzt, daß die Exportziele des Fünfjahrplanes 1986 - 1990 um 14 Mrd. VM unterschritten"

würden. "Demgegenüber" werde die NSW-Import-Linie 1989 den Wert für 1985 um über 39,3% überschreiten. Erschwerend trete hinzu, dass der "NSW-Import zum überwiegenden Teil für Materialversorgung bzw. Konsumtion eingesetzt und nicht für die technische Neu- und Ersatzausrüstung der verarbeitenden Industrie" verwendet werde. Hinzu trete "die Abhängigkeit bei wichtigen Material- und Versorgungspositionen gegenüber dem NSW", welche "nicht gesunken, sondern gestiegen" seien. Diese Entwicklung habe dazu geführt, dass der Exportüberschuß der Jahre 1981-1985 nach 1986 in sich zusammengesunken sei. Zusätzlich seien die "1988/1989 getätigten... NSW Importe an Maschinen und Anlagen in Höhe von 6,9 Mrd.VM" bislang nicht in den Berechnungen enthalten. So würden die Exportziele nicht erreicht, weil

1. der "Rückgang der produktiven Akkumulation" eine Modernisierung der Volkswirtschaft verhindert habe,
2. weil ungenügendes Leistungswachstum, ungenügendes wissenschaftlich-technisches Niveau und fehlende[n] Flexibilität bei der Umstellung der Produktion" den Export, im Rahmen des innerdeutschen Handels, habe einfrieren lassen,
3. weil "der Rückgang der Preise beim Export erdölabhängiger Produkte...zu bedeutenden Verlusten" geführt habe.

Durch die ungenügende Leistungsentwicklung sei der Export der Industrie rückläufig. Zentral erscheint die Feststellung:

> "Die dem Fünfjahrplan zugrunde liegende Exportrentabilität konnte vor allem aufgrund der nicht ausreichenden Senkung des Inlandsaufwandes für die Exporterzeugnisse nicht erreicht werden.

Durch die zu geringen Valutaeinnahmen aufgrund ihrer Nichtrealisierung der Exportaufgaben, die hohen wachsenden Zahlungsverpflichtungen für die Tilgung der Kredite, die zur Finanzierung der Importe und der Bargeldbilanz (KD) aufgenommen werden mußten sowie die hohen Zinszahlungen wurde die Sicherung der Zahlungsfähigkeit der DDR eine immer kompliziertere Aufgabe. Sie konnte nur gewährleistet werden, indem immer neue Kreditquellen an Bargeld mobilisiert wurden. Das ist mit hohen Kosten und Zinsen verbunden und führt zu einer wachsenden Vorbelastung der Zahlungsbilanz in den kommenden Jahren".

Schuldendienstrate 150 Prozent

Das Ausmaß der kritischen Lage der DDR "Zahlungsbilanz" wurde deutlich, wenn das MfS ausführte:

> "Der Sockel erreicht eine Höhe von ca. 49,2 Mrd.VM. Das ist ca. das 4-fache des geplanten Exportes (13,2 Mrd.VM).
> Dabei bestehen Forderungen von ca. 8,8 Mrd.VM, insbesondere gegenüber Entwicklungsländern, die nicht bzw. nur begrenzt realisierbar sind andererseits Verbindlichkeiten von ca. 58 Mrd.VM gegenüber kapitalistischen Banken und Firmen.
> Der 'Sockel' steigt gegenüber dem voraussichtlichen Ist 1989 um 7,4 Mrd.VM an, da der Exportüberschuß (Arbeitsstand der SPK: 0,5 Mrd.VM) bei weitem nicht ausreicht, um die Kosten und Zinsen von insgesamt 8,2 Mrd.VM auszugleichen.
> Mit den geplanten Valutaeinnahmen werden nur ca. 30% der Valutaausgaben, insbesondere Kredittilgungen, Zinszahlungen und Importe, abgedeckt.
> Demgegenüber müssen 70% der Ausgaben durch Bankkredite und andere Quellen finanziert werden, d.h. auch die fälligen Zahlungen von Tilgungen und Zinsen. Das bedeutet, Schulden werden durch neue Schulden bezahlt.
> Das Verhältnis der fälligen Kredittilgungen und Zinszahlungen zum Jahresexport, *die sogenannte Schuldendienstrate, erreicht eine Höhe von ca. 150%.*

Zum Vergleich: Die Schuldendienstrate von hochverschuldeten Ländern beträgt bei Mexiko 60% und bei Brasilien ca. 44 - 50% (lt. Angaben der Deutschen Außenhandelsbank).

Bei der Einschätzung der Kreditwürdigkeit eines Landes wird international davon ausgegangen, daß die Schuldendienstrate nicht mehr als 25% betragen sollte" (Hervorh.v.m., B.S.).

Als Ausweg aus dieser Misere referierte das MfS die Meinung der Experten:

"Daß die Situation prinzipielle wirtschaftspolitische Entscheidungen erfordert, die insbesondere gesehen werden in der Bereitstellung höherer Exportfonds durch Veränderung der Exportstruktur der Industrie, der Stärkung der Akkumulation in den produktiven Bereichen, *Veränderungen auf dem Gebiet der Konsumtion* sowie in der Umverteilung des gesellschaftlichen Arbeitsvermögens zugunsten der Exportproduktion"[5] (Hervorh.v.m., B.S.).

Durch die BRD kalt annektiert?

Die heute naheliegende Idee, "eines Programms" der "ökonomischen Zusammenarbeit mit der BRD", wurde umgehend auf Papier gebannt und Generaloberst Mittig am 22.Oktober durch die Hauptabteilung XVIII zugesandt. Angeboten werden sollte der Bundesrepublik, auf "neue Formen zur Stärkung der Leistungskraft und Exportfähigkeit der DDR" einzugehen. Gefordert wurde dazu ein "Finanzierungsvolumen[s]" für die Bundesrepublik in Höhe von "8-10 Mrd. VM", das "im Zusammenhang mit politischen Entscheidungen" zu verstehen sei. Über den Zeitraum eines Jahrzehnts hätte "dieses Finanzierungsvolumen" der DDR zur Verfügung zu stehen. Während dieses Zeitraumes wären in der DDR jene Bedingungen zu schaffen, welche die "Refinanzierung der anfallenden Valutaausgaben" zu gewährleisten hätten. Weiter sei "aus dem Produktivitätsgewinn" ein wirksamer Beitrag "zur materiellen Untersetzung der geplanten und Sicherung der Zahlungsfähigkeit notwendigen Exportziele" zu erwirtschaften. Erkannt war, dass dies nur möglich sein würde, wenn

"das zu beschaffende Kapital für die produktive Akkumulation und nicht den Import von Konsumgütern eingesetzt"

werde. Grundsätzlich sollten "diese Mittel für die Errichtung bzw. Erweiterung konkreter Objekte" eingesetzt werden. Weitere Finanzkredite von Seiten der Bundesrepublik wurden nicht angestrebt. "Schenkungen u.ä." keinesfalls.

628

Erkannt war, die DDR sei im Rahmen der bestehenden Zahlungsverpflichtungen durch

> "Kredite und Zinsen bereits jetzt weitestgehend von kapitalistischen Kreditgebern abhängig".

Ferner werde es nicht möglich sein, "weitere Belastungen der Zahlungsbilanz in den nächsten Jahren durch neue Kredite und Zinszahlungen zuzulassen", da der „notwendige Exportüberschuß von 2 Mrd.VM nicht erreicht" werde, müssten "ohnehin weitere innere Maßnahmen durchgeführt werden". Die "Kreditwürdigkeit der DDR" werde "entscheidend von der wirtschaftlichen Entwicklung ... beeinflußt" und sei durch die "Leistungsentwicklung, die Sicherung wachsender Exporte, die Stärkung der Akkumulationskraft und" ein, "die innere Stabilität sicherndes Niveau der Versorgung der Bevölkerung" zu ergänzen; was sicherlich die Quadratur des Kreises bedeutete.

Erklärtermaßen ging es deshalb um eine "ökonomische[n] Zusammenarbeit mit der BRD", wobei "verschiedene Formen der Finanzierung" anzustreben seien. Ausgegangen werden müsse dabei von der Tatsache, dass auf "westlicher[n] Seite... ökonomische[n] Bedingungen der Kapitalverwertung" unterlegt würden. Dabei sei damit zu rechnen, dass der Kapitaleinsatz an "die Aufnahme von Krediten zur Finanzierung ausgewählter Projekte" gebunden sei. Erst vier bis fünf Jahre nach Aufnahme des Betriebes sei, so das DDR-Papier, an eine Rückzahlung zu denken. Dafür müsste der "Bundeshaushalt der BRD die Kreditgeber" refinanzieren. Die "anfallenden Zinsen" seien "jährlich" durch die DDR "zu erwirtschaften und zu bezahlen". Dadurch werde "die Verschuldung auch in den nächsten Jahren weiter ansteigen" und werde folglich "wesentlich höhere Exporte" der DDR bedingen.

Als Aushilfe seien "neue Formen der ökonomischen Zusammenarbeit" mit der Bundesrepublik vorzuschlagen. Der Ausbau der "Industriekooperation einschließlich der Gestattungsproduktion",

> "*Kapitalbeteiligungen der BRD an bestehenden oder zu errichtenden Objekten in der DDR*, verbunden mit dem Import von Ausrüstungen oder der materiellen Realisierung der Kapitalbeteiligungen durch eigene Leistungen der DDR. *Gemeinsame Betriebe bzw. gemischte Gesellschaften* (Joint Ventures) auf ausgewählten Gebieten, auf denen das politisch ökonomisch vertretbar" (Hervorh.v.m., B.S.)

sei, wurden erwogen. Rundum eine Revolution und ein kühner Gedanke, denn diese seien

> "Betriebe, die gegenüber volkseigenen Betrieben völlig anderen Bedingungen hinsichtlich Management, Leistungsanforderungen, Einkommensverhältnissen, Steuerregelungen u.a."

unterlägen. Entscheidend sei, dass diese Unternehmen Kredite und Zahlungen die "Verschuldung" der DDR, nicht weiter erhöhen würden. "Westdeutsche[n] Unternehmen" seien "jedoch *direkt am Eigentum der betreffenden Betriebe*" beteiligt (Hervorh.v.m., B.S.). Aus diesen Firmen seien auch "Gewinne für die DDR" zu erwirtschaften. Diese Unternehmen müssten „in erster Linie für den Export produzieren" und "in Einzelfällen auch zur Einsparung von NSW-Importen beitragen". Soweit dieses MfS-Memorandum von wegweisendem Charakter. Gleichzeitig jedoch sei "ein Teil dieser Kapazitäten...zielgerichtet für die Entwicklung der Konsumgüterindustrie" der DDR einzusetzen. Ein "wachsender[n] Beitrag zur Verbesserung der Versorgung der Bevölkerung" wurde einkalkuliert. Weiter könnten die produzierten "Konsumgüter" zur Hilfestellung "für Exporte in sozialistische Länder eingesetzt werden, um defizitäre Rohstoffe abzusichern". Erneut sollten "Finanzmittel", wenngleich auch "in einem begrenzten Umfang, besonders auf die Zweige der Bezirksgeleiteten und Lebensmittelindustrie konzentriert werden". Wiederum begab sich die DDR-Führung auf diesem Weg der Möglichkeit, Teile der Finanzierung von Zinsen "durch Exporte zu sichern". Hilfestellung, so andererseits die erklärte Hoffnung, würden "leistungsfähige[r] gebrauchte[r] Maschinen bzw. Leasing für die Modernisierung und Ausstattung von leistungsfähigen Handwerksbetrieben in der DDR" bieten.

Es darf geträumt werden

Eine Ausweitung dieses Weges, der zunächst mit der BRD erprobt werden sollte, war für Japan, Frankreich und ähnliche Länder ins Auge gefasst. Beraten wurde mit Beil, Schalck, Polze und Frau König über das "Finanzierungsvolumen" im Zusammenhang mit der "Zahlungsbilanz". Die noch erträgliche "zusätzliche Belastung der Zahlungsbilanz", die Art der Finanzierung "der gemeinsamen Betriebe" und die Antwort auf die Frage, wie weit diese in das "Planungssystem" der DDR "einbezogen" werden könnten, diese Punkte standen zur Diskussion. Ferner blieben "die Höhe der Beteiligung ausländischer Unternehmen", die Arbeitskräftefrage, das Problem, inwieweit ausländische Unternehmen in deren Auswirkungen auf das sozialistische Systemen störend wirken würden, ob Führungskräfte vorhanden wären, die diese neugegründeten "Unternehmen nach den Grundprinzipien der kapitalistischen Marktwirtschaft" leiten könnten und die Frage zu erörtern, ob "sich westdeutsche Unternehmen in" DDR-Betriebe einkaufen sollten, oder besser, "neue Betriebe nach den Erfordernissen der gemeinsamen" Firmen "zu gründen" seien. Diese Erwägungen lagen sämtlich auf dem Tisch. Parallel wurde erwogen, ob mit "japanische[n], österreichischen und französischen Unternehmen, gemeinsame Betriebe zu gründen" seien.[6] Der Grad an Rationalität, der diesen Überlegungen zugrunde lag, mag dahingestellt bleiben. Letztlich akzeptierte die DDR damit jene Grundsätze, die dem "Volkswagenplan" Hahn/Münzners zugrunde lagen.

---

[1] Otto, Mielke, S. 455, 462, Anm. 425. Ob die Armee zu Zeiten der Kessler und Streletz so eindeutig gegen den Einsatz des Militärs im Inneren votierte, wie das heute dargelegt wird, bleibe dahingestellt.

[2] Ebd., S. 467f.

[3] Ebd., S. 468ff. Zum „Schießbefehl ‚Honeckers gegen das eigene Volk' vgl. Bernd F.Schulte, DDR 1989: Agonie der Macht, in: Ders., Rückbesinnen und Neubestimmen, Hamburger Studien zu Geschichte und Zeitgeschehen, Bd. 1, Hamburg 2000, S. 159-215 (S. 198f.: Befehl Honeckers vom 26.9.1989).

[4] Birthler-Behörde, MfS-HA XVIII, Nr. 7318. Hauptabteilung XVIII, Information zu aktuellen Problemen des Planentwurfes 1990, 11.10.1989, Bl. 83ff.

[5] Ebd., MfS-HA XVIII, Nr. 7880. Information zur Entwicklung der Zahlungsbilanz gegenüber dem NSW im Zeitraum 1986-1990, 11.10.1989, Bl. 1-4.

[6] Ebd., Nr. 7880. Vorschläge zur Ausarbeitung eines Programmes der ökonomischen Zusammenarbeit mit der BRD(1), Bl. 6-10. Kohl drückte aufs Tempo. Während noch vor Kurzem eine enge Abstimmung mit Moskau signalisiert wurde, überraschte der Bundeskanzler die Welt mit seinem „Zehn-Punkte" Plan. Gorbatschow, Erinnerungen, S. 713: „All das war Gegenstand einer offenen und recht scharfen Auseinandersetzung mit Genscher, der Anfang Dezember 1989 in Moskau weilte. Der Außenminister fühlte sich sichtlich unwohl in seiner Haut. Die Situation war tatsächlich peinlich. Er war gezwungen, eine politische Position in Schutz zu nehmen – und er tat dies nachdrücklich – über die er selbst nicht rechtzeitig informiert worden war und die er, wie ich meine, innerlich nicht ganz akzeptierte. Denn in den ‚Zehn Punkten' schimmerte nur allzu deutlich das Bestreben der CDU durch, vor den Wahlen die Initiative an sich zu reißen; viel zu direkt wurden darin ‚Ratschläge' für die Demontage der DDR und für den Anschluß dieses Teils Deutschlands an die Bundesrepublik formuliert". Natürlich, denn exakt dies war von vornherein staatspolitisch beabsichtigt gewesen.

Verantwortlich: überlebte Führer

Die Ereignisse auf der Straße überholten die Vorstellungen der Führung um Erich Honecker. Der Staatsratsvorsitzende informierte am 8.Oktober per Fernschreiben „die 1.Sekretäre der Bezirksleitungen, ...Felber vom MfS, Horst Brünner vom Ministerium für Nationale Verteidigung und Erwin Primpke vom MdI". Darin hieß es, dass die Demonstrationen gegen die verfassungsmäßigen

Grundlagen des Staates gerichtet und „teilweise, den Charakter rowdyhafter Zusammenrottungen und gewalttätiger Ausschreitungen" getragen hätten. Die Funktionäre sollten vor Ort an „der Unterbindung der Krawalle teilnehmen und offensiv in Erscheinung treten'". Gleichzeitig machte der sowjetische Generalsekretär Gorbatschow im Politbüro des ZK der KPdSU deutlich, in der DDR reife „ein explosiver Prozeß", den Honecker nicht verstehe. Es sei notwendig, „den demokratischen Bestrebungen des Volkes entgegenzukommen". „Irgendetwas könnte schnell passieren". Die SED charakterisierte Gorbatschow als zerfahren/zersetzt und das vor allem in Dresden und Leipzig sowie im Politbüro. Weiter, so wurde bekannt, habe der Generalsekretär bei seinem Besuch in Berlin klar gemacht, „dass die sowjetischen Truppen der DDR bei der Unterdrückung der wachsenden inneren Opposition nicht zu Hilfe kommen würden".[1]

Am 8.Oktober vereinbarten Mielke, Krenz, Herger und die anwesenden Generale anlässlich einer Routinesitzung die Konspiration gegen Honecker (Erklärungsentwurf). Die Generale stimmten zu. Übereinstimmende Haltung war, dass „anstehende Konflikte nur politisch gelöst" werden könnten. Unverzüglich wurden sämtliche Stellen, die bisher mit der aktiven Bekämpfung von Unruhen und Aufmärschen beschäftigt gewesen waren, informiert, sich „bei politischen Demonstrationen zurück[zu]halten". Die in diesem Zusammenhang herausgegebenen Befehle gingen hinsichtlich „Waffe am Mann" etc. weiterhin recht weit.[2]

Honecker wies eine offene Haltung gegenüber der Bewegung auf den Straßen am 10. und 11.Oktober zurück. Er wandte sich im Politbüro gegen Krenz und Herger, die Initiatoren. Auch Mielke erklärte sich gegen den Einsatz von Gewalt. Honecker wich zurück und ließ die Erklärung passieren. Doch diese wirkte halbherzig und verpuffte.[3]

Die allgemeine Lage trieb unaufhaltsam auf eine Entscheidung zu. Der hier aufgeschlüsselte Entscheidungsdruck wurde bestätigt durch eine Information, die Krenz laut MfS an Schalck gegeben hatte. Der Text dieser MfS-Information, die - in handschriftlicher Form - jüngste Diskussionen innerhalb der Führungsspitze der „Administration Honecker" wiedergab, offenbarte erste Frontbildungen gegen den Staatsratsvorsitzenden innerhalb Politbüro und ZK. Am 12.Oktober hätten Dr.König und Genosse Rausch in

"der A[rbeits]Ge[meinschaft] Zahlungsbilanz - unter Leitung des Gen[ossen].-Schürer - über folgende Probleme informiert:
1. Entscheidender Gegenstand der Beratungen des Politbüros an 10. und 11.10. [19]89 war die Einschätzung und Position der Parteiführung zu den konterrevolu-

tionären Aktionen der letzten Wochen und Tage. Dazu lagen dem P[olit]B[üro] Analysen des Ministers f[ür] Staatssicherheit, des Zentralrates der FDJ u.a. Materialien vor.

In den konträr geführten Diskussionen ging es u.a. um das Problem, ob innere Entwicklungsprobleme der DDR bzw. eigenes Versagen in einigen Fragen ursächlich mit zu den gen[annten]. Entwicklungen (Massenfluchten, Demonstrationen, Neues Forum) geführt haben.

Während die Genossen Krenz, Mielke u.a. innere Probleme und Fehlentwicklungen bejahten, vertraten Gen. Honecker, Axsen, Herrmann u.a. die Meinung, daß all diese Entwicklungen ausschließlich durch den Gegner verursacht worden sind.

Eigene Fehleinschätzungen, Entwicklungsprobleme u.a. wurden zurückgewiesen. Demzufolge seien auch *keine...Veränderungen im Inneren* erforderlich.

Es soll Wertungen des Gen. Honecker gegeben haben, wer mit diesen Demonstranten sprechen will, also mit Konterrevolutionären <u>vertritt</u> <u>selbst</u> eine derartige Plattform.

Das bezog sich auch insbesondere auf die [vom] Gen.Krenz eingebrachte und heute veröffentlichte Erklärung des Politbüros, die im Ergebnis *abgeschwächt* formuliert, publiziert worden ist.

Nach Information des Gen.König soll die Erklärung *gegen den Willen der Gen. Honecker, Axen und Hermann* durchgesetzt worden sein.

Gen.Axen soll auch durchgesetzt haben, daß die Analyse des Zentralrats der FDJ (vom gesamten Sekretariat des ZR unterschrieben) vom Gen.Aurich zurückgenommen wird.

Die im Politbüro geführten Diskussionen betrafen insbesondere den Inhalt der veröffentlichten Erklärung. *Heftige Angriffe wurden gegen Gen[ossen]. Krenz gerichtet.* Gen.Mittag soll, ohne Namensnennung oder Angriffe auf PB-Mitglieder sich für die Erklärung... ausgesprochen haben.

2. Eine Rolle spielten in dieser PB-Beratung auch ökon[omische]. Fragen, vor allem die NSW-Zahlungsbilanz. (GK-dos Material AG-Zahlungsbilanz.)
Eine Entscheidung dazu ist nicht getroffen worden.

Gen. Honecker hat als Grundlinie der weiteren ökon[omische]. Entwicklung die
. Reduzierung des Sockels der NSW-Verschuldung,
. Verbesserung der Versorgung der Bevölkerung und
. Stärkung der produktiven Akkumulation

betont. Damit sind die in o.g. Material der AG-Zahlungsbilanz aufgezeigten *Probleme und Lösungsrichtungen negiert* worden.

Gen.Schürer soll geäußert haben, da[s]ß sie AG-ZB auch künftig keine Entscheidungen vom PB zu erwarten habe. In der AG-ZB war man sich einig, daß man nun im Rahmen der persönlichen Verantwortung der einzelnen Mitglieder selbst entscheiden müsse. Dabei ist man sich darüber im Klaren, daß eine Lösung der Grundfragen durch die Mitglieder der AG-ZB nicht möglich ist.

Insgesamt wertete Gen.Schürer die PB-Sitzung als sehr bedeutsam, vielleicht sogar als eine historische Sitzung.

Insgesamt kann sie aber nur als ein erster nicht sehr bedeutender Schritt gesehen werden.

Die ursprünglich für den 20.10.[19]89 vorgesehene ZK-Tagung, wurde auf Mitte November verschoben.

3. Gen.Schürer hat sich gegenüber den Mitgliedern der AG-Zahlungsbilanz heute dahingehend geäußert, daß er nicht bereit ist, die beabsichtigte Veröffentlichung des Exportüberschusses der DDR per 30.9. (statische Abrechnung per 30.9.) zu unterzeichnen.

Sollte Gen.Ehrensperger dies verlangen, eine derartige positive Abrechnung zu unterzeichnen, dann will er das kategorisch ablehnen und außerdem würde er auf dem ZK-Plenum dazu seine prinzipielle Auffassung darlegen.

4. Die o.g. Genossen sind sich somit im Klaren, daß es *keine Änderung in der bisherigen Linie gibt*, die Probleme der neueren Entwicklung sich weiter zuspitzen werden.

5. Die Informationen kamen...vom Gen.Schürer und Gen.Schalck. (Gen.Schalck soll lt. Gen.König diese Informationen vom Gen.Krenz erhalten haben) E[rich].H[onecker]. hat E[gon]n K[renz]. der Konterevolution bezichtigt (handschr.)"[4] (Hervorh.v.m., B.S.).

Vor einem insgesamt ernüchternden Hintergrund äußerte sich Mitte des Monats November der Leiter der Hauptabteilung XVIII des MfS gegenüber Wolfgang Herger. Das Versagen Mielkes am 13.November vor Volkskammer und DDR-Öffentlichkeit nahm Kleine zum Anlass, für den Bereich der "Abwehr im Bereich Volkswirtschaft" eine ""Richtigstellung und Ergänzung" zu geben. General Kleine betonte:

"daß unser Arbeitspotential und die uns erteilten Vollmachten jederzeit voll zum Einsatz gebracht wurden gemäß dem uns im Rahmen der Gesamtarbeit des MfS gestellten Auftrag".

Der Abteilungsleiter verwahrte sich gegen den offenbar vorgebrachten Einwurf, das MfS würde nicht genügend vor schädlichen Entwicklungen der DDR-Volkswirtschaft gewarnt haben. Er stellte fest, "seit 1975" sei "durch die Diensteinheit" XVIII "wiederholt und offen die Leitung des MfS informiert" worden "über die sich abzeichnenden und ständig weiter zuspitzenden grundsätzlichen Probleme in der" DDR-Volkswirtschaft. "Vorschläge zur Verhinderung weiterer negativer Entwicklungstendenzen" seien seitens seiner Diensteinheit unterbreitet worden. Dazu legte der MfS-Offizier eine detaillierte Aufstellung von Vorgängen der vergangenen zwanzig Jahre vor, um den Nachweis kritischer Mentorentätigkeit seiner Hauptabteilung zu belegen. Diese sei, nach Kenntnis des MfS, "der Partei- und Staatsführung vermittelt" worden. Weiter habe das MfS

> "kontinuierlich Informationen über bedeutsame Einzelprobleme erarbeitet und auf dem Dienstweg vorgelegt, um weiteren kritischen Entwicklungen vorzubeugen".

Hierzu wurde ebenfalls eine Aufstellung angefügt. Ferner, so der Leiter der HA XVIII, seien "ständig zu zahlreichen Vorlagen, die im Politbüro des ZK der SED und dem Ministerrat behandelt worden" seien "Stellungnahmen mit kritischen Hinweisen" erfolgt. Überdies habe das MfS "in weiteren Informationen ... „die Leiter zuständiger Fachabteilungen des ZK, Fachminister, General- und Betriebsdirektoren auf den unterschiedlichsten Ebenen konkret und sachlich über festgestellte Probleme und Mißstände informiert".

Das habe jedoch, "in enger Zusammenarbeit mit allen Diensteinheiten in den Bezirken und Kreisen" lediglich zu "einige[n] partielle[n] Veränderungen" gereicht. So seien überdies durch das MfS "in den zurückliegenden Jahren meßbare materielle und finanzielle Beiträge für unseren Staatshaushalt" erarbeitet worden. Kleine suchte dies zu belegen, indem er ausführte:

> "Einzelpersonen und Firmen aus der NSW wurden allein im Zeitraum 1986-1989 zu Wiedergutmachungszahlungen für begangene Rechtsverletzungen in Höhe von 6.576.881 VM veranlaßt".

Weiter unterstrich der MfS-Abteilungsleiter die Leistungen seiner Dienststelle, indem er ausführte:

> "Durch verschiedene Fachminister und Generaldirektoren wurden wiederholt die *aktiven Beiträge* gewürdigt, die wir für die effektivere Lösung bedeutsamer Aufgaben in der Forschung/Entwicklung und in der Handelspolitik zur Verfügung stellen konnten; die auch beispielsweise für unsere Hochtechnologieentwicklung von Bedeutung waren und sind. Über Details dazu kann aus Sicherheitsgründen nicht vor einem größeren Kreis informiert werden" (Hervorh.v.m., B.S.).

Es handelte sich hierbei um Industriespionage, die im NSW durch das MfS durchgeführt, eine der wesentlichen Aufgaben des Ministeriums bildete und welche der DDR-Industrie aufwendige Entwicklungsarbeit abnahm.

Weiter seien "Ergebnisse im Erkennen und in der Beweisführung zu Personen" erreicht worden, "die im Auftrag ausländischer Geheimdienste und anderer Einrichtungen gegen die DDR wirksam wurden bzw. werden sollten". Kleine war, wie abschließende Bemerkungen zeigen, offenbar der festen Überzeugung, dass das MfS auch in der künftigen DDR eine bedeutende Kraft darstellen werde.[5]

---

1 Otto, Mielke, S. 462f.
2 Ebd., S. 464.
3 Ebd., S. 466f.
4 Birthler-Behörde, MfS-HA XVIII, Nr. 7318. NdF Inspektion, Information (handschr.), 12.10.1989, Bl. 90.
5 Ebd., MfS-HA XVIII, Nr. 6556. HA XVIII, Kleine (Leiter) eine, 14.11.1989, Bl. 2f.

14. Kapitel: Auflösung

Hoffen auf westliche Hilfe

„Lieber als Kommunist sterben, als als Sozialdemokrat leben". Diese Devise beherrschte den Abgang der Mielke, Honecker etc. Eine „chinesische Lösung", das heißt ein Zusammenschießen der oppositionellen Volksbewegung durch die Staatsmacht, war - schon vom Danach aus betrachtet - undenkbar. Wilfriede Otto schreibt kennzeichnend:

> „Doch auch Honeckers perfekt entwickelte Mechanismen und Pläne für einen Kampf gegen die ,Konterrevolution', die seinen ,Drei-Stufen-Plan' einschloß, den er 1981 sogar Jaruzelski angeboten hatte, konnten nicht aus dem Panzerschrank geholt werden".

Hunderttausende würden sich nicht in Konzentrationslagern wegschließen lassen. Noch am 4.November, als Mielke zum letzten Mal die DDR am Bildschirm observierte, ging es um die Drohung eines organisierten Grenzdurchbruchs und spielte die Klaviatur der Notfallpläne zwischen dem MdI, Wünsdorf, Karlshorst und Moskau. Was wäre gewesen, wenn die Riege der Ostberliner Führer jünger gewesen wäre? Jedenfalls hätte ein Knopfdruck fast eine Million Bewaffneter von der Polizei, über Sicherheitskräfte und sowjetische Truppen in Bewegung setzen können. Ob die GSSD tatsächlich in diesem Fall passiv in den Kasernen verharrt hätte, bleibe dahingestellt. Jedenfalls scheint der Oberbefehlshaber der 24 Divisionen der „Westgruppe" nicht Gorbatschows Weisung inhaliert zu haben, sich in keinem Fall einzumischen. Auch in den Bereichen der Staatssicherheit wie der NVA stand bis zum letzten Moment der militärische Einsatz an der Grenze zu Westberlin bevor.[6] Doch es kam anders und die DDR begann sich in Passivität aufzulösen.

Parallel erhob die Abteilung KoKo erste Aufklärungen zu Franz Rösch, Theo Waigel und Helmut Haussmann, die erste Ergebnisse zu Umtauschsätzen für DDR Bürger im Westen, Koordinierungen "aller Wirtschaftsangelegenheiten mit der DDR" und Abstimmungen "mit führenden Wirtschaftsleuten der BRD" enthielten. Zu dem ersten direkten Kontakt zwischen den beiden Staaten wurde ermittelt, "im Bundesministerium für Wirtschaft (BMWI)" sei "dieser Termin nicht bestätigt, da man ein derartiges Treffen erst durchführen" wolle, "wenn ein Gespräch zwischen Hausmann und der stellvertretenden Vorsitzenden des Ministerrates der DDR, Genossin C h r i s t a L u f t, stattgefunden" habe. "Von Hausmann" werde "für dieses Gespräch der 11.12.1989 in

Erwägung gezogen. Offensichtlich" war "die DDR von diesem Termin noch nicht informiert".

In Verbindung mit der "operative[r]n Arbeit...zur Tätigkeit des BRD-Management-Unternehmens Personal und Management Beratung Wolfram Hatebaul GmbH 5300 Bonn, Poppelsdorfer Allee 45 bezüglich Vorhaben in der DDR, der UdSSR und der VR Polen" an (Hotelbauten) sei über deren Mitarbeiter Dr.Rosenthal "nach Auskunft des Inhabers ....Hatebaul, Wolfram" dessen Verbindung zu Hans Modrow offenbar geworden. Es wurde mitgeteilt:

> "Demnächst soll auch ein Gespräch zwischen Vertretern der Hatesaul GmbH und Genossen Modrow stattfinden. Im Rahmen einer Kontaktaufnahme zu Rosenthal soll Genosse Modrow zum Ausdruck gebracht haben, daß *die wirtschaftliche Basis der DDR noch schlimmer sei, als man es sich vorstellen kann* (Hervorh.v.m., B.S.)".

Wie weiter bekannt geworden sei, habe "Rosenthal am 23.11.1989 ein Gespräch mit Vertretern der EDEKA-Handelsgesellschaft" geführt, "welches vermutlich mit der Absicht der Handelsgesellschaft, in der DDR Supermärkte zu eröffnen, im Zusammenhang" gestanden habe. Hatesaul hatte Probleme, Hotelprojekte in der UdSSR durchzusetzen. Bankbürgschaften, auch der "Ost-West-Handelsbank AG" waren nicht leicht zu beschaffen. Dazu wurde erwogen, den sowjetischen Ministerpräsidenten Nikolai Ryschkow einzubeziehen, der

> "diese ...beim bevorstehenden Besuch...in der BRD mit dem Bundeswirtschaftsminister Dr.Haussmann, Helmut"

klären werde. Die West LB werde, so wurde operativ erkannt, zu "einem Umweltschutzprojekt in der UdSSR" eine "Beteiligung in Höhe von 500 Mio. DM" beisteuern. Dieser Kredit solle über eine "Hermes-Sicherung" verbürgt werden, was "bisher bei Geschäften mit der UdSSR nicht möglich" gewesen sei. "Als Ansprechpartner für Hatesaul bei der West LB" gelte "der Generalbevollmächtigte für den 'Ost-Bereich', Dr. Boehr". Weiter sei bekannt geworden,

> "daß Hatesaul in der Woche vom 27.11.1989 bis 01.12.1989 im Bundeskanzleramt ein Gespräch mit dem Außen- und Sicherheitspolitischen Berater des Bundeskanzlers der BRD, Dr.Kohl, Helmut, Teltschik, Horst haben"

werde.

> "Bei diesem Gespräch sollen Fragen im Mittelpunkt stehen, die sich aus dem Besuch von Kohl in der VR Polen ergaben, insbesondere im Zusammenhang

mit der finanziellen Unterstützung in Höhe von 3 Mrd.DM durch die BRD sowie die Weiterführung von Seminaren".

Weiter seien

"zuverlässig[e]...Meinungsäußerungen von einem Vertreter der Treuhandstelle für Industrie und Handel (TSI) Westberlin sowie von Firmenvertretern Westberlins und der BRD
- zum Stand der Vorbereitung des EG-Handelsabkommens mit der DDR und
- zur 'Abwartehaltung' der Bundesregierung, insbesondere des BRD-Kanzlers KOHL, Helmut zur Kenntnis"

gelangt. "Nach Angaben des stellvertretenden Leiters der TSI RAETHER, Bernd", habe "das geplante EG-Abkommen noch keine 'konkreten Konturen' angenommen. Man könne sich aber an den EG-Abkommen mit der CSSR, der VR Polen und der Ungarischen Republik orientieren, in denen der Agrarbereich 'eine besondere Behandlung' erfährt und 'am wenigsten geöffnet'" sei. Räther habe erklärt,

"Je nachdem, wie der Stand der Reformen in den jeweiligen Ländern ist, sei das Handelsabkommen gestaltet worden. Mit der DDR sollte zunächst nach Betrachtung der politischen und wirtschaftlichen Entwicklung ein 'sehr kleinkariertes Handelsabkommen' unter Ausschluß des Agrarbereiches vorbereitet werden. Falls sich, so Raether, die DDR 'in Riesenschritten' auf eine marktwirtschaftliche Regulierung hinentwickele, sei 'alles drin'. Gegenwärtig besitze die EG-Kommission aber noch kein Mandat vom EG-Ministerrat, dessen Vorsitz zur Zeit Frankreich innehat. Nach Raethers Vermutung sei damit zu rechnen, daß der französische Staatspräsident MITTERAND, Francois während seines geplanten DDR-Aufenthaltes vom 20. bis 22. Dezember 1989 Informationen über die Entwicklung in der DDR sammelt, die mit Sicherheit Auswirkungen auf die Entscheidungsfindung des EG-Rates und somit auf das Mandat der Kommission haben werden".

Mitgeteilt wurde Ostberlin die skeptische Beurteilung der Politik des Abwartens, die der Bundeskanzler verfolge, durch die DDR-Bevölkerung, aber auch durch Vertreter der westdeutschen Industrie.

"Im Gegensatz zu dieser Vorgehensweise stehe die Haltung der französischen Regierung, insbesondere der angekündigte Besuch[e] von Mitterand in der DDR. Nach Landvoigts Vermutungen komme er nicht 'mit leeren Händen', sondern bringe mindestens 'eine halbe Million' für die DDR mit. Außerdem sei damit zu rechnen, daß Mitterrand von namhaften Wirtschaftsexperten begleitet wird.

Darüber hinaus könne Landvogt täglich bei seinen Aufenthalten in der DDR-Hauptstadt beobachten, daß vor den Gebäuden der Außenhandelseinrichtungen der DDR zahlreiche Pkw von westeuropäischen Firmenvertretern, u.a. aus Frankreich, Belgien, Luxemburg, aus den Niederlanden und aus Großbritannien stehen, die alle 'einen Schritt schneller' sind als die BRD-Firmenvertreter.

Seiner Meinung nach führe das Abwarten von Kohl unbewußt dazu, daß dem Generalsekretär des ZK der SED und Vorsitzenden des Staatsrates der DDR, Genossen Egon Krenz, 'der Rücken gestärkt' werde. Es gebe bereits Stimmen in der Bevölkerung der DDR, die ursprünglich positiv gegenüber der BRD eingestellt waren und die heute sagen, daß sie das, was die Bundesregierung mache, so nicht nötig haben würden. Weiterhin gab Landvoigt an, es nicht verstehen zu können, daß die führenden Wirtschaftsvertreter der BRD 'stillschweigend' zusehen können. Es sei endlich an der Zeit, 'etwas zu unternehmen'".[7]

---

6 Otto, Mielke, S. 472ff.
7 BA-Berlin, DL 2/1070. Aufzeichnungen (des MfS), o.D., Bl. 103-109.

Der Bereich KoKo

Mitte November gaben Alexander Schalck und Herta König dem Vorsitzenden des Ministerrates, Hans Modrow, eine Orientierung über die Verschuldung der DDR. Dazu hatten sie "eine Gesamterfassung aller planmäßigen und außerplanmäßigen Forderungen, Guthaben und Verbindlichkeiten angefertigt". Es habe sich ergeben, so schrieben Schalck und König, dass die

> "bisher dem Vorsitzenden der Staatlichen Plankommission bekannte Verschuldung tatsächlich um 12,6 Mrd.VM geringer"

sei. Dennoch habe

> "sich an den Aussagen zur Liquidität - wie sie von uns bisher getroffen und den Anforderungen an den Export zugrunde gelegt wurden - nichts verändert".

Schalck wie König erwarteten, "daß der Einsatz der rd. 4,1 Mrd.VM Guthaben erfolgen" werde. Weil bei der Beschaffung der jährlichen 8 - 10 Mrd.VM Kredite durch die Banken... die Kreditquellen der DABA auch weiterhin zu Verfügung" stünden. Schalck und König listeten im Einzelnen fünf Positionen mit Unterpunkten auf. Diese lauteten:

"1. Die monatlich in dem Politbüro vorgelegte Abrechnung der NSW-Verschuldung basierend auf im Rahmen des Planes abgerechneten Außenwirtschaftsbeziehungen der DDR. Ende 1989 wird daraus ein Saldo aus Forderungen und Verbindlichkeiten von rd. ./. 4,1 Mrd.VM vorhanden sein.

2. Über diese Verbindlichkeiten hinaus wurden in den letzten Jahren weitere Kredite aufgenommen, die der Stärkung der produktiven Akkumulation dienten. Die Verbindlichkeiten daraus sollten entsprechend den getroffenen Festlegungen erst ab 1991 bzw. 1996 offiziell ausgewiesen werden.

Die Größenordnung dieser Verbindlichkeiten wird Ende 1989 ca. 7,2 Mrd.VM betragen.

3. Ebenfalls zur Entwicklung des Leistungswachstums der Volkswirtschaft wurden zwischen den Betrieben des Bereiches Kommerzielle Koordinierung und Kombinaten verschiedener Industriezweige in Abstimmung mit der Staatlichen Plankommission sogenannte 'Industrievereinbarungen' abgeschlossen. Die daraus bestehenden Verbindlichkeiten werden Ende 1989 voraussichtlich 2,6 Mrd.VM betragen.

4. Diesen auch der Staatlichen Plankommission bisher nicht bekannten saldierten Verbindlichkeiten von insgesamt ./. 51,6 Mrd.VM stehen positive, der SPK bisher nicht bekannte Faktoren gegenüber.

Beginnend mit den Jahren des Kreditboykotts hat Gen[osse]. Mittag festgelegt, daß nicht mehr alle wirtschaftlichen Gewinne des Bereiches Kommerzielle Koordinierung, der Banken und des Bereiches Außenwirtschaft des MdF in die Zahlungsbilanz eingeschlossen werden.

Ab 1986 wurden die 'Einschüsse des Staates' mit einer Maximalhöhe von 2,0 Mrd.VM jährlich festgeschrieben. Alle darüber hinaus gehenden erwirtschafteten Gewinne sollten einer Guthabenbildung zur Sicherung der Zahlungsfähigkeit dienen.

Dies erfolgte in zwei unterschiedlichen Formen:

a) die erwirtschafteten und der Zahlungsbilanz nicht als 'Einschüsse des Staates' überwiesenen Gewinne wurden - ohne das in der Zahlungsbilanz sichtbar zu machen - tatsächlich in die Finanzierung eingesetzt, indem sie der DABA einmal als zinslose Kreditquelle und zum anderen als verzinslicher Kredit zur Verfügung gestellt wurden.

Die zinslose Kreditquelle wird Ende 1989 6,6 Mrd.VM betragen. Der verzinste Betrag umfaßt eine Größenordnung von 1,9 Mrd.VM.

Damit ist zwar keine Guthabenbildung erfolgt, eine Kreditaufnahme im Ausland war jedoch in dieser Höhe nicht erforderlich. *Das bedeutet, daß die offiziell ausgewiesene Verschuldung der DDR aus diesem Faktor tatsächlich um 8,5 Mrd.VM geringer ist.*

b) Erwirtschaftete Gewinne wurden tatsächlich für Guthabenbildungen genutzt. Das erfolgte

- über ein Konto beim MdF, das Ende 1989 ca. 2,1 Mrd.VM betragen wird

- über ein Konto beim Bereich Kommerzielle Koordinierung das als 'Konto Generalsekretär' geführt und 1989 rd. 2,0 Mrd.VM betragen wird.

Beide Konten sind Bestandteile der in der G[eheimen]K[ommando]s[ache] 'Information zur Gesamtheit des Außenhandels sowie die Forderungen und Verbindlichkeiten der DDR gegenüber dem NSW' ausgewiesenen Position 'bereits beschaffte, noch nicht eingesetzte Kredite'. *Der Einsatz dieser Mittel war, entsprechend den[m] Genossen Mittag unterbreiteten Vorschlägen zur Durchführung des Zahlungsverkehrs ab 1990 vorgesehen.*

Auch diese Guthaben und ihr vollständiger Einsatz *reichen nicht aus, um die 1991/92 anfallenden Bargeldprobleme zu lösen.*

5. Unter Berücksichtigung der im Punkt 4 dargestellten Faktoren und bei Einbeziehung der dem Politbüro bereits bekannten Bestände der Staatsdevisenreserven in Höhe von rd. 1,0 Mrd.VM beträgt die tatsächliche Verschuldung der DDR Ende 1989 rd. 3,8 Mrd.VM.

Das sind 20,6 Mrd. USD. Die Genossen Krenz übergebene Information für das Plenum beinhaltete die Aussage, daß die Verbindlichkeiten der DDR über 20 Mrd.USD betragen.

Über diese saldierten Verbindlichkeiten hinaus bestehen noch Guthaben und Verbindlichkeiten des Bereiches Kommerzielle Koordinierung und seiner Betriebe jeweils in einer Größenordnung von rd. 2,2 Mrd.VM.

Guthaben und Verbindlichkeiten gleichen sich aus und belasten die Verschuldung der DDR nicht zusätzlich. Sie sind bereits Bestandteil der genannten GK-dos"[1] (Hervorh.v.m., B.S.).

Eine "Dokumentation zum Stand der eingeschätzten Gesamtverschuldung der DDR Ende 1989", die Schürer und König vorlegten, rechnete die Positionen zu:

| | Mrd. VM | Mrd. US$ |

" - Eingeschätzte Verschuldung Ende 1989 lt.

	Mrd. VM	Mrd. US$
operativem Valutaplan für das I. - IV. Quartal - GVS b 5 - 0917/89 - auf Grundlage eines Importüberschusses von 0,2 Mrd.VM (bestätigt vom Vorsitzenden des Ministerrates mit Verfügung Nr. 124/89 - GVS b 2 - b 5 - 0909/89)	-41,8	-22,6
- Verbindlichkeiten aus dem Import von Maschinen und Ausrüstungen zur Leistungssteigerung (Beschluß des Politbüros vom 26.8.1986 / Beschluß des Ministerrates vom 28.8.1986 - VVS b 2 - 766/86)	-7,2	-3,9
- Verbindlichkeiten von Ministerien und Kombinaten gegenüber dem Bereich Kommerzielle Koordinierung, aus Industrievereinbarungen (entsprechend Brief des Gen.Schalck vom 23.11.1989 an den Vorsitzenden der SPK)	-2,6	-1,4
- Finanzierungsquellen aus erwirschaftetem Gewinn des Bereiches Kommerzielle Koordinierung, der Banken und des Bereiches Außenwirtschaft des Ministeriums der Finanzen und Preise	+8,5	+4,6
- Guthaben der DDR, die ab 1990 zur Finanzierung der Zahlungsbilanz eingesetzt werden sollen (einschließlich Staatsdevisenreserve)	+5,1	+2,7
	-38,0	-20,6

In der Gesamtverschuldung vom 20,6 Mrd.US$ sind die in BIZ- bzw. OECD-Berichten ausgewiesenen Guthaben der DDR nicht enthalten. Wie international üblich, wird mit diesen Guthaben gearbeitet. Sie dienen der Sicherung der Liquidität der Banken. Der Inhalt dieser Guthaben ist Bankgeheimnis".[2]

Herta König stellte zeitgleich in einer "Information zu den Auslandsverpflichtungen und zur Zahlungsbilanz der DDR" fest, dass es "gegenwärtig Verpflichtungen gegenüber dem nichtsozialistischen Wirtschaftsgebiet in Höhe von ca. 20 Mrd.US$" gäbe. "Diese Verpflichtungen" seien "differenziert zu beurteil[t]en". "Ein bedeutender Teil der Kredite", so die Erwartung, habe "langfristigen Charakter" und könne "über einen längeren Zeitraum *aus der wachsenden Wirtschaftskraft der DDR* zurückgezahlt werden". Davon sei "ein größerer Teil...*jedoch* in den Jahren 1990 bis 1992 fällig" (Hervorh.v.m., B.S.). Bedingt durch die Beschlüsse des VIII.Parteitages, sei "insgesamt der Verbrauch schneller als die eigene Leistung" angewachsen. Damit hätten sich "die wirtschaftliche Entwicklung" der DDR "und auch die Sozialpolitik" in "wachsender[n] Verpflichtungen gegenüber dem nichtsozialistischen Wirtschaftsgebiet" ausgewirkt. Diese Entwicklung habe ihren Ausdruck darin gefunden, dass von "1971 bis 1980 bedeutet mehr importiert als exportiert" worden sei. Lediglich "in den Jahren 1981 bis 1986" hätten "Exportüberschüsse im Handel mit dem nichtsozialistischen Wirtschaftsgebiet realisiert werden" können. Seit 1987, so König, "haben wir wieder Importüberschüsse". Als "Ursachen" für diese Entwicklung führte König an:

> "Durch den Rückgang der produktiven Akkumulation in einer Reihe von Zweigen die Volkswirtschaft, insbesondere der verarbeitenden Industrie, konnten die erforderlichen Voraussetzungen für die Steigerung des Exports nicht geschaffen werden".

Dies habe insbesondere dazu geführt, "daß der Export des Maschinenbaus und Elektrotechnik/Elektronik seit 5 Jahren nicht gesteigert" worden sei. Weiter wäre das für "die Erhaltung der Wettbewerbsfähigkeit auf den NSW-Märkten notwendige wissenschaftlich-technischen Niveau der Erzeugnisse... nicht gewährleistet" worden. König betonte:

> "Die Exporte von Konsumgütern haben sich *insbesondere auf Grund des wachsenden inneren Verbrauchs* auch im Zusammenhang mit den Subventionen und durch Abläufe seitens ausländischer Bürger rückläufig entwickelt. Dazu kam, daß durch die gesunkenen Erdölpreise ein bedeutender Rückgang der Valutaeinnahmen aus Exporten in der chemischen Industrie - etwa 2,5 Mrd.$ seit 1986 – entstand" (Hervorh.v.m., B.S.).

Zu einer "Exportrentabilität" sei es nicht gekommen, da die "ausreichende Senkung der Kosten im Inland" nicht erreicht worden sei. Damit wären "bedeutende Valutaerlöse nicht als Exportssteigerung wirksam" geworden. Damit, so König, hätten "Importüberschüsse... durch Kredite finanziert" werden müssen. "Dafür waren in wachsendem Maße Zinsen zu zahlen", führte die stellvertretende Ministerin für Finanzen und Preise aus. Es seien so "weitere Exporte" erforderlich geworden. König ergänzte:

"Durch die Hochzinspolitik Anfang der 80er Jahre, den Kreditboykott durch kapitalistische Banken und die steigenden Rohstoffpreise wurde diese Lage noch verschärft".

Offen kritisierte die Ministerin, "auf diese zusätzlichen Belastungen der Zahlungsbilanz" sei

"nicht durch entsprechende wirtschaftspolitische Entscheidungen reagiert"

worden. "Der *innere Verbrauch und die Weiterführung der Sozialpolitik*" seien "davon unberührt" geblieben.

"In immer größerem Maße wurden Probleme der inneren Struktur des Landes und des Bedarfs Bevölkerung zu Lasten der Außenwirtschaft gelöst",

so die stellvertretende Finanzministerin weiter. "Dabei" hätten "auch 2 harte Winter und 2 schlechte Ernten eine Rolle" gespielt (Hervorh.v.m., B.S.).

Zur "Struktur" der "Verpflichtungen" merkte König an, "der Hauptteil der aufgenommenen Kredite" sei "nicht in die Akkumulation eingeflossen". Das zeige die "gegenwärtige Struktur" der Verbindlichkeiten. Die Ministerin hielt fest:

"Rund 8 Mrd.$ sind Kredite, die objektkonkret abgeschlossen wurden, wofür die Importe in die produktive Akkumulation geflossen sind. Diese tragen langfristigen Charakter und werden über einen längeren Zeitraum *aus der wachsenden Wirtschaftskraft der DDR* zurückgezahlt. Dazu gehören vor allem Kredite, die entsprechend internationalen Finanzierungsbedingungen für den Import modernster Ausrüstungen, für die Olefin- und Aromatenchemie, für die Spaltung des Erdöls, für Veredlungsprozesse in der Metallurgie und Chemie, den Maschinenbau und die Glasindustrie, für die technische Ausgestaltung der Textilindustrie und der Möbelindustrie aufgenommen worden seien" (Hervorh.v.m., B.S.).

Einen positiven Ausblick gewährte die stellvertretende Finanzministerin, indem sie auf "eingeschlossen[e]... Kredite für Importe für den Maschinenbau, die in den letzten 3 Jahren durchgeführt wurden, um Disproportionen zwischen Zulieferern und Finalproduzenten einzuschränken", verwies. „Diese langfristigen Kredite" würden "aus dem Vorhaben selbst refinanziert", so König. "Wenn das erfolgt" sei, dann stünden "sie in vollem Umfang für den DDR-Bedarf zur Verfügung". Wofür die DDR diesen Aufwand trieb, bestätigte König rückhaltlos:

"Alle anderen Verpflichtungen resultieren aus Importen der letzten Jahre und des laufenden Jahres für die materiell-technische Sicherung der Produktion und den laufenden Produktionsverbrauch sowie über *die Versorgung der Bevölke-*

rung. Das sind zum Beispiel *Kredite für Importe von Getreide, Konsumgütern, Material, Verpackungsmitteln.*

Das sind auch Kredite für nichtkommerzielle Dienstleistungen, Beistellungs-importen u.ä." (Hervorh.v.m., B.S.).

Es sei, so ein weiterer eingestreuter positiver Hinweis, in den letzten Jahren gelungen, neben "zumeist kurz- und mittelfristigen Laufzeiten", auch Bank-kredite mit längeren Laufzeiten zu mobilisieren". Inzwischen, so jedoch die realistische Einschätzung, würden

"die Erlöse aus dem Export sowie aus kommerziellen und nichtkommerziellen Dienstleistungen *bei der Höhe der eingetretenen Verschuldung* für die Tilgung von Krediten und Zinszahlungen gebraucht" (Hervorh.v.m., B.S.).

Zur "Lage im Jahr 1989" führte König aus, "in diesem Jahr" werde "voraus-sichtlich ein Importüberschuß von ca. 1 Mrd.$ eintreten. Die DDR" erziele "vor-aussichtlich Valutaeinnahmen aus Exporten und Dienstleistungen von 9,3 Mrd.$. Darin eingeschlossen" seien "die Einnahmen aus den mit der BRD ge-troffenen Vereinbarungen, wie die Transitpauschale und die Straßenbenut-zungsgebühr sowie der Mindestumtausch und die Visagebühren". Es seien "Devisenausgaben von 11,7 Mrd.$ erforderlich für Importe, Tilgung und Zins-zahlungen sowie für Dienstleistungen". Es werde "erneut die Aufnahme von Krediten nötig", wodurch "die Verpflichtungen weiter" ansteigen würden.

Zur Lösung der bestehenden Probleme und "zur Veränderung der Lage in der Zahlungsbilanz" der DDR "gegenüber dem nichtsozialistischen Wirtschafts-gebiet", schlug König vor:

"Es ist notwendig, die Stagnation im NSW-Export der letzten Jahre zu über-winden und eine bedeutende Steigerung des Exports, insbesondere bei Ma-schinen und Ausrüstungen, zu erreichen. Das setzt voraus, daß die vorhandenen Investitionen, Arbeitskräfte und materiellen Fonds besonders auf die Entwick-lung der Exportproduktion konzentriert werden und das wissenschaftlich-technische Niveau der Erzeugnisse entschieden erhöht wird".

Weiterführend merkte die stellvertretende Finanzministerin an, es sei zu-sätzlich "eine weitere Verbesserung der Arbeit auf den kapitalistischen Märk-ten" anzustreben, "insbesondere unter den Bedingungen des gemeinsamen EG-Marktes". Das zentrale Problem der DDR-Wirtschaft berührte Frau König, indem sie betonte:

"Von großer Bedeutung ist die Erhöhung des produktiven Anteils der NSW-Importe und ein *generelles strenges Sparsamkeitsprinzip* auf allen Gebieten des *gesellschaftlichen Lebens* mit dem Ziel, NSW-Importe abzulösen. Davon ausgehend müssen wachsende Exportüberschüsse realisiert werden. Sie bestimmen wesentlich das Ausmaß und die weiteren Möglichkeiten der *Entwicklung des gesellschaftlichen und persönlichen Verbrauchs*" (Hervorh.v.m., B.S.).

Abschließend verwies König darauf, die DDR habe "alle fälligen Zahlungen für Kredite und Zinsen pünktlich geleistet". Was von westlicher Seite stets positiv bemerkt worden sei. "Ein Abbau der Verpflichtungen der DDR" werde jedoch "nur möglich, wenn über einen längeren Zeitraum größere Exportüberschüsse realisiert" würden, "als Zinszahlungen erforderlich" seien. Das bilde "die Voraussetzung dafür, dass die DDR auch in Zukunft ihren Verpflichtungen zur Bezahlung der aufgenommenen Kredite und Zinsen ordnungsgemäß" nachkommen könne.[3]

"Übersicht zu den Deviseneinnahmen und -ausgaben der DDR im Jahre 1989 gegenüber dem Nichtsozialistischen Wirtschaftsgebiet

	Aktiv	Passiv
1. Außenhandel		
a) Planexport/ -import	12,2	12,4
b) sonstiger Export/Import	5,3	6,7
	17,5	19,1
2. Deviseneinnahme und Devisenausgaben		
a) Zahlungen für Ware einschl. Forderungseingang bzw. Verbindlichkeitentilgung	12,6	13,3
b) Zahlungen für Dienstleistungen	[handschr.] *4,6*	[handschr.] *8,3*
. Einschüsse	1,9	
. Zinsen	0,1	4,3
. Absatzkosten		[handschr.] *0,8*
. Transport- und Umschlagsleistungen	1,8	1,6
. Beiträge international[r]		

Organisationen	0,1	
. Sonstige Dienst-leistungen	[handschr.] *0,8*	[handschr.]*1,5*
Insgesamt	17,2	21,2
Mrd $	*9,3*	*11,7*

[handschr.]".[4]

Angesichts dieser Zahlen stellt sich die Frage: Mußte demnach die DDR 1989 scheitern? Oder hätte diese fortbestehen können, wenn die westlichen Staaten es gewollt hätten? Wie gering erscheint das Defizit der DDR, verglichen mit den Unsummen, welche die Bundesrepublik in sechzehn Jahren in das frühere Staatsgebiet der DDR investiert hat. Einseitige Fixierung auf das Epochenziel, die Vernichtung des Kommunismus in Europa - und fehlendes Nachdenken über das Danach - führten Europa und die Welt in eine Epoche der Instabilität.

---

1 BA-Berlin, DL 2/1070. A.Schalck/H.Ende, König an H.Modrow, 14.11.1989, Bl. 180-185.
2 Ebd., Schürer, Vors.d.Staatlichen Plankommission/ Dr.König, Stellv.ds.Ministers der Finanzen und Preise, Dokumentation zum Stand der eingeschätzten Gesamtverschuldung der DDR Ende 1989 (Kurs 1 US$ = 1,85 VM), 14.11.1989, Bl. 274.
3 Ebd., H.König: Information zu den Auslandsverpflichtungen und zur Zahlungsbilanz der DDR, o.D., Bl. 162-166.
4 Ebd., H.König: Information zu den Auslandsverpflichtungen und zur Zahlungsbilanz der DDR, o.D., Bl. 162-167.

Die DDR-Führung: Befangen im Wahn

Vor dem Gespräch Krenz - Seiters, am 20.November, legte Schalck dem Generalsekretär des Zentralkomitees der SED eine "Gesprächsempfehlung" - nebst Anlagen - vor, die mit dem Außenministerium erarbeitet war.[1] Es kam der DDR-Seite darauf an, ein "Aktionsprogramm der SED zur tiefgreifenden Erneuerung des Sozialismus in der DDR" vorzustellen. Die Absicht war, ein "zutiefst demokratischen[s] politisches System und eine umfassende Wirtschaftsreform" glaubwürdig zu machen, und das ganze mit dem "gemeinsame[n] Bekenntnis beider Staaten, „von deutschem Boden" dürfe "nie wieder Krieg, sondern immer nur Frieden ausgehen," zu überzuckern. Krenz und Modrow waren sich einig in dem Bestreben, die DDR-Position durch das Bekenntnis zu untermauern, "uneingeschränkt zu den Prinzipien des KSZE [Abrüstungs]-Prozess[es]" zu stehen. Von der westdeutschen Seite wurde erwartet, dass diese die über die Jahre aufrechterhaltenen Prinzipien der DDR-Unterhändler von der "Stabilität in den Beziehungen", der "Achtung und Souveränität, territoriale[n]r Integrität, Gleichberechtigung und Nichteinmischung", akzeptieren würde. Das hieß im Klartext, "die DDR sei und bleibe ein souveräner Staat". Diese Konzession erwartete Ostberlin aus dem Munde des Bonner Unterhändlers Seiters. Weiterhin, so Krenz und Modrow, werde mit der bundesrepublikanischen Seite von "Zusammenarbeit zwischen der DDR und der BRD", die "enger und langfristiger zu gestalten" sei, gesprochen werden. Die DDR-Vertreter führten den Begriff der "Verantwortungsgemeinschaft für den Frieden und eine[r] Vertragsgemeinschaft für die Beziehungen" in die Verhandlungen ein. Die bisher getätigten Gespräche zu deutsch-deutschen Detailfragen (Reise- und Besuchsverkehr, Wirtschafts- und Handelbeziehungen, Umweltschutz, Post- und Fernmeldebeziehungen, Verkehrsfragen) seien weiterzuführen; so die Absicht der DDR-Unterhändler.[2]

Dazu formulierte Schalck die "Ziele" der DDR-Politik:

"- Die SED tritt, wie in dem Programm dargelegt, für radikale Reformen in der DDR ein, um eine tiefgreifende Erneuerung der sozialistischen Ordnung in der DDR herbeizuführen. Die SED wird dafür im gleichberechtigten Bündnis mit allen demokratischen Kräften unseres Landes wirken. Sie will den Anspruch auf ihre führende Rolle nicht mehr gestützt auf die Verfassung (Artikel 1) erheben, sondern auch durch praktische Politik nachweisen. Seitens der Volksversammlung wurde beschlossen die Verfassung der DDR zu überarbeiten. Dazu wurde eine Kommission gebildet.

- Die SED beansprucht kein Monopol auf die Wahrheit und fördert Meinungsvielfalt, Toleranz und ehrliches Ringen um die besten Lösungen. Sie tritt entschieden für die Entflechtung zwischen Partei und Staat ein.

- Die SED tritt für freie, allgemeine, gleiche und geheime Wahlen auf der Grundlage eines neuen Wahlgesetzes ein.

- Die SED ist dafür, daß sich alle gesellschaftlichen Kräfte auf gleichberechtigter Grundlage zum Dialog und zur Mitverantwortung bei der *Gestaltung eines erneuerten Sozialismus* vereinen. Sie befürwortet das Wirken neuer politischer Vereinigungen auf dem Boden der Verfassung. Sie wird den Konsens mit ihnen suchen. Das gilt auch für vertrauensvolle Beziehungen zwischen Staat, Kirche und Religionsgemeinschaften.

- Der sozialistische Rechtsstaat wird so entwickelt, daß er von den Grund- und Menschenrechten ausgeht und die gesamte Gesellschaft auf der Grundlage des Rechts organisiert wird. Es werden vorgeschlagen:
. Verfassungsgerichtshof

. Gesetz über die Vereinigung- und Versammlungsfreiheit

. Ein Mediengesetz

. Veränderungen des Strafrechts einer Wirtschaftsreform.

- Die SED tritt für eine grundsätzliche Änderung der Wirtschaftspolitik verbunden mit einer Wirtschaftsreform ein. Es geht um eine an den Marktbedingungen orientierte *sozialistische* Planwirtschaft" (Hervorh.v.m., B.S.).

Die Position der Gegenseite beschrieb Schalck folgendermaßen:

"In den informellen Vorgesprächen mit Beauftragten des Bundeskanzlers Kohl wurden von der BRD folgende Forderungen

- als Voraussetzung für eine umfassende Zusammenarbeit - genannt. Diese Fragen werden sicherlich von Seiters in dem gewünschten 'Sechsaugengespräch' eine Hauptrolle spielen.

- Änderung des Artikel 1 der Verfassung und damit Aufgabe des verfassungsrechtlich fixierten Führungsanspruchs der SED.

- Freie, allgemeine, gleiche und geheime Wahlen bei Zulassung neuer Parteien und Gruppierungen.

Dabei erwartet die BRD, daß noch 1990 auf der Basis der jetzigen Verfassung, jedoch bei bereits geändertem Artikel 1, Kommunalwahlen stattfinden, d.h. faktisch die Kommunalwahlen von 1989 zu wiederholen. Volkskammerwahlen könnten dann 1991 auf der Grundlage der generell überarbeiteten Verfassung vorgesehen werden".

Die eigentlich wichtigen Teile des Papiers, das bereits bis hierher gekennzeichnet war durch das pointierte Augen-Schließen vor den finanziellen Realitäten der DDR-Situation, folgten mit "Einige[n] grundsätzlichen[n] Bemerkungen zum Verhältnis zwischen der DDR und der BRD". Dabei stand auf ostdeutscher Seite unverändert die sozialistische Komponente der bisherigen Ordnung im Vordergrund der Vorstellungen auf ostdeutscher Seite. Die neue DDR-Führung beabsichtige ebenfalls, so dieses Memorandum, "die Grenzen durchlässig" zu machen. Niemand solle mehr "eingemauert" sein. Doch gleichzeitig wären die Grenzen nicht "in Frage" zu stellen oder dürften diese gar "verschwinden". Das betreffe "auch die Grenze in Berlin". Hier gelte es im besonderen, "Ordnung und Sicherheit... nicht zu gefährden. „Unkontrollierbare Prozesse", gerade "von Rechtsradikalen Kräften", seien "rigoros" zu unterbinden. Ausgreifend auf die bekannten Themen, wie das Bekenntnis, dass nie wieder Krieg "von deutschem Boden" ausgehen dürfe, und der Forderung nach "Frieden, Abrüstung, Entspannung und Zusammenarbeit", handelte das Memorandum die Bereitschaft der DDR ab, "die Zusammenarbeit" mit der

Bundesrepublik "umfassend auszubauen". Es wurde erneut Bezug genommen auf die "Stabilität" der "Beziehungen" in Europa und es folgten die weithin bekannten Floskeln von "Souveränität, territorialer Integrität, Gleichberechtigung wie Nichteinmischung", sowie die Behauptung, es gehe *der Bevölkerung* der DDR um "die Erneuerung einer *souveränen sozialistischen DDR*" (Hervorh.v.m., B.S.). Gründlicher verzeichnet konnte die Lage allerdings nicht werden, denn längst war die Entwicklung über den Stand der Gespräche zwischen Strauß und Schalck in den Jahren 1983/86 hinaus fortgeschritten.[3]

---

[1] BA-Berlin. DL 2/1070. A.Schalck an E.Krenz, 17.11.1989, Bl. 191.

[2] Ebd., Entwurf einer Presseerklärung, 20.11.1989, Bl 192f.: "An dem Gespräch nahmen teil: der Minister für Auswärtige Angelegenheiten, Oskar Fischer, der Sekretär des Staatsrates, Heinz Eichler, der Staatssekretär im Ministerium für Außenwirtschaft, Alexander Schalck; der Leiter der Ständigen Vertretung der DDR in der BRD, Botschafter Horst Neubauer; der Leiter der Abt.BRD im MfAA, Karl Seidel, sowie Ministerialdirigent Claus-Jürgen Duisberg; Ministerialdirigent Burkhard Dobiey, der Leiter des Büros vom Minister Seiters Speck; und der Leiter der Ständigen Vertretung der BRD, Franz Bertele".

[3] Ebd., DL 2/1070. Empfehlung für das Gespräch mit Bundesminister Seiters am 20.11.1989, Bl. 195-198.

Das MfS in der Kritik

Angeschlossen wurde eine Ausarbeitung, die Einblicke in die Wahrnehmungen im Verlauf dieser Übergangsphase der DDR "alt" in die DDR "neu" charakterisierten. Vor diesem Hintergrund präsentierte das MfS einige unmittelbare Eindrücke zum "desolaten Zustand in der Wirtschaft". "Meinungsäußerungen zu einer möglichen Wiedervereinigung" beider deutscher Staaten seien vermehrt wahrzunehmen, so verlautete aus der Normannenstrasse. "Obwohl eine Wiedervereinigung Deutschlands zum gegenwärtigen Zeitpunkt mehrheitlich abgelehnt" werde, sei "die Schaffung einer Konföderation zwischen beiden deutschen Staaten unter Beibehaltung der unterschiedlichen Gesellschaftssysteme als ein möglicher Weg" in der Diskussion. Offensichtlich war jedoch bereits erkannt, dass ein "Scheitern[s] der Politik der Wende" unvermeidlich in "eine Wiedervereinigung" münden werde. Verbreitete Meinung sei, wie die "Bevölkerung" in "grenznahen Räumen...z.T. euphorisch[e]" bekenne, "die Kontakte zwischen den Menschen in Ost und West" seien in Wahrheit

> „niemals abgerissen gewesen; man fühle sich als Deutsche verbunden. Alles andere sei eine Sache der Regierung".

Im Grunde ging es dem MfS offensichtlich darum, die Gründung eines Amtes für nationale Sicherheit zu bestätigen und dafür Stimmen aus der Bevölkerung zusammenzutragen. So sei in der Gesellschaft verbreitet geäußert worden, in jedem entwickelten Land habe ein derartiges Sicherheitsorgan seine Berechtigung. Es mischten sich diese Argumentationen, und jene der Vertreter des MfS, in der Feststellung:

> "Hauptsächlich unter dem Eindruck der wachsenden Reiseströme zwischen der DDR und der BRD bzw. von und nach Westberlin und daraus resultierender Befürchtungen hinsichtlich zunehmender Erscheinungen des Schmuggels und der Spekulation, vermehrter Aktivitäten neofaschistischer/terroristischer Kräfte, einer Zunahme gegnerischer Angriffe gegen Bereiche der Volkswirtschaft *sei es unbedingt erforderlich, umgehend eine gesetzliche Fixierung der Aufgaben und Befugnisse des neuen Amtes für Nationale Sicherheit herbeizuführen*, um insbesondere unter dem Aspekt dieser aktuellen Erfordernisse seine Arbeitsfähigkeit zu gewährleisten" (Hervorh.v.m., B.S.).

Es ging um den weiteren „Dienst des MfS am Sozialismus". Einer solchen Entwicklung stehe die Haltung der Bevölkerung gegenüber, "das ehemalige MfS" sei "als Stütze der bisherigen Parteiführung" anzusehen und „mit verantwortlich" zu machen "für die entstandene Lage in der DDR". Die umfassende gesellschaftliche Bewegung gegen die Mitglieder des früheren MfS, und dessen Fortleben in verändertem Zuschnitt, ließ - trotz bestehender Notwendigkeiten - eine Fortdauer der Sicherheitsstrukturen und Personalien wenig aussichtsreich erscheinen. Dass die allgemeine Lageentwicklung nicht ohne Gefahren war, wurde unterstrichen durch die Mitteilung eines "in kirchlichen Kreisen" des "Bezirk Gera" verbreiteten Gerüchtes,

> "das Amt für Nationale Sicherheit würde aktiven Einfluß auf die NVA zur gemeinsamen Vorbereitung eines *Putsches* in der DDR nehmen"[1] (Hervorh.v.m., B.S.).

Die weitere Entwicklung der Lage bildete den Gegenstand eines Gespräches der Hauptabteilung XVIII des MfS mit dem "Staatssekretär der Staatlichen Plankommission", H.Klopfer. Zunächst wurde festgestellt, dass die "voraussehbare Untererfüllung" der Planungen 1989 die "Ausarbeitung des Planes 1990...nachhaltig" beeinflusse. "Minister der Produktiven Bereiche" forderten "eine Absenkung des Planes" für das laufende Jahr. Vor allem sei diese Entwicklung durch den "große[n] Rückgang an Arbeitskräften" verursacht. Gleichzeitig wurde die Tendenz festgestellt, "trotz Nichterreichung ausgewiesener Leistungsziele den Lohnfonds voll auszuschöpfen". Es sei festgelegt worden, "den Betrieben bei Erreichung der Leistungsziele mit weniger Arbeitskräften den vollen Lohnfonds zu belassen". Die Gefahr, die eine "Absenkung

der Pläne" inkorporierte, würde in dieser "Festlegung in Widerspruch zur ge-
wollten Wirkung im Sinne des Leistungsprinzips" bestehen, so Klopfer. Dieser
habe die Auffassung vertreten, so das MfS, "daß eine wirtschaftliche Konsolidierung nicht möglich" sei, "ohne Eingriff in die *Konsumtion*". Der Staatssekretär visierte "ein sogenanntes *Null-Wachstum* über einen bestimmten Zeitraum"
an (Hervorh.v.m., B.S.). "Politisch" sei ein derartiges Vorgehen allerdings sorgfältig vorzubereiten.

Abgesichert werden sollte diese innere Entwicklung durch "ein neues Herangehen,...um die wirtschaftliche Zusammenarbeit" auch mit Ländern wie der
CSSR "auf ein höheres Niveau zu bringen". Die gegenwärtige Entwicklung, die
"durch die Öffnung der Staatsgrenze-West" entstanden sei, wurde "im Zusammenhang" mit "spekulative[r]n Handlungen, die Massencharakter angenommen" hätten. Die im Beschluss des Ministerrates vom 19.Oktober in Aussicht genommenen "Exportverlagerungen" zugunsten der "Versorgung der Bevölkerung" blieben wirkungslos, da "durch massenhafte praktizierte spekulative
Handlungen" diese "in ihrer positiven Wirkung stark beeinträchtigt" worden sei-
en, so Klopfer. Mehr, als "auf den Ernst der wirtschaftlichen Entwicklung" im Ministerrat aufmerksam zu machen, blieb von Seiten des Vorsitzenden der Staatlichen Plankommission und Klopfers nicht übrig. Das MfS-Papier hielt fest:

> "Gen[osse].Klopfer vertrat die Auffassung, daß die aus nichtproduktiven Be-
> reichen einschließlich der Gewerkschaft aufgemachten Forderungen zeigen,
> daß *noch lange nicht der Ernst der Lage begriffen* wurde. Bezüglich der Plan-
> ausarbeitung besteht die Auffassung, den tatsächlich realen Ansatz auf der
> Grundlage der vorhersehbaren Ergebnisse 1989 zur Diskussion zu stellen und
> mit Zustimmung der Ministerien, Betriebe und der Gewerkschaft zu beschlie-
> ßen. Grundsatz müßte sein, daß sich die Werktätigen hinter die Planziele
> stellen" (Hervorh.v.m., B.S.).

Der Leiter der Hauptabteilung XVIII des MfS, Kleine, betonte, es sei ein klarer bzw. gültiger Plan für das nächste halbe Jahr dringend notwendig. Dabei
würden stark ausgeprägte, operative Zügel erforderlich sein. Dies, das stellte
das MfS-Papier ausdrücklich fest, sei "aber im Ministerrat noch nicht diskutiert
worden". Schürer habe mitgeteilt, „der Ministerrat" sei „noch nicht voll arbeits-
fähig". Es überrascht ferner die Mitteilung, „*die neuen Minister müßten erst die
Last der Verantwortung erkennen.* Zahlreiche schnelle Entscheidungen" seien
"zwar erforderlich, aber beim aktuellen Stand der Einarbeitung kaum möglich"[2]
(Hervorh.v.m., B.S.).

Im Gestrüpp der Finanzen

Am 3. Dezember erließ Modrow die Weisung,

> "Aus Gründen der nationalen Sicherheit ordne ich an, daß mit sofortiger Wirkung der Einsichtnahme in die Geschäftsakten der Hauptabteilung I des Bereiches Kommerzielle Koordination nicht stattgegeben wird".[3]

Seidel übermittelte der "Genossin Nickel" die Banken, auf denen 200 Mio angelegt waren und die Fälligkeiten dieser Beträge. Über "Intrac Amerika S.A.Panama waren "DM 20 Mio bei der Banque Nationale de Paris" und "DM 30 Mio bei der West LB International S.A. Luxemburg" angelegt. "Über die Intrac Amerika Latina und die IKA Industriekredit AG Zürich" hatte Elmsoka "DM 50 Mio bei der Schweizerischen Bankgesellschaft Zürich, DM 30 Mio bei der Verwaltungs- und Privatbank Luxemburg S.A., Luxemburg, DM 40 Mio bei der Landesbank Rheinland-Pfalz International S.A., Luxemburg" und "DM 30 Mio bei der West LB International S.A., Luxemburg" festgelegt.[4]

Am folgenden Tag gab der Leiter der "Staatliche[n] Finanzrevision" beim Ministerium der Finanzen und Preise, Henneberg, eine Information zu den "durchgeführte[n] Kontrollen in ausgewählten Außenhandelsbetrieben". Offensichtlich wurde gegenüber "7 Außenhandelsbetrieben (Asimex, Delta, Simpex, BERAG, Gerlach, Camet, Forgber), die "Beziehungen zum Bereich Kommerzielle Koordinierung" hatten, zu diesem Zeitpunkt erstmals "eine planmäßige Abführung von Valuta" überprüft. Festgestellt wurde, diese Firmen hätten und würden "1989 Valutaabführungen in Höhe von mindestens 145 Mill.VM" zu realisieren. In "8 Fällen" handele es sich "um volkseigene Betriebe, die überwiegend als GmbH gegründet" seien. "INTRAC, BIEG, Forum, Transinter sowie der Bereich NSW-Import Elektronik führen ein aussagefähiges Rechnungswesen und erarbeiten prüfungsfähige Bilanzen". Der "Bilanzauswei[es]" stammte vom 31.10.1989. Festgestellt wurde durch Henneberg:

> "In den Betrieben Delta und Asimex wurde grob gegen die Bestimmungen von Rechnungsführung und der Statistik verstoßen. Bilanzen wurden nicht aufgestellt, Bestandsnachweise nicht geführt und *Belege z.T. nach 4 Wochen vernichtet*. Im Betrieb Asimex wurden Barzahlungen von 760 TDM bzw. 1,3 Mio M *ohne Quittungsleistung* an Herrn Seidel, Bereich Kommerzielle Koordinierung, übergeben.
> *Der Betrieb Letex ist vollständig Bestandteil des Haushaltes des Ministeriums für Staatssicherheit*, leistet aber auch Abführungen in DM an den Bereich Kommerzielle Koordinierung" (Hervorh.v.m., B.S.).

"In 7 Fällen" handele "es sich um Privatbetriebe (Gerlach, Forgber, Camet) bzw. um GmbH mit privaten Gesellschaftern (BERAG, Simpex, Imes, Kunst und Antiquitäten)". Henneberg ergänzte:

> "Während die Betriebe Imes und Kunst und Antiquitäten ein vollständiges Rechnungswesen haben und Bilanzen erarbeiten, sind die Unterlagen an den anderen Betrieben z.T. nicht vollständig geprüft worden (Unterlagen versiegelt). *Von der Fa.Gerlach bzw. Camet wurden 17,0 Mio VM bzw. 1,0 Mio VM in bar an den Bereich Kommerzielle Koordinierung übergeben. In der Fa. Camet gibt es dafür keine Quittungen"* (Hervorh.v.m., B.S.).

"Der Minister für Außenwirtschaft" sei "zu beauftragen", so das Resümee Hennebergs, "eine Entscheidung herbeizuführen, welche dieser Außenhandelsbetriebe dem Ministerium für Außenwirtschaft zu unterstellen" seien. "Gleichzeitig" sei "eine Neuordnung von Aufgaben dieser Außenhandelsbetriebe durchzuführen und" wären "gegebenenfalls Anschlüsse an bestehende Außenhandelsbetriebe durchzusetzen". Für die Delta und Asimex Firmen müsse "auf der Grundlage einer Generalinventur eine Erfassung aller Bestände und die Erarbeitung einer Bilanz" durchgeführt werden. Die Firmen "Berag und Simpex sowie die Privatbetriebe Gerlach, Forgber und Camet" seien hinsichtlich deren "Eigentumsverhältnisse[n] eindeutig zu klären und gleichfalls auf der Grundlage von Inventuren die Erarbeitung einer Bilanz anzuweisen". Henneberger schloß:

> "Nach ordnungsgemäßer Erfassung der Kassen- und Bankbestände, der Forderungen und Verbindlichkeiten sowie aller Vermögenswerte in der Rechnungsführung dieser Betriebe ist in allen Betrieben eine Bilanz zu erarbeiten, die durch die Staatliche Finanzrevision gründlich zu überprüfen und deren Ordnungsmäßigkeit gesondert zu bestätigen ist".[5]

Aufschluss über den finanziellen Hintergrund der von der DDR, bzw. dem "Bereich[es] Kommerzielle Koordinierung", betriebenen Firmen, deren Gesellschafter, Geschäfts- und Finanzbeziehungen sowie "Aufgaben, gab das Ministerium der Finanzen und Preise.

Danach seien sieben VEB- und VE-Gesellschaften, die das Stammkapital für die 1964 gegründete Intrac 1977 waren, durch den Leiter des Bereiches Kommerzielle Koordinierung, "Teile der Zentral-Kommerz-Gesellschaft für internationalen Handel mit beschränkter Haftung der Intrak zugeordnet" worden. Deren "Stammkapital" betrug 1989 50 Mio M. Die Intrac HG war

> "als Gesellschafter beteiligt an folgenden Unternehmen:

. Intrac Amerika Latina, Panama (eingezahltes Kapital: 1 Mio USD = 1,85 Mio VM,

. Tochtergesellschaft der Intrak HG, mit Gewinntransfer in das Betriebsergebnis der Intrac HG.

. Elmsoka/Liechtenstein (eingezahlter Gesellschafteranteil: 100 Tsd. CHF = 120 TVM)

. Central Trading Company, Beirut (eingezahlter Gesellschafteranteil: 300 Tsd. Lib.Pfd. = 22,5 TVM).

Gehandelt wurde "mit NE-Metallen sowie mit Edelmetallen", "Erzeugnissen der chemischen Industrie". Auch war Intrac "Alleinimporteur von Erdöl gegen konvertierbare Devisen". Weitere "Geschäftskonstruktionen zum Ausbau höherer Verarbeitungsstufen in der chemischen Industrie", der "Export und Import von landwirtschaftlichen Produkten sowie Export von Sekundärrohstoffen" wurden betrieben. Zur "Entwicklung der energiewirtschaftlichen Basis in Kooperation mit sozialistischen und kapitalistischen Ländern" wurden "Geschäftsoperationen" verfolgt. Die "Beseitigung/Verwertung von Abfallstoffen... mit Ausnahme radioaktiver Abfälle" wurde international abgewickelt. "Finanzgeschäfte mit in- und ausländischen Banken" in Verbindung mit Handels- und Geschäftsoperationen der Intrac HG" standen in Beziehung mit dem Ministerium für Außenhandel und anderer[n] Außenhandelsbetriebe[n]".

Festgestellt wurde zu den "finanzielle[n] Beziehungen in V[aluta]M[ark] und Mark":

"Gewinne in VM und Mark wurden vom Betrieb auf die Konten des Bereiches Kommerzielle Koordinierung bei der Deutschen Handelsbank und Deutschen Außenhandelsbank abgeführt".
- Bankkonten wurden geführt
in Valuta
. bei 11 ausländischen Banken   auf 77 Konten
. bei der Deutschen Außenhandelsbank   auf 97 Konten
. bei der Deutschen Handelsbank   auf 2 Konten
in Mark
. bei der Deutschen Außenhandelsbank   auf 3 Konten
. bei der Staatsbank   auf 1 Konto
. bei der Sparkasse   auf 1 Konto
Die Guthaben bei den o.g. 11 ausländischen Banken betragen per 31.10.1989 11,2 Mio VM.

Die Kreditannahme und -vergabe erfolgt auf der Grundlage handelsüblicher Verträge bzw. Vereinbarungen".

Als "Finanzstatus" ergab sich zu diesem Datum:

"a) in Valutamark

- Gewinnabführung an den Bereich Kommerzielle Koordinierung	720,1 Mio VM
darunter aus Intertankgeschäft	32,6 Mio VM
- Bestand Handelsware	175,2 Mio VM
- Bargeldbestand	33,5 TVM
- Bankbestände	377,5 Mio VM
- Forderungen (ohne langfristig)	309,2 Mio VM
- Forderungen (langfristig u. Kredite)	4.375,4 Mio VM
- Sonstige Forderungen	1.585,7 Mio VM
- Verbindlichkeiten (ohne langfristig)	100,5 Mio VM
- Verbindlichkeiten (langfristig u. Kredite)	3.810,0 Mio VM
- Sonstige Verbindlichkeiten	696,7 Mio VM

b) in Mark der DDR:

- Gewinnabführung an den Bereich Kommerzielle Koordinierung	1.225,0 Mio M
- Bestand Handelsware	28,9 Mio M
- Bargeldbestand	10,9 Mio M
- Bankbestände	1.295,9 Mio M
- Forderungen (ohne langfristig)	685,1 Mio M
- Forderungen (langfristig u. Kredite)	736,3 Mio M
- sonstige Forderungen	357,6 Mio M
- Verbindlichkeiten (ohne langfristig)	313,8 Mio M
- Verbindlichkeiten (langfristig u. Kredite)	668,7 Mio M
- sonstige Verbindlichkeiten	411,0 Mio M ".[6]

An „Abführungen" durch den „Bereich[es] KoKo" wurden für Imex, Intershop, Intertank und NSW-Tourismus per 31.10.1989 als „Ist" 968,1 Mio Mark aufgeführt. Plansoll waren 1.468,8 Mio M gewesen. 4.401,9 Mio M waren per 31.10. 1989 an KoKo abgeflossen.[7]

Das Konto 0528, das durch den ehemaligen Minister für Staatssicherheit, Mielke, „eröffnet" worden war, wurde durch „Abführungen aus internationaler Handelstätigkeit der Hauptabteilung I des Bereiches Kommerzielle Koordinierung unterstellten Firmen, Bartransfer der Evangelischen und Katholischen Kirche der Bundesrepublik Deutschland" sowie „Einnahmen aus Honoraren und Kautionen des Amtes für den Rechtsschutz des Vermögens der DDR" gespeist. Weiter liefen „Einnahmen aus Sicherheitsleistungen der Generalstaatsanwaltschaft der DDR" sowie „diverse" weitere „operative Einlagen" auf dieses Konto auf. Dessen „Gesamtbestand" belief sich per 1. Dezember auf 38.090.878,81 DM. Davon waren bis zum 19.01.1990 20 Mio DM festgelegt. Sofort verfügbar blieben 18.090.878,81 Mio DM. Da Modrow am 3. Dezember jegliche Auskunft über derartige Quellen, „aus Gründen der nationalen Sicherheit" gesperrt hatte, konnte dazu keine weitere Auskunft erteilt werden.[8]

Mit Schalcks Verschwinden wurde – seitens des Außenhandelsministeriums - versucht, sich einen Überblick über das Geflecht der KoKo zu verschaffen. „Verluste von Werten und [die] Vernichtung von Dokumenten" sollten durch den Einsatz von Volkspolizei und Zollfahndung verhindert werden. Die Finanzrevision war gehalten, sofort Überprüfungen einzuleiten. Der „Präsident der Außenhandelsbank" war beauftragt, „allen internationalen Banken mitzuteilen, dass der Zahlungsverkehr mit den AHB der DDR stabil weitergeführt" werde. Das hieß: „Schadensbegrenzung" und die „Aufrechterhaltung international notwendiger Geschäfte". Sämtliche Betriebe des „AHB" wurden angewiesen, der Generalstaatsanwaltschaft und der „Finanzrevision alle Beziehungen zu Außenhandelsbetrieben des Bereiches Schalck vollständig offen zu legen". Welchen Umfang der Bereich KoKo besass, wurde Zug um Zug klarer, denn „täglich" liefen „neue Meldungen über kleinere Objekte..., die bisher nicht bekannt gewesen waren", ein.[9]

So fragte der Generalstaatsanwalt der DDR, Harrland, mit Schreiben vom Dezember beim Minister für Außenhandel, Beil, an und bat um Auskunft zur „Aufgabenstellung der Tätigkeit des Bereiches Kommerzielle Koordinierung". Beil antwortete, dieser Bereich sei seit Dezember dem Ministerium für Außenwirtschaft unterstellt. Harrland fragte dezidiert, „welche Aufgabenstellung der Bereich Kommerzielle Koordinierung im Planungs- und Bilanzgefüge der Volkswirtschaft der DDR zu erfüllen" gehabt habe. Der Minister antwortete, es sei die Aufgabe Schalcks gewesen,

„kapitalistische Valuten außerhalb des Staatsplanes zu erwirtschaften".

1972 sei durch Honecker festgelegt worden, dass diese Firmen und der Bereich Kommerzielle Koordinierung „den Status von Devisenhändlern" erhielten und zusätzlich „bei der DABA ein gesonderter Devisenkreis eingerichtet" wurde. Beil führte gegenüber Harrland die entsprechende Verfügung an (Positionen 6., 7. und 15.), worin erwähnt wurde, die

> „bei der DHB und der DABA geführten Lorokonten...werden *nicht* in die allgemeine Bankenkontrolle einbezogen" (Hervorh.v.m., B.S.).

Weiter würden „Auskünfte über Bewegungen und Kontenstände...dieser...-Lorokonten...durch die Geschäftsbanken nicht erteilt". Dies treffe

> „auch für das gesamte Informationssystem innerhalb des Bankensystems zu. Auskünfte sind nur durch den Stellvertreter des Ministers für Außenwirtschaft, Genossen Dr.Schalck, zu erteilen".

Es stellte sich heraus, dass die Position der KoKo im Laufe der Jahre sich zunehmend vom Ministerium für Außenhandel abkoppelte und verselbständigte. Dies wurde begünstigt durch die Bestimmung von 1972,

> „für volkswirtschaftliche Gesamtrechnungen sind die Kontostände, kommerzielle und Bankforderungen und -verbindlichkeiten sowie andere notwendige Unterlagen des unter Punkt 1. dieser Verfügung genannten Kreises durch den Stellvertreter des Ministers für Außenwirtschaft, Genossen Dr.Schalck, dem Vorsitzenden des Ministerrates und dem 1.Stellvertreter des Vorsitzenden des Ministerrates, Genossen Sindermann, direkt zuzuleiten".

Der Minister bestätigte diese Entwicklung mit dem Hinweis, „seit dieser Zeit" habe das Ministerium für Außenhandel

> „gegenüber dem Bereich Kommerzielle Koordinierung *kein Weisungs- und Kontrollrecht.* Aufträge an den Bereich wurden in den zentralen Beschlüssen von Partei und Regierung direkt dem Bereich Kommerzielle Koordinierung zugeordnet, nicht über den Minister für Außenhandel zur Durchführung angewiesen. Der Leiter des Bereiches war gegenüber dem Minister für Außenhandel nicht auskunftspflichtig. Verfügungen des Vorsitzenden des Ministerrates, die die Tätigkeit des Bereiches Kommerzielle Koordinierung betrafen, wurden seit 1972 nur noch sporadisch und seit 1976 überhaupt nicht zur Kenntnis gegeben" (Hervorh.v.m., B.S.).

Weiter sei die Verbindung zwischen Ministerium und KoKo hinsichtlich der „Planauflagen" unterbrochen gewesen. Die Realität umschrieb Beil in aller Kürze:

„Valutabeziehungen und Beziehungen in Mark der DDR zum Staatshaushalt des Bereiches Kommerzielle Koordinierung wurden
vom Ministerium für Außenhandel *weder geplant noch abgerechnet*,
vom Ministerium der Finanzen bzw. der Staatlichen Plankommission in die Staatsplanzahlungsbilanz bzw. den Staatshaushalt einbezogen" (Hervorh.v.m., B.S.).

Auskunftspflichten bestanden – wie bereits ausgeführt – nicht.

Offenbar kam es zu Friktionen, die in diesem System begründet waren. Deshalb, so der Minister, habe,

> „*im Interesse des internationalen Ansehens der DDR*, wie Vermeidung von Marktstörungen und der Verbindungen zu Kunden und Lieferanten nur durch einen Partner der DDR, sowie zur Durchsetzung handelspolitischer Interessen der DDR",

der Minister für Außenhandel eingegriffen und über die Außenhandelsbanken

> „in Ausnahmefällen – Auftragsgeschäfte aus den Rücklieferungen der Kombinate und Betriebe...von Industrieministerien, Kombinaten und aus dem Bereich Kommerzielle Koordinierung durchgeführt. In diesen Fällen wurde *der Valutaerlös für den Export dem Bereich Kommerzielle Koordinierung zugeführt* und die benötigten *Valutamittel für den Import vom Bereich Kommerzielle Koordinierung zur Verfügung gestellt*" (Hervorh.v.m., B.S.).

Beil stellte weiter klar, der „Bereich Kommerzielle Koordinierung" habe „in Milliardenhöhe Abführungen an die Zahlungsbilanz vorgenommen, Reserven für die Sicherung der Zahlungsbilanzfähigkeit gebildet und Verbindlichkeiten abgelöst". Doch hätten Honecker und Mittag „die Entscheidungen zu Sonderimporten [und] Festtagsversorgung" selbst getroffen. Die Informationen hierzu seien „sporadisch und nicht einheitlich" an den Minister für Außenwirtschaft geflossen. Prof.Dr.sc.Gerstenberger sei zum "kommissarischer[n] Leiter des Bereiches" berufen, um zu „gewährleisten, daß die noch vorzunehmende Abwicklung der laufenden Geschäfte" des Bereiches KoKo „aufgehellt und durchsichtig gehalten" werde. Dieser sei angewiesen, dem Generalstaatsanwalt über den Fortgang seiner Tätigkeit Aufschluss zu geben.[10]

Dass diese Nachforschungen nicht ohne Schwierigkeiten abliefen, zeigte die Tatsache, dass im Januar 1990 der Militäroberstaatsanwalt mit der weiteren Aufklärung betraut war. Wertgegenstände in beträchtlicher Zahl und von herausgehobenem Wert wurden „in der Tresorverwaltung eingelagert" und beschlagnahmt. Diese dürften „erst nach Weisung der Militär-Oberstaatsanwaltschaft geöffnet und einer Verwertung zugeführt werden".[11]

---

[1] Birthler-Behörde, MfS-HA XVIII, Nr. 6556. Anhang zu: ebd., HA XVIII, Kleine (Leiter), 14.11.1989, Bl. 2f.

[2] Ebd., MfS-HA XVIII, Nr. 7880. Information zur Situation bei der Erarbeitung des Volkswirtschaftsplanes 1990, Nr. 636/89, 23.11.1989, Bl. 13-15.

[3] BA-Berlin, DL 2/1070. Ministerrat der DDR, H.Modrow, 3.12.1989, Bl. 158 (mit handschr. Randbemerkungen zum weiteren Ablauf).

[4] Ebd., DL 2/1070. M.Seidel an Gen.Nickel, 5.12.1989, Bl. 272f.

[5] Ebd., Henneberger: Information über durchgeführte Kontrollen in ausgewählten Außenhandelsbetrieben, 6.12.1989, Bl. 330ff.

[6] Ebd., Ministerium der Finanzen und Preise/Staatl. Finanzrevision, 6.12.1989, Bl. 334-337.

[7] Ebd., Abführungen des Bereiches Koko – Mio VM-Mio M, o.D., Bl. 124.

[8] Ebd., M.Seidel, Status über das Konto 0528, o.D., Bl. 136.

[9] Ebd., Bl. 153f.

[10] Ebd., Beil an Harrland, o.D., Bl. 8-11.

[11] Ebd., Dr.Wilberg (Ministerium der Finanzen und Preise/Abt.Leitungsorg. und –kontrolle) an Frau Minister Nickel, 12.1.1990, Bl. 350.

Schluss

Brutale Freundschaften

Der Untergang der DDR stand in enger Verbindung mit dem Rüstungswettlauf am Beginn der 80iger Jahre des vorigen Jahrhunderts. Es bestand die Gefahr - nachdem die Aktion der UdSSR, die Vereinigten Staaten zu Lande und zu Wasser zu überrüsten, gescheitert war - dass diese, in einem präventiven Vorprellen nach Westen reagieren würde; dem damals befürchteten, lokalisierten europäischen Krieg. Dieses Bewusstsein wurde westlichen Regierungen in diesen Jahren vermittelt. Andererseits bereitete die Absicht der Reagan-Administration, die UdSSR in einer breit ausgreifenden militärisch-politisch-ökonomischen Offensive "aus dem Anzug zu stoßen", den Boden für eben dieses Kriegsbild. Mit der Erkenntnis Moskaus, im Jahre 1980, dass gegen die 222 Mrd. US-Dollar des amerikanischen Rüstungsetats kein Aufkommen sei, begann der Sturz des sowjetischen Machtbereiches.[1]

Die Diskussion um Abrüstung und finanzielle Lebensverlängerung der DDR, entwickelte sich vor diesem Hintergrund und führte zu der finanziellen Hilfeleistung der Bundesrepublik für den östlichen Partnerstaat. Hinter diesen Vorgängen stand die verhüllte Drohung Moskaus, und mittelbar der DDR, im Falle einer Verweigerung des Westens, diesen mit Krieg zu überziehen. Die USA standen derartigen Entwicklungen nicht überrascht gegenüber, "spielten" doch amerikanische politologische Institute zu Beginn der achtziger Jahre bereits den lokalisierten konventionellen Krieg in Europa. Diese Möglichkeit wurde in Washington zusätzlich vor dem Hintergrund einer sich herausbildenden Rivalität zur neuen Europäischen Union erwogen, dem potentiellem Konkurrenten der USA als Weltmacht. Die damals erörterte Frage der "Tito-Nachfolge", als Anlass für das Ausbrechen eines derartigen Konfliktes, sollte 1995 zur Auswirkung gelangen.

Die Führungselite der damaligen Bundesrepublik Deutschland erkannte - angesichts aufbrechender sicherheitspolitischer Differenzen mit den USA - die Möglichkeit, die erkennbare wirtschaftliche Schwäche des Ostens zum Herausbrechen der DDR aus COMECON und Warschauer Pakt zu nutzen. Die finanzielle Abhängigkeit der DDR von der Bundesrepublik, ergänzt um ein entsprechend zielgerichtetes Vorgehen der westdeutschen Industrie, sollte das Abschwimmen des ostdeutschen (Teil-)Staates nach Westen - in die Arme der BRD - bewirken. Dass hier die Beziehungen westdeutscher Wirtschaftskonzerne zur DDR eine besondere Bedeutung erhielten, lag auf der Hand. Volkswagen war zum Beispiel zu diesem Zeitpunkt - unter dem Konzernchef Hahn - im Begriff, "die halbe Welt zu erobern", wie dieser in diesen Tagen freimütig bestätigt. Die DDR-Ökonomie als Zulieferer für Volkswagen und eine neue Organisation von Unternehmen, aufgebaut mit westdeutschem Kapital neben den VEB, bildeten den Einstieg in dieses Szenario, das Hahn und Münzner dem Außenhandelsminister der DDR, Beil, anboten.

Überdies zeigten Vorgänge an der Basis, dass auch mit dem wirtschaftspolitischen Berater Honeckers, Mittag, Volkswagen in engsten Beziehungen stand, ja, dass in Wolfsburg es nachgerade bereits zur Gewohnheit geworden war, mit Vertretern selbst des MfS zusammenzuarbeiten.[2] In diesen "großen" Verhältnissen spielten demgegenüber "kleine" Gesichtspunkte keine Rolle.[3] Anderseits konnte sich die DDR, die über Jahrzehnte durch die UdSSR ausgebeutet wurde, derartigen Avancen nicht verschließen. Hatte doch die sowjetische Siegermacht des Zweiten Weltkrieges - ähnlich wie Spanien Mittelamerika im 15. und 16.Jahrhundert - und England das Empire im 19. und 20.Jahrhundert, das in Mitteleuropa eroberte und behauptete Glacis - bestehend aus den deutschen, tschechischen, ungarischen, polnischen und slowakischen Territorien - erbarmungslos ausgebeutet. Aufgrund einer seit 1934 permanenten Kriegswirtschaft, litt der ostdeutsche Teilstaat, stärker als die Bundesrepublik, unter den strukturellen Wirtschaftskrisen der 60iger und 70iger Jahre. Aus diesem "circulos vitiosus" vermochte sie sich nicht zu befreien und taumelte so in die "Schuldenfalle" der westlichen Länder. Dem Dreizack westlicher Strategie aus Reagans strategischer Hochrüstung gegenüber der UdSSR, der wirtschaftlichen Offensive der deutschen Industrie im Osthandel seit 1974 und der Kreditpolitik der Bundesregierung erlag zunächst die DDR. Mit der Einführung der D-Mark zerbrach der RGW und stürzte die Sowjetunion. Das Ziel des Kalten Krieges, die Vernichtung des Kommunismus in Europa, war erreicht. Unrettbar verloren war die DDR allerdings nicht. Das zeigt die Höhe ihrer Verschuldung. Was aber hätte – aus heutiger Sicht gesagt – ein Erhalten des Ostblocks an finanziellen Aufwänden erspart und wie viel stabiler würde sich die heutige Welt darstellen?

Die nachlassende Bereitschaft der Bevölkerung, die sich aus dieser Entwicklung ergebenden Belastungen uneingeschränkt weiter zu tragen, bewirkte letztlich den politischen Umsturz östlich der Elbe.[4] Ob eine überforderte und überalterte Nomenklatura, mangelnde Rohstoffe und das unflexible Plansystem innenpolitisch für den Niedergang des "preußischen Sozialismus" verantwortlicher waren, mag schließlich die Geschichte entscheiden. Jedenfalls zeigt die Beobachtung der Problemlage, der Diskussionen und Maßnahmen, die in Ostberlin während der letzten zehn Jahre des Regimes verhandelt wurden, eine Struktur, welche mit den heutigen Abläufen in der Bundesrepublik Deutschland (neu) auf der Tagesordnung stehen. Zum Beispiel in den endlosen Diskussionen um Rang und Höhe der konsumtiven Ausgaben im Bundeshaushalt. Die "Einheit von Sozial- und Wirtschaftspolitik", dieser eherne Grundsatz der sozialistischen Lehre, der den Absturz der DDR ökonomisch bewirkte, führt zum Kern auch des westdeutschen Problems um die Mitte des ersten Jahrzehnts im 21.Jahrhundert. Vorausgegangen sind das "Schwedische Modell" und andere gescheiterte "Reformansätze" seit den 60iger Jahren. Zu hohe Konsumtion bedingt, letztlich verschärft durch eine verfehlte bundesdeutsche Außenpolitik während der letzten sieben Jahre, die Gefahr eines Verebbens der Bundesrepublik als Industriestaat. Zudem bedingen seit über zwanzig Jahren die - wie frühneuzeitliche Territorialfürsten die Industriekonzerne "regierenden" - Vorstandsvorsitzenden der deutschen (Automobil-)Industrie diese Entwicklungen. Deren Bewusstsein, Führungsmethoden und Befähigung stehen heute mit Recht in der Diskussion. Zusätzlich scheinen weder der europäische Wirtschaftsraum, noch die diesen bildenden Einzelstaaten dort in der Lage, neben den USA oder China bestehen zu können, selbst wenn Deutschland, Frankreich, Italien und Polen irgendwann vereint als "Weltmacht" auftreten könnten.

So bleiben die Hoffnungen und Befürchtungen des November/Dezember 1989 ohne reale Grundlage. Denn weder mutiert die kleine Bundesrepublik zu einem IV.Deutschen Reich, noch erweist sich Europa als politikfähig. Eher nehmen Deutschland und Europa jenen Weg, den Adenauer im Jahre 1953 - angesichts des streng geheimen "Stalinangebots" vermied. Würde der erste deutsche Kanzler damals dem Vorschlag des sowjetischen Premiers zugestimmt, und Deutschland vereinen und neutralisieren lassen, dann würde dessen Entwicklung auf dem witschaftlichen Standard von 1930 verharrt haben. Der wirtschaftliche Erfolgslauf - zumindest des westlichen deutschen Landesteils - hätte nicht stattgefunden, denn schließlich liehen das Kapital für das deutsche Wirtschaftswunder die USA. Und keinesfalls vermochte die Arbeitskraft einer emsigen Bevölkerung allein den Aufstieg herbeizuführen. Diesen Beweis liefert - "ex negativo" - das Schicksal der DDR.

---

[1] C.Rice, The Making of Soviet Strategy, in: P.Paret, Makers of Modern Strategy. From Machiavelli to the Nuclear Age, Princeton 1986 bestätigt den Vergleich des Verfassers zwischen deutschem Kaiserreich vor 1914 und sowjetischem "Militarismus" im Zusammenwirken von politischer und militärischer Spitze in Moskau. Ebd., S. 675: "The parallel development of military-political and military-technical

doctrine continues in Soviet thought today". [...] Ebd.: "But the Soviets do not believe that the fundamental hostility of the capitalist world to socialism has been undone by the nuclear age. Consequently, the preparation of the country for war, even if it is to be avoided, is essential".[...] "The conclusion is that the stronger the Soviet Union, the more secure the peace". Rice sah in die Zukunft, indem sie 1986 schrieb: "Hard choices have to be made to ensure moral, political, and above all, economic growth as well" [in der UdSSR].

[2] Archiv der TU-Dresden, HfV - 2.2.3./#576. Dr.sc.oec.P.Kirchberg, Formloser Reisebericht zur Durchführung der Studienreise zu VW, Daimler Benz, Audi und BMW, 30.11.1987 (vom 14. bis 27.Oktober 1987), S. 2: "Die Aufträge bzw. Vorstellungen über mögliche Aufträge sind mir gegenüber in beiden Fällen [i.e.: Wolfsburg/Ingolstadt] während persönlicher Gespräche von den Vorstandsvorsitzenden geäußert worden. Im Nachhinein sind sie detailliert worden in Gesprächen mit Herrn Dr.Wiersch (VW) und Dr.Ulmer (Audi). Die beiden Vorstandsvorsitzenden wiesen auf ihre begrenzte Amtzeit hin (Dr.Hahn bis Anfang der 90er Jahre, Dr.Habbel bis 1988), weshalb die Zeit dränge und gut genutzt werden solle. Damit gibt es auch keine Möglichkeit, die Sportexpertise im Auftrag von Audi nach hinten anzureihen, "sondern sie muß zusätzlich erarbeitet werden".

Ebd., S. 3. Der finanzielle Erfolg Kirchbergs bezifferte sich zu diesem Zeitpunkt auf:

"DKW-Expertise	1984/87	150 000,- DM
Audi-Expertise	1988	75 000,- DM
Horch-Expertise	1989/91	225 000,- DM
Motorsport-Expertise	1988/89	150 000,- DM
Wanderer-Expertise	1992/93	150 000,- DM
Und damit ein Gesamtvolumen von		750 000,- DM."

Vgl. ebd., 2.2.4./a# 250. Mitteilung, Prof.Dr.sc.oec.Vogel (Sektionsdirektor) an Direktor Kader, betr. Auslandskader, 3.12.1979. Kirchberg hatte sich vom 1979, "Kaderpolitisch nicht [für Auslandsreisen] geeignet[en]" Mitarbeiter der Hochschule für Verkehr/Dresden, infolge seiner Arbeiten für Audi (vgl. ebd., HfV-2.2.3./# 680. Ministerrat der DDR, Staatliche Plankommission, Exportübersicht 1990, Volkswirtschaftsplan. Anbahnungen und Verträge, (AUTO UNION), Dokumentarfilm AUDI (VW AG), Exkursion 'AUDI in Sachsen', Woijcik, 27.3.1990; ebd., Exportbeauftragter, Exportleistungen der HfV 1989; ebd., Planentwurf 1989-Teil Forschung und TCAG, 23.9.1988) zum in der Folgezeit arrivierten Vertreter der Hochschule im Westen entwickelt. Kirchberg wurde nachgerade folgerichtig noch 1990 zum „Prof. der DDR" und darauf zum langjährigen Mitarbeiter der Abteilung Tradition der Audi AG, Ingolstadt, berufen.

[3] Volkswagen und Audi, Hahn, Habbel, Münzner, Ulmer, Grieger (VW-Archiv), Franck (Audi-Traditionspflege) haben dieses Buch nicht unterstützt. Paefgen, der zu Rudolf Urban Auskunft geben sollte, verweigerte sich ebenfalls. Der VW-Pressechef Grosse-Leege (jr.) antwortete nicht.

[4] SED-Parteiarchiv, Bericht des MfS an W.Ulbricht, November 1961: "Der Bevölkerung ist es vollkommen egal, wie sie regiert wird. Hauptsache im Portemonnaie stimmts".

Akten- und Archivverzeichnis

Archiv Schulte

Archiv Schulte
Archiv Schulte I
Akte Audi 1987/88, Rechtsfälle
Orangenes Tagebuch
Schriftverkehr
Tagebuch Schulte 1983, 1984, 1985, 1986

Archiv der Technischen Universität Dresden

Bestand Hochschule für Verkehr „Friedrich List"
HfV 2.2.2.
184, 93300, WB 42190,
194, 230, 231, 232, 412
HfV 2.2.3.
576, 680,
HfV 2.2.4. 250
ZBfSNL

Bundesarchiv

Berlin
DO 1 22.0 Benutzerakte B.Schulte
DL 2   Bestand Deutsche Demokratische
           Republik
           1040, 1070, 1075, 1041, 1119,
           1127, 1363, 1400,

Außenstelle Coswig
Chemische Industrie
C-20 I/4-
264,1956, 2060, 2068, 2185 2187, 2310,
2415, 2641, 2675, 2973,
3101, 3202, 3922, 3930, 3952,
4346, 4414,
5013, 5116, 5141, 5291, 5438, 5745, 5879,
6068, 6285, 6379, 6402,
32143,
E 4,
44153,
E 4,
VWR,
8843, 27096, 46604,

Die Bundesbeauftragte (BStU/vormals: Gauck-Behörde, heute: Birthler-Behörde)

Ministerium für Staatssicherheit
- Außenstelle Dresden 3562/89,
  AIM 4811/90,
  XII 425/71,
- Außenstelle Erfurt 2260, KDELS,
- Außenstelle Chemnitz,
  CAKG - 31a PI311/63, AKG 672, 597, 586,
- Außenstelle Schwerin-Görslow,
  017751/S2S,
- BKK 1056, 771,
- Hauptabteilung XVIII, 371/84, 2593,
  318, 442, 3201, 3331, 3372, 6556, 6879,
  7328, 7364, 7428, 7880, 7968, 8252, 8279,
  8377, 8836, 9269,
  11600,
  XVIII, AKG,
  XVIII/2,
  XVIII/4 7318,
  XVIII/7,
  XVIII/7/3,
  XVIII/14,
  XVIII/9,
  XIX,
  XX,
- HM 7750/91,
- Zentralarchiv Z 3571, AP 6172/89c,
- ZAIG 439, 6575, 7341,19769, 15902,

Abkürzungen

AfNS	Amt für Nationale Sicherheit
AGBKK	Arbeitsgruppe Bereich Kommerzielle Koordinierung
AGM	Arbeitsgruppe des Ministers
BKK	Bereich Kommerzielle Koordinierung
BND	Bundesnachrichtendienst
BRD	Bundesrepublik Deutschland
BStU	Die Bundesbeauftragte für die Unterlagen des Staatssicherheitsdienstes der ehemaligen Deutschen Demokratischen Republik
BV	Bezirksverwaltung
CIA	Central Intelligence Agency
COCOM	Coordinating Committee for East-West-Trade-Policy
CSSR	Tschechoslowakische Sozialistische Republik
DDR	Deutsche Demokratische Republik
DVP	Deutsche Volks Polizei
FDGB	Freier Deutscher Gewerkschaftsbund
FDJ	Freie Deutsche Jugend
GM	Geheimer Mitarbeiter
GMS	Gesellschaftlicher Mitarbeiter für Sicherheit
GRU	Nachrichtendienstliche Hauptverwaltung des Generalstabs der sowjetischen Streitkräfte
GSSD	Gruppe der Sowjetischen Streitkräfte in Deutschland
HA	Hauptabteilung
HVA	Hauptabteilung Aufklärung
IM	Informeller Mitarbeiter
KfS	Komitee für Staatssicherheit
KGB	Komitee für Staatssicherheit (ab 1954 KGB [KfS]
KoKo	Kommerzielle Koordinierung
KpdSU	Kommunistische Partei der Sowjetunion
KPTsch	Kommunistische Partei der Tschechoslowakei
LDPD	Liberal-Demokratische Partei Deutschlands
MAD	Militärischer Abschirmdienst der Bundeswehr
MdI	Ministerium des Innern
MfS	Ministerium für Staatssicherheit
NATO	North Atlantic Treaty Organisation
ND	Neues Deutschland
NDPD	National Demokratische Partei Deutschlands
NSW	Nichtsozialistisches Wirtschaftsgebiet
NVA	Nationale Volksarmee
NVR	Nationaler Verteidigungsrat der DDR
OibE	Offizier im besonderen Einsatz
OPK	Operative Personenkontrolle
RGW	Rat für gegenseitige Wirtschaftshilfe

SED	Sozialistische Einheitspartei Deutschlands
SIM	Dienst militärischer Ermittlungen
SMAD	Sowjetische Militäradministration in Deutschland
Stasi	Staatssicherheit
STPK	Staatliche Plankommission
SU	Sowjetunion
UdSSR	Union der Sowjetischen Sowjetrepubliken
VEB	Volkseigener Betrieb
VVB	Vereinigung Volkseigener Betriebe
ZAGG	Zentrale Arbeitsgruppe Geheimnisschutz
ZAIG	Zentrale Auswertungs- und Informationsgruppe
ZK	Zentralkomitee
ZKG	Zentrale Koordinierungsgruppe

Personenregister

Abusch 209

Albrecht 299, 300, 301, 302, 303, 326, 328, 338, 378, 387, 580

Andrä 428, 449, 453, 455, 457, 458, 459, 465, 466

Andropow 14, 266, 283, 292

Ardenne 622

Arndt 165

Asch 489, 501

Axen 290, 567, 582, 633

Bahr 579

Baker 499

Bangemann 539, 543, 576

Barschel 354

Barth 224

Bauer 435

Beil 49, 80, 88, 98, 100, 149, 154, 160, 161, 162, 168, 169, 174, 175, 592, 630, 658, 659, 660, 661, 663

Beinhorn 499, 501

Beitz 540

Bejm 274

Benna 495, 502

Benningsen-Foerder 550, 554

Benoit 431, 432, 437

Benzinger 429

Berg 239

Bergius-Pier 197

Bergmann 252, 300, 301, 302, 311, 317, 326, 327, 328, 329, 330, 331, 332, 333, 334, 336, 338, 384, 388, 394, 396, 397, 398, 399, 400, 405, 451, 511, 512

Bethge 332, 339, 511

Bethmann Hollweg 14, 245, 246, 248, 249, 250, 252, 253, 255, 297, 298, 299, 302, 311, 314, 404

Bettin 38, 44

Beyer 344, 368, 369

Bilak 531

Birnbaum 81

Blühm 267

Boehm 220, 227, 234, 240

Boehr 638

Borchert 450, 483

Brandt 490, 501, 502, 529

Bräutigam 534, 543, 544

Breunig 491, 501

Broszat 223

Broucek 495, 502

Bruhn 396, 428, 439, 441, 484, 486, 499, 500, 501

Brünner 623, 631

Bubenzer 229

Bundissen 479

Burda-Verlag 94

Bush 576, 579, 624

Busley 509, 510

Bußmann 240

Büttner 372, 384

Calv 267

Carstens 288

Carter 528

Conze 313

Cordes 489, 501

Craig 222

Czaja 567

Dallmeier 495, 502

Degenhardt 439

Delling 133

Dickel 422, 427, 601

Dienst 187, 248, 254, 420, 422, 514, 532, 599, 648, 652

Dieterich 235, 236, 237, 238

Dobrynin 567, 569, 570, 571

Dregger 543

Dreyer 493

Dürr 111, 429

Eberan 316

Ebert 145, 160, 503

Ehmke 567

Ehrensperger 47, 49, 592, 634

Bernd F. Schulte

Rückbesinnen und Neubestimmen. Beiträge zur Deutschen Frage 1850 bis 1989. Broschiert - 245 Seiten - BoD GmbH, Norderstedt, Erscheinungsdatum: August 2000 ISBN: 3831105324

Amazon.de

Rückbesinnen ja - aber besser Neubestimmen!

Ein "Rückbesinnen" auf Ergebnisse wissenschaftlicher und journalistischer Arbeit der letzten 30 Jahre mag von Reiz sein, bringt es doch den Leser dieses Sammelbandes in Verbindung mit den inneren Verhältnissen der historischen Wissenschaft wie der elektronischen Medien in Deutschland. An neuralgischen Punkten der jüngeren deutschen Geschichte macht der Autor erkennbar, wie gebunden Erkenntnis an die jeweiligen politischen Verhältnisse ist. Ob in den Jahren vor und nach 1914, oder 1989. Gerade der preußische Zug im deutschen Staatswesen, der inzwischen eher subkutan vermehrt zur Wirkung kommt, findet die Aufmerksamkeit des Autors, der einer süddeutsch-liberalen Sicht deutscher Geschichtsentwicklung zugehört, als der neo-borussischen Linie jüngerer Historiker, die vor und nach der Wende des Jahres 1989 an das "Re-Establishment" nationalgeschichtlicher Versatzstücke gingen.- Das wird eindrucksvoll demonstriert, z.B. an dem Beitrag zu "Honeckers Schießbefehl gegen das eigene Volk", wie der Fernsehfilm Schultes für das ZDF im Oktober 1990 hieß. War es nicht der Leiter des Militärgeschichtlichen Forschungsamtes der Bundeswehr, Deist, der 1990 unverzüglich festsetzte: "Die Geschichte der NVA schreiben wir!" Oder die merkwürdig selektive Beobachtungsgabe der Düsseldorfer Historiker Afflerbach und Förster, die den Zerfall der Hamburger Fischer-Schule zum Ersten Weltkrieg dazu nutzten, die Umkehrung von 40 Jahren Forschung zu 1914 zu betreiben. Mit welchem Ziel? Offensichtlich wird in der deutschen Historikerzunft immer noch angenommen, Apologie nutze unserer Gesellschaft nach innen und außen wie nach 1918. In Beiträgen zur Technikgeschichte (Bremsversuche auf Reichsautobahnen, 1936), der päpstlichen Diplomatie im Zweiten Weltkrieg, Kriegswirtschaft in der DDR zwischen 1934 und 1989, Tschecheikrise 1968, Kuwaitkrieg 1991 und Leuna-Affaire 1993/94 will Schulte exemplarisch vorführen - vielleicht jedoch zu weitmaschig um zwingend zu sein - wie sehr ein kritisches Neubestimmen von Geschichtsbild und Gegenwartsverständnis in unserem Lande von Nöten seien.

Joachin Dyes aus Hamburg, 18. Dezember 2000

Bernd F. Schulte

Weltmacht durch die Hintertür. Deutsche Nationalgeschichte in der Diskussion. Broschiert - 515 Seiten - BoD GmbH, Norderstedt, Erscheinungsdatum: Oktober 2003 Auflage: 1 ISBN: 3831149674

Amazon.de

Ein dritter "Griff nach der Weltmacht"?

Dass die Tagebücher von Kurt Riezler, die 1972 etwas unglücklich ediert wurden und kein authentisches Bild der Vorstellungen des verantwortlichen Reichskanzlers bei Kriegsausbruch 1914 enthalten, wird detailliert erörtert - und mit neuen Einsichten aus dem Briefwechsel Toni Stolper-Theodor Heuss belegt. Die Tatsache, dass diejenigen deutschen Historiker, die in den 60iger Jahren Fritz Fischer, Sch.'s Lehrer, mit allen Mitteln bekämpften, während des III.Reiches zu den "Schwerträgern" des Systems zählten, richtet neue Schlaglichter auf das Funktionieren einer ganzen Wissenschaft. Deren kurz angebundenes Verfahren bei der Abhandlung von Problemen deutscher Geschichte mit dem Ersten Weltkrieg steht so im direkten Zusammenhang mit den vor 1945 dominierenden Leitvorstellungen deutscher Fachwissenschaft. Dass selbst im neuen Jahrhundert Fackelträger dieser Tradition Einfluss ausüben, erscheint schwer möglich, ist jedoch nach Sch'es Darstellung Fakt. Sch. bleibt bei 1945 (und etwa Gerhard Ritter) nicht stehen, sondern zeichnet auch ein schwarz-weiss getöntes Bild heutiger Vorstellungen innerhalb der bundesdeutschen bewaffneten Macht.

Rezensent aus Hamburg, 4. Januar 2004

BOL.de

Das "Heute" aus dem "Gestern"

Neues zum Riezler Tagebuch, dessen verschollenem Original von 1914 und der verschwundene Brief von Hans Rothfels an Gerhard Ritter, findet der Leser auf den ersten 100 Seiten des gewichtigen Bandes zur Diskussion um die deutsche Nationalgeschichte. Es geht nicht um historische Verklärung, sondern um die Linien deutscher expansiver Aussenpolitik seit dem Kaiserreich. Sch. wendet sich vielmehr der rationalen Grundlage von internationalen Beziehungen zu und durchleuchtet die strategische Vorbereitung des Ersten Weltkrieges, gelangt zu Vorüberlegungen gleicher Art in unserer Zeit (Kuwait- und Irakkrieg) und findet sich dabei unterstützt von

W.Wette/Freiburg, J.Moses/Brisbane und H.Otto/Potsdam. Dass die deutschen Historiker im III. Reich Vordenker einer verfehlten Politik waren, ist gleichsam ein Abfallprodukt. Dass die wissenschaftlichen Karrieristen von 1933/45 nach dem Krieg Fritz Fischer/Hamburg hart bekämpften, erscheint damit in neuem Licht. Ein Durchblick auf die Basis heutiger deutscher Aussenpolitik wird geboten.

Uschi Pasewald aus Königshügel, 19.11.2003

Buch24.de

Antikritik: Große und kleine Nazis

Auf Schultes Buch hin entfesselten WELT, FAZ und ZEIT im Januar 2004 eine Kampagne gegen den Hamburger Historiker Fritz Fischer. Sch. stellte nämlich die NS-Vergangenheit der GEGNER Fischers, in der Historikerdebatte der 60iger bis 80iger Jahre, in den Mittelpunkt seines Buches "WELTMACHT DURCH DIE HINTERTÜR".

Fritz Fischers Kritik am deutschen Protestantismus, die im Januar 2004 einem größeren Kreis von politisch Interessierten zugänglich gemacht wurde, wird zu einer Abwertung des Historikers Fischer missbraucht. Der bekannte Hamburger Historiker, der Ende 1999, im Alter von über 90 Jahren verstarb, war, in seinem bislang bekannten wissenschaftlichen Leben, sogar zu 90 Prozent mit anderen Fragen beschäftigt, als mit jenen, aus seiner frühen Phase stammenden Arbeiten um den preußisch deutschen Protestantismus und dessen politischer Bedeutung.

Weshalb dieser Teilbereich Anfang des neuen Jahrtausends in die Aufmerksamkeit der bundesdeutschen Öffentlichkeit gehoben wird, erscheint rätselhaft. Erst durch die Verbindung dieser theologisch bestimmten frühen Phase Fischerscher wissenschaftlicher Betätigung, mit dem zeitgeschichtlichen Hintergrund der dreißiger Jahre, werden die zugrundeliegenden Absichten offenbar. Es geht, unter Verquickung fachtheologischer Diskussion innerhalb der evangelischen Kirche Deutschlands, mit etwaigen nationalsozialistischen Tendenzen Fischers, um die Kompromittierung eines ertragreichen Forscherlebens.

Dabei ist von besonderem Interesse, dass der Hamburger Historiker in den dreißiger Jahren als junger Wissenschaftler, keinesfalls zur etablierten Crême der deutschen Historikerschaft zählte. In den zwanziger Jahren, aus fränkisch-süddeutschem Kleinbürgertum, über Abitur und erste Schritte an der Universität, zu wissenschaftlicher Förderung durch den Staat von Weimar gelangt, konnte sich Fritz Fischer nichts weniger leisten, als sich auszusuchen, wie er seine Karriere aufbaue. So gelangte er zunächst in die protestantisch-theologische Fakultät, dissertierte dort erfolgreich über Ludwig Nikkolovius und gelangte, über eine weitere theologiegeschichtliche Untersuchung, zu Moritz August von Bethmann Hollweg, seinem wahren Interesse - der Geschichtswissenschaft. Dass sich dieser Weg auf Grund der familiären finanziellen Verhältnisse nicht ohne die materielle Unterstützung des Staates bewerkstelligen ließ, war nichts weniger als zwingend. Allerdings war Fischer, durch diese Gegebenheiten, in voller Breite den Einflüssen seiner Förderer, d.h. seiner wissenschaftlichen Lehrer, ausgeliefert. Dass ein junger Forscher, auf Grund der gegebenen materiellen Verhältnisse, und vor allem dem politischen Hintergrund seit 1918, nicht im luftleeren Raum existieren konnte, liegt auf der Hand.

Fischer hat aus dieser Situation nach 1945 kein Geheimnis gemacht. Noch 1988, anlässlich der Arbeiten für ein Fernsehportrait zu seinem 80. Geburtstag, gab er dem Verfasser eine Erklärung, wie er, vor dem Krieg, zur Unterstützung durch das Institut von Walter Frank zur Erforschung der Geschichte des Nationalsozialismus gekommen sei. Ein Kommilitone habe ihm in der Berliner Staatsbibliothek, anlässlich eines Gespräches über Wissenschaftsförderung, den Rat gegeben, doch einmal bei Frank anzufragen, da die Unterstützung durch die bisherigen Geldgeber (DFG) außerordentlich gering ausfiel. Ausschließlich die Höhe der Unterstützung - es handelte sich um monatliche Beträge um durchschnittlich 100 RM - brachten Fischer, nach dessen eigener Aussage, zu dieser Verbindung mit dem Frank'schen Institut. Dass sein Stipendium, verbunden mit einem Forschungs-Projekt zum preußisch-protestantischen Pietismus, infolge des Krieges, nicht zur Ausführung kam, erscheint kennzeichnend für die gesamte hier behandelte Problematik.

Fischer machte den Krieg - zuletzt als Offizier der Flakartillerie - im westlichen Reichsgebiet mit. Er geriet in Kriegsgefangenschaft, aus welcher er 1947 zurückkehrte. Noch während des Krieges hatte er, unter anderem durch Walter Frank unterstützt, einen Ruf auf einen der historischen Lehrstühle an der Hamburger Universität erhalten. Dass dies so war, sei nicht zuletzt in der Tatsache begründet gewesen, so berichtete der Hamburger Gelehrte ebenfalls 1988, dass die damals vorgesehenen Bewerber gefallen seien. So gelangte er 1947 auf jene Professur, die er bis zu seiner Emeritierung, infolge Krankheit 1973, innehatte und welcher er zu Weltruf verhalf.- Übrigens wurde Theodor Schieder, der durch NS-Mitgliedschaft, und Verquickung mit dem System, nach 1945 zunächst kompromittiert war - und damit für Berufungen nicht in Frage kam - durch den ebenfalls umstrittenen Hermann Aubin (und Gerhard Ritter) für einen Moment in Verbindung mit dem Hamburger Lehrstuhl gebracht. Schieder musste sich jedoch, enttäuscht durch Fischers Wiederauftauchen, zurückziehen.

In den ersten Nachkriegsjahren orientierte Fischer sich wissenschaftlich neu, bezog die während des Zweiten Weltkrieges gewonnenen, und durch das persönliche Schicksal akzentuierten, politisch-historischen Verwerfungen ein, und entwarf, auf der Basis seiner früheren Forschungen, seinen berühmten Vortrag auf dem Münchner Historiker Tag von 1949. Wie nah ihm eben diese Thematik, die Bedeutung der protestantischen Theologie im Rahmen der jüngeren und jüngsten preußisch-deutschen Geschichte, blieb, zeigte sein Plan, nach der Emeritierung 1973, von der Geschichte des Ersten Weltkrieges - und der Diskussion um dessen Ursprünge - völlig Abstand zu nehmen und sich seinen früheren Forschungen erneut zuzuwenden. Dass dies den Verfasser, der just in dem Weltkriegs-Themenfeld seine wissenschaftliche Karriere suchte, außerordentlich verwirrte, mag bestätigen, wie ernst diese Überlegungen dem Hamburger Forscher tatsächlich waren. Um so mehr erscheint bedeutsam, dass Fischers Kernthese aus dessen Vortrag zum deutschen Protestantismus, und zur deutschen Geschichte, 1949 bereits tiefe Gräben zur EKD und deren Mitglied, dem Freiburger Historiker Gerhard Ritter, aufriss. Dass die wissenschaftliche Feindschaft, die um die Bewertung der Verantwortung an Ausbruch und Auswirkungen des Ersten Weltkrieges zwischen Ritter und Fischer zehn Jahre darauf offenbar wurde, hier in München ihren Anfang nahm, und in der nationalkonservativen Orientierung Gerhard Ritters wie der antinational-westlichen Basierung Fritz Fischers begründet war, gewinnt erst heute Kontur.

Letztlich stellte Fischer, der diesen Aspekt in der Folge immer wieder schriftlich und mündlich betonte, die Verantwortung der protestantischen Staatskirche in Deutschland für den Ersten Weltkrieg am Beispiel der bereits seit 1911 anlaufenden und breit ausgreifenden Propagandawelle, für den Krieg als politischem Weg, publiziert in protestantisch-kirchlichen Zeitschriften, Flugschriften und Zeitungen, heraus. Die Vorgänge von München, und später in Fischers Veröffentlichungen, begründen den heutigen, vordergründig unmotiviert scheinenden, und damit vorgeblich parteilich unbelasteten, Angriff auf Fischers persönlich-menschlichen und wissenschaftlichen Leumund, der aus Historiker- und Theologenkreisen um die Universität Potsdam vorgetragen wird. Dass ein derartiges Vorgehen bereits von Gerhard Ritter, im Zuge der berühmten Kontroverse um die "Kriegsziele des kaiserlichen Deutschland", 1962 - hinter vorgehaltener Hand - und vornehmlich gegenüber ausländischen Historikern - als Kampfmittel in der "Fischer-Kontroverse" eingesetzt wurde, charakterisiert Methode, Verfahren und charakterliche Disposition dieser nationalkonservativ orientierten Kräfte. Damals wie heute ehrabschneiderisch motivierte Verdächtigungen, wie jene von Fischers Gefolgschaft des alldeutschen Kirchenhistorikers Erich Seeberg, oder die eines zu engen Verhältnisses zum Reichsinstitut Franks, erscheinen in diesen Tagen erneut als Kern völlig überzogener Angriffe auf den verdienstvollen Hamburger Gelehrten.

Dass sich "Frankfurter Allgemeine Zeitung", "Welt" und der Zechlinschüler Volker Ullrich bei der "Zeit", in quasi einer "konzertierten Aktion", des entlegen publizierten, und in der "Gartenlaube" einer wissenschaftlichen Fachzeitschrift versteckten, Beitrages des jungen protestantischen Theologiehistorikers Große-Kracht annehmen, und dies obendrein in breit angelegten Artikeln bereitwillig ausmalen, ist, angesichts des bislang üblichen Umganges in den bundesdeutschen Medien, völlig ungewöhnlich und damit schon als Phänomen, und an sich bedeutsam. Dass diesen Zeitungen, zumindest der "Welt" (Herr Möller) und der FAZ, seit Herbst 2003 das Buch des Verfassers ("Weltmacht durch die Hintertür") vorliegt, mag zunächst nicht bedeutsam erscheinen. Da jedoch der zentrale Aufsatz dieses Buches, in deutscher und englischer Sprache ("Blick in ein Schwarzes Loch" und "Beware of the Wolves"), die Frage thematisiert, was die Äußerungen Gerhard Ritters über Fritz Fischers NS-Vergangenheit von 1962, im Umkehrschluss für die Historiker-Gegner Fischers im Dritten Reich nahe legen, erscheint die Kampagne dieser überregionalen Zeitungen gegen Fischer zusätzlich als Gegenangriff auf den quellenmäßig breit abgesicherten Vorwurf des Verfassers gegen Gerhard Ritter, Theodor Schieder, Werner Conze, Hermann Aubin, Egmont Zechlin, Hans Herzfeld, Karl Erdmann, Erwin Hölzle, Wolfgang Serpahim und Giselher Wirsing.

Ergänzt um eine weitere Publikation, nämlich die Titelgeschichte des nationalliberalen Spiegel, vom 16.Februar 2004 ("1914-1945. Der zweite Dreißigjährige Krieg"), gerät die Kontroverse um Fritz Fischer nachgerade zur Farce. Eröffnet durch eine mittelmäßige Einführung, die, zu großen Teilen, auf dem Forschungsstand der zwanziger Jahre des vorigen Jahrhunderts basiert, wendet sich der Spiegel, ohne auf Fritz Fischer detaillierter zu verweisen, dem, besonders in angelsächsischen Ländern, gern beschworenen, und publikumswirksamen, Bild von der "Urkatastrophe" des Ersten Weltkrieges zu (vgl.Anhang 2). Diese Aufgabe übernimmt der bekannte Bielefelder Historiker Hans-Ullrich Wehler (Schüler Theodor Schieders), der in einem mehrseitigen Parforceritt vom Ersten zum Zweiten Weltkrieg, jenen Bogen schlägt, und jene Kontinuität behauptet, für die Fritz Fischer, bis zu seinem Tode, immer wieder geschmäht wurde. Es sei hier ausdrücklich verwiesen auf die Rezension des Ritter Adepten Ernst Schulin von 1981 (MGM/1/81, S.166) zu Fischers "Bündnis der Eliten. Zur Kontinuität der Machtstrukturen in Deutschland 1871-1945, Düsseldorf 1979". Schulin kam nicht umhin, gegenüber des Hamburger Historikers nachgerade modernem strukturgeschichlichen Denken, auf die traditional diplomatiegeschichtlich und kriegsgeschichtlich fundierte konkurrierende Darstellung Andreas Hillgrubers zu verweisen.

Bezieht Wehlers "Bogen-Darstellung " ihren Rang ganz aus der detaillierten Ausführung des Fischerschen Kontinuitätsgedankens, so fällt das Interview mit dem Wilhelm II-Spezialisten John Röhl/Brighton demgegenüber völlig ab. Ist doch selbst Wolfgang Mommsen (Schüler Theodor Schieders) inzwischen klar geworden, dass die Phase wissenschaftlicher Periodisierung, nach einem "Zeitalter des Wilhelminismus", oder gar Wilhelms II., völlig überholt ist, so verharrt Röhl auf seinem problematischen biographischen Ansatz. Ob es die Forschung so sehr viel weiter bringt, wie viele uneheliche Kinder Wilhelm II. hatte, oder mit wie vielen Frauen der Kaiser gleichzeitig ins Bett ging, um nun zu sagen, der Kaiser sei - trotz Eulenburg u.ä. - nicht homosexuell gewesen, mag heute, wie schon 1986 ("Kaiser Hof und Staat", meine Rezension im NDR-Rundfunk), dahingestellt bleiben. Nichts erfahren wir über die Stringenz der militärischen und politischen Vorbereitung auf den Ersten Weltkrieg. Nichts erfahren wir über die zielgerichtete Methodik Bethmann Hollwegscher Politik um den Kaiser herum, und schließlich setzt Röhl, in völliger Abkehr von Fritz Fischer, ein Fragezeichen hinter die von ihm angerührte (und von Fischer und dem Verfasser übernommene) Frage nach den Auswirkungen des "Kriegsrates" vom 8. Dezember 1912 auf Planung und Auslösung des Ersten Weltkrieges. So entsteht ein eher anekdotenhaft irreales Bild deutscher Politik und eines Kaisers, der ganz unter das Kautel überbordenden Antisemitismus gezwungen wird.

Dass all' diesen Versuchen, deutsche Geschichte um die Leistungen Fritz Fischers herum darzustellen, ein wesentliches Element gemeinsam ist, nämlich jenes einer handwerklich wenig sauberen Arbeit und Argumentation, mag in unseren Zeiten gesamtgesellschaftlicher Dekadenz nicht weiter überraschen. Dass aber Fritz Fischer, der in den dreißiger Jahren mit geringen Beiträgen aus der Reichskasse - und nicht ausschließlich von den Nationalsozialisten - unterstützt wurde, den Krieg als Soldat erlebte, ist zu unterstreichen, und demgegenüber zu betonen, dass andere hochdotiert, und breit gefördert, ihren wissenschaftlichen Werdegang vollenden konnten (vgl. Anhang 1). Nicht zuletzt soll darauf hingewiesen werden, dass der international anerkannte und geehrte Hamburger Historiker, als akademischer Lehrer, über einhundert Doktoranden zu Arbeiten anregte, die insbesondere den Übergang vom Kaiserreich in die Weimarer Republik, und deren Aufgehen im Dritten Reich, zum Gegenstand hatten. Das "erste Buch", der "Griff nach der Weltmacht", und der zweite Band "Krieg der Illusionen", sollten, so Fischers Planung, münden in das sogenannte "Dritte Buch", das - wie "Bündnis der Eliten" und zwei weitere Paperbacks offen ließen - vor allem die ökonomisch-wirtschaftliche Seite des aufziehenden nationalsozialistischen Staates beleuchten sollte. Trotz dieses nicht abgeschlossen dritten Bandes über die deutsche Politik zwischen 1918 und 1945 und der damit letztlich ausstehenden Antwort Fischers auf die Frage nach der Kontinuität in der deutschen Geschichte, die er bereits 1961, zur großen Beunruhigung seiner Gegner, anklingen ließ, bewirkte der Hamburger Hochschullehrer weitreichende und fortdauernde Entwicklungen der in- und ausländischen Geschichtswissenschaft. Dies zumindest hat bislang noch niemand zu bekritteln gewagt.

Dr. Bernd F. Schulte aus Hamburg

Libri.de

Neues Licht auf die Fischer-Kontroverse

Als Schulte die Frage nach der NS-Vergangenheit der Gegner Fritz Fischers - in der großen Kontroverse der 60iger Jahre - stellte, hat er sicherlich nicht erwartet, dass ein junger Theologiehistoriker aus Potsdam diese Frage einfach umdrehen und behaupten würde, Fritz Fischer sei in den 30iger Jahren, ein bis in die Wolle gefärbter, Nazi gewesen.

Sch. hat in "Weltmacht durch die Hintertür" keineswegs Fischer ausgespart. Allerdings zeigt die Analyse, u.a. der in den Akten des Preußischen Erziehungsministeriums enthaltenen Bezüge, gerade auch der Zuwendungen, dass seine Gegner weit ausgiebiger - um es zurückhaltend zu nennen - vom III. Reich profitierten. Hieran misst Sch. z. B. die Nachkriegsbehauptung des großen Gerhard Ritter (Freiburg), der sich in die Nähe des Kreisauer Kreises (des 20. Juli und Carl Goedelers) rückte und behauptete, er sei ein Widerständler gegen das III. Reich gewesen.

Das Bild, das Sch. in "Weltmacht" entwickelt, ist jedoch ein völlig abweichendes. Hier erscheinen, vor allem die Altersgenossen Fischers, als substantielle Gedankengeber und Streiter für die Grundüberzeugungen des III. Reiches (und der SS, des Reichs-Sicherheits-Hauptamtes und des Amtes Roseberg). Brisant allerdings ist Sch.'s Erkenntnis zu nennen, die zugleich die Diskussionen der 60iger bis 80iger Jahre um Fischer in anderem Licht erscheinen lässt, dass diese Historikergeneration - der um 1908 Geborenen - nach 1945 wieder in Amt und Würden, es unternahm, das deutsche Geschichtsbild im Sonnenlicht eines positiven Gesamtkonsens zu restaurieren. Dass Fischers Buch "Griff nach der Weltmacht" diese Bemühungen, im Moment des scheinbaren Gelingens, durchkreuzte, wird dem berühmtesten deutschen Historiker der Nachkriegsepoche bis heute offensichtlich nicht vergessen.

Christa Nake, 28.03.2004

Abteilung Geschichte und Zeitgeschehen, Hamburg